『개벽』

연구

지은이 최수일(崔洙逸, Choi Su-Il)은 1966년 서울에서 태어나 1985년 성균관대학교 국어국문학과에 입학, 2002년 동대학원에서 문학박사학위를 받았다. 현재 성균관대학교 동아시아학술원 연구교수로 재직 중이다. 쓴 글과 책에는 「『개벽』 유통망의 현황과 담당층」, 「『개벽』에 대한 서지적 고찰」(2005), 「근대문학의 재생산 회로와 검열」(2006), 공저 『『개벽』에 비친 식민지 조선의 얼굴』(2007), 편저 『한국 근대문학 재생산제도 자료집』 2(2008) 등이 있다.

근대문화제도 연구총서 02

『개벽』 연구

초판 인쇄 2008년 10월 25일 **초판 발행** 2008년 10월 30일
지은이 최수일 **펴낸이** 박성모 **펴낸곳** 소명출판 **출판등록** 제13-522호
주소 서울시 서초구 서초동 1621-18 란빌딩 1층
전화 02-585-7840 **팩스** 02-585-7848 **전자우편** somyong@korea.com

값 39,000원
ISBN 978-89-5626-343-4 93810

이 책은 2007년도 한국학술진흥재단의 지원에 의하여 발간되었음.(KRF - 2007-814 - A00204)

이 책의 본문용지는 한솔제지 하이벌크 미색지 75g을 사용하였습니다.

화보 일러두기

1. 국립중앙도서관 · 동국대 · 세종대 · 고려대 · 아단문고 소장 『개벽』 원본을 사용했다.
2. 사진 설명에 호수-판본-소장처를 표기했다.

◇開闢의今昔

言論界一大慘劇

開闢에發行禁

한달걸너압수당하드

이제로부터영원히발

七年間努力도一

① 『천도교청년회팔십년사』(798면)에 실려 있는 『개벽』 창간호(본호)의 표지 사진이다. 『개벽』의 강제 폐간 소식을 전하는 『동아일보』(1926.8.3)의 기사와 함께 실린 창간호 표지 사진과 정확히 일치한다. 제목의 서체가 창간 일주년 기념호(13호)의 그것과 구별되고, 우측 상단에 창간 발행 간기가 선명하게 남아 있다. 아쉬운 점은 사진의 출처와 소재지를 확인할 수 없다는 것이다. 책의 편집을 담당하셨던 신인간사(新人間社)의 여러 선생님들도 사진의 출처와 원판의 소재 등에 대해서는 기억을 하지 못하였다. 비록 컬러 사진은 아니지만 『개벽』 창간호의 원형을 소개한다는 의미에서 책에 실린 사진을 재촬영했다. 귀중한 정보를 제공해 준 신인간사 관계자들과 김응조(金應祚) 선생님께 감사의 인사를 드린다.

② 『개벽』의 강제 폐간 소식을 전하는 『동아일보』(1926.8.3)의 기사.

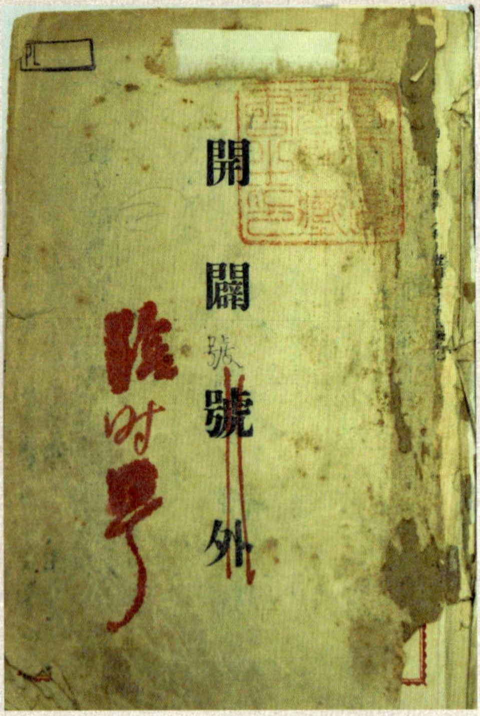

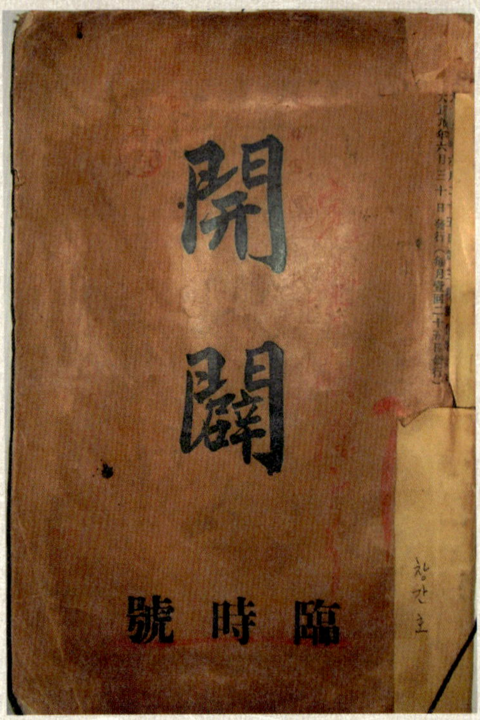

① 창간호-교합본 … 세종대
② 호외(납본) … 국립중앙도서관
③ 임시호 … 아단문고

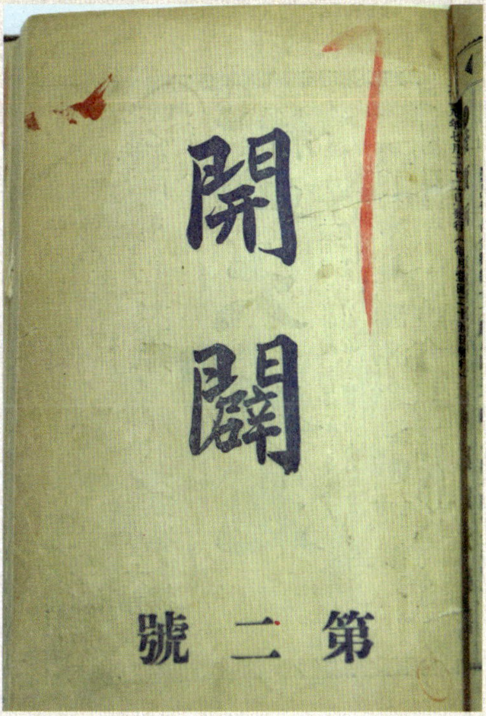

① 2호-미결(검열) … 국립중앙도서관
② 3호-본호 … 세종대
③ 3호-본호(검열) … 국립중앙도서관

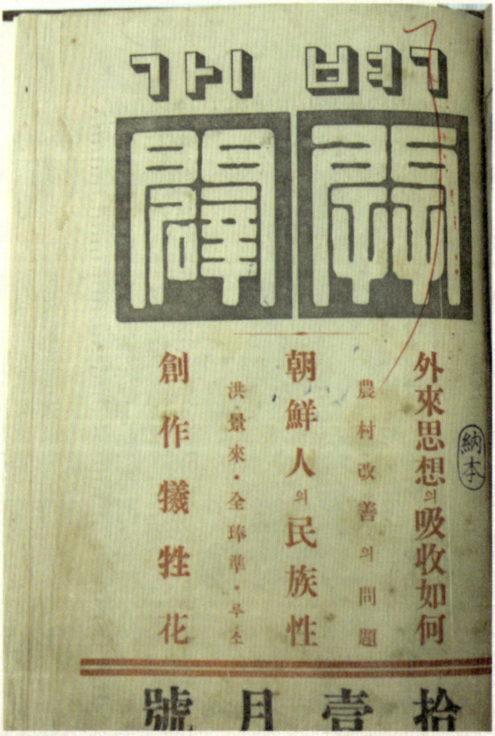

① 4호-본호 … 고려대
② 4호-본호(검열) … 국립중앙도서관
③ 5호-본호(납본) … 국립중앙도서관

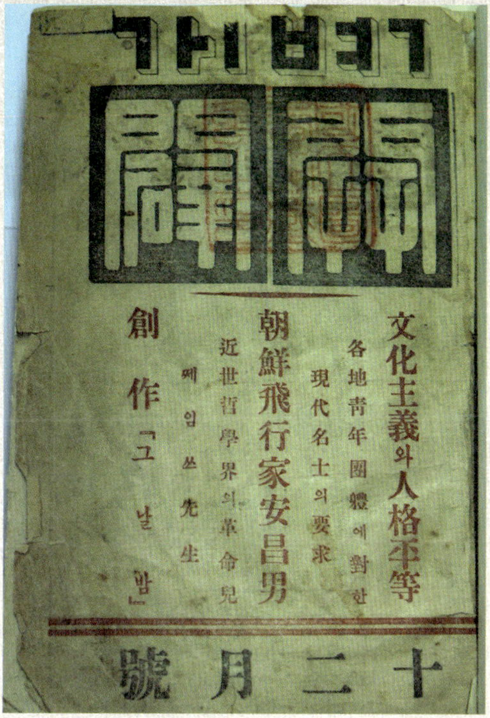

① 6호-본호(검열) … 국립중앙도서관
②③ 7호-본호 … 아단문고

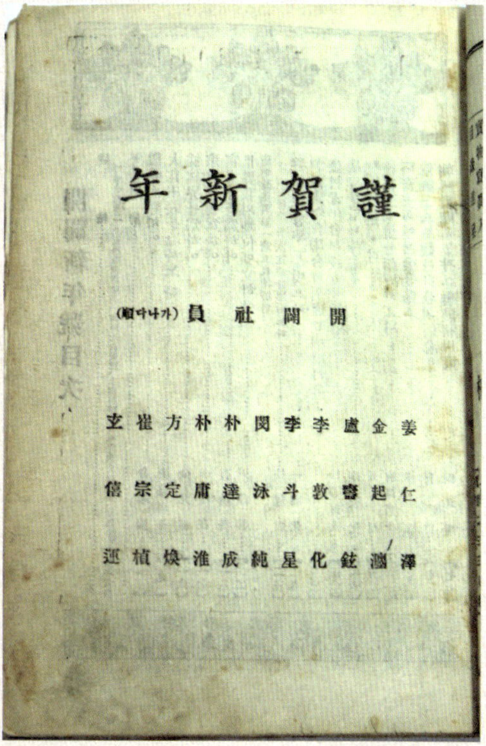

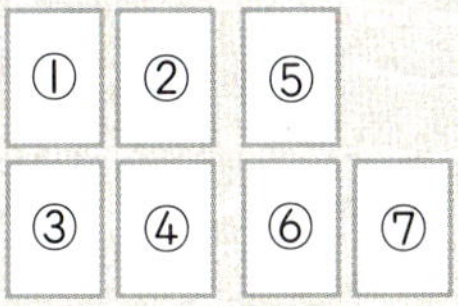

① 8호-본호(검열) … 국립중앙도서관
② 8호-본호 … 세종대
③ 9호-임시호(검열) … 국립중앙도서관
④ 9호-임시호 … 세종대
⑤ 10호-본호(검열) … 국립중앙도서관
⑥⑦ 11호-본호(납본) … 국립중앙도서관

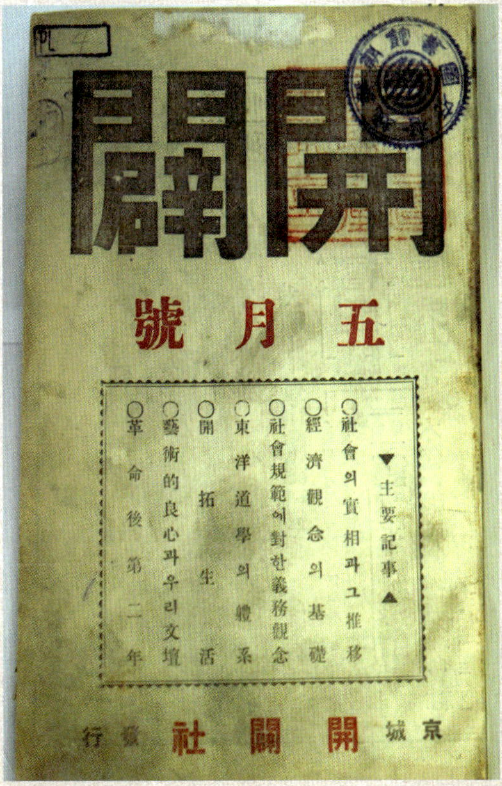

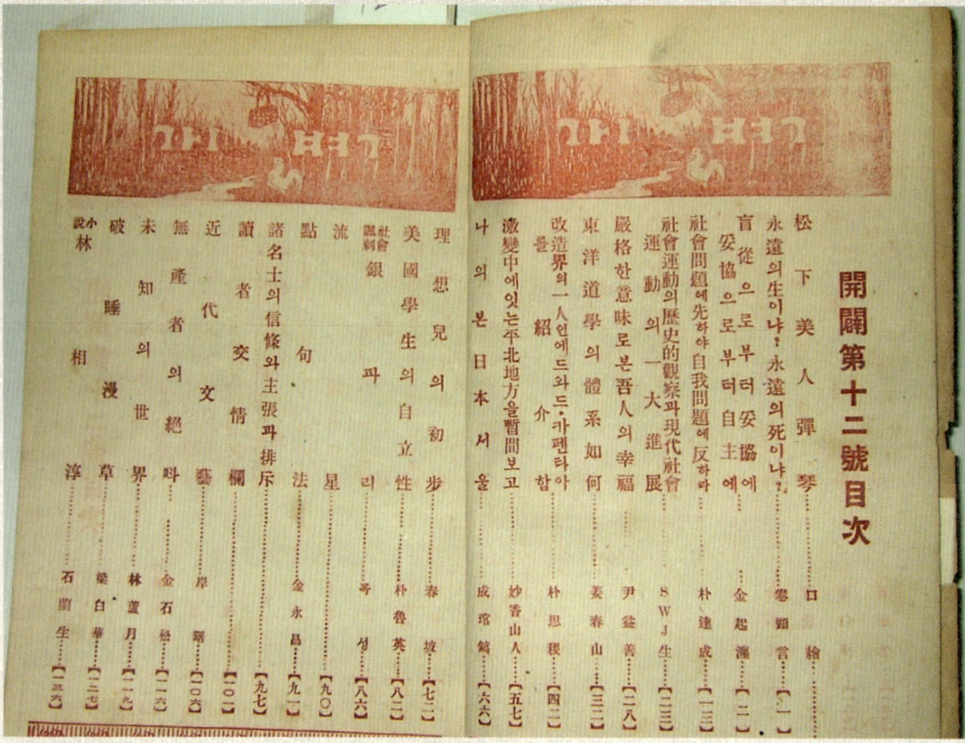

開闢第十二號目次

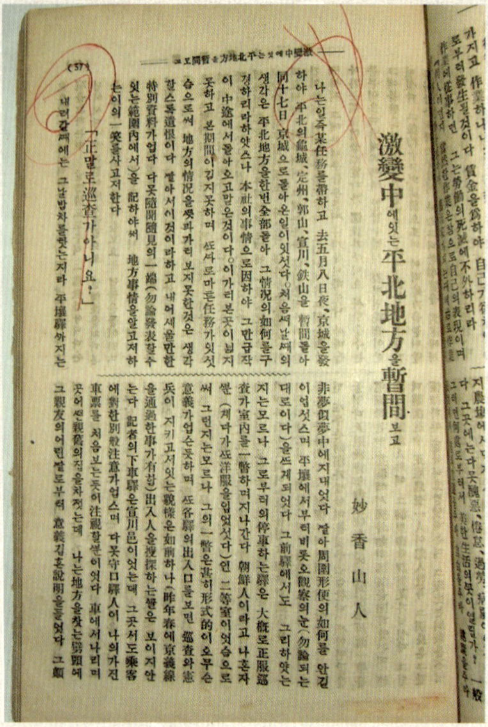

激變中에잇는平北地方을暫間보고

妙香山人

나는일즉某任務를帶하고 去五月八日夜, 京城을發하야 平北의龜城, 定州, 郭山, 宣川, 鐵山을 暫間돌아 同十七日 京城으로돌아온일이잇섯다。처음써날때의 생각은 平北地方을한번全部돌아 그情況의如何를구경하리라하얏스나 本社의事情으로因하야 그만급작이 中途에서돌아오고말은것이다。이가리본곳이넘지못하고 본期間이길지못하며 또서로마튼任務가잇섯슴으로써 地方의情況을쌕파가리 보지못한것은 생각할스록遺恨이다 짤아서이것이라하고 내어세울만한 特別資料가업다 다못隨聞隨見의一端(勿論發表할수잇는範圍內에서)을 記하야써 地方事情을알고저하는이의一笑를사고저한다

「正말로巡査가아니요?」

내려갈때에는 그날밤차를탓는지라 平壤驛까지는 非夢似夢中에지내엇다 짤아周圍形便의如何를 안길이업섯스며 平壤에서부터비롯오觀察의눈(勿論되는대로이다)을쓰게되엇다 그前驛에서도 그러하얏는지는모르나 그로부터의停車하는驛은 大槪로正服巡査가室內를一瞥하며지나간다 朝鮮人이라고 나혼자뿐(게다가또洋服을입엇섯다)인 二等室이엇슴으로써 그런지는모르나 그의一瞥은甚히形式的이오무슨意義가업슨듯하며 또各驛의出入口를보면 巡査와憲兵이 지키고서잇는貌樣은如前하나(昨年春에京義線을通過한事가有함)出入人을搜探하는쌘은 보이지안는다 記者의下車驛은宣川邑이엇는대 그곳서도乘客에對한別般注意가업스며 다못守口驛人이 나의가진車票를 처음보는듯이注視할뿐이엇다 車에서나리며 곳어썬親舊의집을차젓는데 나는地方을찻는劈頭에 그親友의어떤말로부터 意義깁흔說明을들엇다 그쉬

①	③	④
②	⑤	⑥

①② 12호-본호(검열) … 아단문고
③④ 13호-본호(납본) … 국립중앙도서관
⑤⑥ 14호-본호(납본) … 국립중앙도서관

納本
開闢

納本

進呈
開闢
八月號
京城 開闢社 發行

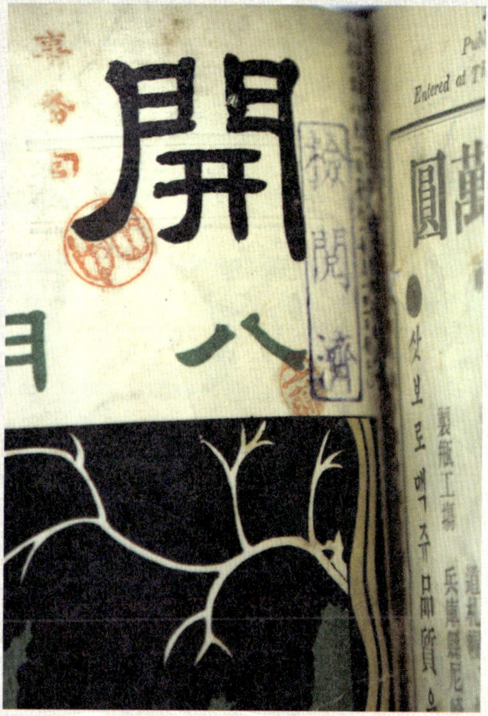

① ④ ⑤
② ③ ⑥ ⑦

① 15호-본호 … 세종대
② 16호-본호(검열) … 세종대
③ 16호-임시호(납본) … 국립중앙도서관
④ 17호-본호(검열) … 세종대
⑤ 17호-본호 … 고려대
⑥ 18호-본호 … 고려대
⑦ 18호-본호 … 국립중앙도서관

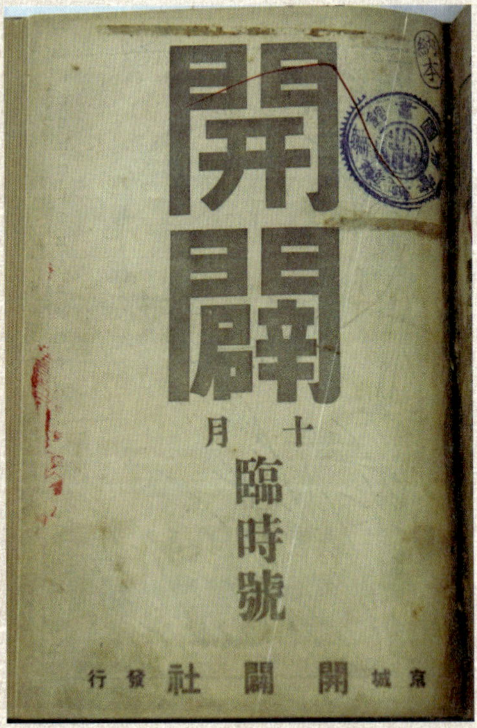

開闢
十一月號
京城 開闢社 發行

開闢
十一月號
京城 開闢社 發行

開闢
拾貳月號

開闢
拾貳月號

開闢
新年增大號
第十九號
第三年第一號

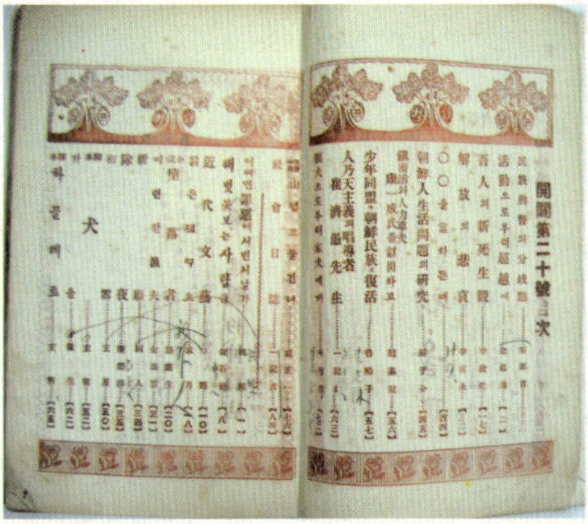

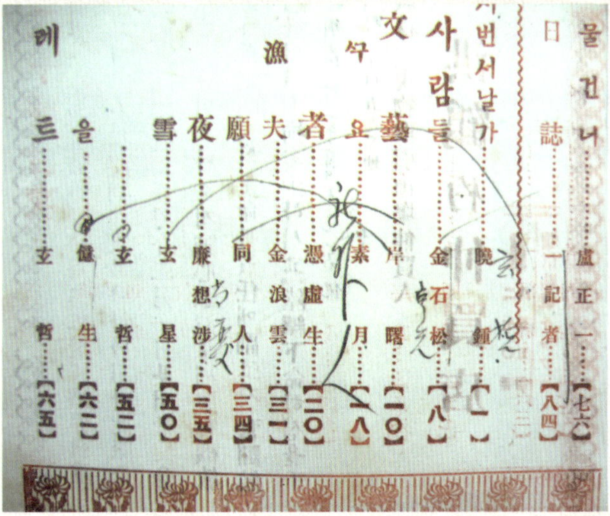

① 19호-임시호(초판) … 세종대
②③ 20호-본호(검열)-목차 … 아단문고
④ 20호-본호 … 국립중앙도서관

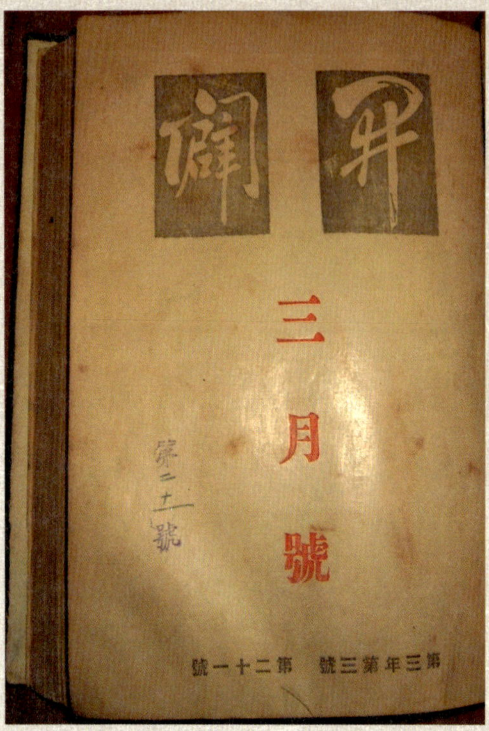

① ④ ⑤
② ③ ⑥ ⑦

① 21호-본호 … 세종대
② 22호-본호 … 세종대
③ 22호-본호 … 국립중앙도서관
④ 23호-본호 … 국립중앙도서관
⑤ 23호-본호 … 세종대
⑥ 24호-본호 … 고려대
⑦ 24호-본호 … 세종대

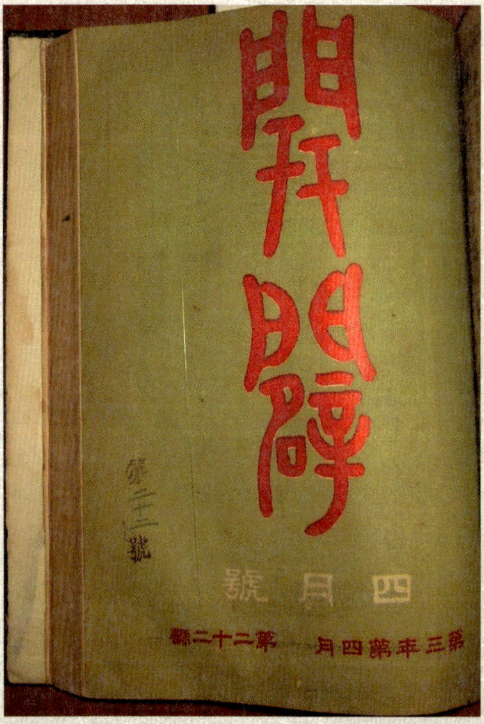

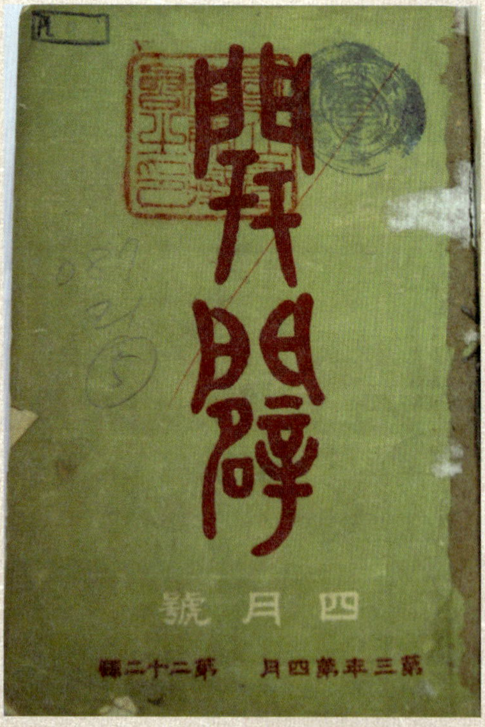

開闢
第二十三號
五月號
京城 開闢社 發行

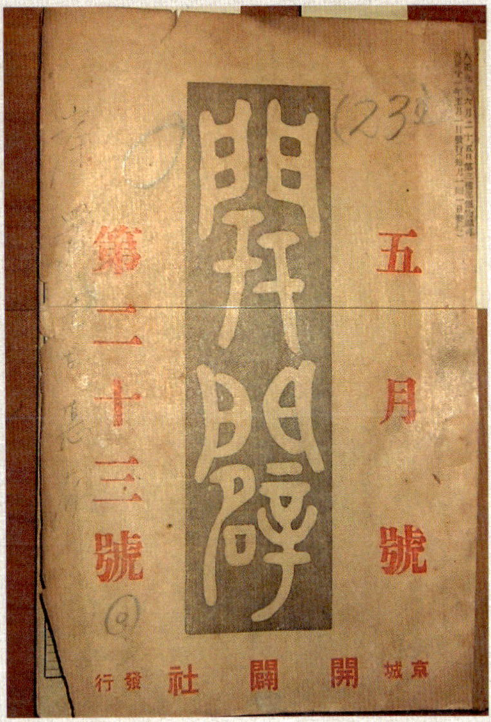
開闢
第二十三號
五月號
京城 開闢社 發行

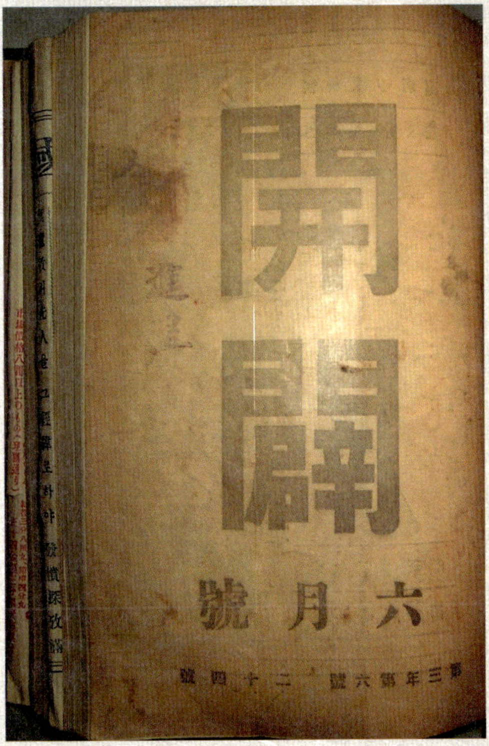
開闢
六月號
第三年第六號 第二十四號

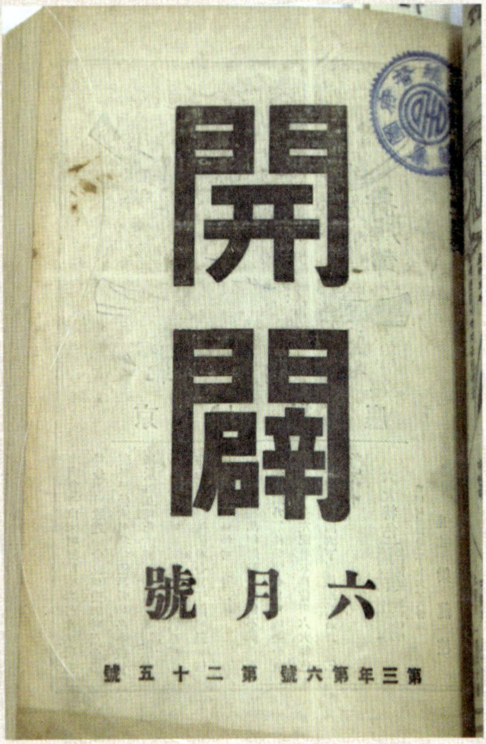
開闢
六月號
第三年第六號 第二十五號

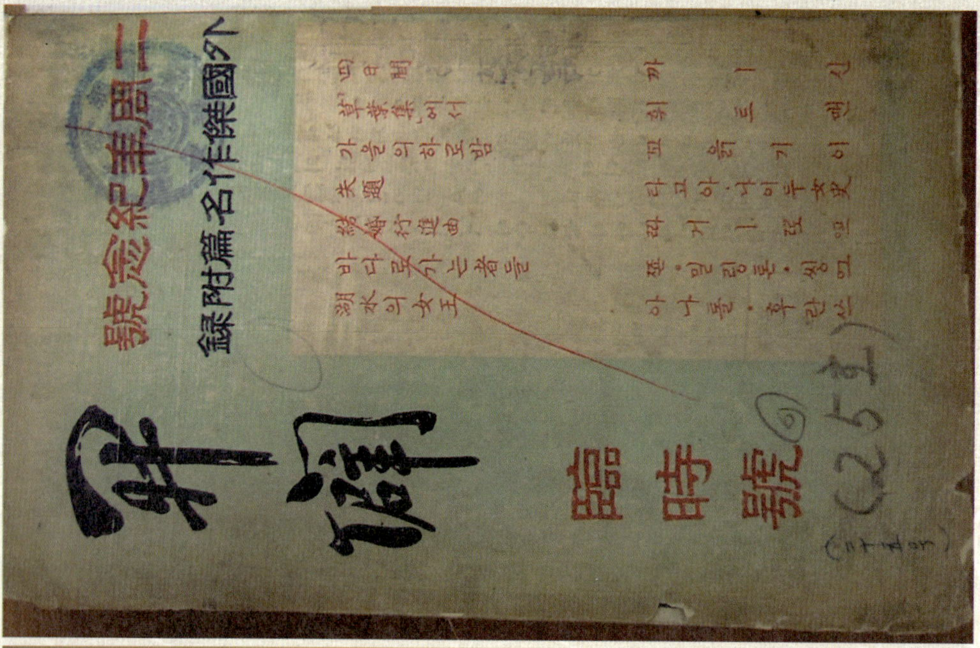

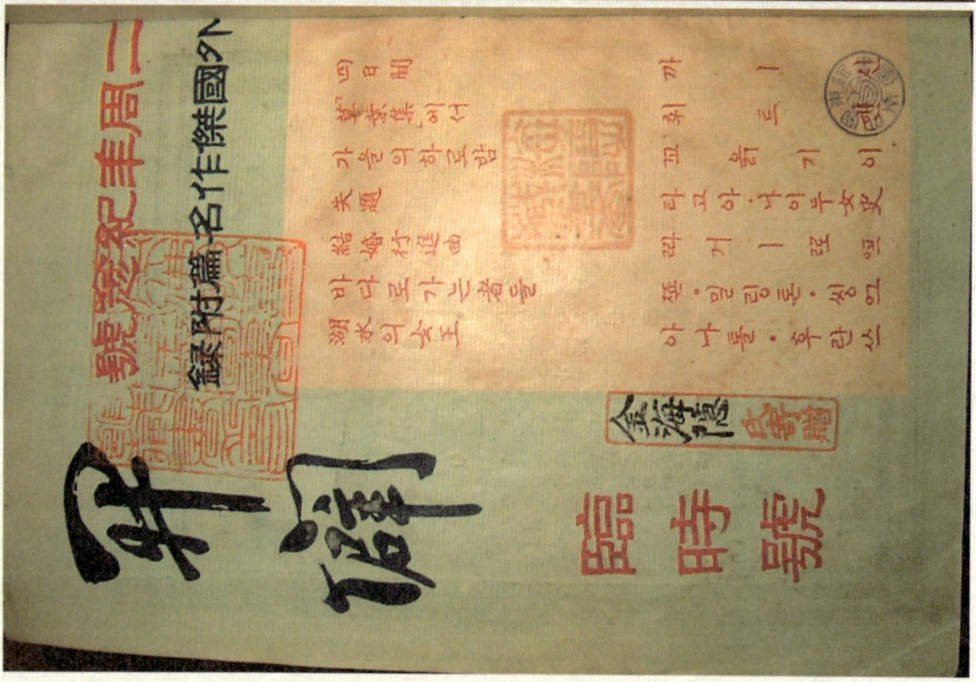

①
②

① 25호-임시호 … 세종대
② 25호-임시호 … 동국대

①

② ③

① 26호-미결 … 동국대
②③ 26호-미결(납본) … 국립중앙도서관

開闢
九月號
第三年第九號 第二十七號
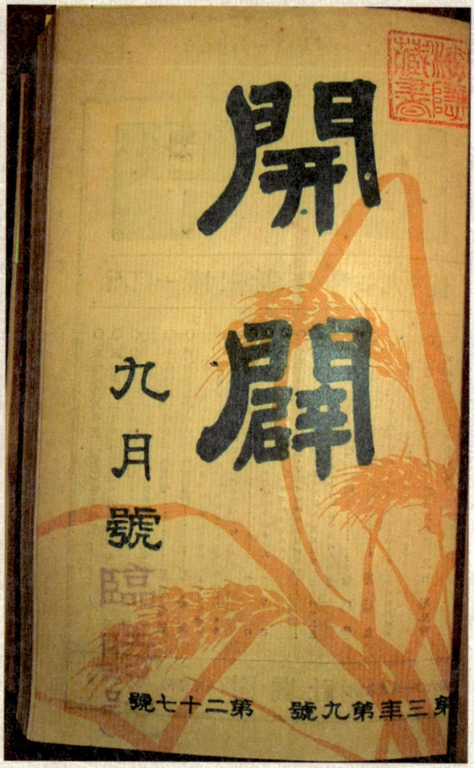
開闢
九月號
第三年第九號 第二十七號
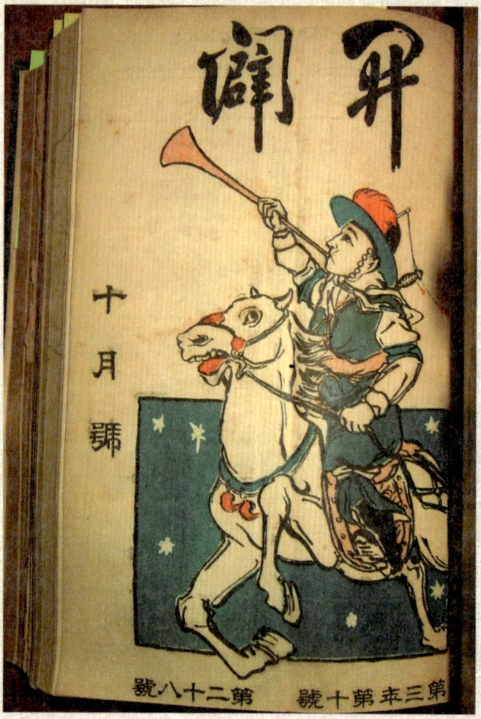
開闢
十月號
第三年第十號 第二十八號

開闢
第三年第十號 第二十八號

①	②	⑤	⑥
③	④		

① 27호-본호(검열) … 국립중앙도서관
② 27호-임시호 …동국대
③ 28호-본호 … 동국대
④ 28호-본호 … 고려대
⑤ 29호-본호 … 동국대
⑥ 29호-본호 … 고려대

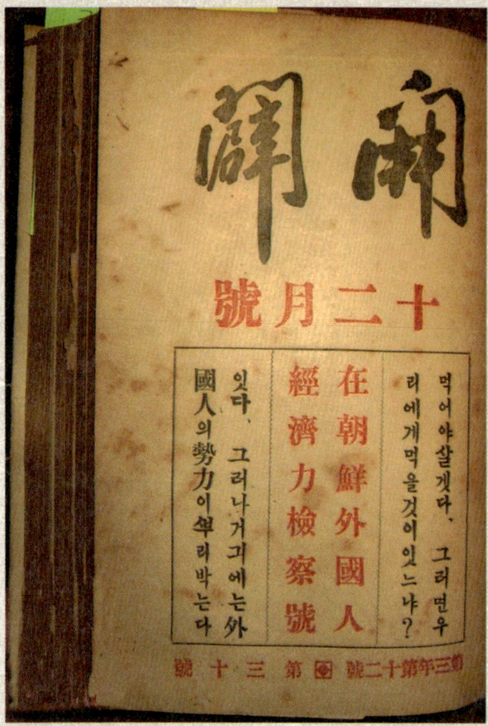

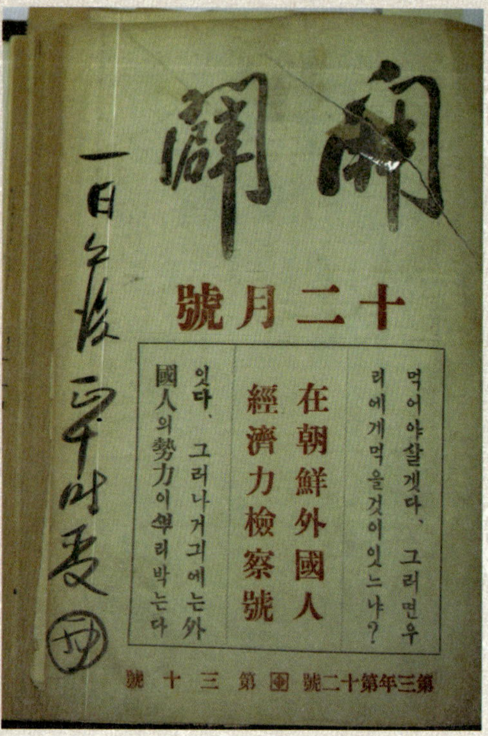

①	②	④	⑤
③		⑥	⑦

① 30호-본호 … 동국대
② 30호-본호 … 고려대
③ 31호-본호 … 동국대
④ 32호-본호 … 동국대
⑤ 32호-본호 … 국립중앙도서관
⑥ 33호-본호 … 동국대
⑦ 33호-본호 … 국립중앙도서관

LA KREADO
開闢
貳月號
金海隱氏寄贈
解放號

LA KREADO
開闢
貳月號
解放號

LA KREADO
開闢
三十三號
金海隱
三月一日發行

LA KREADO
開闢
三十三號
三月一日發行

LA KREADO
開闢
四月號
第四年第四號

LA KREADO
開闢
附慶南道號
慶尙南道
四月臨時號

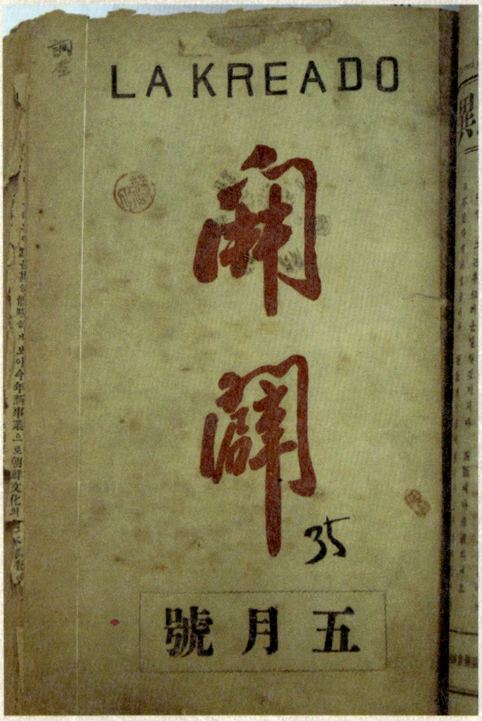
LA KREADO
開闢
五月號

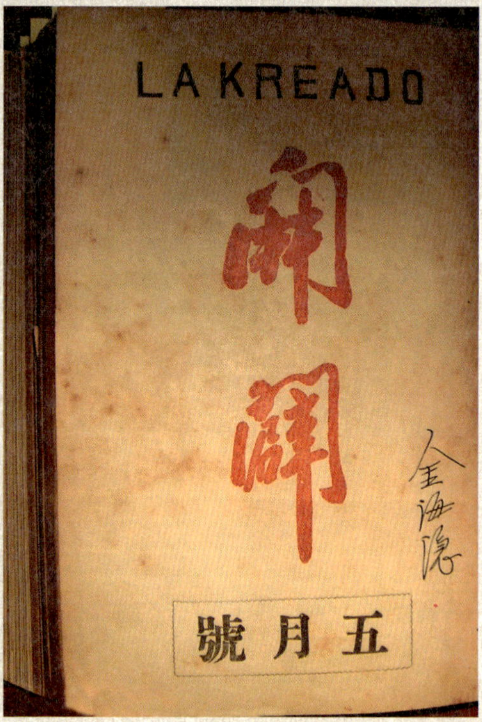
LA KREADO
開闢
五月號

① ②
③ ④ ⑤ ⑥

① 34호-본호 … 아단문고
② 34호-임시호 … 동국대
③ 35호-본호(납본) … 국립중앙도서관
④ 35호-본호 … 동국대
⑤ 36호-본호 … 동국대
⑥ 37호-본호 … 동국대

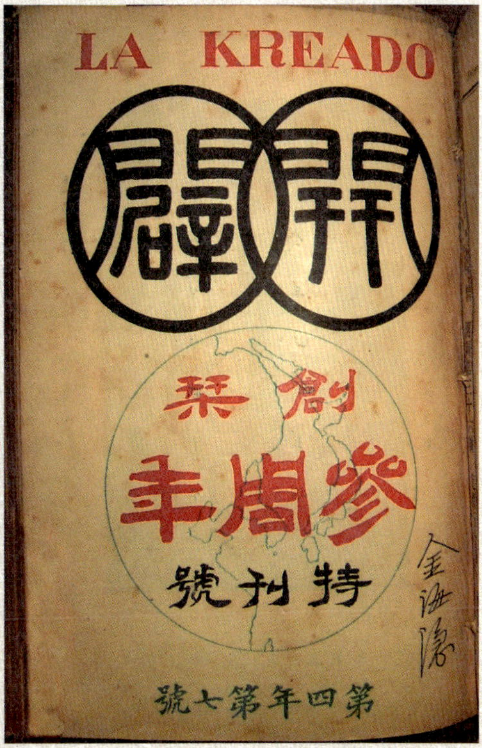

開闢
八月納涼號
附平北道號

開闢
八月納涼號
附平北道號
第四年第八號

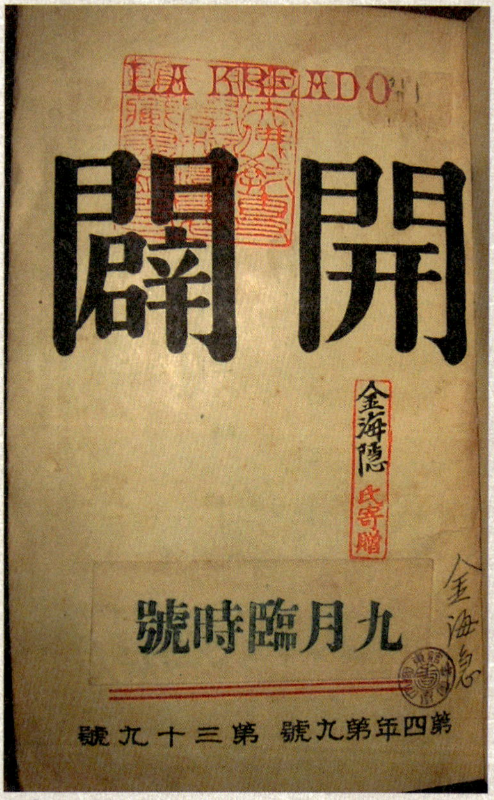
LA KREADO
開闢
金海隱氏寄贈
九月臨時號
第四年第九號 第三十九號

LA KREADO
開闢
九月臨時號
第四年第九號 第三十九號

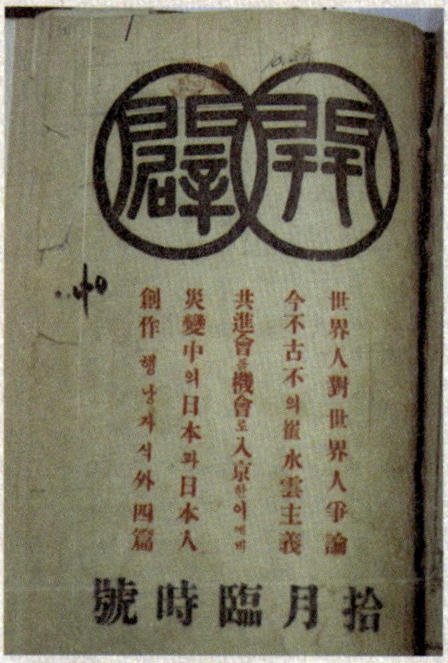

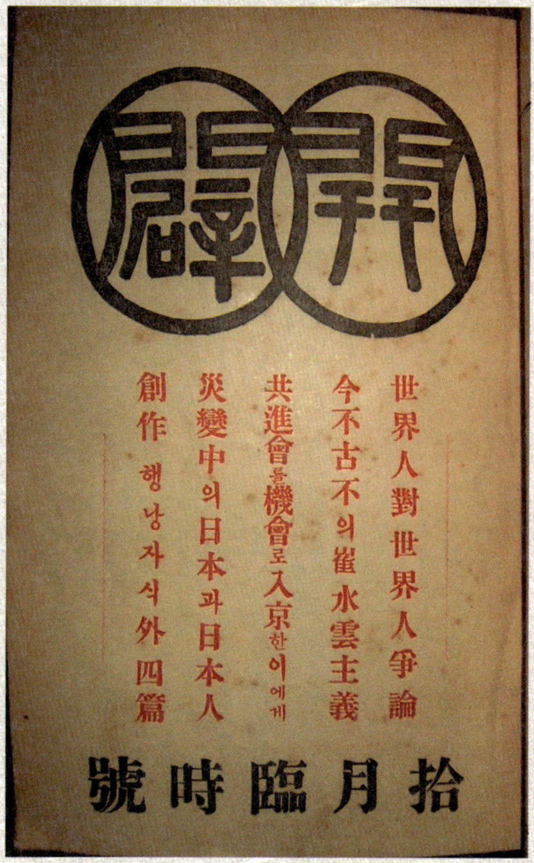

①	②	⑤	⑥
③	④	⑦	

① 38호-본호(납본) … 국립중앙도서관
② 38호-본호 … 동국대
③ 39호-임시호 … 동국대
④ 39호-임시호 … 세종대
⑤⑥ 40호-임시호(납본) … 국립중앙도서관
⑦ 40호-임시호 … 동국대

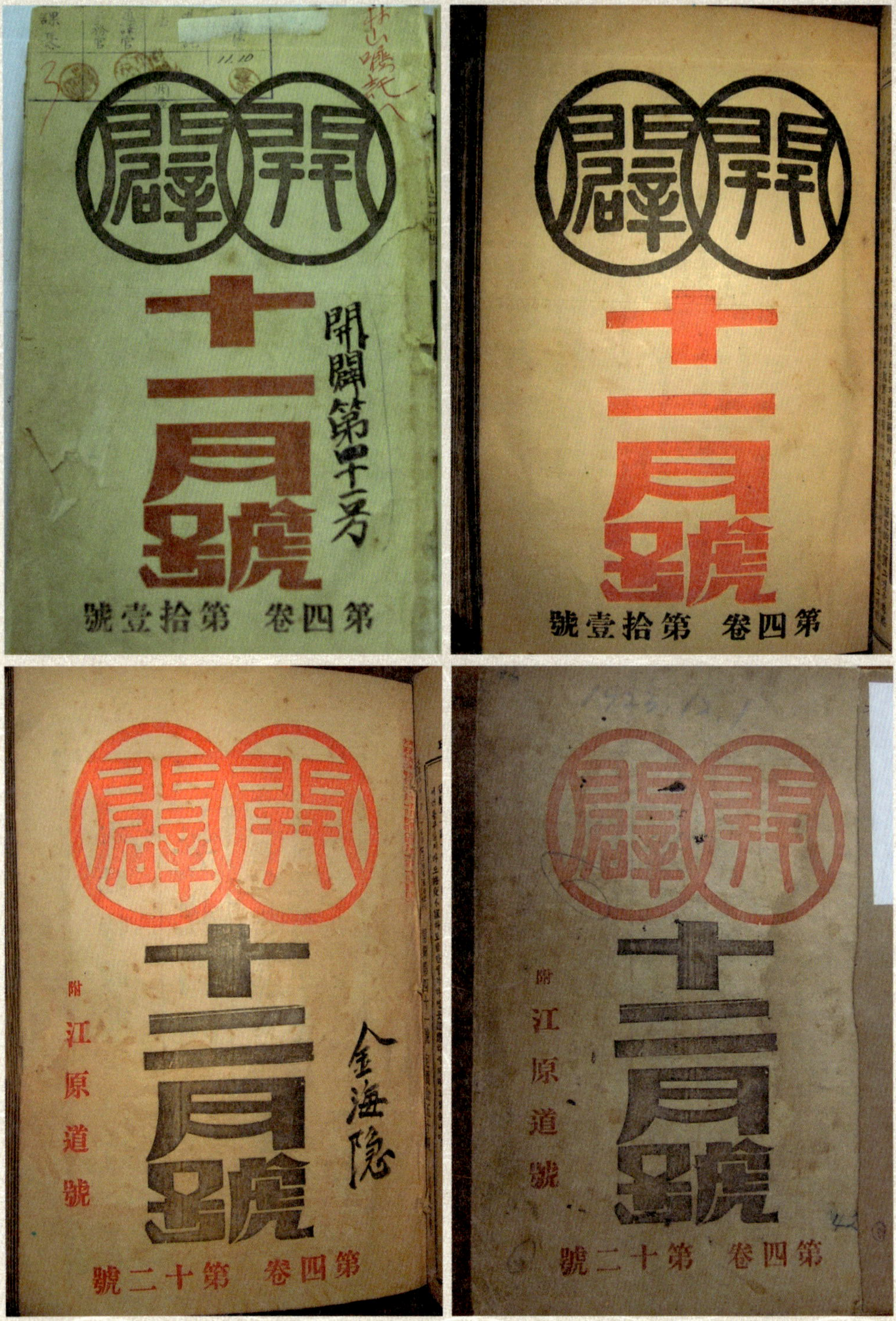

① 41호-본호(납본) … 국립중앙도서관 ② 41호-본호 … 동국대
③ 42호-본호 … 동국대 ④ 42호-본호 … 세종대

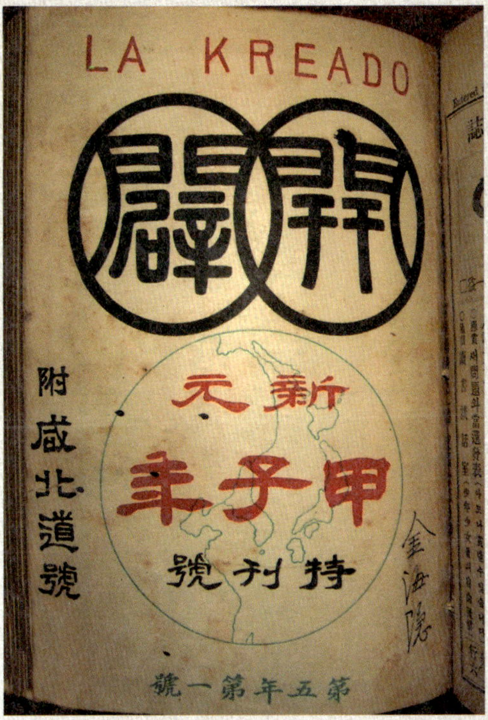

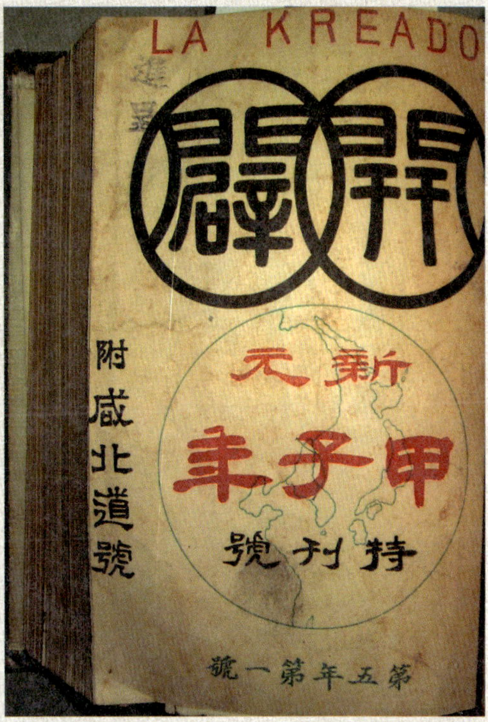

① 43호-본호 … 동국대 ② 43호-본호 … 세종대
③ 44호-본호 … 아단문고 ④ 44호-임시호(납본) … 국립중앙도서관

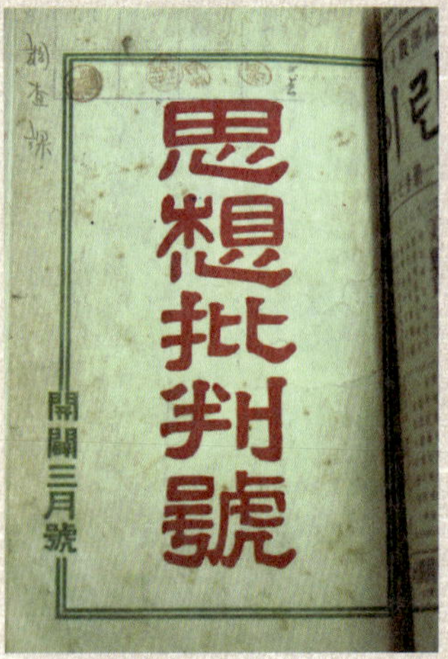

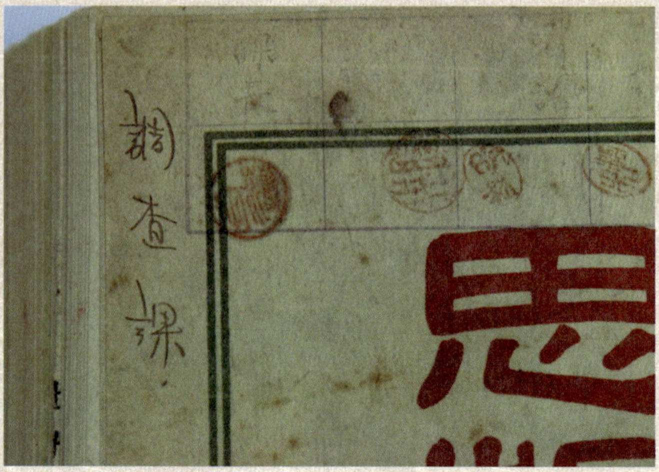

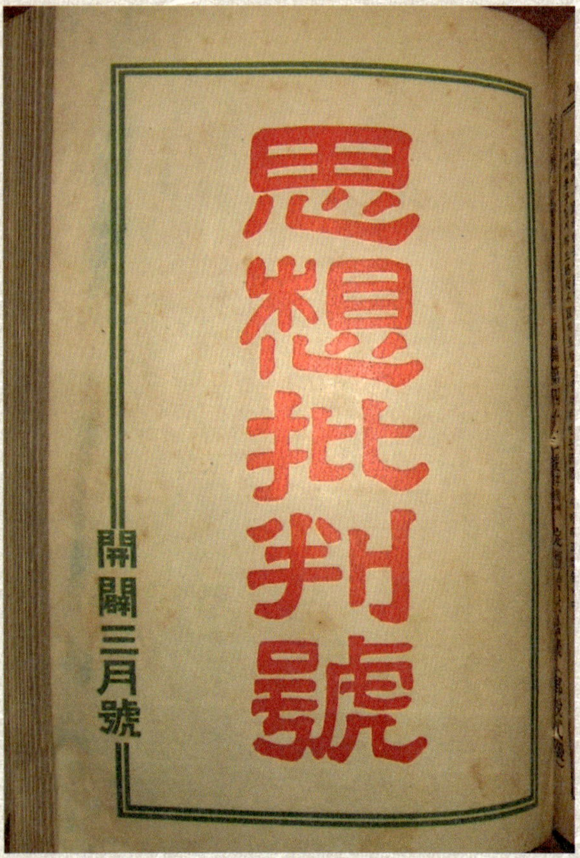

①② 45호-본호1(납본) … 국립중앙도서관
③ 45호-미결2 … 동국대

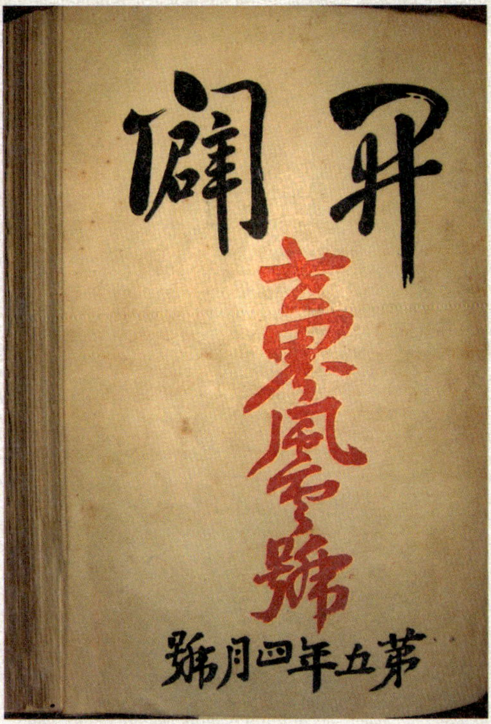

①
② ③

① 46호-임시호 … 동국대
② 47호-임시호 … 동국대
③ 47호-임시호 … 고려대

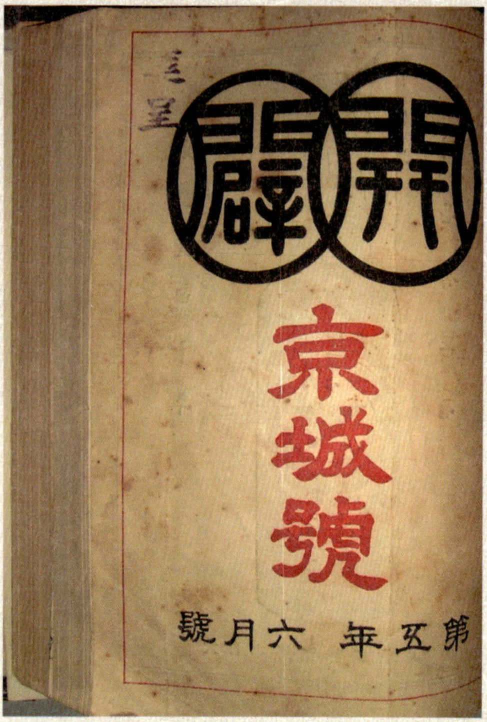

① 48호-본호 … 고려대
② 49호-임시호 … 동국대
③ 49호-임시호 … 세종대

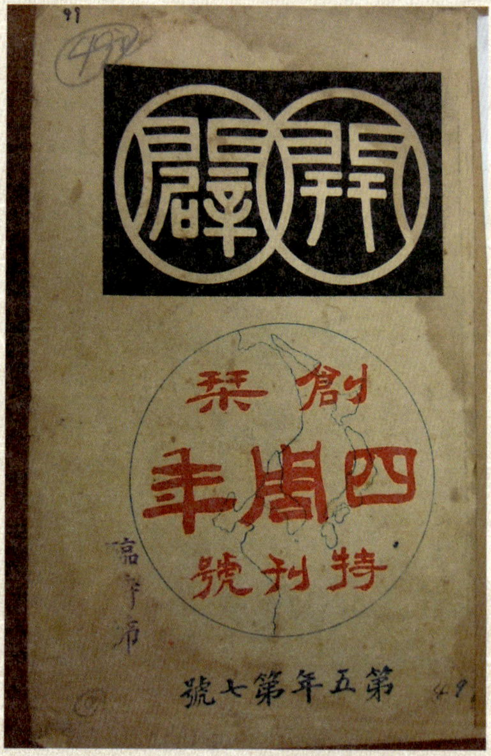

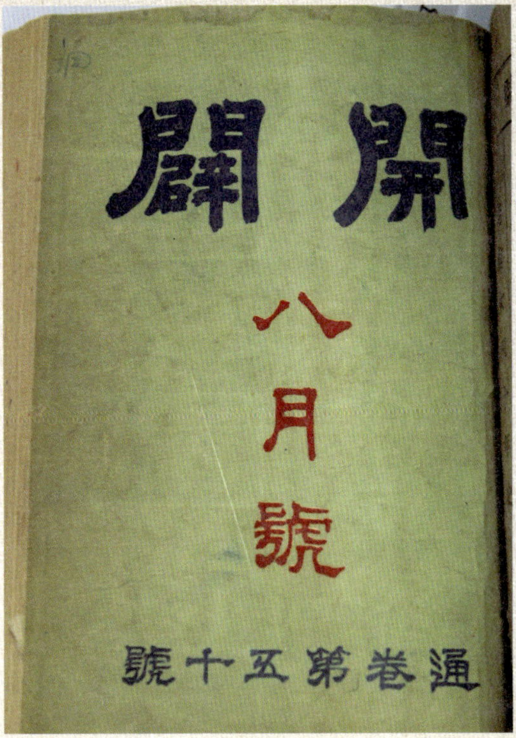

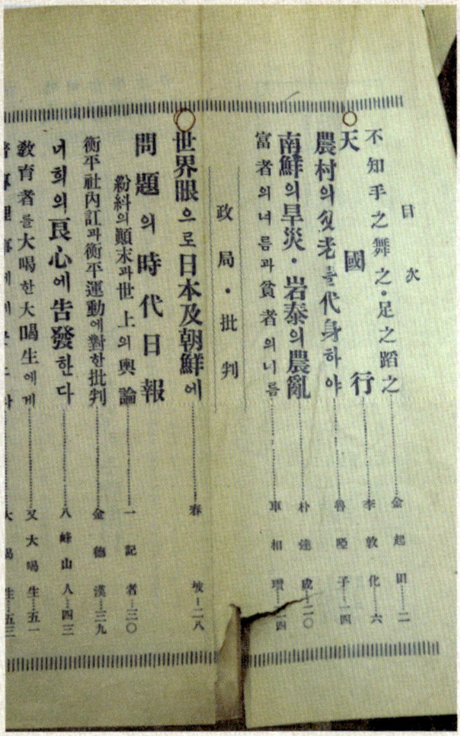

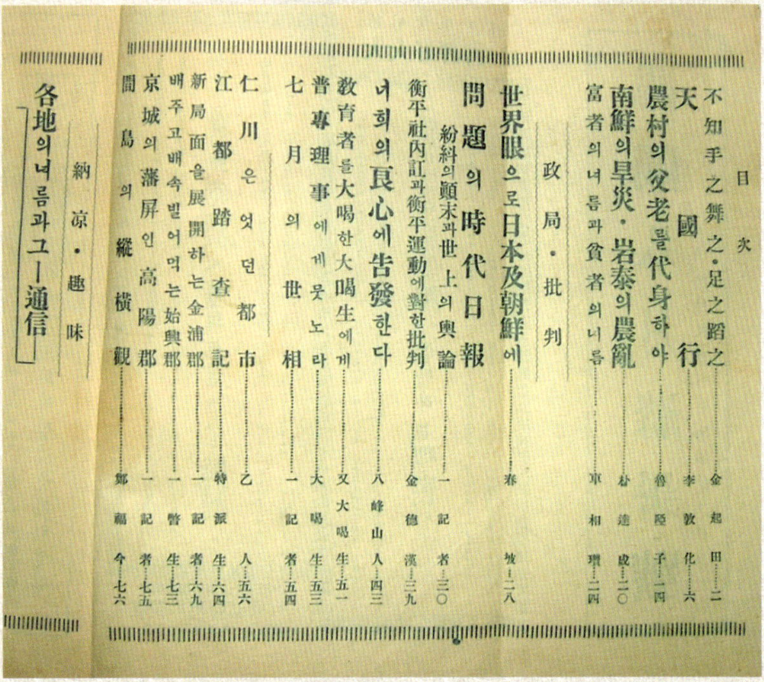

①②③

①② 50호-본호1(검열) … 국립중앙도서관
③ 50호-미결2-목차 … 아단문고

① 51호-본호 … 동국대
② 52호-미결(납본) … 국립중앙도서관
③ 52호-미결 … 동국대

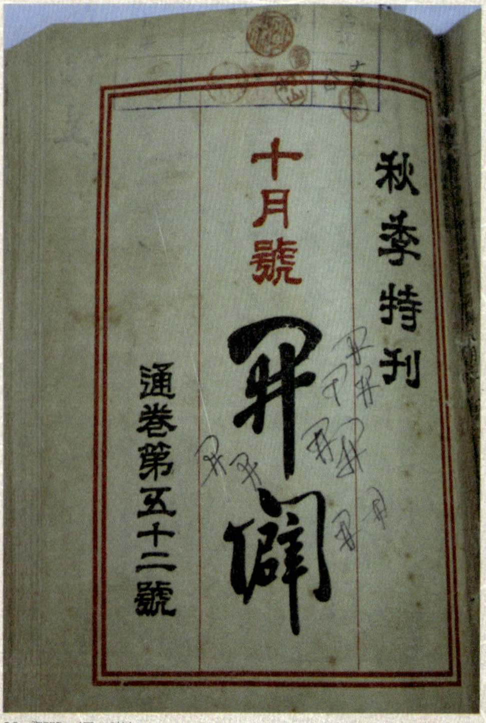

53호-미결2 … 동국대

①	②	④	⑤
③		⑥	⑦

①② 54호-미결2(납본) … 국립중앙도서관
③ 54호-미결2 … 동국대
④ 55호-미결 … 동국대
⑤ 55호-미결 … 고려대
⑥ 56호-미결2(납본) … 국립중앙도서관
⑦ 56호-미결2 … 고려대

개벽
第六年第一號
開闢新年增大號

개벽
第六年第一號
開闢新年增大號

開闢二月號
개벽
通卷第五十六號

開闢二月號
개벽
通卷第五十六號

① 57호-호외 … 고려대
② 57호-호외(납본) … 국립중앙도서관

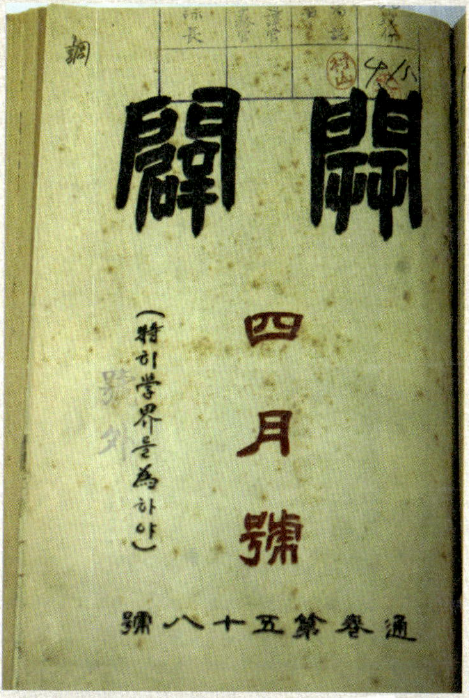

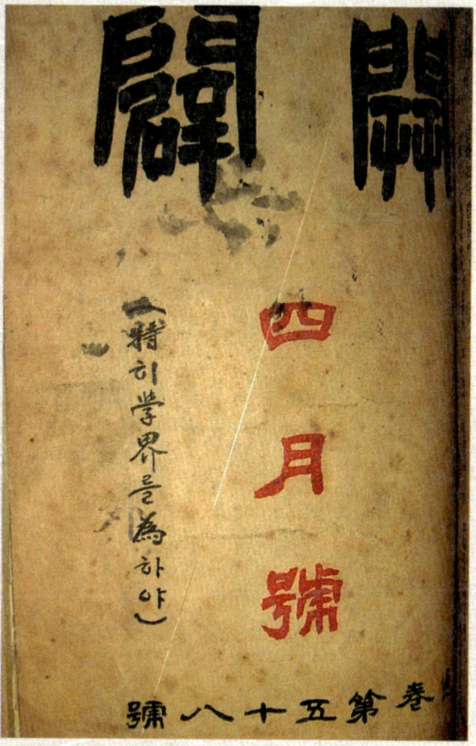

① 58호-호외(납본) … 국립중앙도서관
②③ 58호-호외 … 고려대

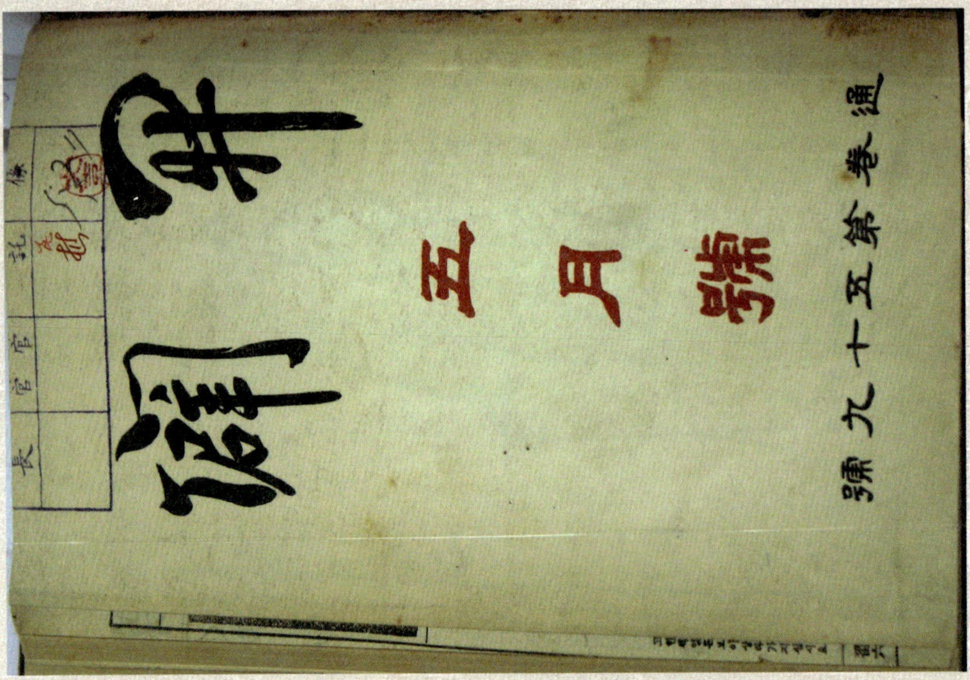

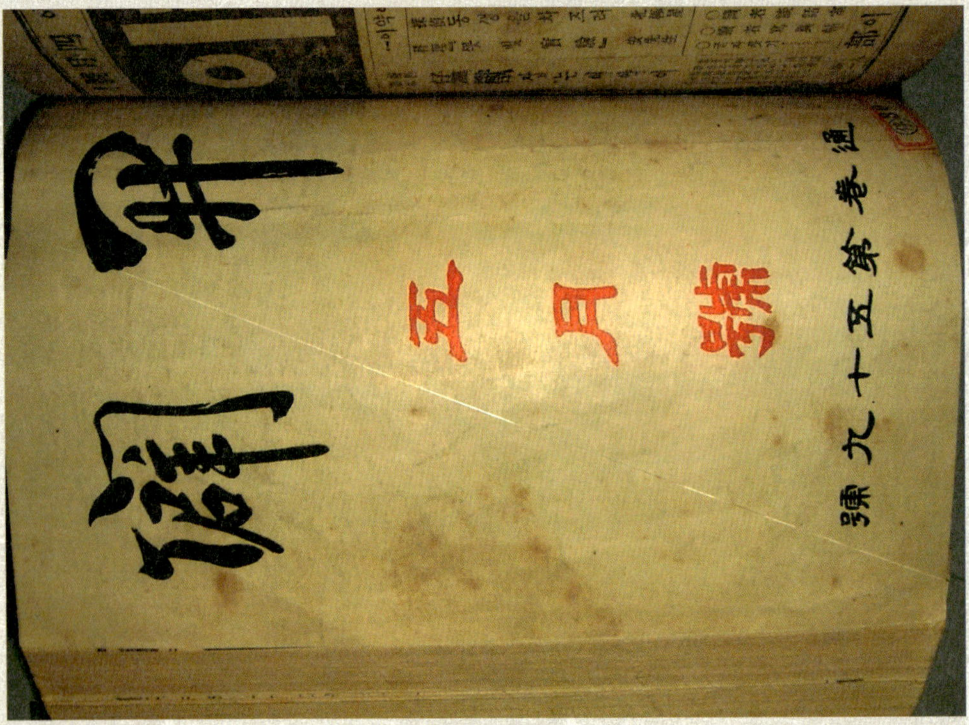

①
②

① 59호-미결(납본) … 국립중앙도서관
② 59호-미결 … 고려대

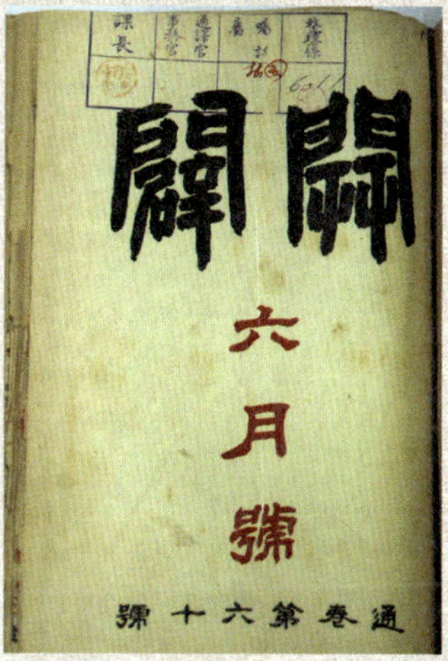

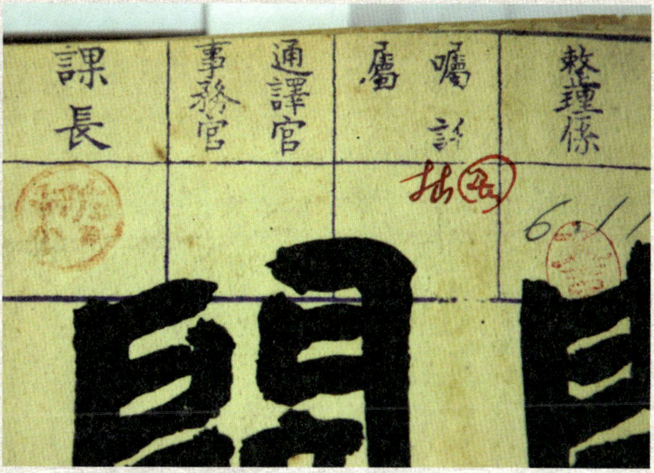

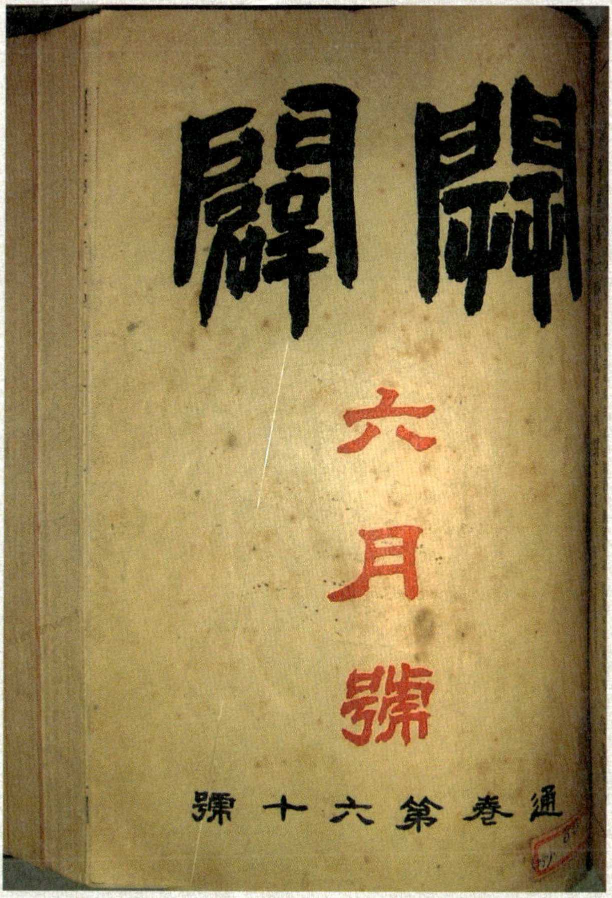

①	②
③	

①② 60호-본호(납본) … 국립중앙도서관
③ 60호-본호 … 고려대

① 61호-미결 … 세종대
② 61호-미결 … 고려대

① 62호-미결 … 세종대
②③ 63호-호외1 … 아단문고

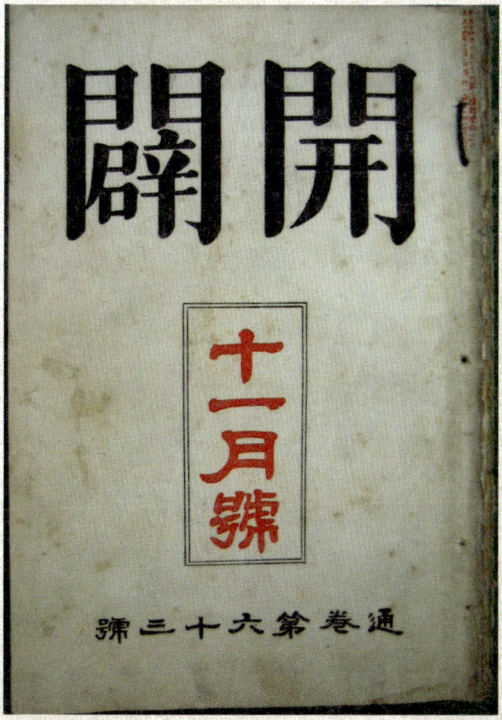

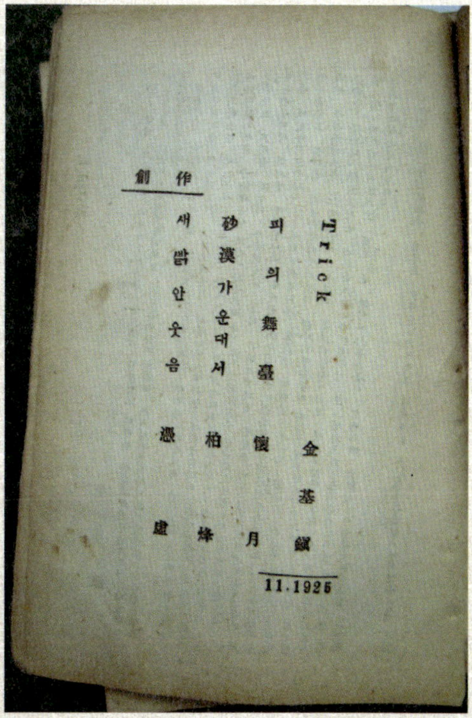

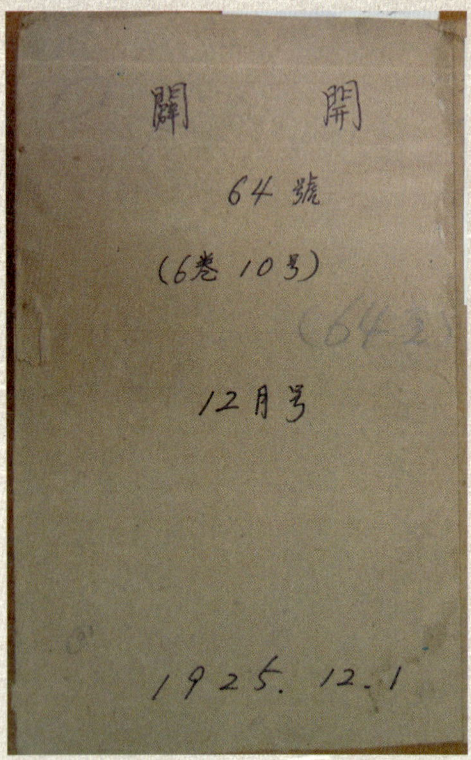

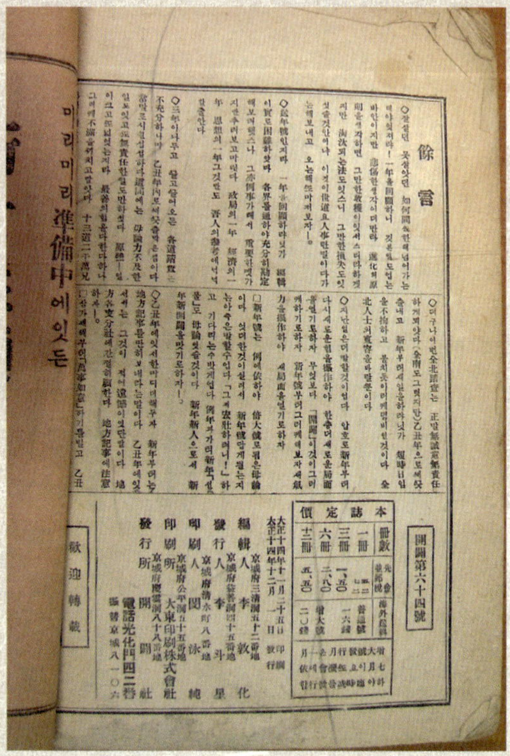

①② 64호-호외 … 세종대
③ 65호-본호 … 세종대

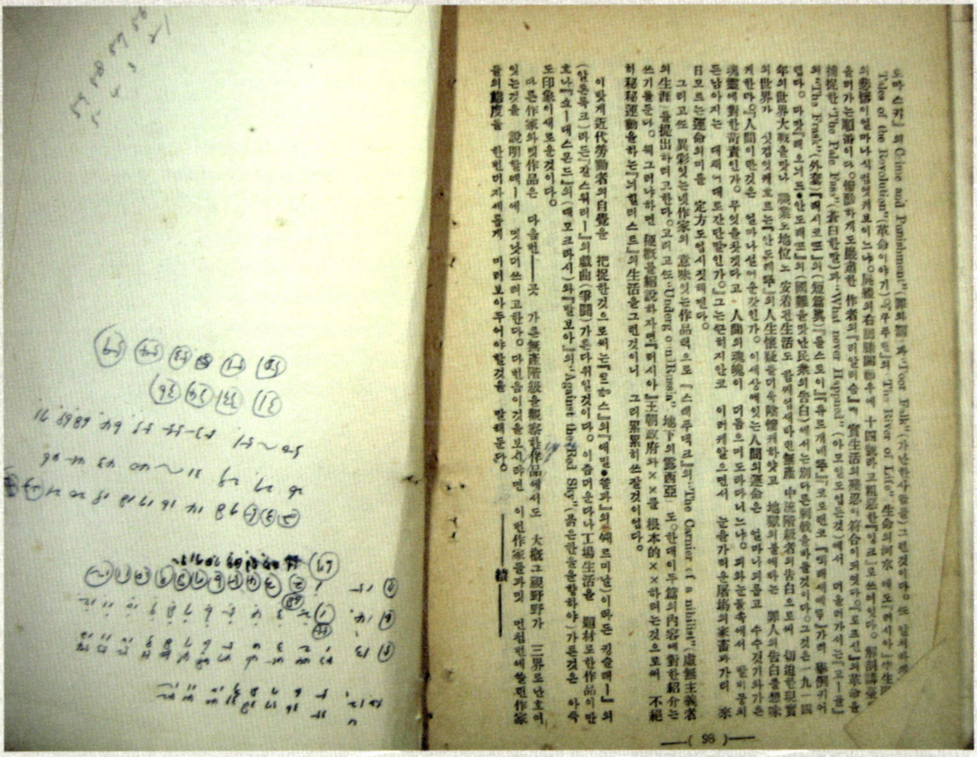

①②66호-미결1 … 아단문고
③66호-미결2 … 세종대

① 67호-호외 … 세종대
②③ 67호-본호 … 아단문고

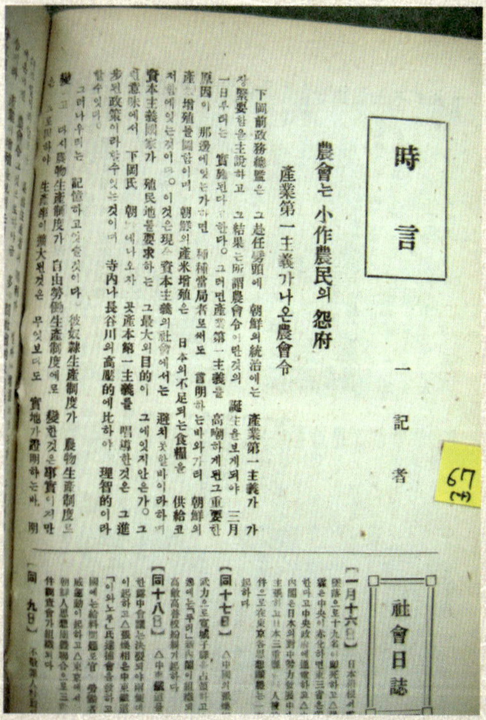

①

② ③

① 68호-미결 … 세종대
② 69호-미결 … 세종대
③ 69호-미결 … 아단문고

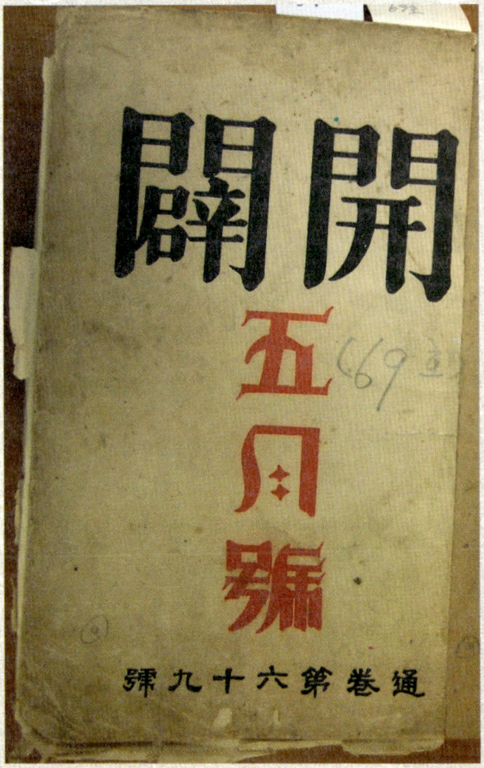

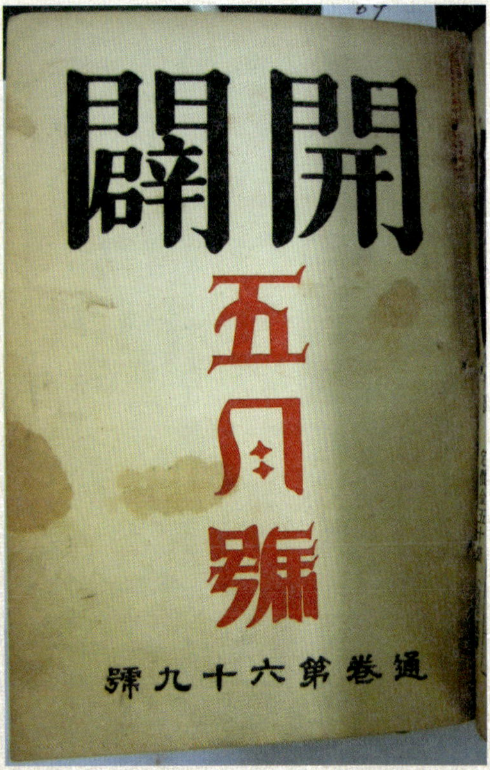

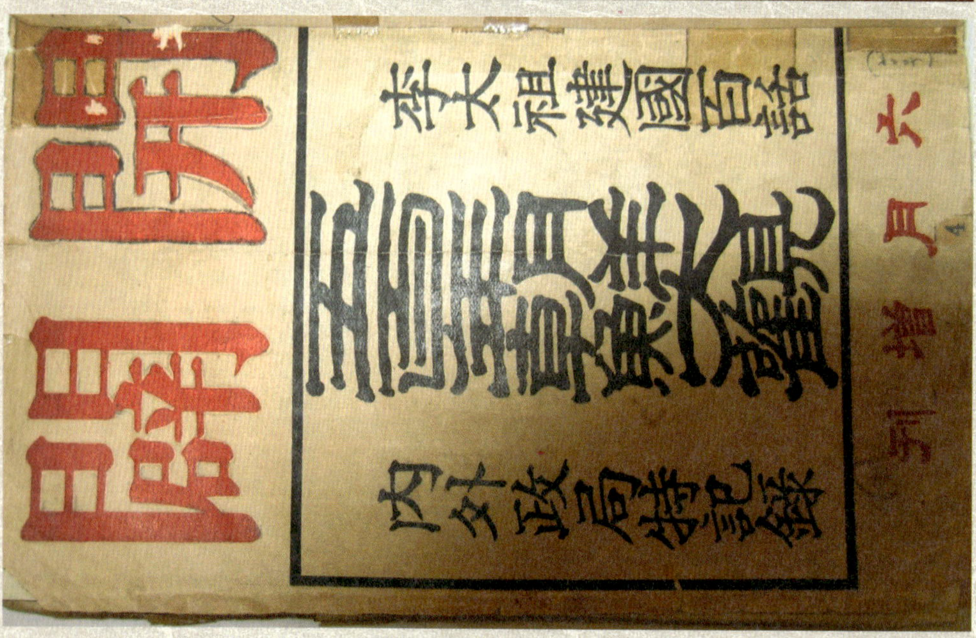

①
②

①② 70호-미결2 · 3 … 세종대

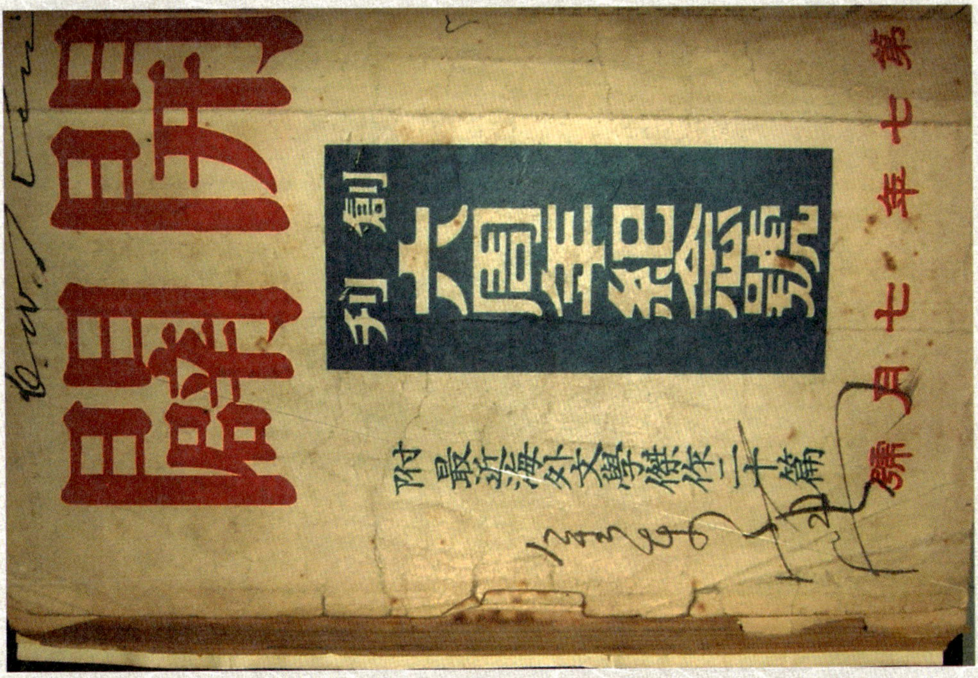

① 71호-본호1 … 아단문고
② 71호-미결2 … 고려대

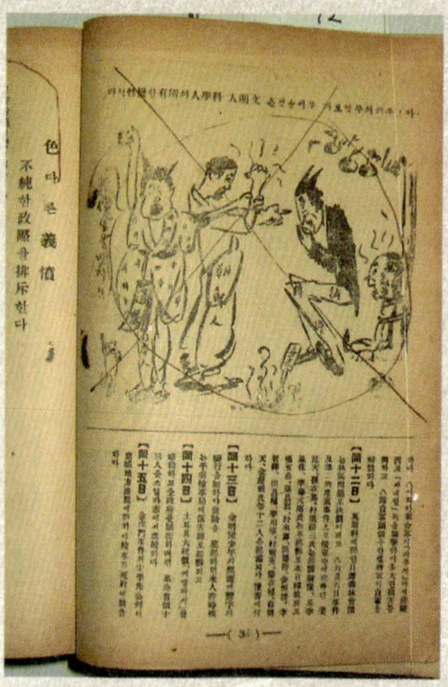

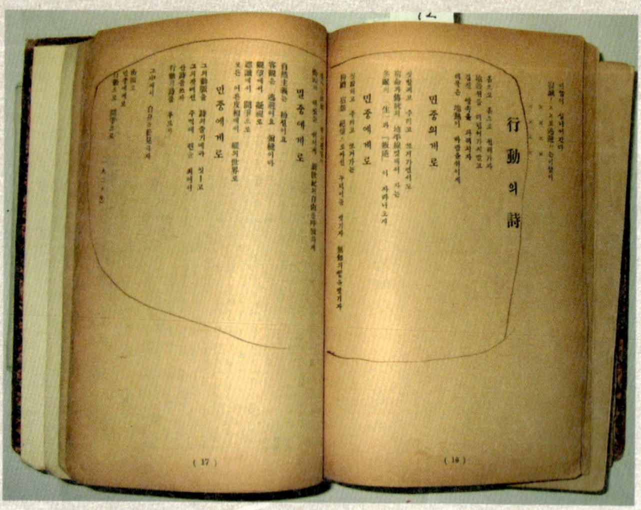

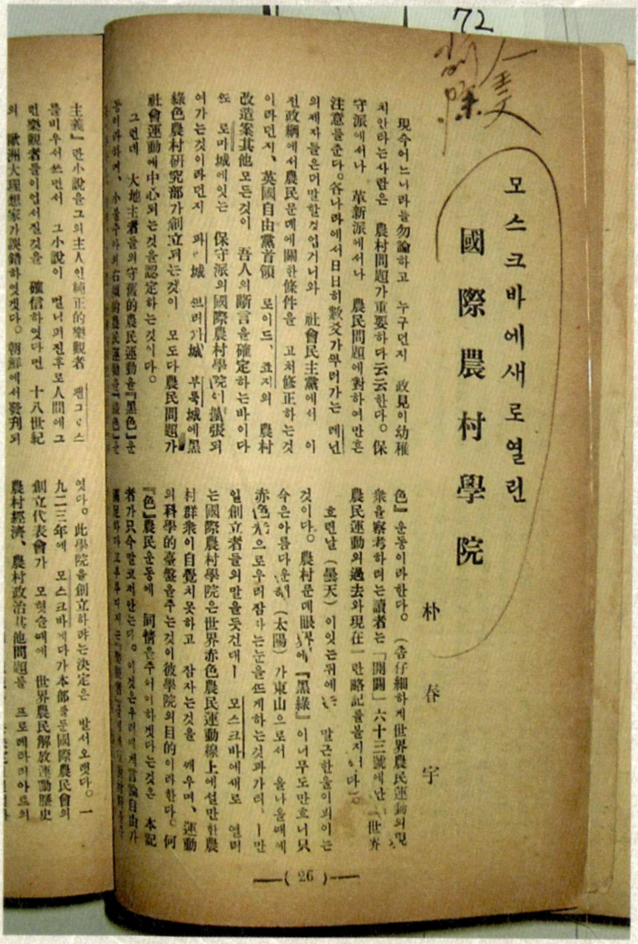

① ②
③

①②③ 72호-본호(검열) … 아단문고

문화제도는 총체로서의 역사가 인간 삶과 교호하며 개인과 사회에 새겨놓은 정신의 돋을새김이다. 역사의 운동은 문화를 매개로 인간에 수렴되며 인간이 사회적 지향성을 물질화하는 곳에서 제도의 현실적 의미가 탄생한다. 그런 점에서 근대문화제도란 근대라는 특정한 역사의 시공간이 주형해낸 물질화된 지향성이며, 삶을 양식화하는 구조이자, 인간의 제반 실천을 작동시키는 조건이다. 따라서 근대문화제도에 대한 탐구는 삶의 양식과 표상체계, 사상의 외연과 내포를 포괄적으로 설명하려는 학문적 문제의식의 소산이다.

근대학문의 분절적 방법론으로는 현실의 실체를 파악하기 어렵다는 것이 이제 자명해졌다. 우리는 근대인들이 겪었던 경험적 시공간의 성격을 보다 깊게 그리고 통시적으로 탐구하는 것이야말로 그러한 한계를 극복하는 하나의 해결책이 될 수 있다고 판단한다. 문화연구의 의미와 가치는 이 점과 연관되어 있다. 이것은 근대 연구의 인간 중심화를 의미한다. 이를 통해 국가를 중심에 둔 연구방법의 오랜 지속이 초래한 건조한 근대의 상이 물러나고 현실의 '인간'이 연구의 새로운 중심으로 부상하고 있다. 사회와 역사 연구의 흐름이 구체적인 인간 삶의 현실과 실천 중심으로 재편되고 있는 것이다.

그러나 현재의 문화연구가 학문적·현실적 의무를 다하기 위해서는 보다 냉철한 통찰이 필요하다. 거대담론으로 삶을 재단하는 병폐를 극복해야 하는 것처럼 역사와 인간을 고립시키고 분자화하는 오류 또한 재고되어야 한다. 특정한 연구경향을 '새로운 보편'인양 강조하는 방법의 물신화나, 일상의 표피적 복원이 야기하는 정치성의 은폐와 같은 문제들도 비판되어야 한다.

우리는 문화연구를 제도를 매개로 하여 재구조화하려고 한다. 문화제도는

근대문화제도 연구총서 02

문화제도는 총체로서의 역사가 인간 삶과 교호하며 개인과 사회에 새겨놓은 정신의 돋을새김이다. 역사의 운동은 문화를 매개로 인간에 수렴되며 인간이 사회적 지향성을 물질화하는 곳에서 제도의 현실적 의미가 탄생한다. 그런 점에서 근대문화제도란 근대라는 특정한 역사의 시공간이 주형해낸 물질화된 지향성이며 삶을 양식화하는 구조이자 인간의 제반 실천을 작동시키는 조건이다. 따라서 근대문화제도에 대한 탐구는 삶의 양식과 표상체계, 사상의 외연과 내포를 포괄적으로 설명하려는 학문적 문제의식의 소산이다.

『개벽』 연구

● 최수일 지음

소명출판

구조와 인간, 거대 담론과 구체적 삶이 교호하고 횡단하는 접점이다. 한국 근대문화제도는 한국의 역사적 맥락 안에서 구성되기 때문에 특정한 성격과 편향을 내포하고 있다. 이를 해명하기 위해서 우리는 법률·기관·과정 등으로 존재하는 제도만이 아니라 그 이면에서 은밀하게 작동하는 권위와 관행들을 포괄적으로 논의할 수 있는 분석의 틀을 구축하고자 한다. 기존의 국가주의나 제도 물신화에 거리를 두면서 한국적 근대의 편향에 작용한 힘들과 그것의 구성 과정을 온전히 드러내기 위해서는, 그리고 특정한 역사적 시공간 안에서 한 사회의 문화적 성격을 구성했던 인간의 궤적을 이해하기 위해서는 이렇듯 확장된 제도 개념을 통한 접근이 필요한 것이다.

이를 구체화하기 위해서 무엇보다 근대문화제도의 복합적 양태에 대한 기초연구가 시급하다. 우리가 근대문화제도의 기반연구와 관련 자료의 축적에 일차적인 관심을 두는 것은 이때문이다. 그것이 학문의 폭과 깊이를 심화하는 데 기여할 것으로 우리는 확신한다. 그러나 기초연구가 우리가 추구하는 연구의 귀결점은 아니다. 사실에 주목하되 구조를 놓치지 않으며 사실과 구조가 지시하는 역사의 향방을 날카롭게 포착하여 창조적인 이론의 수립으로 나아가야 할 시점이다. 근대문화제도가 우리의 현실을 구성했던 것처럼, 그것에 대한 연구가 미래의 얼개를 구성하는 데 어떻게 기여할지를 논구하는 것이 우리의 궁극적인 목표다.

이러한 목표를 몇몇 사람의 의지와 노력으로 이룰 수는 없다. 이에 우리는 보다 많은 연구자들과 대화하고 협력하며 관련된 문제를 풍부하게 드러내기 위해 '근대문화제도 연구총서'를 간행한다. 우리는 이 자리가 많은 연구자들이 상호교류하고 토론하며 학문을 진전시키는 계기이자 공동의 집이 되기를 희망한다. 이제 과거를 딛고 일어서, 학문과 현실의 미래를 위해 우리의 이성을 수고롭게 하자.

기획위원　유선영 박헌호 한기형

:: 차례

부록 차례

표 차례

사진 차례

:: 책머리에

이 책은 지난 십 년간 『개벽』에 머물렀던 나의 자취이다. 박헌호 선생의 손에 이끌려 '상허학회'의 '『개벽』 읽기 모임'에 나간 것이 1999년 여름이었고, 『개벽』으로 학위논문을 적은 것이 2002년 봄, 이후 『개벽』과 관련된 글들을 산발적으로 적으며 4~5년을 보내고 이제 2008년의 여름을 맞이하고 있으니, 십 년을 『개벽』과 동반했다고 해도 잘못된 말은 아닐 터이다. 돌아보면 이 세월 참으로 다사다난했다. 나의 무지로 인해 벌어진 아찔한 순간도 있었고, '공부한다는 것'에 대한 회의에 침전되기도 했으며, 사람들 사이에서 수차례 의심받기도 또 그 이상으로 의심하기도 했다. 하지만 '인간'에 대한 회의로 나의 '낚시 솜씨'는 더욱 빛나는 바가 있었고, 애초의 꿈이었던 '남에게 인용되는 글'도 몇 편 적었으며, 드디어 책도 내게 되었으니 그 행불행에 치우침은 없는 듯하다.

이 책은 「1920년대 문학과 『개벽』의 위상」이라는 학위논문을 근간으로 하여 전후에 발표한 수편의 『개벽』 관련 글들을 재배치한 것이다. 내가 책에서 가장 강조하고 싶었던 것은 학위논문을 적을 때와 달라진 바가 없으니, 『개벽』이라는 매체 자체에 주목해야 한다는 것이다. 즉 매체란 이미 생산된 담론이나 문학을 담아내는 시험관 같은 존재가 아니라 역동적으로 그것들을 생산하고 창조하기도 하는 적극적이고 능동적인 실재였고, 이를 가장 선명하게 보여주는 존재가 『개벽』이라는 것이다. 매체에 무게중심을 두어야 한다는 발상은 당연히 책의 목차 편제에도 영향을 주었다. 검열의 문제를 통해 『개벽』과 식민체제의 역학관계를 살핀다(2장). 유통망과 독자층을 검토하여 『개벽』의 재생산 체계를 분석한다(3장).

또 『개벽』의 편집체계와 사상담론을 분석하여 그 미디어전략을 추론한다(4장). 나아가 『개벽』이 이끈 문학사적 변화를 탐색한다(5장)는 목표의 이면에는 궁극적으로 『개벽』의 총체성에 대한 갈증이 자리하고 있다. 문제는 '어떻게' 이에 도달할 수 있는가였다.

나는 책에서 이에 대해 세 가지를 이야기했다. 첫째는 『개벽』 연구 혹은 매체 연구를 위해 독법(讀法)을 바꾸자는 것이다. 즉 『개벽』을 '통째로' 읽어냄으로써 학문 분야나 관심사에 따라 자료를 뽑아 보는 관행을 바꾸고, 자연스럽게 매체 연구 혹은 학제간 연구의 활성화를 위한 '본원적 축적'을 도모한다는 것이다. 『개벽』에 대한 통독은 산발적으로 흩어져 있는 기존의 개별 연구 혹은 부문별 연구를 종합하고, 이러한 종합 과정을 통해 거꾸로 개별 연구 혹은 부문별 연구가 새로운 차원에서 활성화될 수 있다. 둘째는 '실증'이다. "자료가 스스로 말하게 하라"는 『개벽』 연구(매체 연구)의 훌륭한 모토다. 『개벽』의 전체상에 다가서는 데 가장 큰 장애가 되었던 것은 '덩치와 분량'이 아니라 실증에 근거하지 않은 '주장'과 '설'이었다. 그리고 이런 선입견들, 예를 들어 『개벽』이 "종교잡지"였다거나 "천도교(준)기관지"라는 주장들은 통독과 구체적 통계 제시를 통해 극복될 수 있었다.

셋째는 시계열적 비교 분석이 수치와 통계를 비로소 '살아 있는 자료'로 만든다는 것이다. 『개벽』을 통독하면 1923년 중·후반을 경계로 담론상의 큰 변화가 일어난다는 것을 누구나 짐작할 수 있다. 통계상 사회주의 관련 논설이 급격히 증가하는 것이다. 이때 통계와 담론적 분절의 선명성에 몰입한다면 해석의 방향은 쉽게 예견된다. 이른바 대중추수적 '수용론', 즉 『개벽』의 '사회주의로의 경도'를 비슷한 시기 조선사회의 '사회주의 열풍' 속에 녹여내는 것이다. 이는 정확히 『개벽』과 신경향파문학의 밀월을 외부의 기획, 즉 김기진·박영희 등의 문학 기획으로 설명하는 방식과 닮아 있다. 여기서 『개벽』은 그냥 '그릇'이나 '시험관'에 불과한 것이다. 하지만 『개벽』의 논설(문학)을 시계열적으로 분석하게 되면 표면적

'분절'의 이면에 놓인 '연속성'을 발견하게 된다. 그리고 이런 '연속성'이야말로 『개벽』이 미디어적 전망을 역동적으로 구현했던 존재임을 증명하는 것이다.

나는 이 세 가지가 『개벽』 연구 혹은 매체 연구나 인문학 연구를 활성화하는 절대적 방법이라고 생각지 않는다. 또 이 책으로 『개벽』 연구가 일단락되었다고도 보지 않는다. 새로운 방법적 모색과 조합에는 끝이 없으며, 사석에서 입버릇처럼 말했듯이 『개벽』은 몇 권의 단행본 연구가 나와도 과하지 않은 대상이다. 다만 한 연구자의 십 년간의 분투와 시행착오의 결과물이라는 점에서, 비슷한 생각이나 고민을 가진 연구자들에게 요긴한 '계단'으로 쓰였으면 좋겠다. 부족함과 치우침에 대한 꾸짖음을 바란다.

본문을 손보기 전에 '책머리'를 먼저 달고 있자니 아쉬움이 많다. 어떤 부분은 필요 이상으로 '집요했고', 어떤 부분은 지나치게 '엉성하지' 않았나 싶다. 전자는 분노와 오기의 결과물이고 후자는 나태와 안일의 결과이니 어느 것도 성숙한 균형감각의 산물이 아닌 셈이다. 특히 『개벽』의 근대기획(4장)이나 문학(5장)에 대한 논의를 좀더 밀도있게 진척시키지 못한 것이 마음에 남는다. 이에 대해서는 질책을 피할 길 없다.

책머리를 쓰자니 이번에는 사람들이 사무친다. 나에게는 특별한 '원천'이 두 사람 있다. 동아시아학술원의 한기형 선생은 내 학문의 원천이요, 박헌호 선생은 인생의 원천이다. 내 학문의 실마리를 더듬으면 거기엔 한기형 선생의 「1910년대 신소설에 미친 출판·유통 환경의 영향」(1996)이 가로놓인다. 논문을 반복해서 읽던 그날 밤 내내 몸에 소름이 돋아 있었다. 박헌호 선생은 '열등의식'과 '피해의식'에 사로잡혀 있던 나와 동학들에게 인생의 '길'을 보여 준 사람이다. 체험에 바탕을 둔 명언이 하 많아서 동학들 사이에서 '어록'을 하나 만들자는 농담이 있기도 하지만 어디 말뿐이랴. 회피하려는 나를 학회로 잡아 이끈 이도 그요, 내 열등감에 더 분노하여 찬 소주를 제 몸에 붓던 이도 그였다. 북경의 한 호텔방에서 나를 빤히 건너다보며 "너는 사랑하는 사람이 있니?"라고 묻던 그 눈빛은 '마마'의 본색을 직관한 '처용'의 것이었다.

사람이 특별하다면 내게는 성균관대학교의 선배와 동학들이 모두 특별했다. 권순긍·임규찬·김성수·정우택 선생의 아량과 배려가 없었다면 공부를 지속하기 어려웠을 것이고, 나를 믿고 기다려 준 손광식·이봉범·현재원·임경순·전상기·한진일·허윤회·김영찬·박현수·이승희·배선애·박지영·이경돈·이혜령 선생의 사랑이 없었다면 나는 지금 어느 학원가의 골방에서 소주를 독대하고 있었을 터였다. 고마운 분들은 더더욱 많다.

내 공부의 전 과정을 지도해 주셨고, 당시로서는 용납되기 어려운 내용·형식의 학위논문을 흔쾌히 받아주신 조건상 선생님의 은혜를 잊을 수 없고, 전공에 구애됨이 없이 항시 후학들의 삶을 염려하시는 김시업 선생님의 사랑을 잊을 수 없다. 또 이제는 고인이 되신 윤병로 선생님의 넉넉한 자안(慈顔)이 눈에 선하다.

한평생 돈에 쫓기며 사신 부모님을 생각하면 가슴이 아프다. 장모의 병수발에 수척해진 장인어른이 안타깝고, 병으로 누우신 장모님을 뵈면 반가움과 안쓰러움이 뒤섞인다. 처녀시절 용돈 한번 주지 못한 나를 '형부, 형부' 따르던 어여쁜 처제가 병으로 고생하는 것은 차마 보기가 두렵다. 내 가진 옷의 절반이 처제의 손을 거쳤건만, 막상 몸이 아파 찾아온 처제를 한심하게 돌본 것이 계속 마음에 걸린다. 올해부터는 양가 식구들이 모두 건강하고 행복했으면 좋겠다.

나는 한때 내가 괜찮은 사람이라고 착각했었다. 하나 스스로 돌아봐도 나는 곁에서 견뎌내기에도 힘든 사람이다. 오죽했으면 동학들이 아내에게 나와 살아준 은공에 대한 보답으로 금송아지를 수여하겠다고 할까. 이처럼 주제파악은 했으나 아내에게 달라진 것은 없다. 그럼에도 나를 대하면 언제나 환하게 웃는 김귀숙은 '천사'다. 그리고 이 책은 그런 그녀에게 바치는 '악동'의 헌사다.

끝으로 책의 출판을 흔쾌히 허락해준 소명출판의 박성모 사장님께 감사의 인사를 드린다. 거친 원고를 예쁘게 갈무리해준 소명출판 식구들에게도 감사의 마음을 전한다. 또 책의 출간을 물심양면으로 도와주신 성균관대학교 대동문화연구원 임형택 원장님의 배려에 깊이 감사드린다. 원문 자료를 같이 찾아준 박지영 선생과 원문 입력을 도와준 유석환 · 박초희에게 정말 고맙다는 말을 전한다.

2008년 6월, 열목어 맥낚시를 준비하며
최수일 삼가 씀

제1장 머리말

1. 『개벽』을 연구해야 하는 몇 가지 이유

이 책은 1920년대의 '미디어적 중심'이자 '시대의 총아'였던 잡지 『개벽』이 한국 근대지성사에 기여한 바를 탐색하여 그 위상을 정립한다는 목표를 갖는다. 주지하다시피 1920년대 초·중반은 한국사회의 격동적 모색기였다. 새로운 사회에 대한 열망이 다양한 근대의 이념들을 수입했고, 그 안에서 온 사회의 제 세력들이 충돌하고 합치고 전환하는 격정적 흐름을 연출했던 것이다. 그 한가운데 『개벽』이 있었고, 그 흐름을 고스란히 담아냈다. 1920년 6월에 창간되어 1926년 8월 강제 폐간되기까지 통권 72호가 발행된[1] 『개벽』은 정치·사상·사회·역사·문화·언론·문

1) 『개벽』은 1920년 6월 25일부터 1926년 8월 1일 강제 폐간될 때까지 발행된 72호 외에도 4호짜리 '신간호'와 9호짜리 '속간(복간)호'가 더 있다. '신간호'란 1934년 11월부터 1935년 3월 1일까지 차상찬이 발행한 것을 말하고, '속간(복간)호'는 광복 후 1946

학 등 지성사 전반을 아울렀으며, 식민지 시대를 통틀어 독보적인 매체적 위상과 지명도를 확립했던 것이다.

> 잡지 "개벽"은 그 시기 사회 조건 속에서 여론을 선도하고 지성사적 영향력을 발휘했다. 우리나라 매체의 역사에서 "개벽"의 역할을 되풀이한 게 또 있을까 의문이다. 뒷날 "사상계"나 "창작과비평", "문학과지성"이 그와 비슷한 지위를 점했다고 볼 수 있다. 그러나 "개벽"은 잡지들이 시사, 문학, 학술 등의 방면으로 전문화하기 이전에 그런 역할을 감당했다. 지성사, 정치사, 문학사적 방면에서 전방위적 여론을 형성한 최초의 잡지였다. 그런 점에서는 뒷 시기 잡지들이 흉내내지 못하는 바가 있다.2)

따라서 『개벽』은 근대지성사의 보고(寶庫)로서, 1920년대를 이야기하는 연구영역에서는 결코 비껴갈 수 없는 연구대상이라고 할 수 있다. 단행본 한 권에, 『개벽』과 직접적인 관련이 있는 학위논문만 30~40여 편이 나왔고, 소논문 또한 적지 않으며, 『개벽』을 인용하거나 참고한 연구는 수를 헤아리기 어려운 상황이 이를 방증한다. 하지만 횟수와 빈도의 이면을 들여다보면 『개벽』이 그 위상과 지명도에 걸맞은 평가와 대접을 받았는지 의문이 든다. 무엇보다도 『개벽』 자체에 무게중심을 둔 연구가 드물었다는 것은 문제적이다. 즉 『개벽』을 자료로 활용한 '무엇'의 연구는 많지만, 정작 『개벽』이 무엇인지 말하거나 말하고자 하는 연구는 드물었던 셈이다. 실제로 『개벽』의 성격과 위상 등에 대한 본격 연구가 시작된 것이 최근 수년 안의 일이고, 그 전까지 『개벽』은 천도교 기관지 심지어 종교잡지라는 잘못된 평가를 받았으며, 근대사 관련 제반 연구에서는 필요한 부분을 뽑아내는 방계자료로 취급되었던 것이 객관적인 현실이었다. 『개벽』의 '정체성'에 대한 갈증은 여전히 진행형인 셈이다. 이처럼 『개벽』이

년 1월 김기전이 편집 겸 발행인으로 73호부터 호수를 이어 1949년 3월 25일 통권 81호까지 발행한 것을 가리킨다. 신간호와 속간호는 사회적 맥락이나 성격이 달라 이 책에서는 다루지 않았다.

2) 임경석 · 차혜영 외 지음, 『『개벽』에 비친 식민지 조선의 얼굴』, 모시는사람들, 2007, 7면.

근대지성사에 전방위적 영향력을 행사한 중요한 존재였음에도 불구하고 우리가 여전히 『개벽』에 대해 목마름을 느낀다는 것, 이것이 『개벽』 연구가 필요한 가장 큰 이유이다.

『개벽』 연구가 필요한 두 번째 이유는 이것이 매체 연구의 활성화나 근대매체사의 복원을 위한 초석이 될 수 있기 때문이다. 식민지 시대 신문이나 잡지에 접근해 본 사람들은 알 것이다. 지명도가 있는 매체라 할지라도 다가서는 순간 곧바로 '맨땅'에서 다시 출발해야 한다는 것을. 아주 초보적인 서지사항조차 정리되어 있지 않은 경우가 태반이고, 그나마 제공된 정보는 오류가 많아 모든 사실관계를 일일이 다시 정리해야 한다. 선행 연구자의 시각과 관점 혹은 방법론이 끊임없이 재검토의 대상이 되는 것과는 달리, 매체 자체에 대한 선행 평가는 관습적 혹은 편의적으로 반복된다. 때문에 매체에 대한 실증적 통계나 그에 기초한 분석은 기대하기 어렵고, 발행일자나 압수 횟수 등 사소한 오류는 수십 년이 지나도 교정되지 않는다. 『개벽』을 빗대어 보자. '종교잡지'라는 잘못된 평가가 수십 년간 반복되는 동안 『개벽』에 실린 전체 기사에 대한 통계나 분석은 거의 시도된 바 없었다. 누가 얼마나 많은 글과 작품을 게재했는지는 둘째치고, 필명(筆名)을 확인하는 기초 작업도 이루어지지 못했다. 전시기에 걸쳐 검열을 심하게 당한 매체임에도 원본이나 영인본의 판본을 확인한다거나 압수기사의 양이나 실제 압수 횟수를 바로잡아 검열의 실상을 파악하려는 노력도 부족했다.

식민지 시대 최대의 잡지라고 할 수 있는 『개벽』이 이러했으니 여타의 잡지가 어떠할지는 충분히 짐작할 수 있다. 1930년대의 대표적 잡지였던 『조광』과 『삼천리』가 기초적인 서지사항조차 정리되지 못한 상태인 것이 지금의 현실이다. 최근 매체연구가 학계의 새로운 방향타로 떠오르고 있지만, 이런 상황이라면 한때의 유행이나 바람에 그칠 공산이 크다. 60여 년이 흐르도록 이렇다 할 매체사(媒體史)를 갖지 못한 씁쓸한 상황이 계속될 가능성이 높다. 『개벽』 연구는 이런 문제적 현실을 돌파하는 중요한 계기가 될 수 있다. 『개벽』이 지금까지의 잘못된 연구 관행의 가장 큰 피해자이고, 바로 이런 잘못을 바로잡는 과정을 통해 매체연구의 활성화를 위한 시금석이 마련될 수 있는 것이다. 그리고 여기서 마련된 '기준'과 '방법'을 가지고 근대매체사의 복원을 도모할 수도 있을 것이다.

그런데 『개벽』 연구가 이처럼 기존 연구의 잘못을 바로잡는 연구, 또 『개벽』의 정체성을 드러내는 연구이어야 한다면, 그것은 필연적으로 '총체성'을 지향하는 '학제간' 연구일 수밖에 없다. 『개벽』의 존재방식이 본원적으로 이를 뒷받침한다. 주지하다시피 『개벽』은 정치·사상·사회·역사·문화·언론·문학 등 지성사 전반을 아우르는 '전방위적' 존재였고, 이런 점에서 인문학 전반의 제 영역들이 협력하지 않고서는 『개벽』의 본질에 도달할 수 없을 것이다. 즉 부문별 개별 연구의 성과들이 『개벽』에 무게중심을 두고 '종합'되는 과정이 필수적이라는 것이다. 기존 연구의 한계도 이와 관련이 깊다. 역사·정치·사회·민족운동 등 특정 부문에 대한 치우침이 존재했고, 무엇보다도 부문 연구의 성과들이 학제의 벽을 넘어 자유롭게 '소통'되기 어려웠다. 소통의 부재는 '종합'을 불가능하게 했으며, 결과적으로 개별 연구들이 역동적으로 재편되는 새로운 국면은 기대할 수 없게 되었다. 따라서 '총체성'과 '학제간' 연구의 지향은 기존 연구의 잘못을 가시화하는 것일 뿐만 아니라, 이를 바로잡아 『개벽』 연구의 활성화를 도모할 수 있는 키워드라고 할 수 있다. 아울러 이는 최근의 인문학 연구의 방향과도 맥을 같이 하는 것이다. 이 점이 『개벽』을 연구해야 하는 또 하나의 이유가 된다.

『개벽』을 연구해야 하는 다른 이유도 있다. 『개벽』의 전방위적 역할을 염두에 둘 때, 모든 부문들이 연구의 주요 대상이지만, 『개벽』의 문학은 그야말로 남다른 데가 있다. 우선 여느 문예 전문지에 뒤지지 않는 문학적 면모가 두드러진다. 『개벽』은 지면의 1/3 이상을 문예에 지속적으로 할애하여 72호까지 전체적으로 가장 많은 788개(37.9%)의 문학 관련 기사를 실었고, 총 552편의 시와 115편의 소설 그리고 153편의 수필과 138편의 문학론(비평)을 게재하였다. 그뿐만이 아니다. 『개벽』은 문학의 대중화를 통해 근대문학의 저변확장을 이끌었고, '체험의 기술'에 바탕을 둔 다양한 양식 실험(기록서사 등)을 통해 근대문학의 '리얼리티'를 제고시켰다. 무엇보다도 『개벽』이 '신경향파문학'의 산실로서 1920년대 문학을 이끌었다는 사실은 『개벽』의 문학적 열정과 역량을 다시 보게 만든다. 이처럼 『개벽』이 우리 문학사의 전변 과정에 깊숙이 개입한 사실은 『개벽』 연구의 필연성을 제고시킨다.

주목할 점은 1920년대 문학에 대한 기존 연구나 문학사에서 『개벽』이 변방의 '방계자료'로 취급되고 있다는 것이다. 앞서 언급한 『개벽』의 문학적 면모와 1920년대 문학지형 위에 놓인 『개벽』의 결절성을 감안할 때, 기존 연구에 대해 몇 가지 문제제기가 가능할 듯하다. 우선 1920년대 문학에 대한 기존 연구가 『창조』·『폐허』·『백조』로 대표되는 '동인지문학' 중심으로 이루어졌다는 사실을 지적할 수 있다. 문예 전문지 혹은 동인지 중심의 연구는 그 고전적 연구에 해당하는 임화, 백철, 조연현의 논의[3]는 물론이고, 김현과 김윤식의 『한국문학사』[4] 그리고 최근의 『한국소설사』[5]와 『한국근대민족문학사』[6]에 이르기까지 문학사 연구의 공통된 경향이라고 할 수 있다.[7] 특히 1920년대 초반 문학의 경우 언급되는 대상 자체가 문예동인지에 국한된다. 임화 등이 사조론적 구도로 접근한 주요 대상이 동인지작가들이요, 김윤식·정호웅 등이 '예술성의 옹호' 내지 '내면탐구의 문학'으로 내세운 존재가 『창조』로 대표되는 동인지문학인 것이다. 이 점에서는 『한국근대민족문학사』도 예외가 아니다. 신경향파

---

3) 임화, 「조선 신문학사론 서설」, 『조선중앙일보』, 1935.10.23~29(임규찬, 한진일 편, 『임화 신문학사』, 한길사, 1993, 337~350면); 백철, 『조선신문학사조사』, 수선사, 1948; 조연현, 『한국현대문학사』, 성문각, 1969.
4) 김윤식·김현, 『한국문학사』, 민음사, 1973.
5) 김윤식·정호웅, 『한국소설사』, 예하, 1993.
6) 김재용·이상경·오성호·하정일, 『한국근대민족문학사』, 한길사, 1993.
7) 문학사 연구만이 아니다. 작품론이나 작가론의 형식을 띤 개별연구 또한 동인지작가와 그 작품의 범위를 벗어나는 것이 드물다.

문학의 맹아로서 『공제』와 『신생활』이 거론되지만, 작품에 대한 구체적 언급은 생략되었다. 1920년대 초반의 경우, 한눈에 동인지문학에 집중된 논의구도를 읽을 수 있는 것이다.

동인지문학이 관심의 초점이 되는 것, 그리고 이를 기초로 성립된 '동인지문학 주류론' 자체가 문제시될 이유는 없다. '근대적 자아의 확립과 예술의 자율성 획득' 차원에서 이루어진 '내면탐구'의 경향은 1920년대 우리 문학이 낳은 귀중한 문학적 성과임이 분명한바, 연구자들이 관심을 기울이는 것은 필연적이다. 다만 이런 관심 편중이 1920년대 초반 문학의 의미망을 '내면의 발견'으로 한정시키고, 동시에 그런 의미망 밖에 존재했던 작품들을 배제시키게 된다면 사정이 달라진다. 연구사의 주된 흐름이 본의 아니게 문학사적 실상을 왜곡하는 힘으로 작용하게 되는 것이다.

실제로 1920년대 초반 우리 문학사에는 동인지문학만 존재했던 것이 아니다. 『개벽』을 비롯하여 『공제』·『신생활』 등 이른바 종합지에도 수많은 문학작품들이 산재해 있다. 이들의 존재가 중요한 것은 양적인 측면과 더불어 그 경향성에 있으니, 동인지문학이 개인의 발견에 초점을 두고 있는 것과 달리, 이들 작품들은 '민족과 사회'의 발견에 중심을 두고 개인을 바라보고 있는 것이다.[8] 따라서 『개벽』을 비롯한 종합지의 작품들은 1920년대 초반 우리 문학의 의미망을 넓힐 수 있게 하며, 동인지문학에 치우친 문학연구에 일종의 균형감각을 부여할 수 있는 존재들이라고 할 수 있다. 문제는 우리의 문학연구가 동인지문학 혹은 문예 전문지에 집중됨으로써, 종합지에 게재된 작품들이 우리 문학사의 일부가 될 기회를 제공하지 못했다는 데 있다. 『개벽』(그 문학)과 관련하여 동인지주류론 내지 동인지문학에 대한 관심 편중이 문제가 되는 것은 바로 이 지점이다.

둘째는 기존의 문학사가 '동인지주류론'의 연장선에서 신경향파문학을 이해하려 했다는 사실을 지적할 수 있다. 신경향파문학의 '산실'이었던

8) 특히 『개벽』에는 '자아의 각성과 내면의 발견'을 핵심 담론으로 하는 동인지류 작품들도 산재해 있어 주목된다.

『개벽』(문학)이 배제되고, 동인지문학이 신경향파문학과 대립적 선후관계로 연결되고 있는 것이다. 동시대인이었던 임화의 문학사 서술이 대표적이다. 그는 '대립적 선후성'으로 양자의 관계를 정리한다.[9] 동인지문학의 비판 내지 극복으로서 '경향문학'을 평가하여, 동인지문학 특히 『백조』의 해체를 '경향문학'의 출발로 파악하고 있는 것이다. 임화의 논지가 사조론적 접근법에 기대고 있다는 점을 감안할 때, 사조론적 접근법을 비판하고 있는 김윤식・김현의 『한국문학사』는 새로운 분면을 가지고 있다. 하지만 동인지문학의 연장선에서 신경향파문학을 녹여 내는 방식은 크게 달라진 바가 없다. 실제로 임화가 제기한 양자 대립 구도는 백철(『신문학사조사』)과 조연현(『한국현대문학사』)을 거쳐 최근에 이르기까지 지속적으로 힘을 발휘하고 있다.

김윤식・정호웅의 『한국소설사』가 대표적인 예다. 이들은 두 문학의 경향 차이를 '예술성'과 '이념성(계급성)'으로 대별하면서, 시기적으로 뒤에 놓인 경향문학이 '공적가치'를 앞세우는 전대 문학의 전통 위에서 '예술성'의 문학을 비판하면서 등장한 것으로 보고 있다. 문제는 상호 이질적인 두 문학이 시기적 선후로 놓이며, 이 둘이 필연적 관계로 맺어진다는 데 있다. 즉 『한국소설사』는 동인지문학과 경향문학이 서로 다른 문학전통 위에 있다는 것을 인정하면서도, 경향문학의 출발을 『백조』로 대표되는 동인지문학의 전통 속으로 다시 환원시킴으로써[10] 임화의 논지를 재생하고 있는 것이다.[11]

한편, 김재용・이상경 등의 『한국근대민족문학사』는 신경향파문학의

---

9) 임화, 「조선 신문학사론 서설」, 『조선중앙일보』, 1935.11.1~13; 임규찬・한진일 편, 『임화 신문학사』, 한길사, 1993, 350~369면 참조.

10) 김윤식과 정호웅은 『백조』를 "계급주의로의 이행 과정"으로 평가하고 있다. 김윤식・정호웅, 『한국소설사』, 예하, 1993, 107~114면 참조.

11) 이 점 또한 임화의 경우와 비슷하다. 임화는 신경향파소설의 두 경향, 즉 박영희적 경향과 최서해적 경향의 차별점을 직각적으로 인식했지만 이를 낭만주의와 자연주의의 "혼탁한 교류"로 설명함으로써, 신경향파소설의 출발을 동인지문학의 내적 과정의 산물로 치환시켰던 것이다. 임규찬・한진일 편, 『임화 신문학사』, 한길사, 1993, 363~367면 참조.

'뿌리'와 관련하여 좀더 진전된 내용을 담고 있다. 이들은 『공제』와 『신생활』에 게재된 작품들이 '문학의 계급성에 대한 초보적 인식을 담고 있었다'고 하면서, 이를 '초기 프로문학'으로 평가한다.[12] 경향문학의 뿌리찾기가 처음으로 동인지문학의 테두리를 벗어나서 진행된다는 점에서 의미가 있다.[13] 하지만 이들의 논의는 더 이상 진전되지 않는다. 그리고 그 틈을 다시 동인지의 해체와 동인지작가들의 조직활동이 채운다.[14] 종합지와 신경향파문학, 나아가 매체와 문학의 상호관계에 대한 진지한 성찰의 가능성이 닫힌 셈이다. 결과적으로 『한국근대민족문학사』는 『백조』의 해체와 분화를 '경향문학'의 출발로 보는 『한국소설사』의 관점에서 크게 나아간 바가 없는 것이다.

앞서 이미 언급했듯이 1920년대 초반 문학을 문예지, 혹은 동인지문학에 초점을 두고 바라보려는 시도 자체가 잘못된 것이 아니다. 마찬가지로 문학사가가 '신경향파문학'의 탄생을 '동인지문학'과의 연관 관계 속에서 조명하려는 것도 문제가 될 수 없다. 신경향파문학과 『백조』의 연관, 그것을 둘러싼 박영희 · 김기진 · 방정환 등의 인적소통, 그리고 '염군사'와 '파스큘라'로 대표되는 문학운동은 신경향파문학의 전체상을 복원하는

12) "초기 프로문학은 주로 1920년 이후 발간된 것 중 사회주의사상을 그 기본내용으로 하는 잡지에 처음 발표되었다. 전문적인 문학가가 아니고 사회운동을 하면서 문학분야에서도 이러한 성격을 가진 문학이 나왔으면 좋겠다는 바람으로 새로운 문학을 촉구한 이들은 비평 · 시 · 소설 등에서 초보적인 활동을 시작하였다. 주로 『공제』 · 『신생활』 등을 통해 발표된 이 시기의 초기 프로문학은 문학의 계급성에 대한 초보적인 인식을 담고 있었다." 김재용 · 이상경 외, 『한국근대민족문학사』, 한길사, 1993, 291면 참조.

13) 이 점에서 장사선의 논의는 주목을 요한다. 그가 프로문학의 기점을 1922년으로 소급해야 한다는 주장의 준거로 내세운 것이 『신생활』의 작품들이기 때문이다. 장사선, 「프로문학의 기점은 1922년 『신생활』창간으로 소급돼야 한다」, 『문학사상』, 2001.

14) "전문적인 문학가보다는 사회운동가들에 의해 이루어지던 초기 프로문학은 시간이 지나면서 차츰 전문적인 문학가들의 세계로 확대되기 시작하였다. 그리하여 1922년에는 '염군사', 1923년에는 '파스큘라'라는 문학운동단체가 성립되었고 이들 조직을 중심으로 여러 문학가들이 초기 프로문학에 참여하였다. 이 중에는 그 이전부터 문학활동을 하다가 이 시점에 이르러 초기 프로문학으로 옮겨온 경우가 대부분이었다." 김재용 · 이상경 · 오성호 · 하정일, 『한국근대민족문학사』, 한길사, 1993, 291면.

데 꼭 필요한 연구 대상이고 따라서 이에 대한 연구를 좀더 밀도있게 진전시킬 필요가 있다고 생각한다. 다만 필자는 동인지문학 중심의 연구 경향이 연구사(문학사)라는 축적된 흐름으로 관류할 때 본의 아니게 '배제의 논리'로 작동될 수 있다는 것을 지적하는 것이다. 이른바 동인지문학 주류론이 『개벽』을 비롯한 종합지의 다양한 문학 양상에 접근하는 것을 원천적으로 차단할 수 있고, 신경향파문학과 『개벽』의 상호관계 나아가 『개벽』이 '신경향파문학'의 산실이 되기까지의 분투의 과정이 문학사에서 '배제'될 수 있다는 것이다. '신경향파문학'과 관련된 기존의 논의는 이러한 우려가 '기우'가 아니었음을 잘 보여준다. 무엇보다도 우리 문학사에서 '신경향파문학'과 그 모태가 되었던 매체(『개벽』)의 상호관계에 대한 심도있는 접근을 발견하기 어렵다는 사실은 매우 문제적이다.[15)]

따라서 『개벽』의 문학에 대한 관심과 연구는 『개벽』이라는 대상 자체에 한정된 의미를 갖지 않는다. 『개벽』이 당대 최대의 종합지이자, 기존 연구나 문학사 기술의 가장 큰 피해자라는 점에서 대표성을 갖기 때문이다. 『개벽』에 대한 접근이 매체와 문학의 상호관계에 대한 본원적인 문제제기이자, 동인지문학에 치우친 연구사와 문학사에 신선한 균형감각을 제공하는 계기일 수 있는 이유가 여기에 있다. 더욱이 문학사가 지성사를 대신하곤 했던 우리의 현실을 감안할 때, 『개벽』 연구는 문학사를 교정하는 것이자, 근대지성사 정립의 첫 단추를 채우는 일이라고 할 수 있다. 1920년대의 '미디어적 중심'이자 '시대의 총아'였던 잡지 『개벽』이 한국 근대지성사에 기여한 바를 탐색하여 그 위상을 정립한다는 이 책의 목표는 이와 같은 이유에서 비롯된 것이라고 할 수 있다.

한편 이 책은 『개벽』 관련 기존 연구의 큰 도움을 받았다. 먼저 김근수의 「개벽지 소고」[16)]와 백순재의 「일제의 언론정책과 필화사건」,[17)] 이연

15) 이는 문학과 관련하여 '매체의 문제'가 심도있게 제기되지 못했기 때문이다. 따라서 『개벽』의 문학사적 위상을 새롭게 정립하기 위해서는 매체－문학의 상호관계를 본격적으로 탐색할 필요가 있다.

복의 「천도교 청년당과 신문화운동」[18] 등은 『개벽』 발간의 정치·사회적 맥락을 파악할 수 있게 하는데, 일제의 출판정책이나 천도교측의 움직임 그리고 『개벽』의 출판현황과 편집체계에 대한 개괄적 정보를 제공하고 있다. 특히 오영근의 「개벽에 관한 서지적 연구」[19]는 『개벽』에 대한 최초의 본격적 서지연구로 출판과 유통에 관한 실증적인 분석들이 담겨 있어 적지 않은 도움을 받았다.

『개벽』의 사상적 근원과 변천과정을 조망하고, 그 사상변화의 내적 계기들을 주목하는 데에는 백철의 「「개벽」 전후의 문단사조」[20]나 곽해선의 「일제하 문화운동의 변용에 관한 연구」[21] 등이 큰 도움을 주었다. 물론 『개벽』의 사상적 변천과정을 1920년대 서구사상의 수용과정으로 설명하고 있는 이 연구들은 관점 자체가 주체적이지는 않다. 『개벽』의 사회주의로의 경도를 외부세력(사회) 전면화의 결과물로 파악하거나 혹은 이전

16) 김근수, 「개벽지 소고」, 『아세아연구』, 고려대, 1966.9.

17) 이 글은 『개벽』에 대한 일제의 탄압사례와 개벽사의 대응을 개괄했는데, 특히 그 탄압의 도구가 되었던 '신문지법'의 전문을 소개하고 있다. 『신동아』 33, 1967.5, 400~411면 참조.

18) 『최수운연구』(한국사상 12, 원곡문화사, 1974)에 실린 이 글은 1920년대 초반 개벽사를 세우고 『개벽』 등을 발간한 천도교측의 움직임을 '신문화운동'으로 파악하고, 『개벽』 발간을 포함한 천도교측의 출판활동을 개괄했다. 개벽사 발행잡지들의 전모를 파악하는 데는 도움이 되지만, 소논문의 성격상 본격적이고 전문적인 접근을 위해서는 다른 자료를 보충할 필요가 있다. 가령 『천도교청년회팔십년사』(청년회중앙총부, 글나무, 2000)는 '천도교청년교리강연부'에서 출발하여 '천도교청년회'를 거쳐 '천도교청년당'으로 변모하는 천도교 조직운동의 변모양상에 대한 실증적 자료들이 제시되어 있어 『개벽』 등과 천도교 조직운동의 상관관계를 이해하는 데 큰 도움이 되었다.

19) 오영근의 작업(청주대 석사논문, 1994)은 『개벽』을 꼼꼼히 뒤져 그 유통망의 전모를 제시했다는 데 의의가 있다. 특히 분매소의 증가 현황이나 지사·지국의 설치 현황을 개괄한 점은 연구자의 노력이 돋보이는 지점이다. 다만 밝혀진 사실을 종합하고 재해석하는 데까지 나아가지 못했다는 점이 아쉽다. 『개벽』의 대중적 유통이 가진 사회·역사적 맥락이나 지역적 특색 그리고 문학사적 의의까지 점검할 필요가 있다는 것이다. 분매소나 지사의 증감에 대한 통계가 정확하지 못하고 또 이를 검증할 만한 판단 근거들이 밝혀져 있지 않다는 것도 한계라고 할 수 있다.

20) 백철, 「「개벽」 전후의 문단사조」, 『현대공론』, 1955.1.

21) 곽해선, 「일제하 문화운동의 변용에 관한 연구―「개벽」을 중심으로」, 한국정신문화연구원 석사논문, 1983.

시기와 대별되는 모순적 행보로 파악하는 방식은 『개벽』 주체들의 내적 사상투쟁(모색)의 과정을 도외시했다는 비판을 피하기 어렵다. 하지만 필자에게는 이것이 오히려 약이 되었다. 기존 연구에 대한 비판적 검토를 바탕으로 『개벽』의 사상변화의 내적 계기들을 발견할 수 있었기 때문이다. 『개벽』의 핵심 주체들을 사회주의의 적극적 주창자로 볼 수 있는가? 또 사회주의 전면화가 민족독립과 어떻게 관계맺는가? 등의 의문은 연구사 검토를 통해서 획득된 산물이다. 아울러 문학 부문에서는 앞서 언급한 다양한 기존 연구들이 큰 도움이 되었음은 물론이다.

이 책은 각 대학과 연구기관에 흩어져 있는 『개벽』 원본과[22] 네 개의 영인본을[23] 주텍스트로 삼았음을 밝힌다.

2. 매체론적 시각과 통독 그리고 실증

『개벽』의 근대지성사적 역할과 위상을 정립하기 위해서는 몇 가지 과제를 해결해야 한다. 첫째는 식민체제와 『개벽』의 역학관계를 해명하는 것이다. 식민권력이 당대 한국사회를 전일적으로 지배했던 역사적 실체

---

22) 『개벽』 원본은 국립중앙도서관 · 아단문고 · 세종대 · 동국대 · 고려대 등에 산재해 있다. 이에 대해서는 이 책의 부록인 「『개벽』 소장처 및 판본 현황」을 참조하기 바란다.

23) 개벽사본(1969~1970) · 오성사본(1982) · 한일문화사본(1987) · 박이정본(1999) 등을 가리킨다. 오성사본은 영인할 때 개벽사본을 바탕으로 하되 몇몇 제호의 판본을 달리했고, 한일문화사본은 개벽사본을 그대로 재영인했으며, 박이정본은 한일문화사본을 저본으로 영인한 것이다. 문제는 개벽사본과 오성사본은 각기 원본으로 삼은 텍스트가 달라서 둘 사이에 상당한 차이의 제호들이 존재한다는 것, 아울러 개벽사본을 그대로 영인된 한일문화사본과 박이정본도 영인과정의 실수와 착오로 미세한 차이가 존재한다는 것이다. 저본이 본호냐, 호외(號外)냐 혹은 임시호(臨時號)냐에 따라서, 또 초판이냐 재판이냐에 따라서 게재된 기사 내용이 다르며, 작게는 광고와 사고(공고) 내역에도 차이가 난다. 영인본의 판본문제에 대해서는 부록 「『개벽』 영인본의 판본 현황」을 참조.

임을 염두에 둘 때, 매체환경으로서의 식민체제와 근대 민족 매체로서의 『개벽』의 긴장관계를 조명하는 것은 『개벽』 연구의 출발점이 될 수밖에 없다. 무엇보다도 『개벽』을 둘러싼 '검열의 문제'는 그 핵심 사안이다.

둘째는 『개벽』의 재생산 체계와 그 반향을 조명하는 것이다. 즉 『개벽』이 어떻게 시대정신을 선도하는 매체로서 한 시대를 풍미할 수 있었는지를 소통(매체-독자)의 차원에서 검토하는 작업이다. 『개벽』의 출판·유통 시스템을 시계열적으로 분석하고, 그 유통 담당층과 핵심 독자층의 성격을 파악하는 작업이 그 핵심이다. 이는 근대매체로서의 『개벽』의 가능성을 확인하는 작업이자, 『개벽』이 누린 '문화권력'의 물적 기반을 재구성하는 일이기도 하다. 아울러 이는 당대 『개벽』의 인기와 지명도를 실감하는 계기도 될 것이다.

셋째는 『개벽』의 근대기획과 미디어적 전망을 체계적으로 재구성하는 작업이다. 『개벽』의 위상을 정립하기 위해서는 그 물적 토대, 즉 재생산 체계를 조명하는 작업과 『개벽』이라는 매체가 실어 나른 근대지식의 구성과 배치를 분석하는 작업이 동시에 이루어져야 한다. 『개벽』의 편집체계와 사상적 흐름에 주목하는 것은 이때문이다. 편집체계에 대한 실증적 분석을 통해 『개벽』이 구상한 근대의 모습을 재구성할 수 있으며, 그 사상적 흐름을 조망함으로써 근대미디어로서의 『개벽』의 비전과 전망을 재구성할 수 있을 것이다.

넷째는 『개벽』의 지성사적 위상 정립의 일환으로 『개벽』의 문학사적 역할과 위상을 재구하는 것이다. 문예 전문지에 뒤지지 않는 『개벽』의 문학적 면면을 꼼꼼히 실증하고, 『개벽』이 '신경향파문학'의 산실로서 문학사의 전면에 등장하게 되는 과정을 조망하는 것이 주요과제다. 이를 통해 『개벽』이 담지했던 문학적 열정과 분투가 새롭게 평가될 수 있을 것이다.

문제는 시각과 방법이다. 즉 어떤 관점에서 또 어떻게 책의 세부 주제이자 단계적 목표라고 할 수 있는 위의 과제들을 실현할 수 있는가 하는 것이다. 필자는 '매체론적 시각'으로 『개벽』에 접근하려 한다. 지금까지 『개벽』이라는 지성사의 보고가 '화두'로 떠오르지 못한 이유가 『개벽』을 유기적 체계와 동력을 갖춘 지성사의 '주체'로 인식하지 못한 결과라고 판단하기 때문이다. 가령 『개벽』이 보여준 문학적 역동성과 능동성에도 불구하고 오늘날까지 『개벽』이 문학사의 방계자료로 취급되는 현실은 문학연구에서 매체란 항상 '그릇' 이상의 의미를 갖지 못했음을 방증하는 것이다.

그런데 이런 '매체론적 시각'이 『개벽』 연구에 관철되기 위해서는 『개벽』에 대한 '독법(讀法)'도 달라져야 한다. 매체를 연구자의 관심사나 학문 영역별로 쪼개서 분석하는 학계의 일반적 풍토를 감안할 때, 동일한 독서 방식으로는 『개벽』에 무게중심을 둔 연구가 어렵다는 판단이다. 실제로 『개벽』에 대한 개별 혹은 부문별 연구가 『개벽』이란 '주어'가 사라지는 결과를 낳곤 했다는 사실은 이것이 기우가 아님을 입증하는 것이다. 따라서 필자는 필요한 부분만을 골라서 보는 이른바 '뽑아읽기'의 방식을 버리고 『개벽』 전권을 '통째로' 읽고자 했다. 이는 연구자들의 필요에 따라 매체가 해체되거나 파편화되는 최근 인문학 연구의 경향에도 하나의 경종이 될 수 있을 것이다.

한편 필자는 '제도사적 관점'에서 『개벽』을 다루려고 한다. 이는 매체 자체가 특정한 사회·역사적 현실의 반영물이되, 동시에 나름의 자율적 체계와 시스템을 갖춘 제도의 산물이기 때문이다. 실제로 『개벽』은 당대의 출판·유통제도, 출판법이나 신문지법 같은 검열제도 나아가 매체의 유통을 지배하는 시장·경제제도와 떼려야 뗄 수 없는 관계에 있었고, 그 제도들과의 역학 속에서 자신의 위상과 미래를 결정해야 했다. 특히 식민지 검열제도는 '통제와 응전'이라는 식민체제와 매체의 길항관계를 함축하는 존재였다.

그런데 '매체론적·제도사적 시각'이 제대로 된 힘을 발휘하기 위해서는 두 가지 연구방법이 필수적이다. '실증·귀납적 방법'과 '시계열적 연구방법'이 그것이다. 예를 들어 『개벽』의 재생산 체계를 분석하는 작업의 경우, 『개벽』의 출판과 유통 그리고 독자층에 대한 실증적 자료 조사가 필수적이고, 이를 바탕으로 계열별 · 시기별 통계가 마련돼야 한다. 특히 시계열적 비교분석 연구는 『개벽』의 성격 변화의 역사적 지점과 맥락들을 파악하는 데 결정적 기여를 한다. 사상분야나 문학부문에 대한 연구도 마찬가지다. 2,074개의 기사들에 대한 부문별 · 작가별 · 시기별 통계가 나오고, 이에 대한 비교분석이 이루어져야만 『개벽』의 사상 경향이나 문학 경향의 변천양상에 대한 구체적 해답이 귀납적으로 도출될 수 있는 것이다. 요컨대 실증 · 귀납적 방법과 시계열적 분석방법은 본 연구를 위해 꼭 필요한 도구라고 할 수 있다.

3. 책의 6가지 분면들

이 책은 크게 여섯 부분으로 이루어져 있다. 〈머리말〉 · 〈제2장〉 · 〈제3장〉 · 〈제4장〉 · 〈제5장〉 · 〈맺음말〉 등이 그것이다. 『개벽』을 연구해야 하는 이유와 목적, 그리고 시각과 방법에 대해 기술한 〈머리말〉과 연구의 성과와 한계를 정리한 〈맺음말〉을 제외한 나머지 네 부분이 책의 주요부임은 물론이다. 먼저 〈제2장〉에서는 매체환경으로서의 식민체제와 『개벽』의 역학관계를 '검열의 문제'를 중심으로 실증적으로 기술했다. 문화정치의 실시와 검열관련법의 정비 그리고 『개벽』의 탄생과정이 조명되고, 『개벽』의 검열 현황과 실상이 시계열적으로 분석되었다. 아울러 검열이 낳은 『개벽』의 판본문제와 문학 검열의 실상 등도 조명하였다.

〈제3장〉에서는 『개벽』의 재생산 체계와 그 반향을 검토했다. 이는 『개벽』의 근대매체적 가능성을 매체－독자라는 소통체계 위에서 점검하는 작업이다. 『개벽』의 출판·유통 시스템 전반을 시계열적으로 분석했고, 그 유통의 담당층과 핵심 독자층의 성격을 분석하는 것을 핵심으로 삼았다. 이를 통해 『개벽』이 어떻게 시대정신을 선도하는 잡지로 우뚝 섰고, 또 당대의 '문화권력'이 될 수 있었는지도 살폈다.

〈제4장〉에서는 『개벽』의 편집체계와 사상적 흐름을 주목하여 『개벽』이 지향한 근대의 모습과 그 미디어적 전망을 조명했다. 『개벽』에 게재된 2,074개의 기사들을 계열별로 분류·분석하여 근대지식의 구성과 배치문제를 살폈고, 문화운동에서 계급운동으로로 급격히 선회하는 『개벽』의 사상적 변모양상을 매체의 역동성이란 차원에서 검토했다.

〈제5장〉에서는 『개벽』이 우리 문학사에 끼친 영향을 담론적 차원, 양식적 차원, 리얼리티의 차원으로 세분화하여 살폈고, 『개벽』의 문학적 역동성 속에서 '신경향파문학'의 탄생을 조명코자 했다. 요컨대 1920년대 초·중반 『개벽』이 우리 문학사의 주요 결절에 존재했고 작용했던 '실체'였다는 것을 밝히고자 하였다.

〈부록〉에는 연구 과정에서 얻은 각종 목록·통계표·사진·색인 등을 실었다. 모두 10여개에 달하는 이 부록들은 『개벽』 관련 연구의 기초자료로 잘 활용될 수 있도록 관련 내용에 따라 장별로 나누어 담았다. 〈『개벽』 필명 색인〉은 『개벽』에 사용된 여러 필명들에 익숙지 않은 연구자들에게 적지 않은 편의를 제공할 것이고, 〈『개벽』 소장처 및 판본 현황〉이나 〈『개벽』 영인본의 판본 현황〉 등은 영인본을 통해 공부할 수밖에 없는 대다수 『개벽』 연구자들의 혼란과 시행착오를 줄이는 데 도움이 될 것이다. 또 서두의 〈화보〉는 72개 제호의 『개벽』 실물(표지) 사진들을 담은 것으로 영인본을 통해서는 느끼기 어려운 '실감(實感)'을 제공할 것이다.

아울러 〈『개벽』 소재 유통 관련 자료 일람〉과 〈『개벽』 유통 관련 인물 편람〉은 근대사 연구 혹은 인물 연구에 요긴한 참조 자료라고 할 수 있다. 〈『개벽』 영인본에서 볼 수 없는 21개의 기사(작품) 원문〉은 말 그대로 압수·삭제된 기사들 중에서 영인본에서는 볼 수 없는 자료들을 원문 그대로 입력한 것으로, 삭제된 기사들에 대한 궁금증을 해결하고 검열의 실상을 실감하는 데 적지 않은 도움이 될 것이다.

제2장 식민체제와 『개벽』의 역학

1. 문화정치와 『개벽』의 탄생

1) 『개벽』의 창간과정과 출판형태

천도교는 3·1운동 당시에 독립선언서의 인쇄와 자금동원을 담당하는 등 주도적 역할을 수행했고 그 결과 지도자급 인사들이 대부분 구금되었다. 이에 교내의 젊은이들은 선배 스승들의 정신을 계승하여 교리의 연구 선전과 신문화운동의 향상 발전을 목적으로 '천도교청년교리강연부'를 발족시켰다. 1919년 9월 2일 이돈화(李敦化)·신태련(申泰鍊)·정도준(鄭道俊)·박달성(朴達成)·김옥빈(金玉斌)·박래홍(朴來弘)·이두성(李斗星) 등의 발의로 이루어진 이 단체는 전국적으로 지부를 설치해 가면서 세력을 키웠고, 이듬해 1920년 3월에는 천도교청년회로 명칭을 바꾸었다. 천도교측의 이런 조직운동은 3·1운동 이후 일제의 통치정책이 표면상이나마 완화되는 사정에 기인한 것이었다.

일제의 문화정치 표방으로 조선에서는 언론·결사·출판·교육·산업·문예 등 사회 제 분야에서 활발한 활동이 전개되고 각종 단체가 생겨났다. 특히 청년단체의 결성이 두드러졌는데 1920년 251개, 1921년 446개, 1922년 488개나 되었고 종교청년회가 1920년 98개, 1921년 270개, 1922년 271개나 되었다. 이러한 배경 속에서 이루어진 천도교청년회는 '후천개벽' 이념에 입각한 신문화창달을 담당할 언론기관의 창립을 도모하여 개벽사를 설립하기에 이른다.[1] 이때 자금을 댄 박천의 유지 최종정(崔宗楨)과 변군항(邊君恒)이 모두 천도교인이었고[2] 그 첫 사업이 『개벽』의 출판이었으니 『개벽』은 출발부터 천도교와 긴밀한 관련을 갖고 태어난 것이다.[3] 이는 1920~30년대에 걸쳐 개벽사에서 출간한 『부인』(『신여성』)·『어린이』·『별건곤』·『혜성』·『제일선』·『학생』 등의 잡지에서도 예외가 아니다.[4]

개벽사가 처음 위치한 곳은 경성부 송현동 34번지, 즉 보성전문학교 내 천도교 경성교구로,[5] "本社에서 事務室로 借用한 것은 僅一間半 溫突房이었"는데[6] 이듬해 1월경 경성교당이 신축되자[7] 송현동 교당에 같

---

1) 1920년대 천도교측의 조직운동과 『개벽』의 창간과정에 대해서는 천도교청년회중앙총부가 간행한 『천도교청년회팔십년사』(글나무, 2000)와 이연복의 「천도교 청년당과 신문화운동」, 『최수운연구』(한국사상 12, 원곡문화사, 1974)를 참조.

2) 「개벽사 略史」에 따르면 최종정이 천원, 변군항이 오백원을 기부했다. 『별건곤』 30호, 1930.7.1, 8면 참조.

3) 당시 천도교청년회가 총지출의 63.4%를 개벽사 경비로 지출했음을 볼 때, 청년회가 『개벽』에 기울인 공을 짐작할 수 있다. 이에 대해서는 천도교청년회 중앙본부, 『천도교청년회팔십년사』, 글나무, 2000, 104~105면 참조.

4) 개벽사의 잡지 발행 현황에 대해서는 유석환, 「개벽사의 출판활동과 근대잡지」, 성균관대 석사논문, 2006, 2장 참조. 개벽사를 포함한 천도교측의 잡지간행 현황은 이요섭, 「천도교 잡지 간행에 관한 연구」, 중앙대 석사논문, 1994, 66~68면의 부록 참조.

5) 「개벽사 略史」에 따르면 경성교구는 보성전문학교의 "바로 웃집"이었다. 그리고 『개벽』 55호, 1925.1.1, 문예면 72~73면 사이 광고(신년축하광고)에 따르면 두 곳의 주소는 "송현동 34번지"로 동일했다.

이 있던 천도교월보과와 함께 이곳으로 옮긴다.[8] 경성부 경운동 88번지, 천도교 중앙총부가 새로 입주한 이곳에서 개벽사는 천도교 기념관 앞면의 상·하층을 각각 편집국과 업무국(영업국)으로 쓰고 있었다.

> 그때(1931년—재인용자) 개벽사는 현재 천도교 중앙총부가 신축되고 있는 경운동의 구건물 중 지금은 문화관이란 영화극장 자리인 천도교 기념관 앞면의 상하층을 쓰고 있었다. 2층이 편집국으로 되어 있고 아래층의 한 방을 업무국으로 쓰고 있었는데 문 앞 붉은 벽돌 벽에 '개벽사'라는 세 글자가 빛나는 전통을 자랑하며 붙어 있었다.[9]

『개벽』 29호(1922.11.1)에 실린 '사규(社規)'에 따르면 개벽사는 2국 1과 체제로 되어 있었다. 편집국 산하에 조사부·정경부·사회부·학예부(문예부)를 배치하고 영업국 아래 경리부·판매부·광고부·대리부를 두었으며,[10] 서무과를 따로 두고 있었다. 또 고문, 사장, 주간, 편집국장, 영업국장, 각부·과주임, 지사와 분사의 사장과 이에 속한 사원을 정식직원으로 규정하고 있다.

---

6) 미상, 「개벽사 略史」, 『별건곤』 30호, 1930.7.1, 8면 참조.

7) 신축교당의 완공시기는 자료에 따라 갈린다. 『개벽』 8호(1921.2.1)에는 신축교당의 사진이 실리는데, 이를 근거로 추론하면 완공시기는 2월을 전후한 시기일 가능성이 높다. 실제로 이동초의 『천도교중앙대교당 50년이야기』(모시는사람들, 2008)에는 1921년 2월 28일 준공된 것으로 되어 있다. 반면 이돈화의 『천도교창건사』, 천도교중앙종리원, 1933, 3편 75면에 따르면 신축교당의 낙성식이 4월에 있었다고 기록되어 있다. 이를 따르면 교당의 완공시기가 4월까지도 늦추어질 수 있는 것이다. 물론 8호까지 『개벽』의 송금주소는 여전히 송현동 구교당으로 되어 있다.

8) 『개벽』 9호(1921.3.1)에는 천도교 중앙총부 산하 천도교월보과와 개벽사의 위치변경 공고가 나란히 실리는데(155면), 공고날짜가 2월 28일로 기재된 것으로 미루어 이때가 이전 시기로 보인다. 개벽사의 주소도 비로소 경운동 88번지로 바뀌어 게재된다. 153면 주소 참조.

9) 백철, 「개벽(開闢) 시대」, 『대한일보』, 1969.4.7~1970.12.10; 강진호 편, 『한국문단이면사』, 깊은샘, 1999, 93면 재인용.

10) 29호의 「附社規摘要」에는 기입되지 않았지만 실제로는 영업국 산하에 출판부가 하나 더 있었던 것으로 보인다. 『개벽』 24호(1922.6.1)에 실린 『조선지위인』 출판광고는 개벽사출판부명의로 기재되어 있기 때문이다.

第六條. 本社는 第三條의 事務를 遂行하기 爲하야 左記와 如한 事務執行機關을 置함.

一. 編輯局　가. 調査部　나. 政經部　다. 社會部　라. 學藝部

二. 營業局　가. 經理部　나. 販賣部　다. 廣告部　라. 代理部

三. 庶務課

第七條. 本社는 左記와 如한 社員을 置함.

가. 顧問　나. 社長　다. 主幹　라. 編輯局長

마. 營業局長　바. 各部, 課主任　사. 各支社 分社長及 社員

第八條. 本社의 社員은 社友된 사람에 限하야 就任함을 得함.[11]

그런데 이런 조직이 『개벽』의 출간과 동시에 완벽한 진용을 갖추었던 것은 아닌 것으로 보인다. 사규와 조직체계는 사전에 계획했겠지만 실제 각 부서에 직원들을 배치하고 운용하는 일은 여러 가지 문제로 시일이 걸릴 수밖에 없었다. 『개벽』의 출간성과를 봐가며 진용을 갖추어 나갔을 가능성이 높다. 실제로 영업국 산하 대리부가 신설된 것은 『개벽』 7호(1921.1.1)에 이르러서고,[12] 경리부 공고가 처음 등장하는 것은 12호(1921.6.1)에 들어서다.[13] 또 판매부와 광고부가 신설 혹은 정상적인 운용에 들어간 것은 각각 17호(1921.11.1)와 20호(1922.2.1)에 들어서다.[14] 특히 17호에 실린 판매부 사고는 12호에서 15호(1921.9.1)까지 경리부 명의로 실린 사고(대금송금시의 유의사항)를 명의만 바꾸어 낸 것으로 이때 판매부가 신설됐을 가능성이 높다.

개벽사가 『개벽』을 발행하고자 허가원을 제출한 것이 1920년 1월 18일이고[15] 발간이 허락된 것이 동년 5월 22일이며,[16] 창간호는 6월 25일에

11) 「附社規摘要」, 『개벽』 29호, 1922.11.1, 115면 참조.

12) 「대리부신설공고」, 『개벽』 7호, 1921.1.1, 208면.

13) 경리부, 「사고」(대금송금시의 유의사항), 『개벽』 12호, 1921.6.1, 41면.

14) 판매부, 「사고」(대금송금시의 유의사항), 『개벽』 17호, 1921.11.1, 85면.
광고부, 「광고정오」, 『개벽』 20호, 1922.1.1, 문예면 70면.

15) 「개벽사 略史」는 발행허가원의 제출일을 1919년 12월 20일로, 『동아일보』 1920년 6월 2일자(3면 5단)의 「開闢雜誌許可」는 1920년 1월로, 『매일신보』 1920년 6월 2일자(2

나왔다.[17] 그러나 창간호는 표지(호랑이 그림)와 「금쌀악」·「옥가루」 등 몇몇 기사가 문제가[18] 되어 일제에 압수되고 말았다. 이에 문제가 된 기사를 삭제하고 '호외(號外)'를 냈으나[19] 이것마저 압수되자 다시 '임시호(臨時號)'를 발행하였다.[20] 그러나 이것은 탄압의 시작일 뿐으로 『개벽』 주체들이 "삼개월마다 반듯이 한번씩 당한 일이라 새삼스럽게 놀라이는 바도 아니"[21]라고 말할 정도로 압수는 일상적인 일이 되었다. 실제로 『개벽』은 1926년 8월 1일 통권 72호로 강제 폐간되기까지[22] 압수 및 발매금

면)는 1920년 1월 18일로 밝혀 놓았다. 『천도교청년회팔십년사』는 「개벽사 略史」가 10년 후의 기록이라는 점에서 당시 신문기사의 내용이 신빙성이 높다고 간주했다. 천도교청년회중앙총부, 글나무, 2000, 103면 참조. 필자는 이 판단을 따랐다.

16) 「개벽사 略史」는 허가일자를 1920년 5월 20일로 보고 있으나, 『동아일보』 1920년 6월 2일자(3면 5단)의 「開闢雜誌許可」는 1920년 5월 22일로 기재하였다. 허가원 제출일과 마찬가지로 『천도교청년회팔십년사』의 판단을 따랐다. 천도교청년회중앙총부, 글나무, 2000, 103면 참조.

17) 4호까지는 매월 25일을, 5호부터는 매월 1일을 발행일로 삼았다. 「편집사고」, 『개벽』 4호, 1920.9.25, 153면 참조.

18) 일웅, 「단군신화」(말미2행, 63면); 미상, 「막시마쓰, 시저의 격언」(전문, 63면); 차상찬, 「한시」(전문, 72면); 미상, 「평제탑은 어쩌한 것인가」(말미2행, 138면)를 말한다. 『개벽』 창간호 호외에 실린 사고(표지)에서 삭제되었다고 말하는 효종, 「소설개요」 제말의 2행은 「평제탑은 어쩌한 것인가」의 말미2행을 착각한 것이다.

19) 호외를 발행한 것이 6월 27일이고, 임시호를 발행한 것이 6월 30일이며, 그리고 8월 17일에는 이 임시호의 재판을 발행하였다. 이에 대해서는 백순재, 「일제의 언론정책과 필화사건」, 『신동아』 33호, 1967.5, 407면을 참조.

20) 창간호의 경우, 임시호가 먼저고 호외가 나중이라는 의견(이연복, 「천도교 청년당과 신문화운동」, 『최수운연구』, 한국사상 12, 1974, 440면 참조)과 호외가 먼저고 임시호가 나중이라는 의견(백순재, 「일제의 언론정책과 필화사건」, 『신동아』 33호, 1967.5, 408면 참조)이 엇갈리는데, 필자는 후자에 신빙성을 둔다. 백순재가 확인한 바에 따르면 임시호에는 '호외사고'와 함께 「재고」라 하여 또 다른 사고가 실렸는데, 거기서 "호외를 발행하였압더니 호외도 무슨 불미한 점으로 차압처분을 또 당하야 할 수 없이 임시호를 발행하게" 되었다는 대목을 발견할 수 있다. 하지만 이런 순서를 모든 압수호에 적용할 수는 없다. 임시호만 발행된 경우, 호외만 발행된 경우, 호외만 연거푸 발행된 경우도 있기 때문이다. 이에 대해서는 이 책의 부록 「『개벽』 소장처 및 판본 현황」을 참조.

21) 「본임시호를 읽을 이에게」, 『개벽』 25호, 1922.7.10, 60면 참조.

22) 1926년 8월 3일 『조선일보』와 『동아일보』 등은 일제히 『개벽』의 폐간 소식을 알렸다. 『조선일보』는 '조(弔) 개벽지'라는 두 개의 시평과 '언론잡지『개벽』에 대하야 돌연 발행금지처분'이라는 큰 제목 기사를 통해 『개벽』의 강제 폐간 소식을 상세히 다루었고, 『동아일보』는 '언론계일대참극 개벽에발행금지'라는 큰 제목 아래 『개벽』 폐간의

지 40회 이상,[23] 정간 1회, 벌금 1회의 탄압을 받았다.

『개벽』의 창간동인으로 참여한 사람들은 이돈화(李敦化)·방정환(方定煥)·김기전(金起田)·박달성(朴達成)·조기간(趙基栞)·차상찬(車相瓚)·이두성(李斗星)·박래홍(朴來弘)·김옥빈(金玉斌)·박사직(朴思稷)·정도준(鄭道俊) 등 천도교청년회원들이었는데[24] 실제 개벽사가 설립되고 『개벽』이 창간되었을 때 이들 중 일부만이 본사의 사원이 되었다. 『개벽』의 판권 간기(刊記)와 「사원명단」에 따르면[25] 정식 사원이었던 사람은 사장 최종정(崔宗楨), 편집인 이돈화, 발행인 이두성, 인쇄인 민영순(閔泳純)을 비롯하여 강인택(姜仁澤)·김기전·노수현(盧壽鉉)·박달성·박용회(朴庸淮)·방정환·현희운(玄僖運, 玄哲) 등으로 창간 동인들과 다소 차이를 보이고 있다.[26] 사원명단에 빠진 사람들은 잡지 간행이라는 실질적인 업무에 적합하지 않았거나 혹은 회사사정으로 창간 직후 뒤로 물러났을 가능성이 크다. 창간 초기 잡지의 성공 여부가 불투명한 상황이고, 조직체계도 제대로 갖추어지지 못한 상황에서 직원은 잡지 간행에 꼭 필요한 사람으로 제한했을 것이기 때문이다. 실제로 잡지 출간이 어느 정도 성공하고 조직체계가 자리를 잡자 개벽본사의 사원수는 22명 이상으로 늘어난다.[27]

전말과 개벽사쪽의 반응 그리고 당시 도서과장이었던 '近藤'의 전언을 담았다. 아울러 『개벽』의 발행금지를 명령한 사이토 총독 명의의 436호 지령문과 『개벽』 창간호 및 종간호의 표지사진을 실었다. 천도교청년회중앙본부, 『천도교청년회팔십년사』, 글나무, 2000, 229~230면 참조.

23) 「개벽사 略史」에 따르면 『개벽』은 72호까지 발매금지 34회를 당했다고 하는데, 실제 제시된 목록을 헤아려 보면 33회이다. 계산이 잘못된 것이다. 이 33회라는 것도 발매금지된 상당수 제호들이 누락된 숫자다. 1번 압수되었다는 70호는 71호 「편집후기」에 따르면 '號外의 號外까지' 3번 압수되었으며, 임시호가 발행된 25호는 거론조차 되어 있지 않다. 이런 저간의 사정을 고려해 압수 및 발매금지 횟수를 다시 산정하면 최소한 40회 이상이라는 결론이 나온다. 물론 판본간의 비교작업이 진전되면 숫자는 더 늘어날 수 있다. 이에 대해서는 부록 「『개벽』 소장처 및 판본 현황」을 참조.

24) 오영근, 「개벽에 관한 서지적 연구」, 청주대 석사논문, 1994, 7면 참조.

25) 개벽사, 「사원명단」, 『개벽』 7호, 1921.1.1, 목차 앞면.

26) 이들의 필명이나 호에 대해서는 부록 「『개벽』 필명 색인」을 참조.

27) 『개벽』 31호(1923.1.1, 문예면 앞면 광고)의 「사원명단」은 개벽본사 직원을 18명으로 밝히고 있지만, 「사원동정」(45호, 편집후기면)과 「편집후기」(36호) 등을 참조하면 최소

사원들 중에서 김기전은 편집국장[28] 겸 주간[29]을 맡고 있었고,[30] 박달성은 사회부주임(사회부장)을,[31] 차상찬은 정경부주임을 맡았다.[32] 현희운(현철)이 초대 학예부주임(학예부장)을[33] 박영희가 그 후임이었다.[34] 1923년 1월 「사원명단」에 이름을 올린 박승철(독일)·방정환(일본)·이우명(중국)·장회근(미국) 등은 외국주재 특파원이었다.[35] 나머지 사람들의 사내 역할이 무엇이었는지 현재로서는 확인할 수가 없다. 다만 노수현은 화가로 가끔 그림을 실었으며, 방정환은 소설창작 외에 외국동화를 번역소개하고 전래동화를 모집하거나 창작동화나 동시를 실었고, 강인택은 「강연월단」과 「역사상으로 본 과학과 미신」 등의 기사를 실었으며, 박용회의 경우 웅변술이나 자연과학에 관한 몇 개의 기사가 확인된다. 게재된 기사를 바탕으로 그들의 소속을 추측해 보면 노수현이나 방정환은 학예부에, 명사들의 강연을 기사화한 강인택의 경우는 조사부나 사회부에 소속되었을 가능성이 높다.[36]

한 22명 이상이 활동했던 것 같다. 사원명단에 빠진 인물은 조기간·박영희 등이다. 물론 여기에는 각 지사나 지국의 임원들은 포함시키지 않았다.

28) 「편집여언」, 『개벽』 28호, 1922.10.1, 판권 간기면의 "본사 편집국장 김기전씨" 참조.

29) 「餘滴」, 『개벽』 37호, 1923.7.1, 판권 간기면의 "본사주간김기전군" 참조.

30) 편집실, 「「개벽」에 얽힌 회상」, 『신인간』 283, 1971, 2~3합본, 69~71면의 유광렬의 발언 참조.

31) 개벽사, 「편집국 소식」, 『개벽』 21호, 1922.3.1, 판권 간기면의 "사회부주임 박달성군" 참조.

32) 「餘滴」, 『개벽』 39호, 1923.9.1, 판권간기면의 "본사의 정경부주임 차상찬군" 참조.

33) 개벽사, 「편집국 소식」, 『개벽』 21호, 1922.3.1, 판권 간기면의 "학예부주임 현희운군" 참조.

34) 박영희의 회고(「신흥문학의 대두와 개벽시대 회고」, 『조광』 32호, 1938.6, 54면)에 따르면 그가 『개벽』의 편집에 관여한 것은 1924년경이다. 손해익은 박영희가 방정환의 소개로 1924년 4월에 개벽사에 입사했다고 주장하는데, 명확한 근거가 제시되지 않아 사실 여부를 판단하기 어렵다. 한편 박영희가 학예(문예)부장으로 정식임명된 것은 1925년 1월의 일로 추정된다. 『개벽』 55호, 1925.1.1, 「여언」 참조. 유석환의 연구에 따르면 1925년 6월 20일에 발행된 『조선기자대회명부』에 박영희가 개벽사의 본사 직원으로 이름이 올라 있다고 한다. 유석환, 「개벽사의 출판활동과 근대잡지」, 성균관대 석사논문, 2006, 7면 참조.

35) 「사원명단」, 『개벽』 31호, 1923.1.1, 문예면 앞면 광고 참조.

36) 1920~30년대 개벽사원들에 대해서는 유석환, 「개벽사의 출판활동과 근대잡지」, 성균관대 석사논문, 2006, 6~9면; 정진석, 「인물로 본 한국언론 100년」, 『신문과 방송』

2) 검열체계의 작동 – 출판법과 신문지법

『개벽』은 창간당시부터 일제로부터 탄압을 받아 총 149개 이상의 기사가 압수되거나 전문삭제 혹은 부분삭제를 당했는데,[37] 이같은 상황은 1920년대 대부분의 잡지와 『조선일보』·『동아일보』 등의 신문도 마찬가지였다.[38] 이때 일제가 탄압의 법률적 도구로 내세운 것이 '신문지법'과 '출판법'이다.[39] 신문지법은 1907년 이완용 내각에 의해 법률 1호로 제정된 '광무신문지법'에 기초를 두고 있었고, 출판법은 1909년 2월 23일 공포된 출판법에 그 기초를 두고 있었다. 둘 다 식민지 조선의 언론을 통제하기 위한 수단이었지만 검열절차에 다소 차이가 있었다.

신문지법의 경우 신문·잡지 발행에 앞서 관할 관청에 2부를 납부하도록 규정하여 사전 원고검열은 받지 않았다. 그러나 출판법은 문서나 도서를 출판할 때는 저작자나 그 상속자가 발행자와 함께 날인하여 지방장관(한성부에서는 경시통감)을 경유하고 내무대신에게 허가를 신청하도록 되어 있었다. 즉 "신문지법에 의한 발행허가를 받은 신문·잡지는 사전에 원고검열은 없이 일단 인쇄된 간행물을 '납본'하는 것이었으나, 출판법에 의해 발행되는 간행물은 미리 원고검열을 받은 후에 제작하도록 된 것이 근본적인 차이였다."[40] 1920년대 초·중반 일제는 신문지법에 의한 신문·잡지 허가를 되도록 억제했고, 그 결과 정기간행물인 대부분의 잡지들은 마치 단행본처럼 출판법의 적용을 받고 사전 원고검열을 받아야 했

260호, 1992.8, 68~69면 참조. 한편 1930년대 개벽사에 관계한 필진들에 대해서는 「사진으로 보는 『개벽』 5」, 『신인간』 598, 2000.6, 48면을 참조.

37) 김근수는 압수·삭제기사 개수를 61개로 제시했지만(「개벽지에 대하여」, 『개벽』 영인본 1권 해제, 개벽사, 1969, 5~7면 참조) 필자가 확인한 바에 따르면 149개로 그 배가 넘는다. 부록 「『개벽』 압수·삭제기사 목록」 참조.

38) 문예동인지도 일제의 탄압으로부터 예외는 아니어서, 『폐허』의 경우 염상섭의 '창간사'가 군데군데 지워지고, 『창조』의 경우 곳곳에 단어나 구절들이 지워져 있다.

39) 이에 대해서는 정진석, 『한국언론사』, 나남, 1990, 5장 4절과 7장 3절 참조.

40) 정진석, 앞의 책, 384면 참조.

다.[41] 잡지의 주체들이 신문지법에 의한 출간을 간절히 바랐음은 말할 나위 없다.

일제는 3·1운동 이후 한국인들에게 『동아일보』·『조선일보』·『시사신문』과 몇 종의 잡지를 신문지법에 의해 허가했는데 『개벽』은 그 대표적인 잡지였다. 그런데 『개벽』이 신문지법에 의해 허가된 것은 1922년 9월 12일이고 그 이전에는 출판법에 의해서 발행되었다는 주장이 있다.

> (…중략…) 한 달 후인 9월 12일(1922년－인용자)로 총독부는 "개벽"(이두성), "신천지"(백대진), "신생활"(박희도), "조선지광"(장도빈) 등 네 잡지와 주간지 "동명"의 발행을 신문지법에 의해서 허가하였다. 이들 4개 잡지중 "조선지광"(신발간－필자)을 제외하고는 모두 이미 출판법에 의해 발행하고 있었던 것인데, (…중략…) 출판법에 의한 잡지는 정치·경제문제를 다룰 수 없는데 비해서 신문지법에 의해 발행허가를 얻은 잡지는 보증금 300원을 납부하고 정치·경제문제 등도 다룰 수 있게 되었음을 의미하는 것이다.[42]

물론 『개벽』이 1922년 9월 12일부로 정치·시사를 다루게 된 것이나,[43] 이를 위해 보증금 300원[44]을 낸 것은 사실이지만 그 이전에 『개벽』이 출판법의 적용을 받았다는 것은 사실이 아니다. 압수당한 제호들이 오늘날 남아 있다는 것이 그 단적인 예다. 이것은 『개벽』의 주체들이 "압수당할 것을 예상하고 발행납본하기 전에 미리 잡지를 독자들에게 발송"한 결과이며[45] 이는 『개벽』이 창간호부터 사전 원고검열을 받지 않았

41) 출판법의 적용을 받은 간행물은 사전 원고검열을 받은 후에 제작에 들어가고 책이 인쇄된 후에 다시 한번 '납본'하여 검열을 받아야 했다. 이중의 검열을 받아야 했던 것이다.

42) 정진석, 『한국언론사』, 나남, 1990, 472~473면 참조.

43) 오성사본 『개벽』 28호(1922.10.1), 「편집여언」에 따르면 정치·시사에 대한 허가를 신청한 날이 1921년 12월 21일이고, 이것이 허가된 것이 1922년 9월 12일이다. 이 「편집여언」은 박이정본에는 영인과정의 실수로 누락되었다.

44) "발행인은 보증금으로 금 3백원을 청원서에 첨부하여 〈內部〉에 납부할 것. 보증금은 확실한 은행의 임치금증서를 가지고 대납할 수 있음"이라는 '신문지법' 4조의 내용에 근거한다. '신문지법'의 구체적 내용에 대해서는 백순재, 「일제의 언론정책과 필화사건」, 『신동아』 33, 1967.5, 403~405면 참조.

다는 것을 방증하는 것이다. 『개벽』 28호(1922.10.1)에도 『개벽』이 애초에 신문지법에 의해 발행되었음을 밝히는 기사가 실려 있다.[46]

> (…중략…) 中에도 特히 讀者 여러분이나 우리가 한가지로 遺憾의 遺憾될 일이라 할 것은 이른바 政治時事라 하는 것이엇나이다. 當時(창간당시－필자)로 말하면 一般雜誌에는 어느 것이나 다 가티 政治時事를 禁하야온 바이지마는 所謂 新聞條例(신문지법－필자)에 依하야 率先하야 特히 許可된 이 開闢雜誌에까지도 이것을 禁物로 보게 됨에 이르러는 누구나 다－抑鬱한 일로 알지 아니치 못하게 되엇나이다. 萬種의 思想을 啓發하기로 目的한 '開闢'의 記事 中에 이와 가튼 一大禁物이 此間에 伏在하엿는지라, 이로 因하야 生하는 經營者의 責任은 얼마나 壅塞되엇슬 것이며 自由의 筆鋒은 얼마나 鈍缺하엿슬 것이며 押收, 削除, 注意, 警戒의 모든 苦痛은 얼마나 되엇겟나이까. 그러나 이것은 이미 過去의 事이오. 開闢은 이제로부터 政治時事를 解禁케되어 來月號로부터는 錦上添花로 새로운 記事와 새로운 面目으로 讀者의 압헤 新運命을 말하게 되엇나이다. (…중략…)[47]

주목할 점은 정치・시사 기사는 게재가 허용되지 않았다는 점이다. 즉 『개벽』은 "학술 기예 혹 물가 보고에 관하는 기사만 기재하는 신문지에 재(在)하야는 보증금을 납부함을 불요(不要)함"이라는 '신문지법 제5조'의 '제한규정'을 적용받았던 것이다.[48] 이에 대해서는 다음과 같은 해석이 가

45) 김근수, 「개벽지에 대하여」, 『개벽』 영인본 1권, 개벽사, 1969, 8면 참조. 이처럼 발행납본 전에 발송하기 위해서는 인쇄일을 속이거나 예정보다 서둘러 인쇄를 마치는 편법이 사용되었을 것인데, 오성사본 『개벽』 19호(마지막면)에는 19호가 이런 방식으로 발송되던 도중 압수되었음을 알리는 「謝告」가 실려 있다. 박이정본에는 19호의 재판본이 실려 있어 이 사고를 볼 수 없다.

46) 『개벽』이 애초에 신문지법, 구체적으로는 '제5조'의 '제한규정'에 의거해 발행되었다는 사실을 적시한 자료는 여럿이다. 일기자, 「조선언론계의 연혁」, 『개벽』 59호, 1925.5.1, 65; 「본지필화의 전말」, 『개벽』 8호, 1921.2.1, 148면; 「귀중한 경험과 고결한 희생」, 『개벽』 28호, 1922.10.1, 3면; 『개벽사 略史』, 『별건곤』 30호, 1930.7.1, 8면; 백순재, 「일제의 언론정책과 필화사건」, 『신동아』 33, 1967.5, 409면 등이 대표적인 것들이다.

47) 미상, 권두언, 「귀중한 경험과 고결한 희생」, 『개벽』 28호, 1922.10.1, 3면 참조.

48) 『개벽』에 대한 신문지법 제5조의 제한규정 적용과 그로 인한 필화사건에 대해서는

능할 듯하다. 1920년대 초 신문지법으로 간행이 허가된 잡지는 『중외의약신보』·『유도』·『천도교회월보』 등 의학이나 종교 관련 잡지로 제한되었고 대부분의 성인대상 잡지는 출판법의 적용을 받고 있었다. 따라서 『개벽』이 성인대상 종합잡지로서 신문지법으로 허가되는 것은 일종의 특혜였으며 이에 『개벽』 주체들과 일제 사이에 모종의 타협이 이루어졌을 가능성이 높다.[49] 개벽사로서는 잡지 성격상 출판법의 테두리 안에서는 뜻을 펴기 힘들었을 것이고, 일제는 기왕에 문화정치를 표방한 이상 생색을 내기 위해서라도 신문지법에 의한 잡지 출간을 허용해야 했을 것이다. 일제는 종교계에서 발행하는 잡지가 상대적으로 덜 위험하다고 생각했고 정치·시사 문제를 다루지 않는다는 것이 그 절충점이 되었을 터였다.

2. 『개벽』과 검열의 문제

이 절의 주된 관심은 '출판(발행)—유통—향유—재출판'으로 순환하는 『개벽』의 매체적 '재생산 과정'을 식민지라는 시대·역사적 상황 속에서 조망하는 것이다. 즉 『개벽』의 매체적 재생산 체계의 '식민성(혹은 역사성)'을 밝히는 것이라고 할 수 있다. 검열의 문제는 그 핵심사안이다. 피학적 표현이지만 냉정하게 말해 '검열' 자체가 식민지 제도의 '칼'이며, 매체는 그 '요리대상'이었기 때문이다. 더구나 '검열'은 매체의 재생산 회로와 밀접한 관련이 있다. 무엇보다도 매체 재생산 사이클의 출발점인 '출판'과

한기형, 「문화정치기 검열체제와 식민지 미디어」, 『대동문화연구』 51, 2005 참조.

49) 박종화는 이를 3·1운동에서 주도적 역할을 했던 천도교측에 대한 일제의 회유 내지 견제책으로 언급한 바 있다. 이광순 외, 「『개벽』에 얽힌 회상」, 『신인간』 283, 1971, 2~3합본호, 73면 월탄의 회고 참조.

독자와의 소통과정을 함축하는 '향유'와는 떼려야 뗄 수 없는 관계가 있었다. 검열당국은 '검열'을 통해 독자들의 매체적 향유와 지적·이념적 취향에 근본적인 개입이 가능했고, 심한 경우 매체가 재생산 회로에 진입하는 것을 원천적으로 막을 수도 있었다.

이런 점에서 매체 재생산의 문제는 근대지성의 재생산 문제와도 연결된다. 실제로 『개벽』의 재생산 문제는 『개벽』의 문학, 나아가 한국 근대문학의 '역사성' 혹은 '식민성'을 조명하는 문제이기도 했다. 검열당국은 '검열'을 통해 '등단—승인—향유—독자에서 작가'로 연쇄되는 근대문학의 재생산 회로에 개입했기 때문이다. 즉 검열당국은 '검열'을 통해 독자들의 문학적 향유와 그에 잇따르는 미적 취향의 주조과정에 개입했으며, 특정한 경향의 문학이 출판·유통되는 것을 본원적으로 제한할 수도 있었던 것이다. 따라서 『개벽』의 재생산 회로를 식민지라는 역사적 조건 속에서 조명한다는 것은 『개벽』의 문학, 나아가 한국 근대문학의 역사성(식민성)을 밝히는 것이라고 할 수 있다.

『개벽』은 1920년대 최대의 잡지답게 근대매체(문학)의 재생산과 검열의 상관관계를 드러내는 풍부한 자료를 제공했다. 『개벽』 편집진의 의식적 노력 덕분에 『개벽』의 검열상은 대체적인 복원이 가능했다. 먼저 압수·삭제의 현황을 시계열적으로 파악하여 그 내적 의미를 추출했고, 이를 근대문학의 재생산 회로와의 연관 위에서 고민했다. 아울러 검열로 인한 『개벽』의 판본문제도 다루었다. 끝으로 새로 발굴한 김기진의 소설 「Trick」을 통해 문학 검열의 실상을 재구성해 보았다.

1) 압수 · 삭제의 현황과 그 내적 의미

(1) 검열의 전체상과 의미

㉮ 압수호와 삭제기사 현황

『개벽』에 있어 검열의 전체적 윤곽을 파악하는 첫 단추는 매체가 입은 직접적인 피해, 즉 압수호와 삭제기사의 현황을 파악하고 이를 시계열적 통계로 제시하는 일인데, 이런 실증작업에 들어가기에 앞서 몇 가지 염두에 두어야 할 사안이 있다. 우선 『개벽』이 '신문지법'에 의거해 발행된 잡지라는 사실이 중요하다. "신문지법에 의한 발행허가를 받은 신문 · 잡지는 사전에 원고검열은 없이 일단 인쇄된 간행물(제책－인용자)을 '납본'하는 것이었"[50]으므로, 만약 검열 단계에서 문제가 생기면 곧바로 인쇄된 책에 대해 '발매금지(압수)' 처분이 내려질 수 있었다. 반면 '출판법'의 저촉을 받는 대다수의 잡지들은 원고 상태로 검열을 마쳐야 제책이 가능했기 때문에 이런 문제가 발생할 수 없었다. 즉 검열에서 문제가 생기더라도 제작된 책이 없으니 특별한 경우[51]가 아니면 책의 '압수나 발매금지'는 발생하지 않았다. 요컨대 『개벽』은 신문지법에 의거해 발행된 잡지였기 때문에 압수나 발매금지의 대상이 되었고, 또 그로 인해 압수호나 삭제기사[52]가 존재할 수 있었다는 것이다.

한편, 『개벽』은 '본호'[53]가 압수되면 거의 예외없이 '호외'나 '임시호'

---

50) 정진석, 『한국언론사』, 나남, 1990, 384면.

51) 출판법의 적용을 받았던 『폐허이후』가 압수되어 '임시호'가 발행된 것이 대표적인 예인데, 이는 검열 절차에 무지했던 동인들이 원고검열도 없이 무단으로 책을 제작했기 때문에 발생한 해프닝이다. 이에 대해서는 『개벽』 44호(1924.2.1, 목차 앞면)의 광고와 『폐허이후』(임시호)의 편집후기(편자의 말)의 '追記'를 참조.

52) 물론 출판법에 의거한 잡지도 원고압수나 삭제의 경우, 『조선문단』처럼 책에 그 흔적을 남길 수 있었다.

53) 이 책에서 사용하는 '본호(本號) · 호외(號外) · 임시호(臨時號)' 등의 용어는 필자가 임의로 붙인 명칭이 아니라 당대 『개벽』 주체들이 스스로 판본을 구별하기 위해 사용한 용어, 즉 표지나 본문에 쓰인 것을 그대로 차용한 것이다. 검열과 압수를 통해 여러

를 발행했는데, 이 또한 검열의 문제와 관련하여 꼭 염두에 두어야 할 사안이다. 이는 여타의 잡지들과 구별되는 『개벽』의 특징이라고 할 수 있는데, 『개벽』과 달리 대다수의 잡지들은 압수가 되더라도 속수무책이었다. 무엇보다도 '돈'이 문제였다. 한 호의 판매대금으로 다음호를 준비하는 열악한 재정 상태에서, 압수는 잡지의 종간으로 이어지기 일쑤였고 따라서 '호외'나 '임시호'를 『개벽』처럼 연거푸 발행하는 것은 상상조차 힘들었다. 문제는 이처럼 '호외'나 '임시호'가 발행되지 않을 경우 압수 사실 자체가 묻힐 가능성이 크다는 점이다. 삭제기사의 경우는 더 심각하다. 어떤 기사가 얼마나 문제가 되었는지 확인하기가 쉽지 않다. 모두 '물증'이 없기 때문에 빚어지는 혼란이다.[54) 반면 『개벽』은 '호외'나 '임시호'의 존재를 통해 어렵지 않게 압수호와 삭제기사를 확인할 수 있으니, 그 중요성은 강조해도 지나침이 없다.

그뿐만이 아니다. 이들 '호외'나 '임시호'들은 거의 예외없이 '발매금지 및 압수'의 표식을 달고 있는데, 이것이 압수의 여부를 판단하는 데 결정적 역할을 한다. 압수와 관련된 『개벽』의 대표적인 표식은 '표지도장(글자)'과 압수 관련 '사고(공고)'인데, 〈사진 1〉에서 보는 바와 같이 이를 통해 누구라도 쉽게 압수 관련 사실을 확인할 수 있다.

특히 검열 관련 '사고(공고)', 그리고 '편집후기'나 '쪽기사'[55) 등은 압수

개의 판본이 발생했을 때 최초의 제책 혹은 발행본을 그 제호의 '본호'라 불렀고, 압수 이후의 판본들은 '호외'나 '임시호'로 불렀다. 문제는 '호외'와 '임시호'의 구별인데, 그 성격이나 선후관계가 분명치 않다. 창간호의 경우는 본호→호외→임시호의 순서를 지켰지만, 다른 압수 제호들에서는 '호외'없이 '임시호'만 발행된 경우, '호외'만 연거푸 발행된 경우도 많기 때문이다. 따라서 압수된 제호의 표지나 사고에 도장이나 서명 등의 구체적 표식이 없는 경우, 이것이 '호외'인지 '임시호'인지 판단하는 것은 사실상 불가능하다.

54) 물론 관계자의 증언이나 신문기사를 참조해서 복원할 수도 있지만 작업의 성격이 산만하고 양도 만만치 않다. 식민지 시대 검열에 대한 실증 연구가 어려운 이유도 여기에 있을 것이다. 그리고 이런 점에서 볼 때, 『개벽』의 '호외'나 '임시호'는 『개벽』을 넘어서 식민지 시대 검열의 전체상을 복원하는 데도 없어서는 안 될 소중한 자료라고 할 수 있다.

55) 『개벽』의 목록에서 누락된 작은 기사들을 말한다. 본문을 보강하는 오늘날의 쪽기사

사실뿐 아니라 문제가 된 기사들의 목록을 제시하기도 하는데,[56] 이는 『개벽』의 검열상을 파악하는 데 요긴한 역할을 한다. 가령 표지도장(글자)이 원래 없거나 지워진 경우, 이들을 통해 압수 사실을 확인할 수 있으며,[57] 목차와 본문에서 누락되거나 삭제된 기사의 작가와 기사명을 이들을 통해 찾을 수도 있다.[58]

〈사진 1〉 임시호 표식이 선명한 『개벽』 40 · 47호의 표지와 34호의 압수 관련 「사고」(왼쪽부터)

그럼 이제 『개벽』의 압수 관련 현황을 살펴보자. 기존 연구에서 『개벽』은 통권 72호가 발행되는 동안 34회[59]나 35회[60] 혹은 37회[61]의 압수

와 달리 빈 지면을 채우는 역할을 했지만, 개중에는 중요한 정보를 제공하는 기사들도 많아 따로 정리할 필요가 있다. 부록 「『개벽』 쪽기사, 사 · 공고, 주요 광고 목록」 참조.

56) 『개벽』에는 압수나 삭제 등 검열과 관련된 '사 · 공고'나 편집후기 등이 대략 50여개 있는데, 필자는 그 존재의 중요도를 고려해서 부록(「개벽』 검열관련 기사 목록」)으로 제시했다.

57) 『개벽』 27호의 경우가 대표적이다. 『개벽』 27호는 영인과정에서 '임시호' 도장이 지워졌지만, 47면에 있는 「特告」를 통해서 압수 사실과 판본을 확인할 수 있다.

58) 창간호에서 삭제된 시 「금쌀악」, 「옥가루」는 호외 「사고」를 통해 그 존재를 알 수 있고, 『개벽』 2호의 삭제기사(?)인 장도빈의 「思想의 統一을 望함」은 「개벽총목차」(8호, 149면)와 「개벽지후」(37호, 목차 뒷면)를 통해 작가와 제목을 확인할 수 있다.

59) 「개벽사 略史」(『별건곤』 30호, 1930)와 김근수의 「개벽지 소고」(『아세아연구』, 고려대, 1966), 그리고 백순재의 「일제의 언론정책과 필화사건」(『신동아』 33, 1967)이 이에 해당한다.

(발매금지)를 당했다고 하는데, 이는 모두 사실이 아니다. 필자는 『개벽』 원본들의 판본을 조사한 바 있는데,[62] 그 과정에서 전혀 새로운 압수본들을 발견했기 때문이다. 압수된 제호들이 더 있는 것이다. 문제가 된 제호들은 63호(1925.11.1)와 66호(1926.1.1), 71호(1926.7.1) 등 셋이다. 먼저 63호는 '본호'만 압수된 것으로 알려졌지만, 기존에 보고된 '호외'와 삭제 부분이 크게 다른 '호외'가 '아단문고'[63]에서 발견되어 문제가 되었다. 새로 발견된 아단문고의 것이 삭제 부분이 적고, 영인본의 저본은 삭제 부분이 상대적으로 많은데, 전자를 '호외(1)'로 후자를 '호외(2)'라 할 때, 전자가 후자보다 먼저 발행되었음을 추정할 수 있다. 즉 63호는 '본호'와 '호외(1)'에 걸쳐 2차례 압수를 당했다고 할 수 있다. 66호는 지금까지 압수되지 않은 제호로 알려졌으나, 세종대에서 기존 영인본의 저본과 삭제 부분이 크게 다른 새로운 판본이 발견됨으로써 압수호로 등록되었다. 71호도 마찬가지다. 삭제의 양상이 크게 다른 판본이 세종대 중앙도서관과 아단문고에서 발견되어, 71호도 압수호임을 확인할 수 있었다.

요약하자면 『개벽』은 1920년 6월 25일 창간호를 내고, 1926년 8월 1일 통권 72호로 강제 폐간(발행금지)되기까지 6년간 '40회 이상'의 압수(발매금지)와 벌금 1회,[64] 정간 1회[65]의 처분을 받았다고 할 수 있다. 발매금지의

60) 천도교청년회중앙본부, 『천도교청년회팔십년사』, 글나무, 2000, 231면 참조.

61) 최수일, 『1920년대 문학과 『개벽』의 위상』, 성균관대 박사논문, 2002, 16면.

62) 『개벽』 원본의 소장처와 판본의 문제에 대해서는 최수일, 「『개벽』에 대한 서지적 고찰」(『민족문학사연구』 27, 소명출판, 2005)을, 원본의 검열 양상과 복자 처리 방식 등에 대해서는 이종호, 「『개벽』의 원본 분석을 통한 1920년대 검열제도 연구」(동국대 석사논문, 2005)를 참조.

63) 지하철 2호선 시청역 '한화빌딩' 소재.

64) 압수된 『개벽』 6호(1920.12.1)에 게재되었던 유진희의 글, 「순연한 민중의 단결이 되라」가 논란 속에 재판에 계류되고 결국 발행인에게 벌금 50원이 구형된 근대 雜誌史上 최초의 필화사건을 가리킨다. 사건의 전말에 대해서는 『개벽』 8호(1921.2.1, 148면)의 「본지 필화의 전말」과 『개벽』 9호(1921.3.1, 146면)의 「사고」를 참조.

65) 『개벽』 62호(1925.8.1)가 해외의 독립지사들을 소개한 「밖에 있는 이 생각」이란 기사가 문제되어 2차례 압수되고, 결국 10월 15일까지 발행 정지된 사건을 가리킨다. 이에 대해서는 『개벽』 63호의 '여언'(편집후기)과 백순재의 「일제의 언론정책과 필화사건」,

대상이 된 제호들은 모두 34개인데, 발매금지의 횟수가 40회나 되는 까닭은 하나의 제호가 여러 번 압수됐기 때문이다. 〈표 1〉에서 보듯이 창간호와 63호는 '본호'와 '호외'가 연거푸 압수되었고, 70호는 '본호'와 '호외(1)' 그리고 '호외(2)'까지 세 차례나 압수를 당했던 것이다.

〈표 1〉 『개벽』 호별 · 연도별 압수 현황[66)]

호수	1	2	3	4	5	6	7	8	9	10	11	12	13	14	15	16	17	18	19	20	21	22	23	24	25
압수횟수	2					1			1			1				1			1						1
연도(%)	1920년 총 3회(7.5%)						1921년 총 3회(7.5%)												1922년 총 4회(10%)						

호수	26	27	28	29	30	31	32	33	34	35	36	37	38	39	40	41	42	43	44	45	46	47	48	49	50
압수횟수	1	1							1					1	1				1	1	1	1		1	1
연도(%)						1923년 총 3회(7.5%)												1924년 총 8회(20%)							

호수	51	52	53	54	55	56	57	58	59	60	61	62	63	64	65	66	67	68	69	70	71	72	총계
압수횟수			1	1		1	1	1	1	1		2	*2	1		*1	1		2	3	*1	1	40회
연도(%)					1925년 총 10회(25%)										1926년 총 9회(22.5%)								100%

그렇다면 어떤 기사들이 얼마나 문제가 되었던 것일까? 김근수는 『개벽』의 압수 · 삭제기사 개수를 61개로 제시한 바 있지만 이는 사실과 다르다. 필자가 최근 영인본과 원본의 판본 대조를 통해 확인한 바에 따르면[67)] 『개벽』의 삭제기사는 그 배가 넘는 149개를 상회했다.[68)] 물론 이것

『신동아』 33, 1967, 411면을 참조.

66) (*)표는 기존 연구와 차이를 보이는 것으로, 새로운 판본을 확인하여 추가한 것이다.

67) 판본 대조를 통한 확인 작업의 대표적 성과는 종간호인 72호의 경우를 예로 들 수 있다. 72호는 본호가 압수되고 곧바로 폐간으로 이어졌기 때문에 다른 판본(호외나 임시호)이 존재하지 않았지만, 아단문고에 소장된 72호는 검열과정에서 생긴 삭제의 흔적이 고스란히 담긴 검열본이었기 때문에 6개의 삭제기사들을 확인할 수 있었다. 영인된 72호는 아단문고의 검열본(본호)을 저본으로 삼았으나, 영인 과정에서 검열의 흔적이 의도적으로 지워졌기 때문에 어떤 기사가 얼마나 문제가 되었는지 파악하기 어렵

도 완벽한 숫자는 아닌데, 판본 대조가 불가능한 경우가 있기 때문이다. 가령 압수된 60호는 다음호(61호)의 「편집후기」에 의거해 1개의 삭제기사가 확인되었지만, 이는 완전한 숫자가 아니다. 60호는 '본호'만 남아 있는 상태로 판본 대조가 불가능했기 때문인데, 판본 대조가 가능해지면 삭제기사가 늘어날 가능성이 있다.[69] 어쨌든 불완전하게나마 삭제기사의 현황을 호수와 연도별로 제시하면 아래와 같다.

〈표 2〉『개벽』 호별 · 연도별 삭제기사 현황

호수	1	2	6	9	12	16	19	25	26	27	34	39	40	44	45	46	47	49	50	52	53	54
기사개수	6	1	1	4	2	1	4	3	1	2	1	2	4	3	2	6	6	2	2	5	11	5
소계(%)	8(5.4%)			7(4.7%)			10(6.7%)				7(4.7%)			42(28.2%)								
연도	1920			1921			1922				1923			1924								

호수	55	56	57	58	59	60	61	62	63	64	65	66	67	68	69	70	71	72	총계
기사개수	6	6	4	8	1	1	3	5	4	3	1	2	7	4	6	5	3	6	149
소계(%)	41(27.5%)										34(22.8%)								100%
연도	1925										1926								

이 149개의 기사들 중에서 가장 많은 비중을 차지하는 것은 논설이며, 그 중에서도 사상 관련 기사들의 삭제 비율이 높았다. 잡문 중에서는 특히 정치 · 시사에 관련된 기사들이 많이 삭제되었다. 정론지이자 "언론잡지"를 표방한 『개벽』의 성격상 이런 삭제 양상은 필연적이라고 할 수 있겠다.

다. 물론 유심히 살피면 영인본에서도 채 지워지지 않은 검열의 흔적을 발견할 수 있고, 이를 통해 아단문고 소장본과의 관계를 파악할 수 있지만, 검열기사의 전모를 확인하기는 불가능하다.

68) 삭제기사의 구체적 내역에 대해서는 책의 부록(「『개벽』 압수 · 삭제기사 목록」)을 참조. 본래의 논문(「근대문학의 재생산 회로와 검열」, 『대동문화연구』 53, 2006)에서 필자는 삭제기사를 148개로 보고했으나 이번 기회에 이를 바로잡는다. 목록에 누락되었던 기사는 67호에 게재된 김영팔의 희곡 「싸움」이다. 따라서 이와 관련된 통계표 일체를 다시 손질했다.

69) 이는 삭제의 정도와 양상을 실증하는 데도 어려움을 초래한다. 대조할 판본이 없는 경우 전문삭제냐, 부분삭제냐 혹은 검열삭제냐, 자체삭제냐를 판단하기가 쉽지 않기 때문이다. 2회의 압수와 정간을 당했던 62호의 경우, 필자는 부분삭제기사가 5개인 것으로 파악했지만, 남아 있는 판본이 미결본 하나이기 때문에 삭제기사 수나 삭제 정도를 확정하기 어렵다. 전문삭제기사 수가 늘어날 가능성이 큰 것이다.

삭제기사와 관련하여 시급한 과제는 기사 자체의 복원이라고 할 수 있는데,[70] 여기서도 원본 확인과 판본 대조 작업이 큰 힘을 발휘한다. 영인본에서 확인할 수 없는 삭제기사의 상당수를 이를 통해 복원할 수 있기 때문이다. 아래는 필자가 이번에 그 실물을 확인한 삭제기사들로 모두 21개(6개의 대체기사 포함)[71]에 달하는데, 이돈화 · 김기전 · 차상찬 · 임유동 · 박형병 · 김기진 · 이동곡(북려동곡) 등의 전문삭제기사들은 지금까지 학계에 실물이 보고된 바가 없는 귀중한 자료들이다. 무엇보다 김기진의 소설 「Trick」은 문학사에 이름만 전하던 작품으로 자료적 가치가 높다.[72]

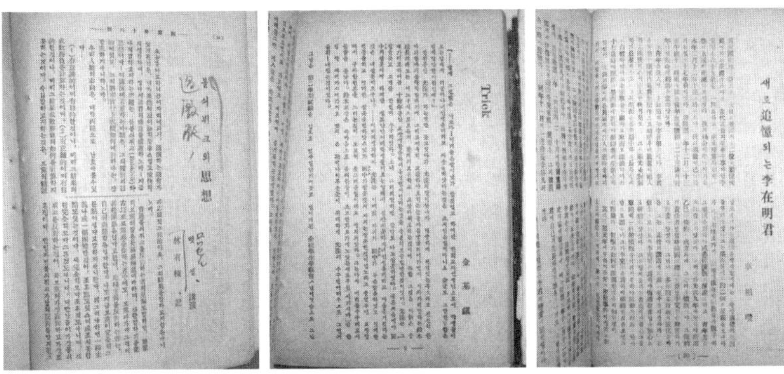

〈사진 2〉 전면삭제된 「볼싀뷔크의 사상」 · 「Trick」 · 「새로 추억되는 이재명군」(왼쪽부터)

미　상, 「우리에게 眞人이 잇는가」(권두언), 『개벽』 9호, 전문
이돈화, 「民族的 生命에 執着하라」, 『개벽』 9호, 전문
김기전, 「아니여쓸수 업사와」, 『개벽』 9호, 일부(11~14면)
일기자, 「上元懇親會席上에서 諸名士의 朝鮮改造向上에關한談片」, 『개벽』

70) 삭제의 제 양상과 복원 방법에 대해서는 한만수, 「식민시대 문학 검열에 나타난 복자의 유형에 대하여」(『상허학보』 14, 깊은샘, 2005)와 「일제 식민지시기 문학 검열과 원본 확정」(『대동문화연구』 51, 성균관대 대동문화연구원, 2005) 등을 참조.

71) 『개벽』의 경우, 본기사가 압수 · 삭제되면 곧바로 그 기사를 대체하여 호외나 임시호가 발행되었는데, 인용한 대체기사들이 여기에 해당한다. 대체기사의 숫자 또한 이번에 바로잡는다. 누락되었던 기사는 44호에서 「산업의발전과 무산계급의 해방」 대신에 들어간 孤峯의 「現新聞의缺陷과民衆의無神經」이다. 어떤 삭제기사에 대한 대체기사인지는 부록(「『개벽』 압수 · 삭제기사 목록」)의 비고란을 확인하기 바란다.

72) 소설 「Trick」의 내용과 성격에 대해서는 2절 3항을 볼 것.

9호, 일부(101~102면)
임유동 記, 「볼쉬뷔크의 思想」(럿셀의 강연), 『개벽』 16호, 전문
세검정인, 「道詵庵中의 漫筆 十六題」, 『개벽』 27호, 일부(5, 24면)
북려동곡, 「조선민족발전의 신근거」, 『개벽』 27호, 전문
미　상, 「間琿住民大會의 開催와 朝鮮民團設立」, 『개벽』 34호, 전문(대체기사)
이영민외, 「詞藻」(한시 4편), 『개벽』 34호, 전문(대체기사)
미　상, 「不遠千里의 五百名代表」, 『개벽』 34호, 전문(대체기사)
고　봉, 「現新聞의缺陷과民衆의無神經」, 『개벽』 44호, 전문(대체기사)
돌　이, 「基督教와 基督教會」, 『개벽』 45호, 전문(대체기사)
이상재, 나는 基督教에 단이는 사람이외다」, 『개벽』 45호, 전문(대체기사)
김기전, 「不知手之舞之 · 足之蹈之」, 『개벽』 50호, 전문
이돈화, 「天國行(二)」, 『개벽』 50호, 전문
김기진, 「Trick」(소설), 『개벽』 63호, 전문
일기자, 「時言」, 『개벽』 67호, 일부(75~76, 79~80면)
차상찬, 「새로 追憶되는 李在明君」, 『개벽』 67호, 전문
박형병, 「近世植民政策의 終幕」, 『개벽』 71호, 전문
김기전, 「國葬前後의 留置場生活雜記」, 『개벽』 71호, 일부(84~87면)
박달성, 「西行雜記」, 『개벽』 71호, 일부(105, 106, 109면)

물론 「사고」 · 「개벽지후」 · 「편집후기」 등을 참조하거나, 판본대조를 해도 제목조차 확인이 안 되는 경우가 있고, 제목이 있고 삭제 부분을 알아도 어떤 내용인지 복원이 불가능한 경우도 있다. 가령 『개벽』 56호의 삭제기사인 「혁명문학」(이동곡), 「농민구제책」(이성환), 「일본의 무산정당과 조선」(나산), 「농촌청년에게 보내는 글월」(정백)은 편집후기를 통해 간신히 제목만 확인되었고, 『개벽』 63호 '9~13면'[73]의 삭제기사는 아예 목차조차도 복원이 불가능했다. 새로운 판본의 발견과 판본 대조 작업이 지속적으로 이루어져야 하는 이유가 여기에 있다.

㉯ 매체의 재생산과 검열

주지하다시피 식민지 시대에 출판업 내지 잡지 경영을 한다는 것은 '고생길'로 접어드는 것을 의미했다. 대다수의 서적상들은 열악한 자본상

73) 『개벽』 63호, 1925.11.1, 9면의 호외 「사고」의 말미 참조.

태로 인해 출판과 판매를 겸하고 있었고, 발행된 책을 팔아 다음 발행을 준비하는 식으로 운영되었으며, 빈약한 독서 시장은 이런 상황을 더욱 악화시켰다. 즉 그냥 놔두어도 특정 '매체의 재생산'이 쉽지 않은 구조였던 것이다. 1920년대 초·중반 우후죽순으로 생겨났던 대다수의 잡지들이 '조기명멸'했던 상황은 그 방증이라고 할 수 있다. 그런데 이런 상황에 '검열'이라는 문제가 다가선다. 상황이 더 악화될 수밖에 없다. 특히 '신문지법'의 저촉을 받는 신문·잡지들에 검열은 하나의 '공포'였다. 이미 제작된 책을 '압수(발매금지)'당하게 되면 한번에 수백 원에서 수천 원의 손실이 발생하기 때문이다.

> ◯◯을 當 하든 때
>
> 이런 날이 曾往부터 업섯든 바는 아니지만…… 지난 十二月 三十日은 獨別나게 記憶이 된다. (…중략…) 編輯責任者 K군이 빙그레 웃으면서 '설마 이번에야 押收를 할나구 이번은 押收거리가 업서…… 萬若! 이번에 押收를 한다하면……' 하고 무슨 數나 잇는 듯이 마즈막 말을 힘잇게 맷는다 (…중략…) '印刷를 어대서 하엿느냐 물으니 무슨 일이 또 날 모양인가보아'하고 고개를 푹 숙인다. (…중략…) '押收요 몃部나 실어 왓소 다-내어노으시오'하는 소리 晩得의 獨子가 먼길을 떠나는 듯하다. '몃部야요 어서 調査해내어노아요'하고 督促이 또 한번 나린다. 비위조흔 키다리 B君이 쑥 나서며 '예 二000部밧게 안 가저왓소 여긔 그대로 잇소 調査해보오'한다. '二000部? 그것 쑨이요' '네 그것 쑨이요 마츰 製冊된 것은……' (…중략…) '여보 이게 무슨 일이요 損害가 五六千圓이요'라고 哀願 비슷이 R군이 말을 건네것다.[74]

인용문은 이러한 추정이 막연한 것이 아님을 잘 보여주는 자료로, 경제적 손실을 감당해야 하는 매체 담당자들의 당혹감이 곳곳에 묻어난다. 하지만 더 큰 문제는 그 다음이다. 문제가 된 기사를 빼고 다시 제작하거나, 아니면 새로운 책을 준비할 자본금 조달에 어려움을 겪는 것이다.

---

74) H生, 「◯◯을 當하든 때」, 『개벽』 20호, 1922.2.1, 44면.

물론 『개벽』은 천도교측으로부터 조직적인 자금지원을 받았고,[75] 평균 발행부수 8,000~9,000부에, 구독자 수가 수만 명이었다는 점을 감안할 때,[76] 그 경제적 처지가 여타의 잡지(『신천지』·『염군』·『조선지광』 등)들과는 달랐다. 하지만 평균 1천~2천원의[77] 손해를 입히는 압수가 "삼개월마다 반듯이 한번씩 당한 일이라 새삼스럽게 놀라이는 바도 아"[78]닐 정도로 반복되는 상황이 되면 문제는 달라진다. 검열로 인해 매체의 재생산 회로에 심각한 장애가 초래되고, '개벽사'란 미디어자본의 성장이 크게 지체될 수도 있는 것이다. 여기서 우리는 『개벽』이 당한 '6년간 40회의 압수'를 객관화할 필요가 있다. 즉 여타의 신문·잡지의 압수 상황과 견주어 보는 것이다. 결론부터 말하면 『개벽』의 압수 현황은 우리 근대사에 거의 유례가 없는 일이었다고 할 수 있다.

一. 在京 新聞, 雜誌 差押 回數[79]

名稱	大正十一年	大正十二年	大正十三年	合計
東亞日報	一四	一六	一○	四○
朝鮮日報	九	二二	八	三九
時代日報			八	八
開闢	**四**	**五**	**四**	**一三**
新生活	七	一	/	八
朝鮮之光		(十一號發行)	四	四
焰群		三	二	五

인용문은 『개벽』 49호에 실린 「在京 新聞·雜誌 差押回數」란 쪽기사로 1922~24년 5월까지 경성의 신문·잡지의 압수횟수를 기록한 것인데,

75) 천도교청년회는 개벽사 경비로 총지출의 63.4%를 지출했다고 한다. 이에 대해서는 천도교청년회 중앙본부, 『천도교청년회팔십년사』, 글나무, 2000, 104~105면 참조.
76) 『개벽』의 평균 발행부수, 판매부수, 구독자 수의 산정방법에 대해서는 책의 3장 1절 참조.
77) 이런 추정은 『개벽』의 총 압수부수 112,000부를 압수횟수 40으로 나눈 수치인 1,400원을 근거로 한 것이다. 『개벽』의 총 발행부수와 압수부수 등에 대해서는 『개벽』 49호(1924.7.1)의 권두언 「개벽운동만세」를 참조.
78) 「본임시호를 읽을 이에게」, 『개벽』 25호, 1922.7.10, 60면.
79) 『개벽』 49호, 1924.7.1, 106면.

『개벽』의 압수현황이 유독 두드러진다. 통계와 달리 실제 이 기간에 『개벽』은 11회[80]의 압수를 당했지만, 이 숫자만으로도 『개벽』이 검열문제의 중심에 서 있었음을 가늠할 수 있다. 외면상 『동아일보』나 『조선일보』의 압수횟수가 두드러져 보이지만, 『개벽』이 월간으로 발행되었다는 점을 감안하면 압수의 빈도 면에서 『개벽』을 따라올 대상이 없는 셈이다.[81] 『개벽』 곳곳에 압수와 관련된 '하소연'이 붙게 되는 데는 이같은 이유가 있는 것이다.

문제는 『개벽』의 매체적 재생산이 검열로 인해 그 미래를 낙관할 수 없는 상태였다면, 『개벽』의 문학 또한 그 재생산 회로에 문제가 있었다는 것이다. 무엇보다도 매체의 잦은 압수는 『개벽』이 지향한 특정 경향의 문학이 안정적으로 독서되고, 향유되어 독자들의 취향 속에 굳어지는 과정을 방해했을 터이다. 더구나 검열로 인해 "연애중심의 것"에서 벗어난 "더좀 實地잇는 方面에 着目한"[82] 작품, "時代精神의 産物"로서 "時代에 處한 人間苦의 부르지짐"[83]을 형상한 작품들이 집중적으로 삭제된다면, 일제의 검열은 우리 근대문학의 재생산 방향을 근본적으로 제어한 셈이 된다. 그리고 이것이 필자가 『개벽』의 압수 현황, 기사의 삭제 현황에 주목하는 가장 중요한 이유이기도 하다. 이에 대해서는 뒤에서 상론하기로 한다.

한편, 『개벽』의 검열 현황은 식민지 시대 검열 정책의 흐름과 그에 대한 주체의 대응 양상을 읽어낼 수 있다는 점에서도 주목할 필요가 있다. 즉 『개벽』을 통해 검열의 '양방향성'[84]을 확인할 수 있는 것이다. 잠시 앞으로 돌아가 보자. 〈표 1〉과 〈표 2〉는 『개벽』의 압수 현황과 삭제기사 현황

80) 〈표 1〉의 연도별 압수 현황을 참조.
81) 『개벽』이 식민지 시대의 검열의 문제를 다루는 데 있어 일정한 준거가 될 수 있는 이유가 여기에 있다.
82) 「擲筆之餘」, 『개벽』 34호, 1923.4.1, 판권간기면.
83) 「현상소설대모집」, 『개벽』 58호, 1925.4.1, 60면.
84) 1920년대 일제의 검열과 식민주체들의 대응 논리에 대해서는 박헌호, 「'문화정치'기 신문의 위상과 反-검열의 내적논리」, 『대동문화연구』 50, 성균관대 대동문화연구원, 2005 참조.

을 호별·연차별로 정리한 것인데, 연차 내지 시국에 따라 그 양상과 빈도에 변화가 나타나고 있음을 발견할 수 있다. 주목할 것은 이런 변화의 이면으로, 자세히 살펴보면 자못 흥미로운 사실들을 읽어낼 수 있다.

먼저 주체의 대응이란 차원에서 보면, '정치·시사'의 게재를 법으로 보장받지 못했던 전기(1~27호)와 '치안유지법'의 실시로 사상통제와 탄압이 가중되었던 후기(55~72호)의 상황이 눈길을 끈다. 전기 10회(25%)의 압수와 25개(16.8%)의 삭제기사는 『개벽』이 "學術 技藝 或 物價情報에 關하는 記事만"[85] 실어야 한다는 '신문지법 제5조'[86]의 제한규정을 지속적으로 위반했음을 드러내는 것으로, "민족운동을 재래하는 유일한" 매체임을 천명했던 『개벽』 주체들의 의기와 자부심이 단적으로 드러나는 표지라고 할 수 있다. 즉 이 시기의 삭제와 압수는 『개벽』의 주체들이 법적인 허용범위를 넘어서 검열당국에 당당히 맞섰음을 의미한다.

후기는 더욱 치열하고 의미심장한 양상을 보이는데, 모두 19회(47.5%)의 압수와 1회의 정간조치를 당하고, 그 과정에서 모두 75개(50.3%)의 기사가 삭제된다. 이미 『신생활』·『염군』·『신천지』[87] 등 문제적 잡지들의 상당수가 종간 혹은 강제폐간을 당한 상태이고, 일제가 치안유지법(1925.5.12)[88]을 통해 통제와 탄압을 강화하는 한편, 한 차례의 정간을[89] 통해 『개

85) 계훈모 편, 「신문지법」, 『한국언론연표』, 관훈클럽, 1979, 부록 1218면 참조.

86) 『개벽』은 애초에 신문지법 제5조의 제한규정에 의거해 허가되었고, 1922년 9월 12일부로 이 제한에서 벗어나 정치·시사를 정식으로 다룰 수 있게 되었다. 이에 대해서는 한기형, 「문화정치기 검열체제와 식민지 미디어」, 『대동문화연구』 51, 성균관대 대동문화연구원, 2005, 80~83면 참조.

87) 이들 매체들의 성격과 전개 그리고 기본적인 서지사항에 대해서는 최덕교 편저, 『한국잡지백년』 2, 현암사, 2004 참조.

88) 치안유지법은 조선에서 1925년 5월 8일 공포되어 동월 12일부터 시행되었다. 치안유지법의 제정과 변천 및 적용 사례 등에 대해서는 김철수·한남제의 「1920년대 '치안유지법'의 제정·적용과 식민지 지배」(『평화연구』 29, 경북대 평화문제연구소, 1995)와 장신의 「1920년대 민족해방운동과 치안유지법」(『학림』 19, 연세대 사학연구회, 1998), 그리고 水野直樹(이영록 역)의 「조선에 있어서 치안유지법 체제의 식민지적 성격」(『법사학연구』 26, 한국법사학회, 1998) 등을 참조할 수 있다.

89) 『개벽』 62호가 문제가 되어 1925년 8월부터 동년 10월 15일까지 발행정지된 사건을

벽』에 대해 일종의 "최후통첩"[90]을 보냈음에도 『개벽』은 논지를 굽히지 않았던 것이다. 오히려 『개벽』은 탄압에 정면으로 맞서 주체적으로 운명을 개척하려 했다. 『개벽』이 치안유지법의 실시에 맞서 전국에 걸쳐 지·분사(支·分社) 조직을 폭발적으로 증설하여, 조직력과 정치적 영향력을 과시한 사건은 그에 대한 훌륭한 방증이라고 할 수 있다.[91]

흥미로운 점은 이런 『개벽』의 처세가 당시의 대세가 아니었다는 사실이다. 당대 대다수 신문과 잡지는 "當局者의 心意를 忖度하기에 特別히 苦心"하여 "나가는 붓을 멈추고" "우러나는 말은 서리고 펴지 못하"는 방향, 즉 "자기검열"[92]을 강화하는 방향으로 진로를 모색했던 것이다.

> 新聞의 論說이나 記事가 當局者 忌諱에 걸리어 押收를 當함은 法律上 當然한 일이라. 이에 우리의 抗議를 容納할 곳이 업다. 우리는 붓을 들때 이 常識이 너무도 强烈함으로 恒常 文章의 巧拙은 第 二義를 삼고, 첫재 當局者의 心意를 忖度하기에 特別히 苦心한다. 그러함으로 나려가는 붓을 멈추고 노치 못하며, 울어나는 말을 서리고 펴지 못한다. (…중략…)[93]

필자는 시세에 누구보다도 민감했던 『개벽』이 대세를 몰라서 언뜻 비장하기까지 한 운명을 선택했다고 보지 않는다. 오히려 피치 못할 나름의 계산법이 있었다고 보는 것이 합리적이다. 무엇보다도 미디어를 통해 조선의 전 계층을 장악한다는 비전, 나아가 훗날 '독자적 정치세력화'[94]를 천명하

가리킨다.

90) 한기형, 앞의 논문, 96면.

91) 실제로 『개벽』은 이 시기 들어 52개지사－62분사로 이루어진 거대한 조직망을 건설했는데, 이는 일개 잡지사로서는 유례가 없는 대단한 것이었다. 『개벽』 지·분사의 증가 현황과 그 정치적 맥락에 대해서는 책의 3장 2절 참조.

92) 박헌호, 「'문화정치'기 신문의 위상과 反－검열의 내적논리」, 『대동문화연구』 50, 성균관대 대동문화연구원, 2005, 253면.

93) 「압수에 대하야」, 『동아일보』, 1924.5.30, 1면; 박헌호, 위의 글, 252~253면 재인용.

94) 천도교 조직을 통한 '독자적 정치세력화'에 대해서는 김정인의 「일제강점기 천도교단의 민족운동 연구」(서울대 박사논문, 2002)를 참조.

게 되는 천도교측의 권력 장악의 욕망선상에서 『개벽』의 선택을 본다면, 수긍이 빠르다. 탄압과 저항 속에서 대중적 명성과 지명도를 쌓아온 『개벽』이 한순간 타협의 저자세로 돌아선다면, 개벽사의 '문화권력'은 삽시간에 붕괴되었을 터, 천도교측의 정치적 욕망도 근본적인 타격을 입을 수밖에 없었다. 『개벽』은 '죽어서 사는 길'을 열어두려 했다고 볼 수 있다.

한편으론 검열당국이 『개벽』(개벽사)을 그대로 두지 않을 것이라는 판단도 크게 작용했을 것이다. 후기(1925.1.1~1926.8.1) 들어 18개 제호 중 14개가 압수되어 매체 압수율 77.8%[95])를 기록하는 상황과 1925년 8월(62호)의 정간, 그리고 이 정간과 관련해서 『동아일보』에 실린 고등경찰과장 다나카(田中武雄)의 공개협박장[96])이 판단의 근거였다. 특히 "지금 태도를 고친다는 것을 인정하면 엇지 될는지 나종 일이니 지금 단언하기가 어려웁다"[97])는 다나카의 최후 통첩성 발언은 『개벽』 주체들에게 '폐간'을 예고하는 것으로 각인되었을 것이다. 그렇다면 『개벽』의 운명은 '후기'에 들어 한순간에 선택된 것이었을까? 그 해답은 '中期'(28~54호)에 있다.

중기는 『개벽』이 『신천지』·『신생활』·『조선지광』 등과 함께 정치·시사를 다룰 수 있는 권리를 부여받아, 본격적으로 자신의 담론을 개척했던 시기였다. 내용 편집 면에서 정치·시사가 차지하는 비중이 현저히 증가했고, 무엇보다도 사회주의 담론이 새로운 시대정신으로 『개벽』 속에 투영되었다. 따라서 상식적으로 보면 압수의 가능성이 어느 때보다도 큰 시기였다. 하지만 〈표 1〉과 〈표 2〉에서 보듯이 결과는 다소 의외다. 전기(25%)와 그다지 큰 차이가 없는 11회(27.5%)의 압수에 그치는 것이다. 그런데 자세히 보면 1924년(43호)을 경계로 압수의 빈도가 3회와 8회로 현격한 차이를 보이는 것을 알 수 있다. 압수기사 면에서는 7개(4.7%) 대 42개

---

95) 55호~72호까지 18개의 제호 중 압수를 피한 것은 55호, 61호, 65호, 68호 등 단 네 호이고, 62호, 63호, 69호는 2회 연속, 70호는 3회나 연속적으로 압수되었다.

96) 「『개벽』의 정지와 당국의 언명」(『조선일보』, 1925.8.4)을 가리킨다. 이 기사의 성격에 대해서는 한기형, 앞의 논문, 94~97면 참조.

97) 한기형, 앞의 논문, 96면 재인용.

(28.2%)로 그 차이가 더 확연하다.

물론 『개벽』이 1923년 중반, 즉 37호(1923.7.1)를 경계로 급속히 사회주의에 몰입했던 점을 감안하면 8회 압수와 42개의 삭제기사는 충분히 납득이 간다. 이해하기 어려운 것은 앞의 숫자다. 정치・시사를 허용하고 1년이 넘도록 단 3차례 압수와 7개의 기사를 삭제하는 데 그친 것이다. 필자가 확인한 바로는 이 시기의 『개벽』도 내용・편집 면에서 만만치가 않다. 즉 그 이상의 압수와 삭제가 가능했다는 것이다. 여기에는 일부러 하지 않았거나 미처 신경을 쓰지 못할 만한 사건이 있었던 것으로 여겨진다.

그런 점에서 1922년 9월 네 잡지에 대해 정치・시사를 다룰 수 있는 권리를 부여한 지 2개월이 채 못 돼, 「신천지」・「신생활」 필화사건이 발생했다는 사실은 주목할 필요가 있다. 한 연구자는 "이 사건의 과정을 추적해 보면 검열체제가 필화를 기획한 것이 아닌가 하는 느낌을 받게 된다"며 사전에 "모종의 정책 결정이 있었"음을 추정하는데,[98] 이 사건이 '기획'된 것이라면 비슷한 시기 『개벽』이 검열에서 비껴난 듯한 상황에 놓이게 된 것도 또 다른 '기획' 내지 '전술'로 볼 수 있다. 즉 제재의 대상을 선별・최소화하여 무리를 줄이고, 시간의 터울을 둠으로써 '본보기 효과'를 최대화하는 것이다.[99] 더구나 이 시기 『개벽』을 직접 공격하기에는 몇 가지 문제가 있었다. 우선 『개벽』은 덩치가 커서 위험부담이 있었고, 한편으로는 '문화정치'가 낳은 대표적 '상징물'로서 식민체제 안으로 끌어안을 필요가 있었다. 하지만 결과적으로 보면, 이런 위력과 위협은 통하지 않았다. 1924년 들어 8회의 압수 숫자가 증명하듯 『개벽』은 이런 위협에 굴복하지 않았고, 따라서 『개벽』의 운명은 그때 이미 어느 정도 예

98) 「신천지」・「신생활」 필화사건의 전말과 그 배면의 맥락에 대해서는 한기형, 「문화정치기 검열체제와 식민지 미디어」, 『대동문화연구』 51, 성균관대 대동문화연구원, 2005, 84~92면 참조.

99) 『개벽』에 대한 검열체제의 이런 "명시적 우대"를 한기형은 『개벽』에 대한 회유책이자, "잡지 미디어 내부의 분열을 유도하는 정책"으로 평가했다. 한기형, 앞의 논문, 93~94면 참조.

견되어 있었다고 할 수 있다.

(2) 문학 검열의 양상과 그 의미

㉮ 삭제기사의 부문별 현황과 삭제 작품

『개벽』의 압수·삭제기사 149개를 부문별로 살펴보면, 잡문이 가장 많은 67개로 45%의 비중을 차지하고, 논설이 그 다음으로 52개 기사로 34.9%를 차지한다. 잡문이 문학과 논설을 제외한 글쓰기 전반을 포괄한다는 점을 감안하면, 단일 갈래로는 역시 논설이 가장 큰 비중을 차지하고 있다고 할 수 있다. 논설 중에서는 1920년대 시대정신을 이끌었던 잡지답게 '사상 관련' 기사가 가장 많고, 정치·시사적인 논설이 그 다음을 차지하고 있다. 논설과 잡문을 포괄하여 가장 큰 비중을 차지하는 것은 단연 정치·시사에 관련된 기사들이니, 모두 59개로 전체 대비 40%의 비중을 차지하고 있다. 이 또한 『개벽』이 시대의 문제를 껴안았던 잡지임을 드러내는 표지라고 할 수 있다. 그에 반해 문학부문은 모두 28개의 기사가 부분 혹은 전면삭제를 당해 18.8%의 비중을 차지하고 있다. 이를 표로 제시하면 아래와 같다.

〈표 3〉『개벽』 삭제기사의 갈래·연차별 현황[100]

부문	문학							논설					잡문				미상	누계(%)
연도	시	소설	희곡	수필	비평	기타	소계	정치	사상	계급	기타	소계	시사	보고	기타	소계	미상	
1920	2	1					3	1	1			2			3	3		8(5.4%)
1921								1	5			6		1		1		7(4.7%)
1922				1			1		1	2	1	4	5			5		10(6.7%)
1923								1	2			3	4			4		7(4.7%)
1924		1		4	1	1	7	4	5	2	1	12	11	11		22	1	42(28.2%)
1925		2		1	2		5	6	2	3	8	19	10	1	5	16	1	41(27.5%)
1926	3	3	1	3	2		12	2	2	1	1	6	14	1	1	16		34(22.8%)
누계	5	7	1	9	5	1	28	15	18	8	11	52	44	14	9	67	2	149(100%)
비율	28(18.8%)							52(34.9%)					67(45%)				1.3%	

100) * 논설 : 정치(정치·시사), 계급(노동·농촌), 기타(종교·교육·경제 등)
잡문 : 문학·논설 이외의 여타 장르의 모든 글, 기타(인물담, 회고나 역사담, 만평 등)

149개 중 28개(18.8%)면 작지 않은 비중이지만, 엄밀하게 살펴보면 상황이 조금 다르다. 즉 『개벽』에 게재된 전체 문학부문 기사들을 기준으로 하면 문학영역의 삭제율은 이보다 훨씬 떨어지기 때문이다. 『개벽』에는 대략 2,074개의 기사들이 게재되었고, 문학은 788개(38%)의 기사가 게재되어 단일 영역으로는 최고의 기사 수를 자랑하는데,[101] 이 경우 문학부문의 삭제율은 3.6%에 불과하게 된다. 반면 논설은 322개의 기사 중 52개의 기사가 삭제되었으니 삭제율이 16.2%에 이르며, 그 외 기사를 통칭 잡문으로 묶는다면 잡문도 900여개 중 68개로 7%가 삭제된 셈이 된다. 즉 문학부문의 삭제율은 세 부문의 평균 삭제율[102] 8.9%에 크게 못 미치는 것이다. 식민지 시대 문학영역이 여타의 영역들에 비해 상대적으로 '열린 공간'이었다는 사실이 이를 통해서도 선명히 드러난다.[103]

한편 〈표 3〉에서 보듯이 1924년 1월(43호)을 기점으로 전 부문에 걸쳐 삭제기사가 급증함을 볼 수 있는데, 이는 앞에서 보았듯이 전체 압수(40회)의 과반 이상(27회)이 1924년 이후에 집중되어 있는 현상과 맞닿아 있다. 문학도 다른 부문과 마찬가지로 이 시기에 들어 삭제기사가 크게 늘어나는 양상을 보이는데, 전체 28개의 삭제기사 중 24개(85.7%)가 1924년 이후에 집중 삭제되었다.

문학부문의 삭제기사를 장르별로 살펴보면, 시가 7편(삭제기사 5개),[104] 소설이 7편, 수필이 9편, 희곡이 1편, 비평과 문학론이 5편 등이다. 삭제된 시·소설 작품들과 삭제 정도를 제시하면 아래와 같다.

미 상, 「금쌀악」「옥가루」, 2편, 시(전문)
차상찬, '한시'(「경주회고」「남한산성」), 2편, 한시(전문)

---

101) 『개벽』의 기사게재 현황에 대해서는 이 책의 부록(「『개벽』 총목차」)과 4장을 참조.
102) 이는 부문별 삭제율을 합산하고 이를 부문 수로 나눈 것이다.
103) 이는 부분삭제냐, 전면삭제냐의 문제, 즉 검열의 정도를 비교해도 분명하게 드러난다. 전체 149개의 기사 중 전면삭제된 기사는 57개가량인데, 이 중에 문학부문은 8개에 불과하다.
104) 기사 수와 작품 수가 일치하지 않는 것은 한 제목에 여러 작품이 게재된 때문이다.

이　호, 「북으로 가는 이의 마음」, 시(일부)
이상화, 「빼앗긴 들에도 봄은 오는가」, 시(전문)
이　호, 「행동의 시」(전문: 세 편 중 한편)
목　성, 「流帆」, 소설(일부)
김기진, 「붉은 쥐」, 소설(일부)
조명희, 「땅속으로」, 소설(일부)
김기진, 「Trick」, 소설(전문)
이기영, 「농부 정도룡」, 소설(일부)
송　영, 「선동자」, 소설(일부)
김영팔, 「싸움」, 희곡(일부)
최승일, 「봉희」, 소설(일부)

인용한 작품들은 경향상 두 부류로 묶을 수 있는데, 「행동의 시」와 소설 「붉은 쥐」·「땅속으로」·「농부 정도룡」·「선동자」·「봉희」 등을 한 부류로, 「금쌀악」·「옥가루」·「한시」·「북으로 가는 이의 마음」·「빼앗긴 들에도 봄은 오는가」 등의 시와 「유범」·「Trick」 등의 소설을 또 한 부류로 묶을 수 있다. 전자는 1924년을 전후해 『개벽』을 근거로 성장한 '신경향파문학'이며, 후자는 민족모순이나 주권회복의 문제를 형상화의 근간으로 삼고 있는 작품군이라고 할 수 있다.

『개벽』 문학의 '문제적 성격'을 함축하고 있다고 볼 수 있는 두 작품군은 검열의 문제, 나아가 근대문학의 재생산과 관련하여 매우 중요한 의미를 갖는다. 검열의 직접적인 결과물인 이 작품들은 검열의 목표 내지 '방향성'을 읽어 낼 수 있는 표지를 담고 있으며, 이를 통해 검열체제가 기획한 한국 근대문학의 상(像)을 짐작할 수 있기 때문이다.

㉯ 검열의 '밀도'와 '내면화' 문제

검열의 '방향성'과 관련하여 주목할 점은 신경향파문학 혹은 계급문학이 식민지 시대 검열의 최대 피해자라는 일반적 통념과 달리 『개벽』 안에서 신경향파문학의 대표적 작품들이 부분삭제에 그치고 있다는 사실이다. 72호에 게재되었던 이호의 「행동의 시」가 전면삭제를 당한 것을 제외하고, 모두 부분삭제이며, 또 그 중 상당수는 'XX' 등으로 '복자(覆字)' 처리된 자체삭제의 가능성도 있다.[105] 통념을 비껴나는 이런 상황은 목록에 언급되지 않은 다른 작품들의 경우를 보면 더욱 또렷해진다. 박영희의 「전투」(55호) · 「정순이의 설움」(56호) · 「사냥개」(58호), 이익상의 「광란」(57호) · 「흙의 세례」(59호) · 「쫓기어 가는 이들」(65호), 이기영의 「가난한 사람들」(59호) 등은 검열을 무리없이 통과했던 것이다.

반면 국권상실의 분노와 비애 혹은 국권회복의 의지를 그린다든가, 일제의 식민정책을 정면으로 비판하는 다른 작품군은 대부분 전면삭제를 당했다. 전면삭제된 이상화의 「빼앗긴 들에도 봄은 오는가」는 따로 설명이 필요없는 작품이고, 차상찬의 「한시」 2편이나 저자 미상의 「금쌀악」 · 「옥가루」[106]는 국권상실의 비애와 국권회복의 의지를 담고 있는 작품들이다. 특히 새로 발굴한 김기진의 소설 「Trick」은 일제의 동화정책, 구체적으로는 그 근간인 교육정책을 비판하는 한편, 식민지 제도권 내 지식인들에게 '동화'의 가능성을 경고하는 작품이다. 더구나 검열당국은 전면삭제는 아닐지라도 이른바 '민족정서'를 자극하는 단어나 구절은 그냥 지나치지 않고 철저히 삭제했다. 소설 「유범」의 삭제 부분이 대표적인 예로, 봄의 정취에 싸인 '독립문'의 묘사가 문제가 되었다.

> 모도가 봄이다. 山도 봄 물도 봄이고 사람도 봄이고 空氣까지도 봄 空氣이다. 그 부들업고 다사한 봄바람에 섯기어 가장 流暢하고 가장 平和로운 노래소리가 獨立門 전체를 싸고 돈다. 그것은[107]

---

105) 『개벽』에서 ××, ○○ 등으로 복자 처리된 경우는 작가나 편집진이 행한 자체삭제일 가능성이 있는데, 가령 72호에서 일부가 복자 처리된 배성룡의 「신흥정치운동의 성질」이나 김기전의 「착목할 일본의 이민정책」은 아단문고의 검열본을 통해 자체삭제임을 확인할 수 있다. 이런 경우로 추정되는 작품은 시 「북으로 가는 이의 마음」과 소설 「땅속으로」 · 「선동자」 · 「봉희」 그리고 희곡 「싸움」 등이다. 작품 자체가 전면삭제된 이호의 「행동의 시」에도 자체삭제로 보이는 부분이 있다.

106) 이 작품을 김기전의 작품으로 보는 견해가 있다. 김근수, 「개벽지에 대하여」, 『개벽』 영인본 1, 개벽사, 1969, 4면 참조.

107) 『개벽』 창간호, 1920.6.25, 139면, 삭제 부분.

그렇다면 「Trick」과 「빼앗긴 들에도 봄은 오는가」가 전면삭제를 당할 때 「농부 정도룡」이나 「붉은 쥐」가 부분삭제로 혹은 「전투」나 「사냥개」가 무삭제로 검열을 통과했다는 사실의 의미는 무엇인가? 결론부터 말하자면 이는 검열 밀도(密度)의 차이를 현상한다고 볼 수 있다. 즉 『개벽』이 "미디어적 중심성"을 지녔던 1920년대 초 · 중반, 「Trick」과 「빼앗긴 들에도 봄은 오는가」 등으로 대표되는 '비타협적 부르주아문학'[108]이 신경향파문학 혹은 프로문학에 비해 좀더 본원적인 검열을 받았다고 말할 수 있다.[109]

이는 1920년대 중반까지 사회주의사상 · 운동이 문화정치의 테두리 내에서 근대적 학술의 하나로 용납되기도 했던 반면, 독립사상 · 운동은 그러기 어려웠던 상황과 관련이 깊다. 더구나 이 시기가 3 · 1운동의 '여진기(餘震期)'라는 사실은 독립의식을 고취하거나 민족모순을 환기하는 문학이 검열을 통과할 여지를 더욱 줄였다. 요컨대 사회주의는 식민체제 내로 순화시키고, 독립사상은 그 뿌리를 뽑겠다는 이 시기 검열당국의 입장이 검열 밀도의 차이를 낳았다고 할 수 있다.

그런데 이런 검열 밀도의 차이는 『개벽』에만 한정해서 나타나지 않았다. 동시대 『개벽』과 문학적 긴장관계를 유지했던 『조선문단』에서도 비

108) '계급문학 대 민족문학'의 한계와 문제점에 대한 다양한 논의 중, 필자는 '프로문학 대 부르주아문학'의 구도를 수용했다. '부르주아문학'이란 개념이 '민족문학' 개념이 가진 한계, 이를테면 범위의 포괄성 · 모호성 등을 극복할 수 있다고 보기 때문이다. '비타협적'이란 수식어를 붙인 것은 부르주아문학 내부의 다양한 경향 중에서 민족모순(일제)에 저항적인 태도를 취한 '작품군'이 존재했기 때문에, 이를 여타의 경향들과 구분하기 위해서였다.

109) 물론 이것을 일제가 계급문학보다 '비타협적 부르주아문학'의 확산을 더 꺼렸다는 식으로 정리하는 것은 사안을 지나치게 단순화하는 것이고, 자체로 합리적이지도 않다. 그것은 양자를 '대타적'으로 보려는 관점의 산물이자, '최대 피해자는 계급문학'의 전도된 표현에 불과하기 때문이다. 다만 균형감각을 잃지 않는 범위 내에서, 즉 식민체제의 유지를 바라는 검열당국에 프로문학(계급문학)이나 비타협적 부르주아문학은 한가지로 골칫거리였다는 입장을 견지하고, 식민지 전(全) 기간에 걸쳐 검열의 최대 피해자는 계급문학이라는 분명한 사실을 망각하지 않는 선에서 검열 밀도의 차이, 즉 비타협적 부르주아문학이 본원적인 탄압을 받았다는 사실을 직시할 필요가 있다. 이는 검열당국이 시기와 상황에 맞추어 대상을 가늠했으며, 나름의 검열 전략과 전술을 구사했음을 방증하는 것이자, 검열이 특정 경향의 문학의 재생산 과정에 본원적인 개입을 했음을 입증하는 사안이기 때문이다.

슷한 양상이 드러난다. 흥미로운 점은 『조선문단』의 경우, 검열 밀도의 차이가 피검열자(被檢閱者) 혹은 수용의 차원에서 드러난다는 사실이다.

〈표 4〉『조선문단』 삭제기사 및 검열 관련 기사목록110)

필자	기사·작품명	호수	면수	삭제정도	비고
채만식	세길로(소설)	3호	14	일부	23행 삭제
C 生	불평의 가치(미상)	4호	190	전면	"85행 전면삭제"
최서해	살려는 사람들(소설)	7호	114	전면	작품 머리말만 게재
이태준	오몽녀(소설)	10호	213	전면	게재지 변경(특고)
최독견	기로(소설)	18호	목차면	전면	목차에 '삭제'표시
김기진	문예사상과 사회사상	18호	6	일부	구절 곳곳이 삭제
윤기정	수상일속(수필)	18호	58	일부	18행 삭제
방인근	사회상(희곡)	18호	127	일부	4행 삭제
주요섭	첫사랑값(소설)	19호	144~6	일부	4곳 33행 삭제
일기자	세계문호와 그의 작품(평문)	20호	66	일부	"1행 삭제"
기타 검열 관련 기사					
편집자	투고하신 제위께 특고(공고)	2호	50	전문있음	"검열이라는 난관"
방인근	편집후 몃마듸(편집후기)	9호	128	전문있음	"원고검열 등의 장애"
유도순외	문단침체의 원인과 대책	18호	28	전문있음	검열과 출판법

『조선문단』의 삭제·검열 관련 기사를 정리한 〈표 4〉에서 검열 밀도의 문제와 관련하여 뚜렷이 비교가 되는 작품은 최서해의 소설 「살려는 사람들」과 이태준의 소설 「오몽녀」다. 언뜻 보아 두 작품은 검열 결과에 있어 차이가 없어 보인다. 두 작품 공히 전편이 게재되지 못했고,111) "事情에 依하야 原文發表는 中止"112)한다는 공고가 실린 점이 동일하기 때문이다.

문제는 「오몽녀」는 원작이 후대에 남았지만, 최서해의 「살려는 사람들」은 원작 혹은 개작이 남아 있지 않은 점이다.113) 이 차이는 「오몽녀」

110) 〈표 4〉를 작성하는 도중, 이봉범 선생의 도움으로 3~4개의 삭제기사와 검열 관련 기사를 보충할 수 있었다. 아울러 소설 「오몽녀」의 검열 관련 사항을 지적해 주신 박헌호 선생께도 감사드린다.

111) 엄밀히 말해 「살려는 사람들」은 목차에 있고, 제목과 저자 그리고 저자가 쓴 머리글이 본문에 실려 있지만(『조선문단』 7호, 목차 및 114면 참조), 「오몽녀」의 경우는 "當選되엇스나 事情에 依하야 發表치 못"한다는 「특고」만 남아 있다. 『조선문단』 10호, 213면 참조.

112) 『조선문단』 7호, 1925.4.1, 114면.

113) 최서해 연구자인 곽근 선생의 편저(『최서해전집』 上·下, 문학과지성사, 1987)에도 「살려는 사람들」은 저자의 머리글만 실려 있다.

가 편집진에 의해 『시대일보』(1925.7.13)로 발표 지면이 바뀐 데서 비롯됐다.[114] 즉 「살려는 사람들」은 그대로 검열 과정에 넣어져 '출판법'의 저촉을 받아 원고 자체가 압수되었고, 「오몽녀」는 '정치 · 시사'가 가능했던 『시대일보』로 매체를 옮김으로써 '신문지법'에 의한 '납본' 검열을 통과했던 것이다.[115] 요컨대 「살려는 사람들」은 그대로 검열 과정에 넣어진 반면, 「오몽녀」는 『조선문단』의 이름으로는 검열에 넣어지지 않은 셈이다.[116] 그렇다면 왜 『조선문단』의 편집진은 「오몽녀」를 「살려는 사람들」과 다르게 취급했을까?

김재영이 발굴한 자료에 따르면 그 이유는 「오몽녀」에 "잡지에는 통과되지 않을 듯한 대목이 있어"[117]서였다. 말을 바꾸면 출판법에 저촉을 받는 『조선문단』이 감당할 수 없는 '정치 · 시사적' 부분이 있었기 때문이라는 것이다. 실제로 필자가 『시대일보』에 게재된 「오몽녀」[118]를 살펴본바, 편집진의 우려가 기우는 아니라는 판단을 했다. 식민지배 권력의 손발이자, 말단 관료인 순사가 일본인 소장의 방조 아래 부정부패와 위압적 폭력을 일삼는다는 설정, 특히 '남순사(南巡査)'가 오몽녀를 범하고, 남편을 엽기적으로 살해한 후 집까지 빼앗는 대목은 일제 관헌의 개인적 만행을 넘어, 일제의 조선침탈을 환기한다. 『조선문단』의 편집진은 「오몽녀」가 자

---

114) 「오몽녀」의 지면 변경의 전후 맥락에 대해서는 박헌호, 「'문화정치'기 신문의 위상과 反-검열의 내적논리」, 『대동문화연구』 50, 성균관대 대동문화연구원, 2005, 228~229면 참조.

115) 출판법과 신문지법의 검열 절차상의 차이점에 대해서는 정진석, 『한국언론사』, 나남, 1990, 384면 참조.

116) 『조선문단』이 출판법의 저촉을 받았고, 따라서 작품을 원고 상태 그대로 검열당국에 제출해야 했다는 사실을 감안할 때, 검열 과정에서 문제가 발생하면 「살려는 사람들」의 경우처럼 원고 자체가 압수되어 작품이 전하지 않는 것이 보통이다. 따라서 「오몽녀」가 『시대일보』로 옮겨져 발표될 수 있었다는 것은 『조선문단』의 명의로는 검열에 넣어지지 않았다는 사실을 분명히 한다. 만약 검열에 넣었고, 여기서 전편이 문제가 되어 「특고」를 낸 것이라면 작품이 남아 있을 수 없는 것이다.

117) 이태준, 「意無盡記」, 『춘추』, 1943.1, 138면; 김재영 발굴 · 해제, 『상허학보』 13, 깊은샘, 2004, 541면 재인용.

118) 『이태준 문학전집』 1(서음출판사, 1988) 등에 실린 「오몽녀」는 『시대일보』에 게재된 것과 내용상 적지 않은 차이가 있으니 주의할 필요가 있다.

칫 민족적 코드로 읽혀 문제가 될 수 있다고 판단한 것이다.[119)]

반면, '빈곤문제'를 형상화했을 것으로 추정되는 「살려는 사람들」[120)]은 거리낌없이 검열에 넣었다. 이런 차이가 앞서 말한 민족–계급문제에 대한 검열 밀도의 차이임은 물론이다. 다시 말해 『조선문단』의 편집진이 「살려는 사람들」에 대해서는 검열통과의 가능성을 열어둔 반면, 「오몽녀」는 아예 그 가능성을 접었다는 사실 자체가 피검열자의 내면에 각인된 검열 밀도의 차이를 드러내는 것이라고 할 수 있다.

한편, 『조선문단』의 판단과 선택은 식민지 조선에서 검열이 '내면화'되는 과정을 함축한다. 비록 「오몽녀」에 대한 검열적 판단이 주관적일 수 없고, 또 동시대의 검열 상황에 대한 총체적 체험에 근거한 것이지만, 이는 엄밀히 말해 법적인 검열 절차를 거치지 않은 검열, 즉 자기 검열(검열의 내면화)이기 때문이다. 흥미로운 사실은 '검열 내면화'의 첫 단계가 검열당국과 작가(작품)의 직접적인 충돌에 기인한다기보다 이런 충돌을 미연에 방지해야 하는 미디어 매체의 특수한 입장에서 비롯된다는 것이다. 실제로 「오몽녀」 사건에서 매체(『조선문단』)는 검열주체(당국)와 객체(작가·작품)의 입장을 동시에 지닌다. 출판을 위해 검열을 받아야 하기에 피검열자이나, 기사나 작품을 직접 취사선택하고 그 운명을 결정짓는다는 점에서는 검열주체이기도 한 것이다.

문제는 일제의 검열이 강화되고 고도화될수록 미디어 매체(경영진 혹은 편집진)는 점점 더 검열의 대리인으로 굳어진다는 것이다.[121)] 일제의 언론

---

119) 원고 압수나 출판지연에 따른 경제적 손실문제로 검열에 민감할 수밖에 없었던 편집진의 판단이 이러했다면 여기엔 나름의 준거가 있었다는 것이 필자의 생각이다. 무엇보다도 동시대의 직접적인 체험, 즉 『개벽』 등에서 신경향파문학의 대표작들이 검열을 통과했다는 사실이 크게 작용했고, '사회주의사상'이 학술적인 차원에서 용납되는 시기적 상황도 「살려는 사람들」이 그대로 검열에 넣어지게 했을 것이다. 반면 「오몽녀」는 그와는 정반대의 체험과 검열 분위기로 인해서 게재 매체가 바뀌었을 것이다.

120) 원작이 남아 있지 않은 상태에서, 이는 최서해의 당대 창작 경향 및 제목을 통해 추론한 것이다.

121) 이 과정에 대해서는 박용규, 「식민지 시기 문인기자들의 글쓰기와 검열」, 『한국문학

통제가 한층 강화되었던 1920년대 말 "조선신문계의 편집국장이란 것은 일종 사설검열관에 불과하다"[122]는 주요한의 말은 경영상의 이유로 매체의 내적 검열이 강화되는 상황, 즉 편집진이나 경영진이 검열의 대리인으로 굳어지는 상황을 단적으로 지적한 것이라고 할 수 있다. 따라서 1930년대 매체의 확산과 작가의 증가는 필연적으로 자기검열(검열의 내면화)의 확산·심화과정일 수밖에 없었다.[123] 1931년 만주사변을 계기로 언론 탄압이 강화되었으나, 압수 처분 건수는 오히려 1920년대 말보다 감소했다는[124] 사실이 이를 방증한다.

이런 점에서 「오몽녀」 사건은 1920년대 말~1930년대 초의 문화 상황의 전조로 이해될 필요가 있다. 특히 「오몽녀」의 개작 과정은 매체(편집진)의 자기검열(검열의 내면화)이 작가의 자기검열로 삼투되는 과정을 여실히 보여준다는 점에서 주목을 요한다. 『조선문단』 투고 당시 초보 작가였던 이태준이 1930년대 대작가로 성장하여 단행본을 낼 때[125] "日人所長"이나 "순사놈" 같은 문제적 단어와 대목을 스스로 삭제했다는 것은 「오몽녀」 사건으로 대표되는 매체의 자기검열이 통상적으로 반복되어 작가의 내면에 각인되었음을 입증하는 한 예이다.

㉰ 검열의 '전략'과 '근대문학의 기획'

앞에서 필자는 프로문학(계급문학)과 비타협적 부르주아문학 사이의 검

연구』 29, 동국대 한국문학연구소, 2005, 3장 참조.

122) 주요한, 「기자생활의 추억」(속), 『신동아』, 1934.6, 76면; 박용규, 앞의 논문, 102면 재인용.

123) 이는 한편으로는 매체간의 상업(자본)적 경쟁을 통해서, 다른 한편으로는 원고 게재(원고료)를 매개로 한 자기검열의 요구를 통해서 이루어졌을 것이다.

124) 박용규, 앞의 논문, 100면 참조.

125) 1939년판 『이태준 단편선』을 통해 이루어진 이 개작 과정(『이태준 단편선』)을 장영우는 '검열문제'에 초점을 맞추어 해석했고(장영우, 『이태준소설연구』, 태학사, 1996, 74~77면 참조), 박헌호는 '예술적 완성도의 강화'에 무게중심을 두어 해석했는데(박헌호, 『이태준과 한국 근대소설의 성격』, 소명출판, 1999, 142~147면 참조), 필자는 전체적인 의미 맥락에서는 후자에 공감하되, 몇몇 문제적 단어와 대목의 삭제문제에 있어서는 전자의 입장을 수용하였다.

열 밀도의 차이가 검열당국의 태도, 즉 사회주의는 순화시키고 독립사상은 철저히 제거하려는 입장의 차이에서 비롯되었다고 말한 바 있다. 하지만 본원적 질문은 여전히 남아 있다. '검열당국의 그런 태도는 어디서 비롯되었는가?' 하는 문제다. 섣불리 결론을 내리기 어려운 문제지만, 상식적으로 두 적을 모두 상대해야 하는 자의 우선 전략이 적들의 연합을 막는 것 혹은 적진을 분리하는 것이란 점에서, 검열당국의 입장도 크게 다르지 않았을 것이라 생각한다. 더구나 식민체제의 유지를 바라는 검열당국에 사회주의나 독립사상은 한가지로 감당하기 힘든 골칫거리였다는 점에서,[126] 이 둘의 결합은 '공포'였을 가능성이 높다. 즉 양자 연합에 대한 두려움이 검열 밀도의 차이를 낳았다고 생각한다.

문제는 양자 연합의 가능성 내지 실재성이다. 다시 말해 검열당국이 현실적 두려움을 느낄 만한 상황들이 존재했느냐이다. 결론부터 말하면 충분히 가능했다고 생각한다. 우선 조선 사회주의운동은 그 출발부터 민족운동(독립운동)과 밀접한 관련이 있었다. 주지하다시피 1923년을 경계로 조선사회에 불어닥친 사회주의의 열풍은, 급속히 우경화하고 있었던 '문화운동'에 대한 실망과 좌절에서 비롯되었고, 그런 점에서 '민족독립운동'의 대안적 성격이 농후했다. 초기 공산주의자들의 상당수가 조직운동의 가담동기로 "민족적 적대감"이나 "민족해방"을 꼽았고,[127] 당대의 지식인들 또한 사회주의의 확산을 "獨立心의 變態性"으로 파악하고 있었다는 사실은 '민족운동'과 사회주의의 밀접한 연관성을 드러내는 방증이라고 할 수 있다.

---

126) 박헌호의 연구는 제국이 '사회주의'를 어떻게 바라보았고, 이에 어떻게 대처했는지에 대해 구체적인 실증을 통해 흥미로운 시사점들을 제공해준다. 박헌호, 「1920년대 전반기 『매일신보』의 反-사회주의 담론 연구」, 『한국문학연구』 29, 동국대 한국문학연구소, 2005 참조.

127) 초기 공산주의자들의 당 조직 운동 가담 동기를 분석한 전상숙의 연구에 의하면, 조사 대상자 148명 중에서 50명(33.8%)가량이 가담동기로 '일제에 대한 민족적 적대감'이나 '민족해방의 일환' 등을 꼽았다고 한다. 전상숙, 『일제시기 한국사회주의 지식인 연구』, 지식산업사, 2004, 150~151면 〈표 2. 7〉 참조.

> 玆에 한가지 注意할 일은 朝鮮사람에게 가장 쉽게 이 社會主義的 氣分이 돌게 된 것는(은-인용자) 唯一의 原因이 어대 잇나냐하면 獨立心의 變態性이라 할 만한 卽 朝鮮獨立의 希望에서 失望된 元氣를 새로히 社會主義上에 變態的으로 그 希望을 펴게 된 것이라. 그들의 中에는 當初부터 主義的, 眞理的 精神으로 社會主義를 主唱하는 사람이 업지 안이할 것이나 그러나 一般 民衆으로서의 大部分은 大概가 獨立的 希望의 變態心으로, 알고 하든지 모르고 하든지 失望의 餘氣를 스스로 社會主義的 新理想에 붓치게 된 것이라. 그리하야 그들은 이 新希望에 依하야 다시 元氣를 펴고저 함이 最近 朝鮮에 가장 顯著한 新傾向이라 할 수 잇다.[128]

다음으로는 "민족주의 운동세력과 사회주의운동세력의 협동전선형성의 필요성을 강조하"[129]는 사회여론을 꼽을 수 있다. 특히 신간회의 결성과 밀접한 관계에 있었던 『조선일보』의 경우, 1924~27년 사이에 지속적으로 "민족좌익전선의 형성이 필요하며, 해방전선에서 민족좌익전선이 주역을 담당하고 사회주의운동자들은 지원세력이 되어야 한다고 주장"했다.

> 左翼民族戰線은 當然히 最左翼인 社會主義運動戰線과 連結하게 될 것이다. 그는 어쩌한 物的聯合이 잇거나 업거나 그 鬪爭이 公同한 目標를 向하야 되는날까지에는 반듯이 그리될 必然性이 잇는 것이오 또 當爲의 일이 되는 것이다. 그리고 思想的 分野에 잇서서 社會運動戰線이 그의 第一線에 잇슴에 不計하고 現下의 實戰場의 平面的 排置에서는 左翼民族戰線으로 하야금 그 正面의 主力部隊로서 第一線에 나서야 할 것과 社會運動戰線으로서는 그의 側面에서 應援의 砲火 및 突喊을보내여주어야 할 것은 前者에도 말한 바가 잇섯다.[130] (띄어쓰기는 재인용자)

---

128) 이돈화, 「격변 又 격변하는 최근의 조선인심」, 『개벽』 37호, 1923.7.1, 7~8면 참조. 37호의 목차에는 이 글의 저자가 '성태'로 표기되어 혼란을 야기하는데, 이는 원문 자체의 오식이다.

129) 『조선일보』·『동아일보』 등의 이런 움직임에 대해서는 유재천, 「일제하 한국신문의 공산주의 수용태도」, 『현대사회와 커뮤니케이션론』, 이상희 교수 회갑기념 논문 간행위원회, 한길사, 1989 참조.

130) 「민족좌익전선의 의의 및 사명」, 『조선일보』, 1927.2.9, 사설; 유재천, 앞의 논문, 319면 재인용.

주목할 점은 이런 사회여론이 '치안유지법'의 시행(1925년 5월 12일)에 대한 양대 세력의 대응방안과 궤를 같이 한다는 사실이다. 실제로 치안유지법이 발효되자 제2차 공산당은 "코민테른의 방침에 따라 천도교를 중심으로 민족·사회 두 운동가들을 통합하여 국민당을 결성하고, 그 안으로 공산당이 들어가야 한다고 결의"[131]했고, 민족주의 진영 또한 '민족협동전선'의 분위기가 고양되는 것을 반대하지 않았던 것이다. 특히 1926년경에 이르러 '민족협동전선'론이 그 현실정합성을 의심받지 않을 정도로 인정·확산되는[132] 상황은 일제당국을 긴장시키기에 충분했으리라 짐작된다.

셋째는 '민족협동전선'에 관련된 양대 세력의 방침이나, 여론이 구체적 실천으로 나타났다는 것이다. 무엇보다 1926년의 6·10만세운동과 1927년의 신간회 결성은 검열당국을 현실적 충격에 빠뜨렸고, 일제가 "식민지 조선에서 사회주의운동을 기본적으로 민족문제 해결의 방법으로 여겨, 조선의 민족운동이 사회주의운동과 불가분의 관계에 있다고 판단"[133]하게 되는 가장 중요한 계기가 되었다. 특히 순종의 죽음을 계기로 일어난 6·10만세운동은[134] 코민테른의 지도 아래 사회주의운동 세력의 주도로 기획되었고, 민족운동을 대표하는 천도교측이 '협동전선'의 차원에서 적극 가담했다는[135] 점에서 사회적 파장이 크게 일었다.[136] 요컨대 비타

131) 전상숙, 『일제시기 한국사회주의 지식인 연구』, 지식산업사, 2004, 116면 참조.

132) 전상숙, 위의 책, 201~202면 참조.

133) 전상숙, 위의 책, 149면; 朝鮮情報委員會, 『朝鮮人の思想』, 54면; 京畿道警察部, 『治安狀況 その一』, 1929.5, 185~187면 참조.

134) 6·10만세운동 전반에 대해서는 장석흥, 「6·10만세운동 연구」, 국민대 박사논문, 1995와 김인덕, 「6·10만세운동의 매개가 된 순종의 죽음」, 『역사비평』 1, 역사문제연구소, 1992 참조.

135) 기존 연구에 따르면, 천도교 구파와 조선공산당의 협동전선의 결성 과정에서 조직된 천도교청년동맹이 화요회 주도의 제2차 공산당이 6·10만세운동을 계획하자 천도교 구파의 전위로서 이에 참여했다고 한다. 조규태, 「천도교 구파와 신간회」, 『한국 근현대사 연구』 7, 한국근현대사학회, 1997, 203~204면; 장석홍, 「천도교 구파의 6·10만세운동」, 『북악사론』 4, 북악사학회, 1997.

136) 주지하다시피 이를 계기로 2차공산당사건이 일어났고, 자금과 인쇄를 담당하는 등 만세운동에 적극적이었던 천도교측은 천도교당(개벽사)이 급습당하고, 80여 명의 인사

협적 부르주아문학과 프로문학(계급문학)이 접점을 모색할 충분한 사회적 조건이 성숙되었고, 그런 만큼 검열당국도 양자의 연합을 현실적 위협으로 여겼을 가능성이 크다는 것이다.

이런 사회적 상황을 종합할 때, 『개벽』은 검열당국의 감시대상 1호였다. 매체의 성향 자체가 문제였다. 개벽사는 "민족운동을 재래하는 유일한 기관"을 자처했고, 『개벽』은 존립기간 내내 '독립문제'라는 '무게중심'을 잃지 않았기 때문이다.[137] 무엇보다도 『개벽』이 1920년대 초·중반 변화된 사회·역사적 맥락을 정확히 읽고 사회주의를 적극 수용했다는 사실은[138] 검열당국으로 하여금 '민족협동전선'의 가시화로 비추어질 여지가 충분했다. 특히 6·10만세운동은 사회주의 세력과의 조직적인 연대의 결과이자, 실천이라는 점에서 검열당국을 놀라게 했고, 『개벽』 폐간의 직접적인 계기가 되었다.[139]

『개벽』의 성향 내지 동향을 염두에 두고 볼 때, 『개벽』과 '신경향파문학'의 만남은 더더욱 예사로운 일이 아니었다. 『개벽』이 '신경향파문학'을 선택[140]한다는 것, 즉 『개벽』이 문화주의자 현철을 해임하고 박영희

가 체포되는 고초를 겪었다.

137) 6·10만세운동에서 천도교측이 보여준 행보와 그 결과는 '민족해방'과 『개벽』의 밀접한 상관성을 드러내는 사례라고 할 수 있다.

138) 『개벽』은 1922년 9월 정치·시사의 게재 허가를 계기로 '문화운동'의 자장에서 벗어나기 시작해 1923년 7월(37호)을 경계로 급격히 사회주의운동의 물결을 탔다. 이에 대해서는 책의 4장 2절 참조.

139) 이런 점에서 『개벽』의 폐간문제는 사회주의 진영과 민족운동 진영의 협력이 가져올 체제 저항적 시너지 효과 외에, 양대 세력의 내부적 역량 및 식민체제의 내적 상태 등을 종합하여 접근할 사안이라고 할 수 있다. 즉 사회주의 진영과 『개벽』의 밀접한 관계가 『개벽』 폐간의 직접적인 원인 가운데 하나라는 사실은 부정하기 어렵지만, '사회주의와의 연계'만으로 『개벽』의 폐간을 설명하는 것은 사안을 지나치게 단순화한 감을 주기 때문이다. 앞서 언급한 부문들에 대한 구체적 접근이 '사회주의와의 연계'를 내포한 역사적 내용과 의미를 풍부히 하는 것임은 물론이다. 『개벽』의 폐간과 연관된 복잡한 역사적 계기들에 대해서는 한기형, 「식민지 검열정책과 사회주의 관련 잡지의 정치 역학」, 『한국문학연구』 30, 동국대 한국문학연구소, 2006 참조.

140) 『개벽』이 '신경향파문학의 요람'이었고, 그 출발점에 김기진과 박영희가 있다는 것은 학계에 널리 알려진 사실이지만, 실상 필자가 관심을 기울인 것은 문학 쪽의 선택

를 새로운 학예(문예)부장으로 영입한 것이나, 기교적 문학이 아닌 시대정신, 시대고의 표현으로서의 문학을 천명한다는 것은[141] 계급운동과 민족운동이 문학을 매개로 연계되는 것을 의미한다고 할 수 있기 때문이다.

더구나 '신경향파문학'의 거두인 김기진이 일제의 동화정책을 정면에서 반박하는 소설, 「Trick」을 썼다는 것은 가능성이 구체적 '현실'로 나타난 대표적인 사례로, 검열당국의 긴장감을 고조시켰을 가능성이 높다. 여기서 한 가지 지적할 사항은 「Trick」의 경우, 소설 전문만이 아니라 목차의 저자명과 작품명도 깨끗이 삭제되었다는 것이다.[142] 존재자체를 은폐할 만큼, 검열당국이 작품의 '상징성'에 아주 예민해 있었음을 드러내는 사실이라고 할 수 있다.

여기서 우리는 1920년대 중반 일제의 검열 '전략'과 그들이 '기획'한 근대문학의 상을 대강 짐작할 수 있다. 부르주아문학과 프로문학이 각각 평행선을 달리는 1920년대 말~1930년대의 문학 구도를 염두에 둘 때, 그들의 검열 '전략'이란 비타협적 부르주아문학과 프로문학의 자연스러운 결합을 의식적으로 막는 것이었다. 연대의 핵심고리가 되는 비타협적 부르주아문학작품들을 문학사에 제거하는 것이 우선 전술이었을 것이다. 「Trick」이나 「빼앗긴 들에도 봄은 오는가」의 사례에서 보듯이, 이들 작품들은 검열을 통해 철저히 삭제됨으로써 그 재생산의 가능성을 원천봉쇄당했다.

이 아니라 매체 혹은 미디어 자본의 선택이었다. 즉 문예부장 현철의 후임으로 박영희를 선택한 것도 『개벽』이요, 이기영 등 새로운 작가들을 탄생시킨 것도 『개벽』이며 궁극적으로 '신경향파문학의 요람'을 결과한 것도 『개벽』과 개벽사의 주체적 선택이었다는 사실을 간과해서는 안 된다는 것이다.

141) 이런 점에서 문화주의자 현철의 사임 자체가 상징적이다. 전기 55회나 기사를 게재하여 문예부문 최고를 기록한 문예부장 현철이 공식 사임한 것은 1922년 7월 31이고, 『개벽』이 정치 · 시사의 게재 허가를 받은 것이 9월 12일, 「무산자의 문예」가 문예면의 한켠에 등장한 것이 10월(28호)이며, 현철의 장기 연재물 「하믈레트(햄릿)」가 종료된 시점이 1922년 12월(30호)이니, 이 일련의 상황 속에서 볼 때 "오랫동안 連續하야 讀者의 最後까지의 忍耐에 訴하는 文藝部의 諸繼續品은 來月號 卽 年末號로써 大體로 긋을 막게되겟슴니다"라는 29호의 편집후기는 단순한 연재 예고가 아니라, 『개벽』 문학의 한 시대가 가고 새로운 시대가 열림을 선언하는 것이라고도 할 수 있기 때문이다.

142) 「빼앗긴 들에도 봄은 오는가」의 경우, 목차에 '이상화'라는 저자명이 살아 있다.

㉣ 근대문학, 재생산 회로의 식민성

『개벽』의 문학, 특히 중기 이후의 신경향파문학이 검열로 인해 재생산에 어려움이 있었다는 사실은 삭제작품 목록만으로도 짐작할 수 있지만, 『조선문단』의 경우와 비교하면 그 실감이 빠르다. 주지하다시피 『조선문단』[143]은 이광수·주요한·전영택·방인근의 주도로 이루어진 문예 전문지로 대체적 경향상[144] 『개벽』의 신경향파문학과 여러 면에서 경쟁관계에 있었다고 할 수 있는데, 출판법의 저촉을 받았던 이유로 『개벽』과 같은 검열 양상이 나타날 수 없었다. 무엇보다 검열에 따른 압수가 없었고, 삭제기사도 많지 않다. 앞의 〈표 4〉에서 알 수 있듯이 1920년대로 시기를 한정할 때, 『조선문단』은 대략 10개의 기사가 문제가 되었다. 최서해의 소설 「살려는 사람들」과 최독견의 소설 「기로」, 그리고 'C生'의 「불평의 가치」 등이 전면삭제된 것을 제외하고는 대부분 부분삭제에 그치고 있다. 더구나 김기진의 평론과 윤기정의 수필 등을 논외로 하면 창작물은 모두 6작품이[145] 전면 혹은 부분삭제가 되었다.

하지만 검열의 문제만으로 『조선문단』의 문학이 '신경향파문학'보다 재생산에 있어 유리했다고 결론내리기는 어렵다. 각각의 강점이 있기 때문이다. 『개벽』의 문학은 검열문제에 있어서는 불리했지만, 문학의 유통과 향유의 측면에서는 『조선문단』을 압도했다. 『개벽』이 검열을 통과할 경우 최소 6,700부 이상이 독자들의 손에 들어가고, 수만 명이 매달 『개

143) 1924년 10월 1일 창간되어 1926년 1월 1일까지 통권 26호가 발행되었다. 『조선문단』은 문학의 전문화와 대중화를 동시에 추구하면서 잡지 이름처럼 스스로 '조선의 문단'을 자처했다고 할 수 있는데, 기본적으로 문학의 독자성을 추구하는 동인지적 전통에 충실했고 프로문학과의 대립 구도 속에서 점차 '탈정치적 문학' 경향을 가속화했다. 『조선문단』에 대한 기본적 서지 및 문학 경향과 그 특성에 대해서는 이경돈, 「『조선문단』에 대한 재인식」, 『1920년대 문학의 재인식』, 『상허학보』 7, 깊은샘, 2001을, 『조선문단』의 문학사적·제도사적 의미에 대해서는 이봉범, 「1920년대 부르주아문학의 제도적 정착과 『조선문단』」, 『민족문학사연구』 29, 소명출판, 2005를 참조.

144) 대체적 경향이란 표현을 쓴 것은, 비중있는 최서해의 존재와 경향작가인 김기진이나 윤기정 등이 『조선문단』에 글을 올렸다는 사실 때문이다.

145) 편집진의 자체검열에 의해 게재지가 바뀐 「오몽녀」의 경우도 포함시킨 숫자다.

벽』의 문학을 접할 수 있었기 때문이다. 더구나 '신경향파문학'은 '사회주의의 만연'이라는 시대적 후광을 가지고 있었다. 반면 『조선문단』은 평균 2,000~3,000부의 발행부수상 문학의 광범위한 유통에는 어려움이 있었지만, 검열로 인한 직접적인 피해가 크지 않았고, 무엇보다 '전문성'이 돋보였다.[146] 특히 '이광수주재'라는 간판이 상징하듯 이전 시대에 文名을 얻은 작가들의 이름값이 그 역할을 톡톡히 했을 것으로 여겨진다. 실제로 양자의 강점은 고스란히 현실화되어 이후 문단의 양대 세력으로 자리잡았다.

문제는 신경향파문학이나 『조선문단』의 문학과 달리 아예 거세된 '문학 경향'이 존재했다는 것이고, 이런 철저한 배제 위에서 문학의 재생산 구조와 문단의 구도가 재편되었다는 사실이다. 즉 1920년대 중반 이후의 문단이 통칭 '계급문학 대 민족문학'이란 허상적 대립구도로 재편되고, 전자는 '이념적 선명성'으로, 후자는 '문학의 독자성' 혹은 '탈정치성'으로 각기 내달리게 된 데에는 '비타협적 부르주아문학'의 문학사적 위상과 역할에 대한 진지한 성찰의 결여가 근본적인 원인이 되었다는 것이다. 실제로 『개벽』이 폐간되고, 양자의 관념적 대립이 굳어지자 「빼앗긴 들에도 봄은 오는가」나 「Trick」 등에 견줄 만한 작품들은 좀처럼 발견하기 어렵게 된다.[147] 부르주아문학과 프로문학의 본원적 매개항이 사라진 것이다.

이런 점에서 1920년대 중반 「빼앗긴 들에도 봄은 오는가」나 「Trick」과 같은 작품이 검열에 의해 재생산 회로에 발을 들이지 못했다는 것은 다음과 같은 의미가 있다고 정리할 수 있다.

첫째, 이는 언뜻 자율적으로 보이는 문학 재생산의 순환체계('등단→승

146) 이봉범은 『조선문단』의 성격을 실증적으로 논하면서 그 근본 지향을 '전문화'와 '대중화'의 결합 내지 통일로 요약·제시한 바 있다. 이봉범, 「1920년대 부르주아문학의 제도적 정착과 『조선문단』」, 『민족문학사연구』 29, 소명출판, 2005 참조.

147) 애초에는 '검열'이 진짜 문제였을 터이지만, 시간이 지날수록 작가 개개인의 내면의 '문학'관념 속에서도 사라져갔을 것이다. 더구나 재생산 회로를 통해 새롭게 탄생하는 작가들은 문학이라는 '상(像)'과 민족모순을 아예 관련짓지 못했을 가능성도 있다.

인→향유→독자에서 작가로')가 특정한 정치적 목적에 의해 언제든 제도적으로 규율될 수 있음을 의미한다.

둘째, 한국 근대문학의 재생산 구조가 근본적으로 일제의 의도에 따라 재편되고 있었음을 알 수 있다. 주지하다시피 식민지 문학이 체제 안의 문학, 이른바 '탈정치적인 문학'으로 머물기를 바랐던 일제는 1930년대 초반 계급문학을 집중적으로 탄압함으로써 문학의 '순치(順治)'를 이끌어 내는데, 1920년대 초·중반 '민족모순'을 형상화한 작품들에 대한 철저한 검열과 탄압은 그 정지작업에 해당한다고 할 수 있다.

셋째, 이는 일제의 검열 전략과 그들이 기획한 조선 근대문학의 방향을 드러내는 표지로, 계급문학과 비타협적 부르주아문학이 대승적 차원에서 결합될 수 있는 가능성을 일제가 의식적으로 차단함으로써 근대문학사의 흐름을 근본적으로 왜곡했다고 할 수 있다.

2) 검열로 인한 『개벽』의 판본문제

최근 들어 식민지 시대 주요 신문과 잡지들이 새롭게 학계의 주목을 받고 있다. 그 이유는 이들 매체들이 격동의 시대를 지나온 '지성'의 생생한 기록으로, 근대지성사의 복원에 꼭 필요한 존재이기 때문이다. 특히 『개벽』은 지성사의 보고(寶庫)로서 관심의 초점으로 떠오르고 있다. 그런데 『개벽』을 비롯한 이들 매체들이 꼭 '지성의 보고'로서만 의미가 있는 것은 아니다. 조금만 시선을 바꾸면, 지성의 저변을 받치고 있는 검열·출판·유통·교육 등등의 제도적 존재나[148] 혈연·지연·학연 등으로 복잡하게 얽힌 인적 소통 체계를 실감할 수 있다. 이들이 중요한 이유는

148) 이런 점에서 근대지성사를 제도의 관점에서 조망코자 하는 학계의 논의는 나름의 정합성을 갖는다고 할 수 있다. 문제는 제도로서의 근대를 '말하는 것'이 아니라 실증을 통해 '보여주는 것'이다.

분명하다. 이런 저변을 거치지 않고서는 당대 시대정신의 핵심에 다가설 수 없기 때문이다. '검열의 문제'를 거치지 않고 식민지 시대의 문학과 이념을 논할 수 없고, '출판 · 유통'에 대한 고려없이 지식의 전파를 말할 수 없는 이치다. 일종의 기초작업인 셈이다.

문제는 이들 매체들이 위에서 언급한 영역들에 대해 어느 정도의 정보적 효용이 있느냐인데, 이 점에서 『개벽』은 탁월한 바가 있다. 특히 출판과 유통, 지식의 소통과 인적 소통, 나아가 검열 영역에서 『개벽』은 아주 구체적이고 소상한 정보를 제공한다. 예를 들어 검열 영역의 경우, 『개벽』만큼 압수와 삭제를 많이 당한 잡지도 흔치 않지만, 판본을 바꾸어가면서 그 흔적을 고스란히 남겨둔 경우는 거의 없다. 『개벽』이 지성사의 저변 연구에 꼭 필요한 이유가 여기에 있다.

그렇다면 『개벽』에 대해서는 앞서 말한 '기초작업'이 어느 정도 이루어졌을까? 식민지 시대 잡지의 경우, 막상 다가서면 아주 기초적인 서지사항조차 밝혀져 있지 않아 당황하기 일쑤인데, 『개벽』 또한 여기서 크게 다르지 않다. 『개벽』에 대한 서지적 연구의 일천함을 드러내는 대표적인 사례를 보자. 필자는 최근에 『개벽』 영인본에서 삭제된 기사 몇 개를 혹시나 하는 마음에 찾아보았는데, 놀랍게도 원본에 실려 있었다. 영인의 저본과 판본이 달랐던 것이다. 또 하나 당혹스러운 것은 우리가 흔히 『개벽』의 창간 '본호(本號)'[149]로 알고 있는 것이 엄밀히 말해 '창간호'

149) 이 책에서 원본의 판본을 구별키 위해 사용하는 '본호(本號) · 호외(號外) · 임시호(臨時號)' 등의 용어는 필자가 임의로 붙인 명칭이 아니라 당대 『개벽』 주체들이 스스로 판본형태를 구별하기 위해 사용한 용어, 즉 표지나 본문에 쓰인 것을 그대로 차용한 것이다. 당대 이런 구별이 필요했던 이유는 『개벽』이 '신문지법'으로 허가되어 사후검열(책을 제본 상태로 납본하여 검열)을 받았기 때문이다. 가령 이미 제책을 한 상태에서 사후 검열을 통해 압수(발매금지)가 되면, 문제가 된 부분을 깍거나 지워 새로 제작을 했고, 다시 문제가 되면 같은 과정을 반복했다. 이처럼 검열과 압수를 통해 여러 개의 판본이 발생했을 때 최초의 제책 혹은 발행본을 그 제호의 '본호'라 불렀고, 압수 이후의 판본들은 '호외'나 '임시호'로 불렀다. 문제는 '호외'와 '임시호'의 구별인데, 그 성격이나 선후관계가 분명치 않다. 창간호의 경우는 본호→호외→임시호의 순서를 지켰지만, 다른 압수 제호들에서는 '호외'없이 '임시호'만 발행된 경우, '호외'만 연거푸 발행된 경우도 많기 때문이다. 따라서 압수된 제호의 표지나 사고에 도장이나 서명 등의 구체적

가 아니라는 사실이다. 그뿐만이 아니다. 『개벽』의 압수 횟수가 '40회 이상'이었다는 것, 기사가 압수되면 대체기사를 실었고, 납본(納本)된 제호들에는 검열의 생생한 흔적들이 붉은 선이나 도장 혹은 '검열 결재란'으로 남아 있다는 사실은 영인본을 통해서는 짐작하기 어려운 사항이다.

따라서 『개벽』의 판본 확인 작업의 의의는 분명하다. 대부분의 연구자들이 영인본을 가지고 연구할 수밖에 없는 상황에서 『개벽』 연구자들의 시행착오를 줄일 수 있고,[150] 이는 자연스레 『개벽』에 대한 논의를 진전시킬 수 있을 것이다. 또 앞서 언급한 대로 『개벽』이 근대 지성의 저변을 파악하는 핵심고리라면, 이는 자체로 근대지성사 연구를 위한 작은 '계단'이 될 수도 있다.

(1) 『개벽』 소장 현황과 특징

㉮ 동국대와 고려대의 『개벽』

필자가 『개벽』 원본을 찾아 방문한 곳은 모두 다섯 곳이다. 가장 먼저 방문한 곳은 동국대 중앙도서관 보존서고로,[151] 25호(1922.7.1)부터 57호(1925.3.1)까지 3개의 제호(44·48·56호)를 제외한 나머지 30개의 제호들이 보관되어 있었다. 전체적으로 자료의 보존 상태가 좋고, 10여 개의 제호 표지에 아래 사진에서 보는 바와 같이 "金海隱氏 寄贈" 혹은 "金海隱"이란 도장이나 서명이 눈에 띄는 걸로 보아 이들이 주로 기증된 자료임을 알 수 있었다.

표식이 없는 경우, 이것이 '호외'인지 '임시호'인지 판단하는 것은 사실상 불가능하다. 한편 '출판법'의 저촉을 받는 매체들에 있어서는 판본의 문제가 발생할 수 없었다. 원고상태로 사전검열을 받았기 때문에 문제가 되면 아예 책의 제작이 불가능했기 때문이다.

150) 이 책의 부록 「『개벽』 영인본의 판본 현황」은 원본의 판본 확인을 기초로 영인본의 판본을 확정했고, 특히 다른 판본이 있는 경우를 비고란에 표시했다. 영인본에서 볼 수 없는 삭제기사나 대체기사를 찾아보는 데 참고할 수 있을 것이다.

151) 자료 열람에 여러 도움을 주신 동국대의 전미경 선생님께 감사의 인사를 드린다.

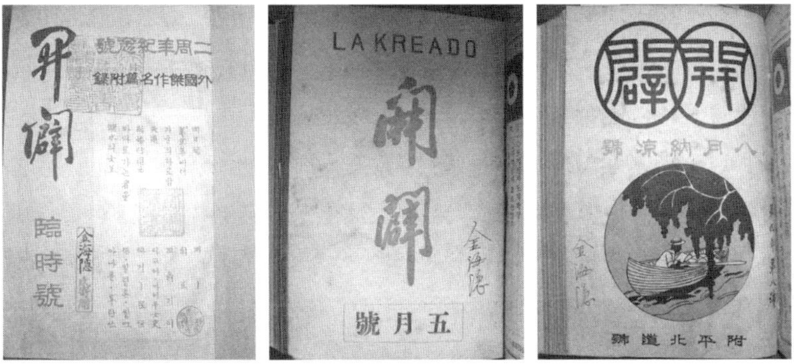

〈사진 3〉 기증자의 도장과 서명이 선명한 동국대의 『개벽』 34 · 35 · 38호 표지

30개의 제호들 중에서 34호(1923.4.1) · 45호(1924.3.1) · 46호(4.1) · 50호(8.1) · 51호(9.1)는 『개벽』의 발행 상황이나 판본의 확인 그리고 영인 상황을 파악하는 데 중요한 정보를 제공하는 것들이다. 51호는 나머지 소장처 3곳에서 확인되지 않아 현재로서는 유일한 것이고, 나머지는 영인에서 누락된 판본들이기 때문이다. 예를 들어 50호는 '본호'로 기존의 영인이 다른 판본에 기초했기에 볼 수 없었던 삭제된 기사들을 볼 수 있고, 46호는 '임시호'로 '본호'를 영인한 자료들과의 비교를 통해 삭제의 양상을 파악할 수 있다. 아울러 34호(임시호)와 45호('미결')는 삭제의 양상을 살필 수 있을 뿐 아니라 '대체기사'가 실려 있다는 점이 특징이다.

필자가 두 번째로 방문한 고려대 중앙도서관에는 4호(1920.9.25)부터 71호(1926.7.1)까지 띄엄띄엄 21개의 제호(22책)들이[152] 보관되어 있었다. 전체적인 보관 상태는 양호한 편인데, 한 가지 아쉬운 점이 있다면 동국대와 마찬가지로 '제책'의 형태로 보관되어 있어서 책장을 넘길 때마다 책이 파손될까 하는 우려감이 들었다. 도서관으로서는 보존과 변별을 위해 묶어두는 것이 나을지 모르지만, 제책 자체가 책의 고유한 형태를 망칠 뿐

152) 제호와 책수에 차이가 있는 것은 같은 제호의 복본들이 남아 있기 때문이다. 동국대는 겹치는 호수가 없었고, 세종대와 아단문고는 겹치는 호수가 많고 판본이 다른 경우도 있었다. 고려대의 경우는 55호가 2책 있었다.

아니라 오히려 파손을 가속화하는 문제가 있다.[153] 또 제책은 영인본인 듯이 분류되어 연구자들을 어려움에 빠뜨릴 수도 있어 신중할 필요가 있어 보였다.[154]

22책 중에서 필자의 주목을 끈 제호들은 57호(1925.3.1)·58호(4.1)·61호(7.1) 등이다. 먼저 57호는 '호외'로 지금까지 영인된 바가 없고, 이를 통해 영인본의 판본을 확인할 수 있다는 점에서 중요하다. 최근까지 필자는 선행연구와 삭제된 기사를 근거로 영인된 57호를 '임시호'로 분류했는데,[155] 표지에 '호외' 도장이 선명한 이 제호의 발견으로 영인된 57호가 임시호가 아니라 '본호'임을 확인했기 때문이다.[156] 58호도 마찬가지다. 표면에 흐리게 남아 있는 '호외' 도장을[157] 통해 영인된 58호가 '임시호'가 아닌 '호외'임을 알 수 있다.

한편, 61호가 중요한 이유는 판본의 문제[158] 때문이기도 하지만, 영인본에 누락된 광고와 사고를 확인할 수 있어서다.

153) 심한 경우 제책이 철끈으로 되어 있는 경우도 있었는데, 책장을 넘길 때마다 철끈과의 마찰면이 닳아 으깨져 나왔다.

154) 실제로 몇몇 소장처를 검색하면 『개벽』 원본이 영인본들과 함께 분류되어 있는데, 소장처에 대한 기초 지식이 없는 경우는 그대로 지나치기 십상이다.

155) 최수일, 「1920년대 문학과 『개벽』의 위상」, 성균관대 박사논문, 2002, 〈부록 1〉 참조

156) 발견된 호외와 영인된 본호는 삭제의 양상이 크게 다르다. 이에 대해서는 뒤에서 자세히 언급할 것이다.

157) 이 도장은 흐릿해서 '호외'라는 글자 중 뒷글자만 남아 있지만, 국립중앙도서관에서 발견된 호외본에는 호외 도장이 선명한 편이다. 결국 영인된 58호는 임시호가 아니라 호외이다.

158) 뒤에서 살피겠지만 61호는 판본을 확정할 수 없어 '미결'로 남겨둘 수밖에 없었다. 삭제의 면면을 비교할 때, 영인본과 고려대의 것이 동일했지만, '한국연구원'에 소장되어 있다는 61호를 미처 확인하지 못했기 때문이다. 즉 61호의 삭제기사들은 자체삭제일 가능성이 높아 모두 본호일 가능성이 높지만, 71호처럼 다른 판본이 나타날 가능성도 있어 판본을 확정하지 않은 것이다. 이에 대한 확인은 다음을 기약한다.

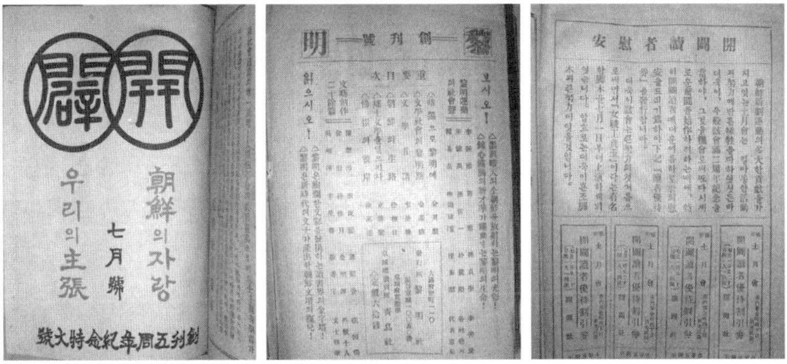

〈사진 4〉『개벽』 61호와 『여명』 창간호 광고와 독자우대할인권 공고

〈사진 4〉에서 보듯이 판권간기 뒷면에 실린 『여명』 창간호 광고, 『개벽』 지분사 설립 사고, 『개벽』 독자 우대권 광고 등이 그것인데, 특히 토월회의 2주년 기념 공연인 『여직공정옥(女職工貞玉)』을 『개벽』 독자에게 할인한다는 취지와 50% 할인권이 첨부된 마지막 광고(〈사진 4〉 맨 오른면)가 흥미롭다. 오늘날 보편화된 공연 할인 제도나 잡지 매체들의 관람 우대권 제도의 기원을 살필 수 있고, 무엇보다도 토월회와 『개벽』의 관계, 나아가 그 인적 소통의 면면을 짐작할 수 있기 때문이다. 좀더 구체적인 호별 소장 현황과 판본 유형에 대해서는 부록 「『개벽』의 소장처 및 판본 현황」을 참고하기 바란다.

㈏ 세종대의 『개벽』

세종대 중앙도서관의 보존서고에는[159] 창간호(1920.6.25)부터 70호(1926.6.1)까지 41개 제호, 48책의 『개벽』이 보존되어 있다. 이는 작고한 김근수 선생의 소장자료가 기증된 것으로,[160] 대부분의 자료가 제책을 하지 않아 그런

159) 필자가 70호의 판본을 잘못 확인하는 바람에 박지영 선생과 재차 세종대를 방문해야 했는데, 그때마다 중앙도서관 9층에 근무하시는 김진 선생님의 환대와 도움을 받았다. 이 자리를 빌려 감사의 인사를 드린다.

160) 필자가 작고한 김근수 선생과 백순재 선생의 소장자료를 찾지 못해 헤매고 있을 때, 자료가 세종대와 아단문고에 소장되어 있다는 중요한 사실을 알려주신 분이 성균관대

대로 책의 원형을 가늠할 수 있다.

세종대의 『개벽』이 중요한 첫째 이유는 몇몇 귀중한 제호들의 판본을 확인할 수 있기 때문이다. 창간호의 경우 2책의 사본을 포함해서 3책이 남아 있고, 15호(1921.9.1)는 현재까지 확인된 유일한 것이며, 66호는 판본이 확정되지 않은 '미결호'지만, 국립중앙도서관의 것과 판본이 달라 새롭게 66호의 압수[161] 사실을 알려준다. 아울러 3책이 남아 있는 70호는 3회에 걸쳐 이루어진 압수와 삭제의 면면을 고스란히 담고 있는 귀중한 자료다. 특히 '창간호'는 영인 과정에서 '개벽압수삭제원본선집'에 수록된 '창간호'의 저본이 되었는데, 필자가 직접 살펴본바 세종대의 '창간호'는 발행 당시의 '창간호'가 아닐 가능성이 높다.[162]

둘째는 영인본에서는 볼 수 없는 '검열'의 흔적을 발견할 수 있기 때문이다. 식민지 시대의 검열체계를 파악하기 위해서는 검열의 사후 양상(압수나 삭제된 결과물)을 살피는 작업도 필요하지만 검열의 사전 양상(검열의 지침이나 검열의 구체적 흔적)을 발견하여, 양자를 비교 검토하는 작업이 필수적이라고 할 수 있는데, 16호(1921.10.1)와 17호(11.1) 등은 총독부 검열본으로 검열의 구체적 흔적이 곳곳에 남아 있다. 더구나 16호는 '본호'로 영인본에 남아 있지 않은 삭제된 기사의 전문을 볼 수 있다.

한편, 세종대의 자료에서는 몇 가지 흥미로운 사실도 발견된다. 검열본에는 예외없이 '조선총독부도서관' 직인과 '도서등록번호'[163] 직인이 찍

동아시아학술원의 한기형 선생이다. 정보가 무기인 시대, 선뜻 귀중한 정보를 주신 선생께 진심으로 감사의 인사를 드린다.

161) 「개벽사 略史」(『별건곤』 30호, 1930.7.1, 8면)나 김근수(「개벽지 소고」, 『아세아연구』, 고려대, 1966.9)와 백순재(「일제의 언론정책과 필화사건」, 『신동아』 33호, 1967.5, 407면)의 선행연구에서 66호는 압수된 적이 없는 제호였다. 71호도 마찬가지 경우다. 기존 연구에서 이 제호는 압수호로 취급되지 않았는데, 국립중앙도서관에서 '본호'를 찾음으로써 새롭게 압수된 사실을 확인할 수 있었다. 여기에 새로 압수사실이 확인된 63호(아단문고 호외1)의 경우를 고려하면 『개벽』의 압수(발매금지) 횟수는 37회가 아니라 40회가 된다.

162) 이에 대해서는 제호별 판본문제를 거론하면서 상론할 것이다.

163) 이 경우 등록일자는 국립중앙도서관의 『개벽』과 마찬가지로 "소화 7.12.15"인데 반해,

혀 있는데, 이를 통해 '경무국 고등경찰과 도서계'에[164] 있던 『개벽』 자료가 『개벽』이 폐간되고 6년이 지난 1932년 12월 15일("昭和 7.12.15")에 일괄적으로 총독부도서관으로 이관되었음을 알 수 있다.[165] 또한 14~16호·27~30호는 표지에 "경성고등상업학교도서관"[166] 직인이 선명한 것으로 미루어 고등학교 도서관에 보관되어 있던 판본임을 알 수 있으며,[167] 20호와 23호는 표지에 쓰인 "進呈 岸曙 先生" 혹은 "岸曙 先生 惠存"이란 글씨로 미루어 개벽사나 개인이 '안서(岸曙)' 김억에게 준 증정본임을 알 수 있다.

㉰ 국립중앙도서관의 『개벽』[168]

국립중앙도서관에는 창간호부터 60호(1925.6.1)까지 44개 제호(45책)의 『개벽』이 보존되어 있었다. 주지하다시피 국립중앙도서관의 『개벽』은 그 대다수가 검열을 위해 경무국에 납본(納本)되었던 것으로, 앞서 말했듯이 '1932년 12월 15일'에 일괄적으로 총독부도서관으로 이첩되었던 자료가 해방 후에 국립중앙도서관으로 넘어온 것이다. 표지에 "納本" 혹은 "檢閱濟"의 도장이 생생하게 남아 있기도 하고, 본문 내용에 붉은 선이나 점

등록번호는 시기에 따라 대별된다. 세종대와 국립중앙도서관을 비교 검토한 결과 30호 가량을 경계로 검열본의 등록번호가 바뀐다. 국립중앙도서관의 경우가 전모파악이 손쉬운데, 26호(납본호)는 등록번호가 "13786"인 반면 32호부터는 "13403"으로 바뀌어 찍힌다. 자체의 분류기준이 바뀌었거나, 매체의 속성 변화가 이유였을 듯한데 확언하기는 어렵다. 다만 1922년 9월 12일을 기점으로 『개벽』이 온전한 신문지법의 적용을 받아, 28호부터 사실상 '정치·시사'의 게재를 허가받았다는 사실은 염두에 둘 필요가 있다.

164) 일제하 검열기구의 시기적 변천 양상에 대해서는 정근식, 「일제하 검열기구와 검열관의 변동」, 『대동문화연구』 51, 성균관대 대동문화연구원, 2005 참조.

165) 이는 검열본이 대다수를 차지하는 국립중앙도서관의 『개벽』에서도 공통적으로 확인되는 사항이다.

166) 경기상업고등학교의 전신이다.

167) 이 경우 소장일자는 제호의 발행시기와 일치하거나 차이가 있더라도 10일에서 길어야 1달 정도의 차이를 보인다.

168) 자료 열람에 도움을 주신 김인자 선생님(주제정보과)과 최유진 선생님(정부간행물실)께 감사의 인사를 드린다. 또 항상 곁에서 판본확인과 촬영을 도와준 동아시아학술원의 박지영 선생과 유석환 동학께도 고마움의 인사를 드린다.

이 어지럽게 그려져 검열의 자취를 되밟을 수 있는 경우도 많다. 또 어떤 제호들에는 '정리계－속·촉탁－통역관－사무관－과장'으로 이루어지는 검열 라인에서 다음 단계의 검열에 참고하라는 듯이 일본어로 끼적인 붉은 메모가 적혀 있는 경우도 적지 않다. 문제가 된 기사에 아예 "削除"라고 적어둔 검열본도 있다.

예를 들어 5호·11호·13호·14호·16호·26호 등에는 표지에 "납본" 도장이 선명히 박혀 있고, 이 중 13호와 14호에는 검열을 통과했다는 의미로 "검열제" 도장이 찍혀 있으며, 아울러 검열 관계자들의 직인이 어지럽게 찍혀 있다. 검열의 리얼함을 보여주는 대표적인 제호는 3호·4호·27호 등을 들 수 있다. 3호는 비록 압수호는 아니지만 목차에서 20여 페이지까지 거의 모든 면에 검열의 흔적이 남아 있고, 4호는 검열의 양상이 3호와 비슷하면서도 "해방", "일본", "조선" 등에 테두리가 둘러져 있어 검열이 몇몇 '문제적 단어'를 중심으로 이루어졌음을 알 수 있다. 특히 27호는 문제가 된 내용에 "削除"라 적혀 있는데, 그 임시호를 통해 그 부분이 실제로 삭제되었음을 확인할 수 있다.

〈사진 5〉 13호의 납본·검열제 도장, 27호의 삭제기사, 60호의 검열결재란

이런 검열의 구체적 흔적들을 통해 식민지 검열체제의 변모상을 어느 정도 가늠할 수 있다. 정근식의 연구에 따르면 식민지 검열체계는 경무총

감부 고등경찰과 시기(1910~1919)와 경무국 고등경찰과 시기(1919~1925)를 거쳐 마침내 "1926년 4월, 경무국에 고등경찰과가 폐지되고 대신 도서과가 설치되면서 골격이 완성되"[169]었다고 할 수 있는데, 『개벽』의 검열 양상은 이런 검열의 고도화 내지 세련화 과정과 밀접한 연관이 있어 보인다. 특히 38호(1923.8.1)까지 "검열제" 도장이나 검열 관계자의 개별 직인이 두서없이 찍히던 상황이 40호(10.1)부터 '검열결재란'으로 정리되어 "整理係-屬·囑託-通譯官-事務官-課長"의 검열 라인이 가동되었음을 보여준다. 단어 중심의 검열이 문장과 문맥의 검열로 깊어지고, 후반기로 갈수록 압수·삭제의 빈도와 횟수가 늘어나며,[170] 44호·45호·66호·68호·69호·70호 등에서 보듯이 '자체삭제'가 늘어나는 양상도 일제의 검열이 점차 체계화되었음을 방증하는 것이라 하겠다.[171]

국립중앙도서관의 검열본이 중요한 또 다른 이유는 영인본의 저본을 추정할 수 있고, 이를 통해 영인 과정의 실수도 바로잡을 수 있기 때문이다. 한만수는 한 연구에서 대부분의 영인본들이 판본을 밝히지 않고 영인

169) 정근식, 「일제하 검열기구와 검열관의 변동」, 『대동문화연구』 51, 성균관대 대동문화연구원, 2005, 15면 참조.

170) 필자의 조사에 따르면 『개벽』은 1926년 8월 통권 72호로 폐간되기까지 총 40회 이상 압수·발매금지를 당했는데, 그 중 30회(75%)가 정치·시사의 게재가 허가(1922.9.12)된 28호(1922.10.1) 이후에 집중되었다. 특히 치안유지법이 실행된 1925년 이후 『개벽』은 모두 19회(47.5%)의 압수를 당했다. 전체 압수 횟수의 절반으로 거의 매호마다 압수를 당한 셈이다. 『개벽』의 전체적 압수 횟수와 상황에 대해서는 부록 「『개벽』 소장처 및 판본 현황」을 참조.

171) 검열체제란 '하는 자'(제국)와 '받는 자'(식민지) 사이의 긴장관계의 산물이기에 검열의 고도화 내지 체계화가 다른 한쪽의 일방적 '위축'을 불러오지는 않았을 것이다. 즉 '받는 자'의 대응 방식도 차츰 고도화되었을 것이기 때문이다. 『개벽』 후반에 나타나는 '비유와 상징 혹은 우의' 등을 통한 저항 담론의 형성이나, 복자(覆字)이되 실은 복자가 아닌 '자체삭제'의 양상 등은 하나의 실례가 될 수 있을 것이다. 다만 이런 사례들이 이전의 『개벽』이 검열에 맞서 보여준 '기개와 당당함'에 비견될지는 의문이다. 더구나 여기에 출판자본의 문제까지 고려하면 검열의 문제는 한층 복잡한 양상이 된다. 일단 필자는 검열의 고도화에 대한 미디어의 대응 방식을 구체적으로 실증할 필요성을 느낀다. 『개벽』의 압수·삭제에 대한 실증작업을 출발점으로 해서 검열의 구체적 반응과 대응 방식 등을 체계화하고, 끝으로 검열의 내면화 양상을 밝히는 쪽으로 연구의 방향을 잡은 것은 이때문이다.

되고, 여러 판본이 있을 때 그 중 하나만 영인되며, 검열의 표식은 깨끗이 지워진다고 지적한 바 있는데,172) 『개벽』 영인본 또한 이런 원칙에 충실했다고 할 수 있다.173) 중요한 점은 검열의 구체적 양상들(삭제, 납본, 호외 도장이나 붉은 펜으로 표시된 선이나 점 등등)은 지워지지만 검열의 흔적 자체를 없애기는 어려웠다는 것인데, 이를 통해 검열본을 저본으로 삼은 영인본을 찾을 수 있기 때문이다. 예를 들어 개벽사가 영인한 『개벽』 창간호~8호에는 본문과 겹쳐서 미처 지울 수 없었던 검열의 흔적이 남아 있는데, 이를 통해 이들이 모두 국립중앙도서관의 검열본을 저본으로 삼았음을 알 수 있다. 즉 검열의 흔적이나 삭제 양상, 판본마다 다른 사고와 공고 그리고 사소한 낙서나 인쇄 상태 등을 점검하면 『개벽』의 경우는 영인본의 판본을 확인할 수 있는 가능성이 다른 매체에 비해 크다는 것이다.174)

㉣ 아단문고의 『개벽』

아단문고에는 창간호부터 72호(1926.8.1)까지 59개 제호 총 67책의 『개벽』이 보관되어 있다.175) 이 자료는 작고한 백순재 선생의 소장자료가 넘어온 것으로, 제호가 풍부할 뿐만 아니라 다른 곳에서 보기 어려운 희귀본이 많았다.

가장 먼저 눈에 들어온 것이 창간 '임시호'와 9호・12호・34호・44

---

172) 한만수, 「일제 식민지시기 문학 검열과 원본 확정」, 『대동문화연구』 51, 성균관대 대동문화연구원, 2005, 55~57면 참조.

173) 물론 여기에는 영인본마다 차이가 있었다. 발행시기가 앞선 개벽사・오성사판은 목차나 본문(글자와 검열이 겹치는 부분들을 중심으로)에 검열흔적이 적지 않게 남아 있었지만, 이들을 재영인한 한일문화사・박이정판은 그나마 깨끗이 지워지거나 흐려져서 변별하기가 쉽지 않았다.

174) 검열 흔적이 아니라 '페이지번호' 같은 사소한 흔적을 통해 판본을 확인한 사례도 있다. 박이정에서 영인한 『개벽압수원본선집』에 수록된 창간호・62호・70호는 본문 상단에 새로운 페이지 번호가 일괄하여 붙어 있는데, 이를 통해 이들이 모두 세종대의 『개벽』(김근수 소장본)을 저본으로 삼았음을 알 수 있다.

175) 귀중한 자료를 열람할 수 있게 해 주신 아단문고 하영휘 선생님께 깊은 감사의 인사를 드린다.

호·63호·67호·71호·72호 등이다. 이들은 사실상 다른 곳에서는 볼 수 없는 희귀본으로, 창간 임시호나 9호·63호·67호·71호는 영인조차 되지 않은 판본들이다. 그 중 창간 임시호는 창간호의 판본문제로 고민하던 필자를 흥분시켰는데, 아쉽게도 백순재 선생이 보았다는 압수 관련 「사고」, 특히 「在告」가 누락되어 보이지 않았다.[176] 12호와 마찬가지로 검열본인 창간 임시호의 표지에는 '사무관' 등의 검열 결재 도장과 "완전 삭제"라는 붉은 글씨가 남아 있고, 오른쪽 상단에는 '6월 30일'이라는 발행일자가 선명했다.

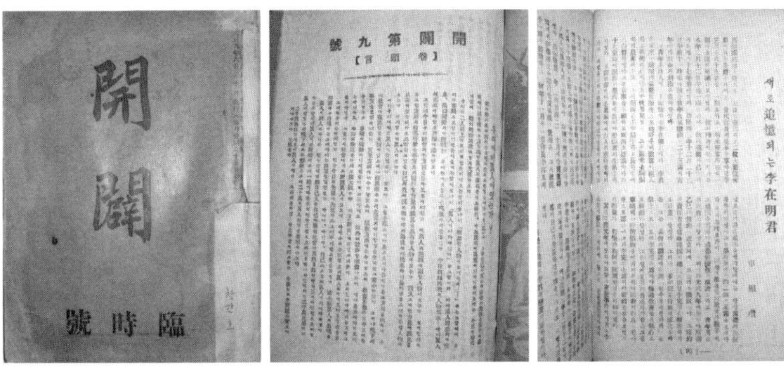

〈사진 6〉 창간 임시호, 삭제된 9호의 권두언과 67호의 '李在明' 관련 기사

9호와 67호 그리고 71호는 '본호'로 영인본이 모두 호외나 임시호를 저본으로 하고 있다는 점에서 판본의 확인이란 차원에서 중요할 뿐만 아니라, 영인본에서 볼 수 없었던 삭제기사의 전모를 파악할 수 있다는 점에서도 주목을 요하는 존재들이다. 특히 63호는 영인본의 그것(호외2)과 마찬가지로 '호외'(9면의 사고)임에도 삭제 상황이 달라 호외(1)로 판본을 확정했는데, 이렇게 되면 63호는 '본호' 외에 새로 발견된 '호외(1)'도 압수 당했을 가능성이 높다. 따라서 기존 연구에서 1회로 상정한 63호의 압수

176) 백순재의 글에 이들 사고, 특히 「재고」의 내용이 직접 인용된 것으로 보아 책의 보존과정에서 파손 혹은 누락된 것으로 보인다. 「재고」의 내용은 백순재, 「일제의 언론 정책과 필화사건」, 『신동아』 33, 1967.5, 408면에서 볼 수 있다.

횟수는 2회로 수정돼야 한다.

한편 『개벽』의 판본문제와 관련하여 아단문고의 자료가 갖는 중요한 특징은 동일 제호의 복본(複本)이 많다는 것인데, 34호와 44호처럼 복본의 판본이 다를 경우에는 양자의 비교를 통해 판본 확정이 수월할 수 있다. 또 31호(2책)·38호(2책)·59호(3책)·66호(2책)에서 보듯 같은 판본이 여러 권 있는 경우는 자체 비교를 통해 좀더 완벽한 원형을 추론할 수 있는 강점이 있다. 여러모로 아단문고의 『개벽』은 이후 연구에 있어 자료적 중요성이 높다.

(2) 『개벽』 판본의 확정

『개벽』 영인본의 경우, 판본 확인이 어려운 이유는 판본의 표지들(호외, 임시호 도장이나 검열의 흔적 등등)을 고의로 지우거나, 영인과정에서 중요한 사고·공고·기사·광고 등이 누락되기 때문이지만, 원본이라고 해서 어려움이 없는 것은 아니다. 판본 자체가 '본호·호외·임시호' 등으로 다양하고, 같은 호외·임시호라 하더라도 판본이 다른 경우도 있다.[177] 여기에 초판·재판의 문제도 있다.[178] 더구나 판본을 나타내는 호외·임시호 도장이 본래 누락되었거나, 세월의 흐름에 따라 흐려지고 사라지는 경우도 있다.[179] 이 경우 사고나 삭제기사의 존재 여부를 일일이 따져서 판본을 확인해야 하는데, 그 공력이 만만치 않다.

실제로 필자는 상당수의 제호들을 판본 '미결'로 처리할 수밖에 없었다. 압수사고나 편집후기 혹은 삭제기사를 통해 '본호'가 아닌 것은 확인

177) 앞서 말한 아단문고의 63호가 대표적인 예다. 이것은 영인본과 마찬가지로 '호외'이지만 삭제 양상이 달라 다른 판본으로 취급해야 했다.

178) 대표적인 예가 19호인데 세종대와 아단문고의 원본은 임시호의 '초판'인데, 오성사본을 제외한 다른 영인본에는 그 '재판'이 실려 있다.

179) 58호(고려대)의 호외 도장이 반쯤 지워져 있다거나, 27호(세종대)의 임시호 도장이 흐려져 잘 보이지 않는 것이 대표적인 예다. 이런 경우는 영인 과정에서 고의로 지우지 않았더라도 저절로 사라졌을 것이다.

했으나 '호외'인지 '임시호'인지 판명하기 어려운 경우가 가장 많았고, '압수 삭제'인지 작가나 편집자의 '자체삭제'인지 판단이 불가능한 경우도 있었다. 무엇보다 난감한 일은 66호의 경우처럼 남아 있는 2책(세종대와 아단문고)이 '본호'인지의 여부도 확인할 수 없는 상태에서, 양자가 다른 판본인 경우였다. 이 경우는 '미결'로 처리하고 괄호 안에 '(1), (2)' 등으로 발행 순서만을 표기할 수밖에 없었다. 글의 분량상 우선 문제가 되었던 제호들을 중심으로 판본에 관한 논의를 진행하고자 한다. 나머지는 일괄하여 부록으로 처리했다.

㉮ 『개벽』 '창간호'의 '원형' 문제

『개벽』 창간호는 원본 3책과 사본 2책이 남아 있는데, 국립중앙도서관의 검열본은 '호외'고, 아단문고에 소장된 것은 '임시호'이며, 세종대의 그것은 일반적으로 '창간 본호'로 알려진 것이다. 사본 2책은 세종대의 것을 제본한 것이다. 선행 연구에 따르면 『개벽』의 판본은 임시호의 '재판(再版)'까지 모두 4개인데, 아쉽게도 임시호의 '재판'은 실물을 확인하지 못했다.

그런데 필자는 우연한 기회에 우리가 알고 있는 '창간호'[180)]가 '원형' 그대로의 것인지를 의심하게 되었다. 필자가 이런 의문을 갖게 된 계기는 간단하다. 영인된 '창간호'가 이해하기 어려운 편제와 형식을 갖추고 있기 때문이다. 이 창간호는 '본호'라면서 '호외사고'를 버젓이 달고 있고, 같은 저본을 영인한 것임에도 표지가 연거푸 2장 달린 것도 있었는데,[181)]

180) 『한국학자료총서』(8집), 『개벽지 압수원본 선집』(영신아카데미 한국학연구소, 1974)과 박이정판 영인본의 『개벽압수원본선집』에 수록된 '창간호'를 말한다. 오성사판 영인본에는 '창간호'가 본권에 실려 있다.

181) 오성사판 영인본 본권에 실린 '창간호'가 대표적인 예다. 여기에는 본문의 종이보다 두꺼운 두 개의 표지(호랑이그림의 창간호 표지와 '개벽호외' 표지를 말한다)가 나란히 붙어 있다. 같은 판본임에도 『개벽압수원본선집』(박이정판)의 '창간호'에는 '개벽호외' 표지가 의식적으로 누락되어 있다.

이는 『개벽』을 통틀어 처음 보는 기현상이다.

필자는 『개벽지 압수원본 선집』(1974)[182]의 저본인 세종대의 '창간호'(전 김근수 소장본)를 보고서야 그 이유를 알았다. 결론부터 말하면 세종대의 '창간호'는 창간 호외호에 삭제된 기사와 '호랑이그림' 표지를 덧보태서 임의로 제작한 '교합본(校合本)'[183]일 가능성이 높다.

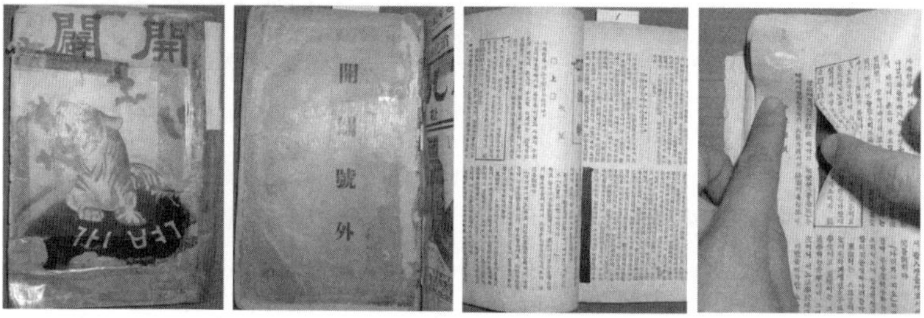

〈사진 7〉 창간 교합본의 표지와 138면, 139면

얇게 복사 혹은 인쇄하여 붙여진 부분을 들어보면, 위의 네 번째 사진에서 보듯 먹으로 지운 흔적이 선명히 드러나는데 이는 '호외'(국립중앙도서관 소장)의 삭제 흔적과 정확히 일치한다. 또 왼쪽에서 세 번째 사진에서 보듯이 138면의 쪽기사 말미[184]에는 먹물 삭제 흔적이 그대로 남아 있다. 더구나 호랑이그림 표지는 창간 당시의 것이 아니라 1주년기념호의 표지를 모방한 것이다.[185]

그렇다면 문제는 '창간 본호'가 실존하느냐인데, 가능성이 전혀 없는 것은 아니다. 필자의 추측대로 세종대의 창간호가 이전 소장자나 그 이전

182) 박이정본 등 이후 영인본의 『개벽압수원본선집』은 이를 영인한 것이다.

183) 한자사전에서 '교합(校合)'은 "어떤 책에 이본이 있을 때, 그것을 비교(比較)하여 같고 다름을 조사(調査)하는 일"로 쓰이는데, 섞어 합한다는 의미의 '교합(交合)'이 국어사전에서 '성교'로 풀이되는 상황 때문에, 전자를 취해 '교합본(校合本)'이란 용어를 사용했다.

184) 호외사고를 통해 부분삭제가 확인된 「평제탑은 어쩌한 것인가」의 말미를 가리킨다.

185) 교합본의 호외 표지 앞에 달린 창간호 표지가 원래의 표지가 아니라는 사실은 이 책에 실린 화보를 통해 쉽게 확인할 수 있다.

의 누군가가 붙여 만든 판본이라면 적어도 그들은 어디선가 '본호'를 보았고, 그 편제에 따라 교합본을 만들었을 것이기 때문이다.[186)]

㉯ 전기(1~27호) 『개벽』의 판본

전기 『개벽』에서 판본상 문제가 된 제호들은 주로 압수된 것들로, 앞서 말한 창간호 외에 6호·9호·12호·16호·19호·25호·26호·27호 등이다. 먼저 6호는 1책만 확인되었는데, 국립중앙도서관에 소장된 이 자료는 '본호'의 납본호로 압수·벌금 문제를 일으킨 '유진희'의 글이 그대로 실려 있다. 다른 판본은 확인하지 못했다. 9호는 3책이 발견되었는데, 세종대의 것은 임시호이고, 국립중앙도서관의 그것은 임시호의 검열본이며, 아단문고의 것은 '본호'로 삭제된 기사가 그대로 실려 있는 귀중한 판본이다. 12호는 '본호'의 검열본으로 아단문고에만 1책이 확인되는데, 백순재에 따르면 임시호를 발행하지 못했다.

16호는 4책이 발견되었는데 세종대의 2책은 본호(검열본)와 임시호이고 국립중앙도서관의 2책은 거꾸로 임시호(검열본)와 본호다. 이해할 수 없는 것은 9호와 마찬가지로 임시호만 영인되어 있다는 사실이다. 25호는 고려대를 제외한 네 곳에서 각각 1책씩 총 4책이 발견되었는데 모두 임시호다. 26호는 세종대를 제외한 네 곳에서 동일한 판본이 1책씩 발견되었는데, 삭제의 면면으로 보아 '본호'는 아닌 듯했다. 다만 임시호인지 호외인지 판별이 어려워 일단 '미결'로 처리했다. 27호는 동국대·세종대·아단문고의 것은 '임시호'였고 국립중앙도서관의 그것은 '본호'(검열본)였다. 27호 역시 영인은 임시호만 되어 있다. 한편 압수호로 알려지지 않았지만 판본상 의문이 드는 제호가 바로 2호다. 필자가 실물을 확인한 것은 국립중앙도서관의 검열본인데, 목차가 누락되고 「사상(思想)의 통일(統一)을 망(望)함」(43~44면)이란[187)]

186) 삭제된 기사 부분만 구했을 가능성도 있지만 지금으로서는 확인할 도리가 없다.
187) 목차가 누락되었지만, 37호의 「개벽지후」(목차 뒷면)를 통해 장도빈의 「사상의 통일을 망함」이란 기사의 제목을 확인할 수 있다.

기사가 페이지째 삭제된 것으로 보아 이전 판본이 있을 가능성도 있기 때문이다. 일단 필자는 이것의 판본을 '미결'로 표시하여 여지를 남겨 두었다.

㉰ 중기(28~54호) 『개벽』의 판본

정치 · 시사에 대한 게재가 허가된 28호(1922.10.1)부터, 치안유지법에 대한 소문으로 정국이 소란했던 1924년 말(54호)까지 『개벽』은 모두 11차례의 압수를 당하는데, 이때 압수된 제호들이 판본문제의 핵심이라고 할 수 있다. 먼저 34호는 모두 4책을 확인했는데, 고려대와 세종대에는 임시호가 있고, 아단문고에는 본호와 임시호가 있다. 임시호는 영인되지 않았기 때문에 영인본을 통해서는 삭제 '대체기사'를 확인할 수 없다.[188] 39호는 고려대를 제외한 네 곳에서 각각 1책씩 총 4책을 확인했는데, 판본은 모두 임시호였다. 40호도 39호와 마찬가지로 본호를 확인하지 못하고, 임시호만 4책 확인했는데, 국립중앙도서관의 '임시호'는 납본된 것이었다. 44호는 세종대와 국립중앙도서관의 것은 임시호고,[189] 아단문고에는 본호와 임시호가 있었다. 44호의 경우 임시호와 본호가 모두 영인되었고, 임시호로 영인된 오성사판에서는 '대체기사'를 확인할 수 있다.

45호는 아단문고와 국립중앙도서관에서 본호를 확인했고, 동국대에서는 본호 압수 이후의 판본을 찾았지만 호외 · 임시호 여부를 확인할 수 없어 미결로 처리해야 했다. 그리고 발행순서를 표시하기 위해 본호(1)과 미결(2)로 처리했는데, 미결(2)에는 영인본에서 볼 수 없는 '대체기사'가 실려 있다.[190] 46호는 동국대와 아단문고에서 임시호만 확인했는데, 이는 아단문고의 46호 표지에 임시호 표식이 있었기에 가능했다. 이 임시호에

188) 삭제된 「해내해외의 여러 동지에게」를 대체하여 임시호에 실린 「간혼주민대회의 개최와 조선민단설립」, 「사조」, 「불원천리의 오백명대표」 등을 말한다. 영인본에서 볼 수 없는 삭제기사와 대체기사에 대해서는 부록(「『개벽』 압수 · 삭제기사 목록」)을 참조.

189) 국립중앙도서관의 임시호는 납본된 것이다.

190) 전문삭제된 「사상의 귀추와 운동의 방향」 대신 실린 박달성의 「기독교와 기독교회」, 이상재의 「나는 기독교에 단이이는 사람이외다」를 말한다.

는 6개의 기사가 전문삭제되어 있는데,[191] 영인된 46호에는 목차에 삭제되었다고 표시된 이들 기사가 고스란히 실려 있어 주목을 요한다. 아쉽게도 그 저본을 확인할 수 없었다. 50호는 동국대와 국립중앙도서관에서 본호를 확인했고, 아단문고에서 압수 이후의 판본을 찾았지만 45호의 경우와 마찬가지로 호외 · 임시호 여부를 확인할 수 없어 '미결(2)'로 처리했다. 본호가 있음에도 영인본은 압수 이후의 '미결'판을 저본으로 했다.[192]

52호는 압수호로 알려지지 않았지만 삭제표시[193]를 볼 때, 압수되었을 가능성이 높다. 동국대 · 국립중앙도서관 · 아단문고에서 동일한 3책의 판본을 확인했지만, 비교할 수 있는 다른 판본을 찾지 못했기 때문에 '미결'로 처리했다. 물론 같은 미결이라도 국립중앙도서관의 것은 납본된 것이고, 영인본도 동일한 판본을 저본으로 삼았다. 53호는 동국대와 아단문고에서 각각 1책씩 확인했는데, 판본은 동일했다. 삭제된 정도가 심해서 압수된 이후의 판본인 듯 보였지만, 비교할 수 있는 다른 판본이 없고, 호외 · 임시호 여부도 확인할 수 없어 '미결(2)'로 남겼다. 54호는 세종대를 제외한 네 곳에서 동일 판본이 각각 1책씩 확인되었는데, 전문삭제기사 1개를 포함해 삭제기사가 5개나 되어 압수 이후의 판본인 듯했지만, 53호와 마찬가지 이유로 '미결(2)'로 처리했다.

㉱ 후기(55~72호) 『개벽』의 판본

판본문제와 관련하여 가장 복잡한 양상을 보이는 제호들인데, 그 중에서도 61호(1925.7.1) · 62호(8.1) · 63호(9.1) · 66호(1926.2.1) · 70호(6.1) · 71호(7.1) 등이 특히 문제적인 제호들이다. 61호와 62호가 문제가 되는 것은 확인된 판본이 모두 동일해 비교할 대상이 없고, 삭제 역시 '자체삭제'인지 '검열

191) 김기전의 「세계 사회주의운동의 사적기술」, 「적색조합과 황색조합」, 정백(정지현)의 「조선청년총동맹에 대하야」, 「칼리북네히트와 로샤룩셈부르크를 추상함」 등을 말한다.
192) 본호에는 김기전의 권두언과 이돈화의 「천국행(2)」이 그대로 실려 있어 주목을 끈다.
193) "此間削除"나 '此間몇頁몇行으로부터 몇頁몇行까지 削除' 등의 표식을 말한다. 52호는 5개 기사가 위와 같은 방식으로 부분삭제를 당했다.

삭제'인지 분별하기 어렵기 때문이다.[194] 특히 62호는 2회 압수라는 사실이 판단을 더욱 어렵게 만든다. 61호는 고려대 · 세종대 · 아단문고에서 확인된 3책을 모두 '미결'로 처리했고, 세종대와 아단문고에서 확인된 62호도 '미결'로 처리할 수밖에 없었다.

한편 1회 압수된 것으로 알려진 63호는 아단문고에서 영인본의 호외와 다른 판본의 호외가 확인되었는데, 필자는 삭제의 정도를 비교하여 영인본의 저본이 된 판본을 '호외(2)'로, 아단문고의 63호를 '호외(1)'로 처리했다. 즉 삭제의 정도가 적은 후자가 먼저 만들어진 판본이라는 것이다. 아쉬운 점은 영인본의 저본인 '호외(2)'를 실물로 확인하지 못한 것이다.

66호와 71호는 이번에 새롭게 압수호로 확인한 제호들이다. 먼저 66호는 세종대에서 1책 아단문고에서는 2책을 확인했는데, 흥미롭게도 아단문고의 2책이 세종대의 그것과 삭제부분이 크게 달랐다. 서로 다른 판본인 것이다. 필자는 삭제 정도가 적은 아단문고의 2책을 미결(1)로 나중에 나온 세종대의 66호를 '미결(2)'로 처리하고, 66호를 압수호로 표기했다. '미결(2)'는 영인되지 않았다. 71호는 아단문고에서 삭제된 기사가 없는 '본호'가 확인되고, 고려대에서 전문삭제기사 1개와 부분삭제기사 2개가 삭제된 영인본의 저본이 확인되면서 문제가 되었다. 필자는 삭제가 없는 아단문고의 71호를 '본호(1)'로, 이후에 문제가 된 기사를 지우고 나온 고려대의 그것을 '미결(2)'로 처리하고, 71호를 66호와 마찬가지로 압수호로 표기했다.

끝으로 3회 압수된 판본으로 알려진 70호는 판본 자체가 다양해서 필자를 혼란스럽게 만들었다. 70호는 세종대에 3책이 아단문고에 1책이 보관되어 있는데, 세종대의 3책 중 1책은 〈사진 8〉에서 보듯 표지("六月增刊")도 달랐고, 삭제 양상도 두 책과 달랐다.

194) 무엇보다 삭제의 양이 많지 않고, 그 양상도 일부 단어와 구절이 "○○○" 혹은 "×××" 등으로 복자처리되는 것이어서 기사 작성자나 편집진의 '자체삭제'일 가능성도 높다.

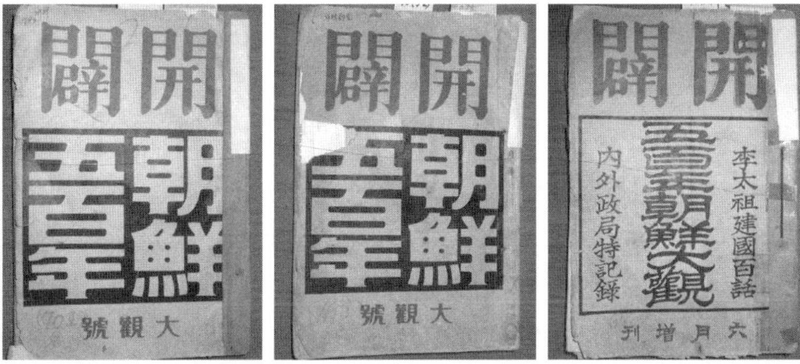

〈사진 8〉 세종대의 『개벽』 70호

아단문고의 70호는 세종대의 나머지 2책("大觀號")과 판본이 동일했다. 문제는 영인본(개벽사 · 박이정)에 수록된 70호가 이 모두와 판본이 다르다는 사실이다.[195] 결과적으로 보면 영인본의 저본이 된 70호가 가장 먼저고,[196] 세종대의 '대관호'[197]가 다음, 세종대의 '증간호'가 그 다음으로 제작되었음을 알 수 있다. 아쉬운 점은 영인본의 저본이 된 판본의 실물을 확인하지 못했다는 사실이다. 필자는 이들의 발행 순서에 따라 세종대와 아단문고의 '대관호'를 미결(2)로, 세종대의 '증간호'를 미결(3)로, 그리고 영인본의 저본을 미결(1)로 표시했다. 나머지 제호들의 소장처와 판본 현황은 책의 부록을 참조하기 바란다.

---

195) 개벽사본을 저본으로 영인한 경우(한일문화사본 · 박이정본)에는 2개 판본의 70호가 존재하는데, 본책에 실린 것이 하나고, 『개벽압수원본선집』이라는 부록에 실린 것이 다른 하나다. 문제가 된 것은 본책에 실린 70호로 이것은 삭제된 기사가 거의 없는 상태다. 반면 원본선집에 실린 70호는 곳곳이 삭제되어 있다.

196) 오성사본에서는 70호의 저본을 세종대의 미결(2)로 삼았다.

197) 영인본의 『개벽압수원본선집』에 수록된 70호는 이 판본을 저본으로 삼았다. 아단문고의 70호는 판본상 이와 동일했다.

3) 소설 「Trick」을 통해 본 문학 검열의 양상

(1) 『개벽』 63호와 「Trick」

필자는 『개벽』 원본을 확인하는 작업을 여러 차례 했고, 그 과정에서 지금까지 영인되지 않은 판본들을 여러 개 확인했다. 이들이 중요한 이유는 지금까지 제목만 남았거나, 혹은 제목조차도 알 수 없었던 '삭제기사'들을 실물로 확인할 수 있기 때문이다. '아단문고'에 소장되어 있는 『개벽』 63호는 그 대표적인 예라고 할 수 있으니, 여기에는 문학사에서 사라진 김기진의 소설 「Trick」이 전문(全文) 그대로 실려 있다.[198]

팔봉의 소설 「Trick」은 『개벽』 영인본은 물론이고, 『김팔봉문학전집』[199]에도 작품이 실려 있지 않으며,[200] 저자의 회고[201] 등에 간간이 이름만 전하는 작품이다. 이처럼 작품의 실물이 사라지고 회고나 「김기진 작품연보」에 이름만 남게 된 근본적인 이유는 일제의 검열 때문이었다. 이 소설이 처음 게재된 『개벽』 63호(1925.11)[202]는 발행과 동시에 압수되어 독자의 손에 들어가지 못했고, 훗날 영인업자들이 영인한 『개벽』 63호[203]는 이 작품을 포함하여 문제가 된 기사들을 전면삭제하고 발행한 '호외'[204]였던 것이다.

---

198) 작품의 전문은 부록(「『개벽』 영인본에서 볼 수 없는 21개의 기사(작품) 원문」)을 참조.

199) 홍정선 편, 『김팔봉문학전집』 1~6, 문학과지성사, 1988~1989.

200) 팔봉이 1985년까지 생존했음에도 그의 문학전집에 「Trick」이 실리지 못한 이유는 팔봉 자신이 원고를 가지고 있지 않았고, 또 찾을 수도 없었기 때문일 것이다. 당대 개벽사는 투고한 원고를 게재여부와 상관없이 돌려주지 않았으니, 따로 필사를 해두지 않은 이상 원고를 갖고 있기 힘들었을 것이다. 일제가 『개벽』에 투고한 원고 자체를 압수한 흔적이 없는 이상, 개벽사에는 남았을 것이고, 따라서 당대 개벽사 관계자들이나 개벽사의 후신인 신인간사를 통해 원고의 존재 유무를 추적해볼 수는 있을 것이다.

201) 김기진, 「나의 회고록」(『김팔봉문학전집』 2, 문학과지성사, 1988, 198면) 등을 말한다.

202) 전집의 작품연보가 「Trick」의 서지사항을 『개벽』 65호 표기했고, 이후의 연구자들도 이를 그대로 답습하고 있는데, 이는 잘못된 것이다. 「Trick」은 1925년 11월에 발행된 『개벽』 63호에 게재되었다.

203) 연구자들이 흔히 접하는 개벽사판 · 오성사판 · 박이정판 그리고 최근의 역락사판 영인본 『개벽』을 가리킨다.

204) 신문지법의 적용을 받아 사후 검열을 받았던 『개벽』은 제책된 제호(본호)가 압수되

謝　告

매운 바람, 찬서리 中에서, 生을 鬪爭하는, 우리의 處地에 잇서, 停刊 續刊에 무슨 別다른 喜悲를 感하겟습니까마는, 그래도 이번 續刊號만은 本號 그대로 여러분과 즐겨볼가 하얏더니, 악착하게도 또 押收를 當햇습니다. 不滿하나마 號外로써 여러분께 보이나이다(上篇의 九로 一三頁과 下篇의 一로 一六頁 削除).

開闢社[205]

필자가 아단문고에서 확인한 『개벽』 63호도 '호외'임에 틀림없다. 아단문고의 『개벽』 63호는 영인본의 63호와 표지도 일치하고, 위에 인용한 '호외사고'도 그대로 달고 있기 때문이다. 문제는 삭제되었다는 '하편(문예면)의 16페이지'가 삭제되지 않은 채로 남아 있다는 사실이다. 즉 영인된 63호에는 사고에서 말한 대로 상편의 9~13페이지와 문예면의 1~16페이지가 모두 삭제되어 있지만, 아단문고의 『개벽』 63호에는 사고에서 말한 것과 달리 문예면의 16페이지가 모두 살아 있는 것이다. 이 16페이지가 바로 김기진의 소설 「Trick」이다.

면, 동일 제호의 '호외'나 '임시호'를 발행했다. 호외와 임시호의 발행 순서는 일정치 않았다. 창간호의 경우는 본호가 압수되자 호외를 발행하고, 이것마저 압수되자 임시호를 발행했지만, 다른 경우는 호외만 연거푸 발행하거나, 호외없이 임시호만 발행한 경우도 있었다. 『개벽』 63호는 호외만 연거푸 발행한 경우로, '호외(1)'이 압수되자 '호외(2)'를 발행한 것으로 보인다.

205) 「사고」, 『개벽』 63호(영인본), 1925.11.1, 9면 참조.

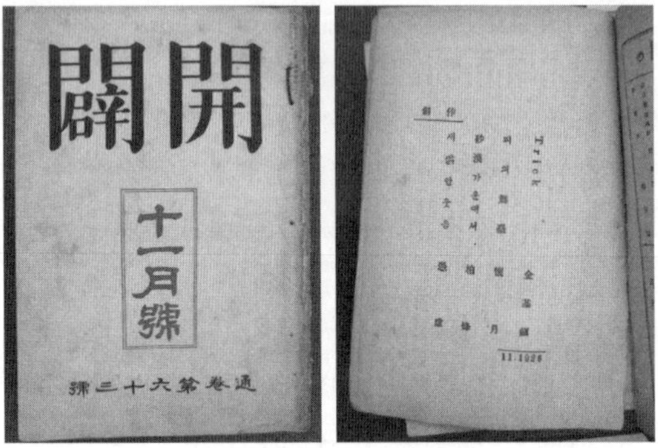

〈사진 9〉 아단문고의 『개벽』 63호 표지와 문예면 차례

요약하면 영인본의 저본이 되었던 『개벽』 63호[206]와 아단문고에서 발견된 『개벽』 63호는 판본이 달랐다고 할 수 있다. 즉 '본호'가 압수되자, 일부만 삭제한 '호외'를 발행했고, 이것이 다시 문제되자 어쩔 수 없이 문제기사 전체를 삭제한 '호외'를 다시 발행했음을 알 수 있다. 필자는 발행순서를 감안해 아단문고의 63호를 '호외(1)'로 영인본의 저본이 된 판본을 '호외(2)'로 부르기로 했다.[207]

한편, 백순재의 소장자료였던 '호외(1)'이 지금껏 영인되지 못하고, 따라서 「Trick」 또한 세상에 전모를 드러내지 못했던 데에는 잘못된 영인 관행이 한몫을 했다. 품을 줄이기 위해 먼저 영인된 책을 그대로 재영인하는 관행은 최초 영인 과정의 실수를 바로잡거나 새로운 자료를 보강할 기회를 근본적으로 차단했던 것이다. 어쨌든 「Trick」의 발견은 새로운 자료의 발굴 가능성과 원본 확인 작업의 중요성을 재확인하는 계기라고 할 수 있다.

---

206) 아쉽게도 필자는 영인본의 저본이 된 『개벽』 63호(호외 2)의 실물을 확인하지 못했다.
207) 『개벽』 63호의 판본과 영인 현황에 대해서는 이 책의 부록(「『개벽』 소장처 및 판본 현황」과 「『개벽』 영인본의 판본 현황」)을 참조.

(2) 「Trick」과 검열의 문제

『개벽』은 통권 72호가 발행되는 동안 모두 40회 압수(발매금지)당했고,[208] 이 과정에서 대략 149개가량의 기사가 문제가 되어 전문 혹은 부분삭제를 당했는데,[209] 문예물이 그 중 적지 않은 비중을 차지하고 있다. 주목할 점은 「Trick」이 전문삭제를 당했다는 사실로, 소설이 전문삭제를 당한 것은 『개벽』에서 전무후무한 일이다. 실제로 팔봉 스스로 '프로의식을 소설화한 신경향파의 효시라고 자부했던'[210] 「붉은 쥐」나 "지주와 소작인이라고 하는 식민지 시대 농촌사회의 근본적인 계급대립을 문제삼았다는"[211] 평가를 받는 이기영의 「농부 정도룡」이 부분삭제에 그쳤던 반면,[212] 「Trick」은 내용 전체를 삭제당했을 뿐만 아니라 목차에서도 빠져 있다. 그런 작품이 있었다는 흔적 자체를 말살당한 것이다.[213] 도대체 검

---

208) 『개벽』의 압수 현황에 대해서는 부록 「『개벽』 소장처 및 판본 현황」을 참조.

209) 김근수는 「개벽지에 대하여」(『개벽』 영인본 1권 해제, 개벽사, 1969, 5~7면)에서 압수·삭제기사 개수를 61개로 제시했지만, 필자가 확인한 바에 따르면 그 배가 넘는 149개에 달한다.

210) 김성수 편, 『카프대표소설선』 1, 사계절, 1988, 46면 작품해제 참조.

211) 김재용·이상경 외, 『한국근대민족문학사』, 한길사, 1993, 326면 참조.

212) 「붉은 쥐」(『개벽』 53호, 1924.11)가 삭제를 당했다는 것은 "此間削除" 등의 흔적을 통해 쉽게 확인할 수 있지만, 「농부 정도룡」(『개벽』 65~66호, 1926.1~2)이 삭제를 당했다는 사실은 쉽게 파악이 어렵고, 어디를 얼마나 삭제당했는지에 대해서도 논란이 있을 수 있다. 이 또한 판본의 문제이자, 영인 과정의 오류 때문이다. 먼저 『개벽』 66호는 아단문고에 소장된 판본[미결(1)]과 세종대에 소장된 판본[미결(2)]이 다른데, 대다수의 영인본은 먼저 발행된 '미결(1)'을 저본으로 삼았기 때문에 '미결(2)'의 46면(문예면)에 남겨진 검열의 흔적("以下十八頁削除")을 볼 수가 없다. 즉 세종대의 『개벽』 66호[미결(2)]에는 46면 이후가 모두 삭제되어 있지만 대다수 영인본은 이를 반영할 수 없었다는 것이다. 반면 오성사본에 이르러 이런 사실을 확인하고 양자의 '교합(校合)'을 시도했는데, 그 결과가 오히려 혼란을 가져올 수 있다. 全篇을 온전히 싣고, 46면에 또 "以下十八頁削除"라는 부기를 달아 마치 46면과 47면 사이에 18페이지의 삭제된 내용이 있는 것처럼 오해하게 만드는 것이다. 태학사가 펴낸 『한국근대단편소설대계』 19권(이기영 편)은 오성사본의 작품을 그대로 영인했기 때문에 같은 오류를 반복한다. 작품의 원형을 해칠 수 있다는 점에서 주의를 요한다.

213) 『개벽』 70호에 게재된 이상화의 시 「빼앗긴 들에도 봄은 오는가」도 전문삭제를 당하고, 목차에서 제목이 지워지지만 저자의 이름은 목차에 남아 있다. 반면 「Trick」은 저자의 이름까지도 모두 지워져 누구의 어떤 글이 삭제되었는지 알 수 없게 되어 있다.

열당국은 왜 이 작품을 전면삭제하고 그 흔적까지 지우려고 했을까?

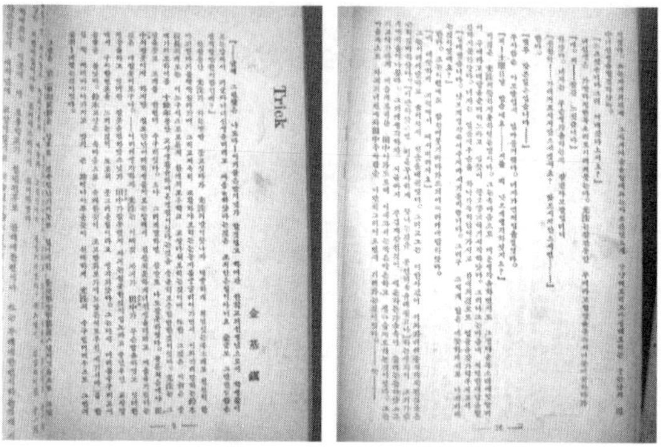

〈사진 10〉 전면삭제된 소설 「Trick」, 처음과 마지막 면

무엇보다도 가장 큰 이유는 「Trick」이 일제 식민지 정책, 즉 '일선동화론(日鮮同化論)'의 허구성을 정면에서 비판하고 있기 때문이다. 잠시 작품을 살펴보자. 작품 내에서 '일선동화론'에 대한 비판은 크게 세 가지 갈등 국면을 통해서 구체화되고 있는데, 첫째는 학예회를 계기로 비롯된 일본인 교장과 조선 학부모들간의 충돌이다. 일본인 교장 '鈴木'은 학예회에 모인 학부형들에게 '황실에 대한 臣民의 의무'와 '충실한 제국신민으로 皇恩에 보답하기 위해 진충갈력할 것' 등에 관해 열변을 토하는데, 이것이 학부모들의 반감을 사게 된다. 특히 그가 '조선독립의 불가능성'을 역설하자 학부형들은 싸늘하게 자리를 뜬다.

> —너의들은 그래도 아직까지도 독립의 쑴을 꾸느냐? 그러면 조선이 독립한다고 하자. 그러나 무엇을 가지고 조선이 독립할 수 잇다고 너의들은 생각하니? 너의들에게 독립할 힘이 잇느냐? 총이 잇느냐? 대포가 잇느냐? 군함이 잇느냐? 비행긔가 잇느냐? 무엇으로 독립을하느냐? 지금 조선 안에 와 잇는 우리나라의 군대들만 가저도 하로 아침에 이 쌍을 평정하기는 쉬운 일이다.—이 번들바우 중대가리의 늙은 교장은 이와 가튼 뜻의 말을 그들로 하여곰 영원히 니치지 못하리만큼 말하엿든 것이다.

조용하고 평화하여야만 할 이 자리에 한 개의 험악한 폭풍은 일어낫다. 학부형들은 모도들 돌아가겟다고 일어섯다. 흥분이 된 얼골과 얼골이 방안에 가득하엿다. 그리하야 그들은 모든 직원들이 간절히 만류함도 듯지 안코 그대로들 돌아가버리고 마랏다.[214)]

일제는 3·1운동 이후 조선에 대한 통치 방식을 '무단통치'에서 '문화정치'로 바꾸면서 '日鮮同化論'을 선동했는데, 일선동화정책은 식민지배의 완성 내지 영구화를 꾀하려는 것이었다. 즉 문화정치라는 유화책을 통해 조선의 민족운동을 분열·약화시켜 스스로 독립의지를 포기하도록 하려는 것이었다.[215)] 따라서 인용한 장면은 동화정책의 본질을 적시하는 것이자, 이에 대한 조선인의 불만과 거부감을 형상화한 것이라고 하겠다.

둘째는 일본인 여교사인 '다나가(田中)'와 조선 여학생들간의 충돌, 그리고 이로 인해 불거진 '다나가'와 조선인 교사 '金光洙'와의 갈등이다. 학예회가 끝나고 남학생들이 나누어주는 과자를 여학생들이 쑥스러운 마음에 받지 않자 '다나가'는 "저 모양이닛가 朝鮮사람들은 野蠻人"이라고 비판하는데, 이것이 조선 여학생들과 광수의 민족감정을 건드린 때문이다.

"선생님! 엇재서 저의들이 野蠻人입닛가? 저의들이 野蠻의ㅅ 짓을 한 것이 무어에요? 저의들은 분해서 분해서 죽겟서요! 왜 野蠻이라는 말을 드름닛가? 조선사람은 저 모양이닛가 野蠻이라니 그러면 저의들이 野蠻이면 金선생님도 野蠻이란 말슴이지요? …… 왜 조선사람이 野蠻人예요?"

아모 꿈임업는 순진한 소녀의 이 가튼 호소를 듯고 나서 光洙는 가슴속이 찌르르하는 것을 깨닷지 아니치 못하얏다.

214) 『개벽』 63호[호외(1)], 문예면 5면. 작품 인용은 원문(글자, 문장부호, 방점 등)을 그대로 옮기는 것을 원칙으로 했고, 가독성을 높이기 위해 띄어쓰기만 현대적으로 바꾸었다.

215) 실제로 "총독부측에서는 1920년대 각지에서 청년회운동과 교육열이 일어나자 이에 대한 대책으로서, 문화운동이 '불온'한 방향으로 빗나가는 것을 막고, 온건한 방향, 체제내적인 방향으로 진행되도록 적극 유도하며, 궁극적으로는 '일선동화(日鮮同化)'의 방향으로 유도한다는 방침을 세웠던 것이다." 박찬승, 『한국근대정치사상사』, 역사비평사, 1992, 290면 참조.

"오냐 엇던편[216] 野蠻인가 가려어보자! 너의들이 野蠻人인가 우리들이 野蠻인가 짜지어보자"

光洙는 이러케 마음을 먹고 주먹을 부르쥐고 나서 그 녀학생들을 보고

"우리가 野蠻人 될 까닭이 잇소 걱정 말고 도러들 가우."

하얏다.[217]

동화정책을 솔선해야 할 일본 여교사가 '조선사람은 야만인'이라는 차별적 발언을 쏟아내고, 조선인들이 이에 대해 슬픔과 분노를 토로하는 상황, 일본인 교장이 일의 시시비비보다는 "조선사람으로 일본인 녀선생에게 공경하지는 안코 오히려 싸움을 거럿다함에 대하여" 분개하는 대목, 특히 조선 여학생들이 여교사에 대해 "다나가 선생은 낫븐년예요!"라고 원색적인 욕설을 내뱉는 장면은 결코 '同化的'이지 않다. 오히려 동화정책이 얼마나 기만적이고 허위적인지를 폭로하는 것이라고 할 수 있다.

셋째는 교장이 갈등에 개입하여 광수를 포섭하는 국면이다. 여선생의 사과를 받아내지 못한 광수는 분한 마음에 학교를 그만두고 학부형과 학생을 선동해 '동맹휴학'을 꿈꾸기도 하지만, 3·1운동 당시의 끔찍했던 유치장 경험과 가족들의 얼굴이 눈앞에 어른거려 갈피를 잡지 못한다. 반면 광수의 나약함을 꿰뚫고 있는 교장은 그를 포섭할 계책이 이미 서 있다. 이전에 그가 만든 역사교재를 트집잡고, 유연한 설교와 다나가 선생을 이용하는 것이다. 이른바 '채찍과 당근'인 셈이다.

맛침 잘 되엿스니 이번에 이것을 가지고 "이놈 너는 상급 학생들에게 총독부에서 금하는 조선력사를 가르친다니 될 말이냐"고 싹 얼러 놋차. 그러면 반듯이 이놈이 몸이 콩쪽만 하야서 발발 떨럿다. 그런 뒤에는 내가 여러 가지로 설교를 하야 노코서 나종에 田中으로 하여곰 좀 싹은싹은하게 정답게 하도록 만하면 光洙는바로 同化될 사람이다. 올타 그러케 하자—이와 가티 생각하고서

---

216) '엇던 편이'의 낙자(인용자).

217) 『개벽』 63호[호외(1)], 문예면 8면.

교장은 가장 쾌한듯이 빙그레히고[218] 써기엇다. 그리고 그날밤에 교장과 田中 녀선생은 나직한 목소리로 오랫동안을 이약이 한 후에 田中 녀선생은 교장이 일르는 말에 약속하고서야 물러갓다.[219]

결국 심약한 지식인인 광수는 교장의 예상대로 '계책'에 걸려 무릎을 꿇고 '同化'되고 만다. 그의 분노는 교장 앞에서 "과연 잘못햇습니다"(15면)라는 고백으로 바뀌고, 증오했던 여선생을 오히려 '정답게' 느끼게 되는 것이다. 씁쓸한 결말이지만 이 국면에 이르러 작가가 말하고자 하는 바는 좀더 분명해진다. 일제의 동화정책이란 비겁한 '속임수'이며, 그런 'Trick'에 가장 쉽게 노출되는 것이 '제도권 내' 지식인이라는 사실이다. 소설 제목이 「Trick」인 이유가 바로 여기에 있다.

따라서 일선동화책을 전면적으로 선전해야 했던 총독부로서는 자신의 정책을 정면에서 비판하는 이 작품을 용납하기 어려웠을 터이다. 그리고 이런 점에서 소설 「Trick」이 전면삭제를 당하고, 그 흔적마저 지워진 것은 필연적인 일이었다고 할 수 있다.

그런데 「Trick」의 전면삭제는 '검열의 문제'와 관련하여 매우 중요한 시사점을 제공한다. 무엇보다도 「Trick」과 「빼앗긴 들에도 봄은 오는가」의 전면삭제는[220] 식민지 시대 검열의 최대 피해자가 '경향문학' 혹은 '계급문학'이라는 일반적 통념과 어긋나는 현상이기 때문이다. 즉 드러난 결과를 놓고 보면 『개벽』에서 검열의 최대 피해자는 '계급문학' 혹은 '프로문학'이 아니라 일제에 '비타협적' 태도를 취한 '부르주아문학'이라고 할 수 있다.[221] 실제로 「Trick」과 「빼앗긴 들에도 봄은 오는가」의 전면삭제와 견

---

218) '빙그레 하고'의 오식(인용자).

219) 『개벽』 63호[호외(1)], 문예면 13면.

220) 저자 미상의 시 「금쌀악」·「옥가루」나 차상찬의 「한시」 그리고 몇몇 수필류를 제외하면 본격적 문학작품으로 전면삭제를 당한 것은 「Trick」과 「빼앗긴 들에도 봄은 오는가」가 전부라고 할 수 있다. 삭제 작품의 목록과 면면에 대해서는 부록 「『개벽』 압수·삭제기사 목록」과 「『개벽』 영인본에서 볼 수 없는 21개의 기사(작품) 원문」을 참조

221) 『개벽』에서 비타협적 부르주아문학이 프로문학이나 계급문학보다 좀더 근본적인 검

주어볼 때 '신경향파문학'은 어느 정도 검열로부터 비껴나 있었다고 할 수 있다. 신경향파문학의 대표작이라고 할 수 있는 「붉은 쥐」(53호)·「땅속으로」(57호)·「농부 정도룡」(65~66호)·「선동자」(67호) 등은 부분삭제에 그쳤으며, 「전투」(55호)·「정순이의 설움」(56호)·「사냥개」(58호)·「광란」(57호)·「흙의 세례」(59호)·「쫓기어 가는 이들」(65호)·「가난한 사람들」(59호) 등 더 많은 경우 삭제 없이 검열을 깨끗이 통과했던 것이다.[222)]

물론 이를 식민지 시대 문학 검열의 보편적 양상으로 볼 수 있는지 여부는 속단하기 어렵다. 이는 여타의 매체들에 대한 실증적 분석과 통계작업이 시계열적으로 선행돼야 가능한 일이기 때문이다. 다만 『개벽』이 1920년대 초·중반 조선의 최대 잡지였다는 점을 감안할 때, 검열의 최대 피해자가 '계급문학'이 아니었다는 사실[223)]은 몇 가지 추론을 가능케 한다. 무엇보다도 식민지 시대 일제의 검열정책이 일관되게 '계급문제'나 '사회주의'에 초점을 두고 있었던 것은 아니라는 것이다. 적어도 『개

열을 받았다는 사실을 확대 해석하는 것은 곤란하다. 즉 이를 당대 조선의 민족운동에서의 헤게모니의 문제(사회·역사적으로 계급운동 내지 사회주의운동의 헤게모니를 부정하는 것이냐?) 혹은 부르주아 민족운동의 실효성 문제(부르주아 민족주의가 현실성 있는 개념인가? 등)와 연관시켜 해석하는 것은 사실을 너무 앞지르는 것이다. 필자가 보기에 이는 문학의 문제, 좀더 구체적으로 문학 경향의 문제로 한정해서 의미를 부여할 필요가 있어 보인다. 실제 '비타협적 부르주아문학'이란 개념은 「Trick」이나 「빼앗긴 들에도 봄은 오는가」 등의 일군의 작품들이 빈곤문제나 계급문제를 중시하는 프로문학 혹은 계급문학과 달리 '민족문제' 혹은 '민족모순'의 형상화에 초점을 두고 있다는 사실에 기초해 사용한 것이다. 일제의 검열이 계급문학 혹은 프로문학보다는 '비타협적 부르주아문학' 특히 '민족문제'를 형상화한 작품 경향에 좀더 근본적인 긴장을 했으리라는 것도 「Trick」과 「빼앗긴 들에도 봄은 오는가」의 전면삭제라는 문학적 사실에 기초한 추론이지 그 이상이 아니다. 즉 이것이 계급운동의 실효성과 영향력을 부정하거나 혹은 당대 민족운동 내에서 부르주아 운동의 실효성 내지 영향력을 공인하는 것은 아니라는 것이다.

222) 이런 『개벽』의 사례는 검열 연구가 막연한 통념을 넘어서 '실증'을 지향해야 함을 선명히 드러내는 것이라고 할 수 있겠다.

223) 필자가 『개벽』을 두루 살펴본 결과, 이런 양상은 비단 문학작품에 국한된 것이 아니었다. 구체적 통계를 작성하지는 않았지만, '민족모순'을 다루거나 '독립운동'과 관련된 기사들이 삭제 빈도(게재 기사수 대비)가 높고 삭제 양상이 한층 가혹했다. 즉 계급운동 내지 사회주의 관련 기사들은 검열을 깨끗이 통과한 경우가 적지 않았지만, 독립운동 내지 민족모순을 다룬 기사들은 거의 예외없이 전면 혹은 부분삭제를 당했다.

벽』이 있던 시기와 그 이후가 다르고, 비슷한 시기라도 매체의 성격에 따라서도 차이가 있었을 가능성이 크다. 문학부문에 한정하면, '프로문학'과 '타협적 부르주아문학'의 대립각이 분명해지고, '민족모순'을 형상화한 작품들이 지면에서 거의 사라지는 1920년대 후반이 문학 검열의 분수령이었을 가능성이 높다.

주목할 점은 이런 추론이 식민지 검열 정책을 좀더 역동적인 존재로 바라볼 수 있게 한다는 것이고, 아울러 그 객체였던 식민지 문학의 자율성도 선명케 한다는 것이다. 사회・역사적으로 계급운동(사회주의운동)의 주도성이 두드러지고, 부르주아 민족운동이 그 존재성을 의심받는 1920년대 초・중반을 넘어서는 상황에서 조선의 문학은 「Trick」과 「빼앗긴 들에도 봄은 오는가」를 낳았으며, 일제의 검열은 '계급문학'보다 이들 '비타협적 부르주아문학'을 좀더 근본적으로 겨냥한 셈이기 때문이다. 그렇다면 왜 이런 엇갈림이 발생하게 되었는가?[224] 이런 불일치가 의미하는 바는 무엇인가? 이런 엇갈림이 문학영역에 한정되었는가? 또 이것이 일제의 검열정책과는 어떤 상관관계가 있는가? 등등 지성사의 한 계단과 관련된 중요한 문제들이 연이어 제기될 수 있다. 이것에 답하는 것이 '검열연구'의 핵심 과제이자 식민지 시대 문학연구의 주요 과제라는 점에서 「Trick」이나 「빼앗긴 들에도 봄은 오는가」의 존재는 부각될 충분한 이유가 있다.

(3) 제도, 지식인, 타협 – 「Trick」의 문제적 성격

그렇다면 「Trick」은 '문제작'인가? 이에 대한 필자의 대답은 일단 긍정적이다. 앞서 보았듯이 이 소설이 일제의 '일선동화정책(日鮮同化政策)'을 정면

224) 필자는 이런 엇갈림이 검열당국의 '내적 공포'가 드러나는 지점이자, 검열이 정책적 흐름을 띠게 되는 지점이라고 생각한다. 가령 1920년대 초・중반 『개벽』에 나타난 검열의 양상은 민족정서에 입각한 3・1운동에 대한 '공포'의 잔상이자, '무엇보다 무엇을 우선으로'라는 정책적 출발을 선명히 드러내는 것이라고 할 수 있다.

으로 문제 삼았다는 사실, 그로 인해 전면삭제라는 운명을 강요당했고, 또 검열사적으로 중요한 시사점을 제공한다는 것이 판단의 한 근거가 된다.

더구나 식민지 시대 검열로 삭제·압수된 작품의 원전복원이 거의 불가능하다는 사실을 감안할 때, 「Trick」의 존재는 식민지 시대 문학 검열 양상과 방향을 실증하는 데 중요한 자료가 될 수 있다.

한편으로는 문학사적인 의미도 크다. 식민지 시대 검열이 파생시킨 여러 문제로 인해 일제에 저항적인 문학작품이 창작되기 어려웠다는 사실을 고려할 때, 「Trick」은 존재 자체가 문학사적인 사안이 될 수 있다. 특히 그 작가인 팔봉이 카프의 맹원으로 '계급문학'을 대표하는 인물이었기 때문에 작품의 가치는 한층 높아진다. 프로문학의 거두인 김기진이 민족모순을 심도있게 형상화한 작품을 썼다는 사실 자체가 '계급문학 대 민족문학'이란 문학사의 대립구도가 허위임을 입증하는 것이기 때문이다.[225)]

그런데 필자가 이 작품을 '문제작'으로 보는 데에는 이같은 작품 외적 이유만 작용한 것은 아니다. 작품 내적으로도 「Trick」은 주목할 만한 특성과 의의를 가지고 있다.[226)]

무엇보다도 이 작품이 '식민지 제도와 지식인의 문제'를 진지하게 성찰했다는 점은 주목할 필요가 있다. '제도'에 무게중심을 두고 보면, 우선 '등장인물'이 이전 작품 속에 등장하는 인물들과 비교해 새롭다. 「붉은 쥐」[227)]의 주인공 '박형준'은 무직 지식인이고, 「젊은 이상주의자(理想主義

---

225) 「Trick」의 존재는 '계급문학 대 민족문학'이란 문학사의 구도가 작위이자 허위의식의 산물임을 '물건'으로 입증하는 것이다.

226) 프로문학의 거두인 김기진에 대한 연구는 주로 비평 내지 문학론에 집중되어 있고, 그의 소설에 대한 연구는 매우 드물다. 10여 편의 학위논문 중 소설에 주목한 것은 단 몇 편이 있을 뿐인데, 문제작인 「Trick」이 거론되지 못했다는 점에서 문제점이 적지 않다. 필자가 볼 때 「Trick」은 「붉은 쥐」와 「젊은 이상주의자의 사」 그리고 「몰락」 등으로 이어지는 김기진 소설의 궤적을 체계적으로 이해하는 데 없어서는 안 될 자료이기 때문이다. 특히 「Trick」은 당대 팔봉의 현실인식이 녹록지 않았음을 드러내는 것으로, 변절과 친일로 이어지는 삶의 궤적을 이해하는 중요한 단서다. 아무쪼록 「Trick」의 발굴이 김기진에 대한 균형잡힌 연구의 계기가 되기를 바란다.

227) 『개벽』 53호, 1924.11.1.

者)의 사(死)」[228]의 '최덕호'는 '필사원[寫字生]'으로 모두 제도권 밖의 인물이었는데, 「Trick」의 주인공 '김광수'는 비록 말단 교사이나 식민지 제도권 내 인물인 것이다.

주인공이 모순된 식민현실에 대해 저항하는 양상이나 결과에서도 차이가 난다. 먼저 박형준은 식민지 현실의 '영양부족상태'를 "자본주의 문명의 특색(特色)이다. 콤머－씨알이슴(商業主義), 코렉티비슴(集中主義)의 저주할만한 결과(結果)일 섇이다. 대량생산(大量生産)과 식민지정책(植民地政策)이 모도다 자본주의(資本主義)에서 근원되여 내려오지 아니한 것이라고 말할 사람이 누구냐"[229]냐며 비판하지만, 순간적인 충동에서 비롯된 강도행각을 벌이다 어이없게 차 사고로 죽는다.

최덕호도 마찬가지다. "나는 생각하엿다. 새삼스럽게 생각하엿다. 온갓 不幸은 오늘날의 資本主義的 生産組織과 이에 싸라서 同伴되는 軍國主義에 그 災禍의 原因이 잇다는 것을 생각하엿다. 이 쌍은 植民地다. 그 植民地라는 말을 색이여 보아라. 神妙한 글字가 아니냐? 可憎스러운 글字가 아니냐?"[230]며 조선의 더러운 현실에 선전포고를 하지만 결국 자살하고 만다. 최덕호에 이르러 식민 현실에 대한 분석과 비판은 한층 날카롭고 분명해지지만, 서사는 '연애문제'로 흐르다 주인공의 자살로 귀착되는 것이다.

모순된 현실에 대한 저항이 이처럼 강도짓이나 자살로 귀결된 까닭은 작가의 현실인식이 지나치게 '명제적'이기 때문인데, 작가는 그런 관념의 무게에 눌려 서사의 앞길을 개척하지 못했다. 무엇보다도 인물들에게 작가의식을 행동으로 구체화할 '터전'을 제공하지 못한 것은 서사를 어이없는 결말로 이끌었다.

반면 「Trick」의 주인공 '김광수'는 식민지 현실에 대해 막연한 울분을

---

228) 『개벽』 60~61호, 1925.6.1~7.1.
229) 『개벽』 53호[미결(2)], 140~141면.
230) 『개벽』 60호[본호], 문예면 23면.

토로하는 것이 아니라, 그런 현실을 제어하는 조정중심으로서의 '제도'를, 그것도 일제의 동화정책이 실현되는 통로이자 뿌리인 '교육제도'를 비판한다. 그의 판단에 따르면 조선의 보통학교 상급반 학생들이 지었다는 작문이 전부 "『明治天皇陛下聖德』이라든가 『我が攝政宮殿下』라든가 『乃木大將』이라든가하는 것"(4면)이라면, 보통교육이 뿌리를 내리면 내릴수록 조선의 미래는 절망적이라는 것이다.

> 보통학교 교육은 이와 가튼 사람으로 인하야 조선 전 의[231] 구석구석에 그 넝쿨을 점점 뻐치어 들어간다. 그리하야 어린 학생들은 구하여 볼 수 업슬 만치 그 敎化에 물드러지고 말지 안느냐? 오늘의 학예회는 진실로 이와 가튼 敎化의 成績을 웅변으로 셜명하얏다. 그 어린 사람들이 입으로 하는 노래 또는 몸짓으로 하는 작란의 온갖 종류와 운동 또는 붓끗으로 적어 놋는 온갖 종류의 글 그것들의 다만 하나일지라도 이 부부정한 잘못된 교화에 물젓고 구더버리지 안이한 것이 잇느냐? 그들은 지금 성숙되야 간다. 성숙되면 되여갈수록 그들은 버리는 물건에 지나지 안는다.[232]

식민지 조선이 일제의 '교화'에 의해 근대화될수록 '버려지는' 것이고, 독립의 가능성은 그만큼 줄어들 것이라는 인식, 즉 식민지 '제도'의 이중성 내지 폭력성을 꿰뚫는 주인공(작가)의 통찰은 당대로서는 놀랄 만한 것이라고 할 수 있다. 요컨대 양심적 지식인에게 교사라는 제도의 말단 신분을 부여함으로써, 작가의 현실비판은 한층 구체화되고, 그에 따라 서사가 개연성을 획득할 수 있게 되었다고 할 수 있다.

김기진은 여기서 멈추지 않고, 제도의 폭력성을 지식인의 삶 속으로 관철시킨다. 그 결과 작품의 결말도 이전과 사뭇 달라진다. 「젊은 이상주의자의 사」에서 '양심'을 들먹이며 '순사'되기를 주저했던[233] 식민지 지

231) "조선전역의"의 낙자(인용자).

232) 『개벽』 63호[호외(1)], 문예면 6면.

233) "생각하여보아라. 스물네살이나 먹어가지고 이곳저곳으로 공부라고 하면서 도러다니다가 됴선에 와서 산양개 노릇을 한다니 말이 되엿나? …… 사건이 이믜 이에 이르러서는

식인은 「Trick」에 이르러 제도권에 편입되자 곧바로 '양심'을 버리고 현실과 타협하고 마는 것이다. 문제는 이런 씁쓸한 타협이 나름의 '현실성'을 갖는다는 데 있다. 먼저 광수는 현실에 대해 비판적 생각을 할 때마다 심한 정신적 위압감을 느끼는데, 여기엔 나름의 이유가 있다. '감시자의 시선'을 느끼기 때문이다.

> 그러나 이와 가튼 생각이 머리 속에서 휘말니는 한편으로 이와 가튼 생각과는 근사하지도 안은 강한 놈에게 찍어 눌리우는 듯한 그 엇던 다른 한 개의 생각이 빙글빙글 돌기 시작하는 것이엇다. 그의 눈 압헤는 鈴木교장의 번들거리는 두골이 낫하낫다. 그리고 그 커드란 눈이 빙그르르 도라서 딱 자긔를 노리어 보는 것이엇다. 그는 엇던 눈에 보히지 안는 힘에 강제되야 꼼작하고 잇는 듯십흔 늣김을 늣기엇다.[234]

식민지 시기 조선인에 대한 사찰이 일상적이고 무차별적이었다는 점에서,[235] 교장의 '커다란 눈'과 '경찰서장의 얼굴'로 상징되는 식민 권력의 감시와 그로 인한 주인공의 심적 동요는 나름의 개연성을 갖는다고 할 수 있다. 더구나 광수는 3·1운동에 가담한 전력을 가진 인물로 이 또한 사찰의 가능성을 높인다.

그뿐만이 아니다. "그러케(동맹휴학-인용자) 하고 나서는 엇더케하나?"라는 주인공의 자문에서 드러나듯 제도권 밖의 삶에 대한 두려움은 심적 동요를 가중시킨다. 아울러 3·1운동 당시의 감옥경험은 그를 점점 더 '타협'의 길로 내몬다. 고함과 발길질, 칼이 난무하는 감옥에서의 첫날밤

인저는 理想이니, 精神이니 하는 問題가 아니라 첫재 良心이 잇느냐? 업느냐? 하는 問題가 된다. 그럼으로 나는 산양개 노릇은 絶對로 못하겟다."(『개벽』 60호[본호], 문예면 22면)

234) 『개벽』 63호[호외(1)], 문예면 6면.

235) 정치범은 물론이고 특별한 문제가 없는 지식인들도 감시의 대상이 되었다. 가령 문예지 『창조』의 동인들은 끊임없이 경찰의 미행에 시달려야 했는데, 김환이나 이일의 기행문에는 이런 사실이 소상히 밝혀져 있다. 『창조』 동인들에 대한 사찰문제에 대해서는 최수일, 「1920년대 동인지문학의 심리적 기초」, 『대동문화연구』 36, 성균관대 대동문화연구원, 2000을 참조.

은 그에게 잊혀지지 않는 '공포'였던 것이다.

> 六七年 전에 자긔가 수업시 만흔 여러 사람들과 함끠 경찰서에 붓들리어 갓슬 때의 긔억이 번개불 가티 머리 속을 스치고 지나가는 것이엇다.
>
> "반항하는 놈을랑 죽여라!"
>
> 하고 소래치든 경찰서 구류간의 첫날밤 일이 력력히 눈압헤 낫하낫다.
>
> 경부의 칼에 이마를 맛고서 흘리는 모르는 동무의 피……피……. 그리고서는 온갓 侮辱과 酷使와 辛苦의 지옥인 감옥 안의 정경이 눈압흐로 오락가락하는 것이엇다. —236)

무엇보다도 자신이 사직을 하고 또 동맹휴학을 선동하다 감옥에 갔을 때, 노모와 어린 자식 그리고 사랑하는 아내가 겪을 고초를 생각지 않을 수 없었다. 그에겐 챙겨야 할 가정이 있었던 것이다. 따라서 그가 교장의 '계략'에 넘어가고, "아—아 하는 수 업거든"(15면) 하며 스스로를 자책한다고 해서 '관념적'이라거나 '유약하다'고 비판하기가 쉽지 않다.[237] '위압감'과 '공포' 그리고 '연민'이란 제도의 폭력성 앞에 어쩔 줄 모르는 식민지 지식인의 보편적 내면풍경일 수 있으며, 이 점에서 그는 당대 지식인의 초상일 수 있기 때문이다.

따라서 작가가 「Trick」을 통해 말하고자 하는 바는 분명하다. 제도권으로의 진입이란 이처럼 항상 '타협'의 가능성을 머금는 것이고, 이에 대해 식민지 지식인의 진지한 자기성찰이 필요하다는 것이다. 그리고 이 점이 「Trick」을 가벼이 볼 수 없는 중요한 이유 중 하나이다.

---

236) 『개벽』 63호[호외(1)], 문예면 11~12면.

237) 물론 그렇다고 작가가 김광수의 '타협'을 변호했다고 볼 수는 없다. 한때 '사직(辭職)'과 '동맹휴업(同盟休業)'까지 생각했던 광수가 사건의 발단이었던 '다나가'와도 화해하고, 아내와 '다나가'를 견주며 생각에 잠겨 걸어가는 마지막 장면은 인물의 희화화이자 작가의 비판으로 볼 수 있기 때문이다.

(4) 「Trick」의 성과와 의의

필자는 김기진의 소설 「Trick」의 성과와 의의를 작품 외적인 부문과 작품 내적인 부문으로 나누어 조명했다. 「Trick」이 전면삭제된 연유와 이것이 내포한 문학사적 의미에 대한 고찰이 전자를 대표하는 것이라면, '식민지 제도와 지식인의 문제'를 본격적으로 형상화했다는 평가는 후자의 핵심내용이라고 할 수 있다. 먼저, 「Trick」의 전면삭제로 파생된 검열사의 쟁점은 『개벽』에서 문학 검열의 최대 피해자가 '계급문학'이 아니라 '비타협적 부르주아문학'이었다는 사실인데, 이는 식민지 시대 검열의 최대 피해자가 '계급문학' 내지 '프로문학'이라는 일반적 통념과 어긋나는 것이기 때문이다. 여타의 매체들에 대한 실증적 분석과 통계작업이 시계열적으로 이루어진다는 가정에서 볼 때, 이는 경우에 따라 식민지 검열사를 새로운 관점에서 조망하는 계기가 될 수도 있는 것이다. 또한 '민족모순'을 심도있게 형상화한 이 작품이 프로문학의 거두인 김기진에 의해 창작되었다는 것은 '계급문학 대 민족문학'이라는 문학사의 구도가 '허상'임을 입증하는 것으로 놀랄 만한 일이다. 개념이나 이론에서 비롯된 것이 아니라 작품 하나가 문학사의 구도에 대해 근본적인 문제제기를 던진 셈이기 때문이다.

그뿐만이 아니다. 우리는 「Trick」을 통해 문학 검열의 양상과 방향을 가늠할 수 있으며, 『개벽』의 성격과 게재된 작품들의 경향을 연관지어 살필 수도 있다. 즉 「Trick」에 대한 접근이 식민지 시대 문학 저변을 탐색하는 첫 단추가 될 수 있는 것이다.

한편 「Trick」은 '식민지 제도권 내 지식인의 운명'을 진지하게 성찰했는데, 이는 형상화의 새로운 지평을 보여주는 것이라고 할 수 있다. 식민지 시대 제도권 내 양심적 지식인을 등장시켜 문제적 현실을 부각하고, 그 안에서 자신도 모르게 순치되고 타협하는 지식인의 모습을 그려낸 작품이 드물 뿐만 아니라, 그런 지식인의 내면을 요약하듯 간추려내는 솜씨

또한 주목할 만한 것이기 때문이다. 특히 검열을 뚫고 일제의 동화정책을 정면에서 비판하는 작품을 썼다는 사실은 그 자체가 문제적이다.

또한 이 작품은 팔봉의 문학 궤적을 온전히 복원하는 데에도 요긴한 역할을 하리라 생각한다. 특히 작품에 나타난 뛰어난 현실감각은 작가의 삶, 즉 변절과 친일로 굴절되는 삶의 궤적과 밀접한 연관이 있어 보인다. 흔히들 지적하는 김기진의 탁월한 현실감각이 오히려 그의 굴절된 삶을 이해하는 키워드일 수 있다는 것이다. 하지만 짤막한 한편의 언술로 많은 것을 기대할 수는 없는 일, 「Trick」에 대한 여러 연구자들의 지속적인 관심을 기대한다.

『개벽』 소장처 및 판본 현황

일러두기

1. '본호' '호외' '임시호'의 명칭은 표지 도장이나 사고의 내용을 준해서 달았다.
2. '미결'은 판본이 불분명할 때, ( )안의 숫자는 동일 제호간의 판본의 순서만을 나타낸다.
3. 압수 삭제란 등의 별표(*)는 기존연구와 차이를 보이는 경우로 본문을 참조하기 바란다.

호수	압수, 삭제	동국대	고려대	세종대	국립중앙도서관	아단문고	특기사항
1	압수 2회			*미결(교합) 사본 2권	*호외(납본)	*임시호	호외 : 1920.6.27, 임시호 : 6.30, 재판 : 8.17
2	삭제				미결(검열)		『사상의 통일을 망함』(43-44면) 삭제
3				본호	본호(검열)		
4			본호		본호(검열)	본호	
5					본호(납본)	본호	
6	압수 1회, 벌금				본호(검열)		압수 : 1920.12.1, 1921.2.24 벌금 50원 구형
7					본호	본호	
8				본호	본호(검열)	본호	
9	압수 1회			임시호	임시호(검열)	본호	임시호 : 1921.3.5
10					본호(검열)	본호	
11				본호	본호(납본)	본호	
12	압수 1회					본호(검열)	압수 : 1921.6.1 임시호 발행하지 못함
13				본호	본호(납본)		
14				본호	본호(납본)		
15				본호			
16	압수 1회			임시호 본호(검열)	임시호 본호(납본)		본호 : 1921.10.1, 임시호 : 10.18
17			본호	본호(검열)	본호		
18			본호		본호		
19	압수 1회			임시호(초판)		임시호(초판)	압수 : 1921.12.30, 임시호 : 1.10, 재판 : 1.25
20				본호	본호	본호(검열)	본호발행일 : 1922.2.8
21				본호	본호	본호	
22				본호	본호	본호	
23				본호	본호	본호	
24			본호	본호 2권	본호		
25	압수 1회	임시호		임시호	임시호	임시호	임시호 : 1922.7.10
26	압수 1회	미결	미결		미결(납본)	미결	
27	압수 1회	임시호		임시호	본호(검열)	임시호	
28		본호	본호	본호	본호	본호	
29		본호	본호	본호 2권	본호	본호	
30		본호		본호	본호	본호	
31		본호				본호 2권	
32		본호		본호	본호	본호	
33		본호			본호	본호	
34	압수 1회	임시호	임시호	임시호		본호 임시호	

호수	압수, 삭제	동국대	고려대	세종대	국립중앙도서관	아단문고	특기사항
35		본호			본호(납본)	본호	
36		본호				본호	
37		본호		본호		본호	
38		본호	본호	본호	본호(납본)	본호 2권	
39	압수 1회	임시호		임시호	임시호	임시호	
40	압수 1회	임시호		임시호	임시호(납본)	임시호	*검열결재란 신설
41		본호		본호	본호(납본)	본호	*검열결재란 선명
42		본호		본호		본호	
43		본호	본호			본호	
44	압수 1회			임시호	임시호(납본)	본호 임시호	본호 삭제 많음
45	압수 1회	미결(2)			본호(1, 납본)	본호(1)	본호 삭제 많음 / *아단문고 영인
46	압수 1회	임시호				임시호	*영인본의 저본 확인 못함
47	압수 1회	임시호	임시호			임시호	
48			본호			본호	
49	압수 1회	임시호		임시호		임시호	
50	압수 1회	본호(1)			본호(1, 검열)	미결(2)	*영인본은 미결(2)
51		본호					
52	삭제	미결			미결(납본)	미결	*압수 가능성 높음
53	압수 1회	미결(2)				미결(2)	
54	압수 1회	미결(2)	미결(2)		미결(2, 납본)	미결(2)	*영인본은 미결(2)
55	삭제	미결	미결 2권			미결	*압수 가능성 높음
56	압수 1회		미결(2)		미결(2, 납본)		
57	압수 1회	본호	호외		본호(납본)	호외	
58	압수 1회		호외		호외(납본)		
59	압수 1회		미결	미결	미결(납본)	미결 3권	검열 삭제 여부 미결
60	압수 1회		본호		본호(납본)	본호	
61	삭제		미결	미결		미결	자체삭제의 본호일 가능성 높음
62	압수 2회, 정간			미결		미결	호외 : 1925.8.1, 발행정지 2개월, 10.15 해금
63	*압수 2회					*호외(1)	영인본은 호외(2) / 속간호
64	압수 1회			호외		호외 2권	
65				본호		본호	
66	*압수 1회			*미결(2)		*미결(1, 2권)	*삭제부분이 서로 다른 판본
67	압수 1회			호외		본호	*압수 : 1926.2.24, 호외 : 3.10
68	삭제			미결		미결	자체삭제일 가능성 높음(후기)
69	압수 2회			미결		미결	자체삭제의 가능성 높음
70	압수 3회			미결(2, 2권) 미결(3)		미결(2)	*영인본은 미결(1)
71	*압수 1회		미결(2)			본호(1)	*영인본은 미결(2)
72	압수 1회, 폐간					본호(검열)	발행금지
소계	압수 40회	30개 제호	21(22)개 제호	41(48)개 제호	44(45)개 제호	59(67)개 제호	* ( )는 복본을 포함한 책수

『개벽』 영인본의 판본 현황

일러두기

1. 이는 필자의 학위논문 부록에 수록된 영인본 판본 대조표를 수정, 보완한 것이다.
2. 영인본의 판본은 원본의 판본 확인 작업에 기초해서 비교, 확정했다.
3. 비고란에는 영인에서 누락된 판본의 실존여부를 표기하고, 기타 특기 사항을 표기했다.

호수	개벽사판	오성사판	한일문화사판	박이정판	비고(영인누락 사항 / 특기 사항)
1	호외	*미결(교합)	호외	호외	임시호 및 재판 / 원본선집은 교합본
2	미결	미결	미결	미결	
3	본호	본호	본호	본호	/ 국립중앙도서관의 검열본 영인
4	본호	본호	본호	본호	/ 상동
5	본호	본호	본호	본호	/ 상동
6	본호	본호	본호	본호	여타 판본은 확인 못함 / 상동
7	본호	본호	본호	본호	/ 상동
8	본호	본호	본호	본호	/ 상동
9	임시호	임시호	임시호	임시호	본호(아단문고); 삭제기사 확인
10	본호	본호	본호	본호	
11	본호	본호	본호	본호	
12	본호	본호	본호	본호	/ 임시호 발행 못함
13	본호	본호	본호	본호	
14	본호	본호	본호	본호	
15	본호	본호	본호	본호	
16	임시호	임시호	임시호	임시호	본호(세종대, 국립중앙도서관); 삭제기사 확인
17	본호	본호	본호	본호	
18	본호	본호	본호	본호	
19	임시호(재판)	임시호(초판)	임시호(재판)	임시호(재판)	
20	본호	본호	본호	본호	
21	본호	본호	본호	본호	
22	본호	본호	본호	본호	
23	본호	본호	본호	본호	
24	본호	본호	본호	본호	
25	임시호	임시호	임시호	임시호	
26	미결	미결	미결	미결	/ 25호 후기가 재차 찍힘
27	임시호	임시호	임시호	임시호	본호(검열본, 국립중앙도서관); 삭제기사 확인
28	본호	본호	본호	본호	
29	본호	본호	본호	본호	
30	본호	본호	본호	본호	
31	본호	본호	본호	본호	
32	본호	본호	본호	본호	
33	본호	본호	본호	본호	
34	본호	본호	본호	본호	임시호(고려대, 아단문고); 대체기사 확인

호수	개벽사판	오성사판	한일문화사판	박이정판	비고(영인누락 사항 / 특기 사항)
35	본호	본호	본호	본호	
36	본호	본호	본호	본호	
37	본호	본호	본호	본호	
38	본호	본호	본호	본호	
39	임시호	임시호	임시호	임시호	
40	임시호	임시호	임시호	임시호	
41	본호	본호	본호	본호	
42	본호	본호	본호	본호	
43	본호	본호	본호	본호	
44	본호	*임시호	본호	본호	임시호(세종대, 아단문고); 대체기사 확인
45	본호(1)	본호(1)	본호(1)	본호(1)	미결(2, 동국대); 대체기사 / 아단문고본 영인
46	본호	본호	본호	본호	임시호(동국대 외) / 본호 실물 확인 못함
47	임시호	임시호	임시호	임시호	/ 본호 실물 확인 못함
48	본호	본호	본호	본호	
49	임시호	임시호	임시호	임시호	/ 본호 실물 확인 못함
50	미결(2)	미결(2)	미결(2)	미결(2)	본호(동국대, 국립중앙도서관); 삭제기사 확인
51	본호	본호	본호	본호	
52	미결	미결	미결	미결	/ 검열삭제로 보아 압수 가능성
53	미결(2)	미결(2)	미결(2)	미결(2)	/ 검열삭제로 보아 본호는 아님
54	미결(2)	미결(2)	미결(2)	미결(2)	/ 상동
55	미결	미결	미결	미결	/ 검열삭제로 보아 압수 가능성
56	미결(2)	미결(2)	미결(2)	미결(2)	/ 검열삭제로 보아 본호는 아님
57	본호	본호	본호	본호	호외(고려대, 아단문고)
58	호외	호외	호외	호외	
59	미결	미결	미결	미결	/ 검열삭제 여부 판단 보류
60	본호	본호	본호	본호	
61	미결	미결	미결	미결	/ 자체삭제된 본호일 가능성 높음
62	미결	미결	미결	미결	/ 상동
63	호외(2)	호외(2)	호외(2)	호외(2)	호외(1, 아단문고); 삭제기사 확인 / 압수2회
64	호외	호외	호외	호외	
65	본호	본호	본호	본호	
66	미결(1)	미결(1,2교합)	미결(1)	미결(1)	미결(2, 세종대) / 오성사판은 양자의 교합
67	호외	호외	호외	호외	본호(아단문고); 삭제기사 확인
68	미결	미결	미결	미결	/ 검열 이후에 발행한 듯(후기참조)
69	미결	미결	미결	미결	/ 자체삭제된 본호일 가능성 높음
70	미결(1)	미결(2)	미결(1)	미결(1)	미결(3, 세종대) / 미결(2)는 세종대 판본
71	미결(2)	미결(2)	미결(2)	미결(2)	본호(1, 아단문고); 삭제기사 확인
72	본호	본호	본호	본호	/ 아단문고의 검열본 영인

『개벽』 압수·삭제기사 목록

일러두기

1. 이 목록은 국립중앙도서관·고려대·동국대·세종대·아단문고에 소장된 『개벽』 원본들을 판본대조하고, 이를 다시 영인본들과 대조하여 작성한 것이다.
2. 압수·삭제된 기사는 모두 149개에 달한다.
3. 삭제정도란에는 전문삭제인지 부분삭제인지를 구분하여 표시했다.
4. 비고란에는 삭제기사의 영인 여부와 대체기사의 존재 여부를 표시했다.

호 수	필 자	기사명	삭제정도	기사분류	면수	비고
1호	미 상	금쌀악, 옥가루	전문	문학(시)	37면	
1호	일 웅	단군신화	일부	잡문	63면	
1호	미 상	격언 2개(막시마쓰 시저의 격언)	전문	잡문	63면	
1호	차상찬	한시(경주회고, 남한산성)	전문	문학(한시)	72면	
1호	미 상	평제탑은 어쩌한 것인가	일부	잡문	138면	
1호	목 성	소설 유범	일부	문학(소설)	139면	
2호	장도빈	사상의 통일을 망함	전문	논설(사상)	43면	
6호	유진희	순연한 민중의 단결이 되라	전문	논설(시사)	38면	
9호	미 상	우리에게 진인이 있는가(권두언)	전문	논설(시사)	1면	영인누락
9호	이돈화	민족적 생명에 집착하라	전문	논설(사상)	2면	영인누락
9호	김기전	아니여쑬수 업사와	일부	논설(사상)	11면	영인누락
9호	일기자	상원간친회석상에 제명사의 조선개조…	일부	논설(사상)	101면	영인누락
12호	박달성	사회문제에 선하야 자아문제에 반하라	전문	논설(사상)	13면	
12호	김기전	격변중에 잇는 평북지방을 잠간보고	전문	잡문	57면	
16호	러 셀	볼쉬뷔크의 사상	전문	논설(사상)	34면	영인누락
19호	일기자	범신유년의 회고〈하〉	일부	시사	72면	
19호	황의돈외	역대의 임술	전문	시사	90면	
19호	선우전	군비축소의 경제적 의미와 그 직접영향	전문	논설(경제)	105면	
19호	노정일	산넘고 물건너	일부	문학(기행)	118면	
25호	이성환	농촌개혁의 제창	전문	논설(농촌)	19면	
25호	이영희	학생논단〈노동운동의…조선노동자문제〉	전문	논설(노동)	60면	
25호	연경과객	적색로서아의 奇見珍聞	전문	시사	73면	
26호	세검정인	세검정만초	전문	시사	4면	
27호	세검정인	도서암중의 만필십육제	일부	시사	5면	영인누락
27호	북려동곡	조선민족발전의 신근거	전문	논설(사상)	47면	영인누락
34호	이동곡	해내해외의 동지에게	전문	논설(사상)	14면	대체기사3
39호	성 태	적색공포와 백색공포	전문	논설(사상)	25면	
39호	김자원	비평의 극은 무언	전문	시사	33면	
40호	미 상	일본인제형에게	전문	시사	1면	
40호	샛 별	우리압헤는 두 갈래 일이 잇습니다	전문	논설(정치)	60면	
40호	강윤수	진란중의 동경을 탈출하여	전문	시사	83면	
40호	미 상	진란중의 일본 급 일본인	일부	시사	79면	

호 수	필 자	기사명	삭제정도	기사분류	면수	비고
44호	이성태	왼편을 밟고서	전문	논설(사상)	17면	대체기사1
44호	BSL생	산업의 발전과 무산계급의 해방	전문	논설(사상)	4면	오성사판
44호	김기진	금일의 문학 명일의 문학	일부	문학(비평)	41면	
45호	○ 민	사상의 귀추와 운동의 방향	전문	논설(사상)	41면	대체기사2
45호	정관생	해방의 목표	일부	논설(사상)	89면	
46호	김기전	세계 사회주의운동의 사적기술	전문	시사	51면	
46호	김기전	적색조합과 황색조합	전문	시사	63면	
46호	태 백	러시아공산당	전문	시사	65면	
46호	정백역	칼리북네히트와 로사룩셈부르크를 추상함	전문	시사	81면	
46호	이돈화	조선노동운동과 단결방법	전문	논설(노동)	93면	
46호	정 백	조선청년총동맹에 대하야	전문	논설(시사)	100면	
47호	미 상	최근의 감	일부	시사	1면	
47호	김기전	떠드는 세상, 변하는 세상	일부	시사	28면	
47호	일기자	풍호우호=일미반목의 석금	전문	시사	39면	
47호	양 명	수감다섯편(2편 삭제)	일부	문학(수필)	63면	
47호	정 백	일기의 단편	전문	문학(수필)	67면	
47호	김 생	미소의 혁명〈감상〉	전문	문학(수필)	128면	
49호	박 봄	국경을 넘어서	일부	시사	96면	
49호	미 상	미상	전문	미상	98면	
50호	김기전	不知手之舞之・足之蹈之	전문	논설(시사)	2면	영인누락
50호	이돈화	천국행〈2〉	전문	논설(사상)	6면	
52호	이성환	계급타파와 토지문제	일부	논설(시사)	47면	
52호	차상찬	동란의 와중에 재한 70만동포	일부	시사	67면	
52호	차상찬	경성잡화	일부	시사	81면	
52호	마을이	국경에서 어든 실감	일부	문학(수필)	108면	
52호	차상찬	흔들리는 총독부	일부	시사	120면	
53호	김경재	계급자유교육의 신조류	일부	논설(교육)	10면	
53호	철 필	농한기의 농촌잡감	일부	논설(농촌)	23면	
53호	박달성	네눈이의 동서남북담(시골쥐,서울쥐)	일부	문학(풍자)	67면	
53호	박달성	가급인족의 함경남도	일부	보고	79면	
53호	박달성	읍무사촌무사의 서천군	일부	보고	85면	
53호	박달성	함남의 대장읍 북청군	일부	보고	91면	
53호	박달성	해발4천척의 풍산고지	일부	보고	96면	
53호	박달성	적소로유명한 삼수와 갑산	일부	보고	98면	
53호	박달성	함남의 공원지 홍원군	일부	보고	103면	
53호	박달성	월경형제와 국경형제	일부	보고	110면	
53호	김기진	붉은쥐	일부	문학(소설)	129면	
54호	박달성	갑자년과 조선의 특실여하	일부	논설(시사)	2면	
54호	김기전	갑자일년 총관	일부	시사	4면	
54호	정 백	조선청년운동의 일년	전문	시사	19면	
54호	안석주	갑자년중24대사건	일부	시사	26면	
54호	미 상	〈시국관〉또다시 조선내를 살펴보면	일부	시사	38면	

호 수	필 자	기사명	삭제정도	기사분류	면수	비고
55호	김기전	허튼수작	일부	논설(사상)	8면	
55호	김기전	붕괴의 원리, 건설의 원리	일부	논설(사상)	13면	
55호	박형병	정치와 법률의 사회적 의의	일부	논설(정치)	23면	
55호	김경재	노농러시아의 교육제도	전문	논설(교육)	61면	
55호	에이돌푸	나는 조선역사를 연구하엿습니다	전문	잡문	70면	
55호	박달성	수문수답〈박돌이〉	일부	시사	94면	
56호	김기진	〈계급문학시비론〉 피투성이된푸로혼의표백	일부	문학(문학론)	문 43면	
56호	박달성	여언	일부	후기	문 90면	
56호	이동곡	혁명문학	전문	문학(문학론)	미상	게재누락
56호	이성환	농민구제책	전문	논설(농촌)	미상	게재누락
56호	나 산	일본의 무산정당과 조선	전문	시사	미상	게재누락
56호	정 백	농촌청년에게 보내는 글월	전문	시사	미상	게재누락
57호	김경재	사회운동자가 본 사회운동	일부	논설(시사)	8면	
57호	나 산	조선정치의 과거와 현재	일부	논설(시사)	33면	
57호	동관생	A와 B의 문답	전문	시사	41면	
57호	조명희	땅속으로	일부	문학(소설)	문 15면	
58호	미 상	주의의 싸홈이냐? 세력의 싸홈이냐	일부	논설(시사)	2면	
58호	정 백	청년급노동총동맹의 총회에 임하야	일부	논설(시사)	5면	
58호	김기전	선생님네 처지에 감하야	일부	논설(교육)	17면	
58호	김기전	향당의지식계급 중학생	일부	논설(교육)	22면	
58호	박달성	보통학교 훈도제씨에게	일부	논설(교육)	28면	
58호	박달성	화양(和洋)병출의 조선졸업식	일부	시사	40면	
58호	차상찬	호중잡기	일부	시사	88면	
58호	이성태	감상어의 일일	일부	문학(수필)	문 44면	
59호	이민창	조선의 경제파멸의 원과 현상을…	일부	논설(경제)	19면	
60호	이민창	현하의 위기에 대하여	전문	논설(경제)	19면	
61호	김기전	조선민족만이 가진 우월성	일부	논설(민족)	2면	
61호	K H M	노령조선인 농촌정형의 석금	일부	잡문	100면	
61호	이돈화	남만주행	일부	시사	105면	
62호	이돈화	해외에 계신 동포제씨에게	일부	논설(정치)	4면	
62호	김경재	만군지장 유동열씨	일부	잡문(인물)	15면	
62호	김 생	충직일방의 남만춘동무	일부	잡문(인물)	35면	
62호	견지동인	하휴중의 학생제군을 위하야	일부	논설(계급)	57면	
62호	차상찬	기괴한 사실, 기이한 소식	일부	시사	83면	
63호	미 상	미상	전문	미상	9면	
63호	김기진	Trick	전문	문학(소설)	문 1면	영인누락
63호	박춘우	농민운동의 과거와 현재	일부	논설(농촌)	14면	
63호	배성룡	반종교운동의 의의	일부	논설(종교)	57면	
64호	선우전	내외경제계의 회고	일부	시사	7면	
64호	김경재	시언	일부	시사	52면	
64호	차상찬	호남을 일별하고	일부	보고	108면	

호 수	필 자	기사명	삭제정도	기사분류	면수	비고
65호	박춘우	일본제국의 현재 경제정책과 조선	일부	논설(경제)	56면	
66호	별 뫼	「중산계급의 장래」	일부	논설(계급)	19면	
66호	이기영	농부 정도령	일부	문학(소설)	문 40면	
67호	배성룡	조선사회운동의 사적고찰	일부	논설(시사)	22면	
67호	T Y 생	사회운동단체의 현황	일부	시사	44면	
67호	도 우	1917년 2월의 로서아	일부	시사	57면	
67호	일기자	시언	일부	시사	72면	영인누락
67호	차상찬	새로 추억되는 이재명군	전문	시사(인물)	90면	영인누락
67호	송 영	선동자	일부	문학(소설)	문 1면	
67호	김영팔	* 싸움(희곡)	일부	문학(희곡)	문 25면	추가 확인
68호	김기전	조선의 팔자	전문	시사	2면	
68호	김양수	양대세력의 석금관(二)	일부	논설(시사)	8면	
68호	일기자	사건, 여론, 관찰	일부	시사	74면	
68호	최승일	봉희	일부	문학(소설)	문 1면	
69호	황영환	건설과 유혹	일부	논설(사상)	10면	
69호	배성룡	계급의식의 이론	일부	논설(사상)	46면	
69호	박달성	호언망담	일부	문학(수필)	74면	
69호	율원일남	문예소감	일부	문학(문학론)	106면	
69호	이 호	북으로 가는이의 마음	일부	문학(시)	112면	
69호	이 량	문예시장론에 대한 편언	일부	문학(문학론)	115면	
70호	차상찬	회고오백년조선(일한합방조약문)	일부	시사	4면	
70호	일기자	오백년간의 외란일별	일부	시사	54면	
70호	삼각산인	오백년간의 정감록	일부	시사	57면	
70호	박영희	번뇌자의 감상어	일부	문학(수필)	문 1면	
70호	이상화	빼앗긴 들에도 봄은 오는가	전문	문학(시)	문 9면	
71호	박형병	근세식민정책의 종막 〈기원과 유래3〉	전문	시사	28면	영인누락
71호	김기전	국장전후의 유치장생활잡기	일부	시사	79면	영인누락
71호	박달성	서행잡기	일부	보고	103면	영인누락
72호	박춘우	모스크바에 새로 열린 국제농촌학원	전문	시사	26면	아단문고 소재 72호 검열본 참조
72호	미 상	시평 색다른 의분(만화포함)	전문	시사	36면	
72호	미 상	시평 민홍회란 문엇인가	일부	시사	39면	
72호	미 상	시평 폭력단상애회의 망동(어용노동단체)	전문	시사	43면	
72호	박달성	중학생과 하기방학(회고와 감상 권고)	일부	문학(수필)	45면	
72호	이 호	행동의 시(3편 중 1편)	전문	문학(시)	문 16면	

『개벽』 검열 관련 기사 목록

일러두기
1. 이 목록은 『개벽』소재 검열 관련 기사를 호별로 정리한 것이다.
2. 본기사와 '쪽기사', 사·공고 및 편집후기 등을 총망라했다.
3. 비고란에는 기사의 핵심 내용을 요약했다.

호수	필자	기사명	면수	비고
1호	편집실	사고	표지	호외, 삭제기사 공고
1호	편집실	여러분께 고백하나이다	표지	출간사정
3호	편집실	남은말	159면	당국자의 의심
8호	편집실	본지필화의 전말	148면	6호의 벌금형사건 상세보고
9호	편집실	사고	표지	임시호, 삭제기사 공고
9호	개벽사	사고	146면	6호의 50원 벌금형 판결
13호	편집실	편집여언	문 63면	12호 압수소식
16호	개벽사	사고	106면	16호 압수소식 * 임시호
19호	개벽사	재판을 행하면서	1면	19호 압수소식, 임시호의 재판
19호	개벽사	사고	판권면	19호 인쇄일자 속여 발송 중 압수
20호	개벽사	사고	판권면	19호 압수소식, 임시호의 재판
25호	개벽사	본임시호를 읽을 이에	60면	25호 압수소식, 삭제·대체기사
27호	개벽사	특고	47면	27호 압수소식, 삭제기사
28호	미 상	귀중한 경험과 고결한 희생	2면	정치·시사금지에서 해금
29호	신생활	주보 신생활(광고)	표지	신생활의 검열관계, 신문지법허가
35호	레닌	노동의 창조	37~38면	자기검열(검열관이 무서워 자체삭제)
39호	개벽사	사고	35면	39호 압수, 임시호, 삭제·대체기사
40호	편집국	사고	82면	40호 압수, 삭제기사, 임시호
40호	편집국	여묵	판권면	총독부의 언론탄압, 신천지 사태
43호	개벽사	신여성 독자에게	표지	신여성이 부정기간행물로 바뀌는 경과
44호	폐허이후	폐허이후(광고)	표지	폐허이후 임시호 발행, 원고검열 회피
46호	개벽사	46호 목차	표지	목차엔 삭제된 기사가 고스란히 실려 있음
47호	편집국	편집을 마치면서	판권면	2~3번의 검열로 '실상공포'를 느낌
48호	박달성	출판계로 관한 경성	91~93면	자유가 없는 출판계 한탄, 구체적 사례
48호	편집국	여언	판권면	4달 연속 압수, 독자의 부탁
49호	김기전	조선고(언론집회압박)	14~26면	일제의 언론탄압의 추이
49호	조선인	언론집회압박보고	27면	조선,동아,시대,개벽 압수날짜, 기사와 사유
49호	나혜석	일년만에 본 경성 잡감	86~89면	토월회 공연에도 형사경관이 참관
49호	개벽사	근고	99면	49호 발매금지, 임시호
49호	편집국	재경신문잡지차압횟수	106면	1922~24까지 7개 신문잡지 차압 횟수표

호수	필자	기사명	면수	비고
50호	영업국	근고	68면	1924년 다달이 압수, 임시호, 절판
51호	차상찬	잡관잡감	127면	평양역에서 동아·조선일보 압수장면 목격
51호	편집국	끝말씀	판권면	50호에 대한 가혹한 탄압
56호	편집국	여언	판권면	55호 재판, 56호에서 4개 기사 전문삭제
57호	편집국	여언	판권면	약속했던 3월중 일기문 미발표
60호	개벽사	사회주의학설대요광고	표지	치안유지법이후 취체 강화
60호	조봉암외	치안유지법과사회운동	10~18면	치안유지법 이후의 조선의 사회운동 전망
61호	편집국	여언	판권면	이민창의 '조선경제파멸론' 휴재
63호	개벽사	사고	9면	속간호(63호) 압수, 호외, 삭제부분 표시
63호	편집국	여언	판권면	62호 압수정간, 10월15일 해금
65호	편집국	여언	판권면	1년간 8번 압수 1번 정간
67호	개벽사	사고	88면	2월 24일부로 발매금지, 호외 발행
68호	일기자	사건, 여론, 관찰	74~75면	동아일보 재정간의 이유와 과정
68호	편집국	여언	판권면	67호 압수, 3월 10일 호외발행
69호	김기전	서론으로부터 본론에	2~3면	연속 압수·정간, 동화회 원고도 검열
69호	편집국	여적	판권면	호마다 압수, 삭제
71호	김기전	국장전후의유치장생활	79~89면	국장(순종) 전후의 개벽사 탄압 과정
71호	박달성	입경지초시하지옥	106~109면	개벽사 포위, 불온문서 압수, 200명 검거
71호	광고부	근백(공고)	문 66면	본사와 지분사까지 국장사건으로 탄압
71호	편집국	여묵	판권면	대수색으로 원고 분실, 70호는 3차례 압수
72호	박달성	작년이때를 생각하면서	2~3면	62호 정간, 72호까지 압수와 삭제가 상반

부록 5 영인본에서 볼 수 없는 21개의 기사(작품) 원문

영인본에서 볼 수 없는 21개의 기사(작품) 원문

일러두기

1. 국립중앙도서관 · 동국대 · 세종대 · 고려대 · 아단문고의 『개벽』 원본을 기준 삼았다.
2. 압수 · 삭제된 149개의 기사 중에서 영인본에 실리지 못한 15개의 기사와 6개의 대체기사를 실었다.
3. 당대의 구기(口氣)를 살리기 위해 원문 그대로 입력하는 것을 원칙으로 했다.
4. 띄어쓰기, 문장부호, 맞춤법, 면수의 표기는 원문의 것을 그대로 따랐고 면수는 아라비아 숫자로 표기했다.
5. 방점이나 강조점은 생략했고 말줄임표(……)는 통일했다.
6. 판독이 불가능한 글자는 ●표로 처리했다.
7. 원문의 오자와 오식은 그대로 두었고, 이를 각주로 바로잡았다.
8. 각 기사의 말미에 출전과 소장처를 밝혀 적었다.

원문 목록

① 미 상, 「우리에게 眞人이 잇는가」(권두언), 『개벽』 9호, 전문(全文)삭제.
② 이돈화, 「民族的 生命에 執着하라」, 『개벽』 9호, 전문삭제.
③ 김기전, 「아니여쓸수 업사와」, 『개벽』 9호, 일부(11~14면)삭제.
④ 일기자, 「上元懇親會席上에서 諸名士의 朝鮮改造向上에關한談片」, 『개벽』 9호, 일부(101~102면)삭제
⑤ 임유동 記, 「볼싀뷔크의 思想」(럿셀이 강연), 『개벽』 16호, 전문삭제 .
⑥ 세검정인, 「道詵庵中의 漫筆 十六題」, 『개벽』 27호, 일부(5, 24면)삭제.
⑦ 북려동곡, 「朝鮮民族發展의 新根據」, 『개벽』 27호, 전문삭제.
⑧ 미 상, 「間琿住民大會의 開催와 朝鮮民團設立」, 『개벽』 34호, 대체기사.
⑨ 이영민 외, 「詞藻」(한시 4편), 『개벽』 34호, 대체기사.
⑩ 미 상, 「不遠千里의 五百名代表」, 『개벽』 34호, 대체기사.
⑪ 고 봉, 「現新聞의缺陷과民衆의無神經」, 『개벽』 44호, 대체기사.
⑫ 돌 이, 「基督敎와 基督敎會」, 『개벽』 45호, 대체기사.
⑬ 이상재, 「나는 基督敎에 단이는 사람이외다」, 『개벽』 45호, 대체기사.
⑭ 김기전, 「不知手之舞之 · 足之蹈之」, 『개벽』 50호, 전문삭제.
⑮ 이돈화, 「天國行(二)」, 『개벽』 50호, 전문삭제.
⑯ 김기진, 「Trick」(소설), 『개벽』 63호, 전문삭제.
⑰ 일기자, 「時言」, 『개벽』 67호, 일부(75~76, 79~80면)삭제.
⑱ 차상찬, 「새로 追憶되는 李在明君」, 『개벽』 67호, 전문삭제.
⑲ 박형병, 「近世植民政策의 終幕」, 『개벽』 71호, 전문삭제.
⑳ 김기전, 「國葬前後의 留置場生活雜記」, 『개벽』 71호, 일부(84~87면)삭제.
㉑ 박달성, 「西行雜記」, 『개벽』 71호, 일부(105, 106, 109면)삭제.

◆ 미상, 「우리에게 眞人이 잇는가」(권두언), 『개벽』 9호, 1면, 전문.

開 闢 第 九 號

【卷 頭 言】

우리에게眞人이잇는가 ?

(1면)

毁와譽와名과利와쏘는死와生의모든것을깨끗이잇(忘)고 오즉自己의良心과社會와民族을爲하야最後까지誠을殫하고力을竭할眞人의存在를어느時代、어느民衆이渴望하지아니하리요마는 今日이時代에잇서 特히朝鮮民衆에잇서尤甚하도다

우리가二人以上만모이면반듯이나오는말이잇나니 「相當한人物이잇서야지 ……」 하는그말이며 우리가巷間으로단이면반듯이들리는말이잇나니 「眞人이나와야된다」 는그말이라 아아萬人同感의이嘆息、萬口同聲의이懇願!! 우리는이것을무슨現像이라볼것인가 今日朝鮮民衆의人物要求—아니眞人의要求이야말로其極에達하얏도다

그런데今日우리社會의各方面을돌아보면어써한가 이萬人의懇願에副할人物이잇는가 잇다할지라도그한方面의指導啓發을事實로써擔行할力量과識見을具有한人物이잇는가 設又그러한力量과識見을具有하얏슬지라도具有한그것을自己의血과淚와和하야써最後까지民衆과더불어난호고저하는참人物이잇는가 다시말하면眞人이잇는가

아니우리에게도眞人이만핫섯다 만흐다 그들은私로서나公으로서나各히다른그方面을向하야 우리社會에盡忠할것을誓하얏스며 一般民衆은그의食言치아니할것을굿게밋고安心하얏다 그러나現下의事實을보면어써한가 實業方面에는누가남앗스며 宗敎方面에는누가잇스며 敎育其他무엇무엇에는누가잇는가 春暖이緩動하니어린쌀다리고물병메고 郊外에散步할準備나하며 막다른곳까지가보지는아니하고 中路의險阻를가지로擴

大視하야 체궁(篩面)게쌀알빠지듯이 요리조리다빠지는것이그들이아닌가 그들이이社會에서의 所謂眞人이엇도다 아아우리는正말로의眞人을어더보지못할者인가

그러면우리는어찌할가 한갓今日의失望에失望하고그저주저안고말을것인가 或은新眞人의出現을仰望하고出現하는그때까지는觀望할것뿐인가 아니다、아니다、自己스스로써眞人이되어야하겟다

眞人이別人이아니라 참사람이면卽自己又는自己에屬한社會나民族을爲하야거즛이아닌참으로써일하는사람이면眞人이라同時에우리一般이다各各거짓아닌참으로써쓰겁게나아간다하면二千萬兄弟가다眞人이될것이라現下의모든形便은우리二天萬의眞人되기를要求하는도다

二天萬各自가새로이眞人이될가 그러치못하면 아조쭈글어지고말가 今後의모든問題는實로 여긔에잇도다 兄弟들아

출전 :『개벽』 9호(본호), 1921.3.1, 아단문고 소재

◆ 이돈화, 「民族的 生命에 執着하라」, 『개벽』 9호, 2~10면, 전문.

民族的生命에執着하라

李 敦 化

(2면)

一

우리의中에第一失望 · 落膽 · 恐怖 · 悲哀等 - 모든人生의厭世症을가진者 - 잇다하면 나는그들에게이大宇宙의大活命主義를말하고십다 君等은무슨까닭에失望을부르짓는가 落膽의坑에轉輾하는가 宇宙가언제君等에게失望을말하여주던가 落膽을가르처주던가? 이러케말하면 君等은나에게 이러한反問을하리라 君이우리에게失望 · 落膽 · 恐怖 · 悲哀를가지지

말라하는것은 宇宙가언제君에게가르처주엇던가?말하리라 果然그러하다 宇宙라는그것이決코君等에게그를가르친바―업슴과한가지로 쏘한나에게도그를일러주엇슬理는萬無한일이다 그러나나는이와가티생각한다 宇宙가 君等에게나 나에게다가티失望・落膽・恐怖・悲哀를가저라가지지말라 분부하지안흔以上은 卽以往아모분부를밧지안흔以上은우리는少하야도精神上苦痛

(3면)

이라는길을避하야 참된生活의途에登할可能性이잇다斷言하리라 다시말하면우리는主觀的이지마는或은消極的이지마는 自己의精神을自由로改造할수잇스며 그리하야精神의自由로써모든悲觀을改造하야樂觀의途에就할可能性이잇다斷言하리라 그는어쩌한原理에依하야그리될것이냐하면 이는宇宙의活生命이잇는까닭이라하리라

諸君은昨年의春을今年에쏘다시마즈며 昨年의花를今年에쏘다시볼수잇스며 昨望의月을今望에쏘다시求景하리라미들수잇는가 萬一그를確實히미들수잇다하면 쌀아서모든眞理를그와가티미들수잇스리라

諸君은大天星辰에古今을通하야永存하리라미들수잇는가 大地山河가新舊를通하야儼存하리라미들수잇는가 萬一그를確實히미들수잇다하면 쌀아서모든眞理를그와가티미들수잇스리라

우리가萬一―此大天星辰、大地山河가永劫을通하야儼存하며 春復春花復花 月復月의規則에依하야 恒存할것을確信한다하면 쌀아서그裡面에는大宇宙의大活命이有하야 此大天星辰보다도 大地山河보다도 春復春 花復花 月復月보다도 더욱이永劫이며恒存이며規則일것을確信케되리라 우리가萬一此大宇宙의大活命이永劫恒存이며常存規則임을確信한다하면 우리에게무슨失望이잇스며 무슨落膽이잇스며 무슨恐怖・悲哀가잇겟는가

諸君이어 우리는少하야도大宇宙의大活命의一分子임을잇지말라 宇宙

와共히永劫의生命을가젓스며 永劫의不滅、永劫의恒存을품엇슴을確實히미드라 그리하야우리는우리의사는 이世界와가티、우리는우리의사는 이民族과가티 永劫不滅、永劫恒存임을잇지말라

蘇東坡－일즉말하되 「客이쏘한水와月을知하는가 逝者－斯와如하되 아즉일즉往치아니하엿고 盈虛하는者－斯와如하되 마츰내消長이업스나 대개그變하는者로써此를觀하면 天地도일즉一瞬키下能하고 그變치안는者로써此를觀하면 物과我－共히無盡하니라」하엿나니 대개宇宙에는그常變無常한者와 永存하야不滅하는者의二相이有하야써 恒常－差別과平等의現象을維持케되는것이엇다 今年의春은비록昨年의春이아닐지라도 그春되는精神은永劫不變이며 今年의花는비록作年의花가아닐지라도 그花된精神은恒久常存이

(4면)

엇다 그春그花－그變하는便으로觀하면 一瞬이라도能히常住한바無하되 그不變하는便으로觀하면 百年千年萬年을通하야永久常存이엇다

我－於焉三十歲의春秋를過하야將次四十歲의峻嶺을越코저時進日步하나니 如斯히日을過하고 月을經하는間에는 倏然七十古稀라하는人生의一代를踏破하고 永久不歸의無形翁이될것은明하기火를觀함과如하다 그러나그는差別의相에在하야「天地不能一瞬」이라하는變體로觀한말이요 만일平等의相에歸하야 「物我共無盡」의原理로觀하면 我는上으로千古의祖先을通하며 下으로萬代의子孫을過하야 永久不滅할者니라 卽我는我의民族이라하는總精神體를通하야 恒久히循環不滅하며 永遠히晶結不滅하나니 我의精神的生命은民族的總生命과共히 春復春하며 花復花하며 月復月하야 宇宙의永劫恒存과共히泯滅치아니하나니라

뉴캄先生의일즉「老衰한者는大한災害로써 다시大한復活을圖하나니라」말한眞理는 吾人은實로此보다다시高大한敎訓이無하리라信하는者니라 盖生命에는限이有하야 盛한者는반듯이衰하며 生한者는반듯이死하

나니 我－만일老衰하야萬理로써此를制得키不能한程度에至하야는 이에는다못大한災害로써更始하는一道가有할뿐이니 卽我－老死하야써 我의子孫으로第二의我 第三의我되게하는者、이곳大한災害로써 我를更始케하는道－아니냐

哲人은일즉生死觀念을吾人에게일럿스되「우리의生命이라하는것은決코絶對的의것이아니니 生命이絶對的者가아님에는死라云하는者－또한絶對的의것이아닐지라 卽絶對의死라云하는것은업다 웨그러냐하면우리의先祖가確實히死치아니하엿슴으로써라 卽先祖는우리의內容的이엇던形體로써 存續하야감으로써이다 同一의理로우리의生命은또한우리의子孫에存續하야 無際限으로連續하야가는것이다 그는精神上으로뿐그러한것이아니요 形式上에表現하는遺傳性에就하야도더욱顯著한것이다 特히一民族이라하는것에는特殊의民族性이잇다 그의民族性이라하는것은子孫에게存續하야永久不滅하나니이곳先祖不滅의理니라」하엿다 如斯히先祖의精神及性質이 民族에依하야 永遠不滅한다하면 이點에서吾人의現今朝鮮民族은 또그精神的性質的으로後代朝鮮民族에게傳하야가게될것이다

(5면)

二

우리가萬一우리의生命이우리의民族性을通하야 永久不滅함을確信한다하면 우리는우리의現在에就한모든肉體的精神的行爲를一毫도輕率히함이不可하며 또우리의一生을다못우리一生만으로뿐看做하야 다만今日主義 刹那主義로써眼前의慾望에뿐汲汲함이不可한것이아니랴

우리의同胞中에는通常－最短期인今日主義에醉하야「人生不滿百.常懷千歲憂」를부르며 或은死後의功名이生前의一盃酒만不如하다하는 醉生夢死的眼前의快樂을圖함으로써 生의快事를삼는最極端인且卑劣한個人主義에彷徨코저하는者－적지안이하며 又不然한者는最狹小한家族觀

念에制限한바되어 一生의努力쏘는精力을自己의數個人의子孫을爲하야物質的生計를供함에汲汲할뿐이엇다 勿論人生의一代經過에는自己一個人의快樂을全히 土芥視하기도不能의事이며 쏘는家族의日後를全히불顧함도쏘한不道德이될지나 그러하나人이진실로一民族이진실로一民族의間에介在하야 一民族으로周圍를삼으며 一民族으로生活의全圖를經營하는以上은다만自己一個人의快樂을爲하며 쏘는自己一家族의後計뿐爲하야畢生의精力을狹小한그限界에뿐 消費乃已한다하면 그야말로넘우도自己의生命을縮小케하며 自己의價値를蔑視함이아닌가

우리가이제고요히우리民族의心理에中梗된弊瘼을思考以來하면 우리의民族의累百年來―積衰한原因은勿論種種의缺陷이盤根하엿슬지나 然이나此等缺陷中우리의最大根因될만한것은 民族으로써民族的生命의眞存在를確認치못하엿슴이며 그리하야그를確認치못한所以는前述한極端個人主義迷信과 最狹小한家族的觀念에奴隷된배되어 民族的永生主義、民族的天國主義、民族的極樂主義를體認치못한所以라할지라

우리가眞實로우리의永生을이民族에依하야得하며 우리의天國 우리의樂園을이民族에依하야建設될것임을確信하면 어찌一個人의快樂과一家族의榮華로써 全民族의快樂과榮華를蔑視하며等棄할바이랴

우리는이제宇宙活生命主義를宣言함과共히 民族活生命主義를此에附加코저하노니 우리의今日急務는物質的革新을實行함과共히 먼저精神的革新을根本으로부터 改造치아니함이不可하겟다 卽累百年來―卑劣且退屈、그리하야個人快樂、家族單榮等모든因襲偏弊한精神을根底로부터洗滌하고 새롭고힘잇는新精力

(6면)

注射를行하야 人으로써新人이되며家로써新家가되며 族으로써新族이되지아니함이不可하겟다

元來――民族이라함은家로써積한것이며家는人으로써積한것이며人

은心으로써活하는것이라 故로一民族을革新코저하면 먼저家와人은革新치아니함이不可하고 家와人을革新코저하면順序上根本問題되는人心을革新치아니함이不可하나니 만일人心의革新이업시 모든物質의革新과짤아서 모든事業의建設을圖코저하면이는沙上에屋을建함과가티 一風에忽顚하며一雨에忽倒할쑨아니라 비록無風無雨할지라도時를逐하야顚倒乃已할지니 한갓志士의腦漿을渴할쑨이요 何等의實效를見치못할지라

昨今우리民族的心理에는思想이一轉하야 우리의自手로써 모든企圖와모든建設이잇고저하야個人或은團體로種種의計劃이잇서옴은 實로民族을爲하야可賀할現象이나 그러하나그企圖그建設이時代에合하며大勢에迎合됨에不拘하고 太半以上은甚히進步의溢滯를生하야萎靡不振하는所以는어찌他故가有하리요 全히民族的精神이確然히樹立치못한所以라할지라 勿論其中에는여러가지客觀的障害에因하야 不得已衰微하는者도잇슬지나 그러하나그根本原因에至하냐는[1] 大槪가前述한個人快樂主義、家族偏觀主義、或은虛榮、名譽、私慾等－왼통民族觀念을써난私偏主義에서 此가生하엿다할지니 그럼으로나는再言하되 今日우리民族의革新은物質主義로先하니보다 精神主義를先히함이그의根本問題라한다 卽民族의精神을根本으로부터革新함이可하다하며 그리하야그의革新은民族活生命主義로써 大한新注射를與할時機라하겟다

三

우리가眞實로民族活生命主義를篤信하야 民族的全生命의連續이卽나의生命의延長으로思하면 우리의모든行爲가決코今日主義、自我單個主義에落치안이하리라 누구던지自己의生命은 自己一身에止하고乃已리라思하는故로 모든努力과精力을自己一生命의限度以內에標準하야 無端無限의人生의能力을왼통空荒에歸케하나니 精神의不經濟가此에서甚한者－何有하리요

1) '하야는'의 오식.

昔에「소크라테쓰」가斬首臺에臨하야 그의妻子와從弟가그의永別을爲하야悲泣하는者에게慰하야曰 吾의肉身은비록地下에歸할지라도 吾의靈性은汝等과한쎄[2]永遠히存在하리라하엿나니 이곳自己의生命을自己의

(7면)

一生에만限하야見치아니하고 宇宙全生命或은民族의全生命과永遠히連續함을覺한所以니라 어찌「쏘크라테쓰」쌘이랴 古今을通하야聖哲賢傑이다ㅡ그境涯에遊弋하엿나니 最近朝鮮의偉人인崔水雲師로말하면 그가大邱章臺에서斬刑을受할時 ㅡ刑場에臨하야天然히校卒에게謂하야曰汝－淸水를余의前에奉奠하라하고淸水를向하야默念良久에曰 汝－淸水를撤하라我－이미任務를盡하엿다하고 듸디어刑에就하니라 思컨대그의生命이 方今頃刻에在하거늘 무슨所望이다시有하야天然히淸水의前에서默念하며 또그余의任務를盡하엿다할가 이實로偉人의偉人된所以니라是等의偉人은宇宙의生命이卽自己生命의延長으로思하는까닭에臨死의最後一刻이라도 自己의天定任務를盡치아니하면人生의目的에最大遺憾으로思하는所以니라

우리의億兆가누구나다－偉人이될수업고 聖哲賢傑이될수업다할지라도 아모리小小한細民이며 蠢蠢한愚氓이라할지라도 天이우리에게與한生命은聖凡賢愚가족음도다를것이업스며 짜라서우리의가진天職이야무엇이다를배잇스랴 (비록大小廣狹의差는잇다할지라도) 우리는우리의生命이全民族을通하야永生할것을確信하며 그리하야우리의天職이全民族을通하야 永久不滅할것을思하면人生의目的을於是乎覺得케될것이며 人生의活力을於是乎活用함에至케되리라

四

飜하야思하니人生의目的은果然幸福이랴快樂이랴 萬一人生의目的을

2) '함께'의 오식.

훗으로幸福이며快樂에標準한다하면 吾人은不義理를敢爲하며 不道德을直行하야서라도그所望하는幸福을達하고보면 人의目的은玆에遂成하엿다할지나 그러나文明의進步는다만人의目的을此에不限하나니 만일幸福뿐으로써目的上－絶對價値를두엇다하면 太古의人民이今日의文明人보다幸福이될른지도不知하며쏘甚하게말하면 人血의中에在하야人體를攻害하는細微한生物이오히려人以上의幸福을感케될른지알수업다 그러나人은幸福以上의幸福、利害以上의利害의或目的을爲하야크게努力치아님이不可하나니 이곳宇宙의活生命、民族의活生命이라하는活生命主義에依하야向上的精力으로써自我의實現을圖함이곳그것이엇다

自我의實現이라함은 卽精力의表顯을이름이니 世에文明의進步라하며文化의建設이라함은人類의精力增

(8면)

加를稱한別名됨에不過하다 宗敎라云하며科學이라云하며文學이라云하며藝術이라稱함은 다가티人의精力結晶을말한것이니 宗敎라云함은精力의信仰을이름이며 道德이라함은精力의調和를이름이며 科學藝術이라함은精力의使用을말한것이다 人으로부터精力을除하고보면 人生은空殼이며世界는枯木일뿐이다

人世는精力의修羅場이엇다 精力이强한者－반듯이勝하고 精力이弱한者－반듯이敗하는法이다.그럼으로人生은精力의發揮로써人生最後의目的을삼지아니함이不可하나니 卽人은一生에自己만한自己로의精力을遺憾업시發揮함이곳그의目的이엇다 만일自己의精力을죽음이라도남겨둔채로彼世에歸한다하면 其人은確實히其人의目的을達치못한者이니 民族에對하야宿債를未了한者이라할진저

未安한말이지마는世界中우리朝鮮과如함은 자못精力이乏한民族이라할수잇다 아니精力을貯藏한채로使用치못하는民族이라할수잇다 天賦의精力을그대로가지고엇다가[3] 그대로가지고가는民族이라할수잇다 錢에守

錢虜가잇슴과가티精力에도守精力虜가잇나니 吾等朝鮮民族은 世界中ㅡ가장守精力虜가되엿다할지라우리는어쪈까닭에精力使用에 그리吝嗇할가 우리가萬一守錢虜로써民族에對한無義務無道理한者라하면 우리는守精力虜에對하야도또한無義務無道理한者라이름을躊躇치아니하노라 그리하야우리가今日에偶然히守精力虜가된所以는 民族的活生命을不知하고 다만個人快樂主義、家族單偏主義에가친所以라할지로다

五

그리하나同胞들이어걱정마시요 守錢虜가한번大覺悟에依하야金錢을活用하는日이면 그効力이能히一國의經濟를回生케할것이라 古語에曰飛하면將次天에衝하고 鳴하면將次人을驚하리라하니 우리朝鮮民族의累百年來ㅡ貯藏하엿던精力을한번使用하는날이면 그힘이可히世를動하고天人을驚할지니 吾人은그윽히吾民族의精力活用의日이眼前에迫頭하엿슴을待하는바로라

同胞들이어精力을活用하라 그리하야精力活用의中에는成敗利鈍을此에架算하지말라 本來精力活用의前에는 成敗利鈍을보지아니하나니 精力의前에는成者도成者이요 敗者도成者이니라 世에成者라敗者라함은그는다만어쩐特定한事業의影響을이름이요 精力의眼目으로觀하면成者도無하고敗者도無하니라 成者敗者

(9면)
ㅡ한때精力의增加니라 基督은十字架의血을流하니라그는肉身의方面에서는確實히敗者됨이明白하니라 그러나精力의方面에至하야는眞實로敗者의成者라이르지아니치못할지니 訓에失敗는成功의母라云함은 이實로精力主義를直言한것인데吾人은此를再三翫味함이可하겟다

昨今吾朝鮮社會에某事業某事業이 作興今敗의現像을가지고잇다하자

3) '잇다가'의 오식.

吾人은이를精力主義로觀하야서는決코그를悲觀이라하지아니하노라 그들의精力活用에始初에在하야는成이決코成이아니며 敗－決코敗－아니라 成은敗가되며敗는成이되어 成敗共히因果의因果를造하는間에그들의精力의向上되고進展되어終에理想的成功을此에養할日이必有하리라 但吾人으로그들의行爲에就하야그윽히熟考深慮할바는 그들의事業的方面에在한成敗利鈍이아니요 그成敗利鈍을써나그들의精力的方面이民族的活生命을根據로하고 出하엿는가否함을詳察할쑨이니 萬一民族的生命을根據로한精力主義이면 그에는반듯이遼遠한理想이잇슬것이요그리하야그理想을達코저함에는 決코그의成敗利鈍을架算할것이요 오즉自己의永遠한民族的永生을爲하야努力할쑨이라하노라

六

우리가痛當－一事一營에對하야此에先望을懷하며 落膽悲哀等모든悲觀을가지게되는것은 이곳그原因이잇나니 卽吾人의爲할바事業과經營、或은快樂과幸福이眼前에山積함에不拘하고 吾人의肉的生命은有限하야能히 그事業經營幸福快樂을豫筭과가티達치못하리라하는觀念을가진故이니 是吾人의大한誤解이며 大한過慾이니라 吾人이能히吾人의生命과全民族의生命이 永遠히結合하야無極無窮과한께永久不滅할것을覺悟하면 吾人의一事一營이한께無限의趣味를感할것이며 그러하야모든先望・落膽・悲哀는 此無限趣味의理想에依하야春雪과如히消滅乃已할지니吾人의正大한理想은實로人生의大目的되는 民族的活生命인精力主義에依하야처음으로그基礎의鞏固를可得하리라

抑吾人의理想이此永遠한民族的活生命에依하야 眞實한樹立을得한다하면 吾人은그理想의活力에依하야遠大한功業을計劃함을可得할者－아닌가

(10면)

이點에서나는民族的生命主義의信仰을먼저우리同胞에게일러주고십

다 그리하야우리는우리民族心理의一大革新期가眼前에迫頭하엿슴을말하고십다 생각하야보자 우리가萬一우리의幸福을다만나의一生이라하는五十年의短한光陰에限定하엿다하면 우리는非理非道를敢行하야서라도自己一生뿐快樂하엿스면 萬事ㅡ玆에休矣할뿐이라 다시무엇을求하리요 彼南洋羣島의蠻人이木實로써自己의生計를圖함을不拘하고 木實을取코저함에먼저其木을伐한後에取한다하는말을들엇노니 이蠻人은理想이極狹하야 天地宇宙에다만今日이有함만知하고 다시明日이라하는將來가有함을不知함이라 우리가다만自己一生이라하는極個人主義、或은家族主義에뿐偏固하야 永遠한民族生命、廣活한民族的經營을不知하고 모든經營을다못今日主義에限하야已한다하면 是ㅡ南洋蠻人이果뿐知하고 其果의根本되는木을忘함과何異하리요 吾人은勇猛잇게 心機를一轉하야全民族이다가티 民族的活生命主義를信하며 쌀아서一事一營이此民族活生命信仰에依하야根氣잇게圖謀하기를切望하노라

출전 : 상동

◆ 김기전, 「아니여쏠수 업사와」, 『개벽』 9호, 일부(11~14면).

아 니 여 쏠 수 업 사 와

=外國에계신同胞에게=公開講座를設합시다=
=잠이들가念慮외다=噫! 우리社會의暗淚[4]=
=우리에게學者가만습니까=우리女子界의今昔=
=이제부터用意하야갈일=入學期가오도다=

金 起 瀍

4) '暗流'의 오식.

(11면)

外國에계신同胞에게

다못이곳形便으로말할수잇는範圍안에서海外에계신同胞兄弟에게數言을들이겟나이다兄弟들의계시는곳은米洲・露西亞도될지며或은南洋・印度方面、가싸이는中國・日本、통틀어말하면자못이世界全國이될것이외다人情風土가다른外國에계시고저하면一日一日의生을營하기에도勿論困難함이만히계시겟지요마는가끔故國의形便을멀리솲히사直接間接으로勞力해주시지안흘수업겟습니다 (勿論現在에도그리하시는中이지요마는)具體的으로말하면(一)어썬나라어썬地方에계시던지그地方의人情風俗、特히思想界의轉向如何를組織的으로硏究하야그의正體를促得하는一面으로그곳思想界의歸趨或은缺陷은何에在한가를探査할일(二)在住그곳의産業界를意味잇게觀察하고그結果를故國産業界에對照하야어썬物品을그로부터輸入하고어썬物品을우리로부터輸出하여야할것을知得할일(三)在住그곳國民의朝鮮이란全體或은自己一人에對한理解의如何又는理解가有하다하면그들의理解하얏다는內容의全部를認得할일(四)그리하야그네가우리에게同情或은憎惡한다하면어느點으로그리하는가를詳察할일(五)右의方法에依하야어든全部를故國或

(12면)

은故國과隣在한友人又는新聞雜誌에依하야朝鮮全同胞에게알려줄일(六)機會잇는대로故國의形便을宣傳하며그네가만일우리에게對한誤解가有하거던그를釋明할일(七)在留同胞의近況、新聞雜誌에出現하는新思想・新學說、物價의騰落가튼것을될수잇는대로故國同胞에게알려줄일

이러한右記일곱가지일은爲先힘써주어야하겟나이다海外에계신兄弟들도족음만생각하시면斟酌할일이어니와朝鮮內地에잇는一般同胞의世界에關한知識은意外에淺합니다日本의新聞雜誌를通하야一部階級에서는臨時

의療飢를하나그것은一般的이못되며쏘된다하야도시원치못하며다른나라가트면新聞雜誌社로서重要各國에記者를特派하거나或은個人의自由出入으로因하야世界的知識을輸入할것이나不幸우리는그러한形便을가지지못하얏슨즉비록苦勞가될지라도일즉外國에계실便宜를가진여러兄弟께서그任에當하지아니할수업는것이외다卽朝鮮에잇는新聞雜誌의特派員도되어야할지요商工業에對한紹介者도되어야할지요進하야는全朝鮮을爲하는情報者가되어야할것이외다말이넘우廣博하오나더불어말할곳업는內國同胞의可憐한懇願이오니深諒深諒하소서

公開講座를設합시다

再昨年以來各種講演의盛行이우리의文化發展上얼마큼好影響을及하얏는가함은更論할것도업겟습니다그런데今日까지의우리講演은事實로講演보다演說이多하얏는同時에그講演의大部內容은一般의覺醒奮起를促하는點에在하얏는바其効는不虛하야今日의大部民衆은무엇이나하여야할것을쏘는알어야할것을느끼는同時에從來生活이어쪄케나無意味하얏던것을痛感하는中입니다그래서今日의一般은「하여야된다」고激勵하면「어쩌케하라는가」를反問하며「알어야된다」고鼓舞하면「그러면實際로알려주어야아니하오」하고嘆願합니다우리社會에在하야勸勉的語調는벌서九分의色彩를失코저하며懋實力行의新局面이開展되고저합니다이때에안저우리로서할일은一般의新要求에應하야組織的學識을與할것이다그方法은從來의講演에多少方法을改하야公開講座를設할것이외다主催하는者는如何한團體(或은個人)가되던지講士는講述코저하는方面에專門知識을有한者를選할것은勿論、一般講者는耳를有한外다시講述을速記할空冊을準備케하야一定한期限의聽講을了하면法律이면法律、理學이

(13면)

면理學其他如何한것이나聽講한其科의知識을完全히習得케할지니이方

法은文明의度가大進한歐美諸國에서도多行하는것인바말하자면專門學校의講座를公開하야노흔셈이될것이라故로여긔에學生될이는紳士라도可하며老人이라도可한것이외다都會地에在하야一般的으로文化의度를增進케함에는爲先이方法이最必要하겟습니다

잠이들가念慮외다

目下우리社會의傾向은꽤沈着한便으로傾하는듯하외다新年에들어그度가別로著大합니다京城으로보아도各新聞雜誌의論調가從來의宣傳鼓舞的態度를纔變하야實際問題에手를染하며近者에行한講演가튼것을볼지라도　先者種路青年會少年部主催의經濟週日講演、鷄鳴俱樂部主催의朝鮮의言文又는習俗改良에關한講演、朝鮮聯合會主催의「生活의眞面」「實際主義의哲學」「人格價値와道德價値」「루－소學說」에關한講演을行함과如함은最近우리思想界가얼마큼沈着化하는것을示함이라하겟나이다이것은勿論우리가實際의幸福을追求코저하면씨업는흘러가는말쏜으로써될수가업스며㠯數年以來에覺醒向上된一般兄弟의程度는激勵以外에다시무엇을要求함에因함인바크게祝賀할現像이외다그런데여긔에두어가지注意할것은知識階級(指導階級)에서는一般에게組織的知識을준다하야一에서十까지그러한態度를取치말을것이니何故오하면우리社會는이제겨우組織的으로되고저하는初程에在하며그程度는叅差不齊한바若此를一率로써取扱하면一部에는有利하다할지라도一部에는다시沉滞의現像을惹起하야모처럼勃興된情도그만다시주저안즐憂慮가不無하며自覺程度가比較的高한都會地는아즉모른다할지라도地方農村에在하야는더욱그리될憂懼가有하니우리는아즉도一般에게組織의씨를이어주는一面으로鼓吹激勵의方便을引用치아니치못할것이라見性覺心의工夫를行함에는經을讀하고佛을拜하는엉성한方便을取함보다瞑目端坐하야三昧의境에入할策을取함이可할것은事實이나그리만하면아즉徹底치못한腦에그냥잠이들고말가念慮이외다

噫? 우리社會의暗流

왼집或은왼城를태우고마는큰火災도그原因을調查하면족으마한담베불씨가人目不到하는으슥한곳에서作亂한結果에不過한것이라이러한것을생각하면우리

(14면)

가작은것이라하야等視할수업스며나타나지아니한것이라하야閑却할수업는것이외다世上이다아는점잔흔團體或은個人은自己가設或컴컴한즛을하고십흔限이라도自己의體面又는衆目이自在하야어찌할수업스나그러케나타나지아니한團體特히世間이恬然視하는下流階級의社會耳目에씌우지안코라도얼마큼이리저리할수가잇는것이며또實際로무서운힘은理知에明한知識階級의團結에보다도그便에潛在한것을우리는늘생각하지아니할수업는것이외다그런데現在의知識階級에서는每樣이러한便에注意가不到함이큰걱정이라합니다例를擧하면近來의朝鮮에잇서꽤險상스러운歷史를가진褓負商團員이오히려其數－四十萬以上이라하며東學의隱派其他우리가알지못하는諸多結社가얼마라도이社會에潛在하얏슬것이외다試하야記者의들은바結社數만列記하야도

龍潭教、天皇教、皇靈教(以上忠淸道) 赤赤教、人天教、回隱教、南學、人伯學、自由教、心學教、廣濟教、靑田教、天人教(全南)、松林教(平北)、萬化教(咸南)、河洛教、옴다교、훔치教、通神教、仙道學會、黃極教、化教、人道教、白雲教、濟東教、能人教、復興教、結稚教、白日教、龜龍教、力力教、中心教(平壤)、太乙教、中心侍天教、濟世教、濟愚教、靑林教、三聖無極教、그리고褓負商團體側을볼지라도曰商務協會、曰商務社、曰商理社、曰商曰硏究會、曰商務團.

果然어쪄합니까그런데우리는이런것을억지로모르고저합니다關係치안코저합니다그結果는그네들끼리수근거려가며或은暗暗히狗犬輩의利用이

되며或은民을誘惑하며或은新文化의建設을沮戱하는等 (勿論그團體가다그러타는것은아입니다) 別別醜惡을敢行합니다그래서그間에는언제던지무서운暗流가흐릅니다嗚呼라知識階級에屬한여러분、당신네가스스로점잔흔체하나四圍의空氣가漸次重濁하야지고저함에어써합니까今日의우리에게는작은事實이라하야等視할수업스며賤微한階級이라하야放棄할수업는것을생각치못합니까爲先巫女社會를等棄不顧한結果는今日如何합니까 그러한便에흐르는暗流를一掃할對策을立치못하면一般文化의向上을期키難하며쌀아우리의理想實現에무서운碍障이될것이외다

우리에게學者가만습니까

民衆에게一時의激勵를與하며當面의問題를論議함(중략－인용자)

출전 : 상동

◆ 일기자, 「上元懇親會席上에서 諸名士의 朝鮮改造向上에關한談片」, 『개벽』 9호, 일부(101~102면).

上元懇親會席上에서諸名士의
朝鮮改造向上에關한談片

一 記 者

(101면)

諸名士의談片을紹介하기前에나는먼저이懇親會라云하는會그것의性質과밋그의組織的內容을一言코저하나이다 그는同會의性質及組織이普通集會와特異하야極히自由이며極히廣汎한點에서何人이던지한번叅考의材料가될듯하며 또는如何한地方이라도同會와가튼極히自由로운懇親會가잇는것이少하야도우리의親睦上又는思想硏究上、極히必要하리

라自信함으로써외다 이제上元懇親會席上에서同會의委員代表인尹益善氏의同會의同會의性質及其組織에對한報告를듯건대同氏는曰「우리의이모임은아모다른뜻이잇는것이아니요 첫재會의恒稱名詞되는懇親會이란이름과가티 同胞서로親睦함이며同胞서로思想을交換하야朝鮮文化의改造向上을硏究하야써그를따로幫助하며協化하야進步發達을圖하는二條에잇다하겟습니다 그리고이會의組織으로말하면다른普通會와가티 一定한會員、一定한幹部一定한規則이잇는것이아니올시다 어쩌한사람이던지이懇親會에參與만되면곳그會員이되는것이니그럼으로이會의會員은朝鮮二千萬同胞가다그會員될資格이잇다하겟습니다 그리고그會員을召集하야懇親및그思想交換의目的을圖코저함에는 다만委員幾個人이그責任을지고臨時 (例하면每月佳節을逐하야臨時集會함)로集會케하며 또그委員의選擧方法은每會每會그懇親會席上에서來回의委員을選擧하고舊委員은곳辭免하는것이올시다그리고오늘이上元의모임은上述함과如히本會가一定한會

(102면)

名이잇는것이아니요每佳節을利用하야臨時會集하는것임으로 오늘의모임을上元懇親會라名稱한것이올시다」云、이로써大概同會의性質及其組織如何를알아볼수잇다 나는생각컨대特히幾個人의同志가特定한事業을經營키爲하야어쩐特定한會의名詞下에서規則的設計를取치안코 다만懇親과思想交換을目的하는以上일것가트면 同會와如한組織方法이極히圓滿하며極히自由임을斷言코저하나이다그리고同會와如한組織體가各地方에도散在하야一面으로各各의團體團體의思想墻壁을撤廢하며 各各의個人個人의感情衝突을融化함이 우리朝鮮文化向上에對하야極히必要할것이라합니다 어찌햇던同會는各團體를超越하야 그各團體와그各個人의感情을融化하야義理的親睦을圖함에無上한効力이잇다하겟나이다 이제同上元懇親會席上에서諸名士의交換한談片을一言하건대(중략—인용자)

출전 : 상동

◆ 임유동 記, 「볼싀뷔크의 思想」(럿셀의 강연), 『개벽』 16호, 34~39면, 전문.

볼 싀 뷔 크 의 思 想

럿셀 講演

林有棟 記

(34면)

오늘날나로하여곰이자리에와서, 講演하는機會가잇게된것은, 내가果然이것이極히榮幸스럽고愉快하게생각하며, 짤아서諸君의盛意를感謝하노라!지금나의말하고저하는問題는, 곳볼싀뷔크(Bolshivik)의思想이다－이講演에着重하는바點은, 그의理想과目的에잇고, 그의將來實行上成績如何에對하야는, 잠간表하지아니하노라.

우리人類의志向은, 대략兩種으로 난호아볼수잇다…….

(1)有意識的이며有目的한것이니, 미리그結果의成敗勝負計算하는것이며. (2)有意識的이며有目的한것이나, 미리그結果成敗勝負의如何를計算하지못하는것이다. 今日말하고저하는것은, 보黨의精誠과志願밋그目的이오, 그의結果를말하고저함은아니노라.

普通볼싀뷔크를反對하는者의見解로말하면, 簡單히보黨의말은곳極惡極惡이라하며, 또한말하기를從古以來로罪惡을作하는者中에도, 보黨과가티그러케甚한罪惡은업다고한다, 此種主義를反對하는者는, 自己의過錯함은업다고한다. 나도지금보黨이完全히그른點이업다고말하지아니한다, 웨그러냐하면一種主義나或一個團體란것이, 조흔點도잇스며或조치못한點도잇는것이다, 꼭完全히모다조흔것도아니며, 또한完全히모다그른것도아니다. 다만남들이가장볼싀뷔크를反對하는점이, 곳보黨의가장高尙하고가장조흔점이다, 만일과연볼싀뷔크가남의反對를밧게된그

(35면)

가장高尙하고조흔점을가저, 着實히實行하여가면, 確實히이것이 一種매우조흔일일것이다. 그럼으로지금우리는볼싀뷔크가남의憎恨을바드며 남의反對를밧는것이, 볼싀뷔크의罪惡과不好한점이잇슴으로그러함이아니오, 이것이곳볼싀뷔크의功德과好處라하겟다. 웨그러냐하면볼싀뷔크의罪惡과그른점은, 세상에다잇스되, 그네의조흔점은, 세상에업는것이다－此種의조흔점은, 참嘉尙한것이다, 쏘한極히神奇하고極히趣味잇는것이다.

外國人이「볼싀뷔크」의意義를飜譯하야「多數黨」이라하며, 「過激派」라한다, 其實은 모다原來의眞意가 아니오, 곳그네의思想을了解하지못하며그네를嫉視함으로써, 이러케말할것이다. 「볼싀뷔크」의가장重要한觀念은, 곳 「公理」다 무릇男女間의 關係, 國際間의關係, 經濟上의關係, 社會間의關係 ……, 其他一切의關係에向하야, 모다當然히公公平平으로써公正을主張하는 것이다. 우리가普通一個「公理」를말하는것이매우尋常한일이며, 쏘한생각하기에容易히做得할것갓다, 다만 果然眞正으로公道를말하자면, 곳이것이一種革命의觀念이며, 곳革命하려하는것이다. 社會上歷史의 沿革으로 볼것가트면, 社會의制度가모다不公道다. 不平等한점이참만타. 만일참으로公理를行하랴하면, 곳不得不舊社會의遺傳的모든不平等制度를, 完全히破壞하며, 完全히打破하여야한다, 改革한以後에는, 다시새로히一個公道的으로組織할것이다. 다만社會上의情形은歷史上으로보면, 모다少數의貴族과資本家의占勢한것이다, 이것이모다不公道이다.

世上에不公平한일이비록만흐나, 볼싀뷔크主義者의말로보면, 가장不公平한점과가장重要한것은, 이經濟制度의不公平이다. 社會上의일政治, 美術 …… 이모다經濟의支配를밧지아니하는것이업다, 만일經濟制度가改變할것가트면, 世上의일이모다짜라서變動된다. 經濟의變動은機械的改變으로말미암아되는것이다, 資本家가機械를占有한以來로 小資本家가漸漸그네의吸收함이되며, 勞働者가날로 漸漸增加되며, 富益富貧益貧하야, 社會上의貧富가懸殊함으로, 곳階級이發生되엇도다. 그럼으로보黨은 말하기를, 가장不公平한것은, 곳世上사람의貧富不均과, 나는그길로富되고 또는나는그길로貧이되는것이다. 만일그의先祖가資産을벌어끼쳐주면, 그는落地하는그길로곳富翁이되며, 곳貴族이되고!만일遺産

(36면)

이업는者는, 곳나는그길로一個窮措大가된다. 제야貧하던지富하던지不管하고, 모다自己가제精力으로써되어야할것이며, 물론어쩌케하더라도, 모다本人의能力으로써야할것이다. 어쩌한無能力者라도, 다만富家에날것가트면, 곳安逸하며, 아모리有能力한者라도, 만일貧家에나면, 便是一生에罪와苦만밧는도다. 그럼으로이것이곳一種極惡의制度며, 極히不公平한일이다. 비록말은이와가티하지마는, 만일改變하려할것가트면참어려운것이다, 果若此種制度를打破하면, 곳共產主義를實行할것이다.

만일他人이我보담富하고, 我보담豐綽하면, 내가곳이것이不當한일이라고생각한다, 이것은누구라도容易히明知하도다. 다만내가當然히他人보담富할것이아니라함에이르러는, 곳주저하며, 또한쉽지못하도다. 其實은「公理」上으로말하면, 이것이똑가튼道理다, 남이나보담富하야도不當하며, 내가남보담富하야도, 亦是不可한것이다!社會主義者의말대로하면, 富者의財産을 맛당히窮人에게分給하여야한다, 다만내가富者일것가트면, 반듯이資産을그네에게分給할것이다.

現今우리이屋內에게시는여러분들은, 그래도말하자면 比較的富裕한이며, 亦是所謂上等社會의人物이다, 만일共產主義를實行한다하면, 여러분도모다幾分間損失은바들것이다!비록物質上으로는損失을바들지언정, 情神上으로愉快한것을어들것이다, 만일깁히한번생각하야보면, 곳所得이所失보담 훨석만흘것이다. 將來의社會的福利上, 發展上, 밋人類의情神上…… 을爲하야 모다莫大한利益이잇다, 맛당히共產主義를實行하여야하겟다—

現今俄國볼싀뷔크의政治下에는, 完全히經濟上의階級을廢除하고, 사람사람이모다勞働한다. 現在中國, 美國…… 各國으로보면, 階級이란그것에對하야, 習慣이되어 아모理會하지도아니한다, 곳말하자면우리가人力車우에안저서볼적에, 車夫는무슨까닭으로우리의안진人力車를끄는가? 무엇때문에 우리는車上에안고, 그는땅바닥에서뛰여가며끄는가?그는무슨까닭으로 車上에안저서, 우리로하여곰끌게못하는가? 우리는무엇때문에그와가티끄지아니하는가?웨우리는車上에안저이러케安逸하며, 그는저와가티苦하는가? 나는이전에十分이에對하야注意하지못하엿다. 볼싀뷔크의治下에는, 一切階級을모다打破하고, 사람마다다갓다, 모다의례히勞働한

(37면)

다.現今俄國보黨中에는, 다만一個階級뿐이오, 또아모不平等差別이업다, 그럼으로무릇知識交換과 밋一切互助의同情에關하야, 모다容易히做到하며容易히發展된다. 만일階級制가잇스면, 곳一切모다隔膜된다, 무릇感情上, 思想上, 學術上의發展이, 모다社會制度에束縛되어, 사람마다階級觀念을품어, 感情上도 매우融洽하기가어렵다. 다시말하면모든貴族, 資本家들은 許多의사람을雇傭하여다가;自己를侍奉케하며, 반듯이그네로하여곰色笑承歡으로써自己에게諂諛케함으로;사람과사람當中의關係가, 곳흡사히兩樣으로되여, 許多의感情, 思想도 모다매우隔膜하는 것이다, 곳말하자면乙階級의사람은, 甲階級의福利를共享하지못한다. 가사俄國보黨의情形과가티, 다만一個階級만잇슬것가트면, 매우조흘것이다. 대개常人은境遇不同의關係로因하야, 感情上思想上도곳不同하게되는것이다. 俄國에는다만一個階級뿐이다, 또한무슨差別的境遇도업다, 그럼으로모든感情上思想上도모다極히融洽하다, 한사람이만일어떠한喜怒哀樂이잇스면, 다른사람도모다가티喜怒哀樂한다. 만일階級이잇스면, 他人의일이, 곳나로더부러아모相關이업다, 너의깃분것이, 나에게愉快할것이아니며, 너의슬픈것이 나에게는 매우愉快한 것이다, 그래서모든希望、志願, 思

想、…… 一切가 모다서로同情을表하지못하게되며, 쏘한其間에種種의 誤會가發生하는것이다.

다시一個社會上에다만一個階級만잇는것의조흔점을들어말하면 …… 만일社會上에 階級이잇스면, 그富饒한者는, 곳能히一種特殊의利益을享得하며, 쏘한他人의尊恭을바드며, 富饒하지못한사람은, 이미利益을 享치못하는同時에, 쏘한他人의下視를밧는다. 이러한關係로因하야, 窮人은 飢腸에은錦衣로形式을故做하며, 富者는窮奢極欲으로 豪富를 誇張하야, 너는나보담奢侈하려하며, 나는너보담더욱奢侈하려하는도다. 사람마다極美極華麗한此種奢侈로써서로比較競爭하도다. 이모든虛榮의關係를爲하야, 許大한思想, 能力, 金錢等을外表的虛飾場에消耗하도다. 그러나사람들은그裡面을窺知하지못하고, 外的觀察만으로, 그것을미드며 誇奬하도다. 다만밋지아니할뿐아니라;밋지아니할것가트면, 돌이어그것을窮抖로알것이며, 쏘한그것을恨하며 悔할것이다.

(38면)

此種奢豪로써서로比較競爭하야, 虛飾場에沒頭하는모든情形은, 大理上으로말하면, 참荒謬함이짝이업다하겟다. 中國의情形은어떠한지몰으겟스나, 英國은兒童의入學하는것도, 富饒한者를選擇한다, 學校에들어가면, 의레이 남의尊敬稱道를밧는다.衣服가튼것은, 다만極히華美한것곳보기에조흔것만取할뿐이오, 입어서차거나더운것은不關한다, 오즉보기에奢侈하면그만이다;食事는, 或是賓客을招待하면, 다만饌肴를盛設하야, 보기에훌륭함만要求한다, 그것의適口與否와可食與否는, 모다置之度外한다, 嫁娶는다만粧飾物을만히별이며, 輝煌燦爛하게만들어, 外面上奢美스러움만要하며, 其餘에適用不適用, 經濟不經濟는, 모다不問한다;무릇何處何事던지, 만일誇富할機會만잇스면, 곳裝腔揑勢하야形式을꾸민다, 사람이죽은以後에도, 또形式을보아조곰도쉬지아니하고, 終是窮奢極欲으로써外面을虛裝한다, 곳自己가돈이업스면, 돌이어돈을꾸이고빗을내여가지고라도, 形式은차린다.此等의虛榮은 果然조치못한일이다, 社會上一切交際로하여곰모다虛詐에陷케하며, 無量의金錢, 精神等을誇奢競爭의일에虛費하도다. 다만窮人만이가티虛飾할뿐아니라, 富者는許多의人을養하야, 그를爲하야威風을作하며, 此等人으로하여곰그네의寄生虫을만들며, 一切有用的物件을, 모다無用의곳에虛耗하도다. 만일此種階級을打破하고, 다만一個階級만잇서, 사람마다다가트면, 곳可히서로競爭誇富의弊를免除하며, 心力을專혀公益事業上에用하야, 서로協力互助할것이다. 그럼으로어서速히此種階級을打破하고, 그互助互愛의境으로갑시다.

가령共產制度가되면, 老幼및疾病殘廢를除한外人人의生活이, 모다勞働에托하며, 모다作工한다, 사람마다갓다곳모다平等이다, 富者라고尊貴하며安逸하고, 貧者라고卑賤하며勞苦함도업다, 그래서貧富를가릴수업다; 또한能히寄奇怪怪한모든心算을打消한다, 그럼으로社會中人과人의關係가極히簡單하야, 곳存心計算할일이업다. 此等意味를, 기피한번생각하야보지아니하면, 반듯이이것이가장조흔것이라하지아니할것이다, 實로舊社會에比하면 훨석高尙한것이다. 現今社會의制度는, 이곳有勢者는加勢하며, 普通의常人에對하야는, 모다無理的相待的이다, 社會上의利益은, 모다少數有勢力者의覇占한바되엇다;만일다만一個階級만잇스면, 곳能히모든弊

(39면)

病을打消하고, 所有의福利는, 一般이다享有할것이다.

社會의不公平이 오즉貧富不均뿐만아니라, 곳男女의不平等도이와갓다. 나의생각으로는, 共產主義以外에는 能히女子의應享할權利와應得할位置를줄수가업다. 俄國男女間의關係는, 世界上어쩌한나라男女間의關係보담참좃타. 비록俄人의天性이그러하다할수잇스나, 이것이곳볼쉬뷔크의조흔점이다. 만일共產制度를除한以外에는, 다시이보담더조흔制度가잇서, 能히男女로하여곰平權하게할것이업다.

無論어쩌한經濟制度의알에라도, 女子가經濟上公平을得하려할것가트면, 매우어려운것이다. 웨그러냐하면, 平常的婚嫁制는, 女子의經濟上位置가, 반듯이男子의미테잇다;此種私産制度下에는, 婦女의經濟가, 終是獨立하기어렵다, 女子의經濟가獨立하지못함으로因하야, 完全히男子에게依賴하야生活한다, 그럼으로位置上도自然히不平等되는것이다. 共産制度下에는, 女子經濟生活이, 곳可히獨立하는 것이다.

만일共産制가될것가트면, 男女가쪽갓다, 無論如何한일을做하더라도, 모다自私自利함이아니오, 專히公益事業을爲하야義務를盡한다, 그럼으로社會에對하야, 훨석接近하며, 또한比較的넓은社會的觀念이잇는것이다. 이미自身少數의일에拘礙하지아니함으로, 個性도此로由하야發展하며, 이러한情神이잇슴으로, 또한新道德의發現이잇는것이다. 近來世上의道德은벌서肺病에걸렷다, 만일이主義대로實行하야가면, 곳此種肺病的舊道德을代替할新道德의産生이잇슬것이다

現今俄國의情形도비록佳好치못하고, 此種主義도幾分間失敗가잇스나, 이것은그네가항상戰爭中에잇고, 科學的知識이缺乏하며, 經濟의困難, 實業의不發達과, 밋外國의反對로因하야, 一切모다그네에게供給하지아니함으로, 그네로하여곰極大한困難을感케하며, 그네의內部的反響을引起케하며, 人으로하여곰그네들을信仰하지못하게하야, 此種主義를어찌하던지破壞하며, 그네의自由發展을不許함일써라. 그럼으로 나는世界文明各國은, 맛당히그네의好意를輔助하야, 自古傳下한文明을 保守하기를希望하며, 다시世界의各文明國은, 모다맛당히此種큰新主義를實地로試驗하기를希望하노라.

> 英國哲學大家「럿셀」 (Bertrand Russell)
> 先生이, 去年에北京大學의 招聘을被하야, 到此以後로哲學밋社會問題에對한講演이 비록만핫스나, 記者는 力量이有限하고機會가姑無함으로, 先生의學說을 우리學界에 紹介하지못하게됨은, 깁히遺憾으로생각하는바이올시다 다만此篇의講演은, 北

京女子高等師範學校 學生自治會에서, 先生을招請하야講演한 것인데;記者의생각에는, 이記錄이비록簡單하지만, 先生의思想을, 沙漠가티쓸쓸한우리思想界에供覽하야, 萬一의輔益이라도 될가하는動機下에서;記者의手拙은不拘하고, 隨手抄記하야貴誌에奉供하나이다. 다만文句의未洽과 意思의未完함은오즉 讀者諸君이厚諒하심을 望하나이다. 記者附誌

八月二十六日夜北京에서

출전 : 『개벽』 16호(본호), 1922.10.1, 국립중앙도서관 소재

◆ 세검정인, 「道詵庵中의 漫筆 十六題」, 『개벽』 27호, 일부(5, 24면).

道詵庵中의漫筆十六題

洗劍亭人

(5면)

□近來의聽講熱의激減은

=족음도憂慮할現像이아니다

七月中의某日本新聞紙는 무슨重大한新事實을發見한듯 알에와가튼報道를行하엿다.

『近時朝鮮人의向學心이現著히勃興한것은事實이니 이는昨年講演會의聽衆을보아도알것이다. 그러나彼等朝鮮人은 講演又는講習會에臨함에當하야 名을文化宣傳에藉하엿스나 그內容은思想問題에論及하야新同胞의希望하는무엇에對하야相當한刺戟이될것뿐을選하야 知識要求보다는寧히好奇心에몰리어 出産한것이엇다. 그런데本年夏期講演會에는 朝鮮人의聽衆은激減하엿다. 이는要컨대 從來文化宣傳의美名에씌워 그講

演에는亦是或種의思想問題가包含되엿스리라미덧든것이事實로그內容을짜저보면 純全한文化講演에不過한것이엇는바 彼等朝鮮人의好奇心이움즉이지아니한結果 非常히聽講者가減少함에至한것이니 爲政者는特히注意할現像이니라」(平壤)

하엿다. 이것은果然事實이다、過渡期에 黎明期에 依例이잇는事實이다. 무슨큰것을觀察한듯이 써들것도업는 極通有의現像이다. 今年夏期에거의全鮮을巡講하고入京한京都留學學生으로組織된文化講座員一團은 그便의消息을우리에게 낫나치傳해주엇다. 가르되[5]

(24면)

그는 돈의얼마는말하지아니하더이다. 말하기가 실흔貌樣이엇다. 아마三圓이아니면四圓이겟지.

아아슯흐다 우리의少年 아니우리의貧寒한民衆들은大槪로이와가티蹂躪됩니다. 더욱이 異民族의所有한經濟의優越權으로부터 생기는優越力은 이와가티우리에게對한크고두터운 그림자가된다. 이그림자의두터운운그늘에눌리어流離・萎縮을當하는그들의悲慘도悲慘이러니와 그들의所有한實權의◯尾에附隨하야 諂笑、苟足의醜態를짓지아니할수업는形便을 아니가지지못하게된것이 더욱怨痛하다.

출전 :『개벽』 27호(본호), 1922.9.1, 국립중앙도서관 소재

5) 임시호(영인본)에서 삭제된 부분은 5~7면이니, 확인된 5면 외에 나머지 6~7면이 본호에 남아 있을 가능성이 있다. 본래 없었던 것인지 촬영 당시의 실수인지 기억이 나지 않는다.

◆ 북려동곡, 「朝鮮民族發展의 新根據」, 『개벽』 27호, 47~57면, 전문.

朝鮮民族發展의新根據

越墾同胞의過・現及將來

北 旅 東 谷

(47면)

導 言

白水의彼岸에參天의森林、千里의沃野는此에祖先의偉蹟이끼쳐잇섯스며祖先의光榮이덥혀잇섯다. 羅朝以後伊來二千餘年에半島의狹小한局面에서恒常自彊의瘠薄을恨하며自家의生活에苦하는先人들은彼岸의故地를戀戀키마지아니하얏다 縮少에縮少를加하든民族的生活이마지막淪沈의悲運을맛나게되자天災와時變은더욱그刦運을摧捉케하며또한人衆의生活이最苦痛의絶頂에이르게되자이에서民族的新生의一路가開展케되니이는곳距今六十六年前丁巳大凶年의越墾(下見) 時엿다 原來土沃치못한咸平一帶에더구나年年不收로써이러한大凶年期를逢着케됨은生活苦에잇는人衆으로하야곰最後의生死를分岐하는때이라머리를둘리며一葦帶水의豆滿가람이隔한廣漠한彼岸의祖先이舊居하든樂地를翹望할때에最後의生路를玆에發見치아니할수업다 萬惡의鎖國拙策이自民의餓死함을坐見할지언정境外의一步地를出치못하게하는것은當時李朝의大典大律이엇다 그러나猛然이의惡網을突破하야晝伏夜行하며巨森의裡로光明을바라보며新生의路를차저越墾한先民들의洪功偉蹟을而今에우리는무엇으로讚하랴 그先民들은當時社會의貧窮者이엇다 그의偉大한足蹟이한번祖先의舊疆에들어노흔後한사람두사람이모이고모이며山을開하며水를拓하야今日의全海外二百餘萬의小新朝鮮을産出하얏스니現在의隆興에臨하야將來의無限한發展을預想할때에우리民族史上에한큰記

(48면)

錄을긋지아니할수업다 나는이에서無限의歡喜와深刻한熱意로써이글을써國內의여러兄弟에게告하야압흐로우리는이土臺우에마흔[6]努力과奮鬪를注集하야民族的發展을힘써보자함이외다 나의初意에는故地의全部를實地踏査하야될수잇는대로詳細의事實을紹介하려하얏스나아즉逐意치못한바實査의全記錄은압흐로밀우고 爲先攏統的이나마이로써여러兄弟의注意를다시곰喚起하려함이외다 그러나數年以來로海外의事情이만히宣傳된가운데이亦是여러兄弟의已知已聞에不過할것갓사오나如何튼從來로우리가淪沈의裡에잇스면서가장큰希望을此에부터왓든것도事實이려니와또한民族的復活의新生命의半部以上이玆에存하얏다하야도過信이아닌즉우리는恒常注意를不怠하야過・現의未盡의業을擴展하며將來의無限한發展을圖하여야할것이외다越墾後六十六年秋八月上浣東谷識

一、歷史의轉回와民族의復興期

歷史는轉回하는것이니곳人衆의生活이流動함으로써이다 歷史는人衆의生活하는記錄임으로써恒常暗黑으로부터光明에、光明으로부터暗黑에轉流하는것이다 그럼으로吾族의史ㅡ잇슨지伊來半萬年에扶餘高句麗의偉大한勝利와燦爛한文化는三國時代에至하야光黑의幕을開閉하야이로써第一期를이루게되고그後로暗黑에流入되어最後의今日의沈淪에싸지게되어이에다시光明으로卽民族的復興期로進出하니이른今日우리朝鮮民族의際會이라 祖先의故疆인北西兩墾數千餘里와西比利亞一帶가一時異族의名義下에奪占되엇지마는今日에至하야吾族이還住케되엇스니此를謂하야어찌吾族復興의瑞光이라아니하랴 此地에는祖先扶餘의活動의跡이在하며祖先高句麗의帝王의墳墓가在하며祖先渤海의國都가此에建設되엇나니그러면此는祖先의舊疆이라할지라 祖先의舊疆은子孫이承續할權利가잇는것이며祖先의舊疆에子孫이居치안흠은祖先에對한不恭

6) '만흔'의 오식.

이라祖先이活動하든遺物은承續하여야할것이며祖先의墳墓는保守하여야할것이며祖先의國都에는들어가살어야할것이라 그러면今日의故地還居가此를意味함이니 이는吾族歷史의轉回期로보지안흘수업스며吾族歷史의特大의記錄이라하지안흘수업슬것이라

(49면)

玆에우리民族的發展의根據가奠定되엇다貳百萬以上民衆이此에生活케되엇스니그짱이야말로 實所有主는居住하는그民衆의것이라하지안흘수업다 此에經濟的基礎와文化的施設이擴展된다하면確實코朝鮮民族의新生命의一部가蘇生된다할것이다 오히려不少의年月과幾多의民衆으로써儘意의活動을하지못하게됨은原來相當한保護와勢力의全無함도事實이려니와또한조흐나안조흐나自己의故國을써나數百年間斧鉞不入의荒漠한林野에逃生한者ㅡ무슨資力과知識이잇섯다하랴 勿論所謂當時社會의貧窮者임은事實일것이라赤手空拳으로荒野에그身을始奠하야爲先土地의開拓으로殘命을苟延하야오는中而況短少한時間으로風氣가不通하는그地域에서무슨큰經濟와文化의施設이컷다고하랴 이는不可能의事ㅡ라그마마한것도天惠의沃野의賜가아니엇드면今日과如한現狀도이루지못하얏슬뿐더러또한自己의貧乏을切實히痛感하는그先民들의毅力이아니엇드면西北兩墾地가오히려荒蕪地로秘密에감추어젓슬는지도모를것이다 噫라皆是祖先의汗血이썰어진舊疆임으로써그關係가깁흐며民族的復興의新機運은그로써줌이다 如何커나今日의現狀만가지고도自己의偉大를感할것이다 此에直接墾民이된海外의同胞는勿論自我의發展을圖하야더욱自進하려니와國內同胞는深切한意味에서資産級으로는相當한資本을移轉하야此方面에經濟的澎漲을謀하야墾民의勞力과合치어이의天惠富源을開發하여야할것이며貧乏級으로는一時의苦難을堪忍하면서라도猛然히突進하야故地의新生活을經營함이今日우리朝鮮民族에게는한重大한事業의一이라하ᄂᆞ니이가티根氣잇게實地의着手로써進行하여간다하면가장

短少한期間內에라도現下우리의活動의基點이이에잇슬것이며將來發展의根據가定立될지니이는一로써二를得하는成功의妙經이라참으로忽諸에付치못할것이로다

二、故地還住의動機와越墾의始

現在海外同胞의占居한西北兩墾及沿海州一帶는모도다古時祖先의손으로開拓한그따이며祖先의힘으로建設된그境域이다그러면此를謂하야故地라이름하기를躕躇치안흐며짤하今日의移居를還居라함이可하다 그런데高句麗의轟轟烈烈한國威가一墜한以後渤海가그餘威를仗하야略四百年의活動을承續하얏스나新羅로부

(50면)

터妄少히半島의小局에齷齪케되자百戰剩得의그짱은돌이어漢族의奪占한배되고伊來二千餘年에民族의歷史는漸次衰沈으로들어가事大小我의半島先民들은能히自振의策을術치못하고漢族의文化와權威에魔醉되며征服되어더구나拙劣한假漢人의史家들은渤海의史는全혀除外不知하얏슬뿐더러史上에所謂編入은되엇지마는高句麗의疆域까지妄筆縮少하야祖國의짱을漢人의짱으로僞造虛稱함에까지至하얏다그以後로오히려倍達族의一部는滿洲에在하야漢族의唐元兩朝를通하야오도록[7]自己의保全을굿건히하얏스며明朝가繼立되자元來薄弱한根據로써中原의天下를統治케되매그의威力은南方의幾省에도振치못하야거든而況素稱强大의北方이랴그럼으로出海關以外의東三省一帶에在하든我倍達의一部인現滿洲人은此機를際하야祖先의强大한武力의遺賜로進하야한번中原의天下를占據하고全漢族을統馭하야久히漢族에게侮辱된自族의恥를雪하랴하얏다 이에能히寡衆小力으로써明朝를破滅하고中原의大陸을號令한지이미二百餘年에淸朝時에도東三省一帶가自己의發祥地이지마는그의治化力

7) '오도록'의 오식.

이完全히及치못하게되어現西北兩墾의地는全혀巨森의占領한바가되어秘密의王國처럼潰在하얏슬뿐더러中原의漢人의眼으로써보면어느異域인가思하며또한무슨治力을此에注及하려고도아니하얏다 그럼으로그의天惠의地帶는大自然의裡에그대로잇서始終倍達民族의手를待하게되엇다 그巨森의裡에埋在된祖先의墳墓와戰勝을誇하는祖先의紀念碑는子孫의來掃[8]를기다리고잇섯다

滿洲의大陸에限업시뛰어놀든大國民이狹小한半島의局面에들어오매人衆의心理的煩鬱이항상不安을感케되어어느때나爆發의種과伸長의力이玆에澎湃케된것인데 더구나李朝에至하야는自疆이더욱縮小케되엇슬뿐더러惡劣한治下에더욱土地의瘠薄과人民의增加로民族的生活이恒常不安과動搖에處케된것이人民出外의가장큰大遠因이오大動機이엇스며또한原來薄弱한李朝로써漸次衰退의境으로들어가자政治的罪惡이더욱人民의生活을破産케하며天災와時變이 또한 그의破産의危險을助長케하야最後에무슨變動을爆裂케한것이니이는곳年年의大凶과各處의民擾가重要의災變이되엇다 그의苦痛을가장深切히感케되는者는가장不平한治下에서더욱瘠土에居하는咸平一帶의人衆이엇다如斯히水火의中에잇는人衆은우으로政府의敎護를待함은姑舍[9]하고自進하야自生의道를自求치안흐면안되겟스며돌이어政府의禁遏과妨害나無하얏스면幸일것이다 머

(51면)

리를돌려一葦의豆滿一水가隔한彼岸을一望하면鬱蒼한森林과넓은平野는彼岸이어대일가樂地일것이다하는歡意가此岸의塗炭에잇는人衆에게때때로湧出되엇슬것이다 그러나一葦帶水가所謂國界가되어彼岸에黃金이散在함을越見하고도能히가저올수업게되엇다 自族을爲하야는當時의固陋로도助力은못할지언정絶大의禁止는아니하여야할것이어늘當時所謂越

8) '來歸'의 오식.
9) '姑捨'의 오식.

境犯人이라하면大逆不道라하야千斬萬戮을敢行하든그때이다 그러나機運을快히展開하려는天災는한번人衆의決心을促케하니이른丁巳의大凶年이라此에서餓死를堪受하는以外에는곳죽음의代償으로써越境의酷禁을突破하야恒常羨慕키마지안튼彼岸의處와彼岸의樂地에突進치아니할수업섯나니此가故地還住의大近因이며直接動機이엇다

於是乎確實한決心과斷乎한着手를行하야압흘不知하는巨森의外를冒進할수업스며國境을遽然히踰越할수업슴으로朝鮮中國의兩國界가되는豆滿一流를彼岸의外로引流케하야그以內의地面에爲先開墾을비롯하얏나니此가會寧의對岸이요越墾의第一步的試鍊이라 이야말로當時의境遇를回顧하야얼마나艱險의事業이며苦難의道程이랴晝의官憲의禁을忌히야夜로暗히그役事를行하야마츰내成功하얏다 벌서이마만하야도不少의土地을一將一卒의血도捐棄치안코祖國의疆域을넓히며完全히自國의領域이라는確實한信念하에耕作에着手한바豆滿江이겨트로흐르며牧丹江이橫流하는平原에水田의經營은天成의그곳이라如斯히艱險한一步를無慮히내노하新生의路를發見하니압흐로成功의進程뿐이라 이가티數年을經過한바이곳을이름이淸朝의地域이지淸人漢人의足跡은別로이어더볼수업는곳인데却說그때에淸國吉林省官憲의某氏가무슨特緣으로이秘密의地帶를發見하고開拓하랴하든바此岸에白衣人의開墾이이미着手된바於是乎그때에「越墾國百姓」이라는國語의雅號를주엇다 水田經營에對하야는原來의選手이며쓰한勤勞와忍耐를堪忍하야荒地開拓에對한白衣人의偉力이한번某氏의眼에映할때에그荒地開拓에無限의熱意를가진某氏는官憲의力으로錢穀을散布하야白衣人을招待하야開墾에着手하야나니此가곳越墾拓墾의由來이라 淸國官憲의相當한保護下에越墾케되니自國의禁止의恐怖도그리甚치아니함으로漸次移居의人衆이增加케되어將來此地主人翁이此時에비롯오驥足을展케되니때는丁巳以後兩三年內의事이러라

(52면)

三、新生活의開拓과苦難의途徑

如斯히大危險을突破하야新生活을建設할境域으로들어가祖先의燦爛한文化의舊墟에還居케되엇다 그러나慘憺한境況과苦難의道程이야果是어쩌하얏다할가 樂地이든아니든自己의故國을써나赤手空拳으로荒漠한林野의全自然의威脅裡에裸體를그대로내어노흘째에어찌今日이잇슴을夢想하얏스라 血汗을搾出하야荒地를開墾하며森林을斫伐하야野居를始奠하며自然의脅威와戰鬪를宣하얏다이가튼모든脅威와窮乏이만흔苦難의歷史를두게하얏스나天惠의沃地는山多石多의半島의쌍과는同一히言할배아니라鋤鎌이한번이르는곳에문득金田玉畓이이루어지며種子가한번뿌려지는곳에豊禾美穀이終歲의饒哺를裕足케하얏다 無限한벌판에限업시各地를進住하니現時의繁華의夢을자랑하는龍井、局子街를中心으로하고奉天、吉林兩省一帶에各其好地를占하야部를成하고落을建하며第一枝로沿海의一帶에再移하야現時의蘇王嶺、海蔘威壽昌各地에進居하야遠히莫斯科[10]로부터海蔘威에至하는沿邊에同胞의影子를無處不見케되어一은北墾島를成하고二는俄領을成하야故地還住의第一期가되고第二期는鴨綠江의彼岸을中心으로하야最近에平安一帶及慶尙一帶의人衆이만히移住되어奉天省의一部를占케되니이른西墾島이라東三省의半部의北과沿海州의半部의北은純히還住同胞의專有物로되어今에北墾島에人口가一百二十萬以上이오俄領에七十萬以上이오西墾島가二十萬以上이마만하야도二百十萬以上이다

이가티健全한發展을하야옴은還住民의無限한勞力과奮鬪의代價라하겟지마는天惠의土地가肥한것이며地帶와環境이偶然의中에큰適宜를준것이니西北兩墾地는原來荒廢地로置하얏든것임으로外人의福居를妨害치아니하얏슬쑨더러開拓을爲하야돌이어相當한便宜를주엇다하야도可하며沿海

10) '모스크바'의 음독.

州一帶赤露西亞帝國의領有物이엇지마는自國民이原來稀少하며廣闊한地域이그냥荒棄되어잇슴으로그赤開墾을爲하야相當한保護와同情을與하얏스며또한露日戰爭以後로恒常그恥를不忘하며東進政策을爲하야압흐로利用할機會가잇슴을看做하고助長의力이不少하얏슴으로一般의經濟나文化的施設이西北兩墾에比하야돌이어優勝한點이不無하며더욱

(53면)

革命以後로는完全히解放케되엇다、余去年赤塔에在할時에遠東共和國外務總長「양손」氏의談을聞하면極東에在한朝鮮民族에對하야는압흐로特히相當한援助를與할것인데爲先自治를許하야民族的發展을助長케하겟노라하며現遠東共和國議會에朝鮮代表五人을出選하야自體의意思를聽取하며爲先敎育을普及하여야할터인데朝鮮人敎育을爲하야特히蘇王嶺에現住하는朝鮮人某氏로敎育部內朝鮮人敎育課主任으로選用하엿다한다如斯히時代의進運을隨하야俄領在留同胞는無限한發展의途에在하다하겟다 地帶와環境이이마만치適宜한가온대苦痛과辛酸도不無하얏지마는自進하야學校를設하야子弟를敎育하며有爲의機關을設하야民族的事業에努力하야왓다 咸北의最端會寧鍾城으로부터東三省以北의半部를橫斷하야沿海州以北의一帶에至하는間에山村水郭이모도다朝鮮人의天地이다 아아이만하면祖先의舊疆이새로찻게되엇스며秘密의荒原川이새天地로展開되엇다하지안흘수업다 그러나昔時越墾의始를回顧하면今日까지至하는동안慘憺한經營과苦難의途程은이루말할수업슬것이다 原來의逃難民과다름업는빈손으로自然과의苦戰惡鬪한것은勿論이려니와自有地의開墾을爲하야一時의援助와同情도不無하얏겟지마는漸次로移住者가增加되며그勢가擴張되어가는同時에中領에中人의脅威이며俄領에는俄人의沮戱이다 特히中領에는馬賊의害浸이더욱劇甚한中終年勤勞로어든錢穀은馬賊의一次侵入이면모도다掠奪되어飢餓를未免하며甚至於人命의殺害까지年年月月이當하며其外不義의脅威를當할때에無處告訴일

뿐만이아니라生命과財産에全侵害를當한다할지라도忍受할것뿐이엇스며 俄人의脅威는더말할것도업다 爲先露西亞人을만들랴는點에서壓迫과强制가그하나만이아니엇나니宗教로나教育으로나무엇으로나純俄國化케하얏스며無理히牛馬視奴隷視하야그의虐待야더말할것이잇섯스랴悲哉라此에서百折不屈하며七轉八起하야今日이라는際會를當하야오즉苦難이면苦難을깨털이고無限의希望的進路로驀進하려하는것뿐이다

四、祖國의淪沈과住民의奮起

越墾後數十年동안을桃源洞裏의逸民처럼日出而耕하고鑿井而飮하야무슨治者被治者의別이업시참으로한

(54면)

가롭은新生涯를하여왓다 이때에東洋의大局이一大變動機에在하자中日의戰爭이起하며露日의戰爭이起하야南北滿洲의荒源에世波가때로衝動되며祖國이그變動의導火線이되며中介物이되어마츰내淪沈의悲境에까지陷케됨에異域의秘密地域裡에서山外에雨가擾하고風이馳함을모르고生活하든還住同胞는世의激動에귀를들어기울일때에祖國의危難이잇슴을알고비롯오奮起하얏다 此時國內에義兵運動이失敗된後亡命하는者ㅡ小部大部로該地에出逋케되며其地有志의士ㅡ渡江하는者ㅡ漸次加增되어○○運動이始作되며中心의地域이되엇나니第一着의 …… 俄領方面에는巨大한資産을積有한者도多數이엇슴으로露國으로부터武器를買收하야大規模의○○運動이繼續되엇나니故催在亨氏가 …… 그러나大厦의傾頹에一木으로支撑할배아니라마츰내幾多의 …… 이에서居民은一層新精神을樹立하야切實한覺悟로써有爲의機關을設하야民族의精神을培養하며學校를設하야子弟를教育하며힘잇게進展키를마지아니하얏나니곳俄領의啓成學校며北墾의諸結社가 …… 養成하는大本山이되엇다 이가티世運이激變하는때에國內의ㅡ志士愛國者一流가모도다海外로亡命케됨에海蔘威가그의揔集場이되어一時의活躍이開始되니勸業會가先頭로成立되어

學校를興하며新聞을刊行하야積極으로進行하는途中俄官憲의禁止로繼續치못하고該諸人等은各地로散布되어或은北墾으로西墾으로美洲로其他各地에散去케되매一時는자못寂寞한狀態에잇섯다世運의如何를確知치못하든還住民들은이때에多少의覺悟를어더自體의改進을힘쓰며純然히準備的時期에잇서爲先文化의開發로學校를多數히設하야敎育으로써唯一의事業을삼엇다 一時는學校數가各地를通하야千餘所以上이라하얏스니참으로可賀할事이엇다 以上은北墾及俄領에關한事實이오西墾은越墾의年數도最近數十年以內이며土地도北墾에比하야多少瘠薄함으로還住者가多數되지못하얏든바近年來로激增하얏스되奚暇에可觀의成績을出키不可能함에在하얏스며伊來十年以降은民族의運命이日로微弱케되자故地還住民에게도가장큰落心을주어자못沈寂과不振에停滯되엇섯다 또한越墾當時의移住民等은貧困에如何히할수업시移住케되어荒漠한森原에一時의飢餓는免하얏슬지언

(55면)

정事實上原始의狀態를未免하얏다하야도過言이아니엇스며近一世紀동안을異域에나와故國의如何를거진모르다십히된中、該地에서産出된子孫이야더욱故國이何處에在함도詳知치못하는同時에祖國의觀念이아주薄弱하얏든것도事實이다 就中俄領移住民으로言하면昔時故國의眼으로忽然히露西亞의文化에接할때에故國의幼稚를感케되며故國을下視함에까지至하야그럼으로거진半露西亞人이되어祖國의言語까지도忘却함에至하얏다 其外에는前日假志士의跳梁을憎惡하야故國이라면돌이어排斥의暗潮도膨脹되엇다 北墾은中人의治力이洽及치못하는中무슨節制와牽引이업슴으로一家를自成하야生活하야왓슬뿐더러多少有識한者의皷吹도不無하얏슴으로言語와習慣은그대로가저와一見에純朝鮮人임도認케되며學校도設한배有하얏스나新文化는純然히接觸치못하얏다하야도可하며舊時의衣冠文物을굿게保守하야唯一의祖國에對한觀念은極端으로旺盛되어

何時라도故國을爲하야는奮起됨을辭讓치아니하랴는氣槪를가저왓다

五、歐戰과乙未後의大覺醒

大風雨가일어나자黑暗의瞬間이잇는것이다庚戌以後十年間은一邊에 일을爲하야準備도하얏스며教育事業에도努力하얏스나靜寂의裡에沈淪되어一個秘密域의無何의人衆이되엇섯다 더욱有時平假志士輩의跳梁으로一切로故國人이라면憎視하는傾向이잇서쌀하祖國에對한觀念까지아주稀薄하얏섯스며그쁜만아니라一般이銳意로時代에順流치못하고越墾當時의風俗習慣과文物制度를墨守하야固執不通함은國內腐儒에比할배아니엇섯다 그러나時代의衝動은時代的生命을가진人衆으로하야곰時代에順流치아니치못하게하는때에時代의進運에는陰窟에蟄한者ㅡ라도中天에直射하는太陽의光線은밧지안흘수업스며山谷과巖穴에棲하는者ㅡ라도新時代의曙光에浴치안을수업는것이니이에反하면淘汰를바들것쁜이다 世界的大變換을주는歐洲의大戰이爆發되자人類의神經이가장興奮케되는때에一切反抗의羣、一切改革의叫、一切新生의號呼가陰窟에山谷에巖穴에壓伏에잇는모든者로하야곰나아와한소리로부르짓게되엇다 이는모도다民族的死活의全運動의同一叫이다 어느듯祖國으로부터 ……

(56면)

…… 또한環境의모든觸景이가장큰刺激과覺醒을주게되엇다 西墾北墾及美洲는勿論이려니와就中俄領에在住同胞로露國에入籍한者中千餘名이멀리歐洲의戰線에出動케되자砲煙彈雨의生命과流血이그대로犧牲케될때에有時乎塹壕裡에서同僚軍士(露西俄人)로부터一時弄語로「그대는何故로피를흘니는가」하는反問을바들때에忽然의一想이그의心膽을압흐게하얏스며自己가自思하야보아도一種無意味한일일쁜더러피를흘리며生命을던저압흐로어들바이무엇인가하는데至하야는銃劍을던지고一場의放聲大哭함을마지아니하엿다 그때에비롯오良心의發動이 …… 決心을가지게되엇스며그後大革命이일어나主義의宣傳을들어보든지民族自決이라는新標

語를吟味할때에日로故地로돌아오기를渴望하며돌아오는때는한번自體를爲하야奮鬪하야보리라하얏다그때에祖國에萬歲運動이일어나자俄領全境이그運動에가장熱烈하든터이라이에서海外의全同胞는寶重한큰覺醒을엇게되어半露西亞人이든者半中國人이든者半美國人이든者모도다참朝鮮人이되엇스며朝鮮民族된者는조흐나안조흐나朝鮮民族으로부터脫出할수업스며朝鮮民族인者는朝鮮民族의일을하여야하겟다는痛切한느낌을가지게되다 이에멀리歐洲의戰線으로부터돌아온軍人들은自我의깨다름이느즘을알고…… 此로因하야俄領在住同胞는더욱切實히覺醒되어…… 또한이에持久的으로모든事業을하기爲하야튼튼한團體도組織하고銳意로新文化에接近하야압흐로民族的運動을自任하야前進하려하며海外同胞는먼저自體의堅實한自治와確固한團結로彼岸의希望으로힘잇게活躍하려하나니참으로큰覺醒을미덧다하지아니할수업다

六、民族發展의新根據

以上에略述한바와如히그危險과苦難으로부터越墾의偉大한出發點이잇게된것은朝鮮民族的發展의瑞兆가玆에出現된것인데伊來로預想外에今日과如한基礎를닥게되고또한相當한覺醒을어더압흐로健全한發展을하게되엇스니此에는確乎한民族發展의新根據가굿게奠定되엇대할수잇스며朝鮮民族的事業의境城이成立되엇다할수잇스니우리의가장큰寶貝가此外에무엇이더잇스며우리의크게바라는미듬감이此外에더무엇이잇슬가그러면우리는此를큰寶貝로알며큰希望의目標로알아精誠을이에다쓰며힘을이에다注集하야生命의延長을이에다寄하여야할것이다 從來로海外同胞에對하야무슨理解가잇서왓스며海外라는地域에무슨注視가잇서왓

(57면)

는가 무슨理解와注視도업서왓슬뿐더러一次그地域에經過한者는돌이어野昧니무엇무엇하야非難하며참으로此를寶貝로알며큰希望을부티어民族發展的事業을起始하랴하는者도無하얏슬뿐더러一時잇섯다하면自己의野

欲을爲하야片時의虛搆로써居民의心理만不安케하얏스며落望케하얏슬뿐이오其外實業의方面으로도相當한識見과相當한資本을가지며事業에着手하랴하야보지도아니하얏다 그래도居民은始終如一히志士라하면相當한待遇와崇敬을주엇스며於此於彼에무슨同情과援助를빌지아니하고오즉苦難과戰하야生活을維持하야온가온대己未以後로는自進하야큰일에無限의心血을쏘다내노흔것은더말할것도업나니各地에無數히團體가列立한가온대잇스면잇는대로提供하야一時는全各地를通하야略一○○以上의○○을養成하얏스니그의需要가얼마나巨大하얏스랴 交通이그가티不便한處에참으로一切을犧牲하는誠意가아니면어찌一時인들供奉하엿다하랴마지막琿春의大事件이일어나자最後에生命을죽이고집을태워全破滅을밧게되엇스되始終甘受하얏나니過言인지모르지마는이미半世紀以上을異域에나와直接으로무슨死活의關係가國內同胞보다緊切치마는海外還住民의넉넉히바랄바일가 이야말로國內同胞의돌이어부끄러음을느낄바이다 此에서참으로理解하며同情하야前頭의利害를가티하여야할것이니第一은념우도까닭업시幻望하는故로그미듬이洽足치못하는때에돌이어咀呪하는機味도不無하니原來社會의가장貧乏者이든그이들이만치못한歲月에荒漠한西北墾數千餘里를開拓하야無如一個의國家를建設하다십히하얏스니우리全民族에게賜與한바이적다고할수잇슬가한갓큰일을一時에驟成치못함을責한다하면모르거니와그以外에贊揚할것밧게업스리라 己未以後로가장큰苦痛을바드며가장큰貢獻을들인者는돌이어海外同胞이다 그로因하야略一世紀間을勤勞에勤勞로建設한生活의土臺는거진破産을밧다십히되고오히려바람이부디치고비가쏘다지는前頭에울고잇게되엇다 國內의兄弟여한번생각하야보자苦痛과重壓을오히려벗어난그이들로果然그慘境을當코도一毫의늬우침이업슴은國內의兄弟로써보아서는어써타할가 現下의救助도問題이려니와來頭의維持를爲하야는全責任을져 相當한援助를與하야이미맨들어진民族的根據를다시깨털이지아니하여야하겟다現下時代의展開로써보나地帶와環境의便宜로써보나俄領의發展性은可能의

域에在하거니와中領도쏘한中人의同情이오히려深厚한中에在한즉國內兄弟로부터相當한資本的援助만잇서生活의基礎를再振케하고文化의施設을着着進行한다하면第二新朝鮮의建設이非難의業이라!!아아우리는우리의民族的復興의根據를일치말어야하겟도다

출전 : 상동

◆ 미 상, 「間琿住民大會의 開催와 朝鮮民團設立」, 『개벽』 34호, 15면, 대체기사.

間琿住民大會의開崔와朝鮮民團設立

(15면)

二月十二日午后三時 間島龍井村市에서 我同胞崔昌浩가 中國兵丁에게 無端히銃殺을當한一事는 곳그곳在留同胞의義憤이되야 市民大會가열리고 日本國籍離脫運動이닐고 니어써間琿住民大會가되야 드듸여中國吉林省延邊에잇는三十萬同胞를 團員으로한朝鮮民團을設立하엿스니 이는곳 그곳에잇는同胞의生命財産의安全을 確保하고幸福을增進할唯一한機關이라 이團의 그章程의 定한바에依하면 本團은中華民國延邊一帶에居住하는 朝鮮人의協同一致의力에依하야 生命財産의 安定을保하며 福利를增進함으로써目的하되 이目的을達키爲하야는 (一)教育、産業、衛生、交通等機關을設立發展케하며 (二)朝鮮人의生命財産을確保할만한必要한 온갓努力을取하며(三)朝鮮人의一般生活狀態를 隨時로調査硏究發布하야 其生活의改善을圖하며 (四)仲裁機關을設하야 朝鮮人相互間紛爭을和解하며 (五)新聞雜誌圖書等을 刊行할事를規程하얏다

그런데 內外의同胞가일즉히아는바와가티 全間島及琿春住民大會는二月二十六日午后二時三日間龍井村朝鮮人商務會館內에開하고 各地

代表百四人이會同하야 먼저번龍井市民大會의 決議案인 (一)日本國籍脫離運動、(二) 中國政府에對한提議 (三)朝鮮人自體의 自治機關設置等問題를討議하고 仍히執行委員三十四人을 選定하얏는데 이執行委員은三月十日부터 四日間의會議를重하야 民團章程을通過하는同時에 左記八個條의要求條件을議決하야 中日當局의公認을求하기로하엿다.

一、朝鮮民團을中華民國吉林省延邊一帶에居住하는朝鮮人自治機關으로承認할事

二、租稅의法令上制定된一般의稅金은朝鮮民團에委任徵收케할事

三、朝鮮人間에消費되는官塩은朝鮮民團에委任取扱케할事

四、刑法上重大事件外에는中日兩國官憲은直接行政을避하고朝鮮民團에委任行政케할事

五、朝鮮人으로서刑法上裁判을밧게되는境遇에는朝鮮民團으로特定의律師를立會辯護케할事

六、自治團令을發布할事

七、安寧秩序의維持의生命財産의保護機關으로警護部를組織할事

八、朝鮮人으로서소一한犯罪事件에對하야 二重處分을勿케할事

執行委員氏名

金正琪　李庚在　鄭士斌　尹知洙　鄭在冕

金演君　韓相愚　申一默　金躍淵　姜　槿

李熙悳　趙商九　王金鵬　金用燦　曹喜林

安壽翼　孫定龍　李昌來　崔斗南　申鉉默

姜載厚　金秉浩　金炳華　林炳斗　安容浩

金龍錫　洪錫燦　李容碩　朴定奎　朴粲順

崔伯允　白楡品　崔昌華　宋義淳

출전:『개벽』 34호(임시호), 1923.4.1, 동국대 소재

◆ 이영민 외, 「詞藻」(한시 4편), 『개벽』 34호, 16면, 대체기사.

詞 藻

(16면)

小 作 淚 全南順天 醉山 李 榮 珉

耝旱無全熟、秋田青草多. 地主如猛獸、舍音似毒蛇.
終歲筋骨物、悉歸富人庫. 晨取霜裏薪、夜掘月邊屨.
毋病無藥金、彌月臥冷床. 子女俱失學、時逐鷄犢行.
全家無斗穀、菜粥難實腹. 鄰狐又奪耝、入門妻子哭.
安得好陽春、遍花天下木.

舟 子 淚 仝 右

烟波何事生涯苦、惡浪狂風無定時. 居陸難堪官稅重、船中已見兩孫兒

祝 開 闢 順天 朴 勝 奉

空山獨夜坐孤亭、兩眼無眠秋水青. 曉月鍾聲何處起、六洲昏夢一時醒

慰海外兄弟

去國離家萬里遊、蕭蕭風雲幾年愁. 四千萬眼紛紛淚、付與茫茫海外流

正 誤

本誌二月號五〇頁下段黃雲天商店年賀廣告의住所下商號『長興寺』는『長興事』의誤

출전 : 상동

◆ 미 상, 「不遠千里의 五百名代表」, 『개벽』 34호, 17~20의 2면, 대체기사.

不遠千里의五百名代表

보라各地의各方面을代表하는그들의面面

(17면)

朝鮮青年黨大會!朝鮮民立大學期成會!朝鮮青年會聯合會總會!이三大의會合을因하야 지난三月二十日後로四月二日까지 京城에來會한朝鮮各地의동무 그數로써 百以上을算하엿스며그區域으로는거의朝鮮全面을網羅하엿도다.

그들의抱持한바主義와討議한바問題는勿論갓지아니하엿스며 쏘가틀수도업는바이나 如何間 그들各自가한個의人間으로서우리의生活 (自己一個人의生活뿐이아니고) 現在의이것보다한層더조흔것을맨들기爲하야써 千里를멀리아니녀기고來會한것뿐은事實의事實일지라. 우리는이意味에서 그들의가진마음을尊敬하는同時에 그마음의發動으로써 이리하고쏘저리한그혀와손은반듯이意義잇는무엇이될것을밋는바이라 晝夜로奔走하는우리는 일즉히一夕의穩討도엇지못하고이제늣게에 그들의氏名을列記하야 雲樹相望의 이便의情懷를버플며 十目所視의그들의責任感을두텁게코저하놋다. 동무여 우리의微意를諒乎否아.

全朝鮮青年黨大會參加團體代表者氏名

慶州海東青年會	鄭萬永
仝	崔鎮河
仝	李鍾澤
智島青年會	朴鍾燮
仝	金容昞

群山青年會	金洪斗
同	朴相健
同	李承玉
宣川基督青年會	桂炳鎬
同	林成祿
仁川懿法青年會	洪　壕
同	鄭　鋅
咸興五老青年會	金榮選
大宗教青年會	慶　鐘
會寧青年會	金昌國
羅一青年會	全基哲
群山鎭南俱樂部	韓相契
同	車周相
同	崔東吉
扶餘窺岩青年會	李錫圭
同	金憙鎭
茂朱青年會	金鍾武
同	金光培
同	陳壽鎭
吉州龍川青年會	梁在龜
同	許梨山
益山소리青年會	林仲桓
同	李奉敎
群山庚申俱樂部	趙容寬
群山	趙重煥
同	朴　湧
鏡城青年會	李雲赫

振威青年會	李相駿
同	尹用奎
金海青年會	印東哲
金海女子青年會	金弼愛
永同青年會	金極洙
同	陸炳世
舒川西南勇進俱樂部	高光圭
同	趙興夏
寧光佛甲青年會	金權燮
同	韓潤錫
朝鮮女子青年會	申諹琲攄
同	金基鏞
同	韓英字
長成北三青年會	李煙錄
同	金泰洙
右水營青年會	李香彦
同	鄭興烈
忠州新化青年會	徐于淳
南原青年會	張煥箕
同	李圭鎰
高陽碧蹄青年會	黃民秀
北青青年會	金敎英
同	金知泰
同	金裕憲
廣州青年會	吳綺煥

(18면)

待天教青年會	李樂永
同	洪仁澤
同	安秉禧
長水青年會	林昌烈
同	柳寅燮
天安青年會	韓琦模
光陽青年會	金周翰
羅南우리親睦會	朴英根
順天地方青年會	韓泰善
同	鄭大熙
安城青年會	林勝經
同	金相德
東萊松亭青年教育會	金德述
城津東三會	李昌煥
同	羅東旭
龍岡修養青年會	金聖九
同	宋仁爽
金泉金陵青年會	李正得
北青青年會安谷支會	李時琓
同	韓熙珍
高城金剛青年會	張鳳翰
同	朴吉守
利川青年會	兪晶濬
莞島金日青年會	林弘基
羅州青年會	昇秉湖
同	金完基

公州青年修養會	成普永
价川北陵青年會	高明䶜
同	徐相麟
同	玄昌淳
鏡城東一青年會	趙政煥
風雲青年會	韓孝東
同	李康夏
風雲青年會	金　焰
北青良家青年會	高鳳煥
同福青年會	吳亨南
同	吳　鎭
安邊青年會	元昌喜
星州青年會	徐內祐
价川青年會	崔昌鎬
仁川漢勇青年會	朴昌漢
同	金錫鉉
東洋基督青年會	李連鎬
同	李宇珩
同	曹秉哲
城津郡北青年會	趙鏞漢
鎭海俱樂部	金琫圭
同	文鬱斗
同	洪懿植
江景青年懇親會	尹台鎭
同	鄭容軾
倭舘青年會	李茂林
同	蔡忠植

錦南青年親睦會	高澤春
同	陳昶植
同	金鍾甲
北青青年會安谷支會	金文壽
歙谷青年會	南相琉
利原青年聯合會	姜爾澹
同	金秉濬
載寧青石頭青年會	吳潤源
同	吳東俊
鐵原青年會	李鳳夏
同	金應煥
佛教青年會	奇石虎
同	李鍾天
同	金雲岳
尙州青年會	金演植
蔚山青年會	朴秉浩
배달青年會	姜仕遠
同	申東熙
同	申禹昇
檜川青年會	李周和
同	許　璧
利原浦項青年會	姜　禹
朝鮮佛教女子青年會	金光浩
同	李明珪
同	禹鳳雲
天道教維新會	姜仁澤
同	金中鉉

同　　　李載坤

進永青年會　　　姜永淳

狩城青年會　　　咸演錦

大倧教中央青年會　　　楊奉根

同　　　朴舜秉

大宗教青年會　　　高應壽

同　　　李鎭泰

連浦青年會　　　朱鍾稷

同　　　李夏善

高麗青年會　　　兪龍穆

同　　　李相鳳

同　　　兪佑植

莞島共濟會　　　李光宇

同　　　鄭仁主

莞島共濟會　　　金壯烈

서울青年會　　　韓愼教

同　　　李春均

同　　　朴尙●

黃州青年會　　　金世鉉

尙州女子青年會　　　千善喜

獨津青年會　　　金河順

(19면)

○民立大學期成會에 出席한地方代表者

【京 畿】

坡州 尹興秀 鄭永軫

申孝範

安城 金重默 朴承六
開城 金永澤 金興祚
孔鎭泰
利川 盧秉翼 柳遠植
金致翼
江華 趙龜元 鄭泰奎
驪州 李興範
楊州 具明會
始興 白寬永
廣州 李廷一 南張熙
金浦 崔柄鶴
振威 張世萬 李相駿
水原 李起元 金世煥
【忠 南】
唐津 安鍾洵 李春世
申泰舜 李龍淳
安晩洙
舒川 高光圭 曹秉慶
保寧 李政求
洪城 鄭成謨 吳綺煥
公州 柳靖鉉
天安 鄭載源 金相喆
李寧永 金相世
宋明漢
扶餘 金熹鎭
青陽 梁興俊 李圭應
燕岐 金鍾甲 林明烈

韓日東
大田 鄭昌謨 安秉三
瑞山 金榮燦
禮山 辛益敎 金顯相
任命鎬
【忠 北】
報恩 崔秉完
淸州 龐寅赫 金泰熙
忠州 趙潤如
堤川 金正浩
永同 李景魯 朴建夏
陸炳世
陰城 黃 勳
槐山 金台應
【全 南】
康津 吳東準
光州 金相淳
靈光 曹憙忠 曹偰鉉
曹秉謨
海南 李元鎔
潭陽 鄭炳庸 鞠景鉉
姜完元
務安 金靖基
羅州 金宗鐵 昇秉湖
長城 金肯鉉 靖善瑜
麗水 崔鍋柱 金漢昇
和順 吳 鎭

咸平 崔鍋基

寶城 羅正紋 崔昌淳

濟州 朴圭壎

【全 北】

長水 朴昌熙 柳寅燮

錦山 鄭赫鐘 金勳植

鄭炳錠 鄭桓鐘

金堤 鄭瀚朝 李箕鎬

斐 憲 金演植

趙紀煥

南原 金聖洙 申鉉奭

邊在侖

淳昌 林秉浩

群山 田溶鎮 洪鍾翊

韓相契 趙重煥

朴 湧 趙容寬

益山 李奉敎 崔秉●

崔炯洛

茂朱 吳在根 李愚恒

沃溝 康邦鉉

井邑 宋直相

(20면)

泰仁 宋克重

高山 李春載

【慶 北】

金泉 李正得

大邱	南泌祐	
善山	姜來翊	李晳洛
慶州	金翰殷	
達城	李根泳	
榮州	姜炳周	
星州	裴相濂	
永川	李起韶	
奉化	柳相善	金敎駿
	姜奭元	
盈德	李謙浩	鄭在鉉
	文明琦	
義城	李圭夏	吳秉韶
	吳達世	
安東	柳寅植	金晉潤
	李重鎬	
尙州	朴正鉉	柳寬植
軍威	徐相吉	●志●
永同	陸炳世	
慶山	金基陽	玄復圭
	李相鎭	
【慶	南】	
東萊	尹相殷	
蔚山	李在洛	
咸陽	姜大翼	
固城	吳得根	
梁山	柳得龜	嚴柱和
馬山		金相範

居昌 都鎭基 卞源衡
昌寧 郡靈山 張振秀
金秋銀
晋州 朴在華 鄭載華
李範或
密陽 朴章億 高元涉
韓春玉 孫洛鉉
張世英
統營 徐相灝 徐相灌
陜川 鄭淳鍾 陳圭奐
●● ●●●
高寧 兪佑植 李相鳳
【江 原】
鐵原 崔 昇
平康 金鶴植 李泰潤
李寅鎬
伊川 金瀅九
三陟 李相駿
春川 林亮信
【咸 南】
長津 車斗軫 韓奎善
甲山 金喜馹 金俊恒
定平 元貞俊
洪原 金承明 金信根
韓承敎
安邊 崔達斌 元昌喜
文德進 金基鉉

李昌煥 李得權
德源 金利鉉 韓璣洙
咸興 李 炯 洪基鎭
高原 金仁淑 李濬龜
文川 金章煥 趙三敎
孫相堯
永興 李錫龍 李命燮
金衡相 趙鳳禧
元山 金大郁 郭鳳漸
朴載益 趙鍾九
金容浩 金璟植
康基德 南百祐
南忠熙
北靑 金翰經 孟性冉
金 琓
【咸 北】
明川 太有爲
鏡城 李雲赫 宋德綏
趙岐煥
城津 朴昌允 金致鍾
會寧 全昌國
咸興 李國鎬 鄭鳳宇
文秉浩

(20의 1면)
【平 南】
江東 李根燮

平壤 金東元 曹晚植
朴經錫 鄭世胤
鎭南浦 林蚩正 莊元瑢
順川 金仁穆 金炳鎬
盧麟奎
平原 金炳軾 韋基喆
洪鎭杉 韋秉植
車明鎬 金淵穆
江西 朴璇齊 金俊敏
朴永魯
安州 李寬淳 禹弼舜
中和 鄭昌信
价川 崔命鶴 朴熹洙
徐相麟 高朋虬
崔昌鎬
孟山 吉慶雲 徐鳳球
王材元 金炳斗
陽德 李陽瑞
成川 金觀鐘 李冕均
●●●
龍岡 宋仁奭
【平 北】
新義州 崔允鼎 李熙迪
宋淳元
宣川 金一善 李泳贊
金應繕
定州 方應謨 劉永錫

洪箕疇 李昇薰

金起鴻

郭山 金庚咸

熙川 金洙一

龍川 黃觀河 張熙鳳

金容圭

鐵山 朴　英

朔州 金鳳梧

龜城 金載熙 白應奎

全恒鍊 金應漢

博川 金致弘

昌城 金泰奭

碧潼 白尙翼

楚山 ●一● 金●●

雲山 尹聖一

寧邊 蔡洙般 咸泳澤

車國轅

【黃 海】

海州 吳世皡

殷栗 張義澤

瑞興 申衡國

延白 宋斗鎬 劉在冕

趙雲泳 丁佑鎭

松禾 金　鐸 姜齊模

崔鴻逵

金川 鄭龍模 李錫瀅

金永燦 朱光鳳

印斗國 金永燦

載寧 金鳳郁 洪鍾禼

李根燮

信川 姜學龍 朴華福

李道淳 李淳英

長淵 崔載淳 吳圭瑞

李東和

谷山 ●●● 李●●

鳳山沙里院 朴●求

崔基恒

安岳 李貞敏

遂安 金東興 金萬植

新溪 李鍾謙

黃州 金世鉉 金道彬

平山 閔勉植 趙炳學

閔泳義 金東元

權五鳳

【國 外】

中 國 營口縣 劉龍起

仝 奉 天 柳鎭永

仝 間 島 姜哲勳

林炳翊

(20의 2면)

〇朝鮮青年會聯合會總會에出席한代表者

北 青 青 年 會 金 敎 英

孟 性 冉

　　　　　尹泰南
金溝青年會 金　喆
松禾青年會 姜齊模
　　　　　宋源璧
松下青年會 許驥男
高麗青年會 孔鎭泰
　　　　　金永澤
鎭海俱樂部 文鄭斗
　　　　　洪懿植
　　　　　金琫圭
星州青年會 裵相濂
　　　　　徐內祐
陜川青年會 鄭淳鍾
　　　　　陳圭奐
　　　　　李民佐
大成青年會 金　鐸
彦眞青年會 金萬植
密陽青年會 韓春玉
　　　　　朴章億
　　　　　孫洛鉉
高山青年會 李春載
高靈青年會 李相鳳
　　　　　兪佑植
　　　　　兪龍穆
信曜青年會 辛泰嶽
　　　　　辛鍾昇
　　　　　辛鍾國

密陽女子青年會 高 遠 覺
倭 舘 青 年 會 蔡 忠 植
淸 道 青 年 會 金 靈 泰
金 英 勳
蔚 山 青 年 會 朴 秉 鎬
李 鍾 天
海 州 青 年 會 吳 世 皥
永興青年俱樂部 李 命 燮
張 明 炫
堂隅青年俱樂部 姜 基 德
長 淵 青 年 會 崔 載 淳
載 寧 青 年 會 李 根 燮
元 山 青 年 會 南 忠 熙
金 大 郁
高 原 青 年 會 李 濟 龜
昌 寧 青 年 會 河 翔 錫
梁 山 青 年 會 權 得 龜
定 平 青 年 會 元 貞 俊
蓮 山 青 年 會 東 斗 軫
雄基青年親睦會 李 國 鎬
金 海 青 年 會 印 東 哲
安 邊 青 年 會 元 昌 善
安 東 青 年 會 金 晋 潤
瑞 興 青 年 會 申 衡 國
萬 頃 青 年 會 鄭 魯 湜
浦 項 青 年 會 姜 禹
南 面 青 年 會 安 浚

金 鍾 漢

(以上三十七團體五十七人)

備 考

朝鮮青年黨大會 는三月二十四日부터鍾路中央青年會舘안에開催되야 三分科를置하고無政府主義, 共產主義의見地에서婦人問題, 教育問題, 宗教問題, 勞働問題, 經濟問題, 民族問題, 青年會發展問題, 其他社會問題를討議하야 仝三十日中에 總會의決議을行하려든中鍾路警察署의集會禁止로不果하다.

朝鮮民立大學期成會總會는三月二十九日부터四月一日까지의三日間으로써 鍾路中央青年會舘에開催되야 資本金一千萬圓의財團法人民立大學을設立하되이제부터 一年以內에 一千萬圓資金를[11]募集하기로하고 中央部執行委員李商在氏外二十九人을選定하엿스며

朝鮮聯合會第四回定期總會 는四月二日부터亦是鍾路中央青年會舘에 開催되엿는데出席代表가三十七團體五十七人이엿다

출전 : 상동

◆ 고 봉, 「現新聞의缺陷과民衆의無神經」, 『개벽』 44호, 4~10의 8면, 대체기사.

現新聞의缺陷과民衆의無神經

－新聞을낡는이들에게－

孤　　峯

11) '을'의 오식.

(4면)

一、序言

우리는每日적어도一次는新聞과接觸하며、이接觸은決코偶然이아니오吾人의要求하는바에因하나니이要求는要求하는者의事情을쌀아相異하려니와何如間新聞이吾人의日常生活과써나지못할形便에잇는것은事實이외다

이와가티吾人과密接한關係에잇는新聞에대하야아직讀者의소리를 듯지못함은遺憾千萬이외다 此意味에잇서서나는讀者의一人으로서나의新聞에對한生覺을그대로아모修飾업시써서新聞을親히經營하시는先生들의一種우슴(笑)거리를만들고저함니다

二、新聞의權威

一國家와一社會의文明程度를窺知함에는여러가지手段과方法이잇겟지만은新聞의發達如何로써此를觀察함도一方法이라고生覺함니다今日文明한國家이니發達한社會이니하는곳에서新聞이如何한發展을하엿스며 未開한社會에서는如何한程度에잇는지를觀察하면明瞭하겟슴니다. 이는곳社會의盛衰와新聞은其揆를同一히한다함을證明한다고밋슴니다. 그러면何故로社會와新聞이그다지密接한關係를有한지한번考察할價値가잇슴니다大蓋新聞은社會의要求에因하야發生되며成長하는것임은事實이외다아모리훌륭한新聞이誕生하더라도求하는사람이업스면成長치못할것은當然한事理이외다. 勿論散財的事業으로幾多의財産을抛棄하여가며經營한다하면畢竟은相當한發展을하게될는지알수업스나그러치아니한即現時와如한狀態에잇서서는換言하면散財的經營을하지아니하는今日에잇서서는보고저하는사람이업고는到底히發展키어렵슴니다우리朝鮮에新聞이나雜誌가良好한發展을보지못함은其原因이經營者에게도잇스려니와가장큰原因은보고저하는사람이적은까닭이라고밋슴니다. 그럼으로新聞이興旺함은讀者의要求에잇다하려니와今日新聞은讀者의要求에應하는程度에止하지

(5면)

아니하고社會를覺醒하며鞭撻하며感化하는一大威力을가졋나니이는곳新聞이思想의先驅가되야서社會의指針이되야잇슴이외다. 吾人이新聞으로써不知不識間不少한感化를밧난것은贅言할必要가업슴니다. 故로新聞은文化의消長에絶對的價値를有하며國運의隆替에至大한關係를有하다고밋슴니다. 그럼으로누가말하기를新聞은國運을左右한다고하엿슴니다. 新聞의權威를證明하기爲하야一二의例를擧하건대這般大戰의基因도新聞의宣傳的勢力이偉大함에在하다云할수잇고戰爭이長延함도新聞의宣傳이무엇보다重大한關係를有하엿다고云할수잇슴니다. 戰爭當時의英佛兩國의對內對外의宣傳이果然엇더하엿는지를生覺하면可히想察하겟슴니다. 米國國民의輿論은英佛兩國新聞의宣傳이至大한關係를有한줄밋슴니다. 故로最後의勝利를獲得함은新聞의「힘」이엿다고하여도過言은아니라고生覺함니다. 이는獨逸이元來新聞事業에等閑하다가大戰中新聞의偉大한힘을깨닷고急작히新聞을膨張식히려하엿스나時期가느졋슬뿐아니라當時의通信費가英國은「四五〇,〇〇〇기로」요獨逸은「三五,〇〇〇기로」이엿슴으로無可奈何이엿고講和條約이締結된後獨逸의新聞業이如何한發達을하게되엿냐함은事實이證據하는바이어니와現今新聞에對한科學的硏究가가장發達한곳은獨逸임을보면明白함니다. 這般大戰에對하야新聞이如何한地位에잇섯느냐함은이미말하엿거니와左에「文化生活」九月號에揭載된三宅雄二郎博士의「英國新聞王의死와世界文化」의一節을抄譯하건대 …… 新聞王의實을具備한事眞實로可驚할手腕이라하겟도다世界戰役中의彼(노-스크리쭈)의活動은實로聯合國側의勝利를得함에殊功이잇섯다하겟도다、極力戰爭熱을鼓次하고百般方法으로聯合國便을增加케하야敵을부시엿다、彼의死에臨하야列國首腦의哀悼의電報를受하고웨스트민스터-寺에서盛大한葬儀를行함은偶然이아니다、現代에어나누가死할지라도이만콤世界에刺戟을주엇스리요 …… 彼는、애스큐스內閣이넘우溫柔하다고此를破壞하고、로이드・쬬-지內閣을세우고米國을聯合國으로引入하야最後의勝利를 得 ……」이라하엿슴니다.

日本의 西伯利亞出兵時라던지徵兵시라던지其他如斯한例를들고져하면限量업습니다. 何如間우리가日常新聞을接할時에「新聞의힘이아니고는」하는感歎은모다新聞의權威가莫大함을證據하지아니함니까.

三、新聞의使命

(6면)

新聞은吾人에게至大한警鍾이되며社會思想의先驅가되며社會生活의指針이될쑨아니라文化의消長과國運의隆替에直接關係함으로新聞은果然職分이重하며그使命이大하지아니함니가. 新聞은必히右에말한바와갓튼至重且大한使命을遂行하기爲하야愼重한態度를갓지아니할수업습니다. 萬一新聞이自己의職分을忘却하고輕忽히行動하는때는一社會一國家를亡하게함은明白한일이라고自信함니다. 누가말하기를昔者에는君主가一國政治를專行하엿고其後에난法律에依하야君主가政治를하고今日은新聞이政治를한다고하엿습니다換言하면今日의主權은實로新聞이執握하엿다난意味이외다. 語弊가잇슬는지는알수업스나其實質에入하야民意를左右하며修攬함은新聞이아니고무엇일가요.

王에난種類가잇서堯舜禹湯가튼賢王도잇고桀紂가튼虐王도잇스나그러나賢虐이그末에는大差가잇서도其始에는一毫의差에不過하지안습닛가一毫之差千里之繆는卽此를말함이아닐가요. 萬一新聞이그一步를그릇하면虐王이될지라吾人이新聞에게期待함이만코囑望함이큼은엇지偶然한事이리요. 新聞의健全을祈祝함은識者의責務라고生覺함니다. 如斯한囑望을有한眼目으로써現今新聞을洞察할時에果然痛歎치아니할수업스며憤慨치아니할수업습니다.

四、現今新聞의缺陷

우리가第一新聞에注意치아니치못할것은그新聞의精神이라함니다. 나는新聞을一、自由紙 二、機關紙의二種으로分하려고함니다. 自由紙라함은그精神이自由요機關紙라함은그精神이機關이외다. 自由紙는그組織

이라던지取材라던지編輯이라던지는勿論이어니와그判斷이自由에서出함니다. 此에反하야機關紙는첫재그判斷이固定的이외다. 假令A는永久히A지만은此를B라고말할必要가생기면그理由如何는不問하고B라고함니다. 그럼으로自由紙난公正한判斷을할수잇스며萬一法의干涉으로A를A라고말하지못하게되는때는차라리말을아니할지언정B라고는하지아니하며、機關紙난判斷이公正치못함으로虛僞의主張을하게됨니다. 自由紙는그組織부터自由로되고取材方法에至하야는勿論이오編輯에關하야도自由로取捨하지마는機關紙는모다反對됨니다. 何故오하면自由紙는社會의指針됨을自負하고出生한新聞이나機關紙는政府又는一政黨或은一階級을擁護하기爲하야出

(7면)

生한者임으로其出發点을달니하는까닭이외다. 그럼으로機關紙는眞正한意味의新聞이아니오一黨派等의用達紙이외다. 假令一新聞이政府의機關紙라하면이는私人이發行하난官報에不過함니다. 쏘反對黨의機關紙라하면政府施設의是非曲直을勿論하고反對主張을하게됨니다. 우리는新聞을生活上要訣로生覺하는데白을白이라하지아니하고黑이라하며黑을白이라하는新聞이橫行한다하면우리난新聞을밋지못하게되겟습니다. 그럼으로우리가眞實로우리의先驅者로밋고師友로하랴면、먼저新聞을選擇함이緊要하다고함니다. 自由의意思를가지지못하고私利私益을爲하야世上을欺瞞하는所謂機關紙가跋扈하야社會에害毒을줌은實로痛歎할事이외다. 그러나世上을迷惑케함은機關紙만이아니외다. 自由紙中에도그러한種類가잇습니다卽그精神이自由인点은同一하나所謂自由－精神、態度－라는것이甚히曖昧한것이잇습니다. 灰色紙라하는것이、곳이것이외다.

新聞記事는眞正함이그本來의職分인데現今新聞은虛僞가만습니다. 無根風說이事實과가티出現하는일이만습니다. 이는 卽世上을欺瞞함이아니고무엇일가요設令事實이잇섯다하더라도該事實에對하야獨斷이만습니다.

眞正한證據를蒐集하야서判斷치아니하고다만臆測으로써判斷하야이것이眞正한事實인것가티報道함은遺憾千萬이외다. 假令女子가溺死한事實이잇다하면그原因을仔細히探求치도아니하고記者의憶測으로써原因을作成하야失戀의結果라함과如한事가잇슴은甚히不當한일이며、其原因을探求할際風說을듯고서이것이眞正한原因인듯이報道함은발서獨斷이라하겟습니다. 新聞은編輯上時間이急하고또他新聞과의競爭上事件의探知를急히할必要가잇겟지만은仔細치못한事實은어대까지던지仔細치못한대로報道할것이오獨斷的報道난不當하다고生覺합니다 右에例로든女子의溺死에對하야그原因이他에在함에不拘하고失戀溺死라報道하면死者에는입(口)이업다할지언정이는世上을써난그사람의게또는그의遺族에게滋味스럽지못한일은아닐가요、只今事實을하나들어말하건대年前에某新聞이某地方運動會에對한事件을報道하엿는데事實에相違함이如干만치아니하엿습니다、當該事件의一方이엿던사람의傳言만을그대로揭記한까닭이엿습니다. 紛爭은勿論其他相對者가잇는事件의報道는雙方의말을聽取하야交互揭載하야서그是非를讀者의判斷에一任함이公平치아니할가요? 一方의

(8면)

傳言을그대로信用하고報道함은記者의獨斷이아니고무엇이며編輯者의失態가아니고무엇일가요. 原告의辯論만으로判決이公正한裁判이되지못할것은定理이겟지요、事實이잇기는잇스나此로誇張하는일이잇슴은不當하외다. 直所謂針小棒大로些少한事實을尨大하게報道함은亦世上을欺瞞함에不過하다고生覺합니다 또한가지遺憾으로녁이는것은個人의名譽에關한事이외다. 어느事實이發露되야이것이新聞에揭載됨으로事實의主人되는사람에게如何한關係가잇는것을參酌치안이함은甚히不穩當한일로녁임니다. 新聞의職分은社會를警醒함에任함으로、어느事實을新聞에報道하야그事實이世人에게一種警戒가됨은勿論이나社會를爲하려고個人을전혀無視할수는업습니다. 萬一그事實을新聞에揭記하야世人에게至大한

警醒을준다하면或몰으나그러치도못하고다만그事實을發露식히기爲하야의揭記면이는不當한줄밋습니다. 쏘萬一記者의感情的行動으로個人의榮譽에關係되는事實이揭載된다하면이는新聞을介하야個人的報復을敢行함이안닐가. 近來에傳聞컨대記者가或感情的心思를直接間接으로新聞으로써發揮하는일이잇다합니다. 果然如斯한事實이曾往에잇지아니하엿다하더라도 編輯當務者는恒時注意할必要가잇다고生覺합니다

右에말한外에現今新聞이新聞經營의關係로어느個人에게阿諂한다던지廣告收入을圖謀하기爲하야種種委托하는廣告主에게對한明白한事實卽新聞記事의價値가잇는事實을故意로報道치아니하며或은所謂提燈記事를種種揭記한다거나或自己新聞에廣告를揭載치아니하는商人에게間接으로威脅的記事卽營業上滋味스럽지못한事實을期於히摘發하야慇懃히廣告收入을圖謀하는事가잇다함은實로哀惜한일이외다 現今新聞의缺点을揭記하자면爾外에許多하지마는말이넘우길어짐으로그만두겟습니다.

現今新聞이如此이墮落하엿슴으로一部人士는新聞改革을絶叫하며甚히偏狹한所見이지마는新聞無用을主張하는사람까지出現케됨은今日新聞의缺陷이如何히巨多한지를窺知함에足하다고生覺하나이다.

五、改革에對한卑見

今日新聞의缺點은大槪右에말한바와갓거니와如斯한缺點이업다하여도過言이아닐만한新聞이업는바는아니외다. 그러면右에말한缺點이업다고할만한新聞은다시改革할餘地가업고그에서滿足하겟나냐하면決

(9면)

斷코그럿치안습니다. 다시말하면右에揭記한것과가튼缺點이잇는新聞은그缺點을除去하고업는新聞은그대로어데까지던지그狀態를維持하고繼續하면吾人은다시改革을論할必要가업겟느냐하면그러치안타함이외다.

吾人이玆에現今新聞의改革을부르지짐은許多한缺陷이잇는新聞이、그여러가지缺陷을除去함을바라고마지아니함은勿論이어니와改革을부르

지지는眞意는이에서긋치지아니하고一步를더나아가서缺點의除去以上一層더조흔新聞의出現을祈求함에잇습니다. 그럼으로玆에말하고져하는것은右에말함과가튼缺點을除去함에止치아니하고아니하고一步를더나아가서積極的으로改善코져함에在합니다. 譬諭하야말하면世上에는病잇는사람이許多하지마는病업는사람도잇습니다只今身體의健康을圖謀하랴하면病잇는사람은먼저病을治癒하여야하겟지마는身體의强壯을바라는사람은現存의健康그것으로滿足하지못할것이오반다시運動을한다던지여러가지로强壯術을講究하지아니할수업습니다. 卽吾人이玆에新聞改革을論코져함은身體强壯術을講究함에不過합니다. 그럼으로身體가虛弱하다던지病이잇다던지하는사람은먼저病을治癒할必要가잇슴은勿論이어니와身體의强壯은必히病根의杜絶을先行치아니하면아니되는것이아님과가티吾人이玆에所謂新聞의改革이라하나此所謂改革論이缺陷(病)잇는新聞에도適用됨은勿論이외다. 잔소리는이만긋치고

大蓋新聞이란如何한것이라하는意義를먼저定하여놋켓습니다. 그러나玆에所謂新聞의意義라하는것은吾人一家의意義에不過할것이오正鵠의意義가되지못할것은新聞學을硏究치못한者의避치못할바인줄自信하나이다.

新聞은現在의一般文化를發達케하고저하는通信機關이라고定義코저하나이다. 卽新聞은

가、現在를標準하여야하겟습니다. 過去의歷史를講究究發表하는것이라던지其他現在를써난卽新事實이아닌것은新聞記事의價値가업는줄生覺합니다. 所謂餘裕記事라하는것이新聞記事의價値가잇다함을辯明하지마는萬一餘裕記事로만된新聞이잇다하면吾人은眞正한意義의新聞은되지못한다고함니다. 時時刻刻으로發生되고變遷하는所謂新事實이야新聞記事될價値가充分히잇습니다.

나、一般社會文化를發達케하고저하는目的을가저야하겟습니다. 어느限定된一局部의文化를發達케하

(10면)

고저하는것은眞正한意義의新聞이되지못할줄밋슴니다. 假令어느階級을爲하야存在하는新聞은新聞의體裁는가젓슬지라도新聞의職分을履行할만한能力은업슴니다. 貴族階級을爲하야라던지資本家階級을爲하야라던지或은勞働階級만을爲하야라던지或은知識階級을爲하야라던지存在하는것은一般이아님은勿論이외다. 特定한一階級或은一社會만을爲하야存在하는新聞이잇다하면그는그階級그社會의文化를發達케할能力은잇슬지언정一般社會文化를發達케하고저하는新聞의本務를다할수는업슴니다.

新聞은一般社會文化를發達케하고저하는目的을有함으로時時刻刻으로發生하고變遷하는新事實이면그事實에對하야新聞記事의價値上選擇할必要는잇겟지마는그事實의發生處가貴族社會이거나有産社會이거나勞働者社會이거나花柳界이거나區別할必要가업슴니다. 現今某特殊社會에서는今日新聞이넘우淫亂하니무에니하야一部記事를拔切하야서보는듯하나이는愚昧頑冥한行實이닛가吾人의關與할價値가업거니와新聞은맛당히모든新事實을網羅할것이오決코此에區別을附할것이아니외다. 花柳界의事實을所謂道學者라던지하는어룬이볼때에는蔽一言하고新聞을叱詈하겟지요또所謂特權階級이니特殊社會이니하는데에서는勞働者社會의事實은보려고도하지안켓지요. 그러나이는그네들의頑冥한所致가아닐가요、花柳界의一事實이라던지勞働者社會의微微한一事實이라도識者의眼光에接觸될때에는그事實의社會的價値를發見할줄밋슴니다.

다、通信機關이되여야하겟슴니다. 現在를標準해야되겟다는데에서所謂餘裕記事라하는것은現在가되지못함으로新聞記事의價値가업다고이미말하엿스나新聞이通信機關이되여야하겟다는點으로도所謂餘裕記事라하는것은排斥하지아니할수업슴니다. 特히우리社會의形便을一考할진대우리는餘裕가잇슴닛가晝夜不息하여도他人을쌀하가기가遼遠할뿐아니라生存하기도어려운데餘裕生活이무엇이며餘裕生活이업는社會에餘裕記事가禁物이됨은事理에合當하지아니할가요、그럼으로餘裕記事는우리社會

에는合當치못한것이어니와新聞이通信機關이라는意義하에서는到底히容納할수업는것이외다.

右에말한新聞의意義가妥當하다하면新聞은반다시時時刻刻으로發生하고變遷하는事實을그대로卽如實히報道하여야하겟습니다. 今日新聞이擧皆報道主義

(10의 1면)

下에서行動함은事實이나아직도論爭을爲主하는新聞이根絶되지아니함은一大遺憾이외다. 卽新聞은新事實을如實히報道함이그目的이오職分되는同時에이것으로써그任務를다(盡)하엿다고도말할수잇습니다. 그러면新聞은報道에對하야如何한態度를가저야그任務를다하겟느냐하는것이問題가됩니다.

新聞은自由獨立하야公正不偏하는同時에記事에對하야責任을입어야하겟습니다.

가、新聞은自由獨立하여야하겟습니다. 吾人이眞理를探求하고發見함에는學問의自由研究가必要함과가티新聞이그職責을다하고저하면먼저自由獨立하여야하겟습니다. 右에도말하엿거니와自由意思를가지지못하고發表의自由를가지지못한所謂機關紙와가튼것은公正한判斷을못하고 짤하서偏僻報道를하는것이不得已한일이아닐가요、事實을公觀正視하며公正한報道를하랴하면반다시意思의自由와報道의自由를有한自由新聞이되여야하겟습니다.

나、記事에對하야責任을저(負)야겟습니다、事實을그대로報道치아니하랴면몰나도如實히報道하는新聞인以上은그記事에對하야責任을진들何等相關이잇겟습니까. 相關이업슴에止할섇아니라此로因하야新聞은絶對로信用을엇게되겟습니다. 近日新聞이記事에對하야넘우나無責任한것은哀惜한일이외다. 大號活字로報道한事實이模糊한곳이잇서서此를問議한즉一切回答을하지아니하는일이잇슴은記事에對하야無責任한証據가아닐가요. 또一號活字나特號活字로報道한事件에對하야誤錤된点이잇서서正誤申請을하면大蓋正誤를하여주나某조록讀者에게잘보이지아니하난곳에五號나六號活字로正誤함은넘우나無責任한일이오不道德한일이아닐가요. 이에對하야或말하기를正誤를하난것은新聞의威信을失墜하고信用을低下케함으로新聞經營上不得已한일이라고할는지몰으나決斷코그러치안타고生覺합니다. 假令우리個人으로生覺하더라도日常生活에矛盾되는일이만코그行動이不正한때가잇는것과가티新聞도不正한때도잇슴은事實이오또記事에誤錯이잇슬것은不得已한일이아닐가只今누가自己의잘못된것을正正堂堂히改善한다하면누가이사람을辱하겟습니가、그사람은반다시더욱활活潑하고完全한사람이되지아니할가요、新聞도亦잘못된報道가잇슬때는自己가스스로正誤함이썻썻한일이아닐가요、況正誤申請을밧고도이것을마지못하야小活字로한구석에記載함은卑怯한일이아닐가요、所謂

(10의 2면)

紳士의體面을維持한다고自己의잘못된것을詭辯으로抑談否談하야一時를塗糊하고저함과무엇이다를가요. 하믈며新聞紙法第十七條가잇는以上不正한일이아닐가요、吾人은新聞紙法에對하야多大한反感을가젓스며此의改正을絶叫하는者이나第十七條만은實노感服하는條項이외다.

記事에對하야責任질일은말하엿거니와廣告에對하여서도亦然합니다. 吾人은新聞이新聞에揭載된廣告에責任을지기를바람니다. 近日新聞이그收入을圖謀하기爲하야廣告의實質如何를不問하고取扱하는것은營利的態度가넘우歷歷히보이나이다. 新聞이廣告를取扱케된後現在新聞으로서廣告를取扱치아니하는新聞이업고畢竟은新聞經營을廣告로維持하고販賣收入은用紙代에不過하게되엿슴은事實이며、某新聞은販賣代가用紙代의 一割에不過함에至하엿다하며廣告가記事를凌駕하게되여新聞이廣告社의經營이아닌가하는疑心내일만큼되엿스닛가廣告에對하야參酌할餘地가업는것은아니지마는、新聞經營이純全한營利事業이아닐뿐아니라此

를營利事業이라假定할지라도營利上으로라도新聞이廣告에對하야責任을질理由가잇습니다. 그理由를말하건대大蓋新聞을信用하는사람은그新聞에揭載된廣告까지信用하게됩니다. 그証據로는都市의大新聞卽權威잇는新聞에揭載된廣告와地方에서僅僅히經營하는、짤하서그대지信用이업는新聞에揭載된廣告를此較[12]하면엇던廣告가廣告閱覽者에게信用을주겟슴닛가. 그러나廣告가眞正치못함이만흔때에는信用하엿던新聞까지疑心케됩니다萬一新聞이疑心을밧게된다하면이난新聞에對하야큰打擊이되겟슴니다. 勿論廣告의實質如何를不問하고委托하는것을다－受理하면廣告收入이만흘것은定한理致이지마는이야말로知其一이요未知其二가아닐가요一時的收入만알엇지新聞의百年大計를몰으는愚昧한일이아닐가요. 母國國民의私腹을充滿식이랴고눈이벌게하다가植民政治에失敗하는英國植民政策과恰似하지아니할가오. 米國某洲에서는法律로써新聞이廣告에對하야保障을하게되엿다는말을들엇습니다、事實이라하면新聞界에一大警鍾이되겟슴니다. 新聞이廣告에對하야責任을 지게될것가트면一時는廣告委托者가減少하겟지요、何故오하면今日新聞에揭載되는廣告로써眞正한것이얼마나됨닛가大部分은誇張的欺罔이아닌가요如斯히外形的으로販賣政策을쓰던商人等은必然委托치못하게되겟지요新聞社에서實質內容을檢査

(10의 3면)

할터이닛가. 그럼으로一時는廣告收入이減少되야新聞經營上困難을當한다할지라도畢竟은그新聞의聲望은振動할줄밋습니다. 絶對의信用을엇게되겟슴니다新聞이絶對의信用을엇게된다하면그때의廣告委托者의競爭은絶頂에達할터이지요. 廣告收入이膨漲되야新聞은漸漸盛旺케될것은定한理致가아닐가요. 米國「썬데이　每日」이 五六十페－지를發刊한다함은偶

12) ‘比較’의 오식.

然한事가아니라고生覺합니다. 이는收入上으로打算한바어니와一步를더나아가新聞廣告를社會經濟上으로考察할時에는又一層廣告에對하야新聞經營者의反省을祈望치아니할수업습니다. 新聞廣告와購買力은至極히密接한關係를有한줄밋습니다. 吾人의購買力은限度가업는것은아니지만은新聞廣告는購買力을甚히增進케하는줄生覺합니다、卽餘裕잇는購買力을有한社會라도新聞廣告가不振하면딸하서購買力이萎縮되며新聞廣告가振興하면購買力은最高限度까지伸長하는것이라고生覺합니다. 年前市俄古에서新聞原版職工이同盟休業을하엿슬때에大街에行人이零星하여져서休業이끗나던第八日에는大商店等이閑散하엿다합니다. 其後休業이끗나고各方面으로硏究한結果新聞이休業이되여서新聞廣告가끈어짐이原因되엿슴을發見하고新聞廣告의偉力에 驚諤지아니한사람이업다합니다. 그뿐아니라今日都市와地方間에貨物의去來가頻繁함은交通의便利도原因되겟지마는新聞廣告의힘이主因이되는줄生覺합니다. 果然이면新聞廣告는社會經濟上優秀한地位를占하엿다하겟스며此에對하야는크게硏究할價値가잇지아니할가요、此際에新聞이新聞廣告에一種保障을함은社會經濟上으로보던지新聞自體의政策으로보던지極히緊要한處置인줄밋습니다新聞廣告에對하야는後日다시말하고저합니다.

吾人은以下에特히우리先輩의손으로發刊하는新聞에對하야遺憾되는點卽一時라도迅速히改革할必要가잇다고生覺하는點을揭記하고此에對한改革案을添附하야斯界先輩의參考에供하고저하나이다. 參考에供한다하엿스나淺薄한一學徒의自家說임으로果然參考의價値가잇슬는지疑問이외다. 아니、우슴거리에不過할줄암니다.

가、論說에私見을挿치아니할일이외다. 論說은輿論을代辯하면그任務를다(盡)할줄밋습니다. 吾人은政治에法律에經濟에社會에其他各方面으로不平이만흐며不平으로因하야各種慘喜劇을演함은事實이외다個人에는個人的不平이잇고社會에는社會的不平이잇

(10의 4면)

지아니함닛가. 이社會的不平은一種輿論을産出하는줄밋습니다. 今에社會的不平이잇서이것이新聞의論材가될때에는반다시輿論그것을그대로登載하면足할줄生覺합니다. 此에筆者의私見을挿하거나或은個人的不平卽主觀的不平이混在하면이는곳輿論을代表하는任務를가진新聞의執할바態度가아니겟습니다. 輿論은不平으로만생기는것은勿論아니겟지요마는如何한原因으로던지輿論이생기면新聞은반다시輿論그것을고대로表示하고代辯하야되겟습니다. 或말하기를輿論그것이恒時正當한것이아니라甚히不正當한때가잇스닛가新聞은반다시그正不正을判斷하야態度를決定할것이라하며歐洲戰亂當時의「럿셀」氏와日露戰爭當時의小村氏의說을引用하며쏘말하기를輿論이라하면群衆輿論도包含되는데群衆心理란一種變態心理임으로正鵠한것이아니라고하나吾人은此에首肯치못할理由가잇습니다. 吾人은民衆을愚昧하게보지아니함니다누구나黑을보면黑이라하며白을보면白이라함니다. 黑을白이라하며白을黑이라하는者잇스면이것이變態心理가아닐가요. 大蓋吾人에게賦與한道德的良心으로冷靜히考察하면事理의正不正은곳判斷될줄밋습니다. 民衆이各其道德的良心을所有한 以上、約束한것가티一齊히黑을白이라하며白을黑이라할理는업슬줄밋습니다. 쏘群衆心理라하며輕忽히녁이지마는群衆처럼嚴肅한것은업는줄암니다. 群衆을對象삼고抑說을吐할者는업는줄밋습니다. 萬一群衆을欺瞞하랴하는者잇스면群衆은決코此에應從치아니할줄밋습니다. 或是群衆의行動이熱狂的인때가잇스나그心理가變態的인까닭이아니오도로혀그心理의根底가鞏固한所致인줄밋습니다. 그럼으로吾人은群衆心理처럼根底가鞏固한心理는업다하며輿論처럼正當한것은업다함니다. 勿論社會的誤解가업는것은아니나이는吾人의想像키難한事이외다. 或말하기를輿論그것을그대로代辯한다하면新聞의指導적權威가何에在하냐고말할는지몰으나、輿論을그대로쓰라함은輿論이穩健正當함을是認함이며쌀하서社會로하야곰正當한標的下로進行하라함이니何等指導的權威를失함이

업습니다.

그러나右에한말은一般이아직未開함과坐緘口鎖手를當한우리社會에對하야는迂遠한感이업는바는아니외다. 卽우리社會에는輿論이라할만한것이、만치안타하여도過言이아니겟습니다. 그럼으로우리新聞은具體化한輿論만을期待할것이아니라 우리의感情을

(10의 5면)

洞察하야輿論의先驅가되도록힘쓸것이라고生覺합니다. 萬一論說當務者가民衆을愚昧視하고自己의私見을吐하야써期於히自己의主觀을세우고저하면報道主義로變遷된新聞을昔時封建時代의論爭主義로復舊식이고저함에不過치아니할가요.

나、論說을所謂論說欄에만揭載하지아니할일이외다. 近日新聞이擧皆論說은一定한場所에揭記하는듯함은遺憾이외다. 아모리絶世의名論卓說이라할지라도、다만一次의登載로는所期의効果를엇지못할줄밋습니다. 二次三次回數를反復한後에야所志가貫徹된다거나或은輿論이沸騰한다거나하겟습니다. 그러나同一한題下에同一한論說을反覆登載하면讀者의興味가떨어저서힘써쓴卓說이不顧의慘地에陷落될터이오또筆者도쓰기에滋味가업슬터인즉此際에그論旨를雜報特히社會面에揭載하는그形式을變하야써讀者로하야곰不知中興味가잇게閱讀케하여서所期의貫徹에努力함이可할줄밋습니다.

다、論說의體載를固定치아니할일이외다. 現今新聞의論說 (特히社說) 쓰는體載가二種이잇는듯합니다. 나는此二種을區別하기爲하야一은長編이라하고二는短編式이라稱합니다. 長編式이라함은一題目下에新聞의一段半假量을占하게쓰는體를말하며短編式이라함은新聞一段을約五六項에分하야各各다른(異)題目下에쓰는體를말함이외다. 兩體가各其特長이잇겟지마는나는短編式이長處가더잇다고합니다. 大蓋新聞은世人에게읽히고저함인데萬一읽어주지아니하면筆者의机上空論에不過하지안흘가요

그럼으로되도록讀者의興味를鼓吹하야論說을다－읽게하여야되겟습니다.

그럼으로玆에讀者의心理硏究가必要케됩니다. 그러나心理學에對하야門外漢인吾人은心理學上으로는말할能力이업스나一般讀者의心理를推察하야말하건대누구나簡單한것을읽기가쉬웁습니다. 우리가新聞이던지雜誌던지읽을때에簡單한것을먼저읽고뒤에긴(長)것을읽는것은事實이외다. 讀者가썩부지런하야新聞全面을讀破한다하면몰으나不然이면긴－것은題目만보거나그저넘기기가쉬웁습니다. 아모리內容이徹底하고豊富할지라도題目만보거나或은그저넘기고말면무슨效果가잇겟습닛가. 此에反하야短編式이되고보면簡單하기때문에題目만보고서넘기려하지안코內容을읽게됩니다. 쁜만아니라그記事에서趣味를得한讀者는다음에쓴記事까지도繼續하여읽을줄암니[13)]

(10의 6면)

쏘間斷하기때문에瞬息間에읽겟지요밥먹다가라도쏘는電車에서混雜한때라던지其他아모리밧분때라도읽을수잇습니다. 或말하기를一段半에쓴記事와短編으로쓴記事가同一한內容을有할수잇나는할는지몰으나長編이라고반다시內容이豊富할것이아니며短編이라고반다시內容이粗畧할것이아님은勿論이어니와短編式이題目을各各달니한다하닛가數多한問題를論하는것가티들릴는지몰으나恒時然함은아니외다. 同一한問題를論하더라도間間히題目을作成합니다卽記事의一部를題目化하면題目이各各다른것갓지마는其實同一한問題이오쏘記事의一部로題目을作成하더라도編輯手段如何에依하야는一題目下의記事만가지고도오히려全體를通讀한사람보다强烈한刺戟을밧을수도잇겟지. 요[14)]그러하고쏘長編式의論說을보면大蓋簡單한論旨를文章으로써延長한듯한感이잇습니다. 假令短編式으로能히쓸수가잇난것이라도此에前提를길게널어놋코同一한意味의文句

13) ‘다’의 낙자.
14) ‘잇겟지요.’의 오식.

를再三反復하면畢竟은長編式으로되나그要旨는썩簡單한것을種種發見함니다.

그럼으로長編은短編으로固定한體를쓸것이아니라隨時하야選擇的으로쓰는것이조흘뜻합니다. 必히一段半을充塡하려고苦心하며、긴-論說을短縮하려고焦思할것은업다고生覺함니다.

右에말한것은新聞論說特히社說에關한一般的體裁에對하야서거니와、다음에는論說政治經濟其他雜報를通하야如何한方式 — 文章 — 으로써報道할까함에對하야말하겟습니다.

吾人은本項冒頭에新聞의意義를말할際新聞은반다시一般的事實을報道하여야하겟다고말하엿습니다. 卽어느特定한社會에서發生한事實을報道함에止하지아니하고社會의事實임을不問하고此를新聞記事로할것이라고말하엿습니다. 이와가튼意味에잇서서新聞은어느特定한社會에서만必要하여서는아니되겟습니다. 卽所謂特權階級에만必要하다던지無產階級에만必要하다던지男子에만或은女子에게或은知識階級에만必要하여서는아니된다고主張함니다. 이것이雜誌와新聞이相異한一点이라고함니다. 新聞은반다시어느社會、어느階級에서던지所用이잇서야되겟습니다다시말하면新聞은全社會의것이오決코新聞社의新聞이나經營者의獨占的所有物은아니라고生覺함니다. 新聞은맛당히社會의共有物이되여야하겟습니다. 이난新聞의性質上그러치아니할수업습니다. 萬一新聞이一社會나一階級이나만爲하야生起인것이라하면或

(10의 7면)

은經營者나主幹者를爲하야만存在하는것이라하면몰으나、그럿치아니하고社會의文化發達을圖謨하는一種教育機關이라하면新聞은반다시社會의共有가되지아니할수업습니다. 그럼으로一家庭을두고말하면家長의것이되는同時에主婦나兒孩들乃至雇傭人의것이되여야하겟습니다. 卽新聞이、어느누구의게던지所用이잇서야되겟다함은新聞이社會의共有임을말한것이외다. 新聞이社會共有的性質을有함에不拘하고그實質內容에들어가서共有의實效가업다하면이는新聞當局者의責任이아닐가요. 이와가튼意味에잇서서우리先輩經營하는新聞을볼때에社會共有의實質을不具한点이不少합니다. 우리新聞은家庭에들어서家族共有의實質을가젓다고말하기어렵습니다.

兒孩들은新聞에何等關係가업습니다新聞이新聞의生命을失한後卽屍體가되야서비로소所用이잇습니다卽習字를하게됩니다. 兒孩에게는그림(畵)이야所用이잇겟습니다. 四페-지新聞에每日그림을그리라注文함은無理인줄암니다마는적어도一週間에一次假量、新聞紙面에或은附錄으로別紙에有益한그림을그리여서兒孩의것이되게할必要가잇스며쏘그림의內容如何에쌀하서는一個의그림이一面의記事보다몃倍優勝한價値를가지게되고우리讀者난時間을虛費하야글을보지안코오직一瞥로써無限한刺戟을밧지아니할가요

우리新聞은論評이、넘우-어렵습니다. 좀더通俗的으로쓸수업슬가요. 距今八九年前에比하야오날新聞이매우平易하게論說을쓰는것은吾人의感歎하는바이지만、더一層平易하게썻스면조켓습니다. 漢文을만히쓰는것을조와하는讀者도勿論만켓지요마는漢文素養不足한吾人에게는漢文째문에論旨가不徹底한때가만히잇습니다. 漢文素養이豊富한讀者에게는漢文을적게셕거쓰난것이不滿足할난지몰으나漢文을標準할수는업지아니할가요. 今日學校教科書에漢文이制限되야잇슴에不拘하고依然漢文을無制限으로使用하난것은學校教育을밧는사람의게는甚히遺憾이외다日本文部省에서漢字使用에對하야多年苦心하던結果其子數制限使用의標準을發表한것은吾人이甚히깃버하는바이며報知新聞이數年前부터漢字를制限使用하엿다함은斯界에一大英斷이라고하겟습니다. 우리新聞은이第一만히보는社會記事를純國文으로쓰는것은甚히感服하는바이외다이趣旨를論說等에도應用하면엇더할가요、그럿치아니하고는讀者本位의新聞이되지못하겟스며社會共有의性質에違反한다고生覺합니다

(10의 8면)

우리新聞記事에趣味를加하지아니하는傾向이잇는듯하외다. 新聞이讀者의純全한娛樂機關은아니지만은讀者의趣味를等閒히할수는업습니다讀者가趣味를가지고읽음과、갓지아니하고읽는데에如何한差異가잇는지를生覺하면알겟습니다. 그럼으로記事난그內容을沒却치아니하는程度에서趣味잇게쓰는것이조흘줄生覺합니다. 近來東亞日報가讀者의趣味를惹起할만한文句를使用하는傾向이잇슴은깃븐일이외다.

우리新聞은題目이簡單하고또그形式이固定한듯합니다. 吾人은題目을좀더仔細히쓰기를바라난同時에題目을쓰는形式도同定치아니하기를바람니다. 假令社會記事를보면一號漢文活字로大題目을쓰고그다음에五號나六號國文活字로雙列로써、쓰는것이大部分인듯합니다. 그러나이것이新聞印刷上不得已한일이라하면몰나도그러치아니하면從來의形式을變하야大題目을國文으로쓰거나漢文으로쓰거나記事內容에짤아서定할것이오덥허놋코大題目은漢文으로쓸것이아닐줄生覺하며、또從來에國文으로雙列을一字도기울지안케쓰는式을變하여서滋味잇는대로字數를羅列하엿스면조켓습니다. 漢文詩처럼一定한字數가잇슬것이아니라現代詩처럼五行이되던지十行이되던지또一行에字數가五字가되던지十字가되던지썻스면조흘뜻합니다. 近來東亞日報가題目의形式을곳치여가는傾向이잇슴은깃분일이외다. 吾人이東亞日報에對하야前日보다一層반가움을感하게됨은、이까닭이외다.

끗으로文體에對하야一言코저함니다다른点은他日에미루고玆에말하고저하는것은言文一致이외다. 新聞은그性質上言文一致가되여야하겟습니다.

新聞에限하야言文一致를主張함은아니나第一急한것이新聞이외다. 何故오하면一般이言文一致가됨에는社會의先鋒되난新聞의率先的斷行이잇서야되겟스며右에말함과가티新聞은社會共有的性質을有한까닭이외다. 共有權을行使함에는누구던지읽어야하지안켓습닛가最大多數가보게하라면言文一致가要訣이아닐가요. 그럼으로右에말한바平易하게쓰라함도 言文一致로써平易하게쓰라함이며趣味잇게쓰라함도亦然함니다.

우리新聞에學藝欄업는것이遺憾이외다. 비록狹少한場所라도學藝關이 設施되기를바람니다. 近日에東亞日報가日曜附錄으로文藝的記事을[15]登載함은實로깃븜을이기지못하는바이외다그러나吾人은東亞日報附錄에對하야도不滿이업지안슴니다아직붓을멈침니다.

출전 : 『개벽』 44호(임시호), 1924.2.1, 국립중앙도서관 소재

◆ 돌 이, 「基督敎와 基督敎會」, 『개벽』 45호, 41~43면, 대체기사.

基督敎와基督敎會

乭 伊

(41면)

一

모스크바에서 共産黨들이 基督敎의 聖經을鐵鎖로 結縛하야 구루마에 싯고 돌아다녓다는말과「民衆을 迷信中에 愚케하는者」라하야 僧正을 銃殺하엿다는말을 누구나 한번 들으면닛지못할말이다. 或 이말을 듯고 快哉를부르는이도 잇스려니와 또或 容恕할수업는 冒瀆이라하야 悲憤하는 者도잇슬것이다. 엇지하엿스나 이말을 들은者는 반다시 「基督敎」라는것과 基督敎會라는것은 한번 各自의 理性의法廷에 끌어낼것인줄로 밋는다.

二

現代의 特色은 理性의 覺醒에잇다. 아모리歷史的으로 權威를 가진 思想이나 制度라도 各自의理性의 法廷에 한번 呼出하야 充分한 審理를

15) '를'의 오식.

經하고 理性의「合理라」는[16] 判決을밧기前에는 그의存在를 容許하지아니하고 다만 自己가 主觀的으로만 容許하지아니할뿐더러 말과 글로 그 不合理를 宣傳하고 同志를 糾合하야 마츰내 革命의 旗幟를 들어 그「不合理」한思想이나 制度를 粉粹해버리고라야마는것이 現代人의 特色이다. 그럼으로 理性과 革命과는 現代人의 旗幟다. 이것은 일즉 政治上으로 들어낫섯고 只今 經濟上으로들어나는中이다. 人類社會의 重大現象의 하나인 宗教도 이運命을 免할수업는것이다. 모든 宗教에게 對하야 임이 人類의理性의 大法廷의 呼出狀은發하엿다. 그네는 理性으로하여곰 自己네의存在를確認케할만한 證據와 辯論을 提出해야할것이다.

(42면)

三

基督教는 世界의 모든 宗教中에 가장 合理的인 宗教라고 稱한다. 西洋人의 손으로된 宗教哲學書와 比較宗教學書는 거의 萬口一聲으로 基督教는 人類의 모든宗教의 極致라고한다.그리하고 朝鮮의 基督教徒들은 基督教가蒸氣力과 電氣力의 發明者요 現今의 世界에 가장 政治的으로、經濟的으로 勢力이잇는 西洋人이 가지고온것이라하야 迷信이아니오 眞理라고 無批判的으로 主張한다. 朝鮮에서 佛教信者나 天道教信者라는것보다 基督教信者라는것이 行世가 된다. 그러나 그러타고 반드시 基督教(今日의 自稱)가 佛教나 天道教보다 眞理價値가 優勝한證據는 아니오 다만西洋서온것이기때문에 놉하보이는것이다. 웨그런고하면 今日의 朝鮮의 基督教는 眞正한耶蘇基督의 教가아니오 그일홈을 冒하는 僞教이기때문에 한푼어치 眞理도 包藏하지아니한까닭이다.

眞正한基督教와 監理教、長老教、天主教하는 所謂基督教와는 嚴正하게 區別할 必要가잇다. 서로 類似한것을 區別하는것이아니라. 全혀 正

16) '「合理」라는'의 오식.

反對인것을 區別하는것이다. 眞正한 基督教 卽 耶蘇라는 聖人이 가르치고 몸소 模範이된 基督教와 今日의 所謂基督教 또는 僭稱基督教와는 全혀 別論이다. 만일 今日에 基督氏가 再臨하신다하면 그는 반다시 天下의 모든 教會를 가르처, 「아아 나는 모르노라」하실것이오, 또 教會側에서는 基督을 또한異端論者라하야 十字架에 못을 박을것이다. 이처럼 甚하게 今日의 基督教는 基督教가아니다. 그럼으로 基督教를 批評할때에는 먼저 眞正한 基督教와 僭稱基督教인 教會基督教와를 嚴正하게 區別할 必要가 잇다는것이다.

四

그러면 眞正한 基督教란 무엇인가. 그것은톨스토이가 말한바와가티 세가지 條件에 合하여야할것이다.

(一) 四福音書에 잇는것이라야하고

(二) 그中에는「예수가라사대」하고 한것이 標準이될것이오

(43면)

(三) 또 福音書의 著者의 知識程度가 ●●하엿고●●●●●●●● ●● ●●● ●●●● ●●●●에 入하야 改竄된 形跡이잇는것을 보아 예수自身의 말슴이라고 傳하는것中에는吾人의 理性이容許하는것이라야할것이다 上帝는 吾人에게 眞僞와 善惡을 判斷하는 能力을 理性을 稟賦한것이니한우님의 말슴이고아닌것을 判斷할 能力은 오직 理性밧게업는것이다. 福音書中의 非理性的分子를强制로 밋게하기爲하야 聖神이라는 假想物을 定한것은 長老들의 罪惡이다. 眞正한 聖神은 一毫의 迷信과 利慾의 念에 가리워지지아니한 理性일것이다.

以上 三條件을 滿足하는것만이 眞正한 基督教일것은 多少 明晳한 理性을 가진者면 다 首肯할것이다. 그런데 今日의 僭稱基督教는 엇더한가. 그들은 四福書보다도!바울의 편지를 主重하고出處도 알수업는 不合理의 標本이될만한「使徒信經」이라는것을 主重하고 四福音書中에 예

수自信의 말슴을 아모조록 避한다. 禮拜堂에 당겨본이는 알려니와牧師들이 四福音書中、예수自身의 말中에서 講道題目을 擇하는것은 甚히 稀罕한일이다.

그럴수밧게업다 예수自身이「나를 따르는者는 十字架를 지라」한것과 가티 예수의 가르침은 革命的이다. 그는「審判하지말라(朝鮮譯에는 貶論하지말라하고 曲譯을하엿다)」하야 무릇 사람이 사람을 審判하는일을 禁하엿다、이것은 當然히 今日의 國家의 司法制度를 否認한것이라

또「惡에 對敵지말라」、「兄弟를미워하지말라」하야 決코 사람이 사람을 미워하거나 따리거나 죽이는것을 禁하엿다 그리하고「올흔뺨을 따리거든 왼뺨도 돌려대라」、「것옷을 빼앗거든 속옷까지주라」하야 모든 暴力的反抗을禁하엿다、이것은 今日의 國家의 軍隊制度. 卽暴力制度의 否認이다

예수는 少年더러「네 財産을 全部팔아서 貧民에게 주라……富者가 天國에 들어가기는 駱駝가 바늘ㅅ구멍으로 들어가기보다 어려우리라」하야 財産의 私有를 否認하엿고또 몸소 實行하엿다、그뿐아니라「어느것이 내어머니오 兄弟냐 한우님의뜻대로하는이가 다 내어미니오 兄弟라、보라 이곳에 모힌이가 다 어머니오 兄弟라」하야 家族制度까지도 否認하엿다.

출전 :『개벽』 45호(미결2), 동국대 소재

◆ 이상재, 「나는 基督教에 단이는 사람이외다」, 『개벽』 45호, 47~48면, 대체기사.

나는基督教에단이는사람이외다

李 商 在 氏 談

(47면)

나는基督教에단이는사람이라고할지언뎡 基督教信者라고는할수업습니다 보시넌바와가티一般基督教信者의禁忌하는 담배까지 막먹는사람이올시다또한牧師도안이오 어느禮拜堂의責任者도안이올시다 더구나基督教의經典은別로硏究한바가업습니다그의主義라던지思想이라던지 엇더하다구말슴할수업습니다 나의基督教에단이는것은 맛치녯날어던宰相의집에단이는鄕客이이름거러노코단이는것갓습니다 그러나旣爲말슴을하라하시닛가한말슴하랴함니다 大槪基督教의主旨는信、望、愛三字이올시다勿論엇더한宗敎이던지信仰이구더야되고希望이잇서야되고 서로사랑해야될것이올시다마는特히基督教에는信、望、愛三字가업다하면한울에日月이업고山에草木이업는것과 갓습니다그런데 基督教의主旨는이와가티神聖하지마는實狀으로其主旨를履行하는사람이즉습니다 朝鮮에서생각하기에는西洋에는基督教가盛行하니까 西洋사람들은다信과聖과愛가만흘줄로밋습니다 歐洲大戰以前까지는나도그와가티미덧습니다그러나歐洲大戰時의일을보면骨肉이서로싸우고兄弟가서로죽여그燦爛하던文化가一朝에焦土가되고말엇스니그것이엇지基督教를信仰하는사람들의할일이라할수잇슴닛가 可謂口氣는基督이라도 心腸은魔鬼올시다 卽今에政治家들이얼픗하면世界平和를主唱하지마는基督의眞理卽信、望、愛를忘却하고서는할수업습니다 그리고우리基督教에서復活이니永生이니하는問題로恒常말이만코나도講道할때에그말을만히하지마은아즉確實히疑心을풀지못하얏습니다 내가年前에腦病으로몹시알을때에혼자생각하기를내가平素에남에게復活하너니永生하너니하얏지만今日에내가죽으면果然復活할수가잇슬가、또는죽지안코永生할道理가잇슬가하고혼자疑心이만히나서解惑을못하다가 偶然이中國人沈某 (元來儒學大家로晩年에基督教를信仰한者) 의著書中에「死境에至하야疑心이잇는것은魔鬼가아즉까지도接近함이니죽

(48면)

을때까지疑心이업는사람이라야비로소復活과永生이잇다」라는句節을보고깨달고慰安이되얏슴니다 참사람의 肉體은[17]性靈의집에不過하니까性靈을잘修煉하여야永生도하고復活도하는것이올시다 또近來思潮로말슴하면基督敎에는별로變動이업슴니다外界의思潮에多少感染되는것은다른社會나一般이지마는그래도宗敎團體에는매인곳이잇는故로輕忽히變動되지는안슴니다또세상사람들은저만잘나면萬事가다된줄암니다마는사람으로는한울의일을엇지左右할수업슴니다昨年의東京震災만하야도그것이엇지人力으로막을것이오닛까사람은오즉天理를잘奉順할따름이올시다그리하여야福도만히밧슴니다 더말슴하고십흐나먼저말슴과가티基督敎의眞理를硏究치못한故도구만두겟슴니다 그리고한가지부탁할말슴은新聞이나雜誌에某氏談이니무엇이니하는것은보기에갓지안코또世人의批評도만흘섇안이라나의한말은私談에不過하고또無條理無定見한말이니부대記載치말어주시오…….

> 녯적에엇던늙은農夫가당나구타구가는行人을보고저山넘에우리보리밧이잇스니부듸당나구를먹이지말나고하엿더니 그行人은老人의보리밧잇다는말을듯고귀가번적띄여부러차저가서그보리를비여다가나구를먹엿다함니다元來늙은이말을안이듯고보리를먹인것은늙은이의대접은안이겟슴니다 그러나나구를안이먹이지는못할事情이엇겟슴니다 이번에李先生님이그의말슴을記載치말라하신것을記載한것은未安千萬이올시다 (記者書)

社 告

關東支社의革新

鷄林八道를통트러노코가장文化의進展이뒤써러지어궁금에쌔인곳이라면삿삿이뒤지어그들에게新生活의참맛을알리어보랴는…….本社의使命

17) '는'의 오식.

을徹底히關東一帶에傳達키爲하야 關東支社의內部를一新整理하고一般業務를擴張하오니道內諸賢은더욱聲援하심을囑望하옵니다

◎支社所在地

鐵原郡鐵原面中里九一

振替京城一二三七二番

電話近日架設中

◎管轄區域

鐵 原 郡 一 圓

平 康 部 一 圓

金 化 部 一 圓

尹 川 部 一 圓

◎異動된支社員氏名

顧 問 李 鳳 夏 (仍任)

顧 問 金 完 鎬 (新任)

支社長 李 龍 洵 (仍任)

總 務 尹 弘 模 (新任)

同 申 順 豊 (同)

記 者 申 聖 奎 (同)

同 崔 昱 (同)

外務員 李 天 榮 (仍任)

記 者 吳 ● ● (仍任)

출전 : 상동

◆ 김기전, 「不知手之舞之 · 足之蹈之」, 『개벽』 50호, 2~5면, 전문.

不知手之舞之 · 足之蹈之

—이제는죽엇다고한숨짓는동무들에게—

起　　田

(2면)

—이제는 죽엇고나、옴쯕못하고 죽는것이로고나.

—몬저는 政治的으로 지금은經濟的으로우리의生活은 뿌리채 쓰러지고마노나.

—文化運動도 實力養成도 이제는벌서論議할餘地가업다.

—永遠히 한民族으로서의存在를일커나、그러치아느면 猶太種族가티되고마는것、이것은오늘우리겯내의運命이다.

—別수가업다. 죽을뿐이다. 업서질뿐이다.

두말할것업시 이말은 오늘朝鮮안에잇는朝鮮사람으로서 거의 똑가티 울부짓는소리이다. 特히在來의指導級에屬한有志들의 開口輒唱하는말이다. 이런말이 或新聞雜誌의論說로나 會度上의辯說로나타날때에는 그 結論으로반다시「……이러이러하니까 우리는 아조 全的으로自盡되기前에 한번 最后의努力을앗기지말쟈」는意味의말을 쓰러부친다. 그러나 그 實은 朝鮮사람의將來는絶望일것을自認하고겨우形式上으로 한마듸(努力하쟈)는말을附加하는것뿐이다.

○

그런데 우리는 이런 悲鳴을들을때마다 반다시 여긔에對하야 달리생각하는바가잇다. 스스로 다르게생각하게되며、또달니생각하지안하서는 안될것이라하고십흔것이잇다. 그러면 그것이무엇이냐

(3면)

一、지금 우리사람들의當하고잇는形便이 살을수업스리만콤困苦한것은 事實이나、困苦그것이 곳滅亡이아닌것은勿論이오、滅亡의前提라고斷定할수도업는故이다. 알는사람이 반다시죽는다고는 누구나못할말이며, 安樂에죽고憂患에산다는 理致는 貪求無厭의資本主義的城壘가 動搖되는오늘世上에잇서더욱히나顯現되며잇는것、

二、그리고、가장드러나고 크고 組織的인것을집어말하려면、勿論 오늘朝鮮사람이 當하고잇는被壓迫、被搾取는 最近十年以降、中에도近年來의일이라고말할것이나, 그러나 在來朝鮮社會의맨밋層에깔니운無權無產民衆의 當하고잇는被厭迫、被搾取의 悲哀는 반다시近年에서부터始作된것은아니다. 말하쟈면그들은 언제브터、지금中產級사람들이써들고잇는그程度(아니、그以上이될지도모른다)만콤의 人間苦、生活苦를 가추當하고잇섯다. 그럼으로 오늘날우리朝鮮에서 아조亡하느니 亡햇느니하며 써들고울고하는그悲鳴도 純無產、無權의民衆便으로보면 何等의새로운事實도아니오、다못 自己네의녯적부터격거오든困苦를 이제 쏘한번 中產級사람의울음속에서 再認하는것쑨이다. 다시말하면、朝鮮民衆(無權無產者)이오늘밧고잇는이困苦는 어적게나오늘브터始作된困苦가아니라、언제부터바다오는困苦이엿스나、때의無權無產者가社會의上部를支配、塗糊하는關係로 그것이顯著한問題가되지못하던中、한번異族이우리를支配하며、큰權力、큰資本이 半島를經緯함에밋처는、朝鮮社會에는쏘한번 交替作用이생기며 從來의有權有產級－爲先中產階級의城壘가崩潰되며「나 죽는다사람살니소」하는呼哭이 中外에사모차게되엿다. 이와가티 새삼스럽게生活破滅과面前한中產級－中에도이級을指導代表하든在來式의有識有志者는驚慌罔措하야.「이제는못살앗다」하는外에 다른한말을내지못하는오늘이다.

中產級사람의生活破裂－勿論目前에當하는事實이다. 이級이破裂함으로因해서、朝鮮안에 쏘 한축의새無產群이增員되는것도事實이며、天崩有牛出의太平쑴을쑤든그들이 正말로살지못하게되는오늘의悲劇을始演

할때에 「아이고-」 하는그소래가 씀즉스럽게클것도事實이다. 그런데, 近來에恒庸사람

(4면)

들은이소리(다못 죽는다는것밧게 아모러한希望도光明도鬪爭도意味하지못한그리)로써 곳 朝鮮民衆全體의소래라하며、쌀하서 이式으로써朝鮮의압길을臆斷하고만다. 그러나、正말로 朝鮮民衆의소리를드러보면엇더케、正말로朝鮮民衆의意志를더듬어보면엇던가、녯날有權有産者가 마음조히太平春을불을때에、일즉히일즉히내리눌니우고 짤녀멕키우던그들은 春風秋雨몃개星霜에 鍛鍊되고 覺醒되야、中産級의破滅로부터생기는새無産群이噓唏哭號에한거름압흘내다보지못함과는正反對로、그들은 지금 벌서 새理想에새戰術을透得하야、괴로우나즐겨히내다르며잇나니、近年에顯著히머리를드는勞農運動、이運動을支持하는모든思想團體가곳그것이다.

三、우리사람들은지금우리가當하고잇는 政治上經濟上의모든困苦를 오로지 朝鮮사람만當코잇는 것으로認定하나、事實인즉、이것은朝鮮사람만에賦課된悲哀가아니오、이짱뎅이외엇던모퉁이를除한밧게는꼭가티當코잇는-말하면大同의憂患(爲先日本國도그中의하나이고)인同時에、世界의民衆은大同으로이憂患의除法에 奮戰하는今日인즉、朝鮮사람이 唯獨히거긔에서싼觀察을取하야、絶望의斷定을내리울理由가업는것이다

우리는 여긔에 무엇이라고分明히 말할수업스나 엇잿든 우리는 絶對로 우리의압길을悲觀하지안는다. 엇던便으로나 悲觀하지안는다. 두고두고 맨밋層의生活을反覆해온 朝鮮民衆은 반다시 天地開開人間幻生의큰運會에압장설것을미드며、이바람은 벌서朝鮮山河를휘돈지오래엿다. 다못 섭섭한것은 지금까지돈分이잇고 배운것이잇서、이러니 저러니 (自由가업느니 무엇이업느니) 해도 이社會에서 고은옷입고 맷끈한밥먹고 名望의사람指導의사람되든(中産級人 또는中産級式의有識有志者들)축이 暴風雨가티몰녀오는生活苦와 어제가녯적으로變하는思想界의轉換과이에짤은自己地盤

의崩落과가튼等일에氣가맥히고 속이傷하야 落心、絶望－乃至反動化하는그것이다. 右에도말하엿거니와、近來의朝鮮都鄙에絶望呼哭의소리가 顯著하게놉하진것은 모다이축의發聲에因한것이다. 그러나 이것은 問題가아니다. 그보다 더큰大衆의方面이 정말 새로운길을붓잡아나아가는오늘에잇서、그것은벌써問題가아니다. 그中에서

(5면)

도다시福을바들이는 이제라도새理想에 새方向을取해서、즐거웁게싸와갈것이오、그러치못한이는그대로잣버지고말것뿐이다.

近來에 엇던新聞이 몃개의밋던사람에依하야 賣盡되고、또는엇던專門學校가 몃명의出財者와緣故者로因해서紛糾[18]를일삼는다고、만흔사람은落心하는듯絶望하는듯－또한번 朝鮮사람은엇지할수업다는한숨을지으나、그러나 그것은 그들혼자가、從來의有識有産者를 너무나크게미덧던잘못 (以後의朝鮮도그級사람의손에서救援되리라는) 에서생긴憂慮에지내지못하는것이오、實은그式의사람으로서는그밧게더할즛이업는것이다. 말하면 새로웁게새로웁게밧귀여나아가는 後天大運은 벌서그들과絶交한지가오래이다. 在來式의有識有産者는오히려 이것을否認할지모르나、부대씨우고부대씨운民衆은 벌서그것을아는것이다. 設或요前時間까지라도모르는이일지라도 이時間으로當場알게되는것이다.

問題는정말큰問題이오、말할것도果然만타. 그러나이탓저탓해서 充分히내일수가업다. 分明치못한點은보는이가 눌너보아주기를바라며、마즈막으로 또한번重言할것은

－目下의우리가 죽을困苦에빠진것은事實이다. 그러나 이것이엇던級사람에잇서는 滅亡 絶望苦가될넌지도모르겟스나 일즉부터 맷밋層의生活을하고잇는民衆에게잇서는 産母의産苦에지내지못하는것이

18) '紛糾'의 오식.

다. 짤하서 오늘恒言으로傳하는 「죽는다죽는다」하는소리는 우리民衆들이 새롭게키워가는무엇을無視하고써드는죽은말에지나지못한다는그것이며、또한가지 깃븐것은 지금우리가相對로하고싸와나가려하는그對像은 非但우리가 떼여젓치려는 障物이되는것이아니라、世界民衆이한가지로 떼여젓치며잇는그것인것이다.

우리는깃브다. 새로운戰捷을豫期한거와가티깃브며 새로운戀人을차자맛남과가티깃브다. 殉敎者와가튼感激、情熱로써 새로니러나는大衆과한가지 地上의天國建設에盡瘁할것을생각할때에 우리는 스스로 手舞足蹈의境地에니름을깨닷지못한다.

출전 : 『개벽』 50호(본호), 국립중앙도서관 소재

◆ 이돈화, 「天國行(二)」, 『개벽』 50호, 6~13면, 전문.

天 國 行 (其二)

李 敦 化

(6면)

一、有機體와細胞間의先天的約束

天國을다녀온손들이나에게이러한말들을한다 一般生物의 有機體는細胞로써組織되엿스며 그러하야有機體와細胞間에는 先天的約束이잇는것이다 그約束은무엇이냐하면 有機體의全的生活은 一一히 細胞의살림을도아주게되고 細胞의動作은 有機體의全的生活을助長하도록되야잇다 生物의한有機體이러한約束下에서 自體의成長을이루는것이다 이러한理致를미루어 社會와個人의互相關係를 헤아려보면 社會는 一大有機體 (社會學者는社會로써有機體라共認하는것) 가되고 個人은 社會를組織한單位細胞

가되야잇다하는点에서 社會와個人間에는 至重且大한約束이成立되여야할것이다 그約束은엇더한것이라야할가

一、社會는絶對的 自然的又는合理的으로 個人의全體生活을保障할것

一、個人은社會로써 自己全體生活의保障을엇는必然的且合理的動機로必要한勞働을社會에 提供할것

社會와個人間에 不可無할條件은 爲先이두가지의法則을 떠나서는 人間이人間다운生活을 어더볼수업슬것이다 現代人의生活에는 爲先이두가지의約束이成立되지못하엿스며 設使成立된部分을볼지라도 不徹底不完全한 缺陷이잇슴으로 人國의모든人子들은 너나업시頭痛을집고 그날그날의生活을지낼뿐이엿다 現代의人間에서 젹어도 이와비젓한 約束을 차자내라면 國家生活과個人生活의關係에서 그것을比較

(7면)

하여야될터인데 現代國家的生活과 個人的生活의關係는 넘우도 그約束을어긴것갓다 드러보라 現代의 人國組織은 個人을細胞로한것이안이오 貧本을細胞로한嫌疑가잇다 現代의人國은 個人的生活을 保障하기爲하야 存在한것이안이오 貧本的生活을保障하기로 存在한것이다 人國의莫大한標準은金錢이엿다 個人과國家의約束이안이오 國家와金錢의約束뿐이다 納稅의標準에依하야 貧格을檢査하게되엿고 私有財產의標準에말미어 特權을授與하게된것이다 資產잇는個人과 資產업는個人이 國家로밧는利澤은 天壤의差異가잇다 그럼으로現代의國家는 個人의國家가안이오 資本의國家이다 이것이自然的約束을蔑視한것이오 合理的生活에脫線된일이다 우리의말하는 個人과社會의約束은 이러한約束이안이다 社會로서 個人의全體生活을 絶對로 保障하야주는約束이다 나는날부터죽는날까지 먹고 입고사는保障을 社會가 合理的約束下에서 絶對的으로責任을지는것이며 個人은 스스로나아가 그合理的約束을 順應하는必要한力을 社會에提供하는約束이다

二、生老病死

社會가個人의生活을 互相의約束에依하야 絶對的으로 그責任을 질具體的表顯은 무엇일가 吾人은 이를生老病死의例로써말코저한다

「生」여긔에이른바 生이라하는말은 「出生」의生을일러말하는것이안이오「渡世」의生을일러말하는것이다 衣食住로부터 個人의生命을維持하는生을일러말하는것이다 사람이 이世上에날째의 自然的意味를考察하고보면 「生」의保障의全體依賴를 社會와及自然에멕기고 나와진것이다 뉘가그러케식힌것이안이라天地自然의法則이 스스로그러케된것이다 사람은누구나 誕生될째에 紙幣를등에지고나온것도안이오 吳

(8면)

綾蜀帛을몸에감고나온것도안이다 文字와言語를가지고온것도안이다 오즉赤裸裸한 一個體뿐이다 笑와淚라하는自然的衝動을가젓슬뿐이다 笑는社交的이오 淚는同情的이다 社交로써有機的結合을짓고 同情으로써相互扶助를 바드라는先天的約束뿐이다 이것은속일수업는 天地自然의妙法이다 사람은이妙法에 의지하야 當然히社會의 扶助를바들 嚴密한權利를가지고잇다 바드되 例外로바다서는안이된다 生의全體責任을 絶對로바다야한다 나는날부터죽는날짜지먹고입는權利를 社會에要求하여야하고 社會는當然히 그의要求의酬應할義務를지고잇다 이러한後에야個人은 처음으로 生活의安全保障을어더 蜉蝣人生의적은享樂이나마 安心히고지날수잇다 그런데現代人國의生活은엇더한가 이條件이全혀缺陷된形便에잇다 現代人의所謂生活保障이라는것은 오즉私有制度라하는 狹窄한範圍에서뿐이다 現代의사람은누구나恐怖의感情알에서 살게되는것이다 卽生의對한恐怖로 一生을마추게되는것이다 그는貧者에게만限한일이안이오 富者에게도例事로잇는일이다 貧寒한者가 나면서 별서衣食住의壓迫을밧고 나아가는 老後의一身及一家의處置에對하야 무서운恐怖

로一生을 지내게되는것은 말할것도 업는일이지마는 富者도쏘한이所有慾이라하는 非眞理리의慾望에서 爭奪과猜疑와 憎惡과排斥의 모든人爲的人間苦를 견댈수업시젹고잇다 그럼으로 私有制度의 生活保障은 사람에게 喜悅을주는것이안이오 사람의恐怖心를[19] 巧妙히利用하야 鴉片장이가「무루히네」의恐怖的快感을어듬과가티 所有慾이라하는 恐怖的快感으로 衣食住의保障을엇게 磨鍊되엿다 이点에서宗敎家들의 恒言하는 世上은魔窟이오 人間은火坑이라하는用語가 가장適當하게利用이되엿든것이다 私有制는 搾取或은○○이그의本位가된것이다 나에게업든돈한分이생겻다하면 그는어느곳에서든지 그한分돈을일흔사람이잇고야될일이오 내가잇든한分돈을 일헛다하면 그는어느곳에서든지 그돈한分을가진사람이잇고야마는法이라 私有制度는이러한互相의爭奪로되야잇는 制

(9면)

度이기때문에 私有制度의 究竟結果는 個人과社會가敵對視하는 境遇에 이른것이다 드러보라얼마나무운일인가 個人이나면서 별서社會라는大我를 慈母로알아야쓸만한境遇를 私有制度의弊害로因하야 그慈母에게○○를施할만한惡意를품게되는것이안이냐 그럼으로 사람의眞正한生活은 眞正한社會와個人의約束을 어기고는 到底히안될일이라한다

그러면 社會의個人의「생」에對한責任은 이만하다하고나서 個人이社會의報酬를 與할 義務는 얼마마한가를一言하야두고저한다 現代人國의 生活에는 各個人(勞働者와農夫)이社會에밧치는 勞力은 十二時間以上의 過勞를 밧치지안고는 到底히朝飯夕粥이라도 어더먹을수업다 그까닭은 무엇이냐하면 버는사람이적고 먹는사람이만흔까닭이다 사람마다－누구나 一定한勞働을 社會에提供한다하면 現代勞働量의 能率로도 四五時의버리로넉넉히全體人類의衣食住를提供할수잇다는 統計表가天國에는

---

19) '을'의 오식.

그려잇다 現代人國의살림살이에 不生産消費者는 實로意想外에多大하다 例를들면 軍隊와가튼것은 純粹한不生産的消費者이다 一國에大者는 幾數十萬 小子는幾萬名이라는軍隊는 全히拱手로먹는國家的浮浪子이라 먹는것쁜이안이다 그들이 입는軍服 그들이가저야할만한 銃釼、大砲、軍艦 모든軍屬品는[20] 衣食住를 맨들勞働者가 그것을맨드는것이다 그러면그것을製造하는 勞働者도軍隊와한가지로 不生産消費者가되고잇다 그사람數가얼마만한지 暫間計算하야보자 둘제는 富者及中産階級者等의 遊衣遊食의 浮浪子들이다 그들은 軍隊와가티 赤是不生産消費者이다 그리하야 그들은 軍隊가軍屬品을가진것과가티 그들은奢侈品을가젓다 富者들의쓰는奢侈品은 富者들自身이 맨드는것이안이오 그赤是衣食住를 맨드러야할勞働者가그를맨드는것이다 그러면奢侈品을맨드는勞働者도 富者와한가지로 不生産消費者로처야올타 그사람數가얼마나될넌지 暫時計算하자 다음은 失業者들이다 失業者라함은 일을하랴도일할곳이업서 낫

(10면)

잠자고잇는 可憐한勞働者들이다 일할곳은 웨업느냐하면 現代의貧本制度는 社會의利益을爲하야 된것이안이오 個人의利益을爲하야된것이기째문에 貧本家個人에게利益이업스면 일할감을 磨錬하지안는다 이에서 幾萬幾千萬의勞働者가道路에彷徨하게되는것이다 이한点으로보아도 人國의生活이 얼마나悲慘한것을알수잇스리라 사람이懶惰하야굵어죽는것도 人情上可憐한일이거든 하믈며 일하고먹고저하야도 일할터이업시된社會가 그얼마나罪惡의社會인것이냐 以上의例로써보면 人國에서 只今바다오는衣食住의苦痛은 大概가이不生産消費者를 업시함에서 充分히除祛할수잇다 그리하야 個人은 適當한勞働力으로써 社會에게一生生活

20) '은'의 오식.

의安全保障을넉넉히어들수잇다

× × × × ×

疾病이써 사람의老를促케하고 疾病이써 사람의死를促케하는点에서 疾病은 極端으로 말하면 生命의權을 左右하는 一種의惡魔가되야잇다 이러틋可恐可惡할 疾病을退治하는方法은 大概무엇에依支할것이냐하면 하나은內的關係에잇고 하나은外的關係에잇는것이다 內的關係라함은사람들의情神方面의自覺으로부터 일어나는 모든迷信的恐怖性의除却과 밋그사람各個人의衛生的發達을 일러말하는것이오 外的關係라하는것은 一邊으로 科學的救濟에因한醫學의發達과 社會的救濟에因한 모든惡制度의改造를일러말하는것이다 그리하야 特히外的關係는 實로사람의疾病救濟에全責任을지고잇는것이다 보라現今의醫術은 疾病治療에對하야 얼마나한 信用을가지고잇는가 醫學者의 속힘업는 告白에依하면 現今의 醫學이 確實한治療的 保證을가진者는 겨우十種以內의疾病에지내지안이한고 그餘는 아즉도大概半信半疑의中에잇다하나니 그럼으로 今後의 世上에서는 아즉도偉大한科學의發明을 期待한後에야처음으로疾病의生理的害惡을 除去하게될것이다 더욱이可恐할일은 그러한不完全한醫藥이나마 그가平等한 民

(11면)

衆的救濟機關의 完備로되야잇지못하엿슴으로 現代資本制度의下에施設된 醫療機關이라는것은 殆히富者사람의獨立病院으로밧게認定할수업시되엿다 貧者에게는 醫藥이업고 病院이업다 貧者의 治療機關이라는것은 오즉天然的治療쑨이다 病者身이 스스로낫기前에는 呼天訴地에 그를保障하야주는 團體도업고 國家도업다 짤하서 現代醫師라는것은 金錢을爲하는 金鑛業者이오 사람을爲하는 慈善業者는안이다 그들의眼中에는 貧富의戶籍을 選擇하는明見은잇스나 病魔를退治하는 義俠心은업다 그는 都大體-뉘의罪이냐하면 말할것도업시 外的關係로 생기는社會制度의

缺陷이다 그럼으로 사람의 生命을 夭折케하는者는 現代의資本制度이다 黃金萬能의罪惡이다 그럼으로 社會가個人의全軆生活의責任을 맛는点으로는 個人의疾病에對하야 無條件으로 그를保障하는機關이잇서야한다 엇던적은 一個人의生命일지라도 社會는 그를自軆의生命으로알고 그를絶對保障하는責任을 맛하야한다

× × × × ×

「死」 死라함은 무엇이냐 死는露骨로말하면生理的組織의解軆인「生」의自然的終結이다 그럼으로死는生理的組織이 自然的 合理的의方法에依하야 그의終結을 엇지못하면 엇더한死이든지 그는夭折 橫死 非命일다 生이自然的終結에依하야 消滅케되는것이이를自然死라할것이다 自然死는 天地自然의妙法이다 生이이며自然의法則에由한것이라하면 死도또한自然의法則에依하야 終結되여야할것이다 그런데現代의人은 果然自然死를 順應하는사람이잇느냐하면 그는恐컨대 한사람도 업다하야도過言이안이다現代人은 거의다 非命橫死夭折의厄運에걸리고만다

自然死의標準은 吾人은以內號에一言한배잇거니와 學者의말로는 大槪百二十五歲가 一定한通算이되야잇다 現代의人國에서는 사람들은 何故로自然死의 境涯에到達치못하느냐하면 거긔에는實로 複雜한原因

(12면)

이잇다 이를先天的과後天的으로갈나본다하면

첫재는 사람들의先天的恐怖性에말미어 스스로自己의壽命을短促케된다 先天的恐怖性이라는것은 祖先以來로 精神的又는物質的壓迫으로成習된恐怖性이니 이恐怖性을解脫하는方法은 廣義의敎育 又는宗敎性의改革을期待치안이하면不可한것이다

둘재는 上述한醫療機關의不充分又는不平等한制度로부터生하는것이며

셋재는 貧富의差異로부터生하는 多數無産者의 營養不足 衛生의不能 過勞傷身 所有慾의恐怖로부터오는 精神的缺陷으로生하는것이며

넷재는 制度의不合理로부터生하는 權力壓迫例하면 貧富 貴賤 長幼 男女等의 互相의疾妬 猜疑 專橫 搾取 强迫等의 不自然한狀態로부터 生하는 모든權力의害惡等그것이라

以上에말한 數種의害惡은 사람으로 直接間接自然死의境涯에達치못하게하는 重大한原因이되야잇다死의對한最終에一言으로 吾人에게가장銘心할일은 卽死自體에對한恐怖가그것이엇다 사람이如何히 사람自己들의 自作自孽인 害惡을除祛하야 自然死의順境에達한다할지라도 死其者는免치못할것은 必然한일이며 또한 死其者恐怖를업새기는到底不能케되리라斷言하리라 그러나 死其者는 現代의知力으로到底히免할일이못된다 古來로 長生의術을 求한者―만흐나 그는다 一種의虛誕에돌아가고말엇다 그러나 吾人의이른바自然死의境涯에達하고보면 卽社會가 사람으로自然死에이를만한完全한生活을이루게되고 死自體가또한 自然死에到達케된다하면 吾人의現在에가지고잇는 死의恐怖라는것은 自然히消滅되리라 卽萬人이 한가지로 生死一如의境涯에達할수잇스리라 그故는무엇이냐

첫재 사람들의死에對한恐怖란것은 베곤의말과가티臨終의肉的苦痛과 밋死에附隨하는葬式의 悽慘한光景

(13면)

과 肉體美의急한腐敗에잇다 그런데 萬若우리가自然死의境涯에達하고보면 肉的苦痛은스스로消滅될쁜만안이라 엇던意味로보면 困한者가睡眠에快感을 늣김과가티 自然死는 死의冥感으로 아모厭症이업시死의國으로 드러가질것이다 그리하야 死에對한 附屬的 恐怖는 오즉形式에써러질쁜이오 何等實質의恐怖는 안이될것이다

둘재 사람들의死에對한恐怖는 其實死其者를무서워한다니보다 現生의人間味의執着을 써나기실타함이니 그證據로는 現生의人中에는 死以上의恐怖를 가진点으로보아서 넉넉히그를證明할수잇다 死以上의恐怖

라는것은 吾人은 이를 自殺者로써證明하야볼수잇나니 自殺者는 現生의 무서운苦痛을 死로써밧구는것이다 이点에서 人間이死를恐怖한다함은 生의味를써나기실타하는意味로보아도좃타現生에서生의味를 失한者는 돌이혀自殺로써生의失味를 報酬코저하는것이다 死를恐怖함이 生의味를즐겨함에서 나온것이라하면 吾人은 現在의모든生의味를 孤立的으로 두지말고 全的人類의生活味로두게된다하면 死에對한恐怖는 훨신緩和가되리라할수잇다 사람이萬苦 自己一個人을自己一個人으로뿐알지말고 自己는他人의延長이라보게되며 그리하야 他人은又自己의延長이라 생각하게된다하면 卽自己와他人을 各各의孤立으로하지말고 萬人一體동무로보게되면 이에서 社會의存在는 卽自己의存在로알것이다 卽社會는 大我이오自己는小我로보게되는점에서 小我의死의恐怖는 大我의生에對한快感으로 相殺하고도오히려進하야 小我以後의 大我의永遠無窮한 亨樂을死의讚美로써謳歌하게되리라 그런데 여긔에한가지 업지못할일은 個人과社會를 孤立의狀態로두지말고 小我와大我의關係로 두게될만한 眞正한覺悟는 다만精神的으로뿐 되는것이안이오 우리들의現實生活을 直接그地境까지 引導치안이하면안될것이라한다 現在에서 各個人의生活은 全히孤立的이되엿슴으로 그들의 社會的生活은 殆히孤島中에잇는 避難者의生活과가티 大宇宙의空寂을悽慘히 늣기게된다 萬若現在社會를改造하야 社會로써一層有機體의組織이되게하는날에는 吾人의生死問題는 비록 耶蘇釋迦가안이라도 生死一如의關門을達할수잇스리라自信한다(未完)

출전 : 상동

◆ 김기진, 「Trick」(소설), 『개벽』 63호, 문예 2~16면, 전문.

Trick

金 基 鎭

(문예면 2면)

『……글세 그런말은 나도다—이믜들은말이닛가 할것업고 하여간 한 학교의선생님으로서 학생들이 보는압헤서 더군다나녀선생을더리고 싸움을하얏다는것은 조치안은일이아니요 金군도 그만한일씀은 짐작할만한사람인데?』

한참동안 光洙가 하는말만 듯고잇다가 光洙의말이씃나자 뎡중하게 위엄잇는목소래로 천천히 한마듸한마듸를뚝뚝잘라가며 그리고저윽히 교활하야보히는눈동자를궁굴리어가면서 이와가티말하는鈴木校長의태도는 어느구석으로보든지 한개의보통학교 교장다워보히는것이며 또한 그것은 이늙은 중대가리로하여곰 十餘年동안 교장생활을하여온경험이잇다는것을 충분히보증할만한것이엇다. 光洙는 그말을듯고 고개를 한번더 수구리엇다. 오냐 그러케말하면 참말로 나도잘못하엿다. 물론처음에야 田中(タナカ)의잘못이지 하지만 철도안난여러학생들이보는압헤서 점잔치못하게녀선생을더리고 싸움을거럿다는 것은 내잘못이로구나.—이러케생각하자 光洙는 이때것 자긔가 田中(タナカ)가[21] 무슨말을하엿고 엇더한 행동을하고 엇더한 잘못을범하얏스닛가 田中가잘못햇지 자긔는잘못한것이업노라고 중언부언 교장압헤서 구차한변론을 느러논것이 도로혀 붓그러운일이라고 생각되얏다. 그는다시 머리를수구리고서 들줄을 몰낫다. 鈴木교장은 속마음으로 유쾌한듯이 조고만화로가에노앗든새로부친「시기시마」를 한입쑥 빠러마시어가지고 맛치 큰 功이나이루운듯이 위대하게 光洙의 수구

21) '과'의 오식.

린머리우으로 그연기를휘-내뿜는것이엇다.

그날은 第二學期試驗을 압흐로 몃주일남기어놋코 열니게된 全校學生學藝會ㅅ날이엇슴으로 그날

(문예면 3면)

은맛침土曜日이엇다 이보통학교는 물론이요 이곳조고마한 고을의한부락까지도 제법왁자직걸하게활긔를씌엇섯다. 학교직원들과 학생들은 몃주일전부터 이 학예품전람회준비에밧버왓섯다. 그리하야드듸어 이날이 당도하자 그들은 이방 저방으로도라다니며설비하기에 밧밧스며 코흘니는어린학생들은 멋도모르면서도 가로쒸고 세로쒸며 즐거워하는것이엇다. 그리고 흰흔겁 복판에 붉은물로 동구랏케해를그린 긔ㅅ발은 학교정문과 마당과 교실안에서 펄넝거리엿다. 해ㅅ볏이 간얄피어진 十一月의태양은 바람에일어나는 몬지에가리어서 희미하엿다.

이 학예회는 이곳에 이 보통학교가 설립된후로 한해에한번이나 쏘는 두해에한번식하든것에 지나지 안튼것인데 재작년에 교장이갈니고 지금 잇는 鈴木교장이온뒤로 비롯오일년에두번식이나 열니게된것이다. 鈴木교장은 학예회를 하는것은 학생들로하여곰 공부를열심히하게하는 자극을주는것이닛가 될수잇스면 자조하는것이조타고주창하엿다. 사실 학생들은 그러케함으로인하야서 공부들을 더욱열심히하게되얏다. 그리하야 자긔가 이학교로 전임되야온지 불과 만두해가못된 오늘날에 자긔가 오기전보다 일반학생들이 성적이진보된것을볼때에 鈴木교장의 스사로 만족하는빗을 얼골에가득히씌이는것이며 쏘한 그것이 이곳학부형들로하여곰 누구누구할것업시 거지반다―이鈴木교장을 숭배하게하는 충분한리유도 되는것이엿다.

道廳에서 視學官이 나오게되면 鈴木교장은 자긔가이곳으로온뒤에 일반학생들의 성적이 이루 말할수업시 진보되엿다는말을 의례히처음으로

쓰내는것이엇다. 그리고 그다음으로는 三四年級학생들로하여곰 녀름방학에 집신을 한죽식 삼어오게하야서 그것을팔어가지고 그돈으로 밧을몃坪이나사가지고 지금은거긔서 馬鈴薯가얼마가되고 호배채가얼마가되고 또무엇이얼마가나는데 그것을 판돈은 삼사년급학생들압흐로 저금을하야 현재몃백몃십몃원이잇다는말을 일일히장부를조사하야가며 이야기하는 것이며 또는 오륙학년학생들을위해서는 圖書部를신설하고서 回覽文庫를지어 학생들의 지식을 넓히기에 힘쓴다는말을 하는것이엇다. 그리고 나서는 오륙학년학생들의 作文을 책상설합속

(문예면 4면)

에서쓰내어놋는것을 니저버리지는 안는것이엇다. 그학생들이지엇다는 作文의제목은 『明治天皇陛下聖德』이라든가 『我が攝政宮殿下』라든가 『乃木大將』이라든가하는 것이 그全部이엇다. 그리고교쟝은 그다음으로 자긔가十餘年동안 싸어온보통학교교쟝으로서의경험과 포부를 이야기하는것을 빼어놋치는 안는것이엇다.

그날 학예회의 순서는 式辭가잇슨뒤에 五六학년학생들은 理化實驗을 하고 그후로 一二三四학년생도들은 연설과독본랑독을하고그후로는 전교학생련합운동경기가잇게되엿섯다. 시간이되자 교장은 회의순서를짜라 식사의마당에들어섯다. 그는 뻔질뻔질하는중대가리를 萬國旗알에에서 번득어리며연단으로발을옴기엿다.

그는먼저 연단에올나서자 방안에가득히모힌부형들의머리를골고루 휘둘러보앗다. 그리고 이所謂新附의백성들의주의를잇글고자 기침을한번크게하얏다.

『本校가創立된지 不過午年만에 이제第九回全校學生學藝會의意義잇는오늘을맛게된것은 本職의無上의 榮光으로생각하는바이올시다.』

그는 방한가온대에서 밝앗케불타는 란로를바라보며 렬셩을다하는목소리로 이와가티화두를쓰내엇다. 그의말이쯧나기도전에 도야지라는별명을

듯는朴선생이 개가튼소리로통역하기시작하얏다. 늙은교장은 학예회의셩질과그價値 더나아가서는 教育의本領 國民의本分 皇室에對한臣民의義務—이와가튼 槪念 또는 觀念에대해서 다른모든 보통학교교장들이 맛찬가지로 「教育勅語」로써 콩크리—트된그의머리속의 전지식을다하야가며 시간이가는줄도몰으고 오래인동안을 기드랏케 셜명하기시작하얏다 그리는동안에 그의식사는점점웅변으로되얏다. 그는「教育勅語」를 처음서부터씃까지 외윗다. 그리자그의 씃까지감격된마음속으로는 왼세게 모든 나라의 忠臣이라는 충신들의 환영이 번개불가티 번득어리고지나가는것이엇다. 그는 눈을한번크게쓰고 공중을노리어보고 그눈압헤『皇恩』이라는두글ㅅ자를 허공중에다 커드랏케 써보앗다. 그리고그는 한번더소리를 놉히어 반씀고함질럿다.

(문예면 5면)

『진실로교육의임무는 큼니다. 우리들은하해가튼 황은을보답하기 진충갈력하지안으면안되겟습니다.』

그의결론은 다식판에박은드시 항상 꼭이말에더지나지안앗다. 그는 가장만족한 듯이 연단에서나리어왓다.

그리고서 얼마더지나지안아서 茶와果子를벌리어노흔다른방으로 방안의ㅅ사람들은인도바닷다. 鈴木교장은 자리에안저서 과자를입으로 집어날르면서도 오히려 악가하든말을되푸리하야가며 더자세히 일반부형이알아듯도록이약이를하기시작하얏다. 그는 이조고마한고을의 한부락인 이곳의백성들로하여곰 충실한 뎨국신민이되기를바랏든것이며 또는 자긔가 이와가티셜명하면 반듯이 이우둔한백셩들도깨달음이잇스리라고 튼튼히 미덧든까닭이엇다. —너의들은 그래도 아직까지도 독립의쑴을쑤느냐? 그려면조선이독립한다고하자. 그러나 무엇을가지고 조선이독립할수잇다고너의들은생각하니? 너의들에게 독립할힘이잇느냐? 총이 잇느냐? 대포가 잇느냐? 군함이 잇느냐? 비행긔가잇느냐? 무엇으로 독립을하느냐? 지금 조선안에와잇는 우리나라의군대들만가저도 하로아침에 이짱을평정하기는 쉬운일이다. ─ 이 번들바우 중대가리의늙은교장은 이와가튼뜻의말을 그들로하여곰 영원히 니치지못하리만큼 말하엿든것이다.

조용하고 평화하여야만할 이자리에 한개의험악한 폭풍은일어낫다. 학부형들은모도들 돌아가겟다고 일어섯다. 흥분이된얼골과얼골이 방안에 가득하엿다. 그리하야그들은 모든직원들이 간절히만류함도듯지안코그대로들 돌아가버리고마랏다.

金光洙는 처음부터 끗까지 거지반本能的으로 교장에게대하야反感을 늣기는 동시에 쏘한막연한슬픔이일어나는것을엇지할수업섯다. 다만그는 안절부절을못하야 나종에는뒤편운동장으로나와버렷섯다. 그의가슴은 暗憺한것으로 가득채워젓섯다.

학예회는 교장의실태로인하야 생각하든바와는 일느게끗이낫섯다.

(문예면 6면)

교장도돌아가버리고 다른선생들도거지반들어간후에 光洙는 외투를치켜올니어 얼굴을파뭇고 모자를우그리어쓴후에 책보를엽헤끼고 사무실문을 나왓다. 그는 오늘반나절동안에일어난 모든일을생각하기시작하얏다. 교장의時代錯誤 ─ 이라함보다도 찰하리 더욕하야 말하야『교장의頑冥』은 오늘에이르러비롯오시작 된것은 안이지만은 오늘날光洙가그로부터늣긴 모욕되는말과행동은 도저히 긔억에서 씨서버릴수업도록 光洙를 괴롭게하얏다. 보통학교교육은 이와가튼사람으로인하야 조선전 의[22] 구셕구석에 그넝쿨을점점뻐치어들어간다. 그리하야 어린학생들은 구하여볼수업슬만치 그 敎化에물드러지고말지안느냐? 오늘의학예회는 진실로 이와가튼敎化의成績을 웅변으로설명하얏다. 그어린사람들이 입으로하는

22) '조선전국의' '조선전토의' 혹은 '조선전역의'의 오식.

노래 쏘는 몸짓으로하는작란의온갓종류와운동 쏘는 붓끗으로적어놋는온갓종류의글 그것들의다만하나일지라도 이 쑤부정한 잘못된교화에 물젓고 구더버리지안이한것이잇느냐? 그들은 지금 성숙되야간다. 성숙되면되여갈수록 그들은버리는물건에지나지안는다.

光洙는 이와가튼 생각을하며 발을무겁게 쑤벅쑤벅 마루우에내려노으며뒤뜰로향하야거러갓섯다. 그러나 이와가튼생각이머리속에서휘말니는한편으로 이와가튼생각과는근사하지도안은 강한놈에게찍어눌리우는듯한그엇던다른한개의생각이빙글빙글돌기시작하는것이엇다. 그의눈압헤는鈴木교장의번들거리는두골이낫하낫다. 그리고그커드란눈이빙그르르도라서 짝자긔를노리어보는것이엇다. 그는엇던눈에보히지안는힘에 강제되야 쏨작하고잇는듯십흔늣김을늣기엇다. 그가 西편 出入口를나서서 뒤뜰로 쏘부러지려할째 그째 그는 그곳에 여닐곱사람의사년급녀학생들이 웅긔중긔 모히어잇는것을발견하얏다. 그는 내어드듸엇든발굼치를돌니고서 이러케 무럿다.

『엇재 이때것 돌아가지를안코잇나…… 응?』

녀학생들로부터는대답이업섯다. 그는여러번뭇다가 그들의겻흐로 다가서서허리를굽흐리고 학생들의억개를흔들며 재처무럿다. 그러나학생들은 얼골을파뭇고 흙흙늣기기만하는것이엇다.

『웬일들이요? 응? 무슨까닭이야?』

(문예면 7면)

『…… 다, 다, 다나가선생이 저의들을…… 으으…… 응—』

하고 한학생이 마지못하야 이약이를하려하다가 속으로부터 밀니어올러오는 분함과슬픔을참지못하고 맛츰내 소리내어울고야마는것이엇다. 光洙는『올치 쏘무슨일이잇섯구나!』하엿다.

『田中선생이 그러구……?』

그는이가티무럿다.

『다, 다나가 선생은 낫븐년예요!』

한학생이 가슴속에파무덧든두눈이퉁퉁하게 울음으로말미암아부은듯십흔얼골을처들면서 엽헤서이가티 말을가로찻다. 그들중에서는 제일나백이인듯한 그는흥분되아서썰니는목소리로 허둥지둥 사실의 전말을 이약이하는것이엇다.

교장이돌아간뒤에 학생들에게는 과자한봉지씩을 나누어주게되엿섯는데 맛침 그과자를가지고 나누어주는책임을 五년급남학생들이 맛하하게되엿든것이다. 학생들이모도다 정렬하야서잇게되자 과자상자를가진학생들은 상자를가지고돌아다니며 한사람한사람에게 과자를 돌리엿다. 그리하야 田中녀선생의담임반인 사년급학생들에게도 그과자의차례가돌아왓슬째 그처녀들은 키큰남학생이 집어주는 과자봉지를 수집은마음으로인하야 밧지를못하얏든것이다. 한학생이 밧지안차 그에싸라서 다른 학생들도 고개를돌니고 밧지안앗다. 이모양을본 田中녀선생은 성을내어가지고

『왜 안바더요?바더요!』

하고소래를질럿다. 처녀들은 그래도주저하엿다.

『선생님의말을 복종해야지! …… 바더요!』

두번째 녀선생이호령하엿슬째 그중에도제일나희어린학생들만 그과자를밧고 그남아지학생들은 씃씃내 점점더 그것을밧기가게면쩍어서밧지를안엇다. 田中녀선생은 성이잔뜩나가지고.

『오냐! 선생님의 말을 안드른학생들은가지말고 거긔남아잇서! 저모양이닛가 조선사람들은野

(문예면 8면)

蠻人이란말이야!』

하고 西편으로향한뒤뜰로 그학생들을더리고가서 그곳에서잇게한후 자긔는사무실로드러가버리 고마랏든 것이다.—

그처녀는 이와가티 이약이를하고나서 『선생님!엇재서 저의들이 野蠻

人입닛가?저의들이 野蠻의ㅅ짓을 한것이무어에요? 저의들은 분해서 분해서 죽겟서요!왜 野蠻이라는 말을드름닛가? 조선사람은 저모양이닛가 野蠻이라니 그러면저의들이野蠻이면 金선생님도 野蠻이란말슴이지요? …… 왜조선사람이 野蠻人예요?』

아모 꿈임업는 순진한소녀의 이가튼호소를듯고나서 光洙는 가슴속이 찌르르하는것을 깨닷지아니치못하얏다.

『오냐 엇던편[23] 野蠻인가 가려어보자! 너의들이 野蠻人인가 우리들이 野蠻인가 싸지어보자』

光洙는 이러케 마음을먹고 주먹을부르쥐고나서 그녀학생들을보고

『우리가 野蠻人될짜닭이잇소걱정말고 도러들가우.』

하얏다.

『다, 다나가선생이 여긔 이러케남어잇스라고햇는데 엇더케 감닛가』

한학생이 이러케말하자 쏘한학생이

『저의들마음대로 갓다가 나종의쏘 무슨벌을쓰게요』

한다.

『상관업스니 걱정말고 돌아들가요. 내가田中선생한테 잘말할터이니 응 내가잘말할터이니 …… 』

光洙는이러케말하고 즉시 사무실로 향하얏다. 그의꼭쥐여진주먹은 외투복랑속에서썰니엇다.

田中녀선생은 맛침그째 사무실문을열고 책보를 손에들고 나오는것이엇다. 光洙는쏘차가서 그를 불러세웟다.

(문예면 9면)

『다나가 상!』

『네—?』

---

23) '엇던 편이'의 낙자.

『당신은악가 당신담임인 사년급생도들에게 무슨말을하엿습닛가 긔억하십닛가?』

『말을하다니요』하는 田中녀선생이[24]눈초리는 금시로 아래로 촉처젓다.『무슨 말을햇다고그리서요? 네?』

『아―니 당신은 당신이악가한말을 니저버리섯단말이요?』

『―?』

『남학생들이 주는과자를밧지안는다고 당신은 무에라고말을 햇서요? 그래도몰르겟서요?』

『왜요? …… 저모양이닛가 조선사람들은 野蠻人이라고 말햇서요? 왜, 그말이 엇잿답닛가?』

田中녀선생의 되바더넘기는듯한 가징스러운태도에 光洙는 곳그당장에서 주먹이나아가는것을 억지로참앗다.

『왜요? 왜라니! 그래당신은 녀생도들이 남학생이 집어주는 과자봉지를 밧지안은것은 야만이고도 그리구 그까닭에 그생도들을 이치운날 한시간이상이나벌을세워두어도관계치안을만콤 그러케대단히잘못한것으로 생각하십닛가?』

『그럼은요! 그러케잘못한것이고말고요. 엇재서선생의말을듯지안아요?!』

이때에 사무실엽방에서 십여명의어린학생들이 무슨일이나낫나하야 웅게중게 모도들밧그로쏘다저나왓다. 그들은 이고을N村에서 긔차로통학하는학생들인데 학예회가씃난뒤에도 긔차시간을기달리느라고 아직까지 교실안에 남어잇든것이엇다.

光洙의분한마음은 그들로하야곰 거지반 반이나 줄어드러바렷다. 그는 어린학생들의눈압헤서 아름답지못하게 녀선생과 다토기를주저하는생각이든까닭이엇다. 이와가튼생각이들자 어느구석에서예비하고잇섯든거와 가티 光洙의마음한편에서 鈴木교장의 대가리가 낫하나기시작하얏다. 그

24) '선생의'의 오식.

리하야 교장의눈

(문예면 10면)

은빙그르르돌더니 光洙의얼골을똑바로보는것이엇다. 그는 다시금엇던눈에보히지안는힘에 찍어눌니우는듯한늣김을 금치못하얏다.

그러나 光洙는 내어뻐덧든주먹을 얼른 도로놋치는안엇다.

『그래 남학생의손으로주는것을 밧지안앗다고 그것은꼭野蠻이로구먼요?네?그래서한시간이상이나 벌을씨웟구먼이요?』

『그러치요! 현대의교육은 남녀공학까지도 허락하지안앗습닛가 …… 벌을써야 맛당하지요!』

『엇재요?남녀공학?―그래 남자하고물건을주고밧고하는것이 남녀공학의정신인거나가티 당신은생각하시는구료?남녀공학은 남녀공학이고 오늘일은오늘일이지 …… 이건무슨 어림업는소리요?』

『아이 몰르겟서요! 김선생 마음대로생각하십시요그러[25]!』

田中녀선생은 비꼬는듯십흔어조로 이가티 한마듸말을 내여붓치고서 『공연히트집을잡는다 나는감니다』하는듯이 홱돌아서서 딸각딸각 게다소리를내이며 나아가버렷다.

光洙는 잠간동안 엇더케하면조흘는지를몰랏다. 그러나 어차여피 하는수업는일이라고생각한그는드듸어 쓰듸쓴침을한번삼킨후 자긔의집으로향하야 발길을내노앗다. 그는 모자를다시눌러쓰고 고개를 파뭇고서 논도랑길로드러섯다. 해는 서 쪽넘어로들어가고 바람은 몬지를모라가지고 들복판에노힌학교교사까지와서 길을막혀엇다는듯이 집을둘너싸고서 울부짓는것이엿다. 초가집이 점점히허터진동내에는 저녁연긔가가득하엿다.

그는이제 광대무변한 사막가온대에섯다. 그의마음은 쓸쓸하얏다. 슷업시 슯헛다. 분하얏다. 모든것을 저주하고 십흔마음과 모든것을 부시어 버

25) '그려'의 오식.

리고 십흔충동이그윽히 그의가슴속에서 끌엇다. 그러나 그와가튼충동은 그를잇끌지는못하얏다. 드듸어그는생각하얏다. 엇더케하면 오늘바든온갓 모욕을 씨슬까?자긔는 너머도못낫다. 조곰전에 자긔에게 눈물로써 「우리들은 야만이아니라고 호소하든그어린쳐녀들만도하지못하지안은가?그러면 자긔는엇더한방법을취하면 조흔가? 지금이길로田中녀선생을

(문예면 11면)

차저가서 반드시 잘못하엿습니다 제발용서하십시요」하는말을밧고말까? 그런데 만약 종시잘못하얏다는말을 하지안는경우에는? 그때에는 이일을 가지고 鈴木교장에게가서 사단이 이러저러한데田中녀선생이 종시잘못하지안엇다고생각하고잇스니 이일을잘재판하야달나고할까? …… 그러나 그게무슨소용이잇스랴!그러면엇더케하나?무엇으로써 이 설욕을하면조흐랴? 그래엇재서 우리가 우리가 야만인가? 우리들의누의들은 남자의손으로부터직접 물건을주고밧고 하지는안아도 훌늉하게야만은아니란말이다! 우리들은 총은업서도 대포는 업서도 비행긔는업서도…… 야만은아니란말이다!－정말 우리들은 이 설욕을하지안으면안되겟다. 이따위말을한 교장과田中에게 우리들은 이와가튼말을 내어동댕이치지안으면안된다. 그러자면엇더케하나? 오냐 만약에 교장까지도 田中의편을들고잘못되얏다는말을하지안커든 그때에는 나는이따위보통학교에서 밥을비러먹는짓을 고만두자. 그리고엇더케하나? 그리고 나는이학교를내어놋는동시에 학부형들을선동하자. 이와가튼학교에 자질을 보낼필요가업는점을힘씃설명하자. 그러면 학부형들도 곳 찬성하렷다. 그러면 나는 학생들로하여곰곳同盟休學을하게하자. 그러나! 同盟休學을 하자! ……

光洙는이와가티 생각하고서한숨을 휘－쉬엇다. 그의가슴은 얼마콤훌연하야지고 그의흥분되얏든마음은 얼마큼 가라안게되얏다. 그는 주머니에서단풍표한개를쓰내어붓처물엇다.

『同盟休學－?』

그는담배연긔를 휘-내뿜으면서 입속으로 이러케한번 중얼거렷다.

『그러케하고 나서는 엇더케하나?』

그는또이러케 자긔자신에게 무러보앗다. 그러자그의눈압헤는 또다시 鈴木교장의얼골이 언뜻낫하낫다가 사라지고 그리고이곳 警察署의서장의얼골이 그뒤를니어낫하나고서사러젓다. 그리고서는 六七年전에 자긔가 수업시만흔 여러사람들과함끠 경찰서에붓들리어갓슬때의 긔억이 번개불가티 머리속을 스치고지나가는것이엇다.

(문예면 12면)

『반항하는놈을랑 죽여라!』

하고소래치든 경찰서구류간의 첫날밤일이력력히 눈압헤낫하낫다.

경부의칼에 이마를맛고서 흘리는 모르는동무의 피……피……. 그리고서는 온갓 侮辱과酷使와辛苦의지옥인감옥안의 정경이 눈압흐로 오락가락하는것이엇다.-

『同盟休學?—그리고서나는엇더케하나?-』

光洙는 깁흔한숨을쉬이며 이가티스스로 다시더한번 자신에게무러보앗다. 그의눈에는 자긔 늙은어머니의모양이낫하낫다. 그리고 자긔가사랑하는 안해 올에세살된 큰아들 또그리고는 인제젓먹이는 갓난아이.-光洙는 조러붓는듯한마음에 밋칠듯이 담배를길바닥에 탁 메여부치고서 헛침을 두어번삼키엇다.

그날밤에 鈴木교장은 田中녀선생으로부터 光洙가 적어도일본사람인 田中녀선생에게 엇더한말을하고 더구나 어린학생들이보는압헤서 싸움을걸드란 전후이약이를 다듯고나서 크게분개하얏다. 그리하야『그놈을 月曜日에 학교에오기만오거든 당장에면직을식히라』고까지생각하엿섯다. 누가잘하고누가잘못하얏다는것보다도 시비는고사하고 무엇보다도 제일 중요한점은 조선사람으로일본인녀선생에게공경하지는안코 오히려싸움을거럿다함에대하야 교장은 크게분개하엿든것이다.

『고한놈가트니!』

그는 입속으로이러케중얼댓다. 그리고그는 내일이라도 빨리 이일을 道廳學務課에보고하리라고생각하얏다. 그러다가 다시마음을도리키어가지고 오늘날까지光洙를더리고지내여오든 二三年동안의 일을더듬어가며 생각해보기시작하얏다. 光洙는 아모탈이업는사람이다. 직원중에서는 가장 공부가잇고 또한셩실영민한사람으로 오늘날까지 조고만한잘못이업섯슴에도 게관[26]치안코 한번잘못하얏다하야 면직을식히는것은 너무가혹한일이안인가하고 생각하얏다.

『으—. 그것은 너무 참혹한일이로군……』

(문예면 13면)

교장은이모양으로 고개를한번쓰덕어리엇다. 그리고서는 교장은 이러케생각하얏다. —光洙는젊은놈으로 잘붓잡고 사람을맨들면 조흔사람이니 내어보낼것이아니라 엇더케이번에 한번 싹 얼러서 긔를썩거놋는것이조타. 그리고나서 한번어루만저주면조흔게야. 올치 언젠가 한번 상급학생들에게는 朝鮮地理와歷史를 教科書에잇는것만가리켜주는것보다도 조선녯적부터나리어오든 전설과또는실담가튼것을석거가지고 教材를하나맨들엇스니 檢閱하여달나고 하든것이엇젓다. 맛침잘되엿스니 이번에 이것을가지고『이놈너는 상급학생들에게 총독부에서금하는 조선력사를 가르친다니될말이냐』고 싹얼러놋차 그러면반듯이이놈이 몸이콩쪽만하야서 발발떨렷다. 그런뒤에는 내가여러가지로 설교를하야노코서 나종에 田中으로하여곰 좀싹은싹은하게정답게 하도록만하하면 光洙는바로 同化될사람이다. 올타 그러케하자 —이와가티생각하고서 교장은 가장 쾌한듯이 빙그레히고[27] 쎄기엇다. 그리고 그날밤에 교장과 田中녀선생은 나직

26) '계관(係關)'의 오식.
27) '빙그레하고'의 오식.

한목소리로 오랫동안을이약이한후에 田中녀선생은 교장이일르는말에약속하고서야물러갓다.

月曜日아침에 이보통학교는 여전히상학을시작하고 선생들중에도한사람도빠지지안코여전히 출근하얏다. 光洙는하루종일 하학이될때까지 교장의 눈치만보는것이엇다. 무슨일을하다가도 田中이가 그적게ㅅ일을 교장에게 쏘아박앗슬터인데 교장의입에서무슨말이 나올가 그것이념려가되야 힐끔힐끔 교장을겻눈질하는것이엇다. 그리다가 그때맛침 교장의눈방울이 빙그르돌아서 光洙의얼골에시선이떠러지는것과 마조치게되면 光洙는황당하게 눈을 얼른 아래로 떠러트리고서 안본척하는것이다.진실로光洙는 빈충마진사람이엇는것이다.

저녁때가되야 선생들이 죄다나아간후에교장은 光洙를갓가이불러가지고

『드르닛가 金君은 학생들에게 조선력사를가르친다지?』

하고 光洙의얼골을 뚤어질듯이 드려다보는것이엇다. 光洙는 가슴이덜컥내려안는것가튼 늣김을

(문예면 14면)

맛보앗다.『올쿠나 인제는 트집을잡는구나. 잇지도안은 말을지어내가지고 사람을골닐게무엇잇나.』그는 그순간에 이러케생각하얏다. 그리고서쩔니는목소리로

『아니올시다 력사를가르치다니요! ……』

하고 더말을 닛대지못하얏다. 교장은 그큰눈방울을아래로궁굴리면서

『그런일이 업단말이요? 언젠가 내게 教材를보힌일이 잇지안소? 그것을가지고 요사이에와서는 教材와도달르게 교수를한다는말을드럿는데—』

『아니올시다 그것은 그教材는 그때선생님에게 檢閱을바든것이아닙닛가그리구그教材이외에 저는 생도들에게 다른말을 짓거린일은절대로 절대로 업습니다.』

光洙는 변명하지안으면안되겟다고생각하고서 한숨에 이가티 중얼대엿다. 교장은

『정녕코 업단말이지? 그런일이－응?』

하고한번다진뒤에

『게 안소. 그럼 내가아마 잘못전하는말을고지들엇나보. 그런데 그적게 土曜日에 金君은 엇더한 일을하얏서? 내가들어간뒤에 말이요－?』

하고 다시금 光洙의 얼골을 드려다보는것이엇다. 光洙는 번가라가며 자긔를포위하고 들어오는 시썸언손을 늣기엇다. 그는 한껏불안한 마음으로 교장압헤 걸터안저가지고 될수잇는대로 교장의시선을피하얏다. 그리고는 어대까지든지 이 긔회에자긔가 잘못한것이업다는것을 변명하야두지안으면안되겟다고 마음을가다듬엇다.

그리하야그는 얼마씀썰니는목소리로 지난 土曜日오후에 지극히흥분되엿든거와는아조딴판으로 거지반 同意를엇기위한懇切한표정을낫하내가지고 사건의자초지종을이약이하고서 씃흐로 田中은 과연잘못하얏노라고붓처서말하얏다. 그러나 교장은

『글세 처음에누가잘하고 누가잘못한것을 가리자는게아니라폐일언하고 어린학생들이 보는곳에서

(문예면 15면)

적어도 생도를가르치는선생이라는사람이 더구나 내지인녀선생을거러서싸움을한것이 잘못되지안엇느냐는말이요? 金君은 그래 잘햇다고생각하나』

하는것이엇다. 光洙는아모말도못하고다만고개만숙우리엇다. 그리고서 교장이 다시한번 잘햇느냐고무를때에 맛침내

『과연 잘못햇습니다』

하고대답하고야마랏다. 교장은 한번 빙긋이 우슨뒤에 맛치 인제는내가이약이를좀할판이라는듯키말씃을쓰내엇다. 교장의말은 쓴어질줄을 몰랏다.

日鮮兩族의利害－東洋平和의基礎－人種戰爭의豫想－帝國臣民의義務－軍國의精神－兒童敎育의使命－敎員의天職－이와가튼문제와쏘는이외의허다한문제에관해서 장구한설교를베푸른후에

『하여간 金君과가튼사람은 더욱주의하야 이사람의 소망을저버리지말기를바라오』

하고말하는것이엇다. 光洙는『네 감사합니다』하고대답하얏다. 그리고서 그는 교장의방에서나왓다. 해는 쏘빡저버리고 짱위는 어둠컴컴하얏다. 光洙는발등만내려다보며 집으로향하얏다. 그의가슴속은 갈피업는생각으로뒤심란하얏다. 土曜日하로고동안을지내인일과쏘는日曜日하로ㅅ동안을 번민하든일과 쏘는오늘하로ㅅ동안을 지내고듯고보고한것에대한생각이 순서업시감돌며숫이나지안는것이엇다. 그는다만

『아－아 하는수업거든!』

하고 한숨을쉬일쑨이엇다.

『나는못생겻다!「우리들은 야만이아니라」고 호소하든 처녀만도못한못난백성이다!』하고 스스로욕할쑨이엇다. 그러자별안간 그의등뒤에서는 사람이싸라오는발자최소래가들니는것이어다.[28)]

『金상!』

光洙가 그발소래를깨닷고서 뒤를돌아다보는그순간에 쏙가튼시간에 田中녀선생은 이가티불르는것

(문예면 16면)

이엇다. 그는자긔의뒤에 그적게싸움을할째와는아조판달르게 상냥해보히고다정해보히는 웃는낫의 田中녀선생을발견하얏다.

『느즈섯습니다그려 어대갓다오서요?』

녀선생은 가장다정한목소리로이러케뭇는다. 光洙는잠간동안 무에라고

---

28) ‘것이엇다’의 오식.

할말을몰라서머뭇머뭇하다가

『네. 저－잠간 느젓슴니다』

하얏다. 녀자는 무슨생각을하는지 잠간아모말업더니

『찬찬히－가티거르시지안으시겟서요? 밧브시지안으시면……』

한다.

『별루 밧븐일은업슴니다－』

두사람은 아모말업시 얼마를거럿다. 녀자가먼저입을열엇다.

『저－土曜日날 말슴에요…… 저를 퍽 낫브게생각하섯지요?』

이것은 光洙의뜻하지못하엿든말이다. 그는속마음으로 미운생각을하면서도 그정다운목소래에잇끌리어 무에라고대답을준비하느라고 입솟이 쫑긋쫑긋하기시작하얏다. 그러나그는마츰내 적당한대답을발견하지못하얏다. 녀자는 얼골에우슴을 하나가득히담어가지고 산애의겻흐로 얼골을갓가히부치고서

『실례햇슴니다. 낫브게생각하여주지마시기바람니다. 그리구 그적게일은 깨끗하게서로 니저버리는것이엇대요?』

한다. 그는이번에도 잠간머뭇거리다가드듸어이러케대답하얏다.

『네 깨끗하게 긔억에서 씨서버리지요』

그는 이러케말하고 숨이차서 한숨을내쉬엇다. 그리고그는 이한사건이 이와가티쉬웁게락착된것을은근히깃버하얏다. 『이만하얏스면 평온무사하게 끗나는것을 공연히속을태웟고나』하는 생각이 그의가슴속에서울어나왓다. 그러케생각하자 지금까지 무겁게갓친것이 뻐은하든가슴속이 풀리는듯하얏고그리고악가까지 미웁게보히든 田中이가도로혀 이제와서는싹은싹은하고 정다웁게보히는것이엇다. 그는 마음속으로 자긔의녀편네와 田中두사람을 나란히그리어보면서 거러가는것이엇다. －끗－

출전 :『개벽』 63호(호외1), 1925.11.1, 아단문고 소재

◆ 일기자, 「時言」, 『개벽』 67호, 일부(75~76, 79~80면).

時　　言

一 記 者

(75면)

(중략-인용자) 特히朝鮮과가튼情勢下에서는 어느時期까지는 民族主義者이나 社會主義者이나 그들에게는 政治的으로보아 共通된對象이잇다. 그對象物이存續되는동안에는 民族主義者로써도 엇지하지못할것이요 社會主義者로써도 또한그러할것이다. 共通된그××을 ××키前에는 彼我가共히 實現하지못할環境을가지고잇다. 그러나最近에와서朝鮮의民族主義者는 그本來의性質에서離하야 妥協的의氣勢를가지고 緩和하려는形勢가뵈인다. 恰似히社會連動에잇서 日和見主義者와가튼 그러한무리가 업지안타고壯談못하리만큼 되는中에잇다고본다. 그런民族主義者와는 絶對로提携를 不許하는것이며 오즉非打協派의 民族主義者에限

(76면)

하야 어느時期까지의 提携를圖하고저함이다.

오날의朝鮮의情勢에鑑하야 그와가튼決議는 至極히注目할바이잇다고본다 그것도어느一個人의 意見이아니요 적어도四團體合同會의 決議인것이며 그決議가 四團軆合同會에서만 通過한것이아니고 그座席에모이엿든各方面의社會連動者를通하야 構成된決議이니 그만큼 眞釖味가잇고 囑望할바이크다하겟다. 그러치안은가 朝鮮은自立한나라이아니다 日本이나英國가티 다른民族의 政治的支配가업스면 그는問題도될것이아니지만은 朝鮮은日本이나 英國과는달리 남의民族에게 隷屬되여잇다. 그럼으로民族主義者로써도 그만한苦痛과 抑壓에呻吟하고잇스며 언제나그에서 脫離하야自主하고자한다. 社會連動者는勿論이라 資本主義의

經濟組織을 改體하고 政治的으로 一大變革을要함이다 그들 兩者사이에 어느時期까지는 卽見下의政治的拘束에서 버서나게되는그時間까지는 合力할必要가잇지안은가. 여긔에提携의 意義가잇다 한다. 朝鮮民族主義者 特히非妥協的態度로나아가는 民族運動者들이여 이에對하야 엇더한省察이 잇는가.

(79면)

言論界의不祥事

朝鮮日報에問함

아무리權威가업는朝鮮의言論界이기로 이와가티翻覆無常白晝蝙蝠의言論은또업슬것이다 世上이다아는바와가티 咸興富豪金昇煥對時代日報地方部長洪南杓君間의名譽毀損訴訟事件은一審二審에서六個月이란體刑宣告를當하고지금上告中에잇지안은가

此事件이發生한後 吾人은此事件을얼마나注目해보앗스며 또얼마나만흔輿論을加하얏는가 各新聞雜誌又는無名會 鐵筆俱樂部地方記者團을中心하야 朝鮮言論界란다니러나써드지안엇는가 이것은同業者라고해서그런것도안이요 또富豪者란덥허노코밉다해서그런것도안이요다만言論의公正을伸張하는데서 다가티聲援하지안엇는가 이것은時代自身은勿論東亞도그리하고 問題의朝鮮日報도그리하지안엇는가 朝鮮日報란紙面에金昇煥의惡罪目을멧回나드러내엿는지는 吾人의記憶이尙新치안으냐 그런데말이다 一朝豹變도分數가잇지안으냐.

(80면)

朝鮮日報二月二日三面記事中에所謂「咸興事件眞相」이란그무슨蝙蝠의짓인가말이다그것이事實이라해도 社自體의體面그보다도言論界의信義又는同業者의 道德上에서 決코그러한鄙陋의辯護는못할것이다. 昨何

心今何心도分數가잇지안으냐 金昇煥이가朝鮮日報가辯護해준거와가티 그러케富의長者면서處世의長者요北鮮有數의經世家인지는모르나 가튼言論을가지고 가튼業을하면서가튼戰線에나섯다가 同業者는一二審에서六個月體形이란그酷刑을當한데도不拘하고 一朝에正反對의辯護를씀이야 (此所謂事實有無를不問)言論界의信義同業者의道德에서容恕할수업는것이다 金昇煥이가設使善人이요好人이라하자 그럿타치고라도 그러케 區區하게大監門下에乞客의阿諂式은못할것이다 누구나 보앗겟지 그러케鄙陋한辯護가 어대또잇스랴 다아는事實을煩說은할必要가업다 朝鮮日報에問한다 그것이果然事實인가 事實이면閔泰瓊君大成興青年間의問答이왜그러케모호한가×××××××××××××××××××××××××××××××××××××××그래富者의前에는言論도업고信義도업고道德도업단말이냐 아무리權威업는朝鮮言論界이기로 今番朝鮮日報의自由放縱은果然容認할수업는일이다

無各會란그것은잇서무엇하며 鐵筆俱樂部란그것은무엇하기爲하야모인것이냐 이것을그대로默過하고말겟는가 朝鮮日報編輯部長金東成君의形式上辭免그것이면 이에足하고말것인가 멀니大衆에게무러둔다

출전 : 『개벽』 67호(본호), 1926.3.1, 아단문고 소재

◆ 차상찬, 「새로 追憶되는 李在明君」, 『개벽』 67호, 90~94면, 전문.

새로追憶되는李在明君

車 相 瓚

(90면)

舊韓國總理大臣으로 大日本帝國의正二位大勳位侯爵이라는榮爵을가지고 當代富貴의榮華를享하던李完用은六十九歲를 一期로하고 病葉殘露

와如히一朝에永遠히死滅하고말엇다 彼의殘命이끈어지기는本年二月十二日午後一時엿스나 彼의魂膽이已死하기는벌서十七年前이엿다 卽隆熙三年十二月二十三日午前十一時頃에彼는當年血氣潑溂 二十三歲의 青年에게致命의刺傷을當하얏섯다

그青年은世人이 一記憶하는李在明君이다 李君은元來 平壤城內巡營里胎生으로幼時부터膽畧이絶人하고義俠의心이强大한快男兒엿다 그의眼光은炯炯하기晨星과갓고 그의顔面은多小扁平하고長하면서도白晳하엿다그는家事를不顧하고東西로漂浪하다가十七歲時에飄然히墨西哥에渡하야勞働者의生活을하얏섯다 言語風俗이다른異域에서白人의虐待를바더가며 피짬을흘리고勞働하야한날한날을지내면서도날로글너가는祖國을생각할때에는 항상滿襟의熱漏를뿌리엿섯다그는墨西哥에서約二個의星霜을[29]보내다가 다시希哇로가서 同地에散在한同胞들과握手하고祖國을爲하야或悲憤慷慨의演說도하고 青年男女의教育도하얏섯다 그러다가光武九年에至하야所謂乙巳新條約이成立되매 그는더욱憤慨하야 그條約의責任者인當時韓國의總理大臣인李完用을殺害하기로計畫[30]하얏섯다 그러나 多年間基督敎의感化를바든 그는 基督의訓話에所謂「원수를사랑하라」는信念으로도로혀李完用을爲하야悔過改善함을熱心으로祈禱하얏섯다 그를알지못하는普通의사람은그를單純히一時的憤慨를이기지못하야暗殺의行爲를한사람으로認하나그가李完用을爲하야祈禱한것을보면그의雅量과 胸懷가如何히深濶한것을可知하겟다

其後隆熙元年에至하야海牙의密使事件이생기고李太皇이禪位를하게되매一層그는 悲憤激怒하다가다

(91면)

시생각하기를外國에잇서서無用의悲憤을하는이보다는 本國에歸하야根

29) '를'의 오식.

30) '計劃'의 오식.

本的으로某某의賣國奴를撲滅하는것이可하다하고幾個同志와相議한後仝年七月에奮然이歸國하얏다 그는歸國한后多數의同志를糾合[31]하기爲하야京鄕으로出入하며或은基督教人과도結托하고或은天道教人과도結託하야 時機의到來를待하얏섯다 然而隆熙三年 (明治四二) 十月에哈爾濱驛頭에서 伊藤博文을暗殺한安重根의銃聲은 그의鼓膜을一時에聳動하고 同年十一月에一進會長李容九의主唱한日韓合邦聲明書는그의熱血을躍動케하얏다그는 李完用의入個罪目(此는略함)을指擧하고 彼를殺害하랴고決心한後仝年十一月中旬에京城에來하야天道教青年吳復元金龍文(兩人은大韓醫院附屬醫學校生徒) 兩人과結義하고 또仝月下旬頃에는平壤에往하야朴泰殷家에서金貞益、李東秀、金泰善、李應三等과謀議한後其實行의方法을講究하얏다 이에先하야 金貞益은日韓合併의主唱者인李容九를 謀殺할決心이잇섯던바 李在明과協議하는當席에李完用보다도李容九를先殺함이可하다고力說하매一同은滿場一致로 다시李容九까지殺害하기로決心하고同志者趙昌鎬까지加入케하얏다 그리고實行에關하야는 李在明 李東秀 金內錄三人은李完用을殺害할責에任하고 金貞益 趙昌鎬兩人은 李容九를殺害할 責을 任하고 또吳復元、朴泰殷、李應三三人은暗殺實行에關한資金을調達하고 金泰善趙昌鎬는短銃을供給하기로決定하얏다 如斯히萬般의準備를完了한後李君은다시目的地인京城으로來하야南部笠開洞白召史의家에留宿하니 때는隆熙三年十二月十二日이오君이自己의生長하던平壤을떠나기도 이번이最後이엿다

여긔에한말할것은李君의戀愛에關한일이다 李君은그의思想이過激하고 主義가熱烈하야 大義士 俠客의風이잇는이만치 戀愛에關하야도 또한熱情이만하섯다自己의夫人吳仁星女史는當時二十一歲의才媛으로李君과志氣가相合하고 情誼가甚好한中當時京城養心女學校에在學中임에도不拘하고 自己의主人인白召史의女[illegible]當年京城의一流名妓인蘭姬와情을

31) '糾合'의 오식

通하야自己一生을犧牲하랴고決心한그때에도一夜도不休하고 同志들과 가티豪蕩히遊興하얏다 비록黃金萬能을노래하고 義理도愛情도不知하는 花柳界의女子라도君의慷慨한言論과豪俠한氣槪에는感服치안이치못하얏다 普通의妓生들은君을但히一個豪狂한靑年

(92면)

로[32]認하얏스나 이蘭妓는君을非凡한快男子로認하으얏다[33] 그리하야그가돈이잇던지업던지自己의誠意를다하야萬般의便益을圖하얏다 그러나 李君은일을論하다가彼此에意思가 合할時에는각금短銃으로銃殺하랴고 하얏섯다 君이李完用에게下手를하기數日前夜에도 盧伯麟氏와가티蘭姬의집에서술을먹다가蘭姬가李君의言論이너무過激한것을戒하얏더니李君은短銃을들고蘭姬를責하야갈오대「너와가티心弱한女子는나의愛人이안이라」하고卽時殺害하랴고하다가盧伯麟氏의挽留로制止된일까지잇섯다 (後에蘭姬도被捉되얏다가無事放免됨)

開話●題－李君은다시天道敎靑年金龍文을訪問하고一進會長李容九까지殺害할事를말하야金君의承諾을엇고또天道敎中央總部의幹部로잇던梁漢默崔普鉉吳尙俊諸氏를面會하고그事實을말하엿다 (그해春期에李君이金龍文吳復元兩君의紹介로天道敎에入敎한事가有함) 그러나右三氏는그趣旨는勿論贊同을하나將來가遙遠한李君으로서一個腐朽物을[34]殺害하고自己를犧牲하는것은너무愛惜한일이요또累가全敎會에까지밋칠는지알수업스닛가아즉忍耐하고後日의조흔時機를기다리는것이조켓다고勸告하얏다 (後에梁吳崔三氏도同謀嫌疑로被囚되얏다가豫審에서免訴되얏스나는監獄에서得病하야出獄後에病死하얏다) 그러나鐵石과가티구든李君의決心은아모라도 勸止치못하얏다 某某同志와가티 날마다會合하야或은武器도修整하고或은兩

32) '으로'의 오식.
33) '認하얏다'의 오식.
34) '腐汚物'의 오식.

李의動靜도審視하며 쏘兩李의家屋位置及家內形便도探察하야하로밧비機會오기만苦待하얏섯다 同年十二月二十二日이엿다新聞에는李完用이鍾峴天主教堂內에開하는白耳義皇帝追悼會에參席한다는事實이記載되엿다이것을본李君은참千載一遇의好機라하고心中에暗暗自喜하며自己의同志인李東秀와가티輕快한洋服에短銃短刀를 懷(사진생략－인용자)

(93면)

하고早朝에旅舘을써나鍾峴에잇는當時統監府特許局陳列場 (前糧餉廳)一隅에潛伏하얏섯다 (其時李東秀는路下에서彷徨하고金丙祿은自轉車를乘하고行事를하다가李에게謝絶을當함) 此事實은아모도다아는사람이업고 다만自己의同志 天地鬼神만알뿐이엿다 午前十一時의鐘소리가나고－追悼式의幕이다치며一般의參席하엿던內外의客이各各散歸할판이엿다 生命이頃刻에在한李完用은猛虎의襲擊을不知하고悠悠히緩步하는羊群모양으로 禮服禮冠에人力車를乘하고保護巡査의自轉車뒤를쌀하서鍾峴街路로지냇섯다 完用의通過만기다리고路左에隱伏하얏던李君은突然이懷中에在한短刀를拔하야靑天霹靂의勢로李完用을狙擊하얏다그러나 滄海力士의博浪鐵椎가엇지秦始皇의副車를誤中하며 豫讓의匕首가엇지趙襄子의馬를驚할줄意하얏스리오 李君의猛刀는그의目的한完用을擊치못하고 먼저李의前衛인車夫朴元文의右腰部第五肋骨을狙擊하야 當場致死케하고다시李完用을 蹴倒騎坐한後碧血이淋漓한短刀로李의左肩側一個所 (深十六仙知米突 長六仙知米突의傷處를生하야左肺까지犯함) 와右腰部二個所 (長五仙深六仙) 를亂刺하다가 李의保護巡査인日本人宮武孫太郎의佩刀에腰部重傷을當하야懷中에在한短銃은一發도放射치못하고遂히捕縛되얏다 當時慘憺한光景이야엇지形言할수잇스랴 十一時前까지平和鄕裏에在하던漢城의天地는俄然히空氣가突變하야殺氣가充溢하얏다 憲兵隊警官隊는非常의召集을하야거리거리一般行客의 懷中을搜索하고 車夫朴元文의家族과李完用의哀哭聲은天을通하고地를裂하얏다重傷을被한李完用은一時

昏倒하얏다가應急手術을하고警官의保護下에大韓醫院으로收容디고 李在明君은捕縛되야一時李完用家保護巡査駐在所에留置되얏다가警視廳에押送되야 京城地方裁判所伊東檢事에게取調를當하니 때에李君은비록重傷을當하얏스나態度가自若하고言語가明晳하야 取調하던裁判所官吏까지君의氣槪를歎치안이치못하얏다 李君은伊來四個月동안을豫審에在하다가 翌年卽隆熙四年四月十二日에第一回의公判을開始하게되야屢次繼續公判하다가－仝年五月十八日에塚原裁判長의判決下에死刑의宣告를受하얏다 其時裁判廷에서答辯한言論은여긔에煩論치안커니와徹頭徹尾하게 自己의主義主張을말하야傍聽人이나裁判所及監獄官吏들를[35]感激케하얏섯다그중에도一般의行爲를다自己가責任지고

(94면)

同志者의無罪를言함과自己夫人이辯護士에게事件委托한것을叱責한것과 裁判長에對하야自己가殺身成仁하랴고行義한것이요行凶한것이안이라大叱한것은누구나다君의大義에感服하얏섯다그리고 君이法廷에서最後死刑宣告를바들때에「내가비록死刑으로죽을지라도完用의殘命이아즉남어잇는以上에는鬼神이라도맛당이죽인다」고한말에는一般의毛骨이竦然히엿섯다 其後五月二十一日에君은다시控訴를하얏다가敗訴하고또上告審에서도棄却을當하야 二十四歲를一期로하고同年秋期에壯絶悲絶하게斷頭臺의英魂이되얏다伊來悲風悽雨十七年間에李完用其時傷處로因하여恒常呻吟하다가今年에至하야遂히永死하얏다地下에在한李君이此를知하는지 不知하는지未知어니와君이法廷에서「鬼神이라도李를殺하겟다」는말은今日에와서實現하얏다 嗚呼人●萬事如浮雲한에데孔丘盜跖●俱塵埃로다

출전 : 상동

35) '官吏들을'의 오식.

◆ 박형병, 「近世植民政策의 終幕」, 『개벽』 71호, 28~40면, 전문.

近世植民政策의終幕

(近世植民政策의起源과由來其三)

朴衡秉

(28면)

五、植民政策의破綻과反抗運動

植民政策破綻의徵兆는 如何한点을가르처서 論할것인가 하고疑問하는사람이잇을것이다. 그러나植民政策破綻의徵兆는 各國의植民政策難과 各地에서起하는植民地民의반抗運動과 向上運動을보면卽時알바이다. 換言하면各國이 植民政策을彼等의理想대로 順調로實行하기와 永續하기가不可能한反面에植民地民衆의反抗運動과向上運動이 年年히盛大한勢力으로써興起하야서 그래서各國의植民政策은 讓步的傾向이보이는同時에植民地民衆의要求하는條件을 受諾치아니치못하게되는事로써미루어알바이다.

그런데植民政策의 破綻의傾向은 上述한植民地(卽小弱國과未開地)에依하야서 各各相異한道程으로써表現된다. 詳言하면小弱國에對한植民政策과未開地에對한植民政策이 相異한事로因하야 이兩植民地內部로부터生하는反抗運動과向上運動도 自然히相違한傾向을가지고 相違한方面으로進行하는것이普通이다. 그러면그相違한傾向이 무엇이냐? 이것은 이兩地에잇는種族問題에對하야大關係가잇는것이다. 말하자면小弱國에는그邦國의民族이 保存되야잇으되 未開地에는 그地方土民보다도의移住民이 大部分居住하여잇는 이런關係로因하야 이兩地에잇는民衆의要求하는政治理想도 彼此相異하다. 따라서小弱國民의多數는 民族的獨立政

(29면)

治理想을가지는反對로 未開地民의多數는 地域的自治의政治理想을가진다. 그럼으로이런政治의理想을達하려하는經路가 前者는革命的 或은急進的인反對로 後者는溫和的 或은改良的이다.

이와가티相異한政治理想을가지고 그리고相異한方面으로向하야서進行하는것은 如何한理由와條件이 그의根本이되는냐하면 그것은 兩方의地理的歷史的 文化的 種族的關係이다. 싸라서이兩方의運動의經路上相異点도 各各相異한政治理想이 그의根本이된다.

換言하면小弱國民은 支配國民 卽本國民과 民族的感情이 相異할쑨아니라 相異한地理的觀念相異한歷史的觀念 相異한文化的觀念을가지고잇는째문으로被支配民族은 社會的利害關係보다도먼저感情上關係로부터서 全혀支配國과分離하려하는反對로 未開地民은大體로本國의移住民 인째문으로 그支配國卽本國과 民族感情은 勿論이요 其他의觀念과習性도 大體同一한째문으로 彼等은感情上의關係보다도 社會的利害關係로부터서 支配國되는本國과 分離하려고한다. 그런고로前者는政治의理想을 獨立的國家政治에두고 그手段으로서는 革命的急進的手段을取하며 後者는그政治의理想을 自治政治 或은聯邦政治에둑 그手段으로는 改良的 溫和的手段을取하는것이다.이것이卽兩地의相異한政治理想과 그의相異한實行手段의根本되는 理由이며條件이다.

이에서近世植民地發生以來로 植民地民衆의反抗運動과向上運動을大略論術코자한다. 爲先反抗運動으로부터論하면

가、米洲에서起한反抗運動

北米合衆國은 그運動上經路를보면 植民地內에서도 特殊한條件으로써 特殊한經路를取하엿다.

아메리카는 本來十五世紀末에 伊國人콤롬버스가 發見한以來로 歐洲人의政治的不平家 革命命家完教的反抗者 一攫千金欲者等의逃避所와開拓地가되엿다. 그래서彼等은 各方面으로이未開地를開拓하엿다. 이와가티開拓되여옴을싸라서 이植民地民은 經濟上政治上共同의利害를獲得

키爲하야 英國의保護干涉을밧지아니하려고 十三植民地가 共同的運動을始作하엿다. 그래서여러가지로惡戰苦鬪한結果 畢竟一七七六年五月에 十三植民地의代表가

(30면)

필라델피아에會合하야서 斷然히英國과分離獨立하기를決議하고 同年七月四日에 十三植民地의獨立의宣言을 發布하엿다. 이것이未開植民地로서의最初의獨立이엿다.

北米合衆國이 獨立한以後로 北米英領의植民地로 아직썻잇는카나다를除한以外에 中米와南米의西班牙領과 葡萄牙領의植民地는 모다北米合衆國의自由獨立思想、本國國力의衰微 野心家의跋扈等의影響으로因하야 제各各地域的 社會的環境을따라서大小의獨立國 或은保護國이되엿나니 墨西哥는本來西班牙의領地엿으나 一八一三年以來 獨立運動이始作되야서 一八二一年의政變을지나 一八二三年에 獨立共和國이되엿고 쏘코롬비아聯邦이 亦是一八一九年에 西班牙領地로서 獨立하엿고 쏘부라질은 本來葡萄牙領地이엿으나 一八二五年에 獨立하엿고 其他울구아이는 一八二八年에 일젠틔나는 一八一九年에 各各獨立하엿고中央아메리카는 一八二一以來 各各獨立하야서 구아데말라 혼듀라스 살바돌 니카라구아 코스탕리카、파나마等의六個國이되엿다.

以上은 特例의地帶이나 現今世界各地에 散在한 多數의植民地도 亦是積極的 或은消極的으로各各本國의政治環境을버서나려고 歷歷히運動한다

나、歐洲에서起한反抗運動

歐洲에는 元來他國의植民地가 極少하나 그것을大體로 二分하면獨逸以西와 以東으로分類할수잇나니 獨逸以西는 伯耳義와愛蘭이요 獨逸以東은 波蘭과발칸半島이다. 그러나이곳은 未開地가아니고 小弱國인고로他地와는 훨신다르다. 波蘭은 一七七二年의第一回分割을當한以後로 憂

國志士가 國勢挽回의手段을 講究하려고 苦心하엿스나 모다水泡에도라가고 一七九三年의第二回分割一七九五年에第三回分割을 當하야서 畢竟은亡하고말엇다.

그러나國權을回復코자하는革命家는 亡國의悲憤을잇지아니하고 秘密結社等을組織하야서 彼等의目的을達하기에게을니아니하여오든中 七月革命 (一八三〇年七月二十六日에起한佛國의革命)의報道를接하고 듸듸여十一月에왈소府에서 一揆를起하엿다. 그래서忽然히全國에波及하야서 大勝利를得하엿스나 內部的不和로因하야 一八三一年十月에獨

(31면)

立軍이 露國軍에게慘敗를當하고 못처럼奮鬪하야서樹立한政府가 또다시廢止되엿다. 그後獨立運動이긋치지는 아니하엿으나 歐洲大戰爭으로因하야露獨兩帝國의滅亡을짜라서듸듸여獨立하게되엿다.

白耳義는 븨엔나會議의結果로서 和蘭과合同하야서네－델란드王國이되엿으나 兩國民間의融和가잘아니되야오든中 佛國七月革命의影響으로因하야一八三〇年十一月十八日에 伯耳義民은 獨立을 宣言하엿으나 一八三九年에至하야 비로소和蘭이그獨立을承認케되엿다.

愛蘭은 十二世紀中葉부터 英國의支配를바더왓으나 恒常英國과分離하야서 獨立을하랴고하여오든中 愛蘭民族運動의極左傾派이라할 신페一ㄴ黨(신페一ㄴ은 愛蘭語의『吾等白身』이라는意味)이 一九〇五年에創立되엿는데 이黨은 英國에對하야 積極的反抗의態度를取하는 公然의團體이다. 신페一ㄴ黨의標榜하는主張은 絶對로愛蘭의獨立을 主張하는同時에 英國과의妥協的手段을 排反하는事이다. 그래서그黨이 創立한以後로는 그런情神을가지고鬪爭하야오든中 一九二〇年三月에 自治法案問題를爲始하야 신페一ㄴ黨의코쿠市長막카－테一ㄴ과反신페一ㄴ黨의아린、밸判事의暗殺事件이起한後로 愛蘭의人心이騷動되야서 英政府는高壓的手段을取하는反對에 愛蘭人은 더욱더反抗하게되엿다. 그래서36)四月에初

旬에는 約八十人의신페一ㄴ黨員이 暴行嫌疑者로逮捕되야마운트죠-이監獄에서 呻吟케되엿으나彼等은 斷食同盟을決議하고어듸까지反抗하면서『獨立共和國을主張한다』고絶叫하엿슬뿐이다. 이런事實을알게된 다부린市民은 每日그獄前에群集을하야서 彼等을激動하엿고 또愛蘭勞働組合은 直刻으로總同盟罷業을斷行하야서 外部로부터서 이것을 援助하기로決議하고 四月十三日에 愛蘭全土에다 總罷業을宣言한結果 北部알스더-를除한外에南部愛蘭은 全部가이命令에服從하엿다. 다부린市의六十萬의勞働者는 一齊히罷業을實行하엿다. 그래서郵便 汽車 電車等이止하엿슬뿐아니라甚至於商店과學校까지도 閉鎖되엿다.

그러나그것은 及其也失敗에歸한以後에도屢次의獨立運動의鬪爭이잇섯으나 一九二二年에至하야서는 또신페一ㄴ黨의데바렐리一派의急進的其和主義者가 英國에對하야 宣戰을하엿으나 亦是失敗에歸

(32면)

하엿고 結局同年十二月六日에愛蘭의自由國이 맛츰내만흔犧牲과迫害中에서誕生되고말엇다. 이와가티된때문으로 自治를願치아니하고 共和卽英國으로부터 完全히獨立하려하든愛蘭의革命運動은 歷史上의一大血跡을남겨둘뿐이요 英國으로부터承認된他의自治領同樣의權限을得하게되엿다.

발칸半島는 本來東로마帝國의版●이엿으나 十四世紀後半期에至하야 土耳其人의勢力은 次第로强大하여가는反對로 東로마帝國의勢力은衰退하여감에따라서 自然히東로마帝國의領土이든 발칸半島는 土耳其帝國의領土가되게되엿다.그리하여발칸半島는 東西洋의交通上其地의여러가지의關係로因하야 歐洲列國이 自然히注目치아니치못하게되엿다. 그래서問題가잇는때마다列國은 반듯이干涉을하여오든中 土耳其帝國의

36) '그래서'의 오식.

勢力이 微弱하여감을따라 十九世紀에至하아서 主要한國際間의地帶가 되엿다. 그것은 列國이 各各自國의政治上經濟上利害關係로因하야 발칸問題를 問題삼고저함이니列國의手段方法은 발칸의諸民族을 煽動後援하야各各本國되는 土耳其에게反抗케하야서 獨立國家를建設케함이다. 勿論발칸各民族間의自民族獨立의思想도업지는아니하엿다. 左右間발칸半島는 擧皆土耳其로부터分立하려하야서 各方面으로鬪爭하며또活動한것은事實이다. 그래서一八七七年의 露土戰爭의結果로서 一八七八年에 산・스테파노條約에依하야 발칸半島의土耳其領이엿든 세비아 루-마니아 몬데네구로等이 獨立하엿고 一八九六年에는 불가리아가獨立하엿다

다、阿弗利哥에서起한反抗運動

阿弗利哥는 暗黑世界라는別名을가짐과가티 果然그와가티廣大한大陸의全土가 이비시니아와리베리아兩國을除한外에는 모다歐洲列强의植民地이다.

따라서이大陸의植民地는 埃及을除한外에는擧皆未開國이요 小弱國도업다. 이런關係上 이大陸의勢力을쥔者는 거의歐洲民의移民이요 이大陸의土民으로서는 勢力이極히微弱하다. 그럼으로彼等의反抗運動도 非組織的이요 衝動的인까닭으로 彼等의反抗運動은 恒常慘酷한失敗에歸할뿐이요 成功의希望이적다. 더욱이이大陸에移來한歐洲人은彼等이 本國과分立하아서 獨立하랴거나 或은自治를하랴할지라도 決코本土民을爲하야서 그러케

(33면)

하려함이아니라 彼等의經濟上利益을爲하야서 그려캐하려함이다. 그러나左右間彼等이本國의勢力으로부터 버서나려한것만은 亦是反抗運動으로아니볼수업다.

英領南阿聯合은 一九〇九年에 大自治領이되기까지는 英國과軋轢이 잇섯다.이곳은十七世紀以來로 和蘭人의移住地이엿다. 一八〇六年에英

領이된後 土民의妨害로因하야 오란예河地方과트란스바ㅡㄹ地方으로移住하엿다가 一八五〇年에 奴隷廢止의條件附로써 英國으로부터獨立의承認을得하엿다. 그런데一八七七年에至하야 트란스바ㅡㄹ人은英國이英國移住民의平和를威脅한다는口實로써 倂合함에對하야 服從치아니하고 英國軍隊와惡戰苦鬪한結果 또一八八四年에 更히獨立하엿스나 金剛石과金의多産地인까닭으로英國人의野慾的心理의發作은 一八九九年에至하야 이兩共和國을無慘히征服하고 卽時皇領植民地中에加入하엿슴으로 이兩地의獨立運動은 失敗에歸하고말엇다.

콩고自由國은 一八七六年에設立된 萬國阿弗利哥協會의發端으로因하야 伯耳義의資本團의콩고地方活動의結果 一八八五年에 레오폴트王의創建인콩고自由國이 列國會議에서承認되엿다. 그래서中立國으로서萬國에對하야 商業을開放하기로約束하엿스나 伯耳義의資本家는 콩고의商業權을獨占할뿐아니라 不服從의土人을 無慘히虐殺한從 一九〇八년에至하야 畢竟 全혀白耳義本國에다合倂하고말엇다.

모록코는十七世紀後半期以來로 回回教民族이勢力을잡고잇섯스나自古로現代的意義의統一國家를形成한적은업섯다.(그럼으로歐洲列强 英、佛、西)이恒常機會를엿보고잇는터이다. 그래서一九〇四年에至하기까지彼此間여러가지 의軋轢이잇서오든中佛英協商이締結된結果로 지부놀●對岸의形勢가急變하야서 佛國에게有利케되엿다. 그後獨佛兩國間의國際上軋轢이잇섯스나 結局佛國의保護國이되엿다.

이에對하야 모록코人은 反抗戰을開始한以來어듸까지屈치아니하고機會가잇는때마다反旗를들엇다. 그래서그의主動者는 或은被捉이되며 或은虐殺을當하게되야 個人的으로民族的으로 無限한壓迫을바더왓다. 그러나歐洲大戰後에닐어나는反帝國主義運動은彼等으로하야곰 强한힘을엇게하엿다.

(34면)

一九一九年以來의彼等의運動은 漸次組織的이되엿고 乊大規模的이되야昨年中에는 一便으로는佛國駐屯軍을擊破하고 他便으로는神聖回回教國을 建設코자하엿다. 그러나아직까지는完全한獨立의高喊聲은 들니지아니한다.

埃及은 東西洋交通의要路地로서有名한地帶에잇음으로英佛兩國이 오래前부터注目하야서 서로衝突과軋轢이잇섯다. 그런대一八四年에 土耳其帝國으로부터 半獨立國이되야 次第로內治外交의自主權을得하게되엿으나 一八七六年頃에至하야서는 財政上困難으로因하야 그의最大債權國인英佛兩國의共同監督下에잇게되엿다. 이와가티됨으로 自然히被保護的地位에잇게되는等 外人의干涉을 憤慨히아는埃及愛國者는 畢竟一八八二年에 攘夷의亂을作하야서 外人을殺害하게되엿다.이當時佛國은 不干涉의政策을取하엿스나 英國은 單獨으로써 一擧에獨立運動亂을 鎭壓한爾來로 이地方을英國이占領케되엿다. 이와同時로埃及國民黨의反抗亂도그南方스탄의 豫言者라稱하는 一男子가中心이되야回回教의大軍을起하야서 英國의콜돈將軍을 칼쓰-ㅁ에서 攻殺히엿다. 이結果는 埃及獨立의目的을達치못하고 英國이强壓的手段下에 더욱더屈服케되엿다.

라、亞細亞에起한反抗運動

亞細亞에잇는 他國의植民地는 大槪小弱國임으로그의反抗運動도 훨신組織的이고 乊永續的임으로 反抗運動의失敗는만치마는 決코中止되거나아조업서지지아니하고 恒常表裏兩面으로持續되여온다.

印度는 前編에서論述함과如히 一八七七年에英帝國의直轄植民地가된以後로 反抗運動이 업슴은아니로대 最近年에와서 더욱더表面에나타나게되야 世界人의耳目을놀내게한것이 칸듸의絶對非妥協的印度獨立運動이다. 그런대數年前에 칸듸派의非妥協的獨立運動이 失敗되고 칸듸以下의主動分子가 모다被捉되야 監獄에서呻吟케되엿다. 勿論印度의獨立運動은 停止하지아니하고 繼續하여온다.

某新聞新年附錄에依하야보면 印度의革命中에는社會革命을目的으로하는共産主義派와 民族主義一派－絶對妥協無抵抗超現實的인 絶對獨立派의칸듸

(35면)

派와 抵抗的이고現實的인自治派의타스派－가잇어서 각각 印度의獨立을 目標로하고 鬪爭하여나가는것만은 確實하다.

安南은 一八八三年에佛國에倂合이된以後로 佛國의 高壓的政策으로因함인지 或은全혀同化되아서無抵的[37]이되야그러함인지 世界各國의엇던나라를勿論하고 甚至於未開地民까지도 被征服民은 모다自主獨立을하기爲하야 奮鬪하야오는데 오직安南은 각금悲報를世界人에게 傳하여줄뿐이요 何等의反抗運動의소리가아니들리든中 昨年七月에서야비로소安南革命家로써 苦心하야서數年間組織된安南獨立軍의東京襲擊事件이報道됨으로因하야 世界人의懷疑的感을풀게되엿다. 그래서安南에도憂國志士가잇고 또本國되는佛國에對하야 反抗하려는機會를엿보는潛勢力이남모르게숨어잇슴을알게되엿다.

比律賓은오래前부터 西班牙의領地이엿스나 西班牙政府와分離하야서獨立을하려고 數次이나叛亂을닐으키여오든中 一八九八年에至하야 合衆國은比律賓의獨立을後援하여준다는密約下에서 西班牙와開戰하얏스나戰勝後에는그密約을勿視하고 無理하게强壓的으로 比律賓을合倂하엿다. 이런無理한合倂에對하야 比律賓人은 最後까지合衆國에 對하야 奮戰하엿스나 畢竟慘敗를當하고말엇다. 그러나 比律賓人의獨立的精神은 업서지지아니하고恒常獨立하기爲하야 消極的 積極的兩方面으로活動하여오는結果 今年에 合衆國下院에서 比律賓獨立案이提出케된바이다.

朝鮮은 前編에도論述하엿지마는一九一〇年八月에엇잿든日本에合倂

37) '無抵抗的'의 오식.

된以後로 一九一九年三月一日의萬歲運動이 正體로世上에들어나게되기까지 가진××가진××××××× 海內海外로도라다니며 ××運動을 積極的으로實行하는 ××××가만히잇섯다. 그래서큰事件 적은事件으로因하야犧牲을當한사람이만히잇섯다. 그러나조곰도×××××이 ××되지아니하고 더욱더××××××××여온結果로써 一九一九年二月八日의 東京留學生에××宣言事件과 同年三月一日의 朝鮮××××事件을비롯하야 朝鮮의××運動이 ××하고 ×××하게되엿다. 그래서비록 그時에失敗를하고 數千名의犧牲者가 或은죽고 或은病들고 或은病身이되고 或은아직까지鐵窓下에서 呻吟을하고잇으나

(36면)

×××××× ×××××××× ×××××××으로因하야 三月一日事件以後로는 海內海外를勿××× ×××××××× ×××××××××다. 그래서海內의運動은 一九二〇年乃至二二年으로부터 社會運動으로方向을轉換케되엿으니 靑年運動 勞農運動 女性運動이始作케되야서 現今까지鬪爭하여오는中이다.

亞細亞의反抗運動은 以外에도몃곳이잇으나 이것은省略한다. 以上은 植民地民의反抗運動의大略이다.

그리고向上運動은 別달니論述할것이업다. 向上運動은 大槪本國과、種族、文化、言語、風俗、習性이가튼고로 特別한地帶以外에는 大槪積極的獨立보다도 自治를要求한다.그럼으로 反抗運動은 失敗하기가쉬웁고 成功하기가어려우나 自治運動만은大槪失敗가적고 成功이만타. 假令英領카나다와大洋洲와 뉴셀란드의自治만을보더라도 確實하다.카나다는 一八六七年에 大洋洲는 一九〇一年에뉴셀란드는 一九〇七年에 各各英國의自治領地가되엿다.

上述한反抗運動의事實에依하야보면 近世植民政策의破綻이라아니할수업스며 또그植民政策의勢力이 偉大한듯하나 人類社會進化의法則前

에는 無力한事를弼히알수잇다. 짜라서近世社會의부르쪼아植民政策上에 나타난그의勢力도 漸次로衰退하여가는證據이라아니할수업다. 엇잿던世界市場을獨占하려고 서로爭鬪하고軋轢하든列國부르쪼아의植民地政策은 人類社會가進化함과共히 植民地의民衆으로하야곰 自民族을搾取하는行爲의根本이되는帝國主義를根本的으로 ××하려고하는新傾向으로까지 覺醒케하엿다. 이新傾向은 現今의支配階級인부르쪼아階級이 慾求하는바는아니로되 時代가進步함을짜라서 조곰式조곰式出現하게되엿다. 卽植民地의民衆이覺醒함을짜라서 彼等의在來의運動精神과方式으로부터서 社會主義的思想과方式으로方向을轉換케됨이다. 짜라서彼等의政治理想도 民族的으로부터人類的이되고 局部的으로부터世界的이되고 又感情的으로부터理論이되엿다.

이와가티社會主義思想으로轉換된彼等은 同化政策에對하야서는 在來와同樣으로 어대까지反對하나그러나運動의方策上 征服國民－卽無産階級意識에對하야覺醒한支配國의社會××群衆－과共同戰

(37면)

線을取할必要性을覺醒케되엿다. 이런新傾向이現出함과共히 植民政策은 一變하야서植民地의有産階級－勿論近世的大資本家階級은아니나－은 積極的으로援助하는反對로 社會主義思想을가진者는絶對的으로高壓하게되엿다. 그런고로彼等은 在來의獨立運動家보다도 도리혀社會主義者를더危險視하며더高壓한다.

이런關係上植民地民衆間에도 새로히思想的衝突이起하야서 一方에는 民族運動他方에는 社會運動으로 分裂되는同時에 有産階級이서로對立케된다.그래서民族運動은時機를짜라急進緩進－卽革命的(絶對獨立的)과漸進的(自治的)으로分立하야 民族運動의革命派와 社會運動派가 共同戰線을取하게되며 又社會運動에도 革命派와漸進派로分立하야서 그中漸進派는 民族運動의自治派와 同一한步調를取할可能性이잇게되엿다.

植民地民衆間이 이러케分離함을機會로하야 支配國家는 離間中傷秉도한政策으로使用하야서 彼等의勢力을自滅케하며 또減縮하려한다. 그러나人類歷史의回轉의速度가 急速함을따라 支配國家의植民政策을 그窮地에빠지게하는徵兆가 日加月增하는때문으로 征服國家의政策은 臨機應變策을取하야서 或은同化策을取하며 或은局部的滅族策을取하며 或은他民族排斥策을 鼓次[38]하는等 形形色色의政策을取한다. 그럼으로 以上의植民地民의反抗과또征服國의갈팡질팡의政策을보면 近世國家의中樞되는부르쪼아植民政策의破綻이라아니할수업다.

六、植民地解放의必然性

植民地民衆의反抗運動이 더욱더發展함과共히植民地政策은 今日以上發展할除地가업슬만큼 窮地에빠젓다. 그러면이와가티窮地에빠진植民政策이自今以後로는 如何히되여갈것인가考察하여볼必要가잇다.

그런데社會는 압프로압프로進化하여가며 人類의歷史는 新局面으로回轉하여간다. 만일이런社會現象과歷史的事實을非認하지아니한다면 植民地의問題도 如何히解決될것을 判斷해알수잇다.

그럼으로植民地가멀지아니한將來에解放될것이라하는斷案은 人類社會의進化上必然의事이며 또歷

(38면)

史의回轉上當然한事이라할수잇다. 그런데植民地解放의必然性을 經濟的方面과政治的方面으로부터考察하여보면(近世植民地政策의起源이 近世國家의中樞되는부르쪼아政策의發生時代로부터 起源하엿다. 그래서彼等이 自己階級의搾取欲을滿足하기하야서 新市場獲得慾으로부터起源하엿다는 前編에論述에依하야보면)近世國家制度가 ××하고 그의中樞되는부르쪼아가 破滅하면 當然이그의附屬되는政策中의一인植民政策도업서질것이며 또植民政策이업

38) '鼓吹'의 오식.

서지면 植民地도업서질것이다. 그래서植民地의解放이實現될것이다.

이点까지達함에는 如何히할것이며 乂如何히하면可할것이냐? 그러나 이것도 決코難關의事가아니다.

以上에論함과加히 植民地民衆의社會運動과支配國民衆의社會運動이 더욱더接近하는事實이다. 만일이協同戰線問題가 順調되야서 一日이라도速히帝國主義의基礎上에서잇는 부르쬬아의政權을××하고 그代身으로푸로레타리아의政權을 樹立하게되면 이와同時로地球上에서 植民地라는汚名이업서지고 同等의人類로서 同等의社會生活을營爲할地域的－排他的國家觀念上으로가아니라 經濟生活上便宜로부터分立될地域的－無産階級國家가現出할것이다.植民地가 如何히解放된다는事는 決코엇던個人의人道心이나 或은正義感으로부터서가아니라 全혀社會進化上必然性이라말할수잇다. 짜라서支配國民衆의人道正義感이라는이보다. 植民地民衆의純眞한奮鬪的成果라는이보다 純全히經濟的政治的共同의利益의点이 그러케되게할事이다.

그런고로植民地民衆과支配國民衆과는 在來의無實無利의排他的愛國觀念－이觀念은 부르쬬아國家觀念으로부터始作된것인고로 彼等이 自己階級의利益때문으로 多數 民衆을欺瞞하야서 排他的愛國觀念을鼓吹한부르쬬아의愛國觀念이다－을 서로打破하고人類互相助助의精神을 根本으로한世界主義下에 셜無産階級國家觀念을가지고 新興階級으로서 共同의敵을破壞하기爲하야 協同握手할必然性이잇다. 卽社會進化上階級鬪爭의法則이그러케하게함이라말하치아니할수업다.

이런意味로서 植民地民衆과支配國民衆과는 階級的으로協同團結하야 彼等의共同의敵인부르쬬아階級을打破하고 그러고有害無益한 排他的衝突을

(39면)

避하야서 人類本位의新社會生活을 營爲하려함은當然하다할수잇다. 그

러면何故로兩民衆이階級的으로協同團結할必要가잇느냐하면 부르쬬아階級이彼等의私利를得한新市場을得하기爲하야 國際戰爭을닐으키고 小弱國을征服하는武器로서 多數이無産民衆을欺瞞하야서出戰케한다. 設令戰爭의勝利를得한다할지라도 一般無産民衆에게는別로히 利益이업고 大概부르쬬아階級에게만利益이잇게된다. 그럼으로 支配國의無産民衆은 植民地를잇기爲하야만흔피를흘닌다할지라도 結局彼等에게는 被征服民의咀呪와怨望을살뿐이다.××無産民衆이 朝鮮을엇기爲하야 ×××兩戰에 數千數萬의生命을犧牲하엿스나 彼等에게는 別로히利益을得하지못하고도리혀××의資本家가 싼賃銀의朝鮮勞働者를募集採用하는報酬를得할뿐이엿다.

이와가튼關係로써 無産階級에게는 國境이업시國際的으로團結치아니하면아니된다는 橫斷運動이이러나게되야서 實際로××間 英印英愛間米比間의無産階級은 各各在來의敵對心을버리고 彼此協同團結할必要와利益을覺得하게되엿다. 그래서植民地無産階級의입으로서나 支配國無産階級의입으로서나 彼此協同團結할必要와精神을 그짓업시絶叫케되엿다.

最近全世界의形勢가 如此히되여옴으로全世界의부르쬬아階級을中心으로하야形成된國際聯盟과 全世界無産階級을中心으로하야形成된第三인터-내쉬날의新現象이 現出하야서 그래서全世界가 一便에는부르쬬아陣管 他便에는푸로레타리아陣管으로分離하여온다.

이에將次眞理의싸홈과 힘의쌈이니어서나서 兩者間의勝敗를決하게될것이다. 그런대社會進化의法則과歷史上新階級의眞理를가지고싸호는便이 勝하고 社會進化의法則을無視하고 억지로歷史的回轉의努力을 妨害하려하는便은 敗할것은 定한理致이다. 그러면進化하려는社會現象을無視하며 回轉하려는歷史를 妨害하는便은 勿論부르쬬아便일것이다. 社會進化의法則과歷史回轉의速度上 彼等의役割은 次次終幕이각가워옴으로 眞理로보아서든지 힘으로보아서든지 彼等은將次敗北하야서封建制度의次代의遺物로되고말것은푸로레타리아가 勝利하야서얼마동안彼等의歷史的使命을다할때까

지 新精神新銳氣新勇氣를가지고 新舞臺場에서

(40면)

活動케될것이다.

이러한希望과覺悟로써 植民地民衆과 支配國民衆이新理想과新目標를가지고 協同團結케되는바이다.이新現象은彼等의共同의 敵인부르쫘아階級의最後階級을催促하는必然的現象이다. 이와가티됨이必然임으로써이必然性은반듯이 帝國主義을破滅하는必然性이되는同時에 植民地解放의必然性도될것이다.

必然性으로써始作되야서 必然性으로써回轉되여가는人類歷史는 亦是必然的으로將次全世界의植民地라는汚名을 부르쫘아罪惡史中의一部로써깁히깁히博物舘圖書室에싸어둘時代도 올것이다. 그것도必然的임으로어느누가 막을내야 막지못하게되는것이다. 社會는進化하고 歷史는回轉하고 光彩는새로이비최이는데그누가 이러한必然性을反對할勇氣가잇겟느냐? —(終)—

출전 : 『개벽』 71호(본호1), 1926.7.1, 아단문고 소재

◆ 김기전, 「國葬前後의 留置場生活雜記」, 『개벽』 71호, 일부 (84~87면).

國葬前後의留置場生活雜記

金 起 田

(84면)

◇當面의利益을爲한鬪爭

우리가처음으로드러오는六月七日의留置場안은매우平靜하엿다. 말도 업고 눕지도안코 그저꼿꼿히靜肅히안즌 말하면守直巡査의强要그대로엿다. 이것은第一사람이적고 또는드러오는첫날이되는關係上스스로그리되엿다. 그러나第二日六月八日은 아츰起寢하는劈頭부터

(85면)

말하고웃기를始作하엿다. 처음은애햄애햄하는기침소리로써이房저房을通하기始作하다가 내종은 아모개잘잣나 오－자네도드러왓나 그런데 아모동무는엇지되엿나하는等 반가운問答이交換되엿다. 아츰을먹고나서는 이런氣分이한層濃厚하야 留置場의그안은마치 同志者들이모혀노는 俱樂部로化한感이잇섯다. 여긔서畢竟守直巡査와의衝突이니러낫다. 卽 그巡査들中에쏠낭대고젠척하기로有名한崔某가 우리中의한동무를끌어내여서 意氣揚揚히뺌을한번후려갈겻다.이놈아사람을싸리기까지할것이 무엇이냐하며 東西여섯房에서는一齊히喊聲을질너서 끌려나간동무를應援하얏다. 이騷動은約몃分間을繼續한바 그高喊소리 그발구르는소리는 留置場이써나가는듯십헛다. 마치動物園안에虎랭이가날뛸때와가탯섯다. 이것이곳上級關係者에게일러졋던지엇던금줄둘은警吏가나와서「여러분들이 그러케騷動하지안흘지라도 우리가몬저조토록할터이오며 지금巡査의한일에對해서는 우리가調査하는中에잇사오니 이제부터는 웃고말슴하는것은 自由로할지라도 騷亂스럽게는하지말으시오」하는 至極叮嚀한말이엿다.일로브터웃고 말하는것은마음대로하게되엿다. 다못무슨말을하느냐 또或은무슨議論을하느냐 거긔에對해서는 當直巡査들이報告를하는모양이엿다. 이러하야 그안에잇는동무들은 매양當面의利益을爲하야 鬪爭하기를닛지아니하엿다.

◇政治談과趣味談

(86면)

그러면 그긴긴날 그여러날에 무슨니야기를하엿느냐 여긔에對해서는 말하기어려운點도잇거니와大槪는 民族主義와社會主義 또는天道敎에對한니야기가第一만핫스며 (이것은 勿論나잇던房을標準해서 하는말이고) 그다음으로는各히自己가專門하는일에對한니야기 例하면自働車에關係햇던사람은自働車이야기 監獄에오랫잇던이는 監獄生活에對한니야기가튼것이 잇섯스며 그밧게는 全部 우슴거리니야기엿다 後에드르면어느房에서는 니야기會를열고 그會에는特히會長制로會長副會長을두엇섯는데 七旬老爺羅○○어룬이會長이되고 우리社의車天子께서 副會長이되섯다고

◇三組父子와·三組의兄弟

大槪엇던사람이 이러케當局에特別待遇를밧는가하고 爲先나잇는房사람을數別하면 社會運動團體에屬한동무가十一人、天道敎人이五人、佛敎人이二人、耶蘇敎人學生이一人、其他가五人이엿다. 그留置場안에잇는사람이總計百六人인가한데 그들의大部는天道敎人이아니면 社會運動團體에關係하는사람들이엿다. 그中에도 興味잇는것은父子끼리 또는兄弟끼리 무덱이로拘囚된이들이잇는데 그留置場에도 父子同囚가 三組、兄弟同囚가三組엿스며 兄弟同囚中에는 趙元淑兄弟의女子同囚가한組석이엿섯다.父로子、兄으로弟、男으로女、朝鮮사람이生을爲하는길노래는 이와가티歷史的淵流를지어가며잇는것이다.(중략—인용자)

(87면)

◇所 感 中 의 所 感

別別所感을 엇지一一이쓸수가잇스리요만 中에도第一늣긴것은 二十歲內外의靑年들이 이러한場內에드러와서 아조直接으로일운되는訓練을

밧고잇는그것이엿다. 그들은 이와가티囚禁됨으로해서 그의意識이한層分明해지고 그의所思가더욱深刻해가는그것이엿다. 그들의생각이 말이 行動이나날이鍛鍊되여감을볼때에 나는무엇이라말할수업는늣김을가젓섯다. 도라가는말에 監獄은大學이라는니야기가잇다. 이말이엇던意味에서생겻는지를알수업스나 事實그럴수가잇겟다는것을 이번에다시한번늣겻다. 그리고 巫成嘆不已되든것은 二十內外의靑年그들(나亦靑年이지만)이 씀즉히潑溂하고犧牲的인그것이엿다. 그들은언제던지自己와反對되는便에對한反抗을닛지안으며 그안에서도 똥퉁부시는것 마루닥는것 밥그릇나르는것가튼괴로운일은 모다爭先爲之하며 밤에잘때일지라도 第一발쿠린내나고똥냄새나는近處에는 그들이턱턱누어버렷스며 그안에서 웃고 써들고 야단을치다가 或時巡査가와서 『지금－써들던者가누구냐』하면문득 「내다」하고대答하야 모든것을覺悟하고잇는것이엿다. 이런靑年이 學校면學校일터면일터에 그냥잇던사람中에잇는것이아니라 모든社會的團體에關係잇는靑年임을發見할때에 사람의社會的訓練이란果然무서운것을 새삼스럽게늣기엿섯다.(중략－인용자)

출전 : 상동

◆ 박달성, 「西行雜記」, 『개벽』 71호, 일부(105, 106, 109면).

西行雜記

春　坡

(105면)

(중략－인용자) 靑吾兄. 이定州地方에는 새로히 큰問題거리가 하나생겻습니다 이地方에서 큰問題로하야크게써드는거와가티 우리도큰問題로하야 크게써드러볼가요 그러나 爲先지내는길에한마디하고가고십습니다(別

로히論할機會를두고)

靑吾兄. 實相은個人問題임니다 그러나 民族의體面에關한問題라하야 크게써듬니다

靑吾兄. 놀내지마십시오 百五人事件의一人이요 三十三人事件의一人이요 教育界의功勞者요 基督教교의長老요 現○山高○○의○主인李○○이란이가 定州郡廳으로부터 篤行의表彰을바덧다는그것임니다實은道廳으로부터)

그날이바로五月十日인가 卽定州郡農會席上이엿다함니다 農會가씃나자「篤行者表彰式」이란廣告가나붓더니 庶務主任인가한이가 問題의人物李氏를불너세우더니 表彰文을朗讀하는데 그大畧이이럿트람니다

「某郡某面某洞某는월손氏의提唱에依한○○運

(106면)

動의非를覺悟하고農村啓發教育奬勵風俗改良等에其功이多함을認함으로玆에金時計一個로써그篤行을表함」

그表彰文의要領이이럿트라함니다 全文을朗讀하고는金時計一個를授與하드람니다 李氏는小學生이授業證밧듯이 孝子節婦가 表賞狀밧듯이 그것을곱게밧어안고 感謝의答辭까지하드람니다 問題는이것임니다

靑吾兄. 別演을더할가요 누구들의말과가티 民族體面에關한問題니 그만하고말가요 나짠은그러고십지는안습니다 事實은事實대로니약이하고 批判하는것이올켓지오 우리의處地에서는더구나그리하는것이彼此에利로운일이겟지오 그러나억지로後期會로미루어둡시다 그런데 이말에한마듸더붓처둡시다

사람을잡는方法은 여러가지겟지오 銃으로 劒으로 말로 글로 돈으로 쏘는金時計로甚至於 銀盃木盃로까지—. 그럿치오 그럿케사람잡는方法이만치요 그러나

靑吾兄. 썩은生鮮에 쉬파리가꾀이지요 分明그럿치오 이것만아러둡시다

(중략—인용자)

(109면)

(중략—인용자) 靑吾兄. 바로이날임니다 내가生前처음 酷毒한×問을當한날이이날임니다 죽어白骨이되야도닛지못할날은이날卽六月八日임니다

열두点쯤되야点心이라고 냄새나는변도하나를주더니 새로한時쯤하야불너내임니다 訓戒室이라는널다란房으로끌고감니다 걸상우에안치임니다 日者가主審이되고 鮮者가겻붓치가되야가지고 聽取를始作함니다 한달나흘동안에(時間을짜저가며) 何處行何人逢을낫나치무러씀니다 그것만이約五六時間걸녓슴니다다음은近四五時間이나사람으로는참아못當할그××下에서呻吟햇슴니다그대로적기는抑鬱보다도蒼皮하야그만둠니다 如何間새로한時에나아가밤열두時에야監房에왓스니말이다시무엇이겟슴닛가

靑吾兄. 基督敎에서는 此世의人은皆是罪人이라하지오「닛체」는弱子皆是罪라고하얏지오 그말과가티 朝鮮人이야말로 罪之有無는姑捨하고皆是罪人갓슴니다 强者、自力者안인이놈들에게는 罪之有無를가릴무엇이업슴니다

靑吾兄. 留置場의五日感은 여긔서더쓰기가正말실슴니다 罪人에게는글도업고말도업지안슴닛가 그러나 兄님우리가正말罪人일가요 朝鮮人된것은罪人이겟지오?저들만한實力을못가진것은罪이겟지오 언제나 우리가이罪人이란看板을떼버릴가요 十二日밤에 結局—無罪라하야 그地獄을나왓슴니다만은 無罪인지有罪인지또는 때린놈이罪인지마즌놈이罪인지閻羅王안인우리로는容易히判斷을못하겟구려!(중략—인용자)

출전 : 상동

제3장 『개벽』의 재생산 체계와 그 반향

1920년대는 '잡지의 시대'였다. 잡지의 수가 200종에 이르렀고, 이전 시기에는 몇 백부나 1,000~2,000부이던 발행부수가 대폭 증가하여 5,000~6,000부 혹은 1만 부 이상을 기록하는 경우도 있었다. 잡지의 종류도 종합지 · 청년지 · 여성지 · 아동지 · 종교지 · 문예지 · 학술지 · 사상지 · 언론지 등 이전과 비교할 때 훨씬 다채로워졌다. 따라서 정치 · 사회 · 문화 등 사회의 제반 영역은 잡지와 긴밀한 관계를 형성했다. 사실상 사회의 제반 담론을 잡지들이 좌우했다고 해도 과언이 아니었다. 잡지는 신문과 함께 근대지성의 '육체'라 불릴 수 있을 터였다.

때문에 근대지성사의 제반 영역들은 당대 '잡지'의 형성 · 발전과 밀접한 관련이 있었다. 특히 지성사의 핵심 영역이었던 문학은 잡지의 성장과 떼려야 뗄 수 없는 관계에 있었다. 『창조』 · 『폐허』 · 『백조』 · 『장미촌』 등 수많은 문예지들이 생겨나 문학을 전문적으로 다루었고, 『개벽』 · 『신생활』 · 『조선지광』 등의 종합지들도 문학을 적극적으로 수용했던바, 1920년대 문학의 성장은 잡지의 성장에 기인한 바가 크다고 하겠다. 특히 문학유통과 문학사상의 형성에 있어 잡지의 역할은 주목할 필요가 있다. 애국계몽기를 거쳐 1910년대 중・후반까지 문학의 유통과 담론형성을 지배한 것이 단행본 형식으로 출간된 고소설과 신소설들이었던 반면, 1920년대 문학의 장(場)은 잡지와 신문이라는 대중매체를 매개로 한 새로운 문학에 장악되었던 때문이다. 문학유통에 있어 이전 시기를 '단행본의 시대'로 부른다면, 1920년대는 잡지와 신문으로 대표되는 '대중매체의 시대'라고 할 수 있다.

그런데 잡지가 문학유통의 주된 형식으로 대두하는 상황에서 개별 잡지들이 맡았던 역할과 위상에는 적잖은 차이가 있었다. 이런 차이는 잡지의 유통상황이나 매체의 성격, 그리고 독자수와 발행부수 혹은 중심독자층의 편차에서 비롯된 것으로 볼 수 있는데, 특히 매체를 실질적으로 이끌었던 주체들의 문학관 내지 문학적 지향이 편차의 주요한 원인이 되고 있다. 『창조』・『폐허』・『백조』 등의 문예 전문지와 『개벽』・『신생활』・『공제』 등의 종합지가 대표적인 예라고 할 수 있다. 『창조』로 대표되는 문예 전문지의 경우, 새로운 문학의 창출을 시도하고 이를 적극적으로 보급하려 했다는 점에서 근대적 문학유통에 기여한 바를 인정해야 함은 물론이다. 다만 이들의 발행부수가 얼마되지 않았고, 중심독자 또한 극히 제한적이었다는 점에서 '문학의 대중적 유통'이란 측면에 한계가 있었음을 인지할 필요가 있다. 가장 잘 팔린다는 『창조』의 발행부수가 2,000부를 넘지 못했던 것은 주체들의 문학적 지향이 낳은 필연적 결과로, 이들은 문학의 대중화보다는 전문화 내지 고급화, 문학 대중보다는 문학 엘리트를 겨냥했기 때문이다.

반면 『개벽』 등의 종합지들은 문예 전문지가 아니라는 점에서 1920년대 문학유통에 기여한 바를 선뜻 인정하기 어렵다. 기존 연구에서 이들이 문학사의 방계자료로 취급되었다는 사실은 『개벽』에 대한 문학적 접근을 더욱 어렵게 하고 있다. 그러나 사실의 차원에서 접근하게 되면 사정이 좀 다르다. 『개벽』 등의 종합지들은 문학의 대중적 유통이란 측면에서 오히려 전문지를 능가하는 역할과 위상을 가졌음을 알 수 있다. 특히 1920년대 대표적 종합지인 『개벽』은 주목할 필요가 있다. 『개벽』은 작품 수에서 당대 대표적 문예지인 『창조』·『폐허』·『백조』를 압도했으며, 발행부수면에서는 문예지들이 비교가 되지 않을 정도였다.

실제로 『개벽』은 100여 편의 소설과 500여 편의 시, 150여 편의 수필이 실려 있으며, 평균 8,000~9,000부의 발행부수와 최대 1만 부의 발행부수를 자랑하고 있었다. 이는 잡지 주체 나아가 매체의 대중지향의 결과라고 할 수 있다. 어쨌든 수많은 문학작품을 게재한 잡지가 수만의 고정독자를 갖고 있었다고 한다면 그 문학적 영향력은 실로 대단했을 터이다. 따라서 1920년대 문학유통의 상황을 파악하고자 할 때, 나아가 1920년대 문학의 지형을 가늠하고자 할 때 『개벽』은 빼놓을 수 없는 중요한 대상이라고 할 수 있다.

주목할 점은 이같은 『개벽』의 '존재감'이 문학에 한정되지 않는다는 것이다. 『개벽』은 당대 최대의 종합지로서 정치·사상·사회·역사·문화·언론·문학 등 지성사 전반에 영향력을 행사한 존재이기 때문이다. 문제는 어떻게 이것이 가능했는가이다. 필자가 『개벽』의 독보적인 '재생산 시스템'과 '편집체계'에 주목한 것은 이런 맥락에서다.

1. 『개벽』의 출판·유통 시스템과 대중성

1) 유통망의 형성과 지역적 특성

(1) 1920년대 유통환경과 본사-분매소 시스템

『개벽』의 유통체계는 기본적으로 서울의 본사와 지방의 분매소(分賣所)

가 소통하는 구조로 되어 있다. 초기의 분매소 현황을 살펴보면 2호(1920.7.25)에 처음 9개소로 출발하여 4호(1920.9.25)에는 40개소로 증가하고 10호(1921.4.1)에는 총 56개소의 분매소가 있었던 것으로 보인다.[1)]

〈표 5〉『개벽』 분매소 증가 현황[2)]

호수	1호	2호	3호	4호	5호	7호	8호	9호	10호
분매소	없음	9개	28개	40개	40개	43개	55개	55개	56개
내역 및 특징	발매소 경향 각 서포	청년회 : 7 교구 : 1 서포 : 1	청년회 : 22 교구 : 5 매신 : 1	청년회 : 30 교구 : 6 매신 : 2 서포 : 2	청년회 : 30 교구 : 6 매신 : 2 서포 : 2	청년회 : 2 교구 : 3 서포 : 16 (서울16) 개인 : 22	청년회 : 5 교구 : 5 서포 : 21 (서울19) 개인 : 24	청년회 : 5 교구 : 5 서포 : 21 (서울19) 개인 : 24	청년회 : 6 교구 : 6 서포 : 13 (서울11) 개인 : 31

『개벽』의 분매소 증가현황에서 우선 주목할 점은 분매소 증가가 천도교의 조직기반(각 지역 청년회와 교구) 위에 이루어진 점이다.[3)] 『개벽』과 천도교의 상관관계를 다시 한번 입증하는 대목이다. 그런데 필자는 『개벽』이 당대 잡지 출판과 유통상의 문제점에 한 가지 대안을 제시하고 있는 점에 주목한다. 먼저 당대 서적계의 상황을 살펴보자.

1920년대 한국 서적계는 서서히 근대적 규모와 체계를 갖추어 나가기 시작했다. 이는 상품-화폐관계의 진전에 따른 산업계의 점진적 성장과 맞물린 일이었으며, 일제의 식민지 정책의 변화와 세계 사상계의 추세와도 관련이 있다. 일제의 문화정치 표명은 표면적이나마 신문과 잡지발간을 상대적으로 용이하게 하여 『조선일보』·『동아일보』 등의 신문과 『신천지』·『조선지광』·『신생활』·『개벽』 등의 잡지 출간을 낳았으며, 세계

---

1) 6호에는 분매소 공고가 실리지 않았다. 10호 이후에는 더 이상 분매소 공고가 실리지 않아 정확한 분매소의 개수와 위치를 확인할 수 없다. 그러나 분매소의 유통상의 중요성을 고려할 때 10호 이후에도 지속적인 증가추세가 이어졌으리라 생각된다.
* 청년회(천도교청년회), 매신(『매일신보』), 서포(서점, 서적상), 서울(경성지역서점), 개인(개인자격분매소).

2) 이는 『개벽』(1~10호)에 실린 분매소 공고들을 종합한 결과를 표로 제시한 것이다.

3) 7호부터 나타나고 있는 개인자격 분매소의 경우도 상당수가 천도교 신자가 운영하는 것일 가능성이 높다.

사상계의 대세로 일어난 개조론 내지 문화주의의 영향은 문화와 문화사업에 대한 국민적 각성으로 이어져 수많은 출판사의 탄생과 저작물 출간 붐을 조성했다. 1910년대 외적으로 일제의 가혹한 통제와 탄압, 그리고 내적으로는 자본규모의 취약함과 자본 운용방식의 낙후성으로 인해 극도로 위축됐던 한국 서적계가 비로소 숨통이 트이는 상황을 맞이했다고 할 수 있다.

출판의 경우 외적인 성장이 두드러졌는데, 1910년대까지 백원 단위이던 창업자본금이 1920년대에는 십만 원 단위로 증가한다. 1907년 박문서관의 창업자금이 200원이었던[4] 반면 1920년대 초반 설립된 조선도서주식회사와 한성도서주식회사의 자본금은 각각 25만 원과 30만 원이었다.[5] 자본운용 면에서도 '생산과 유통의 분리'라는 근대적 운용방식을 취하는 형태가 나타나기 시작한다. 『창조』를 비롯한 문예동인지와 『개벽』이 선구적이었는데 특히 『백조』는 자체 사무실을 갖춘 출판사를 가지고 있었고,[6] 『개벽』은 앞에서 보았듯이 표면적으로 발행소와 판매소가 확실하게 분리되어 있었다.

그러나 문예동인지나 『개벽』에서 보이는 근대적 출판 유형이 당시에 있어서 보편적인 형태라고 말하기는 어렵다. 『창조』의 경우 동경이라는 발행지의 특성상 생산과 유통의 분리가 필연적이었으며, 『폐허』의 경우는 발행비용을 대던 고경상이 손을 떼자 광익서관 내에 있던 사무실을 옮길 수밖에 없었다.[7] 즉 출판사의 사정이 빚어낸 특수한 상황이었던 것

4) 「출판업으로 대성한 諸家의 업적」, 『조광』 38호, 1938.12, 313면; 한기형, 「1910년대 신소설에 미친 출판·유통 환경의 영향」, 『한국학보』 84, 일지사, 1996, 135면 재인용.

5) 『창조』 6호, 1920.5.25, 한성도서주식회사광고, 특별부록 끝 광고.
『개벽』 11호, 1921.5.1, 조선도서주식회사광고, 121면 참조.

6) 『백조』 동인들이 세운 '문화사'는 경성부 낙원동 256번지에 있었는데, 여기서 그들은 사상지 『흑조』의 출간을 계획하기도 했다.

7) 『폐허』는 창간호에 발행소와 판매소가 모두 폐허사로 되어 있고, 폐허사는 발행자인 고경상이 운영하는 광익서관(종로 2정목 87번지)에 주소를 두고 있었다. 그러던 것이 2호부터는 발행소(신반도사, 경성부 낙원동 243번지)와 판매소(광익서관과 경향 각 서

이다. 특히 자체 출판사를 가지고 있던 『백조』의 폐간이나 개벽사가 유통업을 겸하고 있었다는[8] 사실은 서적 출판만으로는 경영 수지를 맞출 수 없었던 출판계의 상황을 단적으로 드러내는 것이다. 이 시기 일어난 출판과 유통의 분리는 출판자본의 자생적 성장의 결과가 아니라 오히려 재정적 열악함으로 인해 발생한 결과라고 할 수 있다.

1920년대 초 대부분의 서적 출판은 판매와 동시에 이루어지고 있었으며, 세책(책대여)이나 일상용품의 판매 내지 유통까지도 겸하는 것이 보통이었다. 자본규모가 작고 영세했던 기존 서적상의 경우는 서적의 판매와 대여를 기본으로 하고 여기에 문방구류나 일상용품의 진열 판매를 부가하는 형태로 영업을 했으며,[9] 상대적으로 자본규모가 컸던 서울의 몇몇 서적상과 출판자본은 서적이나 일상용품의 진열 판매에서 한 단계 나아가 우편(우편환)이나 진체(振替, 전신환)를 이용한 위탁판매 내지 상품유통업을 겸하고 있었다.[10] 이처럼 출판업과 유통업이 분리되지 못한 채 전근대적 형태를 띠게 된 이유는 서적 출판만으로는 경영수지를 맞추어 출판

포)가 분리되고, 『폐허이후』에 가서는 다시 발행소(폐허이후사)와 총판매소(중앙서림, 경성부 공평동 66번지)가 결합하여 원래의 형태로 되돌아간다. 『폐허』 각호의 판권 페이지 참조.

8) 개벽사는 영업국 산하에 다양한 물품과 해외 수입품 등을 취급하는 '대리부'를 두고 있었다. 「대리부신설공고」, 『개벽』 7호, 1921.1.1, 208면 참조.

9) 고유상이 경영한 회동서관의 경우 신구도서나 교과서의 발행과 판매 외에도 중국서적의 수입판매 그리고 필묵 등의 문방구류와 기타 일용품을 취급했고(『개벽』 13호, 1921.7.1, 32~33면 사이 광고), 광익서관과 평양의 기독서원 등도 서적의 발행과 판매 그리고 세책을 겸하고 있었다. 황호덕, 「1920년대초 동인지문학의 성격과 미적 주체 담론」, 성균관대 석사논문, 1997, 55면 참조.

10) 자본금 25만 원의 조선도서주식회사의 경우 도서의 편집과 출판뿐만 아니라 서적이나 紙物의 판매와 인쇄제본업을 겸하고 있었으며, 商事取人과 委託販賣 등의 상업적 유통업에도 관계하고 있었다. 특히 개벽사의 경우는 7호부터 대리부를 신설하여 본격적인 상품 유통업에 뛰어들고 있는데 취급 품목이 무척이나 다양하다. 서적은 물론이고 주단포목, 문방잡화, 각종 신발, 화장품, 이발기구, 옷, 악기, 각종 그릇, 지물, 서화, 패물이나 금은 세공품, 담배와 연초기구, 부인용품, 약품, 약재, 양복과 그 부속품 일체 등 일용잡품 대부분을 취급했다. 특히 개벽사는 상해 금문양행과 제휴하여 중국산 안경이나 시계, 양복과 구두 등을 직수입하여 유통시키기도 한다. 이에 대해서는 『개벽』 8호, 대리부규정(156면)과 『개벽』 12호, 대리부공고(79면) 참조.

사를 유지할 수 없는 사정에 기인한 것이었다.

무엇보다도 출판물을 소비해줄 독서인구가 절대적으로 부족했고 이와 맞물려 출판계의 자본축적이 여의치 않았다. 출판자본의 경우 1910년대와 비교해서 눈에 띄는 성장을 보였지만 출판업만으로 자본축적이 가능할 정도는 아니었다.[11] 즉 "출판업은 그 성격상 자본 회전이 빠르지 않기 때문에 일정 기간 동안은 서적의 판매 여부와 관계없이 지속적인 자본투자가 필요한 사업"으로[12] 상당한 자본금의 준비를 요하는 사업이었지만 이 시기 출판자본은 그 정도에 미치지 못했던 것이다. 따라서 큰 출판사라 하더라도 생존을 위해 자본회전이 빠른 유통업에 뛰어들 수밖에 없었다.

자본이 열악했던 대다수 서울의 서적상과 지방 서점들의 상황은 더 나빴다. 이들은 1910년대의 보편적 경영형태 "즉 적은 자본으로 한두 권의 책을 찍고 그 책의 판매 수익과 서점의 유통 이윤을 합쳐 다시 책을 출간하는 식의 경영형태"를 유지 혹은 답습해야 했다.[13] 그런데 서적 유통의 중추이자 혈관에 해당하는 서적상들의 이런 전근대적 자본운용 방식은 서적의 자유로운 출판과 유통을 저해하는 요인이었다.

이들은 경영수지를 맞추기 위해 돈에 민감할 수밖에 없었다. 출판의 경우 돈이 적게 들면서 잘 팔리는 서적을 우선적으로 찍었다. 1920년대

11) 출판자본의 경우 겉으로 표방한 액수와 실제 자본금에 있어서 상당한 차이가 있었으니 실제 자본금은 표방한 액수의 절반에 못 미치는 것이 보통이었다. 김동인의 회고와 창조사 정관에 따르면 주식회사 창조사의 자본금 30만 원은 일시에 수급되는 것이 아니었다. 즉 한주당 50원짜리 주식 6,000주를 불하하되, 한번에 50원을 모두 불입하는 것이 아니라 여러 차례에 나누어 불입하는 형태로 일회 불입금은 75,000원을 상정하여 주당 12원 50전을 주주들로 하여금 불입하게 하였던 것이다. 따라서 30만 원은 자본목표액이지 설립 초기 이미 마련된 자본총액은 아닌 것이다. 마찬가지로 주식회사 형태를 취한 한성도서주식회사나 조선도서주식회사의 자본금 30만 원과 25만 원도 목표액일 가능성이 높다. 김동인, 「조선문학의 여명 「창조」 회고」, 『조광』 32호, 1938.6, 48~50면; 「주식회사창조사 정관」, 『창조』 7호, 1920.7.25, 72면 참조.

12) 한기형, 「1910년대 신소설에 미친 출판 · 유통 환경의 영향」, 『한국학보』 84, 1996, 136면 참조.

13) 위의 글, 136면 참조.

들어서도 신소설과 구소설이 지속적으로 출간되고,[14] 한편으로는 통속물이나 연애물이 붐을 이루며 경서(經書)를 비롯한 한문서적과 교과서류가 여전히 광고란의 상당 부분을 채우는 것은 출판계의 상황이 빚어낸 결과였다.[15] 판매의 경우는 사정이 더 심각했다. 이들은 돈이 되는 서적을 우선적으로 진열하고자 했고, 그 결과 서로가 서로의 출판물을 '돈'을 기준으로 검열하는 상황이 발생했다. 수준있는 문예물이나 저작물이 유통될 수 있는 환경이 아니었던 셈이다.

따라서 서로의 암묵적 합의하에 상대방의 출판물을 진열했던 기존 서적상들과 달리 새로이 출판사를 세우고 잡지나 서적을 출간하는 경우 이런 유통 상황은 잡지의 대중적 성공을 떠나 유통 자체를 불가능하게 할 수 있었다. 특히 독서대중에게 다소 난해하게 비칠 수 있는 문예동인지나 여러 면에서 천도교 잡지라는 인상을 줄 수밖에 없는 『개벽』은 일반 서적상의 구미에 맞는 상품이 아니었다. 잡지로 성공하기 위해서는 이런 기본적인 문제점을 해결해야 했다.

이 돌파구의 역할을 한 것이 『개벽』에 있어 천도교 조직이다. 『개벽』은 표면적으로는 '경향의 각서포'(1~41호)를 판매소로 제시하고 있다. 하지만 실제로는 종교적 조직 기반 위에 건설된 각 지방의 분매소들이 실질적 유통을 담당했다. 경향(京鄕)의 서포들은 『개벽』이 돈이 된다는 사실을 확인하고서야 비로소 능동적인 움직임을 보였다. 『개벽』이 이런 조

14) 20년대 출간된 고소설은 총 74종이며(권순긍, 「1910년대 활자본 고소설 연구」, 성균관대 박사논문, 1990, 14면, 부록 참조), 신소설은 대략 63편에 이른다. 한 독자투고에 따르면 20년대 중반 도시와 농촌에 뿌려지던 서책광고지는 "三國志, 西遊記, 張白傳, 九雲夢, 蘇大成, 林紅雲" 등의 고소설류 일색이었다고 한다. 홍순명, 「小說作家의게」, 『조선문단』 7호, 1925.4.1, 40면 참조.

15) 물론 이처럼 서적 출판이 통속물이나 연애물, 그리고 구소설과 경서를 비롯한 한문서적과 교과서류에 집중되는 현상은 일제가 한국문화 전반에 가한 통제와 억압의 결과로 볼 수 있다. 일제가 표방한 문화정치란 기실 허울뿐인 것으로 신문이나 서적 출판에 있어 감시와 통제 그리고 억압은 계속되었던 것이다. 실제로 대표적인 악법인 「신문지법」과 「출판법」은 그대로 존속되었으며, 그 적용에서는 오히려 이전보다 한층 가혹해졌다.

직 기반을 갖지 못했다면 7호에 이르러 개인자격 분매소가 22개로 늘어나고,[16] 분매소 신청 공고를 내어,[17] 분매소가 55개로 늘어나는 상황에 이르지 못했을 것이다. 개벽사가 출판사와 서점이 결합된 운영방식에서 벗어나 근대적 출판유형에 한 발짝 다가설 수 있었던 것도 천도교 조직의 힘이었다. 『개벽』의 대중적 성공은[18] 종교조직 위에 건설한 유통망의 성공이었다.

재정적 기반이 취약했던 『창조』 이하 여러 동인지에 있어서 유통망의 확보는 잡지의 생명을 좌우하는 문제다. 『창조』의 경우 일차로 친분과 지역연고를 이용해서 경성의 동양서원, 평양의 기독서원, 광명서관을 판매소(분매소)로 마련한다. 그리고 3호부터는 김환(金煥)[19]의 개인적 친분을 바탕으로 광익서관을 대리부로 삼아 유통망에 힘을 기울여 한때 분매소가 8개로 증가하기도 한다.[20] 이처럼 『창조』 동인들이 『폐허』나 『백조』에 비해 유통망에 신경을 더 쓴 이유는 『창조』가 동경에서 발행된다는 사실을 유통상의 문제점으로 인식했기 때문이다.[21] 그러므로 『창

---

16) 개인자격 분매소라고 하더라도 초기에는 천도교 신자가 종교적 목적으로 운영하는 것이 더 많았고, 점차 상업적 목적의 개인분매소가 늘었을 것이다.

17) '『개벽』분매소규약·『개벽』분매소승인청구급계약', 『개벽』 7호, 1921.1.1, 204~205면 참조.

18) 이 책에서 '대중'이란 독서 가능한 인구를 가리키는 한정적 의미로 사용되었음을 밝혀 둔다. 따라서 대중적 성공이라고 할 때도 오늘날과 같은 의미의 광범위한 성공을 의미하는 것이 아니라 당대 다른 잡지와 비교해 볼 때 상대적으로 많은 독자를 가졌다는 의미이다. 이 시기 국민의 대다수는 문맹이었고, 따라서 독서 가능한 인구가 절대적으로 부족했기 때문에 오늘날과 같은 의미의 대중적 성공은 원천적으로 불가능했다.

19) 백악(白岳) 김환은 『창조』의 창간동인으로 활동력과 기획력이 대단했던 인물로 보인다. 김동인, 「조선문학의 여명」(「창조」 회고), 『조광』 32호, 1938.6, 42~50면 참조.

20) 『창조』는 일시적이나마 평양, 진남포, 인천, 진주에 4개의 서점분매소와 대전, 간도용정시, 진남포, 전주에 개인분매소를 갖고 있었다. 「분매소공고」, 『창조』 5호, 1920.3.31, 100면 참조.

21) 이는 발행소가 동경이라는 점이 『창조』의 유통에 절대적인 약점으로 작용했다는 말은 아니다. 당대 동경이 갖는 상징적 의미를 고려할 때 잡지 유통에 강점으로 작용할 수도 있기 때문이다. 단지 지리적인 격리가 배포나 대금회수의 어려움을 발생시킬 수 있으며, 무엇보다도 독자와의 원활한 의사소통을 방해할 수 있다는 점을 지적한 것이다. 그리고 그들이 이런 기본적인 사실을 몰랐다면 그처럼 국내 유통망에 관심을 기울

조』가 한성도서주식회사와 제휴하는 것을 그들의 말대로 재정보조의 문제로만 한정해서 바라보는 것은 문제가 있다. 대자본과 제휴한다는 것은 그들의 돈을 이용하는 것만이 아니라 그들이 가진 유통망을 잡지 유통에 활용한다는 것을 의미하기 때문이다.

하지만 개인적 친분이나 지역 연고라는 것도 사실상 대자본과의 제휴와 마찬가지로 경제적 이해관계가 만족되지 않고는 그리 오래갈 수 없다. 『창조』는 광고주에게 그랬듯이 이들 분매소 주인들에게 돈이 되지 못했고 출판자본가에게는 더더욱 그러했을 것이다. 한성도서주식회사와의 제휴가 실패하게 된 직접적인 계기가 편집권 침해의 문제이고 보면 그 내용은 분명히 '돈이 되는 글을 실으라'는 범위를 떠나지 않았을 것이다. 『개벽』 주체들이 잡지를 출간하면서 적어도 문예지들이 가진 이런 문제점을 해결할 수 있었던 것은 행운이고, 지역연고나 경제적 이해관계로부터 어느 정도 자유로울 수 있었던 종교의 힘이었다.

(2) 본사－지사－분사(분매소) 시스템

『개벽』의 유통체계의 획기적 전환은 14호(1921.8)부터로, 이때부터 17호(1921.11)까지 연속으로 '전남지사설립공고'가 실린다.[22] 이른바 지사·지국시대가 열리는 것이다.

〈社告〉

開闢全南支社設立

本社는 全南讀者의 便宜를 爲하야 今에 全南支社를 設置하게 되온 바 그 位置와 主務者의 氏名는 左 如함. 位置 : 光州郡 邑內, 支社長兼記者:崔泰烈(최춘렬의 오기－인용자), 總務 : 金聲大

支社設立同時에－讀者에게 送本責任은 本社에서－開闢代金關係는 支社

이지는 않았을 것이다.

22) 14호(45면, 공고), 15호(137면, 공고), 16호(47면, 공고), 17호(93면, 공고) 참조.

에서 但 從前에 設立된 分賣所는 從前規定에 依함[23]

인용한 '사고(社告)'가 중요한 것은 본사와 지사의 책임관계를 분명히 했다는 점에서도 그렇지만 이전에 설립된 분매소와의 관계에 대해서 언급하고 있기 때문이다. 인용문의 마지막 대목에서 알 수 있듯이 『개벽』의 유통체계는 지사나 지국이 건립되었다고 해서 곧바로 분매소의 역할[24]을 지사가 대체하는 것은 아니었다. 지사는 분매소처럼 송본책임과 대금납부의 역할을 동시에 수행하는 것이 아니라 단순히 돈을 걷는 창구에 머물렀던 셈이다. 지사와 지국은 아직 실험단계에 있었고 『개벽』의 유통이 순전히 본사·지사 시스템으로 구조화되려면 시간이 필요했다. 더구나 그 종교적 기반이 여러 이유에서 미약할 수밖에 없었던 삼남지방에서의 지사 설립은 『개벽』의 유통확장이라는 측면에서 획기적인 사업이었지만 동시에 그만큼 위험이 뒤따르는 일이었다.[25]

하지만 지사를 계속 그런 형식으로 유지할 수는 없었고, 그렇다고 유통의 근간이 된 분매소에 소홀할 수는 더더욱 없었다. 방법은 하나, 지사에 유통에 관한 모든 업무를 전담시키고 기존의 분매소는 상황에 맞게 지사의 하부조직으로 연결시키는 것뿐이다.

咸南讀者諸氏에 謹告함

咸南支社長 劉炳瓚氏는 事情에 依하야 辭職되고 咸興 崔基弼氏가 그 事務를 引繼하야 前後責任을 全擔하엿사오니 近間에 本社와 直接 關係하던 諸

---

23) 「사고」, 『개벽』 14호, 1921.8.1, 45면 참조.

24) 『개벽』 7호(204면)에 실린 분매소규약을 보면, 분매소는 두명 이상의 연대보증인이나 보증금을 걸고 잡지의 판매, 배달, 광고취급, 금전수납 등의 업무를 담당하였다. 이때 분매소는 판매부수당 6전씩을, 광고수주시는 광고료의 이할을 수익으로 가질 수 있었다. 즉 분매소는 잡지의 송본책임과 대금납부의 역할을 동시에 수행했던 것이다.

25) 1920년대 천도교의 교세가 동학혁명의 근거지였던 삼남지방에서 오히려 약할 수밖에 없었던 이유는 혁명의 실패로 남접이 사실상 붕괴되었고, 그 이후 조선정부와 일제에 의해서 지속적으로 탄압과 수탈의 표적이 되었기 때문이다. 최원식, 『한국근대소설사론』, 창작사, 1986, 336면 참조. 이에 대해서는 뒤에 다시 상론할 것이다.

氏는 今後로부터는 雜誌請求와 代金會計 其他 一切交涉을 右 支社에로 하시오.[26]

開闢仁川支社의 新設分賣所와 主務者

名稱	位置	主務者
內里分賣所	內里一二〇	申學均
外里分賣所	外里一七〇	尹炳喜
江華分賣所	江華郡南門外	全有澤[27]

두 개의 인용문 중에서 위의 인용문은 19호에 이르러 『개벽』의 유통체계가 본사·지사 체제로 확립되었음을 알려주고, 아래 인용문은 분매소는 이전의 역할을 그대로 수행하되 해당지사의 분사(分社)로서 자리매김되었음을 보여준다.[28] 어쨌든 『개벽』의 이런 유통체계의 전환 노력은 일단 성공적이었던 듯하다. 세 차례에 걸친 지사모집공고가 나가자[29] 모두 11개의 지사·지국(전남·함남·평남·진주·황해·개성·성천·신의주·경남·인천지사와 전남지국)이 설립되었던 것이다.[30]

14호: 전남지사설립공고(45면)
15호: 전남지사설립공고(137면)
16호: 지사모집광고(128~129 광고면) 전남지사설립공고(47면), 함남지사설립공고(88면)
17호: 지사모집광고(158면), 전남지사공고(93면)

---

26) 『개벽』 19호, 1922.1.10, 문예면 116면.
27) 『개벽』 25호, 1922.7.1, 88면.
28) 본사-지사-분사 시스템은 『개벽』 32호(1923.2.1)의 박천분사설치공고를 통해서 처음 확인되는데, 이것의 근간이 된 것이 지사-분매소 시스템이다. 오영근에 따르면 이후 17개 정도의 분사가 더 생겨 이런 체계가 보편화된다. 오영근, 「개벽에 관한 서지적 연구」, 청주대 석사논문, 1994, 26~27면 참조.
29) 『개벽』 16~18호에 실린 지사모집공고를 말한다.
30) 30호 이후에도 지속적으로 지사·지국이 증가한다. 그 현황에 대해서는 3장 2절을 참조.

18호 : 지사모집광고(163면)

19호 : 함남지사장 교체공고(문예면 116면)

20호 : 평남, 진주, 황해, 함남, 개성, 성천지사, 전남순천지국 신설공고(문예면 63면)

23호 : 신의주지사공고, 개성지사대리부개설광고(문예면 20면, 36면)

25호 : 인천지사임원이동공고(88면)

29호 : 개벽경남지사공고(문36면), 개성지사, 평양(평남)지사 사고(124면)

30호 : 평남, 개성, 인천지사 기자선임사고(문예면 70면)

(3) 사우제(社友制)와 유통의 안정화

『개벽』 유통체계의 또 하나의 변화는 29호(1922.11.1)부터 감지되는데, 사우제의 실시가 그것이다.[31]

> 前號 卷頭에서 일즉히 聲明한 바와 가티 本誌 內容의 革新으로써 自今의 新紀元을 삼는 以外에 다시 一步를 進하야 一, 月 一回의 時局講座를 設行하야 本誌의 記事와 並勢하야써 國內國外에 奔騰하는 一切의 時事에 對한 極明瞭한 判斷, 周到한 注意를 가지게 하며 二, 本社의 社規에 依한 社友의 制度를 實現하야써 志士와 志士가 相求相應하는 그 間에서 우리의 標榜한 更生運動의 完成을 期하고저 하는도다.[32]

> 一, 社友의 制를 設行하는 根本意
>
> 우리는 우리의 標榜할 年來의 '更生運動'이란 그것이 우리 同胞의 사람으로 더불어 結緣한 그 미테서 最着實한 成果를 어듬이 잇기를 期待하며 이에 先하야 우리는 다시 이 '更生運動'의 進成에 대한 생각이나 말이나 또 行動을 가저본 모든 사람과 사람이 一日이라도 速히 무슨 有機的 連結을 지음이 잇기를 期待하는 바이라.
>
> 本社ㅡ業을 庚申의 夏에 刱하야 力을 文化運動의 促進에 專할 새 苦心殫誠ㅡ數年을 經하야 이제 비롯오 基礎가 成한 感이 업지 못한지라. 이에 本社

31) 社友制, 社友規定은 社規 8條의 사우조항에 근거를 둔 것이다.

32) 미상, 권두언, 「誓願」, 『개벽』 29호, 1922.11.1, 2~3면 참조.

는 極히 重大한 意味에서 社友制度를 特設하야 敢히 本社의 隆運을 紀念하며 兄弟의 好誼를 感謝하는 同時에 進하야 이로써 우리의 汎人間的 民族運動의 成果를 齎來하는 唯一한 機關이 되게 하기를 期約하노라.[33]

인용문에서 보듯이 사우제 사업은 개벽사의 '문화운동' 내지 '민족 갱생운동'이 비로소 그 기초를 마련하고 본궤도에 오르게 되었다는 주체들의 자신감에 기초한 것이었고, 나아가 개벽사를 민족운동의 중심에 올려놓겠다는 그들의 포부를 반영하는 조치였다. 물론 이런 주체들의 자신감은 『개벽』의 대중적 인기를 기반으로 한 것이지만, 더 직접적으로는 1922년 9월 12일부로 허가된 정치 · 시사의 게재허용에 기인했다.[34] 정치 · 시사의 게재허가는 『개벽』의 주체들로서는 금단의 영역이 열리는 것이며 아울러 압수 · 삭제 · 발매금지 · 벌금 등으로 인한 경영악화의 위협이 상대적으로 감소하는 것을 의미했기 때문이다.[35]

그런데 개벽사의 '민족운동'에 동감하는 개인들을 유기적으로 연결하여 조직화시킨다는 취지의 이 사우제는 『개벽』의 유통과도 무관하지 않다. '사우규정'에 따르면 사우가 된 사람은 『개벽』이나 『부인』을 제공받으며, 개벽사 간행 출판물을 실비로 볼 수 있고, 불의의 사고시 위로금을 받는 등의 혜택을 누리게 되는데, 사우가 되려면 매년 10원 이상을 찬조하거나, 100원을 일시금으로 지불하여 평생사우가 되어야 했다.[36]

第四條, 本社는 社友에게 對하야 開闢雜誌 或은 婦人雜誌를 贈呈하며 其

33) 「開闢社 社友制의 設行에 關한 趣意와 規定」, 『개벽』 29호, 1922.11.1, 114~115면 참조.
34) 이에 대해서는 2장 1절을 참조.
35) 물론 이같은 일제의 조치가 형식적인 것이었음은 분명하였다. 겨우 석달이 지나지 않아서 가혹한 탄압이 시작되었고, 그로 인해 『신천지』 주간 백대진 등과 『신생활』 사장 박희도 등이 수감되었던 것이다. 이에 대해서는 정진석, 『한국언론사』, 나남, 1990, 472~480면 참조.
36) 29호의 그것과는 달리 30호에 실린 사우규정 제7조에는 일시금으로 100원 이상을 찬조할 경우에는 매년 10원씩의 찬조금을 영구면제한다는 조항이 덧보태져 있다. 『개벽』 30호, 목차 뒷면 참조.

他 本社의 刊行物에 係한 一切의 出版物을 實費로 提供할 것이라.

第五條, 社友는 本社, 支分社의 社員될 基本資格을 有함이라. 備考, 本社의 社規 中 에 '本社의 社員은 社友 中에서 選拔함이라'한 條項이 有한 故이라.

第七條, 社友는 本社의 趣意, 目的을 贊成하는 表로써 年 拾圓 以上의 贊助金을 義 損할 것이라.

第九條, 社友는 自己의 周圍社會에 起하는 特殊事實 或은 傾向에 對하야는 可及의 限에서 調査, 考究하야 本社에 送致할 것이라.[37]

즉, 사우제는 독자와 출판사의 일반 계약관계를 끈끈하고 지속적인 관계로 전환시킴으로써 『개벽』의 유통을 좀더 안정적으로 만들 수 있는 획기적인 조치였다. 왜냐하면 이전까지 『개벽』의 유통은 무척 불안정한 계약에 기초하고 있었기 때문이다. 『개벽』의 구독자는 일개월, 삼개월, 육개월, 일년간 등으로 세분되어 있었는데, 일년 선금예약자라고 하더라도 상황에 따라 언제든 해약이 가능했고, 계약기간을 채우더라도 다시 계약하리라는 보장이 없는 상태였다. 따라서 이들 중 적지 않은 수가 사우가 된다면 전보다 더 많은 선금을 받으면서[38] 안정적인 정기독자 내지 평생독자를 얻는 것이다. 여기에 정기구독자가 아닌 사람이 개벽사의 취지에 동감하여 사우가 되는 경우를 상정하게 되면 사우제의 실시는 『개벽』의 유통에 또 하나의 획을 긋게 될 사안인 것이다.

뿐만 아니라 사우가 된 사람은 사우규정(제9조)에 의거하여 자신이 속한 사회에서 일어나는 특수한 사실 혹은 경향에 대해 조사하고 고찰하여 본사에 전달하는 역할을 수행하게 되는데, 이는 일종의 지방 통신원 내지 특파원인 셈이다. 당시 『개벽』이 「조선문화의 기본조사」 취지하에 각 지방을 답사하여 '각도도호(各道道號)'의 간행을 준비하는 시기였음을 감안할 때,[39] 지방 통신원의 역할을 겸하는 '사우'는 이 사업에 실질적인 도

37) 「開闢社 社友制의 設行에 關한 趣意와 規定」, 『개벽』 29호, 1922.11.1, 114~115면.
38) 일년 정기구독의 경우 가격인상 전에는 우세를 포함해서 4원 48전을, 인상 후에는 6원 4전을 내야 했다.

움을 줄 수 있는 존재였다. 『개벽』의 주체들이 29호·30호·33호에 걸쳐 사우제 실시 공고를 싣고 독서대중에게 사우가 되기를 독려하는 것은 당연한 일이었다.40)

(4) 유통망의 지역적 특성

그런데 앞서 살펴본 초기 분매소들의 현황과 2년차부터 신설되기 시작한 지사·지국의 면면을 살펴보면 한 가지 주목할 만한 사실이 발견된다. 그것은 천도교(동학)와 다소 무관할 것 같은 지역 특히 평안도와 함경도, 그리고 황해도 등에 분매소와 지사가 집중 배치되어 있다는 점이다.

〈표 6〉『개벽』 분매소의 지역적 분포 현황41)

호수	2호	3호	4호	5호	7호	8호	9호	10호
분매소	9개	28개	40개	40개	43개	55개	55개	56개
지역분포	평안도:4 황해도:2 함경도:2 경상도:1	평안도:13(11) 황해도:2 함경도:7(9) 전라도:3 경상도:1 충청도:1 간도:1	평안도:18(17) 황해도:5 함경도:10(11) 전라도:3 경상도:2 충청도:1 간도:1	좌동	평안도:14(12) 함경도:3(4) 황해도:5(6) 전라도:3(2) 경상도:0(1) 충청도:1 경기도:1 서울:16	평안도:18(15) 함경도:4(7) 황해도:5(6) 전라도:4(3) 경상도:1(2) 경기도:1 충청:1(0) 서울:19 상해:1 미상:1	좌동	평안도:20(16) 함경도:7(9) 황해도:6 전라도:5 경상도:1 충청도:1 강원도:2(1) 경기도:1 서울:11 상해:1 미상:1(4)

지사와 지국의 경우 전체 11개 지사(지국) 중에 6개소가 이 지역에 있으며,42) 분매소의 경우 2호부터 5호까지는 거의 대부분을 차지하며, 7호부

39) 이 사업은 『개벽』 31호(1923.1.1, 102~103면 공고)에 공표되어 『개벽』 34호(1923.4.1) '경상남도호'로 구체화된다.

40) 미상, 「우리의 이대선언을」, 『개벽』 33호, 1923.3.1, 4~5면 참조.

41) 이 표는 「『개벽』의 출판과 유통(1)」(『민족문학사연구』 16, 169면)의 표를 수정·보완한 것으로, 괄호 안의 숫자는 수정되기 이전의 분매소 수를 나타낸다.

42) 함남·평남·황해·개성·성천·신의주 지사를 말한다.

터 10호까지는 절반 수준을 유지한다. 게다가 창간 일주년 기념호(13호)에 실린 축하광고의 대부분은 바로 이 지역의 자영업자나 개인들이 실은 것이다. 이 지역이 역사적으로 천도교와 무관하지 않았음이 분명하다.

천도교측의 자료에 따르면 평안도와 함경도 일대에 동학이 전파된 시기는 대체로 1900년을 전후한 시기로 보여지는데,[43] 특히 서북지역의 교세 확장이 놀라울 정도였다고 한다.

> 이때(1898년-인용자) 평안도 도인……이 내알(內謁)한대 신사(神師 : 崔時亨-인용자)가 의암(義菴)으로 하여금 설유하여 가로되 "…… 이제 …… 도운이 장차 북에 있음을 아노니 제군은 면려하라"하시더니 이로부터 북방에 포덕(布德)이 대진(大振)하였었다.
>
> —이돈화, 천도교 창건사, 이편, 83면

> 이때(1902년-인용자)에 도운이 서북으로 옮겨가기 시작하야…… 수백여포(數百餘包)가 일어났으니 이는 대개 임인년대(壬寅年代)에 새로이 포덕된 자이었다.
>
> —위의 책, 삼편, 29면

> 서북의 포덕이 날로 늘어 그 이듬해 계묘(癸卯 : 1903-인용자)에 이르러는 진소위(眞所謂) 가가동학(家家東學)이요 인인(人人)이 주문을 외우게 되었다. 이에 따라 관리의 지목은 날로 심하야 각도 각군으로부터 진진포포(津津浦浦)에 이르기까지 도인과 관례배의 충돌이 끄칠 날이 없으매
>
> —위의 책, 삼편, 31면[44]

동학의 불모지라고 할 수 있었던 이 지역에 대한 포교는 동학으로서는 하나의 자구책이었을 것이다. 왜냐하면 갑오농민전쟁 이후 호남지역의

---

43) 박응삼의 고증에 따르면 평안북도 창성군의 천도교 간부(접주와 도접주 등) 10명 중 9명이 1900~1904년 사이에 입도한 사람들이었다. 창성군지 편집위원회, 『평안북도 창성군지』, 1981, 64면 도표 참조.

44) 최원식, 『한국근대소설사론』, 창작사, 1986, 318면 재인용.

남접이 사실상 붕괴하자, 동학은 힘을 잃고 극도로 위축되어 갔기 때문이다. 무엇보다도 동학교도들에 대한 지방관리의 탄압과 수탈이 심해 삼남지역에서의 포교는 사실상 불가능한 것이었다.[45] 이러한 동학의 처지와 평안도·함경도의 지역적 특성이[46] 맞물리면서 동학은 이 시기 진보회 운동과[47] 일진회 운동[48] 등으로 급격히 그 세를 불리게 된다. 그리고 1905년 12월 마침내 일진회의 이용구일파와 갈라서면서 천도교의 성립을 선언하게 된다. 이런 역사적 전환을 겪고 성립된 천도교는 1920년대와 1930년대 초에 걸쳐서 급격한 발전을 거듭하여 국내외 신자가 300만에 이를 정도로 성장하였으며, 특히 평안도와 함경도의 교세가 두드러졌던 것으로 보인다.

> 1920년대와 30년대는 천도교의 전성기였다고 할 수 있다. (…중략…) 당시 천도교는 국내 다른 60개 종파를 모두 합친 수의 70%지 85%의 포교소와 기관을 갖고 있었고 교도수에 있어서는 50%에 해당하는 분포를 보이고 있으며 이것은 불교와 기독교를 합한 것과 맞먹는 숫자에 해당하는 것이다. (…중략…) 당시 천도교는 평안북도 교도수가 전체의 50%에 가까운 것이 특징이고 평남과 함남을 합치면 80%가 넘는 교도수를 갖고 있다.[49]

45) 이와 관련하여 『개벽』 주체들이 삼남지역 지사설립시 도지사, 군수, 경찰부장 명의의 축하광고를 집중적으로 게재했다는 사실은 주목할 필요가 있다. 천도교가 더 이상 탄압·수탈의 대상이 아님을 홍보하는 이같은 조치는 동학과 관련한 삼남지역민의 뿌리깊은 피해의식을 반영하는 것이기 때문이다.

46) 평안도와 함경도 지방은 역사적으로 봉건적 질곡에 대한 저항이 심했던 지역이며, 따라서 개화에 대한 요구가 높을 수밖에 없었던 곳이다. 이 지역의 기독교와 천도교에 대한 관심은 이런 기질에서 유래했을 것이다. 최원식, 『한국근대소설사론』, 창작사, 1986, 326면 참조.

47) 손병희의 지시에 따라 1904년 8월에 국내의 동학 지도자들이 만든 동학당의 조직이다. 대동회(1904.4)가 중립회(1904.7)로 명칭을 바꾸고 다시 진보회(1904.8)로 성립되는 과정과 일진회와의 통합과정(1904.12)은, 최원식, 『한국근대소설사론』, 창작사, 1986, 316~322면 참조.

48) 1904년 8월 창설된 '유신회'의 후신으로, 이후 지방의 '진보회'와 통합하게 된다.

49) 유병덕, 『동학·천도교』, 시인사, 1987, 620~621면.

天道教는 조선의 宗敎團體 중 가장 오랜 연혁을 갖고 있으며 그 옛날 東學黨으로서 전국을 풍미한 역사를 비롯하여 기왕의 중대 사건의 이면에는 거의 모두 天道敎徒가 개재하지 않은 것이 없으며 오늘날에도 陰然히 세력을 갖고 있어 國內는 물론 일본, 만주 및 미국, 하와이 등지에 이르기까지 수백의 宗理院을 두고 敎徒數는 실로 3백만에 이른다.[50)]

創造的 宗敎의 建設者로 世界的 新文化建設의 獅子吼를 부르지즌 者는 오즉 天道敎의 元祖 崔水雲(水雲은 其號, 名은 濟愚)先生이 有할뿐이라 하리라 (…중략…) 그의 正統心法을 繼承한 天道敎는 日進月新하야 今에 그 信徒ー三百萬以上을 算함에 至하엿나니[51)]

따라서 『개벽』의 분매소나 지사(지국)의 지역적 편중이나 광고의 지역적 편중은 함경도와 평안도에서 교세를 떨쳤던 천도교의 상황과 무관하지 않다. 아울러 『개벽』이 2년차에 들어 전남이나 경남 일대에 지사(지국)를 마련하고, 독자를 얻으려고 노력했던[52)] 일은 잡지 유통의 확대라는 차원을 넘어서, 갑오년 이래 잃어버렸던 영지를 회복하려는 천도교측의 조심스러운 발걸음으로 해석할 수도 있다.

결국 1920년대 천도교의 급격한 성장과 그 지역적 편중양상은 동학이 우리의 근대사에 꾸준히 영향력을 행사하고 있었으며, 종교를 매개로 한 주체적 근대화의 움직임이 갑오년 이후에도 지속적으로 암중 모색되고 있었음을 방증하는 것이다고 할 수 있다. 특히 천도교가 당대 가장 많은 신도수를 보유하고 있었고, 서북지역의 교세가 두드러졌다는 사실은 주목할 만한 사안이다. 당대 천도교의 융성은 우리 근대사를 기독교 중심으로 바라보는 학계의 지배적 관점과 상치되는 점이 없지 않으며, 또한 서

50) 「최근에 있어서의 조선치안상황」(114면); 유병덕, 『동학 · 천도교』, 시인사, 1987, 622면 재인용.

51) 일기자, 「東洋의 先聖後神」, 『개벽』 8호, 1921.2.1, 87면 참조.

52) 『개벽』 18호(1921.12.1)에는 전남지사에 근무하는 직원이 독자를 얻기 위해 화순, 순천, 광양, 여수, 고흥 등지를 순회하며 겪은 수모와 괴로움 등을 기술한 일종의 보고문이 실려 있다. 秋原生, 「독자를 엇고져 지방을 순회하는 동안의 소감」, 문예면 103면.

북지역이 천도교의 중심지였다는 것은 이 지역의 근대적 지향을 '대동강 사상'으로 응축하며 기독교 중심으로 바라보는 기존의 관점과도 충돌을 일으키기 때문이다. 어쨌든 당대 종교계의 세력관계와 지역분포의 실상에 접근한다는 의미에서 이 부문에 대한 꼼꼼한 실증적 작업이 필요하다고 하겠다.

한편, 전기(1~30호) 『개벽』의 유통이 천도교의 교세 내지 지역적 특성과 직접적으로 맞물려 있는 것이라면 『개벽』의 주된 독자들은 지역적으로 서북지역과 서울을 중심으로 한 도시지역 신자들을 중심으로, 계층으로 볼 때 서북지역은 주로 청년층과 중소상인이나 자영업자들이,[53] 서울지역은 중등과정 이상의 식자층과 청년층이, 연령으로 볼 때는 중등과정 이상의 학생들과 지식 청년들이 핵심 독자였을 것으로 짐작된다.[54] 지역적으로 삼남지역이 배제된 것은 앞서 살펴보았듯이 동학과 관련된 이 지역의 특성 때문이며, 계층적으로 전체 인구의 대다수를 차지하는 농민이 『개벽』의 중심독자가 될 수 없었던 것은 높은 문맹률과 경제 사정에 기인한 것이다.

그런데 『개벽』의 중심독자들이 서울과 서북지역의 중등과정 이상의 식자층과 상인층(자영업자)이었다는 점은 『개벽』의 근대 지향적 성격을 분명히 하는 것이다. 1920년대 지식인과 상인은 핵심적 근대메신저로 볼 수 있으니, 지식인들은 개인적 삶을 제약하는 봉건적인 사상과 제도를 맹렬히 비판하는 한편 지식의 형태로 선취된 근대이념을 전파시켰고, 상인과 자영업자는 근대적 상품—화폐관계의 실질적 담당자로서 근대산물들을 개개인의 삶 속으로 실어 날랐던 것이다. 특히 상인층에 대한 『개벽』의 관심과 배려는[55] 다른 잡지에서는 찾아보기 힘든 것으로, 종교와 근대문

---

53) 전통적으로 서북지역은 상업 중심지였으며, 『개벽』 3호(일주년 기념호)에 실린 축하광고의 상당 부분은 상점을 운영하는 이 지역 자영업자들이 낸 것이다.

54) 박영희의 회고에 따르면 청년들이 외출할 때 단장 들듯이 습관적으로 옆구리에 끼고 다닐 정도로 『개벽』은 청년들의 필수품이었고 인기가 있었다. 「신흥문학의 대두와 개벽시대의 회고」, 『조광』 32호, 1938.6, 54면.

물의 전파에 효율적일 수 있는 계층적 특성에서 비롯된 결과라고 할 수 있겠다. 『개벽』의 핵심 독자층을 확정짓는 문제는 잡지의 영향력과 이념적 지향을 규명하는 작업과도 직접 연결된다는 의미에서 중요한 과제라 하겠다. 이에 대해서는 2절에서 『개벽』의 전(全)시기를 포괄하여 다시 논할 것이다.

2) 유통망의 변모양상과 그 내적 논리

(1) '지사–분사' 시스템 확립의 내적 의미

『개벽』의 유통체계는 기본적으로 서울의 본사(本社)와 지방의 분매소(分賣所)가 소통하는 구조로 출발했다. 『개벽』의 분매소는 2호(1920.7.25)에 처음 9개소로 출발하여 4호(1920.9.25)에는 40개소로 증가하고 10호(1921.4.1)에는 총 56개소의 분매소가 건설되었다.[56] 『개벽』의 분매소 증가현황에서 주목할 점은 크게 두 가지다. 하나는 분매소의 증가가 천도교의 조직기반(각 지역 청년회와 교구) 위에서 이루어졌다는 것이다. 각주 56)의 표에서 보

---

55) 『개벽』에 마련된 「상업소개란」은 경제계(상업계)에 대한 『개벽』 주체들의 관심과 배려를 단적으로 증명하는 것으로 3차(15호 140면, 16호 104~105면, 17호 125면)에 걸쳐 경성상업계의 업종, 위치, 인물 등을 자세히 소개하고 있다. 아울러 상업광고의 비중이 상대적으로 높은 것도 상업계에 대한 주체들의 관심과 무관하지 않다.

56) 『개벽』의 분매소 증가 현황은 아래와 같다.

호수	1호	2호	3호	4호	5호	7호	8호	9호	10호
분매소	없음	9개	28개	40개	40개	43개	55개	55개	56개
내역 및 특징	발매소 경향 각 서포	청년회:7 교구:1 서포:1	청년회:22 교구:5 매신:1	청년회:30 교구:6 매신:2 서포:2	좌동	청년회:2 교구:3 서포:16 (서울16) 개인:22	청년회:5 교구:5 서포:21 (서울19) 개인:24	좌동	청년회:6 교구:6 서포:13 (서울11) 개인:31

* 청년회(천도교청년회), 매신(『매일신보』), 서포(서점, 서적상), 서울(경성지역서점), 개인(개인자격분매소)

듯 5호(1920.1)까지 전체 40개의 분매소 중 36개를 천도교청년회나 교구에서 운영하고 있었다. 잡지의 출판・유통 자체가 쉽지 않았던 당대 서적계의 상황과 천도교잡지라는 인상을 줄 수밖에 없는 『개벽』의 처지에서 이는 원활한 잡지 유통을 위한 고육책이었다.

또 하나 주목할 점은 천도교의 조직 기반 위에서 건설된 분매소들이 평안도와 함경도, 그리고 황해도 등 경성 이북에 집중 배치되어 있다는 사실이다.[57] 각주 57)의 표에서 보듯, 2호부터 5호까지는 분매소의 거의 대부분을 차지했고, 7호부터 10호까지는 과반 이상을 차지했다.[58] 지・분사(지국)의 경우 1922년(30호)까지 건설되는 11개의 지사(지국) 중에 6개가[59] 이 지역에 있었다.[60] 천도교측의 자료에 따르면 이들 지역에 1900년을 전후로 동학이 전파되어, 특히 서북지역의 교세확장이 놀라웠다고 하는데,[61] 이런 교세의 확장이 『개벽』의 유통망에 반영된 결과로 보인다.

---

57) 『개벽』 분매소의 지역적 분포 현황을 표로 제시하면 다음과 같다.

호수	2호	3호	4호	5호	7호	8호	9호	10호
분매소	9개	28개	40개	40개	43개	55개	55개	56개
지역분포	평안도:4 황해도:2 함경도:2 경상도:1	평안도:13 함경도:7 황해도:2 전라도:3 경상도:1 충청도:1 간도:1	평안도:18 함경도:10 황해도:5 전라도:3 경상도:2 충청도:1 간도:1	좌동	평안도:14 함경도:3 황해도:5 전라도:3 경상도:0 충청도:1 경기도:1 서울:16	평안도:18 함경도:4 황해도:5 전라도:4 경상도:1 경기도:1 충청:1 서울:19 상해:1 미상:1	좌동	평안도:20 함경도:7 황해도:6 전라도:5 경상도:1 충청도:1 강원도:2 경기도:1 서울:11 상해:1 미상:1

58) 이 경우도 7호부터 등장한 경성의 서적상들을 제외하게 되면 거의 대부분을 차지한다고 할 수 있다.

59) 함남・평남・황해・개성・성천・신의주 지사를 가리킨다.

60) 중기(中期) 그러니까 1923년(31호)부터 1924년(54호)까지 건설된 '11지사－14분사' 중에서 5지사－11분사가 이 지역에 건설되었다. 이 시기 경기 이남에는 4개의 지사와 2개의 분사가 건설되는데, 지사의 개수로나 분사(분매소)의 밀도 면에서 경기 이북과 차이가 난다. 이런 밀도의 차이는 후기(後期), 즉 55호(1925.1) 이후에도 대체로 이어져 경기 이북에 총 18지사－37분사가 건설되고, 경기 이남에 25지사－14분사가 건설된다.

61) 이에 대해서는 박응삼의 고증(『평안북도 창성군지』, 1981, 64면 도표)과 이돈화의 논

따라서 『개벽』이 창간 취지에 걸맞은 대중적 위상을 갖추기 위해서는 초기 유통망에 나타난 종교색과 여기서 비롯된 지역적 편중성을 함께 극복해야만 했다. 이런 점에서 '지사—분사' 시스템으로의 전환은 주목할 필요가 있다. 지·분사 체제로의 전환은 앞서 말한 초기 유통망의 한계를 겨냥한 조치였고, 이를 통해 『개벽』은 향후 한 차원 높은 대중적 유통의 가능성을 열었기 때문이다. 『개벽』의 유통망에 변화가 나타난 것은 창간 2주년에 접어든 14호(1921.7.1)부터로, 이때부터 17호까지 연속해서 '전남지사 설립사고'가 실린다. 그리고 30호(1922.12.1)까지 모두 11개의 지사·지국이 건설되었다.

물론 갑작스런 체제 개편이 원활했을 리 없다. 무엇보다도 남접의 중심지였던 삼남지역이 문제가 되었다. 지사—분사 체제로의 전환을 '전남지사'로 시작하고, 이를 네 차례에 걸쳐 『개벽』에 반복 공시했으며, 동시에 도지사, 군수, 경찰부장 명의의 축하광고를 집중적으로 게재했다는 사실은 삼남지역에의 접근이 매우 힘겨웠고, 그런 만큼 아주 조심스럽고 주도면밀하게 추진되었음을 상징적으로 드러낸다. 실제로 1922년까지 삼남지역에는 모두 4개의 지사(지국)가 건설되었지만 전남과 경남에 편중되었고, 충청과 전북 그리고 경북지역은 『개벽』의 유통에서 한발 비껴서 있었다. 특히 충청지역은 지사—분사 체제가 활성화되는 1924년(54호)까지도 유통의 불모지로 남겨졌다. 결국 '지사—분사' 시스템은 초기 유통망의 지역적 편중을 해결할 합리적 대안이었지만, 그 온전한 실현에는 더 많은 시간과 공력이 필요했다고 할 수 있다.

한편 '지사—분사' 체제로의 전환은 유통망에 드리워진 종교적 색채를 걷어냄으로써 『개벽』의 대중적 유통에 커다란 기여를 했다. 무엇보다도 지·분사 관련 사고나 공고에서 천도교 조직 관련 사항들이 가려지고, 대신 지사장, 분사장, 분매소 주임 등 개인이 전면에 등장했다는 사실은

의(최원식, 『한국근대소설사론』, 창작사, 1986, 318면)를 참조.

『개벽』을 감싸고 있던 종교의 벽을 결정적으로 무너뜨리는 조치였다.

> 社告－開闢全南支社設立
> 本社는 全南讀者의 便宜를 爲하야 今에 全南支社를 設置하게 되온바 그 位置와 主務者의 氏名은 左와 如함
> 位置 光州郡邑內 支社長兼記者 金春烈 總務 金聲大[62)]

이런 변화는 개인자격 분매소가 증가하고, 서적상들이 대거 『개벽』의 유통에 참여하는 상황의 변화, 즉 『개벽』의 대중적 성공에 따른 자연스런 과정이기도 했지만, 한편으로는 의식적인 노력의 결과이기도 했다. 필자는 유통망의 종교색을 감추려는 노력이 개인자격 분매소가 등장하는 1921년(7호)부터 가시화되었다고 보는데, 이전까지 천도교구나 천도교청년회에서 운영하던 분매소들이 이때부터 급격히 개인명의 분매소로 전환되기 때문이다. 실제로 7호에 새로 등장한 개인자격 분매소 22곳 중, 이전에 천도교측에서 운영하던 분매소가 12곳으로 과반을 넘긴다. 더구나 이들 중 상당수는 천도교와의 종교적인 끈을 유지한 채 명의만 개인으로 바꾼 경우로, 종교색을 지우려는 안간힘을 엿볼 수 있다. '정읍분매소' '안주분매소' '평양분매소' '태천분매소'의 경우가 그 대표적인 예다. 먼저 정읍분매소는 5호까지 '천도교구내 송재섭(宋在燮)'이란 인물이 경영한 것으로 되어 있다가, 7호부터는 분매소 일람표에서 '천도교구'란 말이 삭제되어 마치 천도교와 무관한 개인이 운영하는 분매소인 양 현상한다. '안주분매소'는 원래 천도교청년회에서 운영하던 곳이었는데, 7호부터는 '배의찬(裵義贊)'이란 인물의 개인분매소로 소개된다. 뒤에 보겠지만 배의찬은 천도교신자로 안주천도교청년당 활동을 한 인물이지만 이런 사실은 분매소 일람표에 나타나지 않는다. 7호부터 '평양분매소'를 운영한 '이성삼(李成三)'이나 '태천분매소'를 운영한 '고신봉(高信鳳)'도 천도교신자로

---

62) 「개벽전남지사설립사고」, 『개벽』 14호, 1921.8.1, 45면.

천도교청년회와의 관계가 뚜렷하지만[63] 분매소 일람표를 호별로 대조하기 전에는 파악이 쉽지 않다.

이같은 『개벽』 주체들의 의식적 노력은 외견상 커다란 변화를 가져온다. 각주 56)의 표에서 알 수 있듯이 5호까지 40개의 분매소 중 36개를 천도교측에서 관리하던 상황이 7호에는 43개 중 5개, 8호에는 55개 중 10개, 10호에는 56개 중 12개만이 종교색을 띠는 상황으로 바뀌었던 것이다. 여기에 7호부터 10호까지 교구에서 운영한 것으로 되어 있는 분매소들이 실제 주소만 교구로 되어 있을 뿐 운영 주체는 개인이었다는 점을[64] 감안하면 유통망의 종교색은 좀더 엷어진다. 즉 『개벽』의 유통망이 천도교 조직으로부터 근본적인 독립을 이루는 것은 불가능했지만, 『개벽』 유통망에 나타난 이같은 외견상의 변화가 『개벽』의 지·분사들을 좀더 대중적이고 개방적인 존재로 현상케 했다는 것이다. 그런데 지·분사가 대중 앞에 개방적인 존재로 현상한다는 것은 필연적으로 다양한 인물들이 『개벽』의 유통에 참가하는 계기가 된다. 그 의도가 상업적이든, 정치적이든, 혹은 종교적이든 간에 누구나 『개벽』 지·분사에 참여할 수 있었다. 그리고 이런 경향은 『개벽』의 판매부수가 늘어날수록, 대중적 인지도가 높아갈수록 더욱 촉진되었다. 실제로 『개벽』의 지·분사에 관여했던 사람들은 신분적, 정치적 나아가 종교적으로 다양한 인물들이었을 뿐만 아니라 그 숫자 또한 대단히 많았다. 요컨대 '지사-분사' 체제로의 전환은 주체들의 의식적 노력과 맞물리면서 『개벽』의 대중성과 개방성을 급진시켰다고 할 수 있다.

문제는 이 대중성과 개방성이 소통체계의 성격을 바꾸고, 지·분사의 위상과 역할에 근본적인 변화를 일으켰다는 사실이다. 과거 『개벽』의 유

63) 평양 천도교청년회의 주소(평양부 설암리 67번지)가 이성삼의 주소와 일치하고, 태천 천도교청년회의 주소(태천군 읍내)가 고신봉의 분매소 주소와 일치한다는 사실은 양자의 관련성을 분명히 하는 또 하나의 증거다.

64) 표에는 나와 있지 않지만 7호와 8호의 교구분매소 3곳과 5곳은 모두 주소만 교구로 되어 있는 경우이고, 10호의 교구분매소 6곳 중 1곳만이 순수한 교구분매소다.

통망이 천도교구와 청년회를 중심으로 이루어졌을 때, 본사와 분매소가 맺은 소통체계는 근본적으로 계몽적인 것이었다. 즉 본사가 매체를 통해 지식과 정보를 전달하고, 분매소는 주변의 신자들에게 종교적 신념 속에 이를 소화하는 장(場)이었다. 하지만 유통망을 감쌌던 종교적 외피가 사라지고, 지사와 분사를 다양한 성향의 인물들이 경영하게 되자, 본사와 지·분사가 관계하는 소통의 방식은 대등한 상호작용에 가까워진다. 지·분사의 담당자들은 자신의 이익과 목적에 부합하는 매체를 기대했으며, 비슷한 성향의 집단적 의지를 모아 압력을 행사할 수도 있었다. 지·분사가 매체에 대한 감시자나 압력단체의 성격을 띠기도 했던 것이다. 동시에 지·분사의 지역 내에서의 역할도 달라졌다. 과거의 분매소가 지역 내의 신자들이 지식과 정보를 공유하는 장이었다면, 이제 지·분사는 다양한 사람들이 모여들고 이를 통해 다양한 지식과 정보 나아가 정치적 신념까지 치열하게 소통되는 교류의 장이 되었다. 이른바 정치·언론·문화의 '아고라(광장)'가 된 셈이다.

(2) 전국적 소통체계의 건설과 그 의미망

중기(31~54호)와 후기(55~72호)에 들어 『개벽』은 본격적으로 정치·시사를 다루고,[65] 사회주의라는 시대정신을 내용과 편집에 적극 반영함으로써 잡지의 명성을 쌓아 나갔다.[66] 그리고 이런 지명도를 기초로 의식적인 유통의 대중화를 추구할 수 있었다. 특히 '조선13도호'의 발간사업과[67] '개벽사확장기성회'사업의[68] 전신인 '사우제(社友制)'의[69] 실시는 독

65) 물론 정치·시사의 게재가 허가된 것은 1922년 9월 12일, 즉 28호부터다. 이에 대해서는 「귀중한 경험과 고결한 희생」, 『개벽』 28호, 1922.10.1, 3면 참조.

66) 이에 대해서는 책의 4장 2절을 참고할 것.

67) '조선문화기본조사'라는 취지로 이루어진 전국 각도의 답사보고서를 道號의 형식으로 발간한 것을 말한다. 34호(경남도호)에서 시작되어 36호(경북도호)·38호(평북도호)·42호(강원도호)·43호(함북도호)·46호(충남도호)·47호(경기도호)·48호(경성호)·51호(평남도호)·53~54호(함남도호)·58호(충북도호)·60호(황해도호)·63호(전남

자들의 큰 호응을 얻었을 뿐만 아니라, 지 · 분사의 증설에 결정적 도움을 주었다. 본사나 지 · 분사의 담당자 즉 사원이 되려면 먼저 '사우'가 돼야 했으며,[70] 도호 발간을 위한 답사를 통해 각 지역의 핵심인사들과 합법적으로 소통할 수 있었기 때문이다.[71]

실제 중 · 후기 『개벽』 유통망의 성장은 대단했으니, 이는 '본사-지사-분사 시스템'의 확대와 전국화로 요약할 수 있다. 먼저 '확대'라는 차원에서 보면, 1922년까지 11개였던 지사(지국)가 1923~24년(31~54호)까지 22개로 늘어나고, 분사(분매소)도 3개에서 14개가 새로 만들어져 모두 17개로 늘어난다. 또한 1925년 1월(55호)부터 강제 폐간되는 1926년 8월(72호)까지 30개의 신설 지사와 45개의 신설 분사가 건설된다. 즉 중반 이후에만 41개의 지사와 59개의 분사가 새롭게 건설되어, 『개벽』은 전시기를 통틀어 52개 지사와 62개 분사(28개 분매소 포함)를 거느린 잡지가 되었다.[72]

도호)를 거쳐 64호(전북도호)로 종료되었다.

68) '인쇄소의 설치, 출판물발간, 해외기자파견' 등의 사업확장을 꾀하기 위해 회원을 모집한 사업을 말한다. 『개벽』 67호(사고, 93면)에 그간의 논의과정이 공시되고, 68호(102~105면)와 71호(116~119면)를 통해 사업의 취지와 내역 그리고 가입한 회원의 명단을 제시함으로써 본격적으로 추진되었다. "발서 數百名 近千名의 同志를 어덧"다는 주장과 실제 제시된 300여 명의 명단을 볼 때, 적지 않은 호응이 있었음을 알 수 있다.

69) 개벽사의 민족운동에 동감하는 개인들을 유기적으로 연결하여 조직화시킨다는 취지로 이루어진 사우모집사업을 가리킨다. 이 사업은 한편으로는 『개벽』의 안정적 유통에 기여했고, 본사(경성)와 지분사(지방) 사이의 원활한 소통체계의 확립에 기여했다. 실제 사우들은 지방 통신원 내지 특파원의 역할을 수행했으며, 이들 중 상당수가 지분사의 담당자가 되었다. 이 사업은 「개벽사 사우제의 설행에 대한 취지와 규정」(『개벽』 29호, 1922.11.1, 114~115면)을 통해 공시되었다.

70) "사우는 본사, 지분사의 사원될 기본자격을 유함이라, 비고, 본사의 규정 중에 '본사의 사원은 사우 중에서 선발함이라'한 조항이 유한 고이라." 「개벽사 사우제의 설행에 관한 취지와 규정」, 『개벽』 29호, 114~115면.

71) 사업 시작을 전후해서 『개벽』에는 개벽사의 직원들(김기전 · 차상찬 · 박달성 · 이재현 등)이 답사를 떠났고, 지역인사들의 도움으로 잘 마쳤다는 식의 사고와 편집후기가 지속적으로 실린다. 그리고 이런 의식적 소통은 지역 유통망의 확대에 결정적 영향을 미쳤다.

72) 따라서 오영근이 「개벽에 관한 서지적 연구」(청주대 석사논문, 1994)에서 제시한 '지분사분포현황'(40개 지사-17분사, 25~27면 도표)은 실제와 상당한 오차가 있다.

〈표 7〉『개벽』 유통망의 시기 · 지역별 현황[73]

시기 / 지역	전기(14~30호) 1921.8~1922.12	중기(31~54호) 1923.1~1924.12	후기(55~72호) 1925.1~1926.8	지역별 소계
중국		남만주총지사(38), 간도지사(41), 남만주총지사봉천분사(43)	봉천지사(57), 북만주하얼빈분사(56), 상해분사(57), 홍경현분사(60), 서간도분사, 간도백초구 · 이도구 · 국자가분사(62)	3지사 8분사
일본			관서지사(대판, 62), 동경지사(72)	2지사
함남	함남지사(18)	원산지사(45), 북청지사(48)	고원지사(59), 영흥지사(66), 신고산지사(67), 함흥분매소, 단천분사, 안변분매소(55), 풍산분사, 갑산분매소(57), 혜산분매소(58), 문천분사, 안변분사(65), 신상분사(67)	6지사 9분사
함북			성진지사(58), 성진지사학남분매소(62), 청진분사(63), 회령분사(69)	1지사 3분사
평남	평남지사(20) 성천지사(22)	안주분사(52), 용강분매소(52), 강서분매소(49), 순천분매소(53), 자산분매소(53)	만성분매소(55), 한천분매소(56), 강서분사(62~63)	2지사 8분사
평북	신의주지사(23)	선천지사(36), 강계지사(38), 박천분사(32), 영변출장소(41), 초산분사(49), 용암포분매소(52)	벽동지사(60), 비현분매소(55), 벽동분사(58), 벽동지사내분매소(60), 용천분사(62), 곽산분사(63), 자성분사(68)	4지사 10분사

73) 이는 『개벽』 소재 유통관련 공고들을 총망하여 정리한 결과이다. 이에 대해서는 부록 「『개벽』 소재 유통관련 자료일람」과 「『개벽』 유통관련 인물편람」을 참조.

〈표 7〉 계속

시기 / 지역	전기(14~30호) 1921.8~1922.12	중기(31~54호) 1923.1~1924.12	후기(55~72호) 1925.1~1926.8	지역별 소계
황해	황해지사(20)	한포분매소(53)	해서지사(62), 황주분매소(57), 안악분사(59)	2지사 3분사
강원		관동지사(41) 통천분사(53)	강릉지사(59), 평강지사(66), 원주분매소(57), 횡성분사(60), 평강분사(64)	3지사 4분사
서울 경기	개성지사(20) 인천지사(22) 인천지사 내・외리・강화 분매소(22)		강화지사(57), 경성총판매소(66)	4지사 3분사
충남			당진지사(71)	1지사
충북			충북지사(57), 충주지사(65), 영동분사(62), 제천분사(63)	2지사 2분사
전남	전남지사(14) 순천지국(20)	제주지사(41)	광주지사(56), 목포지사(57), 나주지사(59), 화순분사(59), 전남총지사목포출장소(66), 장성분사(68)	6지사 3분사
전북		군산분국(35)	이리지사(57), 김제지사(67), 군산지사(67), 전주지사(69), 남원분사(55), 전주분사(56)	4지사 3분사
경남	진주지사(20) 경남지사(29)	마산지사(46), 부산지사(53), 마산분매소(34)	병영지사(68), 통영지사(71), 진주분매소(58), 통영분사(60), 거제분사(62), 사천분사(71)	6지사 5분사
경북		대구지사(36)	포항지사(57), 상주지사(62), 경주지사(67), 영덕지사(68), 영천지사(72), 울진분매소(57)	6지사 1분사
시기별 소계	11지사(1지국) 3분매소	11지사 14분사 (1분국, 1출장소, 5분사, 7분매소)	30지사(1총판매소), 45분사 (29분사, 1출장소, 15분매소)	52지사 62분사

여기에 통계에서 누락된 경성지역의 서적상들과 지・분사 체제로의 전환 후에도 그 상당수가 존속했을 지방 분매소들의 존재를 감안하면,[74)]

74) 방효순에 따르면, 『개벽』이 발간되던 시기(1920~26년)에 존재했던 조선의 서적상(출판사)은 50~60곳으로 대부분 경성에 위치하고 있었음을 알 수 있는데(「일제시대 민간

실제 『개벽』 유통망의 규모는 일개 잡지사로서는 유례가 없는 일이었다. 『개벽』 유통망에 대한 실감은 『개벽』이 존재했던 1920년대 초·중반의 잡지 유통 상황을 살펴보면 뚜렷해진다. 이 시기의 잡지 유통은 1910년대와 비교할 때 크게 나아진 바가 없었으니, 대다수의 잡지들은 이렇다 할 유통망을 갖지 못했다. 문예지 중 최대 2,000부의 판매부수를 기록했던 『창조』는 일시적으로 8개의 분매소를 가지고 있었을 뿐이고,[75] 당대 최고의 문예지였던 『조선문단』은 몇 차례 전국적 지사망 건설을 시도하여 번번이 실패했던 것이다. 1910년대 대표적 종합지였던 『청춘』이[76] 1918년 9월(15호)까지 당시로서는 독보적인 29개의 분매소를 건설했던[77] 사실을 감안할 때, 이런 상황은 오히려 퇴보로 비칠 수도 있다. 잡지가 아니라면, 매체의 성격상 유통망의 건설이 필수적이었던 신문들이 비교 대상이 될 수 있는데, 이 경우 『개벽』의 유통망은 자본 규모에서 월등했던 당대 신문사의 그것과 비교해도 크게 손색이 없었다. 실제 『동아일보』는 창간과 더불어 23~25개의 지국을 건설하고, 1922년 2월에는 48개 지국－140개 분국의 거대 유통망을 갖추는데,[78] 『개벽』이 몇 천원의 자본금으로 출발했고,[79] 일간지에 비해 자본 회전력이 떨어지는 월간지였다는 점

서적발행활동의 구조적 특성에 대한 연구」, 이화여대 박사논문, 2001, 20면 표 5와 부록 참조), 『개벽』의 대중적 인지도를 감안할 때 그 중 상당수가 『개벽』의 분매소였거나, 분매소 이름을 걸지 않았더라도 유통에는 관련했을 것으로 추정된다. 이들이 공고에서 누락된 이유는 경성에서의 『개벽』의 유통이 당연시되어 공지할 필요가 없었거나, 경성(본사)과 지방(지·분사)으로 체계화된 시스템의 성격상 지방만큼 비중있게 취급되지 못했던 때문이다. 아울러 초기 유통에 관여했던 50~60여 곳의 지방 분매소들도 분사나 지사로 승격되지 못한 경우 상당기간 그대로 존속했을 가능성이 높다.

75) 「분매소 공고」, 『창조』 5호, 1920.3.31, 100면 참조.

76) 조용만에 따르면, 1917년 5월 속간된 『청춘』 7호는 4,000부가 삼사일 사이에 매진되었다고 한다. 조용만, 「여명을 밝힌 지성－최남선」, 『한국의 인간상』 6, 신구문화사, 1965, 290면 참조.

77) 한기형에 따르면 경성에 19개소, 지방에 10개소의 분매소가 있었다. 한기형, 「근대잡지와 근대문학 형성의 제도적 연관」, 『대동문화연구』 48, 성균관대 대동문화연구원, 2004, 53~54면 참조.

78) 『동아일보』의 유통 현황에 대해서는 『동아일보사사』 1, 1975, 117·173면 참조.

79) 『개벽』의 창간 자금이 1,500원 가량이고(「개벽사 略史」, 『별건곤』 30호, 1930.7, 8면

을 감안할 때, 『개벽』이 구축한 52지사－62분사는 자체가 놀라움의 대상일 수밖에 없다.

그렇다면 일개 잡지사가 거대 신문사에 필적할 만한 유통망을 구축한 이유는 무엇인가? 우선 잡지의 대중적 소통, 즉 원활한 배송과 대금수수 때문이었다. 일반적인 경우, 잡지는 매체의 특성상 신문사처럼 거대 유통망이 필요치 않았지만,[80] 『개벽』은 특수한 사정이 있었다. 무엇보다 『개벽』의 유통망이 『개벽』만의 것이 아니었다는 점이 달랐다.[81] 즉 개벽사에서 발행한 『어린이』[82]나 『신여성』[83] 등의 잡지도 기본적으로 『개벽』의 유통망을 공유했고,[84] 늘어난 잡지물량을 감당하기 위해 유통망의 확대가 필요했다고 할 수 있다.[85] 다만, 이를 절대화하는 것은 곤란하다. 『개벽』 유통망의 확대를 상품 유통이나 대금 회수의 차원으로 일반화하는 것은 곧바로 자기모순의 함정에 빠질 위험이 있기 때문이다. 우선 능률이나 대금 회수가 관건이었다면 개벽사는 아주 손쉬운 대안을 가지고

참조), 평상시 운영자금이 수천 원이었던 반면, 『동아일보』의 목표 자본금은 70만 원이었고, 창간 자본금만 17만 5천 원이었다. 『동아일보사사』 1, 1975, 163면.

80) 매일 발행되는 신문의 경우 시의적절한 정보제공이 관건이기 때문에 정확한 배송이 필수적이고 따라서 그 유통망은 시간이 지날수록 촘촘해지게 마련이다. 더구나 신문은 기본적인 구독규모가 잡지에 비해 월등했기 때문에 원활한 배송과 대금수수를 위해서라도 지국의 수를 늘려야 한다. 반면 잡지는 월간으로 발행되고, 정보제공보다 지식전달이 관건이기 때문에 시의성이 떨어져도 크게 문제가 되지 않고, 배송에 있어서도 다소간 여유가 있다. 게다가 잡지의 발행부수는 통상 신문에 비할 바가 되지 못한다. 오늘날 대다수의 잡지에 독자적인 유통망이 없는 이유는 이같은 매체의 특성에서 비롯된다.

81) 개벽사의 유통망에 대해서는 유석환, 「개벽사의 출판활동과 근대잡지」, 성균관대 석사논문, 2006, 9면 참조.

82) 1923.3.20~1931.2.20, 통권 82호.

83) 1923.9.1~1924.4.4, 통권 38호.

84) 이를 전적인 공유로 보아서는 곤란하다. 서점이나 상점 그리고 신문지국 등을 겸한 지·분사나 천도교 관련 지·분사는 이들을 모두 취급했을 가능성이 상대적으로 높고, 개인이나 각종 사회단체가 운영하는 지·분사들의 경우는 가능성이 낮았다. 매체의 성격이 달랐기 때문이다.

85) 1924년을 기준으로 『개벽』은 평균 7,000~8,000부를 판매했고, 『어린이』는 1만 부가량을 발행했으며, 『동아일보』는 2만 부를 발행하고 있었다.

있었다. 전국에 걸쳐 촘촘하게 건설된 천도교 조직을 적극 활용하는 것이다. 하지만 개벽사는 그렇게 하지 않았다. 『개벽』의 유통 초기 잠시 고육책으로 이를 활용했을 뿐, 종교조직을 드러내는 것을 무척이나 꺼렸다. 오히려 개벽사는 새로운 민간 유통조직의 건설에 적극적이었다. 이런 자기모순 외에 더 큰 문제도 있다. 예의 관점을 절대화할 경우, 개벽사가 '민족운동을 재래하는 언론기관'으로 창설되었고, 끊임없는 '출판계몽운동'을 펼쳤으며, 그 과정의 산물이 『개벽』의 유통망이라는 사실이 간과될 수 있다. 따라서 개벽사가 종교적 외연을 넘어서는 대중적 유통조직을 건설한 데에는 능률이나 상업적 목적 이상의 무언가가 있다고 보는 게 합리적이다.

여기서 우리는 중반 이후에 새로 건설된 지·분사 중 절반 이상이 1925년을 전후한 시기(후기)에 집중적으로 만들어졌다는 사실에 주목할 필요가 있다. 앞의 지·분사 건설 현황표(〈표 7〉 참조)에서 보듯이, 1921~24년까지 4년간 22개 지사—17개 분사를 건설했던 반면, 1925년 이후 채 2년이 안 되는 기간에 새로 30개 지사와 45개의 분사를 건설했던 것이다. 우리는 『개벽』 55호(1925.1.1)에 실린 「지분사·분매소증설」 사고를 통해 이런 급작스런 증가의 원인에 접근해 들어갈 수 있다.

> 支分社·分賣所 增設
>
> 지금까지의 우리社의 營業政策은 支分社나 分賣所를 設置하는 것보다도 直接 個人讀者를 엇기에 注力햇슴니다. 그러나 새해부터는 할 수 잇는 대로 支分社나 分賣所를 設置하야써, 地方地方의 發展을 圖謀하게 되엿슴니다. 아레에 적은 條件을 注意해 보시고, 新年 새해에 새 經營을 始作해보시오……[86]

인용문을 간단히 요약하면 지금까지 개벽사는 개인독자 모집에 중점

86) 『개벽』 55호, 1925.1.1, 19면.

을 두었는데, 새해부터는 가능한 지·분사와 분매소의 건설에 최선을 다하겠다는 것으로, 무턱대고 초점을 서두에 두어서는 곤란하다. 과거 『개벽』의 영업정책이 지·분사의 증설보다 개인독자를 얻는 데 있었다는 것은 사실이 아니기 때문이다. 잡지 대금 사기나 대금 회수가 안 되는 일로 문제가 적지 않았지만, '지사—분사' 시스템이 갖추어진 이후 지·분사의 증설은 개벽사 영업국의 주요 업무였던 것이다. 따라서 인용문의 초점은 새롭게 지·분사의 증설을 각오하는 대목에 있다고 할 수 있다. 흥미로운 점은 지금껏 유통망의 확대에 주력했던 『개벽』 주체들이 왜 1925년의 벽두에 들어 새삼스레 이런 각오를 다졌는가 하는 점이다. 그 답은 '1925년'에 있다.

> 支分社增設—삼가 이뜻을 國內外의 有志에게 告함—
> 이러케 紙上으로 말슴할 수는 업는 일입니다만 우리는 지금 特히 생각되는 바 잇사와 今年 七月 안으로 國內에는 各部·郡, 國外에는 우리 同胞가 集團的으로 사는 各地點에 支·分社의 機關을 두기로 하온바, 敢히 이 뜻을 露骨로 表白하오니, 이에 對한 참으로의 생각을 가지신 이는 自己의 經歷槪要(學歷 並)와 및 그 地方의 言論界 形便(例하면 다른 新聞이나 或은 雜誌의 發展現況)을 具記하야써 本社 營業局에 問議해 주십시오 —開闢社 營業局—[87]

인용한 사고(社告)는 『개벽』 58호(1925.4.1)에 실린 것으로, 우선 사고가 실린 시기가 일제가 치안유지법을 시행한 시기(1925.5.12 발효)와 거의 정확히 일치한다. 더구나 『개벽』은 1923년을 전후로 사회주의운동에 적극적이었던 만큼, 1907년의 보안법과 1919년의 제령 7조의 연장선에서 조선의 사회주의운동을 탄압하려는 목적을 가진 이 법이 실행되는 데 민감할 수밖에 없는 입장이었다. 『개벽』이 「재래할 삼중 악법령」(58호), 「치안유지법의 실시와 금후의 조선사회운동」(60호)이라는 특집기사, 그리고 60호의

87) 『개벽』 58호, 1925.4.1, 문예면 74면.

권두언인 「국궁진췌이기(鞠躬盡瘁而己)」를 통해 그 문제점과 대책에 분주했던 것은 이때문이다. 시기와 상황으로 볼 때, 위의 사고는 『개벽』 지·분사의 증설이 1925년 치안유지법의 실시로 급박하게 돌아갔던 국내 정세와 밀접한 관련을 갖고 취해진 조처였음을 알게 해준다. '특히 생각되는 바 있어서 국내 요지와 우리 동포가 집단적으로 사는 지점에 지·분사를 설치하겠다는 뜻을 노골적으로 표백한다'는 대목은 자못 의미심장하다. 『개벽』은 그만큼 정치적이었던 것이다.[88)]

『개벽』 유통망의 '정치지향성'은 지·분사의 전국화 과정을 살펴보면 좀더 선명히 드러난다. 『개벽』은 전기(1~30호)까지 서울·경기·평안남도·평안북도·황해도·전라남도·경상남도에 11개의 지사(지국)와 3개의 분매소를 건설했지만, 함경북도·강원도·충청남도·충청북도·전라북도·경상북도 등 5개도에는 지사를 건설하지 못했다. 더구나 건설된 지사들 중 절반 이상은 교세가 살아나던 경기 이북지역에 주로 건설되었다. 그러던 것이 1923~24년에 걸쳐 강원도, 평안도, 전라북도, 경상북도 등에 새롭게 지사와 분사가 건설되어 점차 전국적인 면모를 갖추기 시작한다.[89)] 이런 위상 변화에 필수적인 것이 당시 교세가 미약했던 삼남지역이었고, 새로 건설된 11개의 지사 중 5개가 이 지역에 있었으니, 이는 갑오년 이래 잃어버렸던 영지(領地)를 회복하려는 천도교측의 정치적 행보로 볼 수 있는 대목이다.

한편, 1925년(55호) 이후의 지·분사 건설현황은 이런 정치적 행보가 일정한 궤도에 안착했음을 보여준다. 이 시기는 『개벽』이 비로소 전국적인

---

88) 『개벽』이 상업적 목적을 넘어서는 존재였다는 사실은, 발간과정과 취지 또 내용과 편집체계를 통해서 구체적으로 확인할 수 있는 사안이다. 하지만 『개벽』의 유통과 소통체계가 정치적 의도를 담고 구체화하고 있었다면 이는 단순한 잡지 유통의 문제를 넘어서, 민족운동에서의 헤게모니라는 권력의 문제와 얽히게 된다. 이에 대해서는 뒤에서 상론할 예정이다.

89) 특히 중기에 들어 『개벽』이 국내의 오지인 제주도와 민족운동의 보루였던 만주와 간도 일대에 지·분사를 건설하기 시작했다는 사실은 주목할 필요가 있다.

지사-분사 시스템을 완성한 때였으니, 평안남도를 제외한 각 도에 최소한 1개 이상의 지사가 새로 건설되었고, 분사의 증가도 45개로 폭발적이었다. 무엇보다도 민족운동의 보루였던 만주와 간도 일원에 8개의 지·분사가 건설되어 『개벽』 유통의 요지가 되었고,[90] 일본의 동경과 오사카[大阪]에도 지사가 설립되었다는[91] 사실은 『개벽』의 영향력이 반도를 넘어 대륙과 일본에까지 미치게 되었음을 의미하는 것이다. 요컨대 '정치지향성'은 상업성과 더불어 『개벽』의 유통망을 이해하는 핵심 코드라고 할 수 있다.

주목할 점은 이런 정치지향성이 유통에의 문제만은 아니었다는 사실이다. 앞에서 지적했던 개벽사의 설립과 『개벽』의 창간이 '민족운동을 재래한다'는 권력 지향에서 비롯되었고, 내용·편집에서도 이런 욕망이 정치·시사에 대한 강한 집착으로 나타났기 때문이다. 아울러 개벽사가 줄기차게 이끈 '출판계몽운동'은 단순한 계몽운동이 아니라 개벽사의 자장 아래 모든 민족성원을 포섭하려는 의도를 갖고 있었다. 『개벽』·『부인』(『신여성』)·『어린이』·『농민』·『학생』 등으로 이어진 이 운동은 매체의 속성별로 독자층을 새롭게 재편(형성)[92]한다는 측면을 가지고 있는데, 이는 역으로 계층과 신분 혹은 종교나 취향의 차이를 벗어나 모든 구성원을 자신들의 영향력 아래 묶어내는 것이기도 했기 때문이다.

그렇다면 이 정치지향성의 본원은 어디인가? 필자가 보기에 이는 개벽사를 이끌었던, 나아가 당대 천도교를 중심에서 이끌었던 핵심세력들의 속성에서 찾아야 할 듯하다. 그런 점에서 이 시기 천도교를 이끌었던 중심세력을 '신파(新派)'로 규정하고, 그들의 정치적 지향을 일제와의 타협

---

90) 이 지역에 대한 『개벽』의 관심은 분매소 체제 때부터 시작되었지만, 특히 후기에 들어 급격히 지·분사가 늘어나는 상황을 확인할 수 있다. 한편 3지사-8분사의 『개벽』 유통망은 비슷한 시기 『동아일보』의 그것(7개 지사)과 견주어도 손색이 없었다.

91) 이 시기 『동아일보』는 일본에 지사를 건설하지 못하고, 1928년에 가서야 1개의 지사를 건설한다.

92) 근대적 독자층의 형성과 재편에 대해서는 천정환, 『근대의 책읽기』, 푸른역사, 2003 참조

을 통한 '정권획득'으로 정의한 김정인의 연구[93]는 주목할 필요가 있다. 아울러 정치성이 곧 대중성이던 시대의 특성 속에서 『개벽』을 바라볼 필요가 있다. 가령 1920년대 초·중반 천도교가 가진 정치세력화의 힘은 바로 조직의 힘이기도 했지만, 한편으로는 개벽사, 혹은 『개벽』을 통해 형성된 언론 내지 '문화권력'의 힘이기도 했기 때문이다.

3) 대중적 반향의 징표 – 광고(료)·책값·발행부수·독자수의 문제

(1) 재판현황·책값·쪽수·광고료

『창조』를 비롯한 문예동인지들이 1,000~2,000부의 발행부수에 묶여, 독서인구의 최상층 불과 몇천 명을 독자로 두었다는 사실은 1920년대 문예잡지의 비(非)대중성을 상징적으로 보여준다. 『창조』 등이 대중성을 확보하기 어려웠던 이유는 일반 대중에게 어렵고 낯설게 보인 데 일차적 원인이 있다. 하지만 더 큰 문제는 대중이 문예를 어렵게 생각하는 것을 고려하지 않았거나 혹은 당연시했다는 데 있다. 즉 그들은 계몽적이되 대중적이지 않았던 것이다. 여기서 대중적이지 않다는 것은 그들이 적어도 자신들의 담론이 담긴 잡지가 일반 대중, 특히 농부나 노동자나 혹은 중소자영업자들 손에 들어갈 가능성을 배제하거나 혹은 그렇게 되도록 노력하지 않았음을 의미한다. 다시 말해서 동인지들은 대중의 손 위에서 직접 그들 담론의 대중성 여하를 심판받은 적이 없으며, 그럴 기회도 없었고, 바로 그렇기 때문에 대중성에서는 내부의 담론 변화(개선이나 모색)의 가능성이 닫혀 있었다.

모든 잡지들의 담론 변화는 일단 잡지가 대중의 손에 들어가서 읽히고 그 반향이 전달되는 기본적 소통구조 위에서 가능한 것이라고 할 때, 대

93) 김정인, 『일제강점기 천도교단의 민족운동 연구』, 서울대 박사논문, 2002.

중적 유통체계는 그런 개선이나 모색의 보루인 셈이다. 여기서 『개벽』의 대중적 성공은[94] 시사하는 바가 크다. 앞서 보았듯이 『개벽』의 성공은 기본적으로 유통체계의 성공이라 할 정도로 그 유통망에 힘입은 바가 크기 때문이다.

물론 지금까지 『개벽』의 대중적·상업적 성공 여부는 명확하게 밝혀진 바가 없다. 하지만 이에 대한 추론 자체가 불가능한 것은 아니다. 『개벽』 4호에 실린 편집사고와 경리사고는 추론의 출발점이다.

> 編輯社告
>
> 絶對多數의 讀者를 가진 우리 開闢은 月을 閱하고 號를 遂할수록 宇內歡迎이 그 焦點에 達함은 感謝不已하는 同時에 編輯同人의 責任을 重覺하니 汗이 背에 沾하는도다. 이에 改善을 不忘하고 進步를 莫逆하는 우리 編輯部에서는 每月 二十五日에 發行하는 日字를 五日을 더 延期하야 每月 一日에 發行하기로 하여 第五號는 十月 二十五日인 것을 十一月 一日에 發行하고 以後는 號마다 新月新日에 新精神을 가진 讀者諸位에게 新本을 提供하겟습니다.
>
> 經理社告
>
> 自創刊 臨時號 以後로 近萬의 讀者가 每日 增加함은 우리 經理部 一同이 感佩不忘하는 바올시다. 그러나 우리는 近萬의 讀者로만 滿足自止함이 아니요 進而又進하고 展而又展하야 滿天下 同志로 無一人不覽하시기를 希望하고 理想합니다. 이 希望과 理想을 成就케 하는 것은 오즉 讀者諸位의 愛護가 안이면 可望할 수 업사오니 이런한 衷情을 深諒하시고 十月中에는 雜誌代金의 未納諸位에게 郵便으로 集金을 開始하겟습니다. 그리아시요.[95]

---

94) 이 책에서 '대중'은 독서 가능한 인구를 가리키는 한정적 의미로 사용되었음을 밝혀둔다. 따라서 대중적 성공이라고 할 때도 오늘날과 같은 의미의 광범위한 성공을 의미하는 것이 아니라 당대 다른 잡지와 비교해 볼 때 상대적으로 많은 독자수를 가졌다는 것을 가리킨다. 이 시기 국민의 대다수는 문맹이었고, 따라서 독서 가능한 인구가 절대적으로 부족했기 때문에 오늘날과 같은 의미의 대중적 성공은 원천적으로 불가능했다.

95) 『개벽』 4호, 1920.9.25, 153면.

인용문을 정리하면 『개벽』이 창간호를 낸 이후로 독서계의 호평을 받았고, '근만(近萬)의 독자'가 매일 증가하여 잡지계에서는 절대다수의 독자를 갖게 되었다는 것이다. 특히 경리사고의 마지막 부분, '잡지대금 미납자에 대해서는 우편으로 강제징수하겠으니 그리 알라'는 대목은 사고라는 공식지면에는 어울리지 않는 것으로 『개벽』의 미래에 대한 주체들의 자신감이 엿보인다.

이런 자신감은 『개벽』이 창간호부터 일제에 의해 압수되는 불운을 겪었다는 사실을 염두에 두고 볼 필요가 있다. 왜냐하면 오늘날 관에 의한 발행금지가 오히려 독서대중의 호기심을 유발하여 흔히 상업적 성공으로 이어지듯이 그 시대에도 불운이 뜻하지 않게 행운으로 뒤바뀌는 일은 충분히 가능하기 때문이다. 여기에 일제에 압수되었다고 한다면 그것은 독서대중의 호기심뿐만 아니라 민족 정서까지 자극하는 일이고 한동안 『개벽』의 이름이 인구(人口)에 회자하기에 충분한 사건이었다. 물론 이런 상황을 고려한다고 해도, 근만의 독자가 매일 증가했다는 말을 액면 그대로 믿을 수는 없다. 잡지를 출간하고 독자들의 반응이나 독자수를 과장하는 것이 출판계의 관행이었고, 창간한 지 채 6개월도 되지 않은 상황을 고려하면 더더욱 그렇다. 그렇다면 좀더 시일이 경과된 이후의 상황에 대해 알아볼 필요가 있다.

창간 당시 문제가 되었던 호랑이그림을 다시 표지로 사용한 13호(일주년기념호, 1921.7.1)에는 창간 일주년 기념품으로 "本誌存案 中(自一月 至六月) 半個年 分中의 幾部를 割하야 美麗한 洋製로 一冊에 合編하야 特價로 提供코자"한다는 개벽사 경리부 명의의 공고가 실리고,[96] 19호(신년호, 1922.1.10)에는 개벽사판매부 명의로 지난 일년치를 "內外人士의 要求에 應하야"[97] 두 책에 합본하여 특가에 판다는 공고가 실린다.[98] 지나간 호

96) 『개벽』 13호, 1921.7.1, 89면.

97) 『개벽』 19호, 1922.1.10, 표지면 광고.

98) 이런 합본호 작업은 이후에도 지속되었으니, 32호(문예면 118면)와 33호(102면)에도

(號)들의 중심기사를 묶어서 재출간하는 일은 오늘날 흔한 일이지만 이것 역시 어느 정도 독자들의 요구가 출판사의 상업적 요구와 부합될 때 가능한 일이다. 비록 개벽사가 편집후기 등 여러 지면을 통해 자신들의 일이 상업적 이익을 위한 것이 아니라고 밝히고 있지만, 개벽사도 자본의 논리에서 자유로울 수는 없었다. 즉 『개벽』 합본호는 '내외인사'의 요구가 적어도 개벽사에 손해를 주지 않을 정도는 되었기에 가능했던 일이고, 이것은 그만큼 『개벽』이 독서대중에게 호응을 받고 있었음을 간접적으로 증명하는 것이기도 하다.

합본호 공고보다 좀더 직접적인 증거는 19호와 23호에서 발견된다. 『개벽』의 재판(再版)과 관련된 사고가 실린 것이다.

> 再版을 行하면서
>
> 本誌新年號 第十九號가 押收되고 臨時特大號를 發行하야써 삼가 天下讀者에게 謝禮하온것은 一般의 기억이 오히려 새로움(새로울－인용자) 줄 밋삽거니와 그 臨時號의 內容이 크게 世間의 歡迎한 바 되와 몃날을 지나지 못하야 絶版되는 成績을 어덧나이다.
>
> 그리하온 中 이 臨時號의 當月 되는 一月 日字도 오히려 남음(남은?－인용자) 今日에 잇서 本號의 注文은 依然히 踏至하옵는 바 우리는 이제 여러분 兄弟의 짜수한 要求에 應하야 臨時號의 再版을 行하나이다. 本誌가 當月號의 再版을 行하는 깃븜을 엇기는 이번으로써 두번쌔이외다. 同胞兄弟로부터 本誌에 부텨주는 至情이 날로 두터워감을 感謝하오며 이 現狀이 新年에 들며 특히 著大한 바 잇슴을 別로 깃버합니다.[99]

> 本誌讀者가 다달이 豫想以上의 激增함을 因하야 豫定部數가 몃날이 못되어 絶版이 되는 째문에 臨時號를 하느니 再版을 하느니, 그러는 동안 發送日時가 느저지기도 하고 前後錯亂되는 일도 잇고 아조 못 보내는 일도 만습니다. 더욱이 四月號에 이르러서는 本社의 形便과 豫算外請求部數가 再版(적어도

1922년치에 대한 합본호 광고가 실려 있다.

99) 『개벽』 19호, 1922.1.10, 표지공고.

二千部以上이 되어야 再版함)하기까지에 이르지 못하야 四月 十日以後 請求하신 이에게는 一切 보내들이지 못하엿습니다. 보시랴다가 보시지 못하시는 마음도 섭섭하시겟지마는 보내고 십흔 것을 보내지 못하는 마음은 더 답답합니다 今後부터는 이 事情을 미리 짐작하시와 보실 생각이 게신이는 每月 十日以前에 請求(先金으로)하여 주시기 바라나이다.[100]

먼저 앞의 개벽사 명의의 공고는 일제의 탄압이 오히려 책의 상업적 성공으로 이어지고 있음을 보여주는 것이며, 이런 재판(再版)이 벌써 두 번째라는 사실을 말해주고 있다.[101] 그리고 영업국 명의의 아래 인용문은 4월호(22호)에 대한 독자의 요구가 재판이 가능한 2,000부에 미달하여 다시 찍을 수 없었다는 내용으로 19호의 재판부수가 적어도 2,000부 이상이었음을 말해준다. 비슷한 시기 『창조』가 2,000부를 팔지 못하고 있다는 김동인의 자조 섞인 한탄을 감안할 때[102] 재판 부수가 2,000부 이상이라는 것은 놀라운 일이다.[103]

『개벽』이 호를 거듭할수록 지면이 증가하고 가격이 상승한 것은 당연한 일이었다. 『개벽』 창간 일년차의 평균쪽수가 165.8이던 것이 2년차에는 182.4로 늘어난다. 그리고 삼년차에 해당하는 26호(1922.8.1)부터 33호(1923.3.1)까지의 평균쪽수는 181.42로 2년차와 비슷한 수준을 유지한다.[104]

100) 『개벽』 23호, 1922.5.1, 문예면 35면.

101) 첫 번째 재판(再版)은 창간 임시호에서 이루어졌다. 이에 대해서는 백순재, 「일제의 언론정책과 필화사건」, 『신동아』 33, 1967.5, 407면 참조.

102) "모든 잡지가, 러시아軍隊와 가치 뒷거름질을 할 째에 오즉 우리 「창조」가 훈○히 자기 갈 길을 開拓하여 나가는 것은,……여러분의 사랑에도 잇다할 수 있지만, 우리 「글벗」들의 피와 애를 짜내인 努力에 잇지 어찌켓슴니가? 二千部를 팔지 못하는 創造를 그래도 지지안코, 우리 글벗의 힘으로만 向上시키려는 그 노력이엇기에 十餘人이 되는 글벗에 한 낫 意見 충돌도 업시 平和가운데 점점 우으로 올라가는 것이 아닐가요?"(김동인, 남은말, 『창조』 9호, 1921.5.30, 96면)

103) 참고로 당대 문예지의 발행부수를 살펴보면 『백조』는 매호 1,000부를 발행했으며(윤병로, 『박종화의 삶과 문학』, 성균관대 출판부, 1992, 194면 참조), 『조선문단』은 창간호가 1,500부, 2호는 2,000부가 발행되었다. 특히 『조선문단』은 재판을 찍기도 했다. 「편집여언」, 『조선문단』 2호, 1924.11, 83면; 「편즙후에」, 『조선문단』 3호, 1924.12, 81면 참조.

104) 여기서 평균쪽수는 공평을 기하기 위해서 변수가 큰 특집호(창간호, 일주년·이주년

가격은 애초 40전이던 것이 15호(1921.9.1)부터 50전으로 오른다. 물론 특집호나 기념호의 경우는 특가라 해서 따로 가격을 매겼다. 이런 상황을 표로 정리하면 다음과 같다.

〈표 8〉『개벽』 호수별 면수 · 가격 증감 현황

호수	1호	2호	3호	4호	5호	6호	7호	8호	9호	10호	11호	12호	13호	14호	15호	16호
쪽수	182	156	162	168	170	170	216	166	168	172	166	160	322	152	172	196
가격	40전	40전	40전	40전	40전	40전	60전	40전	40전	40전	40전	40전	60전	40전	50전	50전

호수	17호	18호	19호	20호	21호	22호	23호	24호	25호	26호	27호	28호	29호	30호	31호	32호
쪽수	186	190	246	184	192	190	186	176	308	177	172	184	208	195	268	160
가격	50전	50전	70전	50전	50전	50전	50전	50전	70전	50전	50전	50전	60전	60전	70전	50전

여기서『개벽』의 지면증가와 가격상승이『개벽』 주체들의 자신감에 직접 연결될 수 있는 사안인가 하는 의문이 제기될 수 있다. 왜냐하면 경영상의 어려움으로 인해서 잡지 발간에 난항을 겪고 있던『창조』·『폐허』·『백조』 등의 동인지들조차 증면과 가격인상을 실현하고 있기 때문이다.[105] 특히 가격상승의 경우『창조』는 "目下物價가 날로 高騰하옵난中에 印刷料는 지나간 봄보다도 七割이나 增加되"었다고 하면서 "經營維持上 不得已 定價를 改正"하여 책값이 30전에서 40전으로 올랐음을 밝히고 있고,[106]『백조』의 경우는 자신들이 사용하는 종이가 다른 잡지의 종이보다 그 질이 우수하며 종이값도 3~4배 정도 더 들기 때문에 정가의 상

기념호, 신년호)를 제외하고 계산했다. 또 각호의 총쪽수는 표지를 제외한 모든 기사, 광고, 공고들의 면수를 합한 것이다. 특히 삭제된 기사가 있을 경우 그 기사가 실렸을 경우를 가정해서 계산했다.

105) 참고로 문예동인지『창조』·『폐허』·『백조』의 쪽수와 가격의 증감을 표로 정리하면 다음과 같다.

호 수	1호	2호	3호	4호	5호	6호	7호	8호	9호
『창조』	85(30전)	65(30전)	89(40전)	67(40전)	102(50전)	85(40전)	81(40전)	121(50전)	104(40전)
『폐허』	134(45전)	162(50전)	156(40전)	·	·	·	·	·	·
『백조』	150(60전)	167(70전)	228(90전)	·	·	·	·	·	·

* 표에서『폐허』3호는『폐허이후』를 가리킨다.

106)「사고」,『창조』3호, 1919.12.10, 26면.

승이 불가피함을 말하고 있다.[107] 종이값과 인쇄료의 상승으로 인한 피해를 지속할 수 없어 40전이던 정가를 50전으로 올린다는 『개벽』의 가격인상 이유는 자체로 볼 때 다른 잡지들의 경우와 별반 다를 것이 없다.[108] 문제는 이런 가격인상공고가 '경리부특별계사(經理部特別啓事)'라는 공고란을 통해 광고료 인상공고와 나란히 실려 있다는 데 있다.

經理部特別啓事

曠日持久하던 歐洲大戰의 結果로 百物이 高騰하야 거의 底止할 바를 알지 못하는 中 我社는 이러한 財界危險時代로부터 가장 低廉한 代價로 支保해옴은 첫재는 我社가 營利만 目的하는 바이 아닌 것이고 둘재로는 臨時的 物價高騰은 未久에 그 整頓時期가 來到할 줄 알미라 그러나 今日과 가티 財界가 거의 整理되엇다할 만한 때에도 오히려 洋紙나 또는 印刷材料에 이러르(이르러?)서는 족음도 低落의 效果가 無하다고 하여 可하니 此後하도 今日以下의 低落이 有하리라고는 實로 豫想키 難하온바 한달이 아니며 一年이 아니고 永遠無窮의 壽命과 數萬의 讀者를 가진 우리 開闢으로써는 一部에 一錢 의 損失이 잇다면 萬部에 百圓의 損失을 生하고 數萬部이면 數百圓의 損失을 致하는 바이어던 하물며 每部에 十餘錢의 不足을 生하고야 어찌 將來가 잇다고 하리요 이에 我社는 눈물 먹음고 愛讀者諸位에게 이러한 事情을 告白하는 同時에 不得已 來九月號부터 定價를 改定하에 되엿사오니 我社의 이러한 衷情을 十分諒解하여 주시기를 懇切이 바라옵내다(정가표 생략—인용자)

挽近以來로 우리 朝鮮商界에서도 廣告의 效果가 어떠한 것인 줄 깨달아옴은 實로 慶賀함을 말지 안는 바이 올시다. 그러나 元來 新聞廣告나 雜誌의 廣告가 生命上으로나 效用上으로 大差가 잇을 뿐만 아니라 印刷費用으로 보와도 新聞과 同一視할 수가 업스니 卽 新聞은 所定한 紙面內에서 廣告를 取扱함으로 한 廣告에 대하야 特別이 싼 紙價를 要함이 업스되 雜誌로 말하면 싸로 그 廣告에 대하야 紙面을 要하게 되는 것은 賢明하신 廣告主諸位도 이미 아시는 바이 아님니까 弊社가 創刊當時에 廣告料金을 制定할 때에는 在

107) 「육호잡기」, 『백조』 3호, 1923.9.6, 208면, 월탄의 발언 참조.
108) 『개벽』 14호, 1921.8.1, 134면, 경리부특별계사.

來朝鮮雜誌의 壹千五百部나 或은 二千部를 넘지 못하는 雜誌와 同一한 料金을 標準하얏지마는 數萬의 讀者를 가진 弊社에서는 現今의 料金으로는 實로 廣告面의 紙價에만도 多大의 損失을 致함은 弊社가 屢屢이 말슴하지 아니하더라도 廣告主諸位의 打算하여 보시면 明白히 아실 줄 압니다. 그러함으로 不得已 弊社에서는 來九月號부터 廣告料金을 改定하와 左記한 대로 料金을 밧겟사오니 諸位는 深諒愛護하심을 바라옵내다.[109]

당대의 다른 잡지들과 비교해 볼 때, 잡지가격인상이 공고를 통해서 이루어지는 것도 『개벽』의 한 가지 특색이지만[110] 잡지가격과 광고료를 동시에 올리는 경우는 좀처럼 드문 일이다. 더구나 같은 호에서 그것도 특별공고란에 두 공고가 같은 비중으로 나란히 있는 것을 보면, 『개벽』의 가격인상은 인쇄비용 상승에 따른 손실을 메우는 수동적인 것이라기보다 잡지주체들의 적극적이고 다소 공격적인 태도로 해석할 수 있다. 왜냐하면 독자들의 대중적 호응과 그에 따른 잡지주체들의 자신감 없이는 잡지가격과 광고료를 동시에 인상할 수는 없기 때문이다. 특히 대중적 효과에 의해 민감하게 평가받는 광고 특성상 적어도 광고료만큼은 마음대로 인상할 수 없다.

광고료는 종이값이나 인쇄비용의 영향을 받긴 하지만 무엇보다도 그 상업적 효과, 다시 말해서 그 잡지의 독자가 얼마나 되는가라는 문제에 결부되어 있기 때문이다. 즉 책제작비와는 다른 메커니즘의 지배를 받고 있는 것이다. 『창조』를 비롯한 여러 잡지들이 인쇄비용상승에 따른 비용손실에도 불구하고 광고료에 손댈 수 없었던 이유가 여기에 있다. 2,000

109) 참고로 『개벽』의 광고료를 제시하면 다음과 같다.(『개벽』 14호, 1921.8.1, 134면 참조)

분류	인상전				인상후			
크기	특급	일급	이급	삼급	특급	일급	이급	삼급
한장	30원	20원	12원	10원	45원	30원	20원	15원
반장	·	11원	6원 50전	6원	·	18원	12원	8원
1/4장	·	6원	3원 50전	3원	·	10원 50전	7원	4원 50전

110) 『창조』를 비롯한 문예동인지들이 편집후기에 간략히 가격인상의 이유를 언급하는 것과 달리 『개벽』이나 『조선문단』은 사고나 공고를 통해서 가격인상을 발표한다.

부를 판매하지 못하는 상황에서 그것은 전혀 광고주들에게 설득력이 없기 때문이다. 설혹 손실이 있었다 하더라도 감내해야 했을 것이다. 일종의 광고기획사인 '상공도안부'를 마련하여 광고대행업무까지 손대고 있는 『개벽』의 주체들이 이런 메커니즘을 몰랐을 리 없다.[111] 따라서 『개벽』의 광고료인상공고를 종이값에 방점을 두고 읽어서는 핵심에 접근하기 힘들다. 오히려 『개벽』이 많은 독자를 가지고 있었고, 그 상업적 효과가 크기 때문에 광고주들도 어쩔 수 없으리라는 측면, 다시 말해서 『개벽』 주체들의 자신감에 초점을 맞추어야 한다.

(2) 광고의 비중과 경향

어쨌든 광고가 잡지의 상업적 성공여부를 단적으로 보여주는 것이라면 『개벽』에 어떤 광고가 얼마나 실려 있는가를 살필 필요가 있다. 『개벽』은 32호까지 총지면 6,120면 중 667면을 광고에 할애하고 있는데, 그 중 변수가 많은 기념호들을 제외하게 되면 총지면 4,578면 중 광고가 434면으로 평균 9.4%의 지면을 차지하고 있다. 이를 표로 제시하면 아래와 같다.

〈표 9〉『개벽』 호수별 광고 증감 현황

호수	1호	2호	3호	4호	5호	6호	7호	8호	9호	10호	11호	12호	13호	14호	15호	16호
쪽수	182	156	162	168	170	170	216	166	168	172	166	160	322	152	172	196
광고	18쪽	3쪽	4쪽	8쪽	13쪽	16쪽	2쪽	10쪽	13쪽	20쪽	21쪽	7쪽	91쪽	14쪽	15쪽	52쪽
%	9.8	1.9	2.4	4.7	11.6	9.4	0.9	6.0	7.7	11.6	12.6	4.3	28.2	9.2	8.7	26.5

호수	17호	18호	19호	20호	21호	22호	23호	24호	25호	26호	27호	28호	29호	30호	31호	32호
쪽수	186	190	246	184	192	190	186	176	308	177	172	184	208	195	268	160
광고	34쪽	24쪽	3쪽	28쪽	30쪽	31쪽	21쪽	25쪽	75쪽	6쪽	9쪽	11쪽	9쪽	3쪽	44쪽	7쪽
%	18.2	12.6	1.2	15.2	15.6	16.3	11.2	14.2	24.3	3.3	5.2	5.9	4.3	1.5	16.4	4.3

표에서 보듯이 광고는 일년차(1~13호)에는 지면비율 7.2%로 평균에 못

111) '개벽사 상공도안부 광고', 『개벽』 16호, 1921.10.18, 128~129면 사이 광고.

미치며, 2년차(14~24호)에는 증가율이 두드러져 14.7%로 전체평균(9.4%)을 넘어서고 있다. 2년차까지는 광고가 꾸준한 증가추세에 있다고 할 수 있는데 특히 광고료인상공고가 나간 14호 이후에도 광고가 줄지 않는다는 사실은 특기할 만하다. 그런데 이처럼 증가추세에 있던 광고가 삼년차(25호) 들어 4%대로 떨어진다. 그 이유를 살펴보자면 『개벽』 24호(1922.6.1)에는 다음과 같은 편집후기가 들어 있다.

> (…중략…) 그리고 다시 한말슴하올 것은 本誌의 五月號에 揭載된 李春園의 '民族改造論'에 對한 것이외다. 우리는 다못 民族改造라는 그것이 如何間 一次論議할 거리가 됨과 가틈으로 이를 一般民衆의 批判의 俎上에 供한 것뿐이온 바 이에 對한 批判의 如何는 오즉 賢明한 社會 여러분의 公眼에 一任할 뿐이외다.[112]

『개벽』 23호에 발표된 이광수의 「민족개조론」이 전 사회에 물의를 일으키고, 청년들에 의해 개벽사가 발칵 뒤집혔던 것은 이미 알려진 사실인 바,[113] 인용문에는 사태가 걷잡을 수 없이 확대되는 것에 대한 편집진의 당혹감이 그대로 배어 있다. 「민족개조론」의 여파는 창간 2주년 기념호인 25호부터 나타나기 시작해서 26호에는 상황을 최악으로 몰고 간다. 표에는 나와 있지 않지만 21호와 22호에는 각각 26개와 22개이던 '상업광고'[114]가 사태의 직후인 24호와 25호엔 13개와 11개로 줄고 26호에 이르러서는 단 하나도 실리지 않는다. 광고라는 것이 얼마나 시세에 민감한지를 보여주는 대목이다.

---

112) 「편집실로부터」, 『개벽』 24호, 1922.6.1, 문예면 55면.

113) 이광수는 「민족개조론」으로 인해 자신과 개벽사가 신문잡지와 사회인사들로부터 엄청난 비난을 받았고, 분노한 청년들이 개벽사의 사무실을 뒤엎었다고 회고한 바 있다. 이광수, 「最近十年間 筆禍, 舌禍史」, 『삼천리』 14호, 1931.4.1, 14~15면; 이광수(魯啞子) 외, 「『개벽』시대를 추억하며」, 『별건곤』 30호, 1930.7.1, 10면 참조.

114) 여기서 상업광고란 서적광고나 개벽사 관련 광고, 그리고 천도교 관련 광고를 제한 나머지 광고들을 말한다.

어쨌든 중요한 것은 『개벽』이 당대의 다른 잡지들보다 훨씬 많은 광고를 실었다는 사실이다. 왜냐하면 판매부수와 광고의 많고 적음은 잡지의 대중적 영향력과 상업적 성공을 가르는 지표일 뿐만 아니라 잡지주체들에게는 경영수지의 문제, 즉 잡지를 계속 내느냐 마느냐를 결정하는 기준이기 때문이다. 잡지들 중에서 그나마 발행횟수가 많았던 『창조』와 출판사 내에 광고도안부까지 두었던 『백조』에 실린 광고면수를 표로 제시하면 아래와 같다.

〈표 10〉『창조』·『백조』의 호수별 광고 증감 현황115)

호수	1호	2호	3호	4호	5호	6호	7호	8호	9호	누계
『창조』	85(4)	65(3)	89(11)	67(5)	102(1)	85(4)	81(0)	121(1)	104(3)	799(32)
비율	4.7%	4.6%	12.3%	7.5%	0.9%	4.7%	0%	0.8%	0.8%	4%
『백조』	150(1)	167(4)	228(7)	·	·	·	·	·	·	545(12)
비율	0.6%	2.3%	3.0%	·	·	·	·	·	·	2.2%

광고가 전혀 실리지 않은 『폐허』의 경우는 논외로 하더라도 『창조』의 경우는 총 32쪽의 광고가 실려서 매호 평균 3.5쪽이 광고에 배당되었고, 『백조』의 경우는 총 12쪽이 실려 평균 4쪽이 광고에 배당되었다. 『창조』는 매호 평균 4%를, 『백조』는 2.2%를 광고에 배당했으며, 여기서 변수가 많은 창간호와 기념호를 제외하면 『창조』는 4.9%, 『백조』는 2.7%를 광고에 할애한 셈이 된다. 반면 『개벽』에는 창간호부터 32호까지 매호 평균 16.6쪽 그러니까 지면의 9.4%가 광고에 배당되었다.[116] 여기서 『창조』나 『백조』가 순수문예동인지인 점을 들어 이런 격차에 큰 의미를 두지 않을 수도 있다. 즉 동인지의 특성상 동인들의 관심이 금전쪽에는 다소 소홀할 수 있다는 생각이다.

하지만 동인들 개개인의 갹출과 독지가의 후원에[117] 기대 어렵게 잡지

115) * 괄호 밖의 숫자는 전체 쪽수를, 괄호 안의 숫자는 광고 쪽수를 가리킨다. 『창조』 5호와 8호는 특집 혹은 기념호였다.

116) 제시된 광고의 쪽수와 비율은 마찬가지로 변수가 많은 신년호나 기념호의 경우를 제외하고 산출한 것이다.

117) 『창조』의 후원자이던 광익서관의 주인 고경상이 대표적 인물이다.

를 발간하면서 돈에 대한 관심이 없었을 리 없다. 오히려 그들의 문예에 대한 열정이 크면 클수록 금전(재정자립)에 관한 열망도 컸으리라고 여겨진다. 단지 그런 금전에 대한 열망이 다소 복잡하고 뒤틀린 형태를 띤다고 보면 되겠다.[118] 실제로 『창조』의 경우 원활한 잡지 출간을 위해 출판자본에 손을 내밀기도 하고[119] 그것이 여러 이유(주로 편집권 침해)로 좌절되자 독자적인 주식회사를 도모하기도 한다.[120] 또 광고가 전혀 실리지 않은 『폐허』의 경우도 1923년 조선문인회를 조직하여 『르내쌍쓰』를 발간할 때 장덕수, 송진우, 최남선 외에 화가·법률가·신문기자·역사가·어학자 등을 총망라하여 운영자금을 조달하려 했다.[121] 그들이 영리에 급급했다는 말이 사실이 아니듯 그들이 돈에 무관심했다는 것도 틀린 말이라 하겠다.

그렇다면 금융공황기에 2,000부를 팔지 못하는 잡지를 근간으로 주식회사를 세우려고 했을 만큼 세상 돌아가는 형편에 어두웠던[122] 동인들이 잡지의 판매부수를 늘리는 방안 이외에 다른 방식으로 돈을 얻는 방법을

118) 이들이 보이는 돈에 대한 태도는 이중적이며, 자기중심적이다. 즉 자신의 돈은 가치 있는 것이지만 타자가 가진 돈은 혐오의 대상인데, 자신들과 관련된 화폐는 문예를 위한 것이지만 다른 화폐는 그렇지 않기 때문이다. 이들이 이런 판단을 내리는 데에는 자신=문학=절대가치라는 인식에 따라 자신이 스스로 절대기준이 됐기 때문이다. 이런 이유에서 동인들의 금전에 대한 혐오를 식민지 자본의 천민성에 기인한 것으로 일원화하는 것은 다소 문제가 있다고 생각한다.

119) 5호부터 추진된 한성도서주식회사와의 제휴건을 말한다. 『창조』 5호, 1920.3.31, 76면 참조.

120) 『창조』 7호(1920.7.25)에는 「주식회사 창조사발기취지서」(71면), 「주식회사창조사정관」(72면)이 실려 있고, 『개벽』 13호(1921.7.1)에는 창조사 창립사무소 명의의 축하광고가 실려 있다.

121) 윤병로, 『박종화의 삶과 문학』, 성균관대 출판부, 1992, 56~59면 참조.

122) "창조 팔호는 만히 지체되엿다. 전일 엇쩌훈 신문에도 발표ᄒᆞ엿거니와 금융공황의 극에 달훈 이 ᄢᅢ에 안자서 조직변경을 식여 보려훈 것이 창조의 지체된 큰 원인이엿다. 물론 우리 동인 가운데는 경험자가(영업상)업는 ᄭᆞ닭이지만은 다못 창조의 운명을 일반출판되는 잡지와 갓히 미약훈 생명을 가지게 ᄒᆞ고 십지안타는 생각뿐으로 시기의 적부적은 불문ᄒᆞ고 창조사를 주식회사로 만드러 보자 훈 것이 창조 팔호의 지체된 원인이엿다." 김유방, 「창조잡기」, 『창조』 8호, 1921.1.27, 116면 참조.

떠올렸을 때 동인들의 생각이 광고에 닿는 것은 당연했다. 『백조』 동인들이 자체 내에 일종의 광고기획사인 '백조사 도안부'를 둔 것이나[123)]『창조』 동인들이 광고를 싣기 위해서 지역연고를 이용한 것은 이런 사정을 잘 보여준다.

9호까지 『창조』에는 모두 39개(32면)의 광고가 실리는데 그 대부분은 재정보조차원의 광고로, 대리부였던 태서문예신보사, 광익서관, 한성도서주식회사가 18개의 광고를 실었고, 잡지들간 서로 주고받는 차원에서 이루어진 광고가 12개다. 순수한 상업광고[124)]는 9개에 불과했는데 이를 자세히 살펴보면 주목할 만한 사실을 발견하게 된다. 광고 9개 중 6개가 관서지방에 연고를 두고 있으며 그 내역 또한 문예와 거리가 있는 정미소, 광업소, 농원, 재목상, 오산학교 등에서 낸 것이다. 『창조』 동인들이 대부분 서북인이었음을 감안할 때 이 광고들이 갖는 의미를 짐작할 수 있다. 즉 『창조』 동인들은 광고수주를 위해 일가나 친지, 지역연고를 이용했던 것이다. 하지만 이런 노력들은 동인지의 대중성이 확보되지 않은 한 성공을 거두기 어려운 일이다. 4호 이후에는 더 이상 이런 광고가 실리지 않으며, 광고면 자체가 줄어드는 사실이 이를 방증한다.

이처럼 『창조』에 실린 광고가 재정보조차원의 광고였던 것과는 달리 『개벽』에 실린 광고들은 대부분이 상업광고였다.

〈표 11〉 『개벽』 호수별 상업광고 증감 현황

호수	1호	2호	3호	4호	5호	6호	7호	8호	9호	10호	11호	12호	13호	14호	15호	16호
광고	18쪽	3쪽	4쪽	8쪽	13쪽	16쪽	2쪽	10쪽	13쪽	20쪽	21쪽	7쪽	91쪽	14쪽	15쪽	52쪽
상업	8쪽	2쪽	4쪽	4쪽	7쪽	12쪽	1쪽	7쪽	10쪽	16쪽	16쪽	5쪽	42쪽	12쪽	13쪽	47쪽

호수	17호	18호	19호	20호	21호	22호	23호	24호	25호	26호	27호	28호	29호	30호	31호	32호
광고	34쪽	24쪽	3쪽	28쪽	30쪽	31쪽	21쪽	25쪽	75쪽	6쪽	9쪽	11쪽	9쪽	3쪽	44쪽	7쪽
상업	24쪽	20쪽	없음	15쪽	26쪽	22쪽	17쪽	13쪽	11쪽	없음	6쪽	8쪽	4쪽	2쪽	24쪽	2쪽

123) 『백조』 3호, 1923.9.6, 마지막면 광고.

124) 그러니까 순수한 상업광고는 앞서 언급한 출판사의 재정보조차원의 광고나 잡지들간의 주고 받는 광고를 제외한 나머지 광고를 가리킨다.

그 내역을 구체적으로 살펴보면 옷이나 신발을 비롯하여 모자, 안경, 화장품, 수입주단, 맥주, 금은세공품, 만년필, 원고지, 각종 약품과 치료술, 약방부터 극장, 장의사, 요리점, 철공소, 목재소, 부인상회, 은행, 주식회사 등에 이르기까지 무척이나 다양하다. 특히 약광고의 경우 부인병이나 화류병 치료약, 아들낳는 약 등 당대 문예잡지들에서는 좀처럼 보기힘든 광고들이 자주 보인다.[125] 그만큼 『개벽』이 독서대중의 실생활 속으로 깊이 침투했음을 말해주는 것이면서, 동시에 『개벽』의 주체들이 광고의 질보다는 잡지의 '대중화'에 무게중심을 두었음을 보여준다.[126] 광고주들은 자영업자나 중소생산자들이 대부분이며 간혹 은행이나 주식회사 같은 대자본의 모습도 눈에 띈다. 이처럼 광고의 구체적 내역과 광고주들을 살펴보는 것은 이것이 『개벽』의 주된 독자층을 밝히고, 나아가 그 계급적·지역적 기반을 이해하는 데 실증적인 자료를 제공할 수 있기 때문이다. 이에 대해서는 뒤에서 구체적인 논의를 할 예정이다.

(3) 독자수·발행부수·판매부수

『개벽』의 출판 현황과 관련하여 이제 남은 문제는 독자수와 발행부수 그리고 판매부수를 확인하는 일이다. 여기서 독자수와 판매부수 그리고 발행부수를 구별한 것은 오늘날과 마찬가지로 당대에도 이것들이 사실상

125) 문예동인지인 『창조』와 『백조』의 경우 서적이나 연극공연, 정미소, 양복점, 시계점 등의 광고는 있으나 화류병 치료약 광고는 드물다. 『백조』에 일종의 강장제인 '滋養丸' 광고가 실린 것이 유일하다. 시기적으로 조금 뒤진 『조선문단』에서도 의원이나 약국 광고가 있긴 하지만 화류병 치료약 광고는 찾아보기 어렵다. 당대 신문에서 흔히 보이는 이런 광고들이 이들 문예지에 실리지 않은 것은 그들이 광고수주를 원했음에도 나름의 기준에 따라 질적 선별작업을 행한 결과이거나 역으로 광고 주체들이 매체의 대중적 지명도를 문제삼아 광고수주를 거부한 결과로 볼 수 있다.

126) 창간 초기 『개벽』 주체들은 '저급광고'를 하나의 필요악으로 본 듯하다. 경제적 측면에서나 대중적 접근의 측면에서 이들 광고를 무시할 수 없었던 것이다. 물론 이를 적극적으로 수용한 것은 아닐 것이다. 『개벽』이 정상적 궤도에 올라선 후반기 들어 이런 '저급광고'들이 지면에서 자취를 감춘다는 사실이 이를 뒷받침한다.

일치하지 않기 때문이다. 특히 잡지의 발행주체들이 말하는 독자수를 판매부수와 동일하게 취급하게 되면 전혀 엉뚱한 결과가 나온다. 이런 착오가 생기는 이유는 무엇보다도 이 시기 독서풍토 때문인데, 신문이나 잡지를 사서 본 개인이 주변사람 혹은 자신이 소속한 청년회 등의 단체에서 그것을 집단적으로 돌려 읽기 때문이다.[127] 『개벽』 11호(1921.5.1)에 홍양청년회 명의로 실린 '「잡지 『서광』을 읽고 황석우군에게」'는 이같은 독서풍토가 만들어낸 단적인 결과로 이것은 청년회 회원 314인의 이름이 고스란히 적힌 일종의 집단논평이다. 따라서 잡지발행주체들의 독자수 산정은 이러한 사정을 염두에 두었을 가능성이 높다. 그러므로 우선적으로 알아야 하는 것은 판매부수와 발행부수이다. 그런 의미에서 4주년 기념호인 『개벽』 49호(1924.7.1)는 귀중한 자료다.

> 開闢運動萬歲
>
> (…중략…) 그 동안에 出版한 冊數는 開闢만이 四十三萬四千餘卷(內에 押收된 것이 十一萬二千餘卷) 다시 開闢社에 發刊된 '新女性' '어린이' 其他의 出版物을 通計한 部數 二十八萬四千餘卷을 全算하면 實로 七十一萬八千餘卷에 達한 바, 이 冊에 실닌 句句와 字字가 果然 얼마나 開闢의 本來意에 忠實하엿는가, 이것은 우리 스스로 생각할 때에 또 勿論 不滿이 있다.[128]

이 자료에 따르면 48호까지 발행한 『개벽』의 총책수가 43만 4천여 권, 그 중에 압수된 것이 11만 2천여 권이다. 따라서 매호평균 9,000권가량을 발행한 셈이다. 물론 이것은 평균적인 것이고, 신년 특집호나 기념호인

---

127) "총독부경무 당국자의 말에 의하면 조선내에서 구독되는 잡지수는 일본급조선발행의 것을 통하여 약 육십종이 유하며 차구독자의 총인원수는 일본인이 약십육만인, 조선인이 약칠만인인데 …… 물론 이통계의 정확여부가 의문이오 又 그러타 할지라도 우리 조선인은 지방가튼 대서는 일신문이나 일잡지를 일촌 혹은 일단체가 輪覽(돌려읽기-인용자)함이 보통인 바 이백인 중에 일인임과 여한 사는 무하겟지마는 여하간 조선인의 독서열이 일본인보다 저한 것은 불가무의 사실." 「流星」, 『개벽』 12호, 1921.6.1, 90면 참조.

128) 「권두언」, 『개벽』 49호, 1924.7.1, 3면.

경우엔 발행부수가 다소 늘었을 것이고, 일반호인 경우엔 그만큼 부수가 줄었을 것이다. 하지만 특집호라고 해서 무턱대고 평소보다 더 많은 부수를 찍지는 않았을 것이다. 책의 제작비용 자체가 만만치 않았고 일제의 압수라는 상황이 상존해 있었기 때문이다. 개벽사의 경우 확실한 판매부수(예약독자나 정기독자수) 외에 여유분으로 1,000부 정도를 더 찍었던 것으로 보인다.

> 先金으로 豫約한 部數外에 千部밧게 더 박지안핫습니다. 보시고자 하시는 ○○(이는—인용자) 하로라도 속히 請求하시오 조금만 지체하다는 돈가지고도 어더 볼 수 업습니다.[129]

따라서 이것을 『개벽』에 적용하면, 매호평균 발행부수 9,000부에서 1,000부를 뺀 8,000부가 확실한 독자 즉 평균 판매부수라는 결론이 나온다. 문제는 이러한 언급이 얼마나 신빙성이 있는가 하는 것이다. 『개벽』 20호(1922.2.1)에는 이를 확인할 수 있는 기사가 하나 실려 있다. 이것은 'H생'이라는 필명의 기자가 신년기념호인 19호가 압수되던 날 개벽사 사무실에서 있었던 일과 대화내용을 회고하는 형태로 쓴 잡문인데, 책을 실어오고 관에서 전화가 오고 또 종로경찰서의 순사가 와서 책을 압수하는 정황이 사실적으로 담겨 있다.

> ○○을 當 하든 때
> 이런 날이 曾往부터 업섯든 바는 아니지만…… 지난 十二月 三十日은 獨別나게 記憶이 된다. (…중략…) 編輯責任者 K군이 빙그레 웃으면서 '설마 이번에야 押收를 할나구 이번은 押收거리가 업서…… 萬若! 이번에 押收를 한다하면……'하고 무슨 數나 잇는 듯이 마즈막 말을 힘잇게 맷는다 (…중략…) '印刷를 어대서 하엿느냐 물으니 무슨 일이 또 날 모양인가보아'하고 고개를 푹 숙인다. (…중략…) '押收요 몃部나 실어 왓소 다—내어노으시오'하는 소리 晩

129) '『부인』 창간호 광고', 『개벽』 24호, 1922.6.1, 문예면 마지막.

得의 獨子가 먼길을 떠나는 듯하다. '몃部야요 어서 調査해내어노아요'하고 督促이 또 한번 나린다. 비위조흔 키다리 B君이 쑥 나서며 '예 二000部밧게 안가저왓소 여긔 그대로 잇소 調査해보오'한다. '二000部? 그것 쁜이요' '네 그것쁜이요 마츰 製冊된 것은……' (…중략…) '여보 이게 무슨 일이요 損害가 五六千圓이요'라고 哀願 비슷이 R군이 말을 건네것다.[130]

인용문에서 발행부수와 관련해서 중요한 대목은 2,000부 정도를 먼저 실어왔고, 압수로 인해서 손해가 5천~6천 원 정도 발생했다는 진술이다. 물건파는 사람들의 일반적 손실계산은 그 물건을 모두 팔았을 경우의 값을 상정한다는 점을 감안하면 이 5천~6천 원은 발행 예정인 책을 모두 팔았을 경우의 액수, 즉 발행부수 전체에 70전(19호의 가격)을 곱한 액수일 가능성이 높다.

6천 원을 상정하면 8,700여 권, 5천 원을 상정하면 7,000여 권이란 결과가 나온다. 이것을 위에서 나온 결과와 비교해 보면 발행부수에 있어서 거의 비슷한 결과인 셈이다.[131] 따라서 정상적인 경우에 『개벽』은 보통 9,000부 정도를 찍어서 8,000부 정도를 판 것으로 보인다. 그러나 일제에 의한 압수(총 34회)라는 문제가 남아 있다. 앞에서 보았듯이 발행되었다고 하더라도 일제에 압수된 11만 2천여 부는 독자들의 손에 들어갈 수 없었다. 따라서 나머지 32만 2천 부가 모두 팔렸다는 것을 가정하고 이를 발행호수로 나누면 실제 판매부수는 평균 6,700부 정도로 다소 줄어들게 된다.

『개벽』의 실제 판매부수가 7,000부 가량이고, 잡지를 신청하고도 구입할 수 없었던 사람들과 읽고는 싶어도 경제적 사정으로 인해 빌려 읽거나 자신이 속한 모임에서 돌려 읽어야 했던 사람들을 감안하면 『개벽』의

130) H生(현철), 「◯◯을 當하든 때」, 『개벽』 20호, 1922.2.1, 44면 참조.

131) 박영희는 1924년경 『개벽』이 7천 내지 8천 부를 인쇄하여 매진하는 상황이었고, 사원들은 1만부돌파를 목표로 노력했으며, 8천 부가량의 잡지가 발행 십일이면 매진되는 호응을 얻었다고 회고하고 있다. 박영희, 「신흥문학의 대두와 개벽시대 회고」, 『조광』 32호, 1938.6, 54면 참조.

잠정 독자수는 수만 명 이상이라는 결론이 나온다. 국민의 90% 이상이 문맹이었고,[132] 그나마 신문이나 잡지의 구독자 수가 십만에도 이르지 못한 상황에서[133] 이것은 실로 엄청난 숫자가 아닐 수 없다.

2. 『개벽』의 유통 담당층과 독자층의 성격

1) 지 · 분사의 형식과 유형

『개벽』의 유통망은 기본적으로 지 · 분사와 서포(서점) · 상점 · 신문지국 · 종교단체 · 청년회 · 사회단체 등이 결합하는 형태로 운영되었다. 그 중 지 · 분사(지 · 분국)가 서포나 상회를 끼고 운영되는 형식은 식민지 시대 잡지유통의 가장 보편적인 형식이자,[134] 그 미분화성을 그대로 함축하는 것이라고 할 수 있는데, 지 · 분사 체제가 가동된 14호(1921.8.1) 이후

132) 1920년대 초반 조선의 인구는 약 17,400,000명(외국인 400,000명 포함)으로(『개벽』 30호, 1922.12.1. 권두언 참조) 이들 중 최소한 15,000,000명 이상이 문맹이었던 것으로 보인다. 그리고 1930년대 초반에는 문맹자가 16,000,000명에 달했다. 주요섭, 「문맹퇴치론」, 『별건곤』 46호, 1931,12. 9면 참조.

133) "나는 現在 우리 內地同胞 中 新聞雜誌 購讀者가 十萬에 不超할 것을 크게 섭섭하다 합니다. 二千萬人 中에 十萬人! 얼마나 섭섭합니까. 要컨대 우리 農村은 아즉까지 新聞雜誌 其他 言論의 勢力 圈圍 以外에 잇는 同時에 그것으로써 뿐은 如何히 할 수 업는 것입니다." 김기전, 「농촌개선의 긴급동의」, 『개벽』 5호, 1920.11.1, 19면 참조.
"新聞雜誌의 主務者로는 新聞雜誌로써 文化를 進達하랴고 하지마는 二千萬 同胞 中에 新聞雜誌를 購讀하는 이가 十萬이 되지 못한다 하니 넘우 少數일 뿐만 아니라 同胞 中에는 우리 朝鮮文이라도 아는 이가 과연 며치나 되는지." 현철, 「문화사업의 급선무로 민중극을 제창하노라」, 『개벽』 10호, 1921.4.1, 111면 참조.

134) 이 경우 신문(『매일일보』 · 『동아일보』 · 『조선일보』 등)은 서포와 상회를 망라했던 것으로 보이고, 잡지들(『청춘』 · 『창조』 · 『조선문단』 등)은 주로 서포와 결합하는 형식을 취했다. 물론 『개벽』처럼 대중적 지명도가 있는 잡지들은 마치 신문처럼 서포와 상회를 망라해서 유통되었다.

를 기준으로 대략 20개가량이 확인된다.[135)]

〈서점 : 9개〉 : 평남지사－이문당(20호), 개성지사－○○서점(22호), 마산지사－백일서점(46호), 평양지사－기독서원(29호), 마산분매소－백일서점(34호), 개성지사－문화관(47호), 한포분매소－중앙서관(53호), 함남지사－동아서림(68호), 평강지사－동명서관(66호)

〈상회 : 4개〉 : 개성지사－○○상점(29호), 함흥분매소－믿을집(55호), 진주분매소－화산상회(58호), 제주도지사－민우당(67)

〈미분류 : 7개〉 : 원산지사－"전화752"(53호), 부산지사－"전화 2012번"(53호), 함남지사－"전화 407"(55호), 안악분사－"전화 30"(59호), 경성총판－"광화문 573번"(66호), 군산지사－전화 746번(67호), 전주지사－"빌딩 제9호"[136)]

20개란 숫자가 언뜻 작아 보일 수 있지만, 지·분사 체제 이후 경성지역의 서적상들이 지면에서 한꺼번에 사라져 통계에 반영되지 못했고,[137)] 『개벽』에 게재된 230여 개(460여 항목)의 사고·공고·광고들 중에서 구체적 유통 정보를 확인할 수 있는 것이 30여 개에 불과하다는 사실을 고려

---

135) 이는 『개벽』 소재 유통 관련 공고들을 망라해서 정리한 결과이다. 부록 「『개벽』 소재 유통 관련 자료 일람」 참조.

136) 여기서 개성지사(22, 29호)와 제주도지사의 경우는 담당자의 신분을 확인하여 재구한 것이고, 〈미분류〉로 표기된 경우는 주소나 전화번호로 볼 때, 서포나 상점일 가능성이 높은 경우를 지적한 것이다. 그 중 원산지사(53호)는 지사장 김상익이 잡화상을 경영하고 있었던 점으로 미루어 상점일 가능성이 높고, 전주지사(53호)는 담당자들의 면모로 보아 청년회나 사회단체의 사무실일 가능성이 높지만 확증이 없어 〈미분류〉로 분류했다.

137) 매체의 지명도에 비추어 당시 경성지역에 존재했던 50~60개(방효순, 「일제시대 민간 서적발행활동의 구조적 특성에 대한 연구」, 이화여대 박사논문, 2001, 20면, 표 5와 부록 참조)의 서적상들은 대부분 『개벽』을 취급했고, 그 중 상당수는 초기 유통망에서 볼 수 있듯이 분매소의 자격을 갖추었거나, 혹은 규모상 지·분사에 해당하는 위상을 가졌을 것이지만, 경성과 지방 사이의 체계였던 본사－지사 시스템의 성격상 지사나 분사의 이름을 달거나, '공고'에 올려지기는 어려웠을 것이다. 혹은 경성지역의 경우 『개벽』을 취급하는 것이 당연하므로 굳이 밝힐 필요가 없었을지도 모른다. 어쨌든 이를 통계에 반영한다면 서점이나 상점과 결합되는 유형의 비중은 훨씬 증가한다.

할 때, 이것이 『개벽』 유통의 대표적 형식 중의 하나임을 짐작할 수 있다. 특히 공고에는 주소와 담당자만 밝혀져 있지만 실제로는 서점이나 상회와 결합된 지 · 분사였던 경우가 적지 않았다는 사실을 감안해야 한다. 가령 인용된 '제주도지사'의 경우 '사고(社告)'에는 제주도 신인회의 멤버였던 송종현 · 강창보 · 김문준 등이 지사장과 기자로 운영을 담당했다고 해놓고, 정작 그들이 운영한 상점이었던 '민우당(民友堂)'의 이름은 누락되어 있다. 또한 개성지사의 지사장 박치대(朴致玳) 역시 개성의 대표적 서적상이지만,[138] 사고에는 이런 사항이 전혀 반영되지 않았다. 여러 이유에서 서점명이 누락되는 경우가 적지 않았음을 입증하는 대목이다.

『개벽』이 이렇게 유통될 수밖에 없었던 데는 일차적으로 경제적인 이유가 컸다. 이 시기 서적상과 상점들은 열악한 자본상황으로 인해 상품유통의 분화 내지 전문화를 이룰 수 없었는데, 그 결과 온갖 상품들이 '상호(商號)'와 관련없이 유통되었다. 그리고 이런 상황은 지방이 좀더 심했지만 경성이라고 크게 다르지 않았다. 예를 들어 경성의 '동양서점(東洋書店)'은 "내외국 도서잡지" 외에 "학생용품과 문방구" 나아가 '운동구 · 유치원 아동완구 · 은물(恩物)'까지 취급했으며,[139] 일찍이 『개벽』 분매소의 하나였던 해주의 서점 '보은당(報恩堂)'[140]은 서적 문구 외에 약을 팔고, '차편 제공업'[141]을 겸하고 있었다. 또한 『개벽』의 함흥분매소였던 '믿을집'은 "양품 잡지 문방제구 부인용품"을 섞어 파는 잡화점이었다.[142] 따라서 상품 취급에 거리낄 것이 없는 이들은 돈이 되는 『개벽』을

138) 박치대는 1917년 7월을 기준으로 『청춘』의 분매소였던 개성의 '대정서관'을 운영하고 있었다. 한기형, 「근대잡지와 근대문학 형성의 제도적 연관」, 『대동문화연구』 48, 2004, 53면 참조.

139) 『개벽』 64호, 1925.11.1, 64~65면 사이 광고 참조.

140) 보은당의 주인 오인명(『개벽』 60호, 1925.6.1, 문예면 앞면 광고)은 일찍이 '해주분매소'를 경영했던 인물이다(『개벽』 7호~10호 분매소 일람표).

141) 이는 『개벽』 60호(1925.6.1)의 문예면 앞면 광고("장연행 오용환 자동차부")를 근거로 필자가 임의로 붙인 업종명이다.

142) 『개벽』 55호, 1925.1.1, 목차 뒷면 광고.

우선적으로 취급하려 했던 것으로 보인다.

한편 자본금 몇천 원에서 출발한 '개벽사' 역시 금전적으로 쪼들리기는 마찬가지였다. 따라서 계약을 맺은 지・분사(분매소)라고 하더라도 여유있는 유통마진을 제공할 수 없었다. 『개벽』의 「분매소규약」에 따르면,[143] 개벽사는 책값의 2할이 채 되지 않는 유통마진을 제공했는데,[144] 이는 오늘날의 서적 유통 관행과 상당한 격차가 있는 수치로,[145] 책값이 50전으로 오르고[146] 취급분량이 늘었다고 하더라도 지・분사를 독립적으로 운영할 정도의 돈은 되지 못했다.

> …… 支社는 甲乙兩種에 난우어 甲種支社는 開闢二百部("新女性"과 "어린이"는 開闢에 準하며, 以下皆然)以上, 乙種支社는 開闢一百部以上을 販賣할 만한 責任을 갖는 이에게, 分社는 開闢五十部以上을 販賣함. 分賣所는 開闢이나 新女性 또는 어린이 雜誌를 十部以上 先金으로 請求하는 이에게 ……[147]

인용한 「지분사・분매소 증설 사고」에 따르면, 200권을 취급하는 '갑종지사'의 경우 한달 평균 15~20원을, 100권을 취급하는 '을종지사'는 그 절반인 7.5~10원을, 50권을 취급하는 분사는 3.75~5원을, 10권을 다루는 분매소는 최대 1.5원을 받게 된다.[148] 당대 노동자의 임금이 30원가량이

143) 『개벽』 7호, 1921.1.1, 204면 참조.

144) 분매소 규약이 실린 시기의 책값이 40전이었는데, 규약에서 제시한 유통마진은 권당 6전으로 책값의 1할 5푼에 해당된다.

145) 서적의 종류에 따라 차이가 있지만, 책값을 100으로 할 때, 통상 30[인문, 사회과학서적 / 70(출판사) : 15(도매점) : 15(소매점)]에서 40[소설류 등 / 60 : 20 : 20]의 유통 마진을 제공하는 것이 오늘날의 유통 관행인데(이는 여러 출판 관련자들의 조언을 종합한 것이다. 특히 한겨레출판(주)에 근무하는 '정진항 씨'의 도움이 컸다), 개벽사는 도매점이 없는 상황에서 85(출판사) : 15(소매점)의 비율로 마진을 분할하고 있는 셈이다. 이 시기 출판업을 한다는 것이 경제적으로 얼마나 열악한 것인지를 단적으로 보여주는 사례라고 할 수 있다.

146) 책값이 50전으로 공식화된 것은 15호(1921.9.1)부터다. 물론 특별호는 가격을 따로 매겼다.

147) 『개벽』 55호, 1925.1.1, 19면 참조.

고 신문잡지 기자의 월 평균 봉급이 60~80원이었던[149] 점을 감안할 때, 『개벽』의 유통만으로 생계를 유지하기는 어려웠다고 할 수 있다.

마찬가지 이유에서, 지・분사가 신문지국(新聞支局)과 결합되는 형태도 보편적이었다. 필자가 확인한 바로는 이 시기 존재했던 신문지국 중 15개 가량이 『개벽』의 지・분사와 관련이 있고, 이 중 인물과 시기가 대체로 일치하는 경우가 13개다.[150]

> 성천지사(22호), 선천지사(36호), 간도지사(41호), 관동지사(41호), 마산지사(46호), 전남지사(46), 상해분사(57호), 나주지사(59호), 상주지사(62호), 이리지사(57호), 영동분사(62호), 충주지사(65호), 강화지사(57호)[151]

이 중 관동지사와 상해분사는 대표적인 예로 제시할 수 있는데, 1923년 11월(41호) 관동지사의 고문(顧問)이었던 이봉하(李鳳夏)는 당시 『동아일보』 철원지국의 지국장이었고,[152] 1925년 3월(57호) 상해분사의 분사장이었던 정병욱(鄭秉旭)은 『동아일보』 상해지국의 지국장이었다. 이런 형태가 보편적이었던 만큼 『개벽』의 지・분사가 신문지국과 서점(상점)을 겸하는

---

148) 이는 유통마진을 최소 1.5할, 최대 2할로 잡고 환산한 액수다. 다만 여기에는 광고 수주에 대한 2할 마진은 반영하지 않았다.

149) 『동아일보』의 경우, 부장급 이상의 간부는 70~80원을, 그 외 일반기자는 보통 60원을 받았다. 『동아일보사사』 1, 1975, 114면 도표 참조. 『조선일보』의 경우 부장급은 100원을 일반기자는 70~80원을 받았다. 『조선일보50년사』, 1970, 115면 참조.

150) 이는 『개벽』의 유통에 관여한 신문지국장이나 기자 15명 중, 시기가 다르거나 불확실한 경우를 뺀 수치다. 가령 신고산지사의 강영균은 『동아일보』 지국장을 맡은 시기가 『개벽』의 폐간 직후였고, 전남총지사의 장순기는 『조선일보』 광주지국 기자였으나 시기를 확인하지 못해 통계에 반영하지 않았다.

151) 이 중 대부분은 『동아일보』 지국을 겸하고 있었고, 강화지사와 전남지사는 『시대일보』 지국을 겸하고 있었다. 『동아일보』 지국이 상대적으로 많은 것은 필자가 확인한 자료가 한정되었기 때문으로, 나머지 신문들은 역대 지국장 명단을 파악하기가 쉽지 않았다. 『동아일보』의 경우는 『동아일보사사』 1, 1975, 부록과 이 책의 부록 「『개벽』 유통 관련 인물 편람」을 비교하기 바란다.

152) 동아일보사, 「역대지국장명록」(『동아일보사사』 1, 1975, 447면)과 『개벽』 43호(1924.1.1)의 판권간기 앞 광고를 참조.

형태도 흔한 일이었다. 대표적인 예가 '마산지사'의 경우다. 1924년 4월 당시 마산지사의 지사장인 이형재(李瀅宰)는 『동아일보』의 마산 지국장을 겸하고 있었는데, 1923년 4월(34호) 이래 '마산분매소'와 그 후신인 '마산지사'의 주소지는 모두 "구 마산석정 白一書店"이었다.153) 즉 근대적 지식(잡지)과 정보(신문) 그리고 상품이 한데 어울려 유통되었던 셈이다.

『개벽』 유통의 또 다른 대표적 형식은 종교 관련 단체나 각종 청년·사회단체에서 지·분사를 운영하는 것이었다. 외형상 상점이나 서점 혹은 신문지국이 지·분사를 겸하는 것과 유사하지만, 그 근저에 '상업성'을 깔지 않는다는 점에서 큰 차이가 있다. 무엇보다도 이들이 특정의 종교적, 민족적, 정치적 신념이나 목적에 기초해서 『개벽』의 유통에 적극적이었다는 사실은 양자를 가르는 핵심 준거가 된다. 먼저 종교단체의 경우 천도교 관련 단체가 주를 이루는데, 지·분사 체제로의 전환(14호)을 경계로 전체적인 수가 급감하는 양상을 보인다. 10호까지의 분매소 공고에서 전체 230여 항목에서 적어도 90여 항목을 차지하던 천도교 관련 단체의 비중은 14호 이후 전체 230여 항목 중 11개로 줄고,154) 구체적으로 함남지사(19호), 평양지사(39호), 안주분사(52호), 만성분매소(55호), 봉천지사(57호) 등 5곳가량이 천도교측에서 운영했던 지·분사로 보인다.155) 이런 결과는 『개벽』의 종교색을 낮추려했던 주체들의 노력 때문이기도 하지만 동

153) 『개벽』 34호, 1923.1.1, 판권간기 앞면 광고와 『동아일보사사』 1의 「역대지국장명록」을 참조.

154) 이 숫자들은 『개벽』 소재 유통 관련 공고들을 망라해서 정리한 부록 「『개벽』 소재 유통 관련 자료 일람」의 항목 수를 헤아린 것으로, 지·분사 체제 전환 이전 230여 항목 중 서적상은 55항 가량이, 개인분매소는 80여 항이 검출된다. 14호 이후도 마찬가지로 정리했다. 따라서 이는 대개의 빈도수를 나타내는 것이지, 실제 지분사나 분매소의 개수를 의미하는 것은 아니다.

155) 만성분매소는 '천도교종리원'으로 표기되어 있는 주소를 근거로, 나머지 네 곳은 사장이 천도교인이며, 천도교청년회 관련 인물이라는 사실에 근거해 추론한 것이다. 사장이 아니라 고문이나 총무, 기자가 천도교인인 경우는 통계에서 제외하였다. 자세한 사항은 이 책의 부록인 「『개벽』 소재 유통 관련 자료 일람」과 「『개벽』 유통 관련 인물 편람」을 참조.

시에 대부분의 공고들에 단체나 조직명이 기재되어 있지 않은 때문이기도 하다. 따라서 관련인물들의 전모를 파악하게 될 경우, 그 숫자는 다소간 늘어날 가능성이 있다. 종교와 관련하여 한 가지 주목할 사실은 『개벽』의 유통에 기독교단체나 불교단체 혹은 천주교인이 참가하고 있었다는 점인데, 많은 숫자는 아니지만 그 의미가 적지 않다.[156] 종교의 배타성을 넘을 정도로 『개벽』이 넓게 공유되었거나 혹은 그럴 정도로 공유하는 바를 지니고 있었다는 것을 방증하기 때문이다.

하지만 『개벽』의 유통에서 무엇보다 중요한 형태는 각종 청년・사회단체들이 지・분사를 운영하는 것이었으니, 이는 이 시기 '청년'이 새로운 시대의 주체로 급격히 부상했고,[157] 이를 증명이라도 하듯이 각종 청년단체들이 생겨나 하나의 거대한 흐름을 이끌어 나갔기 때문이다.[158] 더구나 이들 단체들은 민족의 운명을 개척한다는 취지를 공유했지만, 그 구체적 방법과 지향에서는 무척이나 다양했으니,[159] 이는 공유됐으나 정

156) 이 또한 지분사의 핵심인물들이 관련했던 단체들을 밝혀 추론한 것으로, 기독교인의 경우 5명가량이 유통에 관여하여, 평양지사(66호, 평양기독교청년회), 전주지사(69호, 전주여자기독교청년회), 군산분국(35호, 군산기독교 청년회), 평양지사(29호, 평양기독교청년회) 등 4곳이, 불교의 경우는 경남지사(29호, 동아불교회) 등이 종교단체와 밀접한 관련을 갖고 있었다. 마찬가지로 인천지사장 조이환(曹利煥) 등은 천주교인이었다(22호).

157) 청년의 탄생에 대한 역사적, 문화적 맥락에 대해서는 이경훈, 『오빠의 탄생』, 문학과지성사, 2003, 42~75면을 참조.

158) 선우기성(『한국청년운동사』, 금문사, 1973, 280면 참조)에 따르면, 3・1운동 이후 각종 사회단체의 건설이 요원의 불길처럼 일어나, 1920년에 985개, 1921년에는 2985개, 1922년에 3,002개에 달했는데, 그 중에서도 각종 청년단체의 성장이 으뜸으로 1920년 349개(일반 251개, 종교 98개), 1921년 716개(일반 446개, 종교 270개), 1922년에는 759개(일반 488개, 종교 271개)나 되었다고 한다(이러한 통계는 총독부가 작성한 「조선인단체조사비교표」(『조선치안상황』, 1922, 179~180면)에 의거해 작성된 듯하다. 박찬승, 『한국근대정치사상사연구』, 역사비평사, 1992, 224~225면 표 참조. 한편 이를 보완한 안건호의 통계에 따르면 종교, 비종교를 망라한 청년회 수는 1920년에 694개, 1921년에 2,068개, 1922년에는 2,004개에 달한다. 「1920년대 전반기 청년운동의 전개」, 『한국근현대청년운동사』, 풀빛, 1995, 59면 참조. 통계의 정확성을 확인하기는 어렵지만 대강의 상황을 파악하는 데는 문제가 없다고 본다.

159) 1920년에서 1922년 사이의 청년회 운동은 대체적으로 체제내적인 개량주의 운동, 즉

치적 지향에서는 또한 다양했던 『개벽』의 궤적과 근본적으로 통하는 바가 있다. 문제는 얼마나 많은 사회단체 혹은 청년단체들이 『개벽』의 유통에 참여했는가이다. 필자는 『개벽』 소재 유통 관련 기사들을 정리하여 475명의 유통 관련 인물들을 정리했는데, 그 결과가 놀라웠다. 이를 잠시 살펴보면, 475명 중에 대강의 신분이라도 확인할 수 있었던 경우가 모두 170여 명가량 되는데 그 중 과반이 넘는 100여 명이 특정 청년사회단체의 간부인 것으로 확인되었다.[160] 그 가운데에서도 지・분사와 청년단체가 결합했을 가능성이 높은 경우가 54명이나 되었다.[161]

문제는 이처럼 다양한 정치적 지향을 지닌 청년사회단체들이 『개벽』의 유통에 적극 가담함으로써 『개벽』의 위상에 근본적인 변화가 생긴다는 점이다. '상업성'에 치우치지 않는 이들 청년사회단체야말로 '읽고 파악하고 나아가 천명하기 위해서' 『개벽』을 유통시킨 존재들이자, 지역 여론을 대표하는 정치조직이었으며, 그 구성원들이란 바로 『개벽』의 핵심 독자층이었기 때문이다. 즉 이들의 존재로 말미암아 『개벽』은 단순히 인기있는 잡지가 아니라 "민족운동을 재래하는" 강력한 매체가 되었던 것이다. 따라서 1920년대 초・중반 『개벽』이 누렸던 문화권력은 천도교 조직(청년회와 이후의 청년당)의 산물이기도 하지만 좀더 직접적으로는 수많은 청년사회단체들로 이루어진 외연의 '호명(呼名)'에서 비롯된 것이라고 할 수 있다. 필자가 『개벽』 유통의 주요 유형으로 이를 주목하는 것은 이 때문이다.

'문화운동'의 테두리 내에서 진동했지만, 1923년을 전후로 사회주의 청년운동의 바람이 거세게 불었다. 이에 대해서는 박찬승(『한국근대정치사상사연구』, 역사비평사, 1992, 224~243면)과 이기훈(「청년, 근대의 표상」, 『문화과학』 37, 문화과학사, 2004)의 논의를 참조.

160) 지분사를 맡았던 시기와 단체에 참가한 시기가 다른 경우는 배제했고, 종교 관련 단체나 청년회 등도 통계에 반영하지 않았다. 다만 앞에서 상점이나 서포 혹은 신문지국에 관련된 사람이라도 시기적으로 공유되면 통계에 반영하였다.

161) 이는 지・분사의 형태(주소)를 결정할 수 있었을 것으로 추정되는 고문이나 사장 등의 핵심 직책을 맡고 있었던 인물들만을 따로 헤아린 것이다.

한편, 『개벽』이 앞의 경우처럼 서적상과 상점 그리고 신문지국 등을 통해 유통된 데에는 경제적 요인 외에 또 다른 이유가 있었다. 보통 상점과 서점 그리고 신문지국 등은 사람들의 왕래가 잦은 곳, 말 그대로 '국내외 주요지점'에 위치하게 되고, 자연스레 지식과 정보가 소통되는 문화·정치의 광장이 되었는데, 이런 지정학적 특성이 『개벽』 주체들의 구미에 맞았기 때문이다. 이 시기 천도교는 천도교 조직을 중심으로 대중을 규합해 일제의 양보를 얻어낸다는 전략을 세워놓고 있었으니, 필연적으로 종교적 거부감이 덜한 대중조직이 필요했고, 서점·상점·신문지국 형태의 지·분사들은 그런 역할을 하기에 적합했던 것이다. 더구나 이들은 1925년과 같은 비상시국에는 여론을 결집시키고, 이를 통해 구체적 정치적 행동들을 촉발시킬 수 있는 '비상 연락망'이었으니 일거양득인 셈이었다. 그리고 이런 점에서 보면, 지역 정치 여론의 중심이었던 청년사회단체들은 더할 나위없는 대상이었다. 앞서 보았듯이 유통 담당자들의 대다수가 각종 청년사회단체의 간부들이었다는 사실이 이를 방증한다.

다만 이에 대한 정반대의 설명도 가능하다는 점을 염두에 둘 필요가 있다. 정치적 지향과 목표는 정해졌으나, 이를 구체적으로 실현할 조직적 무대가 제한되었던 청년단체들에 있어 탄탄하고 거대한 천도교의 조직망은 말 그대로 꿈같은 존재였기 때문이다. 이때, 그들이 종교적 장벽의 제한 없이 천도교 조직에 다가설 수 있는 손쉬운 길이 바로 『개벽』의 유통에 참여하는 길이었다. 더구나 『개벽』의 유통에 참여하는 것은 당대 최대의 정치잡지이자, 문화권력지에 자신들의 정견과 노선을 직접 발표하거나 혹은 그 내용과 편집에 영향을 미칠 수 있는 거의 유일한 길이기도 했다.

2) 지 · 분사의 담당층과 핵심 독자층

『개벽』의 유통망과 관련된 인물들, 즉 지 · 분사 관련 사고 등에 등장하는 475명의 인물들은 어떤 사람들이었을까? 일단 이들의 대다수는 『개벽』의 취지에 공감하는 '사우'들이다. 개벽사의 사규상 본사나 지 · 분사의 사원이 되려면 사우가 돼야 했기 때문인데, 적어도 '고문'이나 지 · 분사장 그리고 기자까지는 사우였을 것이다. 아울러 이들은 기본적인 문자해독 능력을 갖춘 지식 계급이자, 지역유지나 사회활동가였다. 시대적 상황과 잡지의 성격상 지역사회의 유력인사나 사회활동가는 교섭의 1순위였을 것이기 때문이다. 이런 경향은 비슷한 시기에 존재했던 『동아일보』의 경우에서도 쉽게 확인할 수 있다.

> 특히 창조기의 지국 · 분국장의 상당수는 단지 지방의 유력인사에 그치지 않고 그 지방의 민족운동의 중심적인 인물이었고, 또 지국 · 분국의 기자들도 상당수는 그 지방의 민족운동의 전위분자였던 것이다. 동아일보의 지방조직은 일개 신문사의 지방조직이라기 보다도 민족운동체의 지방조직같은 인상이 더 강하였다.[162)]

하물며 "범인간적 민족운동의 성과를 재래하는 유일한 기관"을 꿈꾸었던 『개벽』이 이를 무시했을 리가 없다. 실제 명단을 들여다보면 이런 추정이 사실에서 크게 벗어나지 않음을 알 수 있다. 유통 관련 인물 475명 중 현재까지 신원이 확인된 인물은 모두 170여 명인데[163)] 이들의 대다수

162) 『동아일보사사』 1, 1975, 115~116면 참조.

163) 이는 『개벽』의 유통 관련 공고(부록 「『개벽』 소재 유통 관련 자료 일람」 참조)들에 등장하는 475명을 『일제하사회운동 인명색인』 상 · 하(역사문제연구소 편, 여강출판사, 1992), 『한국사회주의 인명사전』(강만길 · 성대경 편, 창작과비평사, 1996), 『한국청년운동사』(선우기성, 금문사, 1973), 『동아일보사사』 1(동아일보사, 1975), 『한국공산주의운동사』 1(이기하, 국토통일원, 1976), 『독립유공자공훈록』(국가보훈처), 『한국공산주의운동사』 1~5(김창순 · 김준엽, 청계, 1986 신판), 『한국민족문화대백과사전』

가 말 그대로 '문제적' 인물들이다.

먼저 50명에 이르는 사회주의 관련자들이 눈길을 끈다.[164] 제주지사의 송종현(宋種絃)·강창보(姜昌輔)·김택수(金澤銖)·김문집(金文準)은 1925년 3월에 결성된 사회주의 비밀결사인 '신인회(新人會)'의 핵심 멤버로서, '민우당(民友堂)'이라는 상점을 거점으로 제주도 사회주의 청년운동을 주도한 인물들이다. 동경지사의 고문이었던 고순흠(高順欽)은 제주도 출신의 무정부주의자로 일찍이 항일비밀청년단체인 대동청년당(1909년)을 조직했고, 조선노동공제회의 전신인 조선노동문제연구회(1919.7)를 조직했으며, 1920년대 초반 사회주의 단체인 서울청년회에 몸담았던 인물이다. 한편, 인천지사장 조이환(曺利煥)은 1924년 사상단체 '신합청년회(新合青年會)' 결성에 참여하고, 조선노농총동맹에 가입했으며, 1925년 제1차 조선공산당 검거사건 당시 『시대일보』의 기자로 체포된 인물이다. 전남지사장 설병호(薛炳浩)는 1920년대 초반 광주노동공제회 집행위원장과 『동아일보』·『시대일보』 광주지국장을 지냈고, 1926년 8월에는 제1차 조선공산당 사건으로 피검되기도 했다. 또한 간도지사장 김정기(金正琪)는 1923년 3월 간도 최초의 사회주의 교육기관인 동양학원(東洋學院)을 설립한 인물로, 1926년 10월 조선민흥회 상무위원이 되었다. 간도지사장 여남수(呂南壽)는 1925년 사회주의 단체 'CK단' 사건으로 체포되었던 인물로, 1926년 동만청년총연맹 창립에 관여했고, 조선공산당 만주총국에 입당한 인물이다.[165] 이들

1~27(정신문화연구원, 1991), 『한국인명대사전』(신구문화사, 1986) 등과 대조한 결과다. 검색 영역과 대상을 종교 관련, 특히 천도교 부문과 여타 사회 운동부문으로 확장할 필요가 있었지만 작업의 진척이 더뎌 그러지 못했다. 작업이 진척되면 더 많은 숫자의 인물들을 그리고 더 많은 정보를 제공할 수 있을 것이다. 유통 관련 인물들에 대한 자세한 사항은 부록 「『개벽』 소재 유통 관련 자료 일람」·「『개벽』 유통 관련 인물 편람」을 참조.

164) 이는 『한국사회주의 인명사전』(강만길·성대경 편, 창작과비평사, 1996), 『한국공산주의운동사』 1(이기하, 국토통일원, 1976), 『한국공산주의운동사』 1~5(김창순·김준엽, 청계, 1986 신판)에서 거론된 인물들과 사상 관련성이 짙은 사회단체에 가입하여 활동한 인물들을 합한 숫자로 확인된 것이 47명가량이다. 부록 「『개벽』 유통 관련 인물 편람」을 참조

의 존재는 1920년대 초·중반 사회주의운동이 민족운동 내부에서 급격히 성장했고, 1923년을 전후해서는 『개벽』 유통의 주된 담당층이었던 청년회 내지 청년층의 분화를 가져왔다는 사실과 밀접한 관련이 있다.

다음은 독립운동가들로 대략 50여명에 달한다.166) 3·1운동 관련자들이 가장 많고, 임시정부나 비밀결사 관계자들이 뒤를 잇는다. 대표적인 인물들을 살펴보면, 개성지사장 박치대(朴致玳)는 개성 송도면의 서적상으로 '조선독립개성회(朝鮮獨立開城會)'란 비밀결사를 조직하여 학생들을 규합하려다 체포되었던 인물이었고, 원산지사의 김상익(金相翊)·이가순(李可順)·조병철(趙炳喆)은 원산의 3·1만세운동을 주도한 인물들로, 특히 조도전대 출신으로 원산리의 객주조합의 이사였던 조병철은 훗날 '원산폭탄매장사건'의 주모자로 체포되기도 했다.167) 광주지사의 강석봉(姜石峯)·지용수(池龍洙)·김재명(金在明) 등은 3·1운동을 주도한 지도급 인사들이었고, 함남지사의 문태직(文泰稷)·홍성연(洪聖淵(과 초산분사의 이헌국(李憲國), 영흥지사의 조봉희(趙鳳禧) 등은 임시정부의 연통제·교통국 관련자였다. 또 관동지사의 김완호(金完鎬)·신순풍(申順豊)·윤홍모(尹弘模) 등은 '철원애국단사건'의 핵심인물들이었다.168)

여기에 앞서 말한 정병욱·김병익·강훈·이원행·이봉하·이창석 등 십여 명에 이르는 신문지국장들과 마산지사의 기자였던 시조시인 이은상(李殷相)이나 함남지사의 기자였던 최두선(崔斗善) 등 언론·문화계 인사들까지 포함하게 되면 『개벽』의 유통망은 지역유지·지식인·사회활동가·천도교인·독립운동가·사회주의자 등 당대 지식층 전반을 포괄했다고 할 수 있다.169)

---

165) 이들에 대한 개관은 부록 「『개벽』 유통 관련 인물 편람」을 참조하고, 자세한 사항은 강만길·성대경 편, 『한국사회주의 인명사전』, 창작과비평사, 1996을 참조.

166) 물론 이들 중 상당수는 앞서 거론한 사회주의운동가들과 중복된다.

167) 원산지역의 항일운동에 대해서는 편찬위원회, 『원산시사』, 175~180면을 참조할 수 있다.

168) 물론 평양지사장 이최환(李最煥)처럼 친일단체('대동동지회')와 관련된 인사도 있었다.

한편, 이들의 대다수는 각종 청년사회단체의 간부들이기도 했다. 이들은 앞서 거론한 두 집단군을 포괄하여 100여 명에 달하는데, 이는 『개벽』의 핵심독자가 누구였는가를 해명하는 중요한 단서가 된다. 즉 당시 청년회가 신문·잡지의 대표적 회람(回覽) 장소였고, 또 그 간부들이 매체의 독자이자 전파자였으며, 아울러 일개 청년회가 적게는 수십 명에서 많게는 수백 명의 회원을 거느리고 있었다는 사실을 감안할 때, 청년층이야말로 『개벽』의 핵심 독자층이라고 할 수 있다. 『개벽』 11호에 게재된 「잡지 『서광』을 읽고 황석우군에게」와 아래 인용한 박영희의 회고는 이에 대한 훌륭한 방증이라고 할 수 있다.

> 地方에를 巡廻해 보면 新聞支局이나 書店치고 開闢誌 없는 데가 없고 또는 내 目睹한 바이지마는 靑年들치고 外出할 때면 으레히 短杖 들듯이 이 開闢을 옆에 끼고 다니였다. 그만큼 이 雜誌는 時代的 寵兒 노릇을 하였든 것이다.[170]

홍양청년회 314인의 명의로 게재된 앞의 논평은 『개벽』이 청년집단 속에서 구독·회람되었음을, 인용한 후자는 그 집단 안에서 구가된 『개벽』의 인기를 단적으로 드러내고 있다. 따라서 『개벽』은 경성과 지방의 청년층을 중심으로 지식계층 전반을 포괄하며 유통된 잡지이며, 지역적으로는 경성과 그 이북지역에서 상대적으로 더 많이 유통된 매체라고 할 수 있다.

---

169) 따라서 "지사, 분사, 분매소는 각 지역별 천도교청년회에 대부분 위치되어 있으며, 지사장은 천도교인으로 그 지역의 지도급인사들이 맡아 운영, 관리하고 있다"라는 오영근의 주장은 사실이 아니다. 이는 전기(특히 1~10호) 상황을 지·분사 체제가 보편화된 중·후기까지 소급 적용했기 때문에 발생한 오류라고 할 수 있다. 오영근, 「개벽에 관한 서지적 연구」, 청주대 석사논문, 1994, 25~28면과 이 책의 부록 「『개벽』 소재 유통 관련 자료 일람」을 비교할 것.

170) 박영희, 「신흥문학의 대두와 개벽시대회고」, 『조광』 32호, 1938, 54면.

3. 『개벽』 유통망의 역할과 위상

『개벽』 지·분사의 일차적인 역할은 잡지의 송본과 대금 회수(광고수주 포함)를 책임지는 것이었지만, 부분적으로 본사에 기삿거리를 제공하는 정보통이나 소식통의 역할을 겸하고 있었다.[171] 즉 오늘날의 지방 방송국의 역할을 했다고 보면 되는데, 특히 34호(1923.4)부터 시작된 '13도호 발간사업'은 여러 면에서 지·분사의 역할·위상을 크게 바꾸는 계기가 되었다.[172] 더구나 지·분사 체제가 안착되고 각종 청년사회단체들이 『개벽』의 유통에 적극 관여하게 되자, 『개벽』의 지·분사는 정치·문화의 아고라(광장)이자, 지역 여론의 중심지가 되었다. 이런 점에서 다음과 같은 '쪽기사'[173]는 시사하는 바가 크다.

> □ 十月 十七, 十八 兩日이다. 開闢通川分社主催로 庭球大會를 열고, 00青年團, 翁谷青年團, 庫低青年團, 通川00團, 通川公普軍, 00通明團, 通川庭球團 七 團體가 會同하야 勝負를 決하던 中 最後의 勝利는 通川庭球團에게로 도라갓다.(寫眞은 最後의 優勝을 어든 通川庭球團員, 사진생략—인용자)[174]

인용문을 요약하면 '통천분사 주최로 정구대회를 열었고, 여기에 지역의 청년 단체 7개가 참가했다'는 것인데, 『개벽』의 지·분사들이 지역의

171) 지·분사의 인물들이 간단한 지역 관련 기사를 작성해 게재하는 경우도 많았다. 강계지사장 '이원행'의 글(56호, 72면)과 포항지사장 '김성출'의 글(57호, 77면) 등을 대표적인 예로 제시할 수 있다.

172) 사업의 성격상 지역에 정통한 지·분사의 도움이 필수적이었기 때문인데, 사업이 완료된 1925년 12월(64호)까지 『개벽』 지면의 1/3 이상을 지역 관련 기사로 채웠으니 지·분사에 대한 본사의 태도가 어떠했을지 충분히 짐작이 가는 대목이다.

173) 『개벽』의 목록에서 누락된 작은 기사들을 말한다. 본문을 보강하는 오늘날의 쪽기사와 달리 빈 지면을 채우는 역할을 했지만, 개중에는 중요한 정보를 제공하는 기사들도 많아 부록(「『개벽』 쪽기사, 사·공고, 주요 광고 목록」)으로 제시했다.

174) 『개벽』 63호, 1925.11.1, 30면 하단 쪽기사.

각종 청년단체들과 어떻게 소통했는가를 단적으로 드러내는 기사라고 할 수 있다. 즉 '친목'을 무기로 각종 행사(운동회나 체육대회 혹은 간담회)를 지원하고, 이를 통해 자연스럽게 지역 여론의 교류지 역할을 자처했던 것이다. 흥미로운 점은 이 시기 청년단체들간의 연합행사가 '친목'을 내세워 이루어지고, 개벽사 역시 이를 매개로 '전조선 기자대회'[175]를 추진했다는 것이다. 따라서 이 시대의 '친목'이 단순교류의 의미로 한정되어서는 곤란하다. 사안에 따라서는 조직적·정치적 의미를 띨 수도 있는 것이다. 가령 앞에서 말한 지분사 주최의 친목모임이 정기적 혹은 반복적으로 이루어질 경우를 가정하면, 상황이나 사안에 따라서 조직적·정치적 연대의 움직임이 모색될 여지도 충분하다. 더구나 느슨하지만 좀더 대중적인 교류와 연대가 절실했던 천도교측은 개벽사나 지역 천도교청년회 조직을 통해 여기에 물밑 지원을 했으리라 추정된다. 그렇다면 통천분사의 경우를 『개벽』이 건설한 전체 유통망(52개 지사–62개 분사)으로 확대해 보자. 그 조직적·정치적 가능성은 실로 대단한 것이라 할 수 있으니, 개벽사와 『개벽』의 지·분사가 주목을 끄는 것은 당연했다.

> 世上에는 참 怪惡한 일도 잇습니다. 本社員의 名銜을 거짓박아 가지고, 財金詐取 政治犯 密探을 하는 假社員, 假記者가 잇습니다. 이 者들은 朝鮮內地에서 뿐만 아니라, 멀리 海外에까 出沒합니다. 本社에서도 어대까지 防弊에 努力하려니와 여러분 兄弟께서도 가티 注意하시사 그런 疑心쩍은 일이 잇는 때에는 곳, 本社 庶務課「親展」으로 照會하십시오.
> 乙丑 八月 開闢社 庶務課[176]

인용문은 개벽사 기자를 사칭한 일제의 밀정이 국내와 해외를 돌아다

175) 1925년 4월 15일부터 17일까지 개벽사 주최로 천도교 경성교당에서 열린 행사를 말한다. 이에 대해서는 58호에 실린 「조선기자대회」 공고(문예면 75면)와 59호의 「조선기자대회잡관」(60~61면)을 참조.
176) 『개벽』 62호, 1925.8.1, 82면, 서무과 공고.

니며 '정치범밀탐'을 한다는 것으로, 개벽사 기자가 가진 민족운동 내에서의 위상과 역할이 선명히 드러나는 대목이다. 더구나 밀정이 찾았을 곳이란 국내외의 요지 즉 『개벽』의 지 · 분사들이 중심이었을 것이니 개벽사와 지 · 분사의 달라진 위상도 실감할 수 있다.[177)]

한편, 『개벽』 유통망의 가능성은 문화권력에의 가능성이기도 했다. 우선 『개벽』 유통망의 힘이 상업적 성공과 잇단 대중적 지명도의 상승을 가져왔다는 점을 상기해야 한다. 매월 평균 8,000~9,000부를 찍어서 7,000~8,000부가 팔리는 당대 최고의 상업적 성공을 이룬 『개벽』은 전체 신문, 잡지의 구독자 수가 10만 명이 되지 않는 상황에서 최대 독자수 수만을 자랑하는 확고한 대중적 지명도를 갖추었던 것이다. 여기에 『개벽』의 핵심 독서층이 당대 여론 형성의 중심 세력이자 문화 변동의 핵심 주체였던 청년들이었다는 사실을 감안하면 『개벽』은 단순한 잡지가 아니라 자체가 '문화권력'이었다고 할 수 있다.

따라서 『개벽』의 성공이 개벽사에서 발행하는 잡지와 서적의 지속적인 성공으로 이어지는 과정, 가령 『어린이』와 『신여성』이 절판되고 『사랑의 선물』이 연속 매진되는 상황[178)] 등은 유통망의 문제(혹은 담당층의 문제)나 문화권력의 문제와 무관하다 볼 수 없다. 신경향파문학의 등장과 확산도 마찬가지다. 어떻게, 왜 『개벽』은 신경향파문학의 요람이 되었는가의 문제나 『개벽』과 『조선문단』 사이의 문학논쟁을 어떻게 볼 것인가의 문제는 문학의 재생산 시스템(유통망과 독자층의 문제)과 연관된 '문학권력'의 문제와 밀접한 관련이 있는 것이다. 가령 『개벽』 유통의 핵심 담당층이자 독자층인 청년층의 사상적 분화와 『개벽』의 논조 변화가 시기적으로 맞물리고, 학예(문예)부장 현철의 사퇴와 더불어 '무산자의 문예'가

177) 문제는 이런 위상 변화가 『개벽』의 운명을 갈랐다는 점이다. 일제는 시국사건이 있을 때마다 개벽사 본사와 지 · 분사를 압수 수색했고, 『개벽』은 잡지사상 유례가 없는 발매금지 40회 이상, 정간 1회, 벌금 1회의 탄압을 당하다 결국 폐간된다.

178) 『개벽』 62호(판권간기 뒷면)와 63호(목차 앞면) 등에 연속해서 실린 매진 광고 참조.

지면에 등장하고, 곧이어 김기진・박영희의 등장으로 이어진다는 점은 매체와 문학의 상호관계를 조명하는 차원에서 꼭 해명이 필요한 사안이다.[179)]

한편, 『개벽』의 유통망은 유통사(流通史)의 차원에서도 적잖은 의의가 있다. 무엇보다도 실제 유통의 담당자들의 계층과 실명을 확인할 수 있다는 사실은 서적 유통사에서 드문 사례로 꼽을 수 있다. 둘째, 『개벽』의 유통망은 『소년』・『청춘』으로 이어지는 계몽적 유통망의 계보를 잇고, 그 안에서 일어난 담당층의 교체와 분화과정을 뚜렷이 드러내는데, 이 자체가 한국 서적 유통사 서술의 한 분면을 차지할 수 있다. 셋째, 근대적 유통망이 절대적으로 부족했던 당시의 상황에서 『개벽』의 유통망은 여타 근대적 독물(讀物)의 유통망이기도 했으니, 당대 청년층에게 인기가 높았던 독물들, 특히 문학물들의 유통과정을 추적할 수 있는 계기가 된다. 넷째, 『개벽』의 유통망은 1920년대 가능했던 유통망의 최대치를 보여주었고, 따라서 이전과 이후의 변화 양상을 파악하는 준거가 된다.

179) 이에 대해서는 5장에서 구체적으로 언급할 예정이다.

『개벽』 소재 유통 관련 자료 일람

일러두기

1. 『개벽』 소재 유통 관련 사·공고와 광고 등을 총망라해서 정리했다.
2. 분매소(분사)·지사(지국) 등에 관한 사항을 항목별로 제시했다.
3. 유통 담당자의 직책을 세분(고문·사장·기자·총무 등)하여 제시했다.
4. 특기사항에는 지·분사의 유형을 구체적으로 표시했다.

호수와 면수	기사 내역	위치와 주소	고문	사장	기자	총무	특기사항
01호-판권간기	발매소	경향각서포					
02호-판권간기뒷면	진주분매소사고	경남 진주군 진주면 승봉리277번지					천도교청년회
02호-판권간기뒷면	강동분매소사고	평남 강동군 강동면 아달리 88번지					천도교청년회
02호-판권간기뒷면	평양분매소사고	평남 평양부 설암리 67번지					천도교청년회
02호-판권간기뒷면	구성분매소사고	평북 구성군 군내 우부동					천도교청년회
02호-판권간기뒷면	의주분매소사고	평북 의주군 군내 남문동					천도교청년회
02호-판권간기뒷면	영흥분매소사고	함남 영흥군 읍내 산남리 120번지					천도교청년회
02호-판권간기뒷면	함흥분매소사고	함남 함흥군 함흥면 중리					천도교청년회
02호-판권간기뒷면	사리원분매소사고	황해 경의선 사리원역(사리원서포)					(서점+분매소)
02호-판권간기뒷면	황주분매소사고	황해 황주군 황주면 황강리					천도교구
03호-판권간기앞면	간도분매소사고	간도 용정시					천도교청년회
03호-판권간기앞면	진주분매소사고	경남 진주군 읍내					천도교청년회
03호-판권간기앞면	해남분매소사고	전남 해남군 읍내					천도교청년회
03호-판권간기앞면	익산분매소사고	전북 익산군 읍내					천도교청년회
03호-판권간기앞면	정읍분매소사고	전북 정읍군 고부면		宋在燮			천도교구내
03호-판권간기앞면	청주분매소사고	충북 청주군 읍내					천도교청년회
03호-판권간기앞면	강동분매소사고	평남 강동군 읍내					천도교청년회
03호-판권간기앞면	성천분매소사고	평남 성천군 읍내					천도교청년회
03호-판권간기앞면	안주분매소사고	평남 안주군 읍내					천도교청년회
03호-판권간기앞면	진남포분매소사고	평남 진남포부내					천도교청년회
03호-판권간기앞면	평양분매소사고	평남 평양부 설암리					천도교청년회
03호-판권간기앞면	강계분매소사고	평북 강계군 동부동					천도교구
03호-판권간기앞면	구성분매소사고	평북 구성군 읍내					천도교청년회
03호-판권간기앞면	선천분매소사고	평북 선천군 읍내					천도교청년회
03호-판권간기앞면	용천분매소사고	평북 용천군 읍내					천도교청년회
03호-판권간기앞면	의주분매소사고	평북 의주군 읍내					천도교청년회
03호-판권간기앞면	정주분매소사고	평북 정주군 읍내					천도교청년회
03호-판권간기앞면	태천분매소사고	평북 태천군 읍내					천도교청년회
03호-판권간기앞면	희천분매소사고	평북 희천군 읍내					천도교청년회
03호-판권간기앞면	단천분매소사고	함남 단천군 읍내					천도교청년회
03호-판권간기앞면	북청분매소사고	함남 북청군 읍내					천도교청년회
03호-판권간기앞면	영흥분매소사고	함남 영흥군 읍내					천도교청년회
03호-판권간기앞면	원산분매소사고	함남 원산부 광석리 23					천도교구

호수와 면수	기사 내역	위치와 주소	고문	사장	기자	총무	특기사항
03호-판권간기앞면	정평분매소사고	함남 정평군 읍내					천도교청년회
03호-판권간기앞면	함흥분매소사고	함남 함흥군 읍내					천도교청년회
03호-판권간기앞면	홍원분매소사고	함남 홍원군 읍내(매일신보분국)					(신문지국+분매소)
03호-판권간기앞면	해주분매소사고	황해 해주군 읍내					천도교구
03호-판권간기앞면	황주분매소사고	황해 황주군 읍내					천도교구
04호-142면	간도분매소사고	간도 용정시					천도교청년회
04호-142면	진주분매소사고	경남 진주군 읍내					천도교청년회
04호-142면	진주분매소사고	경남 진주군 진주면 승봉리277번지					천도교청년회
04호-142면	해남분매소사고	전남 해남군 읍내					천도교청년회
04호-142면	익산분매소사고	전북 익산군 읍내					천도교청년회
04호-142면	정읍분매소사고	전북 정읍군 고부면		宋在燮			천도교구내
04호-142면	청주분매소사고	충북 청주군 읍내					천도교청년회
04호-142면	강동분매소사고	평남 강동군 강동면 아달리 88번지					천도교청년회
04호-142면	강동분매소사고	평남 강동군 읍내					천도교청년회
04호-142면	성천분매소사고	평남 성천군 읍내					천도교청년회
04호-142면	안주분매소사고	평남 안주군 읍내					천도교청년회
04호-142면	진남포분매소사고	평남 진남포부내					천도교청년회
04호-142면	평양분매소사고	평남 평양부 설암리					천도교청년회
04호-142면	평양분매소사고	평남 평양부 설암리 67번지					천도교청년회
04호-142면	강계분매소사고	평북 강계군 동부동					천도교구
04호-142면	정주분매소사고	평북 경의선 정주역전(청춘서관)					(서점+분매소)
04호-142면	구성분매소사고	평북 구성군 군내 우부동					천도교청년회
04호-142면	구성분매소사고	평북 구성군 읍내					천도교청년회
04호-142면	선천분매소사고	평북 선천군 읍내					천도교청년회
04호-142면	용천분매소사고	평북 용천군 읍내					천도교청년회
04호-142면	의주분매소사고	평북 의주군 군내 남문동					천도교청년회
04호-142면	의주분매소사고	평북 의주군 읍내					천도교청년회
04호-142면	정주분매소사고	평북 정주군 읍내					천도교청년회
04호-142면	태천분매소사고	평북 태천군 읍내					천도교청년회
04호-142면	희천분매소사고	평북 희천군 읍내					천도교청년회
04호-142면	단천분매소사고	함남 단천군 읍내					천도교청년회
04호-142면	북청분매소사고	함남 북청군 읍내					천도교청년회
04호-142면	영흥분매소사고	함남 영흥군 읍내					천도교청년회
04호-142면	영흥분매소사고	함남 영흥군 읍내 산남리 120번지					천도교청년회
04호-142면	원산분매소사고	함남 원산부 광석리 23					천도교구
04호-142면	정평분매소사고	함남 정평군 읍내					천도교청년회
04호-142면	함흥분매소사고	함남 함흥군 읍내					천도교청년회
04호-142면	함흥분매소사고	함남 함흥군 함흥면 중리					천도교청년회
04호-142면	홍원분매소사고	함남 홍원군 읍내(매일신보분국)					(신문지국+분매소)
04호-142면	홍원분매소사고	함남 홍원군 읍내(매일신보분국)		金炳燮			(신문지국+분매소)
04호-142면	사리원분매소사고	황해 경의선 사리원역(사리원서포)					(서점+분매소)
04호-142면	수안분매소사고	황해 수안군 읍내		洪一恒			천도교구

호수와 면수	기사 내역	위치와 주소	고문	사장	기자	총무	특기사항
04호-142면	해주분매소사고	황해 해주군 읍내					천도교구
04호-142면	황주분매소사고	황해 황주군 읍내					천도교구
04호-142면	황주분매소사고	황해 황주군 황주면 황강리					천도교청년회
05호-판권간기뒷면	개벽분매소일람표	전국 40개의 분매소					(4호분매소일람표와 동일)
07호-180면	인천분매소	경기 인천부 외리 236번지		朴性翊			
07호-180면	대동서관분매소	경성부 견지동 49번지					(서점+분매소)
07호-180면	송원서재분매소	경성부 견지동 49번지(대동서관)					(서점+분매소, 대동서관과 주소일치)
07호-180면	광한서림분매소	경성부 견지동 51번지					(서점+분매소)
07호-180면	보문관분매소	경성부 관훈동 155번지					(서점+분매소)
07호-180면	회동서관분매소	경성부 남대문통					(서점+분매소)
07호-180면	박문서관분매소	경성부 봉래정1정목 88번지					(서점+분매소)
07호-180면	정직서관분매소	경성부 수송동 27번지					(서점+분매소)
07호-180면	활문사서점분매소	경성부 수송동 83번지					(서점+분매소)
07호-180면	태화서관분매소	경성부 종로 2정목 85번지					(서점+분매소)
07호-180면	동양서원분매소	경성부 종로 2정목 86번지					(서점+분매소)
07호-180면	광익서관분매소	경성부 종로 2정목 87번지					(서점+분매소)
07호-180면	영창서관분매소	경성부 종로통					(서점+분매소)
07호-180면	덕흥서림분매소	경성부 종로통 2정목 20번지					(서점+분매소)
07호-180면	공진서관분매소	경성부 종로통 2정목 90번지					(서점+분매소)
07호-180면	신명서림분매소	경성부 종로통 2정목 98번지					(서점+분매소)
07호-180면	신문관분매소	경성부 황금정 2정목 21번지					(서점+분매소)
07호-180면	장성분매소	전남 장성군 장성면 성산리		朴正源			
07호-180면	해남분매소	전남 해남군 해남면 천도교교구내		金世鎭			천도교구
07호-180면	정읍분매소	전북 정읍군 고부면 장문리		宋在燮			
07호-180면	서산분매소	충남 서산군 서산면 읍내리		李鍾萬			
07호-180면	강동분매소	평남 강동군 강동면 아달리		李錫均			
07호-180면	성천분매소	평남 성천군 천도교구		朴鍾珏			천도교구
07호-180면	안주분매소	평남 안주군 동면 용호리 294번지		裵義贊			
07호-180면	진남포분매소	평남 진남포부 비석리		金秉默			
07호-180면	평양분매소	평남 평양부 설암리 67번지		李成三			
07호-180면	평원분매소	평남 평원군 순안면 만정리		朴泰薰			
07호-180면	강계분매소	평북 강계군 어뢰면 종인동		張昌德			
07호-180면	곽산분매소	평북 곽산역전(경의선)					천도교청년회
07호-180면	박천분매소	평북 박천군 박천면 남부동		崔承權			
07호-180면	선천분매소	평북 선천군 선천면 천북동 131번		李義達			
07호-180면	의주분매소	평북 의주군 의주면 동부동		朴尙浩			
07호-180면	철산분매소	평북 철산군 천도교구		鄭允錫			천도교구
07호-180면	태천분매소	평북 태천군 읍내		高信鳳			
07호-180면	희천분매소	평북 희천군 희천면 읍상동		白英植			
07호-180면	고원분매소	함남 고원군 하발면 도정리		金泰鎰			

호수와 면수	기사 내역	위치와 주소	고문	사장	기자	총무	특기사항
07호-180면	원산분매소	함남 원산부 함석동 125번지		朱昌海			
07호-180면	함흥분매소	함남 함흥군 함흥면 중리 145번지		劉炳璿			
07호-180면	곡산분매소	황해 곡산군 곡산면 적성리					천도교청년회
07호-180면	사리원분매소	황해 사리원(경의선)		金振璿			
07호-180면	안악분매소	황해 안악군 안악면 소천동215번지		韓貞教			
07호-180면	해주분매소	황해 해주군 해주 동영정		吳仁明			
07호-180면	황주분매소	황해 황주군 황주면 황강리		李元敬			
08호-110면	인천분매소	경기 인천부 외리 236번지		朴性翊			
08호-110면	경주분매소	경북 경주군 읍내 (동창서점)		崔炳久			(서점+분매소)
08호-110면	대동서관분매소	경성부 견지동 49번지					(서점+분매소)
08호-110면	송원서재분매소	경성부 견지동 49번지(대동서관)					(서점+분매소, 대동서관과 주소일치)
08호-110면	광한서림분매소	경성부 견지동 51번지					(서점+분매소)
08호-110면	영풍서관분매소	경성부 견지동 55번지(영풍서관)					(서점+분매소)
08호-110면	보문관분매소	경성부 관훈동 155번지					(서점+분매소)
08호-110면	동미서시분매소	경성부 남대문 봉래정1정(동미서시)					(서점+분매소)
08호-110면	회동서관분매소	경성부 남대문통					(서점+분매소)
08호-110면	박문서관분매소	경성부 봉래정1정목 88번지					(서점+분매소)
08호-110면	정직서관분매소	경성부 수송동 27번지					(서점+분매소)
08호-110면	활문사서점분매소	경성부 수송동 83번지					(서점+분매소)
08호-110면	태화서관분매소	경성부 종로 2정목 85번지					(서점+분매소)
08호-110면	동양서원분매소	경성부 종로 2정목 86번지					(서점+분매소)
08호-110면	광익서관분매소	경성부 종로 2정목 87번지					(서점+분매소)
08호-110면	영창서관분매소	경성부 종로통					(서점+분매소)
08호-110면	덕흥서림분매소	경성부 종로통 2정목 20번지					(서점+분매소)
08호-110면	공진서관분매소	경성부 종로통 2정목 90번지					(서점+분매소)
08호-110면	신명서림분매소	경성부 종로통 2정목 98번지					(서점+분매소)
08호-110면	동아서관분매소	경성부 종로통 3정목 83(동아서관)					(서점+분매소)
08호-110면	신문관분매소	경성부 황금정 2정목 21번지					(서점+분매소)
08호-110면	원가산분매소	미상, 원가산동면 연지동		康善容			주소미상
08호-110면	상해분매소	상해 법계 실창로 보강리 15호		金弘善			상해법계
08호-110면	장성분매소	전남 장성군 장성면 성산리		朴正源			
08호-110면	해남분매소	전남 해남군 해남면 천도교교구내		金世鎭			천도교구
08호-110면	전주분매소	전북 전주군 전주면 대화정(동문관)					(서점+분매소)
08호-110면	정읍분매소	전북 정읍군 고부면 장문리		宋在燮			
08호-110면	서산분매소	충남 서산군 서산면 읍내리		李鍾萬			
08호-110면	강동분매소	평남 강동군 강동면 아달리		李錫均			
08호-110면	덕천분매소	평남 덕천군 읍내 천도교구		安堵吉			천도교구
08호-110면	성천분매소	평남 성천군 천도교구		朴鍾珏			천도교구
08호-110면	안주분매소	평남 안주군 동면 용호리 294번지		裵義贊			
08호-110면	진남포분매소	평남 진남포부 비석리		金秉默			
08호-110면	평양분매소	평남 평양부 설암리 67번지		李成三			

호수와 면수	기사 내역	위치와 주소	고문	사장	기자	총무	특기사항
08호-110면	평원분매소	평남 평원군 순안면 만정리		朴泰薰			
08호-110면	강계분매소	평북 강계군 어뢰면 종인동		張昌德			
08호-110면	곽산분매소	평북 곽산역전(경의선)					천도교청년회
08호-110면	박천분매소	평북 박천군 박천면 남부동		崔承權			
08호-110면	벽동분매소	평북 벽동군 벽동면1동 천도교지회					천도교청년지회
08호-110면	선천분매소	평북 선천군 선천면 천북동 131번		李義達			
08호-110면	용천분매소	평북 용천군 용천면 운흥동					천도교청년지회
08호-110면	의주분매소	평북 의주군 의주면 동부동		朴尙浩			
08호-110면	정주분매소	평북 정주군 천도교구		金學謹			천도교구
08호-110면	철산분매소	평북 철산군 천도교구		鄭允錫			천도교구
08호-110면	태천분매소	평북 태천군 읍내		高信鳳			
08호-110면	희천분매소	평북 희천군 희천면 읍상동		白英植			
08호-110면	고원분매소	함남 고원군 하발면 도정리		金泰鎰			
08호-110면	원산분매소	함남 원산부 명(함)석동 125번지		朱昌海			
08호-110면	이원분매소	함남 이원군 읍내 천도교청년지회		金 洸			천도교청년지회
08호-110면	함흥분매소	함남 함흥군 함흥면 중리 145번지		劉炳璿			
08호-110면	곡산분매소	황해 곡산군 고산면 적성리					천도교청년회
08호-110면	사리원분매소	황해 사리원(경의선)		金振璿			
08호-110면	안악분매소	황해 안악군 안악면 소천동 215번지		韓貞教			
08호-110면	해주분매소	황해 해주군 해주 동영정		吳仁明			
08호-110면	황주분매소	황해 황주군 황주면 황강리		李元敬			
09호-112면	개벽분매소일람표	전국 55개의 분매소					(8호의 분매소 일람표와 동일)
10호-102면	통천분매소	강원 통천군 순령면 하고저103		金東應			
10호-102면	평강분매소	강원 평강군 현내면 북촌리 500		安永俊			
10호-102면	인천분매소	경기 인천부 외리 236번지		朴性翊			
10호-102면	경주분매소	경북 경주군 읍내 (동창서점)		崔炳久			(서점+분매소)
10호-102면	송원서재분매소	경성부 견지동 49번지 (대동서관)					(서점+분매소, 대동서관과 주소일치)
10호-102면	광한서림분매소	경성부 견지동 51번지					(서점+분매소)
10호-102면	영풍서관분매소	경성부 견지동 55번지(영풍서관)					(서점+분매소)
10호-102면	동미서시분매소	경성부 남대문 봉래정1정(동미서시)					(서점+분매소)
10호-102면	회동서관분매소	경성부 남대문통					(서점+분매소)
10호-102면	활문사서점분매소	경성부 수송동 83번지					(서점+분매소)
10호-102면	태화서관분매소	경성부 종로 2정목 85번지					(서점+분매소)
10호-102면	광익서관분매소	경성부 종로 2정목 87번지					(서점+분매소)
10호-102면	덕흥서림분매소	경성부 종로통 2정목 20번지					(서점+분매소)
10호-102면	동아서관분매소	경성부 종로통 3정목 83(동아서관)					(서점+분매소)
10호-102면	신문관분매소	경성부 황금정 2정목 21번지					(서점+분매소)
10호-102면	원가산분매소	미상, 원가산동면 연지동		康善容			주소미상
10호-102면	상해분매소	상해 법계 실창로 보강리 15호		金泓善			상해법계
10호-102면	장성분매소	전남 장성군 장성면 성산리		朴正源			

호수와 면수	기사 내역	위치와 주소	고문	사장	기자	총무	특기사항
10호-102면	해남분매소	전남 해남군 해남면 천도교교구내		金世鎭			천도교구
10호-102면	화순분매소	전남 화순군 능주면 정남리 315		朱在南			
10호-102면	전주분매소	전북 전주군 전주면 대화정(동문관)					(서점+분매소)
10호-102면	정읍분매소	전북 정읍군 고부면 장문리		宋在燮			
10호-102면	서산분매소	충남 서산군 서산면 읍내리		李鍾萬			
10호-102면	강동분매소	평남 강동군 강동면 아달리		李錫均			
10호-102면	덕천분매소	평남 덕천군 읍내 천도교구		安堵吉			천도교구
10호-102면	맹산분매소	평남 맹산군 맹산면 당포리		張龍一			
10호-102면	성천분매소	평남 성천군 천도교구		朴鍾珏			천도교구
10호-102면	안주분매소	평남 안주군 동면 용호리 294번지		裵義贊			
10호-102면	진남포분매소	평남 진남포부 비석리		金秉默			
10호-102면	진남포분매소	평남 진남포부 용정리 45		金用淑			
10호-102면	평양분매소	평남 평양부 설암리 67번지		李成三			
10호-102면	평원분매소	평남 평원군 순안면 만정리		朴泰薰			
10호-102면	강계분매소	평북 강계군 어뢰면 종인동		張昌德			
10호-102면	곽산분매소	평북 곽산역전(경의선)					천도교청년회
10호-102면	박천분매소	평북 박천군 박천면 남부동		崔承權			
10호-102면	벽동분매소	평북 벽동군 벽동면1동 천도교지회					천도교청년지회
10호-102면	선천분매소	평북 선천군 선천면 천북동 131번		李義達			
10호-102면	용천분매소	평북 용천군 용천면 운흥동					천도교청년지회
10호-102면	의주분매소	평북 의주군 의주면 동부동		朴尙浩			
10호-102면	정주분매소	평북 정주군 천도교구		金學謹			천도교구
10호-102면	철산분매소	평북 철산군 천도교구		鄭允錫			천도교구
10호-102면	태천분매소	평북 태천군 읍내		高信鳳			
10호-102면	희천분매소	평북 희천군 희천면 읍상동		白英植			
10호-102면	고원분매소	함남 고원군 하발면 도정리		金泰鎰			
10호-102면	북청분매소	함남 북청군 신창면 신창리 521		宋泰龍			
10호-102면	북청분매소	함남 북청군읍					천도교구
10호-102면	영흥분매소	함남 영흥군 읍내					천도교청년회
10호-102면	원산분매소	함남 원산부 함석동 125번지		朱昌海			
10호-102면	이원분매소	함남 이원군 읍내 천도교청년지회		金 洸			천도교청년지회
10호-102면	함흥분매소	함남 함흥군 함흥면 중리 145번지		劉炳璿			
10호-102면	곡산분매소	황해 곡산군 곡산면 적성리					천도교청년회
10호-102면	봉산(홍수원)분매소	황해 봉산군 경의선 홍수원		金永雅			
10호-102면	사리원분매소	황해 사리원(경의선)		金振璿			
10호-102면	안악분매소	황해 안악군 안악면 소천동 215번지		韓貞敎			
10호-102면	해주분매소	황해 해주군 해주 동영정		吳仁明			
10호-102면	황주분매소	황해 황주군 황주면 황강리		李元敬			
14호-045면	전남지사설립사고	전남 광주군 읍내		崔春烈	좌동	金聲大	'최태열'은 최춘열의 오기
15호-137면	전남지사설립사고	전남 광주군 읍내		崔春烈	좌동	金聲大	
16호-047면	전남지사설립사고	전남 광주군 읍내		崔春烈	좌동	金聲大	

호수와 면수	기사 내역	위치와 주소	고문	사장	기자	총무	특기사항
16호-088면	함남지사설립사고	함남 함남군 읍내(함흥군의 오식)	洪聖淵	劉炳濬	좌동	崔斗善	
16호-128-129면	지사모집광고						"全國樞要地에 支社를 두게"
17호-093면	전남지사설립사고	전남 광주군 읍내		崔春烈	좌동	金聲大	
17호-094-099면	전남지사설립축하광고						지역 관헌의 집중광고(6면)
17호-158면	지사모집광고						(16호 모집광고와 동일)
18호-163면	지사모집광고						(16호 모집광고와 동일)
19호-판권간기	함남지사장교체사고	함남 함흥군		崔基弼			
20호-063문예면	평남지사신설(공고)	평남 평양부 설암동 125〈以文堂〉		金潤璿	李成三	崔潤鈺	蔡萬俊
20호-063문예면	진주지사신설(공고)	경남 진주군 평거면 평거리					
20호-063문예면	황해지사신설(공고)	황해 재령군 읍내		李元榮			
20호-063문예면	함남지사설립(공고)	함남 함흥군 함흥면 상리 320		崔基弼	文泰稷	崔基弼	
20호-063문예면	개성지사신설(공고)	경기 개성군 송도면 북본정 106					
20호-063문예면	순천지국신설(공고)	전남 순천군 순천면 대수정		金榮錫	좌동	金鍾錫	
20호-065문예면 외	함남지사축하광고						
22호-054문예면	인천지사구역·의원표			曹利煥	郭尙勳	좌동	
22호-054문예면	진주지사구역·의원표			南 洪			
22호-054문예면	개성지사구역·의원표			朴致玳	林啓鎬		金東炫
22호-054문예면	성천지사구역·의원표	〈평남 성천군〉		金炳益			
22호-055문예면	개성지사신설축하광고						고려서원, 문화관
22호-056문예면	함남지사발전축하광고						
22호-062문예면 외	순천지국발전축하광고	〈전남 순천군(順天郡)〉					지역 관헌의 집중광고
23호-020문예면	신의주지사임원(공고)	〈평북 신의주〉		劉漢日	姜榮三	李用錫	宋寬哲 金允煥 張俊格
23호-036문예면	개성지사대리부개설	경기 개성군 남대문 내					
24호-057문예면	개성지사대리부개설						23호와 동일
24호-094면	인천지사설립축하광고						
25호-088면	인천지사의 직원이동			曹利煥			崔寬成
25호-088면	인천지사의신설분매소	내리, 외리, 강화 분매소					申學均 尹炳喜 全有澤
28호-060면	전남지사관련사고						
29호-036문예면	경남지사장교체사고			鄭載華			朴鳳儀
29호-124면	개성지사변동사고	경기 개성군 송도면 북본정 112		河奎杭			
29호-124면	평양평남지사변동사고	평남 평양서문통 基督書院		李最煥	李成三	丁東奎	李晟煥은 이최환의 오식
29호-127-128면	경남지사발전축하광고						
30호-070문예면	평남지사 『부인』 기자신임						朴永福

호수와 면수	기사 내역	위치와 주소	고문	사장	기자	총무	특기사항
30호-070문예면	개성지사기자신임사고				林啓鎬		
30호-070문예면	인천지사변동사고						
31호-판권간기 뒷면	경남지사신년축하광고						
32호-050면	평남지사 여기자신임사고						丁善竹
32호-050면	박천분사 신설사고	평북 박천		邊棨道			
34호-118뒷면	경남지사경남도호축 하광고			鄭載華			
34호-판권간기 앞면	마산분매소경남도호 축하광고	경남 '舊馬山石町白一書店'		羅文玉			(서점+신문지국 +분매소)
35호-150면	군산분국사고	전북 '군산부대정동' (옥구군일원)	金洪斗	高采柱	金熙暎	金熙暎	李貞馥
36호-031면	선천지사설치공고	평북 선천읍내	金熙綽	金尙謙	元常林		李昌錫
36호-100면 뒷면	대구지사경북도호축 하광고	경북 '대구부'					
38호-080-082면	남만주총지사설립 사고	남만주 대련시대마정○ 구십오호지		孔鎭涉		宋師顔	
38호-080-082면	선천지사 평북도호 축하광고						
38호-120-121면	남만주총지사설립축하광고						
38호-목차 앞면	강계지사설치공고	평북 '강계군 강계면 서부동'		金文闢	金文闢	兪恒濬	李元行 金道賢 金世勳
39호-098면	평남→평양지사로 변경공고	평남 평양부 설암리 8번지		李基說	金達永	鮮于梧	
41호-044문예면(여묵)	제주지사신설소식						편집후기
41호-044문예면(여묵)	대구지사폐쇄소식						편집후기
41호-044문예면(여묵)	간도지사장출옥소식	간도		金正祺			편집후기
41호-045문예면	경남지사발전광고						
41호-091면	남만주총지사설립축하						
41호-103면	강계지사 총무변경사고						
41호-103면	진주지사지사장변경사고			鄭載華			
41호-103면	영변출장소신설사고	평북 영변		朴泰鳳	明濟英		
41호-103면	관동지사신설사고	강원 철원읍내	李鳳夏	李龍洵	吳相根	金完鎬	李天榮, 철원분국의 승격(후기)
42호-판권간기 뒷면	관동지사도호축하광고						
43호-080-081면	관동지사발전광고						
43호-224-225면	남만주지사봉천분사신설	봉천십문○방마계○통		申明球			宋 植
44호-029면	함남지사혁신사고	함남 함흥군 함흥면 중리		金吉友			
45호-084면	원산지사설립사고	함남 원산부남촌동 46번지	李可順	李秉瓚	金相翊		金容浩 吳秉珠 朴敏龍
45호-105면	함남지사혁신사고	함남 함흥군 함흥면 중리156		金吉友	李明道	嚴升基	
46호-144-145면	진남지사부활사고	전남 광주 수기옥정		薛炳浩			羅駿集, 李龍奎

호수와 면수	기사 내역	위치와 주소	고문	사장	기자	총무	특기사항
46호-144-145면	평양지사혁신사고	평남 평양부 관후리 16번지		金燦斗	李基說	李基說	
46호-144-145면	마산지사신설사고		金容煥	李瀅宰	李殷相	崔喆龍	明道奭
47호-판권간기 뒷면	개성지사도호축하광고	경기 개성남대문통 '文化館' 내					(서점+분매소)
48호-100면	북청지사특설공고	함남 북청읍내		李炫載	姜信敎	李求準	宋贊用
48호-100면	선천지사기자교체공고				桂行老		桂行老
49호-075면	초산분사설립사고	평북 초산읍내 성서동 (벽동, 위원)	李憲國	金文爀	張天承		朴梧鳳
49호-184 뒷면	남만주총지사발전광고						
49호-184 뒷면	남만주총지사4주년축하광고						
50호-027면	남만주총지사서간도분사	봉천성 환인현 동수리분구	崔韓臣	宋南旋	崔振武	宋萬彊	
51호-032-33면	북청지사발전광고						
51호-122면	강계지사승격공고				朴大用		
52호-119면	개성지사기자사임공고						
52호-154면	안주분사신설사고	평남 안주군 안주읍		裵義贊		鄭應琫	
52호-154면	용강분매소신설사고	평남 용강군 지운면 진지리		金永泰		金義鉉	
52호-154면	강서분매소신설사고	평남 강서군 강서읍내		宋泰權			
52호-154면	용암포분매소신설사고	평북 용천군 용암포		金四澤			
53호-목차앞면	원산지사설립사고	함남 원산부남산동(전화 752번)	趙炳喆	金相翊	尹致爀		朱弘益 金瓊植 安廷協
53호-목차앞면	부산지사설립사고	경남 부산부 지나정(전화 2012번)		任龍吉	盧震鉉		
53호-목차앞면	통천분사설립사고	강원 통천군 순령면 고저리		李昌奎	池厚豊	金炯樂	
53호-목차앞면	황해지사설립사고	황해 경의선 사리원		金振瑨	金文煥	金文煥	
53호-목차앞면	한포분매소설립사고	황해 경의선 한포역전 중앙서관		金世鍾			(서점+분매소)
53호-목차앞면	순천(順川)분매소설립	평남 順川郡(순천군) 읍내 관하리	洪萬奎	玄昌炯			
53호-목차앞면	자산분매소설립사고	평남 順川郡(순천군) 자산면 남산리	全允煥	金善昊			
55호-019면	지분사, 분매소 증설사고						지분사규모, 유통의 공유
55호-071면	독자명부작성사고						개벽, 신여성의 독자명부
55호-072-073문예면	대구지사신년축하광고	경북 대구부 횡정67번지		徐丙植	李五榮		
55호-105면	개성지사신임직원공고				金亨根		
55호-105면	원산지사신임직원공고	함남				韓洛瑞	
55호-105면	단천분사신임직원공고	함남		薛雲龍	鄭基成	徐治鉉	
55호-105면	남원분사신임직원공고	전북		金奉完			
55호-105면	안주분사신임직원공고	평남			任昌鎬		
55호-105면	만성분매소신임직원공고	평남 안주군 萬城		文振三			
55호-105면	비현분매소신임직원공고	평북		金孝丁			
55호-105면	안변분매소신임직원공고	함남		黃相熙			
55호-116면	함남지사신년축하광고	함남 함흥읍 하동리91(전화407)		金國翰	鄭龜甲	李膺奉	
55호-목차뒷면	함흥분매소신년축하 광고	함남 함흥유락정 "믿음집"		朴鍾殷			崔仁○ (잡화점+분매소)
56호-050면	평양지사혁신사고	평남 평양부 창전리 1392번지		洪淳協			

호수와 면수	기사 내역	위치와 주소	고문	사장	기자	총무	특기사항
56호-050면	관동지사혁신사고						尹弘模 申順豊 申聖奎
56호-050면	광주지사신설사고			鄭勤永	池龍洙	鄭彩永	
56호-050면	전주분사신설사고			金海天	金海天		
56호-050면	한천분매소신설사고	평남 평원군 한천	韓啓周	金昌涉			
56호-076뒷면	북만주하얼빈분사창립						
56호-076뒷면	신의주지사신설축하광고						
57호-056-057문예면	강계지사개벽발전광고	평북 강계성내					
57호-082면	포항지사신설사고	경북 영일군 포항		金成出			
57호-082면	목포지사신설사고	전남 목포부 죽동 42번지	민도마	丁 文	徐光浩		朴敬順
57호-082면	충북지사신설사고	충북 청주군 대○정		金英植			
57호-082면	강화지사신설사고	경기 강화군 ○내면 관○리 238		朴吉陽			
57호-082면	이리지사신설사고	전북 익산군 이리 욱정262		金甲基			
57호-082면	상해분사신설사고	상해 영계 모○○로 269호		鄭秉旭			
57호-082면	봉천지사신설사고	봉천 서○후가 삼○점내		金義宗			
57호-082면	풍산분사신설사고	함남 풍산군 이인면 신풍리231		朴根厚			
57호-082면	갑산분매소신설사고	함남 갑산군 혜산진 548		朴基潤			
57호-082면	황주분매소신설사고	황해 황주읍 내동리		田在善			
57호-082면	원주분매소신설사고	강원 원주읍내		李宣器			
57호-082면	울진분매소신설사고	경북 울진읍 명월리		田炳文			
57호-목차뒷면	대구지사확장사고	경북 대구부 ○서정 41번지		李豊求	徐鶴泰	徐丙植	李範朝
57호-목차뒷면(광고)	부산지사개벽발전광고						
58호-011면	인천지사부흥사고	경기 인천부 용강정 20번지(부천)		崔銑卿	李德明	孫興世	
58호-011면	성진지사신설사고	함북 학성군 성진욱정		朴敦熙	許範極	許範極	
58호-011면	벽동분사신임직원사고	, 평북 벽동		李承熙	金京浩		
58호-011면	진주분매소신설사고	경남 진주군 평안동 화산상회		千錫九			
58호-011면	혜산분매소신설사고	함남 갑산군 혜산진 488번지	趙斗窓?	玄斗漢			
58호-011면	함남지사직원이동사고	함남 함흥군 하동리 25의 7		李膺奉	薛 麟?	李秀乙	
58호-074문예면	지분사증설사고						지분사 증설계획의 정치성
58호-076문예면	봉천지사창립축하광고						
58호-077문예면	대구지사발전광고						
58호-목차뒷면(광고)	대구지사발전광고						
58호-목차뒷면	봉천지사창립축하광고						
59호-065면	강릉지사확장사고	강원 강릉읍 금정	李允植	朴容喆	權秉泰?		龍昌恩
59호-065면	북만주하얼빈분사확장사고	북만주 하얼빈 신안부 육도가8호지	申泰鉉	李東一	朴 鳴	朴 春	韓慶來
59호-068면	개성지사기자사임공고광고						金亨根
59호-071-072면	북만주하얼빈분사창립광고						
59호-판권간기앞면	고원지사특설사고	함남 고원군 하발면 도정리	李鍾麟	金仁淑	趙元均	金秉濟	崔承奎, 金容秀 徐德九, 金斗秀 趙中熙

호수와 면수	기사 내역	위치와 주소	고문	사장	기자	총무	특기사항
59호-판권간기앞면	나주지사신설사고	전남 나주군 나주면 서남정		朴順琪		梁基南	梁鉉植
59호-판권간기앞면	화순분사신설사고	전남 화순군 능주면 인영리		梁承煥	朱熙淳	朱熙淳	
59호-판권간기앞면	안악분사신설사고	황해 안악읍내(전화 30번)		金善亮	金濟訓	金勤亮	
59호-판권간기앞면	북만주하얼빈분사 창립축하광고						
59호-판권간기앞면	간도지사창립축하광고						
60호-136면	강계지사발전광고						(서점+자동차부)
60호-판권간기뒷면	강계지사직원이동증원		張世皓	李元行	朴相秀	金?烈	金基稷, 白仁玉, 金錫璉, 李福鉉
60호-판권간기뒷면	흥경현분사신설사고	봉천 흥경현 하남동대가	康雲起	李鍾殷	鮮于斌	崔虎隱	崔日華, 玄昌浩 安泳均, 姜瑢根, 李青愚, 金得弼
60호-판권간기뒷면	간도지사직원이동사고		許昌國	徐基珍	洪運杓	趙昌德	辛仁順
60호-판권간기뒷면	나주지사의위치직원이동	전남 나주군 나주면 서남정		梁鉉植	鄭福基	梁敬植	
60호-판권간기뒷면	통영분사직원신임사고			徐丙右	徐昌乙	徐昌乙	
60호-판권간기뒷면	횡성분사신설사고	강원 횡성	尹兌鉉	李東壽	趙秀雄	趙秀雄	
60호-판권간기뒷면	벽동지사구내신설분매소	평북 벽동군 우시면 우하동		金晟河	金晟河		
62호-목차뒷면	서간도분사신설사고	봉천성 환인현 성내	金秉牧	宋南旋		宋萬彊	金昌道, 金昇權
62호-목차뒷면	거제분사신설사고	경남 거제군 읍내 아양리		李杜勤	尹澤根	李杜牧	(섬에도 분사신설)
62호-목차뒷면	상주지사신설사고	경북 상주군 동문통		蔡淳萬	姜 壎	朴佑鍾	金達根, 柳根夏
62호-목차뒷면	영동지사(분사)신설사고	충북 영동군 영동면 계산리		李相夏	權容默		許元祚, 鄭道源 (영동분사의 오기)
62호-목차뒷면	간도백초구분사신설	간도 백초구		韓 一			
62호-목차뒷면	간도국자가분매소신설	간도 국자가		姜仁善			
62호-목차뒷면	간도이도구분매소신설	간도 이도구		朴東華			
62호-목차뒷면	해서지사신설사고	황해도 장연군 읍내		白俊烈	吳仁善		金相弼 金瓚基 林世漢
62호-목차뒷면	관서지사(일본)특설사고	일본 대판시(오사카)	高順欽	金汶熙	崔善鳴		張震, 岡部夜詩子
62호-목차뒷면	성진지사학남분매소사고	함북 학성군 학남면		金昌澤			金昌澤은 金昌津의 오식
62호-목차뒷면	용천분사증원급이동사고	평북 용천군		宋之洛		李一龍	宋在亨
62호-목차뒷면	강서분사증원사고	평남 강서군 강서읍내	金鳳河		金泰勳		
62호-목차뒷면	평양지사원이동사고						尹 成
62호-목차뒷면	간도지사원이동사고				李濬鶴	趙昌德	表永大, 辛仁順
62호-판권간기뒷면	벽동지사장교체사고	평북 벽동		金完彬			李承熙
63호-030면	통천분사주최정구대회						통천분사주최정구 대회(7개청년회)
63호-판권간기뒷면	해서지사신설축하광고	황해도 장연군 읍내					
63호-판권간기뒷면	관서지사(일본)특설사고	일본 대판시(오사카)	高順欽	金汶熙	張 震		岡部夜詩子
63호-판권간기뒷면	청진분사신설사고	함북 청진부 신암동 18		李富淡	洪淳模		
63호-판권간기뒷면	해서지사신설사고	황해도 장연군 읍내		白俊烈	吳仁善		金相弼 金瓚基 林世漢

호수와 면수	기사 내역	위치와 주소	고문	사장	기자	총무	특기사항
63호-판권간기뒷면	제천분사신설사고	충북 제천군 읍내 읍부리		鄭雲龍			李錫疇, 金振國
63호-판권간기뒷면	강서분사직원이동	평남 강서군 강서읍내	金鳳河	金義燮	金泰勳		金根燦,
63호-판권간기뒷면	곽산분사신설사고	평북 정주군 관산면 조산동	申裕權	李鎭秋	李國榮	李應革	李昌植, 金禹鉉?
64호-판권간기뒷면	평강분사신설사고	강원 평강군 복계역전	鄭宜植	權大完		朱 彪	崔東翊 鄭永奎 全德三
64호-판권간기뒷면	원산지사복설사고	함남 원산부 광석동 2번지	康基德	張基郁	金鍾國	李啓心	趙炳喆
64호-판권간기뒷면	영동분사변경사고	충북 영동군 영동면 계산리		李相夏	權容默		許元祚, 鄭道源
65호-판권간기뒷면	고원지사발전광고	함남 고원군 하발면 도정리					
65호-판권간기뒷면	원산지사신년호축하광고						
65호-판권간기뒷면	충주지사신설사고	충북 충주읍 내대수정		蔡基洙	吳彦泳		李善圭
65호-판권간기뒷면	대구지사복설사고	대구부 경정 2정목 51	張相轍	高丙敎	申昌浩	姜信旭	黃奉日 金完燮 李源浩
65호-판권간기뒷면	문천분사신설사고	함남 문천군 함경선 전탄역전	孫相敎	孫鴻寬	李奉淳	鄭君和	朴載善
65호-판권간기뒷면	전남총지사특설사고	전남 광주 서광산정		金甲洙	金在明	金興善	池龍洙, 姜石峯 金泰烈, 張順基 韓吉祥, 宋來顯
65호-판권간기뒷면	선천지사신진용사고	평북 선천읍내	李昌錫	金商說	張濟桓	田文植	金熙綽 李君五 金尙謙
65호-판권간기뒷면	안변분사신설사고	함남 안변군 읍내		申鏞彪	姜永燮	黃在燮	河榮洛
66호-목차뒷면	대구지사이전사고	경북 대구부 본정 1정목 12번지					
66호-목차뒷면	대구지사복설축하광고						
66호-목차뒷면	안변분사신설축하광고						
66호-판권간기앞면	전남총지사특설축하광고						
66호-판권간기앞면	부산지사복설사고	경남 부산부 영주정		卞在成	金鍾健		愼注星
66호-판권간기앞면	영흥지사신설사고	함남 영흥읍내		張承漢			
66호-판권간기앞면	경성총판매소특설사고	경성 내자동 238 (광화문 573번)		白敬粲			서적 도매상의 등장
66호-판권간기앞면	평양지사이동사고	평남 평양부 신창동127 (동명서관)	鄭基琇	高永洙	全尙道		洪淳協 (서점+지사)
66호-판권간기앞면	전남총지사목포출장소	전남 목포부 교남동			全 濤		朴德珍, 金貞愛
66호-판권간기앞면	강계지사이동사고	평북 강계성내(천도교종리원)	金錫璉	李昌化	韓仁現	金?烈	張世皓 李福鉉 劉基貞
67호-121면	전남총지사목포출장소						
67호-124면	부산지사복설축하광고						
67호-125면	대구지사발전광고						
67호-판권간기뒷면	제주도지사신설사고	제주도 성내 칠성동 (민우당)		宋鍾紘	金澤銖		姜昌輔 金文準 金致鍾
67호-판권간기뒷면	김제지사신설사고	전북 김제군 읍내	郭東萬	鄭錫逑	高容俊		李奉吉, 鄭錫奉 趙 淵, 崔百鎭

호수와 면수	기사 내역	위치와 주소	고문	사장	기자	총무	특기사항
67호-판권간기뒷면	신고산지사신설사고	함남 안변군 신고산	安載泰	安明錫	金達榮	崔鍾奕	姜英均, 金增濟 李元夏, 金鳳官 徐允京, 李容愼 李大用, 安陳錫 安載豊, 張永淳
67호-판권간기뒷면	경주지사신설사고	경북 경주군 읍내		崔東石	金炳濟		
67호-판권간기뒷면	군산지사신설사고	전북 군산부 대정동 14번지(746번)	李鍾呂	林 麟	朴世赫		林鍾曄 金永吉 全榮律
67호-판권간기뒷면	신상분사신설사고	함남 정평군 춘류면 신상리	李濤舜	李明永	李鉉元		李基承
67호-판권간기뒷면	영흥지사직원신임사고	함남 영흥읍내	趙鳳禧			金定勳	李明燮 李 杓 李鼎實
68호-판권간기뒷면	함남지사확장사고	함남 함흥군대화정2정목(동아서림)		朴華燮	裵道彬		朴在鳳(서점+지사)
68호-판권간기뒷면	영덕지사신설사고	경북 영덕읍 남석동		白鶴來	朴 武		
68호-판권간기뒷면	횡성분사직원증선사고	강원 횡성			吳奎善		○光出
68호-판권간기뒷면	병영지사신설사고	경남 울산 병영남문통	吳義相	金南石	金仁奭	金仁奭	金成晋 劉昌植 朴豊鎬
68호-판권간기뒷면	자성분사신설사고	평북 자성군 읍내		林鏞玖	張軫三	張軫三	李贊俊 黃雲京 申錫浩
68호-판권간기뒷면	장성분사신설사고	전남 장성군 역전	金 俊	潘俊模	李建玉	孫東鮮	洪鍾輝? 羅 叺 金圭煥
69호-064면	전주지사신설사고	전북 전주본정 2정목 빌딩제9호		朴泰華	柳寶敬		申時徹, 金雲英
69호-064면	회령분사신설사고	함북 회령군 회령면 1동		沈柄基	林秉英		
69호-064면	대구지사사원해임사고	경북 대구부					姜信旭 申昌浩 李源浩
69호-118면	대구지사발전광고						
71호-102면	통영지사신설사고	경남 통영항 부도정 전화 114번		姜性鎬	張柱漢	張柱漢	
71호-102면	당진지사신설사고	충남 당진군 읍내		申泰舜	張基殷	韓映錫	
71호-102면	사천분사신설사고	경남 사천시내 평화동	朴殷鍾	姜彙生	姜彙生		
71호-102면	간도지사직원이동사고			呂南壽	朱琛熙	金松俊	朴梧甲
71호-102면	영흥지사총무이동사고						金定勳
72호-108면	동경지사신설사고	일본 동경시 하곡구 서정 11번지		徐廷根	朱泰道	徐廷根	金完鎭
72호-108면	영천지사신설사고	경북 영천군 읍내		金英甲	朴曦陽	金英學	
72호-108면	강릉지사복설사고	강원 강릉읍내		崔鳳圭	崔 郁	朱一龍	金在軫 鄭允賦 鄭寅洙
72호-108면	선천지사직원증선사고				崔英植		
72호-108면	사천분사직원신임				金榕駿	具允祖	崔學龍, 韓武榮

『개벽』 유통 관련 인물 편람

일러두기

1. 『개벽』 소재 유통 관련 사·공고와 광고를 바탕으로 작성했다.
2. 분매소(분사)지사(지국) 관련 인물들(475명)의 이름과 사내 역할을 명시했다.
3. 활동 내역과 관련 사건 및 참고문헌을 표시해 검증이 가능토록 했다.
4. 참고문헌은 다음과 같이 약어로 표시했다.
   용례—『일제하사회운동 인명색인』: 색인, 『한국사회주의운동 인명사전』: 사전, 선우기성의 『한국청년운동사』: 선우기성, 『한국민족문화 대백과사전』: 민족, 김창순의 『한국공산주의운동사』: 김창순, 이기하의 『한국공산주의운동사』: 이기하, 『독립유공자공훈록』: 공훈록, 『동아일보사사』: 동아일보사.

호수	이름	한자	지분사 내 역할	재임 기간	활동 내역 및 관련 사건	참고문헌
62	강 훈	姜 壎	상주지사기자	1925.8-	전조선노동대회 위원(25.4), 지국장(25.6-11) / 조공단원, 신간회	색인 63면, 사전 20면, 동아일보사 441면
64	강기덕	康基德	원산지사고문	1925.12-	3·1운동 48인, 원산청년회간부, 덕원청년동맹(26.1-) / 원공청, 신간회	색인 7면, 민족1-390면, 선우기성 452-453면 외
65	강석봉	姜石峯	전남총지사기자	1926.1-	3·1운동, 조선청년총동맹, 전남해방운동자동맹 / 조공위원	색인 27면, 사전 12-13면, 공훈록7-52면
8	강선용	康善容	원가산분매소주임	1921.2-		
71	강성호	姜性鎬	통영지사장	1926.7-		
48	강신교	姜信敎	북청지사기자	1924.6-		색인 32면, 공훈록6-551면
65	강신욱	姜信旭	대구지사총무	1926.1-		
67	강영균	姜英均	신고산지사기자	1926.3-	안변청년연맹, 삼각전위동맹, 동아지국장(26.10-28.11) / 조공단원	색인 24면, 사전 14면, 동아일보사 448면
23	강영삼	姜榮三	신의주지사기자	1922.5-		
65	강영섭	姜永燮	안변분사기자	1926.1-	안변등주청년회원	색인 35면, 선우기성 458면
60	강용근	姜瑢根	홍경현분사고문	1925.6-		
60	강운기	康雲起	홍경현분사고문	1925.6-		
62	강인선	姜仁善	국자가분매소주임	1925.8-		
67	강창보	姜昌輔	제주도지사기자	1926.3-	사상단체 신인회, 청년동맹 / 4차조공사건, 제주공산주의자 협의회	색인 53면, 사전 18면
71	강휘생	姜彙生	사천분사장	1926.7-		
48	계행노	桂行老	선천지사기자	1924.6-		
65	고병교	高丙敎	대구지사장	1926.1-		
62	고순흠	高順欽	관서지사고문	1925.8-	대동청년당, 조선노동공제회, 대판 자유노동자 연맹, 무정부주의자	색인 78-79면, 사전 25면
7	고신봉	高信鳳	태천분매소주임	1921.1-	천도교청년회 태천지회 부회장(19.2-)	색인 79면, 선우기성 440면
66	고영수	高永洙	평양지사장	1926.2-	평양기독교 청년회 음악부원(23.5-)	색인 79면, 선우기성 423면
67	고용준	高容俊	김제지사기자	1926.3-	김제청년연맹 준비위원(25. 12, 발기대회)	색인 80면, 선우기성 335면
35	고채주	高采柱	군산분국장	1923.5-	군산청년회(22.10 창립)/집행위원(27.3)	색인 89-90면, 선우기성 340면
38	공기섭	孔錤涉	남만주총지사장	1923.8-		
67	곽동만	郭東萬	김제지사고문	1926.3-		
22	곽상훈	郭尙勳	인천지사기자	1922.4-	인천 한용청년회 초대회장(20.6-), 총무(21.12-)	색인 199면, 선우기성 305면

호수	이름	한자	지분사 내 역할	재임 기간	활동 내역 및 관련 사건	참고문헌
72	구윤조	具允祖	사천분사총무	1926.8-		
64	권대완	權大完	평강분사장	1925.12-	/조선공산당 조선공화정부 관련 수감자(31.2 재판)	색인 117면, 이기하 1157면
59	권병태?	權秉泰?	강릉지사기자	1925.5-		
62	권용묵	權容默	영동분사기자	1925.8-		
8	김 광	金 洸	이원분매소주임	1921.2-	천도교청년회 이원지회 / 조선농민사	색인 175면, 공훈록7-120면
68	김 준	金 俊	장성분사고문	1926.4-		
57	김갑기	金甲基	이리지사장	1925.3-	3·1운동, 이리청년회 위원(25.4-), 동아지국장(24.2-27.8)	색인 155면, 선우336면, 동아일보사 438면, 공훈록2-83면
65	김갑수	金甲洙	전남총지사장	1926.1-	광주형평청년회 집행위원(26.2-)	색인 156면, 선우기성 346면
53	김경식	金瓊植	원산지사고문	1924.11-	원산노동회 회장, 조선노농총동맹/잡지사 노동자사(25.3)	색인 164면, 사전 42면
58	김경호	金京浩	벽동분사기자	1925.4-	조선농민사	색인 168면, 공훈록7-67면
55	김국한	金國翰	함남지사장	1925.1-	함흥청년회 집행위원(23.4-25.7)	색인 184면, 선우기성 449면
68	김규환	金圭煥	장성분사고문	1926.4-		
59	김근량	金勤亮	안악분사총무	1925.5-		
63	김근찬	金根燦	강서분사기자	1925.11-	/ 조공 재건동맹 용강 야체이까(32.5)	색인 195면, 이기하 1265면
60	김기직	金基稷	강계지사수금원	1925.6-		
44	김길우	金吉友	함남지사장	1924.2-	곡물상, 간도 일용노동자/조공단원(28.1), 중국공산당 동만특위	색인 210면, 사전 52-53면, 김창순5-293면
68	김남석	金南石	병영지사장	1926.4-	울산 병영청년회 재정담당(25.4-)	색인 214면, 선우기성 393면
62	김달근	金達根	상주지사기자	1925.8-		
39	김달영	金達永	평양지사기자	1923.9-	안주천도교청년회 / 안주천도교청년당 집행위원(29.4)	색인 220면, 선우기성 430면
67	김달영	金達榮	신고산지사기자	1926.3-	신고산청년회 부회장(25.2-), 안변청년연맹 집행위원(26.1-)	색인 220면, 선우기성 458, 463면
38	김도현	金道賢	강계지사기자	1923.8-		
10	김동응	金東應	통천분매소주임	1921.4-		
22	김동현	金東炫	개성지사외무	1922.4-		
59	김두수	金斗秀	고원지사고문	1925.5-		
60	김득필	金得弼	홍경현분사기자	1925.6-		
38	김문벽	金文闢	강계지사장	1923.8-		
67	김문준	金文準	제주도지사기자	1926.3-	3·1운동 참가, 사립학교 설립 / 재일조선노총 집행위원(27.7)	색인 274면, 사전 70면, 공훈록7-77면
49	김문혁	金文爀	초산분사장	1924.7-		
53	김문환	金文煥	황해지사기자	1924.11-	황해청년당대회 봉산대표(25.2), 봉산청년회 서기(25.2)	색인 275면, 선우기성 409, 416면
62	김문희	金汶熙	관서지사장	1925.8-	제주청년수양회 회장(20)	색인 275면, 선우기성 474면
62	김병목	金秉牧	서간도분사고문	1925.8-		
7	김병묵	金秉默	진남포분매소주임	1921.1-		
4	김병섭	金炳燮	홍원분매소주임	1920.9-	매일신보분국장	개벽4호 142면, 분매소 일람표
22	김병익	金炳益	성천지사장	1922.4-	동아지국장(25.1-45.8)	동아일보사 444면

호수	이름	한자	지분사 내 역할	재임 기간	활동 내역 및 관련 사건	참고문헌
67	김병제	金炳濟	경주지사기자	1926.3-		
59	김병제	金秉濟	고원지사총무	1925.5-		
60	김봉렬	金洚烈	강계지사총무	1925.6-		
55	김봉완	金奉完	남원분사장	1925.1-		
62	김봉하	金鳳河	강서분사고문	1925.8-		
52	김사택	金四澤	용암포분매소주임	1924.10-	용암포청년회 서무(25.11) / 용천농민연합회(27.10)	색인 320면, 선우기성 446면, 공훈록7-82면
36	김상겸	金尙謙	선천지사장	1923.6-	/ 신간회 선천지회	색인 323면, 공훈록7-83면
65	김상설	金商說	선천지사장	1926.1-		
45	김상익	金相翊	원산지사기자	1924.3-	3·1운동, 원산애우회장(22.8), 원산청년회 학예(22.10-) 서무(25.7-)	색인 331면, 선우기성 451-452면
62	김상필	金相弼	해서지사기자	1925.8-	은율청년회(22.7), 해서청년연합 순회위원(25.3.2)	색인 324면, 선우기성 409, 415면
66	김석연	金錫璉	강계지사고문	1926.2-		
59	김선량	金善亮	안악분사장	1925.5-	3·1운동 참가, 안악청년회 총무(25.5-) / 안악기독교청년회장(28.3)	색인 345면, 선우기성 415, 민족4-696면
53	김선호	金善昊	자산분매소주임	1924.11-		
14	김성대	金聲大	전남지사기자	1921.8-		
68	김성진	金成晋	병영지사고문	1926.4-	병영청년회 총무(25.4-)	색인 357면, 선우기성 393면
57	김성출	金成出	포항지사장	1925.3-	영일청년회 서무(25.8-)	색인 359면, 선우기성 376면
60	김성하	金晟河	벽동분매소주임	1925.6-		
53	김세종	金世鍾	한포분매소주임	1924.11-		
7	김세진	金世鎭	해남분매소주임	1921.1-	해남 천도교구	개벽7호 180면, 분매소 일람표
71	김송준	金松俊	간도지사총무	1926.7-		
62	김승권	金昇權	서간도분사고문	1925.8-		
72	김영갑	金英甲	영천지사장	1926.8-		
67	김영길	金永吉	군산지사고문	1926.3-		
20	김영석	金榮錫	순천지국장	1922.2-		
57	김영식	金英植	충북지사장	1925.3-	청주청년회 이사(22.9-)	색인 414면, 선우기성 319면
10	김영아	金永雅	봉산분매소주임	1921.4-		
52	김영태	金永泰	용강분매소주임	1924.10-		
72	김영학	金英學	영천지사총무	1926.8-		
62	김완빈	金完彬	벽동지사장	1925.8-		
65	김완섭	金完燮	대구지사고문	1926.1-		
72	김완진	金完鎭	동경지사기자	1926.8-		
41	김완호	金完鎬	관동지사총무	1923.11-	철원애국단사건(20.12), 철원청년회 덕육부장(23.10-)	색인 429면, 선우기성 317면, 공훈록7-94면
59	김용수	金容秀	고원지사고문	1925.5-		
10	김용숙	金用淑	진남포분매소주임	1921.4-		
72	김용준	金榕駿	사천분사기자	1926.8-		
45	김용호	金容浩	원산지사고문	1924.3-	원산청년회 평의원(22.10-)	색인 442면, 선우기성 451면
46	김용환	金容煥	마산지사고문	1924.4-	/ 신간회 마산지회	색인 443면, 공훈록7-96면

호수	이름	한자	지분사 내 역할	재임 기간	활동 내역 및 관련 사건	참고문헌
63	김우현	金禹鉉	곽산분사고문	1925.11-	*전우현?, 정주청년회장(20.7)	색인 446면, 공훈록7-97면, 선우기성 435면
69	김운영	金雲英	전주지사기자	1926.5-	전주여자기독교 청년회(25.6-)	색인 448면, 선우기성 332면
20	김윤선	金潤璿	평남지사장	1922.2-		
23	김윤환	金允煥	신의주지사회계	1922.5-		
63	김의섭	金義燮	강서분사장	1925.11-		
57	김의종	金義宗	봉천지사장	1925.3-	천도교인, 3·1운동	색인 474면, 공훈록2-28면
52	김의현	金義鉉	용강분매소총무	1924.10-		
68	김인석	金仁奭	병영지사기자	1926.4-		
59	김인숙	金仁淑	고원지사장	1925.5-	고원청년회 이사(21.8-, 25.2-)	색인 485면, 선우기성 455면
65	김재명	金在明	전남총지사기자	1926.1-	해방운동사경영, 광주청년회, 전남해방운동자동맹, 고려공청	색인 502면, 사전 114면, 공훈록7-103면
72	김재진	金在軫	강릉지사기자	1926.8-	/강릉청년동맹회장(27.11-)	색인 509면, 선우기성 314면
41	김정기	金正祺	간도지사장	1923.11-	金正琪, 동아지국장(22.6-23.8), 동양학원사건 / 조선민흥회(26.10)	사전 118면, 개벽 41호 후기, 동아일보사 451면
66	김정애	金貞愛	목포출장소기자	1926.2-	조선여자유학생친목회 / 목포청년동맹여성부(27.10)	색인 521면, 선우기성 347, 공훈록6-132면
67	김정훈	金定勳	영흥지사총무	1926.3-		
59	김제훈	金濟訓	안악분사기자	1925.5-		
66	김종건	金鍾健	부산지사기자	1926.2-	진성회, 경남청년연맹준비위원(25.1) / 노총집행위원, 신간회창원지회	색인 531면, 사전 121면, 선우기성 384, 403면
64	김종국	金鍾國	원산지사기자	1925.12-	원산청년회간부(26.1)	색인 531면, 선우기성 452면
20	김종석	金鍾錫	순천지국기자	1922.2-		
67	김증제	金增濟	신고산지사기자	1926.3-		
63	김진국	金振國	제천분사사무	1925.11-		
7(53)	김진선	金振璿	사리원분매소주임	1921.1-24.11-	황해지사장, 봉산청년회총무(25.2-)	색인 562면, 선우기성 416면
62	김찬기	金瓚基	해서지사기자	1925.8-	/황해청년연맹대회 집행위원(28.3-)	색인 572면, 선우기성 410면
46	김찬두	金燦斗	평양지사장	1924.4-		
62	김창도	金昌道	서간도분사고문	1925.8-		
56	김창섭	金昌涉	한천분매소주임	1925.2-		
62	김창효	金昌涍	학남분매소주임	1925.8-		
67	김치종	金致鍾	제주도지사기자	1926.3-		
65	김태열	金泰烈	전남총지사기자	1926.1-	전남청년연합회 준비위원(26.1-)	색인 613면, 선우기성 344면
7	김태일	金泰鎰	고원분매소주임	1921.1-		
62	김태훈	金泰勳	강서분사기자	1925.8-	/ 강서적색농민조합(31.8)	색인 618면, 이기하 1148면
67	김택수	金澤銖	제주도지사기자	1926.3-	제주청년수양회 간사(22.5), 신인회, 전남해방운동자동맹 / 고려공청	색인 620면, 사전 141면, 선우기성 474면
8	김학근	金學謹	정주분매소주임	1921.2-	천도교구	개벽 8호 110면, 분매소 일람표
56	김해천	金海天	전주분사장	1925.2-		
55	김형근	金亨根	개성지사기자	1925.1-	/ 신간회개성지사(27.8) 개성청년동맹 회장(28.3)	색인 652면, 선우기성 304면, 공훈록7-117면

호수	이름	한자	지분사 내 역할	재임 기간	활동 내역 및 관련 사건	참고문헌
53	김형락	金炯樂	통천분사총무	1924.11-		
35	김홍두	金洪斗	군산분국고문	1923.5-		색인 652면, 공훈록7-118면
8	김홍선	金弘善	상해분매소주임	1921.2-	3·1운동 참가, 사회주의수용 / 조공 만주총국 선전부 책임자(27.10)	색인 675면, 사전 153면, 김창순4-299, 315면
55	김효정	金孝丁	비현분매소주임	1925.1-		
65	김흥선	金興善	전남총지사총무	1926.1-	전남청년연합회 준비위원(26.1-) / 광주청년동맹 검사위원(27.11)	색인 676면, 선우기성 344, 346면
35	김희영	金熙暎	군산분국기자	1923.5-		
36	김희작	金熙綽	선천지사고문	1923.6-		
68	나 팔	羅 叭	장성분사기자	1926.4-	장성청년회 검사위원(25.12-)	선우기성 358면
22	남 홍	南 洪	진주지사장	1922.4-23.11	(南海龍) 총독부 내무부수산과, 조공당원 / 2차조공사건(1926.6)	색인 704면, 사전 162면, 공훈록7-125면
53	노진현	盧震鉉	부산지사기자	1924.11-		
34	라문옥	羅文玉	마산분매소주임	1923.4-	백일서점 주인(마산 석정)	개벽 34호 판권간기앞면 광고
46	라준집	羅駿集	전남지사사원	1924.4-		
46	명도석	明道奭	마산지사고문	1924.4-	마산청년구락부 총무(22.3-) / 신간회 마산지회	색인 735면, 선우기성 389면, 공훈록7-128면
41	명제영	明濟英	영변출장소기자	1923.11-		
55	문진삼	文振三	만성분매소주임	1925.1-	안주천도교청년회장(20.5-)	색인 751면, 선우기성 429면
20	문태직	文泰稷	함남지사기자	1922.2-	임정 함남 교통국	색인 755면, 공훈록5-335면
57	민도마	민도마	목포지사고문	1925.3-		
59	박 명	朴 鳴	하얼빈분사기자	1925.5-		
68	박 무	朴 武	영덕지사기자	1926.4-	달성청년연맹 집행위원(25.10-)	색인 802면, 선우기성 374면
59	박 춘	朴 春	하얼빈분사총무	1925.5-	/ 2차 간도공산당 사건(28.9)	색인 914면, 김창순4-389, 391면
57	박근후	朴根厚	풍산분사장	1925.3-		
57	박기윤	朴基潤	갑산분매소주임	1925.3-		
57	박길양	朴吉陽	강화지사장	1925.3-	중앙청년회 위원(24.3), 시대일보지국장(25.8), 1차 공산당사건	사전 182-183면, 선우기성 309면, 공훈록7-133면
51	박대용	朴大用	강계지사기자	1924.9-		
66	박덕진	朴德珍	목포출장소기자	1926.2-	목포청년회 재무원(20.5-), 목포기독교청년회 총무(21.3-)	색인 789면, 선우기성 346, 348면
58	박돈희	朴敦熙	성진지사장	1925.4-		
62	박동화	朴東華	이도구분매소주임	1925.8-		
45	박민용	朴敏龍	원산지사고문	1924.3-		
29	박봉의	朴鳳儀	경남지사장	1922.11-		
60	박상수	朴相秀	강계지사기자	1925.6-		
7	박상호	朴尙浩	의주분매소주임	1921.1-		
7	박성익	朴性翊	인천분매소주임	1921.1-		
67	박세혁	朴世赫	군산지사장	1926.3-	군산청년회(22.10 창립) 집행위원(27.3), 군산노동청년회서무(26.7-)	색인 828면, 선우기성 340-341면
59	박순기	朴順琪	나주지사장	1925.5-		
30	박영복	朴永福	평남지사기자	1922.12-	『부인』 여기자, 대한애국부인회(21)	색인 846면, 공훈록7-139면

호수	이름	한자	지분사 내 역할	재임 기간	활동 내역 및 관련 사건	참고문헌
71	박오갑	朴梧甲	간도지사재무	1926.7-		
49	박오봉	朴梧鳳	초산분사고문	1924.7-		
59	박용철	朴容喆	강릉지사장	1925.5-		
62	박우종	朴佑鍾	상주지사총무	1925.8-		
71	박은종	朴殷鍾	사천분사고문	1926.7-		
68	박재봉	朴在鳳	함남지사기자	1926.4-		
65	박재선	朴載善	문천분사고문	1926.1-		
7	박정원	朴正源	장성분매소주임	1921.1-		
7	박종각	朴鍾珏	성천분매소주임	1921.1-	천도교구	개벽 7호 180면, 분매소 일람표
55	박종은	朴鍾殷	함흥분매소주임	1925.1-		
22	박치대	朴致玳	개성지사장	1922.4-	개성의 서적상, 3·1운동 참가, 조선독립 개성회	색인 917면, 이정은 「3·1운동 의지방확산…」
41	박태봉	朴泰鳳	영변출장소주임	1923.11-		
69	박태화	朴泰華	전주지사장	1926.5-	민중운동자동맹, 전주청년회(24.8), 전주형평청년회(25.6) / 조공단원	사전 215면, 선우기성 331면
7	박태훈	朴泰薰	평원분매소주임	1921.1-		
68	박풍호	朴豊鎬	병영지사고문	1926.4-		
68	박화섭	朴華燮	함남지사장	1926.4-		
72	박희양	朴曦陽	영천지사기자	1926.8-		
68	배도빈	裵道彬	함남지사기자	1926.4-		
7(52)	배의찬	裵義贊	안주분매소주임	1921.1-	안주분사장, 안주천도교청년회(20.5 창립) / 천도교청년당지회(29.4)	색인 959면, 선우기성 429-430면, 개벽 3호 분매소
66	백경찬	白敬粲	경성총판매소주임	1926.2-		
7	백영식	白英植	희천분매소주임	1921.1-		
60	백인옥	白仁玉	강계지사고문	1925.6-		
62	백준열	白俊烈	해서지사장	1925.8-	/ 고려공산청년회 가입(27), 검거(28.8)	사전 228면
68	백학래	白鶴來	영덕지사장	1926.4-		
32	변영도	邊榮道	박천분사장	1923.2-		
66	변재성	卞在成	부산지사장	1926.2-		
57	서광호	徐光浩	목포지사기자	1925.3-	/광주청년연맹 집행위원(27.4)	색인 998면, 선우기성 344면
60	서기진	徐基珍	간도지사장	1925.6-		
59	서덕구	徐德九	고원지사고문	1925.5-		
55	서병식	徐丙植	대구지사장	1925.1-		
60	서병우	徐丙右	통영분사장	1925.6-		
67	서윤경	徐允京	신고산지사고문	1926.3-	안변청년연맹 집행위원(26.1-)	색인 1013면, 선우기성 458면
72	서정근	徐廷根	동경지사장	1926.8-	정주기독교청년회 서기(22.12-), 정주유학생회 서기(26.8-)	색인 1071면, 선우기성 435-436면
60	서창을	徐昌乙	통영분사기자	1925.6-		
55	서치현	徐治鉉	단천분사총무	1925.1-		
57	서학태	徐鶴泰	대구지사기자	1925.3-		
60	선우빈	鮮于斌	흥경현분사기자	1925.6-		

호수	이름	한자	지분사 내 역할	재임 기간	활동 내역 및 관련 사건	참고문헌
39	선우오	鮮于梧	평양지사총무	1923.9-		
58	설 린?	薛 麟?	함남지사기자	1925.4-		
46	설병호	薛炳浩	전남지사장	1924.4-	시대, 동아광주지국장(20.8-23.10), 광주노동공제회집행위원장	색인 1032면, 사전 240-241면, 동아일보사 439면
55	설운용	薛雲龍	단천분사장	1925.1-		
68	손동선	孫東鮮	장성분사총무	1926.4-		
65	손상교	孫相敎	문천분사고문	1926.1-		
65	손홍관	孫鴻寬	문천분사장	1926.1-	함남기자연맹, 문천청년동맹(26.1-)	색인 1055면, 선우기성 463면, 공훈록6-568면
58	손홍세	孫興世	인천지사총무	1925.4-		
43	송 식	宋 植	봉천분사총경리	1924.1-		
23	송관철	宋寬哲	신의주지사기자	1922.5-		
50	송남선	宋南旋	서간도분사장	1924.8-		
65	송래현	宋來顯	전남총지사기자	1926.1-	전남청년연맹 집행위원(26.2)	색인 1059면, 선우기성 344면
50	송만강	宋萬疆	서간도분사총무	1924.8-		
38	송사안	宋師顔	남만주총지사총무	1923.8-		
3	송재섭	宋在燮	정읍분매소주임	1920.8-	천도교구내	개벽 3호 분매소 사고
62	송재형	宋在亨	용천분사회계	1925.8-		
67	송종현	宋鍾絃	제주도지사장	1926.3-	*宋鍾炫, 주류도매업, 신인회 간사/조공 제주세포 책임자(27.7)	색인 1080면, 사전 251면
62	송지락	宋之洛	용천분사장	1925.8-		
48	송찬용	宋贊用	북청지사기자	1924.6-		
52	송태권	宋泰權	강서분매소주임	1924.10-		
10	송태용	宋泰龍	북청분매소주임	1921.4-		
43	신명구	申明球	봉천분사장	1924.1-		
68	신석호	申錫浩	자성분사외무	1926.4-		
56	신성규	申聖奎	관동지사기자	1925.2-		
56	신순풍	申順豊	관동지사총무	1925.2-	철원애국단사건(20.12)	색인 1105면, 공훈록7-165면
69	신시철	申時徹	전주지사기자	1926.5-	전주청년회 체육부장(24.8-)	색인 1106면, 선우기성 331면
65	신용표	申鏞彪	안변분사장	1926.1-		
63	신유권	申裕權	곽산분사고문	1925.11-		
60	신인순	辛仁順	간도지사기자	1925.6-		
66	신주성	愼注星	부산지사기자	1926.2-		
65	신창호	申昌浩	대구지사기자	1926.1-		
71	신태순	申泰舜	당진지사장	1926.7-	당진청년회장(25.8-)/신간회경성지회(29)	색인 1121면, 선우기성 330면, 공훈록7-166면
59	신태현	申泰鉉	하얼빈분사고문	1925.5-		
25	신학균	申學均	인천분매소주임	1922.7-		
69	심병기?	沈柄基?	회령분사장	1926.5-		
68	심준모	瀋俊模	장성분사장	1926.4-		
8	안도길	安堵吉	덕천분매소주임	1921.2-	천도교구	개벽 8호 110면, 분매소 일람표

호수	이름	한자	지분사 내 역할	재임 기간	활동 내역 및 관련 사건	참고문헌
67	안명석	安明錫	신고산지사장	1926.3-		
60	안영균	安泳均	홍경현분사기자	1925.6-		
10	안영준	安永俊	평강분매소주임	1921.4-	평강청년회 간부(20.7-21.9)	색인 1162면, 선우기성 313면
67	안재태	安載泰	신고산지사고문	1926.3-		
67	안재풍	安載豊	신고산지사고문	1926.3-		
53	안정협	安廷協	원산지사고문	1924.11-	조선청년회연합회, 원산청년회장(20.6-21.10) 평의원(22.10-)	색인 1168면, 선우기성 451면, 공훈록7-172면
67	안진석	安陳錫	신고산지사고문	1926.3-		
60	양경식	梁敬植	나주지사총무	1925.6-		
59	양기남	梁基南	나주지사총무	1925.5-	동아화순지국장(25.5-26.6)	색인 1182면, 동아일보사 439면
59	양승환	梁承煥	화순분사장	1925.5-		
60	양현식	梁鉉植	나주지사장	1925.6-		
45	엄승기	嚴升基	함남지사총무	1924.3-		
71	여남수	呂南壽	간도지사장	1926.7-	CK단, 동만청년총연맹(26.1), 조공만주총국(26.7) / 용정4세포(28.1)	색인 1210면, 사전 277면, 김창순4-261면
68	오규선	吳奎善	횡성분사기자	1926.4-		
45	오병주	吳秉珠	원산지사고문	1924.3-		
41	오상근	吳相根	관동지사기자	1923.11-		
65	오언영	吳彥泳	충주지사기자	1926.1-	3·1운동 참가	색인 1243면, 공훈록2-198면
68	오의상	吳義相	병영지사고문	1926.4-	병영청년회장(25.4-), 울산청년연맹 위원(25.10-), 경남청년연맹(25.1)	색인 1247면, 선우기성 384, 393면
7	오인명	吳仁明	해주분매소주임	1921.1-	해주 보은당 서점 주인	개벽 60호 136면 광고
62	오인선	吳仁善	해서지사기자	1925.8-	해서청년연합 위원(25.3-)	색인 1248면, 선우기성 409면
59	용창은	龍昌恩	강릉지사고문	1925.5-		
36	원상림	元常林	선천지사기자	1923.6-		
62	유근하	柳根夏	상주지사기자	1925.8-		
66	유기정	劉基貞	강계지사고문	1926.2-		
7	유병선	劉炳璿	함흥분매소주임	1921.1-	천도교청년회, 임정 함남 교통국	색인 1303면, 공훈록5, 개벽 3호 분매소사고
16	유병준	劉炳濬	함남지사장	1921.10-	*유병선의 오기?	
69	유보경	柳寶敬	전주지사기자	1926.5-	애국부인회(19), 전주여자청년회간부(25.6-)	색인 1304면, 선우기성 332면, 공훈록7-186면
68	유창식	劉昌植	병영지사고문	1926.4-	병영청년회 서무(25.4-), 울산청년연맹 위원(25.10-)	색인 1330면, 선우기성 393면
23	유한일	劉漢日	신의주지사장	1922.5-		
38	유항준	俞恒濬	강계지사총무	1923.8-		
62	윤 성	尹 成	평양지사총무	1925.8-		
25	윤병희	尹炳喜	인천분매소주임	1922.7-		
53	윤치혁	尹致爀	원산지사기자	1924.11-	원산청년회 간부(26.1-)	색인 1378면, 선우기성 452면
60	윤태현	尹兌鉉	횡성분사고문	1925.6-		
62	윤택근	尹澤根	거제분사기자	1925.8-	(尹一), 경남청년연맹(25.12-), 신흥청년회(26.8-) / 조공중앙조직부원	색인 1379면, 사전 310면, 김창순3-267면, 273면

호수	이름	한자	지분사 내 역할	재임 기간	활동 내역 및 관련 사건	참고문헌
56	윤홍모	尹弘模	관동지사총무	1925.2-	철원애국단 사건	색인 1383면, 공훈록7-195면
67	이 표	李 杓	영홍지사고문	1926.3-		
45	이가순	李可順	원산지사고문	1924.3-	3·1운동 참가	색인 1388면, 공훈록2-214면
68	이건옥	李建玉	장성분사기자	1926.4-		
64	이계심	李啓心	원산지사총무	1925.12-	원산청년회 체육부장(25.7-), 함남청년연맹 발기대회위원(25.10)	색인 1403면, 선우기성 451-452면, 공훈록7-197면
48	이구준	李求準	북청지사기자	1924.6-		
63	이국영	李國榮	곽산분사기자	1925.11-		
65	이군오	李君五	선천지사고문	1926.1-		
39	이기설	李基說	평양지사기자	1923.9-	천도교청년회장(21.6-)	색인 1427면, 선우기성 423면
67	이기승	李基承	신상분사고문	1926.3-		
67	이대용	李大用	신고산지사고문	1926.3-	신고산청년회 회장(25.2-)	색인 1442면, 선우기성 463면
58	이덕명	李德明	인천지사기자	1925.4-	제물포청년회 위원(25.3-)	색인 1443면, 선우기성 305면
67	이도순	李濤舜	신상분사고문	1926.3-		
60	이동수	李東壽	횡성분사장	1925.6-	한성국민대회 13도대표(19), 이완용자격/강원청년연맹	색인 1452면, 공훈록7-204면, 민족17-773면
59	이동일	李東一	하얼빈분사장	1925.5-	(李東光), 삼일소학교교사(25), 사회주의운동/조공 만주총국입당	색인 1455면, 사전 325면, 김창순4-240면
45	이명도	李明道	함남지사기자	1924.3-	천도교인/천도교청년당지부 여성부(26.12)	색인 1471면, 선우기성 450면
67	이명섭	李明燮	영홍지사고문	1926.3-	* 李命燮, 영홍청년구락부 총무(21.7-)	색인 1472면, 선우기성 453면
67	이명영	李明永	신상분사장	1926.3-		
57	이범조	李範朝	대구지사기자	1925.3-		
45	이병찬	李秉瓚	원산지사장	1924.3-		
60	이복현	李福鉉	강계지사고문	1925.6-		
67	이봉길	李奉吉	김제지사기자	1926.3-	김제청년회위원(22.4-), 전북노동연맹간부(26.3)/조공 김제세포(27)	색인 1501면, 사전 337면, 선우기성 334면
65	이봉순	李奉淳	문천분사기자	1926.1-		
41	이봉하	李鳳夏	관동지사고문	1923.11-	철원애국단, 동아철원지국장(23.8-26.1)	색인 1506면, 공훈록7-562면, 동아일보사 447면
63	이부담	李富淡	청진분사장	1925.11-		
62	이상하	李相夏	영동분사장	1925.8-	동아영동지국장(24.12-29.10)	색인 1519면, 동아일보사 436면
7	이석균	李錫均	강동분매소주임	1921.1-		
63	이석주	李錫疇	제천분사사무	1925.11-		
65	이선규	李善圭	충주지사기자	1926.1-	동아충주목계지국장(23.11-37.8)	색인 1527면, 동아일보사 436면
57	이선기	李宣器	원주분매소주임	1925.3-		
7(20)	이성삼	李成三	평양분매소주임	1921.1-	평남지사기자, 개벽상회주임, 천도교청년회장(21.6-)·친목회장(21.5-)	색인 1532면, 선우기성 423-424면, 개벽 16호 광고
58	이수을	李秀乙	함남지사총무	1925.4-	3·1운동 참가, 함홍노동동무회 위원(25.12)/노총위원, 신간회지회	색인 1542면, 사전 345면, 공훈록7-214면
58	이승희	李承熙	벽동분사장	1925.4-	/벽동청년회장(27.2)	색인 1553면, 선우기성 445-446면
55	이오영?	李五榮?	대구지사기자	1925.1-		

호수	이름	한자	지분사 내 역할	재임 기간	활동 내역 및 관련 사건	참고문헌
46	이용규	李龍奎	전남지사사원	1924.4-		
23	이용석	李用錫	신의주지사총무	1922.5-		
41	이용순	李龍洵	관동지사장	1923.11-	/ 강원도청년연맹준비위원(25.10-)	색인 1582면, 선우기성 312면
67	이용신	李容愼	신고산지사고문	1926.3-		
7	이원경	李元敬	황주분매소주임	1921.1-		
20	이원영	李元榮	황해지사장	1922.2-		
67	이원하	李元夏	신고산지사기자	1926.3-		
60	이원행	李元行	강계지사장	1925.6-		
65	이원호	李源浩	대구지사기자	1926.1-		
59	이윤식	李允植	강릉지사고문	1925.5-		
46	이은상	李殷相	마산지사기자	1924.4-	시조시인, 연희전문학교(23), 조도전대학(25) / 조선어학회사건	공훈록6-576면
55	이응봉	李膺奉	함남지사장	1925.1-		
63	이응혁	李應革	곽산분사총무	1925.11-		
7	이의달	李義達	선천분매소주임	1921.1-		
62	이일용	李一龍	용천분사총무	1925.8-		
35	이정복	李貞馥	군산분국고문	1923.5-	군산기독교청년회(21.3-)	색인 1640면, 선우기성 340면
67	이정실	李鼎實	영흥지사고문	1926.3-		
67	이종려	李鍾呂	군산지사고문	1926.3-		
59	이종린	李鍾麟	고원지사고문	1925.5-	천도교구파의 간부, 천도교청년당위원(23-25), 통일기성회(25.8)	색인 1650면, 한국인명대사전(신구) 725면
7	이종만	李鍾萬	서산분매소주임	1921.1-	/ 동아서산지국장(28.7-31.9)	색인 1651면, 동아일보사 437면
60	이종은	李鍾殷	홍경현분사장	1925.6-		
62	이주근	李柱勤	거제분사장	1925.8-	/ 거제신흥청년회 집행위원(26.8-)	색인 1662면, 선우기성 408면
62	이주목	李柱牧	거제분사총무	1925.8-		
62	이준학	李濬鶴	간도지사기자	1925.8-		
63	이진추	李鎭秋	곽산분사장	1925.11-	곽산청년구락부(21.3-)	색인 1679면, 선우기성 436면
68	이찬준	李贊俊	자성분사외무	1926.4-		
53	이창규	李昌奎	통천분사장	1924.11-		
65	이창석	李昌錫	선천지사고문	1926.1-	독립운동가, 동아선천지국장(20.4-28.2)	색인 1683면, 공훈록7-232면, 동아일보사 446면
63	이창식	李昌植	곽산분사기자	1925.11-		
66	이창화	李昌化	강계지사장	1926.2-		
41	이천영	李天榮	관동지사외무	1923.11-		
60	이청우	李青愚	홍경현분사기자	1925.6-		
29	이최환	李最煥	평양지사장	1922.11-	3·1운동 참가, 친일단체 대동동지회, 『공영』 발행인(22.5)	공훈록2-247면
57	이풍구	李豊求	대구지사장	1925.3-	/ 신간회 진주지회	색인 1710면, 공훈록7-235면
49	이헌국	李憲國	초산분사고문	1924.7-	임정 연통제 관련 인물	색인 1721면, 공훈록5-407면
67	이현원	李鉉元	신상분사기자	1926.3-		
48	이현재	李炫載	북청지사장	1924.6-		

호수	이름	한자	지분사 내 역할	재임 기간	활동 내역 및 관련 사건	참고문헌
46	이형재	李瀅宰	마산지사장	1924.4-	마산청년구락부간부(22.3-), 동아지국장(22.11-28.9) / 신간회마산지회	색인 1727면, 선우기성 389면, 공훈록7-237면
67	임 린	林 麟	군산지사장	1926.3-		
69	임겸영?	林兼英?	회령분사기자	1926.5-		
22	임계호	林啓鎬	개성지사기자	1922.4-		
62	임세한	林世漢	해서지사기자	1925.8-		
68	임용구?	林鏞玖?	자성분사장	1926.4-		
53	임용길	任龍吉	부산지사장	1924.11-	/ 부산청년회총무(27.7-)	색인 1763면, 선우기성 386면
67	임종엽	林鍾曄	군산지사기자	1926.3-		
55	임창호	任昌鎬	안주분사기자	1925.1-		
63	장 진	張 震	관서지사기자	1925.11-	조선공녀보호회	색인 1834면, 공훈록7-252면
64	장기욱	張基郁	원산지사장	1925.12-	3·1운동, 원산청년회 간부 피검(26.1) / 조선노동총동맹, 조공 당원	색인 1792면, 사전 408면, 선우기성 452면
71	장기은	張基殷	당진지사고문	1926.7-		
65	장상철	張相轍	대구지사고문	1926.1-		
60	장세호	張世皓	강계지사고문	1925.6-		
65	장순기	張順基	전남총지사기자	1926.1-	조선광주지국기자, 정미조합이사 / 신간회광주지회, 고려공청 가입	색인 1814면, 사전 411면, 공훈록7-248면
66	장승한	張承漢	영흥지사장	1926.2-		
67	장영순	張永淳	신고산지사고문	1926.3-	신고산청년회 간부(25.2-)	색인 1818면, 선우기성 463면
10	장용일	張龍一	맹산분매소주임	1921.4-		
65	장제환	張濟桓	선천지사기자	1926.1-		
71	장주한	張柱漢	통영지사기자	1926.7-		
23	장준격	張俊格	신의주지사외무	1922.5-		
68	장진삼	張軫三	자성분사기자	1926.4-		
7	장창덕	張昌德	강계분매소주임	1921.1-		
49	장천승	張天承	초산분사기자	1924.7-		
66	전 도	全 濤	목포출장소기자	1926.2-	조선청년총동맹 위원(24.4-), 고려공산동맹 전남도책(24.10-)	색인 1853면, 사전 422면
64	전덕삼	全德三	평강분사고문	1925.12-	강원도청년연맹 준비위원(25.11-)	색인 1852면, 선우기성 312면
65	전문식	田文植	선천지사총무	1926.1-		
57	전병문	田炳文	울진분매소주임	1925.3-	울진청년회장(26.1-)	색인 1856면, 선우기성 394면
66	전상도	全尙道	평양지사기자	1926.2-		
67	전영률	全榮律	군산지사고문	1926.3-	군산농우회서기(26.4-), 군산노동청년회(26.7-) / 군산청년동맹	색인 1862면, 사전 424면
25	전유택	全有澤	강화분매소주임	1922.7-		
53	전윤환	全允煥	자산분매소고문	1924.11-		
57	전재선	田在善	황주분매소주임	1925.3-		
57	정 문	丁 文	목포지사장	1925.3-		
55	정구갑	鄭龜甲	함남지사기자	1925.1-		
65	정군화	鄭君和	문천분사총무	1926.1-	문천청년동맹 집행위원(26.8-) / 문천적색농민조합(31.8-)	색인 1881면, 선우기성 462면, 이기하 1108면

호수	이름	한자	지분사 내 역할	재임 기간	활동 내역 및 관련 사건	참고문헌
56	정근영	鄭勤永	광주지사장	1925.2-	광주청년회 부흥위원(25.12-)	색인 1883면, 선우기성 345면
55	정기성	鄭基成	단천분사기자	1925.1-		
66	정기수	鄭基琇	평양지사고문	1926.2-		
62	정도원	鄭道源	영동분사사무	1925.8-		
29	정동규	丁東奎	평양지사총무	1922.11-	평양기독청년회 간부(23.5-)	색인 1891면, 선우기성 423면
57	정병욱	鄭秉旭	상해분사장	1925.3-	동아상해지국장(24.11-)	동아일보사 452면
60	정복기	鄭福基	나주지사기자	1925.6-	/ 나주청년수양회 간부(26.11-)	색인 1900면, 선우기성 351면
67	정석봉	鄭錫奉	김제지사기자	1926.3-	신흥청년회 간부(25.4-), 김제청년회 위원(25.10-)	색인 1905면, 선우기성 334-335면
67	정석술	鄭錫述	김제지사장	1926.3-	김제청년연맹 준비위원(25.12-) / 김제청년동맹 간부(27.11-)	색인 1905면, 선우기성 334-335면
32	정선죽	丁善竹	평남지사기자	1923.2-		
64	정영규	鄭永奎	평강분사서기	1925.12-		
63	정운용	鄭雲龍	제천분사장	1925.11-		
72	정윤부	鄭允賦	강릉지사기자	1926.8-		
7	정윤석	鄭允錫	철산분매소주임	1921.1-	천도교구 / 철산청년회 서기(22.8-)	색인 1924면, 선우기성 443면, 개벽 7호 분매소
52	정응봉	鄭應琫	안주분사총무	1924.10-	안주청년회 간부(21.7-26.5) / 천도교평안남도연합회(27.10-)·청년당	색인 1926면, 선우기성 422, 428, 430면
64	정의식	鄭宜植	평강분사고문	1925.12-	조선청년총동맹 위원(24.4-), 고려공산청년회(25.6-) / 조공 위원	색인 1926면, 사전 438면
72	정인수	鄭寅洙	강릉지사기자	1926.8-	강릉청년회 위원(26.4-)	색인 1929면, 선우기성 313면
29	정재화	鄭載華	경남지사장	1922.11-	경남 양산 동아불교회	색인 1938면, 공훈록6-583면
56	정채영	鄭彩永	광주지사총무	1925.2-		
67	조 연	趙 淵	김제지사기자	1926.3-		
58	조두창?	趙斗窓?	혜산분매소고문	1925.4-		
53	조병철	趙炳喆	원산지사고문	1924.11-	원산청년회간부(25.7-)	색인 1995면, 선우기성 451면, 공훈록8-248면
67	조봉희	趙鳳禧	영흥지사고문	1926.3-	임정 연통제 관련 인물, 영흥청년구락부 서기(23.10-)	색인 2023면, 선우기성 453면, 공훈록5-427면
60	조수웅	趙秀雄	횡성분사기자	1925.6-		
59	조원균	趙元均	고원지사기자	1925.5-		
22	조이환	曹利煥	인천지사장	1922.4-	천주교인, 인천부직원 / 조선노동총동맹(24.7), 시대일보기자(25.3)	색인 2033면, 사전 461면, 김창순2-325면
59	조중희	趙中熙	고원지사고문	1925.5-		
60	조창덕	趙昌德	간도지사총무	1925.6-		
64	주 표	朱 彪	평강분사총무	1925.12-		
72	주일용	朱一龍	강릉지사총무	1926.8-		
10	주재남	朱在南	화순분매소주임	1921.4-		
7	주창해	朱昌海	원산분매소주임	1921.1-		
71	주채희	朱採熙	간도지사기자	1926.7-		
72	주태도	朱泰道	동경지사기자	1926.8-	東洋通信社(동경)	색인 2065면, 공훈록7-278면

호수	이름	한자	지분사 내 역할	재임 기간	활동 내역 및 관련 사건	참고문헌
53	주홍익	朱弘益	원산지사직금원	1924.11-		
59	주희순	朱熙淳	화순분사기자	1925.5-		
56	지용수	池龍洙	광주지사기자	1925.2-	신우회(25), 전남청년연합회(26.1-) / 고려공청 회원(27.3)	색인 2071면, 사전 474면, 선우기성 344면
53	지후풍	池厚豊	통천분사기자	1924.11-		
65	채기수	蔡基洙	충주지사장	1926.1-		
20	채만준	蔡萬俊	평남지사회계	1922.2-		
62	채순만	蔡淳萬	상주지사장	1925.8-		
58	천석구	千錫九	진주분매소주임	1925.4-	화산상회주인, 조선형평사 조직(23.4)	색인 2110면, 공훈록7-283면, 김창순2-162면
72	최 욱	崔 郁	강릉지사기자	1926.8-		
25	최관성	崔寬成	인천지사외무	1922.7-		
19	최기필	崔基弼	함남지사장	1922.1-	천도교인 / 함흥천도교청년당지부장(26.12-)	색인 2128면, 선우기성 450면
67	최동석	崔東石	경주지사장	1926.3-		
64	최동익	崔東翊	평강분사회계	1925.12-		
16	최두선	崔斗善	함남지사총무	1921.10-	와세다대철학과졸(17) / 독일유학(22), 조선농민사(25.10)	색인 2137면, 공훈록6-585면
67	최백진	崔百鎭	김제지사고문	1926.3-		
8	최병구	崔炳久	경주분매소주임	1921.2-	(서점+분매소)	
72	최봉규	崔鳳圭	강릉지사장	1926.8-		
58	최선경	崔銑卿	인천지사장	1925.4-		
62	최선명	崔善鳴	관서지사기자	1925.8-	오사카 조선무산자사회연맹	색인 2162면, 공훈록7-288면
7	최승권	崔承權	박천분매소주임	1921.1-	박천청년부회장(20.5-23.5)	색인 2170면, 선우기성 436면, 공훈록7-289면
59	최승규	崔承奎	고원지사기자	1925.5-		
72	최영식	崔英植	선천지사기자	1926.8-		
20	최윤옥	崔潤鈺	평남지사총무	1922.2-		
60	최일화	崔日華	홍경현분사고문	1925.6-		
67	최종혁	崔鍾奕	신고산지사총무	1926.3-		
50	최진무	崔振武	서간도분사기자	1924.8-		
46	최철용	崔喆龍	마산지사총무	1924.4-	/마산청년회 총무(25.5-), 신간회마산지회	색인 2223면, 공훈록7-295면, 선우기성 389면
14	최춘열	崔春烈	전남지사장	1921.8-	/ 영암 공산주의자 협의회 관련자(31.10-)	색인 2224면, 이기하 1331면
72	최학용	崔學龍	사천분사기자	1926.8-		
50	최한신	崔韓臣	서간도분사고문	1924.8-		
60	최호은	崔虎隱	홍경현분사총무	1925.6-		
62	표영대	表永大	간도지사기자	1925.8-		
29	하규항	河奎杭	개성지사장	1922.11-	잡화상, 고려청년회간부(22.8-25.8) / 신간회지회, 조공당원(27)	색인 2249면, 사전 513면, 선우기성 302-303면
65	하영락	河榮洛	안변분사기자	1926.1-	안변청년회장(19.8-22.4)	색인 2252면, 선우기성 458면
62	한 일	韓 一	간도백초구분사장	1925.8-	/ 동만 조선청년총동맹(26.7-), 조공만주총국 당원(26.11-)	색인 2301면, 사전 527면, 김창순4-319면, 323면

호수	이름	한자	지분사 내 역할	재임 기간	활동 내역 및 관련 사건	참고문헌
59	한경래	韓慶來	하얼빈분사기자	1925.5-		
56	한계주	韓啓周	한천분매소고문	1925.2-	평원 예수교청년전도회(20)	색인 2259면, 공훈록7-299면
65	한길상	韓吉祥	전남총지사기자	1926.1-	3·1운동, 광주청년회(22) / 조선농민총동맹, 신간회, 조공광주세포(27)	색인 2264면, 사전 516면, 김창순3-111, 290면
55	한낙서	韓洛瑞	원산지사총무	1925.1-		
72	한무영	韓武榮	사천분사기자	1926.8-		
71	한영석	韓映錫	당진지사총무	1926.7-		
66	한인현	韓仁現	강계지사기자	1926.2-		
7	한정교	韓貞敎	안악분매소주임	1921.1-	/ 안악반도청년회간부(23.6-)	색인 2304면, 선우기성 416면
58	허범극	許範極	성진지사기자	1925.4-		
62	허원조	許元祚	영동분사기자	1925.8-		
60	허창국	許昌國	간도지사고문	1925.6-		
58	현두한	玄斗漢	혜산분매소주임	1925.4-		
53	현창형	玄昌炯	순천분매소주임	1924.11-		
60	현창호	玄昌浩	홍경현분사고문	1925.6-		
53	홍만규	洪萬奎	순천분매소고문	1924.11-		
16	홍성연	洪聖淵	함남지사고문	1921.10-	임정 연통제	색인 2370면, 공훈록5-451면
63	홍순모	洪淳模	청진분사기자	1925.11-		
56	홍순협	洪淳協	평양지사장	1925.2-		
60	홍운표	洪運杓	간도지사기자	1925.6-		
4	홍일항	洪一恒	수안분매소주임	1920.9-	천도교구	개벽 4호 142면, 분매소 일람표
68	홍종휘?	洪鍾輝?	장성분사기자	1926.4-	*洪鍾揮, 장성청년연맹집행위원(26.7-) / 신간회 효성단	색인 2384면, 선우기성 358면, 공훈록7-314면
65	황봉일	黃奉日	대구지사기자	1926.1-		
55	황상희	黃相熙	안변분매소주임	1925.1-	안변등주청년회간부	색인 2400면, 선우기성 458면
68	황운경	黃雲京	자성분사외무	1926.4-		
65	황재섭	黃在燮	안변분사총무	1926.1-	안변등주청년회간부 / 안변청년동맹 검사위원(28.4), 안변적색비사	색인 2411면, 선우기성 458면, 이기하 1138면

제4장 『개벽』의 근대기획과 미디어적 전망

1. 편집체계를 통해 본 근대지식의 구성과 배치

필자가 근대지식의 문제와 관련하여 『개벽』을 주목한 이유는, 잡지출간을 둘러싼 제반조건이 극도로 열악했던 1920년대 초・중반 『개벽』이 시대를 풍미한 잡지였다는 데 있다. 72호를 발간하는 동안 압수당할지 모른다는 "恐怖와 不安이 거의 過半하얏고, 削除와 押收가 거의 相半하얏"[1]을 정도로 일제의 탄압이 심했고, 인구의 90% 이상이 문맹이며 신문잡지 구독자수가 모두 합쳐 10만 명이 되지 않는 상황에서, 매호 8,000 내지 9,000부를 발행하고 평균 7,000~8,000부를 판매했다는 것은 잡지사(雜誌史)의 차원에서 주목할 만한 일일 뿐만 아니라 근대지식 혹은 근대문학의 대중적 유통과도 결코 무관한 사안이 아니었기 때문이다. 즉 새로운

1) 박달성, 「작년 이때를 생각하면서」, 『개벽』 72호, 1926.8.1, 3면.

지식(정보)의 전파와 보급이 사실상 잡지의 대중적 유통에 좌우되는 상황에서 『개벽』의 대중적 성공은 1920년대 지식(문학)유통의 문제와 분리할 수 없다는 것이다. 앞 장에서 『개벽』의 출판과 유통 상황을 검토하여 대중적 반향의 전후 문맥을 파악하고자 했던 것은 이런 맥락에서였다.

그런데 『개벽』의 내용·편집분야는 출판·유통에 대한 접근만으로는 해명하기 어려웠던 『개벽』의 대중적 인지도와 인기를 날것으로 체감할 수 있는 지점이라 생각한다. 물론 『개벽』의 성공은 천도교의 조직기반을 바탕으로 한 체계적인 유통망에 기인한 바가 크다. 하지만 제천의 한 농부가 소작농의 처지를 보고하는 글을 보내오고,[2] 평양에 '개벽상회'가 생기며,[3] 어려운 살림에도 불구하고 시대의 요청에 부응해 잡지를 신청했으나 요금을 연체해서 강제집행을 당하게 되었으니 집행일자를 연기해 달라는 호소문까지 나오는 상황은[4] 유통의 문제를 넘어서는 것이다. 이는 『개벽』의 내용과 편집이 독자들을 사로잡은 직접적인 원인임을 분명히 하는 것이다. 『개벽』의 성공에 있어 유통체계와 나란히 편집체계가 중요해지는 것은 이때문이다.

아울러 『개벽』의 편집체계는 『개벽』 주체들의 근대 인식과 그에 따른 미디어적 기획과 전망을 담고 있을 가능성이 높다. 편집부문에 대한 분석을 통해 근대지식의 구성과 배치의 문제를 검토하고, 1920년대 시대정신의 흐름 위에서 『개벽』의 사상적 변모 과정을 탐색하는 작업은 이를 실증적으로 재구하기 위한 것이다. 이를 통해 『개벽』이 근대지성사에 끼친 영향력을 가늠할 수 있을 것이다. 한편, 『개벽』의 내용·편집분야에 대한 검토는 『개벽』에서 문학이 차지하는 비중과 위상을 파악하는 작업이기도 하다. 작가와 작품에 대한 구체적 통계 작업은 기존 연구에서 모호하게

2) 최중갑, 「금일 조선의 노자관계」, 附「소작인 만길의 생활」, 『개벽』 15호, 1921.9.1, 39면.
3) 『개벽』 16호(1921.10.18)에는 평양의 '개벽상회' 광고가 실려 있다. 20~21면 사이 광고 참조.
4) 목춘학인, 「개벽사동인 제형」, 『개벽』 4호, 1920.9.25, 133면 참조.

처리되었던 『개벽』 문학의 실체를 분명히 할 것이고, 아울러 『개벽』 문학의 특징과 성향을 검토(5장)하기 위한 기초작업이 될 것이다.

그런데 『개벽』의 편집체계를 살피는 작업은 출발부터 논란과 의문에 싸이게 된다. 먼저 『개벽』은 종교잡지인가, 『개벽』의 사상 내지 이념을 무엇으로 볼 것인가, 하는 문제는 해묵은 것이지만 여전히 논란거리다. 전자의 경우는 바라보는 관점이나 사안의 층위에 따라서 천도교 기관지라는 해석에서부터 민족 내지 계급운동지라는 다양한 스펙트럼이 존재한다. 후자의 경우는 더욱 복잡하다. 종교이념을 바탕으로 해석하는 것은 물론이고, 문화운동과 관련하여 개조론과 문화주의로 보는 경향, 민족운동이나 계급운동과 연관지어 민족주의나 사회주의 혹은 이견들을 종합하여 절충적인 결론을 도출하는 경향까지 다양한 견해가 도출된다.

잡지 내용을 구체적으로 살펴보는 과정에서 새롭게 제기되는 의문들도 적지 않다. 『개벽』은 왜 종합지를 표방했는가, 천도교측에서 발행하는 잡지임에도 불구하고 정작 천도교 관련 기사가 적은 이유는 무엇인가, 천도교의 역사·종교적 변모상과 『개벽』의 흐름이 갖는 연관성은 없는가, 왜 논설과 문학을 그토록 중요하게 취급했는가, 『개벽』의 문학작품들은 다른 잡지의 작품들과 내용·형식(양식)상 어떤 차이가 있는가, 편집진은 정치·시사에 왜 그토록 집착했는가, 『개벽』의 이념적 변모양상에 공통된 기반은 존재하지 않는가 등등 『개벽』에 관한 근본적인 질문들이 나올 수 있다. 따라서 이 의문들에 답을 구하는 것은 곧 『개벽』의 잡지성격을 규명하는 것이 된다. 즉 내용의 문제, 편집체계의 문제는 대중적 성공의 원인을 찾는 것이면서도 자연스럽게 매체의 성격을 규명하는 문제로 옮겨가게 되는 것이다.

그런데 위의 의문들에 답하는 것, 다시 말해 『개벽』 편집체계의 특성들을 알아보기 위해서는 무엇보다도 『개벽』에 게재된 기사들을 항목별로 정리하고 통계내는 작업이 필수적이다. 전체 기사 중 종교 기사 혹은 천도교 관련 기사는 몇 편이며 논설은 비중이 얼마나 되고 그 중심내용은 무엇인지, 문학 관련 기사는 모두 얼마며 중심작가는 누구누구이고 또 얼마나 많은 작품을 게재했는지 등에 대한 통계가 작성되면 『개벽』에 관한 개괄적이고 추상적인 정보(지식)를 근거로 잡지성격을 선(先)규정하려는 시도는 줄어들 것으로 보인다. 가령 『개벽』에 실린 천도교 관련 기사(천도교의 교리를 해설하거나 혹은 기사의 상당 부분을 천도교에 관한 내용으로 채운 기사들)의 비중을 전체기사들과 비교하게 되면, 『개벽』을 천도교기관지 내지 종교잡지로 치부하려는 기존 연구의 경향에 의문이 제기될 수 있다.

아울러 『개벽』의 주체들이 편집지침을 세우는 데 영향을 미친 내외적(內外的) 상황 내지 조건을 섬세하게 고려할 필요가 있다. 필자가 개괄적으로 선별한 것은 대략 다섯 가지인데, 첫째 천도교의 역사적 전개와 종교교리의 변천 상황, 둘째 시세의 변천과 민족운동의 변화, 셋째 일제의 식민정책과 출판정책의 변모, 넷째 조선의 지적 풍토와 독서대중의 상황, 마지막으로 『개벽』 주체들에 대한 성격 분석 등이다. 이들은 『개벽』의 성격과 관련된 사안들에 보통 둘 이상이 복합적으로 관련해 있다.

예컨대 『개벽』의 종합지 채택과 관련된 문제는 당대 조선의 지적 기반과 독서대중의 상황을 복합적으로 고려해야 하고, 나아가 『개벽』 주체들의 창간의도 그리고 일제 식민정책의 변화 등을 고려 대상에 넣어야 합리적 결론에 도달할 수 있다. 마찬가지로 천도교 기사가 상대적으로 적다는 사실에 관해서는 천도교의 역사적 전개와 교주 손병희의 대외적 태도 그리고 잡지 창간의 주체였던 이돈화 · 김기전 · 박달성 등의 성향이 함께 고려돼야 한다. 또 정치 · 시사 문제는 일제의 출판정책과 맞물린 사안으로, 출판법과 신문지법의 차등 적용과 관련하여 일제와 천도교측 혹은 『개벽』 주체들 사이의 역학관계를 살펴야 한다. 아울러 『개벽』과 문학의 관계를 해명하는 데에는 당대의 문학풍토 속에서 독자들의 요구가 『개벽』의 문학과 맞물리는 지점을 포착해내야 한다.

따라서 이 장의 서술방식은 분명하다. 『개벽』의 성격에 대해 앞서 나온 질문들을 제기하고 그에 답변하는 방식이다. 그리고 그때마다 앞서 언급한 내외적 상황들이 복합적으로 논의 속으로 이끌어질 것이다. 이와 함께 『개벽』 전체에 대한 구체적 통계자료를 제시하여 논의의 구체성을 보강할 것이다.

1) 대중적 구성과 종합적 배치

(1) 종합지적 개방성

『개벽』을 읽다보면 행간에서 우리는 어렵지 않게 잡지주체들의 자부심과 자신감을 엿볼 수 있다. 이는 호수를 더해갈수록 빈번하게 확인된다. 특히 잡지 내용에 대한 자부심은 대단했다.

> 이것 저것을 다 一後日로 延期하고 곳 來意를 말하는 同時에 K君의 後援을 要求하엿습니다. (…중략…) 'C군 …… 後援이 다 무엇이오 自己가 보고 십으면 볼 것이지 남이 보란다구 보기 실흔 것도 볼가 나는 실혀요' (…중략…) K君은 甚히 貴치 아니한 얼굴로 '他人이 왓스면 도저히 應할 수 업지만 C君이 왓스니 C君을 보아서 나나 한 冊 사지 後援은 못해요' 하고 三個月 先金을 내면서 '雜誌는 아니 보내도 關係 업서요'한다. (…중략…) 그러나 아니 바들 수가 업다. 첫재는 親舊의 誼요 둘재는 雜誌가 二三個月 가고만 보면 自然 읽게 되리라 아즉 우리의 맛을 모로니싸……하고 밧고 십지 아니한 돈을 恭遜히 바드면서 感謝하다는 (…중략…)[5]

인용문의 내용은 신설지사(新設支社)의 직원이 친구에게 독자모집 후원을 거절당하고, '잡지는 안 보내도 상관없다'는 말에 '잡지가 이삼개월 가고만 보면 자연 읽게 되리라 아직 우리의 맛을 모르니까'라며 돈을 받아왔다는 것인데, 잡지내용에 대한 주체들의 강한 자부심이 드러나 있다.

---

5) 추원생, 「독자를 얻고저 지방을 순회하는 동안의 소감」, 『개벽』 18호, 1921.12.1, 문예면 103~104면 참조.

즉 일개 지사의 직원이 수모를 묵묵히 감내하고 후일을 기약할 정도로 그 내용이 독서대중에게 호소력을 지녔다는 것이다. 여기서 주의할 것은 이 자신감을 상업적 성공에 들뜬 장사치들의 신바람 정도로 해석해서는 안 된다는 점이다. 『개벽』이 상업적 성공을 하고 있었던 것은 사실이지만, 이는 자신들의 의도대로 독서대중이 호응을 보이며, 크게는 조선 전체의 상황이 계획대로 전개되고 있음을 확인하는 차원의 문제였을 것이다. 『개벽』의 주체들은 조직운동의 차원에서 움직이고 있었으며, 『개벽』의 발간은 치밀한 계획을 통해 추진된 사업이기 때문이다. 이는 뒤에서 상론하겠다.

이처럼 『개벽』이 주체들의 의도와 독서대중의 욕구가 만나 상승작용을 일으키는 장(場)이었다고 한다면, '종합지'는 그 장(場)의 기본형식이다. 한편으로는 『개벽』 주체들의 의도에 부합되는 형식으로, 다른 한편으로는 당대 독서대중의 욕구에 부합되는 것으로 종합지가 채택되었다고 하겠다. 따라서 주체들의 의도를 염두에 둔다면 『개벽』이 생존을 위한 필연적 선택으로 종합지를 표방했다는 말은 틀린 말이 아니다. 다만 종합지의 형식이 당대 독서대중의 욕구를 수렴한 것이었다면, 이 대중의 욕구가 어떤 것이었는지를 일단 살펴볼 필요가 있다.

『개벽』의 기사영역은 종교, 사상, 정치, 경제, 산업, 역사, 천문, 지리, 문학, 미술, 음악, 제도, 기술, 풍속과 풍물, 인물, 시사 등을 아우르고 있으며, 현란하고 화려한 광고들에서 보듯이 유통되는 상품 내지 근대문물 전체에 관심을 갖고 있었다. 종합지의 강점인 '다양성'의 진면목을 보여주고 있었다고 하겠다. 이 새로움과 다양함은 당대 독서대중들, 특히 『개벽』의 주된 독자였던 청년층과 지식층의 욕구를 정확히 반영한 것이다. 필자는 이 욕구의 다양성을 조선사회의 과도기적 상황과 연관지어 생각할 필요가 있다고 본다. 즉 이 다양성(종합성)의 욕구는 개인적인 선택이 아니라 당대 조선사회의 특수한 분면으로부터 보편적으로 강제된 것이라는 생각이다.

가장 중요한 것은 1920년대 초·중반 조선사회가 미분화된 사회였다는 사실이다. 당대 조선사회의 정체성(停滯性)은 상품-화폐관계의 지체에 따른 자본주의적 분화의 지연으로 정의할 수 있는데, 이는 봉건적 제 관계가 청산되지 못한 점과 지식산업기반의 미비에 주된 원인이 있었다. 특히 일제의 식민정책은 "일본 자본주의를 위한 식량기지화에 중점을 두었기 때문에" 식민지적인 반(半)봉건적 지주-소작관계를 온존 강화하는 경향을 갖고 있었다.[6)]

당대 조선의 직업분화율은 매우 저급한 수준으로, 1,900만[7)] 인구를 직업별로 보면 원시산업(농업·어업·목축 등-인용자)에 종사하는 자가 전 인구의 대부분(1,486만여 명/85% 이상)을 차지하고, 상업인(구멍가게 수준의 식품점까지 포함-인용자)이 100만 명(6%)가량, 공업종사자는 38만 명가량이었다.[8)] 특히 공업노동자 중 임시고용자와 일당노동자를 제외하면 순수 공업노동자는 73,000명에 불과하였다.[9)] 이처럼 사회분화의 척도라고 할 수 있는 직업분화가 제대로 이루어지지 못했다는 것은 조선사회의 미분화성을 방증하는 것이라 할 수 있다.

사회전반의 분화지체는 결정적으로 조선의 지적풍토에 영향을 미쳤다. 우선 사회를 선도한다고 할 수 있는 지식층 내부에서조차 전문인의 탄생이 극히 제한되었다. 당대 동경유학을 마친 사람이 2,000명 이상 있었지만 대다수가 본과가 아닌 전문과 출신들로[10)] 사실상 '학자나 전문가'로 보기 어려웠다.[11)] 뿐만 아니라 지식인들은 대부분 두 개 이상의 직업을

---

6) 서울사회과학연구소 편, 『한국에서 자본주의의 발전』, 새길, 1991, 61~62면 참조.

7) 총독부의 통계에 따르면 1922년 조선의 인구는 약 17,400,000명 정도였으며, 이 중 외국인이 400,000명을 차지하고 있었다. 『개벽』 30호, 1922.12.1, 권두언 참조.

8) 이순탁, 「조선인의 인구통계」, 『개벽』 71호, 1926.7.1, 26면 참조.

9) "이 시기 노동자 계급은 임시고나 일고 등의 미숙련 단순육체노동자가 큰 비중을 차지하였고, 광범한 반농반노군으로 인해 그 계급적 경계가 불분명하였"는데 1920년대 중반까지 공업부문 노동자의 수는 73,000여 명, 1928년에는 10만 명가량 되었다. 서울사회과학연구소 편, 『한국에서 자본주의의 발전』, 새길, 1991, 55면; 강만길, 『한국현대사』, 창작과비평사, 1985, 61면 참조.

10) 박달성, 「일본동경에 유학하는 우리 형제의 현황을 들어써」, 『개벽』 9호, 1921.3.1, 83면 참조.

갖고 있었다. 문인들의 경우 창작을 하면서 언론사나 출판사에 출근하거나, 교사나 강사로 출강하는 경우가 많았다. 강의를 하더라도 자신의 본업과 관련이 먼 역사나 윤리 등의 과목을 맡는 경우도 허다했다.[12)]

이돈화가 "우리의 사회는 아직 전문의 형식을 갖추지 못하여 이에 일인의 식자가 있다하면 그 사람을 교육가로도 볼 수 있으며, 학자로도 볼 수 있으며, 정치가로도 볼 수 있으며, 실업가로 볼 수도 있다"고[13)] 말한 것은 이런 상황을 지적한 것이다. 지식층의 형성 자체가 엷고, 한 분야의 전문지식만으로 생존할 수 없는 상황의 필연적인 결과였다.[14)] 당대 조선의 농민들이 살아남기 위해서 농사기술 이외에 굴뚝청소, 구들놓기 등의 잡기(雜技)라도 갖고 있어야 했던 상황과 다르지 않다.

이는 엄밀히 말해 지식이 생존방식을 결정한 것이 아니라 통용되는 생존방식이 지적풍토를 결정지은 것이라고 할 수 있다. 즉 생존을 위해 지식인들은 깊이 아는 것보다 널리 두루 아는 것을 중요시한 셈이다. 문제는 이런 생존방식 내지 지적풍토에 가장 민감한 계층이 바로 청년·학생들이며 이들이 『개벽』의 주요독자였다는 데 있다. 이들이 복잡한 과도기 조선의 환경에서 살아남기 위해서 다양한 제 분야의 지식들을 종합적으

11) 이광수가 '조선사회의 지적파산'(『개벽』 19호, 1922.1.25)을 말하면서 학자와 전문인의 부족을 거론한 것은 이런 상황을 염두에 둔 언급이다. 그는 다른 글에서 조선의 문사를 자칭하는 사람 중 문학본과를 졸업한 자가 극히 적음을 지적하기도 했다.

12) 대표적 문인이라고 할 수 있는 춘원도 이 시기 최린이 원장으로 있는 종학원에 강사로 출강했는데 그 과목은 철학·윤리학·심리학·종교철학·논리학 등이었다. 김윤식, 『이광수와 그의 시대』 3, 한길사, 1986, 763~764면 참조.

13) 이돈화, 「생활의 조건을 본위로 한 조선의 개조사업」(속), 『개벽』 16호(임시호), 1921.10.18, 24면.

14) 문인들의 경우 원고료만으로 생활하기는 사실상 어려웠다. 원고료가 얼마 되지 않았기 때문이다. 물론 상대적으로 원고료가 후한 경우도 있었으나(개벽사의 경우 시 한편에 10원, 산문은 1장에 1원을 주었다) 대다수 신문, 출판사는 시 한편에 3원, 단편소설 한편에 5원 정도를 원고료로 지불했다. 윤병로, 『박종화의 삶과 문학』, 성균관대 출판부, 1992, 59~62면 참조. 한편, 1920년 문흥사에서 정한 공식 원고료는 문사·일반인의 구별없이 1페이지(원고지 4매)당 '50전 이상 1원 이하'로 김동인의 분노를 사기도 했다. 김동인, 「글동산의 거둠」(附雜評), 『창조』 5호, 1920.3.31, 98면 참조.

로 요구하는 것은 필연적이었다. 물론 여기에 장년층과 부녀자층의 다양한 흥미와 관심을 덧보탤 필요가 있다. 절대적으로 읽을 거리가 부족했던 것이 조선의 보편적 상황이었기 때문이다.

한편으로 청년·학생층의 다양한 지적 욕구가 있고, 다른 한편으로 박물(博物)적 지식인들이 공존한다고 할 때, 잡지의 생존전략은 당연히 종합지였다. 동일한 문맥에서 전문성을 내세우며 등장했던 문예지들은 시대를 앞섰다고 할 수 있지만 바로 그 때문에 조기명멸했다. 어쨌든 『개벽』이 종합지를 표방한 것은 이런 사회 상황과 맞물린 조치였으며, 이를 통해 대중의 다양한 욕구를 수렴할 수 있는 기초를 닦았다.

하지만 당시로서 평균 190면[15]에 달하는 지면을 다양하고 풍부한 기사로 채우는 일은 쉬운 일이 아니었다. 사내기사(社內記事)만으로는 불가능한 일이었고, 사외기사(社外記事)를 받는다고 해도 간단한 일이 아니었다.[16] 이는 당대 잡지들이 공히 겪었던 어려움으로 수준있는 글을 쓸 만한 논자가 절대적으로 부족했기 때문에 발생하는 문제였다. 『개벽』이 잦은 압수와 삭제에 따른 경영압박에도 불구하고 다른 잡지나 신문에 비해서 상대적으로 높은 원고료를 지급한 것도 수준있는 글들을 게재하기 위한 방편으로 보인다. 『개벽』이 독자투고를 적극적으로 수용한 것도 같은 문맥으로 이해할 수 있다. 그 결과 72호까지 2,074개 기사 중 1,071개가 사내기사고, 1,003개는 사외기사로 채워졌다. 전체기사의 48%가량이 외부투고였던 것이다.[17]

---

15) 이것은 1~32호까지의 총면수 6,120면을 호수(32)로 나눈 것으로 기념호와 특집호를 모두 포함시켰다. 이후에 가서도 면수상의 큰 변화는 없다.

16) 당시에는 원고 수집이 쉽지 않은 일이었다. 원고를 얻으려면 작자를 일일이 찾아가서 부탁을 해야 했고, 또 삼사차 찾아가 독촉을 해야 했기 때문이다. 엽서나 편지로 하는 원고수집은 상호간 특별히 친한 경우가 아니면 예의에 벗어난 것으로 인식되었다. 박영희, 「신흥문학의 대두와 개벽시대 회고」, 『조광』 32호, 1938.6, 59~60면 참조.

17) 여기서 사내기사는 개벽사 직원으로 확인된 26명(전반기 11명, 후반기 22명)과 그 외 창간동인이었던 박사직·조기간·차상찬(후반기 직원) 등이 작성한 기사를 말한다. 1071개 기사 중 작성자를 확인할 수 있는 것은 모두 636개로 강인택이 5개, 박사직 3

『개벽』이 보인 이런 개방성은 『창조』를 비롯한 문예 동인지의 폐쇄성 내지 배타성과 여러모로 대비가 되는 사항이다. 『백조』와 『폐허』는 동인 이외의 글은 거의 게재하지 않았으며, 『창조』의 경우 외부인사의 글이나 독자투고를 인정하였으나, 글이 게재되기 위해서는 동인들의 추천이 있어야만 했다. 특히 『백조』는 "경향각지에서 기고하신 분이 만흐셧는데 사랑으로 보내신 뜻은 감사함니다. 그러나 본지는 동인제임으로 미안하오나 동인으로 추천되기 전에는 지상에 올리 수는 업슴니다"라고 그 배타성을 공개적으로 천명하기까지 했다.[18)]

이런 배타성은 동인지 상호간에도 그대로 이어져 동인지간 몰서(沒書)는 흔한 일이었다.[19)] 그런데 문예 동인지의 폐쇄성은 스스로의 다양성을 제약하고 나아가 잡지의 대중성 획득을 어렵게 만들었다. 특히 독자투고를 배제하는 것은 독서대중의 자발적인 흥미와 관심을 부정하고 스스로 대중으로부터 멀어지는 결과를 낳았다. 이런 점에서 『개벽』의 개방성은 대중성 실현을 위한 필수적인 사안이며, 독서대중의 지속적인 흥미를 유도하는 수단이었다.

개, 김기전 108개, 노수현 4개, 이돈화 84개, 민영순 8개, 박달성 136개, 박용회 4개, 방정환 27개(목차 누락기사 1개, 시 「원산 갈마반도에서」), 현철 56개, 이두성 1개, 조기간 4개, 차상찬 118개, 이재현 6개, 최린 3개, 권동진 3개, 박승철 9개, 박영희 47개씩을 작성했다. 나머지 435개 기사는 여러 면에서 직원들이 작성한 기사임이 분명하지만 '편집실, 아무개, 일기자' 등 정확한 작성자를 확인할 수 없는 경우다. 엄밀함을 기하기 위해 직원이 아니었던 시기에 게재된 글들은 사내기사에 포함시키지 않았다. 가령 현철은 퇴사한 후에 1편의 글을 더 썼지만 통계에는 반영하지 않았다. 필명이 확인되지 않은 경우는 모두 사외기사로 처리했기 때문에, 필명 확인 작업이 진전될 경우, 사내기사의 비율이 높아질 가능성이 있다. 여기에 신자나 천도교 조직에 관계한 인물들의 글을 사내기사에 포함시키면 사내기사의 비율은 60% 이상으로 올라간다. 이는 필자의 박사논문(「1920년대 문학과 『개벽』의 위상」, 2002, 47~48면)에 제시된 숫자를 수정·보완한 것이다. 필명 확인 작업이 진척됨에 따라 변동이 생겼는데, 이를 통계에 제대로 반영하지 못했던 듯하다. 이돈화의 글은 101개에서 84개로 바로잡았고, 박달성의 글은 122에서 136개로, 방정환은 26개에서 27개로 바로잡았다.

18) 「六號雜記」, 『백조』 2호, 1922.5.25, 164면, 홍사용의 말 참조.

19) 김동인과 염상섭의 「자연의 자각」을 둘러싼 논쟁도 사실은 그 기원이 '몰서'에 있었다. 김동인, 「문단회고」, 『김동인전집』 6, 1976, 274면 참조.

이처럼 『개벽』은 종합지를 표방하고 다양한 기획, 즉 독자투고나[20] 지방통신란의 신설,[21] 조선10대위인투표,[22] 전래동화모집,[23] 조선13도호의 발간[24] 등을 통해 성공적으로 대중에게 다가설 수 있었지만, 그 전에 선결할 과제가 있었다. 그것은 종교색이었다. 『개벽』은 천도교 조직에서 조직사업의 일환으로 발행한 잡지였고, 특히 편집진이나 유통체계에서 종교색을 감추기 어려웠다. 따라서 『개벽』이 종교적 장벽을 넘어서 대중성을 확보하기 위해서는 이 문제를 해결해야만 했다.

(2) 종교기사의 배치 현황과 그 내적 의미

『개벽』 편집상 가장 큰 특징은 종교적인 글이 별반 실리지 않은 것이다. 『개벽』 창간호부터 30호까지 실린 전체 기사수 765개에서 종교기사는 모두 31개,[25] 그 중 천도교와 직접적인 관련이 있는 기사는 15개다. 나머지 734개 기사는 문학·사상·정치·경제·여성·아동·농촌·노동·역사·과학·의학·인물·시사 등에 분포해 있다. 이런 기사 배치 사항을 표로 정리하면 다음과 같다.[26]

---

20) 편집실, '「독자교정란」공고', 『개벽』 4호, 1920.9.25, 134면 참조. 「독자교정란」은 '독자통신'과 독자들의 문학기고를 담은 '문림'으로 이루어져 있고, 5호부터 12호까지 지속되었다.

21) 32호 「지방래신」(78면)에서 비롯되어 35호 「육호통신」으로 구체화된 이 난은 박달성의 확장건의에 따라 41호 이후 「지방통신」·「자유통정」·「남신북통」 등으로 발전한다.

22) 편집실, 「위인투표공고」, 『개벽』 11호, 1921.5.1, 85면 참조.

23) 편집국, '「조선고래동화모집」공고', 『개벽』 26호, 1922.8.1, 112면 참조.

24) '조선문화기본조사'라는 취지로 이루어진 일종의 13도의 답사보고서로, 34호(경남도호)에서 시작되어 36호(경북도호)·38호(평북도호)·42호(강원도호)·43호(함북도호)·46호(충남도호)·47호(경기도호)·48호(경성호)·51호(평남도호)·53~54호(함남도호)·58호(충북도호)·60호(황해도호)·63호(전남도호)를 거쳐 64호(전북도호)로 종료되었다.

25) 정확성을 기하기 위해 조금이라도 종교적인 경향이 있는 글은 모두 통계에 반영하였다. 가령 미신에 관련된 기사나 종교로 보기에 다소 무리가 있는 유교나 도교에 관한 시리즈물도 종교물에 포함시켰다.

26) 김근수는 기사들을 '권두언·논문·소설·수필·시·각본·잡조' 등으로 분류했는데, 몇 가지 문제점이 있어 이를 그대로 적용하기 어려웠다. 무엇보다 기사가 누락되거나 분류가 잘못된 경우가 많았고, '논문'으

〈표 12〉『개벽』 상반기(전기 : 1~30호) 부문별 기사 배치 현황[27]

호수	1호	2호	3호	4호	5호	6호	7호	8호	9호	10호	11호	12호	13호	14호	15호
전체	37	28	29	30	28	22	38	27	24	21	21	22	38	21	17
종교	2	1	1	1	1	1	4	2	3	1	1	1	1	1	1
문학	12	9	10	11	13	12	16	12	9	9	9	7	17	5	6
논설	11	8	9	5	7	4	8	6	5	7	5	4	6	6	5
잡문	2	6	5	8	4	3	7	3	4	2	5	9	11	4	4
시사	·	·	·	·	·	·	·	1	1	·	·	·	·	2	1
과학	3	2	2	4	1	·	1	1	·	·	·	·	·	·	·
기타	7	2	2	1	2	2	3	2	2	2	1	1	3	2	·

호수	16호	17호	18호	19호	20호	21호	22호	23호	24호	25호	26호	27호	28호	29호	30호	계
전체	23	21	22	29	24	22	24	18	23	31	23	23	21	29	29	765
종교	·	·	·	·	1	1	·	2	2	2	·	·	1	·	·	31
문학	11	12	10	13	13	10	11	7	12	15	12	10	11	12	11	327
논설	3	4	3	7	3	4	7	5	4	6	3	5	2	7	2	161
잡문	5	2	4	4	5	4	4	2	2	1	4	4	2	·	3	125
시사	2	·	2	3	1	1	1	1	1	3	2	2	3	8	12	45
과학	·	·	·	·	·	·	·	·	·	1	·	·	·	·	·	15
기타	2	3	3	2	1	2	1	1	2	3	2	2	2	2	1	61

천도교 관련 기사 15개를 세목별로 보면 「인내천 연구」(1~9호), 「인내천주의의 창시자 최제우선생」(20호), 「조선동학사상의 정체」(21호), 「손선생의 최후에 대한 여의 인상」(24호), 「민중의 거인 손의암선생의 일대기」(24호), 「손의암선생의 묘를 배관함」(25호), '동양실 주인'의 「만인주시의 홍미중에 싸인 금후의 천도교」(28호) 등이다. 문제는 이돈화의 「인내천 연구」 시리즈를 제외한 나머지 기사들이 종교적 목적을 위해 게재된 기사가 아니라는 데 있다. 「인내천주의의 창시자 최제우선생」(20호)은 '조선십대위인

로 분류된 기사들의 경우 세부구분이 되어 있지 않았다. 김근수 편, 『한국잡지개관 및 호별목차집』·『한국학자료총서』 1, 한국학연구소, 1973, 285~319면 참조.

27) 표는 목차에 기재된 기사를 기초로 했는데, 일제에 의해 삭제된 경우는 목차에 없더라도 통계에 반영했다. 단 목차에 기재되지 않은 쪽기사나 공고들은 제외했다. 잡문(보고, 인물, 역사, 일화, 언어, 지방소식, 통신 등), 과학(천문학, 의학 등), 기타(구회, 부록, 권두언 등), 문예(문학, 음악, 미술, 사진, 만화 등), 시사(정치담, 시사평, 국제정세, 시국사건 등). 각 기사에 대한 분류는 김근수의 선행작업(『한국잡지개관 및 호별목차집』, 『한국학자료총서』 1, 한국학연구소, 1973)을 참조했고, 착오로 누락되거나 기사내용과 분류내용이 큰 차이를 보일 때는 필자의 판단을 따랐다.

투표'의 결과물이며, 21호의 글은 전호의 기사를 보충한 글이다. 또 동양실 주인의 글을 제외한 나머지 2개의 기사는 시기상 교주 손병희의 사망(1922.5.19) 직후에 쓰인 글로 추모의 성격이 짙은 글들이다.[28)] 여타 종교의 경우도 이와 비슷한 상황이다. 강춘산의 「동양도학의 체계여하」(9~15호)를 제외하면 사실상 몇 편 되지 않는다.

종교 관련 기사와 관련하여 이후의 상황은 더 시사적이다. 31호부터 72호까지 1,309개 기사 중 종교 관련 기사가 32개, 이 중 6편이 천도교와 관련이 있다. 이창림, 「새삼스럽게 음미되는 조선의 최수운주의」(40호) · 이돈화, 「천도교의 인내천주의에 대한 일별」(45호) · 김기전 외, 「평양의 천도교회」(51호, 함경도호의 일부) · 일기자, 「인내천주의의 주창자 최수운선생의 탄생 100년 기념에 취하야」(53호) · 일기자, 「종교계의 석금」(57호, 불교 · 기독교 · 천도교의 상황보고) · 이돈화, 「갑오동학과 계급의식」(『수운심법강의』에서, 68호)이 그것이다. 여타 종교도 반기독교 운동과 관련된 특집기사 9편(63호)를 제외하면 몇 개 되지 않는다. 이를 표로 정리하면 다음과 같다.

〈표 13〉『개벽』 하반기(중 · 후기 : 31~72호) 부문별 기사 배치 현황[29)]

호수	31호	32호	33호	34호	35호	36호	37호	38호	39호	40호	41호	42호	43호	44호	45호
전체	35	28	32	32	27	29	27	26	26	27	43	22	19	32	25
종교	·	·	·	·	·	2	1	1	·	2	·	·	·	·	4
문학	15	12	9	6	11	7	10	9	9	8	9	9	7	21	6
논설	2	6	8	3	5	1	·	2	3	4	3	2	4	2	7
잡문	9	6	10	19	6	15	11	12	7	12	17	10	5	6	3
시사	7	3	2	2	3	3	4	1	6	·	14	1	3	2	4
과학	1	·	·	·	1	1	·	·	·	·	·	·	·	·	·
기타	1	1	3	2	1	·	1	1	1	1	·	·	·	1	1

28) 이연복은 이 기사들을 「인내천 연구」와 마찬가지로 천도교 교리 보급을 위한 글로 보고 있다. 「천도교 청년당과 신문화운동」, 『최수운연구』(한국사상연구회 편), 한국사상 12, 1974, 435면 참조. 하지만 이 기사들이 게재된 정황이나 문맥을 살폈을 때 천도교 교리 보급을 위한 것으로 보기 어렵다.

29) 종교색(특히 천도교의 경우)이 짙은 기사는 글의 종류와 상관없이 종교기사로 분류하는 것을 원칙으로 했다. 다만 논란의 여지가 있는 기사들은 통계에는 반영하지 않고 본문에서 이를 거론했다.

호수	46호	47호	48호	49호	50호	51호	52호	53호	54호	55호	56호	57호	58호	59호	60호
전체	33	21	29	43	37	40	35	32	33	33	44	27	36	23	46
종교	·	·	2	1	1	2	·	1	1	·	1	1	·	·	·
문학	12	8	7	13	18	7	22	10	8	15	26	11	13	8	12
논설	4	4	1	3	7	3	3	4	3	8	5	4	6	5	6
잡문	10	5	16	17	9	25	4	15	13	6	6	8	15	5	24
시사	6	3	3	8	2	3	6	1	7	2	5	3	2	4	3
과학	·	·	·	·	·	·	·	·	·	·	·	·	·	·	·
기타	1	1	·	1	·	·	·	1	1	2	1	·	·	1	1

호수	61호	62호	63호	64호	65호	66호	67호	68호	69호	70호	71호	72호	소계	누계	비고
전체	45	35	41	27	34	27	23	22	25	29	28	31	1309	2074	
종교	1	·	10	·	·	·	·	1	·	·	·	·	32	63	
문학	14	8	6	8	19	8	9	8	12	10	14	7	461	788	
논설	4	4	2	1	6	11	5	2	4	1	1	2	161	322	
잡문	20	19	15	8	3	3		2	1	10	7	9	423	548	
시사	5	3	8	9	5	5	8	8	8	8	6	12	198	243	
과학	·	·	·	·	·	·	·	·	·	·	·	·	3	18	
기타	1	1	·	1	1	·	1	1	·	·	·	1	31	92	

개괄하면, 72호까지 2,074개의 기사 중 종교기사가 63개, 그 중 21개만이 천도교 기사에 배당된 셈이다. 여기에 '개벽사상'과 직접적인 관련이 있는 논설(문화운동 내지 사상운동 관련)[30]과 기타 글[31] 20편가량을 합한다 해도 천도교 관련 기사는 40여 편(전체기사대비 2%)에 불과하다. 기사배치 상황만으로도 『개벽』이 종교잡지 내지는 천도교 기관지가 아님을 알 수 있다.[32] 따라서 "개벽사는 천도교의 일부분으로 볼 수 있으니 물론 그곳의 기관지였다"[33]는 박영희의 주장이나 "천도교 보급과 교리연구에 역점

30) 「세계를 알라」(1호) · 「사람성의 해방과 사람성의 자연주의」(10호) · 「시대정신에 합일된 사람성 주의」(17호) · 「사람성과 의식태의 관계」(59호) 등 10편가량의 기사가 여기에 해당된다.

31) 「개벽」 · 「창간사」 · 「우주개벽설의 고금」(1호) · 「개벽의 아침」 · 「개벽이여」(2호) · 「홍경래와 전봉준」(5호) 등 10편가량의 기사들이 여기에 해당된다고 할 수 있는데, 기사의 목적이나 방향 등을 고려할 때 엄밀한 의미의 종교기사 내지 천도교 관련 기사라고는 할 수 없다.

32) 천도교의 공식기관지는 『천도교월보』(1910.8.15~1937.5.15, 통권 295호로 종간)이다. 주로 신앙과 교리에 관한 기사들이 실린 이 잡지는 목차만으로도 『개벽』과의 구별이 가능하다.

을 두었"[34]다는 조남현의 주장은 사실이 아니다.[35]

특히 『개벽』에 관련된 서지사항을 총정리했다고 할 수 있는 김근수의 주장은 더 큰 오해를 불러일으킬 수 있다. 『개벽』이 "거의 매호에 빠짐없이 인내천주의를 고취한 것 등으로 보아 천도교의 기관지는 아니라고 하더라도 천도교와 불가분불가리의 관계에 놓여 있었음은 부인할 수 없"으며 "천도교의 준기관지적 존재"[36]였다는 것인데, 개벽사상 내지 인내천사상과 관련이 있는 논설은 7~8편에 불과하며[37] 대부분 창간 초기에 몰려 있다. 그의 주장 중 상당 부분이 사실이 아니라는 것이다.

> 천도교 사상을 통한 민족 계몽운동은 대략 논설이 실린 "개벽"지의 호수 차례로 보아 1920년 초에서 더욱 많이 취급되었고 호수를 거듭할수록 적어져서 1923년(31호-인용자)부터는 몇 편밖에 안 실려졌으며 1924년(40호) 경부터는 거의 안 실리다 싶이 되어 있다. 이 점은 바로 "개벽"지가 1920년 초와 1923~24년 그리고 1925년 이후에 걸쳐 새로운 방향으로 문화운동을 이끈 증거라고 보겠으며 순수한 천도교적인 민중운동이 계급의식을 앞세운 사회개혁운동에로 전이한 발자취를 읽을 수 있다.[38]

천도교측 스스로 『개벽』의 사상이 오직 천도교주의에 있음을 천명했

33) 박영희, 「신흥문학의 대두와 개벽시대회고」, 『조광』 32호, 1938.6, 52면 참조.

34) 조남현, 『한국현대문학사상논구』, 서울대 출판부, 1999, 129면 참조.

35) 이점에서는 이종수 역시 비슷한 견해를 피력했다. "開闢은 人乃天을 講義하는 等 天道教 色彩가 濃厚하나 그 誌面을 一般的으로 公開 解放하야 大正十一年(1922년-인용자)부터 十五年(1926년-인용자)까지는 朝鮮社會現象을 잘 反映하고 있다." 李鍾洙, 「조선잡지발달사」, 『신동아』 31호(4권5호), 1934.5, 62면; 동일기사, 『조광』 14호, 1936.12, 126면 참조. 『조광』의 기사는 『신동아』의 연속기사(31~32호)를 합친 것인데, 기사의 세세한 부분에서는 조금 차이가 있다. 인용문의 경우, 의미가 좀더 분명한 『조광』의 기사를 옮겼다.

36) 김근수, 「『개벽』지 소고」, 『아세아연구』, 고려대, 1966.9, 128~131면.

37) 어디까지를 천도교적 논설로 볼지가 문제지만 최대한 넓게 잡아도 20편을 넘지 못한다. 이는 논설기사대비 12%에 해당하고, 전체기사에서는 2%를 차지한다.

38) 이연복, 「천도교 청년당과 신문화운동」, 『최수운연구』, 한국사상 12, 한국사상연구회 편, 1974, 435~436면 참조. 그는 인용문의 앞 부분에서 『개벽』에 천도교적 색채가 짙은 문화운동 논설이 40여 편 있다고 주장하는데, 필자가 보기에 이는 지나친 확대해석이다.

고,[39] 『개벽』에 "자주 인내천주의의 내정돌입을 볼 수 있다"[40]는 'XY생'의 평가가 있지만, 40여 개의 기사(전체기사대비 2%)를 가지고 『개벽』 전체의 성격을 논단하는 것은 무리가 있다. 오히려 전체적인 기사 배치 상황과 기사내용을 종합해 볼 때, 『개벽』이 종교적 색채가 적었다는 평이 설득력이 있다.

> 개벽은 출생이래로 월간잡지로서는 我邦에서는 覇者의 態度를 유지한 듯합니다. (…중략…) 또 개벽은 천도교의 원력과 지배를 바드면서도 기독교후원 혹은 경영의 잡지와 달라 종교적 취미를 씌지 아니하고[41]

> 또 아까 팔봉도 이야기 하엿지만 개벽은 천도교를 배경으로 해서 천도교인들이 중심이 되어 편집을 했지만 천도교의 체취가 조금도 나지 않았읍니다. 그저 사회의 목탁으로서 선구자로서 그리고 그때 당시 민족주의보다 조금 더 앞선 진보적인 기풍을 많이 가지고 언론계에 군림했읍니다.[42]

그런데 창간과정부터 유통체계에 이르기까지 천도교와 밀접한 연관을 가진[43] 『개벽』에 정작 천도교 관련 기사가 적다는 사실은 『개벽』에 일정한 편집지침이 적용된 결과로 보인다. 즉 천도교 관련 기사에 대해서는 배제 내지는 가급적 싣지 않는다는 내부 지침이 마련되어 있었다는 것이 필자의 판단이다. 여기에는 두 가지 이유가 있다. 첫째는 대중성의 문제다. 『개벽』이 독서대중에게 두루 읽히게 하기 위해서는 일차적으로 종교적인 벽을 허물 필요가 있었고, 제목이나 유통상황체계에서 드러나는 종

---

39) 공탁(鎭恒), 「이상에서 조직으로－천도교도의 자립문제와 그 경제기관조직방법에 관하야」, 『신인간』 47호, 1930.5.1, 18~19면 참조.

40) XY생, 「현하신문잡지에 대한 비판」, 『개벽』 63호, 1925.11.1, 53면.

41) 통명산인, 「개벽에 대한 소감」, 『개벽』 37호, 1923.7.1, 58면.

42) 이광순 외, 「「개벽」에 얽힌 회상」, 『신인간』 283, 1971.2~3 합본호 73면, 박종화의 회고 참조. 김기진은 같은 글에서 『개벽』이 "천도교의 기관지가 아니고 사회의 공기(公器)였다"고 주장했다.

43) 이에 대해서는 3장 1절을 참조.

교색을 지우려고 했을 것이기 때문이다.

둘째는 좀더 근본적인 문제로 천도교의 역사와 관련된 '피해의식'이다. 주지하다시피 천도교는 개교(1860년)이래 끊임없이 현실문제에 관여해 왔고 그때마다 혹독한 대가를 치러야 했다. 갑오농민전쟁을 전후로 1~2대 교주가 처형당했고, 수많은 교인이 관의 탄압과 수탈의 대상이 되었다. 또한 3·1운동에 주도적인 역할을 했다는 이유로 교주 손병희를 비롯한 교단의 주요인물들이 옥살이를 했다. 따라서 교주 손병희가 3·1운동이나 학교운영에 있어서 종교색을 철저히 감추려 했고[44] 『개벽』 주체들 또한 이러한 경향을 따랐다면 이는 천도교의 역사적 경험들과 밀접한 관련이 있다.

> "개벽"은 천도교라는 하나의 종교 단체에서 간행된 잡지였지만, 그 취지나 목적을 단순히 교리의 전도나 교세의 확장에 두지 않았다. 이것은 천도교라는 한국적 종교가 그 발상이래 걸어온 자취에서도 드러나는 사실로 3·1운동이라는 거족적 운동을 주도하면서도 결코 教色을 노출시키는 일이 없었으며, 한때 校勢가 기울어진 사학 보성전문학교를 인수 운영하면서도 추호도 학교 운영이나 교육내용에 종교적 색채를 내세운 일이 없었다.[45]

한마디로 그것은 역사적 경험이 가져온 '피해의식'의 산물이다. 이와 관련해 『개벽』 주체들이 삼남지역 지사설립시 도지사·군수·경찰부장 명의의 축하광고를 집중적으로 게재한 사건은[46] 시사하는 바가 크다. 천도교가 더 이상 탄압과 수탈의 대상이 아님을 홍보하기 위한 이같은 조

44) "문화사업으로는 교회경제가 허하는 극한까지 학교의 경영을 행하야 하등의 종교적 색채를 불첨하고 순연히 사회적 교육을 시행케 하였으며." 일기자, 「민중의 거인 손의암선생의 일대기」, 『개벽』 24호, 1922.6.1, 86면.

45) 인권환, 「개벽지의 문학사적 고찰」, 『최수운연구』, 한국사상 12, 원곡문화사, 1974, 475면 참조.

46) 『개벽』 17호에 실린 '전남지사 설립'과 관련된 광고들을 말한다. 도청·도지사·과장들·경찰서장·군수 등의 명의로 축하광고가 집중적으로 게재되어 있다.

치는 동학과 관련한 삼남지역민과 『개벽』 주체들의 피해의식이 어느 정도인지를 잘 보여준다.

그러나 처음부터 배제의 원칙을 적용할 수는 없었다. 『개벽』의 성공을 위해서 천도교는 없어서는 안 될 동력이었기 때문이다. 따라서 잡지가 어느 정도 궤도에 오를 때까지 천도교 관련 내용을 절충하는 방안이 모색되었다. 천도교 관련 글들이 1호부터 9호까지 집중되어 있다는 사실이 이것을 방증한다. 즉 9호까지 연속 게재된 이돈화의 「인내천 연구」는 『개벽』을 천도교 교구와 신도들 사이에서 원활하게 유통시키기 위한 편집진의 고육책이었던 셈이다. 천도교 관련 기사를 상황에 따라 조절하는 절충의 방식은 타종교를 가진 독자들의 거부감을 희석시켰고, 상대적으로 늘어난 여타 지면을 통해 각 계층의 다양한 욕구들을 반영할 수 있었다. 이 절충의 방식이 잡지의 대중성에 기여했음은 물론이다.

2) 논설의 편제 - 정치 · 시사 · 사상의 지향과 계몽

(1) 논설의 비중과 연설의 형식

앞에서도 말했듯이 『개벽』의 대중성이 상업적 성공의 중요한 원인임은 분명하지만, 상업성을 대중성의 지상목표로 바라보게 되면, 우리는 『개벽』이 표방한 대중성의 실체에 접근할 수 없다. 아울러 근대전환기에 있어 문학 · 예술의 대중화란 무엇인가라는 진지한 질문도 던져질 수 없다. 그러한 시각은 대중화가 가질 수 있는 한쪽 끝, 즉 독자추종과 저속한 흥미성 및 통속화만을 보기 때문에 『개벽』의 상업적 성공 이면에 놓인 중요한 맥락들에 무관심하기 때문이다.

더구나 객관적으로 볼 때, 『개벽』의 문학작품들 혹은 『개벽』 잡지 전체가 상업성에 매달려 독자를 추종하고 또 저속한 흥미에 영합했다고 말하기 어렵다. 『개벽』이 상업적 성공을 위해 노력한 것은 사실이지만, 상업적 성공 이후에도 통속잡지 내지 저속한 대중잡지와는 격을 달리했기 때문이다.[47] 또한 게재된 문학작품들은 통속적이라기보다 오히려 강한 계몽성 내지 사회성을 띠는 경우가 많다.

『개벽』이 대중적 인기와 상업적 성공 속에서도 저급한 통속잡지로 전락하지 않았던 이유는 분명하다. 『개벽』의 대중성은 끊임없이 무엇인가에 견제되고 있었기 때문이다. 바로 천도교 조직운동이다. 1920년대 천도교 조직운동의 핵심에 있었던 것은 '천도교청년당'이고, 그 출발은 1919년 9월 2일 서울에서 발족한 '천도교청년교리강연부'라고 할 수 있다. 3·1운동에서 천도교측은 조직의 힘을 적극 발휘하지만 그 결과 교주 손병희를 비롯하여 권동진, 오세창, 최린 등 교단의 주요인물들이 구속된다. 이에 이돈화, 정도준, 박달성, 김옥빈, 박래홍 등의 젊은 교인들은 선배스승들의 정신을 계승하여 교리의 연구·선전과 신문화의 향상 발전을 목적으로 '천도교청년교리강연부'를 조직한다.

3·1운동 이후 민족운동에 소극적 태도를 취해온 '천도교중앙총부'와는[48] 달리 민족운동에 훨씬 적극적이었던 이 단체는 전국적인 지부를 설립해 가던 1920년 3월 '천도교청년회'로, 1923년 9월 2일 '천도교청년당'으로 거듭난다. 천도교 '1차분규'와 손병희 사망의 와중에서 탄생한 '천도교청년당'은 1934년 '오심당사건'으로 탄압을 받고, 1937년 중일전쟁으로 상황이 악화되자 결국 지하로 잠적하고 만다.[49]

---

47) 『개벽』 주체들이 잡지의 격을 고민했다는 사실은 '광고 내역'을 통해서도 확인할 수 있다. 전기의 광고와 중·후기의 광고가 격에 있어서 차이가 큰 것이다. 실제로 『개벽』에 실린 초기 광고들은 저급광고가 상당수를 차지한다. 종교서적에서 금은 세공품, 치약 그리고 화류병 치료약 광고까지 등장한다. 하지만 잡지가 어느 정도 대중적 성공을 거둔 시점에 이르자 자질구레한 일상용품에 대한 광고는 급격히 감소한다. 특히 아들낳는 약, 화류병 치료약 광고 등은 지면에서 자취를 감춘다. 이는 『개벽』 주체들이 창간 초기에는 저급광고들을 필요악으로 바라보았고, 조건이 성숙하자 매체의 위신을 해칠 수 있는 것들을 선별한 것으로 볼 수 있다.

48) 황선희, 『한국근대사상과 민족운동』 1, 혜안, 1996, 293면.

이처럼 '천도교청년당'이 천도교측 민족운동의 핵이었다고 할 때, 『개벽』의 출간은 언론기관으로서 그 중추적 역할을 했던 개벽사의 첫 사업이었다. 아울러 『부인』(『신여성』의 전신) · 『어린이』 · 『새벗』 · 『별건곤』 · 『학생』 · 『혜성』 등으로 이어진 출판문화사업의 시작이기도 했다. 『개벽』은 단순한 출판물이 아니라 변화된 정세에 발맞춘 '민족운동'의 일환이었다고 볼 수 있다. 『개벽』이 '계몽성'을 띠는 것은 당연한 결과였다.[50]

'계몽성'과 관련하여 중요한 사항은 『개벽』에 논설이 많다는 것이다. 『개벽』에는 모두 322개의 논설이 실려 있는데, 이는 문학 788개, 잡문 548개 다음으로 많은 숫자다. 구체적 내역을 보면 사상이 120개, 정치 · 시사가 67개, 경제문제 32개, 농촌문제 26개, 교육문제 17개, 여성문제 8개, 노동문제가 5개, 기타논설이 47개를 차지하고 있다. 먼저 상반기(1~30호)를 살펴보면 전체 161개 기사 중 사상 관련 논설이 81개로 가장 많고 경제 20개, 농촌 13개, 여성 6개, 정치(시사)가 5개, 노동과 교육이 각각 4개, 그리고 기타 논설이 28개를 차지하고 있다. 흥미로운 것은 사상논설이 가장 많은 수를 차지한다는 것과 정치 · 시사가 금지되었음에도 5개의 정치논설이 들어 있다는 것이다.[51]

49) 이에 대해서는 이연복, 「천도교 청년당과 신문화운동」, 『최수운연구』, 한국사상 12, 1974 참조. 보다 구체적인 내용은 조기간, 『천도교청년당소사』, 서울 : 동당본부, 1925 참조.

50) 황선희는 『개벽』이 1920년대 천도교청년당의 출판문화운동의 핵이자, 대중계몽의 중추적 역할을 했다고 평가한다. 황선희, 『한국근대사상과 민족운동』 1, 혜안, 1996, 292면 참조.

51) 이에 대해서는 뒤에서 상론할 것이다.

〈표 14〉 『개벽』 상반기(전기 : 1~30호) 논설의 부문별 배치 현황[52]

호수	1호	2호	3호	4호	5호	6호	7호	8호	9호	10호	11호	12호	13호	14호	15호
전체	11	8	9	5	7	4	8	6	5	7	5	4	6	6	5
사상	5	5	5	3	2	2	3	2	5	3	2	4	4	4	1
경제	1	·	·	1	·	·	2	3	·	·	3	·	·	·	2
여성	·	1	2	·	1	·	·	·	·	·	·	·	·	·	·
노동	1	1	·	·	·	·	·	·	·	1	·	·	·	·	·
농촌	·	·	·	·	1	1	·	·	·	·	·	·	·	·	1
교육	1	1	·	·	1	·	·	·	·	·	·	·	·	·	·
정치	·	·	·	1	·	·	·	·	·	1	·	·	·	·	·
기타	3	·	2	·	2	1	3	1	·	2	·	·	2	2	1

호수	16호	17호	18호	19호	20호	21호	22호	23호	24호	25호	26호	27호	28호	29호	30호	계
전체	3	4	3	7	3	4	7	5	4	6	3	5	2	7	2	161
사상	3	3	2	6	1	1	2(1)	3	2	2	·	4	·	1	1	81(1)
경제	·	·	·	·	1	1	1	·	1	1	·	·	1	1	1	20
여성	·	·	·	·	1	·	1	·	·	·	·	·	·	·	·	6
노동	·	·	·	·	·	·	·	·	·	1	·	·	·	·	·	4
농촌	·	·	·	1		·	1	·	·	2	2	·	·	·	4	13
교육	·	·	·	·	·	·	·	1	·	·	·	·	·	·	·	4
정치	·	·	·	·	·	·	·	·	·	·	1	1	·	1	·	5
기타	·	1	1	·	·	2	2	1	1	·	·	·	1	·	·	28

하반기(중 · 후기 : 31~72호)에도 161편의 논설이 실리는데, 그 내역에 있어서는 변화가 심하다. 특히 사상분야 논설이 상대적으로 축소되고 정치 · 시사 논설수가 급증했다. 각각 39개와 62개가 실린다. 농촌문제는 13개, 경제문제는 12개로 꾸준히 관심의 대상이 되고 있다. 여성문제가 상대적으로 소홀히 취급된 인상을 주는 것은, 『부인』의 창간(1922.6.1)으로 영역구분이 생긴 탓일 것이다. 당대 핵심문제였던 노동문제가 줄어든 것은 분류상의 문제로, 계급사상을 다룬 논설이나 정치 · 시사와 겹치기 때문에 통계에 반영되지 못했을 뿐, 실제 비중이 작아진 것은 아니다. 기타 논설은 19개로 줄어든다. 이를 표로 제시하면 아래와 같다.

52) * 정치(시사, 시평, 계급운동, 정치운동, 국제정세, 계급론), 기타(도덕, 수양론, 민족감정, 소년운동 등).

〈표 15〉『개벽』 하반기(중·후기 : 31~72호) 논설의 부문별 배치 현황[53)]

호수	31호	32호	33호	34호	35호	36호	37호	38호	39호	40호	41호	42호	43호	44호	45호
전체	2	6	8	3	5	1	·	2	3	4	3	2	4	2	7
사상	1	3	3	2	2	·		1	·	1	1	1	3	1	4
경제	1	1	2	1	·	·	·	·	·	1	1	·	·	·	·
여성	·	·	·	·	·	·	·	·	·	·	·	·	·	·	·
노동	·	·	·	·	·	·	·	·	·	·	·	·	·	·	·
농촌	·	2	1	·	·	·	·	·	·	1	1	·	·	·	
교육	·	·	2	·	1	·	·	·	·	·	·	·	1	·	·
정치	·	·	·	·	·	1	·	·	2	1	·	1	·	1	2
기타	·	·	·	·	2	·	·	1	1	·	·	·	·	·	1

호수	46호	47호	48호	49호	50호	51호	52호	53호	54호	55호	56호	57호	58호	59호	60호
전체	4	4	1	3	7	3	3	4	3	8	5	4	6	5	6
사상	1	·	1	·	·	·	1	·	·	3	·	1	·	1	·
경제	·	·	·	·	·	·	·	·	·	·	·	·	·	1	2
여성	·	2	·	·	·	·	·	·	·	·	·	·	·	·	·
노동	·	·	·	·	·	·	·	·	·	·	·	·	·	·	
농촌	·	·	·	·	·	·	1	1	·	1	2	·	·	·	
교육	·	·	·	1	1	·	·	1	·	1	·	·	4	·	·
정치	2	·	·	·	6	2	1	2	3	3	1	2	2	3	2
기타	1	2	·	2	·	1	·	·	·	·	2	1	·	·	2

호수	61호	62호	63호	64호	65호	66호	67호	68호	69호	70호	71호	72호	소계	누계	비고
전체	4	4	2	1	6	11	5	2	4	1	1	2	161	322	
사상	·	·	1	·	1	·	1	1	2	1	1	·	39	120	
경제	1	·	·	·	1	·	·	·	·	·	·	·	12	32	
여성	·	·	·	·	·	·	·	·	·	·	·	·	2	8	
노동	·	1	·	·	·	·	·	·	·	·	·	·	1	5	
농촌	1	1	1	·	·	·	·	·	·	·	·	·	13	26	
교육	·	·	·	·	·	·	1	·	·	·	·	·	13	17	
정치	·	2	·	1	3	11	3	1	2	·	·	2	62	67	
기타	2	·	·	·	1	·	·	·	·	·	·	·	19	47	

그런데 『개벽』에 이처럼 논설이 많다는 것은 1920년대 초·중반이 1910년대와 마찬가지로 여전히 '계몽의 시대'였음을 말하는 것이며, 계몽의 주체나 대상에게 논설형식이 효과적 소통방식으로 인정받고 있었음을 말해준다. 여기서 문제가 되는 것은 논설이 어떻게 한 시대를 풍미한 계

53) 이는 필자의 박사논문(「1920년대 문학과 『개벽』의 위상」, 성균관대 박사논문, 2002, 56면 참조)에 실린 표를 수정·보완한 것이다. 노동부문의 숫자 통계에 착오가 있었다.

몽형식이 될 수 있었는가 하는 것이다. 계몽의지를 가진 『개벽』 주체들로서는 가장 강렬하고 직접적인 논설을 선호했겠지만 독자들의 입장에서는 논설이 끌리는 소통방식이 아닐 수도 있기 때문이다. 이 문제의 답은 당대 보편적인 계몽형식으로 자리하고 있었던 '연설(演說)'에서 찾아야 할 것 같다.[54] 즉 연설이 논설의 보편화에 직접적인 도움을 주었다는 것이다. 실제로 1920년대 초·중반은 강연회나 연설회의 열풍이 불어, 연설과 강연이 '사회의 유행어'가 될 정도였다.

> 강연! 강연단! 이 말은 오늘 우리 사회의 한 유행어가 되었다. 시가의 판장이란 판장은 강연회의 주최를 광고하는 '비라'로써 도배되엇스며 신문지의 제삼면—중에도 제사면(지방란)은 거의 그만 여러 강연회의 회보가 되고 말은 감이 잇도다. 모처의 조사에 의지하면 지난 칠월중(1921년—인용자) 조선전토 안에 나타난 순회강연단이 오십일개 단체를 헤이게 되엇다 한다. (…중략…) 이 강연이 우리 사회현상의 한 과목을 이룰 것은 사실이며 (…중략…)[55]

인용문에서 중요한 대목은 '강연'이 '유행어'가 될 정도로 성행했으며, 1921년 7월 조선에 있었던 순회강연단이 무려 51개나 되었다는 대목이다. 51개라는 숫자는 하기방학을 맞아 집중적으로 강연단이 꾸려진 결과라는 점을 감안하더라도 강연의 유행을 입증하기에 충분하다. 더구나 당시 경성에는 "월중 몇회식" 명사의 공개강연이 정기적으로 있었고, 지방 청년회는 계절마다 찾아오는 순회강연단으로 인해 골머리를 앓을 정도였다.

> 아—강연대의 후원—인력 금력이 공히 핍한 아모 실력업는 회체로서 이삼일의 일차식 후원은 실로 자괴의 점도 만치마는 두통나는 일이 만습이다. 금년

54) 물론 연설과 강연의 유행에는 조선의 낮은 지적풍토가 결정적 역할을 했다. 계몽주체의 일방적 설득과 대상의 전적인 수용을 전제로 하고 있는 계몽의 특성상, 연설과 강연 같은 소통방식은 주체와 대상의 지적 낙차가 크면 클수록 더 절대적인 계몽형식으로 굳어지기 때문이다.

55) 김기전, 「청천백일하에서」, 『개벽』 14호, 1921.8.1, 14면 참조.

하기로만 해도 조선청년연합회강연대, 고학생갈돕회강연대, 학생대회·천도교 청년회 동경지회·학우회·동우회·불교청년회·동경여자 청년회의 강연대 기타 극단, 활동사진반 실로 매거키 난한 각 단체가 만히 단여갓습니다.[56]

『개벽』이 일찍이 웅변술에 관심을 보인 것이나,[57] 「강연월단」(17~18호)·「학생논단」(22, 23, 25호) 등을 통해 사회명사들과 학생들의 강연에 지속적인 관심을 표명한 것은 이러한 사회분위기와 직접적으로 맞물려 있다고 할 수 있다. 어쨌든 이런 강연과 연설에서 논자로 나선 이들은 사회의 명사들과 학생들이었고, 주최는 각종 청년회나 사회·언론단체 그리고 학교 등이었다. 특히 인용문에서 보듯이 '갈돕회' '불교청년회' 등 1920년대 초·중반 급성장한 청년·사회단체들은 이같은 문화운동의 구심점에 서 있었다.[58]

『개벽』 창간을 주도한 '천도교청년회'도 예외가 아니었다. 청년회 산하 지육부(智育部)[59]와 편집부 사업으로 설립된 개벽사를 주축으로 "여성운동·소년운동·체육운동을 전개하였고 순회강연을 실시하여 대중계몽에 선도적 역할을 하였"[60]던 것이다.[61] 아울러 청년회 혹은 개벽사 자체적으로 정기적인 강연회가 마련되어 있었다.[62]

---

56) 박달성, 「회고하로 칠천리」, 『개벽』 16호(임시호), 1921.10.18, 44면 참조.

57) 박용회의 「웅변묘법」(『개벽』 2호, 1920.7.25)은 웅변술에 대한 상세한 지침서라 할 수 있다.

58) 1920년대 초반 각종 청년단체는 1920년에 251개, 1921년에 446개, 1922년에는 448개로 급성장을 보였다. 이연복, 「천도교 청년당과 신문화운동」, 『최수운연구』, 한국사상 12, 1974, 원곡문화사, 428면 참조.

59) 천도교청년회에는 포덕부·편집부·체육부·지육부·음악부·실업부의 6개 부서가 있었는데, 그 중 회원강습과 순회강연을 주관한 것은 지육부(智育部)였다. 실제로 지육부는 1920~21년까지 26회의 순회강연을 실시했는데 이때 모인 청중이 7만 4천명에 이른다. 당시의 강연지역과 연사에 대해서는 천도교청년회중앙본부, 『천도교청년회팔십년사』, 글나무, 2000, 107~110면 참조.

60) 황선희, 『한국근대사상과 민족운동』 1, 혜안, 1996, 289면 참조.

61) 청년회 산하 동경지회는 방학을 이용해 국내 순회강연을 실시하기도 했다. 이에 대해서는 「천도교청년회동경지회 순회강연상황」(『천도교회월보』, 131~132호, 1921.7~8)과 박달성, 「회고하로 칠천리」(『개벽』 16호(임시호), 1921.10.18) 참조.

주목할 점은 『개벽』에 실린 논설 중 상당수가 각종 강연모임에서 발표된 강연·연설문이었을 가능성이 높다는 것이다. 그 단적인 증거가 「강연월단」과 「학생논단」이다. 「강연월단」은 기자가 각종 단체 주최로 열린 강연회에 참석하여 강연내용을 속기하거나 혹은 연사의 초고를 그대로 옮겨 적은 것이며, 「학생논단」은 개벽사 후원으로 이루어진 강연회에서 강연한 것을 연사들이 손질해 보내온 것을 게재한 것이다.

> 본기사 중에는 혹은 본인(연사)의 초고에 준한 것도 잇스나, 그러나 대개는 편집상 시간의 관계와 기타 여러 가지 관계로 인하야 다시 本초고에 준하지도 못하고 졸필의 속기한 그대로 적엇스니 원체 불완전한 것은 물론이 올시다.[63]

> 본기사의 전부는 선자학생대회의 주최로 본사의 후원에 係(依의 오자-인용자)한 조선전문학교연합학술강연회에서 강연한 그것을 각 강사의 필로써 更히 정사한 그것이며 지면의 관계로 인하야 차를 차호에까지 延揭하는 것이니 관계자 제씨는 차를 恕諒하라.[64]

특히 김기전·이돈화·박달성·차상찬 등 『개벽』의 핵심 논자들의 글은 강연이나 연설의 초고였을 가능성이 크다. 그들은 '천도교청년회'나 '개벽사' 순회강연단의 중심인물이었을 뿐만 아니라, 선전과 계몽을 겸한 지방답사에서도 매번 강연을 해야 했기 때문이다.[65] 아울러 그들이 자주 지방 출장(답사)을 다니면서도 매달 한두 편 이상의 기사를 빠짐없이 싣고 있다는 점도 감안할 필요가 있다.

---

62) 『개벽』 29호에 공식 천명된 '월 일회의 시국강좌'는 청년회 혹은 개벽사 자체의 정기강연회를 보다 발전적 형태로 바꾼 것이라 판단된다. 물론 정치·시사에 대한 게재허가(1922년 9월 12일부)가 그 직접적 계기가 되었을 것이다.

63) 강인택, 「강연월단」, 『개벽』 17호, 1921.11.1, 69면, 기자의 '謝告' 참조.

64) 문태선 외, 「학생논단」, 『개벽』 22호, 1922.4.1, 94면 기자의 서문 참조.

65) 『천도교청년회팔십년사』(글나무, 2000, 108~109면)가 제시한 순회강연자 명단에 따르면, 이돈화·김기전·박달성 등 『개벽』의 핵심멤버들이 거의 모든 순회강연에 참가했음을 알 수 있다.

기사 작성의 절대시간이 부족했던 그들은 이동 중 기차나 자동차 안에서 작성한 연설문 등을 연설이 끝난 후 약간의 손질을 거쳐 『개벽』에 게재했던 것으로 보인다.[66] 물론 이런 상황은 『개벽』에만 나타나는 특수한 현상은 아니었다. 대다수 잡지에서 흔히 볼 수 있는 일로, '학우회' 기관지 『학지광』에서도 비슷한 사례를 확인할 수 있다.

> 역사 모르는 사람이 역사를 말함은 맛치 쟝임의 단청구경이다. 그러하지만은 朴某의 '東洋史上 東學黨'이란 강연을 듯고서 내의 얼골이 붉엇섯다. 더구나 우리 청년의 기관될만한 학지광上에까지 발표함에 이름은 과연 내의 눈에 물이 나랴고 한다.[67]

인용문을 정리해보면 『학지광』 20호에 실린 박승철의 「동양사상의 동학당」이란 글은 『학지광』에 게재되기 전에 이미 연설로 발표된 것이었음을 알 수 있다. 이 글이 졸업생 기념논문인 점을 미루어 짐작하건대, 졸업생 축하모임에서 행해진 연설문일 가능성이 높다. 학우회가 각종 공식행사(총회, 신입생환영회, 졸업생축하회 등)에서 연설과 강연을 상례화하고 있었고, 순회강연 그리고 분회별·부서별 강연회가 정기적으로 행해진 점을 감안할 때,[68] 위와 같은 경우가 결코 적지 않았을 것으로 짐작된다.

---

66) "학우회에서는 강연대로, 동우회에서는 연극단으로 (…중략…) 이러케 만장의 기개로 동경을 써난 우리는 각자 문화책을 강구하기에 역로의 풍경은 볼 여가도 업거니와 강연안을 집성하노라 또한 별 감상도 업섯슴이 사실입니다." 박달성, 「회고하로 칠천리」, 『개벽』 16호, 1921.10.18, 40~41면 참조.

67) 고광규, 「동학당과 갑오역」, 『학지광』 21호, 1921.1.21, 56면 참조.

68) 학우회는 "토론연설 또는 체육을 장려"한다는 취지 아래 "웅변회 혹은 토론회를 수시 개최"(학우회세칙)했다. 초기엔 지육부(智育部)와 각 분회(分會)들이 연설회와 토론회를 주도적으로 이끌었고, 이후엔 편집부와 변론부가 이를 주도했다. 학우회 주최의 명사연설회나 강연회가 수시로 있었음은 물론이고, 졸업·입학축하회, 망년회나 각종 행사 때도 연설 혹은 강연이 행해졌다. 유학생 순회강연단이 처음 꾸려진 것은 1920년 6월이었다. 「강연단소식」, 『학지광』 21호, 75면; 「회고하로 칠천리」, 『개벽』 16호, 40면 참조. 그 외 각 학교동창회나 기독청년회·조선학회 등이 주관한 연설회나 강연회가 자주 열렸다. 『학지광』 각호의 「소식(우리소식)」란 참조.

이렇게 볼 때, 『개벽』의 주된 계몽형식이 논설이었다는 사실의 저변에는 열악한 지적기반 위에서 번진 계몽적 연설문화가 자리하고 있음을 알 수 있다. 또한 당대 행해진 연설의 상당수가 초고형태 그대로 혹은 약간의 손질을 거쳐 『개벽』 등 제 잡지에 게재되었음을 알 수 있다.

(2) 정치 · 시사의 담론적 지향

『개벽』에 논설이 많다는 것, 그리고 그 논설 중심의 소통체계가 당대 사회를 풍미한 연설문화와 밀접한 연관이 있다는 사실은 잡지의 계몽성을 선명히 드러내는 대목이지만 이것이 『개벽』의 계몽담론이 지향하는 핵심을 말해주지는 못한다. 다시 말해서 『개벽』이 가진 계몽성의 함의는 무엇이냐라는 문제가 여전히 남는다. 이 문제는 『개벽』의 논설들을 체계적으로 분석하고 다시 종합함으로써 해결될 사안이지만, 그 과정에서 반드시 고려해야 할 사안이 일제의 탄압이다. 즉 『개벽』 주체들이 그 담론을 펼치는 데 있어 '검열의 문제'는 항상 일차적인 장벽이 되었다. 따라서 『개벽』의 '계몽성'의 핵심은 '검열'의 문제와 떼려야 뗄 수 없는 관계이다.

『개벽』의 '계몽성'이 일제의 검열과 정면으로 충돌하는 지점은 당연히 정치 · 시사 영역이었다. 정치 · 시사는 문화정치를 표방한 일제나 문화운동을 주도한 『개벽』 주체들이나 결코 양보하거나 포기할 수 없는 영역이었기 때문이다. 『개벽』이 애당초 '신문지법'에 의해 허가된 잡지임에도 1922년 9월 12일(27호까지)까지 정치 · 시사를 싣지 못했다는 사실은[69] 3 ·

69) 『개벽』이 애초에 신문지법, 구체적으로는 '제5조'의 '제한규정'에 의거해 발행되어 정치 · 시사를 게재할 수 없었다는 사실을 적시한 자료는 여럿이다. 일기자, 「조선언론계의 연혁」, 『개벽』 59호, 1925.5.1, 65; 「본지필화의 전말」, 『개벽』 8호, 1921.2.1, 148면; 「귀중한 경험과 고결한 희생」, 『개벽』 28호, 1922.10.1, 3면; 『개벽사 略史』, 『별건곤』 30호, 1930.7.1, 8면; 백순재, 「일제의 언론정책과 필화사건」, 『신동아』 33, 1967.5, 409면 등이 대표적인 것들이다. 한편, 『개벽』에 대한 신문지법 제5조의 제한규정 적용과 그로 인한 필화사건에 대해서는 한기형, 「문화정치기 검열체제와 식민지 미디어」, 『대

1운동 이후 문화정치를 표방한 일제가 다른 부문(교육이나 실업, 여성과 아동 문제 등)에 대해서는 상대적 자유(?)를 부여하면서도 정치·시사 분야는 철저히 금했음을 입증하는 예다.[70] 반대로 『개벽』이 72호를 끝으로 폐간되기까지 압수·발매금지 40회 이상, 정간 1회, 벌금 1회[71]의 탄압을 받았다는 사실은 정치·시사를 둘러싼 일제와의 충돌이 상상 이상이었음을 증명하는[72] 것이자 '언론잡지'[73]를 표방한 『개벽』 주체들이 이 영역에 대한 기사화를 얼마나 중시했는지를 잘 보여준다.

『개벽』 주체들이 정치·시사에 얼마나 집착했는가는 『개벽』의 기사배치 상황에서도 드러난다. 전체기사에서 정치·시사는 243개를 차지하는데, 논설 중에서 정치·시사로 분류된 67개의 기사를 더하게 되면 모두 310개, 전체기사대비 14.9%의 기사가 이 부문에 할당된 셈이다. 이는 논설(322개)만큼이나 비중이 높았음을 보여준다. 더구나 정치·시사에 대한 게재가 허가된 28호(1922.10.1)부터 이 부문에 대한 기사가 급격하게 증가하는 모습에서 『개벽』 주체들이 정치·시사를 얼마나 열망했는지 짐작할 수 있다. 특히 중요한 것은 정치·시사에 대한 게재가 허가되기 이전에도 이 부문에 대한 기사가 25개(논설 3개 포함)나 실려 있다는 것이다.

구체적 내역을 살펴보면, 「사회의 성(聲)」(8호)을 시작으로 「지지단(智之端)」(14호), 「속토분록」(15호), 「범신유의 회고」(18~19호), 「천지현황」(19호부

동문화연구』 51, 2005 참조.

70) 일제는 정치·시사에 대한 게재허가를 내준 후 신문(조선·동아·시사신문)과 잡지(『개벽』·『신생활』·『조선지광』)에 대한 감시를 더욱 강화했다. 그 결과 1922~24년까지 『동아일보』가 40회, 『조선일보』 39회, 『신생활』 8회, 『조선지광』이 4회 압수된다. 『개벽』은 잡지로는 가장 많은 13회(실제로는 11회)의 압수를 당했다. 「재경신문, 잡지차압횟수」, 『개벽』 49호, 1924.7.2, 106면 참조.

71) 이에 대해서는 책의 2장 참조.

72) 압수·삭제된 기사 목록을 살펴보면, 정치·시사부문(일제 정책에 대한 비판이나 독립운동 혹은 사회주의사상운동 및 계급운동 등)이 탄압의 직접적인 원인임을 알 수 있다. 책의 부록인 「『개벽』 압수·삭제기사 목록」 참조.

73) "언론잡지 『개벽』", 「개벽사의 삼대잡지와 사대사업」, 『개벽』 37호, 1923.7.1, 목차 뒷면광고 참조.

터), 「사회일지」(20호부터) 등인데 사회의 각 부문운동의 구체적 실상과 국제정세의 변화 등에 대한 보고와 논평이 들어 있다. 검열 때문에 일제의 식민정책에 대한 비판이나 정치적 발언은 쉽지 않았지만 그렇다고 무조건 굴복하는 모습을 보이지는 않았던 것 같다. 가령 「범신유의 회고」는 정치·시사적 정보를 제공하기 위해 마련된 일종의 기획기사로 1921년(신유년)에 있었던 여러 사건들을 다루면서 정치적으로 '민감한 사건'들을 끼워넣었다.

> (앞부분삭제—인용자) 최경학사형집행, 극단의 독립운동자—밀양경찰서의 폭탄범인 최경학은 팔일(7월—인용자) 오후 세시 대구감옥에서 그만 사형을 당하였다. (…중략…) 양근환무기징역, 이월 십육일 동경역에서 민원식을 살해한 양근환은 이일(8월—인용자) 동경지방법원에서 무기의 언도를 수하다.[74]

20호부터 시작된 「사회일지」는 일지형태에 정치·시사적 기사들을 끼워넣는 방식을 정착시켰고, 「사회의 성」, 「지지단」 등은 검열에 대비하여 크기가 작은 6호활자로 작성되었다. 검열을 피하려는 『개벽』의 다양한 노력이[75] 항상 성공한 것은 아니지만 이런 노력이 있었기에 상해임시정부나 독립운동가의 활동이 기사화될 수 있었다고 생각한다.

『개벽』 주체들이 이처럼 일제의 가혹한 탄압에도 굴하지 않고 정치·시사에 집착한 가장 큰 이유는 식민치하 민족현실을 극복하기 위해서는 국민 대중의 정치의식적 각성이 필수적이라고 보았기 때문이다. 다시 말해서 사상·교육·산업·여성·노동·농촌·아동 등 각 부문운동의 선결과제로서, 혹은 문화운동의 궁극적 지향으로서 민족의식적 각성이 요구되었다는 것이다. 일제로서는 그런 조선인의 정치적(민족적) 각성을 방관할 수 없었고, 조금이라도 그런 경향이 보이는 기사는 삭제하거나 잡지

74) 일기자, 「범신유의 회고(下)」, 『개벽』 19호, 1922.1.10, 73면 참조.

75) 활자크기 축소, 끼워넣기 등이 소극적인 방식이라면, 인쇄일자를 속여 잡지를 미리 배포하는 과감한 방법도 사용되었다. 압수당한 제호가 오늘날 남아 있는 것도 이 덕분이다.

자체를 압수했다.

따라서 『개벽』의 상반기(전기)를 말 그대로 '문화운동'에 충실했던 시기로 규정하는 것이나, 하반기(중·후기)를 '계급운동기'로 규정하는 것은 모두 『개벽』의 정치·시사를 위한 주체적 노력을 소홀히 취급한 결과라고 할 수 있다.[76] '문화운동'과 '계급운동' 사이의 논리적 변별에 집착한 나머지 '연속성'의 차원에서 '계몽'의 함의를 도출하는 데 실패하고 있으며, '불연속성'의 차원에서는 변화를 이끈 계기를 주체적으로 포착하는 데도 실패하고 있다. 이 모두가 『개벽』이 가진 '계몽성'의 핵심을 제대로 파악하지 못한 것과 관련이 있다. 만약 『개벽』 주체들이 상반기에 '문화운동'에만 충실했다면, 앞서 말한 정치·시사를 위한 세심한 노력을 기울일 필요도 없었고 수십 개의 기사가 삭제되고 또 수차례에 걸쳐 발매금지를 당하는 일은 일어나지 않았을 것이다.

정치·시사에 대한 게재가 허용된 중·후기도 마찬가지다. 이 시기 『개벽』이 급격히 '계급운동' 쪽으로 방향을 선회한 것은 사실이지만 그 저변에는 여전히 식민지 민족현실을 타개하려는 노력이 깔려 있었다. 이는 크게 두 방향에서 이루어졌는데 '일제의 식민정책에 대한 비판'과 '민족에 대한 재발견'으로 정리될 수 있다. 전자는 일제의 경제적 수탈 강화와 정치적 탄압 강화에 따른 민족적 저항이라는 의미를 가진다.

정치·시사로 분류된 대부분의 기사들과 잡문으로 분류된 기사의 상당수가 이와 관련된 기사들을 다루고 있는데, 정치·시사가 허가된 직후부터 폐간되기까지 지속적으로 기사가 실렸다. '사내(寺內)'와 '재등(齋藤)'을 '육군'과 '해군'에 빗대면서 일제의 문화정치를 비꼰 「천현지황」(28호)과 조선에 대한 일본의 경제적 침탈을 분야별로 조명한 '재조선 외국인 세력검찰' 특집기사(30호)를 비롯하여, 동척의 토지침탈과 3·1운동 후 일

76) 『개벽』의 논조변화는 외적 현실변화의 수동적 수용물로만 보기 어렵다. 『개벽』 내적인 사상투쟁과 주체적 변모과정의 산물인 것이다. 이에 대해서는 다음 장에서 상론할 예정이다.

제의 치안강화현황(경찰소, 주재소, 파출소) 등을 구체적 통계를 통해 조명한 57호의 특집기사들, 그리고 보안법・제령7호에 이어 1925년 5월 12일 발효된 '치안유지법'에 대해 노골적인 비판을 가하고 있는 「재래할 삼중 악법령」(58호) 등등 당대 여느 잡지도 흉내낼 수 없는 반일 저항의식을 꽃피우고 있다.

이와 함께 상해임시정부의 활동과 만주의 여러 무장투쟁단체에 대한 관심도 지속적으로 이루어지고 있다. 중국전란에 참가한 조선독립군의 구체적 현황을 밝히고 있는 「전란와중에 입한 재중 칠십만 동포」(52호, 일부삭제), 독립단・정의부의 활약상을 자세히 소개하고 있는 이돈화의 「남만주행」(61호), 이동휘・서재필・이승만・노백린・남만춘・신채호 등 이름만 들어도 알 수 있는 해외 민족인사들을 소개하는 특집기사 「밧게 잇는 이 생각」(62호)은 그 대표적인 예다. 특히 62호는 「밧게 잇는 이 생각」의 게재로 압수되고, 『개벽』은 2개월간 정간을 당한다. 즉 『개벽』은 "천도교회에서 발행하는 잡지였지마는 사회의 공기(公器)로서 일본제국주의에 항거하는 모든 투쟁을 일관해보겠다는"[77] 의지의 산물이었던 것이다.

한편 '민족의 재발견'이란 차원에서 가장 주목할 것은 '조선문화의 기본조사'라는 취지에서 추진된 '조선13도호'의 발간이다. 『개벽』 전체를 통틀어 가장 큰 기획이었던 이 사업은 '경남도호'(34호)에서 시작되어 36호(경북도호)와 38호(평북도호)・42호(강원도호)・43호(함북도호)・46호(충남도호)・47호(경기도호)・48호(경성호)・51호(평남도호)・53~54호(함남도호)・58호(충북도호)・60호(황해도호)・63호(전남도호)를 거쳐 64호(전북도호)로 종료되었다.[78] 각 도의 문화와 산업 종교, 특산과 명승 등을 개괄하고, 해당 군의 특색을 구체적으로 제시하고 있는 기사들은 조선 각도가 처한 냉엄한 현실을 직

77) 이광순 외, 「『개벽』에 얽힌 회상」, 『신인간』 283, 1971.2~3 합본호 72면, 김기진의 회고 참조.

78) 전국 13도에 대한 일종의 답사보고서인 이 사업이 처음 기획된 것은 1923년(「조선문화의 기본조사」공고, 『개벽』 31호, 1923.1.1, 100면 참조)으로, 정치・시사가 허용된 직후 이루어진 가장 큰 사업이다.

시하고, 민족의 저력을 발견하여 앞길을 개척한다는 의미를 띠었다.

내용을 읽다보면 조선민족에 대한 자부심으로 발전하고 있음을 알 수 있다. 이조 오백년의 역사를 담담히 응시한 '조선오백년호'(『개벽』 70호)와 조선의 자랑거리를 나열한 '조선자랑호'(『개벽』 61호)의 기본 취지가 이것이며, 특히 61호에 실린 22개의 기획기사들('조선의 자랑'과 '외국인이 본 조선의 인상' 등)은 그 구체적 예다. 상반기 『개벽』 주체들이 서구중심의 관점에서 민족을 검열하고 비판하였다고 한다면 하반기에 들어서는 좀더 주체적인 관점에서 스스로를 정립하였다고 할 수 있겠다. 다시 말해 보편(서구)의 시선을 자기검열처럼 달고 다니던 모습[79]에서 벗어나 역사와 전통 속에서 스스로를 정립시키려 노력했음을 알 수 있다.

이 시기 문학이 전통에 대한 관심을 보이는 것, 가령 김소월의 민요시나 방정환 등이 전래동요와 전래동화에 대해 관심을 기울이는 것 등은 이런 저간의 사정과 밀접한 관련이 있다. 그러고 보면 선후관계를 따질 수는 없지만 '일제에 대한 저항'과 '민족의 재발견'이 서로 긴밀한 관련이 있음이 틀림없다. 특히 대표적인 전통부정론자였던 춘파(春坡) 박달성이 보편의 시선을 털어내고 민족적인 것에 대한 애정과 관심을 갖게 되는 도정은 시사하는 바가 크다. 그의 이런 의식변화에 결정적 역할을 한 것이 식민통치의 민족현실이며, 일제에 대한 적개심이기 때문이다.[80]

이런 사정들을 고려할 때, 『개벽』의 창간 동기가 "민족을 위함이라 하는 직각적 열성"[81]에 있다는 선언이 가식은 아니며, 새소리를 빌려서라도 국권상실의 아픔과 국권회복의 열정을 표하고자 한 노력이 거짓이 아니었던 것이다.

---

79) 1920년대 지식인들이 가졌던 보편의 시선과 자기검열의 양상에 대해서는 최수일, 「1920년대 동인지문학의 심리적 기초」, 『대동문화연구』 36, 성균관대 대동문화연구원, 2000, 101~105면 참조.

80) 1920년대 지식인의 전통단절의 방식과 전통회복의 과정에 대해서는 섬세하고 구체적인 논의가 필요하다. 논지 전개상 이는 다음을 기약한다.

81) 미상, 「귀중한 경험과 고결한 희생」, 『개벽』 28호, 1922.10.1, 2면.

금쌀악
北風寒雪 가마귀 집 貴한 줄 깨닷고 家屋家屋 우누나
有果不居 저-가치 집 일흠을 부끄러 可恥可恥 짓누나
明月秋堂 귀뚜리 집 일흘가 저허서 失失失失 웨놋다[82]

編輯을 마치고 나서 귀를 기우리니 復國새(뻐꾸기-인용자)의 구슬픈 소리가 사방에 들인다.[83]

한편, 하반기의 '계급운동'이 식민지 조선의 민족운동의 흐름과 연계돼 있는 점도 감안할 필요가 있다. 『개벽』이 급격히 '계급운동'으로 논조를 틀게 된 데에는 '문화운동'의 반동화·친일화가 직접적인 원인이 되었다는 것이다. 1920년대 들어서 계급사상과 운동이 점차 세력을 확산시키고 있었던 것은 주지의 사실이지만, 『개벽』이 처음부터 이에 동조한 것은 아니다. 필자는 『개벽』의 논조에 큰 변화가 감지되는 지점을 대략 37호(1923년 중반 이후)를 전후한 시기로 보고 있는데[84] 정백(鄭栢)의 「사회주의 학설대요」(40호, 계리언의 강연 팸플릿), 이성태의 「왼편을 향하여」(38호)·「적색공포와 백색공포」(39호, 삭제) 등 계급사상론이 연속해서 게재되는 등, 이전과 확연히 구별되는 양상을 보이기 때문이다. 이런 시기상의 격차가 『개벽』의 변화가 단순히 사회주의사상의 도입에 따른 즉자적 반영이 아니라는 것을 입증함은 물론이다.

더구나 『개벽』의 주체들은 이 시기 '문화운동'이 급격히 친일화되는 상황에 있었음을 분명하게 인지하고 있었고, 이를 심각하게 문제삼고 있

82) 김기전, 「금쌀악」, 『개벽』 창간호, 1920.6.25, 49면.
83) 편집국, 「餘滴」, 『개벽』 70호, 1926.6.1, 문예면 67면.
84) 박찬승은 1920~21년을 거쳐 소개된 사회주의사상(운동)이 1922년에 들어서 크게 세력화되었고, 1923년 봄 이후에는 "문화운동 내에서 분화해간 사회주의자들이 이제 거꾸로 문화운동을 비판하는 작업에 나서게 되"는 양상을 보였으며, 문화운동의 주요 기관지였던 『개벽』까지도 사회주의자들과 유사한 입장에서 문화운동을 비판했다고 한다. 박찬승, 『한국근대정치사상사연구』, 역사비평사, 1992, 313~314면 참조.

었다. 이 점에서 『개벽』 44호의 「점점점 이상해가는 조선의 문화운동」은 중요한 자료다. 이 글은 조선의 민족운동이 독립운동에서 문화운동으로 다시 사회운동으로 변천했고, 각 운동 내부에 '급진파(硬派)'와 '온건파(軟派)'가 생겨 분화되는 과정에 있는데, 그 중에서 문화운동의 온건파 즉 실력양성파가 가장 문제적이라고 지적하고 있다. 즉 그들은 '민족일치와 대동단결'을 부르짖으면서도 실상은 '인도의 국민회의나 필리핀의 독립청원문제' 즉 자치론이나 참정권 문제에 집착하는 반동적 행태를 보인다는 것이다.[85]

> 論보다도 사실, 위선 독립운동의 편에서 보아라. 그 중의 경파는 사회◯◯이나 무력◯◯의 길노 돌아지고, 연파는 실력양성, 다시 말하면 문화운동의 편으로 돌아섯다. 다음, 문화운동은 엇던가, 이역 양삼년을 지내오는 동안에 경파는 사회운동(여긔에서 말하는 '사회운동'이라 함은, 근래의 노동운동, 쏘는 여긔에서 일보를 진한 운동까지를 포함함)으로 돌아지거나, 쏘는 ◯◯◯◯주의로 환원햇스니 (…중략…) 그런대, 이 중에서 가장 문제가 되는 동시에 우리로서는 특별히 주시치 안하서는 안되겟다고 생각하는 것은 오늘 조선내지에 잇는 문화운동자, 다시 말하면 아직 사회운동으로 돌아서지 안코, 쏘는 무력◯◯주의로 환원치 안코, 오직 실력양성주의를 고조하고 잇는 그네들이다. 그네들(문하운동자주의 연파 혹은 구파)는 언필칭 우리 조선사람으로서의 '민족일치' '대동단결'을 주창한다. 일구이사년인 금년에 드러와서는 그 주장이 점점점 분명해저서, 인도의 국민회의(밧구아 말하면 조선회의), 비율빈의 독립청원문제 가튼것을 써들어 낸다. 작년래로 지방의 몃군대에 도민대회가 열리고, 각지의 부면협의원의 선거가 일층 활발히 되고, 각도도평의회의 기사가 별로 유력하게 보도됨과 가튼 것은 모다 이 실력양성주의의 진화의 예시가 아닌지, 이다쁜이냐, 그네는 토산을 장려한다하야 유산계급과 더불어 손을 잡고, 교육을 보급한다하야 자유주의자(사회주의장에 대비해서 하는 말)와의 연결을 급히 하고, 인권을 확장한다하야 관청출입을 빈번히 하는 등, 그 행동은 흡연히 엇던 나라의 특권계급의 소위에 방불하다. 다시 말하면 뎌 한편에서 금방 일어나는 사회운동에 대한 일종의 견제, 아니 반동운동과 가튼 행동을 하고 잇다.[86]

85) 1920년대 초・중반 자치운동 내지 참정권 운동의 성격에 대해서는 박찬승, 『한국근대정치사상사연구』, 역사비평사, 1992, 4장 참조.

결론적으로 『개벽』의 논조변화는 민족의 독립을 전제로 한 것이었으며, 이 점에서는 상반기(전기)와 하반기(중 · 후기)가 일관돼 있다고 할 수 있다. 아울러 『개벽』의 주체들이 정치 · 시사를 통해 이룩하고자 했던 것은 '민족계몽'이며, '민족의식적 각성(정치적 각성)'에 그 핵심이 놓여 있다고 할 수 있다.[87]

(3) 사상 관련 논설의 배치 현황과 개조론

『개벽』의 사상은 1923~24년을 기준으로 상반기를 개조론 혹은 문화주의로, 하반기를 계급주의로 개괄하는 것이 보통이다. 하지만 그 속을 구체적으로 들여다보면 이러한 일별이 너무 편의적인 것이 아닌가 하는 생각이 든다. 특히 '문화주의'와 '계급사상'이 식민지 조선의 민족현실이나 내적 요구와 무관하게 일방적으로 수용되었다는 식으로 논의가 진전될 때는 당혹감마저 드는 게 사실이다. 너무나 몰주체적이기 때문이다. 그렇게 되면 이러저러한 사상을 띠었다는 사실 자체가 부각될 뿐, 그 사실의 밑바닥에 있는 대상의 특수한 분면들은 조명될 수 없다. 필자가 관심을 두는 부분은 왜 『개벽』의 주체 및 논자들이 '개조론' 내지 '문화주의'를 채택하였는가, 거기에는 어떤 요인들이 작용했는가 하는 문제, 즉 주체의 문제, 현실의 문제이다.

이 '현실성'[88]의 문제가 『개벽』의 '계몽성' '대중성'과 밀접한 관련이 있음은 물론이다. 『개벽』의 대중성을 견제하는 것이 계몽성이라고 한다면, 현실성의 문제는 계몽의 성패를 좌우하는 것이기 때문이다. 그것은

86) 미상, 「점점점 이상해가는 조선의 문화운동」, 『개벽』 44호, 1924.2.1, 2~3면 참조.

87) 물론 '민족계몽'이란 『개벽』의 담론체계를 범박하게 뭉뚱그렸다는 비판을 피하기 어렵다. 하지만 상반기와 하반기의 사상적 편폭을 인정하면서, 대립적 이분법을 넘어 둘을 매개하는 고리개념을 찾기가 쉽지 않았다. 다만 필자가 확인한 바에 따르면 『개벽』은 사회주의 전면화를 주도하면서도 '민족적 담론'을 잃지 않았다. 이에 대해서는 뒤에서 상론할 것이다.

88) 필자는 이 용어를 '현실을 중시하는 경향성'을 함축하는 의미로만 사용했다.

이념의 차원에서 현실정합성의 관건이며, 대중성의 차원에서 '핍진감'의 보루이다. 문학적 공감을 '리얼리티'가 좌우하듯, 사상적 공감이란 결국 현실성의 여부가 문제인 셈이다.[89] 따라서 '민족계몽'을 목적으로 하고 있는 『개벽』의 논설들, 특히 사상 관련 논설들을 조명할 때, 이 문제는 꼭 염두에 둘 필요가 있다.

㉮ 현실 대안으로서의 '개조론'

앞서 보았듯이 『개벽』에는 상·하반기 각각 161개, 전체적으로 322개의 논설이 실려 있고, 그 중 가장 많은 비중을 차지하는 것이 사상분야로 모두 120개의 기사가 배치되어 있다. 30호까지 81개, 그 이후에는 다소 줄어 39개의 기사가 있다. 사상 관련 논설들이 중요한 이유는 이것들이 여타의 논설들을 포괄하면서, 사실상 『개벽』의 논조를 이끌어가기 때문인데, 가령 하반기 39개의 계급사상 논설은 정치·시사는 물론이고 여성·노동·농촌·교육부문의 논의를 주도하고 있으며, 잡문이나 문학 등 다른 영역과도 밀접한 연관을 갖고 있다.

필자가 먼저 주목하고자 하는 대상은 상반기, 즉 30호까지 실린 81개의 논설들이다. 이것들은 하나의 외래사상이 『개벽』이라는 매체를 통해 조선의 민족현실과 만나는 생생한 장면을 제공하고 있기 때문이다. 이 논설들을 통해 하나의 사상이 개인이나 민족과 만나고, 종교이념과 교접하는 모습을 구체적으로 살펴보겠다.

상반기 『개벽』의 사상 관련 논설을 한마디로 개괄한다면 '개조론'으로 요약할 수 있다. 창간호의 「세계를 알라」는 이를 단적으로 함축한다.

---

89) 매체의 현실 중시적 경향성(현실성)과 게재된 작품의 '리얼리티(사실성)'는 층위가 다른 개념들이지만 양자가 전혀 무관한 것은 아니다. 구체적 현실과의 교섭을 통해 매체의 경향성은 작품의 '리얼리티'와 밀접한 관계를 맺을 수도 있는 것이다. 즉 현실·매체·문학의 상호작용을 통해 둘이 밀접한 친연성을 띨 가능성은 상존한다. 이에 대해서는 5장에서 구체적으로 다룰 것이다.

우리는 들엇노라. 날마다 날마다 우리의 이막을 타동하는 개조개조의 성－그 소리야 매우 흥취잇고 의미잇고 그리하야 힘잇고 정신잇도다. 이소리가 가는 곳에 우리의 행복이 목전에 쏘다지는 듯하도다. 개조개조 그 무엇을 의미함인가 세계라 운하는 이 활동의 기계를 뜨더 고쳐야 하겟다함이로다. 과거 여러가지 모순이며 여러가지 불합리 불공평 불철저 부적당한 기계를 수선하야 원만한 활동을 엇고저 노력하는 중이엇다. (…중략…) 이를 추상적으로 말하면 정의인도의 발현이오, 평등자유의 목표라 하겟고 구체적으로 말하면 강약공존주의, 病健相補主義라 하리라. 강자의 겻헤 약자가 잇지만은 둘이다 권리의 조화를 엇고저. 부자의 겻헤 빈자가 잇지만은 둘이다 경제의 평균을 엇고저. 優者의 겻헤 劣者가 잇지만은 두리다 가치의 權衡을 얻고저. 사자의 노는 곳에 小洋도 놀고 猛鷲가 나는 곳에 小雀도 나래를 펼 시대가 돌아 오도다.[90]

아울러 「신시대와 신인간」(3호), 「외래사조의 흡수와 소화력의 차이」(5호), 「문화주의와 인격상 평등」(6호), 「사상계의 거성 쌔츄랜드 러셀씨를 소개함」(11호), 「생활의 조건을 본위로 한 조선의 개조사업」(16호), 「새시대의 새사람」(19호), 「공론의 인으로 초월하야 이상의 인, 주의의 인이 되라」(23호), 「개조문제에 관여하는 사회연대의 정신」(27호) 등 전반기의 대표적 글들은 제목만으로도 '개조론'과 밀접한 관련이 있음을 알 수 있다. 그렇다면 '개조론'은 어떤 사상인가?

박찬승에 따르면 '개조론' 내지 '개조주의'는 1차대전 이후 제국주의 열강의 침략주의, 군국주의에 대한 전 인류적 비판의 목소리가 높아지자 '정의 · 인도'와 '평등 · 자유'를 내세우며 일어난 사상으로, 파리강화회의가 열리고 국제연맹이 결성되는 등 변화된 국제정세 속에서 세계 사상계에 강력한 영향력을 미쳤다. 일본의 다이쇼데모크라시 운동의 배경으로 작용한 것이 이 '사회개조' 사상이며, 1920년대 조선의 '문화운동'은 이 사상에 힘입은 바가 컸다. 1920년대 초 일본을 통해 수입된 개조론은 실로 놀라운 전파력을 지녔으니 "1920년대 초 문화정치의 시작과 함께 새

90) 미상, 「세계를 알라」, 『개벽』 창간호, 1920.6.25, 6~7면 참조.

로이 발간하기 시작한 각 신문, 잡지의 지면에서는 '개조'라는 용어가 하나의 유행어가 되고" 있을 정도였다.[91] 아울러 '개조'라는 용어는 '1차대전 후의 세계관계 재편'과 '노자간의 계급문제 해결'이라는 본래의 의미를 넘어서 단순한 생활상의 변개행위에까지 두루 적용되고 있었다.[92]

> 즉금 '개조'라 하는 말이 도처에 퍽 만히 유행이 된다. 왈 세계의 개조, 왈 정치의 개조, 왈 종교의 개조, 왈 교통기관의 개조, 왈 통신기관의 개조, 왈 무엇, 왈 무엇해서 심지어 변소개조까지 찻게 되고 부르지지게 되엿다. 사면팔방 범백사물에 개조풍이 불지 안이하는 데가 업게 되엿다. 참 개조의 성행시기다.[93]

이처럼 개조론이 국내에 소개되자마자 폭발적인 세력을 얻게 된 배경에는 여러 가지가 있을 수 있다. 우선 '서구따라잡기'에 집중해 있었던 국내 지식인들의 입장에서 '개조론'의 수입은 필연적이었다고 할 수 있다. '개조론' 자체가 근대화의 선두주자였던 서구열강들의 사상이며, 동시에 이미 세계사적 추세로 보편성을 획득하고 있었기 때문이다.[94] 한편으로는 더딘 근대화와 식민지로의 전락이라는 조선의 암울한 현실이 거론될 수 있다. 낡은 사상과 사회제도에 찌들려 있었던 식민지 백성들에게 새로운 사상은 '새로운 현실'을 의미할 수 있기 때문이다.

필자는 엄밀히 말해 후자에 좀더 무게를 둔다. 즉 '개조론'이 서구의 신진사상이며 세계사적 조류라는 점보다는 '개조론'의 내용 자체가 당대의 조선민족이 처한 현실 혹은 민족적 요구와 잘 부합되었기 때문에 '시대정신'이 될 수 있었다는 것이다. 비록 근대에 대한 반성의 논리(개조론)

---

91) 박찬승, 『한국근대정치사상사연구』, 역사비평사, 1992, 176~178면 참조.
92) 한점돌, 「1910년대 한국소설의 정신사적 연구」, 서울대 박사논문, 1992, 72~73면 참조.
93) 김준연, 「세계개조와 오인의 각오」, 『학지광』 20호(정정재판), 1920.7.6, 17면 부록 참조.
94) 박현수는 조선의 '개조론' 혹은 '문화주의'의 수용을 "근대에 대한 반성의 논리가 조선에서는 근대로 수용"되는 모순으로 평가하면서, 토대와 논리의 모순을 통해 개조운동(문화운동)의 한계를 예견한다. 박현수, 「1920년대 초기 소설의 근대성 연구」, 성균관대 박사논문, 1999, 2장 2절 참조.

를 근대로 수용하는 것은 논리적으로 모순되지만,[95] 무엇보다도 개조론의 핵심이 식민지 조선의 민중들과 지식인들에게 우호적으로 받아들여질 만한 것임에 주목할 필요가 있다. '정의인도·자유평등'이라는 개조론의 핵심이 민족간 문제에 있어서 약소민족의 권익을 옹호하는 것이고, 한 사회 안에서 대접받지 못하는 노동자, 농민, 여성과 아이들의 권리를 보호하며, 교육과 산업을 발전시켜 약자들의 생활과 나아가 민족 전체의 삶을 개선하자는 것이라면 식민지 조선의 민중들이 그것을 거부할 이유는 없어 보인다.

하지만 이것도 상황 논리의 차원에서 그렇다는 것이지 생활의 차원, 즉 장사하고 농사짓고 혹은 사업하는 차원, 장보고 빨래하고 가족들의 의식주를 준비하는 일상의 차원에서 실감(實感)되는 것은 아니다. 즉 '정말 못살겠다'는 실감이 먼저고 논리는 이에 수반되는 과정에 불과했다. 조선의 대중들에게 '개조론'에 공감하게 했던 것이 식민지 조선의 일상적 삶과 여기서 비롯되는 실감이라고 할 때 무엇보다도 이 시기가 '금융공황기'였다는 사실은 주목할 필요가 있다.

> 사월 중의 통화 유통고
>
> 사월중순경 조선내의 통화유통고를 문한 즉 총액 一億 二百九十二萬 七千七百四十二圓이며 소액지폐가 二百三十三萬 四千一百五圓이며 조선은행권이 九千二百十九萬 七千二圓인데 전년동기에 비하면 합계 四千六百四十一萬 五千五十圓의 감소를 시하였다.[96]

> 경제계의 불황도 이제는 그만
>
> 한창 때에는 一億八千萬圓 통화의 유통고를 견하든 우리 조선이 근래에는 減縮又減縮되어 단九千萬圓의 유통고를 見하기에 至하였다. 통화가 이만큼 축소되엇스니 조선경제계가 어찌 말성이 아니리오. 경성 대가로에 경매종이 亂

95) 박현수, 앞의 글, 35면 참조.
96) 미상, 「우리 사회의 실상과 그 추이」, 『개벽』 11호, 1921.5.1, 79면 참조.

鳴하는 것도 면할 수 업는 일이오. 일반의 인기가 문득 소침된 것도 이에 원인 됨이 컷슬것이다.[97]

한때 1억8천만 원이던 통화량이 1920년대 초 2년간 절반으로 감축될 정도로 금융공황이 심했다면 이것은 산업계와 상업계의 문제만은 아니었을 것이다. 회사가 도산하고 곳곳의 상점들이 철시하는 상황에서 사람들이 겪은 생활상의 곤란은 심각한 것이었다. 어린아이들조차 굶주림에 지쳐 일본으로 고용살이를 떠나야 했을 정도다.

> 사십일명의 가련한 아동—먹기에 궁하야 일본으로
> 부산항 출범 연락선을 기다리는 십사세 십오세가량의 어쩐 형제 사십일명의 일대가 잇섯다. 그 아이들은 모다 자기 집 살림의 곤난으로 얼굴빗은 심히 창백하고, 전신은 수척하야 (…중략…) 그들은 모다 동경시에서 유리제조업하는 일본인 高清次郎 군의 유리공장에 직공으로 모집되어 동경으로 향하는 것이엇는데 그 중에는 십삼사세 미만의 유아도 잇섯스며 고용으로 팔려가는 기간은 만 삼개년이며 고금은 일급 육십전이엇섯다.[98]

일제의 경제적 수탈로 인한 삶의 질곡은 상시적이었으니 그렇다치고 '경성 대가로에 경매종이 난명'하고, 굶주린 아이들이 먹고살기 위해서 몇 푼 일당에 일본으로 팔려가는 상황이 일상적으로 펼쳐진다면 '못살겠다'란 실감이 '개조(改造)'로 전환되는 것은 어려운 일이 아니었을 것이다. 개조론의 폭발적 유행은 여기에 본원적인 원인이 있다.

식민통치하에서 "범인간적 민족운동의 성과를 재래(齎來)하는 유일한 잡지"[99]이기를 천명했던 『개벽』이 이런 현실의 문제를 고민하지 않았을 리 없다. 민족의 현실을 구체적으로 알리기 위해서 전국 13도를 발로 뛰었고,[100] 추론보다는 체험과 통계를 중시하면서[101] '민족적 현실에 착목

---

97) 세검정인, 「도선암중의 만필십육제」, 『개벽』 27호, 1922.9.1, 8면 참조.
98) 일기자, 「社會의 聲」, 『개벽』 8호, 1921.2.1, 80면 참조.
99) 「개벽사 사우제의 설행에 관한 취지와 규정」, 『개벽』 29호, 1922.11.1, 114~115면 참조.

하라'고 주장했던 『개벽』으로선 당연하다 하겠다. 따라서 『개벽』이 이 '실감'의 차원에서 개조론을 수용했다는 것 자체가 『개벽』의 현실성을 방증하는 것이라고 할 수 있다.

㉯ '개벽사상'과 '개조론'—종교이념의 현실화

한편, 『개벽』의 개조론 수용에는 이런 외적 현실의 문제만이 작용한 것이 아니다. '천도교청년회'를 중심으로 한 『개벽』 주체들의 상황과 천도교의 이념 등 내재적 요인들이 있었다. 주지하다시피 학예부주임(부장) 현철을 제외한 대부분의 개벽사 직원들은 천도교인이었는데, 편집인 이돈화, 주간 김기전, 사회부주임 박달성, 정경부주임 차상찬 등은 『개벽』의 논지를 사실상 이끌면서 민족의 현실적 문제를 개척한다는 태도를 견지했다.

이들이 교단의 중심격인 '천도교중앙총부'의 소극적인 태도와 달리 좀더 적극적인 현실개혁 의지를 표명한 데에는, 선배들의 뜻을 이어받는다는 민족적 소명의식과 젊음의 열정이 혼융된 결과일 터이지만 무엇보다도 이것이 종교적 신념 속에서 자라났다는 점을 간과해서는 안 된다. 즉 그들의 열정과 민족적 소명의식은 종교이념의 실현이라는 좀더 크고 원대한 체계의 일부분이라는 것이다. 따라서 이들의 개조론 수용은 종교이념의 문제와 무관한 사안이 아니다.

이 시기 천도교의 핵심문제는 '근대'라는 변화된 환경에 발맞추어 종교이념을 '근대화'하는 것이었고, 그 체계화 작업의 핵심에 있었던 인물이

---

100) 13도호의 발간시 기자들(박달성, 차상찬, 이돈화 등)이 직접 해당지역의 각 지방을 직접 답사한 사실을 말한다.

101) 필자가 아는 한, 『개벽』만큼 한 사안에 대해 구체적 수치와 통계를 제시하는 기사들이 많은 잡지는 보지 못했다. 「조선인의 인구통계」(71~72호)와 같이 통계가 필수적인 기사는 그렇다치고 성격상 그렇게 하지 않아도 될 법한 기사에도 구체적 수치나 통계를 제시한 경우가 많다. 가령 선우전의 「조선인 생활문제의 연구」(20~22, 24호) 시리즈는 조선인의 생활지수를 계층별로 분석하면서, 의복비 · 거주비 · 오락비까지도 세분해 통계를 제시할 정도다.

야뢰(夜雷) 이돈화였다. 그는 "서양 문물의 수입, 이른바 개화에 대처하"며 "직접적으로는 구국과 민족의 활로를 개척"한다는 현실적 목표 아래 '인내천주의'와 '지상천국의 건설'을 연계했고, 이를 위해 스피노자·라이프니츠·데카르트·베르그송 등 서양철학자의 사상을 적극 이용했다.[102)]

그의 체계화 작업을 한마디로 정의한다면 종교의 철학화 내지 근대사상화라 할 수 있는데, 이는 종교의 현실적 기능을 강조하면서 이념적 변모를 거듭했던 천도교의 역사적 변천의 필연적 결과였다. 최제우의 '시천주사상(侍天主思想)'이 최시형 대에 '사인여천(事人如天)'으로 한 차례 종교성을 희석하였고, 손병희 대에 와서는 '인내천(人乃天)'으로 결정적인 변모를 하였으며, 이돈화는 최제우의 '후천개벽사상'을 '3대 개벽사상(정신개벽·민족개벽·사회개벽)'으로 현실화했던 것이다.[103)]

따라서 이전에 비해 좀더 '현실화'된 천도교의 이념은 자체적으로 『개벽』의 핵심사상으로 표방될 여지가 충분했다. 하지만 여기에 몇 가지 문제가 있었다. 앞서 살핀 대로 천도교의 역사적 경험에 기인한 피해의식이 일차적 장애요인이 되었다. 동시에 잡지의 대중화에 종교색이 하나의 장애가 될 수 있다는 판단도 작용했다. 자신들의 종교이념을 표방할 수도 그렇다고 이를 저버릴 수도 없었던 딜레마에서 그들을 구한 것은 '절충의 원리'였다.

그들은 자신들의 종교이념을 포장할 대용물을 찾았고 개조론이란 더없이 좋은 대상을 발견할 수 있었다. 이 둘의 결합은 무엇보다도 천도교

102) 황문수, 「야뢰에 있어서의 인내천사상의 전개」, 『최수운연구』, 한국사상 12, 원곡문화사, 1974, 402~425면 참조.

103) 최동희는 천도교 사상의 발전 경위를 "시천주(侍天主)→사인여천(事人如天)→인내천(人乃天)의 단계로" 설명하면서, 이 과정을 "종교성이 희석되는 과정"이자 동학사상이 "근대사회사상 수용으로 철학화되는 과정"으로 설명했다. 필자도 이 과정을 천도교가 신비주의를 탈각하고 현실화되는 과정으로 보고 있다. 최동희, 「천도교에서 믿는 대상과 목적」, 『신인간』 383, 1980; 최동희, 「수운의 인간관」, 『한국사상』 1~2 합집, 1957, 최동희, 「천도교의 근대사상 수용」, 『한국사상』 13, 1975; 황선희, 『한국근대사상과 민족운동』 1, 혜안, 1996, 13면 재인용.

의 이념이 현실화된 결과이지만, 이 종교이념이 개조론의 핵심과 무리없이 결합할 수 있는 체계와 특성을 띠었다는 데 직접적인 원인이 있다. 천도교의 '후천개벽' 사상은 이돈화에 의해 정신개벽, 민족개벽, 사회개벽의 3대 개벽설로 체계화된 것으로 이 3대 개벽은 새세상의 '열림'을 의미했다. 개조론의 핵심이 정의·인도, 평등·자유의 원칙에 입각하여 강자와 약자, 부자와 빈자가 조화롭게 공존하는 세상을 건설하는 것이라고 할 때, 개벽사상은 개조론과 마찬가지로 이상주의적 성격이 짙은 것이었다.

> 개벽잡지의 주의는 개벽이라 하는 '열임'이 이 곳 그 주의가 되는 것이니 물질을 열며 정신을 열며 과거를 열며 현재를 열며 미래를 열며 내지 萬有의 正路을 열어 나아감이 그 주의인지라. 그럼으로 개벽은 어대까지든지 현상을 부인하고 현상이상의 신현상을 발견하야 신진의 정로를 개척함이 그 둘이며, 개벽의 사업에는 스스로 엄정한 비판을 요하는 것이라. 불편부당, 공정엄명한 고찰로 邪를 파하고 正을 顯하야 사회를 정돈하며 신운동을 조장하야 정견과 正思, 正言, 正立의 道를 진흥함이 그 셋이며 개벽은 구체적으로 사회운동 농촌계발운동 등의 정면에 입하야 스스로 신사회건설의 전책임을 부담함이 그 넷이다. (…하략…)[104]

더욱이 그것은 물질계와 정신계의 구별을 넘어서고 과거와 현재, 미래까지를 포괄하는 사상이었던 바, 1차대전 후 자본주의의 병폐에 대한 비판의 소리로 제기된 개조주의를 감싸안기에 충분한 것이었다.[105] 개조론과 개벽사상이 섞여 혼재하는 것은 당연한 결과다.

> 왼 世界는 燦爛한 光의 世界로다. 平和의 소리가 높도다. 改造를 부르짖도다. 왼 人類는 新鮮한 自由의 人類로다. 運이 來함이냐? 時가 到함이냐? 아니

104) 미상, 「돌이켜보고, 내켜보고」, 『개벽』 37호, 1923.7.1, 3면 참조.

105) 이같은 맥락에서 『개벽』에는 개조론의 주창자인 러셀이나 카펜터를 소개하는 글이 여러 번 게재된다. 김기전, 「사상계의 거성 뻐츄랜드 러셀씨를 소개함」, 『개벽』 11호, 1921.5.1; 박사직, 「개조계의 일인 에드와드 카펜타아를 소개함」, 『개벽』 12호, 1921.6.1 참조.

이것이 開闢이로다.[106]

> 사람은 神의 進化한 者로 萬物을 代表하야 漁獵을 始하며 農業을 營하며 商工業을 起하야 進化에 進化를 加하는 中 오늘날 이 世界大改造라하는 革新의 氣運을 맛보게 되엿나니, 이 곳 開闢의 開闢이엇도다.[107]

> 世界의 今日은 이러틋 浮散한 中에 잇도다. 過渡하면서 잇는 今日이엇다. 改造하는 道程에 잇스며 進一步 向上進步하는 中에 잇나니 우리는 이것을 보고 黎明이라 하며 開闢이라 하도다.[108]

이처럼 『개벽』의 개조론 수용에는 민족현실에 발딛고자 했던 『개벽』 논자들의 주체적 노력과 천도교 종교이념의 현실화과정이 작용했다는 점에서, '현실성'은 『개벽』의 편집원리로 자리매김될 수 있다. 그러고 보면 '문화운동'에서 '계급운동'으로의 변천에 있어 그 실질적 동력을 제공한 것도 다름 아닌 이 '현실의 힘'이었다.

3) 문학의 배치와 그 생성원리

(1) 『개벽』의 문학 배치 현황

1920년대 초반 문화운동의 열풍 속에서 '문학'은 확실히 인기있는 영역으로 자리잡고 있었다. 대부분의 잡지와 신문들은 이런 독자들의 경향을 반영하듯 앞다투어 문예란을 마련하고 문예부를 창설했다. 웬만한 신문 잡지치고 문예(학예)부장이 없는 경우가 드물 정도였다. "언론잡지 『개벽』"[109]은 이런 흐름의 선두에 있었으니, 특히 문예에 대한 지면 할애가

106) 미상, 「개벽」, 『개벽』 창간호, 1920.6.25, 1면 참조.
107) 미상, 「창간사」, 『개벽』 창간호, 1920.6.25, 2면.
108) 미상, 「세계를 알라」, 『개벽』 창간호, 1920.6.25, 7면.

두드러졌다. 1호부터 72호까지 전체적으로 가장 많은 788개(전체기사대비 37.9%)의 기사가 실렸다. 이를 호별로 살펴보면 매호 평균 11편 가량이 되며, 면수로 따지면 "매호 삼분의 일 내지 이분의 일의 지면을 문학에 제공"[110]한 셈이다.

그 내역을 좀더 구체적으로 살펴보면 시가 183회 게재에 총 552편(자유시 297편, 시조 9편, 한시 100편, 민요 96편, 번역시 50편), 소설이 160회 게재에 115편(번역 21편), 희곡이 49회 게재에 17편(번역 8편), 수필이 165회 게재에 153편(번역 1편), 문학론이 88회 게재에 69편(번역 6편), 비평이 74회 게재에 69편, 기타 동화나 야담 · 전설 · 토론체 · 만화 · 문단평 · 음악이나 미술평 등이 69회(번역 7회) 게재되었다.[111] 이를 표로 제시하면 다음과 같다.[112]

〈표 16〉『개벽』 소재 문학 관련 기사 배치 현황[113]

호수	1호	2호	3호	4호	5호	6호	7호	8호	9호	10호	11호	12호	13호	14호	15호
문예	12(3)	9(1)	10(3)	11(2)	13(1)	12(1)	16(1)	12(1)	9(1)	9(1)	9(2)	7(1)	17(2)	5(3)	6(1)
시	5(1)	3	2(1)	4	5	2	1	3	2	1	1	1	6	1(1)	1
소설	2(1)	1	1(1)	1(1)	1	1	4	2	2	2	1(1)	3(1)	6(1)	2(1)	1
희곡	1(1)	1(1)	1(1)	1(1)	1(1)	1(1)	1(1)	1(1)	1(1)	·	1(1)	·	1(1)	1(1)	1(1)
수필	3	3	3	3	2	3	3	1	·	2	1	·	2	·	·
문학론	1	1	2	2	2	2	3	2	3	1	·	1	1	·	3
비평	·	·	·	·	1	2	2	2	·	·	3	·	1	·	·
기타	·	·	1	·	1	1	2	1	1	3(1)	2	2	·	1	·

109) 『개벽』 37호, 1923.7.1, 표지광고, "언론잡지 『개벽』" 참조.

110) 성암학인(김근수), 「개벽지에 대하여」, 『개벽』 영인본 1, 개벽사, 1969, 8면.

111) 이런 숫자는 선행 연구와 다소 차이가 난다. 김원경은 시분야 380여 편, 소설분야 111편, 희곡 18편 등을 제시했고(「1920년대 경향문학의 특성－특히 『개벽』지를 중심으로」, 건국대 석사논문, 1971, 24면 참조), 인권환은 소설이 88편 실려 있다고 주장한다. 「개벽지의 문학사적 고찰」, 『최수운연구』, 한국사상 12, 원곡문화사, 1974, 480면 참조.

112) 연재횟수와 작품 수가 차이를 보이는 것은 한 제목 아래 여러 편의 시가 실려 있거나, 한편의 소설이 여러 호에 걸쳐 연재되는 경우가 많기 때문이다. 작품 수의 경우 시는 각 작품을 모두 개수에 포함시켰고, 소설은 여러 번 연재되었다고 하더라도 한 작품으로 취급했다.

113) ( )는 번역 기사의 게재수, 시(시, 민요, 한시, 동요), 소설(소설, 우화체, 토론체 등), 수필(기행, 감상, 편지 등), 문학론(문학사, 문예사조, 미학, 동화론, 가극론 등), 비평(작가론, 작품론 등), 기타(야담, 전설, 동화, 미술, 음악, 문단평, 만화, 문인명단, 출판계 등).

호수	16호	17호	18호	19호	20호	21호	22호	23호	24호	25호	26호	27호	28호	29호	30호	소계
문예	11(2)	12(1)	10(1)	13(1)	13(1)	10(1)	11(2)	7(1)	12(1)	15(9)	12(2)	10(3)	11(2)	12(3)	11(1)	327(59)
시	2	4	2	3	6	2	4(1)	1	4	6(2)	3	4	3(1)	4	4	90(7)
소설	1	2	2	3	2	2	2	1	2	4(4)	2(1)	1(1)	1	2(1)	2	59(14)
희곡	2(2)	1(1)	1(1)	2(1)	2(1)	1(1)	1(1)	1(1)	1(1)	2(2)	1(1)	1(1)	1(1)	1(1)	1(1)	32(30)
수필	3	3	3	1	2	2	2	2	3	1	4	·	2	1	1	56
문학론	2	1	2	3	1	2	1	·	1	1	1(1)	11)	2(1)	2(1)	·	44(4)
비평	1	1	·	1	·	·	·	1	·	·	·	·	·	·	·	15
기타	·	·	·	·	·	1	1	1	1	1(1)	1	3(1)	2	2(1)	3	31(4)

호수	31호	32호	33호	34호	35호	36호	37호	38호	39호	40호	41호	42호	43호	44호	45호
문예	15	12	9	6	11	7	10(1)	9	9(1)	8	9	9	7	21	6
시	4	5	4	3	4	4	3	1	1	3	3	3	1	4	2
소설	3	1	2	2	1	2	3	2	1	3	1	·	2	3	2
희곡	·	·	·	1	·	·	1(1)	·	1(1)	·	1	1	1	1	·
수필	1	1	·	·	2	·	1	3	4	1	2	1	3	2	1
문학론	3	3	·	·	1	1	2	2	1	·	·	1	·	·	·
비평	2	1	·	·	·	·	·	·	1	1	2	3	·	10	1
기타	2	1	3	·	3	·	·	1	·	·	·	·	·	1	·

호수	46호	47호	48호	49호	50호	51호	52호	53호	54호	55호	56호	57호	58호	59호	60호
문예	12	8	7	13(1)	18(3)	7	22(3)	10	8(1)	15(1)	26(1)	11(1)	13(1)	8(1)	12(1)
시	3	1	1	1(1)	2(1)	·	4(2)	1	1	3	5	2	2	2	·
소설	1	2	3	2	2	2	1	3	2	5	2	2	2	2	3
희곡	·	·	·	1	1	·	1	·	1(1)	1(1)	1(1)	1(1)	1(1)	1(1)	·
수필	7	4	·	2	10	4	14	4	3	1	1	1	4	1	1
문학론	·	·	·	·	1	1	1	·	·	·	9	1	·	1	1(1)
비평	1	1	1	3	·	·	·	2	1	4	3	2	2	1	7
기타	·	·	2	4	2(2)	·	1(1)	·	·	1	5	2	2	·	·

호수	61호	62호	63호	64호	65호	66호	67호	68호	69호	70호	71호	72호	소계	누계	비고
문예	14	8(1)	6(1)	8	19(2)	8	9	8(1)	12(1)	10	14(11)	7(2)	461(35)	788(94)	
시	4	2(1)	·	1	1	·	3	3	2	2	1(1)	1	93(6)	183(13)	
소설	5	2	3(1)	2	8(1)	4	1	2	2	1	7(7)	2(1)	101(10)	160(24)	
희곡	·	·	·	·	·	·	1	·	·	·	·	·	17(8)	49(38)	
수필	1	3	3	3	1(1)	2	2	1	4	6	2	2	109(1)	165(1)	
문학론	1	·	·	1	4	·	·	1(1)	4(1)	·	3(3)	1(1)	44(7)	88(11)	
비평	2	·	·	1	2	2	1	1	·	·	·	1	59	74	
기타	1	1	·	·	3	·	1	·	·	1	1	·	38(3)	69(7)	

『개벽』에 글을 올린 문인들을 살펴보면 고한승 김기진 김동인 김석송 김소월 김억 김유방 김정진 나도향 노자영 박영희 방정환 백기만 변영로

양건식 양명 양주동 염상섭 오상순 유완희 이광수 이기영 이상화 이익상 임장화 조명희 주요섭 주요한 최남선 최승일 한용운 현상윤 현진건 현철 황석우 홍명희 등 우리 귀에 익은 작가들의 이름이 대거 목록에 올라 있다.

특히 상반기에는 김석송(18회, 총30회) 김소월(8회, 총13회) 김억(32회, 총46회) 염상섭(13회, 총21회) 현철(55회, 총56회) 황석우(6회, 총8회)의 활동이 두드러지고, 하반기에는 김기진(34회) 나도향(8회) 박영희(47회) 이기영(8회) 이상화(19회) 이익상(11회, 총12회) 조명희(12회) 주요섭(10회, 총11회) 현진건(18회, 총30회) 등 주로 카프작가들의 활약상이 돋보인다.[114)]

이것만 보아도 『개벽』이 '종합지면서 동시에 문학지였다'는 평가[115)]가 과장이 아님을 알 수 있다. 더욱이 『개벽』은 창간 초기부터 별도로 문예부장(학예부장)[116)]이 있어 문예면을 담당했고, 「독자교정란」 안에 「문림(文林)」[117)]이란 독자작품란을 두어 투고된 작품을 가려 실었으며 '현상문예'[118)]와 '독자문예'[119)]를 통하여 신인발굴에도 기여했다.[120)] 그밖에 신년·신춘문예호를 기획했고,[121)] 외국작품을 번역소개하거나[122)] '해외문단특집'[123)]을 내기도 하였다.

---

114) 작가·장르별 작품 목록은 완벽하지는 않지만 이요섭, 「천도교 잡지간행에 관한 연구」, 중앙대 석사논문, 1994, 69~75면의 부록을 참조할 수 있다.

115) 김근수, 「개벽지에 대하여」, 『개벽』 영인본 1, 1969, 8면.

116) 초대 학예부장(문예부장)인 현철이 사임한 것이 1922년 7월 31일이고(『개벽』 28호, 개벽사·오성사판 영인본, 「편집후기」 참조) 박영희가 편집에 관계하기 시작한 것은 1924년경이며, 학예부장에 정식 임명된 것은 1925년 1월의 일이다. 『개벽』 55호, 「여언」, 100면 참조.

117) 5~12호까지 8회에 걸쳐 시행되었다.

118) 1921년에 있었던 1주년 기념 「현상문대모집」(11호, 86면 공고), 1924년의 4주년 기념 「현상문예모집」(45호, 111면 공고), 1925년의 5주년 기념 「현상단편소설모집」(58호, 60면; 59호 목차면 공고)을 말한다.

119) 54호의 「편집후기」와 55호의 「독자문예대모집」공고(98면)를 통해 모집된 56호의 「독자문예」를 말한다.

120) 인권환, 「개벽지의 문학사적 고찰」, 『최수운연구』, 한국사상 12, 원곡문화사, 1974, 478면.

121) 대표적인 것이 '신춘문예호' 44호(1924.2.1)와 '신년특별문예호'인 55호(1925.1.1) 등이다.

122) 94회에 걸쳐 모두 93편이 번역되었는데, 시 50편·소설 21편·희곡 8편·수필 1편·문학론 6편·기타 7편 등이다.

무엇보다도 19호(1922.1.10)부터 문예면이 사실상 따로 독립된다는 사실은 문예에 대한 『개벽』 편집진의 특별한 관심을 단적으로 드러내는 것이다. 이전까지 문예작품이나 비평들이 잡지의 뒤쪽에 몰려 있었지만 전체적으로 볼 때 논설이나 시사 잡문들과 뒤섞여 있었다. 하지만 19호부터 문예기사가 여타의 기사와 확실하게 나뉘어져 『개벽』은 흡사 종합지와 문예지가 합본된 듯한 형태를 띠게 되었다.

그 뿐만이 아니다. 『개벽』이 독서대중의 큰 호응 속에서 거의 매월 8,000부 이상이 발행되었고, 전국에 걸쳐 조직된 유통망에 힘입어 최대 수만 명의 고정독자를 확보했다는 사실에서, 『개벽』이 1920년대 한국 근대문학의 저변 확대와 재생산에 커다란 기여를 했다고 볼 수 있다. 또한 『개벽』은 1920년대 문학사상의 생성과정과 그 변모양상을 파악하는 데 없어서는 안 될 자료이기도 하다. 뒤에서 검토하겠지만 『개벽』이 신경향파문학 내지 프로문학의 발원지이자 주요 거점이 된 것이 『개벽』 주체들의 내적 사상투쟁의 결과라는 사실은 1920년대 문학이념의 생성방식을 보여주는 대표적 사례라고 할 수 있다. 전체적으로 볼 때, 1920년대 문학지형에서 『개벽』이 차지했던 역할과 위상은 『창조』 등의 문예 전문지와 비교해서 결코 뒤떨어지지 않는다.

하지만 이런 문학적 노력과 성과에도 불구하고 『개벽』은 항상 문학사의 방계자료로 취급되었다. 연구사 자체가 빈약하다는 점이 이를 방증한다.[124] 연구의 시각과 방법에 있어서도 문제가 적지 않았다. '종합지임에

---

123) 대표적인 것이 2주년 기념 「외국걸작명편부록」이 실린 25호(임시호, 1922.7.10)와 6주년 기념 「최근해외문학걸작 20편부록」이 실린 71호(1926.7.1)이다.

124) 대표적인 문학사에서 『개벽』은 이름조차 거론되지 않는 경우가 대부분이고, 개별 연구에서는 '신경향파문학' '카프문학'과 관련되어 주로 논의가 이루어졌다. 학위논문의 경우 김원경의 「1920년대 경향문학의 특성-특히 『개벽』지를 중심으로」(건국대 석사논문, 1971)와 송영목의 「한국 20년대 자유시연구-개벽과 조선문단지를 중심으로」(계명대 박사논문, 1986) 그리고 이문태의 「『개벽』지 소설연구」(동아대 석사논문, 2000)가 사실상 전부에 해당한다고 할 수 있는데, 특히 소설분야의 경우 1924~25년 이전 시기에 대한 체계적 탐색은 거의 이루어지지 않았다.

도 지면의 상당 부분을 문학에 지속적으로 할애하였고, 현상문예를 통해 신인을 발굴하고 외국작품을 번역소개하기도 했다. 문예동인지가 조기명멸하는 상황에서 문인들에게 발표의 장을 제공하는 역할을 했다' 등 주로 사실을 나열하는 평가나, 사조사적 측면에서 '자연주의·사실주의 소설의 온상이자 신경향파 및 프로 소설의 시원지 역할을 했고, 저항시의 싹을 틔우고, 서정시의 요람이 되었다'는 평가가 주를 이룬다.[125)]

『개벽』이 가진 문학적 풍부함과 역동성을 충분히 드러내지 못할뿐더러, 학계의 주요 관심사의 하나인 근대성 관련 논의와도 거리가 있다. 무엇보다도 근대문학의 유통과 재생산, 그리고 문학사상의 형성과정에 기여한 측면을 도외시했다는 점은 문제로 지적하지 않을 수 없다. 연구대상이 제한적이었다는 점도 지적할 필요가 있다. 지금까지 그나마 관심의 대상이 되었던 것은 신경향파문학일 뿐, 상반기의 다양한 문학작품들을 체계적으로 조망한 경우는 드물다.[126)] 대상의 협착성은 장르면에서도 그대로 이어져 기존 연구의 대부분은 시·소설에 집중되었다. 150여 편에 달하는 『개벽』 소재 수필들은 철저히 배제되었으며, 장르·양식적 실험정신이 독특한 현실감각과 어우러진 '기록서사물'[127)]들 역시 조명되지 못했다.

이런 결과가 빚어진 데에는 '동인지문학 주류론'에 일차적 원인이 있다. 임화·백철에 시원을 두고 있는 이 구도는 최근까지도 영향력을 발휘하고 있다. 카프문학을 최고의 입각점에 두고 소설의 계보를 완성하려는 시도나,[128)] 사조사적 관점에서 문학사를 재구하려는 시도[129)] 나아가 최

125) 인권환, 「개벽지의 문학사적 고찰」(『최수운연구』, 한국사상 12, 원곡문화사, 1974)은 『개벽』에 대한 문학사적 언급들을 종합한 것이라고 할 수 있다.

126) 현진건·염상섭 등 몇몇 작가들의 작품들이 문학사에 언급되지만 이는 개별 작품론이나 작가론의 일부로서 취급되고 있을 뿐이다. 신경향파 이전 시기의 『개벽』 문학에 대한 전체적 시야를 확보하고 그 의미망 위에서 작품들이 분석될 필요가 있다. 이는 어떤 의미에서 신경향파의 전사(前史)를 규명하는 것이고, 동인지문학으로 단선화된 문학사를 풍부히 하는 작업일 수도 있다.

127) '기록서사'의 양식적 특성과 분화과정에 대해서는 5장에서 상론할 것이다.

근의 근대성 논의조차도 여기서 자유로울 수는 없다.130) 전(前)대 문학사적 평가로부터 자유로울 수 없는 학계 풍토상 무조건 비판하기는 어렵지만, 1920년대의 다양하고 다채로운 문학적 실상이 『창조』·『폐허』·『백조』의 의미망 위에서만 거론되는 현실은 자체로 문제가 아닐 수 없다. 가령 현진건은 그의 초기작과 대표작들을 『개벽』에 발표했고, 그 경향이 동인지 소설들과 변별됨에도 불구하고 문학사를 읽다보면 동인지의 흐름 위에 자리매김하고 있는 것을 발견하게 된다.

마찬가지로 김동인·염상섭·나도향 등의 대표작들은 대부분 동인지들의 수명이 다한 이후에, 동인지가 아닌 다른 매체에 발표된 것임에도 동인지문학의 연장선 위에서 해석되고 있다. 문학사에서 상호 이질적인 동인지문학과 신경향파문학이 별다른 설명없이 연이어 놓이게 되는 것은 물론이다.131) 결과적으로 동인지중심의 논의구도는 『개벽』에 대한 문학적 접근을 근원적으로 차단하고, 『개벽』의 문예지적 면모에 대한 적극적인 평가를 어렵게 한 측면이 있는 것이다.

따라서 대안은 분명하다. 현진건 소설에 나름의 독자적인 의미를 부여하고, 신경향파문학이 놓인 문학사적 위치를 분명히 하며, 김동인·염상섭 등 대표적 동인지 작가들의 소설적 변모를 새롭게 설명하는 것, 곧 『개벽』의 문학적 위상을 바로 세우는 길이다. 특히 신경향파문학 이전 시기의 문학들에 대한 관심과 위상 정립이 시급하다. 동인지문학과 시기

---

128) 임화의 「조선신문학사론 서설」, 『조선중앙일보』, 1935.10.23~29; 임규찬·한진일 편, 『임화 신문학사』, 한길사, 1993, 337~350면 참조.

129) 백철의 『조선신문학사조사』(수선사, 1948)나 조연현의 『한국현대문학사』(성문각, 1969) 등이 이에 해당된다.

130) 김윤식·정호웅의 『한국소설사』(예하, 1993)는 '예술의 자율성'에 초점을 두고 있는 학계의 근대성 논의를 응축한다.

131) 김윤식·정호웅의 『한국소설사』가 대표적 경우이다. 양자의 이질성을 매개하는 중간항으로 『백조』의 존재를 꼽고, 그 분화과정을 '계급주의로의 이행과정'으로 설명한다. 필자는 양자가 이질적이라는 데는 동의하지만 그 이행과정을 동인지 내적인 분화과정으로 해석하는 데에는 반대한다.

적으로 겹치는 이 시기의 문학이 동인지문학의 방계자료라는 인식이 바뀌지 않는 한 '동인지주류론'은 계속해서 배타적으로 작동할 것이기 때문이다.

그런데 『개벽』의 문학적 위상 정립에는 극복해야 할 문제가 더 있다. 우선 『개벽』이 '천도교 기관지 내지 종교잡지'라는 잘못된 인식부터 바로잡아야 한다. 다음은 종합지이기 때문에 문예 전문지와 대등하게 취급되어서는 안 된다는 편견을 넘어서야 한다. 구체적 실상과 무관하게 종합지라는 형식이 장애가 된다면 이는 너무 편의적이며 지나친 문학주의다. 하지만 좀더 근본적인 사안는 문학을 바라보는 시각(視覺)과 작품에 대한 구체적 독법(讀法)을 새롭게 하는 일이다.

이는 앞서 언급한 『개벽』의 문예지적 면모를 새로운 시각과 방법을 통해 분석·고찰하는 것이며, 지금까지 논외의 대상이었던 1924~25년 이전 시기의 『개벽』의 문학을 논의의 중심에 세우는 것이다. 이 점에서 『개벽』의 편집원리는 주목을 요한다. 정치·사상·경제·종교 관련 기사들이 편집원리에 지배되고 있었다면, 문학영역 또한 이로부터 자유로울 수는 없었을 터이기 때문이다. 즉 『개벽』의 편집원리가 논설이나 보고 혹은 잡문의 담론을 규정하는 것이었다면, 『개벽』의 문학담론이나 생성원리 또한 이로부터 자유로울 수는 없었다는 것이다.

(2) 『개벽』 문학의 생성원리

『개벽』의 편집원리는 '대중성·계몽성·현실성'으로 요약할 수 있다. 이 세 가지 원리는 잡지의 기본형식과 방향을 결정지었고, 특정 기사를 싣느냐 마느냐 하는 문제에도 작용했던 것으로 보인다. 종합지를 선택하고, '민족계몽'을 지향했으며, 종교기사를 절충 혹은 배제한 것은 편집진의 치밀한 계산의 산물인 셈인데, 이런 점에서 『개벽』의 편집원리는 '합목적적 집체물'로 볼 수 있다.

그 합목적성의 핵심에 놓인 것이 민족계몽 혹은 민족의 정치적 각성임은 물론이다. 『개벽』이 종합지의 개방적 형식을 빌려 대중과의 소통에 나서고 구체적 삶의 현실 속에서 발언코자 했다는 것은 계몽의 태도와 형식을 떠나서는 이해되기 어렵다. 즉 『개벽』을 대중적 종합지이자, 민족운동을 선도한 계몽지, 민족현실을 강조한 잡지라고 규정했을 때, 이 세 가지 매체적 성격을 근원에서 엮어내는 중심동력이 '계몽'인 셈이다. 주목할 점은 『개벽』의 계몽담론이 이전 시기에 보지 못한 치열한 내적 변모과정을 겪는다는 것과[132] 계몽의 방법과 형식이 새롭게 모색된다는 사실이다. 다시 말해서 『개벽』의 주체들은 좀더 대중적인 계몽, 좀더 실감나는 계몽의 방식을 고민한 선구적 잡지주체들이다.

그런데 계몽의 함의 아래 진지하게 '대중'과의 소통을 고민한다는 것, 또 여기서 자연스레 계몽의 '현실성(현실정합성)'을 고민하게 된다는 것은 역설적이다. 계몽을 위해 구체적 현실로 걸어내려온다는 것은 주체와 대상의 지적 낙차(落差)를 전제로 이루어졌던 '추상적' '지사적' 계몽방식이 해체됨을 의미하기 때문이다. 따라서 『개벽』에 고도의 관념을 응축한 논설들과 구체적 현실을 생생히 증언하는 기록서사[133] 및 답사보고가 혼재하는 것은 전혀 이상한 일이 아니다. 이는 관념이 현실에 순치되는 과정이자 '계몽'이 해체되는 필연적 과정인 것이다.[134]

그리고 이 과정에서 '대중성'과 '현실성'은 계몽으로 각인된 애초의 틀을 벗고 천천히 고유의 자기 모색을 하게 될 것이다. 『개벽』의 편집원리들이 사안에 따라 복합적인 위계관계를 형성했다는 것은 독자적 모색의 가능성을 확인시킨다. 논설영역에서는 '계몽성'이 삼각편대의 중심을 이루고 있다면, 독자투고나 종교영역에서는 '대중성'에 무게중심이 두어졌

132) 이에 대해서는 4장 2절에서 다룰 것이다.

133) 둘이 함께 『개벽』을 읽었고 기록서사물에 대한 토론도 많았기에 누구의 용어라 단정짓기는 어렵지만, 엄밀히 보면 이는 이경돈 선생의 용어다. 이경돈, 「기록서사와 근대소설」, 『상허학보』 9, 깊은샘, 2002.

134) 이런 점에서 『개벽』은 계몽을 해체하면서 '계몽'하고자 한 잡지라고 할 수 있다.

고, 잡문과 보고문에서는 '현실성'에 초점이 놓이는 양상을 보인다.

특히 문학의 경우는 『개벽』의 내적인 계몽담론에 장악되면서도 '현실성'의 원리가 중점 부각되는 양상을 보인다. 이는 문학이 논설과 달리 '형상화'의 영역이라는 점에도 원인이 있지만 무엇보다도 이 시기 문학 자체의 과제와 밀접한 관련이 있다. 이 시기 문학은 '근대성'의 실현이란 화두에 봉착하면서 이 세 가지 원리가 밀접한 상호관계를 가질 수밖에 없었고,[135] 특히 '현실성'은 자연스레 문학의 '리얼리티' 문제와 연계되면서[136] 사실상 1920년대 문학의 생존방식을 결정짓는 사안이 되었다.[137] 『개벽』의 문학이 계몽성과 아울러 현실성의 원리에 철저했다는 사실은

---

135) 문학적 '근대'가 집단으로부터 분리된 고독한 개인의 자아발견의 담론과 무관할 수 없음은 분명하지만, 근대성이 이 주체의 담론으로만 일원화될 수는 없다. '개인의 자아발견'이란 특정한 역사적 상황, 즉 변화된 문학환경과 문학제도의 산물이기도 하다는 점에서 객체적이기 때문이다. 아울러 객체의 담론을 보이지 않게 주도하는 독서대중의 존재도 반드시 고려해야 한다. 문학이 하나의 상품으로 탈바꿈되는 상황에서 대중의 욕망충족은 문학의 담론을 좌우할 수도 있는 것이다. 따라서 문학의 근대성은 객체의 담론, 독서대중의 욕망의 담론과 무관할 수 없다. 이 객체의 담론을 담아내면서 동시에 주체의 담론도 수용하는 도구로 사용된 개념이 '대중성'과 '현실성'이며 '계몽성'이다. 먼저 대중성은 근대적 유통망을 통해 건설되는 문학의 상품성(상업성)을 수용하면서 동시에 긴장관계에 있게 되는데, 통속성의 문제는 그 긴장관계의 핵심을 이룬다. 현실성은 독서대중과 리얼리티의 제고과정과 밀접한 상관이 있다. 계몽성은 삼각편대의 중심으로 주체의 담론과 객체의 담론이 치열하게 긴장하게 되는데, 1920년대 초·중반의 경우 개인의 자각이란 담론과 민족의 활로 모색이란 담론이 긴장관계를 형성했다. 이 긴장관계가 식민지로 전락한 민족의 특수한 상황의 산물임은 물론이다.

136) 이 글에서 '현실성'은 현실중시의 경향성이란 한정적 의미로 사용되어 개념상 '리얼리티(사실성)'와는 구별된다. 그러나 한편으로 현실을 중시하는 경향이 문학적 리얼리티와 전혀 무관한 것은 아니다. 1920년대 초반 동인지문학이 보인 주관성과 관념성, 리얼리티의 상실의 이면에는 당대 현실을 속악시하고 배제하려는 경향과 무관하지 않기 때문이다. 현실에 대한 부정의식 내지 무관심이 리얼리티 상실을 가져왔다면, 문학사의 특정 시점에서 현실에 대한 관심과 재인식은 리얼리티 획득의 첫발일 수 있는 것이다. 필자가 『개벽』의 현실중시의 경향에 주목하는 것은 바로 이런 문맥에서다.

137) 1920년대 초·중반의 경우 작가가 민족현실에 대해서 어떤 생각과 태도를 지니는가에 따라서 리얼리티의 성취여부가 갈리는데, 이런 점에서 1920년대 문학적 '리얼리티'는 그 핵심에 '현실성'의 문제를 함축하고 있다고 볼 수 있다. 따라서 문학의 현실중시의 경향성 나아가 문학의 '리얼리티'는 1920년대 문학이 대중 속에서 살아남을 수 있는가의 여부를 가르는 문제였다.

쉽게 확인된다.

5장에서 검토될 것이지만 『개벽』의 문학이 담론의 차원에서 개인의 자아각성에 주목한 작품군 · 민족 혹은 사회적 각성에 주목한 작품군 · 계급의식을 강조한 작품군 등으로 분류된다는 것은 『개벽』의 계몽담론의 흐름이 반영된 결과로 『개벽』의 민족계몽지적 성격을 분명히 한다고 할 수 있다. 아울러 박달성의 기록서사와 현진건의 소설은 리얼리티의 차원에서 한국근대문학의 모색과 발전과정을 보여주는데, 근대소설의 리얼리티 제고에 계몽양식인 기록서사의 '현실중시의 경향'이 주요한 역할을 하고 있다. 현실성의 원리가 소설적 리얼리티의 질적 도약을 추동했던 셈이다. 그렇다고 대중성의 원리가 무시된 것은 아니었다. 『개벽』이 동인지들과 달리 문학 지면을 대외적으로 개방하고, 대중적 문예 교육을 위해 노력하는 모습은 문학의 '대중성'을 도모한 조치로 볼 수 있다.

다시 말해서 대중성의 실현, 대중성을 견인하는 계몽성, 이것의 성패를 좌우하는 '현실성'의 문제가 『개벽』의 편집원리라고 한다면, 이것은 동시에 1920년대 초 · 중반 『개벽』의 문학적 '화두'이기도 했던 셈이다. 『개벽』의 경우, 매체의 성격 내지 편집원리가 곧바로 문학의 생성 지침으로 전환되었던 것이다. 『개벽』의 편집원리와 매체적 성격, 그리고 문학의 상호관계가 주목되는 이유이기도 하다.

다만 이에 접근하기 전에 『개벽』의 계몽담론의 함의와 그 편폭에 대한 점검이 필수적이다. 위에서 지적했듯이 『개벽』의 문학적 행로에는 '계몽'의 음영이 짙게 깔려 있고, 따라서 『개벽』의 사상에 대한 접근은 『개벽』의 문학담론 나아가 1920년대 문학사상의 형성과정에 대한 검토작업이 될 것이다. 이것이 또한 『개벽』 문학에 대한 양식 · 미학적 접근의 기초작업임은 물론이다.

2. 1920년대 시대정신의 흐름과 『개벽』의 위상

『개벽』은 근대정신사 내지 지성사의 측면에서 중요한 자료임에 틀림없다. 『개벽』의 사상이 종교철학의 측면에서, 민족운동의 차원에서 혹은 정치·경제사상의 측면에서 끊임없이 문제시되고 있다는 것이 그 증거다. 다만 문학부문과 관련해서 『개벽』의 사상이 문제시되거나 탐색된 적은 드물었다. 다시 말해 『개벽』의 사상과 문학의 관계를 해명하려는 시도가 적었다는 것이다.

『개벽』의 문학에 대한 관심이 동인지문학에 비해 상대적으로 적었던 것이 일차적 원인이고, 『개벽』에 대한 사상적 접근 자체가 난제라는 점도 문제가 되었을 것이다. 문예사조가 아닌 시대정신 내지 사상과 문학의 접점을 찾는 작업을 문학적이지 못한 것으로 생각하는 학계의 풍토도 작용했으리라 짐작된다. 따라서 『개벽』의 사상에 문학적으로 접근한다는 것은 『개벽』에 대한 문학적 관심을 촉구하는 수단이자, 『개벽』의 문학적 위상을 바로 세우는 방법론의 의미를 갖는다.

물론 『개벽』 문학에 사상적으로 접근한다는 것이 '문학사상' '문예사조'와 작품의 상호관계를 무시하는 것은 아니다. 오히려 이것은 문학사상이 시대정신의 흐름을 반영한다는 전제 아래, 작품들과 좀더 직접적인 관련을 맺고 있다는 데 주목한다. 다만 여기엔 기존의 문예사조론이 우리 근대문학의 특수한 성격을 해명할 수 없다는 문제의식이 깔린다.

가령 우리의 근대문학사가 "하나의 모방사"이며 "모든 문학사조의 도입과 소화에 있어서 그 사조에 대한 관념적인 주장이 앞선 대신에 실제로 작품화로서 심화되질 못했으며, 또 작품화한다 해도 정말 그 본래의 질적인 수준에서 재조직을 못한 폐단"의 역사,[138] '소화불량'의 문학사라

138) 백철, 「1920년대의 문예사조」, 『백철문학전집』 1, 신구문화사, 1982, 240, 248면.

는 평가는 우려할 만하다. 사실여부를 떠나 이런 선재단적(先裁斷的) 관점 위에서 우리 근대문학의 특수성이 제대로 해명될 수 있을지 의문이다. 우리 문학에 대한 연구자들의 관심을 원천적으로 차단할 위험성이 내재돼 있기 때문이다.

백철의 말대로 동인지문학에서 서구 문예사조의 다양한 수용과 굴절이 있었다면, 먼저 그 근원인 작가들의 의식세계가 연구의 초점이 돼야 한다고 생각한다. 즉 그들이 세계를 어떻게 바라보았는지, 또 동시대의 다양한 사상 중에서 무엇을 자신의 눈으로 삼았는지 등이 우선적으로 고찰되어야 한다. 이를 통해 질적·경향적 다양성을 보이는 동인지문학도 어떤 공통점 위에서 논의될 수 있을 것이다. 그 기저를 발견하는 열쇠가 바로 세계관이다. 이런 의미에서 그들의 문학행위 자체, 혹은 백철이 말한 문예사조의 수용은 필자가 보기엔 2차적인 것이다.

이처럼 문예 전문지 『창조』·『폐허』·『백조』 등의 문학을 살피는 데 사상적 접근이 필수적이라면 『개벽』의 경우엔 더더욱 강조될 필요가 있다. 『개벽』은 '언론잡지'이자 당대 최고의 사상잡지라고 할 수 있기 때문이다. 하지만 앞서 말했듯이 『개벽』의 사상은 그리 만만한 것이 아니다. 우선적인 어려움은 『개벽』의 핵심사상을 분류해 내는 일이다. 주지하다시피 『개벽』은 당대에나 지금이나 다양한 경향들이 혼재한 일종의 사상적 혼합물로 평가되어 왔다.

인도주의와 자유사상 그리고 사회주의와 인내천주의가 뒤섞여 있다거나,[139] "민족주의적 색채 위에 문화주의, 그리고 경제적 사회주의를 가미한 것"[140]이라는 평가 그리고 개벽사상에 기초한 민족주의·민중주의·민주주의·개조주의·사회주의라는 해석[141] 등이 그 대표적인 예다. 문

139) XY생, 「현하 신문잡지에 대한 비판」, 『개벽』 63호, 1925.11.1, 53면.

140) 김원경, 「1920년대 경향문학의 특성－특히 『개벽』지를 중심으로」, 건국대 석사논문, 1971, 12면.

141) 고정기, 「민중을 위한 민중의 종합지 『개벽』」, 『신인간』 438, 1986.4, 38~46면 참조.

제는 사상 관련 용어들이 명확한 개념규정 없이 쓰이고, 사상들간의 상호 관계나 위계가 고려되지 않고 있다는 점이다. 논의 자체가 『개벽』의 사상이 다양했다는 사실 확인에 머무르게 되는 것은 이때문이다. 결과적으로 『개벽』에 대한 사상적 접근을 어렵게 하고 있다. 따라서 개념들을 정치하게 사용하고, 이를 통해 사상들간의 위계 내지 포섭관계를 살펴 『개벽』의 중심사상을 분류하는 작업이 일차적 과제이다.

두 번째 어려움은 『개벽』의 사상적 변모와 관련된 문제이다. 기존 논의에서 『개벽』은 1923~24년을 전후해서 급격히 사회주의 계급사상을 전면화한 것으로 평가된다. 민족주의에서 사회주의로, 혹은 문화운동에서 계급운동으로 변모했다는 이분법적 구도는 여기서 비롯된다. 문제는 이 논의들이 『개벽』의 사상적 전환의 필연성을 설득력있게 제시하지 못한다는 데 있다. 가령 『개벽』의 사상적 변모를 '시간의 추이와 국내정세의 변화'와 같은 외적 요인에 기대어 설명하거나,[142] "개벽의 비일관된 생리를 엿보게 해주는"[143] 모순된 것으로 평가하기도 한다. 이는 1920년대에 관한 사회학계나 역사학계의 논의구도를 그대로 『개벽』에 적용하거나 논의구도 확립을 위해서 『개벽』을 파편적으로 활용한 결과이다. 즉 『개벽』이 거론되고 있지만 실제 논자들의 관심은 『개벽』의 바깥을 향해 있었고, 그 바깥을 설명하기 위해서 『개벽』을 활용했다고 할 수 있다.

1920년대 우리 사회의 사상적 흐름이 양대 구도 위에서 펼쳐졌음은 주지의 사실이고, 『개벽』 역시 이로부터 전적으로 자유로울 수는 없었다. 하지만 이것을 곧바로 『개벽』에 들이대서는 곤란하다. 『개벽』은 1920년대 초반 천도교라는 최고의 조직력을 갖춘 정치세력에 의해 기획되었고, 또 일제강점하에서 7년을 버티며 당대 최대의 독자를 흡입하며 "전방위적

142) 조남현, 「『개벽』에 나타난 사상연구」, 『한국현대문학사상연구』, 서울대 출판부, 1999, 145면 참조.

143) 곽해선, 「일제하 문화운동의 변용에 관한 연구—『개벽』을 중심으로」, 한국정신문화연구원 석사논문, 1983, 51면, 각주 21 참조.

여론을 형성한"[144] 잡지였던 만큼, 나름의 내적인 논리를 갖추었을 것이기 때문이다. 따라서 『개벽』의 사상적 변천을 좀더 설득력있게 설명하기 위해서는 먼저 시선 자체를 『개벽』으로 돌릴 필요가 있다. 다시 말해 『개벽』의 내재적 흐름 속에서 사상적 분화의 동인을 찾아야 한다는 것이다. 이와 함께 당대의 정세변화와 사상적 흐름이 고려되어야 함은 물론이다.

세 번째 과제는 『개벽』의 사상적 다층성을 극복하는 일이다. 특히 '개조주의'와 '문화주의'의 다층성은 시급히 해결해야 할 사안이다. 먼저 '개조주의'의 경우 여타의 제반 사상과의 위계를 분명히 해둘 필요가 있다. 『개벽』에서 '개조주의'는 사회주의는 물론 인도주의·무정부주의·사회개조주의·문화주의 등과 뒤섞여 존재하는데, 이를 그대로 답습할 경우 사상적 혼란은 더욱 가중될 것이다. '개조주의'의 내포와 외연을 확정하고 이를 통해 여타 사상과의 상호관계를 분명히 하는 작업은 『개벽』의 사상적 다층성을 돌파하는 지름길이기도 하다.

'문화주의'의 경우는 양상이 훨씬 복잡하다. 일반적으로 '문화주의'는 '무력주의' '무단주의'의 대타항이란 의미로 해석되는데,[145] 이 경우 문화주의는 '문화운동'을 추동한 근원사상이자, 무단통치를 대체한 '문화정치'의 핵심동력으로 현상한다. 문맥대로라면 일제가 주체가 되었던 '문화정치'와 우리 민족의 주체적 운동이었던 '문화운동(신문화운동)'이 비슷한 사상적 맥락을 갖게 되는 것이다. 이런 착각은 용어상의 유사점과 시기적 동일성에 의해 더욱 증폭되는 경향이 있다. 하지만 '문화운동'과 '문화정치'가 동일한 사상적 기반에 놓일 수는 없다. 아울러 '문화주의'가 '문화운동'을 추동한 핵심사상이라는 것도 동의하기 힘들다. 엄밀히 말해 '문화주의'는 '문화운동'이란 커다란 흐름 속에 존재했던 하나의 지류일 뿐이다. 즉 문화운동가가 모두 문화주의자는 아니었다는 것이다. 개조주의

144) 임경석·차혜영 외, 『『개벽』에 비친 식민지 조선의 얼굴』, 모시는사람들, 2007, 7면 참조.
145) 장도빈, 「現代의 思潮와 我人의 素質」, 『서울』 4호, 1920.6, 3면 참조.

와 마찬가지로 문화주의도 그 외연과 내포를 확정짓는 작업이 시급하다고 할 수 있다.

한편 문화주의는 그 수용 주체 내지 매체에 따라서 성격을 달리하기도 한다. 동일한 사상이 『창조』를 비롯한 동인지들에서는 '정신주의' 내지 '인격주의'로 표출되는 반면, 『개벽』 등에서는 '개조주의'의 일부(내적 개조론)로 수용되는 양상을 보이는 것이다. 그런데 동일한 사상이 매체에 따라서 그 성격을 달리한다는 것은 중요한 의미를 갖는다. 우선 전자가 소수정예를 꿈꾸었던 전문지요, 후자가 대중적인 종합지라는 점에서 이를 일차적으로 매체 자체의 성격을 규명하는 데 이용할 수 있다.

가령 민족 현실에 대한 계몽과 반계몽의 구도로 잡지의 경향을 구분할 수 있다. 나아가 양자가 공히 문학에 공을 들이고 있었다는 점에서 이는 문학적 과제일 수 있다. 당대 동인지문학과 『개벽』의 문학이 커다란 차이를 보인다고 할 때, '문화주의'가 그 차이점과 공통점을 해명하는 열쇠가 될 수 있다는 것이다. 그러고 보면 『개벽』의 사상을 분석하는 작업은 『개벽』의 매체적 성격을 규명하는 작업이자 『개벽』의 문학적 특질을 해명하는 작업이기도 하다.

『개벽』에는 논설이 모두 322편 실려 있고, 그 중 120편이 사상 관련 논설이다. 이 120편의 논설들이 주요 분석 대상이다. 다만 『개벽』이 37호를 전후해서 사회주의사상을 전면화하고 문학 또한 신경향파문학 나아가 프로문학으로 단선화된다는 점에서 그 이전까지 실린 90편가량의 논설들에 초점을 두었다. 『개벽』의 사상적 다양성 · 다층성이란 기실 상반기의 형국을 반영한 개념이라고 해도 좋을 듯싶다. 이와 관련해 이돈화 · 김기전 · 박달성 등은 『개벽』의 핵심논자란 점에서 그들의 글이 우선 분석대상이 되었다.

1) 개조주의 · 문화주의 수용

(1) 개벽사상과 개조주의

㉮ 결합의 외적조건

기존의 논의에서 『개벽』은 사상적 혼합물로 평가되었다. 즉 『개벽』의 사상적 중심을 찾기 어렵다는 말이다. 'XY생'이라는 당대인의 평가는 그 대표적인 예이다.

> 이제 開벽의 思想으로 말하면 多量의 人道主義와 自由思想 우에 社會主義를 加味하엿다. 그러나 자조 人乃天主義의 內庭突入을 볼 수 잇다. 그리하야 어느 論旨는 社會主義나 人乃天主義나를 分看할 수 업게 混同하는 것이 잇다. 그리고 時事와 政治와 思想에 對하야 理論的 指導가 될만한 論文을 실리기에 힘을 드리는 모양이나 恒常 未洽을 免치 못한 것 갓다.[146]

그의 평가에 따르면 『개벽』에는 인도주의와 자유사상 그리고 사회주의와 인내천주의가 뒤섞여 있다. 더구나 이 혼합물엔 무게중심이 없다. 인도주의가 다량이나 우이(牛耳)를 잡았다고 할 수 없고, 사회주의가 등장하나 '가미'되었을 뿐이며, '인내천주의'는 자주 변칙적인 '내정돌입'을 했을 뿐이라는 주장이다. 창간 3주년 기념호에 실린 'B생'의 평가도 비슷한 문맥에서 이해될 수 있다.

> '開闢'에 잇서 제일 우수은 것은 開闢雜誌의 主意精神이 무엇인지 알 수 업는 그것이다. 民族主義이냐 社會主義이냐 또는 實力主義이냐 破壞主義이냐 最近에 休刊된 東明은 民族主義를 標榜하고 現在의 東亞日報는 實力主義를 標榜하야 그것의 是非는 別問題라 할지라도 如何間 色彩는 明白한대 '開闢'은 그 主義를 當初에 알 수 업스니 大體 엇더케하려는 酬酌인가 그럭저럭하야 讀者를 瞞着하자는 말인가 그러치 안으면 이제부터 主義를 세우겟다는 心算인가[147]

---

146) XY생, 「현하 신문잡지에 대한 비판」, 『개벽』 63호, 1925.11.1, 53면.

『동명』은 민족주의, 『동아일보』는 실력주의로 그 색채가 분명한데 비해 『개벽』은 그 사상적 색채가 분명치 않다는 것이다. '사상적 색채'가 '사상적 중심'을 의미한다고 할 때 평가의 핵심은 분명하다. 사상적 중심이 없는 『개벽』은 불철저하고 선명하지 못하며 신뢰할 수 없는 존재라는 것이다. 하지만 이들의 평가에 객관적 정당성을 부여하기 어렵다. 이들의 평가에는 드러난 현상만이 언급될 뿐, 현상의 기저에 작용하는 본질적 요인들이 거론되지 않았기 때문이다. 가령 인내천주의 내지 개벽사상을 '내정돌입'으로 바라보는 관점에는 종교적 색채를 감출 수밖에 없었던 『개벽』 주체들의 사상적 고뇌가 전혀 반영되어 있지 않다.

『개벽』의 중심사상과 관련해서 후대의 평가는 이보다 진전된 면모를 보인다. 고정기는 '천도교의 출판문화운동'을 논하면서 『개벽』의 중심사상으로 인내천사상을 거론했으며, 이를 후천개벽운동과 연결시켜 파악했다.[148] 조남현은 『개벽』의 사상형성을 "고금동서를 가리지 않고 전방위적인 모색"의 결과물로 보는 '다원론적 시각'을 주장하면서도 "개벽론과 개조론을 중심사상으로" 거론했다.[149] 즉 전자는 천도교와 『개벽』의 밀접한 상관관계를 염두에 두고 '인내천사상'을 중심사상으로 거론했고, 후자는 『개벽』을 발간한 취지가 후천개벽사상의 선전·발전에 있다는 점과 그때가 전세계적으로 개조론이 발흥하던 시기라는 점을 들어 개벽사상과 개조주의를 『개벽』의 중심사상으로 거론한 것이다.

이들의 논의는 『개벽』의 사상적 무게중심을 거론했다는 점에서 의의가 있다고 할 수 있지만 한계 또한 가지고 있다. 양자의 공통적인 문제는 『개벽』의 사상적 분화과정, 즉 하반기의 사회주의 전면화 과정에 대한 고려가 빠져 있다는 것인데, 이는 『개벽』이 문화운동에서 계급운동으로 변모

147) 동경에서 B생, 「개벽 너는 어떠한고」, 『개벽』 37호, 1923.7.1, 60~61면.
148) 고정기, 「민중을 위한 민중의 종합지 『개벽』」, 『신인간』, 1986.4, 41~42면 참조.
149) 조남현, 「개벽에 나타난 사상 연구」, 『한국현대문학사상연구』, 서울대 출판부, 1999, 165~167면 참조.

해 갔다는 학계의 일반적 논의와 상당한 거리가 있다.150) 이들의 논의를 상반기에 국한해서 보더라도 문제는 남는다. 기실 상반기 『개벽』의 사상 관련 논설을 채우고 있는 것은 개조주의, 혹은 그에 입각한 문화운동론임에도 불구하고, 이들의 논의는 이런 사실을 전면화시키지 못하고 있다. 사상의 비중에 대한 구체적 검증절차가 생략된 결과라고 할 수 있다.

먼저 고정기는 『개벽』에서 인내천주의가 어느 만큼의 비중을 갖고 있었는지에 대한 구체적 검증을 하지 않는다. 인내천주의가 천도교의 시천주(侍天主)사상에서 발원했고, 당대 천도교의 조직·문화운동이 '후천개벽운동'의 취지에서 이루어졌다는 일반적 사실에 근거해 인내천주의가 잡지 『개벽』의 중심사상이라고 주장하는 것이다. 하지만 이는 구체적 사실과 다르다.

『개벽』에는 천도교 관련 기사가 적었고, 인내천사상 혹은 개벽사상이 직접적으로 언급된 경우는 극히 드물었기 때문이다. 가령 창간호에 실린 「개벽」(권두언)·「창간사」·「세계를 알라」 등과 9호까지 실린 「인내천 연구」 시리즈가 '개벽사상'과 관련된 언급의 거의 전부라고 할 수 있다. 조남현의 경우도 마찬가지다. 개벽사상을 중심사상으로 내세운 근거는 「창간사」와 37호의 권두언 「돌이켜보고, 내켜보고」에 들어 있는 간단한 언급들이다. 전체기사 2074개, 사상 관련 논설 120개와 견주었을 때, 비중(比重)상 중심사상이라고 보기 어려운 점이 있는 것이다. 반면 개조론의 경우는 여러 편의 글들을 자세히 언급했고, 그 분화과정까지도 상세히 설명하고 있다. 비중으로 볼 때 전반기 『개벽』의 중심사상은 개조주의이지 개벽사상이 아닌 것이다.

따라서 개벽사상의 위상을 정립하는 작업은 『개벽』에 대한 사상적 고찰의 출발점이라고 할 수 있다. 개벽사상의 위상 정립을 위해서는 무엇보다도 먼저 『개벽』 내에 개벽사상의 비중이 작다는, 드러난 현상의 이면

150) 이는 다음 장에서 자세히 다룰 것이다.

을 살펴야 한다. 재정과 인적구성 그리고 출판과 유통에 이르기까지 천도교의 조직적 후원 위에서 이루어진 『개벽』에 종교이념의 표출이 상대적으로 미비하다는 것은 뭔가 사정이 있어 보이기 때문이다. 더구나 치밀한 계산과 철저한 준비는 『개벽』 주체들의 모토가 아니었던가? 그런 의미에서 『개벽』과 관련된 천도교측의 행보는 주목할 필요가 있다. 특히 그것이 정치적 목표를 지향하고 있었다는 것은 강조할 필요가 있다.

천도교가 현세(現世)중심적 종교라는 사실은 교조신원운동 · 갑오농민전쟁 · 진보회운동 그리고 3 · 1운동에서 천도교측이 보여준 활력만으로도 충분히 알 수 있다. 그리고 그 현세지향은 천도교의 독자적 '정치세력화'로 정의할 수 있다. 갑오농민전쟁의 과정이 그렇고, 러일전쟁 당시 일본육군성에 군자금 1만 원을 원조한 교주 손병희의 시국관이 그런 문맥을 짐작게 한다.[151] 특히 3 · 1운동 당시 독립선언서의 인쇄와 배포 그리고 자금동원을 주도적으로 이끈 천도교측의 열정은 교주 손병희의 지향이 정치세력화에 가닿아 있었음을 방증한다.

1920년대에 펼쳐진 천도교의 조직운동도 같은 문맥에서 이해할 수 있다. 3 · 1운동이 좌절되고, 교주를 포함한 교내의 지도자급 인사들이 대부분 감금되는 상황에서도 그런 지향이 꺾이지 않았던 것이다. 방정환 · 이돈화 · 박달성 · 정도준 등 교단의 젊은층이 주도하여 천도교청년교리강연부(1919.9.2)에서 천도교청년회(1920.3)로 발전하고, 1923년 9월 2일 천도교청년당(1923.9.2)의 결성으로 이어지는 이 운동은 표면적으로는 '교리의 연구 선전과 신문화운동의 향상 발전'을 표명했지만 기실은 '민족운동의 핵심기관'이라는 정치적 목표를 지향하고 있었다. 천도교청년회가 선전기관으로서 '개벽사'를 설립하고, 그 첫 사업으로 "언론잡지 『개벽』"[152]

---

151) "내-이때에 잇어 일본당국과 韓政改革의 밀약을 굳게 맺은 뒤에 일본을 위하야 露를 치고 일변 국권을 잡은 뒤에 諸政을 혁신하면 我韓 재생의 道-이에 잇을 뿐이라" 이돈화, 『천도교창건사』, 천도교중앙종리원, 1933, 3편, 43면 참조.

152) 「개벽사의 삼대잡지와 사대사업」, 『개벽』 37호, 1923.7.1, 목차 뒷면 광고.

을 기획했으며, 개벽사를 "범인간적 민족운동의 성과를 재래하는 유일한 기관"[153]으로 천명했다는 것은 천도교측이 정치세력화라는 목표를 위해 얼마나 조직적으로 움직였는가를 잘 보여준다. 대중적 유통망 건설과[154] 대중성 있는 편집원리의 모색도[155] 궁극적으로 이 목표를 겨냥하고 있다 하겠다.

이런 천도교측의 정치적 행보를 이끌어 낸 것이 '개벽사상'임은 분명하다. 갑오농민전쟁에서 모순된 봉건현실을 타파하는 변혁이념이었던 개벽사상이 식민지라는 억압적 현실에서 다시 한번 그 현실 변혁성을 현현하는 것이다. 즉 독자적 정치세력화란 '후천개벽'이란 현실변혁의 구체적 방략인 셈이다. 문제는 이 개벽사상을 『개벽』에 표출시키느냐 감추느냐의 여부였다. 천도교인이자 종교적 열정에 불탔던 『개벽』의 주체들이 이 문제를 심각하게 고민했다는 것은 의심의 여지가 없다. 개벽사상이 단독으로 천명되는 것이 아니라 '개조론'과 섞여 등장한다는 것이 그 증거다. 아니 개벽사상이 '개조론'이란 옷을 입고 나타났다는 말이 더 정확한 표현이다. 창간호의 권두언에 해당하는 『개벽』은 대표적인 경우다.

> 아니 이것이 飜覆이 아닌가? 새바람이 일도다. 흰 빛이 빛이도다. 왼 世界는 燦爛한 光의 世界로다. 平和의 소리가 높도다. 改造를 부르짖도다. 왼 人類는 新鮮한 自由의 人類로다. 運이 來함이냐? 時가 到함이냐? 아니 이것이 開闢이로다.[156]

'번복운수'의 도래나 '개벽' 등의 용어를 통해, 그리고 이 글이 창간호의 맨 앞면에 실려 있다는 사실로 미루어 우리는 『개벽』의 창간이 최제우의 '개벽사상'에 근거하고 있음을 분명히 알 수 있다. 문제는 이 개벽

153) 「개벽사 사우제의 설행에 관한 취지와 규정」, 『개벽』 29호, 1922.11.1, 114~115면 참조.
154) 이에 대해서는 3장 1절 참조.
155) 이에 대해서는 4장 1절 참조.
156) 미상, 「개벽」, 『개벽』 창간호, 1920.6.25, 1면 참조.

사상, 엄밀히 말해 이돈화에 의해 3대 개벽사상으로 체계화된 '후천개벽사상'이 '자유'와 '평화'의 사상인 '개조주의'와 혼융되어 등장한다는 사실이다. 이는 「창간사」에 있어서도 동일한 방식으로 나타난다. "소리-있어 넓히 세계에 전하니" 이 소리는 "다수가 요구하는 인민의 소리"요, 인민의 소리는 "신의 聲" 즉, "신이 갈앙하고 요구하는 소리니 이곳 세계개벽의 소리"인데, 이것은 진화를 거듭한 인간이 맞이한 혁신의 기운, 즉 "세계대개조"라는 것이다.

> 사람은 神의 進化한 者로 萬物을 代表하야 漁獵을 始하며 農業을 營하며 商工業을 起하야 進化에 進化를 加하는 中 오늘날 이 世界大改造라하는 革新의 氣運을 맛보게 되엇나니, 이 곳 開闢의 開闢이엇도다.[157)]

천도교측의 조직적 지원 위에서, 천도교의 정치세력화를 목표로 발행된 잡지로서 천도교의 이념을 표방한다는 것이 어떻게 보면 당연할 텐데, 왜 굳이 '개조주의'의 포장을 둘렀을까? 결론부터 말하자면 '개벽사상'의 전면적 표출을 불가능하게 한 문제들이 있었다는 것이다. 대중성 획득을 위해 종교적 장벽을 넘는다는 편집원칙이 작용했고, 천도교측의 역사적인 피해의식도 종교사상의 노골적 표출을 억제하는 역할을 했을 것이다. 특히 교조 때부터 가장 최근에는 3·1운동에 이르기까지 끊임없이 관의 탄압과 수탈의 대상이 되었던 역사적 경험은 종교색의 표출을 주저하게 했을 것이다.

그러나 잡지의 경제성이 보장되지 못한 상태에서 가장 확실한 기반인 천도교 신자들의 종교적 신념을 저버릴 수는 없었을 것이다. 천도교의 이념이 드러나되, '개조주의'라는 옷을 입고 나오게 된 것은 「인내천 연구」 등의 종교기사가 창간 초기에 몰려 있게 된 현상과 동일한 결과이다. 즉 『개벽』 편집진의 고뇌에 찬 선택이자, 일종의 타협책이라고 할 수 있다.

---

157) 미상, 「창간사」, 『개벽』 창간호, 1920.6.25, 2면.

실제로 『개벽』은 창간 이후로는 '개벽'이나 '개벽사상' 등의 용어가 아주 드물게 사용되었다.[158] 창간 초기에는 '피해의식'이 더 많이 작용했고, 중반으로 접어들면서는 잡지의 성공과정과 맞물려 '종교의 벽을 넘어 대중 속으로'라는 자신감이 원인이 되었으리라 짐작된다. 그리고 그 과정 속에서 '개조주의'는 '개벽사상'을 대치하고,[159] '문화운동'을 주도함으로써 사실상 『개벽』을 대표하는 사상으로 자리잡게 되는 것이다.[160] 이런 과정을 고려할 때, 『개벽』의 중심사상을 논함에 있어서 개조주의의 기저에 잠복해 있는 '개벽사상'을 반드시 염두에 두어야 한다. 즉 전반기 『개벽』의 중심사상을 개조주의라 할 때, 개벽사상은 『개벽』 창간의 사상적 원형질 내지 개조주의의 이념적 조정중심이었다고 할 수 있다.

㉯ 결합의 내적조건

한편 개벽사상과 개조주의 융합에 이런 외적 요인만 작용한 것은 아니었다. 상호 이질적인 역사·사회적 경험을 넘어서 양자가 결합할 수 있었던 내적 요인들이 있었다. 우선 두 사상은 몇 가지 점에서 공통점이 있었다.

첫째 두 사상은 모두 현실모순을 타파하는 변혁이념이었다. 주지하다시피 개벽사상은 조선후기 양반사회의 봉건적 질곡을 넘어서 근대적 시민사회를 지향하는 변혁운동의 중심에 있었고, 일제의 국권강탈 이후로는 모순된 식민현실을 타파하는 사상적 보루가 되었다고 할 수 있다. 다

158) 「개벽운동과 합치되는 조선의 소년운동」(35호), 「돌이켜보고, 내켜보고」(37호)와 이돈화의 「인내천 연구」나 '사람성 자연주의'에 관한 글들에서 간간이 언급되었을 뿐이다.

159) 이것을 『개벽』의 핵심논자들이 개벽사상을 포기하는 것으로 보아서는 곤란하다. 이돈화·김기전·박달성 등은 열렬한 천도교 신자였으며, 『개벽』을 이끌어간 열정이 바로 여기에 근원을 두고 있기 때문이다. 보다 근원적인 차원의 종교이념이 개조주의라는 현실의 사상을 포섭하는 과정으로 보는 것이 합당하다.

160) '개조론' 혹은 '개조주의'보다 더 빈번하게 사용하는 것이 '문화운동' 내지 '개조운동'이지만 이들 운동의 사상적 기반이라는 면에서 '개조주의'가 강조되는 것은 당연한 것이다.

만 개벽사상이 제국주의 시대 식민지 조선의 사상이었다면, 개조주의는 식민지 재편을 앞둔 열강들의 정치·사상적 모색이었다. 주체의 입장이 달랐던 것이다.

하지만 '개조주의' 역시 현실변혁을 지향한다는 점에서 개벽사상과 통하는 바가 있다. 서구에서는 1918년 1차 세계대전의 종전을 전후로 "침략주의·군국주의에 대한 전 인류적 비판의 소리가 고조되고, 또 약소민족의 격렬한 민족운동이 세계 각처에서 일어나면서 제국주의 열강에 의한 세계지배체제에 대한 비판으로서 '세계개조'의 소리가 광범하게 일어났"는데 이 '세계개조'가 개조주의의 한 축을 이룬다. 개조주의는 한편으로 '사회개조'를 의미하기도 했다. 비슷한 시기 서구는 러시아혁명(1917년)과 독일혁명(1918년) 그리고 노동운동의 확산을 경험하게 되는데, 이는 전제왕조가 붕괴되고 전혀 새로운 체제의 국가가 탄생하는 것을 의미했다. "이에 따라 전제주의 등 낡은 봉건적 제도들에 대한 비판과 근대 자본주의문명과 사회제도에 대한 비판이 세계적으로 거세게 일어났"으니 개조주의는 이런 사회변혁의 목소리를 담아내고 있었다. '개조주의' 역시 정치적 계몽에 초점을 두었던 것이다.

이는 『개벽』 주체들의 '계몽'의도와 맞아떨어지는 구석이 있었다. 개조주의가 민족간 문제에 있어 약소민족의 권익을 옹호하고, 한 사회 안에서 노동자, 농민, 여성과 아동 등 사회적 약자를 보호하는 것이라면 식민지 조선의 민중들과 지식인들이 이에 반대할 이유는 없겠기 때문이다. 개벽사상과 개조론의 결합은 일견 필연적이었던 셈이다.

둘째는 양자의 이념체계와 성격의 유사성이다. 윌슨의 정의·인도, 레닌의 계급해방으로 대표되는 개조주의는 기실 그 내부가 단순하지 않다. 마르크스나 레닌, 베르슈타인과 콜, 러셀과 카펜터 심지어는 엘렌 케이나 간디 등이 중심사상가로 거론된다. 제 사상이 뒤죽박죽으로 엉켜 있는 이런 형국은 '다양성' 혹은 '미분화성'으로 정리할 수 있다. 그런데 이 미분화성은 개조주의의 구체적 지향을 모호하게 만든다. 약육강식의 현실을 대체한 새세상을 그리지만, 그 세계는 현실감이 떨어지는 막연한 '이상향'이다. 즉 개조주의에 내재한 모든 사상이 동의할 수 있는 근원적 차원에서 '상'이 그려지는 것이다. 가령 정의인도가 발현되고, 평등자유가 실현되며, 강자와 약자, 부자와 빈자가 공평한 권리를 갖는 세계는 개조주의가 그려낸 대표적인 세계상이다.

> 우리는 들엇노라. 날마다 날마다 우리의 이막을 타동하는 개조개조의 성-그 소리야 매우 흥취잇고 의미잇고 그리하야 힘잇고 정신잇도다. 이소리가 가는 곳에 우리의 행복이 목전에 쏘다지는 듯하도다. 개조개조 그 무엇을 의미함인가 세계라 운하는 이 활동의 기계를 뜨더 고쳐야 하겟다함이로다. 과거 여러가지 모순이며 여러가지 불합리 불공평 불철저 부적당한 기계를 수선하야 원만한 활동을 엇고저 노력하는 중이엇다. (…중략…)이를 추상적으로 말하면 정의인도의 발현이오, 평등자유의 목표라 하겟고 구체적으로 말하면 강약공존주의, 病健相補主義라 하리라. 강자의 겻헤 약자가 잇지만은 둘이다 권리의 조화를 엇고저. 부자의 겻헤 빈자가 잇지만은 둘이다 경제의 평균을 엇고저. 優者의 겻헤 劣者가 잇지만은 두리다 가치의 權衡을 얻고저. 사자의 노는 곳에 小洋도 놀고 猛鷲가 나는 곳에 小雀도 나래를 펼 시대가 돌아 오도다.[161]

이 점에서 개조주의는 하나의 근원주의이며 이상주의다. 개벽사상 역시 개조론과 닮아 있다. 모든 인간이 "본질적 인간성의 평등과 자유를" 누리는 '요순시대'이든, 정(正)이 사(邪)를 물리치고 '정견과 정사, 정언, 정립'의 도를 진흥하여 "사람성의 자연"이 해방되는 신사회이든 그것이 이상향임은 분명하다. 현실모순을 해결하는 방식은 좀더 근원적이다.

가령 최제우는 서구제국의 침입과 양반사회의 몰락의 원인을 정신적 타락에서 찾고 도덕성의 회복을 대안으로 제시한다. 이돈화는 식민지 조선의 현실을 타개하는 근원적 과제로 '인간성의 회복'을 주장한다. 여기서 둘의 공통점은 분명하다. 모든 문제를 근원으로 회귀시켜 고민하는 것

---

161) 미상, 「세계를 알라」, 『개벽』 창간호, 1920.6.25, 6~7면 참조.

이다. 그들의 사상체계 자체가 마치 종교처럼 '알파요 오메가인' 존재에 대한 지향인 셈이다. 더구나 이돈화는 사상체계의 차원을 훨씬 넓혔다. 교조 최제우의 개벽사상이 주로 정신영역 내지 종교영역에 중심을 두었다면 이돈화는 정신과 물질, 과거와 현재를 아우르는 체계를 마련하고자 했던 것이다.

> 개벽잡지의 주의는 개벽이라 하는 '열임'이 이 곳 그 주의가 되는 것이니 물질을 열며 정신을 열며 과거를 열며 현재를 열며 미래를 열며 내지 萬有의 正路을 열어 나아감이 그 주의인지라. 그럼으로 개벽은 어대까지든지 현상을 부인하고 현상이상의 신현상을 발견하야 신진의 정로를 개척함이 그 둘이며, 개벽의 사업에는 스스로 엄정한 비판을 요하는 것이라. 불편부당, 공정엄명한 고찰로 邪를 파하고 正을 顯하야 사회를 정돈하며 신운동을 조장하야 정견과 正思, 正言, 正立의 道를 진흥함이 그 셋이며 개벽은 구체적으로 사회운동 농촌계발운동 등의 정면에 입하야 스스로 신사회건설의 전책임을 부담함이 그 넷이다. (…중략…)[162]

이런 근원적 체계는 사상적 '개방성'을 갖는다. 웬만한 사상은 손쉽게 흡수 통합할 수 있는 것이다. 이돈화가 스피노자나 베르그송의 사상을 흡수하고, 개조론이 다양한 제사상을 포섭할 수 있었던 이유가 바로 여기에 있다. 따라서 좀더 포괄적이고 근원적인 개벽사상이 개조주의를 포섭·수용하지 못할 이유가 없는 것이다. 그런데 개벽사상과 개조주의가 공히 이상주의적이고 근원주의적인 사상이라는 것, 그리고 '미분화성'과 '개방성'을 특징으로 한다는 사실은 『개벽』의 사상적 분화와 밀접한 관련이 있다. 이는 뒤에서 자세히 다루겠다.

한편 양자의 결합은 천도교의 종교이념이 좀더 근대화된 사상체계로 변모했기에 가능했다. 근대사상이란 범박하게 말해 신으로부터 독립한 인간의 자율이성에 기초한 논리체계라고 할 때, 신을 중심에 두고 있는

162) 미상, 「돌이켜보고, 내켜보고」, 『개벽』 37호, 1923.7.1, 3면 참조.

종교사상은 이와는 거리가 있는 것이다. 실제로 창도시대의 개벽사상은 신의 섭리를 중심으로 한 종교사상의 틀을 갖추고 있었다. 교조 최제우의 개벽사상을 잠시 살펴보자. 창도 당시 조선의 양반사회는 봉건적 사회질서의 붕괴와 제국주의 열강의 침입이라는 위기를 맞고 있었는데, 최제우는 이런 사회적 혼란을 사회가 병든 결과로 설명했다. 이른바 '사회질병설'로 후천개벽의 당위성을 제시한 것이다.

그런데 '사회질병설'은 그의 '시운관' 속에서 자연스럽게 배태된 것이라고 할 수 있다. 그의 시운관에 따르면 인류의 역사는 크게 둘로 구분된다. 유사 이래 현재까지를 의미하는 선천(先天)과 현재 이후 지상천국의 신세계를 의미하는 후천(後天)이 그것이다. 여기서 다시 선천은 "원시시대, 성현이 치세하던 태평시대, '불순천리(不順天理) 불고천명(不顧天命)'의 말세(末世)로 세분화"된다. 종말관에 기초한 그의 시운관 속에서 보면 '하원갑(下元甲)' '괴질운수(怪疾運數)'로 접어든 조선사회의 타락과 몰락은 필연적 과정인 것이다. 지상천국론・시운관과 함께 후천개벽사상의 근간이라고 할 수 있는 무위이화론(無爲以化論) 역시 같은 문맥에서 파악할 수 있다. 시운이 움직이고, 이것이 하늘의 뜻이라면 후천개벽이란 저절로 이루어지는 과정이기 때문이다.

결국 그는 "후천개벽의 도래와 그 시기를 시운관으로 예언했고, 개벽의 당위성을 유교의 천명사상에서 찾았으며, 후천개벽 실현의 가능성을 무위이화의 진화사상으로 합리화하였다"고 할 수 있다.[163] 문제는 그의 시운관과 무위이화의 사상이 신의 섭리를 전제로 했으며, 인간의 인식가능성을 넘어서는 보편원리를 상정한다는 점이다. 즉 그의 개벽사상은 신(神) 중심의 종교이념이었다고 할 수 있다.

이 점은 개벽사상과 짝을 이루고 있는 '시천주(侍天主)・천인합일(天人合一)'의 사상에서도 확인된다. 양자는 모두 인간이 모셔야 하고(시천주), 인

163) 황선희, 『한국근대사상과 민족운동』 1, 동학・천도교편, 혜안, 1996, 55면 참조.

간이 합일을 이루어야 하는 보편적 객체이자 절대진리인 '한울님'을 상정하고 있다. 신으로부터 독립한 자율적 주체로서의 근대적 인간의 형상이 들어설 틈이 없는 것이다. 오직 신의 섭리에 따라 '도성덕립(道成德立)'에 노력하는 운명적 인간이 존재할 뿐이다.

그런데 교조의 사상을 체계화했다고 할 수 있는 이돈화의 개벽사상은 교조의 그것과 사뭇 다른 면모를 보인다. 이는 신 중심에서 좀더 인간중심으로, 정신중심에서 정신과 물질을 동시에 포섭하는 체계로의 전환으로 요약될 수 있다. 이런 변화가 당대 천도교측의 교리체계화 사업과 밀접한 관련이 있음은 물론이다. 이 시기 천도교의 핵심문제는 '근대'라는 변화된 환경에 발맞추어 종교이념을 '근대화'하는 것이었고, 그 체계화 작업의 핵심에 있었던 인물이 야뢰(夜雷) 이돈화였다. 그는 "서양 문물의 수입, 이른바 개화에 대처하"며 "직접적으로는 구국과 민족의 활로를 개척"한다는 현실적 목표 아래 '인내천주의'와 '지상천국의 건설'을 연계했고, 이를 위해 스피노자 · 라이프니츠 · 데카르트 · 베르그송 등 서양철학자의 사상을 적극 이용했다.164)

그의 체계화 작업을 한마디로 정의한다면 종교의 철학화 내지 근대사상화라 할 수 있다. 특히 개벽사상과 인내천사상의 연계는 개벽사상이 좀더 인간중심의 사상으로 탈바꿈하게 되는 지점이다. 아울러 이는 천도교의 역사적 변천과 맞닿아 있는 조치이기도 했다. 최제우의 시천주사상이 최시형대에 사인여천(事人如天)으로 한 차례 종교성을 희석하였고, 손병희대에 와서는 인내천(人乃天)으로 좀더 인간중심의 사상체계에 근접했다고 할 수 있기 때문이다.165) 결국 이돈화의 3대 개벽사상(정신개벽 · 민족개벽 ·

---

164) 황문수, 「야뢰에 있어서의 인내천사상의 전개」, 『최수운연구』, 한국사상 12, 원곡문화사, 1974, 402~425면 참조.

165) 최동희는 천도교 사상의 발전 경위를 "시천주(侍天主) → 사인여천(事人如天) → 인내천(人乃天)의 단계로" 설명하면서, 이 과정을 "종교성이 희석되는 과정"이자 동학사상이 "근대사회사상 수용으로 철학화되는 과정"으로 설명했다. 필자도 이 과정을 천도교가 신비주의를 탈각하고 현실화되는 과정으로 보고 있다. 최동희, 「천도교에서 믿는

사회개벽)은 천도교 종교이념의 근대화 과정의 산물이자 바로 이런 과정을 통해 개조론과 무리없이 결합할 수 있었다고 할 수 있다.

(2) 문화주의의 이중성

㉮ 문화운동의 본질과 문화주의의 위치

『개벽』이 계급운동을 주장하면서 사회주의사상을 전면화한 것은 구체적으로 37호(1923.7.1)를 전후한 때이지만,166) 그렇다고 해서 그 이전의 『개벽』을 사상적 고형물로 보아서는 곤란하다. 37호란 끊임없는 사상적 형질전환이 구체적 형태로 드러난 순간일 뿐이다. 상반기 『개벽』의 중심사상인 개조주의는 내적인 사상투쟁을 멈추지 않고 있었다. '개인이냐 사회냐' '정신이냐 물질이냐'라는 시대적 화두는 이 사상투쟁의 내용이자, 제반 사상의 현실정합성을 검증하는 기준이기도 했다. 그 사상투쟁에서 두각을 드러낸 존재는 문화주의와 사회주의였으니, 둘은 사상적 경향이 달랐을 뿐만 아니라 시대적 화두에 대한 입장이 상반되었다.

즉 양자는 『개벽』 내에 존재했던 이질적인 두 경향, 개인의 인격 완성에 초점을 두는 측과 반대로 사회의 물적 개조에 초점을 두는 세력 사이의 물밑 경합을 함축했다. 그 중 문화주의는 『개벽』 내에서 상대적 우위를 점했을 뿐 아니라 민족운동 전체의 흐름에도 적지 않은 영향을 끼치고 있었다. 특히 문화주의는 형성기 조선문단에 결정적 영향을 미쳤다. 이런 점에서 1920년대 초반 문화주의의 파장이 결코 적지 않았다고 말할 수 있다. 하지만 이를 지나치게 확대해석하는 것은 문제가 될 수 있다. 백철이 그 대표적 경우다.

대상과 목적」, 『신인간』 383, 1980; 최동희, 「수운의 인간관」, 『한국사상』 1·2합집, 1957, 최동희, 「천도교의 근대사상 수용」, 『한국사상』 13, 1975; 황선희, 『한국근대사상과 민족운동』 1, 혜안, 1996, 13면 재인용.

166) 『개벽』의 사회주의 전면화과정에 대해서는 다음 항에서 구체적으로 다룰 것이다.

'개벽'이 나온 전후의 우리 문단의 사조적인 동태는 어떤 것이던가 하면, 역시 그것은 먼저 문화주의였다고 말할 수밖에 없다. 문화주의는 일반적인 사회적 분위기이면서 동시에 문학적인 기운이었다. 이때를 당시 문단에서는 문예부흥…… 운운하고 말한 사실로서 그것을 짐작할 수 있다.[167]

인용문에서 보듯이 백철은 문화주의를 당대 "일반적인 사회적 분위기이면서 동시에 문학적 기운"이라고 말하면서 『개벽』이 『서울』과 함께 "문화주의를 배경하고 나온 것"[168]이라고 주장한다. 『개벽』이 나온 전후의 우리 문단의 지배사조를 문화주의로 봄은 물론 시대적 분위기 전체를 문화주의로 몰아가고 있는 것이다.

하지만 "문화정치라는 신정세를 마지하면서 정치운동의 직접형식"을 대신하여 "민족적으로 그 경제력을 키우고, 문화적인 지식의 실력을 가져야 한다"는 취지로 일어난 문화운동은 '문화주의'로 단선화되기 어려운 것이었다. 백철 자신의 말대로 그 안에는 '경제주의'와 '문화주의'가 혼융되어 있었던 것이다.[169] 문제는 백철이 부문운동의 성격을 그대로 '사상'으로 환산한다는 데 있다. 경제부문의 회사(주식회사) 설립운동은 '경제주의'로, 문화부문의 출판문화운동은 곧바로 '문화주의'의 발현으로 치환시키는 것이다.[170] 백철이 사용한 '문화주의'란 개념 자체가 엄밀하고 정치한 개념이 아닌 셈이다.

여기서 몇 개의 의문이 제기될 수 있다. 문화주의가 1920년대 초·중반 문화운동을 주도했다고 할 수 있는가, 『개벽』은 문화주의를 배경으로 한 잡지인가 등이 그것이다.

우선 첫 번째 질문에 대한 답은 문화주의와 문화운동 각각의 근본성격을 파악하는 것에서 얻어질 수 있다. 특히 외래사조인 '문화주의'의 사상

167) 백철, 「『개벽』 전후의 문단사조」, 『현대공론』, 1955.1, 130면 참조.
168) 위의 글, 129면 참조.
169) 위의 글, 129면 참조.
170) 위의 글, 128~129면 참조.

적 내포를 확정하고, 그 수용과정과 변용양상을 살피는 것은 두 번째 질문과도 무관하지 않다. 따라서 논의는 '문화주의'의 정체를 파악하는 데서 출발해야 마땅하다.[171)]

철학사전에서 보통 문화주의는 유럽 신칸트주의(Neukantianisimus)의 문화철학에 기반한 사상으로 설명되는데, 이 문화철학은 빈델반트(Windelband, Wilhelm; 1848~1915)와 리케르트(Rickert, Heinrich; 1863~1936)로 대표되는 신칸트주의의 한 유파로서, 1890년에서 1차 세계대전에 이르는 기간 동안 중점적인 활동을 한다. 신칸트주의는 19세기 후반 구체적으로는 1848년 프랑스혁명 이후 이성을 통한 근대 계몽에 대한 믿음이 좌절됨에 따라 사회적 위협으로까지 확대된 상대주의의 만연과 또 다른 한편에서 나타난 마르크시즘의 대두에 직면해, 인식의 근거를 외부세계가 아니라 주체 내부에서 찾고자 한 흐름이다. 일종의 주관적 관념론인 신칸트주의의 철학적 과제는 세계상의 재구(再構)가 아니라 마땅히 존재해야 할 세계의 제시(提示), 곧 '가치'의 문제였으니, 이는 부정성이 심화되어 가는 당대의 상황에 기인한 것이었다.

칸트의 철학이 근대적 주체가 이성의 자명한 출발점이나 혹은 진리를 담지한 존재가 아니라는 근대철학의 위기 속에서 근대적 주체로서 인간과 진리를 재건하려 했던 것과 마찬가지로, 신칸트주의 역시 19세기 후반 근대이성에 대한 환멸이 팽배했던 시기에 주체의 영역에서 그 탈출구를 모색한 것이라고 할 수 있다. 그런데 신칸트주의는 칸트가 제기했던 절대적이고 선험적인 규범을 철학의 과제로 부활시켜 가치와 연결시킨다. 그 선험적 규범이 바로 '문화'이며, 이에 문화는 궁극적인 지향점이자 인식과 실천의 선험적 규범이 된다. '문화철학'이라는 명칭을 얻은 것은 이때문이다.[172)]

---

171) '문화주의'에 대한 사전지식이 부족한 필자에게 그에 관한 폭넓은 정보와 자료를 제공해준 박현수 선생에게 뒤늦은 감사의 인사를 드린다. 특히 일본 문화주의의 특징과 수용과정에 대한 조언은 필자가 논지를 세우는 데 직접적인 도움이 되었다.

'문화주의'는 이런 신칸트학파의 '가치철학' '문화철학'이 일본에 수용·변용된 결과라고 할 수 있다. 여기서 '변용'이란 것은 신칸트학파의 직접적인 영향하에 성립되었지만 나름의 차이가 있었다는 말인데, 가장 중요한 것은 '문화'와 함께 '인격'에 대한 강조가 이루어지는 점이다. 즉 인격 완성이 인생의 궁극적 지향으로 문화와 대등한 위치에 놓이거나, 혹은 진·선·미라는 문화의 가치실현을 위한 전제가 되는 것이다.[173]

그 결과 일본 '문화주의'는 두 갈래 흐름을 갖게 된다. 하나가 쿠와키 겐요쿠(桑木嚴翼)로 대표되는 '인격주의'요, 다른 하나가 소우다 키이치로(左右田喜一郎)의 '문화가치철학'이다. 쿠와키에게 있어서 '문화'란 '자연'에 대치되는 개념으로 자연과 달리 '가치'를 갖는데, 이는 상대적 가치가 아니라 절대적 가치로 바로 진선미를 의미한다. 그리고 이 절대적 가치는 사람들의 자아를 자아답게 하는 '자아의 기초' 혹은 칸트의 선험적 자아와 결합하게 되는데, 이같은 자아를 '인격'이라 부르면 절대적 가치는 곧 인격의 발현형식이 된다. 즉 문화주의는 곧 '인격주의'가 되는 셈이다.

문화가치를 강조하는 소우다도 문화를 자연과 대치되는 개념으로 보았는데 예술, 도덕, 학문, 종교, 기술, 경제 등 인간의 노력의 산물인 '문화재'들이 유기적으로 결합된 총체를 의미했다. 다만 이 문화는 문화가치의 실현과정에 있을 때만 의의를 가질 수 있었다. 그가 말하는 문화가치란 '논리상 보편타당성을 갖는 극한개념으로서의 문화가치'인데, 그는 이 문화가치의 실현을 위한 형이상학적 노력을 '문화주의'라고 명명했다. 따라서 일체의 인격은 문화의 생산·창조에 참여하여 스스로의 중요성과 가치를 드러낼 때, 즉 문화가치의 실현과정에서만 의의를 갖게 되는 것이다.[174]

---

172) '신칸트주의'와 중심사상가에 대해서는 『철학대사전』, 동녘, 1989, 339~341면, 598~600면, 755~757면 참조.

173) '가치철학'의 일본적 수용양상에 대해서는 우에야마 슌페이(上山春平), 『일본문학·사상명저사전』, 깊은샘, 1993, 343~349면; 박현수, 「1920년대 초기 소설의 근대성연구」, 성균관대 박사논문, 1999, 28~30면 참조.

문화주의란 한마디로 인격주의 내지 정신주의이자, 문화지상주의라고 할 수 있는데, 일본에서 1910년대 말부터 유행했던 이 사상은 당대 한국 지식계에도 커다란 영향을 미쳤다. 쿠와키와 소우다의 사상적 차이를 통해 문화주의에 대해 자세히 소개한 『매일신보』의 기사는 그 영향관계를 보여주는 대표적 사례라 할 만하다.

> 此 文化에 관한 해석은 桑木, 左右田博士에 의하야 二方面에 分立되얏나니 즉 桑木박사는 주관주의에 입각하야 人格價値를 주장하며, 左右田박사는 객관주의에 이박하야 문화가치를 주장하얏다. 인격가치를 주장한 학자는 인격주의 자기실현주의에 傾하고, 문화가치를 주장한 학자는 이상주의 가치실현주의에 傾하얏다. 하여간 문화의 성립됨에는 문화를 受하는 것과 문화를 與하는 것이 잇나니 전자는 개개의 인격이오, 후자는 예술, 철학, 도덕, 종교 등 일체의 정신적 산물이다. 此等의 객관문화를 방쳔으로 하야 개성의 본질을 따라 인격을 조장 완성하는 것이 문화를 의미하게 되얏도다. 요컨대 문화는 일체의 인간생활의 지도원리가 되어 개인과 사회의 진정한 향상발전을 圖하는 소이임으로 此 意味의 문화주의야말로 인간생활의 최고 목적이라 謂치아니치 못하겟다.[175]

그 뿐만이 아니다. 1920년대 초반 『개벽』에 실린 '백두산인'(이돈화)[176]의 「문화주의와 인격상 평등」(6호), 현철의 「문화사업의 급선무로 민중극을 제창하노라」(10호) 등은 좀더 분명한 증거가 될 수 있다. 이돈화는 문화의 개념 · 문화와 인격주의의 관계 등을 논하였고, 현철은 문화의 개념과 함께 문화주의의 의의에 대해 설명하였다. "그런데 이 글들은 1919년 5월 일본잡지 『개조』 2호에 실린 쿠와키 겐요쿠의 「세계개조의 철학적 기초」라는 글을 요약, 발췌하거나 인용하고 있었던 것이다."[177] 아울러

---

174) 쿠와키 겐요쿠와 소우다 키이치로의 사상에 대해서는 박찬승, 『한국근대정치사상사연구』, 역사비평사, 1992, 181~183면 참조.

175) 天淵生, 「민중문화운동과 오인의 사명」(5), 『매일신보』, 1921.7.15; 박찬승, 위의 책, 181~182면 재인용.

176) 이돈화의 필명으로 고향인 함남 고원의 특징을 나타내도록 지었다고 한다. 부록 「『개벽』 필명색인」 참조.

1920년대 조선의 '문화운동'이 한편으로 지·덕·체(智·德·體)를 강조하면서 인격의 수양을 강조했고, 다른 한편으로 '신문화의 건설'을 부르짖은 것도 '문화주의'의 수용과 밀접한 연관이 있다고 할 수 있다. 일본의 문화주의가 '문화철학'에 근거하고 있다면, 1920년대 조선의 문화주의는 사실상 일본의 문화주의를 모태로 하고 있다고 해도 과언이 아니다.

다만 여기서 한 가지 주의할 것은 당대 조선의 문화주의 수용에 약간의 변용과정이 있었다는 것이다. 핵심부터 말하면 '민족적 색채'가 가미되었다는 것이다. 이는 하나의 사상이 수입되는 과정에서 수용주체들의 상황과 처지가 사상 본래의 성격과는 무관하게 덧씌워진 것으로 설명할 수 있는데, 문화주의도 이 경우에 해당된다. 인격의 완성과 문화가치의 실현을 본질로 한 일본의 문화주의는 자체적으로 개인의 완성 혹은 정신적 개조에 초점을 둔 사상인데, 식민지라는 조선의 상황이 집단적 가치와 물적 개조의 측면을 첨가시켰다는 것이다. 가령 문화주의를 무장주의 내지 무력주의의 반동(反動)으로 파악한 장도빈의 경우가 한 예이다.

> 문화주의는 현대의 사조이다. 무릇 근세열강은 무장주의였다. 크리스트 숭배주의보다 사실상 나포레옹 숭배주의가 성행하였다. 각국이 대개 문화를 힘쓰지 않음은 아니지만 무력에 더 힘쓴 결과 무장주의의 발달을 촉진하였다. (…중략…) 마침내 구주대전난이 되어 지대한 생명·재산이 희생되어 세계 무전의 대홍수를 지났다. (…중략…) 무장주의가 오인 생활에 그리 좋은 것이 아니라는 감염이 다수인의 뇌에 생겼다. 그 반동으로 문화주의가 선전된다. (…중략…) 문화주의는 곧 인류 생활의 대 세력을 문화방면에 치중함이다 가령 정신·물질의 발달·연구를 군사상보다 평화, 교통, 산업, 예술 등에 노력하며 정치는 압제보다 민중의 의사를 중시하며 경제는 자본가 보호보다 노동 분위를 주의하며 식민지통치 등도 다소 완화를 실현하고 국제문제도 국제연합을 협의하게 되는 등 다 이 문화주의의 영향입니다.[178]

177) 박찬승, 『한국근대정치사상사연구』, 역사비평사, 1992, 181면 참조.
178) 장도빈, 「現代의 思潮와 我人의 素質」, 『서울』 4호, 1920.6, 3면; 백철, 「『개벽』 전후

'정신과 물질의 발달 그리고 평화와 식민통치의 완화' 등이 거론되는 장도빈의 문화주의 설명에는 식민지 조선의 처지와 그런 백성으로서의 염원이 함께 녹아들어 있는 것이다. 대표적 문화주의자인 현철의 경우도 마찬가지이다. 「문화사업의 급선무로 민중극을 제창하노라」가 쿠와키 겐요쿠의 이론을 그대로 차용하고 있음은 분명하지만, 그는 개인의 완성만이 아니라 사회적 발전까지도 개념 속에 함축하는 양상을 보이고 있다. 정신과 함께 물질이 인간생활의 반면(半面)으로 강조됨은 물론이다.

> 문화는 개인과 사회를 참으로 발전시키는 것이다. 이가튼 문화주의는 곳 인간생활이 될 수 잇는 것이니 한 층 더 가서 인간생활의 구경최고의 목적을 말할 것이다. 그러면 우리들이 개인생활이나 쏘는 사회생활의 향상을 획책하는 때는 이러한 문화를 표방하여 진행하는 일이 당연한 일이다. (…중략…) '오이겐'과 가티 문화를 한갓 정신생활로만 보는 것도 오해라고 할 수 잇다. 이 '쿠르투르'가 영육일치의 희랍문명으로부터 발생된 이상에는 인간의 일면이 육체임으로 문화주의 반면에는 물질생활도 현청치 아니할 수 업는 동시에 정신이 업는 곳은 쏘한 인간이라고 못할 것이니 이것도 그 반면됨은 누구나 부인치 못할 것이다.[179]

그러고 보면 20세기를 '민중시대'로 정의하면서 집단적 교화의 수단으로 민중극을 강조하는 현철의 뇌리에는 민족현실이란 문제가 짙게 드리워져 있었던 셈이다. 실제로 그는 '독일의 예술운동과 표현주의'를 소개하면서 "승자의 개조를 말하고자 함보다 패자의 개조를 말하는 것이 어쩐지 우리로 하여곰 공명이 잇는 것 갈고…… 약자의 개량을 소개하는 것이 무슨 까닭인지 동정이 가는 것 가트며, 정치나 사회의 개조를 소개함보다도 그 민족의 내적인 사상이나 예술방면의 운동을 소개하는 것이 우리의 처지로 가장 참고할 것이 많을 줄 생각한다"[180] 하여 우리 민족

의 문단사조」, 『현대공론』, 1955.1, 129면 재인용.

179) 현철, 「문화사업의 급선무로 민중극을 제창하노라」, 『개벽』 10호, 1921.4.1, 109면 참조.

의 처지와 상황이 고려되었음을 밝히고 있다. 결국 문화주의가 개인의 정신적 완성을 근본으로 하는 것임에도 불구하고 당대 지식계는 이에 사회적·민족적 처지 내지 지향을 가미하고자 노력했다고 할 수 있다.[181]

그런데 이런 경향은 1920년대 문화주의의 본격 수용기에 갑자기 나타난 현상은 아니었으니, 애당초 문화주의의 수용방식 자체가 그러했다. 이 점에서 『학지광』 14호에 게재된 「우리의 이상」은 주목을 요한다. 춘원은 이 글에서 각 민족의 가치를 문화와 정치의 두 방면으로 나누어 볼 수 있다면서, 문화는 정치가 바탕이 되어야 하지만 그렇다고 정치의 종속적 산물로 볼 수는 없다고 주장한다. 문화의 상대적 자립성을 주장하는 것인데, 이를 기초로 문화의 상대적 우월성을 주장하기에 이른다. 정치적 패권은 일순간이고 문화적 패권은 영원하다는 것이다.

> 엇던 민족의 역사상의 위치를 말할 때에는 정치사적과 문화사적의 二種이 잇겟지오. (…중략…) 그러나 그러타고 반드시 문화는 정치의 종속적 산물이라 할 수도 업고 따라서 엇던 민족의 가치를 논할 때에 반드시 정치적 위치를 판단의 표준으로 할 것은 아닌가 합니다. 만일 저 로마제국과 갓히 정치적으로나 문화적으로나 다 갓히 우월한 지위를 점할 수 잇다하면 게서 더 조흔일이 업건마는 그러치 못하고 만일 二者를 不可得兼할 경우에는 나는 찰하리 문화를 취하려 합니다. 정치적 우월은 그 때 一時는 매우 혁혁하다하더라도 그 세력이 衰하는 동시에 朝露와 갓히 그 영광도 슬어지고마는 것이로대 문화는 이와 반대로 그 당시에는 그대로록 영광스럽지 못한 듯하나 영원히 인류의 은인이 되여 불멸하는 영광과 감사를 밧는 것이외다.[182]

그러면서 조선민족이 존재의 가치를 얻는 유일한 길은 세계문화사상

180) 효종(현철), 「독일의 예술운동과 표현주의」, 『개벽』 15호, 1921.9.1, 112면 참조.
181) 박현수는 조선의 문화주의가 '개인'에 방점을 두면서도 끊임없이 사회나 국가에 연결시키려 시도했지만, 문화주의의 본질상 이것이 불가능했다고 지적했다. 박현수, 「1920년대 초기 소설의 근대성연구」, 성균관대 박사논문, 1999, 33면 참조.
182) 이광수, 「우리의 이상」, 『학지광』 14호(태학사 영인본 1권), 1917.12.20, 1면 참조.

에 영광스러운 지위를 획득하는 것, 즉 조선족의 것이라 일컬을 만한 '신문화'를 창조하는 것이라고 주장한다. 식민지 조선의 처지에서 정치적·군사적·물질적 가능성을 돌아보는 것은 망상이라는 판단이다.

> 만일 조선민족이 존재의 가치를 엇을 餘望이 잇다하면 그것은 自今으로 세계문화사상에 영광스러운 지위를 획득함인가 합니다. 세상일은 모를 것이라, 혹 조선족이 成吉思汗 시절의 몽고족이 되고 이천년 전의 로마족이 되여 정치적으로 세계에 覇를 칭할 날이 잇슬는지는 모르되 현재에 처하야 그런 것을 상상하는 것은 일종의 몽상이라 하겟고 조선족이 존재의 가치를 엇을 길은 하나이오 또 오직 하나이니 즉 조선족의 것이라 일컬을 신문화를 창조함이외다.[183)]

당대 조선의 사상계와 동경 유학생들의 주류 담론이 실력양성론 내지 준비론이라고 할 때,[184)] 그의 논지는 이와 상당한 거리가 있다. 특히 민족의 물질적 발전 가능성과 정치적 독립의 가능성을 부정하는 것은 '교육과 산업의 발전을 통한 독립의 모색'이라는 준비론의 대전제를 뒤엎는 것이라고 할 수 있다. 춘원이 이 글을 작성했을 때가 동경유학시라는 점을 감안할 때, 그의 사상적 근원이 일본 '문화주의'에 있음은 분명해 보인다.

또한 「우리의 이상」을 전후로 그가 보여준 사상적 궤적도 이를 뒷받침한다고 할 수 있다. 그는 장편 『개척자』를 통해 진·선·미로 대표되는 진정한 세계상의 구현에 공을 들인 바 있으며,[185)] 「소년에게」·「민족개조론」 등을 통해 개인의 인격수양과 신문화의 창달을 지속적으로 주장했던 것이다.[186)]

---

183) 위의 글, 3~4면 참조.

184) 한점돌, 「1910년대 한국소설의 정신사적 연구」, 서울대 박사논문, 1992, 2장 참조.

185) 『개척자』의 세 주인공 김성재·김성순·민은식은 각각 진선미의 화신으로 그려진다. 이에 대해서는 최수일, 「춘원의 『개척자』 연구」, 성균관대 석사논문, 1993, 3장 참조.

186) 이런 점에서 춘원은 조선에 문화주의를 소개한 선구적 인물이라고 할 수 있고, 「우리의 이상」을 그 최초의 문건으로 볼 수 있다.

주목할 점은 춘원 역시 '문화주의'를 수용했음에도 불구하고 '민족계몽'이란 담론과 결별하지 못한다는 점이다. 동인지 작가들이 개인과 사회의 대립적 이분법 속에서 좀더 분명히 인격완성이라는 목표를 향해 달려갔다면, 그는 여전히 어중간한 상태에서 진동하고 있었다고 할 수 있다. 앞서 살펴보았듯이 식민지라는 민족 현실이 지식인에게 가한 압박이 결코 작지 않았음을 고려할 때, 민족의 구도자를 자처한 춘원에게 민족의 염원이란 문제는 좀더 강력한 강제력으로 작용했으리라 짐작된다. 결국 문화주의는 조선에 수용되는 순간부터 변용되고 있었던 것이다.

이 점은 '문화운동'에 있어서도 마찬가지라고 할 수 있다. 1920년대 문화운동이 '문화주의'의 영향 아래 '인격수양'과 '신문화의 건설'을 일차적으로 강조했던 것은 사실이지만, 그렇다고 문화운동을 '문화주의'로 치환할 수는 없다. 문화운동이 체제 내적인 개량주의 운동임에는 틀림없지만 근본적으로 개인보다는 민족에 방점을 둔 것으로, 독립을 지향한 실력양성운동이자 현실변혁운동이었기 때문이다. 1920년대 초반 펼쳐진 청년회운동·교육진흥운동·물산장려운동 등을 문화주의, 즉 개인과 정신에 초점을 맞추어 파악하는 것은 무리라는 것이다.

실제로 문화운동은 1910년대의 실력양성론이 1차대전과 3·1운동을 통해 구체화된 것으로 그 기저에는 '개조주의'라는 시대정신이 자리하고 있었다. '문화운동'이란 사실상 '개조운동'이었던 셈이다. 문화주의가 개조운동의 한 축을, 경제적 실력양성론과 경제적 사회주의가 다른 한 축을 구성했음은 물론이다. 따라서 '문화주의'란 좀더 상위의 시대정신인 '개조주의'의 일부이자, 개조주의가 이끈 '문화운동'의 한 지류로서 자리매김되는 것이 좀더 체계적이고 객관적이라고 할 수 있다. 『개벽』의 문화주의 수용 양상을 탐색하는 것은 그 객관성을 검증하는 절차일 수 있다.

㈏ 『개벽』의 문화주의 수용의 특수성

전반기 『개벽』의 사상투쟁이 '개인(정신)' '사회(물질)'라는 두 흐름 위에서 이루어졌다고 할 때, '문화주의'는 정확히 전자와 상통한다. 이돈화의 「문화주의와 인격상 평등」[187]과 현철의 「문화사업의 급선무로 민중극을 제창하노라」[188]는 문화주의 수용의 단적 증거이자, 이것이 '개인과 정신'을 강조하는 사상적 흐름 위에서 이루어졌음을 분명히 한다. 양자는 공히 '문화'를 인격완성으로 파악하고 있으며, 그런 문맥에서 '문화주의'는 곧 바로 '인격주의'를 의미하기 때문이다.

> 畢竟 文化는 人의 能力의 自由發達이라 云하는 事에 歸着할 것이라. 思할지니 卽 人은 人格을 가지고 잇는 것인데 그 人格잇는 人으로의 여러 가지 自由로 發展케하는 事가 卽 文化라 할 것이다. 즉 單히 道德이라던가 或은 學術이라던가 云하는 狹義의 者에뿐 止치 아니하고 여러가지 人의 活動力이 自由로 發展하야 向上에 向上을 加하는 發展이엇다. 짤아서 此 文化로써 生活의 中心으로 하는 思想에 卽 文化主義라 할 것은 多言을 不要할 것이엇다.[189]

인용문에서 보듯이 이돈화는 '문화주의'를 인격있는 사람으로 자유롭게 향상·발전할 수 있도록 하는 주의로 정의하는 바, 이는 문화를 자아의 향상·발전으로 파악하고, 절대가치인 진선미를 '인격'의 발현형식으로 이해하면서 '문화주의는 곧 인격주의'라고 주장한 쿠와키 겐요쿠의 문화철학을 그대로 수용한 것이다. 문화주의를 '인격주의'로 바라보는 방식은 현철의 글에서 더욱 뚜렷이 나타난다. 현철은 문화를 '문화되는 것'과 '문화하는 것'으로 나누고 전자에 개개의 인격을, 후자에 예술·과학·도덕·종교 등 모든 정신적 산물을 수렴시킨다. 그에게 문화란 '교화, 교양, 덕육, 계몽' 혹은 '인격완성'을 의미하며, 예술·과학 등의 정신적 산물은 이 인격완성을 위한 도구가 되는 셈이다.

---

187) 백두산인(이돈화), 「문화주의와 인격상 평등」, 『개벽』 6호, 1920.12.1.
188) 현철, 「문화사업의 급선무로 민중극을 제창함」, 『개벽』 10호, 1921.4.1(본문의 제목은 「문화사업의 급선무로 민중극을 제창하노라」로 되어 있음).
189) 백두산인(이돈화), 「문화주의와 인격상 평등」, 『개벽』 6호, 1920.12.1, 12~13면 참조.

元來 文化의 意味라고 하는 것은 여러가지 意味를 包含한 것이다. 英國의 말로 文化(Civilization)'시비리세이숀'이라고 하는 文明의 意味와 共通 도처 人類의 凡百이 野蠻狀態에서 벗어난다는 漠然한 意義로 解釋할 수 잇는 '시비리세이숀'의 意味를 取하며 文化라고 하는 것도 잇지마는 余는 이러한 文化를 말하는 것도 아니요, 더욱이 新聞 三面 記者가 解說하는 '文化發展으로 共同沐浴湯 設始 云云……'하는 그러한 淺薄한 意味에 使用하는 文化도 毋論 아니다. 적어도 '컬트아(Cultre)'卽 教化·教養·德育·文化의 意味이나 그러치 아니하면 '엔리찌틘멘트(Enlightenment)(인라이튼먼트 인용자)' 教化·啓明·開明·開發·光照·照明·文化의 意味이나 한 層 더 深刻하게 獨逸의 '쿠르투르(Kultur)'의 意味를 가진 文化라는 말이니 이것을 한번 詳細하게 말하면 (…중략…) 伯林大學의 '쏜멜' 등은 이 '쿠르투르'를 '人格完成'이라고 定義를 下하고 '쿠르투르'의 成立에는 "먼저 文化되는 것과 文化하는 것의 두 가지가 업지 아니치 못할 것이다. 즉 前者는 個個의 人格이요, 後者는 藝術·科學·道德·宗教 등 모든 精神的 産物이니 이와가티 客觀文化를 器具로 하여 個性의 本質을 쌀아서 人格을 助長하며 完成하는 것이 文化를 意味하는 것이라"고 하엿다. 그러면 文化는 個人과 社會를 참으로 發展시키는 것이다. 이가튼 文化主義는 곳 人間生活이 될 수 잇는 것이니 한 層 더 가서 人間生活의 究竟 最高의 目的을 말할 것이다.[190]

여기서 문화주의를 '인격주의'로 이해하는 관점이 궁극적으로 지향하는 바는 자못 분명하다. 그것은 '개인이냐 사회냐'라는 선택에 있어 후자보다는 전자에 방점을 두는 것이다. 실제로 『개벽』에 수용된 문화주의는 '문화운동' 자체를 바라보는 시각에도 영향을 미쳤으니, 문화운동은 '개인개조' 즉 '개인의 인격완성을 궁극적인 목적으로 하는 운동'으로 간주되었다. 즉 조선사회의 개조를 위해서는 먼저 사회를 구성하는 각 개인의 개조가 필요하다는 것이 논자들의 판단이었다. 개조운동의 핵심이랄 수 있는 인도·정의를 "인격의 최고 진선미의 발휘"[191]로 파악한다거나, 문

190) 현철, 「문화사업의 급선무로 민중극을 제창함」, 『개벽』 10호, 1921.4.1, 108~109면 참조.

화운동을 “사람으로의 내포를 완전히 발휘하야 완전한 사람으로 살겠다는 운동”으로 파악하는 것이 대표적인 예다.

> 事實대로 말하면 한 크다란 塊石은 山巓으로부터 이미 轉하기를 始하얏도다. (…중략…) 그러면 이 轉下키 始한 크다라한 塊石이라 함은 무엇인가 最近에 이 世界를 通하야 同時에 이 世界의 一인 왼 朝鮮을 通하야 起한 文化運動 그것이며 사람으로의 內包를 完全히 發揮하야 完全한 사람으로 살겟다는 運動 그것이다.[192]

아울러 신식(申湜)의 「문화의 발전급기운동(發展及其運動)과 신문명」이나 선우전(鮮于全)의 「조선인의 생활문제의 연구」 등도 동일한 궤에서 이해할 수 있다. 신식은 문화운동을 “개인 자신이 다 각기 각성하고 개인 자신이 다 각기 자기의 개발과 신생을 요구하는 부르지짐”으로 보면서, 문화운동에서 ‘개인의 수양과 인격의 확립’의 중요성을 강조했으며, 선우전은 “사회의 근본적 개조를 목적하는 현대문화의 요구의 기초는 개인의 개조에 있다”고 주장하기 때문이다. 양자 모두 각 개인의 인격적 기초 위에서 비로소 사회 전체의 향상이 가능하다고 믿고 있는 것이다.

> 究竟은 文化運動 그도 個人 自身이 다 各其 覺醒하고 個人 自身이 다 各其 自己의 發展과 新生을 要求하는 부르지짐에 지나지 못한다 곳 弘毅한 志氣, 强大한 精神으로 不便不倚, 毅然態度로써 自己의 修養을 싸흐며 自己의 人格을 確立하야 自己의 가슴 가온대에 무처 잇는, 自己의 눈압헤 빗겨잇는 모든 問題를 解決하고 새 生命을 開拓하는 데 잇다.[193]

> 社會의 根本的 改造를 目的하는 現代文化의 要求의 基調는 個人의 改造

191) 미상, 「인도정의 발전사로 觀한 금일이후의 모든 문제」, 『개벽』 4호, 1920.9.25, 4~5면 참조.
192) 김기전, 「계명이기하야」, 『개벽』 7호, 1921.1.1, 4면 참조.
193) 신식, 「문화의 발전급기운동과 신문명」, 『개벽』 14호, 1921.8.1, 28면 참조.

에 在하다는 事實이 漸次 理解케 되엇다. 그리고 個人의 改造는 各自가 人格을 尊重하고 天賦의 生活權을 自覺함으로써 始作될지니, 이와 가튼 覺醒의 發生을 딸아 生産의 基礎는 消質에 在하다는 基本的 觀察 下에 個人의 生活問題가 社會, 經濟問題의 中心點이 되게 되엇다.[194]

그런데 이처럼 '문화운동'을 개인의 인격완성을 목표로 한 운동으로 바라볼 때, 문화운동은 필연적으로 개인의 내적 개조 즉 정신적 측면에서의 개조를 의미하게 된다. 인용문에서 보듯이 "개개인의 개조는 각자가 인격을 존중하고 천부의 생활권을 자각함으로써 시작"되는 것이라 할 때, 문화운동은 '교화'를 위한 운동이자, 정신계몽을 핵심으로 한 운동으로 파악되는 것이다. 실제로 『개벽』의 대표적 논자인 이돈화는 조선의 개조는 청년의 개조에서 시작되며, 청년의 개조는 정신의 개조에 의해 가능하다고 하면서 개조운동의 근본으로서 '정신개조'를 주장하였다.

내가 이제 朝鮮의 改造事業이라 題하고 宗敎를 論하며 藝術及其他 모든 것을 抽象的으로나마 一言코저 하는 것은 그 뜻이 他에 在함이 아니오 우리 朝鮮은 少年의 朝鮮인 故이며 少年朝鮮은 靑年의 元氣에 依하야 建設될 것임으로써이며 그리하야 靑年의 元氣는 精神改造에 依하야 徹底히 그의 自覺이 날 것이며 精神의 改造는 宗敎 道德 藝術이라 하는 精神的 覺醒 如何에 依하야 建設될 것임으로써-라. 우리 朝鮮 사람이 어느덧 精神問題라 하는 抽象的 改造問題에 至하야는 漸次 嫌忌의 風이 流行하며 又는 重要視, 徹底視 아니하는 傾向이 잇섯슴은 나는 이를 크게 憂慮하노니 何者오, 朝鮮人은 아즉도 精神改造라하는 偉大한 力을 맛보지 못한 結果-이로써 人格의 解放을 完全히 엇지 못하엿스며 짜라서 모든 改造事業의 破綻을 生케 하는 것이라.[195]

그러고 보면 상반기 『개벽』에 버트란트 러셀과 에드워드 카펜터의 개조사상이 중점적으로 소개되는 상황이 우연이 아니다.[196] 현대 자본주의

194) 선우전, 「조선인의 생활문제의 연구(3)」, 『개벽』 22호, 1922.4.1, 4면 참조.
195) 이돈화, 「생활의 조건을 본위로 한 조선의 개조사업」, 『개벽』 15호, 1921.9.1, 5면 참조.

문명이 가진 모순에 대한 비판이라는 입장에 서 있었던 이들의 개조론은 사회제도의 개조에 구체적 구상을 제시하기보다 정신적 측면에서 개조의 필요성을 강조하는 관념적 경향을 보이고 있었던 것이다.

실제로 러셀과 카펜터가 제시한 '사회개조'의 방법이란 현대문명의 질병을 치유하는 '신정신(新精神)', 즉 자본주의 '소유충동'에 억압되었던 '창조충동'을 해방시키는 것이었다.[197] 더욱이 김기전과 박사직이 러셀과 카펜터의 사상을 소개한 의도 자체가 '정신개조'와 통하는 바가 있었다. 박사직은 카펜터를 소개하는 글의 서두에서 '경제본위' 내지 '물질주의'에 치우치는 개조운동의 경향에 우려를 표명했으며, 정신적 방면에 대한 보강을 해결책으로 제시하기 때문이다.

> 現在 此世間에서 萬口同聲하는 바 社會改造에 關한 意見을 聽取하건대 흔이들 넘우 經濟本位에 傾하며 物質主義에 偏하며, 姑息手段에 墮하고 已한다. 다시 말하면 今日의 社會改造에 關한 議論과 方法과 施設은 넘우 저-物質로써 本位를 삼고 精神的 方面에는 致意치 안는 感이 잇다. 그러나 그러한 風潮도 勿論 업는 것보다는 勝할 뿐이요 社會改造의 圓滿한 解決은 勿論 그것뿐으로서는 得치 못할 줄로 생각하는 바이다.[198]

한마디로 문화주의는 '개인과 정신'을 중시하는 흐름을 대변했다고 할 수 있고, 앞에서 보았듯이 그 영향력이 작지 않았음을 알 수 있다. 문제는 『개벽』의 문화주의 수용과 그 영향력을 바라보는 합리적 관점을 확립하는 것이 쉽지 않다는 것이다. 가령 문화주의의 영향력을 강조하게 되면 『개

---

196) 묘향산인, 「사상계의 거성 뻐츄랜드 러셀씨를 소개함」, 『개벽』 11호, 1921.5.1; 박사직, 「개조계의 일인 에드와드 카펜타아를 소개함」, 『개벽』 12호, 1921.6.1(이 글은 13호에 「인생은 표현이니라-에드와드 카펜타아를 소개함」이란 제목으로 다시 실림); 묘향산인 역, 「먼저 당신 자신의 자아에 진리가 잇슬지어다」, 『개벽』 14호, 1921.8.1.

197) 러셀과 카펜터의 개조론의 내용과 성격에 대해서는 박찬승, 『한국근대정치사상사연구』, 역사비평사, 1992, 179~180면 참조.

198) 박사직, 「개조계의 일인인 에드와드 카펜타아를 소개함」, 『개벽』 12호, 1921.6.1, 42~43면 참조.

벽』의 사상적 흐름이 문제가 된다. 상반기 『개벽』을 '문화주의'에 초점을 두고 바라보면, 계급운동으로의 전환이라는 후반기 국면은 하나의 돌발적 사태로 해석될 수밖에 없다.[199] 체제내적 사상인 문화주의를[200] 사회 변혁적 계급운동과 나란히 연결짓는 것은 무리가 많기 때문이다. 결국 『개벽』의 사상을 일관하는 흐름을 파악하는 것이 불가능해지는 셈이다. 마찬가지로 『개벽』의 문화주의 수용 자체가 문제가 될 수 있다.

『개벽』의 발간 동기가 "민족을 위함이라는 직각적 열성"[201]에 있었고, 핵심 논자들 또한 민족문제의 해결이라는 대전제 아래 논지를 전개했다는 점을 감안할 때, 개인의 발견 내지 개조를 강조하는 문화주의는 『개벽』이 표방한 대전제와 충돌할 가능성이 크다. 『개벽』이 문화주의를 적극적으로 수용했다는 사실 자체가 모순으로 비칠 수 있는 것이다. 문화주의의 영향력을 판단하기에 앞서 먼저 이 문제를 살펴보자.

『개벽』의 논자들이 민족중심이라는 대전제에 충실했음은 분명하다. 그들은 동서고금의 복잡 다양한 제 사상을 "자기이냐? 자기이외이냐? 개인이냐? 사회이냐?"[202]로 구분하면서 사회와 민족에 방점을 두었다.[203] 개인이란 "민족의 원소"[204]이자 "사회의 최저단위"[205]로서 상위단위인 사

---

199) 『개벽』이 1923년 말을 경계로 문화운동에서 사회주의 경향에로 방향을 바꾼 것을 "개벽의 비일관된 생리"를 보여주는 사례로 평가한 곽해선의 논의에는 '문화주의'가 상반기 『개벽』의 중심사상이라는 암묵적 전제가 깔려 있다고 할 수 있다. 그는 문화운동을 이끈 제 사상들의 경향에 주목하기보다 체제내적 변용이라는 흐름으로 묶어내는 것에 주목했기 때문에 『개벽』 내의 사상적·경향적 다양성에 주목할 수 없었다. 「일제하 문화운동의 변용에 관한 연구」, 한국정신문화연구원 석사논문, 1983, 3장 2절 참조.

200) 개인과 정신의 개조에 초점을 둔 '문화주의'가 근본적으로 체제내적인 사상이라는 사실은 문화주의를 가장 먼저 접했고, 문화주의를 일관되게 주장했던 춘원의 사상적 행적이 증명하는 바이다.

201) 「귀중한 경험과 고결한 희생」, 『개벽』 28호, 1922.10.1, 2면 참조.

202) 박달성, 「동서문화사상에 現하는 古今의 사상을 일별하고」, 『개벽』 9호, 1921.3.1, 22면. 이돈화, 「현대윤리사상의 개관」, 『개벽』 16호, 1921.10.18, 30면 참조.

203) 특히 이돈화는 민족을 '힘의 중심'으로 보면서 '민족을 위하여'라는 목표 아래 동포 각 개인의 단결과 상부상조를 강조했으며, '민족의 발전'을 '최고이상'으로 하는 '민족애'를 강조했다. 이돈화, 「진리의 체험」, 『개벽』 27호, 1922.9.1, 35~38면 참조.

204) 이돈화, 「최근 사회의 신현상을 보고 도덕심의 수립을 切望함」, 『개벽』 14호,

회와 민족의 "성실한 공복이 되는"206) 것이 당연하다는 판단이다. 김기전의 「사회봉공의 근본의의」는 대표적인 예다. 그는 이 글을 통해 개인의 구체적 행위를 민족과 사회 나아가 국가와 인류라는 의미망 위에 배치하고, '조선민족의 행복증진'을 위해 봉공하는 새로운 개인상의 구현에 노력했던바, 이는 민족을 강조하는 『개벽』 논자들의 사고방식을 상징적으로 대변하는 것이라고 할 수 있다.

> (누구나-인용자) 무엇을 爲하야 한다는 點은 今日의 世界人衆을 通하야 잇는 現狀이며 또 그 爲하는 對象에는 社會와 民族이 잇고 國家와 世界가 잇서 그 形이 參差不同한 듯하나 世界라 함은 各國家民族을 汎稱함이오 國家民族은 人間 大小社會의 上에 立한 것인즉 社會民族과 國家世界를 爲하야 한다 함은 結局 人類社會를 爲하야 한다는 것이며 人類社會를 爲하야 무엇을 한다함은 卽 自己의 屬한 社會에 奉貢한다 함인즉 今日 世界人을 通하야 絶叫하는 現狀은 特히 우리 朝鮮全民族을 通하야 絶叫하는 現狀은 自己의 屬한 社會를 爲하야 무엇을 奉貢코저 함에 잇도다.207)

주목할 점은 김기전이 민족과 사회에 강조점을 두면서도, 개인과 사회 혹은 개인과 민족의 관계를 대립적 이분법 위에서 바라보지 않는다는 것이다. 김기전은 같은 글에서 개인과 사회의 관계에 대해 다음과 같이 말한다.

> '호트맨'의 詩歌 一節을 附記하야 社會와 個人의 關係如何를 結論하면 '自我'와 '世界'는 하나이오 둘이 아니다. (…중략…) 吾人이 社會에 奉貢한다 함은 社會라는 다른 對象에 對한 奴隷的 盡忠 아니오 結局 自己의 本能을 發

1921.8.1, 2면 참조.

205) 김기전, 「우리의 사회적 성격의 일부를 고찰하야써 동포형제의 자유처단을 촉함」, 『개벽』 16호(임시호), 1921.10.18, 4면 참조.

206) 박달성, 「사회문제에 先하야 자아문제에 反하라」, 『개벽』 12호, 1921.6.1, 22면 참조. "사회에 대한 공복이 되라"는 부제가 달려 있는 이 글은 10호의 권두언 「오로지 사회에 봉공하라」의 연장선으로 개인은 스스로 개조의 주인공이라는 각성 위에서 사회에 대한 공복이 되어야 한다고 주장한다.

207) 김기전, 「사회봉공의 근본의의」, 『개벽』 10호, 1921.4.1, 3면 참조.

揮함이며 自己의 生을 充實케하는 道에 不過한 것이라 (…중략…) 참말로의 社會奉貢은 社會를 客觀하야 對立的 觀念下에서 무슨 義務的으로 奉貢함도 아니며 (…중략…) 現在의 自我도 自我의 屬한 社會를 幷有하야 始로 完我가 되는 것임을 意識하야 吾人이 最善히 그 個性을 發揮하면 그 結果는 스스로 社會에 對한 奉貢이 되는 同時에 吾人이 社會的 責務를 完全히 遂行하면 스스로 自己의 至高至純한 個性을 發揮함이며 가장 意義 있는 新生을 刱造함이 된다 함이라.[208]

개인과 사회는 하나이며, 사회에 봉공한다는 것은 자아가 자신이 속한 사회를 통해 '완전한 자아'가 되는 과정이자, '지고지순의 개성과 본능을 발휘하여 신생을 창조하는 것'이라는 주장이다. 결국 김기전은 '크로포드킨'의 '상호부조설'에 입각해 개인과 사회의 화해 내지 통일을 논하고 있는 셈인데, 이는 김기전에게만 해당되는 것은 아니다. 『개벽』 주체들이 일관되게 주장한 논지였다.

특히 이돈화는 김기전과 함께 『개벽』의 사상적 흐름을 주도한 인물로 이 문제에 있어서도 분명한 입장을 갖고 있었다.[209] 그는 니체로 대표되는 개인주의와 톨스토이로 대표되는 사회주의의 융화, 즉 양자의 '중용'을 모색했으며,[210] 동서문화의 융화라는 차원에서 이를 '사람성 자연주의'로 통합하려 하였다.[211] 이런 사색의 밑바닥에 개인과 민족의 운명적 연쇄에 대한 인식이 깔려 있음은 물론이다. 이런 점에서 『개벽』이 보이는 의식의 흐름, 개인—단체—민족으로[212] 혹은 개인—가정—농촌—민족

208) 김기전, 위의 글, 6~13면 참조.

209) 그는 사회와 개인을 모자(母子)관계에 비유하여 설명한 바 있는데, 사회가 개인의 생존과 교육 등에 절대적 책임을 지는 것과 마찬가지로 개인은 사회에 대하여 봉사적 노동의 의무를 갖는다고 보았다. 이돈화, 『신인철학』, 천도교중앙총부, 1982, 182면 참조.

210) 백두산인(이돈화), 「현대윤리사상의 개관」, 『개벽』 16호(임시호), 1921.10.18, 30~32면 참조.

211) 이돈화, 「시대정신에 합일된 사람성주의」, 『개벽』 17호, 1921.11.1, 10~11면 참조.

212) 「일반의 기대항에 입한 이대청년단체」(3호), 「각지청년단체에 대한 현대 명사의 요구」(6호) 등 청년회 관련 글들이 여기에 해당한다.

으로 이어지는[213] 논리의 전개는 개인과 사회의 통일이라는 인식의 연장으로 해석할 수 있으며, 개인과 민족의 발전을 통해 세계와 인류의 발전에 기여한다는 논리는 그 확장이라고 할 수 있다.[214] 결국 『개벽』의 주체들은 '절충'이라는 방법을 통해 개인과 사회의 대립적 이분법을 넘어서려 했고, 이를 통해 문화주의의 수용이 가져올 수 있는 사상적 충돌을 완충한 셈이다.

이 '절충'이 의미하는 바는 분명하다. 첫째는 '개인이냐 사회냐'는 사상투쟁이 물밑에서 진행됨으로써 대립적 이분화가 지연되었고, 이를 통해 『개벽』은 민족운동의 중심으로 발판을 굳힐 수 있었다는 것이다. 『개벽』이 양대 사상세력을 자신의 담론 체계 안으로 흡수할 수 있었던 이유가 '민족적 대의'임을 감안할 때, 『개벽』의 사상본령이 '민족'에 있음은 부정하기 어렵다.

둘째는 『개벽』의 사상적 경로, 즉 또 하나의 '절충'을 예견한다. 근대적 가치로 새롭게 부각된 '개인'과 식민지 조선이라는 민족현실 중 어느 것도 포기할 수 없었던 것이 상반기 『개벽』의 모습이라면, '계급'과 '민족' 사이의 새로운 절충과 타협이 이루어지는 것이 하반기의 모습인 것이다. 근대 서구사상의 도입을 통한 민족현실의 개척을 이 시기 조선 '계몽주의'의 화두라고 할 때, 조선의 계몽주의는 그 뿌리없음으로 인해 수입한 사상의 가짓수만큼의 '절충'을 도모하게 되었다고 할 수 있다.

셋째는 개인과 민족의 절충으로 인해 『개벽』의 '문화주의'는 완벽하게 자신을 실현하는 방향으로 나아가지 못했다는 것이다. 한마디로 문화주의는 '민족주의'의 틀 속에 갇혔다고 할 수 있다. 이 점에서 이서구(외돗)와 고접의 글은 주목을 요한다. 이들이 『개벽』의 핵심 주체들과 다른 점

213) 김기전의 「농촌개선의 긴급동의」(5호)나 박달성의 「이상아의 초보」 시리즈는 기본적으로 이런 인식적 기초 위에서 작성되었다고 할 수 있다.

214) 『개벽』 7호(1921.1.1, 신년호)에 실린 김기전의 「계명이기하야」가 대표적인 글인데, 사해일가·세계 동포라는 견지에서 개인의 발전이 민족의 발전이자 세계행복의 증진이라는 식으로 논지가 전개되고 있다.

은 민족보다 개인에 초점을 두고 개인과 사회의 문제를 바라본다는 것이다. 이서구는 지금까지의 '나'는 갈가리 찢겨 부모나 형제 혹은 임금 등에 한 귀퉁이를 떼어주고 살았다면서 이들에게 주었던 나를 찾아서 완전한 '나'를 찾아야 한다고 주장한다. "나는 생활의 원천이오 우주의 전부"라는 것이 그의 판단이다.

고접(孤蝶)은 「개인주의의 약의」에서 서구의 근대사를 '개인주의'의 변천 내지 발전사로 정리하는데, 특히 "민주주의와 사회주의는 개인주의의 쌍생아"[215]라고 하여 개인의 가치를 부각시킨다. 이들은 나름대로 문화주의의 기본전제에 충실했다고 할 수 있다. 하지만 이것이 민족과 사회에 대한 배타적 가치실현으로 이어지지는 못했다. 다시 말해 여기서도 개인과 민족의 '절충'이 이루어졌던 것이다. 이서구는 '나'라는 것을 살리는 것이 결국은 민족과 국가를 살리는 전제라고 보았으며, 고접은 개인주의란 사회의 협동과 공고를 방해하는 것이 아니라고 하면서, 개인과 개인 혹은 개인과 사회 사이의 협동 내지 양보와 절충을 주장했다.

> 먼저 나라는 것을 살리고 잘 살리며 永遠히 살리기에 努力할 것이외다. 그리하고 나서야 비롯오 나라도 爲할 수 잇슬 것이며 父母도 爲할 수 잇슬것이니 '오즉 나를 살리기 爲하야 힘쓰라'함은 결국 國家이나 父母가튼 나 外의 무엇까지 살리기 爲하야 힘쓰라는 前提가 될 것이외다.[216]

물론 이들의 절충을 『개벽』 주체들의 그것처럼 적극적인 것으로 파악하는 것은 무리다. 그들의 논조에서 드러나듯이 그들에게 '민족이나 국가'라는 의미망은 부차적인 것이었다. 그들은 『개벽』 주체들처럼 민족적 열정에 휩싸인 인물들이 아니었던 것이다. 그럼에도 불구하고 그들이 사회와 민족을 염두에 둘 수밖에 없었다는 사실이 중요하다. 이는 당대 지식인들이 식

215) 고접, 「개인주의의 약의」, 『개벽』 2호, 1920.7.25, 94면 참조.
216) 외돗(이서구), 「나라는 것을 살리기 위하야」, 『개벽』 2호, 1920.7.25, 100면.

민지 민족현실과 스스로를 결코 분리할 수 없었음을 의미하기 때문이다. '민족'이란 한마디로 식민지 지식인의 정체성이었다고 할 수 있다.

이렇게 볼 때 『개벽』에 대한 문화주의의 영향력도 달라질 수 있다. 『개벽』이 문화주의의 수용에 적극적이었고 또한 그런 경향이 짙은 글이 다수 실려 있는 것은 사실이지만, 이를 문화주의의 전면화 과정, 혹은 개인가치의 절대화 과정으로 바라보는 것은 무리라는 것이다. 오히려 『개벽』은 민족과 개인의 가치적 절충을 통해 문화주의를 '민족주의'에 포섭시키는 형국을 연출한다. '정신이냐 물질이냐'는 문제에 있어서도 마찬가지다. 우선 『개벽』이 표방한 '정신개조'의 측면이 문화주의의 수용과 무관한 것은 아니지만 이것을 일방적인 것으로 바라보는 시각은 문제가 있다.[217] 이돈화의 3대 개벽사상이 '정신개벽' 즉 '인간성'과 '도덕성'의 회복에 초점을 두었음은 주지의 사실인 바,[218] 이돈화를 비롯한 『개벽』의 핵심 논자들이 개조운동의 근본으로서 '정신개조'를 강조한 것은 우연이 아니었던 것이다. 따라서 『개벽』이 문화주의를 수용함으로써 정신적 가치를 강조하게 되었다기보다는, 정신개조를 강조한 『개벽』의 경향이 문화주의의 적극적 수용을 이끌었다는 것이 설득력이 높다.

물론 『개벽』이 '정신개조'를 강조한 것은 사실이다. 문제는 『개벽』의 논자들이 물질적 개조에도 그만큼의 관심을 기울이고 있었다는 사실이다. 『개벽』의 핵심인물인 이돈화는 일반적으로 정신개조를 강조한 논자로 알려져 있지만 실상은 이와 상당한 거리가 있다. 그의 사상 자체가 물질과 정신의 통합에 기초한 만큼 사회의 물적 개조에 대한 관심 또한 컸던 것이다. 『개벽』 10호에 게재된 「생활상으로 관(觀)한 경제관념의 기초」는 그 대표적인 예다. 그는 이 글에서 조선에 가장 시급한 사안을 경제적

217) 박찬승은 1920년대 한국의 사회개조론의 특징을 '인격주의'와 '정신주의'로 규정하는데, 그 원인을 일본 문화주의의 영향으로 보고 있다. 문제는 그의 논의에 『개벽』의 글들이 중점적으로 인용되고 있다는 점이다. 따라서 그의 논의는 『개벽』의 문화주의 수용과정을 내적 개조론의 전면화로 단순화시킬 위험성이 있다.

218) 이에 대해서는 황선희, 『한국근대사상과 민족운동』 1, 혜안, 1996, 255~281면 참조.

'부력의 양성', 즉 물질개조로 보았으며, 이를 위한 대안으로 산업개발, 노동능률의 증진, 계획있는 생활 등을 구체적으로 제시하였다.

김기전과 박달성은 좀더 적극적으로 사회개조의 물적 측면을 강조했다. 이들은 조선사회가 경제문제에 소원했음을 비판하면서 산업운동, 농촌개량운동, 그리고 생활개선운동 등을 주장하였는데, 김기전의 「우리의 산업운동은 개시되엇도다」(15호) · 「농촌개선의 긴급동의」(5호) · 「농촌개선에 관한 도안」(6호), 박달성의 「시급히 해결할 조선의 이대과제」(1호) · 「신년개량의 제일착으로 조선의 의식주를 擧하노라」(7호) · 「오호(嗚呼) 지방농촌의 쇠퇴」(22호) 등이 이에 해당한다고 할 수 있다.

외부논자들 또한 조선사회의 물적개조 내지 생활 · 경제적 측면에 대한 관심을 촉구하였으니, 석진형의 「실업계를 위하야」(7호)와 유두찬의 「조선제마사업과 그 남루 이용책」(7호) · 「우리의 백의 문제와 금후 반도의 염색공업을 논함」(11호), 'CM생'의 「간과하지 못할 최근 조선무역의 특징」(8호), 안석응의 「세민은행론」, 그리고 선우전의 「조선인 생활문제의 연구」(20~24호) 시리즈는 그런 취지에서 작성된 글들이다.

특히 선우전의 생활경제에 대한 세밀한 관심은 주목할 바가 있으니, 그는 조선인의 생활지수를 계층별로 제시하면서, 의복비 · 거주비 · 오락비까지도 세분해서 통계를 제시하였다.[219] 전체적으로 볼 때 『개벽』은 정신개조와 나란히 물질개조를 제시했다고 볼 수 있으니, 이것 역시 하나의 '절충'으로 볼 수 있겠다. 즉 '개인이냐 사회냐'라는 시대적 화두에 민족을 중심으로 개인과 사회의 통합을 해결책으로 제시했던 『개벽』이 '정신이냐 물질이냐'라는 사상적 화두에 다시 한번 정신개조와 물적개조의 '절충'으로 화답하였다는 것이다.

어쨌든 이런 모든 정황을 고려할 때, 『개벽』이 일방적으로 '개인과 정신'을 강조했다거나, 문화주의를 중심사상으로 한 잡지라는 평가는 재고

219) 선우전, 「조선인 생활문제의 연구(4)」, 『개벽』 24호, 1922.6.1, 19~39면 참조.

될 필요가 있다. 주지하다시피 『개벽』이 표방한 개조사상이 정신적인 측면과 물질적인 측면을 모두 수렴한 것이었던바, 문화주의는 개인의 정신적 개조를 강조하는 내적 개조론으로, 경제적 실력양성론과 사회주의사상은 외적 개조론으로 개조주의 자체에 수렴되는 것이 좀더 객관적인 평가라고 할 수 있는 것이다.

그런데 『개벽』의 담론체계가 개인과 사회, 정신과 물질의 '절충' 위에서 이룩되고, 그런 담론체계의 한 분자로서 '문화주의'가 수용되는 양상은 사상사나 정신사적으로 중요한 의미를 지닌다. 특히 문학사를 정신사의 일부로 생각할 때, 『개벽』의 담론체계나 '문화주의' 수용양상의 문제는 우리 문학의 근본 흐름이 결정되는 국면과 직접적인 관련이 있다. 지금까지 우리 근대문학의 원류로 인정되어온 동인지문학이 '개인과 사회' '정신과 물질'이라는 사상적 화두와 무관하지 않을뿐더러, '문화주의'와는 더더욱 밀접한 연관을 보여주고 있는데, 이것이 『개벽』과는 전혀 다른 양상을 드러내고 있기 때문이다. 따라서 동인지의 문화주의 수용 양상을 살피는 작업은 꼭 필요한 것이라고 할 수 있다.

㉰ 1920년대 문예 동인지의 문화주의 수용

『창조』·『폐허』·『백조』로 대표되는 동인지의 담론체계의 특징은 대립적 이분법이다. 『개벽』이 개인과 사회, 정신과 물질의 '절충' 위에서 담론체계를 구축하는데 반해, 동인지들은 양자의 대립이라는 전제 위에서 담론이 출발하고 있는 것이다. 특히 정신과 물질의 대결은 동인지문학이 구현한 이분법적 세계상을 함축한다.

소설에서 영적(靈的) 연애와 육체적 연애가 대립하고 예술이 금전 혹은 법률·제도·종교 등과 갈등하는 것이나, 시에서 물질세계를 초월하여 '꿈·죽음·세상 저편'을 강렬하게 노래하는 것은[220] 동인들의 대립적

220) 특히 『폐허』와 『백조』에 실린 황석우·박종화·박영희 등의 시는 퇴폐의 기분을 아울러 가졌다.

담론체계가 문학적 스펙트럼을 통해 변주된 결과라고 할 수 있다. 여기서 정신에 대립하는 물질이란 육체·금전·일상생활 나아가 일체의 사회제도와 관습까지 포함한다는 의미에서 작가가 살고 있는 물질세계 내지 일상세계 전체를 상징한다고 할 수 있고, 예술 내지 정신은 물질세계에 대한 대타항의 성격을 갖고 있다.[221]

흥미로운 것은 이 대결에서 정신의 승리가 항상적으로 추구된다는 사실이다. 정신적 연애는 일방적으로 육체적 욕망의 희생물이 되거나(「젊은이의 시절」)[222] 육체적 욕망과의 대결에서 패배하면서도(「마음이 여튼자여」)[223] 가치의 빛을 발하며, 「신비의 막」[224]이나 「음악공부」[225]에서 예술적 이상은 현실의 장벽 앞에 좌절하지만 문제적 현실을 극복하는 유일한 기제라는 인식은 오히려 선명해지기 때문이다. 즉 작품 속에 그려진 것은 정신의 패배이지만 작가가 말하고자 하는 것은 정신의 승리인 것이다.

그런데 이처럼 현실적 패배가 담론적 승리로 전복된다는 것은 정신과 물질 사이의 우열관계가 이미 결정되어 있다는 것을 의미하며, 정신이 절대적으로 옹호된다는 것은 그 대타항인 물질세계 내지 일상세계가 철저히 거부된다는 것을 의미한다. 즉 현실세계에 의해 번번이 좌절하지만 의식의 차원에서는 언제나 승리한다는 동인들의 정신세계의 밑바닥에는 현실세계에 대한 강력한 '부정의식'이 가로놓여 있는 것이다.

동인지문학에 그려진 세계상, 조혼으로 대표되는 낡은 결혼제도가 꿈 많은 젊은이들을 손쉽게 죽음으로 몰아넣으며(「황혼」, 「혜선의 사」),[226] 남성중심의 사회통념과 여성사회의 연약한 지반은 재주있는 여학생들을 성적

221) 따라서 물질과 정신의 대립적 이분법은 동인지문학에 나타난 개별현상이 아니라 동인들이 세상을 바라보는 인식틀이자 문학의 기본 형식이라고 말할 수 있다.

222) 나도향, 『백조』 1호, 1922.1.1.

223) 김동인, 『창조』 3~6호, 1919.12~1920.5.

224) 김환, 「신비의 막」(소설), 『창조』 1호, 1919.2.1.

225) 김동인, 「음악공부」(소설), 『창조』 8호, 1921.1.27. 1924년 창조사 간행 단편집 『목숨』에서는 '유성기'로 게재됨.

226) 최승만, 「황혼」(희곡), 『창조』 1호, 1919.2.1; 전영택, 「혜선의 사」(소설), 『창조』 1호.

노리개나 부자들의 첩으로 전락시키고(「약한자의 슬픔」, 「피아노의 울림」),[227] 우정과 사랑조차도 알고 보면 거짓과 위선의 가면을 쓰고 있다는 것(「별을 안거든 우지나 말걸」),[228] 아이들은 가난과 고통 속에서 영양실조로 죽어가거나(「무지개나라로」)[229] 보기에 섬뜩할 정도로 인간성이 파괴되며(「어느소녀」),[230] 천재는 자신의 능력을 발휘해보지 못하고 시든다는 사실(「천치? 천재?」),[231] 젊은이들이 아편쟁이로 범법자로 내몰리며(「살기위하여」),[232] 가족은 가난과 질병 속에서 신음하고 파멸된다는(「기적불때」)[233] 설정은 바로 이 부정의식의 직접적 산물이라고 할 수 있다.

그런데 이 부정의식은 정신과 물질의 관계에만 관여했던 것은 아니다. 추악함으로 상징된 물질세계란 바로 식민지 조선의 민족현실로, 이는 예술을 통한 진정한 자아의 발견을 근본적으로 제약하는 존재이기 때문이다. 이른바 개인과 사회의 화해불가능성이란 바로 민족현실에 대한 '부정'에서 출발했다고 할 수도 있다. 따라서 동인지 담론체계는 현실에 대한 강력한 부정의식이 '대결의식'으로, 이것이 다시 정신(개인)과 물질(사회)의 대결이란 기본형식으로 발현되는 시스템이라고 할 수 있다.

여기서 우리가 주목해야 할 것은 문화주의의 수용 자체가 아니라 이것이 동인지 담론체계로 흡수되는 독특한 방식이다. 무엇보다도 정신과 물질, 개인과 사회를 '대결'의 관계로 파악했다는 것이 문제적이다. 문화주의가 표방한 가치우위의 문제가 화해불가능한 '대결'과 '승리'의 방식으로 관철되는 것이다. 이 수용방식의 특성은 『개벽』과 비교할 때 선명해진다. 비슷한 시기 문화주의를 수용했던 『개벽』은 양자를 상호보완의 관

227) 김동인, 「약한자의 슬픔」, 『창조』 1호, 1919.2.1; 이일, 「피아노의 울림」, 『창조』 5호, 1920.3.21.
228) 나도향, 「별을 안거든 우지나 말걸」(소설), 『백조』 2호, 1922.5.25.
229) 에로시엔코 저, 오천석 역, 「무지개나라로」(동화), 『백조』 1호, 1922.1.1.
230) 민태원, 「어느소녀」(소설), 『폐허』 1호, 1920.7.25.
231) 전영택, 「천치? 천재?」(소설), 『창조』 2호, 1919.3.20.
232) 松堂生, 「살기위하여」(희곡), 『창조』 5호, 1920.3.21.
233) 김정진, 「기적불때」(희곡), 『폐허이후』, 1924.1.1.

계로 보았으며, 둘 사이의 '절충'을 사상적 대전제로 삼았기 때문이다. 동일한 사상이 서로 다른 방식으로 수용되고 있는 것이다.

이런 차이를 유발한 근본원인은 분명하다. 양자의 세계관의 차이다. 범박하게 세계관이란 주체가 세계와 맺는 관계방식이라고 할 때, 『개벽』이 양자의 화해가능성에 주목하고 있다면, 『창조』 등의 동인지들은 양자를 화해불가능한 관계로 보고 있다는 것이다. 즉 전자가 현실의 변화가능성에 낙관적이라면, 후자는 이에 대해 비관적이라는 것이다. 결국 현실에 대한 '부정의식'이란 현실의 변화가능성을 원천에서 부정하는 비극적 세계인식의 결과물인 셈이다. 김동인을 비롯한 일군의 무리들이 이런 세계인식에 도달하게 된 데에는 나름의 사회·역사적 맥락이 있다.

부정의식의 사회·역사적 맥락과 관련하여 일차적으로 중요한 것은 그들이 중상류 계층의 지식인으로 대부분 동경 유학생이었다는 사실이다. 특히 동경 유학생이라는 것은 부정의식과 관련하여 특별한 의미를 부여받는다. 첫째 가치부정이 어떤 지평에서든 그 우위를 선점했다고 믿는 자들의 의식인 점을 감안할 때, 동경 유학은 가치부정의 준거가 지식이었음을 분명히 하고, 둘째 그것은 당대 동아시아에서 동경이 갖는 상징적 의미를 감안할 때, 그 지식의 내용을 근대성으로 함축하며, 셋째 당대 지식인의 경제적 여건을 감안할 때, 어려운 고학생활을 묵묵히 감당했거나 부모의 경제적 능력에 기댔거나에 상관없이 동경 유학은 극소수 선택받은 자들의 몫이었다는 것이다. 전 조선이 봉건적 인습과 사고에서 벗어나지 못할 때, 비록 지식의 형태로나마 근대를 선취했고, 그것이 극히 소수에게만 허락되는 상황은 동인들에게 지적 우월감을 심어주기에 충분했다. 따라서 동인들의 부정의식은 엘리트의식과 자연스럽게 결합된다.

그런데 지적 우월감이 동인들이 현실세계를 부정할 수 있는 힘의 원천이기는 하지만 엘리트의식의 필연적 귀결이 현실부정은 아닐 것이다. 왜냐하면 남보다 많이 안다는 것, 혹은 남이 모르는 것을 안다는 것은 다른 이를 계몽할 수 있는 힘의 원천이며 나아가 현실세계를 개조할 수 있는 동력이 될 수도 있기 때문이다. 근대초기 봉건적 현실을 비판하면서 현실을 개조하려고 했던 서구의 계몽주의자들은 바로 그런 사람들이었다. 따라서 현실에 대한 철저한 부정으로 나아가느냐 아니면 현실비판의 임무를 수행하면서 현실의 개조 내지 계몽쪽으로 나아가느냐 하는 것은 전적으로 엘리트 주체들의 역사적 선택에 달려 있다고 할 수 있다.

동인들이 서구의 계몽주의자들과 다른 역사적 선택을 하게 된 이유는 그들이 처한 사회역사적 환경에서 찾아야 한다. 즉 동인들이 서구의 근대 계몽주의자들과 달리 철저한 현실부정으로 치닫게 된 데에는 조선사회의 특수한 상황이 작용했다는 것이다. 서구의 근대초기 부르주아 지식인들에게 현실은 여러 가지 문제를 안고 있음에도 불구하고 근대로의 이행 가능성이 열린 세계였다. 아울러 그들 계급은 문제적 현실을 새로운 가치 체계와 질서로 엮어내는 창조적 주체였다. 이런 역사적 계급적 가능성은 그들을 계몽쪽으로 움직이도록 만들었다. 그러나 근대 전환기 조선사회는 이와 달랐다. 식민지라는 굴레는 조선의 모든 계급을 질곡에 빠뜨렸으며 주체적 민족국가의 수립을 요원하게 만들었기 때문이다. 식민지로의 전락 그것은 조선사회의 역사적 가능성이 닫히는 것을 의미했으며 동시에 부르주아 지식인이 근대를 선취한 자로서 누릴 수 있는 계급적 위상과 가능성을 일거에 박탈하는 것이기도 했다.

따라서 1910년대 중・후반 준비론의 강세 속에서 진・선・미의 추구를 통한 신문화운동, 즉 정신영역에서의 초월이 언급되는 것은 전혀 이상한 일이 아니다.[234] 조금만 냉철히 생각하면 물질영역에서의 일본 따라잡기가 불가능하다는 것은 지식인이면 누구나 쉽게 도달할 수 있는 결론

234) 그 선구적 인물이 춘원 이광수이며, 그의 소설 「개척자」(『매일신보』, 1917.11.10~1918 3.15)는 춘원의 문화주의적 경향을 대표하는 작품이다. 춘원은 이 소설에서 주인공 김성재와 김성순 그리고 민은식을 각각 진・선・미의 화신으로 등장시켜 사회개조의 근본 방향을 '신문화'의 창달로 지시하고 있으며, 독립운동가 전경을 비판함으로써 탈정치적 성향을 노골적으로 드러낸다. 이에 대해서는 최수일, 「춘원의 『개척자』연구」, 성균관대 석사논문, 1993, 3장 참조.

이기 때문이다. 하지만 외형상으로 1910년대는 의연히 계몽의 시대였고, '실력양성론'이 지식계의 주류적 사고였다.[235] 이는 그것이 국내의 지식인이 가질 수 있는 유일한 희망이었기 때문이다.

> 1910년대에도 사회진화론의 논리는 여전히 신지식층의 사고를 지배하고 있었고, 따라서 그들은 우리 민족이 실력을 기른다면 언젠가는 독립이 오게 될 것이라는 믿음을 버릴 수 없었다. 이것은 국내에 남아있던 신지식층이 가질 수 있는 유일한 희망이기 때문에 설사 가능성이 희박하다 하더라도 실력양성론에 여전히 매달릴 수밖에 없었다.[236]

즉 식민지로 전락한 상태에서 민족의 가능성을 부정하느냐 그렇지 않고 염원의 차원에서라도 가능성을 열어두느냐 하는 문제는 "논리의 문제가 아니라 정서의 문제였"[237]던 것이다. 1919년 3·1운동은 그 역사적 가능성을 열어두고 싶어했던 사람들이 많았음을 증명하는 것이며, 1920년대 문화운동의 부흥도 비슷한 맥락에서 이해할 수 있다. 그러나 가능성이 희박하다는 것을 알면서도 그것에 기댄다는 것, 단지 살아내기 위해서 가능성을 열어둔다는 것은 상황이 그만큼 더 절망적이라는 것을 역설하는 것이다. 더욱이 1920년대 시대현실은 정신적 도약을 통해 물질적 낙후를 극복한다는 부르주아의 신념조차 쉽게 용납하지 않았다. 문화주의의 선구라고 할 수 있는 춘원이 1922년 「민족개조론」을 쓴다는 것이 그런 절망적 상황을 압축한다. 그것은 그런 신념조차 통용되지 않는 현실에 대한 춘원 나름의 환멸의식을 담고 있었던 것이다.[238]

---

235) 한기형, 「1910년대 단편소설과 낭만성」, 『민족문학사연구』 12, 1998, 145면 참조.

236) 박찬승, 『한국근대정치사상사연구』, 역사비평사, 1992, 134면 참조.

237) 한기형, 앞의 글, 145면.

238) 춘원이 도산의 만류에도 불구하고 상해에서 돌아와 '배신자'라는 오명을 들어야 했던 복잡한 상황의 산물이라는 점에서 「민족개조론」(『개벽』 23호, 1922.5.1)이 쓰여진 동기를 충분히 의심할 수 있다. 하지만 자신이 주장했던 모든 문화적 대안들이 먹혀들지 않을 만큼 꽉 막힌 식민현실을 토로하다 결국은 민족까지도 개조해야 한다고 주장하게 되는 지식인의 환멸을 무조건 부정할 필요는 없다고 생각한다.

이런 상황에서 동인들은 식민지로 전락한 조선과 근대문명의 상징인 동경을 모두 경험했다. 그들이 비록 20대 초반의 어린 나이였으나 찬란한 동경과 초라한 식민지의 그 메울 수 없는 물질적 거리감을 깨닫지 못할 정도로 어리석지는 않았다. 그들은 지식이라는 무기가 조선사회를 개조하고 또 통어하는 데 쓰일 수 없다는 사실을 알고 있었다. 이처럼 간절히 바라는 것을 얻을 수 없을 때, 모든 가능성과 진로가 차단되었다고 느낄 때, 그 대상을 포기하는 한 가지 방식이 대상의 부정이며, 그들의 젊은 혈기가 자기부정이 아니라 조선현실에 대한 부정으로 자연스럽게 동인들을 이끌었다. 동인들 내면에서 조선의 현실을 죽이고, 자신을 보존하는 방식으로 의식이 정리되었던 것이다. 그 자기보존의식이 겉으로 드러난 것이 문학에 대한 옹호이자, 문예동인지의 출간이라고 할 수 있다.

결국 '부정의식'이란 가능성이 닫힌 식민지 현실에 대한 젊은 지식인의 환멸의식이자, 자기보존 방식이었던 셈이다. 그런데 이처럼 '현실'을 주체가 자기화할 수 없다는 것은, 세계가 불가지적 존재로 대상화된다는 것이며, 이는 낭만주의 세계인식의 기본이라고 할 수 있다.[239] 동인지문학이 낭만적 상상력을 통한 비약으로 요약되는 것은 그런 점에서 전혀 우연이 아니다.[240]

주목할 점은 동시대를 살았던 『개벽』의 주체들이 식민지 현실에 대한 환멸로부터 어느 정도 거리를 유지할 수 있었다는 사실이다. 앞서 보았듯이 그들은 열정에 찬 계몽주의자였으며, 민족현실의 개조 가능성에 희망을 걸고 있었던 것이다.[241] 어쨌든 이런 양자의 세계관의 차이가 문화주의의 수용양식에 있어서의 결정적 차이를 발생시켰다고 할 수 있으며,

---

239) 여기서 불가지적이란 역사적 주체로서의 전망상실과 무능을 지적한 것이자, 그런 주체가 개인적 환멸로 들어선다는 의미를 갖는다. 이에 대해서는 『철학대사전』, 동녘, 1989, 202~212면 참조.

240) 김흥규, 「1920년대 초기의 낭만적 상상력과 그 역사적 성격」, 『문학과 역사적 인간』, 창작과비평사, 1980.

241) 여기에는 '후천개벽'으로 대표되는 종교적 신념과 열정이 덧보태져야 한다.

『개벽』의 경우 '내적 개조론'이란 형태로 현실계몽의 담론에 기여했고, 동인지들의 경우에는 '현실부정' 내지 현실로부터의 비약의 근거로 활용되었던 것이다. 이런 세계관의 차이가 양자의 문학적 차이의 근본적 원인이었음은 더 말할 나위가 없다.

2) 문화운동의 몰락과 사회주의의 대두

(1) 사회주의 전면화의 과정과 성격

사회주의와 관련하여 천도교측의 공식입장은 부정적이다. 즉 "개벽 잡지가 한동안 사회주의적 경향이 만타는 비난을 들은 일이 잇고 또한 천도교 자체가 역시 그런 평을 들은 일이 업지" 않지만 "천도교의 이상은 오직 천도교주의일 뿐이오 천도교는 결코 사회주의와 가틀 수 없다"는 것이다.[242] 하지만 이는 다분히 천도교측의 종교적·현실적 입장이 반영된 언급으로 객관적인 상황과는 상당한 거리가 있다. 외부의 평가는 오히려 그 반대다.

예를 들어 이종수는 1922~25년의 조선잡지를 사회주의 잡지와 사회주의 경향이 없는 잡지로 구별하면서 『개벽』을 『신천지』·『신생활』·『조선지광』 등과 함께 사회주의 잡지로 분류했다. 『개벽』이 『신생활』 등과 함께 "사회주의운동에 지면을 제공하고 혹은 사회주의자가 편집을 담당하야 조선사회주의문화에 많은 공헌이 있다"[243]는 것이 평가의 근거였다. 조남현은 이종수의 논지를 이어받아 『개벽』의 핵심주체인 이돈화, 김기전, 박달성을 사회주의의 동조자로 평가한다.[244] 『개벽』에 어림잡아도

242) 孔濯(孔鎭恒), 「이상에서 조직으로-천도교도의 자립문제와 그 경제기관조직방법에 대하야」, 『신인간』 47호, 1930.5.1, 18~19면 참조.

243) 이종수, 「조선잡지발달사」, 『신동아』 31호, 1934.5, 63면 참조.

244) 조남현, 『한국현대문학사상연구』, 서울대 출판부, 1999, 7장(개벽』에 나타난 '사상'

50편이 넘는 사회주의적 성향의 논설이 실려 있다는 사실을 감안할 때,[245] 『개벽』 하반기(31~72호)의 중심사상은 단연 사회주의라고 할 수 있겠다. 그렇다면 『개벽』에 사회주의의 전면화가 나타나는 구체적 시점은 어디인가?

필자는 『개벽』의 논조에 큰 변화가 감지되는 시점을 대략 1923년 후반, 37호(1923.7.1)를 전후한 시기로 보고 있다. 이 시기 들어 「민족일치 대동단결을 운위하는 이에게」(35호), 이성태의 「깐디의 운동과 인도의 무산계급」(37호, 번역), 「왼편을 향하여」(38호)·「적색공포와 백색공포」(39호), 정백(鄭栢)의 「사회주의 학설대요」(40호, 게리언의 팸플릿) 등 계급사상론이 연속해서 게재되는 등 이전과 확연히 구별되는 양상을 보이는 것이다. 주목할 것은 이 시기가 문화운동의 쇠퇴 내지 변절 그리고 그에 대한 비판이 고등되던 시기와 일치한다는 것이다.

주지하다시피 이 시기 조선의 문화운동은 '민립대학설립운동'과 '물산장려운동'으로 대표된다. 1922년 11월 23일 이상재·현상윤·장덕수 등 47명의 인사들이 기성회를 조직하여 조선인 본위의 민립대학을 추진한 것이 전자요, 1920년 8월 평양에서 시작되어 1923년 1월 유성준·김철수 등이 이끄는 전국규모의 운동으로 성장한 것이 후자다. 이들 운동은 출범 직후 의욕적으로 움직였지만 몇 개월이 안 돼 시들해지고 말았다. 일제의 방해공작과 조직력의 미비, 무엇보다도 '민심의 이반'이 결정적 요인이었다. 양대 운동의 핵심적 주체인 부르주아민족주의자와 민족자본가의 '친일화'가 문제였다.

그들은 '독립'이라는 정치적 목표보다 '자본의 축적'에 관심을 기울였고, 주도층 스스로가 반일(反日)의 정치적 색채를 배제하려는 경향을 보였기 때문이다. 결국 운동의 핵심 기반이던 각 지방의 청년회는 '실력양성

연구) 133면 참조.

245) 김원경, 「1920년대 경향문학의 특성—특히 『개벽』지를 중심으로」, 1973, 77~80면의 목록 참조.

노선'을 버리고 사회주의노선으로 방향을 전환했으며, 민심은 이들 운동의 타협적 친일적 성격을 토로하기에 이르렀다.[246] 『개벽』 40호의 「썻던 탈을 버서나는 물산장려」는 그 대표적인 예이다.

> 그것은 말로 글로만 하지말고 시위행렬로만 하지말고 일제히 비매동맹(非買同盟)으로 한거름 내밀고 외상방축(外商放逐)운동으로 두거름 나아갓스면－하엿다. 또한 그럿케하리라하고 혼자 속으로 깃버하엿다. (…중략…) 그러나 나는 그윽히 글섭하엿다. '비매동맹'이나 '외상방축' 할 기상이 보이지 안는 까닭이다. (…중략…) 또 한편으로 물산장려에 대한 비판이 만히 낫다. (…중략…) 이 만큼하면 내가 예긔한 것은 다－썻다. 물산장려운동을 하는 이들의 목표가 어대 잇는 것을 알것이다. 그 목뎍 표어를 아모리 규률잇게 라렬하여도 대규모회사창립기성운동에 지나지 못하는 것을 알 것이다.[247]

'비매동맹'이나 '외상방축'의 기상을 보이지 않는 물산장려운동이란 사실상 "대규모회사 창립기성운동에 지나지" 못한다는 것인데, 이는 문화운동(실력양성운동)의 개량주의적 성질 나아가 체제내적 본질을 비교적 정확히 꿰뚫는 것이었다. 흥미로운 사실은 이것이 'L생' 개인의 견해만을 의미하지는 않는다는 점이다. "물산장려에 대한 비판이 만히 낫다"라는 대목에서 알 수 있듯이 이는 문화운동 전반에 대한 민심의 반응으로 볼 수도 있는 것이다. 그러니까 '비매동맹'이나 '외상방축'의 정치적 기상을 바라는 'L생'의 바람은 대다수 민중의 바람이자, '반일 · 독립'에의 민족적 지향이었다고 할 수 있다.

그런데 이런 민족정서는 당대 사회주의의 성장과도 밀접한 연관이 있었다. 즉 '독립'이란 민족적 염원이 문화운동에 대한 민심의 이반을 초래했듯이, 당대 사회주의는 '독립'의 일환으로 모색되고 혹은 수용됐다는

246) 양대 운동의 전개과정은 박찬승, 『한국근대정치사상사연구』, 역사비평사, 1992, 3장 참조.

247) L생(寄), 「썻던 탈을 버서나는 물산장려」, 『개벽』 40호, 1923.10.1, 53~58면.

것이다. 이돈화가 당대 사회주의를 '독립심(獨立心)의 변태성(變態性)'으로 요약한 것은 이 점을 지적한 것이다.

> 玆에 한가지 注意할 일은 朝鮮사람에게 가장 쉽게 이 社會主義的 氣分이 돌게 된 것는(은—인용자) 唯一의 原因이 어대 잇나냐하면 獨立心의 變態性이라 할 만한 卽 朝鮮獨立의 希望에서 失望된 元氣를 새로히 社會主義上에 變態的으로 그 希望을 펴게 된 것이라. 그들의 中에는 當初부터 主義的, 眞理的 精神으로 社會主義를 主唱하는 사람이 업지 안이할 것이나 그러나 一般 民衆으로서의 大部分은 大概가 獨立的 希望의 變態心으로, 알고 하든지 모르고 하든지 失望의 餘氣를 스스로 社會主義的 新理想에 붓치게 된 것이라. 그리하야 그들은 이 新希望에 依하야 다시 元氣를 펴고저 함이 最近 朝鮮에 가장 顯著한 新傾向이라 할 수 잇다.[248]

조선 사회주의의 일반적 성격은 주의적·논리적이라기보다 감정적·정서적이며, 대중적으로는 '민족의 독립'이라는 염원에 기댄 바가 크다는 것이다. 이 점은 이후 조선 사회주의운동의 발전과정에 지대한 영향을 끼쳤고,[249] 동시에 『개벽』의 핵심 주체들의 사상적 변모를 이해하는 데 있어서도 무척 중요하다고 할 수 있다.

어쨌든 "기왕에 전개해온 문화운동을 집대성하는 의미를 갖는"[250] '민립대학 설립운동'과 '물산장려운동'의 좌절은 곧바로 사회주의운동과 노동운동의 고양으로 이어졌다. 1921년 본격적으로 소개된 사회주의사상이 1922~23년에는 급격한 성장기를 맞이하게 되는 것이다.[251]

---

248) 이돈화, 「격변 又 격변하는 최근의 조선인심」, 『개벽』 37호, 1923.7.1, 7~8면 참조. 영인본이나 원본의 목차에는 '성태'(이성태)의 글로 제시되어 있지만, 필자가 확인한 바에 따르면 이는 명백한 오식이다. 글의 서두에 필자가 삼년 전에 썼다는 글은 13호(1921.7.1)의 「혼돈으로부터 통일에」로 이는 이돈화의 글이기 때문이다.

249) 그런데 이 시기 사회주의가 '민족독립'을 위한 대체사상으로 부각됐다는 점은 이후 민족운동의 흐름을 파악하는 데 중요한 단서가 된다. 이는 민족운동의 좌파와 우파가 연합할 수 있는 계기가 되기도 했으며, 그런 합작이 깨지는 결정적 원인이 되기도 했기 때문이다.

250) 곽해선, 「일제하 문화운동의 변용에 관한 연구」, 한국정신문화연구원 석사논문, 1983, 53면.

사회주의사조는 1920년경에는 '개조사상(改造思想)'과 관련하여 '노동본위주의(勞動本位主義)'의 내용으로 소개되기 시작하여, 1920년 하반기부터 1921년에 걸쳐서는 본격적으로 '유물사관' '국제노동운동사' '노동운동론' 등이 소개되기 시작했다. 사회주의 사조는 1921년에 들어서서는 이를 신봉하는 '사회주의자'들을 만들어내기 시작하였고, 1922년에 들어서서는 그들의 세력화 현상을 가져오기에 이르렀다. 이러한 세력화 현상은 1922년 초의 무산자동맹회(無產者同盟會)·신인동맹회(新人同盟會)·신생활사(新生活社) 등의 창립으로 나타났다. (…중략…) 문화운동론진영의 수세는 1923년 봄 이후에는 보다 명확해졌다. 각 지방의 청년회의 다수가 조선텅년당대회에 참여하여 물산장려운동과 민립대학기성운동을 비판하고 나왔다. 문화운동의 주요한 기관지였던 "개벽"까지도 사회주의자들과 유사한 입장에서 물산장려운동 등 실력양성론 자체를 잘못된 운동노선이었다고 비판하고 나섰던 것이다.[252)]

이런 점에서 『개벽』의 사상적 분화에 끼친 역사적·사회적 현실의 영향력을 무시할 수 없다. 하지만 논의를 여기서 멈추는 것, 사상분화의 과정을 전적으로 외부의 힘에 기대어 설명하는 것은 아무래도 위험하다. 자칫 『개벽』의 내적 '진동(震動)'에 둔감해질 수 있다. 가령 『개벽』의 논조 변화를 외부투고나 김기진·박영희 등으로 대표되는 사회주의자들의 유입으로 설명하려는 경향, 그리고 그 연장선에서 『개벽』의 문학을 바라보는 경향은 대표적인 예라고 할 수 있다. 개조주의의 자체 분화가능성이 도외시되고, 특히 『개벽』 주체들의 사상적 분투(모색)과정이 생략되는 것이다.

---

251) 박달성의 「다사한 계해 경성의 일월」(『개벽』 32호, 1923.2.1)을 보면, 급변하는 민심의 동향을 읽을 수 있다. 그에 따르면 '共化新年' 'CC주의 만세'라 연서한 'CC당'의 연하장이 돌아 경찰을 긴장시키고, 天道教堂에서는 '무산자의 절규'라는 제목의 강연이 경찰에 의해 저지되며, 국일관에서 벌어진 사회유지들의 '연합간친회'와 '문인회' 모임이 무산청년들의 난입과 성토로 무산될 뿐 아니라, 무슨 團의 잠입이니 무슨 派의 入京이니 하는 소문이 꼬리를 물었던 것이 1923년 벽두의 사회상이었다.

252) 박찬승, 『한국근대정치사상사연구』, 역사비평사, 1992, 313~314면.

(2) 사회주의 전면화의 내적조건과 핵심 인물

『개벽』은 창간 초기에 이미 사상적 분화의 싹을 보이고 있었다. 사상 관련 논설만을 보더라도 일찌감치 사회주의와 적지 않은 관련이 있었다. 상반기 사상 관련 논설들은 개조주의에 입각한 것이 대부분인데, 개조주의가 사회주의를 포함하여 다양한 제 사상을 포섭했기 때문에 자연스레 사회주의적 언급들이 논설 속에 우러나게 되었다. 즉 부분적이기는 하지만 '노동문제' '계급문제' '소작문제' 등이 소개되고 있었던 것이다.

가령 창간호의 첫 논설 「세계를 알라」에서는 독일혁명을 통해 세계평화를 설명하는 '영국노동당수'의 선언이 소개되었고, 「세계 3대문제의 파급과 조선인의 각오여하」(2호)에는 부인문제 · 인종문제와 나란히 '노동문제'가 첫선을 보였으며, 「사회주의의 약의」(3호)에서는 최근의 사회주의운동의 제 경향들을 분석 소개했다. 「동서문화사상에 현하는 고금의 사상을 일별하고」(9호) · 「사상계의 거성 뻐츄랜드 러셀씨를 소개함」(11호) · 「사회운동의 역사적 관찰과 현대사회운동의 일대진전」 · 「개조계의 일인 에드와드 카펜타아를 소개함」(12호)[253] · 「금일조선의 노자관계」(15호) · 「현대윤리사상의 개관」(16호) 등도 연장선에 있다고 할 수 있다.

특히 「개조문제에 관여하는 사회연대의 정신」(27호)에는 마르크스의 '공산당선언'이 소개되었다. 게다가 「근대노동문제의 진의」(창간호) · 「현대노동계급의 운동별견」(2호) · 「노동운동의 대세상으로 본 조선노동자문제」(25호) 등은 노동문제를 핵심쟁점으로 삼았고, 「금일조선의 노자관계」(15호) · 「우리농촌의 개조」(22호) · 「남선농주에게 경고하노라」(25호) 등은 농민문제 그 중에서도 소작문제를 중점적으로 거론했다. 비록 개조주의의 외투를 입고 있었지만 사회주의에 대한 관심이 결코 적지 않았음을 알 수 있다.

---

253) 이 글은 「인생은 표현이니라—에드와드 카펜타아를 소개함」이란 제목으로 13호에 재수록되었다.

이를 염두에 두고 하반기를 살피면, 『개벽』의 움직임이 예사롭지 않다. 정치 · 시사에 대한 게재가 허용된 직후 『개벽』은 "범인간적 민족운동의 성과를 재래하는 유일한 기관"임을 천명했고,[254] '사우제'와 '시국강좌'를 실시하여 대중의 정치적 각성과 광범위한 조직화에 힘썼다.[255] 무엇보다 민족운동의 방향을 새롭게 했으니 이른바 '민중지향'이다. 문제는 이 민중지향의 내포다.

> 셋째는 민중과의 악수입니다. 자에 민중이라 하는 말은 순수평민적 순결한 노동적 민중을 이른 말입니다. 즉 소위 상층계급이라 하는 귀족과 가튼 그들을 제함은 물론이오 진하야는 권세와 명리에 영영하는 그 무리들을 제하야 노흔, 또는 가식과 수단으로 민중을 농락하는 그 무리들을 제하야 노흔 그 남아지의 민중 그네들과 손을 잡겟다하는 말입니다. 그네들은 실로 우리 인류의 기반적 토지입니다. 그네들의 중에다 식목하고 백곡을 심으며 그네들의 중에서 금은동철을 캐며 금강보옥을 차저야 하리라는 의미입니다. 우리 개벽은 유래—그네들의 친우로서 그네들의 웃음과 그네들의 울음으로 우리의 생애와 우리의 예술을 삼고저 하는 것이라. 이 점에서 개벽을 민중적 노동자의 자격으로 민중 그네들의 무진장을 개발하기로 목적하는 것입니다.[256]

이전까지 『개벽』이 옹호한 '약자(弱者)' 혹은 민중이란 조선민족 전체를 의미하는가 하면, 소작인과 노동자 그리고 여성과 소년 등 사회적 약자로 한정되기도 했다. 약자의 개념 자체가 모호했고, 앞의 경우에는 민족자본가와 지주 그리고 부호까지 포함되었다. 이는 개조사업에 부호나 지주 혹은 명망가의 참여를 독려하고, 사회적 약자를 보호하는 일에 '은혜'를 베풀 것을 촉구하는 양상으로 나타났다.[257] 그러던 것이 이 시기에 들어서

---

254) 「개벽사 사우제의 설행에 관한 취지와 규정」, 『개벽』 29호, 1922.11.1, 114~115면 참조.
255) 미상, 「誓願」, 『개벽』 29호, 1922.11.1, 2~3면 참조.
256) 미상, 「귀중한 경험과 고결한 희생」(권두언), 『개벽』 28호, 1922.10.1, 5면.
257) 박달성이 "부호가 여러분이여 하해의 량을 기울여 호생의 덕을 베풀라"며 자선을 독려하거나, 방정환이 「은파리」 등에서 부호의 사회사업참여를 주창한 것은 그 대표적 사례라고 할 수 있다. 박달성, 「사회이면 종횡관」, 『개벽』 3호, 1920.8.25, 36~37면 참조.

급격한 변화의 조짐을 보인 것이다.

모호했던 민족운동의 방향은 '민중지향'으로 구체화되었고, '약자'란 상층계급을 제외한 '순수평민적 순결한 노동적 민중'을 의미했다. 다시 말해서 사회적 약자가 노동적 민중으로, 이것이 다시 '무산계급'으로 급격한 의미의 진전을 보이는 것이다. 1923년 초입에 「선동적 해방으로부터 실행적 해방에」·「제일의 해방과 제이의 해방」·「먼저 농민부터 해방하라」(32호)·「조선 농민이여 단결하라」(33호)·「고쳐야할 민족적 중심세력의 작성」(34호)·「오월일일은 어떠한 날인가」·「노동의 창조」(35호) 등 사회주의적 경향이 짙은 기사가 집중적으로 게재되는 데에는 그만한 이유가 있었던 것이다.

문제는 이런 내적 변화를 추동한 동력이 어디에서 비롯되었는가이다. 필자는 이것을 외부(세태나 시대상)의 힘이 일방적으로 작용한 결과로 보는 시각에 반대한다. 세태의 힘을 부정할 수 없듯이, 현실을 주체적으로 분석하고 선택한 『개벽』의 주체들의 분투와 의식적 노력도 인정해야 한다는 것이다. 당대 '문화운동'에 대한 『개벽』의 비판은 현실을 꿰뚫고자하는 '주체'의 선명한 의식을 함축한다.

> 論보다도 사실, 위선 독립운동의 편에서 보아라. 그 중의 경파는 사회○○이나 무력○○의 길노 돌아지고, 연파는 실력양성, 다시 말하면 문화운동의 편으로 돌아섯다. 다음, 문화운동은 엇던가, 이역 양삼년을 지내오는 동안에 경파는 사회운동(여긔에서 말하는 '사회운동'이라 함은, 근래의 노동운동, 또는 여긔에서 일보를 진한 운동까지를 포함함)으로 돌아지거나, 또는 ○○○○주의로 환원햇스니 (…중략…) 그런대, 이 중에서 가장 문제가 되는 동시에 우리로서는 특별히 주시치 안하서는 안되겟다고 생각하는 것은 오늘 조선내지에 잇는 문화운동자, 다시 말하면 아직 사회운동으로 돌아서지 안코, 또는 무력○○주의로 환원치 안코, 오직 실력양성주의를 고조하고 잇는 그네들이다. 그네들(문하운동자주의 연파 혹은 구파)는 언필칭 우리 조선사람으로서의 '민족일치' '대동단결'을 주창한다. 일구이사년인 금년에 드러와서는 그 주장이 점점점 분명해

> 저서, 인도의 국민회의(밧구아 말하면 조선회의), 비율빈의 독립청원문제 가튼 것을 써들어 낸다. 작년래로 지방의 몃군대에 도민대회가 열리고, 각지의 부면협의원의 선거가 일층 활발히 되고, 각도도평의회의 기사가 별로 유력하게 보도됨과 가튼 것은 모다 이 실력양성주의의 진화의 예시가 아닌지, 이다뿐이냐, 그네는 토산을 장려한다하야 유산계급과 더불어 손을 잡고, 교육을 보급한다하야 자유주의자(사회주의장에 대비해서 하는 말)와의 연결을 급히 하고, 인권을 확장한다하야 관청출입을 빈번히 하는 등, 그 행동은 흡연히 엇던 나라의 특권계급의 소위에 방불하다. 다시 말하면 뎌 한편에서 금방 일어나는 사회운동에 대한 일종의 견제, 아니 반동운동과 가튼 행동을 하고 잇다.[258]

『개벽』 주체들이 보기에 조선의 민족운동은 독립운동에서 문화운동으로 다시 사회운동으로 변천하는 과정에 있는데, 문화운동의 온건파인 '실력양성파'가 가장 문제적이라는 것이다. 『개벽』이 '민족의 정치적 각성'을 통해 이루고자 했던 것이 '민족의 독립'이라고 할 때, 실력양성파가 보인 모습은 이에 대한 '반동적 행태'로 판단되었기 때문이다. 겉으론 '민족일치와 대동단결'을 부르짖으면서 실제로는 자치론이나 참정권 문제에 집착한 그들의 기회주의적 속성을 정확히 포착하고 있었던 것이다.[259]

그런데 『개벽』의 사상적 분화를 내적인 과정, 혹은 『개벽』 주체들의 의식적 노력의 산물로 바라보는 데에는 반드시 고려할 인물들이 있다. 바로 이돈화 · 김기전 · 박달성 · 방정환 등의 핵심논자들이다. 이들은 『개벽』의 사상적 분화과정이 주체들의 사상투쟁(모색)의 과정이기도 했다는 점을 선명히 드러내는데, 필자가 특히 관심을 기울이는 인물은 방정환과 이돈화 등이다.

먼저 방정환은 천도교 교조 손병희의 사위이자, 천도교청년회 동경지

258) 미상, 「점점점 이상해가는 조선의 문화운동」, 『개벽』 44호, 1924.2.1, 2~3면 참조. 권두언에 해당하는 글의 성격상 이것이 외부논자의 글이기 어려우며, 그런 점에서 『개벽』 주체들의 현실인식의 양상을 종합 · 함축하는 것이라고 볼 수 있다.

259) 1920년대 초 · 중반 자치운동 내지 참정권 운동의 성격에 대해서는 박찬승, 『한국근대정치사상사연구』, 역사비평사, 1992, 4장 참조.

부장이었던 인물로 동화작가로 더 잘 알려진 인물이다. 방경수의 장남으로 태어나 1918년 보성전문학교에 입학했고, 1919년 3·1운동 당시에는 '독립선언서'를 인쇄해서 배포하다 체포되었으며, 1920년 9월 일본으로 건너가 아동서적을 탐독하며 아동문학과 소년운동의 꿈을 구체화했다.[260] 이때 『개벽』 동경 특파원을 했다. 1921년 동양대학(東洋大學) 전문학부 문화학과의 청강생이 되었고,[261] 김기전 이정호 등과 '천도교소년회'를 조직해 본격적인 소년운동을 전개했으며 1922년에는 '어린이날'을 제정 선포했다. 1923년 순수아동잡지 『어린이』를 창간했고, 고한승 진장섭 등과 함께 '색동회'를 조직했다. 1927년에는 조선소년연합회 위원장을 역임하다, 1928년 연합회가 조선소년총동맹으로 개편되고 소년운동 노선이 변화하자 일선에서 물러나 『어린이』·『학생』·『별건곤』 등의 잡지 편집에 주력했다.[262] 그의 일생이 증명하듯 한국 아동문학 초창기의 작가이자 실천가로서 적지 않은 기여를 했음을 알 수 있다.[263]

그런데 필자가 『개벽』의 사상적 변천과 관련하여 방정환에 주목하는 것에는 몇 가지 이유가 있다. 우선 방정환이 손병희의 사위로서 개벽사의 모든 출판문화운동의 기획을 좌우할 수 있는 실질적인 세력가였다는 점이다. 『개벽』의 경우 매호의 편집 책임은 주간인 김기전에게 있었지만 잡지 자체의 성향이나 경향을 결정하는 데에는 방정환의 힘이 작용했으리라 여겨진다. 실제로 방정환은 출판기획 등에 남다른 열정과 역량을 보여주고 있었으니, 이 또한 이런 추론을 뒷받침하는 것이다. 따라서 『개벽』의 사상적 변천과 방정환과의 관계를 살피는 것은 충분한 의의가 있

---

260) 방정환의 일본에서의 행적과 학적 그리고 독서경험 등에 대해서는 박현수, 「문학에 대한 열망과 소년운동에의 관심」, 『민족문학사연구』 28, 2005 참조.

261) 박현수는 방정환이 1921년 3월까지 동양대학 철학과의 '특별청강생'이었다는 나카무라 오사무(양미화 역, 「방정환 연구 서론」, 『어린이문학』 18, 2000.4)의 추론이 실증적 오류임을 밝힌 바 있다. 박현수, 위의 글, 264~266면 참조.

262) 「소파 방정환선생 연보」, 『신인간』 389, 1981.7, 36~42면 참조.

263) 소파의 삶과 문학에 대한 개괄은 외솔회 편, 『나라사상』 49, 소파 방정환 특집, 1983; 민윤식, 『소파 방정환 평전』, 중앙M&B, 2003 참조.

다고 할 수 있다.

다음은 그가 사회주의와 결코 무관하지 않았다는 점으로, 이는 그에 대한 학계의 일반적인 평가와 다소 거리가 있다. 그는 보통 '민족주의자'로 평가되는데, 이는 동심의 계급성을 내세우면서 그의 잡지 『어린이』를 '동심천사주의'로 비판했던 『별나라』측의 주장과 직접적인 연관이 있다.[264] 즉 "아동문학의 이념을 '민족'에서 '계급'으로 새롭게 조정하려 했던" 『별나라』측의 전략적 평가가 그에 대한 논의를 주도한 결과로 볼 수 있다.

'민족주의자'라는 평가를 전면수정할 수는 없지만, 이 경우 '사회주의 계급운동'에 대한 대타항으로 '민족주의'를 사용하는 것은 지양할 필요가 있어 보인다. 그가 일본유학 당시 사회주의자 김찬(金燦)과 특별한 관계를 가졌고,[265] 김기진·박영희·이익상 등 국내의 사회주의적 성향의 인물들과 교분이 있었으며, 무엇보다도 사회주의적 성향의 글을 직접 집필했다는 것은 그의 사상적 성향에 대한 내밀한 접근을 요구하기 때문이다.[266]

특히 『개벽』에 게재된 그의 글들은 『개벽』의 사상적 분화와도 무관하지 않다는 점에서 주목을 요한다. '목성'[267]이란 필명을 사용한 「은파리」 연작은 조선사회의 위선과 허위를 폭로·고발하는 사회풍자물인데,[268]

264) 이재철(『한국 현대 아동 문학사』, 일지사, 1978)과 이재복(『우리 동화 바로 읽기』, 한길사, 1995)의 연구가 대표적 예라고 할 수 있다.

265) 1931년 5월에 김찬이 구속된 후 방정환·박달성 등이 쓴 글을 보면 김찬과 이들의 사이가 무척 친밀했음을 알 수 있다. 방정환 외, 「金燦은 엇던 人物인가」, 『혜성』, 1931.7, 111~113면 참조.

266) 이에 대해서는 염희경, 「소파 방정환과 사회주의」, 『아침햇살』, 2000년 봄호 참조.

267) 염희경은 방정환의 필명으로 '소파·잔물·목성·牧星·SP생·노덧물·김파영·몽견초·은파리·쌍S·북극성·ㅅㅎ생·ㅈㅎ생' 등을 사용했다고 하는데(「방정환 작품연보」), 『개벽』에는 '소파·잔물·목성·牧星·SP생·노덧물' 등 6개가 주로 사용되었다. '노덧물'은 시조시인 이은상의 필명이기도 하나(권영민, 『한국현대문학사연표』 2, 서울대 출판부, 1987) 그가 『개벽』과 관계(마산지사의 기자)한 시기(1924.4~) 등을 종합할 때, 『개벽』 2호와 8호에 나타난 '노덧물'을 이은상의 필명으로 보기 어렵다. 자세한 사항은 부록인 「『개벽』 필명 색인」 참조.

부호대감, 부호의 자제, 신여성과 청년사상가 등 사회의 지도층 인사들의 본질이 '불령(不逞)파리'인 '은파리'의 입을 통해 거침없이 토로되는 양상을 보인다. 주목할 점은 '불령파리'의 입을 통해 간접적으로 드러나는 작가의 현실인식이 계급적이라는 점이다.

> (…중략…) 자본가계급만 옹호하는 정치 그런 세상에서 무슨 그리 법률의 절대 엄정을 말하며 그 권위의 신성공평을 말할 수 잇습니까. (…중략…) 여긔 불상한 노동자들이 짬을 흘려가며 그 힘을 다하야 훌륭한 병원을 건축합니다. 그러나 몃칠 아니 잇서서 그 집짓던 노동자가 중병에 걸려 死態에 빠졋습니다. 그러나 자기 전력을 다하야 지어느은 그 병원에 입원을 하지 못합니다. 이런 공평치 못한 사회가 또 어대 잇겟습니까? (…중략…) 대감부인이나 학생마마의 화장품 그것에 무산계급의 가련한 노동자의 설음 만흔 눈물이 무텨 잇는 줄을 모르고[269]

> 부지런히 일하는 놈은 빈한해지고 박해를 당하고 편히 노는 놈들은 점점 금고가 커지는 게 사람의 세상일다. (…중략…) 착한 사람들이 부즈런히 노동해서 모은 돈을 거짓말로 속여서 쌔아슨 것이 재산이다. 유산자가 무산자의 힘을 빌고 그 상당한 보수를 주게 되기까지는 그 말이 올흔 말이다. 그러치만 그 올흔 말을 하는 놈은 곳 잡아다 가둔다. 이게 사람의 세상이다.[270]

당대 조선사회가 법과 제도를 통해 지배계급의 논리를 관철시키고, 무산자계급의 일방적 희생을 강요하는 사회라는 것인데, 이는 천민자본주의의 본질적 모순을 질타하고 있다는 점에서 계급사상에 대한 초보적인 인식 수준을 넘어서는 것이다. 적어도 작가는 사회주의사상에 대해 원론 정도는 꿰고 있었다고 할 수 있다. 따라서 방정환이 인류의 역사를 '사적

268) '사회풍자'란 부제가 달린 이 작품은 7호부터 18호까지 모두 7회 게재되었다. 12호에 실린 작품은 13호에 재수록되었다.
269) 목성, 「은파리」, 『개벽』 7호, 1921.1.1, 54~55면.
270) 목성, 「은파리」, 『개벽』 10호, 1921.4.1, 76~77면.

유물론(史的唯物論)'의 관점에서 해석한 「째어가는 길」을 번역 소개한 것은 결코 우연이 아니다.

> 어쨋던가 돈이란 이상한 것이니라 壬金은 돈을 고간 속에다 잔뜩 싸노코 파수를 보이고 잇는데 고돈이 만흐면 만하질스록 위리는 그만큼 더 만히 일을 해야하고도 먹을 것은 점점 업서질 뿐이고 그러다가도 산촌과 싸운다는 소문이 나서 슈슈와 말린 생선을 산가티 모으고 …… 그리고 우리 먹을 것이 더 업서지고 그래도 태평세계로 불평의 소리가 족음 이러날 듯하면 오초란 놈이 또 노래를 부르며 산촌놈을 죽이라고 부르짓는다. (…중략…) 그런데 여긔 빨갱이란 사람이 생겻는데 그 사람이 꽤 그럴듯한 이악이를 하엿다. (…중략…) 힘을 합하는 자는 강해지나니 해촌인이 산촌인산촌인하고 미워하지만 해초인과 산촌인이 힘을 함치면 싸움도 업서지고 파수도 수비도 다 소용업시 될 것이다. 그리고 놀고 먹는 사람 업시 다가티 일을 하면 하루에 二시간이상 일을 할 필요가 없슬 것이라고 ……[271]

관헌의 등쌀을 피해 시작한 유학길이지만 조국에 대한 걱정과 미래에 대한 모색을 그치지 않고 있었던[272] 방정환에게 '사회주의'는 하나의 혜안으로 다가왔고, 그에 대한 관심이 자연스레 사회주의 저작에 대한 번역 소개로 이어졌을 것이기 때문이다. 더구나 그것이 당대 일본의 대표적 사회주의자 사카이 도시히고(堺利彦, 1870~1933)의 작품이라면 더 말할 나위 없는 대상이었을 것이다.[273] 비슷한 시기 그가 표방한 민중지향적 문학론도 이런 사상적 노정이 문학관에 끼친 구체적 결과라고 할 수 있다. 비참히 학대받는 민중에게 해방의 날개를 주겠다는 작가적 포부는 사상을 통한 민중에의 지향이 문학론이라는 형식 속에 우러나온 것으로 보이기

271) 牧星, 「째여가는 길」, 『개벽』 10호, 1921.4.1, 135~136면 참조.

272) 실제로 방정환은 1921년 2월 16일 동경에서 일어난 민원식 암살사건에 연루되어 체포되기도 했다. 박달성, 「철창에서 느낀 그대로」, 『개벽』 10호, 62면과 방정환, 「은파리」, 『개벽』 10호, 74면의 서두 그리고 신석호 외, 『연표로 보는 현대사』, 신구문화사, 1980, 320면 '양근환 사건' 참조.

273) 서대숙, 『한국 공산주의 운동사 연구』, 이론과 실천, 1985, 75면.

때문이다.

> 비참히 학대받는 민중의 속에서 소수 사람에게나마 피어 일어나는 절실한 필연의 요구의 발로, 그것에 의하여 창조되는 새 생은, 이윽고 오랜 지상의 속박에서 해방될 날개를 민중에게 주고, 민중은 그 날개를 펴서 참된 생활을 향하여 날개 되는 것이니, 거기에 비로소 인간 생활의 신국면이 열리는 것입니다. 이리하여 항상 쉬지 않고 새로 창조되는 신생(新生)은 민중과 함께 걸어갈 것입니다.[274]

방정환의 사상적 모색이 『개벽』 주체들에게 어느 정도의 자극을 주었는지에 대해서는 명확히 가늠하기 어렵다. 다만 상반기 『개벽』의 핵심 논자들이 사회주의를 개조주의의 일부로 적극적으로 수용했음을 볼 때, 방정환의 메신저로서의 역할이 결코 작지 않았음을 짐작할 수 있다. 특히 주간을 맡았던 김기전이 『개벽』의 창간을 전후해서 조기간을 모스크바에 보내 사회주의에 대해 알아오게 했다는 사실은[275] 방정환의 영향력을 단적으로 증명하는 것이다. 방정환과 누구보다도 긴밀한 연계를 맺고 있었던 김기전이 사전논의 없이 사업을 추진했을 리 없었기 때문이다. 방정환의 영향력은 그만큼 대단했다.

이돈화(1884~?)는 『개벽』의 사상적 분화과정 혹은 주체들의 사상투쟁의 치열함을 다른 방식으로 현현하는 문제적 인물이다. 그는 함남 고원사람으로 야뢰(夜雷)·백두산인(白頭山人)·저암(猪菴)·창해거사(蒼海居士) 등의 필명을 사용하였다.[276] 1902년 동학에 입교하여 1910년부터 천도교월보사에 근무했다. 1919년 천도교청년교리강연부와 1920년 천도교청년회의

274) 방정환, 「작가로서의 포부-필연의 요구와 절대의 진실로」, 『동아일보』, 1922.1.6; 염희경, 「소파 방정환과 사회주의」, 『아침햇살』, 2000년 봄호 재인용.

275) 이광순 외, 「「개벽」에 얽힌 회상」, 『신인간』 283호, 1971.2~3 합본호, 70~71면, 유광열의 회고.

276) 이돈화가 사용한 필명에 대해서는 성주현, 「『신인간』지와 필자, 그리고 필명」, 『신인간』 600, 2000.8, 74면과 부록인 「『개벽』 필명 색인」을 참조.

결성에 주도적 역할을 했고, 『개벽』의 창간동인으로 종교·사상분야에 많은 글을 남겼다. 특히 그는 천도교의 사상을 근대적 시각에서 체계화하는 작업에 노력했는데, 이는 1910년대 양한묵(梁漢默 : 1862~1919.5.26)의 교리 체계화 작업의 뒤를 잇는 것이었다. 천도교 조직에서 그 위상은 나날이 높아져 천도교 주임종리사, 지도관장, 종법사, 총부대령 등 여러 중책을 역임했지만, 6·25때 평남 양덕의 천도교 수도원에서 납치된 후 행방불명되었다.[277]

『개벽』의 핵심논자였던 그는 김기전·박달성과 마찬가지로 조선의 미래를 개척하는 '현실적 담론'들을 쏟아냈지만, 그 방식이 유독 남달랐다. 민족현실에 대한 담론을 종교적 입지에서 포착하고 종교사상 내지 교리의 차원으로 환원시켰던 때문이다.

> 이돈화는 천도교청년회와 "개벽" 등을 통해 '문화운동'을 전개했다. 사회 계몽의 지향을 담은 "개벽" 지면에서 그는 개조사상을 소개했다. 이것은 전술한 청년 지식층의 고민을 그가 공유했음을 의미한다. 그런데 이돈화의 특징은 그 고민의 해결을 주로 사상적 차원에서 추구한 점에 있었다. 그는 천도교 문화운동의 이론적 기초로 '사람성(性) 주의'를 내놓았다. '사람성(性) 주의'의 형성 과정은 문명 비판의 개조사상을 종교적 입지에서 포착한 점에 그 특색이 있다.[278]

다른 핵심논자들도 열렬한 신자였고 종교적 열정이 대단했지만 글쓰기 방식이 그와는 달랐다. 그가 천도교의 교리 근대화 사업을 주도했고,

---

277) 이는 『두산세계대백과사전』의 내용을 요약한 것인데, 인물의 비중에 비해 내용이 빈약하다고 생각된다. 천도교측의 자료를 모두 검토한 것은 아니지만 '납북'인사라는 점 때문인지 좀처럼 연구가 진전될 기미가 없다. 특히 북에서의 행적이나 활동에 대한 조사가 필요한 인물이다. 아울러 국내에서의 활동도 필명확인 작업을 통해 좀더 보강될 필요가 있다. 한편 이돈화나 김기전에 대한 연구는 그나마 이루어졌지만 '박달성'에 대한 기록은 거의 찾을 수가 없는 상황이다.

278) 허수, 「1920년대 전반 이돈화의 개조사상 수용과 '사람性주의'」, 『동방학지』 125, 연세대 국학연구원, 2004; 같은 글, 『『개벽』에 비친 식민지 조선의 얼굴』(임경석·차혜영 외), 모시는사람들, 2007, 180면 재인용.

또 사실상 『개벽』의 종교·사상적 '브레인'이었던 만큼 그런 입지전적 상황 위에서 구축된 의식적 노력이었거나 자연스레 굳어진 진술체계였을 것이다. 실제로 그는 『개벽』에 모두 84회[279]에 걸쳐 글을 게재했는데, 그 중 종교·사상 관련 글들이 특히 많았고, 예외없이 종교이념과 현실담론의 교합(수렴)이 시도되었다. 대표적인 것이 「인내천 연구」 시리즈나 '사람성주의'와 관련된 수편의 글들로, 이것들은 그의 교리 체계화 작업의 직접적 산물로 볼 수 있다.[280]

문제는 상대적으로 종교적 색채가 짙게 묻어나는 이런 글들에서조차 '사회주의사상'의 핵심개념들이 선명히 구현되고 있다는 것이다. '사람성의 무궁해방'과 '사람성의 자연주의'의 연속선상에서 '천국(天國)'을 논하고 있는 「천국행」[281]은 대표적인 예다. 미완성의 이 글은 출발부터 예사롭지 않다. 현금의 경제적 차별(계급)이 과거 종교적 계급(차별)에서 비롯되었다. '인간계와 천상계'를 구별하여 귀천과 차별을 낳은 '계급의 하나님'은 '사람성(性)이 타락된 원인'이다. 대안으로서의 '한울님'의 생활은 사람성(性)이 무궁한 삶이며, 악착한 계급과 계급의 차별을 일소한 인간전체의 '평등행복'을 의미하는 삶이다. '천국'이란 선(善)의 평등으로 조직된 것이니 거기에는 귀천의 차별이 없고 유산무산(有産無産)의 계급이 없는 곳이라는 논지에서 드러나듯이 '천국'이라는 종교적 이상향 속에 '평등'이라는 사회주의 이념의 '근간'을 고스란히 녹여내고 있는 것이다.[282]

---

279) 필자는 기존에 이돈화의 글 게재수를 101회로 잘못 제시했던바(「1920년대 문학과 『개벽』의 위상」, 성균관대 박사논문, 2002, 118면) 이번 기회에 이를 바로잡는다.

280) 상대적으로 종교적 색채가 적은 나머지 논설들은 개조주의의 현실적 적용에 관한 담론이나 개조주의의 사회주의로 변천 양상을 객관적으로 조망한 글들이 대다수이다.

281) 「천국행」은 『개벽』 49호(1924.7.1)와 50호(1924.8.1)에 연속으로 게재된 미완성의 글이다. 50호는 「천국행」의 속편과 김기전의 「不知手之舞之·足之蹈之」 등이 문제가 되어 압수(발매금지)되었고, 영인본은 이들 기사가 삭제된 후 발행된 판본(미결 2)을 저본으로 삼았기 때문에 두 기사의 내용을 확인할 수 없었다. 필자는 『개벽』의 판본을 확인하던 중, 동국대와 국립중앙도서관에서 이들 기사가 그대로 실려 있는 판본(본호)을 찾았다. 기사 내용은 부록 「『개벽』 영인본에서 볼 수 없는 21개의 기사(작품) 원문」을 참조하기 바란다.

이러한 意味에 잇서 '한울님'의 生活이라는 것은 人間全體의 生活의 平等幸福을 意味한 것이며 人間으로부터 區區齷齪한 階級과 階級의 差別을 一掃하야버린 連帶責任의 生活을 意味한 것이다. 그럼으로 '하나님'의 生活은 階級의 生活이나 '한울림'의 生活은 平等의 生活이다. (중략−인용자) 天國은 오즉 善의 平等으로 組織된 것이니 거긔에는 貴賤의 差別이 업스며 有產 無產의 階級이 업스며 戰爭이 업스며 嫉妬 怨恨 憤懣 등 모든 苦痛이 업는 安穩의 世界엇다. 天國은 오즉 善의 自由로써 動作하는 世界니 거긔에는 衣食의 自然的 拘束이 업스며 彼我의 人爲的 節制가 업스며 禍亂의 輪轉이 업는 곳이엇다. 天國은 永生의 世界니 거긔에는 榮枯浮沉의 世態가 업스며 疾病憂苦의 苦痛이 업스며 終에 生死의 轉輪이 업는 곳이엿다.[283]

상반기 개조주의에 입각한 그의 사상논설에서 구현된 상호부조·호혜평등의 이상향, 즉 강자와 약자가 공생(사자와 사슴이 함께 뒹구는)하고 부자와 빈자의 차별이 없는 세상은 이 시기 들어 '계급 차별이 사라진' 자유와 평등의 사회주의적 이상향을 포섭하고 있는 것이다. 더욱이 압수·삭제된 50호의 「천국행」 속편[284]에서는 개인과 사회(국가)의 관계를 왜곡시키는 '자본제도(주의)'와 '황금만능주의'를 비판하고, 인간의 자연적 삶의 과정(生老病死)에 차별과 공포를 야기시키는 자본제도의 비인간성·적대성·비효율성을 고발한다. 그 핵심에는 착취와 억압의 삶을 강박하는 '사유재산제도'의 비윤리성이 자리함은 물론이다.

現代人의 所謂 生活保障이라는 것은 오즉 私有制度라하는 狹窄한 範圍에

282) 한기형은 이돈화의 천국론은 "종교적 이상주의의 언어로 표현되었으나, 실제로는 사회주의의 혁명적 프로젝트를 용인하고 정당화하는 의미를 담고 있었다"고 평가했다. 한기형, 「『개벽』의 종교적 이상주의와 근대문학의 사상화」, 『상허학보』 17, 깊은샘, 2006, 63면 참조.

283) 「천국행」(其一), 『개벽』 49호, 1924.7.1, 7~9면 참조.

284) 이는 현재 나와 있는 영인본 『개벽』이나 역사정보통합시스템에서 제공하는 『개벽』 원문보기를 통해서는 기사 내용을 확인할 수 없다. 동국대와 국립중앙도서관의 본호를 참조하거나 이 책의 부록인 「『개벽』 영인본에서 볼 수 없는 21개의 기사(작품) 원문」을 참조하기 바란다.

서 뿐이다. 現代의 사람은 누구나 恐怖의 感情 알에서 살게 되는 것이다. 卽 生의 對한 恐怖로 一生을 마추게 되는 것이다. 그는 貧者에게만 限한 일이 안이오 富者에게도 例事로 잇는 일이다. (중략—인용자) 私有制는 搾取 或은 ○○이 그의 本位가 된 것이다. 나에게 업든 돈이 한分이 생겻다하면 그는 어느 곳에서든지 그 한分 돈을 일흔 사람이 잇고야 될 일이오. 내가 잇든 돈 한分을 일헛다하면 그는 어느 곳에서든지 그 돈 한分을 가진 사람이 잇고야마는 法이라 私有制度는 이러한 相互의 爭奪로 되야잇는 制度이기 때문에 私有制度의 究竟結果는 個人과 社會가 敵對視하는 境遇에 이른 것이다.[285]

『개벽』의 사상적 전환 혹은 『개벽』 주체들의 사상적 모색과정을 수동적으로, 혹은 '시세영합'적인 것으로 바라보는 입장[286]에서는 이돈화의 논지가 천도교이념의 틀(인내천주의 혹은 사람성주의)을 벗어나지 않았고, 외부논자들처럼 '사회주의'를 적극 선전하지는 않았다는 사실에 방점을 둘지 모른다. 하지만 필자는 여기에 약간의 '재처리'가 필요하다고 생각한다. 무엇보다도 앞서 언급한 이돈화의 '입지'가 고려돼야 한다. 천도교의 교리를 근대적으로 체계화한다는 소명의 무게가 필연적으로 '진중한 사고와 태도'를 요구했고, 그런 점에서 현실변혁 담론의 포섭에는 본원적으로 신중할 수밖에 없었으리라는 것이다. 이런 이돈화의 내적 태도에 대한 가늠없이 이돈화의 논지를 비교적 사회주의에 적극적이었던 '김기전'의 경우나,[287] 외부논자인 이성태·정지현의 경우에 견주어 평가하는 것은

285) 「천국행」(其二), 『개벽』 50호(본호), 1924.8.1, 8~9면 참조.

286) 사회주의운동의 열풍이 부는 사회적 분위기 속에서 37호를 전후한 시기 김기진·정백·박영희 등 사회주의적 성향의 외부인사들이 대거 『개벽』에 등장했고, 이돈화·김기전·박달성 등이 이에 편승하거나 혹은 마지 못해 사회주의에 동조하는 모습을 보였다는 입장을 가리킨다.

287) 45호의 「상하, 존비, 귀천—이것이 유가사상의 기초관념이다」와 「이천년전의 노동주의자 묵자」, 46호의 「세계 사회주의운동의 사적기술」과 「적색조합과 황색조합」 그리고 50호의 삭제기사인 「不知手之舞之·足之蹈之」가 그 대표적 예다. 특히 전면삭제된 「不知手之舞之·足之蹈之」는 민족운동 내에서 문화운동 및 실력양성론의 몰락과 그에 따른 '유식유산자' 계급의 패권상실을 기정사실화하고 무권무산자민중 중심의 노동운동이 '지상의 천국건설'에 진췌(盡瘁)할 것을 확신한다. 『개벽』 50호, 1924.8.1,

큰 의미가 없는 것이다.

요컨대 천도교의 근대적 비전과 당대 개조담론에 대한 신중한 분석의 결과물로 볼 수 있는 이돈화의 종교사상에 '사회주의 핵심담론'이 녹아 있다는 사실이야말로 '사회주의에 대한 인정'이자 '공인'이라는 것이다.[288] 그 사상의 현실정합성이나 정당성을 부정하면서 그것을 자신의 종교이념에 포섭하는 사상가 이돈화를 가정하기 어렵기 때문이다. 필자가 상대적으로 사회주의에 적극적이었던 김기전을 제껴두고 이돈화에 주목한 이유가 여기에 있다. 김기전의 표상적 선명함보다 이돈화의 은연중의 '공인'을 오히려 적극적으로 평가할 필요가 있는 것이다. 주목할 점은 이돈화의 사회주의 '수용' 내지 '공인'을 충분히 예견할 수 있다는 사실이다. 『개벽』 37호에 실린 「격변(激變) 우(又) 격변(激變)하는 최근(最近)의 조선인심(朝鮮人心)」이 일차적 표지다.

이 글이 중요한 이유는 첫째, 『개벽』의 사상적 방향전환의 기준점인 37호(1923.7.1)에 게재되었고 둘째 '문화운동파'의 몰락과 '사회주의적 신기분(新氣分)의 추진(趨進)'을 시대정신 내지는 조선사회와 전세계 인류가 밟게 될 '정로(正路)'로 평가했으며 셋째 사회주의 확산의 근본 원인을 '독립심(獨立心)의 변태성(變態性)'으로 진단했기 때문이다. 특히 사회주의 열풍의 근본 원인이 민족독립에의 '여망(餘望)'에 있다는 진단은 탁견이라 아니할 수 없다.

> 이에서 同一한 文化派의 中에서 勢不得已 새로운 方法을 차자보고 새로온 眞理를 憧憬하게 되엿다. 이것이 곳 社會主義的 新氣分이라하는 것이다. (중략-인용자) 玆에 한가지 注意할 일은 朝鮮사람에게 가장 쉽게 이 社會主義的 氣分이 돌게 된 것는(은-인용자) 唯一의 原因이 어대 잇나냐하면 獨立心의 變態性이라 할 만한 卽 朝鮮獨立의 希望에서 失望된 元氣를 새로히 社會

2~5면; 이 책의 부록 「『개벽』 영인본에서 볼 수 없는 21개의 기사(작품) 원문」 참조

288) 지고지선의 담론인 종교이념(교리)이 특정담론을 포섭했다는 사실 자체가 그 포섭 대상에게는 최대의 '賞讚'이다.

> 主義上에 變態的으로 그 希望을 펴게 된 것이라. 그들의 中에는 當初부터 主義的, 眞理的 精神으로 社會主義를 主唱하는 사람이 업지 안이할 것이나 그러나 一般 民衆으로서의 大部分은 大概가 獨立的 希望의 變態心으로, 알고 하든지 모르고 하든지 失望의 餘氣를 스스로 社會主義的 新理想에 붓치게 된 것이라. 그리하야 그들은 이 新希望에 依하야 다시 元氣를 펴고저 함이 最近 朝鮮에 가장 顯著한 新傾向이라 할 수 잇다.

문제는 이 글의 논자가 이돈화라는 사실이다. 영인본이나 원본의 목차에는 '성태'라는 저자명이 선명하지만, 이것은 오식임이 분명하다.[289] 글의 서두에서 논자는 다음과 같이 말한다.

> 내가 三年前－本誌에서 最近 朝鮮人心을 論할 째에 混沌·朦朧·彷徨이라 하는 말로써 그 全體를 代表하야 말한 일이 잇섯다.[290]

즉, 자신이 삼년 전 『개벽』에 조선의 인심을 '혼돈, 몽롱, 방황'으로 요약한 글을 썼다는 것이다. 인용한 글이 1923년 7월호에 게재되었으니, 햇수로 삼년 전이면 1921년 7월을 전후한 시기일 것이다. 실제로 그가 말한 글은 13호(1921.7.1, 일주년기념호)에 「혼돈으로부터 통일에」란 제목으로 실려 있다. 필자는 이돈화로 기재되어 있다.

> 一. 混沌, 朦朧, 彷徨
>
> 현재 우리 조선사람이 아즉도 과도기에 잇슴은 누구나 다－아는 일이다. (…중략…) 그러기에 과도기의 中路에 在하야 누구나 흔이 맛보는 일은 혼돈, 몽롱, 방황이라 하는 것이겟다.[291]

---

289) 일찍이 필자는 박사논문에서 사회주의자 이성태를 '이돈화'와 동일인이라 주장한 바가 있으나(118~120면), 이는 명백한 오류이다. 부언하자면, 『개벽』 37호의 원본 목차에는 이돈화의 글인 「격변 우 격변하는 최근의 조선인심」이 '성태'의 글로 오식되어 있는데, 이를 필자가 구체적 상황과 인물에 대한 사실 확인 없이 '이성태'의 글로 믿어버린 결과다. 이번 기회에 이를 바로잡는다.

290) 이돈화, 「격변 우 격변하는 최근의 조선인심」, 『개벽』 37호, 1923.7.1, 4면.

37호에 게재된 「격변(激變) 우(又) 격변(激變)하는 최근(最近)의 조선인심(朝鮮人心)」이 이돈화의 글이라는 사실은 그가 사회상의 변화를 깊이 통찰하고 있었고, 이런 현실인식의 기반 위에서 일찍부터 사회주의의 이념에 대해 고민하고 있었다는 점을 방증한다. 여기서 우리는 천도교 문화운동의 이론(이념)적 기초로 제시된 이돈화의 사람성주의가 본원적으로 '인본주의'에서 출발했고 자체에 사회주의적인 요소를 가미하고 있었던 사실을 환기할 필요가 있다. 즉 그의 사회주의 수렴은 가능태의 현실화이지, 무(無)에서의 창조가 아니었다는 것이다. 그러고 보면 천도교는 그 역사와 존재방식 그리고 핵심 교리가 애당초 모두 그러했다. 특히 지상천국 건설, 인간해방이라는 천도교의 이상은 매우 현세적이고 인민주의적인 것이었다. 요컨대 『개벽』에서 천도교 인민주의와 사회주의가 교섭할 가능성은 상존했고,[292] 이런 점에서 『개벽』의 사상적 전환은 내재적인 과정이기도 했다고 할 수 있다.

한편 외부 논자들의 경우는 사상적 표지가 한층 선명하고 두드러졌다. 37호를 기준으로 했을 때, 김기진은 「프로므나드 센티멘탈」(37호)을 시작으로 34편의 글들을 지속적으로 발표했는데, 「클라르테운동의 세계화」(39호)·「싸르뿌스 대 로맨로란의 쟁점」(40호)·「지배계급교화, 피지배계급교화」(43호) 등 모두 사회주의 성향이 짙은 글들이었다. 김기진과 함께 파스큘라 회원이었던 박영희는 시기적으로 조금 뒤인 44호부터 집중적인 글쓰기가 이루어져 모두 47편의 글을 발표하는데, 「조선문단의 최신경향」(44호)·「문학상 공리적 가치여하」(56호)·「신경향파의 문학과 그 문단적 지위」(64호) 등 "김기진과 비슷한 관점에서 무산계급문학을 논했다."[293]

291) 이돈화, 「혼돈으로부터 통일에」, 『개벽』 13호(일주년기념호), 1921.7.1, 2면 참조.
292) 한기형은 『개벽』이 출범 당시부터 사회주의와 친연한 신학적 태도를 가지고 있었고, 상·하반기 일관되게 천도교의 종교정책(인민주의적 시각)에 규율되었다는 점에서 상·하반기를 단절 혹은 불연속으로 구별하려는 관점에 반대했다. 필자 또한 『개벽』의 연속성 내지 역동적 발전성이란 차원에서 한기형과 판단을 같이 한다.
293) 윤병로, 『한국근·현대문학사』, 명문당, 1991, 174면 참조.

‘신경향파문학’을 사실상 주도했다는 점에서 이들은 『개벽』의 논조변화의 문학적 표지라고 할 수 있다.

정치 · 사상분야에서는 정백(鄭栢)[294]과 이성태(李星泰)의 글이 두드러졌다. 정백은 ‘백작(白綽)’ ‘목멱산인(木覓山人)’이란 필명으로 모두 13편의 글을 게재했는데,[295] 「사회주의학설대요」(40~45호) 시리즈를 시작으로 「조선청년총동맹에 대하여」(46호) · 「농촌청년에게 보내는 글월」(55호) 등 계급운동에 관한 글들이 주류를 이룬다. 이성태는 ‘ST’ ‘SY’ ‘YS생’[296] 등의 필명으로 36호부터 모두 19편의 글을 게재했는데, 『개벽』의 논조 변화를 사실상 이끌었다고 해도 과언이 아니다. 앞서 필자는 『개벽』의 사상변화의 기준점을 37호로 잡았는데, 그 근거가 되었던 글들이 대부분 그의 글이다.[297] 특히 문화파의 실력양성운동을 비판하면서 노동계급운동의 당위성을 설파하는 「왼편을 향하여」(38호)와 노동운동과 소작운동이 정치투쟁으로 나서야 함을 역설하는 「왼편을 밟고서」(44호)는 「점점 이상해가는 조선의 문화운동」(44호)의 논조와 맞물리면서 『개벽』의 논조변화를 분명히 하는 표지라고 할 수 있다.

이처럼 『개벽』의 논조변화와 맞물려 그 내 · 외적 상황을 종합해 볼 때, 『개벽』이 사회주의 수용에 수동적이었다거나 『개벽』의 논자들이 단지 동의의 ‘포즈’를 취했다는 평가는 재고될 필요가 있다. 오히려 이념적 친연성을 바탕으로 사회주의를 적극적으로 수용했다고 보는 것이 합리적이다. 마찬가지로 『개벽』의 사상적 분화과정을 전적으로 외부의 힘에 기대어 설명하는 방식도 재고될 필요가 있다. 사회 · 역사적 환경과 함께 사

294) 路草 정지현의 필명이다. 이에 대해서는 부록 「『개벽』 필명 색인」 참조.

295) 정백은 백작, 목멱산인 외에 목멱생(木覓生)이란 필명도 사용했다. 이에 대해서는 본고의 부록 「『개벽』 필명 색인」 참조.

296) 이성태는 ‘정관생(靜觀生)’ ‘동관생(動觀生)’이란 필명도 사용했다. 자세한 내역은 부록인 「『개벽』 필명 색인」을 참조.

297) 「깐디의 운동과 인도의 무산계급」(37호), 「왼편을 향하여」(38호) · 「적색공포와 백색공포」(39호, 삭제) 등이 대표적 예이다.

상 주체들의 의식적 선택과 모색이란 측면이 적극적으로 평가될 필요가 있다는 것이다.

그런데 이처럼 『개벽』의 사상분화가 하나의 능동적 과정이고, 이돈화·방정환·김기전 등이 사회주의사상과 밀접한 관련을 갖는다는 것은 여러 면에서 생각해볼 바가 많다. 우선 그들이 모두 열렬한 천도교 신자였고, 특히 이돈화는 천도교의 종교이념을 체계화한 인물이라는 점을 감안할 때, 종교와 사회사상의 내적 고리들을 조망해볼 필요가 있다. 이 시기 사회주의사상의 특징과 개벽사상의 연결고리에 대한 고찰은 그 핵심 사안이 될 것이다. 다음은 개별 주체들의 사상적 변천에 대한 내밀한 검토가 이루어져야 한다. 학계에서는 종교인이라는 이유로 그들의 의식세계에 접근하기를 꺼렸으며, 종교계에서는 사회주의와 관련된 민감한 사안들에 대해서는 언급을 회피하고 있는 실정이기 때문이다. 그들의 사상을 '민족주의'나 '사회주의'로 규정하기에 앞서 그들의 행적과 글쓰기에 대한 실증적 검토가 있어야 하겠다.

(3) 『개벽』의 사상적 분화과정의 근원과 의미

『개벽』의 사상적 분화과정을 하나의 내적 과정이자, 핵심주체들의 사상투쟁의 과정이라고 할 때, 이것의 근원은 역시 '개조주의' 자체에 있다고 할 수 있다. 계급운동이 문화운동의 분화과정에서 나왔고,[298] 문화운동은 시대정신이었던 개조주의에 사상적 근거를 두고 있었기 때문이다. 하지만 좀더 근본적으로 살펴보면, 『개벽』의 사상적 분화는 개조주의가 개벽사상을 대체하는 순간부터 진행되었다고 할 수 있다. 얼핏 하나의 현실적 치환과정으로 볼 수도 있는 이것이 중대한 전환의 의미를 갖고 있

298) 박찬승은 이를 "문화운동 내에서 분화해간 사회주의자들은 이제 거꾸로 문화운동을 비판하는 작업에 나서게 되었다"는 말로 표현한다. 『한국근대정치사상사연구』, 역사비평사, 1992, 313면 참조.

었기 때문이다.

앞서 필자는 개벽사상이 개조주의로 치환된 이유를 양자의 공통점에 주목하여 조명하였다. 양자가 공히 현실변혁 담론이었다는 점, 또 비슷한 체계와 원리를 갖고 있었다는 것, 그리고 특히 개벽사상이 체계화과정을 통해 좀더 현실적인 사상이 되었다는 점을 중요한 근거로 꼽았다. 하지만 개벽사상은 신의 영역을 다루는 종교이념이요, 개조주의는 인간들의 일상적 삶에 근거를 둔 사회사상으로, 양자가 근본적으로 같을 수는 없었다. 개벽사상이 개조주의로 대체되는 과정 자체가 양자의 근원적 차이를 방증한다. 이는 '종교와 현실의 거리감'의 표현이며, 종교이념의 근대화라는 의식적 노력에도 불구하고 그 거리감이 메워지지 않았음을 의미하는 것이기 때문이다.[299] 결국 개조주의는 종교이념이 일상세계의 벽을 넘기 위한 도구였다고 할 수 있겠다. 기독교가 예수라는 인간의 몸을 빌렸듯이, 『개벽』 주체들에게는 현실의 논리가 필요했다는 것이다.

그러나 개조주의는 바로 인간의 논리이기에 현실 속에서 검증되어야 했으니, 종교이념이 신앙의 문제로 비껴갈 수 있는 시험을 개조주의는 피해갈 수 없었다. 개조주의는 식민지 민중의 구체적 일상 속에서 그 정합성을 심판받아야 했던 것이다. 양자의 치환이 이질적인 영역 사이에서 발생한 데 따른 필연적 결과였다. 더구나 개조주의가 외래의 사상이고, 내적으로 '개방성'과 '미분화성'을 특징으로 하는 것이라면 현실정합성의 검증은 수용 주체들에게는 더더욱 피할 수 없는 과정이었다. 이런 점에서 1920년대 초·중반 『개벽』의 사상적 분화과정은 일차적으로 개조주의 현실정합성의 검증과정이라고 할 수 있다.

물론 검증·결과는 개조주의의 좌절과 사회주의의 전면화였다. 앞서 보았듯이 개조주의를 표방했던 문화운동이 체제내적 성격을 분명히 함으

---

299) 『개벽』 주체들이 이 거리감의 극복을 잡지의 현실성·대중성을 좌우하는 관건으로 보았음은 물론이다. 가급적 종교색을 노출하지 않는다는 원칙은 종교와 현실 사이에서 고민했던 주체들의 고뇌의 산물이라고 할 수 있다.

로써 민족의 독립을 열망하는 '민족정서'로부터 멀어졌고, 민심은 그 대안으로 사회주의에 새 희망을 걸었던 것이다. 『개벽』은 이런 변화의 중심에 있었으니, 이는 『개벽』의 민족주의적 지향의 궁극을 분명히 하며, 아울러 사회주의 수용의 심리적 근거까지 제시하는 의미가 있다고 할 수 있다. 특히 『개벽』 주체들이 열렬한 종교인이었다는 점은 『개벽』의 사회주의 수용에 특별한 의미를 부여한다.

한편, 개조주의의 분화과정은 근대의 핵심문제를 둘러싸고 벌어진 사상투쟁의 과정이었다고 할 수 있다. '개인이냐 민족이냐' '정신이냐 물질이냐'는 1920년대 지식계의 화두로, 『개벽』은 이를 적극적으로 받아안고 있었고, 이에 대해 나름의 해법까지 제시하고자 했다. 『개벽』에서 날카롭게 충돌하는 '문화주의'와 '사회주의'도 결국은 이 해법을 둘러싼 논쟁이라고 할 수 있다.

그런데 개인과 민족, 정신과 물질의 문제는 사상의 문제만이 아니라 문학의 문제이기도 했다. 1920년대 초반 『창조』·『폐허』·『백조』로 대표되는 동인지문학과 『개벽』 문학의 차이는 바로 이 양대문제에 대한 인식의 차이에서 비롯되고 있다. 즉 전자가 개인의 정신적 완성이란 차원에 초점을 두었다면, 후자는 역으로 사회와 역사적 과제에 초점을 두고 있다. 이런 의미에서 전반기 『개벽』에서 벌어진 사상투쟁은 문학투쟁이며, 부르주아문학과 프로문학으로 대별되는 후반기 문학투쟁의 전사(前史)로서의 의미를 갖는다고 할 수 있다.

제5장 『개벽』과 문학사의 전변

필자는 바로 앞 장에서 『개벽』의 근대기획 혹은 미디어적 전망의 기본 '모드'에 해당한다고 할 수 있는 '사상(이념)'분야를 집중 점검했다. 『개벽』이 근대지성사에 기여한 바를 정립한다는 책의 목표로 볼 때, 또 『개벽』이 마주한 1920년대 초·중반 조선사회의 '이념적 대전환'을 염두에 둘 때 이는 필연적인 것이었다. 일종의 토대작업으로서 '검열'의 문제를 둘러싼 『개벽』과 식민체제의 역학관계 그리고 『개벽』의 재생산 체계(출판·유통의 문제)와 편집체계를 점검한 것은 그런 변화의 한복판에 있었던 『개벽』의 실제 '비중'을 가늠하기 위해서였다. 예를 들어 『개벽』의 출판·유통은 특정한 이념의 형성과 전파(소통)와 직결되는 사안이었다.

그런데 이런 일련의 토대작업이 상부구조와 맺게 되는 필연적 연관성은 '사상'분야에 한정될 수 없는 것이다. '문학'은 대표적인 예다. 『개벽』에 대한 검열은 '문학'에 대한 검열이며, 『개벽』의 유통은 그 문학의 소통이며, 『개벽』의 편집체계는 그 문학의 형성 모드였기 때문이다. 특히

『개벽』의 편집원리, 즉 '대중성 · 계몽성 · 현실성'은 『개벽』의 문학적 지향과 밀접한 관련이 있다. 『개벽』의 범문단적 지면개방과 대중적 문학교육 프로그램은 '대중성'의 실천이고, 박달성의 기록서사과 방정환의 소설이 드러내는 민족계몽적 성격은 '계몽성의 원리'가 문학과 관계맺은 결과이다. 또 현진건의 소설들은 당대 동인지문학이 성취하지 못한 리얼리티의 새 경지를 보이는데, 이는 기록서사가 보여준 '현실중시의 경향'의 연장선상에 놓인다. 무엇보다도 『개벽』이 '신경향파문학'의 시원지이자 주요 기반이 되었던 것은 문제적 현실에 대한 치열한 고민과 분투의 결과물이었다. 결국 『개벽』의 편집원리는 곧 문학의 생성원리이자, 문학사 전변의 핵심 동력이었다고 할 수 있다.

한편, 문학은 지성사의 다른 영역들과도 복잡한 관계를 형성하고 있었다. '지성(知性)'이 곧바로 '문학(文學)'을 환기하고, 또 문학사가 지성사를 대변하기도 했던 한국사회의 지적 풍토는 문학 본연의 '삼투성'에 기인한 바가 크다. 그 중에서도 사상은 자체가 계몽의 한 형식이자 현실에 대한 치열한 고민의 산물이라는 점에서 비슷한 존재방식을 가진 문학과 떼려야 뗄 수 없는 관계를 형성하고 있다. 따라서 『개벽』의 사상에 대한 고찰은 그 문학사상 혹은 문학담론 분석의 전초전이라고 할 수 있다. 유의할 점은 『개벽』의 문학이 시대를 앞서거나 시대정신의 변화를 예견하기도 했으며, 동시대 문예동인지의 한계를 넘어서기도 했다는 사실이다. 사상적 선취가 형상화로 이어진다는 통념에 기대서는 『개벽』의 문학적 연속성과 역동성을 제대로 포착하기 어렵다는 것이다.

1. 문학 대중화론의 제기와 그 성격

1) 문학 대중화와 문단적 개방성

1920년대 한국문학은 근대적 문학환경과 만난다.[1] 전문작가의 출현과 독서대중의 증가 그리고 근대적 출판・유통망의 성장 속에서 문학은 비로소 대중적 상품으로 존재하게 되는 것이다. 작가들은 상품의 생산 주체로서 어떤 식으로든 변화된 환경에 대처해야 했다. 이는 대중화에 순행하느냐 아니면 역행하느냐의 간단한 선택의 문제처럼 보이지만 실은 그리 간단한 사안이 아니다. 턱없이 부족한 독서인구와 높은 문맹률, 경제적으로 열악한 서적계의 상황, 대중적 유통망의 미비는 주체들의 선택적 판단을 어렵게 했다. 식민지 반봉건사회라는 한국사회의 특수성이 문학적 근대의 길을 굴절시켰다. 가령 '통속이냐 예술이냐' 하는 동인지 작가들의 선택적 고민은 조선의 열악한 문학환경의 산물이었다.

주목할 점은 비슷한 시기에 공존했던 문학 매체들이 서로 상반된 방향으로 행로를 모색했다는 것이다. 『개벽』이 종합지를 선택함으로써, 전문지의 형식을 채택한 『창조』를 비롯한 일군의 문예지와 다른 행로를 표방했다는 것은 주지의 사실인데, 이는 문학방면에 한정해서 볼 때도 비슷한 문맥으로 이해할 수 있다. 문학부문과 관련된 『개벽』 편집진의 노력은 한마디로 '문학의 대중화'로 요약할 수 있다. 이 시기 문학의 인기를 고려할 때 문학에 많은 지면을 할애한다는 자체가 문예대중화의 노력으로 볼 수 있으며, 현상문예와 독자투고 그리고 해외문학작품의 번역 소개 등은 문학에 대한 독자의 관심을 고양하는 조치로 볼 수 있다. 그 중에서도 『개벽』이 문예지면을 외부에 '개방'했다는 점은 주목을 요한다. 이는 문

1) 이에 대해서는 이언 와트(『소설의 발생』)나 피에르 부르디외(『예술의 규칙』)의 논의를 참조.

예동인지의 폐쇄성을 극복하는 것이자, 향후 문예지의 기본형식을 예견하는 것이기 때문이다.[2)]

> 종합지 "개벽"과 문예지 "조선문단"은 성숙기에 접어든 1920년대 전반기 한국문단의 두 기둥—동인지의 폐쇄성을 완전히 탈피하여 원고의 외부 청탁제와 원고료 지불을 제대로 실시하여 시, 소설, 비평 등 각 장르의 작품들을 폭넓게 수용하면서 7년 내지 3년 동안 정기(定期) 그리고 장기적으로 속간하는 잡지다운 최초의 잡지였다.[3)]

『개벽』의 편집진은 이를 크게 두 방향에서 추진했다. 첫째는 일반 독서대중에 대한 지면(誌面) 개방이다. 『개벽』은 5호부터 일반독자의 관심과 자발적 참여를 유도하기 위해 「독자교정란」을 두었는데, '독자통신'은 기사에 대한 의견이나 자유발언을 도모했고, '문림(文林)'은 독자들의 문학기고를 담았다. '문림'에는 정제된 형식은 아니지만 근대적 형식의 시가와 수필·기행·문학평 등이 다양하게 실렸고, 이는 문학이라 하면 그저 옛날이야기나 음풍농월을 연상하던 문학관을 독자들 스스로 전환하는 계기가 되었다.

문학의 대중화란 독자의 문학적 성장 없이는 불가능한 것이라 할 때, 지면 개방은 작가와 독자의 소통과 이를 통한 상호발전이란 의의를 갖는다고 할 수 있다. '현상문예'[4)]와 '독자문예'[5)]도 비슷한 관점에서 바라볼

---

2) 『조선문단』이 개방적인 형식을 갖추게 된 데에는 『개벽』이 귀중한 경험을 제공했다. 『조선문단』의 매체적 성격에 대해서는 이경돈, 「『조선문단』에 대한 재인식」, 『1920년대 문학의 재인식』, 『상허학보』 7, 깊은샘, 2001; 이봉범, 「1920년대 부르주아문학의 제도적 정착과 『조선문단』」, 『민족문학사연구』 29, 소명출판, 2005 참조.

3) 김병익, 『한국문단사』, 일지사, 1973, 79면 참조.

4) 1921년의 1주년 기념 「현상문대모집」(11호, 86면 공고), 1924년의 4주년 기념 「현상문예모집」(45호, 111면 공고), 1925년의 5주년 기념 「현상단편소설모집」(59호, 표지공고)을 말한다.

5) 「편집후기」(54호)와 「독자문예대모집」공고(55호, 98면)를 통해 모집된 56호의 「독자문예」를 말한다.

수 있다. 두터운 작가층의 형성없이 문학의 대중화는 불가능한 것이라고 할 때, 현상문예 등은 전문작가가 부족한 문단에 새로운 인물을 공급하는 중요한 역할을 했다. 실제로 1920년대의 대표적 작가인 현진건·이기영·박종화·김기진 등은 『개벽』을 통해서 등단했으며, 염상섭과 나도향이 소설가로 등단한 것도 『개벽』을 통해서였다.6)

둘째는 전문작가나 외국문학에 대한 지면 개방이다. 『창조』·『폐허』·『백조』 등의 문예지들이 조기명멸하는 상황에서 『개벽』이 동인지 작가들에게 지면을 개방했다는 것은 널리 알려진 사실인데, 실제로 『개벽』에는 우리가 이름만 들어도 알 수 있는 작가들이 적지 않다. 대표적인 경우만 해도 시에서는 김석송(30회)·김억(46회) 등이 글을 올렸고, 소설에서는 동인지 소설을 대표한다고 할 수 있는 김동인(11회)·염상섭(21회) 등이 글을 발표했다.

특히 염상섭은 「표본실의 청개고리」(14~16호)를 비롯하여 「암야」(19호)·「제야」(20~24호)·「금반지」(44호)·「검사국의 대합실」(61호) 등의 소설과 「부득이 하야」(16호)·「개성과 예술」(22호) 등의 평론을 게재했고, 김동인은 「전제자」(9호)·「이잔을」(31호)·「눈을 겨우 뜰때」(37~41호)·「명문」(55호)·「시골황서방」(60호) 등을 『개벽』에 발표했다. 이를 김동인의 언급을 빌려 표현하면 '조선의 모든 문인이 『개벽』을 무대로 놀았다' 할 정도였다.

> 상섭과 빙허—이 두 소설작가가 "개벽"을 무대로 하여 출세하였다는 점만으로 "개벽"이 조선 문예사상에 공헌한 바는 크다. 그러나 그뿐이 아니었다. 그때엔 온갖 잡지가 모두 폐간되고 "개벽" 혼자가 든든한 기초 위에서 발행을 계속하던 때인지라 한때는 조선의 전문인이 "개벽"을 무대로 놀았다. 소월도 "개벽"을 요람으로 삼고 출세한 시인이었다. 폐허파의 석송, 백조파의 도향 모두 "개벽"을 무대로 이름을 높였다. 지금 프로 문단의 선두로 꼽는 팔봉씨며 박영희씨도 "개벽"에서 그 문단적 첫걸음을 내어 놓았다. (…중략…) 하여튼 문예품의

6) 그 중 이기영은 현상문예를 통해 등단한 대표적 작가이다. 『개벽』 49호(1924.7.1), 4주년 기념 현상문예에 그의 소설 「오빠의 비밀편지」가 3등으로 당선되었다.

발표기관이라고는 "개벽" 하나밖에는 없는 시절인지라 유명 무명간에 글을 발표하려면 "개벽"의 힘을 빌었다. 따라서 "개벽" 그 첫걸음으로 삼아서 문단에 출세한 문인들이 꽤 많다. 이러한 의미로 "개벽"이 조선 문예계에 바친 그 공로를 결코 몰각할 수 없다.[7)]

그런데 신진 작가들이 등단하고, 기성 작가들이 문학행위를 지속할 수 있었던 것, 다시 말해 『개벽』이 이런 문단적 기여를 할 수 있었던 데에는 크게 두 가지 요인이 작용한 것 같다. 우선은 편집진의 지면 개방에 대한 신념과 노력을 지적하지 않을 수 없다. 잦은 압수와 판매금지로 인한 경영 압박에도 불구하고 문인들에게 최고의 원고료를 제공하며 작품을 독려했다는 것이 노력의 단적인 증거다. 당대 출판계가 경제적 어려움에 허덕였고, 문인들은 생계를 지탱하기에는 너무도 턱없는 원고료로 인해 불만이 적지 않았다는 사실은 월탄의 일기에 자세히 쓰여 있다.

문화사에 들어가니 노작과 석영이 있다. 동명사로부터 현(玄)에게 원고료 14원을 가지고 보냈음으로 익조(翼朝)에 곧 급사(給仕)를 시켜서 다시 퇴하였다 한다. 자꾸 내지 아니 하려는 동명사에서 원고료를 청구한 것도 고집이 세지만 억지로 내기 싫은 것이라 하여 시는 통털어 3원, 소설은 5원으로 따져서 보는 동명사에서도 심히 그 사람다운 사람였음을 알 것이다. 도로 그 14원을 반각(返却)하는 봉투 옆에 '며칠 전에는 긴히 쓸 일이 있어 번번히 고료를 청구하였더니 이제는 그리 돈 쓸 일이 없음으로 반각하노라'하였다 한다. 심히 쾌(快)하게 하였다.[8)]

심지어 1920년 문홍사에서 정한 공식 원고료는 전문작가와 일반인의 구별없이 1페이지(원고지 4매)당 '50전 이상 1원 이하'였다.[9)] 이런 상황에서 개

7) 김동인, 「문단회고」, 『매일신보』, 1931.8.23~9.2, 1931.11.11~22; 『김동인전집』 6, 삼중당, 1976, 283면 재인용.
8) 윤병로, 『박종화의 삶과 문학』, 성균관대 출판부, 1992, 61면 참조.
9) 김동인, 「글동산의 거둠」(부잡평), 『창조』 5호, 1920.3.31, 98면 참조.

벽사는 "시 한편에 10원, 산문 1장에 1원으로 계산"[10]하여 고료를 제공했고, 현상문예 상금으로 거금 백원을 제시하기도 했다.[11] 문인이면 누구든 『개벽』에 작품을 싣고자 했을 것인 바, 당연히 질 높은 작품들이 『개벽』에 몰렸고, 『개벽』의 문학적 성장은 일층 가속화될 수 있었다. 한번의 현상응모에 30편의 시와 41편의 소설과 희곡이 모집되고,[12] 19호부터 문예면이 여타 기사와 분리되는 상황은 그냥 이루어진 일이 아니었다.

물론 이는 편집진의 고육책이기도 했다. 『개벽』이 문학에 대한 관심이 남달랐던 것은 사실이지만, 실제로 문학지면을 채우는 문제는 쉬운 일이 아니었다. 전문작가 부족의 문제는 시대적 공통항으로 『개벽』 또한 예외는 아니었다. 박달성은 전문작가가 아니었으며, 방정환은 소년운동과 아동문학에 큰 뜻을 두고 있었고 『어린이』의 창간을 전후해서는 『개벽』에 신경을 쓸 상황이 아니었다. 더구나 전문작가의 양성은 하루아침에 될 수 있는 일이 아니었기 때문에 문학지면을 채우는 일이 큰일이었다. 방법은 하나 기성작가들에게 지면을 개방하고 적극적으로 문학작품을 유치하는 일이었을 것이다. 상반기 『개벽』에 동인지 작가들의 작품이 문학란의 상당 부분을 차지하는 현상은 일차적으로 이런 상황의 산물로 보면 틀림이 없다.

다른 한편으로는 동인지 작가들의 의식적 선호 내지 노력을 고려해야 한다. 물론 전문작가의 부족과 지면의 부족이라는 문제는 뗄 수 없는 양면의 문제이고, 대다수 동인지의 조기명멸이라는 상황에서 문학작품을 실을 공간이 절대적으로 부족했다는 것은 주지의 사실이다. 다만 이런 지면부족의 환경이 작가들로 하여금 어쩔 수 없이 『개벽』에 작품을 게재하게 만들었다는 식의 논지를 일방화하는 데에는 문제가 있다. 여기에는 문학

10) 윤병로, 앞의 책, 61면 참조.

11) 1주년 기념 '현상문예'에서 문학작품은 편당 5원의 일등 상금을 제시했는데, 4주년 기념 '현상문예'에 이르러서는 소설과 희곡의 일등 상금이 백원으로 상승한다. 『개벽』 11호, 86면 공고와 45호, 111면 공고 참조.

12) 현상윤 외, 「고선여감」, 『개벽』 11호, 58면; 염상섭 외, 「선후감」, 『개벽』 49호, 179면 참조.

이란 고차원적인 어떤 것으로 남아야 하고, 따라서 문예 전문지가 아닌 종합지에 문예물을 투고한다는 것은 격이 떨어지는 것이라는 논자의 암묵적 의식이 반영되어 있으며, 종합지의 문학 즉 『개벽』의 문학을 문학사의 일개 우연한 현상으로 치부하려는 의도가 내포되어 있기 때문이다.

하지만 전문적 지면의 부족을 『개벽』에 대한 투고로 곧장 치환하는 논의방식이 미처 주의를 기울이지 못한 대목이 있다. 그것은 『개벽』이 당대 최고의 발행부수를 자랑하며 실독자(實讀者)만 수만 명 이상을 거느린 인기있는 잡지였다는 사실, 바로 『개벽』의 '대중적 지명도'이다.

주지하다시피 이 '대중성'은 문예 전문지들의 근대문학적 행보에 있어 가장 약한 고리였고, 근대적 작가를 꿈꾸는 동인들에게는 일종의 '아킬레스건'이었다. 최고 잘나간다는 문예지가 채 2,000부를 팔지 못하는 상황에서 동인지 작가가 가진 '대중적 인지도'는 엄밀히 말해 형편없는 것이라고 볼 수 있다. 이처럼 문예 전문지가 근대적 작가로의 성공, 즉 대중적 인지도를 보장하지 못하는 상황에서 『개벽』은 그야말로 대중적 인기의 보증수표로 현상했을 터이다.

따라서 『개벽』에 대한 동인지 작가들의 투고를 순전히 원고료의 문제로 치부해서는 본질에 다가서기 힘들다. 즉 그들의 원고료 관련 언급에는 『개벽』을 통한 대중적 작가로서의 성공이라는 '욕망'이 은폐되어 있다고 보는 것이 합당하다. 한편에 대중적 인지도에 문제가 있는 작가들이 다른 한편에 대중적 인기를 가진 잡지가 있을 때, 더구나 그 잡지가 인기의 보증수표라고 한다면 양자의 결합은 암묵적이고도 조용하게 이루어질 수 있다.[13)]

그런데 이처럼 『개벽』에 동인지 작가들의 작품이 다수 게재되었다는

---

13) 하지만 이런 결합이 성공적이었는지는 의문이다. 가령 당대 최고의 소설가였던 염상섭이 작품집을 내는 족족 실패했다는 사실은 시사하는 바가 크다. 동인지 작가들이 대중잡지 『개벽』에 글을 올렸지만, 이것이 형상화의 한계를 돌파하는 직접적인 계기가 되지는 못했던 것이다.

사실은 『개벽』의 사상과 문학을 이해하는 데 중요한 단서를 제공한다. 우선 이는 계몽담론의 차원에서 『개벽』이 동인지 작가들이 가진 이념을 배타적으로 보지 않았다는 점을 분명히 드러낸다. 즉 『개벽』이 민족과 개인을 아우르려는 취지에서 문화주의를 수용했듯이, 동인지문학을 수용함으로써 '개인의 자각'을 '민족적 각성'과 연계하려 했다는 것이다. 특히 『개벽』의 상반기는 아직 계급운동을 둘러싼 피아구별이 선명하지 않았던 때라는 점에서 사상적 절충은 하나의 대세였다고 할 수 있다. 즉 계몽이념의 절충은 곧 문학의 절충성이기도 했으니, 이른바 『개벽』의 문학과 동인지 문학이 공존의 가능성을 열어두는 것이다. 『개벽』이 동인지 작가들의 작품을 싣는다는 것은 절충적 모색의 출발인데, 『개벽』의 문학은 여기서 더 나아가 직접 동인지문학과 상호교섭하는 면모를 보이기도 했다.[14]

어쨌든 이런 『개벽』의 문학적 노력은 조선의 문학적 지평을 넓히는 것이었고, 대중의 문학적 인식을 전혀 새롭게 하는 계기가 되었다. 결과적으로 '문학의 대중화'가 진전된 것이라 할 수 있다. 『개벽』이 기획한 신년·신춘문예호[15]도 비슷한 맥락에서 의의를 부여할 수 있다. 특히 외국문학작품의 번역[16]과 '해외문단특집'[17]은 수준 높은 서구 문예물을 통해 문학적 인식의 진전을 도모하는 것이었다.

반면, 『창조』를 비롯한 문예 동인지는 개방이 아니라 '폐쇄성' 내지 '배타성'을 특징으로 했다. 『백조』와 『폐허』는 동인 이외의 글을 거의 게재하지 않았으며, 『창조』의 경우는 외부인사의 글이나 독자투고를 원칙적으로 인정했으나,[18] 글이 게재되기 위해서는 동인들의 추천이 필수적

14) 이에 대해서는 뒤에서 상론할 예정이다.
15) 대표적인 것이 '신춘문예호' 44호(1924.2.1)와 '신년특별문예호'인 55호 등이다.
16) 94회에 걸쳐 모두 93편이 번역되었는데, 시 50편·소설 21편·희곡 8편·수필 1편·문학론 6편·기타 7편 등이다.
17) 대표적인 것이 2주년 기념 「외국걸작명편부록」이 실린 25호(임시호, 1922.7.10)와 6주년 기념 「최근해외문학걸작 20편부록」이 실린 71호(1926.7.1)이다.
18) 「남은말」, 『창조』 6호, 75면 전영택의 언급과 『창조』 9호, 95면 편집부의 독후감 모집 공고 참조.

이었다.

> 또 讀者諸君의 投稿는 아직까지는 紙面이 넉넉치 못하야 낫나치 바들 수 업스나, 만일 返送郵稅를 同封하여 보내시면 우리 同人이 보아드리고 그 感想을 添附하여 도로 보내 드리겟사오며 或 其中 特出한 作品은 同人의 推薦으로 紙上에 올닐가 하나이다.[19]

문학적 소양이 부족한 일반 독자들의 경우는 사실상 독자투고를 인정하지 않았던 셈이다.[20] 특히 『백조』는 "동인으로 추천되기 전에는 지상에 올릴 수는 없다"[21] 하여 그 배타성을 공개적으로 천명하기까지 했다. 일반 독자들에 대한 배타성은 작가들 사이에도 그대로 이어져 동인지간 몰서(沒書)는 흔한 일이었다. 예를 들어 김환의 「자연의 자각」을 둘러싼 염상섭과 김동인의 논쟁도 알고 보면 매체간 몰서가 발단이 되었다.[22] 그런데 문예 동인지의 폐쇄성은 문학적 다양성을 스스로 제약하고 결과적으로 문학의 대중성 획득을 어렵게 했다. 무엇보다도 독자들의 문학투고를 배제한 것은 문학에 대한 대중의 자발적 흥미와 관심을 부정하는 것으로 동인지들이 일반 독자들로부터 멀어져 간 것은 필연적이었다.

『창조』를 비롯한 문예 동인지들이 이런 결과에 이른 데에는 변화된 문학환경을 '전문화'로 돌파하려 한 데 일차적 원인이 있었다. 하지만 그것만으로 동인들의 배타성과 폐쇄성을 설명하는 것은 무리가 있다. 문학의 대중화와 작가 주체의 전문화는 동시적 과정이며, 따라서 작가 주체의 전

---

19) 동인(同人), 「남은 말」, 『창조』 1호, 1919.2.1, 81면 참조.

20) 『창조』가 6호 이후에는 좀더 지면개방에 적극적인 모습을 보이지만(6호 75면 참조), 상황은 거의 변동이 없었다. 실제로 『창조』에는 동인 이외의 글이 9편가량 실렸을 뿐이다. 후에 동인이 된 사람을 제외한 순수 외부투고자는 김엽, 김소월, 송당생, 이희철(오산인), 백야생(박영섭), 만만생, 김적, 정영태 등이다.

21) 「六號雜記」, 『백조』 2호, 1922.5.25, 164면 홍사용의 말 참조.

22) 논쟁의 발단에 대해서는 金童(김동인), 「비평에 대하여」, 『창조』 9호, 1921.5.30, 55~56면; 김동인, 「문단30년사」, 『신천지』, 1948.3~1949.8; 『김동인전집』 6, 삼중당, 1976, 14~15면 참조.

문화가 필연적으로 일반 독자들에 대한 배타성을 결과하는 것은 아니기 때문이다. 그들이 굳이 문예 전문지를 고집했다는 것도 주체의 전문화로는 온전한 설명이 어렵다. 전문지란 잡지 형식은 엄밀히 말해 문학 주체가 행할 수 있는 선택사항의 하나일 뿐이다.

문제는 그들이 전문지를 고집한 이유였다. 그들이 굳이 전문지를 고집한 이유는 간단했다. 대중지를 통해서는 자신들의 목적, 즉 문학의 근대성을 관철할 수 없다고 믿었기 때문이다. 박헌호에 따르면 문학적 근대를 선취한 당대 문학인들이 반봉건적 사회와 맺을 수 있는 길은 두 가지로 제한되었다고 한다.

하나는 "선취된 근대성을 가지고 대중의 수준에서 그들을 끌고 가는 길"이고 다른 하나는 "선취된 근대성을 심화, 정제하는 것"이었다. "당대 조선은 사회 자체가 반봉건(半封建)의 상태였으며, 그것이 변화될 가능성이 차단된 식민지 사회였"던 바, 사회의 반봉건성과 개인이 선취한 근대성간의 간극이 너무 커서, 그들에게 제3의 길은 없었다는 것이다.[23] 어쨌든 전문지의 형식이 채택되었다는 것은 이 두 갈래의 길에서 동인들이 후자를 택했음을 말하는 것이다. 종합지는 신문연재와 마찬가지로 "대중의 인식수준과 그들의 반봉건성으로 말미암아 항상 근대성의 수치를 끌어내릴 위험"을 안고 있는 형식으로 판단·거부되었다고 할 수 있다.[24]

이런 판단의 배후에 당대 독서대중에 대한 동인들의 강한 불신과 우월감이 가로놓여 있음은 물론이다. 그들에게 조선의 대중들은 낡은 인습과

23) 박헌호는 근대인식을 선취한 당대 문학인들이 반봉건사회와 맺을 수 있는 관계를 두 가지로 정리한다. 하나는 『무정』 시기의 춘원이 걸었던 길로, 선취된 근대성을 가지고 대중의 수준에서 끌고 가는 길이며, 다른 하나는 선취된 근대성을 심화·정제하는 것이며, 김동인이 걸어간 길이라는 것인데, 이 둘 중 어느 길을 선택하느냐는 작가가 사회와 어떠한 관계를 정립하는가 하는 문제이며 동시에 작가들의 양식 선택에도 관련이 있다고 보고 있다. 박헌호, 「한국 근대 단편양식과 김동인 1」, 『작가연구』 2, 새미, 1996, 283~287면 참조.

24) 물론 박헌호의 논지는 제3의 길에 대한 전적인 부정은 아닐 터이다. 『개벽』 문학이 택한 길은 엄밀히 말해 양자의 선택을 절충한 제3의 길이라고 말할 수 있다.

도덕에 얽매인 고루한 자들로 비쳤고, 따라서 자신들을 이해하거나 혹은 심정적으로나마 동조할 수 있는 사람은 동경 유학생을 비롯한 젊은 지식층뿐이라고 생각했다. 그들이 '같은 자만이 같은 자를 이해한다'고 선언하며, 조선사회 '우중(愚衆)'들의 이해와 동정을 포기한 것은 이때문이다.

> 오즉 갓튼 者만 갓튼 者를 理解하는 것이다. 現今 朝鮮社會에서 우리에 對한 眞正한 批判과 同情을 要求하려 하는 것은 도로혀 부지럽슨 일이다. 賢寡愚衆은 어느 社會에서던지 避치 못할 事實이다. 처음부터 우리는 現今 朝鮮社會에 對하야 理解를 要하는 것도 아니요, 同情을 求하는 것도 아니다. 우리는 다만 우리 信仰下에 勇進할 쑨이다. 아아 '오즉, 갓튼 者만 갓튼 者를 理解하는 것이다.' 우리는 그 '갓튼 者'의 出現을 欣求하며 前進할 쑨이다.[25]

당연히 그들에게 예술의 대중화와 그에 수반하는 개방적 태도는 자신이 부정해야 할 대상에게 자신의 가치를 심판받는 것으로 인식되었고 또한 철저히 거부되었다. 한마디로 동인들이 보인 배타성의 바닥에는 엘리트의식과 식민지 조선의 현실에 대한 강력한 '부정의식'이 깔려 있는 것이다.[26] 그리고 이런 부정의식이야말로 그들이 '제3의 길'로 들어서지 못한 진짜 이유였다.

2) 교양과 계몽으로서의 문학

대중화와 관련하여 또 하나 주목할 것은 『개벽』이 문예에 대한 개론적 지식을 제공하고자 노력했다는 사실이다. 소설에 대한 기본 지식을 설명한 「소설개요」(1~2호)나 「현당독폐」(3~4호), 희곡을 개괄한 5~7호의 「현당

25) 남궁벽, 「폐허잡기」, 『폐허』 2호, 1921.1.20, 151~152면.
26) 이들의 부정의식에 대해서는 최수일, 「1920년대 동인지문학의 심리적 기초」, 『대동문화연구』 36, 성균관대 대동문화연구원, 2000 참조.

독폐」, 그리고 문학과 감정의 관계를 해설한 8~9호의 「현당독폐」가 여기에 해당한다. 물론 문학에 대한 계몽을 『개벽』만의 독특한 것이라고 볼 수는 없다. 문예가 매력적인 읽을 거리로 유행되던 1920년대 초반 대부분의 신문·잡지에 공통된 사항이라고 할 수 있다. 하지만 계몽의 대상과 방법의 차원에서 세밀하게 접근하게 되면 사정이 달라진다. 『개벽』의 '문학계몽'에는 무언가 남다른 바가 있었다. 이는 당대 문예운동을 주도한 동인지들의 경우와 비교하면 선명하게 드러난다. 먼저 동인지를 구체적으로 살펴보자.

『창조』·『폐허』·『백조』 등의 문예 전문지들은 특성상 문학계몽에 어떤 매체보다도 적극적이었다. 대다수 신문·잡지의 '문학계몽'이 일회적·파편적이었던 반면, 동인지들의 그것은 지속적이고 전문적인 경향을 띠고 있었다는 것이 그 방증이다. 그 적극성의 원천은 문학적 열정에 있었으니, 동인들은 조선사회의 '문화적 향상'과 '사상생활의 수준'을 높이는 유일한 방법이 문학과 예술에 있다고 판단하고 있었다. 문제는 이런 열정이 현실과 상당한 거리가 있었다는 점이다. 미술가라면 '환쟁이'를 음악하면 '유성기'를 연상하는 것이 당대의 보편적 인식이었던 바, 독서대중의 대다수는 그들의 예술세계를 쉽게 이해할 수 없었다. 김환의 소설 「신비의 막」[27]은 동인들의 생각과 현실과의 격차를 적나라하게 드러낸다.

「신비의 막」에서 주인공 이세민은 경성에서 신식교육을 받다가 조선예술을 부흥시킨다는 이상을 품고 동경으로 유학을 가고, 어려운 고학생활 속에서도 미술에 대한 열정에 불탄다. 한편 그의 아버지는 황해도 장연의 부호로 자식은 부모의 명령에 무조건 복종해야 한다고 생각하는 완고한 인물이다. 실제로 이세민이 보통학교와 고등보통학교를 졸업할 수 있었던 것은 아이로니컬하게도 부친의 완고함 때문이기도 하다.

그가 교육을 받을 수 있었던 것은 부친이 자식을 보통학교에 보내는

27) 김환, 「신비의 막」, 『창조』 1호, 1919.2.1.

것을 국가의 명령으로 생각했기 때문이며, 부친 스스로 인민의 어버이라고 생각하는 군수가 세민을 고등보통학교에 보내라고 청원했기 때문이었다. 그런 완고한 부친이 미술공부를 위해 동경에 가겠다는 세민의 청을 허락할 리 없었다. 실제로 세민의 아버지 이진사는 미술 유학을 떠나겠다는 세민에게 자식을 환쟁이로 만들 수 없다며 반대하는데, 이는 기성세대의 미술에 대한 인식이 '미술가=환쟁이'라는 인식틀을 벗어나지 않고 있음을 잘 보여준다.

> 大體 美術이란 무엇하는 것이냐? 美術! 美術! 얼골을 어엽부게 하는 術이라는 말이냐?옷을 곱게 닙는 術이란 말이냐? (중략-인용자) 그림! 그림은 배와셔 무엇을 한단 말이냐? 그림! 그림! 환쟁이가 되랴냐? 환쟁이나 되랴면 日本까지 아니 가눈덜……네가 우리 家門을 더럽피혀는구나……그림! (24면)

심지어 같이 동경유학을 하는 친구들마저 세민을 이해하지 못한다. 세민의 고향친구이자 동경유학생인 '춘광'은 세민을 소개해 달라는 누이에게 "그까짓 밋친 사람을 차자가 무엇하"냐며 꺼리고, 미의 가치에 대해 열변을 토하는 세민을 조롱하기까지 한다.

> 그래 美를 알면 무슨 수가 生기나 암만 그래도 君이 미쳣네 밋쳣서……좀 精神을 차리게 (중략-인용자) 君이 只今까지 說明하는 自然이니 美的이니 하는 그 말을 나는 하나도 理解할 슈 없네, 그런데 大體 머리는 왜 짝지를 안코 그 모양으로 보기실케 하여두나? 이것도 自然인가? 뭇는 春光은 世民의 머리 긴 것을 비웃고 죠롱하는 말이라.(33면)

비록 춘광이 정치경제학도이지만 고향 친구이자 같은 동경유학생인 세민을 '미친 사람' 내지 이해할 수 없는 인물로 평가한다는 것은 예술에 대한 이해와 공감이 동경유학생들 내부에서조차 보편적이지 않았음을 드러내는 것이다. 당대 최고의 지성이라고 할 수 있는 동경유학생들의 예술에 대한 인식이 이런 상태라면 일반인들의 경우는 쉽게 연상할 수가 있다.

「신비의 막」의 상황설정이 특수한 경우가 아니라는 것은 비슷한 상황이 김동인의 「음악공부」[28]와 나도향의 「젊은이의 시절」[29]에서도 펼쳐진다는 사실이 방증한다. 「음악공부」에서 주인공 '그'는 중학을 졸업하고 고향에 돌아오라는 아버지에게 '좀더 공부하겠다'는 뜻을 편지로 띄운다. 음악가가 되겠다는 자신의 소신과 함께 음악이 얼마나 좋은 것인가를 설득하는 편지였는데 여기에 대해 아버지는 돈과 함께 답장을 보낸다.

> 音樂은 조흔 것이다. 이즈음 藥장사들이 留聲機라는 것을 가지고 音樂을 ᄒᆞ는데 참 조터라. 네가 音樂을 배호겟다는 것은 그래도 내 아들싸다. 그러나 너 혼자 배호면 무얼ᄒᆞ니 나와 너의 어머니 형 아우 누의 모도 배면 더욱 조흘 터이니 내 어늬 新聞廣告를 보니 留聲機 한개에 八원이라 ᄒᆞ엿기에 八圓 동봉히 보내니 쏙 닛지 말고 사가지고 하로 밧비 도라와서 모도 音樂을 배호자. 쏙 닛지마라.(77면)

음악이 좋은 것임을 약장수들의 유성기를 통해 알았고 유성기값을 보내니 그것을 사 가지고 와서 가족이 함께 배우자는 아버지의 답장은 음악가를 꿈꾸는 주인공과 그를 이해할 수 없는 아버지 세대 사이의 심정적 거리감을 아이로니컬하게 포착한다. 나도향의 「젊은이의 시절」에서도 상황은 마찬가지다. 주인공 철하는 "음악가가 되어스면! 세상에 가장 크고 극치의 예술은 음악이다. 나는 음악가가 될 터이라"는 이상을 품고 있지만 그의 부친은 '실업가의 아들은 부친에게 정신유전을 받는 것처럼 직업이나 학업도 유전적으로 해야 한다'고 생각한다. 이런 심정적 거리감이 동인들의 예술적 이상과 현실과의 격차를 상징함은 물론이다. 그리고 바로 이런 격차가 역설적으로 동인들을 '계몽'[30]에 달뜨게 만들었다.

---

28) 김동인, 「음악공부」, 『창조』 8호, 1921.1.27.

29) 나도향, 「젊은이의 시절」, 『백조』 1호, 1922.1.1.

30) 물론 이때 '계몽'의 함의는 『개벽』의 '현실계몽'과는 다른 것이다. 전자가 '미적 근

白岳兄(김환—인용자)

'創造'를 길너갈 方針, 其他는 別信에 올리거니와 다만 우리의 文化의 向上을 爲하야, 우리 思想生活의 水準을 놉피기 爲하야, 우리 衰殘한 藝術의 復興을 爲하야라는 啓蒙的 色彩는 어듸까지던지 維持하여야 할 줄 압니다.[31]

인용문에서 보듯 문화적 수준을 높이고, 쇠퇴한 예술의 부흥을 위해서는 문학에 대한 인식전환이 필수적이었기 때문이다. 문학적 인식전환의 방법은 사실상 계몽밖에는 없었다. 이들이 행한 대표적 계몽방식이 선진적인 서구문예에 대한 번역과 소개였다. 번역을 통한 외국문학의 소개야말로 조선문예 발전의 지름길이라고 생각했던 것이다.

우리 中에 指導的 作家가 업다하면(事實 업거니와) 우리가 먼저 할 것은 外國 作品의 飜譯이외다. 明治時代에 二葉亭等의 俄羅斯小說 飜譯이 얼마나 刺戟을 日本文壇에 주엇습닛가. (…중략…) 먼저 必要한 것은 指導的 作品이오. 이것에 가장 適當한 것은 外國作品의 飜譯이외다. 飜譯을 하되 某某 新聞紙上에 揭載되는 것과 가튼 俗流의 喝采를 拍하는 低級한 것은 말고 이를 感賞하는 이의 數爻가 十에 못 차더라도 眞正한 意味의 藝術的 作品을 紹介함이 可하다 합니다. (…중략…) 그런 意味에 잇서서 먼저 着手할 것으로 俄羅斯文學을 擇하려 합니다. 또 한가지 이를 하는데 必要한 것은 飜譯이라는 일을 너머 輕卒(輕率—인용자)히 생각지 안는 것이외다. 飜譯이라하면 一般이 蔑視하지마는 飜譯이란 것도 아모나 할 수 잇는 것이 아니게습니다. 엇던 째는 創作보다도 더 어려울넌지도 모르겟습니다. 左右間 飜譯의 盛行이 오기 前에 우리 文藝의 發達을 期待치 못할 것이외다.[32]

실제로 『창조』는 「일본근대시초」(1~2호)·「시인궤테」·「르네싼스」(2호)·「끼탄잘리」(7~8호)·「뚜르게네프산문시」(8~9호) 등을 통해 일본과

대'를 지향하는 것이었다면, 후자는 사회적 근대에 초점을 두고 있었다고 할 수 있다.

31) 주요한, 「장강어구에서」, 『창조』 4호, 1920.2.23, 59~60면.

32) 벌 쏫(주요한), 「장강어구에서」, 『창조』 7호, 1920.7.25, 55면 참조.

러시아는 물론 서유럽의 여러 작가와 작품들을 소개했으며, 회화에 눈을 돌려 후기 인상파와 입체파의 예술적 지향에 공감을 표시하기도 했다.[33)]

『폐허』에는 베르렌의 시가 번역되고,[34)] 프랑스의 데카당스와 상징주의가 소개되었으며[35)] 메털링크와 예이츠의 신비주의가 소개되었다.[36)] 아울러 일본시단과[37)] 플로베르에 대한 평가가 곁들여졌다.[38)] 한편 『백조』에는 오스카 와일드의 희곡 「살로메」(1~2호)가 번역되었고, 차라코르르의 소설 「영춘류(迎春柳)」와 에로시엔코의 동화 「무지개나라로」(1호)가 소개되었으며, 투르게네프의 산문시가 번역되고,[39)] 궤테의 「파우스트」·바이런의 「맨프레드」·딴눈치오의 「사의 승리」 등이 소개되었다.[40)]

문제는 이 글들이 서구문예에 대한 사전 지식이 없는 일반인들에게 너무 낯설고 어려웠다는 사실이다. 그들의 계몽 대상이 일반 독자가 아니라 엄밀히 말해 동경유학생을 비롯한 최상위 독서층 몇천 명이었기 때문이다. 실제로 이들 문예 전문지에는 문학에 관한 개론적 지식을 소개한 글이 거의 게재되지 않았다.

반면 『개벽』의 글들, 즉 「소설개요」나 「현당독폐」는 문학과 관련된 개론적 지식을 알기 쉽게 풀어쓴 글이다. 『개벽』이 문학계몽에 공을 들인 것은 동인지와 마찬가지지만, 대상이 달랐고 이것이 내용적 차이를 가져왔던 것이다. 실제로 『개벽』은 그 출발부터 '문학계몽' 대상이 고등독자

---

33) 김유방, 「현대예술의 대안에서－회화에 표현된 「포스트 임프렛쇼니즘」과 「큐비즘」」, 『창조』 8호, 1921.1.27.
34) 김억, 「베른렌시초」, 『폐허』 1~2호, 1920.7.25, 1921.1.20 참조.
35) 김억, 「스핑쓰의 고뇌」, 『폐허』 1호, 1920.7.25 참조.
36) 변영로, 「메털링크와 예잇스의 신비사상」, 『폐허』 2호, 1921.1.20.
37) 황석우, 「일본시단의 이대경향」, 『폐허』 1호(1920.7.25)와 이병도, 「VanDyke의 일본풍경시」, 『폐허』 2호(1921.1.20) 참조.
38) 김억, 「프로베르론」, 『폐허』 2호, 1921.1.20 참조.
39) 나도향, 「뚜르게네프산문시」, 『백조』 1~2호, 1922.1.9, 1922.5.25 참조.
40) 박영희, 「생의 비애」, 『백조』 3호, 1923.9.6 참조.

가 아니라 일반 독자임을 분명히 한다. 1~2호에 게재된 「소설개요」는 동경예술좌연극학교의 수업필기를 바탕으로 편술되었는데, 소설의 기본요소인 인물・사건・배경 그리고 주제(목적)・구성・문체에 대한 개괄적 해설이 이루어진다. 아울러 단순구성과 복합구성, 시점(화법)과 성격제시방법 등이 구체적으로 설명된다.

저자의 말대로 일종의 속성 '소설교과서'인 셈이다. '소설연구법'이라는 부제가 달린 3~4호의 「현당독폐」는 「소설개요」의 연장이라고 볼 수 있다. 3호에서는 소설을 감상하는 방법, 즉 소설을 읽을 때의 주의할 점을 자세하게 설명했고, 4호에서는 소설작법과 분류법에 대해 개괄했다. '소설연구법'이라기보다 감상법이나 작법이라고 해야 할 것이다. 어쨌든 구체적이고 차분한 진술태도와 방법이 쓰였다는 점에서 글의 의도가 초보자에 대한 교양의 차원에 있음을 알 수 있다.

5~7호에 게재된 「현당독폐(玄堂獨吠)」는 '희곡의 개요'라는 부제를 통해서도 알 수 있듯이 희곡에 대한 초보적 지식을 제공한다. 5호에서는 희곡과 소설의 차이점을 구성과 인물묘사의 차이를 들어 설명했고, 6호에서는 희곡의 구조를 6단으로 나누고 각 단계의 특징들을 분석했다. 7호에서는 극의 말단(6단) 즉 카타르시스의 종류에 따라 희극과 비극으로 분류했고, 동・서양의 연극의 차이 즉 구파극・신파극 그리고 근대극의 차이를 설명했다. 아울러 고대극의 특징인 '삼일치의 원칙'을 설명했다. 8~9호의 「현당독폐」는 앞선 글들을 마무리하는 글로, 문학과 감정의 관계를 설명하면서 감정의 층위에 따라 작품의 질이 결정된다고 본다. 전체적으로 볼 때 내용 자체가 문학에 대한 초보적이고 개론적인 지식임을 쉽게 알 수 있다.

내용만 그런 것이 아니다. 애당초 이 지면을 기획한 편집진의 의도 자체가 초보자의 문예교육에 있었다. 지면을 맡았던 학예부주임(문예부장) 현철은 기사말미에 두번씩이나 자신의 의중을 밝힌다.

이 밧게도 劇에 對한 말이 限量이 업스나 넘우 仔細하면 專門的의 傾向이 잇서 劇의 槪要라는 題目下에는 不適할 뿐만 아니라 그 槪要로서도 劇과 小說이 그 性質上 互相 類似한 點이 만하 小說槪要에 한 말과 重疊이 되기 쉽겟기 只今은 이마만 하여도 우리 讀者는 大綱 그 戱曲의 如何한 것과 演劇의 엇더한 것을 알겟기 이제 붓을 노하 끗을 마치는 바이다.[41]

記者의 元意는 이 文學上에서 取扱하는 感情問題를 조음 더 豫想하고 이 原稿를 일으켯더니 다시 생각하니까 이 우에 한 層 더 깁히 들어가면 넘우 專門的에 가깝고 또 一般讀者에게는 文學을 專攻하는 이가 아니면 그처럼 必要도 업겟기 大綱 이마만 하고 붓을 노키는 노핫스나 자못 充分치 못한것은 記者도 遺憾이 업지는 아니하지마는 이는 또한 普通雜誌라는 形式上 不得已한 일이다. 그러치마는 이것만 하여도 우리 愛讀者諸氏는 文學上에 表現되는 感情이 어쩌한 것이라고 하는 그 大義는 짐작하엿슬 듯하다.[42]

두 번째 인용문을 정리하면 자신이 지금까지 이야기한 것에서 더 깊이 들어가면 너무 전문적이어서 문학을 전공하는 사람이 아니면 필요가 없을 것 같아 그만둔다는 것인데, 이것이 보통잡지라는 형식상 부득이한 일이라고 부연하고 있다. 즉 현철은 자신의 글들이 일반 독자들의 문학수업을 겨냥해서 쓰여졌음을 분명히 하고 있으며, 나아가 『개벽』이 문예동인지와는 다른 수준(난이도)에서 문학을 설명하고 있다는 것을 밝히고 있다.[43] 만약 현철이 자신의 문학 관련 글들을 전문가 내지 고급독자를 대상으로 쓰려고 했다면 황석우의 글 뒤에 시의 정의에 대해 그토록 간단하고 초보적인 쪽기사를 넣지는 않았을 것이며, 황석우와의 논쟁도 일어나지 않았을 것이다.[44]

41) 효종생(현철), 「현당독폐」, 『개벽』 7호, 1921.1.1, 128면 참조.
42) 현철, 「현당독폐, 문학에 표현되는 감정」, 『개벽』 9호, 1921.3.1, 122면 참조.
43) 기실 『창조』 등의 문예지에는 『개벽』에서와 같은 '문학개론'을 볼 수 없다. 데카당스와 상징주의, 신비주의나 큐비즘 등에 대한 난이도 있는 평론들이 있을 뿐이다.
44) 황석우와 현철의 시논쟁은 황석우의 기사 「최근의 시단」(월평)의 말미 여백에 현철이 시의 정의에 관한 초보적이고 사전적인 기사를 삽입함으로써 발단이 되었다. 『개벽』 5호,

김억의 기획기사 「근대문예」도 같은 맥락에서 이해할 수 있다. 이는 현철의 기획기사가 종료되자 12호부터 21호에 걸쳐 총 8회 연재된 것으로, 근대문예의 출발인 문예부흥과 고전주의 · 낭만주의 · 자연주의 · 신낭만주의 등 다양한 문예사조를 개괄적으로 해설한 글이다. 현철의 기획기사들과 비교해 좀더 전문적인 글이고 그 내용상 난이도가 높아졌다. 하지만 이 글들이 동인지처럼 전문독자를 대상으로 했다고 볼 수는 없다. 무엇보다도 이 글은 문체나 어휘가 이해하기 좋을 만치 평이하다. 이는 김억이 동인지에 게재한 다른 글과 비교해 보면 쉽게 확인할 수 있다.

> 어찌하엿스나, 한번 감긴 눈을 쓰게 된 人生은 적고 좁은 古典主義에 滿足할 수가 업섯습니다. 古典主義에 對한 反動運動은 로맨主義이엇습니다. 짤아서 古典主義에 대한 破壞의 藝術은 로맨主義 文藝엿습니다. 옛적의 文藝를 破壞하고 새롭은 文藝를 그우에 세운 것입니다. 그리하고 近代文學의 모든 近著를 지여노앗다고 할만합니다.[45]

> 象徵主義란 무엇이냐? 象徵派 詩人들은 잡기 어려운, 理解를 쒸여나는 神秘的 解答을 우리에게 提供한다 마는 '記述을 말아라, 다만 神秘로운 暗示' 그것인 듯하다. 象徵은 神秘의 換意라고도 생각할 슈 잇다. (쎄르헨)以後의 이 派의 詩調를 完成식혓다하는 (스테판 마라르메)의 象徵派의 根本的 生命인 暗示에 對한 有名한 說明을 듯는 것이 바른 길일 듯하다. (物件을 가르쳐 分明히 이러이러하다함은 詩味의 四分一이나 업시하는 것이다. 조곰식조곰식 推想하여 가는데 비로소 詩라는 眞味가 생긴다. 暗示라 함은 곳 幻想이다)[46]

인용문에서 보듯 「근대문예」에서는 고전주의와 낭만주의의 대립과 전환이 충분히 자기화되었고, 이것을 독자들이 이해할 수 있는 방식으로 즉 차분한 어조와 단어선택을 통해 진술한 반면, 「스핑쓰의 고뇌」에서는 상

1920.11.1, 94면 참조.

45) 岸 曙(김억), 「근대문예」(2), 『개벽』 15호, 1921.9.1, 103면.

46) 岸 曙(김억), 「스핑쓰의 고뇌」, 『폐허』 1호, 1920.7.25, 117면.

징주의에 대해 자기가 이해한 것을 그대로 번역하듯이 진술하고 있음을 알 수 있다. 따라서 후자는 전문인이라도 쉽게 이해하기 어려운 반면, 「근대문예」는 중등학력 이상의 이해력만 있다면 충분히 이해할 수 있는 글이다. 더구나 이미 『개벽』에는 『햄릿』이 번역되고, 퇴폐주의 시인 로덴바흐가 소개되고 있는 상황이었음을 감안할 때, 「근대문예」는 전혀 낯선 대상도 아니었다. 오히려 「근대문예」는 문학교육이라는 목표 아래 조금씩 난이도를 높여 대중을 흡입하는 편집진의 치밀한 대중전략을 보여준 사례라고 할 수 있다.47)

계급문예가 주류를 이루는 하반기에 가서도 문학일반과 새롭게 대두한 계급문학에 대한 개괄 내지 소개는 지속적으로 이루어진다. 「문학술어사전」(49호 부록), 「사상술어사전」(50~51호 부록), 특집 「현문단의 세계적 경향」(44호), 「따따이즘」(51호), 특집 「계급문학시비론」(56호), 「실증미학의 기초」(68~69, 71호), 특집 「해외문학」(71호) 등은 『개벽』의 문학 대중화를 위한 노력을 단적으로 대변하는 기사들이라고 할 수 있다. 전체적으로 볼 때, 『개벽』의 문학 대중화는 편집진의 치밀한 계획 아래 이루어졌음을 알 수 있다.

그런데 『개벽』의 문학 대중화를 위한 노력이 갖는 의미는 크게 두 가지로 볼 수 있다. 먼저 『개벽』의 문학 대중화론의 제기는 문학사의 차원에서 의의가 있다. '대중화'와 관련하여 서구의 문학사를 살펴보면 근대소설이란 바로 대중소설이며, 근대적 작가란 곧 대중작가인 경우를 쉽게 발견한다. 하지만 우리의 경우에는 근대소설을 대중소설이라 말하기 어

47) 물론 이를 다르게 해석한 경우도 있었다. 통명산인은 이를 편집진의 무지 내지 무책임의 결과로 보았다. "개벽은 편집자의 수단인지 혹은 투고가급 집필자의 유치한 짜닭인지는 모르나하여간 우리 민중에게 대하야는 한 상식적 언론시사문예잡지로 하야서는 적당하달 수 잇스니 가히 일로써 장점이라 할 수 잇습니다. 그러고 문예방면에는 고상한 것과 유치한 것을 겸병한 것 가트니 취지로 해서 그런지 편집자의 무리선로서 그런지 나는 추측할 수 업습니다." 「개벽에 대한 소감」, 『개벽』 37호, 1923.7.1, 58~59면 참조.

렵고, 근대적 작가를 대중작가로 보기는 더더욱 어렵다. 오히려 근대소설은 대중소설이 아니어야 한다거나 근대적 작가는 대중작가여서는 안 된다는 인식이 암암리에 자리잡고 있다.

이는 무엇보다도 우리의 특수한 문학환경에 원인이 있었다. 출판・유통상의 어려움, 높은 문맹률[48]과 독서인구의 절대부족[49] 등 열악한 환경은 문학이 독서대중 속에서 자연스럽게 성장하는 것을 어렵게 만들었고, 작가들은 독서대중으로부터 스스로를 소외시키는 방식으로 문학적 진로를 모색했다. 필연적으로 문학의 대중화와 문학주체의 전문화는 동시적 과정으로 현실화될 수 없었다. 대다수 작가들이 이를 선택적・적대적 과정으로 파악했다는 것이 이를 방증한다.

『창조』를 비롯한 문예 전문지의 출현은 이런 적대적 선택의 산물이다. 실제로 이들 매체들은 독서대중에 대해 폐쇄적 태도를 취했고, 자기들만의 세계에 매료되어 있었다. 문제는 이 대중화를 배제한 전문화의 방향이 문학의 건강한 발전과는 거리가 있었다는 것이다. 특히 대중성=통속성이라는 인식적 도식은[50] 문학의 대중성에 대한 진지한 성찰을 근원적으로 차단했다.[51] 독서대중 속에서 지평을 확대하는 문학의 길은 아예 모

48) 1920년대 초반 조선의 인구는 약 17,400,000명(외국인 400,000명 포함)으로(『개벽』 30호, 1922.12.1, 권두언 참조) 이들 중 최소한 15,000,000명 이상이 문맹이었던 것으로 보인다. 그리고 1930년대 초반에는 문맹자가 16,000,000명에 달했다. 주요섭, 「문맹퇴치론」, 『별건곤』 46호, 1931.12, 9면 참조.

49) 김기전과 현철의 언급에 따르면 당대 조선의 인구 "이천만 명 중 10만 명" 정도만이 신문잡지 구독자였다고 한다. 김기전, 「농촌개선의 긴급동의」, 『개벽』 5호, 1920.11.1, 19면; 현철, 「문화사업의 급선무로 민중극을 제창하노라」, 『개벽』 10호, 1921.4.1, 111면 참조.

50) 이런 인식적 도식은 양식의 문제와도 밀접한 관련이 있었다. 당대 문인들은 대부분 장편=통속, 단편=예술이라는 인식을 보편적으로 갖고 있었다. 동인지 작가들은 물론이고, 대중화가 곧 통속화를 의미하지 않는다는 것을 문학적 행보로 보여줬던 『개벽』조차도 "단편소설은 예술, 장편소설은 통속"(「편집여담」, 『개벽』 4호, 1920.9.25, 153면)이란 보편적 도식을 문제의식없이 답습하고 있을 정도였다. 당대문인들의 양식적 인식의 기반에 대해서는 박헌호의 「한국 근대 단편양식과 김동인1」, 『작가연구』 2, 새미, 1996; 「한국 근대 단편양식과 김동인2」, 『한국근대문학연구』, 태학사, 1997; 「한국근대소설사에서 단편양식의 위상」, 『민족문학사연구』 16, 2000 등을 참조.

색조차 될 수 없었던 것이다. 그 결과 동인지문학은 내적으로 '밝음'과 '어둠'의 극단적 교차를 경험해야 했다.

내면의 발견이란 근대성의 한 축이 세워진 것이 밝음이라면, 그런 선취된 세계가 문학적 열광으로 이어지지 못했다는 점은 어둠의 측면일 것이다.[52] 오늘날의 문학구도도 동인지문학이 보여준 극단적 교차의 연장선에 있다. 본격문학과 통속문학 혹은 고급문학과 대중문학이라는 대립구도는 문학을 여전히 독서대중으로부터 격리시킨다. 동인지문학은 시대를 앞선 것이지만, 시대를 앞선다는 것이 반드시 문학의 건강한 발전을 의미하는 것은 아닌 셈이다.

『개벽』의 문학적 노력이 특별한 의미를 지니는 것은 바로 이 대목이다. 『개벽』이 보여준 문예대중화의 노력은 동인지문학에 대한 문제제기이자, 동시에 우리 근대문학사가 보여준 파행적 흐름에 대해 원천적인 반론인 것이다. 『개벽』 편집진이 보여준 '문학 대중화'의 노력은 '대중성'이 비로소 문학담론 속으로 수렴되었음을 의미하기 때문이다. 즉, 적어도 『개벽』에서는 대중성=통속성이란 당대 보편적 도식이[53] 균열하고 있었다는 말이다.[54] 이른바 문학의 '제3의 길'이 일개 종합지에 의해 시험된다는 것은 문학사적으로 아쉬운 일이지만, 그렇기 때문에 더욱 소중하다. 더구나 이런 문학적 노력이 그에 걸맞은 문학적 성취, 즉 작품적 성과로 이어졌다면 두말할 나위가 없다. 문학 대중화의 둘째 의의는 바로 이 점

---

51) 동인지문학은 물론 가장 최근까지의 본격문학의 논의 속에서 이렇다할 대중화론이 없는 것은 이와 결코 무관하지 않다.

52) 동인지 최고의 작가로 꼽히는 염상섭의 소설집이 번번이 실패했다는 사실은 동인지 작가들의 대중적 역량을 짐작하게 만드는 대표적 사건이다.

53) 이는 내용의 문제에서만 그런 것이 아니라, 단편과 장편이라는 양식상의 도식이기도 했다. 이에 대해서는 박헌호, 「한국 근대 단편양식과 김동인1」, 『작가연구』 2호, 새미, 1996, 283~287면 참조.

54) 사실 문학의 대중화가 통속화를 가져온다는 동인지 작가들의 인식에는 대중적 인기를 누렸던 전대 소설들, 특히 신소설과 구소설에 대한 선입견이 포함돼 있었다. 하지만 엄밀히 말해 통속화란 대중화의 한 극단일 뿐이다. 이는 '대중화'를 표방한 『개벽』의 문학작품들이 대부분 '통속물'이 아니라는 점에서도 분명히 알 수 있다.

에 있다.

앞서 필자는 동인지문학의 반대중성을 매체와 태도의 문제로 지적했지만, 이는 곧바로 작품의 문제이기도 했다. 독서대중에 대한 불신과 여기서 비롯된 식민지 조선의 현실에 대한 부정의식은 작품에도 영향을 미쳤던 것이다. '육체'와 '물질'에 대한 혐오로 대표되는 현실배제의 경향은 그 대표적 산물이다. 정신에 대한 과도한 집착이 물적 현실의 구체적 문맥들을 제거했고, 그럼으로써 창조된 세계는 실제 현실과 점점 멀어졌던 것이다.

그 결과 동인지문학의 세계는 당대 독서대중에게 너무나 비현실적이고 낯선 것으로 현상했다. 즉 현실의 배제가 대중의 문학적 공감을 차단했고, 이것이 동인지문학을 대중들로부터 멀어지게 만들었던 것이다.[55] 월탄이 예의 "민중문학론"[56]을 펼치며 '민중의 추방물로 전락한 문학'을 '상아탑의 문학' '카페의 문학'으로 비판했을 때, 그 핵심대상이 동인지문학이자 그 비현실성임은 물론이다.

> 문단은 민중에게 지독한 학대를 바덧다. 소설과 시는 민중의 추방물이 되엿다. 학대밧는 문학! 학대밧는 소설! 누구에게 학대를 밧느냐. 누구에게 추방을 당하얏는냐? 그들의 형이오 그들의 아우요 그들의 동포인 그들을 지극히 사랑하고 공경하는 조선사람에게 학대를 밧고 쏫김을 당햇다. 왜 그러하냐? (중략—인용자) 그들이 울 째 작가는 우섯스며 그들이 우슬 째 작품은 울지 안이하얏느냐. 민중은 팔둑이 썰어지고 다리가 썩겨젓을 째 시인은 상아탑 속에서 코노래를 불럿다. 민중은 切迫된 飢寒에 愁眉를 펴지 못할 째 소설가는 카페에서 술을 마시고 음악회에서 사랑하는 사람과 속살거리는 소설을 썻다.[57]

55) 따라서 『창조』를 비롯한 동인지문학의 조기명멸의 원인을 순수한 경제적 어려움이나 동인지 자체의 형식적 특성 안에서 설명하려는 것은 문제가 있다. 경제적 문제나 형식의 한계를 돌파할 수 없었던 근원에 대중적 측면에서의 '문학적 한계'가 노정되어 있기 때문이다.

56) 윤병로, 『박종화의 삶과 문학』, 성균관대 출판부, 1992, 92~93면 참조.

57) 박종화, 「갑자문단종횡관」, 『개벽』 54호, 1924.12.1, 112~113면.

조선민족이 팔다리가 꺾어지는 고통 속에 신음할 때 상아탑의 콧노래에 취하고 '술마시며 속살거리는 이야기'에 취했던 것이 바로 동인지문학이기 때문이다. 따라서 동인지문학에 대한 진정한 반성 내지 극복은 민족의 현실적 삶에 천착하는 '내용'의 문제, 나아가 '리얼리티'의 획득여부가 관건이었다고 할 수 있다. 주목할 것은 『개벽』의 경우, '대중성'의 문제가 곧바로 '리얼리티'의 문제를 촉발시켰다는 점이다. 뒤에 보겠지만 현진건・박달성・방정환 등이 획득한 문학적 성취나 '신경향파문학'의 출현은 '대중화'가 촉발한 '리얼리티의 향상'이란 문제와 밀접한 상관이 있다. 특히 현진건이 이룩한 뛰어난 '리얼리티'는 '대중화의 문제'와 직결되어 있다. 이에 대해서는 뒤에서 상론하겠다.

그런데 리얼리티의 향상이라는 『개벽』의 문학적 성취가 동인지문학의 결점에 대한 반성 속에서 이루어진 결과임에는 틀림없지만, 대중화가 '리얼리티'의 제고로 자연스럽게 이어진 데에는 나름의 이유가 있었다. 무엇보다도 『개벽』의 계몽담론이 민족의 구체적 현실을 중시했다는 점을 주목해야 한다. 『개벽』의 계몽담론이 대중적 효과를 높이기 위해 '구체적 현실'의 분면들을 논설에 끌어들였듯이, 『개벽』의 작가들은 대중화의 방향에서 '민족현실'을 작품 속에 끌어와 '리얼리티'의 향상을 도모했다는 것이다. 즉 『개벽』의 문학은 논설의 대중화방식을 그대로 차용하고 있는 셈이다. 이때문에 『개벽』 문학의 흐름과 성취를 이해하는 데 '계몽성'의 문제가 중요하다.

어쨌든 『개벽』이 보여준 문학 대중화의 노력은 통시적으로나 공시적으로 모두 중요한 의의를 담지했음을 알 수 있다. 하지만 『개벽』의 지향은 동시에 항상적 위험을 안고 있었다. 대중화라는 미명 아래 언제든 저속한 흥미본위의 문학으로 흐를 수 있었고, 동인지문학과 반대로 문학주체의 소양부족과 질 낮은 작품의 양산을 불러올 수 있었다. 즉 통속화와 함께 전문적 기능에 대한 인식부족이라는 문제가 제기될 수 있는 것이다. 실제로 둘째 사안의 경우, 종종 이런 우려가 현실로 나타나기도 했다. 하지만 이것은 동전의 반대면일 뿐이다. 『개벽』에서 우리는 그런 우려를 불식시킬 만큼의 문학적 진전을 확인할 수 있기 때문이다. 뒤에 언급할 현진건의 소설이나 박달성의 서사 등은 훌륭한 예다. 한 가지 더 주목할 것은 『개벽』의 문학이 저간의 우려와 같이 '통속'으로 흐르지 않았다는 사실이다. 이에 기여한 것이 『개벽』의 '계몽정신'이었음은 물론이다.

2. 문학의 계몽담론적 성격과 새로운 양식의 실험

『개벽』이 많은 지면을 문학에 할애하면서 문학의 대중화에 주력한 이유는 상업적 측면과 무관하지 않다. 1920년대 초반 대부분의 잡지들이 경영난에 허덕였던 것은 주지의 사실이다. 『창조』·『폐허』·『백조』를 비롯한 문예지는 물론이고 『부인』·『신생활』 등의 종합잡지들도 경제적 문제가 잡지의 존폐여부를 쥐고 있었다. 『개벽』 또한 이런 문제로부터 자유로울 수 없었으니, 가장 큰 골칫거리는 일제의 탄압, 즉 압수와 판매금지였다.

『개벽』이 수만 명 이상의 독자와 평균 8,000부를 상회하는 발행부수 그리고 천도교 조직망에 기초한 완벽한 유통체계를 갖추고 있었다고는 해도,[58] 잦은 압수와 판매금지는 경영을 극도로 위축시켰음에 틀림없다. 한번의 압수와 판매금지는 수천 원 이상의 손실을 가져왔고, 이 경우 책의 제작비는 그냥 허공에 사라지는 셈이었다. 72호를 발행하는 동안 『개벽』이 최소 40회 이상의 압수 혹은 발매금지를 당했으니[59] 개벽사가 입은 경제적 손실의 크기를 짐작할 수 있고, 그로 인한 경제적 고충은 충분

58) 3장 출판·유통에 관한 부분 참조.
59) 여기에 정간 1회, 벌금 1회도 덧보태졌다.

히 납득이 간다. 따라서 『개벽』을 상업적 목적과 전혀 무관하게 바라보려는 시각은 문제가 있다.

하지만 그렇다고 『개벽』을 경제적 관점에서만 주목하는 것도 자칫 본질에서 벗어날 위험이 크다. 우선 『개벽』 주체들의 잡지에 대한 열정과 정성은 돈만으로는 설명될 수 없다. 그들은 찻간에서 밤을 지새며 연설문을 작성했고, 질 높은 기사를 위해 조선팔도를 발로 뛰었다. 그들의 지나친 열정과 젊음의 소비는 박달성 · 방정환 등의 요절로 이어졌음은 주지의 사실이다.[60] 더구나 개벽사가 당한 일제의 탄압은 당대 유례가 없을 정도로 지독한 것으로 평범한 서적상의 경우 감당하기 어려운 것이었다. 그럼에도 그들은 일제의 탄압을 묵묵히 견디면서 무려 7년의 세월을 버티었다. 문학문제도 마찬가지다. 그들이 만약 문학이 인기를 얻고 있는 시세에 부합하여 상업적 목적을 이루려고 했다면, 앞에서 본 것과 같은 '문학교양 프로그램'을 따로 마련하지는 않았을 것이다. 그 내용 또한 달라졌을 것이다. 흥미에 영합하기에는 연애물만한 것이 없으며, 잘 팔리는 것으로는 신 · 구소설만한 것이 없었다. 하지만 『개벽』의 문학은 이와는 거리가 멀다.

『개벽』의 문학적 관심을 상업적인 것으로만 볼 수 없다면 관점을 조금 바꿔 볼 필요가 있다. 무엇보다도 『개벽』이 현실개혁 내지 민족운동에 적극적이었으며, 이와 관련하여 318개의 논설을 싣고 있다는 사실을 염두에 두어야 한다. 아울러 초대 학예부장 현철이 연극 전공자요,[61] 후임자가 계급문학의 거두 박영희였다는 사실,[62] 그리고 게재된 작품들의 경

60) "전날 개벽지를 위하야 고심혈투하던 민영순 · 이두성 · 박달성 · 방정환 제 용사가 素志를 未成하고 벌써 이 세상을 떠나고" 차상찬, 「회고팔년」, 『개벽』 신간 1호, 1934.11.1, 1면 참조.

61) 연극인이었던 현철을 초대 학예부주임(문예부장)에 앉힌 것을 보면 『개벽』의 주체들은 문예, 특히 연극(희곡)의 선전력을 익히 알고 있었다고 판단된다. 가령 현철의 「문화사업의 급선무로 민중극을 제창하노라」(『개벽』 10호, 1921.4.1)는 이를 증명하는 사례로 제시될 수 있겠다.

62) 현철이 개인 사정으로 사임한 것이 1922년 7월 31일이었고(「편집후기」, 『개벽』 28호,

향 등을 종합적으로 고려할 필요가 있다.

결론부터 이야기하자면 이 모든 사항들이 내포하는 바가 현실변혁 내지 '민족계몽'이며, 『개벽』의 주체들은 문학이 효과적인 계몽의 도구라는 점을 일찍 간파하고 있었다는 사실이다. 즉 『개벽』의 문학도 논설 이하 다른 영역과 마찬가지로 『개벽』 전체의 계몽담론의 자장 안에 있었다는 것이다. 따라서 『개벽』의 문학을 논설, 혹은 여타의 기사들과 절연시켜 고찰하는 것은 『개벽』의 문학적 본질로부터 멀어지는 것이다. 실제로 『개벽』의 문학작품들은 『개벽』 전체의 '계몽담론'의 흐름과 밀접한 상관을 보이고 있다. 특히 소설을 비롯한 서사물의 경우 어떤 면에서 '계몽담론'을 그대로 받아안았다고 할 수 있다.

담론 차원에서 볼 때 『개벽』의 서사물은 크게 세 경향으로 분류된다. 첫째 동인지문학의 연장선상에서 개인의 자아 각성에 주목한 작품군, 둘째 1910년대 계몽문학의 연장선에서 볼 수 있는 것으로 민족 내지 사회적 각성을 촉구한 작품군, 셋째가 1920년대 새롭게 등장한 경향으로 계급의식적 각성을 촉구한 작품군이다. 동인지 작가였던 김억 · 김석송 · 김동인 · 염상섭 · 임장화 등의 소설과 시가 이 첫 번째 경향을 대표하고, 현진건의 소설과 방정환 · 박달성의 서사물들은 두 번째 경향을,[63] 박영희 · 김기진 · 이기영 · 조명희 등 카프작가들의 작품들은 세 번째 경향을 대표한다 할 수 있다.

첫째 작품군은 『개벽』이 진정한 자아찾기의 과정에서 동인지문학의 성과를 배타적인 것으로 파악하지 않았다는 측면에서 중요한 의의를 갖

1922.10.1 참조; 개벽사 · 오성사판 영인본 외의 다른 영인본에는 이 후기가 누락되어 있음), 박영희가 편집에 관계하기 시작한 것은 1924년경이며, 문예부장에 정식 임명된 것은 1925년 1월의 일이다. 박영희, 「신흥문학의 대두와 개벽시대 회고」, 『조광』 32호, 1938.6, 54면; 「여언」, 『개벽』 55호, 1925.1.1, 100면 참조.

63) 김소월, 이상화의 시세계도 민족과 사회에 대한 각성에 기초한다는 점에서 이 영역에 포함된다. 특히 이들의 시세계는 『개벽』이 가진 '민족의 재발견'이란 차원과 밀접한 연관이 있다고 판단된다. 다만 이들에 대해서는 시사적 측면에서 좀더 전문적인 검증과 분석이 필요하기에 본격적인 논의를 피했다.

고 있다. 둘째 작품군은 동인지 작품들과 사뭇 다른 면모를 보임으로써 『개벽』의 문학적 본령을 보여준다는 의미에서, 셋째 작품군은 양자의 문학적 특징들을 이어받아 새로운 경향을 창출했다는 측면에서 의미를 갖는다. 필자의 논의는 주로 둘째 작품군에 집중된다. 이들의 존재는 1920년대 초반 동인지문학과는 다른 문학적 경향 내지 흐름이 존재했다는 증거이며, 상반기 『개벽』 문학의 '실체'로서 하반기 '신경향파문학'의 든든한 기반 내지 전사(前史)이기 때문이다. 동인지류 소설들과 신경향파 소설들은 이미 여러 차례 학계의 조명을 받았고, 특히 신경향파문학의 경우 대상 자체가 또 다른 문학사적 과제이기에 핵심 대상으로 삼지 않았다.[64]

1) 계몽과 문학의 결합

앞서 말했듯이 방정환·박달성의 서사물과 현진건의 소설은 『개벽』 문학의 두 번째 경향, 즉 민족 내지 사회적 각성을 촉구한 계몽문학을 대표한다. 그리고 이들은 『개벽』 문학의 정수이자 핵심이라고 할 수 있다. 이는 예술적 성취의 차원에서도 그렇고, 『개벽』이란 거대담론체 안에서 문학작품들이 어떻게 존재했고 어떤 기능을 했는가라는 문학의 존재방식의 차원에서도 그렇다.

다만 현진건의 소설들은 전자의 차원에서, 방정환과 박달성의 서사물들은 후자의 차원에서 좀더 부각될 필요가 있다. 현진건의 작품들은 뒤에 상세히 거론할 기회가 있으니 여기서는 방정환과 박달성의 서사를 중심으로 다룰 것이다. 먼저 방정환의 작품을 살펴보면 방정환은 '북극성·몽견초·파영생·ㅈㅎ생·쌍S·은파리' 등 스무 개 이상의 필명을 사용했

64) 대신 '신경향파문학'의 경우는 상·하반기 『개벽』의 문학적 연속성을 드러내는 맥락에서 또 『개벽』의 문학적 재생산(현상문예)을 조명하는 차원에서 간간이 논의에 포함시켰다.

는데,[65] 『개벽』에서는 '소파(小波) · 잔물 · 목성(牧星) · SP生 · 노덧물'[66] 등의 필명으로 총 27회 글을 게재했다. 참고로 『개벽』에 실린 그의 작품 목록을 제시하면 다음과 같다.

牧星, '유범'(소설), 창간호.
잔물, '어머님' '신생의 선물'(번역시), 〈타골집에서〉, 창간호.
노덧물, '화장사의 아침'(수필), 2호.
잔물, '원산 갈마반도에서'(시), 2호, 129쪽(목차에는 없는 쪽기사).
잔물, '어린이 노래 : 불켜는 이'(번역시), 3호
소파, '추창수필'(수필), 4호.
잔물, '망향'(시), 5호.
牧星, '그날밤'(소설), 6~8호.
SP생, '달밤에 고국을 그리우며'(수필), 7호.
목성, '은파리'(사회풍자), 7 · 8 · 9 · 10 · 12(13호와 동일) · 17 · 18호.
노덧물, '한자의 사전'(잡문), 8호.
牧星, '깨여가는 길－사회주의자의 탄생'(번역 우화), 10호.
목성생, '狼犬으로부터 家犬에게'(우의), 20호.
방정환, '호수의 여왕'(번역동화), 25 · 27호.
잔물, '공원정조－夏夜의 각공원'(수필), 26호.
소파, '털보장사'(번역동화), 29호.
소파, '새로 개척되는 동화에 관하야'(동화론), 31호.
방정환, '하휴중의 학생제군－수만명 신진역군의 총운동'(잡문), 49호.[67]

65) 이에 대해서는 안경식, 『소파방정환의 아동교육운동과 사상』(학지사, 1994, 301~317면)이나 온라인상에서 '겨레아동문학회'가 제공하는 염희경, 「방정환 작품연보」를 참조.
66) 이에 대해서는 책의 부록 「『개벽』 필명 색인」을 참조.
67) 창간호에 실린 'ㅅㅎ생'의 「경성P형에게」(기행편지)도 방정환의 글일 가능성이 있다. 'ㅅㅎ생'은 방정환이 사용한 필명 중 하나이고, 감상을 적는 솜씨하며 '차상찬'을 연상시키는 '차상철'이란 이름 등등 여러 면에서 가능성이 높다. 다만 글의 내용이 '만주행'이라는 점이 문제가 된다. 글이 작성된 것이 1920년 5월이고, 방정환이 동경유학을 한 것이 1920년 9월 15일을 전후한 시기인바, 사실관계에 대한 세밀한 확인이 필요하다. 따라서 목록에는 제시하지 않았다.

이 중 필자가 관심을 기울이는 것은 「유범」·「그날밤」·「은파리」 등의 서사물들이다. 이들은 『개벽』에서 문학이 존재하는 방식, 즉 문학과 사상의 상호관계를 응축하고 있을 뿐만 아니라, 문학과 현실, 문학과 비문학의 연관상을 응축하고 있다고 할 수 있다. 이들 작품을 구체적으로 살펴보겠다.

(1) 민족을 위한 자기희생의 인간상-「유범」

창간호에 게재된 「유범(流帆)」의 중심인물은 세 명의 청춘남녀다. 여고생인 혜숙과 전문학교 법학도인 중식과 동호가 그들이다. 혜숙과 중식은 어린 시절 우연한 인연으로 한 집에서 오누이처럼 자란 사이고, 중식과 동호는 친구이자 동지의 관계다. 서사의 기본골격은 세 사람의 삼각관계적 애정갈등인데, 혜숙과 동호의 사이가 가까워지자 중식은 질투심으로 인해 동호와 의견충돌이 잦아진다. 중식과 동호는 심한 내적 갈등을 겪고, 결국 동호는 그들의 곁을 떠나기로 결심한다. 예전의 관계를 회복한 혜숙과 중식을 동호가 먼발치에서 바라보면서 소설은 끝난다.

이 소설이 특별한 데에는 두 가지 이유가 있다. 첫째는 삼각관계적 애정갈등이 화해로 끝난다는 것이다. 이는 『무정』 이후 몇몇 통속적 연애물에서나 발견할 수 있는 설정으로, 비슷한 시기 동인지문학에서는 찾아보기 힘든 결말구조다. '사랑문제'는 동인지문학이 중점적으로 다루고 있는 소재지만 대부분의 주인공들은 결국 사랑에 실패하고 비극적 상황에 빠지고 만다. 예를 들어 김동인의 소설 「마음이 옅은 자여」에서 주인공 K는 Y와 사랑에 빠지지만 결국 그녀를 잃고 아내와 아들마저 죽음에 이르게 한다. 반면 「유범」의 세 남녀는 이런 비극적 결말에 이르지 않는다. 동인지 소설에서 반복되던 소설문법이 「유범」에서는 회피되고 있다.

주목할 점은 「유범」이 동인지 소설들과 상반되는 결말에 이르게 된 데에는 욕망의 포기라는 문제가 개입되어 있다는 점이다. 동인지 소설의 주인공들이 주체의 욕망을 끝까지 포기하지 않음으로써 비극적 결말을 감내해야 했다면, 「유범」의 주인공 동호는 '자기희생'을 화두로 비극적 결말을 비켜갔다고 할 수 있다. 이 점이 「유범」이 특별한 두 번째 이유다. 따라서 논의의 초점은 '해피엔딩'이라는 결말구조를 이끈 계기, 즉 동호의 '자기희생' 모티브다.

소설에서 동호가 사랑의 '양보'를 결심하게 된 직접적인 계기는 '죄책감'이다. 자신 때문에 친남매보다도 좋았던 두 사람 사이가 금이 가기 시작했고, 자신과 중식 사이의 신의도 위험에 처하게 되었다는 것이다.

> 남 모르게 다 各其 속 태우는 煩悶! 이것으로 因하야 세 사람의 사이는 조곰식 벌어져가는 것도 事實이다. 그러면 나는 이 東昊는 重植이 男妹의 사이를 벌게 한 者이다. 나로 因하야 親男妹보다 더 誼조케 살아가던 生活이 破壞된다면 아! 나는 罪人이다.[68]

중식과 동호가 무관한 사이라면 모를까 양자가 친한 친구이자 동지적 관계에 있는 상황에서 동호가 느끼는 죄책감은 어쩌면 당연한 것인지도 모른다. 더구나 욕망의 대상과 욕망의 경쟁자가 한 식구처럼 지내던 사이였다면 그것은 주체를 더더욱 압박할 수 있는 상황이다. 문제는 동호의 다음 행동이다. 그는 종로 시위사건의 선봉에 자원함으로써 그들의 곁을 일부러 떠난다. 소원해진 두 사람 사이의 관계를 회복시키고, 중식과 자신과의 의리를 보존하는 길로 혜숙과의 사랑을 포기한 것이다.

> 아아 나는 가리라 重植이 男妹의 波瀾업는 生活을 爲하야 또 한便으로는 重植이와 나와의 永遠한 友誼를 保存하기 爲하야 세엉킈 中에서 내 몸을 빼이리라. 나의 一生의 紀念일 픗사랑인 이 愛를 犧牲하야 그 男妹의 眞正한 愛를 살리리라. 그리고 아모 것으로도 바꾸지 못할 信友를 일치 말리라.[69]

68) 『개벽』 1호, 148면.
69) 『개벽』 1호, 164면.

여기서 동호가 느낀 죄책감의 본질은 분명해진다. 타인들에 대한 배려나 친구와의 신의라는 대의명분이다. 그리고 그가 그들의 곁을 떠난다는 것은 자신의 욕망을 접는다는 의미, 곧 자기희생이다. 하지만 동호가 대의명분 때문에 욕망을 포기한다는 것은 쉽게 납득하기 어려운 점이 있다. 죄책감이나 대의명분에도 불구하고 포기할 수 없으며, 심지어 자신의 모든 것을 송두리째 내던지게 하는 것이 사랑과 욕망의 본질이기 때문이다.

더구나 그런 사랑의 양보를 꼭 동호가 해야 했는지도 의문이다. 둘 사이의 우정을 해치기는 중식도 마찬가지며, 입장을 바꿔놓고 보면 혜숙과의 사랑에 방해가 된다는 점도 동일하다. 더구나 중식은 동호와 비슷한 심정 상태에 놓여 있었다. 혜숙이 동호와 자신과의 우의가 깨질 것을 염려해 행동을 조심한다는 사실에 괴로워하고, "아! 나는 나는! 생사를 가티하려는 친우를…… 연적으로 보게 되었구나" 하며 번민에 휩싸였던 것이다. 대의명분에 입각한 죄책감을 사랑양보의 근거로 본다면 중식도 충분한 조건을 갖추었다고 할 수 있다.

물론 동호의 생각처럼 '자신의 사랑은 풋사랑이고, 그들 남매의 사랑은 진정한 사랑'이라면 상황이 달라질 수 있다. 하지만 작품 어디에도 그런 우열을 가릴 만한 상황은 전개되지 않는다. 십여년간 오누이처럼 지냈다는 점에서 중식의 사랑에 무게를 둘 수도 있지만, 그의 혜숙에 대한 사랑은 동호에 대한 질투심에서 촉발되었다는 점에서 약점을 안고 있다. 혜숙도 동호에 대한 중식의 질투심을 이미 눈치채고 있었으니, 중식의 사랑에 무게를 두지는 않았을 것이다. 모든 정황을 종합할 때 중식이 양보할 수도 동호가 양보할 수도 있는 그런 상황인 것이다. 가정이지만 양자가 전혀 양보하지 않을 수도 있는 상황이다.

그럼에도 불구하고 동호는 자신의 욕망을 스스로 포기한다. 사건 전개에 무리수를 두면서까지 작가는 무언가 하고 싶은 말이 있는 것이다. 그것은 작품의 서두에 잘 드러나 있다.

모도가 봄이다. 산도 봄 물도 봄이고 사람도 봄이고 공기ㅆ지도 봄 공기이다. 그 부들업고 다사한 봄바람에 섯기어 가장 유창하고 가장 평화로운 노래소리가 독립문전체를 싸고돈다. 그것은 무악재 고개 좌편 인왕산 쏙대기 성벽 웃(곱은 성)우에 세 사람이 청년남녀가 천사가티 서서 양춘이 온 것도 아지 못하고 갑갑한 속에서 지내는 형제를 위하야 놉히 부르는 위안의 노래소리얏다.[70]

강조한 부분은 일제에 의해 삭제되었던 부분으로 '봄'이라는 계절과 '독립문'이라는 배경을 연관하여 상징적 메시지를 암시하고 있다. 그리고 이런 상징적 분위기에 걸맞게 주인공들이 서대문감옥을 내려다보며, 잡혀 있는 동지들을 위해서 '옥중가'를 소리높여 부른다. 작가가 이런 상징적 장면을 작품의 서두에 삽입한 이유는 분명하다. '독립'이라는 민족적 대의를 잃지 말자는 것이다. 인물 배치 또한 이런 의도에서 짜여졌다. 동호와 중식 그리고 혜숙은 모두 민족적 대의를 위해서 "남모르는 큰 활동"을 벌이고 있는 학생활동가이며 동지인 것이다.

아! 이 시가 이 속에 움즉이는 몃십만의 인물 그 속 그 틈에 석기어 남모르는 큰 활동을 나는 동호와 함께 시작한다. 그러타 그것은 과연 장쾌하고 용감하고 가치잇는 활동이다.[71]

이를 염두에 두면, 「유범」의 애정갈등은 조금 달리 보인다. 혜숙을 두고 벌이는 중식과 동호의 애정갈등은 보통 사람들의 애정갈등과 달리 항상 민족적 대의라는 의미망에 휩싸이게 되는 것이다. 즉 민족적 사업과 개인의 감정이 뒤엉키는 것이다. 실제로 중식은 종로앞 가두시위라는 대사를 앞에 두고 동호와 잦은 의견충돌을 보이는데, 그 이유는 혜숙과 관련된 감정싸움이었다.

70) 『개벽』 1호, 139면. 강조는 인용자.
71) 『개벽』 1호, 143면.

이마적 三人이 모힐 적마다 내가 자조 東昊의 意見에 反意를 表하는 것을 보고 嫉妬心의 發動인 줄을 惠淑이도 깨다른 모양이다 그래서 될 수 잇는대로 東昊 압헤서는 입을 담을려는 貌樣이고 어느 때는 避하기까지 하는가보다.[72)]

동호 역시 민족적 대의와 개인의 욕망이 뒤엉킴을 경험한다. 그가 느낀 '죄책감'의 이면에는 개인의 욕망 때문에 민족적 대사를 그르칠 수 있다는 우려가 짙게 깔려 있는 것이다. 더구나 그런 우려 때문에 중식도 고민하고 있다는 생각은 그의 심적 고통을 더욱 가중시킨다.

아아! 大義를 爲하야는 生命을 不顧하는 意氣잇는 重植이도 愛라는 것 때문에 그러케까지 속을 태우는고나…… 그러하리라 至極한 情熱家인 그는 依例 그러할 것이다. 大事를 計劃하는 우리 사이에 다른 波瀾은 이르키지 말아야겟고 그러타고 惠淑에게 對한 마음은 制하려야 制할 수는 업고 그는 苦悶할 대로 苦悶할 것이다. 아아 大事를 압헤 둔 우리가 이런 일로 가슴을 태우니 참으로 世上이라는게 웃읍다.[73)]

따라서 동호가 혜숙을 포기한다는 것은 개인의 욕망을 포기하는 것이자, 그를 통해 민족적 대의와의 충돌을 미연에 방지한다는 의미를 갖는다. 즉 '우정과 신의를 위한' 자기희생이 '민족을 위하여'라는 대의명분에 포섭되는 것이다. 여기서 작가가 전하고자 하는 메시지는 분명하다. 개인의 욕망보다 민족적 대의가 중요하며, 개인간의 관계에서 자기희생을 하지 못하는 자가 민족적 대의명분에 충실할 수 없다는 것이다.

전자가 민족을 위한 삶에 동참하라는 상징적 메시지로 읽힌다면, 후자는 조직이나 집단 안에서의 개인의 자기희생을 권고한다는 점에서 좀더 구체적 메시지로 읽힐 수 있다. 이 작품이 『개벽』의 기본 논조에 충실한 작품임은 확연하다. 개인이냐 민족이냐라는 문제에 있어 언제나 민족을

72) 『개벽』 1호, 146면.
73) 『개벽』 1호, 146면.

중심에 두고 개인을 배려하고, 학생회나 청년회로 대표되는 조직관계에 있어 "소아를 버리고 대아를 보라"[74]고 주장한 것이 『개벽』 계몽담론의 특징이기 때문이다. 주목할 점은 「유범」의 의의와 한계도 이런 담론적 특징 속에서 유추될 수 있다는 사실이다.

물론 「유범」의 의의는 계몽성 자체에 있지 않다. '계몽'이란 우리 근대문학 공통의 화두로 『개벽』의 문학, 「유범」에 한정할 사안이 아닌 것이다. 다만 그 함의를 문제삼게 되면 상황이 좀 다르다. '민족현실'을 문제삼은 계몽문학의 전통은 1920년대에 사실상 주류문학권에서 배제되는 형국을 보였던 것이다. "정치는 그 방면 사람에게 맡기고 우리는 문학으로"[75]라는 문학계의 화두는 이런 경향을 함축한다. 「유범」의 의의는 이런 문학계의 '탈정치화' 경향 위에서 이해될 필요가 있다.

즉 「유범」은 식민지 민족현실을 문학 공간으로 이끌고, 민족적 대의를 위해 개인의 욕망을 희생하는 새로운 인간상을 실험함으로써, 당대 주류문학의 흐름에 역행하는 흐름이 존재했음을 보여준다는 것이다. 뒤에 상론하겠지만 이런 흐름의 중심에 『개벽』이 있었고, 『개벽』의 문학은 1920년대 초반 문학이 '내면의 발견'으로 함몰됨을 제어하는 문학사의 균형추였다고 할 수 있다. 이를 통해 우리 근대문학사가 좀더 풍부하게 됨은 물론이다.

한편, 「유범」은 『개벽』 내적으로도 중요한 작품이다. 이 작품이 『개벽』의 계몽담론을 함축하고 있음은 앞서 언급했지만, 창간호의 첫 소설 그것도 그 서두를 민족독립으로 상징화하고 있다는 사실은 『개벽』의 계몽담론이 지향하는 바가 무엇인지 분명히 하는 것이다. 즉 『개벽』의 사상적 경로를 예견하고 있는 셈이다. 앞 장에서 필자는 『개벽』이 문화운동에서 계급운동으로 질적 전환을 이루었고, 그 매개고리로서 '민족독립'

---

74) 이돈화, 「조선청년회연합회의 성립에 就하야」, 『개벽』 7호, 1921.1.1, 37면 참조.
75) 김동인, 「문단 30년의 자취」, 『신천지』 3권3호~4권7호(12회), 1948.3~1949.8; 「문단 30년사」(改題), 『김동인전집』 6, 삼중당, 1976, 9면 재인용.

에 대한 열정을 지적한 바 있는데, 「유범」은 이를 문학적으로 예견한 사례다. 여기에서 우리는 방정환의 「낭견(狼犬)으로부터 가견(家犬)에게」(20호)와 박달성의 '호랑이' 연작물(65~66호)을 「유범」의 연장선에서 주목할 필요가 있다. 이 두 작품은 「유범」에서 발현된 민족독립의 열정이 『개벽』의 문학 내부에서 꺼지지 않는 불길로 남았음을 입증하는 구체적 사례이기 때문이다.

두 작품은 우의체 서간문 형식을 갖추었고, 또 그 해를 대표하는 동물을 '화자'로 삼았다는 점에서 공통점을 갖는다. 전자는 임술년(壬戌年, 1922년)을 대표하는 개를, 후자는 병인년(丙寅年, 1926년)을 대표하는 '호랑이'를 화자로 삼고 있다. 두 작품이 이런 공통점을 갖게 된 이유는 분명하다. 일제의 검열 때문이다. 즉 창간호에서 「유범」이 당한 피해(삭제압수)를 에둘러 피해가려는 의도인 것이다. 작품 내용을 살펴보면 작가들의 염려가 그럴 만했음을 알 수 있다. 먼저 방정환의 작품은 사람에게 잡혀간 동생 '삽사리'에게 그 형인 '낭견(들개)'이 각성을 촉구한다는 내용인데, 삽사리에 대한 비판의 핵심은 야성상실(野性喪失)이다.

> 씨썩지나마 누른밥을 주고 석유괴ㅅ짝이나마 집이라-고 지어주니까 가장 조흔 세상이나 맛난 줄로 알고 자네는 감지덕지하고 잇게 되어 고만 아조 종놈이 되고 말앗네 그려. 형제까지 모르게 되엇네 그려. (…중략…) 어리고 무식한 소견에 집을 주고 먹을 것을 주고 다른 개가 오면 짜려 쏘처 주고 하니까 자네는 가장 다른 개보다 특출하고 특별히 사람의 총애를 닙는 것가티 생각되지. 그러나 그것이 자네를 영영-아조 일생의 종을 삼으려는 사람의 꾀일세.[76]

즉 인간이 베푼 보잘것없는 혜택의 달콤함에 빠져 '인간의 종'을 자처하는 노예적 삶을 비판하는 것이다. 문제는 이런 비판이 우회적으로 당대 민족현실을 겨냥하고 있다는 점이다. 즉 일제의 식민지로 전락한 상황에

76) 목성생(방정환), 「낭견으로부터 가견에게」, 『개벽』 20호, 1922.2.1, 74면.

서 일제의 노예·일상의 노예로 그날그날 살아가는 민족의 삶을 환기한다는 것이다. 낭견에 의해 촉구되는 '야성회복'이 '자유의 본능' 나아가 '민족의 독립'에 대한 각성으로 읽히는 것은 이때문이다. 그런 점에서 '오막살이 인종(忍從)의 집을 내어 던지고 쇠사슬 구속의 굴레를 벗어버리'기를 촉구하는 작품의 결미는 사실상 자유와 독립에 대한 간접적 선전선동이라고 할 수 있다.

> 아아 삽사리! 새해는 닥드려 왓네
> 오막살이 忍從의 집을 내어 던지고 쇠사실 구속의 굴네를 버서 버리고 만흔 형제를 짤아 돌아와 새로 마지하는 이해를 의의잇게 할 주로 밋고 그만 그치네. 마즈막으로 건전한 몸으로 긔틀보기를 성심으로 바랄 뿐일세. 다시 돌아온 우리해 정월 초 일일.[77]

방정환의 선전선동이 간접적이었다면, 박달성의 그것은 좀더 노골적이다. 박달성의 '호랑이' 연작은 「철창생활오개년을 들어」(65호)와 「죽어라」(66호)로 이루어져 있는데, 일종의 서신 교환 형태로 창경원호랑이와 백두산호랑이가 화자로 등장한다. 전자는 '동물원호랑이의 신세타령'이란 부제에서 알 수 있듯이 대륙을 누비던 호랑이가 동물원의 구경거리로 전락하는 과정과[78] 인간에 대한 비판을 서사적으로 펼쳤다. 주목할 대목은 작품의 말미다.

> 조선의 서울 李王家 동물원에서 내가 영영 拘囚生活로 일생을 맛추고 말 것인가. 天崩地陷한 別기회가 잇서 자유의 낙원에서 任去來해 볼 날도 잇슬가? 슬프다 장래여하를 도저히 期必치 못하겟구나! 園內에 대화재가 일거나 國中에 대혁명이 니러 와직근퉁탕 일대 파괴가 생기기 전에는 아-내 신세는 從此終矣로구나! 山中王의 평생도 이와 갓거든 세상의 모든 弱者劣者야 다시 말할 것이 무엇이랴! 동무寡婦가 동무과부를 안다고 천하의 모든 囚徒들에게 한

77) 위의 글, 75면.
78) 이를 대륙을 누비던 우리 민족이 일제의 식민지 백성으로 전락한 형국을 상징한 것으로 보아도 무리는 없다.

줄기 눈물을 보내고 만다.[79]

인용문은 이 작품이 방정환의 그것과 동일한 궤에 있음을 드러낸다. 동물원에 갇힌 호랑이의 신세가 약육강식의 제국주의 논리가 지배하는 세상에서 약자가 처한 상황을 말하는 것이라면, 이는 구체적으로 일제의 압제에 시달리는 조선민족의 처지를 환기하고 있다. 문제는 민족의 자유를 획득할 기회로서 '국내의 대혁명'이 언급된다는 사실이다. 그런데 하늘이 무너지고 땅이 꺼지는 상황으로 상정된 '대혁명'이란 어떻게 가능한가? 이는 백두산호랑이의 답변 속에 들어 있다.

> 동무. 구구히 철창생활을 계속할 것 업시 최후의 반항을 한번 해 보고 죽지 안으렴닛가. 내 함경도 호랑이 강원도 호랑이 평안도 호랑이 모다 동원을 식켜 가지고 狄踰峴을 넘어 礴石고개로 드리밀터이니 그대는 사자네 아젓씨와 곰네족하나 豹동생들과 연결을 해 가지고 內應이 되야주겟는가 그럴 수 잇겟는가. 오는 오월쯤하야 꼿피고 새 울째 인간의 남녀노소가 동물원으로 모아들 째 그 째 내 수천호군으로 모라가지고 동물원을 드리칠 터이니 동무 꼭 내응이 되야주겟는가. 그런다면 지금부터 각산 각굴에 발령을 하고 戰備도 작만하고 敎○(해독불가—인용자)도 식키겟소.[80]

한마디로 죽기를 각오하고 국내외 무장세력이 동시에 무장봉기를 일으키는 것이다. 즉 박달성은 1926년 5월을 국외 무장세력의 국내 진입과 국내 독립운동 세력의 무장봉기시기로 상정하고, 이를 노골적으로 선전선동하고 있다.[81] 필자가 방정환의 서사보다 박달성의 작품이 좀더 노골적이라고 평한 이유가 여기에 있다.[82] 따라서 방정환의 「유범」과 「낭견

---

79) 박돌이(박달성), 「철창생활오개년을 들어」, 『개벽』 65호, 1926.1.1, 106면.

80) 박달성, 「죽어라」, 『개벽』 66호, 1926.2.1, 84면.

81) 여러모로 보아 이는 1926년의 6·10만세운동을 예견케한다.

82) 필자는 당대 국내 문학작품들 중에서 이들 작품만큼 민족독립의 열정을 노골적으로 체현한 경우를 보지 못했다.

으로부터 가견에게」, 그리고 박달성의 '호랑이' 연작이 가지는 담론적 의의는 분명하다. 이들은 『개벽』의 계몽담론이 '민족독립'의 자장 안에서 변천했으며, 『개벽』이 주도한 '계급운동'이란 더 많이 '독립에 대한 열정'의 산물임을 보여주는 문학적 방증인 것이다. 물론 이들 작품은 한계를 갖고 있다. 「유범」이 민족적 대의에 집중한 나머지 인물과 사건 전개의 개연성에 문제가 생긴 것이나, 다른 두 작품이 문학적 형상화에서 다분히 초보적인 수준에 머문 점을 거론할 수 있겠다. 하지만 이것이 이들 작품이 가진 사상사·문학사적 의의를 무화시킬 수는 없다.

(2) 민족현실에 대한 날카로운 풍자—「은파리」 연작

「유범」 등이 '민족독립'에 대한 열정과 그에 걸맞은 모범적 인간상의 구현에 초점을 둔 작품이라면, 목성(방정환)의 「은파리」 연작물은 민족현실의 부정적 측면을 고발·비판한 작품이다. '사회풍자'라는 부제가 달려 있는 이 연작물의 주인공은 '불령(不逞)파리'인 '은파리'인데, 그는 '보호순사'를 대동한 채[83] 사회 곳곳을 날아다니며 인간사회의 위선과 허위를 폭로·고발한다. 한편 은파리가 고발·풍자하는 대상들은 부호대감, 부호의 자제, 신여성, 청년 사상가 등 사회의 지도층 인사들이다. 우리 문학사에서 「호질」·「금수회의록」 등 동물을 등장시켜 인간사회의 문제점을 고발하는 우화물이 적지 않다는 점에서 「은파리」의 양식적 계보를 짐작할 수 있는데, 풍자의 주체가 파리라는 점이 흥미롭다. 파리란 배설물이나 쓰레기더미를 환경으로 살아가는 존재로 그런 파리가 인간사회의 더럽고 냄새나는 현장을 취재 고발한다는 것은 그야말로 적격이다. 더구나 파리의 등장 자체가 문제적 현실을 연상시키는 상징적 효과마저 갖는다.

실제로 은파리는 풍자의 주체로서 자신의 능력을 유감없이 발휘한다.

83) "벌서 은파리도 이제는 불령파리라는 肩書에 보호순사 하나쯤은 늘이게 된것 갓다. 칼찬이의 천하인 세상에 아아 위험! 위험!" 「은파리」 3회, 『개벽』 9호, 107면 참조.

풍자의 대상들은 은파리의 자유자재의 말솜씨에 어쩔 줄을 모른다. 물론 이런 말솜씨는 그냥 나온 것이 아니다. 풍자대상에 대한 정확한 통찰과 인식적·도덕적 우위에서 가능한 것이다. 「은파리」 1회에서 부호대감을 방문한 은파리는 대감을 횡령과 약탈을 일삼는 '강도'로 규정한다.

> 파리 "그런데 왜 잘벌냐고 전력을 다하야 생명까지 위험한 것을 무릅쓰고 일을 하는 광부에게는 이익을 천분의 일, 만분의 일도 안주고 편히 안젓는 대감은 천갑절 만갑절씩 취하야 독차지를 하느냐말이야요? 그게 횡령 아니고 무어야요? 약탈 아니고 무엇입니까? 그래도 대감돈입니까? 한번 더 그런 말슴을 하면 내가 강도라고 부를 터입니다."84)

부자가 재산을 늘리는 수완으로 사용하는 고리대금이나 낡은 집을 사서 빈민에게 세를 주고 세금을 빼앗는 것이나 빈민을 착취하기는 마찬가지며, 그런 점에서 광부의 희생을 바탕으로 이룩한 대감의 재산 역시 횡령이며 약탈에 불과하다는 것이다.

> 파리 "자산가가 제 재산을 늘리는 수단이 그러케 정당합니까? 고리대금, 다 낡은 집을 사서 빈민에게 삭을 세주고 엄청난 세금 빼앗어 먹기, 오리혀 그건 덜 하지요 우선 대감의 광산으로 보아도 그러치요 낫에도 불을 켜고 광원을 파들어가는 그 광부가 어쩌게 불상한 빈민입니까 그 광굴 속에서 일을 하다가 그 구혈이 문어저서 시체도 찾지 못하고 그 굴 속에서 몃 십명의 광부가 무텨 죽는 일이 드물기나 합닛까 그러케 생명을 걸고 노동하는 그네에게 대감은 상당한 고금을 줍니까? 더구나 그 광부의 죽음으로써 그의 불상한 늙은 부모 어린 자식들이 굶머 죽는 지경에 이르지 안하요? 그네가 그러케 위험한 일을 불고하고 생명을 바쳐 노력하되 오즉 보수는 학대뿐이요 그 노력으로 하여 엇는 이익은 뉘 손으로 갑니까 대감은 대감의 이익을 위하야 얼마나한 생명을 몃푼 안 되는 고금에 희생하고 잇지 안하요? 빈자의 생명을 바치고 그 전력을 기름짜듯 짜서 그 이익을 홀로 삼킨다. 약탈·취재·횡령이 이보다 더 한게 어대잇습니까?"85)

84) 『개벽』 7호, 57면.

은파리의 통찰은 여기서 그치지 않는다. 대감이 '법(法)'을 들먹이며 자신의 재산축적이 합법적임을 항변하자, 은파리는 법률과 사회제도의 문제점을 싸잡아 비판한다. 지금의 정치제도와 법률이란 자본가계급만 옹호하는 것으로, 엄정한 것도 공평한 것도 아니라는 것이다.

> 대감 "그게 다 무슨 소린지 모르겟다. 남을 속인다거나 남의 것을 빼앗는 다거나 그런 불법의 짓을 하면 법률이라는 게 잇는데 가만두니?"
>
> 파리 "법률? 당신네 세상에서 지금 쓰는 그 법률! 그것이 무슨 그리 절대엄정한 것입니까 공평치 못한 제도에 있는 사회, 거긔서 가진 부정, 가진 허위읫 수단을 다하야 성공이니 출세이니 하고 머리를 들고 나온 자들이 저의 동류끼리만 손목을 잡고 나아가는 지금의 사회, 말하면 자본계급만 옹호하는 정치 그런 세상에서 무슨 그리 법률의 절대엄정을 말하며 그 권위의 신성공평을 말할 수 잇습니까."[86]

그런데 '은파리'의 입을 빌려 드러나는 작가 방정환의 현실인식이 예사롭지 않다. 법률과 정치·제도의 편향성에 대한 작가의 비판은 그대로 자본주의체제의 근본모순을 지적하는 것이기 때문이다. 다음과 같은 대목은 이런 추론을 좀더 구체적으로 뒷받침한다.

> 파리 "여긔 불상한 노동자들이 땀을 흘려가며 그 힘을 다하야 훌륭한 병원을 건축합니다. 그러나 몃칠 아니 잇서서 그 집짓던 노동자가 중병에 걸려 死態에 빠젓습니다. 그러나 자기 전력을 다하야 지어노은 그 병원에 입원을 하지 못합니다. 이런 공평치 못한 사회가 또 어대 잇겟습니까? (…중략…) 대감부인이나 학생마마의 화장품 그것에 무산계급의 가련한 노동자의 설음 만흔 눈물이 무터 잇는 줄을 모르고"[87]

---

85) 『개벽』 7호, 54~55면.
86) 『개벽』 7호, 54면.
87) 『개벽』 7호, 55면.

파리 "부지런히 일하는 놈은 빈한해지고 박해를 당하고 편히 노는 놈들은 점점 금고가 커지는 게 사람의 세상일다. (…중략…) 착한 사람들이 부즈런히 노동해서 모은 돈을 거짓말로 속여서 빼아슨 것이 재산이다. 유산자가 무산자의 힘을 빌고 그 상당한 보수를 주게 되기까지는 그 말이 올흔 말이다. 그러치만 그 올흔 말을 하는 놈은 곳 잡아다 가둔다. 이게 사람의 세상이다."[88]

'자본계급'이나 '무산계급' 등 용어구사만이 그런 것이 아니다. 자본주의체제의 부의 축적 방식이 기본적으로 무산계급에 대한 착취에 근거하고 있다는 주장은 마르크스와 엥겔스로 대표되는 사회주의사상가들의 자본주의체제비판의 근간인 것이다. 더구나 작가 방정환은 『개벽』 10호에 「깨어가는 길」을 게재하는데, 이는 인류의 역사를 사적유물론(史的唯物論)의 관점에서 해석한 글로, 일본의 대표적 사회주의자인 사카이 도시히고(堺利彦, 1870~1933)의 작품을 번역한 것이다.

가장 취미 잇고 가장 유익한 이약이로 나는 이 일편을 소개한다. 이것은 현금 일본 사상계에 유명한 계리언씨의 작인데 이제 나는 그 전반(일본역사에 관한 것)을 약제하고 요지만을 우리말로 고쳐서 쓴다.[89]

여기에 방정환이 일본유학 당시 김찬 등 사회주의자들과 교류가 빈번했고, 일본 사상계에 사회주의 열풍이 불어 사회주의사상에 대한 원전이나 번역본이 흔했던 점을 감안하면, 방정환의 인식지평이 자본주의체제를 넘어서는 것이었다는 말은 나름의 근거가 있다.[90]

어쨌든 풍자의 성립조건이 풍자대상에 대한 풍자주체의 인식적·도덕적 우위라고 할 때, 은파리는 기본조건을 충족시키고도 남음이 있다. 그리고 이런 우위에서 대상에 대한 적절하고 다양한 공격전술이 가능해진

88) 『개벽』 10호, 76~77면.

89) 목성, 「깨여가는 길」, 『개벽』 10호, 1921.4.1, 124면 참조.

90) 방정환의 사상에 대해서는 3장에서도 언급한 바 있지만, 좀더 구체적인 후속작업이 필요하다.

다. 이때 은파리가 주로 사용하는 것이 독특한 대화법이다. 적절한 야유와 비꼼, 발랄한 재치와 유머를 동반한 화술(話術)은 독자들의 흥미를 유발시키며, 아울러 풍자의 대상이 누구인지를 적시하게 한다.

> 파리 "대감? 신년 새해에는……"
> 대감 "에그고놈 퍽도 덤빈다. 웬 하얀파리가 이 겨울에 죽지도 안코……"하며 이마를 딱!!
> 파리 "아차차 나는 벌서 여긔 내려 안젓는데 초하루날 이마는 왜 치십니까. 모처럼 새해인사나 하려 햇더니 점잔은 혼자 차리면서 그게 무슨 망신입니까 아모나 업섯게 다행이지요[91]

인용문은 「은파리」의 도입부분인데, 대감 스스로 이마를 때리게 만들고, 또 이를 걱정하는 척 비꼬아서 초반부터 풍자대상의 위신을 망가뜨린다. 부자요 세력가며 양반 중에도 귀족이자, 일제로부터 "자작(子爵)"까지 수여받은 대감이 갖추어야 할 위엄과 존엄은 은파리의 등장과 함께 허망하게 무너지는 것이다. 그뿐만이 아니다. 은파리의 능숙한 화술은 풍자대상으로 하여금 또 다른 풍자대상의 본질을 폭로하게 만드는 성과도 거둔다. 대감부인의 경우가 대표적 사례라고 할 수 있는데, 은파리가 매일신문에 난 기사를 인용하여 "사시에 춘풍부는 화락한 가정"으로 눙치자, 어리석은 대감부인은 대감의 부정적 행태를 스스로 고해바친다.

> 파리 "왜요, 부자장자엿다, 세력가엿다, 양반중에도 귀족이엇다, 문하에 하복이 수십 명이야—중문만나서면 자동차가 대령하겟다. 그런 조흔 팔자가 어대잇습니까. 그리고 오늘 매일신문 신년호에도 사시에 춘풍부는 ○자작의 화락한 가정!! 이라—하고 이댁 사진까지 썩! 냇던데요…… 못보셧습니까?"
> 마님 "사시춘풍!? 밤낫 폭풍이나 불지 말래라, 엇뗜 놈이 그런 소리를 써냇다듸? 그놈이 사랑에 와서 세찬대금이나 두둑이 어더간게지, 날더러 신문을 내라

---

91) 『개벽』 7호, 52면.

면 몃 백장을 낸단다. 밤낫이 업시 손자딸 가튼 첩에게 매달려 박혀있지, 세배도 제일 먼저 정성스럽게 오는 놈이 기생조합사무원이지, 그래도 대문만 나서면 가장 점잔은 것처럼, 에이 에이, 그놈의 거-만……."[92]

반면, 풍자의 대상들은 인식적 도덕적으로 은파리의 상대가 도저히 되지 못한다. 예를 들어 대감의 둘째 첩의 자식인 '서방님'은 열여섯살이 되도록 글을 몰라 편지대필을 간청할 뿐만 아니라, 기생외입을 업으로 한다. 공부를 해서 사람다운 노릇을 하란 은파리의 충고에 "공부는 해 무얼하니 이대로 잇서도 이제 아버지만 돌아가시면 내가 자작인데"[93] 하는 것이 그의 처세관이다.

네 번째 풍자대상인 신여성 김양(金孃)의 도덕적 타락상은 더욱 가관이다. 서울의 어느 여학교를 마치고 해외 유학까지 다녀왔을 뿐만 아니라 탁월한 미모로 청년들의 가슴을 태우는 그녀는 '독신주의'를 천명하지만, 기실 그 속을 들여다보면 거짓과 허위와 위선으로 가득 찬 삶을 살고 있다. 그녀는 사회사업을 핑계로 홀어머니를 속이고, 부랑청년들과 어울려 낮이면 길거리로 밤이면 연극장으로 방탕한 생활을 일삼는다. 심지어 사치스런 욕망을 충족시키기 위해 정조를 팔고, 이를 감추기 위해 '독신생활'을 천명한다.

파리 "아즉 학교에 단이는 X가 부모를 속이고 사다준 저 풍금은 그 무엇을 의미하는 것이며 부랑자로 유명한 ○이 도적질을 하다십히하야 사보낸 당신의 그 팔둑금시계는 무엇을 말한는 것이요. 이번 겨울에 생긴 만또, 그것도 공으로 그저 생긴것은 아니지요? 그 모든 짓을 감추기 위하야 누가 당신의 정조를 의심할가하야, 내어 세우는 防牌가 그 독신생활이지요. 당신의 소위 사회사무가 발전될스록 교제가 만하진 지금, 도저히 한 사람을 남편으로 섬길 수 업기에 이르러서 나오는 소리가 독신생활이지요."[94]

---

92) 『개벽』 7호, 59면.
93) 『개벽』 8호, 62면.

이들의 이런 허위와 위선을 은파리가 모를 리 없다. 은파리는 정곡을 찔러 그들의 입을 다물게 만들고, 분노를 유발시켜 풍자의 정당성을 확인시킨다.

> 파리 "내말이 거짓말이고 당신이 진정한 독신주의자이면 참으로 여자의 순결을 무덤에까지 가지고 갈 사람이면, 당신의 장속에 일본서 사온, 피임법이란 책이 왜 잇서요, 으응! 그래도 독신주의자요? 피임법 알려는 독신주의자! 짜는 유명합니다. 아아"[95]

> 파리 : "노대감외에 당신 원 아버지가 짜로 잇다고……."
> 서방님 : "예끼 요 발칙한 놈 가트니"하며 주먹으로 친다. (중략—인용자)
> 거짓말도 아닌데 화가 몹시 나는지 손에 들엇던 회중 금시계로 냅다 갈기더니 헛되이 시계만 째털어졋다.[96]

한편, 은파리는 풍자대상과 직접 대화하는 방법이 아니라 간접적인 방법을 취하기도 했다. 전자를 '대화체'라고 한다면 이는 일종의 정탐 '보고체'[97]라고 할 수 있는데, 풍자대상 몰래 잠행하여 그들의 행태를 관찰자적 태도로 기술하는 방식이다.[98] 「은파리」 6회분(17호)에 해당하는 '고선생' 미행기는 기본적으로 이런 방식을 취하고 있는데, 미행·정탐의 형식을 갖추어 독자의 흥미를 유도했다. 특히 풍자가 은파리의 입을 빌리지 않고 이루어지는 점은 좀더 진전된 형식적 가능성을 예견케 한다. 가령 청년웅변가요 사상가이자 독실한 종교가인 '고선생'이 주인공으로 등장

---

94) 『개벽』 9호, 110면.
95) 『개벽』 9호, 111면.
96) 『개벽』 8호, 64면.
97) '대화체'나 '보고체'는 『개벽』에 산재한 단편서사물, 즉 '기록서사'의 세부형식들인데, 이에 대해서는 뒤에 상론할 예정이다.
98) 記者나 동물을 이용한 암행·정탐양식은 풍자의 용이함과 흥미유발이란 강점 때문에 개벽사 발행잡지들(『신여성』(『부인』의 후신)·『별건곤』 등)에서 두루 지속적으로 사용되었다. 실제로 『신여성』과 『별건곤』에는 각종 '미행기' '탐사기' '암행기'가 게재되었는데, 「은파리」 연작은 이들 잡지에도 등장한다.

한 왕십리 초가에서 벌어진 술판은 그 대표적 장면이다.

> 의기 썰치는 고선생은 별안간에 무엇을 생각한 듯키 "아 참 내가 제군에게 소개할 것이 잇다. 이놈아 일어나거라 응? 일어나 내가 소개해 줄 것이 잇다" (…중략…) "제군 우리에게는 한 비밀결사가 잇섯다""무어냐 무어냐 무슨 결사냐—" "그것은 이때까지 절대비밀이엇섯는데 오늘 우리가 이와가티 동지끼리만 모여서 질겁게 노는 기념 아니 대특전으로 오늘 이 자리에 한하야 공개하네" (…중략…) "그 비밀결사는 '재산주식회사'라는 것이란다" 여러 놈이 그게 무슨 회사냐고 뭇는다. "그것은 즉 財 散 酒 食 會 社일세"하고 한자식 한자식 부르니까 찬성! 찬성!하고 날뛴다. 고는 다시 "그런데 내가 그 회사의 주간일세 그런즉 제군도 찬성이면 입회하기를 바라네 지금 회원들이 네 사람일세 위선 입회수속은 먼저 모든 회원에게 한 턱 내는 것이며 그러면 그 다음에는 일동이 새 회원맛는 인사로 또 한 턱내느니 …… 제군 그러나 이것은 절대 비밀일세. 응 아즉 세상놈들은 그런 것을 이해를 못하니까 비밀히 할 밧게 업네 ……"[99]

술에 취해 기생을 끼고 엎어지고 그것도 모자라 자신이 '재산주식회사(財散酒食會社)'란 비밀결사의 주간이라고 스스로 폭로하는 이 장면은 다른 설명이 없이도 그의 위선과 도덕적 타락을 한눈에 확인시키는 것이다. 문제는 화자인 '나(은파리)'의 해설과 논평이다. 인용한 장면에는 "딴은 놈이 사상가이다 묘한 것을 생각해 내엇다. 재산주식회사 맘껏 기껏 짐승같이 뛰노는 회겠지"든가 "처음 발가벗은 본래의 사람이란 꼴을 나는 오늘 보았다" 등의 해설이 삽입되는데, 기실 이는 군더더기에 불과한 것이다. 오히려 화자의 직접적 등장과 해설 내지 비평은 풍자의 효과를 반감시킨다.

물론 이는 6회분에 이르러 처음 일어난 일이 아니다. 4·5회(10호와 12호) 그리고 7회분(18호)은 대화나 정탐보고와는 거리가 먼 서술로 일관된다. 이 경우 화자는 목소리로 존재하고, 구체적 등장인물이 없으니 서사

99) 『개벽』 17호, 74면.

는 사라지며, 서사의 재료가 되어야 했을 일화들이 해설식으로 나열된다.

> 사람이란 거짓말 잘하는 즘승이다! 그럼으로 늘—속히기도 잘하거니와 또 속기도 잘한다. 인간계에서 권세잇는 놈, 영악한 놈이라거던 가장 거짓말 잘하는 놈이라고 생각하여두면 그리 과한 틀림은 업다. 거짓말 안 하고는 돈도 못 모이고 세력도 안 잡히니까……. (…중략…) 저긔 광산이 잇다. 광부들이 새벽부터 밤까지 산굴 속으로 불을 켜들고 들어가서 또 우으로 향한 굴로 사다리를 밟으며 올라간다. 불만 꺼지면 지옥보다도 암흑하다. 압흘 더듬다가 몃 백길되는 굴미테 떨어진다. 영영—시체도 찻지 못한다. 그러함으로 그 안해는 남편이 돌아오지 아니하면 죽은 줄 안다: 곳 개가한다. 이런 일이 드무지 아니하다 얼마나 참혹한 일이냐[100)]

> 아모리 거짓말로만 살아간대도 설음(悲哀)쁜만은 거짓으로 못하는 것이다. 눈물쁜만은 거짓으로 흘리지 못하는 것이다. 그러나 사람이란 놈들은 그것까지도 훌륭하게 거짓으로 꾸민다. 어느집 노인이돌아갓(死亡)다. 그 아들과 며느리들이 주야로 곡을 한다. 그 중에 제일 쉽게 우는 이는 반듯이 소박마즌 부인, 아니면 큰 동세에게 구박밧는 작은 동세일다. 무얼 노인의 죽음이 섧어서만 우는 것이 아닐다. 그래도 그것은 덜하지 조객이 오거나 조석때가 되면 곡조를 마쳐서 어—이, 어—이 울겟다. 그 중에도 우스운 꼴은 상가라 바쁘기는 하니까 여인네는 일을 하며서 우느니. 이애야 솟에 불집혀라 아이고! 아이고! 이애야 상좀 어른 보아라 아이고! 아이고, 이게 무슨 추태냐, 진정으로 그의 죽음을 슯허하는 사람은 아모리해도 그런 소리가 나올 것 갓지 아니하다.[101)]

「은파리」 연작을 서사물로 볼 때, 4·5·7회분은 서사라기보다는 해설식 논평에 가깝다고 할 수 있다. 정탐보고 형식의 풍자물로의 서사적 가능성을 보인 6회분(17호)의 경우도 해설식 논평으로 인해 그 의의가 적지 않게 손상된다. 따라서 「은파리」는 1~3회분이 그 중 서사적 완성도가 높다고 하겠다. 그런데 이처럼 하나의 서사물에 다양한 문체 혹은 형식, 즉

100) 『개벽』 10호, 74·77면.
101) 『개벽』 12호, 86면.

'대화체' '보고체' '논평해설체' 등이 혼재한다는 것은 양식・장르습합(習合)[102]이 일반적인 『개벽』 내에서도 드문 경우에 해당한다. 더구나 「은파리」는 자체적으로 우화형식을 차용하고 있어, 하나의 큰 양식 아래 작은 양식들이 포섭된 형국을 취한다. 「은파리」의 자료적 가치는 일차적으로 여기에 있다. 『개벽』에 존재하는 다양한 문학 양식들, 그 중에서 특히 박달성・방정환・김기전 등의 단편서사물(기록서사)의 존재방식과 양식적 기원 나아가 그 세계관적 기초까지도 밝혀질 수 있는 것이다. 이에 대해서는 뒤에서 상론할 것이다.

하지만 이런 가치를 인정하는 것과 함께 「은파리」의 문학적 한계를 거론하지 않을 수 없다. 「은파리」를 한편의 작품으로 인정할 때, 각 회분에 층위가 진다는 것은 서사적 완결성에 문제가 있음을 의미하기 때문이다.[103] 가령 4・5・7회분의 경우, 작가의 계몽담론을 문학적 형식에 담는다는 원론적인 수준에서 작품이 산출되었다는 문제가 있다. 즉 그 이상의 전문적인 고민이 생략되었던 것이다. 결과적으로는 방정환 스스로 작가와 논자 사이에서 중심을 잡지 못한 채 흔들렸다고 할 수 있는 것으로, 강렬한 계몽열정이 「은파리」라는 훌륭한 풍자양식의 산출을 낳았지만 계몽성의 직접적 노출은 역으로 그 문학적 성취를 반감했다고 할 수 있다.

1910년대부터 여러 편의 소설을 창작한 방정환이 '계몽'에 중심을 둠으로써 문학적 형상화에 문제를 야기했다는 사실은 이 시기 『개벽』의 작가들에게 '계몽'이란 화두가 얼마나 중요한 것인지를 역설적으로 보여준다 하겠다. 이때 '계몽'의 중심대상은 바로 풍자의 대상인 사회의 지도층 인사들로, 민족의 운명을 개척하기 위해서는 이들부터 솔선수범해야 한

---

102) 대표적인 것이 기록서사물인데, 이것들은 소설・희곡・수필(기행이나 편지)・보고(기록)가 혼합된 것이라고 할 수 있다. 가령 「숙시숙비」(1호)・「이상아의 초보」(12・14호)・「고학의 로」(18호)는 희곡과 보고의 습합이며, 「소작인 만길의 생활」 등은 소설과 보고문이 습합된 것이다.

103) 물론 여기에는 나름의 이유가 있다. 이는 기록서사의 양식적 기원을 다루면서 상론할 예정이다.

다는 인식적 배경이 깔려 있다. 어쨌든 「은파리」 연작은 민족현실을 문제 삼은 『개벽』의 대표적 풍자물로, 이후 비슷한 연작물의 전범이 되었다는 점에서 주목할 필요가 있는 작품이다.[104)]

(3) 육체성·물질성의 회복 – 「그날밤」

『개벽』에 3회에 걸쳐 연재된 목성의 「그날밤」의 줄거리는 다음과 같다. 난생처음 여자의 편지를 받은 최영식은 괜한 기분에 달뜬다. 혹 자신이 오해하고 있는 것은 아닌지 걱정도 하지만 친구들로부터 들은 정보에 따르면 허정숙이 자신을 연모하는 것은 분명하다. 최영식은 그녀와 편지를 주고받으며 급속도로 친숙해진다. 영식은 부모가 정해준 약혼자 때문에 고민하지만 허정숙에게 끌리는 마음을 제어하지 못한다. 그는 약혼자에 대해 묻는 정숙을 설득하고, 둘은 본능이 시키는 대로 서로의 육체를 탐닉한다. 정숙의 순결을 깨뜨렸다는 죄책감은 시간이 지나자 점점 엷어지고, 아울러 약혼을 파하고 허정숙과의 결혼을 졸업 전에 추진하겠다는 결심도 엷어진다. 영식은 완고하고 엄한 아버지 앞에서 자신의 결심을 말할 용기가 없었던 것이다.

그러던 차 허정숙으로부터 온 편지가 발각되어 영식은 한바탕 난리를 치른다. 그 와중에 허정숙의 혼처가 결정되고, 영식은 정숙과의 도피를 결심하지만 졸업도 안 한 처지에서 별다른 방법이 없어 괴로워한다. 영식은 최후의 수단으로 아버지나 백부의 재산을 훔칠 결심을 하지만 이 계획은 실행되지 못한다. 결국 정숙은 육체만을 희생하겠다는 의미의 편지 한장을 남긴 채 시집을 간다. 정숙과의 사랑이 실패한 후 영식은 미련과 집착 그리고 배신감과 분노로 몸과 정신을 상하고, 거의 실신한 사람처럼 자신을 주체하지 못하는 상황에서 바다에 투신자살한다.

---

104) 이에 대해서는 각주 98)을 참조.

줄거리에서 드러나듯이 「그날밤」은 '자유연애'를 주제의식으로 갖고 있는 소설로, 이는 이 작품의 경향이 동인지문학과 맥이 닿아 있음을 드러낸다. 개인의 자각과 자유에 기반한 '자유연애'는 동인지문학의 주요테마이기 때문이다. 주제의식만 그런 것이 아니다. 최영식이 의지와 무관하게 약혼을 한 상태이고, 그의 애인인 허정숙 또한 원치 않은 결혼을 통보받는다는 것, 그리고 자유로운 연애가 부모로 대표되는 기성세대의 완강한 반대에 맞닥뜨린다는 설정, 나아가 그들이 자신들의 의지를 관철시키지 못하고 현실의 벽 앞에 무릎을 꿇으며 절망과 좌절을 겪는다는 구조도 전혀 낯선 것이 아니다. 이는 근대적 주체가 전근대적이고도 불합리한 현실로 인해 좌절과 비극적 결말에 이른다는 동인지문학의 기본 '포맷'과 일치하는 것이다.

다만 우리가 주의할 점은 「그날밤」이 동인지문학과 같은 방향에 있음에도 불구하고, 문학적 성취에 있어서는 한발 나아갔다는 사실이다. 동인지 소설들이 추구하는 '자유연애'의 특징은 모호성이다. 등장인물의 입을 통해 언급은 되지만 그것이 구체적으로 무엇인지 상(像)이 잡히지 않는다. 물론 작가도 그것이 어떤 것인지 구체적 상이 없기는 마찬가지다. 자유연애는 개인의 자각처럼 하나의 이상으로서 머릿속에서만 추구되고 있다. 그 이유는 분명하다. 사랑의 본질이라고 할 수 있는 생생한 육체가 거부되기 때문이며, 이런 육체에 대한 거부가 '육체성의 묘사'를 불가능하게 만들기 때문이다. 그 결과 사랑은 내면의 문제로 한정되고, 내면에 대한 수많은 묘사는 구체적 실감(實感)으로 이어지지 못하는 것이다.

그런데 「그날밤」은 '육체성'을 더 이상 거부하지 않는다. 이는 여자와의 육체적 희롱을 더러운 것이라고 생각하던 주인공 최영식이 허정숙과의 만남을 계기로 여체의 아름다움에 눈뜨고 별다른 죄의식 없이 육체적인 관계까지 맺게 된다는 설정에서 분명히 드러난다. 특히 주인공이 육체적 관계 이후로도 정숙에 대한 사랑을 유지한다는 것은 중요한 의미가 있다. 만약 작가가 육체에 대해 부정하고자 했다면 둘의 육체적 관계는 동인지문학에서처럼 정신적 사랑의 종말 내지 배신과 변심의 직접적 계기가 되었을 것이기 때문이다. 작가가 사랑의 육체성을 인정했다는 또 다른 증거도 있다. 육체성의 부정이 그에 대한 묘사의 거부로 나타난 것이 동인지문학인바, 「그날밤」은 육체에 대한 묘사를 전혀 거부하지 않았던 것이다. 다음과 같은 장면은 그 대표적인 경우다.

> 만 원복잡한 틈에 억지로 씨인 영식이와 허의 몸은 한데 다핫다. 어대선지 훈훈한 바람이 일어나 얼골에 와 부닷고 짜스－한 그의 체온이 몸이 맛다흔 그리로부터 자기몸에 올마오는 것을 느낄 때에 가슴은 제어할 수 업시 울렁거린다. 그는 벌서 취한 사람가티 멀건－하다. (…중략－인용자) 손잡이 가죽끈을 붓들고 섯는 그의 팔둑은 전광에 비치여 희다못하야 창백하게 보인다. 통통하고도 갈쑥갈쑥한 옥가튼 그 손과 그 손 끗에 반짝반짝 빗나는 희고 맑은 손톱 (…중략－인용자) 족음 파리한 듯한 그 턱에서 귀밋까지의 티업는 맑은 살과 보기에도 서늘한 적삼동정에 싸혀 희고 맑고 보들업고 짜뜻해보이는 가숨우ㅅ살을 부러운 듯이 드려다보고 잇는 영식이는 취하고 취아야 정신일은 사람가탓다.[105]

인용문은 자선음악회에 가던 만 원 기차 안에서 허정숙과 몸을 밀착시키게 된 주인공의 심리상황을 포착한 것으로, 여인의 체온과 체취가 육감적으로 묘사되고, 주인공의 시선을 따라 여인의 턱과 귀 그리고 가슴이 자연스레 부각된다. 그뿐만이 아니다. 그들이 금화산 소나무 옆 잔디 위에서 육체적 관계를 갖는 장면은 10줄 이상의 분량으로 절차와 순서까지 자세히 그려졌다. 덕분에 본의 아니게 여러 글자가 삭제되기도 했다.

> 영식이는 전신이 오싹하고 전기에 쩔리는 듯 찌르르함을 느꼇다. 가슴은 두방맹이질을 친다. 저의 바른손은 늘 부러워하던 통통하고도 갸름한 피아노 잘 타는 흰 속목을 쥐고 잇섯다. 왼일인지 허는 손을 잡힌 채로 고개만 외면을 하고 가만히 잇섯다. 보들업고 짯뜻한 그 손목으로서 올마오는 짜스－한 긔운을

105) 『개벽』 6호, 134~135면.

느낄 때에 그의 머리는 다만 황홀할 뿐이엇다. 그는 다시 왼손을 가져다 쥐고 잇는 손을 어루만젓다. 뛰던 가슴은 조음 쉬인 듯하다. 그 손을 놀 마음은 물론 조음도 업다. 그러나 제 낫으로나 본능으로나 그대로 쥐고만 잇슬수는 업다. 그는 벌서 본능이니 무엇이니 알지 못하게 되엇다. 고개를 돌리고 가만히 내어버려두는 그 손을 왼손으로 옴겨쥐고 조음 바싹 닥아안즈며 바른 손을 그의 뒤로 써더 그의 ○○○○를 ○○○○다. 그는 역시 ○○○다. 가슴은 도수업시 뛸대로 뛰고 머리와 얼골이 확근확근한다. 그는 그대로 한참이나 가만히 안젓다. 몸이 무엇에 놀란 것처럼 더웁다. 그는 바삭바삭하는 검은 머리가 자기 텍에 간지럽게 닷는 것을 깨달앗다. 그리고 뒤미처 그의 더운 가슴이 벌럭벌럭 뛰는 것을 알앗다. 가만히 안저 잇섯다. 그는 벌서 본능에 정복되고 말앗다. 그는 발서 연애니 신성이니 인생이니 우주이니 알바가 업섯다. 머리가 어대부텃는지 상관업섯다. 그는 잡고 잇던 손을 노코 그 손을 길게 써더 그의 ○○○○를 ○○다. 아무 ○○도 아니한다. 본능과 본능이 저하고 십흔대로 한다.[106]

이런 육체성의 생생한 묘사가 얻는 효과는 적지 않다. 첫째 사건의 개연성이 보강된다는 점이다. 만약 '기차장면'이 없다면, 평소에 "결혼은 반듯이 연애로서 성립되어야하고 연애는 반듯이 이성의 합치라야 진정한 연애"라는 신념을 가진 주인공이 갑작스레 성교에 이르게 되는 상황의 개연성이 떨어질 것이다. 둘째 작품의 주제의식이 훨씬 구체화된다는 점이다. 인용한 두 장면으로 인해서 주인공이 추구하는 '자유연애'는 육체성을 보강하게 되며 그로 인해 독자들이 느끼는 실감 또한 달라지는 것이다. 결국 「그날밤」은 이상으로서의 추상적 자유연애가 아니라 육체적 욕망으로서의 구체적 자유연애를 표현했다고 할 수 있다.

한편, 「그날밤」은 식민지 시대 젊은이들의 자유연애가 실패할 수밖에 없었던 원인을 분명하게 적시한다는 점에서도 의의가 있다. 필자가 보기에 동인지문학이 제기하는 전근대적이고도 불합리한 현실, 가령 조혼(혹은 강제결혼)으로 대표되는 기성세대와 사회제도의 압박은 당대 젊은 세대

106) 『개벽』 6호, 138~139면.

의 정치·경제적 무능력과 무관하지 않다. 즉 그런 불합리성이 강하게 그려지면 질수록 그들 세대의 능력부족이 배면에서 읽혀지는 셈이다. 다만 이를 '돈의 문제' '능력부족'의 문제로 적시(摘示)한 경우는 드물었다. 그런데 「그날밤」은 이 젊은 세대의 정치·경제적 무능력을 중심테마로 올려놓는다. 주인공 최영식은 그들의 사랑이 위기에 빠지자 자신의 경제적 처지를 한탄하며, 문제의 해결을 위해 아버지의 통장과 소절수를 노리거나 백부(伯父)의 금고를 노리는 것이다.

> 아아 졸업만 하엿더면…… 생각할 때에 잠잠히 잇던 허가 한숨을 쉬더니 맛잡고 잇던 손으로 엽혯 풀을 한줌을 쓰드며서 "예에 아주 사람업는 아모도 업는 머ㅡㄴ 대 가서 살앗르면 조켓서요"하엿다. 영식이는 의미 잇시 들엇는지 "아모대구 가는 거야 무에 어려워요? 가기야 쉽지만 가서는 어쩌케 합니까"하얏다. 허는 한참이나 잠잠히 잇다가 웃는 소리가티 "세상에 돈업시 사는 나라는 업나요?" 하엿다. 영식이도 픽 웃엇다. 몹시 그윽히 쓸쓸스런 웃음이엇다.[107)]

> 그 까짓 주변하나를 내지 못하는남자! 자기가 스스로 생각한 이 소리가 영식의 마음을 더 괴롭게 졸엿다. 주변업는 산아이! 이 소리로 더 마음을 울리고 쓸이고 태우고 하는 영식이는 두번째나 부친의 문갑을 열고 한성은행의 통장과 소절수를 주물럿스나 (…중략—인용자) 그는 긔어코 웃집 백부의 철궤를 생각하엿다. 집어만 가지고 다라나서 자세한 상서를 들이면 그만이지 혈마 나를 고발 할라구.[108)]

인용문에서 보듯 여기서도 작가의 소설적 기교 특히 심리묘사는 돋보이는데, 이런 생생한 묘사는 동인지 소설이 제시한 전근대적이고 불합리한 현실을 훨씬 구체화시킨다. 다시 한번 동인지문학의 추상성이 극복되는 것이다. 그런데 「그날밤」이 보인 이런 문학적 진전은 1920년대 중반 문학의 한 축이었던 『조선문단』의 문학 경향과 근원적으로 통하는 바가

107) 『개벽』 7호, 160면 참조.
108) 『개벽』 8호, 134면.

있다. 『조선문단』의 문학 경향은 한마디로 "객관성과 보편성"의 지향으로 정리되는데,[109] 이는 「그날밤」 나아가 『개벽』 문학을 떠받치고 있는 '객관정신'과 동궤에 있는 것이다. 특히 욕망의 실체를 객관적으로 조망하는 한설야류의 작품들은 주목할 필요가 있다. 한병도(한설야)의 「주림」이나 김태수의 「과부」는 욕망의 육체성을 수긍하고 있다는 점에서, '욕망의 육체성 내지 물질성'을 서사적으로 구현한 「그날밤」과 결코 무관할 수 없기 때문이다.

한편, 「그날밤」이 필자에게 주목되는 것은 문학적 성취라는 측면만 있는 것이 아니다. 작가의식의 차원 나아가 정신사의 특수성이라는 차원에서도 중요한 의의를 갖는다. 이제 그 맥락을 살펴보겠다.

(4) 식민지 시대 지식인의 자아분열-방정환과 현상윤

앞에서 필자는 「유범」이 새로운 인간상의 창출을 시도했으나 만족할 만한 성과에 도달하지는 못했다고 지적한 바 있다. 개인의 희생을 통해 민족적 대의에 귀속하는 새로운 인간형을 작품 내적 개연성이 뒷받침하지 못했던 까닭이다. 그리고 개연성의 부족은 개인과 민족의 통일이 아니라, 양자의 어정쩡한 '절충'으로 나타났다. 이 '절충성'의 근원은 당연히 『개벽』의 계몽담론에서 비롯된 것이다.

주지하다시피 근대를 대표하는 시대적 화두, 즉 개인이냐 사회(민족)냐, 정신이냐 물질이냐의 문제는 근원적인 화해불가성을 담지하는 바, 『개벽』이 지향한 양자의 통일은 사실상 불가능한 것이었다. 그리고 그 결과가 두 경향의 공존 내지 절충으로 나타났던 셈이다. 따라서 방정환은 이 절충

109) 이경돈은 『조선문단』의 소설을 궁핍과 가난의 생존문제를 그린 최서해류의 작품과 욕망의 실체를 확인하고자 한 채만식류의 작품으로 나누면서, 양자의 공통된 특질로 '객관성과 보편성의 지향'을 제시했다. 그리고 이를 '주관성'을 특징으로 한 동인지 소설과의 결절점으로 파악했다. 이경돈, 「『조선문단』에 대한 재인식」, 『1920년대 문학의 재인식』, 『상허학보』 7, 깊은샘, 2001, 82~95면 참조.

의 계몽담론을 가지고 문학적 통일을 시도했으니 결과는 충분히 예견되었던 것이다. 다만 여기까지 절충성은 「유범」이란 한 작품의 문제였다.

그런데 방정환의 소설 「그날밤」은 절충성을 방정환의 문학전체로 확산시킨다.[110] 「유범」과 「은파리」가 민족적 대의에 초점을 둔 작품이라면 「그날밤」은 개인의 욕망이란 차원에서 그려진 작품으로, 이는 한 작가에게 상반된 두 개의 지향이 공존했음을 말하는 것이기 때문이다.[111]

이 절충성의 의미는 분명하다. 한 작가의 의식세계가 둘로 갈려 있다는 말이다. 즉 민족적 사명에 충만한 공인(公人)으로서의 방정환과 사적 개인으로서의 방정환이 하나의 몸에 공존한다는 것이다. 공인으로서의 방정환은 민족의 운명을 개척한다는 열정에 차서 현실의 문제점을 고발하고(「은파리」) 대안을 제시하며 또한 그것의 실현을 낙관한다(「유범」). 반면 고립된 개인으로 존재할 때, 그는 혼자만의 감상에 젖거나(「추창수필」), 자신의 불투명한 미래에 괴로워하고(「달밤에 고국을 그리우며」) 비관적 현실 앞에 낙담한다(「그날밤」). 둘은 현실관 자체가 다를 뿐만 아니라 미의식 차원에서도 상반되는 것이다. 문제는 이런 의식의 분리와 공존이 방정환에게만 나타난 현상이 아니라는 점이다. 우리는 비슷한 현상을 1910년대 대표적 단편작가인 현상윤에게서 발견한다.

주지하다시피 1910년대 『학지광』에 실린 현상윤의 논설들은 당대의 시대정신이었던 '실력양성론'에 충실하다. 그는 당대 일본 유학생 일반과 마찬가지로 '약육강식'을 세계의 보편적 원리로 수용했고, 그에 기반하여 "세상에서 강자가 되려는 강력주의를 지향할 것을 역설하였"던 것이다.[112] 따라서 조선의 문명화를 부르짖는 그의 논지에 낙관주의가 포착되는 것은 전혀 이상할 것이 없다. 예의 낙관론은 실력양성론이 근거로

110) 물론 여기서 그 범위는 『개벽』 내의 작품들로 한정된다.

111) 여기서 상반된 두 경향이란 각각의 지향이 개인과 사회로 나뉜다는 점만을 지적한 것이 아니다. 둘은 세계관이 다르고 미의식마저 상반되기 때문이다. 이 점은 뒤에서 상론할 예정이다.

112) 한점돌, 「1910년대 한국소설의 정신사적 연구」, 서울대 박사논문, 1992, 187면.

삼고 있는 '사회진화론(社會進化論)'의 핵심적 표지이기 때문이다. 「구하는 바 청년이 그 누구냐」(『학지광』 3호) · 「사회의 비판과 밋 표준」(5호) · 「강력주의와 조선청년」(6호) · 「부의 필요를 논하야 상공업의 발흥」(12호) 등은 그가 제시한 희망에 찬 미래상과 낙관적 전망이 담겨진 대표적인 글들이라고 할 수 있다.

> 아아, 제군제군아, 우리는 압흐로 가장 긴하고 가장 바른 길을 구하지 안이하며 가장 온전하고 가장 아름다운 방향을 찾지 안으랴는가. 그러면 법률도 죠코 정치도 죠타 (…중략…) 이것이나 저것이나 조선문명에 새 공헌을 하고 조선민족의게 새 복음 전하야면 공부라면 다하고 사조라면 다 소개하는 것이 금일 吾輩의 하염잇고져 하는 圖謀요 압흐로 나아가는 행진운동이 안이냐 (…중략…) 오직 배워야 하고 오직 생각하여야 하고 오직 썰리여야 하리로다. 아아 月出洞庭 時正好로다, 所求 청년아 이상적 청년아.[113)]

반면, 그의 문학은 논설이 제시한 희망에 찬 미래나 낙관적 전망과는 거리가 멀다. 특히 그의 소설들은 하나같이 불합리한 현실 속에서 죽거나 고통받는 삶을 형상화했으니, 「한의 일생」 · 「박명」 · 「재봉춘」 · 「청류벽」 · 「핍박」 등은 그 대표적인 작품들이다. 그의 문학적 세계상은 한마디로 비극적이라고 말할 수 있겠다. 문제는 상반된 경향의 문학과 논설이 모두 한 개인의 의식세계의 산물이라는 점이다. 그의 논설과 소설이 보이는 세계상의 격차는 이를 의식의 문제로 환원할 경우, 주체가 갈라진 영혼의 소유자임을 입증하는 것이다. 즉 연설문(논설)을 손에 들고 민족의 선각자로 섰을 때와 일개 문인으로 돌아와 세계를 재현할 때(소설) 각각 상반된 결과를 내놓고 있는 것이다. 무의식적으로 의식이 분리되는 셈이다.

물론 이들에게 나타나는 자아의 분리를 동시대 지식인의 보편적 특질로 뭉뚱그리는 것은 섬세하지 못한 일이다. 다만 이런 현상이 식민지 시

113) 현상윤, 「구하는 바 청년이 그 누구냐」, 『학지광』 3호, 1914.12.2, 6~7면.

대 지식인이 처한 특수한 사회·역사적 환경의 산물이라는 점은 분명하다. 필자가 볼 때 식민지 시대 국내 잔류 지식인이 선택할 수 있는 길은 크게 두 갈래였으니, 하나는 국외 항일독립운동가들을 모범으로 삼아 민족적 대의에 충실한 삶을 사는 길, 다른 하나는 철저히 개인적 삶을 살아가는 길이었다. 이때 자아분리의 가능성은 국외의 인사들보다 국내의 인사들이 상대적으로 높았고, 국내인사들 중에서도 후자보다는 전자가 가능성이 높았다. 국외인사들의 경우 민족적 당위에 대한 열정이 순간순간 일어나는 개인적 회의를 상쇄시켰을 것이고, 국내의 개인주의자들은 쉽게 일상의 끈적끈적한 궤적에 휩싸였을 것이기 때문이다.

반면, 국내 민족인사들은 이들과 전혀 다른 정신적 경험을 축조하게 된다. 무엇보다 민족독립에 대한 낙관적 전망이 시간이 갈수록 엷어져갔다는 사실이 중요하다. 이미 1910년대 중반부터 적지 않은 수의 지식인들은 민족의 독립 가능성에 회의를 품었고,[114] 이는 10년대 후반과 20년대 초반을 거치면서 더욱 세를 넓혀가고 있었다. 이런 비관적 전망의 확산은 개인을 더욱 일상적 삶쪽으로 몰아갔고, 아울러 민족주의자들의 영혼을 뒤흔들었다. 즉 이 시기 민족주의는 다분히 정서적인 성격이 짙었고, 이는 민족적 당위의 차원에 선 주체와 개인의 이성적 판단 위에 선 주체가 분리될 수 있는 실질적 토대가 되었다. 방정환과 현상윤은 바로 이 민족적 낙관과 개인적 절망 사이에서 진동했던 인물들이다.

그런데 이런 민족적 낙관과 개인적 절망의 근원을 시대정신 내지 세계관의 차원으로까지 추구해 내려가면 전자는 계몽주의요, 후자는 낭만주의에 기원을 두고 있다. 따라서 방정환의 문학, 나아가 『개벽』 문학이 보인 사상적·경향적 '절충성'은 계몽주의와 낭만주의가 교차한 1920년 초

114) 준비론으로 대표되는 계몽주의 세계관에 대한 회의와 환멸(이에 대해서는 한점돌, 「1910년대 한국소설의 정신사적 연구」, 서울대 박사논문, 1992, 4장 참조)은 새로운 미학에 기반한 단편양식의 성장과 맞물려 있었다. 한기형, 『한국 근대소설사의 시각』, 소명출판, 1999, 287~309면 참조.

반 조선의 정신사적 흔적을 반영하는 것이라고 할 수 있다.

2) 기록서사의 양식적 기원과 분화

(1) '기록서사'의 양식적 기원

박달성은 『개벽』의 핵심멤버로 총 136회 글을 게재했고, 필명으로 '춘파(春坡)' 외에 '가자봉인(茄子峰人)' '네눈이' 'ㄷㅅ생' 'TS생' '대갈생(大喝生)' '돌이(乭伊)' '박돌이' 'P생' 등을 사용하였다.[115] 그가 작성한 기사 중 대략 30여 편(40여회)은 단편서사물, 이른바 '기록서사물'들인데,[116] 이는 『개벽』 문학의 근본 성격을 드러낸다는 점에서 주목할 만하다. 즉 이들은 사실과 허구의 경계를 허물어 비문학과 문학의 절충을 이루고 있는데, 이는 『개벽』 문학의 절충적 성격을 반영하는 것이다. 앞서 방정환의 문

115) 박달성의 필명에 대해서는 부록 「『개벽』 필명 색인」 참조.

116) 『개벽』에는 사실과 허구의 경계에, 문학과 비문학의 경계를 넘나드는 '단편서사물'이 수십 편 존재하는데, '기록서사'란 이들에 부여한 일종의 고유명칭이다. 즉 기록서사란 엄밀한 의미의 장르·양식명은 아닌데, 여기에는 몇 가지 이유가 있었다. 우선은 기존의 장르로는 이들을 포섭할 수 없었다. 기존의 4분법적 체계에 의거하면 이들을 교술 내지 수필영역에 넣어야 하는데, 이 경우 이들이 가진 '서사성(소설적 가능성)' '계몽성(논설과의 상관성)' 등이 명쾌하게 드러나지 않는다는 문제가 있었다. 더구나 이들 작품 중 상당수가 허구적 서사('대화체'와 '우의체' 기록서사)라는 점에서 비허구성을 특징으로 하는 수필영역에 전적으로 포섭되기 어려웠다. 그렇다고 김영민의 '서사적 논설' '논설적 서사'(『한국근대소설사』, 솔, 1997)나 한기형의 '단편서사물'(『한국 근대소설사의 시각』, 소명출판, 1999)이란 명칭을 사용하기도 쉽지 않았다. 그것들은 이미 신소설과의 상관관계를 통해 특유의 범주로 굳어져 사용되어 왔고, 무엇보다 1910년대 이전의 단편서사물과 『개벽』의 단편서사물은 양식적 측면에서 적지 않은 차이를 보였기 때문이다. 기록서사는 계몽에 입각한 단편양식이란 점에서 전자와 닮은 점이 있지만, 계몽의 태도와 이에 잇단 '리얼리티' 구현 양상에서는 적지 않은 차이를 보이는 것이다. 특히 묘사의 확장이란 점에서 기록서사는 전자를 압도한다. 양자의 양식적 차이에 대해서는 뒤에 구체적으로 언급할 예정이다. 이 글에서는 '기록서사'를 『개벽』 내에 존재하는 일군의 단편서사물을 지시하는 명칭으로만 한정해서 사용하고자 한다. 여타의 신문이나 잡지들에 대한 연구가 진행되어 1920년대의 보편적 문학양식으로 인정될 가능성을 열어둔다.

학이 사상담론의 차원에서 문학과 계몽(논설)의 '절충성'을 드러냈다면 박달성의 서사물들은 이를 양식적 차원에서 보여주고 있다.

대표적인 작품으로는 「숙시숙비」(1호)·「겨울의 농촌생활을 들어써」(7호)·「이상아의 초보」(12·14호)·「고학의 로」(18호)·「오호 지방농촌의 쇠퇴」(22호)·「삼군일부를 방하야 다섯번 크게 놀래인 사실담」(26호)·「양호잡관」(28호)·「다사한 계해 경성의 일월을 들어」(32호)·「시골쥐-서울쥐」 연작[117]·「양서오십일중에서」(64호)·「우리는 종놈이다」(65호)·「백두산호랑이로부터 동물원호랑이에게」 연작(65~66호) 등을 들 수 있다.

이들 작품이 사실과 허구, 문학과 비문학의 경계에 존재한다는 사실은 「숙시숙비」(1호) 등을 통해 확인할 수 있다. 「숙시숙비」는 학생들이 송현동 기숙사 7호실에 모여 벌이는 논쟁과 사건을 화자가 관찰자적 시점에서 기록한 것이다. 동양사를 보던 P가 초패왕의 운명(스스로 목을 베는)을 나폴레옹의 운명에 비유하며 눈물을 글썽이자, 춘향전을 보던 K가 그들은 모두 천하도적일 뿐이며 비극은 춘향의 옥중고통이 비극이라고 말한다. P는 모든 죽음은 비극이며 천하강도인고로 더 불쌍하다고 주장하자 K는 입맛만 다신다.

이때 3호실의 대수벌레라는 별명의 C가 수학공식 때문에 힘들었다며 등장한다. K는 그가 공부를 너무해서 뇌병이니 신경쇠약이니 하여 병원을 가고 마침내 죽기까지 하는 것은 어리석다고 하자, P가 중한 것은 몸이지만 몸은 지식이 있음으로 귀한 것이라고 주장한다. 덧붙여 우리 부형의 노력과 사회의 기대를 위해 공부해야 한다고 말한다. P와 S의 강변에 C는 슬그머니 나갔다가 술냄새를 풍기며 들어오는 것으로 이야기가 끝난다.

그런데 이 글의 서두에는 "日字, 一月 十一日·場所, 松峴寄宿舍·인물, P K C S"라는 지문이 들어가 있다. 서사물이 희곡형식을 부분적으로

---

117) 네눈이란 필명을 사용하여 43~54호까지 7회가 연재되었다.

차용하고 있는 것이다.[118] 이는 구체적 시간과 장소 등을 밝힘으로써 위의 사건이 꾸며낸 이야기가 아니라 실제 있었던 일임을 드러내고자 한 것이다. 실제로 '송현동 기숙사'란 "경성부 송현동 34번지 천도교 경성교구"[119]의 기숙사로 보성학교 출신인 '박달성'이 머물던 곳으로, 화자인 박달성이 겪었던 실제 사건일 가능성이 높다. 반면 등장인물을 익명으로 처리했고, 소설적 기법과 희곡의 형식을 사용했다는 점에서는 문학적이다. 작가는 있었던 사건을 기사체나 보고체로 무미건조하게 전달하기보다는 좀더 실감나게 전달하고자 했던 것이다.

「이상아의 초보」[120] 역시 비슷한 사례라고 할 수 있다. 이 작품은 일본에서 유학하고 돌아온 '김중식'이 사회를 위하여 무언가 의미있는 일을 해야 함을 자각하고 그 방향으로 고향으로 돌아가 농촌운동을 벌이는 과정을 기록했다. 1회분(12호)은 고국에 도착해서 고향에 돌아가기까지 있었던 일을 네 부분으로 나누어 적었고, 2회분은 고향에 돌아가서 그가 벌인 사업에 관한 이야기를 두 부분으로 나누어 그렸다. 주목할 점은 1회의 '김중식과 고원(故園)의 일야(一夜)'를 제외한 나머지 5개 부분이 모두 희곡 형식을 빌리고 있다는 것이다.

> 三, 김중식과 학교장
>
> 중식이가 학교정문을 들어서는 때는 꼭 정오이다. 휴식시간인지라 모든 학생이 운동장에서 활발히 날뛰고 잇다. (…중략…) 서서히 사무실로 들어갓다. 모든 선생이 일제히 일어나 그를 맛는다. (…중략…) 상학 종이 운다. 선생님들은 각각 강당으로 들어갓다. 교장과 중식이가 마조 안젓다.
>
> 중식. 학교가 이전보다 매우 향상이 잇습니다.
>
> 교장. 전보다 좀 나아젓지만…… 그라 교사가 협착하야 큰 걱정이요 (…중략…)

118) 「고학의 로」(18호)는 지문과 대사만으로 이루어져 있다는 점에서 좀더 희곡쪽에 다가선다.

119) 천도교 교당이 보성학교가 있던 송현동에서 경운동 88번지로 이전된 것은 1921년 2월(8호) 이후다.

120) 12호와 14호에 2회 연재되었다. 13호에는 12호의 내용이 재수록되었다.

중식. 신문상 또는 傳便으로도 들엇습니다마는 競學熱이 여간 아닌 모양이지요?[121]

◉ 김중식과 가정회의 ◉
중식이가 가정에 들어온지 사흘을 지낸 뒤이다. (…중략…) 가족회의가 열리게 되엇다. 아버지는 알엣 방 알엣목에 안고 어머니는 그 겨테 안고 중식은 알에웃방 사이에 안고 중식의 겨테 그의 동생이 안고 웃간 알엣목에는 그의 처가 바느질하고 잇다. (…중략…) 침묵중에 한참 동안 피차가 말의 두서를 택하는 듯하더니 아버지에게로서 마츰 말슴이 비롯된다.
부친. 이애 중식아 네가 이미 학업을 마추고 돌아왓스니 장차 무엇을 할 모양이냐? 말좀 하여라 나는 그동안 매우 궁금하얏섯다.
중식. 네 대단히 황송스러웁니다. 집에 온지는 이삼일이 되엿는데 진즉 아버님 어머닚게 자세한 말슴을 여쭙지 못하와서요…… 무엇을 하엿스면 조흘지는 그는 아버님의 命教도 바라옵거니와 제가 스스로 작정한 것도 잇습니다.[122]

첫 번째 인용문 1회분의 셋째 부분이고, 둘째 인용문은 2회분의 첫 부분인데, 해설과 대사로 이루어졌음을 알 수 있다. 해설의 역할은 희곡에서와 같이 등장인물과 무대 위의 상황에 대해 정보를 제공하고 있고, 대사는 말 그대로 인물간의 대화를 전개시킨다. 이 둘은 모두 사건이 바로 눈앞에서 일어나는 것처럼 실감을 주기 위한 수단으로 보이는데, 이는 「숙시숙비」에서와 비슷하다. 실사(實寫)인 듯한 느낌을 주기 위한 노력은 그뿐만이 아니다. 1회분의 첫 부분인 '김중식과 고원의 일야'에 김중식에 관한 신문기사를 소개함으로써 그를 사실상 실존인물로 만든다.

○○일보를 들고 안즌 김중식은 삼면기사 '조선의 신인물 김중식군'이라는 제를 두세번 암독하면서 빙글에—웃군한다. 그 기사는 이러하다. '이로부터 육칠년 전에 우리 사회를 위하야 일군이 되겟다는 큰 뜻을 품고 멀리 바다를 건너 (…중

121) 『개벽』 12호, 78면 참조.
122) 『개벽』 14호, 68~69면 참조.

략…) 이번에 C대학영문학과(C大學英文學科)를 우등으로 졸업하고 (중략-인용자) 이삼일간 경성에 두류하다가 곳 자긔 고향 ○○로 내려 간다더라'고[123]

그런데 필자가 보기에 이 글은 「숙시숙비」와 비교했을 때, 상대적으로 완벽한 실사(實事)일 가능성이 줄어든다. 실명을 거론했음에도 불구하고 설마 이런 인물이 있었을까 싶게 이상적이고 완벽하기 때문이다. 언론사와 교육계를 위해 일해달라는 것을 거부하고 고향에 돌아가고, 가정개량(살림개량)과 농촌개발(학교설치와 단체의 결성 등)에 솔선한다는 것, 금방 유학에서 돌아온 그가 교회당 기금과 학교설립기금으로 토지 다섯섬지기와 현금 천원을 내놓는다는 것은 불가능해 보인다. 특히 자기 집이 크다고 안채와 사랑채만 쓰고 나머지는 집없는 이들에게 주겠다고 하자, 그 부친이 선뜻 동의한다는 것도 이상적인 설정이다.

따라서 가능성은 두 가지다. 실제 사건을 과장하고 부풀렸거나, 평소 자기가 가지고 있던 이상에 따라 창작했을 가능성이다. 필자는 후자에 더 가능성을 둔다. 김중식의 이상적 삶은 그를 포함한 『개벽』의 핵심논자들이 주장한 농촌개조의 방향과 거의 일치하기 때문이다. 가령 김중식이 벌인 사업들은 박달성의 「시급히 해결할 조선의 이대과제」나 김기전의 「농촌개선의 긴급동의」(5호)·「농촌개선에 관한 도안」(6호) 등에서 제시한 사안들과 구체적으로 맞아떨어진다.

「숙시숙비」가 사실과 문학형식이 만난 경우라면, 「이상아의 초보」는 허구가 문학형식을 만나 실감(實感)을 고조시키려 했다고 할 수 있다. 양자가 모두 기록서사로 묶여 불리고 있으나, 그 구체적 과정은 달랐던 것이다.[124] 실제로 기록서사는 형식상 4가지(보고형·수필형·대화형·우의형 기록서사)로 갈리지만,[125] 큰 틀에서 보면 '실사(實寫)의 정신'에 근거한 것

---

123) 『개벽』 12호, 73면 참조.

124) 이 과정의 차이를 이해하는 것은 1920년대 문학의 흐름을 파악하는 데 중요하다. 동인지문학과 현진건·최서해 문학의 차이를 규명하는 방법론이 될 수 있다. 이에 대해서는 뒤에 상론할 예정이다.

과 아닌 것으로 분류될 수 있다. 즉 보고형 기록서사(「오호 지방농촌의 쇠퇴」 등)와 수필형 기록서사(「숙시숙비」 등)가 기록자의 체험을 사실적으로 재현하는 데 초점을 두고 있다면,[126] 대화형 기록서사(「이상아의 초보」 등)와 우의형 기록서사(「시골쥐－서울쥐」 연작 등)는 실사의 정신과는 궤를 달리하는 것이다.[127]

하지만 전자와 후자가 경향상 궤를 달리한다는 사실은 조심스럽게 다룰 사안이다. 이는 기록서사의 분화과정을 해명하고, 이후 문학사에서 각각의 형식들이 개척해간 진로를 추적하는 측면에서는 효과적 단서가 되지만, 역으로 분화이전 즉 그 양식적 기원을 해명하는 데는 걸림돌이 될 수도 있기 때문이다. 즉 경향 차이가 자칫 양식적 공통분모를 덮어버리는 계기로 작동할 수도 있는 것이다. 실제로 실사의 여부라는 측면에서 보면, 「숙시숙비」와 「이상아의 초보」는 질적으로 다른 작품인 듯이 현상한다.

따라서 기록서사의 양식적 근원을 객관사실의 차원에 묶어두는 것은

125) 물론 이는 절대적인 구분이 아니다. 이것들은 한 뿌리(계몽정신)에서 분화된 형식들로 양식적 친화력을 갖고 있었기 때문이다. 「은파리」의 형식적 다양성은 이를 입증하는 것이라고 할 수 있다. 하지만 이후 문학사에서 각각의 양식들이 개척해 간 진로에는 상당한 차이가 있었다. 보고형·수필형 기록서사가 근대소설의 장으로 본격 합류한 것과 달리, 대화형·우의형 기록서사는 소설사의 방계에 머물렀던 것이다. 한편 이런 진로의 차이를 근거로 전자와 후자를 양식적으로 변별하는 논의도 있다. 기록서사에 최초로 관심을 기울인 논자인 이경돈은 보고형·수필형 기록서사에 대해서만 고유한 명칭과 의의를 부여하고 있다. 이에 대해서는 이경돈, 「1920년대 기록서사와 근대소설」, 『상허학보』 8, 깊은샘, 2002 참조.

126) 보고형 기록서사와 수필형 기록서사는 각각 '보고문'과 '수필'에 근저를 대고 있다는 점에서 차이를 갖지만, 외부세계에 대한 기록자의 체험을 상황화하여 보여준다는 점에서는 유사점이 있다. 특히 수필형 기록서사는 주체의 내면과 외부의 동시적 재현보다는 객관세계의 서사적 재현에 방점을 둔다는 점에서 수필일반으로 치환되기 어렵다. 필자가 수필이란 명칭 대신 '수필형 기록서사'란 용어를 쓰는 것은 이때문이다. '수필'을 주체의 내면에 치중한 서정적 수필과 객관세계의 재현에 초점을 둔 서사적 수필로 나눌 수 있다면, 수필형 기록서사는 후자에 속하는 셈이다.

127) 물론 이런 구분이 절대적인 것이라고 할 수는 없다. 특히 대화형 기록서사의 경우는 '실사(實事)'의 여부를 판단하기 어려운 경우가 많다. 다만 여기서는 기록서사의 양식적 기원을 따진다는 측면에서 형식에 따른 전반적 특징을 개괄했다.

바람직하지 못하다. 오히려 이는 앞에서 살펴본 것처럼 양자의 공통점, 즉 실감의 차원에서 접근해야 한다. 박달성이 의도한 이 실감에 대해 필자는 '문학적 사실감' 내지 '리얼리티'로 발전할 수 있다는 가능성을 부정하지 않는다. 이것이야말로 『개벽』의 문학이 문학사의 진전에 기여한 핵심사안이기 때문이다.[128] 다만 여기서는 양식적 기원을 밝히는 문제에 초점을 두고자 한다. 이는 『개벽』의 문학적 뿌리를 찾아내는 우선 과제이기 때문이다.

어쨌든 이 실감이 지향하는 바는 쉽게 짐작할 수 있다. 그것은 효과적인 계몽이다. 방정환이 「은파리」 연작·「낭견(狼犬)으로부터 가견(家犬)에게」 등을 통해 자신의 계몽담론을 펼치려 했듯이, 박달성 또한 계몽효과의 극대화란 차원에서 실감을 고민했던 것이다. 실제로 「숙시숙비」와 「이상아의 초보」는 '개인의 자각을 통한 민족적 각성'이라는 『개벽』의 계몽담론에 철저하다. 그뿐만이 아니다. 기록서사의 실감이 계몽에서 출발했다는 좀더 구체적인 증거가 있다.

이 점에서 「은파리」는 귀중한 자료다. 주지하다시피 「은파리」는 기록서사의 양식 보고서라 불릴 만한 작품이다. 대화형·보고형·우의형 기록서사가 한 작품에 습합(習合)되어 있는 것이다. 주목할 점은 우화형식이 나머지 형식들을 포섭하는 형국, 다시 말해서 세부형식들이 우화형식을 떠받들고 있는 형국을 갖추었다는 사실이다. 우화형식은 각 형식들이 드러내는 문맥들을 사실상 통합하는 위치에 있다. 그런데 이 우화형식이 현실풍자의 산물이라는 점이 문제적이다. 우화형식이 현실풍자라는 계몽담론에 얽힌다면, 「은파리」의 계몽성은 하부 형식들이 드러낸 계몽성의 총체일 것이기 때문이다. 대화체와 보고체 역시 '계몽'의 자장 안에 놓이게 되는 셈이다.

이는 다른 방식으로도 입증이 가능하다. 앞에서 보았듯이 「은파리」는

---

128) 이에 대해서는 뒤에서 상론할 것이다.

문학적 성취에 있어서 몇 부분으로 차등이 생긴다. 가령 1~3회가 그 중 가장 문학적으로 가다듬어졌으며, 4·5·7회는 문학보다는 논평이나 연설에 가깝다. 잘 진행되던 대화체 형식이 4~5회(10·11호)에 가서 흔들린 이유는 실감을 높이기 위한 문학적 가공을 할 시간적·정신적 여유가 없었던 때문이다. 이는 화자 스스로 밝혀놓고 있다.

> 뜻밧겟 일로 수십일이나 철창 속에 지내다가 나와서 몸도 피곤하지만는 제일 누구의 집에 차저갈 겨를이 업다 하는 수 업스니 이번에는 급한 대로 생각나는 대로 몃마디 적어서 편집부에 대한 말막음이나 하랸다. 자아 불령 파리의 이입으로 무슨 험담이 나오는가![129]

> 지난 번에는 수이고 이번에도 급해서 누구를 차저갈 겨를도 업시 횡설수설하여 스스로도 안 되엇다. 다음번엘랑은 기필코 어느 명사의 집에를 갈란다. 자아 불령파리가 어대 누구에게 가서 어찌려는가, 기다리라. 파리의 전성기는 왓도다 푸른 수레 모라 타고![130]

앞의 인용문에서 말한 '뜻밖의 일'이란 이른바 "M사건", 양근환이 동경에서 민원식을 살해한 사건을 말하는데,[131] 우리가 주목할 부분은 감옥에 갔기 때문에 '생각나는 대로 적어서 말막음이나 하겠다'는 대목이다. 이는 4회분에 공을 들이지 못했고, 독자에게 전하고자 하는 바가 아무런 여과없이 날것으로 나간다는 고백인 셈이다.

두 번째 인용문도 마찬가지다. '이번에도 급해서 누구를 차저갈 겨를도 업시 횡설수설했고' 스스로 보기에도 미안하다는 것이다. 이처럼 공을 들일 여유가 없이 '생각나는 대로 횡설수설'한 것이 4~5회분인 것이다.

---

129) 목성, 「은파리」(4회), 『개벽』 10호, 1921.4.1, 74면, 도입부.

130) 목성, 「은파리」(5회), 『개벽』 12호, 1921.6.1, 89면, 말미.

131) 사건은 1921년 2월 16일에 일어났고, 양근환은 2월 24일에 체포되어 5월 4일에 무기징역을 언도받았다. 이 사건으로 학우회의 간부들과 개벽사 동경지사의 방정환과 박달성 등이 연행되었다. 신석호 외, 『연표로 보는 현대사』, 신구문화사, 1980, 320면; 「편집여언」, 『학지광』 22호, 1921.6.21, 101면 참조.

그리고 바로 거기에 등장한 날것의 형식이 바로 '논평 내지 해설'이다. 이는 무엇을 말하는가? 「은파리」 연작 내에서 그 문학적 가능성의 최대치가 대화체라면, 그런 문학적 모색을 가능하게 했던 출발점이 논평 내지 논설인 것이다. 논설이나 연설 혹은 논평은 바로 '계몽'의 근본형식인 바, 이것이 「은파리」의 출발점이자 『개벽』에 존재하는 다양한 기록서사물(문학)의 원천인 것이다.[132)]

한편 대화체와 논설체의 중간적 형식에 대해서는 두 번째 인용문에 단서가 들어 있다. 화자는 횡설수설한 것을 미안해하면서 다음에는 반드시 '어느 명사의 집에' 가겠다고 약속한다. 이 다음이 6회분으로 '고선생'의 행적을 정탐식으로 기록한 것이다. 주목할 점은 여기에 논평과 객관적 사건기술이 혼재한다는 사실이다. 즉 문학적인 것과 논설적인 것 사이의 어정쩡한 절충이 나타나는 것이다. 이 또한 '보고형 기록서사'가 계몽(논설)에 근원을 두고 있음을 방증하는 것이라고 하겠다. 따라서 『개벽』에 존재하는 보고형 혹은 수필형 기록서사를 '계몽성'의 소멸에 방점을 두고 읽어서는 기록서사의 양식적 본질에 다가서기 어렵다.

기록서사가 논설(계몽)에 출발점을 두고 있다는 또 다른 증거도 있다. 『개벽』 15호(1921.9.1)에 게재된 최중갑의 투고문 「금일조선의 노자관계」가 그것이다. 이 글은 소작인과 지주의 관계를 변형된 노자관계로 보고, 부조리한 관계에 의해 발생하는 지주의 가렴주구와 소작인들의 비극적 삶을 비판하는 논설인데, 주목할 점은 투고문 후미에 다른 글이 붙어 있다는 것이다. '부(附)'라는 말이 붙어 있는 것으로 보아 투고문의 부록이 분명한 「소작인 만길의 생활」은 지주와 마름의 횡포로 인해 농사는 파탄나고, 자식교육도 포기하며 노예처럼 살다가 결국 북간도로 이주하게 되는

132) 필자가 『개벽』의 문학과 논설의 연관상에 발본적으로 접근하는 이유가 바로 여기에 있다. 범박하게 말해 『개벽』의 문학은 잡문 등과 마찬가지로 『개벽』의 주장(논설)을 보완하는 역할을 하고 있다고 할 수 있다. 즉 『개벽』의 모든 영역들은 계몽적 세계관을 근원으로 하고 있는 것이다.

만길의 생활을 리얼하게 그린 기록서사물이다. 즉 최중갑은 자신이 논설에서 거론한 사항들에 생생한 실감을 부여하기 위해서 「소작인 만길의 생활」이란 기록물을 덧붙인 것이다. 기록서사와 논설(계몽)의 상관성을 다시 한번 입증하는 대목이다.[133)]

그런데 계몽효과의 극대화란 차원에서 이루어진 논설과 기록서사의 결합은 일개 특수한 경우로 한정하기 어렵다. 『개벽』에서 이는 보편적 현상으로 앞서 거론한 박달성의 경우가 그랬고, 방정환이나 김기전의 경우가 그랬다. 그러고보면 『개벽』 전체로 볼 때, 논설과 다른 영역들(문학, 잡문, 시사물 등등) 사이의 관계도 그런 틀 속에서 볼 수 있다. 특히 논설과 보고문 혹은 시사물 등과의 연관성은 두드러진다. 문학에서는 시나 소설보다도 기록서사가 상대적으로 논설과의 연관성이 두드러진다. 장르의 출발 자체가 논설과 문학의 절충에서 비롯된 것으로, 계몽과 실감의 결합이라는 의미망이 아직 짙게 남아 있다. 『개벽』에 존재하는 기록서사의 양식적 '절충성'은 '계몽담론'과 문학의 '절충'이며, 논설과 문학의 절충이었던 셈이다.

(2) 기록서사의 계보와 의미

기록서사의 양식적 근원이 실감에 기초한 계몽에 있다는 사실은 문학사적으로 볼 때, 1900년대에 꽃피었던 '단편서사물' 혹은 '논설적 서사'[134)]를 연상하게 만든다. 근대초기의 '시사토론체 · 기사체 · 우의체 · 풍자'[135)] 단편들은 기본적으로 근대초기의 계몽주의 시대정신의 산물들이기 때문이다. 더구나 박달성으로 대표되는 『개벽』의 기록서사물들은 형태상으로 이들과 무척 유사하다. 가령 박달성의 「오호 지방농촌의 쇠

---

133) 이는 『개벽』의 논설과 문학의 관계를 상징한다.
134) 이에 대해서는 김영민, 『한국근대소설사』, 솔, 1997, 1~2장을 참조.
135) 한기형, 『한국 근대소설사의 시각』, 소명출판, 1999, 1부 1장 참조.

퇴」(22호)나 「삼군일부를 방하야 다섯번 크게 놀래인 사실담」(26호) 등은 기사체단편이 확대재생산된 모습을 취하고 있으며, 방정환의 「은파리」 연작은 네 가지 형태가 혼성모방(混成模倣)된 복잡한 형태를 취하고 있다고 할 수 있다. 또한 이들 문학 형식들이 동시대의 기성문학 내지 주류문학과 영향을 주고받으면서도 근본적으로는 경쟁관계에 있었다는 점도 유사하다.136)

하지만 좀더 세부적인 접근을 하게 되면 둘 사이의 차이점도 분명해진다. 우선 시기적 차이에서 비롯된 변별점이다. 1910년대 이전의 단편서사물이 서구적 문학양식이 보편화되기 전의 양식으로 전래의 문학형식에 대한 무의식적 답습과 신문기사의 우연한 변형을 통해 성립된 문학양식이라면, 『개벽』의 기록서사물들은 서구의 근대적 문학형식이 보편화된 시기의 새로운 문학양식으로서, 전래의 문학형식을 적극적으로 활용했고 근대적 문학형식을 의식적으로 수용함으로써 탄생한 문학양식이라는 것이다. 즉 전자가 다분히 우연성과 무의식성의 산물이라면 기록서사는 의식적 창조성의 산물인 셈이다.

양자는 담론차원에서도 차이가 있다. 단편서사물들이 1910년대 이전까지의 신소설들과 담론적 공유를 하고 있었다면, 1920년대의 기록서사물은 동인지문학과 세계관 자체가 달랐다. 기록서사의 계몽적 세계관은 동인지문학의 낭만적 세계관과 물과 기름처럼 공존했을 따름이었다. 그뿐만이 아니다. 양자는 '실감'의 차원에서도 차이가 있다. '기사체단편'이 비록 묘사의 확장을 통해 우의체나 토론체단편보다 구체적 실감에서 앞섰다고는 하지만137) 『개벽』의 기록서사물이 보여준 만큼의 영역에는 도달할 수 없었다. 기사체단편들은 주로 신문기사이기 때문에 주어진 지면 즉 양적 제한을 받았던 것이다. 반면 『개벽』의 서사물들은 필요하다면 상당량의 지면을 확장할 수가 있었다. 즉 가능한 만큼의 '묘사'의 확대가

136) 위의 책, 17~20면 참조.
137) 위의 책, 40~41면 참조.

보장되었다고 할 수 있다.

그런데 이 '실감'의 확대는 계몽에 입각한 기록서사물들이 본격적인 근대문학의 장으로 올라설 수 있는 중요한 기반이었다. 기사체단편들이 묘사의 한계 때문에 독자적인 문학적 모색이 쉽지 않았던 반면, 기록서사물들은 그럴 가능성이 충분했다. 더구나 1920년대 동인지문학의 결정적인 약점이 바로 이 '실감'이 떨어진다는 문제였던 바, 기록서사가 문학의 장으로 올라선다는 것은 문단에 파장을 일으킬 만한 일이었다. 따라서 기록서사의 근대문학적 가능성을 살피는 것은 문학사적으로 중요한 일이라고 할 수 있다. 이제 이것을 살펴보자.

필자는 앞에서 「숙시숙비」와 「이상아의 초보」를 비교검토하면서 양자가 '실감'의 고조를 획득한 방식이 다름을 지적했다. 즉 「숙시숙비」가 사실과 문학형식이 만난 경우라면, 「이상아의 초보」는 허구가 문학형식을 만나 실감(實感)을 고조시킨 것이라고 했다. 둘 중에서 기록서사의 '실감'을 '문학적 사실감' 내지 '리얼리티'로 발전시킬 수 있는 가능성을 따진다면 필자는 당연히 후자를 친다. 왜냐하면 허구적 내용을 그에 걸맞은 문학형식에 담아 '문학적 실감'을 준다는 것이 바로 공인된 전문작가의 방식이기 때문이다. 문제는 박달성 등이 전문적 작가가 아니었다는 데 있다. 더구나 그는 계몽이상에 사로잡힌 인물이었다. 작가적 미성숙은 상상력을 제한하며, 지나친 이상주의는 그마저 현실감 없는 이야기로 만들기 십상이다. 「이상아의 초보」는 이를 방증한다. 따라서 계몽이상이 허구의 명목으로 작동하기 쉽지 않은 방식, 즉 전자의 방식이 '문학적 실감'으로 발전될 여지가 더 크다.

우리는 이를 『개벽』 7호에서 확인할 수 있다. '가자봉인'(박달성)이란 필명으로 게재된 「이향(離鄕)의 누(淚)」는 뛰어난 문학적 성취를 보이는 작품은 아니지만 기본적으로 완벽한 소설적 형식을 갖추었다. 편집진도 이를 소설로 보았음이 분명하다. 대다수 기록서사들이 논설이나 잡문들과 섞여 배치된 반면, 이 작품은 문학란에 배치되어 있다. 「이향의 누」는 소작생활의 곤란과 압제에 시달리다 복순과 복룡 남매를 데리고 떠나야 하는 가족의 불행을 그렸는데, 시집간 딸 복희를 남겨두고 가는 정황이나 남겨지는 복희의 내면이 아주 그럴듯하게 그려지고 있다.

> 그는 미친듯 '돈아! 돈아'하며 길바닥을 다시금 삷혀본다. 혹 지전뭉치나 떨어젓스면 …… 혹 금ㅅ덩이나 주엇스면 …… 그는 태양의 光에 반사되는 사기파편을 보고도 저것이 혹 금이나 은은 아닌가? 어 썬 행객의 코풀어 버린 신문지조각을 보고도 저거이 혹 지전 뭉치는 아닌지? ㅎ야 다시금 삷혀보다가 스스로 낙망도 하며 돈 가진 자의 돈간수 넘우 잘한 것을 원망한다. 金別提는 부자건만 …… 그가 조흔 마음이 생겨서 돈이나 한 만냥 …… 아모는 투전주색에 몃 천냥식 버리지 말고 우리 불상한 …… 우리시집이나 좀 잘 살엇스면 …… 그러나 미약한 계집의 몸이 …… 아! 내가 왜 계집으로 태어나서 …… 아가 복룡아? 너는 아모쪼록 속히 자라서 돈만히 모아 가지고 부모님 모시고 還고향하여라 응, 복룡아[138]

인용문은 가난 때문에 부모와 헤어지는 복희의 복잡한 심경을 묘사한 대목으로, 기대와 절망 그리고 분노와 회한이 교차하는 심정의 내적 순간을 사실적으로 포착했다. 기록서사에서 보이는 작가의 주관적 해설이나 평가가 사라지고 그 자리를 섬세한 심리묘사가 대체한 것이다. 내면묘사만이 아니다. 소설의 결말 또한 웬만한 소설의 결말을 넘어선다.

> 호루룩 소리가 나며 기적 일성에 차는 쿵쾅 씩씩하며 구을기 시작한다. 복희는 부모 동생의 얼굴을 한번 더 보려고 아무리 쌀아가며 무한히 애쓰나 무정한 기차는 무슨 심술인지 전속력을 가한다. 가는 부모 역시 차창을 열고 손을 내어저으며 자기네 얼굴을 한번 더 보여주랴고 일어섯다 안젓다 한 업시 애쓰나 무심한 鶴山의 동맥은 양편의 시선을 싹 끈는다.[139]

기차가 산 허리를 돌아서는 순간, 시선이 끊어지는 장면을 이별의 절

---

138) 박달성, 「이향의 누」, 『개벽』 7호, 1921.1.1, 178~179면.
139) 위의 글, 179면.

정으로 처리하여, 간결하고 여운이 남는 결말을 이끌어냈다. 내면묘사나 결말의 처리방식을 볼 때, 박달성이 나름의 작가의식을 가지고 작품에 임했음을 알 수 있다. 문제는 이런 소설적 형상화가 실사(實事)를 문학적 형식에 담아내는 기록서사와 무관하지 않다는 점이다.

박달성은 자신의 고향과 관련된 기록서사를 2편 남기고 있는데, 하나가 「농촌의 모범청년 홍성두군을 소개함」(2호)[140]과 「오호 지방농촌의 쇠퇴」(22호)이다. 그 중 과장이나 허구가 아니라 객관적 실사를 바탕으로 한 것은 후자로[141] 가난 때문에 딸을 팔아먹거나 간도로의 이주를 유일한 대안으로 생각하는 고향사람들의 정황이 사실적으로 기록된다.

> "농사하신 것은 다-어쩌케 되엇습니까 아무리 흉년이기로 반절양식도 아니 되어요."
>
> "가난한 놈에게는 흉풍도 업다네 그 짜짓 산정(화전) 날가리나 며칠가리로 부치면 무슨 수가 잇겟나 그나마 남의 것 …… 아-말-말게 어쨋든 이 놈의 곳은 짱이 바르고 인심이 꼿에 올라서 가난한 사람은 못 살 곳일세 부득이 다른 곳으로 이주할 밧게 업네."
>
> "다른 곳은 나흘줄 아오 그곳도 이곳이지요. 별다른 곳 잇답듸까."
>
> "그래도 북간도 서간도는 좀 낫다는데 ……여하간 이만 못한 곳이야 어대 잇겟나."[142]

인용문을 보면 가난한 농촌을 떠나 간도나 만주로 떠나는 일이 작가 주변에도 흔했음을 알 수 있다.[143] 박달성은 이를 소설형식에 담아냈고, 이

140) 이 작품은 「이상아의 초보」와 마찬가지로 인물의 형상이 지나치게 이상적이어서 실사로 보기 어렵다.

141) 양자가 모두 박달성의 고향(평안북도 태천)을 기록서사의 배경으로 하고 있는데, 전자는 너무 이상적이고 비현실적인 농촌으로 그려진 반면, 후자는 정반대로 너무나 황폐해서 비극적인 실감을 준다. 둘 중 하나는 고향의 진짜 모습이 아닌 것이다. 당대 농촌의 상황을 고려할 때, 전자는 과장 내지 허구일 가능성이 높다.

142) 『개벽』 22호, 78면.

143) 식민지 시대 유랑이민은 총 327만 명에 달했으며(김준호, 「일제하 인구구조에 관한 연구」, 고려대 석사논문, 1981, 82면 참조), 그 중 만주나 북간도로의 이민은 합방 직후

것이 「이향의 누」인 셈이다. 하지만 객관적 사실과 문학형식이 만나 '문학적 실감'을 이끌어내는 방식은 동시대의 보편적 창작방법이 아니었다. 당대 전문문인들의 창작법은 '허구'에서 출발했으니 개인적 체험조차도 내면화의 가공과정을 거쳤다. 오직 수필 양식만이 이로부터 어느 정도의 자유를 허락받고 있었다. 더구나 전문문인도 아닌 박달성의 기록서사가 문단에 변화를 불러일으키긴 어려웠다. 기록서사의 작성자들이 대부분 논설가라는 점도 기록서사의 문학적 영향력을 방해했다. 따라서 새로운 전문작가가 나타나 이런 기록서사의 방식을 창작방법으로 삼을 때, 기록서사의 '현실중시의 경향'은 근대문학의 장으로 편입되고, 문학적 리얼리티를 추동하는 동력으로 전환될 수 있었다. 우리 근대문학사는 이와 관련하여 두 명의 전문작가를 배출했다. 최서해와 현진건이 그들이다. 그 중에서도 신경향파의 대표적 작가인 최서해는 좀더 직접적인 연관관계를 보여준다.

(3) 최서해의 기록서사물 원본 「탈출기」

1910년대 별다른 문학활동이 없던 서해(曙海) 최학송(崔鶴松)은 1920년대 중반 이광수의 주선으로 입사한 『조선문단』에 「탈출기」·「박돌의 죽음」·「기아와 살륙」·「홍염」 등을 잇따라 발표하면서 혜성처럼 등장했다. 빈궁한 삶의 생생한 기록인 이들 작품들은 체험문학을 실현한 것으로 평가되었는데, "그의 가난에 대한 실감나는 묘사는 서구 사조의 모방과 실험에 머물던 당대의 기성작가들에게 커다란 충격이었다." 그리고 그는 일약 신경향파의 유행작가로 각광을 받아 '조선의 고리키'로 불리기도 했다.[144] 그의 문학적 성공은 문학의 장에서 부정되고 배제되었던 '현실과 세계'가 당당히 복귀하는 것을 의미하는 것이지만, 다른 한편으로는

부터 꾸준히 늘어 1932년에는 만주에 거주한 조선인이 60만 명에 달했다. 전석담·최윤규 외, 『조선근대 사회 경제사』, 이성과 현실, 1989, 218~219면 참조.

144) 김성수, 『카프대표소설선』 1, 사계절, 1988, 91면, 작가소개.

"현실에 착목하라"는 『개벽』의 모토가 문학적으로 실현되는 현장이자 기록서사가 근대문학의 장에 직접적인 영향을 끼치는 순간이기도 했다.

왜냐하면 최서해의 문학적 출발은 '기록서사양식'과 밀접한 연관이 있었기 때문이다. 이 점에서 최서해의 출세작인 「탈출기」는 주목을 요한다. 「탈출기」는 원래 소설이 아니라 '감상문' 내지 '수필' 형식의 기록서사였다. 주지하다시피 「탈출기」가 소설적 형식을 갖추고 발표된 것은 1925년 3월(『조선문단』 6호)의 일이지만, 「탈출기」가 작성된 것은 1924년 10월(『조선문단』 창간호) 이전이었다. 『조선문단』 창간호에는 '풍년년(豊年年)'이란 필명으로 「탈출기」와 「여정에서」라는 작품이 투고되었고, 선외가작으로 뽑혔음을 알리는 기사가 실려 있기 때문이다.[145]

문제는 이 작품들의 모집장르가 '감상문'으로 처리되어 있다는 점이다. 다시 말해서 「탈출기」는 『조선문단』 6호(1925.3.1)에 발표되기 전에 이미 감상문 형식으로 투고되었던 것이다. 당시 『조선문단』의 투고 모집장르는 단편소설 · 희곡 · 시 · 시조 · 논문 · 감상문 · 소품문 · 서간체 · 일기문 · 기행문 등으로 나뉘어져 있었기 때문에[146] 단편소설을 감상문이라고 기재할 이유는 없어 보인다. 즉 투고된 「탈출기」와 「여정에서」는 소설의 형식에 미달했거나, 소설로 보기 어려운 어떤 형식을 취하고 있어서 소설로 기재할 수가 없었다고 볼 수 있다. 따라서 소설 「탈출기」는 최서해의 후견인이자, 『조선문단』의 투고 소설 선자(選者)이던 이광수의 조언에 따라 원본 「탈출기」를 개작한 것일 가능성이 높다.

> 이 작품은 원래 소설이 아니라 감상문 형식으로 "조선문단", 1924. 10. 투고모집에 풍년년(豊年年)이란 필명으로 응모하여 가작으로 발표된 것을 개작한 것이다. 이듬해 이광수가, 소설로 개작하는 것이 좋다고 하여 비로소 실을 수 있었다.[147]

145) 『조선문단』 1호, 1924.10.1, 52면 참조.
146) 창간호를 포함한 각호의 「투고모집규정」(창간호는 72면) 참조.
147) 김성수, 「작품해제」, 『카프대표소설선』 1, 사계절, 1988, 102면.

문제는 이 '감상문'의 성격이다. 이 점에서 이경돈의 분석은 주목할 만하다. 그는 모집장르에 서간체가 명시되어 있음에도 「탈출기」가 서간체로 분류되지 않은 점, 또 소설 「탈출기」에 감상과 관련된 내용이 극히 일부에 지나지 않은 점을 근거로 이것이 단편소설도, 서간문도, 그렇다고 감상문으로 보기도 어려운 형식이었을 것으로 추정한다. 아울러 그의 처녀작인 「토혈」이 「기아와 살륙」으로 개작되는 과정을 통해 「탈출기」의 개작과정을 추적한다.

이경돈에 따르면, 「토혈」의 개작은 대개 지명의 삭제, 시점변경(1인칭 시점→3인칭 시점), 인물명의 변경, 발작적 파괴 행위의 삽입으로 압축될 수 있는데, 이는 소설의 퇴고작업이 아니라 소설에 미달하는 경험의 기록을 소설화하는 과정이었다. 따라서 「토혈」을 원본 「탈출기」와 같은 기록물로 간주해보면 체험임을 추정하게 하는 1인칭 시점과 분명한 지명, 굳이 밝히지 않아도 되는 의원과 약국주인의 이름 등 분명한 기록물의 특징을 지니고 있다고 할 수 있다. 그는 이를 근거로 원본 「탈출기」가 기록서사였으며, 소설로의 개작과정에서 1인칭 시점과 지명을 유지하는 대신 서간체라는 소설적 형식을 추가했을 것이라 추측한다.[148)]

원본이 발견되지 않은 이상, 이것이 완벽한 결론일 수는 없다. 하지만 충분히 가능성이 있다. 필자는 「탈출기」의 원본을 자신의 체험을 사실적으로 적은 '기록서사물'로 보는 이경돈의 의견에 전적으로 동의한다. 그런데 최서해의 출세작 「탈출기」의 원본이 기록서사였다는 사실은 문학사적으로 매우 중요한 의미를 갖는다. 이는 기록서사 양식 나아가 『개벽』의 문학이 1920년대 중반 근대소설의 형성과정에 깊게 관여했다는 한 증거이기 때문이다. 더구나 최서해가 신경향파문학을 대표하는 작가이자, 그 문학적 성취 특히 '리얼리티'의 성취에 있어서 남다른 바가 있었다는 점에서 의미심장한 일이다. 기록서사의 소설적 전환이 동인지 소설에서 보지 못

148) 이에 대한 자세한 사항은 이경돈, 「1920년대 기록서사와 근대소설」, 『상허학보』 8, 2002 참조.

한 '리얼리티'의 제고를 불러왔다면, 기록서사는 형상화와 미학적 측면에서도 최서해의 문학과 결코 무관할 수 없기 때문이다.

3. 리얼리티의 발견과 문학양식의 형성

『개벽』으로 대표되는 1920년대 계몽주의는 엄밀히 말해 하나의 시대착오였는지도 모른다. 애국계몽기가 주체적 근대화에 대한 한 가닥 희망의 빛을 담지하고 있었던 반면 1920년대 조선사회는 일제의 식민지로 전락한 반봉건사회로 사실상 희망이 없었기 때문이다. 가능성이 닫힌 시대 상당수 지식인들이 그런 현실을 부정하고 떠날 때, 『개벽』은 미래에 대한 낙관적인 전망 아래 현실변혁을 부르짖었던 셈이다. 이론적으로 혹은 합리적으로 사상의 정합성을 따진다면 『개벽』의 논자들은 비합리적이고 현실의 본질을 보지 못한 존재들이라고 볼 수 있다. 그렇다고 역으로 현실과 세계를 부정하고 자신만의 세계를 내면에 건설하고자 했던 사람들을 시대의 본질을 통찰한 선각자라고 할 수 있을지 의문이다. 그런 통찰은 개인의 주체적 자각과 '내면의 발견'이라는 문학사적 성과를 낳았지만, 반대로 현실과 세계에 대한 탐색을 그치게 하였다. 내면은 항상 육체를 갖지 못했고, 그 결과 문학적 실감은 극도로 제한되었다. 그들의 통찰은 문학에 있어서는 적어도 '이중적'이었던 것이다.

이 점에서는 계몽주의도 마찬가지다. 계몽주의가 '현실과 세계'에 대한 관심을 촉발했고, 이는 당대 조선의 민족현실을 문학의 장으로 끌어와 육체화할 수 있는 계기가 되었다. 일제의 가혹한 검열 속에서 '민족독립'에 대한 열정이 문학적 옷을 입을 수 있었던 것도 현실의 힘이자 계몽의 힘이었다. 반면 예의 이상주의적 '낙관론'은 어렵게 얻은 재료를 비현실적인 이야기로 만들기 십상이었다. 계몽담론의 파생물인 『개벽』의 문학은 이 '이중성'을 그대로 체현하고 있다. 현실에 대한 문제의식은 「은파리」나 「그날밤」 그리고 「이향의 누」 같은 문제작들과 실감나는 기록서사물들을 낳았으나, 방정환의 「유범」이나 박달성의 「이상아의 초보」 등에서 보듯 이상론은 현실적 개연성을 해치기도 했던 것이다.

하지만 문학과 사상을 그 모태인 객관적 현실에 뿌리박게 추동했다는 사실 하나만으로도 1920년대 계몽주의는 한계보다는 가능성에 방점을 두고 바라볼 대상이다. 『개벽』 내적으로 벌어진 치열한 사상투쟁이 관념의 유희가 아니라 민족실존의 문제이자 실천의 문제였다는 사실은 정치·사상적 가능성을 연 사안이다. 특히 1927년 신간회의 결성으로 촉발된 좌·우합작의 실질적 계기가 기실은 1920년대 초·중반 『개벽』의 사회주의 수용과정에서 이미 싹을 틔우고 있었다는 사실은 "현실에 착목하라"는 사상적 모토가 가진 가능성의 힘을 입증하는 것이다.

문학의 측면에서는 독서대중에 대한 관심과 문학교육의 필요성이 제기되었고, 이것은 작품 자체에 '현실반영'을 강조하는 경향을 불러왔으며, 궁극적으로는 문학의 '리얼리티'에 대한 문제제기를 촉발케 했다. '현실에 착목한 문학'이란 '현실을 부정한 문학', 즉 동인지문학의 한계를 넘어서는 작업일 것이기 때문이다. 특히 작품의 난해함과 과도한 주관성을 극복하는 문제는 그 핵심과제였다.

출발은 박달성과 방정환의 기록서사를 통해 이루어졌다. 무엇보다도 민족의 현실을 사실적으로 담아낸 기록서사의 취지가 '객관정신'에 있다는 점은 동인지문학의 출발과 결을 달리한다. 하지만 기록서사에 나타난 객관현실은 언제든 '민족의 삶'이라는 계몽담론의 영역으로 추상화될 수 있는 성질의 것이었다. 즉, 『개벽』의 '현실성'이 곧바로 문학적 리얼리티의 제고라는 질적 비약을 낳을 수는 없었다. 그들은 문학인이기에 앞서 『개벽』의 핵심논자였기에 기록서사에 드러난 삶의 육체성과 일상성은 계몽의 자장을 쉽게 벗어날 수 없었던 것이다. 그런 점에서 기록서사는 객관현실의 문학적 재현을 가능성으로만 열어두고 있다고 할 수 있다. 그 가능성을 새로운 문학적 지평 위에 실현할 작가는 따로 있었던 것이다. 1920년대 『조선문단』을 통해 등단한 신진작가인 최서해가 그 하나였다면, 『개벽』 내에는 현진건이 대표적 작가라고 할 수 있다.

1) 리얼리티의 발견과 소설의 형식

(1) 내면과 일상 그리고 체험

빙허 현진건은 『개벽』이 낳은 최초의 전문작가라고 할 수 있다. 염상섭 또한 처녀작 「표본실의 청개고리」와 「암야」·「제야」 등 초기 삼부작을 『개벽』을 통해 발표했지만, 그가 이미 『폐허』의 동인으로 문학활동을 시작하고 있었던 반면 현진건은 소설 「희생화」(5호)를 『개벽』에 발표함으로써 비로소 문학활동을 시작한다.

그의 문학활동이 『개벽』에서 비롯된 데엔 여러 가지 이유가 있겠지만 무엇보다도 당대 문단의 상황이 작용을 했다. 당시는 "창조파나 폐허파가 모두 산산이 흩어져서 방랑의 여정을 헤매고 있"었고, 잡지로서는 『개벽』이 거의 유일한 문학적 그릇역할을 하고 있던 상황으로 다른 선택의 여지가 없었던 것이다. 물론 여기에 『개벽』과 관련된 개인적 친분도 작용했다. 월탄 등의 회고에 따르면 『개벽』의 학예부주임(문예부장)을 맡고 있었던 현철(현희운)이 그의 5촌당숙이었으니,[149] 현철이 『개벽』의 핵심멤버이자 절친한 친구인 차상찬에게 현진건을 소개했다고 한다.[150]

『개벽』이 외부적으로 내세울 이렇다할 전문작가를 못 가진 상황에서 현진건의 등장은 의미가 컸고, 그런 만큼 상반기 『개벽』의 문학에서 그

---

149) 윤병로, 『박종화의 삶과 문학』, 성균관대 출판부, 1992, 221면 참조.
150) 차웅렬, 「흘러간 개벽사의 별들」(7), 『신인간』 604, 2000.12, 65면 참조.

가 차지하는 비중도 적지 않음을 짐작할 수 있다. 좀처럼 남을 추켜세우지 않는 김동인도 그의 등장을 "한개의 귀중한 알(卵)이 한편 구석에서 그 껍질을 깨뜨리고 세상에" 나온 것으로 평가할 정도였다.

> 현빙허는 파적(派的-인용자) 배경이 없이 나왔다. 문예 잡지라고는 두 개 모두 폐간이 되고 〈서광〉도 없어지고, 그때 조선의 언론기관이라고는 신문을 제한 밖에는 "개벽"밖에 이렇다 할 것이 없는 시절이었다. 그러나 "개벽"도 그땐 아주 유치한 잡지며, '천도교 기관보'라는 색채가 너무도 농후하고, 더구나 문예란에는 서푼짜리도 못 되는 '은행 사무원들의 시작시'며 '개벽사원들의 근친들의 소설' 밖에는 없던 시대라 빙허의 광채는 크게 나타났다.[151]

그는 『개벽』에 모두 30회 글을 게재하여 「빈처」(7호), 「술권하는 사회」(17호), 「타락자」(17~22호), 「운수좋은날」(48호) 등 11편의 창작소설과 3편의 번역소설 등을 남겼는데, 「빈처」나 「술권하는 사회」 등 그의 대표작들은 문단에 적지 않은 반향을 일으켰다. 특히 기법과 기교에 대해 후한 평을 얻었다. 그의 작품들이 문제작이었음은 후대의 연구사가 증명하는 것으로, 그에 대한 논의는 최근까지도 끊이지 않고 이어지고 있다.[152] 현진건 소설에 대한 학계의 논의는 주로 '사실주의적 성취의 여부'에 초점이 맞추어져 있고, 이와 관련하여 '단편양식'에 관한 문제와 '기교와 기법'에 관한 논의들이 진행되고 있다고 할 수 있다.[153]

가령 조연현은 그를 객관적 묘사력과 세련된 기교력을 갖춘 순수한 사실주의 작가이자 근대단편소설의 기초를 세운 선구자로 평가하고 있으며,[154] 구인환은 그가 사회의식의 측면에서 일정한 한계를 노정하지만 사실주의에 철저한 기법과 표현을 통해 단편소설의 백미가 될 작품을 남

---

151) 김동인, 「문단회고」, 『매일신보』, 1931.823~9.2 · 1931.11.11~22; 강진호 편, 『한국문단이면사』, 깊은샘, 1999, 31면 재인용.
152) 학위논문만 90여 편(박사논문 수편 포함)에 달한다.
153) 박현수, 「1920년대 초기 소설의 근대성연구,」 성균관대 박사논문, 1999, 14~17면 참조.
154) 조연현, 『한국현대문학사』, 성문각, 1969, 290~291면 참조.

졌다고 평가한다.[155] 한편 현진건 소설을 닫힌 현실에 대한 주체의 대응 양식으로 조망한 현길언은 그의 문학이 사회를 총체적으로 반영하여 리얼리즘 문학의 기틀을 다졌다고 말한다.[156] 조동일은 여기서 더 나아가 그가 "근대소설을 확립하고 근대소설이 사실주의 소설이지 않을 수 없게 했다"[157]고 극찬한다.

반면 임화와 백철은 기교적 능란함의 차원에 그의 문학사적 의의를 한정했고,[158] 김윤식과 김현은 "현진건은 사회의 모순이 개인에게 영향을 미친다는 것은 알았지만, 그것의 진정한 의미는 알지 못했"다고 평가하면서, 그의 소설적 기교라는 것도 소설구성에는 도움이 되지만 정확한 세계인식에서 멀어지게 만드는 한계를 갖고 있다고 비판한다.[159] 한편 가장 최근에 이루어진 김재용·이상경 등의 논의에서는 그의 작품 세계를 리얼리즘적 성취의 진전과정으로 바라보고 있다.[160]

이런 연구사가 의미하는 바는 분명하다. 현진건의 소설이 동시대 다른 작가들의 작품들과 적잖이 다르다는 것, 그리고 그 차이점들이 '리얼리티' 내지는 '리얼리즘' 논의를 촉발하고 있다는 것이다. 그런데 이것은 『개벽』의 문학을 '실감'의 차원에서 조명하고, 그 대표적 작가로 현진건을 자리매김하려는 필자의 문제의식과 통하는 바가 있다. 1920년대 초반 동인지 소설들과 현진건의 소설이 결정적으로 갈리는 대목이 바로 '문학적 실감'의 문제이며, 이 문학적 실감의 객관적·학문적 표현이 바로 '리얼리티'이기 때문이다. 여기서 '문학적 실감'이란 표현을 쓴 이유는 독서행위의 '현장성' 내지 '독자수용의 측면'을 좀더 부각하고, 이를 통해 현

155) 구인환, 『한국근대소설연구』, 삼영사, 1977, 232~258면 참조.
156) 현길언, 「현진건소설연구」, 한양대 박사논문, 1984, 157~167면 참조.
157) 조동일, 『한국문학통사』 5, 지식산업사, 1988, 27면.
158) 임화, 「소설문학의 20년」, 『동아일보』, 1940.4.13; 임규찬·한진일 편, 『임화 신문학사』, 한길사, 1993, 393면 재인용.
백철, 『신문학사조사』(중판), 신구문화사, 1997, 261~269면 참조.
159) 김윤식·김현, 『한국문학사』, 민음사, 1973, 165면.
160) 김재용, 이상경 외, 『한국근대민족문학사』, 한길사, 1993, 305면.

진건의 작가적 고민의 실체에 좀더 다가설 수 있다는 생각에서였다. 즉 '문학적 실감'이란 리얼리티와 연관될 뿐만 아니라 작가의식 내지는 창작방법과도 적지 않은 연관이 있는 것이다.

이런 점에서 필자는 기존의 연구를 넘어선다기보다 보강하는 차원에서 있다고 할 수 있다. 필자의 논의는 크게 두 부분에서 이루어진다. 첫째는 현진건 소설의 '문학적 실감'을 직접 작품 속에서 확인하는 것이고, 둘째는 이런 문학적 성취가 어떻게 가능했는가를 작가의식과 양식의 문제를 통해서 검토해보는 것이다.

현진건이 특정한 파적(派的) 배경이 없이 문단에 등장했음은 사실이지만, 이것이 『창조』·『폐허』 등으로 대표되는 동인지문학과의 관계를 배제하는 것은 아니다. 그의 처녀작 「희생화」(5호)가 보여주듯 그의 작품세계는 엄밀히 말해 동인지문학의 자장에서 출발한 것이 분명하다. 「희생화」는 완고한 부모세대의 반대에 의해 비극적으로 좌절되는 남녀의 사랑이야기로, 이는 동인지문학에서 수없이 반복된 테마다. 그러고보면 그의 대표작 「빈처」·「술권하는 사회」 등도 동인지문학과 일정한 관련이 있다.

일반적으로 동인지문학은 주체의 내면에 강한 집착을 보이는 특징을 보이는데, 「빈처」 등은 엄밀히 말해 등장인물의 내면묘사에 본령을 두고 있다. 가령 'T'가 새로 산 양산을 들고 가난한 내외를 방문하는 이른바 '양산사건'은 사건과 심리 중 어디에 작가가 중심을 두고 있는지를 분명하게 보여주는 대목이다. 사건의 전후과정에 비추어 그의 방문은 서사에 중심을 차지하는 것은 아니지만, 가난한 삶에 '물질'이 일으키는 내면적 동요를 묘파하는 데 더없이 좋은 계기를 부여한다.

> T를 보내고 책상을 향하야 짓던 소설의 결미를 생각하고 잇슬지음에 (…중략—인용자) '당신도 살도리를 좀 하셔요'(…중략—인용자) 나는 쏘 시작하는구나' 하는 생각이 번개가티 머리에 번적이며 불쾌한 생각이 벌컥 일어난다. 그러나 무어라고 대답할 말이 업서 묵묵히 잇섯다. '우리도 남과 가티 잘 살아 보아야

지요!' 안해가 T의 양산에 단단히 자극을 바든 것이다. 예술가의 처 노릇을 하랴는 독특한 결심이 잇는 그는 좀처럼 이런 소리를 입밧게 내지 아니하였다. 그러나 무엇이 상당한 자극만 바드면 참고 참앗던 이런 소리를 하게 되는 것이다. 나도 이런 소리를 들을 적마다 '그럴만도하다'는 동정심이 업지 아니하나 심사가 어쩐지 조치 못하엿다.[161)]

인용문에서 보듯이, '양산'이 불러온 자극은 아내로 하여금 '예술가의 처 노릇을 단단히 하겠다'는 스스로의 결심을 순간적으로 망각하게 만든다. 억제되어 있었던 물적 욕망이 표면화되는 순간 남편의 내면도 갈등에 휩싸인다. 정신적 가치를 지향하는 예술가의 삶을 포기할 수는 없지만 이 순간만큼은 물질이 지배하는 현실적 삶을 도외시하기 어려운 까닭이다. 그리고 이런 내적 갈등이 아내에 대한 불쾌감과 동정심으로 교차되어 표출되는 것이다.

장인의 생신날 처가로 가는 장면도 비슷한 맥락이다. 일반적 소설에서 생략할 수도 있고, 혹은 한줄로 처리할 수 있는 상황, 즉 옷갈아 입는 모습을 구체적인 장면으로 뽑아 보여준다. 작가 나름의 의도가 있는 것이다. 입을 옷이 없어서 머뭇거리는 아내의 복잡한 심리와 그것을 지켜보는 남편의 내면을 드러내는 것 그것이 작가의 노림수이다.

안해는 머뭇머뭇하며 양미간을 보일듯 말듯 찡그리다가 겻눈으로 살짝 나를 보더니 돌아서 급히 장문을 연다. '홍, 입을 옷이 없서 망상거리는구나'나도 슬쩍 돌아서며 생각하엿다. 우리는 서로 등지고 섯건마는 그래도 안해가 거의 다 비인 장안을 들여다보며 입을 만한 옷이 엇서 눈ㅅ살을 찝흐린 양이 눈압헤 선연하며 어찌할 수가 업섯다. (…중략–인용자) 안해는 당목옷을 갈아입고 내 마음을 알앗던지 나를 위로하는 듯이 빙글에 웃엇다. 나는 더욱 쓸쓸하엿다.[162)]

161)『개벽』 7호, 163면.
162)『개벽』 7호, 168~169면.

「빈처」는 주제의식의 측면에서도 동인지문학과 연관이 깊다. 작가가 「빈처」를 통해 그리고자 한 것은 문학으로 대표되는 정신적 가치와 가난이 환기하는 물질적 가치의 갈등인데,[163] 이는 정신과 물질의 대립적 이분법에 기초하여 '정신의 승리'를 구가한 동인지문학의 문제의식을 환기시키는 것이다.[164] 주제의식과 서술방식으로 볼 때, 동인지문학은 현진건 문학에 있어 선취된 외연인 셈이다. 그리고 이것이 현진건을 동인지 작가로 취급하게 만드는 직접적 원인이다.[165]

하지만 작가적 경향은 '계몽이념'의 문제로 곧바로 환치될 수 있는 것이 아니다. 문학가는 논설가가 아니기 때문이다. 현진건의 소설은 문학이 '계몽이념'의 문제로 환치될 수 없다는 점을 분명히 보여준다. 그의 소설은 서술방식과 주제의식의 차원에서 동인지문학과 깊은 연관을 보이지만, 차이점 또한 선명히 보여주고 있다. 무엇보다도 중요한 것은 그의 소설들은 동인지 소설들이 주지 못한 '문학적 실감'을 독자들에게 주고 있다는 사실이다. 그리고 이것이 1920년대 초반 소설사에서 현진건을 동인지 작가들과 변별하게 만드는 주된 요인이다.

문제는 이 문학적 실감의 차이가 어디에서 비롯되었는가 하는 것이다. 우선 주제의식 내지 '계몽이념'의 차이는 아니다. 앞서 보았듯이 양자는 오히려 유사점이 많다. 따라서 답은 분명해진다. 이른바 문학적 '형상화'의 문제, 바로 '묘사'의 문제다. 이 점에서 우리는 앞서 언급한 「빈처」의 심리묘사 내지 심리표출을 다시 볼 필요가 있다. 같은 심리묘사라도 「마음이 옅은 자여」 등으로 대표되는 동인지 소설의 그것이 "다소 과장되고 감상적인 주관의식의 표백"[166]이란 느낌을 주는 반면, 현진건의 그것은

163) 박현수, 「1920년대 초기 소설의 근대성연구」, 성균관대 박사논문, 1999, 145면.

164) 최수일, 「1920년대 동인지문학의 심리적 기초」, 『대동문화연구』 36, 성균관대 대동문화연구원, 2000, 82~83면 참조.

165) 물론 여기에는 그가 1922년부터 『백조』의 동인으로 활동했다는 사실도 작용했을 것이다.

166) 임규찬, 『한국 근대소설의 이념과 체계』, 태학사, 1998, 235면.

훨씬 객관화되고 정체가 분명하다는 느낌을 주는 것이다. 「빈처」의 심리 묘사가 객관화되고 정체가 분명하다는 느낌을 주는 이유는 인물들의 내적 갈등 하나하나에 그에 걸맞은 '상황' 내지 '환경'이 구체적으로 제시되고 있기 때문이다. 「빈처」의 서두를 보자.

> "그것이 어째 업슬가?"
> 안해가 장문을 열고 무엇을 찻더니 입안말로 중얼거린다.
> "무엇이 없서?" (…중략…)
> "모번단 저구리가 하나 남앗는데……"
> "……"
> 나는 그만 묵묵하엿다. 안해가 그것을 차저 무엇하랴는 것을 알미라. 오늘밤에 엽집 한멈을 시켜 잡히려 하는 것이다. 이년 동안에 돈 한푼 나는 대는 업고 그래도 줄이면 시장할 줄을 알아 기구와 의복을 전당포창고에 들이밀거나 고물상 한 구석에 세워두고 돈을 어더오는 수밧게 업섯다. 지금 안해가 하나 남은 모번단 저구리를 찻는 것도 아침ㅅ거리를 장만하려 함이다. (…중략…) 인적조차 끈허지고 왼 천지가 비인 듯이 고요한데 투닥투닥 떨어지는 비소리가 한업는 구슯흔 생각을 자아낸다.
> "빌어먹을 것 되는 대로 되어라"
> 나는 점점 견딜 수 업시 두 손으로 허터진 머리칼악을 쓰다듬어 올리며 중얼거려 보앗다. 이 말이 더욱 처량한 생각을 일으킨다.[167)]

인용문에서 우리가 주의해야 할 것은 주인공인 '나(K)'의 처량하고 절망적인 심정이 표현된다는 사실 자체가 아니다. 이를 위해 작가가 마련한 '상황'들이다. 인용한 부분에서 나타난 상황은 최소 세 가지로, 첫째 아내는 아침거리를 마련하기 위해 전당포에 맡길 저고리를 찾는다, 둘째 이런 일이 이년 동안 계속되어 왔다, 셋째 고요한 가운데 구슬픈 비가 내리고 있다 등이다. 하나의 심리에 세개의 상황이 복합적으로 작용하는 셈이다.

167) 『개벽』 7호, 161면.

더구나 앞의 두 가지는 독자들이 '나'의 절망적 심정을 납득하는 데 필요한 결정적인 정보들을 함축하고 있다. 따라서 표현된 것은 지식인의 내면이지만, 독자들은 지식인이 아니더라도 충분히 공감할 수가 있는 것이다. 이처럼 심리에 개연성을 부여하고 공감을 불러일으킨다는 것, 이것이 구체적 상황제시의 효과라고 할 수 있다.

이는 앞서 언급한 장면들에서도 마찬가지다. 평소 친척들로부터 호평을 받고 있는 'T'가 새로 산 '양산'을 가지고 주인공의 집을 방문하는 상황은 나와 아내의 내적 갈등에 개연성을 부여하며, 장인의 생일날 입고 갈 옷이 없어서 머뭇거리는 아내를 지켜보는 상황은 '나'의 내적 갈등을 훨씬 설득력있게 만든다. 더구나 작품의 서두에서 제공된 상황 정보, 즉 이년 동안 끼니를 위해 옷가지 등을 전당했다는 정보는 아내와 '나'의 심리적 동요를 이해하는 밑거름으로 작용한다. 즉 앞에서 제공된 상황 정보는 사라지지 않고 누적되어 후에 일어나는 내적 갈등에 개연성을 덧보태는 역할을 하는 것이다.

반면, 동인지 작가들의 심리묘사는 구체적 '상황' 내지 '환경'과 긴밀히 결합되어 있지 못하다. 작중인물이 일으키는 내적 갈등은 상황의 산물이 아니며, 엄밀히 말해 '기원'을 알 수 없는 자의식의 소산인 경우가 대부분이다. 염상섭의 처녀작 「표본실의 청개고리」(14~16호)는 이를 단적으로 드러내는 예다. 「암야」(19호)와 「제야」(20~24호)로 이어지는 초기 3부작의 경향을 선도했다고 할 수 있는 이 작품이 주목한 것은 주인공으로 등장하는 'X'의 강박적 심리상태다. 물론 소설은 심리묘사에 무게중심을 두고 있다.

작가의 심리묘사가 그에 대해 알려주는 것은 7~8개월간을 알코올과 니코틴에 젖어 생활했으며, '앙분(仰奮)한 신경'으로 인해 불면증에 시달린다는 것, 나아가 중학시절 박물실에서 있었던 개구리 해부장면의 연상에 시달리며, 해부실의 메쓰와 서랍 속의 면도칼을 연결시켜 자해의 망상으로 괴로워한다는 것 등이다. 특히 개구리 해부장면에 대한 강박은 연원이 가장 오랠 뿐 아니라 면도칼 망상의 직접적 원인이자, 신경쇠약이나 불면증을 이해할 수 있는 근거가 된다는 점에서 'X'의 심리적 본령에 해당하는 것이라고 할 수 있다.

> 중학교 이년시대에 박물실험실에서 수염 텁석부리선생이 청개고리를 해부하야 가지고 더운 김이 모락모락 나는 오장을 차례차례로 끌어내서 자는 아기 누이듯이 주정병에 채운 후에 대발견이나 한 듯이 옹위하고 서서 잇는 생도들을 둘러다 보며 '자-여러분 이래도 아즉 살아잇는 것을 보시오.'하고 뾰죽한 바늘 끗으로 여긔저긔를 쑥쑥 찔르는대로 오장을 빼앗긴 개고리는 잰저리를 치며 사지에 못박힌 채 발딱발딱 고민하는 모양이엇다. 팔년이나 된 그 인상이 요사이 새삼스럽게 생각이 나서 아모리 이저 버리랴고 애를 써도 아니되엇다.새파란 '메쓰', 닭이 똥만한 옴을옴을하는 심장과 폐, 바늘 끗, 조고만 전율차례차례로 생각날 때마다 머리끗이 쭈뼛쭈뼛하고 전신에 냉수를 끼언지는 것 가타엿다. 남향한 유리창 밋에서 번쩍 처드는 '메쓰'의 강렬한 반사광이 眼孔을 찌르는 것 가타야 컴컴한 방 속에 들어누윗서도 꼭 감은 눈섭밋이 부시엇다. 그러나 그럴 때마다 머리맛에 노힌 책상설합 속에 느허둔 면도칼이 조심이 되어서 못 견디엇다. (…중략…) 금시로 손이 설합으로 갈듯갈듯 하여 참을 수가 업섯다.[168]

문제는 이런 심리적 갈등의 원인을 알 수가 없다는 점이다. 중학교 이학년 때 박물실험실에서 청개구리를 해부하는 장면이 '상황'처럼 제시되고 있지만, 이것은 육하원칙에 따른 사건의 정황일 뿐 심리적 계기가 되지는 못한다. 그 안에는 독자들이 'X'의 강박증을 이해할 수 있는 어떤 정보도 담겨 있지 않다. 해부실의 '메쓰'와 서랍 속의 '면도칼'이 자살망상으로 이어지는 것도 마찬가지다. 양자가 칼이라는 점에서 연상 자체가 불가능한 것은 아니지만, 왜 그런 연상이 일어나게 되었는지, 더구나 그것이 왜 자살연상으로 이어지는지에 대한 해명이 필요하다. 해부장면에 잇대어진 심리적 강박의 계기가 빠져 있기 때문에 해부강박이 파생시킨

168) 『개벽』 14호, 118~119면.

모든 심리적 현상들도 개연성을 잃고 마는 것이다.

물론 'X'가 남포로 이동하면서 약간의 변화가 생긴다. 여행 중에 일어난 여러 사건들이 마치 'X'의 심리적 갈등의 계기인 듯이 현상하는 것이다. 사건과 심리의 동시성(同時性)이 이런 양상을 부채질한다. 하지만 여기서도 사건과 심리는 필연적 연관이 없다. 주어진 사건들은 주인공의 심리를 파악할 정보를 거의 제공하지 못하는 것이다. 가령 주인공의 자살충동은 을밀대 낮잠사건을 통해서 표출되지만, 양자 사이에는 시간적 일치라는 우연만이 작동할 뿐이다.

이런 상황에서 '심리묘사'의 실감을 말하는 것은 어불성설이다. 필자가 판단건대, 동시대의 독서대중이 'X'의 내면을 이해했을 리 만무하며, 지식인들조차도 쉽게 공감하기 어려웠을 것이기 때문이다.[169] 이런 점에서 볼 때, 「표본실의 청개고리」는 내면묘사에 걸맞은 구체적 상황 내지 환경을 제공하지 못함으로써 문학적 형상화에 적지 않은 문제가 발생한 작품이라고 할 수 있다.[170]

「표본실의 청개고리」와 달리 「빈처」의 내면묘사를 문학적 실감으로 이끌어낸 구체적 상황 내지 환경은 내적 갈등의 주체가 발딛고 있는 구체적 현실, 곧 '일상(日常)'이다. 「빈처」에 제시된 심리묘사의 계기적 '상황'들을 한데 모아 응축하면 이는 '나'와 그의 아내가 처한 가난한 삶 자체다. 그런데 작가가 주체의 내면을 문제삼으면서 아울러 일상으로 대표되는 '현실'을 작품 속에 끌어온다는 것은 문학사적으로 중대한 사건이다. 필자가 아는 한 우리 근대소설사에서 일상이 묘파되는 것, 즉 소설이 '일상성(日常性)'을 획득하는 것은 「빈처」가 처음이기 때문이다.

더구나 동시대의 다른 작가들은 일상성의 획득과 거리가 있었다. 주지

169) 김동인을 비롯한 동시대 작가들의 경우는 조금 달랐다. 가령 김동인에게 이 소설은 "과도기의 청년이 받은 불안과 공포"를 형상화한 것으로 직각되었고, 염상섭의 출현을 "새로운 「하믈레트」의 출현"으로 평가했다. 김동인, 「문단30년사」, 『신천지』, 1948.3~1949.8(『김동인전집』 6, 삼중당, 1976, 33면 재인용).

170) 물론 이것이 이 작품이 가진 여타의 의의를 모두 부정하는 것은 아니다.

하다시피 그들에게 '현실'은 너무나 속악한 것으로 비쳐졌으며, 먹고 마시고 자는 순환의 과정이 끊임없이 반복되는 '일상'은 현실의 속악성을 대표하는 것이었다. 예술이라는 정신적 고도(高度)를 지향하는 그들이 '현실세계' 나아가 '일상'을 작품 속으로 끌어온다는 것은 상상하기 어려웠는데, 실제로 그들의 작품에서 현실세계는 대개 생략되거나 상징으로 처리되었다.

주목할 점은 '일상'을 내면묘파의 수단으로 삼은 현진건 또한 동인지 작가들과 비슷한 현실관을 가지고 있었다는 사실이다. 「빈처」에서 보듯이 현실이 '예술'의 정신적 가치를 방해하는 존재로 취급되는 것이 그 증거다. 결국 현진건은 동인지 작가들과 비슷한 현실관을 가지고, 문학적으로는 다른 결과를 빚어낸 셈이다. 작가 현진건이 「빈처」에 추악한 '일상'을 끌어올 수 있었던 것은 「빈처」·「술권하는 사회」·「타락자」 등의 초기작이 '신변체험소설'[171] 혹은 "철저히 자신이 체험한 실생활 자체를 있는 삶 자체의 방식으로 그려낸 소설"[172] 등으로 평가되고 있다는 사실과 무관하지 않다.

> '빈처'는 귀국 후 서울서 1915년에 결혼한 부인과 살며 문학수업을 하던 시절의 경험을 소재로 한 작품이다. 또한 '술 권하는 사회' 역시 1921년 "백조" 동인들과 교우하면서 겪게 되는 체험을 토대로 한 작품이다. 이런 점에서 실제로 20년대 초기 현진건은 다른 작가들에 비해 체험소설에 가장 가까운 형태의 소설을 쓴 셈이다.[173]

작가가 실제체험을 근거로 「빈처」 등을 기술했다면, 체험의 본질상 자연스럽게 작가의 일상적 삶이 담길 가능성이 높기 때문이다. 더구나 '체험의 기술'은 작가 현진건이 영향을 받았다고 믿어지는 일본 '사소설'의

---

171) 윤병로, 『한국 근·현대문학사』, 명문당, 1991, 143~145면.
172) 임규찬, 『한국 근대소설의 이념과 체계』, 태학사, 1998, 235~236면.
173) 임규찬, 위의 책, 235면.

근본형식이라는 점에서 가능성을 더더욱 높인다. 즉 현진건이 「빈처」를 통해 획득한 '일상성'은 '체험의 사실적 기술'이라는 방식에 직접적으로 의거하고 있다고 해도 과언이 아닌 것이다. 그런데 구체적 현실의 도입, 즉 '일상성'의 획득은 「빈처」의 내면묘사에 실감을 부여하고, 나아가 작품 전체의 문학적 형상화를 높인다. 즉 '체험'은 「탈출기」의 경우와 같이 「빈처」에서도 문학적 실감에 기여하는 바가 큰 것이다.[174]

(2) 가정의 육체성

앞서 지적했듯이 「빈처」는 내면묘사에 본령을 두고 있는 소설이다. '체험의 형식'을 거쳐 도입된 '현실'은 주체의 내면에 개연성을 부여하는 방식으로 주조되었다. '현실'이 '상황'으로 내면묘사를 떠받치는 형국을 띠게 된 것이다. 이를 통해 내면은 이른바 '추상성'을 극복할 수 있었고, 추상성의 극복이 내면묘사에 실감을 불러온 셈이다. 그런데 내면이 '현실'과 결합하여 그 특유의 추상성을 극복하는 것은, 다르게 보면 정신(내면)이 깃들 몸(육체)을 얻는 과정이다. 여기에 동인지 작가들의 '현실거부'가 바로 '육체성'의 거부였다는 사실을 감안하면,[175] 「빈처」가 이룩한 것

174) 필자가 『개벽』의 기록서사물과 「탈출기」로 대표되는 최서해의 소설 그리고 「빈처」와 「술권하는 사회」로 대표되는 현진건의 초기소설을 밀접한 관계가 있는 상관물로 보는 것도 이때문이다. 이들은 모두 '체험'에 기초한 서사물로 독자들의 '실감'을 고조시킨다는 공통점이 있으며, 특히 최서해와 현진건의 경우 구체적 '현실'을 작품 속에 이끌어와 문학적 형상화를 부각한다는 점에서 더더욱 통하는 바가 많다.

175) 동인지문학이 정신(예술)과 육체(현실)의 대립적 이분법에 근저를 두고 있다는 것은 동인지문학 곳곳에서 감지된다. 특히 정신적 사랑과 육체적 사랑의 대립은 예술과 속악한 현실의 대립과 맞물리면서, 동인들이 '자아의 정체성을 확인'하는 기본형식이 되었다. 「약한자의 슬픔」·「영혼」·「흑연일총」 등은 동인들이 '육체성'을 얼마나 천시했는지를 잘 드러낸다. 흥미로운 것은 정신의 타락으로 현상하는 '육체성'이 언제나 '여성성'으로만 현상한다는 점이다. 즉 동인들은 '여성'의 성적 욕망과 물질적 욕망을 문제삼음으로써 자신들은 문제에서 슬쩍 비껴나고 있는 것이다. "여성은 肉에 살고 남자는 精神에 산다"(이일, 「흑연일총」)거나 "나는, 계집의 영혼의 존재를(여러가지 논거 아래서) 절대로 부인한다"(김동인, 「영혼」)는 선언은 정신과 육체의 이분법을 남성과 여

을 '육체성'의 획득이라고 불러도 무리는 없을 것이다.

필자의 의문은 현진건이 획득한 '육체'가 왜 '일상'이었는가, 그의 소설에서 '일상'은 어떤 의미와 기능을 갖는가, 일상성과 '리얼리티'는 어떤 연관이 있는가 등이다. 이 점에서 주목할 것은 현진건이 내면 육체화의 기본 형식으로 '가정'을 이용하고 있다는 사실이다. 가정은 한마디로 정의할 수는 없지만, 범박하게 말하면 '문제적 덩어리다'. 남녀가 서로 만나 먹고 입고 자는 문제로부터 육아문제, 처가와 시댁으로 대표되는 친척관계의 문제, 여기에 성격문제, 취향과 지향, 욕망의 문제 등등을 '공유'해야 하는 장(場)이기 때문이다.

「빈처」는 의좋은 부부를 등장시켜 문제를 공유토록 만들고, 남편의 욕망과 주변의 가치평가를 충돌시켰으며, 무엇보다도 가난을 무기로 아내와 남편의 내면을 뒤흔들었다. 그 결과 한 가정의 시시콜콜한 문제들이 주체의 내면과 버무려질 수 있었다. 그 시시콜콜한 문제적 삶이 바로 일상으로, 가정이라는 형식이 없었다면 「빈처」의 일상성 획득은 불가능했던 셈이다. 흥미로운 것은 김동인의 눈에도 이것이 현진건 소설의 특징으로 부각되었다는 사실이다.

> 빙허의 소설에는 특징이 있었다. (…중략—재인용자) 여의 작품도 대개는 가정이란 곳을 떠난 사람을 주인공으로 삼았다. 늘봄도 대동소이였다. 그렇거늘 빙허의 취급한 사회는 '아직 학생 기분이 많이 남아 있는 지식계급 청년의 가정'이었다. '빈처'가 그러하였다. '타락자'가 그러하였다. 물론 여 등의 소설에도 가정이라는 것이 없는 바가 아니다. 그것은 사건 진행상 부속적으로 덧붙어 있는 것임에 반하여 빙허의 소설에는 젊은이를 주로 한 침묵한 가정이 있었다. (…중략—재인용자) 빙허의 소설에 나온 것은 동양적 가족애였다. (…중략—재인용자) 춘원은 가정적으로 불우의 인(人)이었다. (…중략—재인용자) 여도 또한 열 다섯 살에 일본으로 공부하러 가서 사람의 성격과 인격이 구성되는 귀중한

성의 성차별적 이분법으로 전개한 것에 다름 아니다. 이에 대해서는 이혜령, 「한국 근대소설의 섹슈얼리티 연구」, 성균관대 박사논문, 2001, 2장 참조.

기간을 보냈는지라 조선의 가정이라 하는 것을 똑똑히 몰랐다. 거기 반하여 빙허는 조선서 자라서 조선서 학교를 마치고 부인과의 가정생활을 시작한 사람이다. 그런지라 여 등은 가정이라는 것을 떠난 광범위한 범위에서 제재를 취하는 데 반(反)해 빙허는 자기가 가장 잘 아는 사회—즉 자신의 가정 거기서 출발하여 조선의 젊은이의 가정에서 자료를 얻었을 것이다.[176]

춘원이 가정적으로 불우한 까닭에, 또 자신도 가정이란 곳을 떠난 사람을 주로 주인공으로 삼은 반면 현진건은 '아직 학생 기분이 그냥 많이 남아 있는 지식계급 청년의 가정'을 '독특하고 세세한 짜릿짜릿한 필법으로 그려내었다'는 것이다. 물론 그가 '조선서 자라서 조선서 학교를 마치고 결혼한 사람'이라는 설명은 잘못된 것이다. 현진건은 1912년부터 1917년까지 동경의 성성중학(成城中學)에서 수학했으며, 1918년에는 상해 호강대학(扈江大學) 독일어과에 입학했기 때문이다.[177]

하지만 '빙허는 자기가 가장 잘 아는 사회 즉 자신의 가정 거기서 출발'했다는 지적은 '일상성'과 관련하여 주목할 필요가 있다. 그의 소설적 근간이 '가정체험'에 있다면, 그 가정체험의 내용은 바로 앞에서 언급한 시시콜콜한 문제들일 것이기 때문이다.

그러나 김동인은 더 이상 논의를 진전시키지 않는다. 그와 빙허의 차이는 '제재'의 차원에서 멈추어버린 것이다. 그 이유는 분명하다. '가정'은 바로 일상이며, 추악하고 끈적끈적한 현실적 문제들이 넘쳐나는 공간이기 때문이다. 예술에 최고의 목표를 부여하며 속악한 현실을 부정했던 김동인이 그런 '가정'에 특별한 의미를 부여했을 리가 없다. 따라서 자신이 '조선의 가정'에 대해 잘 몰랐다는 김동인의 말은 사실이 아니다. 가정에 대한 '체험'이 없었다는 것이 아니라 가능하면 문학적으로 '배제'하

176) 김동인, 「문단회고」, 『매일신보』, 1931.8.23~9.2 · 1931.11.11~22; 강진호 편, 『한국문단이면사』, 깊은샘, 1999, 31~32면 재인용.

177) 구인환, 『근대작가의 삶과 문학』, 서울대 출판부, 1994, 90~92면 참조.
이재민, 「새 자료로 본 빙허의 생애」, 『문학사상』, 1973.4, 354~363면 참조.

고 싶었다는 것이 진실에 가깝다.

자신은 "가정이라는 것을 떠난 광범위한 범위에서 제재를 취하는 데 반(反)해 빙허는 자기가 가장 잘 아는 사회"인 가정에서 제재를 취했다는 김동인의 언급에서 묘한 뉘앙스가 포착되는 것도 비슷한 맥락에서 볼 수 있다. 말을 바꾸면 자신은 문학의 본령이 '가정'에 있다고 생각지 않으며, 거기에 주목하는 것은 너무 시시콜콜한 짓 아니냐는 것이다.[178]

그러나 앞에서 보았듯이 1920년대 초반 소설에서 '가정'이라는 형식은 아주 중요한 의미를 담고 있었다. 과도한 이념성이 '내면의 추상화'를 초래하고, 이것이 문학적 실감의 저하와 맞물리면서 동인지문학의 위기로 이어졌던바, '내면의 육체화'는 근대문학의 사활이 걸린 문제이기도 했던 것이다. 염상섭이 공간의 병렬적 이동을 꾀하거나(「표본실의 청개고리」 등), 결국 여행이라는 새로운 문학형식을 획득하는 것(「만세전」)은 모두 주체의 '자의식'에 육체성을 부여하기 위한 노력의 산물이라고 할 수 있다.

문제는 김동인 등이 이런 문제를 제대로 파악하지 못했다는 데 있다. 김동인 등이 '일상'을 발견한 것은 1920년대 중반 이후였고, 염상섭이 「만세전」에 사용한 '여행'의 형식도 엄밀히 말하면 '일상성'과는 거리가 있었다. 반면 현진건은 '가정'이라는 형식을 통해 내면에 '육체'를 부여한다. 순간순간의 심리적 갈등은 구체적 일상들과 순서쌍을 이루듯 꽉 짜여져 있고, 물질적 가치와 정신적 가치의 갈등이란 큰 테마는 가정이란 형식 속에 관철된다.

현진건이 '가정'의 형식을 통해 '일상성'을 획득할 수 있었던 이유, 역으로 김동인·염상섭 등이 1920년대 초반 '일상'을 주목할 수 없었던 이유는 일차적으로 '과도한 계몽성(이념성)'과 관련이 있다. 하지만 엄밀히 말해 이것은 결과이지 원인은 아니다. 「빈처」나 그 이후의 문학적 궤적에서 볼 때, 현진건 또한 '이념성'에 있어서는 결코 뒤지지 않는다. 필자가

178) 따라서 김동인의 '부정의식'은 문학적으로 두 가지 문맥을 가지고 있다. 하나가 정치성의 거부라면 다른 하나는 일상성의 거부이다.

보기에 이는 '실감(實感)'의 차원에서 질문해야 순환론을 피해갈 수가 있다. 일상의 도입이 가져온 것이 '문학적 실감'이라면, 그는 다른 작가와는 달리 '문학적 실감'을 고민했다고 보아야 한다. 여기서 왜 그는 '실감'을 고민했는가, 거꾸로 김동인 등은 어떻게 '실감'의 문제로부터 자유로울 수 있었는가 하는 질문이 가능하다.

김동인 등은 자신들의 문학을 '대중적 차원'에서 출발시키지 않았다. 그들의 문학은 문예 전문지를 지향하면서, 독서대중의 최상층 불과 몇천 명을 독자로 지향했다. '같은 자만이 같은 자를 이해한다'는 그들의 모토는 독서대중과 그들의 거리감을 함축한다. 필자는 동인지 작가들이 『창조』 등을 시작하면서 '중등과정 정도의 독자들이 내 작품을 이해하고 공감할까'라는 고민을 했으리라고 생각지 않는다. 그들은 대중에 대한 우월감에 사로잡혀 있었으며, 또한 적대적이었다. 속악한 현실을 상징하는 그 무리와 자신들의 공통점은 없으면 없을수록 좋았다. 그 최소한의 공통점이 정치적으로는 '같은 민족'이라는 것이며, 생활적으로는 '일상'이다. 따라서 가정을 제거한다는 것은 어떻게 보면 그들과의 공통점을 근원적으로 제거한다는 의미가 있는 것이다.

반면 현진건은 그의 문학적 출발 자체가 그럴 수 없었다. 그는 『개벽』이라는 대중잡지를 통해 등단한 작가이다. 그가 대중적 종합지와 문예 전문지의 차이를 몰랐을 리 없었으며, 『개벽』의 대중적 성격을 분명하게 인지하고 있었던 현철이 자신을 통해 등단하는 조카에게 최소한의 언질을 주지 않았을 리 없다. 무엇보다도 그는 최소 수만 명 이상의 대중 독자들을 항상 염두에 두어야 했다. 그는 춘원 이후에 문학을 가지고 '대중적 고민'을 해야 한 최초의 전문작가였던 것이다. 이런 상태라면 '계몽'을 위해서라도 그는 대중에게 다가서야 했을 것이다.

계몽의 태도도 바뀌어야 했다. 무지한 대중에 대해 자신이 선취한 '이념'을 전투적으로 선언하는 전위적인 모습에서, 문제들을 조목조목 설명하고 보여주는 방식으로 전환되는 것이다.[179] 그런데 계몽의 태도를 바꾸고 대상에게 다가선다는 것은 결국 자신과 대상의 공통분모를 탐색하는 과정으로 이어진다. 이때 현진건의 고민은 분명해진다. 가장 보편적이며, 누구에게도 자신과 무관하지 않다는 공감을 줄 수 있는 '형식' 바로 '가정'이다. 자신이 직접 체험한 구체적 일상의 문맥들이 선연히 떠올랐을 것이 분명하다.

이처럼 현진건의 '일상성'은 '대중성'에 잇대어 있는 바, 현진건의 문학은 『개벽』과 무관하지 않으며, 이는 나아가 1920년대 작가에게 '매체의 성격' 문제가 '문학성'과 밀접히 연관되어 있었음을 증명하는 것이다. 주목할 점은 대중에 대해 비판적인 관점을 가지며 동시에 대중에게 다가서야 했고, 문제적 현실을 바꾸기 위해 문제적 현실을 그려내야 했던 현진건의 입장이 바로 이 시대 『개벽』의 입장이자, 기록서사로 대표되는 『개벽』의 문학적 입각점이라는 것이다.

(3) '가정'의 인식적 지평

현진건이 스스로의 체험에 '가정'이라는 형식을 부여했다는 사실은 김동인이 지적한 '묘사'나 '기법'의 차원에 논의가 제한될 사안이 아닌 것 같다. '내면의 추상화'를 극복한다는 것은 기법 이상의 의미를 담고 있다. 앞에서 지적했듯 내면의 추상화는 구체적 현실이 배제 혹은 생략된다는 데 원인이 있고, 이것은 작가들의 현실인식과 밀접한 관련이 있다. 즉 속악한 현실에 대한 작가들의 강한 '부정의식'이 '내면 추상화'의 원천이라는 판단이다. 따라서 동인지문학의 문제점을 돌파한다는 것은 현진건이 동인들의 인식적 지평을 넘어서고 있음을 의미한다. 적어도 「빈처」나

179) 『개벽』에서 '계몽'의 대중성 내지 실감에 대한 고민이 '지사적 계몽'의 해체를 불러왔듯이, 현진건이 취한 태도는 동인지 작가들의 '전투적 · 전위적 계몽'의 해체를 의미하는 것이다. 즉 『개벽』이 '계몽'을 해체하면서 계몽하고자 한 잡지라면, 현진건은 '계몽'을 해체하면서 계몽하고자 한 작가라고 할 수 있다.

「술권하는 사회」 등에서 '현실'은 부정되고 생략되어야 할 대상이 아니라, 묘파(描破)되어야 하는 대상으로 변모하는 것이다.

이처럼 현실에 대한 인식적 지평의 가능성을 연다는 점에서도 '가정'은 중대한 의미가 있다. '가정'은 내면의 육체화 그 이상을 빚어낼 수 있는 '가능성의 형식'인 것이다.

> 동년배인 우리들은 늘 친척간에 비교ㅅ거리가 되엇섯다. 그리고 나의 평판이 항상 조치 못하엿다. 'T는 돈을 알고 위인이 진실해서 그 애는 돈푼이나 모을 것이야! 그러나 K(내이름)는 아모 싹에도 못쓸 놈이야 그 잘난 언문 석거서 무어라고 끄적어려노코 제 주제에 무슨 조선에 유명한 문학가가 된다니! 시럽의 아들놈!' 이것이 그네들의 평판이엇다. 내가 문학인지 무엇인지 하는 소리가 까닭업시 그네들의 비위에 틀인 것이다. (…중략…) '얼마 아니 되어 T는 잘 살 것이고 K는 거지가 될 것이니 두고 보아!' 오촌 당숙은 이런 말슴 까지 하엿다 한다.[180]

인용문은 「빈처」의 일부분인데, 'T'의 방문을 계기로 '나'와 T에 대한 친척들의 평가가 환기되는 부분이다. 가정을 꾸린 사람으로 친척들의 구설에 휘말리는 것은 당연한 일이지만, T와 K(나)를 비교하는 친척들의 논평을 그대로 옮긴 것은 '나'와 친척들의 가치관의 차이를 극명하게 보이기 위한 장치로 보인다. 가정은 '나'가 지향하는 예술의 가치와 친척들의 가치관이 충돌하는 공간인 것이다.

문제는 친척들의 판단이 그들만의 판단은 아니라는 데 있다. '화가'라면 '환쟁이'를 떠올리고, '음악'하면 '유성기'를 환기하는 시대에 문학을 한답시고 아내로 하여금 세간과 의복을 전당포에 잡히게 하는 'K'를 납득할 사람은 거의 없어 보인다. 즉 친척들이 '나'를 바라보는 시선은 일반 사회가 그를 바라보는 시선의 연장인 셈이다.

이 점은 장인의 생신잔칫날, 'K'가 자신을 바라보는 뭇사람들의 시선

180) 『개벽』 7호, 162면.

을 의식하는 대목에서도 선명히 드러난다. 여자들의 비단옷과 아내의 당목옷차림이 교차하고, 처가의 솟을대문과 자신의 초라함이 비교되는 상황에서, 그는 사람들이 자신을 '경멸'하고 있으며, 비웃고 모욕하고 있다고까지 생각한다.

> 길가에 단이는 어느 여자를 보아도 거의 다 비단옷을 입고 고흔신을 신엇는데 안헤는 당목 옷을 허술하게 차리고 청목당혜로 타박타박 걸어오는 양이 나에게 얼마나 哀然한 생각을 일으켰는지! 한참만에 나는 넓고 놉흔 처가 대문에 다달앗다. 내가 안으로 들어 갈 적에 낫선 사람들이 나를 흘끔흘끔 보다 그들의 눈에 '이사람이 누구인가 아마 이집 차인인가 보다'하는 경멸히 여기는 빗이 잇는 것 가탓다. 안 대청가짜이 들어오니 모다 내게 분분히 인사를 한다. 그 인사하는 소리가 내 귀에는 어째 誹笑하는 것 갓기도 하고 모욕하는 것 갓기도 하여 공연히 가슴이 두근거리고 얼굴이 후끈거리엇다.[181)]

문제는 누가 나서서 실제로 그렇게 한 것이 아님에도 자신이 스스로 그렇게 자굴한다는 것이다. 이는 'K'가 자신의 가치관과 일반 사회의 가치관이 충돌함을 알고 있으며, 수차례 이상 그런 대우를 경험했음을 의미한다. 즉 평소 자기가 사회에서 접한 경멸과 비웃음의 시선이 특정한 상황에서 저절로 '환기'되는 것이다. 그 결과 예술과 현실적 가난 사이에서 비롯되는 'K'의 내적 갈등은 '가정'의 갈등이자, 조선사회의 문제로 확산된다. '가정'은 개인의 문제가 사회적 문제로 연계되는 매개물인 것이다. 아울러 작가가 자신의 개인적 체험을 근거로 자신을 둘러싼 세계를 바라볼 수 있게 만드는 통로이기도 하다.

현진건에게 '가정'이 인식적 지평확대를 가능하게 한 '형식'이었음을 증명하는 것은 「술권하는 사회」·「운수좋은날」·「불」 등으로 이어지는 작가적 궤적이다. 이들 중 필자가 특히 주목하는 작품은 「술권하는 사회」(17호)이다. 이 작품은 「빈처」와 「운수좋은날」의 중간다리로서, 작가가 "신

181) 『개벽』 7호, 169면.

변적 체험세계를 벗어나 사회생활에 대한 객관적인 관찰과 묘사의 세계"[182]로 나아가는 계기를 담아내고 있기 때문이다. 「빈처」에 비해 "양심적인 지식인이 처한 절망적 상황을 훨씬 더 객관적으로 묘사하고 있다"[183]는 평가를 받고 있는 이 소설도 신변체험에 기초하고 있다는 점에서는 「빈처」와 마찬가지다. 아울러 그 체험의 육화에 '가정'을 장(場)으로 활용하고 있다는 것도 닮아 있다.

하지만 작가의식의 차원에서 상황이 조금 바뀌었다. 「빈처」에서 작가는 '개인의 내면 갈등'에서 출발하여 이것을 사회적 의미망으로 연결하려는 시도를 보였다면, 「술권하는 사회」에서는 가정 밖에서 체험한 사회적 문제를 개인의 내면을 통해 보여주고자 한다. '가정'이라는 문학적 형식을 이용하는 방향과 패턴이 바뀐 것이다. 이를 단적으로 증명하는 장면은 사회가 술을 먹인다는 설명을 이해하지 못하는 아내에게 남편이 이를 설명하는 대목이다.

> 또 내가 설명을 해 들리지. 여긔 회를 하나 꾸민다 합시다. 거긔 모이는 사람 놈치고, 처음은 민족을 위하는니 사회를 위하느니 그러는데, 제 목숨을 바쳐도 아깝지 안타 아니하는 놈이 하나도 업지. 하다가 단 이틀이 못되어, 단 이틀이 못되어 (…중략…) 되지못한 명예싸움, 쓸대업는 지위다툼질, 내가 올흐니, 네가 글흐니, 내 권리가 만흐니, 네 권리가 적으니 …… 밤낫으로, 서로 찟고 뜻고 하지. 그러니 무슨 일이 되겟소. 무슨 사업을 하겟소. 회뿐이 아니지, 회사이고 조합이고 …… 우리 조선놈들이 조직한 회사는 다 그 조각이지. 이런 사회에서 무슨 일을 한단 말이오. 하랴는 놈이 어리석은 놈이야. 적이 정신이 바루 박힌 놈은 피를 토하고 죽을 수 밧게 업지. 그러치 안흐면 술밧게 먹을게 도무지 업지. 나도 前者에는 무엇을 좀 해 보겟다고 애도 써 보앗셔. 그것이 모두 수포야. 내가 어리석은 놈이엇지.[184]

182) 임규찬, 『한국근대소설의 이념과 체계』, 태학사, 1998, 239면.
183) 김재용 · 이상경 외, 『한국근대민족문학사』, 한길사, 1993, 304면.
184) 『개벽』 17호, 144면.

남편이 고발하는 것은 1920년대 초반 각종 청년회 등 사회운동 단체의 실상이다. 즉 일제하 사회운동의 고질적 병폐라고 할 수 있는 분파주의와 파벌싸움이 적나라하게 들추어지고 있는 것이다. 이는 자신에게 향했던 작가의 시선이 민족현실로 향해졌음을 의미하는 것이며, 객관 현실의 문제가 작가의 내면에 강한 흔적을 남겼음을 의미하는 것이다. 즉 「빈처」가 '내면의 사회화'에 초점을 두었다면, 「술권하는 사회」는 '사회성의 내화'에 초점을 맞추고 있다고 할 수 있다. 그리고 그 '사회성의 내화'가 육체화되는 공간이 '가정'이다. 「술권하는 사회」가 단순한 신변체험소설이 아니며, '사적인 공간 속에서 최대한의 사회성을 염두'에 둔 작품이라는 평가는 이런 맥락에서 나온 것이라고 할 수 있다.[185)]

2) 수필과 체험의 형식화

(1) 수필과 '기록서사'

필자가 현진건을 상반기 『개벽』을 대표하는 작가로 주목한 데에는 이유가 있다. 일단 『개벽』의 매체적 성격이 그의 문학에 영향을 미쳤다. 특히 '리얼리티'의 획득이라는 그의 문학적 성취에 '대중성과 현실성'에 대한 고려가 외연으로 작동했다는 사실은 『개벽』의 편집원리가 현진건과 무관하지 않았음을 방증한다. 즉 『개벽』의 논자들이 추론보다는 구체적 체험과 답사 그리고 통계 등을 중시한 이유가 독서대중의 계몽적 실감을 위한 것이듯,[186)] 현진건이 가정의 형식을 통해 '일상'을 보여준 것은 '문학적 리얼리티'를 위한 조치였다는 것이다.

185) 임규찬, 앞의 책, 238~239면 참조.

186) 『개벽』의 이런 노력을 필자는 '현실성의 원리'로 정리했는데, 이 경우 현실성은 '현실을 중시하고 이에 착목하려는 경향'이란 제한적 의미로만 사용했다. 따라서 '리얼리티(사실성)'와는 다른 개념이다. 이에 대해서는 4장의 편집원리 부분을 참조.

물론 『개벽』의 실감을 향한 노력은 주로 논설이나 잡문 등에서 선명하지만 문학과도 무관한 사항이 아니었다. 박달성으로 대표되는 '기록서사' 양식의 존재는 현진건의 문학과 『개벽』의 밀접한 관계를 '문학적'으로 매개한다. 다시 말해 기록서사는 『개벽』의 '현실중시의 경향성'이 문학적 리얼리티로 질적 전환되는 과도적 계기를 함축한다.

둘의 공통점은 양자가 공히 '체험'을 바탕으로 한 사실적 기록이라는 점에 있다. 수필 형태의 기록서사인 「겨울의 농촌생활을 들어써」(7호)·「다사한 계해 경성의 일월을 들어」(32호)나 '기사체단편'이 좀더 확대재생산된 모습을 취하고 있는 「오호 지방농촌의 쇠퇴」(22호)·「삼군일부를 방하야 다섯번 크게 놀래인 사실담」(26호) 등은 박달성 문학의 출발이 '체험의 기록'에 있음을 분명히 한다. 물론 박달성 등이 기록서사를 통해 보여주고자 한 것은 민족의 실상으로 지식인의 소소한 일상에서 출발하는 「빈처」와는 약간의 거리가 있다.

> 이것도 은율에서 당한 사실입니다. (…중략-인용자)
>
> 강연회를 주최하고 나를 청합니다. 固辭타 못하야 그들의 성의에 감한 바 되어 십일일로써 학교직원 두분과 함께 當地를 향합니다. 읍에서 行한 지 十餘町 未及에 순사 일명이 자전차로 追從합니다. 결국 꽉 붓듭니다. "서장의 령으로 新明校 강연은 못한다" 합니다. 하도 어이가 없서 닭좃던 개모양으로 남산만 쳐다보다가 무러 필요업지만 그래도 알고 십허 "어썬 이유냐"고 무릿습니다. "이유는 알아 무엇하오. 서장의 직권이니까요" 합니다. 다시 반문할 여지가 업습니다. (…중략-인용자) 얼마 뒤에 주재소장에게 다시 무르니까 村은 강연이 필요업다하며 자고로 그 지방은 강연한 적이 업다합니다. (…중략-인용자) 강연 前 講士行路 中에 중지명령이란 아마 이번이 처음이오, 은율이 처음이오, 내가 처음일 듯합니다. 이러한 중에서 그래도 하겟다고 땀을 뻘뻘 흘리는 우리 무리야말로 스스로 가슴만 쓰리도다. 압길이 어찌되려는지[187]

187) 박춘파, 「삼군일부를 방하야 다섯번 크게 놀래인 사실담」, 『개벽』 26호, 1922.8.1, 72면 참조.

이것은 평양에서 들은 것입니다. (…중략―인용자)

평양 와서 모학교선생을 訪하야 말말씃에 평양의 경제이약이가 낫습니다. 아! 거즛말 가튼 기막힌 사실!? 평양부에 日前 대지주 삼십오명을 썝앗는데 일본인이 삼십이명이고 조선인은 겨오 三名이라고 합니다. 형제여 말을 더할 용기가 업습니다. 죽엇소이다. 대동뜰 외성뜰 다―조선의 것이 아니며 보통뜰도 절반이상은 외인의 것이라 합니다. 이것이 어대 평양만 그러하겟습니까. 경상 전라는 尤甚할 터이고 충청 경기도 배나 될터이니 피가 마르고 어찌 삽니까[188]

첫 번째 인용문은 '은율'에서 박달성 자신이 당한 사건을 사실대로 기록한 것으로, 지서장의 명령에 의해 강연이 중지된 상황을 적었다. 강연조차도 마음대로 할 수 없는 조선인의 처지를 일화를 통해 보여준 것이다. 둘째 인용문은 평양에서 들은 사건을 기록한 것으로 일본의 토지침탈 양상을 적나라하게 드러낸다. 하지만 '민족의 현실'을 보여준다는 기록서사의 취지가 민족 개개인의 '일상'과 무관한 것이라고 볼 수는 없다. 민족의 현실은 기실 개인의 현실이기 때문이다. 박달성의 「오호 지방농촌의 쇠퇴」를 비롯하여 최중갑의 「소작인 만길의 생활」, 'ㅅㅎ생'의 「경성 P형에게」 등은 이를 방증한다. 여기에는 식민지로 전락한 민족의 일원이 겪어야 했던 생활의 고통이 적나라하게 그려지고 있다.

家家를 歷訪하게 되엇습니니다. 나는 첫재로 나의 이웃집을 차젓습니다. 찌글어진 馬廊 넘어져가는 싸리문을 들어서 土階를 넘어 안방을(사랑이란 무론 업슴) 들어섯습니다. 호주되는 이는 새끼꼬고 안해는 버선 깁고 더벙머리 두 아이는 강냥(玉蜀)떡을 들고 코를 훌적훌적 합니다. 북草는 방안에 넙너부러―하고 똥무든 걸네는 이구석 저구석에 그득한데 무슨 흐리터분하고 시시부러한 냄새가 코를 찌릅니다. 椽木가래가 비죽비죽 보이는 천정에는 거미줄(網)을 죽늘엿고 우툴두툴한 土壁에는 빈대피로 매질을 한듯합니다. 자리는 다 떨어져 몬지가 뭉클뭉클 이러나며 석유상자만한 衣床에는 누덕이 夜具가 두어개 노엿습니다.[189]

188) 같은 글, 74면 참조.

이 만길이는 경성 閔輔國집 田庄中 畓十斗落과 田二日耕을 경작한다. 이것도 민의 사음으로 잇는 이참봉집 행랑살이를 일년간 하야주고 어덧다. 이것을 어든 뒤에도 여전히 문서업는 종노릇을 한다. 만길의 처는 이참봉집 안에 가서 방아도 찌어주고 물도 길어다주며 빨래도 하야준다. 들에서 농사할 때에는 밥광주리도 여다준다. 이참봉집에 무슨 일이 잇스면 만길의 처는 빠지지 아니하고 (…중략—인용자) 이참봉의 부인이 출입하면 만길이는 교군을 하고 이참봉이 출입하면 만길이는 보짜리를 지고 딸아간다. 식전에는 이참봉집에 가서 마당을 쓸던지 장작을 패어준다. 그집에서 농사던지 기타에 무슨 일이 잇스면 의례히 울녁(强制的無償勞動)을 간다. 아니가면 호령을 듯는다. 또 만길의 딸은 이참봉집에 가서 아이를 보아준다.[190]

특히 「소작인 만길의 생활」은 소작인이 겪어야 하는 노예와 같은 삶을 사실적으로 기술하고 있는데, 뒷부분에는 만길의 일년 농사가 어떻게 지주와 마름에 의해서 수포로 돌아가고 굶주리게 되는지에 대한 정확한 '정산(精算)' 보고가 담겨 있다. 기록서사가 보이고 있는 이런 양상은 「빈처」에서 드러난 생활의 발견이 기록서사와 결코 무관할 수 없음을 보여준다 하겠다.

아울러 『개벽』의 기록서사가 본격적인 문학으로 변모된다는 점을 고려하면 더욱 그렇다. 본질적으로 문학과 논설의 절충적 양식인 기록서사가 본격적인 소설로 변모한다면 문학과 비문학의 경계를 넘어서서 양자의 관련상이 좀더 적극적으로 논의될 수 있기 때문이다. 앞서 보았듯이 박달성의 소설 「이향의 누」나 방정환의 풍자우화물 「은파리」 연작은 기록서사의 문학적 가능성이 막연한 추론이 아님을 드러낸다고 할 수 있다. 따라서 현진건이 획득한 리얼리티는 우연한 현상이나 작가 개인의 문제로 환치될 수 없는 것이다.

---

189) 박춘파, 「嗚呼 地方農村의 衰頹」, 『개벽』 22호, 1922.4.1, 76~77면.
190) 최중갑, 「소작인 만길의 생활」, 「금일조선의 노자관계」의 부록, 『개벽』 15호, 1921.9.1, 39면 참조.

물론『개벽』의 기록서사물들과 여기서 파생된 소설들이 획득한 '실감'과「빈처」의 '실감'을 액면 그대로 견줄 수는 없다. 전자의 문학적 출발은 분명 논설(계몽)인 바, 그것이 드러낸 실감은 엄밀히 말해 '계몽적(논설적) 리얼리티'라고 할 수 있기 때문이다. 즉 계몽적 리얼리티가 문학적 리얼리티로 전환되려면 그에 걸맞은 질적 비약이 필요하다.「은파리」가 뛰어난 풍자의 세계를 보여주면서도 계몽적 서술에 의지한 측면이 큰 것이나,「이향의 누」가 묘사나 서술면에서 소설적 완결성을 보여주면서도 부분적으로 작가의 계몽적 설변이 그대로 노출되는 한계를 드러낸 점은 이와 무관하지 않다.

> 세상에 누가 빈자됨을 설어아니하랴. 사랑하는 고향을 버리고 만리이역으로 향하는 그들에게는 전별의 객도 업다. (…중략—인용자) 그러나 사항하는 부모와 그리운 동생들을 만리이역으로 영별을 고하려는 외로운 복희의 정경이 더욱 불상하다.[191]

그러나 이런 형상화의 한계가 양자의 관련상 자체를 부정하는 것은 아니다. 현진건 문학의 출발도 '계몽'에 기댄 바가 적지 않으며,[192] 무엇보다도 최서해의 소설들이 존재하기 때문이다. 최서해의「탈출기」등이 기록서사에서 출발한 작품임은 앞에서 이미 언급했다. 그런데「탈출기」는 기록서사와 관련을 갖고 있을 뿐만 아니라, 현진건의 소설과도 밀접한 관련이 있다. 즉 양자의 매개 가능성을 작품 자체가 증명하는 것이다. 주지하다시피「탈출기」의 문학적 성취는 곧바로 계몽담론으로 환치될 수 있는 성질의 것이 아니다. 계몽에서 출발한 기록서사의 전통에 잇대어져 있지만 질적으로 전혀 새로운 작품인 것이다. 주목할 점은 이「탈출기」가 획득한 '리얼리티'의 핵심에 생활의 발견 즉, '일상성'이 자리한다는 사실

191) 가자봉인(박달성),「離鄕의 淚」,『개벽』7호, 1921.1.1, 178면 참조.
192) 물론 이때의 '계몽'의 내용은 기록서사의 '계몽'과 차이가 있다.

이다.

실제로 「탈출기」의 체험 내용은 온통 가난한 일상으로 가득 차 있다. 먹고살기 위해 간도에 간 '나'는 셋방에 기거하며 '온돌장' 노릇을 하고, 그의 어머니와 아내는 삯방아를 찧고 강가에 가서 나뭇가지를 줍는다. 대구어(大口魚)장사를 해서 콩을 모으고 두부장사를 시작하지만, 진종일 맷돌질을 한 보람도 없이 두부는 쉬기 일쑤이다. 젖이 말라버린 아내는 우는 아이를 돌볼 틈도 없이 낫을 들고 '나무 도적질'에 따라 나선다. 특히 굶주림에 지친 아내가 귤껍질을 몰래 감추어 먹는 장면은 그야말로 압권이다.

> 한번은 이틀이나 굶고 일자리를 찾다가 들어가 보니 부엌 앞에서 아내가(아내는 이때에 아이를 배어서 배가 남산만하였다) 무엇을 먹다가 깜짝 놀란다. 그리고 손에 쥐었던 것을 얼른 아궁이에 집어넣는다. 이때 불쾌한 감정이 내 가슴에 떠올랐다. "…… 무얼 먹을까? 어디서 무엇을 얻었을까? 무엇이길래 어머니와 나 몰래 먹누? 예편네란 그런 것이구나! 아니 그러나 설마……. 그래도 무엇을 먹던데 ……." (…중략…) 아내는 아무런 말없이 어색하게 머리를 숙이고 앉아 씩씩 하다가 밖으로 나간다. 그 얼굴은 좀 붉었다. 아내가 나간 뒤 나는 아내가 먹다 던진 것을 찾으려고 아궁지를 뒤지었다. 싸늘하게 식은 재를 막대기에 뒤져내니 벌건 것이 눈에 띄었다. 나는 그것을 집었다. 그것은 귤 껍질(橘皮)이다. 거기는 베먹은 잇자국이 났다. 귤 껍질을 쥔 나의 손은 떨리고 잇자국을 보는 내 눈에는 눈물이 괴었다.[193]

「빈처」가 주목한 것이 가난한 지식인의 일상이라면, 「탈출기」가 주목한 것은 간도로 이주한 이땅의 민중이 겪어야 할 가난한 삶이었다. 그뿐만이 아니다. 현진건이 사용한 '가정'이라는 문학형식은 「탈출기」에서 다시 한번 그 위력을 보여주었다. 「빈처」에서와 마찬가지로 「탈출기」에서

193) 최학송, 「탈출기」, 『조선문단』 6호, 1925.3.1, 27~28면; 김성수 편, 『카프대표소설선』 1, 사계절, 1988, 95~96면 재인용.

도 '가정'은 '일상성' 획득의 기본 형식이자, 주인공이 개인을 넘어 사회와 민족으로 인식적 지평을 넓혀간 출발점이다. 결국 최서해가 획득한 '리얼리티'는 체험이라는 방식, '가정'이란 문학 형식, 가난한 일상 등 모든 점에서 현진건의 그것과 똑 닮아 있는 것이다.

이를 종합하면, 『개벽』의 기록서사물과 현진건의 초기소설, 아울러 「탈출기」 등 최서해의 초기작들은 '리얼리티'의 측면에서 떼려야 뗄 수 없는 관계에 있다고 할 수 있다. 아울러 그 공통점으로 '체험'의 사실적 기록이라는 측면을 갖고 있다는 것은 우리 문학사에서 '리얼리티'가 많은 경우 '실사(實事)의 기술(記述)'로 파악되는 연유를 추측하게 한다. 우리 문학의 '리얼리티'가 애초 그 지점에 깊은 뿌리를 두고 발원했던 것이다. 그런데 현진건의 '리얼리티'가 『개벽』의 기록서사 나아가 최서해의 문학과 깊은 연관이 있다는 사실은 양식사적으로 무척 중요한 의미가 있다. 이는 현진건이 획득한 '리얼리티'의 양식적 근원이 소설적 전통에 있지 않음을 의미하기 때문이다. 삼자의 양식적 공통분모를 '체험의 기술'로 본다면, 1920년대 초반 우리 소설은 기실 이와 거리가 너무 멀다.

따라서 리얼리티의 양식적 기원을 밝히는 작업은 '체험의 기술'에 가장 가까운 양식을 찾는 일에서 비롯될 필요가 있다. 필자는 체험의 기술에 본원적으로 가까운 양식으로 수필을 꼽는다. 우선 기록서사 자체가 '수필'과 결코 무관할 수가 없다. 기록서사란 '화자'가 보고 듣고 느낀 점을 사실대로 적는 방식에 기인한 것으로, 출발 자체가 수필적 특성을 담지하고 있다. 사실과 허구, 사실과 문학이 만나는 지점이 기록서사의 출발이듯, 문학에서는 수필이 사실과 허구, 문학과 실사의 경계에 존재하는 양식인 것이다. 그러고보면 『개벽』의 기록서사 중 가장 많은 비중을 차지하는 것이 '수필형' 기록서사이다.

최서해의 「탈출기」도 원본이 '감상문'이었으니, 이는 체험을 위주로 감상이 뒤섞인 '수필'로 보아도 무리가 없을 듯하다. 현진건이 일본의 '사소설 전통'과 밀접한 연관이 있었다는 점도 무시할 수 없다. 사소설이란 개인 체험의 기록으로 범박하게 말해 수필형식의 소설인데, 앞서 보았듯이 현진건의 「빈처」 등은 작가의 체험적 요소로 가득 차 있었던 것이다. 따라서 이런 질문이 가능해진다. 1920년대 우리 소설은 왜 리얼리티의 획득에 '수필양식'의 힘을 빌려야 했는가. 이는 수필의 장르적 특성과 1920년대 우리 문학에서 수필이 차지한 위상과 기능에 대한 고찰을 요구한다.

(2) 『개벽』 소재 수필의 기능과 의미

『개벽』에는 수필이 165회 게재에 153편(번역 1편) 실려 있는데 이는 소설이 160회 게재에 115편(번역 21편) 실린 상황과 비교했을 때 놀라운 숫자다. 시(183회, 총 552편) 다음으로 많은 작품이 실려 있는 것이다. 더구나 153편은 수필형 기록서사 이외의 기록서사물들, 즉 보고형 기록서사나 대화체 기록서사를 제외한 숫자다.[194] 이것들을 수필에 포함시킨다면 그 숫자는 200편을 상회하게 된다.[195] 작품 자체가 많아서 일별하기는 곤란하지만 개괄적으로 볼 때, 기행·감상·편지·체험담·일화 등이다. 글의 내용은 주로 구체적 상황묘사와 솔직한 감정의 토로인데, 특히 체험과 일화가 두드러지게 많다.

그런데 수필 중에 '체험과 일화' 등 사건을 다룬 것이 절대적 다수를 차지한다는 사실은 주목할 필요가 있다. 이는 『개벽』 내에서 수필이 맡은 역

194) 보고형 기록서사·대화형 기록서사는 사실 수필에 가깝지만 엄밀함을 기하기 위해 대부분 '잡문'으로 처리했다. 편지글이나 기행문의 경우도 그 내용이 보고문에 가깝다고 판단되면 모두 '잡문'으로 처리했다. 따라서 153편에 속한 것들은 개인의 '감상'을 적은 경우, 일화나 사건이 삽입되지만 그에 걸맞은 느낌이나 감상이 적절히 배치된 경우 등, 누가 봐도 수필로 볼 수 있는 경우로 한정했다.

195) 수필은 그 '개방성과 불확정성'으로 인해 그 대상적 범위가 한없이 넓어질 수 있다. 일기·편지·기행 등은 물론이고 기록이나 보고문·논평·비평까지도 아우를 수 있는 것이다. 김현주, 「한국근대수필 형성과정연구」, 『한국문학평론』, 1999년 가을호, 209~210면 참조. 즉 조동일이 말한 교술영역 전반을 넘나드는 것이다. 따라서 서사적 성격이 분명한 『개벽』의 나머지 기록서사물들도 넓은 의미의 수필로 볼 수 있다. 다만 본고에서는 논의의 편의를 위해 대상을 제한했다.

할 및 기능과 밀접한 연관이 있고, 아울러 수필과 서사장르와의 상관관계를 해명하는 단서도 된다. 필자는 편의상 사건 중심의 수필을 '서사적 수필'로,[196] 개인적 감상이나 의견 위주의 수필을 '서정적 수필'로 분류하여 논의를 전개하겠다. 가령 'ㅅㅎ생'의 「경성 P형에게」(1호)·'강아지'의 「탐낭으로부터」(2호)·「나의 귀와 불평의 소리」(5호)·김기전의 「피(彼)의 '공하신년(恭賀新年)'」(19호) 등이 전자의 경우라면, 방정환의 「추창수필」(4호)·「달밤에 고국을 그리우며」(7호)·'강아지'의 「미인아」(3호)와 현철의 「어쩌면 죄악에서 벗어날까」(20호) 등은 후자를 대표하는 것들이다.

양자의 서술 방식상의 차이는 간단한 비교로도 쉽게 확인이 가능하다.

> 이제 이 주머니에서 어더내인 멧가지 사실을 널리 이 주머니 업는 이에게 소개하려 한다. (…중략—인용자) 여보시오 나는 또 이런 일을 보앗습니다. 엇지 우습던지오. 하로는 夜市구경을 가섯습니다. 빠고다 공원압흘 지나로라닛가 엇던 청년 하나히 '넥타이'를 훨훨 날리면서 엇던 상투쟁이 한 분과 가티가며 비위조케 공개토설을 하는데 과연 요절을 하겟지오. 나는 입을 움켜쥐고 살금살금 쌀아 가면서 말이 나오는 대로 探囊에 집어너엇습니다. 그말이 즉 이럿습니다. 하이칼라의 말이엇다.
> "여보게 오늘은 자네가 한턱하게"
> "……"
> "나는 어제 저녁 구십원이나 썻네"
> "……"
> "애 그런데 ○○(妓名)이가 너 한번 보자더라."[197]

> 미인? 아! 미인아 너는 엇지면 그리 미의 전체를 독차지 하얏늬? 나는 너를 보기만하야도 오금이 폭 녹는구나 아—미인아 너는 절대가인이라지? (중략—인용자) 너의 손을 잡아보니 짜근짜근하고도 매끈매끈하야 우리집 두살먹이 진실

196) '서사적 수필'은 기실 '수필형 기록서사'의 다른 이름이다. 여기서는 '서정적 수필'과의 차별성을 드러내기 위해서 '서사적 수필'이란 용어를 사용했다.
197) 강아지(强我之), 「탐낭으로부터」, 『개벽』 2호, 1920.7.25, 37~39면.

의 손목보다도 더 정답구나! (…중략–인용자) 웬심인지 역증이 생기며 구역이 난다. (…중략…) 너의 가슴을 보니 毒刃이 잇구나 사람 잡아먹는 갈구리가 잇구나. (…중략–인용자) 너의 얼굴도 하루만 분을 안이 바르면 黑夜叉가 되리라 너으 입도 하루만 양치 안이하면 구린내가 나리라.[198]

인용문은 모두 한 작가의 것인데, 첫째 작품은 화자가 체험한 사건을 '탐낭'에 저장했다 들려주는 형식을 취했고, 둘째 작품은 속세의 '미인'에 대해 화자가 생각하는 바를 독백 형식으로 서술했다. 전자가 독자들의 눈앞에 '사건'을 펼쳐보이는 형식이라면, 후자는 자신의 의견이나 느낌을 일방적으로 서술하는 형태를 취하고 있다. 중요한 것은 이런 서술방식상의 차이가 둘 사이에 '실감'의 차이를 불러오고 있다는 점이다.

전자의 서술방식은 독자들에게 마치 보고나 르포와 같은 현장감을 주는 반면, 후자는 화자의 의견을 일방적으로 듣는 방식이라 상대적으로 추상적이라는 느낌을 준다. 이는 「나의 귀와 불평의 소리」(5호)와 「추창수필」(4호)을 대조해보면 더욱 분명히 드러난다. 전자가 화자가 체험한 '열한개의 일화'를 소개하는 데 초점이 맞추어진 형식이라면, 「추창수필」은 가을을 맞는 화자의 감회를 감상적으로 소개하는 데 초점을 두고 있다. 즉 전자가 '객관현실'의 재현에 관심이 높다면, 후자는 주관적 감회의 재현에 무게를 두고 있다.

내용적으로 양자의 차이는 더욱 확연하다. 전자는 여타의 서사적 수필들과 마찬가지로 계몽적 의도가 선명한 데 반해, 「추창수필」은 이와 거리가 멀다. 즉 서사적 수필들이 '객관현실'의 재현에 주목한 이유가 '계몽'이라면 서정적 수필들은 작품에 따라 편차가 심하다. 가령 같은 서정적 수필이라도 「미인아」는 미인을 판단하는 세간의 관점을 비판하는 계몽적 관점의 글이라면, 「추창수필」이나 「달밤에 고국을 그리우며」 등은 말 그대로 개인의 감상적 내면을 자유롭게 옮긴 글이라고 할 수 있다.

198) 강아지, 「미인아」, 『개벽』 3호, 1920.8.25, 117~118면.

그런데 계몽적 의도로 객관적 사실에 주목한 형식인 서사적 수필이 『개벽』 수필의 대다수를 차지한다는 사실은 『개벽』 내에서 수필이 '논설'과 무관할 수 없음을 방증한다. 보고문을 비롯한 기타 잡문들이 구체적 일화나 통계를 통해 『개벽』 논설의 '현실감'을 보완했듯이, 수필도 논설의 추상성을 보완하는 역할을 하고 있는 셈이다. 물론 보고문과 서사적 수필 중에서 어느 것이 논설의 추상성을 극복하는 데 더 효과적이었는지는 자명하다. 서사적 수필이 객관성을 띤다고는 하나 통계숫자나 사진 혹은 도표 등으로 객관성을 뒷받침하는 보고문을 따라잡기는 어렵다. 『개벽』에 548개의 잡문이 실려 있고, 그 중 상당수가 보고문인 것은 이와 관련이 깊다.

하지만 문학적 관점에서 수필을 바라보게 되면 양상이 달라진다. 기록서사에서 보았듯이 '수필'은 계몽문학의 마르지 않는 원천이다. 더욱이 '서사적 수필'은 자체적으로 서사양식으로 전환될 가능성을 담지한 양식이다. 그리고 이 경우, 서사적 수필이 보여준 '현실재현'의 형식들은 곧바로 문학적 '리얼리티'의 토대로 전환되는 것이다. 물론 '현실재현능력'을 수필만의 고유한 특성으로 볼 수는 없다. 소설이나 희곡도 '경험'이나 '체험'의 방식으로 탁월한 '현실재현'의 효과를 볼 수 있기 때문이며, 그럴 경우 수필의 리얼리티는 소설이나 희곡이 성취한 리얼리티에 견주어지기 어렵다. 리얼리즘 희곡, 소설이 획득한 실감을 수필이 쫓아갈 수 있다고는 아무도 생각지 않을 것이기 때문이다. 문제는 문학사의 특정한 시기에 특정한 이유에서 '객관현실의 재현'이 문학적으로 자연스럽지 못한 과정으로 인식되거나, 혹은 암묵적으로 문학의 장(場) 밖으로 밀어내기를 당할 때다.

1920년대 초반 우리 문학이 바로 그런 형국이었다. 일단 1910년대를 전후해 도입된 서구의 문학관, 특히 소설관은 '객관현실의 재현'과 거리가 있었다. 이광수의 「문학이란 하오」는 대표적인 예다.

> 소설이라 함은 인생의 일방면을 正하게, 精하게 묘사하여 독자의 眼前에 작가의 想像내에 在한 세계를 여실하게, 역력하게, 전개하여 독자로 하여금 其 세계

내에 在하여 實見하는 듯하는 감을 起케 하는 자를 謂함이니, 논문은 작자의 상상내의 세계를 작자의 논으로 번역하여 간접으로 독자에게 전하는 것이로되, 소설은 작자의 상상내의 세계를 충실하게 寫眞하여 독자로 하여금 직접으로 其 세계를 대하게 하는 것이다.[199)]

그에 따르면 소설은 '작가의 상상력에 의해 만들어진 세계를 실견(實見)토록 하는' 것이다. 따라서 독자들의 눈앞에서 전개되는 것은 객관현실이 아니라 작자가 상상한 세계, 즉 허구의 세계인 셈이다. 이처럼 소설이 '허구의 세계'로 정의되는 현상은 그가 'Literatur 혹은 literature'라는 서구적 어의로 문학의 개념을 정리한 필연적 결과다. 'literature'의 핵심에 작용하고 있는 것이 '상상력' 내지 '허구성'이기 때문이다.[200)] 그리고 이런 허구 중심의 소설관은 동인지시대를 거치면서 확고부동한 것으로 자리를 굳혀 간다. 예술(문학)을 '자기가 창조한 세계'로 정의하는 김동인의 논지는 이 점을 확실히 보여준다.

예술이란 무어시냐 (…중략…) 그 중 정당한 대답은, '사람이 자기 기름자의게 생명을 부어너어서 활동케하는 세계－다시 말하자면 사람 자기가 지어노흔 사랑의 세계, 그것을 니름이라'하는 것이다. (…중략…) 예술이란 자아적 사랑이 나은 '자기를 위하여 자기가 창조한 자기의 세계'라는 정의를 세워노코－즉, 예술가란 '한개의 세상－혹은 인생이라 하여도 됴타－을 창조하여 가지고 종횡자유로 자기 손바닥 우에서 놀릴안한 능력이 잇는 인물'이라는 정의를 세워노코 떠스터예프스키－와 톨스토이를 비교하면 (…중략…) 그는 범을 그리노라고 개를 그린 화공과 한가지로 참인생과는 다른 인생을 창조하엿다. 그러고도 그는 그 인생에 만족하엿다. 그러고 그 인생을 자유자재로 인형을 놀리는 사람이 인형놀리듯 자기 손바닥 우에 올려노코 놀렷다. 썩구러도 세워보고, 바로도 세워보고, 웃겨도 보고, 울리워도 보고 자기 마음대로 그 인생을 조종하엿다. 톨스

199) 이광수, 「문학이란 하오」, 『매일신보』, 1916.11.10~23; 『이광수전집』 1, 삼중당, 1971, 551~552면 재인용.
200) 사전에서 'literature'는 정서, 사상을 상상(想像)의 힘을 빌려 언어 또는 문자로 표현한 예술작품을 의미한다.

토이의 위대한 점은 여긔잇다. 그의 창조한 인생은 가짜던 진짜던 그것은 상관 업다. 예술에서는 이런 것의 구별을 허락지 안는다.[201)]

주목할 점은 양자가 공통 기반을 갖고 있지만 차이점 또한 분명히 한다는 점이다. 예술을 '창조성'의 산물로 바라보는 김동인의 관점은 춘원이 언급한 '상상력'의 연장 내지 강화로 보아도 무방하다. 하지만 그 '창조성'을 "애고이즘—즉, 자아주의"[202)]와 연결짓고, 자아주의의 산물인 예술에 '가짜 진짜의 여부는 상관없다'고 주장한 것은 춘원이 언급한 '상상력'의 범주를 크게 벗어난다. 춘원이 "문학의 요의는 인생을 여실하게 묘사함"[203)]이라는 전제 위에서 '상상력'을 언급했다면 김동인의 '창조성'은 이런 전제가 없다. 그러고보면 춘원의 문학관이 허구 중심의 것이긴 하지만 이것이 '객관현실'이 소설세계 내로 편입되는 것을 근본적으로 차단한 것은 아니었다. 춘원의 문학적 궤적이 증명하듯 많은 경우 경험세계의 실사들이 그의 소설 속에 등장했으며, 현상윤·양건식 등의 동시대의 단편작가들은 서구 중심적 소설관의 자장 속에서도 훌륭히 당대 객관현실을 소설의 장으로 끌어왔기 때문이다.

반면 동인지 작가들의 시나 소설은 객관세계의 재현과는 거리가 멀었다. 자아주의에 기초한 '내면의 확대'는 소설 내에서의 객관세계의 입지를 극단적으로 좁혔던 것이다. 따라서 동인지 소설에 나타나는 '내면의 확대' 즉 '객관세계의 입지 축소'를 서구 중심의 소설관만으로 해명하는 것은 무리가 있다. 소설의 허구성이 극단적으로 강조되고, 이것이 내면의 확대와 객관세계의 배제로 이어지게 만든 매개고리가 필요한 것이다.

필자는 이것을 현실에 대한 '부정의식'으로 본다. 형성기 문단의 중심이었던 동인지 작가들의 정신세계는 한마디로 '부정의식'으로 정의할 수

---

201) 김동인, 「자기의 창조한 세계」, 『창조』 7호, 1920.7.25, 49~52면.
202) 위의 글, 49면 참조.
203) 이광수, 「문학이란 하오」, 『이광수전집』 1, 삼중당, 1971, 549면 재인용.

있으니, 이것은 현실에 대한 정치적 혹은 생활적 관심을 밀어내었다. 문학은 부정적 현실에 적대적이었으며, 구체적 현실을 환기하는 것들은 '상징'으로 처리되었다. 아울러 서구로부터 도입된 문학의 개념, 즉 「문학이란 하오」에서 출발하여 「자기의 창조한 세계」에 이르는 허구 중심의 문학관 내지 소설관은 작가들의 '부정의식'과 맞물리면서 공고해졌다. 허구와 비허구의 느슨한 삼투적 경계는 작가들의 부정적 현실관이 개입되면서, 허구와 반허구의 벽으로 바뀌고 있었던 것이다.

그 결과 '경험' 내지 '체험'이라는 형식, 즉 객관세계를 문학의 장으로 이끌 수 있는 형식이 암묵적으로 거부되었다. 시나 소설은 물론이고 희곡에서도 '경험'과 '체험'은 언급되기가 쉽지 않았다. 다시 말해서 1920년대 초반 '객관현실의 재현'은 문학적으로 자연스럽지 못한 과정으로 인식되거나, 혹은 암묵적으로 문학의 장 밖으로 밀어내기를 당했던 셈이다.

이때 힘을 발휘한 것이 수필이다. 실제로 1920년대 초반 수필은 유일하게 '체험'의 형식을 통해 객관세계를 문학에 실어올 수 있는 양식으로 남았다. 특히 기행문이나 일화담 같은 사건 중심의 수필들은 '서정수필'보다 그 가능성이 훨씬 높았다.[204] 이런 가능성은 수필 자체의 장르적 특성 내지 장르적 개방성에서 비롯된 것이다. 수필은 허구이자 비허구이며, 문학이면서 가장 비문학적인 장르이기 때문이다. 즉 시나 소설이 객관세계의 '실사(實事)'를 비껴갈 수 있는 반면, 수필은 '객관세계'의 재현을 장르규정 속에 포함하고 있음으로 인해 '실사'를 비껴갈 수 없는 것이다.

하지만 수필이 서사양식의 '리얼리티' 제고에 힘을 발휘할 수 있었던 결정적 이유는 다른 곳에 있었다. 무엇보다도 동인지 작가들 자체가 서구에서 도입된 시·소설·희곡·수필(평론)이라는 문학의 4·5분법적 구도

204) 김예림은 "기행서사의 가장 중요한 점은 주체가 자기를 형성하기 위한 시발점이자 조건으로서 항상 외부의 세계를 참조하고 있다"고 하여 기행형식이 소설적 형상화의 구체성을 높이는 계기가 될 수 있음을 지적한 바 있다. 김예림, 「1920년대 초반 문학의 상황과 의미」, 『1920년대 동인지문학과 근대성연구』, 『상허학보』 2, 깊은샘, 2000, 198~209면 참조.

를 그대로 인정했다는 데 있다. 즉 대놓고 '수필'은 문학이 아니라고 할 수는 없었다는 것이다. 허구와 반허구의 구도로 객관세계가 문학의 장에 들어서는 것을 막았던 『창조』·『폐허』·『백조』 등에 수필이 게재될 수 있었던 데에는 이런 사정이 있었던 것이다. 그런데 이것은 『개벽』의 문학, 특히 수필형 기록서사나 현진건의 소설 나아가 최서해의 소설과 관련하여 적잖이 중요한 의미를 가지고 있다.

만약 1920년대 초반 우리 문단에서 '수필'이 문학의 장으로부터 완벽하게 제거되었다면, 그래서 당대 문학권의 주류였던 동인지들에 수필이 게재될 수 없었다면, 『개벽』에 그토록 많은 수필들이 실리기는 어려웠을 것이다. 현진건 또한 '체험의 기록'이란 방식을 쉽게 결정하지는 못했으리라 짐작된다. 일단 누가 뭐라든 수필이 문학으로 인정되었다는 것, 이것이 1920년대 초반 현진건 등이 획득한 '일상성' 나아가 '리얼리티'의 중대한 전제조건이 되었다고 할 수 있다.

하지만 이것이 '수필'이 시나 소설만큼의 대접을 받았다는 것은 결코 아니다. 뒤에 보겠지만 『창조』 등의 동인지에서 수필은 누구나 쓸 수 있는 문학 이전의 존재로 취급되었다. 『개벽』의 경우도 문학적 측면에서 볼 때에는 동인지들과 별다른 점이 없었다. 수필의 상당수가 소설 등과 나란히 게재되지 못하고 보고문이나 잡문들과 뒤섞여 있었던 것이다. 다만 『개벽』은 수필을 다른 측면에서 주목했던 것 같다. 앞서 말했듯이 『개벽』에서 수필의 역할은 계몽담론의 현실감을 보강하는 것이었으니, 수필은 체험을 통한 '객관현실의 재현'이라는 차원에서 의식적으로 강조되고 추구되었다고 할 수 있다. 그리고 이 '목적의식성'은 『개벽』의 수필이 동인지 수필과 구별되는 지점이었다.[205)]

---

205) 이런 점에서 필자는 '동인지 소설의 비형상적 상태가 기행이라는 형식틀을 통해 내적으로 극복되었다'는 김예림의 의견(김예림, 「1920년대 초반 문학의 상황과 의미」, 『1920년대 동인지문학과 근대성연구』, 깊은샘, 2000, 198~209면 참조)에 동의하기 어렵다. 「만세전」이 구체적인 형상을 보강한 점은 '여행이라는 행위틀' 자체로 설명될 수 없으며, 오히려 작가로 하여금 그런 형식틀을 의식적으로 가져오게 한 원인에 방점이 놓여야 하기 때문이

(3) 동인지 수필의 위상과 역할

『창조』·『폐허』·『백조』로 대표되는 동인지문학의 본령은 시와 소설이었다. 이는 자유시와 단편소설에 집중된 그간의 연구사가 방증한다. 동인지 작가들의 관심이 집중된 것도 시와 소설이었다. 비평이 몇몇 논쟁사건을 계기로 새롭게 주목되었을 뿐, 희곡이나 미술론(예술론) 그리고 수필 등은 엄밀히 말해 문학의 주변장르로 존재했다. 특히 수필은 게재횟수에 있어 평론 다음으로 많은 비중을 차지했지만, 작가들에게 그에 걸맞은 대접을 받지 못했다.

〈표 17〉『창조』·『폐허』(『폐허이후』)·『백조』의 부문별 기사게재 현황[206]

구 분	시	소설	희곡	수필	평론	미술론	논설	잡문	편집후기	누 계
『창조』	36	26	4	14	19	2	1	1	9	112회
『폐허』	18	5	1	4	7	1	4	4	3	47회
『백조』	23	12	3	9	2	·	·	3	3	55회
누 계	77	43	8	27	28	3	5	8	15	214회

현실에 대한 강한 '부정의식'에 기초한 '내면의 확장'과 '객관현실의 축소'라는 문학 경향 속에서 수필의 '현실 환기력'은 수필의 위상에 오히려 악영향을 끼쳤던 것이다. 즉 '현실 재현력'은 동인들이 수필을 문학 이전의 존재로 인식하게 되는 직접적인 원인이 되었다.

동인지 작가들이 '수필'을 얼마나 하찮게 여겼는지는 '김환'의 일화를 통해 잘 드러난다. 백악(白岳) 김환은[207] 김동인의 회고에서 보듯이 『창조』의 창간멤버이자 핵심멤버였다. 그런 그가 『창조』에 단 한편의 소설만을 남긴 이유는 김동인 등의 압박 때문이었으니, 그의 소설적 재능이

다. 동인지 소설 내적 전통 속에서 그 강제력을 찾기는 어렵고, 동인지 수필의 형식들이 그런 의식적 강제의 원인일 수는 더더욱 없는 것이다. 동인지에서 수필은 거칠게 말해 무시되는 장르였던 것이다.

206) 표의 숫자는 작품 수가 아니라 기사의 게재횟수다. 창간사·동화·그림 등은 잡문에 포함시켰다.

207) 『학지광』의 편집위원이기도 했던 그는 백악 외에 '흰뫼'라는 필명을 사용했다.

『창조』의 지면을 차지할 정도가 못 된다는 것이 주된 이유였다. 특히 김환이 쓴 「자연의 자각」이 염상섭과 김동인의 논쟁을 유발하며 문제를 일으키자 이런 압박은 더욱 심해졌다.

> 후일에 알은 바이지만 김환군은 문예에 대한 재능은 그다지 볼 것이 없어서 余等은 늘 김군에게 미술평론이나 쓰라고 충고 내지 강권을 하였지만 그 대신 열성과 활동성이 풍부한 사람이였다. (…중략—인용자) 여와 염상섭군과의 새에 지상논전이 있었다. 그갓지 않은 문제였다. 우에도 말하였거니와 김환군이 신통치 못한 창작을 연방 실으므로 여는 제군에게 창작은 그만두고 논설이나 쓰라고 강권하고 그의 창작소설원고(인쇄는 동경서 하였으나 편집은 평양서 하였다)를 반송한 일이 있었다.[208]

> 그때 백악이 『현대』지에 '자연의 자각'이라는 소설을 썼다. 여의 기억에도 아직 남아 있는 그 소설은 빈약의 극이었다. 백악의 빈약한 소설이 『창조』에 게재되는 것이 역(逆)하여 여는 늘봄을 독(督)하여 주의시키고 있었다. 그런지라 백악은 자기가 쓴 소설을 자기네의 기관지 『창조』에 발표치 못하고 『현대』로 보낸 것이엇다.[209]

그런데 우리가 주목할 것은 김동인 등이 김환에게 소설 '창작은 그만두고' '논설'이나 '미술평론'을 쓰라고 했다는 대목이다. 김동인은 소설은 문학적 전문재능이 필요한 것으로 보는 반면 '논설(문학론)'이나 '미술평론'은 그런 재능이 부족한 사람도 쓸 수 있는 것으로 본 것이다. 김동인의 입을 통해 '수필'이 직접 언급되지는 않지만, 그 위상이 '미술평론' 등과 동격이었음은 분명하다.

실제로 김환은 『창조』에 7편의 글을 게재하는데, 그 중 1편이 「미술론」(2회)이고, 2편이 희곡이며, 가장 많은 것이 수필(3편)이다. 특히 「나의

208) 김동인, 「조선문학의 여명 「창조」 회고」, 『조광』 32호, 1938.6, 44, 47면 참조.
209) 김동인, 「문단회고」, 『매일신보』, 1931.8.23~9.2; 강진호 편, 『한국문단이면사』, 깊은샘, 1999, 18면 재인용.

묵은 일기에서」(9호)가 「자연의 자각」 사건 이후에 실렸다는 것은 수필이 김동인 등의 안중에 없었다는 사실을 방증한다.

문제는 그런 수필이 동인지문학의 전체상을 파악하는 데 없어서는 안 될 귀중한 자료라는 점이다. 특히 동인들이 처한 객관적 현실이나 심리적 상황을 파악하는 데에는 수필을 따라 올 만한 것이 없어 보인다.[210] 즉 주변장르였던 수필이 중심장르인 시·소설을 분석하는 데 적지 않은 기여를 할 수 있다는 것이다. 수필이 이런 역할을 할 수 있는 까닭은 분명하다. 동인지 수필이 동인들의 객관현실과 내면에 대한 사실적인 기록이기 때문이다. 특히 동인지 수필은 '객관현실의 재현'이란 측면에서 뚜렷한 족적을 남긴다.

> 懷中에 時在를 보닛가 明朝까지 체재하면 그것으로 식가나 되고 연락선과 경부선에서 쓸 용처가 부족된다. 思案한 끗헤 M여학원을 방문하야 P(T의 오자—인용자)와 S 두 여학생을 차자보고 사정을 하면 이삼원 변통되리라 하고 (중략—인용자) 내가 오날 차자온 것은 보이려고도 왓지오만 昨夜에 하차해 가지고 이일간을 선편을 기다리노라고 여관에 체재하게 되엿는대 경성까지 용처가 좀 부족하겟기로 이삼원 차용하려 왓노라 하니 T씨는 일원 S씨는 이원을 내여서 소원대로 삼원을 준다.[211]

인용문은 이일의 「흑연일총」의 일부로, 선편이 늦어져 여비부족을 겪다가 친분이 있는 여학생들에게 돈을 빌렸다는 내용인데, 동인들의 경제적 상태에 대한 막연한 추론을 넘어서는 느낌을 주는 바가 있다. 더구나 그들이 여비문제로 병든 동료를 남겨두고 귀국하기도 했다는 사실은 그런 막연한 추론을 구체적 '실감'으로 이끈다.

---

210) 필자는 동인지문학의 물질적·심리적 토대를 분석한 적이 있는데, 이때 가장 중요한 기재가 되었던 것이 동인지에 실린 기행문, 일기 등의 수필이었다. 최수일, 「1920년대 동인지문학의 심리적 기초」, 『대동문화연구』 36, 성균관대 대동문화연구원, 2000.

211) 이일, 「黑煙一叢」, 『창조』 7호, 1920.7.25, 44~45면 참조.

비가 머즌 뒤에 녀관으로 도라오니 H군은 자리에 누어서 돈 때문에 그러는지? 아주 근심ᄒᆞ는 빗치 나타나 보인다. (…중략-인용자) 낫 모르는 생소한 곳에서 H군은 병드러 누어잇고 노비는 부족ᄒᆞ구해서 근심이 없지는 안엿다. (…중략-인용자) '이전 별수가 없고 하로 이틀 더 묵게 되면 비용만 느러갈 터이니 차표는 잇슨 즉 두 사람의게 잇는 돈을 모와 가지고 누구나 몬져 귀국해야 되겟다' '그러면 누가 몬져 가느냐?' '불가불 군이 몬져 가야 되겟다'는 것이 H군의 주장이다.[212)]

경제적 상황만이 아니다. 시나 소설에서는 좀처럼 읽어내기 어려운 '정치적 상황'까지도 읽어낼 수가 있다. 김동인이 만세사건으로 감옥에 다녀왔고, 주요한이 일본당국자의 충고를 무시하고 상해로 떠났으며, 그로 인해 『창조』 동인들에 대한 감시가 한층 강화되었다는 것 등은 동인들이 처한 '정치적 상황'이라고 할 수 있는데, 이는 모두 수필을 통해 얻어진 문맥들이다. 가령 주요한의 「장강 어구에서」가 대표적인 예다.

벌셔 上海 온 지가 八個月이 됩니다. 일본정부 당국자의게 가지안는 것이 죠켓다고 밧은 忠告를 뿌르치고 五月初에 長江의 불근 물을 처음으로 구경하엿습니다. 上海온 動機나 理由의 說明은 여긔말하기를 避코져 합니다만은 지나간 八朔 동안을 도라보면 學生生活과는 判異한 一種의 衝動的 生活이 눈에 보입니다. (…중략-인용자) 쓸데없는 일노 發賣禁止나 당하면 여러분의 미안하닛가……[213)]

『창조』 동인들이 독립운동가나 사회주의사상가들처럼 항상 형사를 달고 다녔다는 사실을 증명하는 것도 수필들이다. 김환의 「동도의 길」(『창조』 3호)에서 처음 등장한 '형사(刑事)'는 뒤로 갈수록 자주 더 구체적으로 언급되는데, 동인들이 형사의 존재를 노골적으로 밝힐 정도로 그들의 미행과 감시는 끈질겼고 또한 밀착되어 있었음을 알 수 있다.

212) 김환, 「나의 묵은 일기에서」, 『창조』 9호, 1921.5.30, 49~50면.
213) 주요한, 「長江 어구에서」, 『창조』 4호, 1920.2.23, 59면.

十三日 午前 七時에 우리 一行은 무사이 東京驛에 나렷다. 프라트홈에 의례이 나오리라고 생각하엿든 A學院 R군은 나오지 안코 꿈에도 보기실흔 P가 나와서 기다릴 뿐이다.[214]

今日은 하나 特筆할 事件이 생겻다. 아츰에 ○○에서 ○○三人이 와서 今番 東京行 目的을 分明히 告하라는 命令이다. 다시 말하기도 맘이 압흔것을 十五六分間 當當하게 說明을 햇다. (…중략-인용자) 올치 一分差違도 업시 東京驛에 P가 붓더니 지금 여기는 세번채 갈닌 者가 엽헤 안져서 졸고 잇다. (…중략…) P는 네번재 갈니엇는대 同席이다. (…중략…) 汽車는 大阪에 머므르고 P는 자는 同안에 몃번이나 갈니엿는지 알 수 업고 어대 안젓는지도 모르겟다. (…중략…) 그 중 눅은 旅館을 刑事에게 付託해서 投宿하니 (…중략…) 停車場으로 向하야 가노라니 어대서 한 사람이 나오며 右便에 슬적 달닌다.[215]

첫 번째 인용문만 보아서는 '꿈에도 보기실흔 P'가 누구를 의미하는지 분명하지 않다. 하지만 두 번째 인용문을 보면 그 P가 'Police'의 이니셜로 '형사'를 지칭하며, 그들이 여행 중에 계속해서 교체되는 상황을 읽을 수 있다. 흥미로운 것은 형사들이 자신의 신분을 감추려고 하지 않으며, 동인들은 그들에게 필요한 경우 도움을 받기도 한다는 사실이다. 김환의 일기에 따르면 심지어 기생촌(사창가)까지 안내를 받는다. 하지만 그렇다고 감시가 소홀해지지는 않았다. 형사의 감시는 일본에서만이 아니라 국내에 돌아와서도 계속되었던 것이다.

나는 H君을 데리고 나를 마즈려 나온 P(꿈에도 보기실은 P)의 案內로 (중략-인용자) 朝飯을 먹고 나니 P는 박귀여서 새 P가 붓는다. 初行이여서 길이 서투르니 엇지ᄒᆞ느냐고 H君과 의논ᄒᆞᆫ 結果 P의 案內를 밧기로 ᄒᆞ엿다. (…중략…) 밤에는 P를 압세우고 京都의 魔窟이라는 곳에 구경을 갓섯다. (…중략…) P의 말을 들건데 그것도(창기-인용자) 上中下 三種의 區別이 잇다ᄒᆞᆫ다. (…중략…) P는

214) 김환, 「東道의 길」, 『창조』 3호, 1919.12.10, 26면.
215) 이일, 「흑연일총」, 『창조』 7호, 1920.7.25, 39~48면.

大阪서 나리고 새 P가 올나온다. (…중략…) 岡山서 븟는 P는 엇쩌케 급ᄒᆞ던지 (以下 二行二字는 原稿檢閱中 當局의 忌諱에 依ᄒᆞ야 削除되셧싸오니 그리 알고 널거주시기외다)無效ᄒᆞ게 된 내 急行券을 現金으로 도로 차저다 주엇다. (…중략…) 下關서는 P가 친절ᄒᆞ게 짐을 드려다 주어서 썩 便宜ᄒᆞ엿다. 釜山棧橋에 배를 대엿지만 (…중략…) 배에서 나리쟈 니여 P가 넙흐로 와서 東京서 오너냐? 뭇기에 나는 우스면서 '내개 부트려느냐?'고 反問ᄒᆞ엿다. P 亦是 우스면서 안이라고 그러지만 나는 그자의 行動만 살피고 이섯다. 내가 車에 오르는 동시에 안이라고 그러던 P도 내뒤를 쌀아서 車를 탓섯다. (…중략…) 大田署에서 P가 와서 '어느 車로 써나겟느냐?'무러보고는 도라갓다. (…중략…) 車는 南大門驛에 다엇다. (…중략…) 쑴에도 보기실은 P가 아주 반가운 드시 마저준다. (…중략…) 아츰에 仁川署에서 P가 와서 니야기를 ᄒᆞ다가 도라갓다.[216]

한편, 동인지 수필의 절반 이상이 기행문 같은 '서사적 수필'이라는 점도 '객관현실의 재현'이란 측면에서 주목할 필요가 있다. 기행의 형식상 여로와 사건들이 구체적 '체험의 형식'으로 기술될 가능성이 커지는 것이다. 실제로 동인지 수필은 이런 기대를 저버리지 않는다. 여행을 통해 드러난 삶의 구체적 정황들이 거의 걸러지지 않은 채 등장하는 것이다. 가령 기차에서 빙수와 벤도(도시락)를 사 먹으며 '먹기 위해 사는가? 살기 위해 먹는가?' 따위를 연상한다든가, 양식점에서 쉰밥을 내놓지만 배가 고파 먹게 되는 정황, 호열자(콜레라)로 인해 검역이 강화되어 고생한 일 따위가 시시콜콜히 기록되어 있다. 특히 배에서 '용변검사'를 하고, '관장'까지 했다는 사실은 뜻밖이다.

우리 일행은 요행 전열에 섯든 덕으로 배는 타게 되엿스나 배안에서 檢便인가? 하겟다고 선실입구에서 주소, 성명, 연령, 직업, 출발지, 도착지를 적은 뒤에 번호와 성명을 써붓친 유리그릇을 하나식 주면서 내일 아침싸지 대변을 누어서 뽀이의게 주라고 한다. 나도 남의 전례를 조차 절차를 마츤 뒤에 유리그릇을 바다가지고 선실노 드러갓섯다. (…중략…) 새벽이 되여 올 쌔에는 대변

216) 김환, 「나의 묵은 일기에서」, 『창조』 9호, 1921.5.30, 47~53면.

눈 그릇을 달나고 외치는 뽀이의 고함소래와 대변 못눈 이는 灌腸하여 주겟다 고 부르짓는 간호부의 가는 목소래에 귀가 압파서 정신을 차릴 수 없엇다. 십일 오전 칠시 삼십분에 배는 하관항 외에 닷을 주고 서게 되엿다.[217]

이 걸러지지 않은 삶의 구체적 정황 속에는 '민족현실'의 생생한 모습도 포함된다. 백악 김환이 현해탄을 건너와 부산잔교에서 마주친 '흰옷입은 사람들의 모습'이나 상행선 기차 안에서 일본인의 손가락질을 받던 '초가집'이 이에 해당할 것이다. 주목할 점은 그것과 동인들의 내면이 뒤섞인다는 것이다.

暴風이 불어 波濤가 滔滔한 玄海灘에서 밤을 無事이 지내고 아츰 아홉시 십분에 배가 釜山棧橋에 다앗다. 船창에 흰옷 닙고 긴-ㄴ 담뱃대 든 兄弟를 볼 때에 나는 무어라고 形言할 수 없는 不快한 늣김을 가지게 되었다. '흰옷! 흰옷 닙는 이의 運命!' 이런 생각이 번개가치 내머리를 지나간다. 검은 옷만 보던 나의 눈에는 흰옷이 오히려 洒落한 의미가 잇는 듯한 感想도 니러나지만은 검은 옷보다 퍽-不經濟가 되겟다고 생각하엿다. 또한 기-ㄴ 담뱃대는 우리의 게을음을 남의게 나타냄이라는 한숨을 쉬지 안을 수 없엇다.[218]

車안에서 엇던 일본사람이 鐵道 녚에 죠곰한 草盖집을 가라치면서 내게 向하야 져것이 무엇이냐 뭇는다. 얼는보매 그는 우리나라에 처음으로 건너오는 사람인듯하다. 나는 엇더케 대랍을 하여야 죠을넌지 생각이 아득하고 얼골이 활근달엇다. 한참잇다가 겨우 입을 열어 고것은 父母나 親戚이 도모지 없고 혼자 孤立的 生活을 하는 사람들이 自己손으로 집을 그러케 짓고 산다고 대답을 하엿으나 얼골은 그냥 활근활근 달고 니마에는 땀방울이 매침을 깨닷지 못하엿섯다.[219]

'흰옷'에서 '불경제'를 '긴담뱃대'에서 '게으름'을 도출하며, 민족적 동질감과 유대감 대신에 '형언할 수 없는 불쾌감'을 느끼는 주체의 내면은

---

217) 김환, 「동도의 길」, 『창조』 3호, 1919.12.10, 24면.
218) 김환, 「고향의 길」, 『창조』 2호, 1919.3.20, 52면.
219) 김환, 위의 글, 53면.

우리에게 낯선 것이 아니다. 또한 흰옷입은 무리의 운명을 떠올리며 비애와 안쓰러움을 느낀다든가, 초가집을 가리키며 무엇이냐고 묻는 일본인들 앞에서 '얼굴이 화끈화끈 달아오를' 정도로 부끄러움을 느꼈다는 것도 시대적 보편성을 띤 것이라고 할 수 있다.

> 좀 그러지 말아 주셔오 時代에 落後된 '상투'—좀 업시하야 주셔요. (중략—인용자) 萬若 '상투'를 그대로 두시겟거든 문을 걸고 出入을 말아 주셔요. 外國 사람 視察團의 눈에 쓰이면 寫眞 박아가지고 돌아단이는 꼴—참 보기 시러요.[220]

> 崇神人組合이란 大書特書한 門牌를 보앗다. 아—저것이 何인가 하는 同時에 나는 良心에 反問할 餘暇도 업시 或是 外國人의 來往 傍觀者나 有치 안한가 暫間 左右를 살펴보앗다.[221]

인용문에서 드러나듯이 1920년대 초반 근대를 선취했다고 믿었던 지식인이라면 누구라도 그런 '불쾌감'과 '부끄러움'을 느꼈을 것이기 때문이다. 더구나 당대 최고의 엘리트이자 식민지로 전락한 민족현실에 대해 강한 '부정의식'을 갖고 있었던 동인들이라면 더 말할 필요가 없다.

문제는 그런 내면이 구체적 상황과 정황의 산물로서 기술된다는 것, 그리고 그런 사건정황이 동인들이 체현한 내면에 '육체성'을 부여한다는 점이다. 따라서 동인지 수필에 드러난 동인들의 심리나 느낌은 그들의 시나 소설에 표현된 '내면세계'와 전혀 다른 상황에 놓인다. 과도한 주관성이나 추상성이 동인지문학의 꼬리표였다면, 수필에 그려진 내면세계는 훨씬 구체적이며 사실적이라는 느낌을 독자에게 주는 것이다. 이는 위의 경우에만 한정된 사항이 아니다. 앞서 언급한 모든 장면들은 기실 '내면'이 '육체성'을 획득하는 상황으로 볼 수 있다.

그러므로 수필이 동인지문학에서 차지하는 역할과 위상은 쉽게 짐작

---

220) 大喝生, 「좀, 그러지 말아 주셔요」, 『개벽』 1호, 1920.6.25, 58면.
221) 강인택, 「나의 본 朝鮮習俗의 二三」, 『개벽』 5호, 1920.11.1, 85면.

이 간다. 『개벽』의 수필들이 '체험의 기술'이란 형식으로 구체적 현실의 문맥을 끌어왔듯이, 동인지 수필 또한 그런 방식으로 내면의 추상성을 극복하고 '실감'을 창출할 수 있었다는 것이다. 결과적으로 동인지문학의 부족한 문학적 실감을 수필이 보완하고 있는 셈이다.[222)]

그뿐만이 아니다. 수필은 직접 소설로 전환되기도 했다. 박달성의 '기록서사'가 소설 「이향의 누」를 낳았듯이, 수필의 체험적 글쓰기 방식이 소설로의 양식적 전환을 꾀하는 것이다. '새별' 박석윤(朴錫胤)의 소설 「생의 비애」[223)]나 민태원의 「어느 소녀」[224)] 등은 그 대표적 예로, 이들은 모두 '체험의 기술'이란 방식으로 서사를 이끌고 있다. 그 중 특히 「생의 비애」는 주목을 요한다. 여기에는 좀처럼 드러나지 않던 동인들의 사회·역사적 인식이 선명히 드러나고 있기 때문이다.

> 이것은 이름잇는 방적회사다. 그 여러 길되는 담(墻)안에 잇는 굉장한 건축물들과 하늘을 태우려하는 烟突은 현대생활의 상징이다. 자본주의의 철벽이요, 빈익빈하게 하는 대표물이다. 저러한 것이 잇는 까닭에 노동으로 인하야 나오는 잉여가치가 자본가만의 독점물이 되고 만다. (…중략…) 나는 문 안으로 들어가서 물그레미 그 내부를 듸려다 보앗다. 그 찰란하게 채려 노흔 현대의 과학이 준 기계! 기계의 부속물이 되어서 자왕우왕하는 사람들—소녀들! 나는 현대의 생활을 저주하고 시푼 마음이 벌적 낫섯다. 기계는 사람을 위해서 생긴 것이다.[225)]

인용문에서 보듯이 '새별'의 현실인식은 단순한 문명비판이 아니다. 그는 생산수단과 잉여가치의 독점이라는 자본주의의 근본모순을 직시하고

222) 다만 이것을 동인들의 의식적 노력의 산물로 보아서는 곤란하다. 『개벽』이 서사적 수필의 재현능력을 목적의식적으로 추구한 반면, 김동인 등은 수필의 재현력에 별다른 관심이 없었던 것이다.

223) 『창조』 5호, 1920.3.31.

224) 『폐허』 1호, 1920.7.25.

225) 새별(박석윤), 「생의 비애」(미완), 『창조』 5호, 1920.3.31, 52면.

있는 것이다. 이는 동인들이 이미 사회주의 관련 원전들을 접했다는 간접적인 증거라고 할 수 있는 바, 문학과 사회·역사적 현실인식 사이의 거리가 시냐 소설이냐 혹은 수필이냐에 따라 얼마나 큰 차이를 보였는지를 대강 가늠할 수 있다. 그뿐만이 아니다. 이 소설은 동인들이 '민족'에 대해 느꼈을 복잡한 감정의 층위들에 대한 보고서이기도 하다.

> 그때 내 눈에 띠인 것은 냇 저편 언덕에서 일하고 잇는 노동자의 한떼와 냇 아래 편에 잇는, 내가 선 곳에서 십여보 겨우 되는 지점에 잇는 조고마한 집이다. 이것은 집이라고 하는 것보다도 무슨 막이다. 땅우에다 판자를 둘너 세우고, 판자로 집웅을 하엿다. 그야말로 문자대로 일시적 판자집이다. (중략-인용자) 내의 시선은 굿게 어느 일점에 부텃다. 땅바닥에서 어린 아해를 발견하엿다. 생후 일개년을 넘지 못하엿겟다. 그때에 내의 눈을 몹시 찌르는 것은 곳 그 아해가 입은 옷이엿섯다. 일본옷이 아니고 우리나라 옷인 까닭이다. 흰 져고리에 붉은 고름을 단 것이 분명하다. 나는 그 아해가 우리나라 옷입은 것을 확실히 인식한 후에는 단순히 일본옷 닙은 아해를 보고 받는 인상과는 다른 이상한 늣김을 받는 동시에 이유업시 심장의 고동이 심한 것까지도 깨달앗다. 나는 아해를 번쩍 들어서 마루 우에 올려 노앗다.[226]

인용문은 소설의 마지막 장면으로, 유학생인 '나'가 일본에 건너와 살고 있는 조선 노동자의 움집 바닥에서 '조선옷'을 입은 아이를 발견하는 대목이다. 주목할 점은 '조선옷'으로 인해 촉발된 '심장이 뛰는' 순간의 감정이다. 전후 맥락으로 보아 이는 틀림없이 '민족적 비애와 안쓰러움'의 감정이었을 터, 여기에는 '화자'와 대상간에 떼려야 뗄 수 없는 민족적 동질감이 기초하고 있는 것이다. 그러고보면 「고향의 길」에서 김환이 '흰옷 입고 긴 담뱃대 든 형제들'에 대해 느낀 '불쾌감'이나 '부끄러움'도 이와 무관하지 않다. 자신이 그들과 전혀 무관하다면 그들이 느끼지 못하는 '부끄러움'을 자신이 느낄 이유는 없는 것이다. 즉 김환도 박석윤과

226) 위의 글, 53면.

마찬가지로 민족으로부터 자신을 완전히 분리하지 못하는 것이다.

「생의 비애」가 이처럼 동인들의 현실인식과 내면세계의 생생한 단면을 그려낼 수 있었던 이유는 분명하다. '체험의 기술'이라는 수필적 글쓰기 방식을 취했기 때문이다. 즉 그가 당대 보편적 소설 문법(文法)을 따랐다면, 그래서 허구와 비허구의 경계를 분명히 했다면, 그의 현실인식이나 민족적 감정이 구체적 상황의 산물로 소설 속에 구현될 수는 없었을 것이다. 문제는 이런 글쓰기가 동인지 소설 안에서 극히 예외적이며, 무엇보다도 의식적인 노력의 산물이 아니라는 데 있다. 동인지 작가들의 '현실재현'에 대한 목적의식적 노력과 관심은 1920년대 중반 『조선문단』에 이르러서야 비로소 하나의 경향으로 꽃을 피울 수 있었던 것이다.

4. 현상문예와 신경향파문학의 탄생

1) 『개벽』 현상문예의 현황과 특징

『개벽』의 현상문예는 4차례 실시된다. 1주년 기념 「현상문대모집」과 4주년 기념 「소설・희곡 현상모집」, 1925년 2월의 「신춘독자문예대모집」과 5주년 기념 「현상소설대모집」이 그것이다.

『개벽』 발간 1주년을 기념하고 "반도의 은일한 논객과 문사를 소개"한다는 취지로 기획된 「현상문대모집」은 11호에 공지되어[227] 13호(1921.7)에 그 결과가 발표되었다. 시가 30편 , 소설은 그 이상이 투고되었다.[228] 선자(選者)로는 문예부장이었던 현철(소설)과 현상윤(논문)・장응진(소품문)・김

227) 「현상문대모집」, 『개벽』 11호, 1921.5, 86면.
228) 현철 외, 「고선여감」, 『개벽』 13호, 1921.7, 문예면 58, 62면 참조.

석송(시)이 참여했고, 심사를 통해 모두 11편의 글을 당선시켰다.[229] 논문과 소품문에서 각각 3등 1편과 선외가작 1편이 나왔고, 시에서는 2등과 3등이 각 1편 그리고 선외가작이 2편 나왔으며, 단편소설에서는 2등에서 선외가작까지 각각 1편씩 뽑혔다. 그 결과를 표로 제시하면 아래와 같다.

〈표 18〉 1주년 기념 현상문예 당선자 및 작품[230]

부문	작가	작품	선자	등급 및 게재	비고
소설	KS 생	달	현희운 (현철)	이등 / 13호	보성전문학교
	허영호	모순		삼외 / 13호	재동경
	향 월	H교사의 3일간		선외 / 13호	함흥
신시	조정호	넓은 뜰에 섯는 자	김석송	이등 / 13호	곡산군
	한사배	고독		삼등 / 13호	
	한현상	옛날의 느낌		선외 / 13호	
	박판종	저녁		선외 / 13호	영암
소품문	노문희	석양	장응진	삼등 / 13호	정주
	낭 엽	고범형에게		선외 / 13호	중국 소주
논문	김영희	청년제군에게 시간의 귀함을 고함	현상윤	삼등 / 13호	연희전문학교
	정기원	희망론		선외 / 13호	

『개벽』 최초의 현상문예인 「현상문대모집」은 몇 가지 주목할 만한 특징을 갖고 있다. 첫째는 『개벽』의 매체적 성격, 즉 '정론지' 내지 '언론잡지'라는 기본 성격을 상징적으로 드러낸다는 것이다. 소설과 신시로 대표되는 정통 문예물과 '사회문제'에 관한 논설(논문)이 '현상문모집'의 형식 속에 공모됐다는 것이 그 단적인 표지다.[231] 더구나 논문은 모집대상을

229) 필자는 3장에서 『개벽』 유통망의 현황과 담당층을 분석하여 유통의 주된 담당층이 '청년·학생층'이었고, 이들이 주된 독자층이기도 했다고 밝힌 바 있는데 현상문예 당선자의 면면은 이 주장과 어느 정도 통하는 바가 있다. 〈표 18〉의 비고란과 실제 작품의 성향을 분석하면 현상문예 당선자의 상당수가 학생(유학생)들이었음을 알 수 있으며, 현상문예 응모자의 상당수가 이들 계층이었음을 미루어 짐작할 수 있기 때문이다.

230) 『개벽』 13호에 발표된 「현상문발표」(문예면)의 내용을 정리한 것이다.

231) 이는 한편으로 『개벽』 내에서의 '문학'과 '정론'의 밀접한 상관성을 암시하는 것이기도 했다. 1920년대 최대의 대중정론지라는 『개벽』의 성격과 그 편집원리가 이를 견인했기 때문이다. 실제로 『개벽』의 문학은 '잡문'(보고문 등)과 함께 '정론'의 현실성을 보완하는 방식으로 '배치'되었고, 경우에 따라서는 '계몽성' 자체가 특정 문학양식의 생성원리로 발전하기도 했다. 예를 들어 『개벽』에 산재한 '기록서사물'은 '논설'이 그

소개하는 맨 앞자리를 차지하고 있었고, 상금에서도 원고분량이 더 많은 소설과 어깨를 견주었다. 500행짜리 소설 한편의 상금이 10원이었는데, 이보다 적은 300행짜리 논문의 당선 상금이 8원이었으니 논설의 상대적 비중을 짐작할 수 있다. 그런 의미에서 「현상문대모집」은 엄밀히 말해 완벽하고 순연한 형식의 '현상문예'는 아니었다.

> 懸賞文大募集
> (…중략…)
> 問題
> 論 文 一行 二十三字 三百行以內(政治에 關치 아니한 社會問題)
> 小品文 一行 二十三字 五十行以內(隨意 題)
> 新 詩 短篇 二章以內(隨意 題)
> 小 說 一行 二十三字 五百行以內(隨意 題)
> 賞金
> 論 文 一等 八圓 二等 五圓 三等 開闢 六個月分
> 小品文 一等 五圓 二等 三圓 三等 開闢 三個月分
> 小 說 一等 十圓 二等 六圓 三等 開闢 六個月分
> 新 詩 一等 五圓 二等 三圓 三等 開闢 三個月分
> 但 各問題에 對하야 一等 一人 二等 二人 三等 三人 以內로 選定함
> 其他 佳作品은 定員이 無限이고 그에게는 記載된 開闢 當月號를 進呈함
> (…중략…)[232]

둘째는 그럼에도 제도사적 진전을 보인다는 것이다. 즉 『개벽』의 현상문예는 이전 시대의 제도적 미숙성을 돌파하는 계기였다. 먼저 응모자격과 관련하여 『청춘』은 "반드시 본지의 독자인 후에 허"한다는 의미에서 잡지

양식적 출발점이었다. 『개벽』 내에서의 '문학'과 '정론(이념)'의 밀접한 상관관계에 대해서는 한기형의 「『개벽』의 종교적 이상주의와 근대문학의 사상화」(『상허학보』 17, 깊은샘, 2006)를 참조하고, 『개벽』의 편집원리와 문학의 '배치' 그리고 기록서사의 양식적 기원에 대해서는 책의 4・5장을 참조.

232) 「현상문대모집」, 『개벽』 11호, 1921.5.1, 86면 참조.

에 실린 "청춘독자증"을 현상응모시 첨부토록 했는데,[233] 『개벽』에서는 이런 제한규정이 완전히 사라졌다. 현상문예가 '판매수완'이라는 꼬리표를 떼는 순간이다. 분량과 등급에 따른 상금규정에도 변화가 있었다. 『청춘』에서 '1행 23자 100행 이내'였던 단편소설의 분량이 『개벽』에서는 '500행 이내'로 늘어났으며, 단편소설과 '보통문'에만 적용되던 등급구분을 전체부문으로 확대하고, 상금도 최고 3원이던 것이 10원으로 커졌다.[234]

무엇보다 부문별로 전문 선자를 배정하고, 당선작의 등급을 세분화한 것은 '현상문예'의 제도적 정착과정에서 주목을 요하는 것이다. 이는 현상문예가 전문적이고 엄격한 심사 과정을 통해 이루어진다는 인식을 독서대중에게 심어주었고, 결과적으로 현상문예의 제도적 '권위'를 창출하는 데 기여했기 때문이다. 물론 이 과정이 순탄치만은 않았다. 『개벽』이 결과를 내지 못한 등급에 배정되었던 '상금'을 당선자들에게 나누어 지급하기로 결정한 일은 문학제도의 형성과 정착이 쉽지 않았음을 역설적으로 드러내는 사건이다.

> 編輯部啓事
>
> (…중략…) 當任諸氏의 熟考精選한 바에 依하면 論文에 一二等, 小品文에 一二等, 新詩에 一等, 小說에 一等이 업는 것은 참 意外요, 자못 遺憾이 만습니다. (…중략…) 我社는 결코 經濟에 汲汲하는 것이 아니오, 우리 民族의 文化를 爲하야 讀者를 本位로 하는 故로 論文에 所定한 一二等 賞金은 三等과 選外當選者에게로, 小品文의 一二等 賞金은 三等과 選外當選者에게, 新詩의 一等 賞金은 二等 三等 選外 二人 合 四氏에게, 小說의 一等 賞金은 二等 三等 選外 三氏에게로 所定 本 賞金 外에 平均하여 進呈하기로 하엿습니다. 이것이 本部에서 受賞諸位와 한가지로 깃버하는 바이올시다. 開闢編輯部[235]

---

233) 「매호 현상문예쟁선응모」, 『청춘』 7호, 1917.5, 판권간기 앞면.

234) 물론 『청춘』 7호에 공지되어 11호에 결과가 발표된 「특별대현상」의 경우, 상금은 최고 10원이었고 육당과 춘원 두 사람이 부문을 나누어 심사했다. 한진일, 「근대 단편소설의 형성과정 연구」, 성균관대 박사논문, 62면 각주 144) 참조.

235) 「편집부계사」, 『개벽』 13호, 1921.7.1, 문예면 62면 참조.

이는 표면상 고선의 전문성과 엄밀성을 사후적으로 보완하는 조치로 보이지만, 한편으로는 그렇게라도 해야 할 정도로 제도의 기반이 허약했고 또 그 제도적 '권위'가 쉽게 의심되는 상황이었음을 방증하는 것이기도 했다. 주목할 점은 이것이 당대 문학계의 보편적 상황이기는 했지만, 『개벽』이 처한 특수한 상황 혹은 『개벽』이기에 발생한 문제적 상황일 수 있다는 것이다. 그러고 보면 결과를 내지 못한 등급에 배정되었던 상금을 당선자들에게 나누어주는 사례가 흔치 않았고, 현상문예를 시작하자마자 3년간의 '휴지기'를 둔 예는 『개벽』 이외에 본 적이 없다. 여기에는 『개벽』의 매체적 성격과 문학적 지향이 중첩되어 '한계'로 작용했다는 것이 필자의 판단이다. 이에 대해서는 뒤에서 상론하겠다.

『개벽』의 지면에서 '현상문예' 공고가 재등장한 것은 3년이 흐른 뒤였다. 창간 4주년을 기념하는 취지로 기획된 이 「소설・희곡 현상모집」은 45호(1924.3)에 공지되어, 49호(1924.7)에 결과가 발표되었는데, 문예의 인기를 반영하듯 소설에서만 41편이 응모되었다.[236] 선자로는 염상섭(소설)과 '운정(雲汀)' 김정진(희곡)이 참여하여, 소설 5편과[237] 희곡 3편을 당선시켰다. 당선자 중에는 훗날 카프의 대표작가가 되는 이기영과 『개벽』에서 희곡작가로 성장하여 카프에 참여하는 김영팔이 있었고, 이미 『동아일보』의 현상문예에 당선된 바 있는 신필희[238]와 『조선문단』을 통해 소설

236) 염상섭, 「선후에」, 『개벽』 49호, 1924.7, 179면 참조.

237) 『조선문단』 22호, 207면에 실린 「昨今兩年各新聞雜誌懸賞文藝當選者」에 따르면, 선외가작으로 尹宙宰의 「慰藉金」이란 작품이 더 있었던 것으로 나온다. 하지만 『개벽』의 '선후평'이나 작품발표 목록에서는 이 작품을 찾을 수 없었다. 따라서 이 작품은 통계나 표에 반영하지 않았다.

238) 한 작가가 여러 매체에 당선되거나 혹은 한 매체에 여러 번 당선되는 현상은 식민지 시대에 흔한 일이었다. 예를 들어 방정환은 『청춘』과 『유심』 등에 여러 차례 투고하여 『청춘』에서만 9편의 작품이 당선되기도 했다. 박현수, 「한국 근대문학의 재생산 과정과 그 의미－방정환을 중심으로」, 『대동문화연구』 53, 성균관대 대동문화연구원, 2006 참조. 근대문학 초기 현상문예의 제도적 정착과정의 과도적 산물로 이해할 수 있을 것이다. 문제는 1920년대 중반까지도 이런 현상이 지속되었다는 데 있다. 신필희의 사례가 그 증거다. 그는 이미 『동아일보』의 "지령 1천호 기념 1천원 현상 모집"(1923.5)에서 소설 「사진」으로 2등 당선된 경험이 이미 있었고(김석봉, 「식민지 시기 『동아일보』 문인

가로 등단하게 되는 '백주(白洲)' 김태수[239] 등이 눈길을 끈다.

〈표 19〉 4주년 기념 현상문예의 당선자와 작품

부문	작가	작품	선자	등급 및 게재	비고
소설	최석주	파멸	염상섭	이등 / 49호	
	이기영	옵바의 비밀편지		삼등 / 49호	
	신필희	입학시험		선외 / 50호	등위 논란
	최 빙	사진구경		선외 / 50호	등위 논란
	윤귀영	흰달빛		선외 / 52호	
희곡	匿名생	버림바든 자	김정진	삼등 / 49호	
	김태수	희생자		선외 / 50호	
	김영팔	미처가는 처녀		선외 / 52호	

앞선 「현상문대모집」에 견주어 4주년 기념 현상문예의 가장 두드러진 변화는 큰 비중을 차지하던 '논설'이 모집부문에서 제외되고, 희곡이 소설과 나란히 현상문예의 주요대상이 되었다는 것이다. 『개벽』이 여타의 글쓰기와 구별되는 문예의 전문성을 인식하고 이를 적극 추구했고, 희곡(연극)의 '문학적 선동력'을 통찰하고 있었음을 짐작할 수 있다. 『개벽』이 창간 초기부터 '학예부장' 현철을 중심으로 「문림」이라는 독자문예란을 마련하는 등 문학에 지속적인 관심을 기울였고, 19호에 이르러 문예면을 일반기사와 구별해 편제할 정도로 문학에 열정적이었던바, 그 연장선상에서 이해할 수 있을 것이다.

재생산 구조에 관한 연구」, 『민족문학사연구』 32, 소명출판, 2006, 167면), 같은 해 단편소설 「산촌에서」(『동아일보』, 1923.9.2)으로 "독자문단"에 뽑힌 바 있으며, 『개벽』에서도 '선외가작'이지만 2차례나 당선된다. 1925년의 '신춘문예'에 이르러서야 '신인발굴'이라는 본연의 궤도를 발견하게 되는 『동아일보』는 그렇다고 해도(김석봉, 위의 글, 167~173면) 『개벽』의 경우는 이해가 쉽지 않다. 선외가작으로 당선된 김영팔을 기성작가로 대접했고, 독자문예에 당선된 김창술을 시인으로 대접한 경우와 편폭이 크기 때문이다. 현재로서는 이것이 매체간 정보소통의 어려움에서 비롯되었는지, 아니면 작품의 질이나 성향 혹은 작가의 이념적 성향의 문제에서 비롯된 결과인지를 판단하기 어렵다. 비슷한 사례들을 풍부히 모아 비교·분석하는 작업이 이루어져야 하겠다.

239) 백주 김태수는 『조선문단』 2호(1924.11)에 소설 「과부」로 입선하여 「영생애」(7호) 등 3~4차례 작품을 발표한다.
이봉범, 「1920년대 부르주아문학의 제도적 정착과 『조선문단』」, 『민족문학사연구』 29, 소명출판, 2005, 194면 참조.

한편으로는 '현실에 착목하라'는 슬로건 아래 문학과 현실의 긴밀한 영향관계를 주장했던 『개벽』이 1923년 중반부터 시작된 매체의 방향전환(사회주의로의 경도)[240]을 계기로 문학의 현실 재현성과 '희곡'의 '민중 교화력'에 재차 주목했음을 짐작할 수 있다. 『개벽』이 초대 문예부장으로 극예술 전공자인 현철을 기용한 점, 희곡을 소설과 나란히 현상문예의 중심에 올리게 된 사실은 '희곡'의 문학적 속성과 관련하여 일관되게 통하는 바가 있다.

또 다른 변화는 분량과 상금이다. 원고지 '50매 이내'였던 소설분량이 '70매 내외'로 크게 늘었고, 10원이었던 1등 상금이 '100원'으로 무려 10배나 커졌다. 1등은 실제 당선자가 없었다는 사실을 고려해서 그 기준을 2등으로 잡아도 최소 5배가 증가한 셈이다.

> 懸賞募集
>
> 小說 戱曲을 懸賞募集합니다. 小說은 一行 二十三字 十行의 七十枚內外로, 脚本은 一幕物에 限햇스며, 期限은 四月 十五日까지이오, 賞金은 一等 百圓, 二等 五十圓, 三等 二十圓이외다. 編輯局[241]

필자가 아는 한 이 시기에 일등 상금 100원을 걸고 문학작품을 현상하는 신문·잡지는 거의 없었고,[242] 동일한 조건에서 희곡을 현상한 경우

---

240) 1923년 중·후반(37~38호)을 기점으로 이루어진 『개벽』의 담론적 변화, 즉 '사회주의로의 경도'를 말한다. 이 과정에 대해서는 책의 4장 2절이나 최수일, 「1920년대 문학과 『개벽』의 위상」, 성균관대 박사논문, 2001, 3장 참조.

241) 「현상모집」, 『개벽』 45호, 1924.3.1, 111면(문예 표지면) 참조.

242) 비슷한 시기 『동아일보』가 실시한 「지령 1천호 기념 상금 1천원 현상 모집」(1923.5.4)과 「2000원 대현상」(1924.12.17)은 상금의 액수 면에서 『개벽』을 크게 압도한 듯 보이지만 실상을 들여다보면 전혀 그렇지 못했다. 전자의 경우 문예물에 한정한 행사가 아니었고, 문예부문에서도 각 분야의 1등 상금은 단편소설과 일막 각본이 15원, 신시와 감상문 및 논문 등이 10원에 그쳤으며, 전체 포상 상금 중 실제 지급된 일등 상금의 총액은 106원에 그쳤다. 말 그대로 『동아일보』의 "상표가치"를 높이려는 얄팍한 이벤트였다고 할 수 있다. 이는 후자도 마찬가지였으니, 논문과 소설 두 부문에 각각 1,000원의 상금을 배정했지만 응모 후 반년이 지나 행사 자체를 취소해버린다. "신인 발굴이라는 목적

는 더더욱 찾기 힘들다는 점을 감안할 때, 당시 인구에 크게 회자할 만한 사건이었을 것이다. 흥미로운 점은 비슷한 시기의 문예 전문지들, 특히 『조선문단』의 현상문예의 경우 '등단(신진작가)'이라는 '상징자본' 이외에 직접적인 상품이나 상금을 내세우지 않았다는 사실이다.

4주년 현상문예가 주목되는 이유는 그 외에도 몇 가지가 있다. 매체의 방향전환 이후에 처음으로 실시한 현상문예였다는 것, 『조선문단』의 창간과 그에 따른 '문예지' 현상문예의 탄생을 예고하는 시점이었다는 사실 등이 모두 중요한 사안이다. 이들은 『개벽』 현상문예, 나아가 『개벽』 문학의 사적 흐름과 의미 맥락을 되짚는 계기이자 단초이다.

1925년 2월에 실시된 「신춘독자문예대모집」(56)은 54호의 예고[243]와 55호의 공고[244]를 거쳐 56호에 결과가 발표되었다. 소설, 희곡, 시, 소품 등 네 부문이 모집되었고 상금은 제시되지 않았으며 분량은 '23자 250행 이내'로 일괄 부여되었다. 선자는 1924년경부터 『개벽』의 편집에 참여하여 1925년 1월에 정식 문예부장이 된 '회월(懷月)' 박영희였고,[245] 모두 4편[246]의 시를 당선시켰다. 회월의 '선후감'[247]에 따르면 한정된 지면과 작품의 질이 떨어지는 관계로 다른 부문에서는 당선작을 내지 못했다고 한다.

의식 없이 이벤트적인 성격을 가지고 진행되었다고밖에 달리 평가할 여지가 없다." 이에 대해서는 김석봉, 「식민지 시기 『동아일보』 문인 재생산 구조에 관한 연구」, 『민족문학사연구』 32, 소명출판, 2006, 163~167면을 참조.

243) 54호(1924.12)의 「여언」 말미에 있는 "신년호부터는 독자와 공히 숙제로 잇든 독자문예를 실시하랸다"는 박달성의 언급을 가리킨다.

244) 「신춘독자문예대모집」, 『개벽』 55호, 1925.1, 98면 참조.

245) 박영희가 방정환의 소개로 개벽사에 입사한 것은 1924년 4월이고(손해익, 『박영희의 문학 연구』, 시문학사, 1994, 58면), 『개벽』의 편집에 관여한 것은 1924년경이며(박영희, 「신흥문학의 대두와 개벽시대 회고」, 『조광』 32호, 1938.6, 54면), 정식으로 문예부장이 된 것은 1925년 1월의 일이다. 「여언」, 『개벽』 55호, 1925.1, 판권간기면.

246) 당선작은 4작품이지만 결과 발표시 게재된 작품의 총 수는 〈표 20〉에서 보듯이 8편이었다. 보통 한 사람이 여러 편을 공모하는 시부문의 특성상 당선자의 나머지 작품들도 게재한 것으로 보인다.

247) 박영희, 「독자문예를 발표하면서」, 『개벽』 56호, 1925.2, 87면 참조.

〈표 20〉「신춘독자문예대모집」의 당선자와 작품[248]

부문	작가	작품	선자	등급 및 게재	비고
시	김창술	**대도행**	박영희	등급 없음 56호	다른 부문 당선자 내지 못함
	想 無	**조선혼아**, 사의 이별, 외로운 혼			
	정래동	**눈오는 아츰**, 겨울달			
	김영수	녯 **환경으로부터**, 새해로 옴기는 때의 소리			

「신춘독자문예대모집」의 가장 큰 특징은 '독자투고'와 본격적인 '현상문예'의 중간 형태라는 것이다. 박영희의 지적처럼 '독자문예'라는 이름부터가 "문예를 전문으로"하는 차원에는 미치지 못함을 드러내는 것이지만,[249] 그렇다고 『개벽』이 창간호부터 실시해온 단순한 '독자투고'[250]의 차원에 머무는 것은 아니었기 때문이다. 예를 들어 "신시대의 신진작가를 환영하기 위하야"[251]라는 취지를 분명히 했고, 당선자의 한 사람인 김창술이 이후 『개벽』에서 기성시인으로 인정받으며 경향성 짙은 작품을 게재했다는 것은 '독자문예'가 본격적인 '현상문예'에 접근했다는 표식으로 읽힌다.[252]

문제는 이런 '과도적 형식'이 왜 몇 차례의 현상문예가 실시된 이후에 등장하느냐 하는 것이다. 얼핏 '시계추를 뒤로 돌리는 듯한' 이 현상 앞에서 우리가 주목할 것은 「신춘독자문예대모집」이 시행된 '시점'이다. 박영희가 문예부장으로 등극한 후 벌인 첫 사업이 '독자문예모집'이며, 당당히 '고선자'로 등장하게 된 것도 이때가 처음이다. 아울러 '서민적 · 민중적 문학시대'의 도래를 천명하며 『개벽』이 그 문학적 지향을 선명히 드러낸 것도 이 시점이다.

248) 강조된 4편이 당선작이고, 나머지는 당선자의 다른 작품들로 당선작과 함께 게재되었다.
249) 위의 글, 87면 참조.
250) 『개벽』은 창간호부터 '독자투고'를 모집했고, 5~12호까지 8회에 걸쳐 「독자교정란」 안에 「문림」이라는 독자문예란을 운영했다.
251) 「신춘독자문예대모집」, 『개벽』 55호, 1925.1, 98면.
252) 반대로 명칭이나 분량 등의 세부규정은 '독자투고'에 가깝다. 분량의 경우 일반적 독자투고가 50행, 현상문예의 경우는 500~700행이었는데, 독자문예는 250행이었다.

文藝라는 것이 人生의 感情을 혹은 情緖를 純化시키는 데에 큰 勸力을 가젓다는 것보다도 文藝는 人生生活에 確平한 根據를 두어 가지고, 思想向上과 生活啓發에도 多大한 影響을 주는 時代는 왓다. 그런 故로 文學은 智者들의 苦悶을 慰勞하려는 一部 혹 一團의 全用的 手段이 아니라 全民衆的 또는 全人類의 普遍的 文藝가 되어야겟다. 그러나 우리에게는 現今 文藝라 하는 것은 知識階級 一部의 것인 外에는 一般으로는 文藝를 사랑할 줄 몰으고, 理解할 줄도 몰낫다. 이에 비롯해서 우리 開闢은 할 수잇는 대로 紙面을 犧牲하면서도, 一般으로 讀者 諸氏의 文學的 趣味를 增進케하며 따러서 讀者 諸氏의 創作的 才能을 熟練케 함으로써 朝鮮이 찾는 新進作家를 歡迎하기 爲해서 二月號부터 紙面을 公開하겟으니 機會를 일치말고 原稿를 보내주시오. (…하략…)[253]

문학사적으로 1925년이 '신경향파문학'이 본격화되고 또 카프가 결성된 해였다는 점을 감안할 때, 앞서 언급한 제반 사항들이 '신경향파문학'의 탄생과 밀접한 연관이 있음을 알 수 있다. 물론 이 점은 「신춘독자문예대모집」 직후에 있었던 5주년 기념 현상문예에 이르면 좀더 또렷해진다.

5주년 기념 「현상단편소설모집」은 58・59호(1925.4~5)에 연속 공지되고 61호(1925.7)에 그 결과가 발표되었다. 분량과 상금 규정은 4주년 기념 현상의 경우와 같았고, 문예부장 박영희가 주관하여 40여 편의 응모작 중 4편의 소설을 당선시켰다. 당선자 중에는 신경향파문학의 대표작가로 성장하는 송영(송동양)이 있었고, 4주년 기념 현상문예에서 「입학시험」으로 이미 당선되었던 신필희가 있었다.

〈표 21〉 5주년 기념 「현상단편소설모집」의 당선자와 작품

부문	작가	작품	선자	등급 및 게재	비고
소설	박길수	짱 파먹는 사람들	박영희	이등 / 61호	
	송동양	느러가는 무리		삼등 / 61호	* 송영
	최 문	두 젊은 사람		선외 / 62호	
	신필희	살해		선외 / -	게재 안 됨

253) 「신춘독자문예대모집」, 『개벽』 55호, 1925.1, 98면.

「현상단편소설모집」은 '신경향파문학'이 반도 문단의 한 분파로서 궤도에 안착했음을 알리는 신호탄으로 볼 수 있다.[254] 그만큼 현상문예의 면면들이 강하게 '신경향파문학'을 환기하는 것이다. 실제로 신경향파문학의 거두인 박영희와 송영이 나란히 선자와 당선자로 이름을 올렸고, 당선된 작품들은 '빈곤·계급·사상'문제의 형상화에 초점을 두고 있다. 특히 강한 어조로 작성된 취지문은 "문예는 시대정신의 산물이며, 그 시대에 처한 인간고의 부르지짐"이라 하여 '사상운동'으로서의 문학을 천명하고 있으니,[255] 그 자체가 '신경향파문학'의 이념지향이자 현상문예의 선별기준이기도 했다.[256]

한편, 「현상단편소설모집」은 문학의 '정치성 혹은 이념성'을 선명히 드러낸 사례로 볼 수 있다. 즉 제도적 장치 뒤로 숨곤 하는 '문학의 정치성'을 드러내어, 제도적 진전이 곧 정치성의 '고도화'이기도 하다는 점을 선명히 했다는 것이다. 실제로 앞서 언급한 「현상단편소설모집」의 면면들은 현상문예의 취지와 선자와 작품 성향을 '이념성'에 의거해 조율한 결과이며, 따라서 1925년의 현상문예는 '이념적 명료함'과 그것의 '제도내적 완결'의 추구로 요약될 수 있다.

흥미로운 것은 『개벽』의 현상문예가 「현상단편소설모집」을 마지막으로 지면에서 사라진다는 것이다. 관례대로라면 6주년 기념호인 71호에

254) 이런 점에서 보면 2~3달 전에 있었던 「신춘독자문예대모집」은 5주년 기념 현상문예를 위해 급조된 하나의 '예행연습'이었을 가능성이 높다. 이는 새로운 문예부장의 등극과 『개벽』의 문학적 지향에 걸맞은 '선자'의 탄생, 즉 박영희의 등장에 맞대어진 사업이었고, 또 지속적이지도 못했다. 실제로 매월(매호) 실시하기로 한 이 '독자문예'가 단 일회 실시에 그쳤다.

255) 이런 자신감의 이면에는 사회 전반을 풍미했던 사회주의의 열풍과 카프의 결성으로 대표되는 조직적 성장이 중요하게 작용했지만, 무엇보다도 1925년 전후로 이루어진 신경향파문학의 양적·질적 성장이 크게 작용했다. 이는 『개벽』의 지면을 통해서도 쉽게 확인되는데, 1925년을 전후해 신경향파문학의 대표적 작품과 저술들이 집중적으로 양산되고 있음을 볼 수 있다.

256) '신문학의 건설'이나 '신진작가의 발굴' 등은 당대 보편적인 현상문예의 취지였지만, 『개벽』의 경우는 이를 넘어서 작품의 경향과 이념성까지도 선명히 하고 있다는 점에서 차별화된다.

'현상문예'가 실려야 하지만 그러지 못했고,[257] 『개벽』은 그 한달 뒤에 강제폐간된다. 왜 '현상문예'를 통해 표출된 『개벽』의 자신감은 선언에 그치게 된 것일까? 이는 1926년을 전후한 '프로문학' 진영의 시선전환, 즉 문예 전문지 창간에 직접적인 원인이 있을 것이다. 즉 『문예운동』 등의 창간을 통해 '프로문학' 재생산의 무게중심이 전문지를 향했고, 『개벽』은 '등단제도'의 중심에서 한발 물러서야 했던 것이다. 현상문예(등단제도)와 '종합지'의 관계가 날카롭게 재정립되는 순간이 온 것이다.

전체적으로 볼 때 『개벽』의 현상문예는 『청춘』의 실험적 한계를 극복하여 좀더 완결되고 원숙한 제도의 기틀을 마련했다고 할 수 있다. 이처럼 『개벽』의 현상문예가 『청춘』과 『조선문단』의 매개물로 기능할 수 있었던 원인은 먼저 그 특수한 문학사적 위치 때문이었다. 『청춘』과의 매체·문학적 친연성[258]은 『개벽』으로 하여금 『청춘』의 문학과 현상문예를 주목하게 했고, 『개벽』의 경험은 곧바로 『조선문단』에 의해 '벤치마킹'되었던 것이다.[259] 하지만 그것이 전부는 아니다. 『개벽』의 문학(현상문예)을 기획하고 추동한 편집진의 열성과 노력을 감안해야 한다. 『개벽』의 현상문예의 전개과정에 우여곡절이 많았던 만큼 편집진의 고뇌와 분투의 시간이 늘었을 것이기 때문이다.

한편으로 『개벽』의 현상문예는 『개벽』이라는 매체의 성장과정의 산물

257) 6주년 기념호의 문학기획은 '현상문예'가 아니라 '해외문학특집(번역)'이었다. 영국, 러시아, 독일, 일본 등의 대표적 혁명문학작품들과 문학론을 번역해서 실었다.

258) 『청춘』과 『개벽』의 친연성은 양자가 공히 문학의 사회적 기능(역할)을 강조했고, 대중적이고 계몽적인 편집체계를 구축했으며, 모두 기성 문학과 구별되는 새로운 문학을 시도했다는 점에서 확인된다. 더구나 『개벽』이 32호(1923.2)까지 『청춘』의 발행소였던 '신문관'에서 인쇄되었다는 사실은 양자의 밀접한 연관을 암시한다.

259) 이는 '현상문예실시'나 '외국문학소개' 등 문학의 특정 영역에서만 일어난 사안이 아니었다. '개방성과 대중성'으로 요약되는 『조선문단』의 매체적 특성이나 대중적 기획사업, 그리고 유통체계에 이르기까지 『조선문단』은 총체적으로 『개벽』의 경험에 기댄 바가 컸다. 이에 대해서는 최수일, 「1920년대 문학과 『개벽』의 위상」(성균관대 박사논문, 2002, 207~212면)과 이경돈, 「『조선문단』에 대한 재인식」(『1920년대 문학의 재인식』, 『상허학보』 7, 깊은샘, 2001, 73~82면), 이봉범, 「1920년대 부르주아문학의 제도적 정착과 『조선문단』」(『민족문학사연구』 29, 소명출판, 2005, 179~187면)을 비교·참조.

이며, 『개벽』의 문학적 성장과정을 드러내는 단면으로 볼 수 있다. 앞서 보았듯이 『개벽』의 현상문예의 제도적 진전과정이 『개벽』의 문학적 탐색 과정, 특히 '신경향파문학'의 탄생 과정과 떼려야 뗄 수 없는 관계에 있었다는 표식들을 발견할 수 있었다. 남은 과제는 이 표식들을 엮어 신경향파문학의 탄생에 대한 새로운 관점과 시각을 제시하는 것이다.

2) 『개벽』 문학의 지향과 '신경향파문학'의 탄생

한 매체가 추구한 문학의 '흐름'과 '기저(基底)'를 탐색하는 작업은 무척 흥미롭지만 쉽지 않은 일이다. 매체에 게재된 문학 관련 글들에 대한 계통적 통계를 뽑고 문학을 둘러싼 인적 소통관계를 재구성하는 일은 기본이고, 매체의 성격과 그 문학의 '재생산 회로'[260] 전반을 장악해야만 '속살'을 엿볼 수 있기 때문이다. 『개벽』은 자타가 공인하는 '문단적 공기'[261]였기 때문에 그 문학적 궤적에 특정한 경향이나 '흐름'을 얹어 이해하는 것이 더욱 어렵다.[262] 당대에 활동했던 거의 대다수의 작가들이 이름을 올렸고, 그런 만큼 인적 소통관계 또한 다양하고 복잡했기 때문이다. 이런 때에는 기본 자료 작업을 전제로 매체의 성격이나 그 문학의 '재생산 회로'를 접근 코드로 활용하는 것이 효과적이다. 예를 들어 '정론성'이라는 『개벽』의 핵심 표지를 통해 문학 관련 통계나 인적 소통관계에 나타나는 표면적 '무작위성'을 갈무리하는 것이다. '현상문예'를 통한 접근은 좀더 실증적이고 직접적이다.

---

260) '등단－승인－향유－등단(독자→작가)'으로 연속되는 근대문학의 재생산 메커니즘을 가리킨다.

261) 김동인은 「문단회고」(『김동인전집』 6, 삼중당, 1976, 283면)에서 "조선의 전문인이 『개벽』을 무대로 놀았"고 그런 의미에서 "『개벽』이 조선 문예계에 끼친 공로를 결코 몰각할 수 없다"고 말한 바 있다.

262) 특히 '신경향파문학'의 발생 이전, 즉 『개벽』 상반기에는 이런 어려움이 두드러진다.

'현상문예'란 그 자체가 '문학기획'이고, 따라서 기획안의 방향 표지들을 좇아가면 통계나 인적 소통관계가 가진 표면적 '모호함'을 극복할 수 있기 때문이다. 더구나 '등단제도'로서의 '현상문예'는 어떤 식으로든 『개벽』의 문학적 재생산 방향을 표지할 수밖에 없었다. 앞 장에서 보았던 현상문예의 현황과 변모양상은 이런 판단이 잘못되지 않았다는 것을 말해준다. 무엇보다도 5주년 기념 「현상단편소설모집」의 면면들, 즉 선자와 당선자 그리고 당선작품의 경향은 이 시기 『개벽』 문학의 '지향점' 내지 재생산의 '방향'을 명확히 드러내는 것이라고 할 수 있다. 특히 '신경향파문학'을 강하게 환기하는 그 '취지문'은 『개벽』 문학의 '현실지향성' 내지 '정론지향성'을 선명하게 드러내준다. 요컨대 '신경향파문학'은 『개벽』의 문학적 지향의 '최대치'였다고 할 수 있다.

그런데 '신경향파문학의 탄생'이라는 근대문학사의 쟁점과 관련하여 우리가 꼭 염두에 두어야 할 사항은 '신경향파문학'이 『개벽』의 문학적 지향의 최대치라는 사실 자체가 아니라, 이것이 『개벽』의 문학적 모색 내지 지향의 연장선 위에 존재한다는 것이다. 즉 1924~25년의 신경향파문학과 이전 시기의 『개벽』 문학이 밀접한 연관성 내지 일관성을 가지고 있었다는 것이다. 이러한 연관성 내지 일관성을 부정할 때, 논의는 과거의 틀로 회귀할 가능성이 높아진다. 즉 '신경향파문학의 탄생'을 사조론적 의미망 위에 재구하거나,[263] 동인지문학의 전통 속으로 '환원'시키는[264] 것이다.[265] 이는 『개벽』이 '신경향파문학'의 시원지가 되기까지의

263) '신경향파문학'을 낭만주의와 자연주의의 '혼탁한 교류'로 설명한 임화의 논지가 대표적 사례이다. 임규찬·한진일 편, 『임화신문학사』, 한길사, 1993, 351~369면 참조.

264) '경향문학'의 출발을 동인지문학 특히 『백조』의 해체와 연관지어 파악하는 김윤식·정호웅의 논지가 대표적 사례이다. 김윤식·정호웅, 『한국소설사』, 예하, 1993, 107~114면 참조.

265) 지극히 문예지 중심적이고 획일적인 기존의 논의 구도는 종합지(『공제』·『신생활』·『개벽』 등)의 문학이 끼어들 입지를 제한한다. 그런데 이들 매체들, 특히 『개벽』은 그 시원지로서 신경향파문학의 육체성 내지 물질성을 구현한 주요 '매체'로 평가받는다. 따라서 신경향파문학의 탄생과 관련된 매체의 문제는 문예지와 종합지를 아우르는 '균

치열한 내적 고투의 과정을 무화시키는 것이고, “근대문학사의 흐름을 매체와의 관계 속에서 새롭게 포착”266)할 수 있는 계기를 부정하는 일이며, 결국 신경향파문학의 탄생을 객관적으로 재구성할 수 있는 중요한 단서들을 방기하는 일이다.267) 따라서 필자는 『개벽』 문학의 연속성을 부정하거나 ‘신경향파문학’을 『개벽』과 분리하여 이해하려는 관점에 반대한다. 그렇다면 『개벽』 문학의 내적 연속성을 드러낼 만한 증거가 있는가? 결론부터 말하면 ‘그렇다’.

우선 신경향파문학 탄생의 저변이라 할 수 있는 『개벽』의 사상적 변모 과정268)이 말해주는 바가 적지 않다. 1923년 중・후반(37호)을 경계로 사회주의적 풍조가 확산되는 것은 사실이지만, 최근의 연구 결과가 보여주

형잡힌 시각 내지 구도’ 위에서 재구성될 필요가 있다고 본다. 그리고 이것이 필자가 『개벽』의 문학을 주목하는 이유이기도 하다.

266) 한기형, 「『개벽』의 종교적 이상주의와 근대문학의 사상화」, 『상허학보』 17, 깊은샘, 2006, 52면 각주 23) 참조.

267) 필자가 보기에 신경향파문학의 탄생을 재구성하기 위해서는 1920년대 초・중반의 사회주의 열풍과 ‘파스큘라’와 ‘염군사’로 대표되는 문예운동의 조직적 측면 외에 좀더 직접적인 계기들을 언급할 필요가 있다. 첫째는 사회・역사적 현실과 문학이 만나는 접점으로서의 ‘매체’(『백조』와 『개벽』 등)이고, 둘째는 신경향파문학의 탄생과 직접적인 연관이 있는 인물(김기진, 박영희)이며, 셋째는 매체(『백조』)와 매체(『개벽』)를 넘나들며 이루어진 인물들(방정환, 김기진, 박영희)의 소통이다. 즉 신경향파문학의 탄생을 해명하기 위해서는 『백조』와 『개벽』이 균형감 있게 다루어져야 함은 물론이고, 『백조』의 핵심 멤버였던 박영희가 친분을 바탕으로 김기진과 방정환을 동인으로 끌어오고(「육호잡기」, 『백조』 3호, 1923.9, 월탄의 언급 참조), 반대로 『개벽』의 핵심 멤버였던 방정환이 김기진을 통해 박영희를 『개벽』과 관계시키는 소통관계에 주목해야 한다는 것이다. 특히 1924년부터 『개벽』의 편집에 관여했고, 1925년 문예부장으로 취임한 박영희가 신경향파문학의 거두로 성장한다는 사실을 염두에 두면, 방정환과 김기진, 그리고 박영희의 소통은 단순한 교우관계로 보기 어려운 대목이 있다. 무엇보다도 이들 관계의 중심에 소파 방정환이 있었다는 점에서 『개벽』측이 의식적으로 김기진과 박영희를 포섭하려 했다는 추론도 가능해진다. 물론 『백조』측이 『개벽』을 염두에 두고 방정환을 동인으로 삼았다는 가설도 가능할 것이다. 이에 대해서는 좀더 세밀한 접근이 필요하다고 생각한다. 이 세 사람의 소통에 대해서는 김기진과 박영희의 ‘회고’를 참조. 홍정선 편, 『김팔봉문학전집』 2, 회고와 기록, 문학과지성사, 1988; 이동희, 노상래 편, 『박영희전집』 2, 영남대 출판부, 1997 참조.

268) 더 넓게는 1923년을 경계로 전 사회에 불어닥친 ‘사회주의의 대두’와 ‘문화운동’의 몰락이 더 큰 사회・역사적 저변이었음은 물론이다.

듯이 이는 『개벽』에 본원적으로 내재했던 '지향'의 자연스런 발화이지 없던 것이 갑작스럽게 생겨난 것이 아니다.[269] 필자는 『개벽』의 '사회주의 전면화'를 『개벽』의 내적인 사상투쟁의 산물, 즉 '개조론' 내의 사상 분파의 하나였던 사회주의가 치열한 사상투쟁의 과정을 거쳐 '우이'를 잡는 과정으로 설명한 바 있는데,[270] 이 역시 상・하반기 『개벽』의 사상적 연결성을 방증하는 것이라고 할 수 있다.

4차례에 걸친 『개벽』의 현상문예는 『개벽』의 문학이 일관된 '흐름' 내지 '기저'를 가지고 있었음을 좀더 직접적으로 드러낸다. 이런 점에서 '신경향파문학선언'으로 볼 수 있는 「현상단편소설모집」의 '취지문'은 중요하다. 신경향파문학의 내적 논리가 선연히 드러나기 때문이다.

> 현상소설대모집(본지 창간 오주년 기념으로)
>
> (…중략…) 이와 가티 現今까지에 朝鮮文藝의 多數는 그들의 外的 生活苦와 아울러 그 苦悶이 漂하는 엇더한 한 偉大한 眞理 사이에서 부듸쳐 나오는 光明을 發揮시키기에는 너무나 思索이 不足하엿다. 아니다 너무도 文藝를 樂享的으로 獨立시키려 하엿으며 文藝를 技巧化하려고 하엿든 例도 事實이다. 얼는 말하면 이제 懸賞文藝募集을 하는 本社의 目的은 沈滯와 倦怠의 港口에서 헤매는 우리 思想에 새로운 光明을 빗치게 하며 時代的眞理를 차지려 함이다. 卽 말하면 諸氏의 文藝에서 새로운 時代를 發見하려 함이요, 새로운 眞理를 構成하려 함이며, 새로운 躍動을 엿보랴는 것이다. 그럼으로 그 時代에 잇는 사람은 그 時代에 苦悶을 遺憾없시 發表하려고 努力하려는 데에 그들의 生에 對한 使命이 잇다. 文藝는 時代精神의 産物이며 그 時代에 處한 人間苦의 부르지짐이다. (…하략…)[271]

---

269) 한기형은 『개벽』이 초기부터 천도교 인민주의의 시각에 입각하여 자연스럽게 사회주의적 가치에 접근해 나갔다는 관점에서 『개벽』 초기의 사회주의적 면면을 날카롭게 실증한 바 있다. 미세한 결의 차이는 있지만 '사회주의의 전면화'를 발전론적 도정에서 바라보려는 관점은 필자와 정확히 일치하고 있다. 한기형, 「『개벽』의 종교적 이상주의와 근대문학의 사상화」, 『상허학보』 17, 깊은샘, 2006, 49~60면 참조.

270) 최수일, 「1920년대 문학과 『개벽』의 위상」, 성균관대 박사논문, 2002, 3장과 책의 4장 2절 참조.

인용문의 강조한 부분을 '복기(復棋)'하면 '신경향파문학'은 현실과 동떨어진 '향락적이고 기교적인' 기성 문학을 비판하고, 문제적 현실의 한가운데서 이를 형상화하고 개척하는 '새로운 문학'이라고 정리할 수 있다. 즉 '신경향파문학'은 현실지향성(정합성)과 '反예술지상주의'를 내적 논리의 근간으로 삼고 있다고 할 수 있다. 주목할 점은 동전의 양면 같은 이 두 가지 지향이 『개벽』의 현상문예의 전(全) 과정에 관류하고 있고, 나아가 『개벽』의 문학 전반을 통어한다는 사실이다.

돌이켜보면 『개벽』의 현상문예는 출발부터가 그러했다. 『개벽』의 1주년 기념 현상문예의 선자 배정은 『개벽』의 편집진이 이 두 가지 원칙에 매우 충실했음을 보여준다. 4명의 선자, 즉 『개벽』의 문예부장 현철과 『청춘』 시대를 환기하는 현상윤과 장응진 그리고 「무산자의 절규」를 쓰고 훗날 '파스큘라'의 성원이 되는 김석송[272]은 모두 동인지문학과 어느 정도 거리가 있는 존재들이었고, 동시에 문학의 사회적 기능 혹은 문학과 현실의 긴밀한 관계를 '환기'하는 존재들이었던 것이다. 물론 이런 선자 배치가 『개벽』 편집진의 의도된 '기획'이었다는 것을 단박에 입증할 수는 없다. 다만 이것이 『개벽』이 출발부터 동인지 작가들에게 널리 지면을 개방했던 사실과 '배치'되는 면이 있음은 분명해 보인다. 더구나 '현상문예'의 성패를 가늠할 수 있는 작가적 '지명도'에 있어서 이 세 사람은 『개벽』에 이름을 올리고 있었던 여타 동인지 작가들에 미치지 못했다. 『개벽』 전반기(1~30호)에 총 18회 글을 게재한 김석송은 32회 글을 게재한 김억의 문명(文名)을 따르기 어렵고, 소설 전공자도 아닌 현철(55회)보다는 염상섭(13회)과 김동인(1회)이 소설쪽에서는 대중적 명성이 높았다. '대중성의 문제'를 깊이 고민했던[273] 『개벽』의 편집진이 선자의 대중적 '지명

271) 「현상소설대모집」, 『개벽』 58호, 1925.4.1, 60면.

272) 김석송의 생애와 활동 그리고 작품 경향에 대해서는 주근옥, 『석송 김형원 연구』, 월인, 2001 참조.

273) 대중성 · 계몽성 · 현실성은 『개벽』의 편집원리였고, 대중성은 『개벽』의 매체적 성공의 결정적 디딤돌 역할을 했다. 이에 대해서는 최수일, 「1920년대 문학과 『개벽』의 위

도'를 무시했다는 것은 그 속에 다른 의도를 담고 있었음을 말한다. 요컨대 『개벽』은 '새로운 문학'을 꿈꿨던 것이다.

4주년 기념 현상문예는 『개벽』이 '새로운 문학'을 기획했다는 또 다른 증거이다. 4주년 기념 현상문예에서 『개벽』의 편집진은 선자로 염상섭과 「복어알」의 작가 김정진을 내세우는데, 이는 1주년 기념 현상문예의 참담한 실패[274]를 곱씹은 결과였다. 즉 3년간의 '와신상담'을 통해 마련한 현실적인 조치이자 '고육책'이었다고 할 수 있다. 그러나 『개벽』의 본질이 바뀐 것은 아니었다. 출발부터 '현실에 착목하라'는 모토를 가지고 있었던[275] 『개벽』은 정치·시사가 허가된 28호(1922.9) 이후에는 좀더 직접적으로 민족 현실을 형상화하는 '새로운 문학'의 기획을 구체화하고 있었던 것이다. 연애 일변도의 독자투고를 비판하고 '현실문제'에 눈을 돌리라고 독자들에게 고언(苦言)하는 아래의 글은 그 방증이다.

> (…중략…) 投稿 中에는 文藝에 關한 것이 第一 만흐며 文藝의 投稿 中에도 戀愛中心의 것이 第一 만흔 바 우리는 그런 部類에 屬한 글을 歡迎치 아니하며 더좀 實地 잇는 方面에 着眼함이 잇기를 바라는 바이다.[276]

문제는 선자들의 고선 방향과 『개벽』 편집진의 이런 '속뜻'이 일치하지 않았다는 것이다. 동인지문학의 대표작가인 염상섭은 '작가적 수완'과 '심리묘사'에 방점을 두어 작품을 선별했고, 김정진 또한 기교와 조직에 초점을 두었다. 더구나 김정진은 '성애의 혁명'을 '사상운동의 최신한 자'로 적

상」, 성균관대 박사논문, 2002, 2장과 4장 1절 참조.

274) 응모된 작품들의 수준이 기대 이하였고, 또 이렇다 할 작가를 발굴하지도 못했기 때문이다. 작품의 수준이 낮았다는 것은 선자들의 공통된 의견이기도 하지만 필자의 판단 또한 그렇다. 현상윤 외, 「고선여감」, 『개벽』 13호, 1921.7.1, 문예면 57~62면 참조.

275) 방정환과 박달성의 소설과 기록서사, 그리고 현진건의 소설은 『개벽』의 전반기 문학이 '현실에 뿌리를 두라'는 매체의 슬로건에 충실했음을 방증하는 것이라고 볼 수 있다. 이에 대해서는 최수일, 「1920년대 문학과 『개벽』의 위상」, 성균관대 박사논문, 2002, 4장의 2~3절과 5장 2~3절 참조.

276) 「척필지여」, 『개벽』 34호, 1923.4.1, 판권간기면 참조.

극 평가했고, 정치적 성향이 짙은 작품은 검열을 핑계로 고선에서 아예 제외해버렸다. 이는 결국 당선작의 등위가 뒤바뀌는 결과를 낳았다. 염상섭이 응모된 '41편 중에서 제일 우수'하여 '1등의 가치가 있는' 작품으로 극찬하며 2등으로 뽑았던 「입학시험」과 '3등으로 뽑기에는 오히려 아까울 만한 훌륭한 작품'이라고 평했던 「사진구경」이 모두 '선외가작'으로 처리된 것이다. '순조선문'을 쓰라는 응모규정을 지키지 않았다는 것이 그 이유였다.

> 그런데 大體의 成績으로 말하면 一等이 업섯슴이 유감이나, 二等으로 崔錫周 君의 '破滅'과 申必熙 君의 '入學試驗'을 뽑으랴하얏고, 三等으로는 최빙 君의 '사진구경'과 李箕永 君의 '옵바의 비밀편지'를 뽑으랴하얏다. 事實 申必熙 君의 '入學試驗'으로 말하면 四十一 篇 中에서 第一 優秀할 쑨만 아니라 數三處의 不滿한 点이라든지 大體로서 엇더한 缺点(이것은 追後로 原作을 發表할 때에 쓰랴고 한다)만 除하면 實로 一等의 價値가 잇는 作이엇고 또 최빙 군의 '사진구경'으로 말할지라도 '入學試驗'이나 '破滅'보다는 어쩔까하지만 오히려 三等으로 아까울 만한 훌륭한 作이엇다.
>
> 그러나 섭섭한 일은 開闢社에서 發表한 規定에 違反되엇다는 것, 다시 말하면 '純朝鮮文'이라는 規定을 無視하고 '朝漢文'을 使用하얏다는 것이 問題가 되어서 '選外佳作'으로 밀게 된 것은 選者로서는 아깝기 짝이 업는 일이다. 그리하야 大體의 豫選을 마치고 開闢社의 責任者에게 議論하야 보앗스나 到底히 規定을 無視할 수 업슬 쑨만 아니라 다른 作者에게 不平이 잇슬까하야 못하겠다는 意見도 一理가 업지 안키로 同社의 要求대로 그리한 것이다. 그러나 그 中에도 申 君이 '入學試驗'을 쓰면서 規定을 無視하야 겨우 落選을 勉하얏다는 것이 一種의 '아이로니'를 늣기게 하얏다.[277]

하지만 '순조선문' 규정은 표면적인 이유였을 가능성이 높다.[278] 현재

277) 염상섭, 「선후에」, 『개벽』 49호, 1924.7.1, 179~180면 참조.

278) 『개벽』은 '순조선문' 규정을 들어 '고선결과'를 뒤집음으로써 두 가지 결과를 얻었다. 첫째는 '현상문예'와 관련된 편집진의 '속뜻'을 분명히 펼쳤고, 둘째는 '순조선문' 규정을 통해 당대 보편적 문학규범의 실현이라는 '합리성'도 획득할 수 있었다. 1924~25년이 '순조선문'이라는 문학규범이 보편화되는 시점이었다는 점을 감안할 때,

로서는 그런 응모규정이 공시되었는지도 의문이고,[279] 한자를 섞어 쓰는 일이 상례화되어 있었던 『개벽』에서 그런 규정을 갑자기 내세웠다는 점도 의심을 불러일으킨다. 실제 『개벽』에 실린 작품들에는 논설이나 잡문 등에 비해 한자가 상대적으로 덜 쓰이는 것이 보통이지만, 그렇지 않은 사례도 많다.[280] 더구나 필자가 본 바로는 「입학시험」에 한자가 많은 것은 사실이지만 '난독'을 초래할 정도의 '고어투'는 아니었다. 여러모로 미루어 보아, 이는 고선의 입각점과 결과에 대한 편집진의 불만에서 야기된 사건일 가능성이 높다. 즉 고선 방향과 현상문예를 통한 『개벽』의 문학 기획이 충돌한 것이다. 『개벽』 편집진의 '속뜻'이 '새로운 문학'에 걸맞은 '고선'에 있었음은 물론이다.

『개벽』이 주류문단에 각성을 촉구하고 현실에 착목하는 새로운 문학을 꿈꾸었고, 그 결과 신경향파문학의 '산실'이 되었다는 것을 방증하는 사례는 그 외에도 더 있다. 무엇보다도 『개벽』의 문학적 바탕이 신경향파문학과 통하는 바가 많다. 필자는 일찍이 『개벽』에 산재해 있는 '기록서사양식'에 주목했는데, 정론(논설)의 '현실감(현실성)'을 보완하기 위해 모색된 이 문학 양식은 어떤 측면에서는 『개벽』이 추구한 새로운 문학의 '원초적 양식'이라고 할 수 있다. 신경향파문학의 대표작인 최서해의 「탈출기」가 바로 이 양식에서 비롯되었고,[281] 『개벽』에서 현진건이 개척한

『개벽』의 편집진은 문단의 보편적 합리성에 의거해 자신들의 의도를 관철할 수 있었던 것이다. '문학어의 형성과정'에 대해 세세한 조언을 해준 이혜령 선생에게 감사의 인사를 드린다.

279) 필자는 4주년 기념 현상문예와 관련하여 '순조선문' 규정을 『개벽』에서는 발견하지 못했다. 여타 잡지와 신문에는 그런 공고가 실렸을 가능성이 없지 않으나 아직까지는 발견하지 못했다. 흥미로운 것은 '순조선문' 규정이 문제가 되자 5주년 기념 현상문예 공고(58호, 문예면 60면)에는 '순조선문'이란 글자가 선명히 새겨진다는 것이다.

280) 비슷한 시기에 실린 희곡 「왕소군」(양백화 역, 55호), 박영희의 수필 「불이야! 불이야!」(55호), 희곡 「인조노동자」(박영희 역, 56호) 등의 한자 사용 빈도는 「입학시험」의 그것과 큰 차이가 없다.

281) 최서해의 「탈출기」의 원본이 '기록서사물'이었는 것에 대해서는 이경돈, 「1920년대 기록서사와 근대소설」, 『상허학보』 8, 깊은샘, 2002 참조.

새로운 리얼리티의 경지가 '체험의 사실적 기록'인 '기록서사'와 맥을 대고 있기 때문이다.[282] 아울러 전반기 『개벽』 문학과 사회주의와의 '친연성'을 인적 소통과 작품 경향을 통해 실증한 최근의 연구[283]는 『개벽』 문학의 연속성과 새로움을 방증하는 것이라고 할 수 있다.

따라서 '신경향파문학'을 『개벽』의 문학적 모색 과정으로부터 분리해서 설명하려는 시도는 '신경향파문학'의 발생론적 계기들 중의 하나를 부정하는 것이자, 그 대지이자 모태가 제공하는 유전적 키워드를 방치하는 것이 될 수 있다.[284]

3) 종합지와 문학 그리고 현상문예

『개벽』 현상문예의 전개과정을 돌아볼 때, 단박에 드는 인상은 '너무 초라하다'는 것이고, 그래서 '의구심'이 생긴다. 7년 동안 통권 72호가 발행되고, 당대 최고의 발행부수와 독자수를 자랑했던 『개벽』의 매체적 위상과 명성을 감안할 때 그렇고, 『개벽』이 문학에 쏟은 지속적인 열정과 그 결과로서의 문학적 면모[285]를 염두에 두면 더더욱 그러하다. 더구나 『개벽』 현상문예의 초

282) 기록서사와 최서해의 「탈출기」 그리고 현진건의 「빈처」 사이의 밀접한 상호관계에 대해서는 5장 2~3절이나 최수일, 「1920년대 문학과 『개벽』의 위상」, 성균관대 박사논문, 2002, 4장의 2~3절을 참조.

283) 한기형, 「『개벽』의 종교적 이상주의와 근대문학의 사상화」, 『상허학보』 17, 깊은샘, 2006.

284) 신경향파문학의 탄생을 『백조』의 분열과정이나 '박영희' 혹은 '김기진' 개인의 문학기획으로 바라보는 관점은 『개벽』이 신경향파문학의 '시원지' 내지 '모태'였다는 기본 사실을 인정하지 않는다. '박영희'와 '김기진'이 『개벽』에서 그 문학적 꽃을 피웠다는 사실을 부정할 수는 없고, 따라서 이를 인정하더라도 말 그대로의 의미는 아니다. 즉 신경향파문학의 씨앗이 들어 옮겨져 싹 튼 곳이 『개벽』일 뿐, 신경향파문학에는 『개벽』의 문학적 유전자가 전혀 섞이지 않았다고 보는 것이다. 다시 말해 신경향파문학은 일종의 '시험관 아기'인 셈이다. 필자가 대지이자 모태(『개벽』)가 제공하는 유전적 키워드라는 '평론적' 표현을 쓴 것은 『개벽』이라는 매체를 단순한 그릇으로 바라보려는 위의 관점과 필자의 시각을 구별하기 위함이다.

285) 『개벽』에는 1호부터 72호까지 전체적으로 가장 많은 788개(전체기사대비 37.9%)의

라한 성적표는 『개벽』이 '종합지이면서 동시에 문학지였다'[286]는 평가나 "『개벽』이 조선문예계에 바친 그 공로를 결코 몰각할 수 없다"[287]는 문학사적 평가를 무색하게 한다. 이런 괴리를 어떻게 이해할 것인가?

필자가 보기에는 두 가지 전제를 염두에 둘 필요가 있다. 하나는 『개벽』이 문예지가 아니라 종합지였다는 사실이고, 다른 하나는 『개벽』의 현상문예가 '새로운 문학 경향의 창조 및 재생산'과 밀접한 연관을 보인다는 사실이다. 그 중에서도 종합지의 문제는 『개벽』에서 이루어진 현상문예의 과정과 결과를 이해하는 데 꼭 필요한 사안이다. 새삼스레 종합지의 문제를 제기하는 것은 종합지와 문예지의 역할 초점이 달랐다는 주장[288]을 되풀이하려는 의도가 아니다. 이는 종합지에서 '문학'을 한다는

문학기사가 실렸고, 작품으로는 시가 552편(183회), 소설이 115편(160회), 희곡이 17편(49회), 수필이 153편(165회), 문학론 및 비평이 138편(162회) 실렸다. 작가 면에서도 고한승 김기진 김동인 김석송 김소월 김억 김유방 김정진 나도향 노자영 박영희 방정환 백기만 변영로 양건식 양명 양주동 염상섭 오상순 유완희 이광수 이기영 이상화 이익상 임장화 조명희 주요섭 주요한 최남선 최승일 한용운 현상윤 현진건 현철 황석우 홍명희 등 근대문학사의 주요 이름들이 대거 목록에 올라 있다. 이에 대해서는 책의 4절이나 최수일, 「1920년대 문학과 『개벽』의 위상」, 성균관대 박사논문, 2002, 71~75면 참조.

286) 김근수, 「개벽지에 대하여」, 『개벽』 영인본 1, 개벽사, 1969, 8면.

287) "상섭과 빙허-이 두 소설작가가 『개벽』을 무대로 하여 출세하였다는 점만으로 『개벽』이 조선 문예사상에 공헌한 바는 크다. 그러나 그뿐이 아니었다. 그때엔 온갖 잡지가 모두 폐간되고 『개벽』 혼자가 든든한 기초 위에서 발행을 계속하던 때인지라 한때는 조선의 전문인이 『개벽』을 무대로 놀았다. 소월도 『개벽』을 요람으로 삼고 출세한 시인이었다. 폐허파의 석송, 백조파의 도향 모두 『개벽』을 무대로 이름을 높였다. 지금 프로 문단의 선두로 꼽는 팔봉씨며 박영희씨도 『개벽』에서 그 문단적 첫걸음을 내어 놓았다. (…중략…) 하여튼 문예품의 발표기관이라고는 『개벽』 하나밖에는 없는 시절인지라 유명 무명간에 글을 발표하려면 『개벽』의 힘을 빌었다. 따라서 『개벽』 그 첫걸음으로 삼아서 문단에 출세한 문인들이 꽤 많다. 이러한 의미로 『개벽』이 조선 문예계에 바친 그 공로를 결코 몰각할 수 없다." 김동인, 「문단회고」, 『매일신보』, 1931.8.23~9.2, 1931.11.11~22; 『김동인전집』 6, 삼중당, 1976, 283면 재인용.

288) 이 문제에 대해서는 이미 박헌호가 『개벽』의 역할이 "당대적 문제에 대응하면서 여론을 주도하고 논의를 확산하는 역할" 즉 "종합하는 역할"에 집중되어 '문학판의 확대 재생산'에 적극적이기 어려웠다는 날카로운 지적을 한 바 있는데(박헌호, 「동인지에서 신춘문예로」, 『대동문화연구』 53, 성균관대 대동문화연구원, 2006), 필자는 이를 조금 다른 각도에서 보고 있다. 즉 종합지와 문학이 맞닥뜨릴 때 발생하는 본원적인 한계에 대해 언급하려 한다.

것, 나아가 '현상문예'를 한다는 것의 본원적인 어려움과 한계를 조명키 위한 키워드일 뿐이다.

우선 1920년대 초·중반 『개벽』이 문학을 게재함으로써 근대문학의 재생산 과정에 진입하는 과정을 재구성해 보자. 먼저 이름 있는 문예부장을 섭외하고, 글을 써 줄 문인들에게 청탁을 넣었을 것이지만 작품을 수집하는 일은 어려움의 연속이었을 것이다.

> (…중략–인용자) 또 어려운 것은 原稿蒐集이다. 요새는 文士들에게 나 或은 著作業者들에게('이'의 오식–인용자) 葉書나 封緘으로 題와 紙數를 써서 보내면 그만이다. (…중략…) 그러나 그때는 一一히 尋訪을 해서 原稿를 얻었다. 全然히 편지가 없는 것이 아니나 이것은 特히 親友인 境遇에 하는 일이다. 몇 번 가고도 그 다음 給仕만 보내도 그 無禮함을 말하게 된다. 한번 만나서 써주는 것이 아니고 적어도 每人 앞에 三, 四次 가서 졸라야한다. 그때 만일 지금처럼 原稿請求를 편지로만 하고 시침이를 뚝 떼고 있으면 雜誌는 그만 斷念해야 될 것이었다. (…중략…) 그때 나는 尋訪을 하면서 原稿부탁하기에 대단이 괴로웠다.[289]

작가나 작품이 절대적으로 부족했고, 글이 있더라도 문예지가 아닌 잡지에 선뜻 글을 보내주는 경우는 더욱 드물었을 것이다. 기왕이면 문예지에 글을 보내려 했을 것이기 때문이다. 따라서 편집자는 학연과 지연을 총 동원해서 청탁을 넣고 집 앞에서 기다려 원고를 챙겼을 것이고, 원고료는 다른 잡지에 비해 상대적으로 높게 책정하고,[290] 선불 혹은 말이 나

289) 박영희, 「신흥문학의 대두와 개벽시대회고」, 『조광』 32호, 1938.6, 59~60면 참조.
290) 화폐로 지급하는 원고료의 효시에 대해서는 월탄(『동아일보』)과 회월(『개벽』)의 주장이 엇갈리지만, 『개벽』이 후한 원고료를 지급했다는 데에는 이견이 없었다. 박종화의 회고에 따르면 대다수의 신문사와 출판사가 시 한편에 3원, 단편소설 한편에 5원 정도를 원고료로 지불했던 반면, 『개벽』은 시 한편에 10원, 산문은 1장에 1원을 주었다고 한다. 윤병로, 『박종화의 삶과 문학』, 성균관대 출판부, 1992, 59~62면 참조. 한편 『개벽』의 문예부장이었던 박영희는 『개벽』이 시 한편에 5원, 산문은 한 페이지(40자 원고지 2매)에 2원에서 2원 50전을 지불했다고 회고했다. 박영희, 위의 글, 61~62면 참조.

기 전에 챙겨주는 예의도 갖추어야 했을 것이다. 종합지라는 본원적인 약점을 다른 방식으로 보완하는 것이다.

> 아마 雜誌로서 原稿料를 支拂하기 시작한 것은 開闢誌가 嚆矢일 것이다. 新聞社에서 原稿料를 支拂하였으나 雜誌社에서는 開闢 以外의 稿料를 支拂하는 데는 적었다. (…중략…) 이런 때 開闢社에서는 原稿料를 貨幣로 支拂하기 시작한 것이다. (…중략…) 社에서는 돈을 封套에 넣어서 보내는 것이다. 돈을 그냥 알몸둥이로 보낸다든지 혹은 더구나 꾸겨서 함부로 그냥 보내는 일같은 것은 없었다. 如何間 最後까지 예의를 직히려든 것이다. (…중략…) 原稿부탁을 하려하면 그 사람의 生活이 말 아닌 사람이 많았고 또 稿料先拂를('을'의 오식－인용자) 請求하니 需應치 않을 수 없는 일이다. (…중략…) 어느 때는 전당을 잡헤('혀'의 오식)서 原稿先拂를 갖다준 일도 없지 않었다.[291]

요컨대 『개벽』은 문학적 전문성이 부족한 존재로 인식됐고,[292] 이런 결핍을 어떤 식으로라도 보완해야만 '문학하는 것'이 가능했다. '종합지 『청춘』의 경험이 있지 않은가?' 할 수도 있지만 시대가 달랐고, 문학의 대세는 '전문화'였다. 이미 근대적 학제에 바탕을 둔 전문적 문학수업이 동경유학생층을 중심으로 이루어지고 있었고, 문화운동의 자장 속에서 문학적 소양을 닦는 작가지망생들이 폭발적으로 증가했다. 문학계에서는 문학의 근대적 체계화 작업이 한창이었다.[293] 전문적 지식과 소양을 갖춘 새로운 '문인의 상'이 제출되고, 계통적 학업의 부재를 자성하는[294]

291) 박영희, 위의 글, 60~62면.

292) 이는 당대 작가들의 보편적 인식이 아니었나 싶다. 여러 회고록이나 문학 관련 언급들에서 손쉽게 이런 인식의 편린들을 발견할 수 있기 때문이다. 문예 전문지가 아닌 매체, 즉 종합지나 여성지의 문학을 대수롭지 않게 여긴다든가, 혹은 거기에 글을 게재했다는 사실을 변명하듯 자조한다든가 하는 것은 그 대표적인 양상으로 보인다.

293) 1920년대 춘원의 '문학론'들이 그 대표격이라고 할 수 있다. 「문사와 수양」(1921.1)·「예술과 인생」·「문학에 뜻을 두는 이에게」(1922.3)·「문학강화」(1924.10) 등으로 이어지는 일련의 저작들은 춘원의 체계화 작업이 작가·작가론에서 비롯되어 문학사와 문학개론으로 번져나갔음을 보여준다.

294) 춘원은 근대적 문인의 자격과 수양문제에 대해 논하면서 당대 문인들의 '학업 부재'

담론들이 출현한다는 사실 자체가 『청춘』의 시대를 넘어서고 있음을 방증한다고 할 수 있다. 게다가 『창조』·『폐허』·『백조』로 대표되는 문예 전문지의 동시대적 체험은 강렬하고 강력한 것이었다. 『개벽』이 '문학'쪽에 명함을 꺼내기 쉽지 않은 상황이었다고 할 수 있다.

따라서 '결핍된 존재'로서의 『개벽』이 보인 문학적 성취는 놀라운 것이고, 문학사의 특수한 사례라고 할 수 있다. 매월 평균 6,000~7,000부가 팔려 수만의 독자를 자랑하는 매체의 대중적 성공이 '종합지'라는 한계를 돌파한 경우이기 때문이다. 흥미로운 것은 『개벽』의 문학적 성과가 매체의 '대중적 흥행'에 긴박되어 있다는 것이다. 『개벽』의 문학 지면이 주로 '기성작가'들의 기고에 의해 채워지고, 그에 따라 문학의 대중화(대중적 유통과 향유)란 차원에 그 성과가 집중되어 있는 것이다. 기성작가들에게 『개벽』이 매력적일 수 있었던 데에는 앞서 말한 『개벽』의 대중적 흥행이 결정적인 원인이었고, 비슷한 시기 문예지들이 '조기명멸'하는 상황에서 안정적으로 작품을 게재할 곳이 많지 않았던 상황, 즉 '문단적 공기'로서의 『개벽』의 역할이 두드러지는 상황도 작용했다.[295] 아울러 대중으로부터 유리된 동인지문학의 아픈 경험[296]은 문학의 대중성에 대한 각성을 불러왔을 것이다. 기성작가들에게 『개벽』의 매체적 성격은 결정적인 '하자'는 아니었던 셈이다.

하지만 '현상문예'는 기성 작가들의 '일반기고'와는 차원이 달랐다. '새

에 대해 자성을 촉구한 바 있다. "現今 우리 文士 中에서 李東園, 玄小星 兩君을 除ᄒᆞᆫ 外에 내가 아는 限에서는 系統的으로 學業을 畢ᄒᆞᆫ 이가 업스며 甚至에 杜翁과 갓히 大學科程을 中途까지 밟아본 이조차 드믑니다." 이광수, 「문사와 수양」, 『창조』 8호, 1921.1, 15면.

295) 물론 '원고료의 문제'를 빼놓을 수 없다. 당대 대다수의 문인들이 생계에 곤란을 느끼고 있었고, 『개벽』의 높은 원고료는 훌륭한 '유인책'이 될 수 있었다.

296) 김동인은 "일반대중은 우리의 노력의 結晶인 신문학을 아주 무시하여 버렸다. 새 문학이 없는 새 문학을 건설해 보겠다고 나선 우리들에게 일반 사회의 이 냉대는 과연 적적하고 가슴 아팠다"고 회고한 바 있다. 「문단 30년의 자취」, 『김동인평론전집』, 삼영사, 1984, 447면; 「문단 30년의 자취」가 원제이고, 『김동인전집』 6, 삼중당, 1976, 29면의 「문단삼십년사」는 전집 편자가 改題한 것이다.

로운 작가를 발굴하고 이를 통해 문학판을 재생산한다'는 현상문예의 제도적 성격상, 이에 응모하는 문학지망생들은 매체의 '문학적 권위'에 매우 민감했고, 이런 예민함은 그 열정의 크기에 비례했다. 즉 문학적 재능과 자질이 뛰어날수록 '어디를 통해' 등단할 것인가란 문제가 쟁점이 되었다. 따라서 종합지는 '현상문예'에 있어서는 문예 전문지보다 훨씬 불리한 조건에 놓여 있었다. 이는 1924~26년을 기준으로 공존했던 『개벽』과 『조선문단』의 비교를 통해 확연히 알 수 있다.

우선 형식이나 규정이 아주 대조적이다. 당대 최고의 독자수를 자랑하는 『개벽』이 '창간 4주년 기념'이라는 거창한 타이틀을 걸고, 당대 최고의 상금인 100원을 내세워 '현상문예'를 실시하는데, 이제 막 창간된 『조선문단』은 상금 한 푼 내걸지 않고, 매월 있는 '독자투고' 형식으로 '가볍게' 현상문예를 실시한다. 과정이나 결과도 보기에 따라 충격적이다. 수년을 준비해서 시험적으로 실시한 『개벽』의 현상문예(4주년 기념)가 부문별로 수십 편의 응모 성적을 거둔 반면, 『조선문단』은 "한달에 5백~6백여 편"[297] "큰 궤작으로 하나 가득"[298] 투고 원고가 넘친다. 아울러 『조선문단』이 소설부문에서만 20여 명의 작가들을 발굴하여,[299] 최서해 · 채만식 · 한설야 · 박화성 · 계용묵 · 이태준 등 이후 한국소설사를 장식하는 작가들을 탄생시킨 반면, 『개벽』은 "현상문예를 통해 등단한 주요 작가는 이기영과 송영뿐이다."[300] 춘원과 동인지 출신 작가들의 연합으로 탄생한 순문예지의 '권위'가 당대 최고의 독자수와 상금을 압도하는 순간이다.

요컨대 현상문예에 있어 '문학적 권위'는 능력있는 작가 지망생들이

297) 이봉범, 「1920년대 부르주아문학의 제도적 정착과 『조선문단』」, 『민족문학사연구』 29, 소명출판, 2005, 195면.

298) 「투고하신 제위께 특고」, 『조선문단』 2호, 1924.11.1, 50면.

299) 이봉범, 위의 글, 206면의 「부록-현상추천제 당선자목록」 참조.

300) 박헌호, 「동인지에서 신춘문예로」, 『대동문화연구』 53, 성균관대 대동문화연구원, 2006, 21면. 물론 자유기고나 여타의 방법으로 등단한 작가로는 김기진 · 김동명 · 양주동 · 이은상 · 현진건 등이 더 있었다. 이선영, 『한국문학의 사회학』, 태학사, 1993, 124면 참조.

매체를 선택하는 기준이었고, '권위'를 보강할 만한 이렇다 할 대안을 제시하지 못하는 이상 『개벽』의 종합지적 성격은 치명적인 약점이었다. 문학의 '전문성' 혹은 '권위'를 총체적 경험 속에서 객관화하기 어려웠던 시대였고, 그런 만큼 순문예지라는 형식은 문학적 권위를 판단하는 무게 중심이었던 것이다.[301)]

이런 점에서 『개벽』에서 4차례의 '현상문예'가 실시됐다는 사실은 '『개벽』이 현상문예에 상대적으로 소홀했다'[302)]는 일반적 평가를 부분적으로 상쇄한다. 더구나 『개벽』의 '현상문예'는 신경향파문학으로 상징되는 새로운 문학 경향의 탄생 및 재생산의 주요 계기였다는 점에서 새롭게 조명될 가치가 있다. 주목할 점은 이 '새로운 문학의 추구'가 『개벽』의 현상문예를 더욱 어렵게 했다는 사실이다.

현실적으로 『개벽』의 문학적 '권위'를 보강하는 최선의 방법은 지명도 있는 문학계 인사, 즉 춘원이나 김동인과 어깨를 겨룰 만한 인물을 문예부장이나 '선자'로서 내세우는 것이었다. 하지만 '새로운 문학의 건설'이라는 원칙을 지키면서 이를 실현하는 것은 불가능했다. 앞서 보았듯이 원칙적이고 공격적인 인물 배치를 통해 기성문학의 벽을 깨려는 시도는 참담한 결과를 안겨주었고(1주년 기념현상), 고육적인 타협으로는 바라는 '좌표'에 도달할 수 없었다(4주년 기념현상). 『개벽』에서 기획된 '새로운 문학'의 저변은 너무 얇었고, 새로운 '인물'의 탄생에는 적지 않은 시간이 필요했던 것이다.

하지만 불리한 조건 속에서도 『개벽』 편집진의 문학적 모색은 지속되었던 듯하다. 1924~25년에 이루어진 '박영희의 등장' 과정은 『개벽』의

---

301) 오늘날 신문의 '신춘문예'가 가장 영향력 있고, 바람직한 등단제도로 인식된다는 것은(박헌호, 위의 글, 7~8면 참조) 작가로서 인정받는 문제, 혹은 작가적 권위를 부여받는 데 있어 '문예 전문지냐의 여부'가 매체선택의 결정적인 기준이 아니라는 것을 잘 보여준다. 이미 문학적 권위나 위상 자체가 복합적 구성물로 '현상'했고, '매체의 성격 문제'는 이를 구성하는 한 인자로 그 위상이 바뀌었다고 할 수 있다.

302) 이봉범, 앞의 글, 196면 참조.

편집진이 독자적인 문예부장과 권위있는 '선자'를 염원했고, 이를 무척 세심하게 '준비'했다는 것을 잘 보여준다. 예를 들어 1925년의 벽두에 실시된 「신춘독자문예대모집」(1925.1)은 새로운 문예부장 박영희를 위해서 기획된 행사였고, 곧 있을 5주년 기념 현상문예(1925.7)를 대비한 예행연습이었다.[303] 현철의 사임 이후로 문예부장 없이 보낸 2년의 시간(1922.8~1924.12)[304]도 비슷한 문맥에서 이해할 수 있다. 이 또한 '새로운 문학 건설'이란 슬로건에 걸맞은 문예부장을 얻기 위한 탐색과 숙고의 기간이라고 할 수 있다.[305]

결과론적인 추론이지만 만약 『개벽』의 편집진이 '새로운 문학'을 기획하지 않았다면, 즉 기성문학에 대한 대안적 입장을 취하지 않았다면 그들이 경험한 고뇌와 분투의 과정은 많은 부분 생략됐을 것이다. 『개벽』의 대중적 명성을 바탕으로 적극적인 '섭외'가 가능했을 것이고, 이를 통해 체계적인 문학 재생산 시스템을 갖추었을 가능성이 높기 때문이다. 하지만 반대로 『개벽』이 '신경향파문학' 탄생의 주요 계기이자 '시원지'가 되지 못했을 가능성이 높다. 이런 점에서 신경향파문학의 탄생과 재생산은 매체로서의 『개벽』, 그 주체로서의 편집진의 문학적 열정과 기획력에 기댄 바가 적지 않다고 할 수 있다.

303) 앞에서 보았듯이 이 독자문예는 일회성 행사에 그치는데, 그 시행 시점이 박영희의 취임 및 5주년 기념 현상문예와 맞대어져 있다는 점에서, 새로운 문예부장을 문단에 공개하는 『개벽』 편집진의 조심스러운 '호흡'이 느껴진다.

304) 현철의 사임부터(1922.7.31) 박영희의 정식 문예부장 취임(1925.1) 사이의 공백기를 가리킨다.

305) 박영희로서는 일종의 수습기간이었고, 『개벽』으로서는 관찰과 숙고의 기간이었을 것이다.

5. 『개벽』의 문학사적 위상

1) 근대문학의 저변확장과 리얼리티의 모색

기존의 문학사에서 『개벽』은 능동적인 매체가 아니라 수동적인 그릇으로 대접받았다. 문학사의 과제를 제기하고 새로운 흐름을 창출하는 주체적인 존재가 아니라 우연히 그런 흐름에 끼이게 된 존재로 인식되는 측면이 강한 것이다. 『개벽』에 대한 문학적 평가가 겉으로 드러난 현상을 인정하는 수준에 머무는 것은 이와 무관하지 않다. 『개벽』이 '문예동인지가 조기명멸하는 상황에서 문학사의 공백을 메웠다'는 평가는 학계에서 보편적으로 통용되는 것이지만, 엄밀히 말해 이는 연구의 출발점이지 결과물로 보기는 어렵다.

더구나 『개벽』이 문예지가 아닌 종합지로서 지금까지 천도교기관지로 오해되었다는 사실을 감안할 때, '문학사의 공백을 메웠다'는 평가는 『개벽』이 수동적인 존재임을 확정짓는 듯한 인상을 준다는 점에서 문제점이 적지 않다. 단순히 메워진 것이라면 그것만 뽑아서 연구하면 되니, 그릇의 문학적 능동성이나 주체적 노력은 감안될 여지가 없어지는 것이다. 지금까지 『개벽』이 1920년대 작가론이나 사조론적 연구를 위해 작품들이 '뽑혀져 나가는' 문학사의 방계자료로 취급된 사실은 이를 단적으로 드러내는 사례라 할 수 있다.

『개벽』과 신경향파문학의 관계도 마찬가지다. 『개벽』이 "신경향파 및 프로문학의 시원지 역할을 했"[306]다는 평가는 누구나 동의하는 바지만, 매체와의 관련상이 깊이있게 탐구된 경우는 드물었다. 대부분의 문학사에서 양자의 관계는 '시원지 역할을 했다'는 간단한 언급으로 그치거나,

306) 인권환, 「개벽지의 문학사적 고찰」, 『최수운연구』, 한국사상 12, 원곡문화사, 1974, 485~488면.

아예 거론조차 되지 않는 것이 일반적이다. 이런 결과가 빚어진 데에는 예의 수동적 관점이 작용했음이 분명하지만, 다른 한편으로는 『개벽』에 문학적 실체가 존재하는가라는 회의가 결정적 작용을 한 듯 보인다. 특히 『개벽』의 상반기는 회의론이 불거지는 주요원인이었다. 하반기 『개벽』이 신경향파문학이란 명징한 표지가 있었던 반면, 상반기 『개벽』은 문학적으로 내세울 만한 표지를 발견하기가 쉽지 않았던 것이다.

따라서 회의론의 입장에서 본다면, 『개벽』과 동인지문학의 관계 혹은 신경향파문학과 『조선문단』으로 대표되는 1920년대 중반 문학과의 관계 등에 관심을 기울이는 것은 어불성설이다. 이야말로 실체없는 대상을 가지고 논의를 이끄는 셈이기 때문이다. 주목할 점은 상반기 『개벽』의 문학에 대한 회의론이 암묵적 합의의 방식으로 사실상 대세를 잡았다는 사실이다.

이념성에서 현격한 차이를 드러내는 신경향파문학이 『백조』로 대표되는 동인지문학의 연장선에서 논의된다거나, 『개벽』 전반기 문학의 정수라고 할 수 있는 현진건이 동인지 작가로 취급되고, 「빈처」나 「운수좋은 날」 등 그 대표작이 동인지문학의 직접적 산물로 다루어져 왔음에도 이에 대한 별다른 이견들이 나오지 않았다는 점이 이를 방증한다. 이는 상반기 『개벽』의 문학을 실체로서 인정했다면 쉽게 일어날 수 없는 일이다.

그러나 앞서 보았듯이 『개벽』은 결코 수동적인 그릇이 아니었다. 『개벽』의 주체적이고 능동적인 모습은 상반기 『개벽』의 사상과 문학을 통해 쉽게 확인할 수 있는 것이다. 특히 상반기 『개벽』이 성취한 문학적 성과는 기존의 회의론을 무색하게 만든다. 『개벽』의 문학은 단순히 동인지문학의 공백을 메운 것이 아니라, 동인지문학의 문제점과 한계를 돌파하는 적극적 성과를 거둔 것이다. 그리고 이를 통해 신경향파문학과 『조선문단』으로 대표되는 1920년대 중반 문학에도 적극적 영향을 끼쳤다. 방정환·박달성·현진건으로 대표되는 상반기 『개벽』의 문학이 동인지문학의 한계를 돌파한 측면은 크게 두 가지로 정리된다. 근대문학의 저변확장과 리얼리티의 향상이 바로 그것이다.

근대문학의 저변확장이란 측면에서 『개벽』이 주목되는 이유는 100여 편의 소설과 500여 편의 시 그리고 150여 편의 수필이 실렸다는 문예지적 면면 때문이기도 하지만 좀더 근본적인 이유는 『개벽』이 당대 어떤 문예지도 따라올 수 없는 대중적 호응을 얻고 있었다는 데 있다. 당대 대표적 문예지인 『창조』의 판매고가 2,000부에도 미치지 못할 때, 『개벽』은 조직적 유통망을 통해 평균 8,000부의 발행부수를 기록하며 수만 명 이상의 고정독자를 확보하고 있었으니 『개벽』이 근대문학의 유통에 기여한 바를 소홀히 할 수 없다. 그뿐만이 아니다. 당대 문예지들이 폐쇄적이고 배타적인 운영방식을 고집하여 문학의 대중성을 스스로 제약했던 데 반해 『개벽』은 획기적 운영방식으로 이런 한계를 돌파했다.

『개벽』의 문학 대중화를 위한 노력은 먼저 편집분야에서 시작되었으니, 독자들의 문예투고를 적극적으로 수용하고 한편으론 문예에 대한 초보적 지식습득이 가능하도록 문학원론들을 지속적으로 게재하는 것이었다. '지면개방'과 '문학교육'으로 정리되는 『개벽』의 노력은 문학을 낯설고 어려운 존재로 생각하던 독서대중에게 새로운 문학적 흥미와 관심을 불러일으켰고, 이런 관심이 여러 신진작가들의 탄생을 촉발했다는 점에서 문학계 전체에 기여한 바가 크다. 문학의 발전이란 작가와 독자의 소통에 근거한 상호 저변의 확대를 통해 이루어질 수밖에 없는바, 『개벽』의 그런 노력은 결국 근대문학의 저변 확대에 기여했다고 할 수 있다. 더구나 당대 주류문학인 동인지문학이 작가—독자간 의사소통에 적잖은 장애가 있었음을 감안하면, 『개벽』의 노력은 좀더 적극적으로 평가될 필요가 있다.

한편, 문학 대중화 나아가 근대문학의 저변확대의 문제는 실제작품과도 무관한 사안이 아니었다. 작품에 대한 이해와 공감이 독서대중의 문학적 인식을 근본적으로 좌우할 수 있다는 점에서 '어떤 작품'의 문제는 문학의 대중성을 결정짓는 사안이 될 수 있기 때문이다. 그런데 『개벽』의 경우 해답은 이미 나와 있었다. 문학하면 '이야기책'을 떠올리는 문학풍토에서, 주류문학이었던 동인지문학은 일반 독자들에게 너무 어려웠기 때문이다. 원인은 독자들의 저급한 이해 수준에도 있었지만, 결정적으로는 동인지문학 자체에 있었다.

특히 그들의 문학이 과도하게 주관화된 내면에 집착함으로써 비현실적이라는 인상을 주기 쉬웠다는 것은 결정적 약점이었다. 즉 동인지문학의 난해성은 비현실성의 문제와 직결된 사안이라는 것이다. 이 점에서 박달성·방정환·현진건 등이 문학에 '육체'와 '일상'을 부여함으로써, 문학적 리얼리티를 급진전시켰다는 점은 통렬한 바가 있다. 이는 동인지문학의 근본적 한계를 단박에 극복하는 것이자, 문학의 리얼리티가 대중화 문제와 직결되어 있음을 의미하는 것이기 때문이다.

『개벽』의 작가 중 리얼리티의 향상이라는 측면에서 가장 우뚝 선 인물은 빙허 현진건으로, 그는 「빈처」·「술권하는 사회」·「운수좋은날」·「불」 등으로 이어지는 문학적 궤적을 통해 작가적 역량을 과시했다. 그의 작품 중 필자가 주로 다룬 것은 초기작인 「빈처」와 「술권하는 사회」로, 특히 「빈처」는 그가 이룩한 문학적 리얼리티의 정수라는 점에서 주목을 요한다. 「빈처」에서 이룩한 현진건의 업적은 한마디로 '일상성'의 획득으로 정의할 수 있다. 즉 가정이라는 문학형식을 통해 관철되는 삶의 육체성(일상성)은 번민하는 주체의 내면에 생동감 넘치는 활력을 주고 있다. 더구나 이런 문학적 생동감이 동시대 다른 작가들의 작품에서 찾아보기 어렵다는 사실은 그의 소설사적 위상을 독보적으로 만든다. 그는 '자신의 발아래를 진지하게 탐색한 최초의 작가'로, 작가적 진전이 결코 '현실'과 무관하게 이룩될 수 없음을 입증한 대표적 사례로 볼 수 있다.

그런데 현진건이 개인적 일상에 주목했다는 것과 『개벽』이 민족적 현실에 착목하고자 했다는 사실은 '객관현실의 재현'이란 점에서 통하는 바가 있다. 특히 『개벽』의 핵심논자였던 박달성 등이 기록서사양식을 통해 민족현실의 구체적 현장을 생생하게 담아내고 있었다는 사실은 박달성의 문학을 현진건에 바싹 다가서게 한다. 더구나 기록서사는 언제든 소설로의 전환이 가능한 양식이었다. 비록 기록서사의 출발이 민족현실을 그대로 재현함으로써 민족적 각성을 돕는다는 계몽적 의도에서 비롯된 것이지만, 이 경우 계몽적 의도는 오히려 기록서사의 소설적 전환을 촉발할 가능성을 더 많이 내포하고 있었다.

애당초 기록서사가 다양한 문학양식을 차용함으로써 보고체·수필체·대화체·우화체 등의 형식을 갖추게 된 근본 동력이 바로 '민족계몽'이기 때문이다. 실제로 기록서사는 손쉽게 소설로 전환되었다. 박달성의 소설 「이향의 누」와 최서해의 「탈출기」가 대표적 예로, 양자는 모두 기록서사에서 출발한 작품들이었다. 그러고보면 『개벽』의 기록서사양식은 '객관현실의 재현'이란 점에서 현진건, 최서해 모두와 관련되어 있는 셈이다.

주목할 점은 '체험'으로 대표되는 최서해 소설의 리얼리티의 핵심에 '가정'과 이를 통해 드러나는 가난한 '일상'이 있다는 사실이다. 가정과 일상은 현진건 소설의 특징으로, 최서해는 기록서사와 연관될 뿐 아니라, 현진건과도 밀접한 관련이 있다고 할 수 있다. 한편 그들이 당대 보편적 소설문법에서 벗어나 가정과 일상을 형상화할 수 있었던 동력은 「빈처」와 「탈출기」 그리고 기록서사가 모두 체험의 사실적 기록이라는 사실에서 찾아야 한다. 삼자가 모두 '체험의 사실적 기록'이라는 것은 최서해와 현진건이 획득한 '소설적 리얼리티'의 근원에 수필이 있었음을 방증하는 것이다.

문제는 1920년대 초·중반 수필이 가장 전통적 문법(文法)에 가까운 글쓰기였다는 사실이다. 전통과의 단절에서 출발했던 한국 근대소설이 전통적 글쓰기 문법에 기대어 비로소 제 궤도를 찾았다는 사실은 문학사적 아이러니가 아닐 수 없다.

2) 1920년대 중반 문학의 기반

『개벽』의 문학적 성과는 대중성과 계몽성 그리고 현실성(현실중시의 경향)이 밀접한 상호관계를 맺으면서 창출되었다고 할 수 있다. 『개벽』의 문학적 성과를 논함에 있어 그 편집원리와 매체적 성격이 거론되는 것은 이때문이다. 다만 『개벽』의 경우, 그 상관상이 문예동인지들과 달리 명징하지 않았을 뿐이다. 가령 『개벽』에 존재하는 동인지류 작품들의 존재가 그런 것이다.

개인의 자아각성이란 담론적 특성을 가진 이들 작품들은 얼핏 보면 『개벽』의 잡지성격과 어울리지 않는바, 쉽게 『개벽』의 문학적 '무원칙성'을 연상하게 된다. 하지만 『개벽』에 민족적 각성을 촉구한 작품들과 동인지류 작품들이 공존했다는 것은 결코 무원칙의 산물이 아니었다. 비록 그것은 담론적 절충으로 현상하고 말았지만, 그 속에는 '개인과 사회의 통일'이라는 『개벽』의 담론적 원칙이 작동하고 있었음에 틀림없다.

그런데 상반기 『개벽』의 문학을 대중화·민족계몽의 현실화·리얼리티의 향상이란 관점에서 바라볼 때, 『개벽』은 1920년대 중반 문학에도 적지 않은 작용을 한 것으로 파악된다. 다시 말해 신경향파문학이나 『조선문단』은 직·간접적으로 『개벽』의 영향권에 있었다고 할 수 있다. 양자 중 좀더 직접적인 관련이 있었던 것은 신경향파문학으로, 양자의 매개고리는 일차적으로 사상이었다. 주지하다시피 신경향파문학의 정수는 "새로운 이념성"[307]인바, 이는 계급사상을 통한 세계의 재인식으로 정리된다. 이 이념성이 1920년대 중반에 벌어진 조선의 정치·사상적 대변환의 직접산물임은 물론이다. 1923년 중반을 경계로 조선의 문화운동이 급격히 체재내적 운동으로 변질되자, 민중은 독립의 희망을 계급운동에서 찾고자 했고, 이는 조선사회 전반에 급격한 사회주의 열풍을 불러왔던 것이

307) 김윤식·정호웅, 『한국소설사』, 예하, 1993, 113~114면.

다. 즉 신경향파문학은 이 사회적 열기의 문학적 수용인 셈이다.

문제는 『개벽』이 바로 그 정신사적 변동의 핵심에 있었다는 사실이다. 이는 『개벽』의 사상적 궤적 자체가 증명하는 바다. 개조주의의 내적분화와 사회주의 전면화로 대표되는 『개벽』의 사상적 궤적은 외적 상황의 산물이기도 했지만, 무엇보다도 내적인 사상투쟁의 결과라고 할 수 있다. 방정환이 사회주의의 메신저 역할을 했으며, 특히 『개벽』의 핵심논자인 이돈화·김기전 등이 누구보다도 사회주의에 적극적이었다는 점은 필자로서도 뜻밖이었다.

따라서 『개벽』이 신경향파문학의 시원지가 된 것은 결코 우연이라고 할 수 없다. 기존의 문학사는 이 점을 고려하지 않았다. 신경향파문학을 일방적으로 동인지문학의 연장선에서 파악한다는 자체가 이를 증명한다. 그러나 이념성의 차원에서 볼 때, 동인지문학은 결코 신경향파문학을 추동할 만한 힘을 비축하지 못했다. 『백조』의 사상적 분화와 김기진과 박영희의 영입을 언급하더라도 사정은 크게 달라지지 않는다. 염군사와 파스큘라의 결성, 그리고 『백조』의 분화를 추동한 것은 엄밀히 말해 현실의 힘이었지 문학의 힘이 아니었다.

물론 신경향파문학은 정신사의 산물이자 동시에 문학사적 과정의 산물임에 틀림없다. 필자 또한 신경향파문학이 동인지문학과 연관되어 있다는 측면을 부정하지 않는다. 가령 신경향파문학이 드러내는 관념성이 동인지문학의 주관적 관념성향에 연원이 있다는 것은 설득력이 있어 보인다. 다만 이것을 가지고 동인지문학이 신경향파문학을 낳았다거나, 혹은 신경향파문학의 탄생을 동인지문학의 내적 분화과정 안으로 소화하려는 데에는 다소 억지가 있어 보인다.[308)]

308) 신경향파문학을 동인지주류론에 입각해서 보거나, 김기진·박영희의 문학기획 등으로 일방화시켜 바라보는 것에 반대한다. 신경향파문학을 둘러싼 인적 소통이나 조직운동, 『백조』나 『개벽』의 움직임이 종합적으로 검토되어야 한다는 것이다. 『개벽』이 신경향파문학 탄생에 중요한 역할을 했다는 사실을 평가하는 것은 이런 균형감각의 출발점이라고 생각한다.

문학적 관련으로 보자면 『개벽』이 동인지에 못지않다. 신경향파문학의 한 축인 최서해와 『개벽』(문학)의 관련상이 그것이다. 최서해의 문학세계를 체험을 통한 현실중시의 경향으로 응축할 때, 이는 '현실에 착목하라'는 모토 아래 경험을 실사(實寫)하고자 한 기록서사양식, 그리고 이를 '일상성'으로 응축한 현진건의 작품경향과 궤를 같이하고 있다고 여겨진다. 특히 이들 삼자가 공히 그 리얼리티의 양식적 뿌리를 수필에 두고 있다는 사실은 신경향파문학과 『개벽』(문학)의 중요한 연결고리다. 그러고보면 신경향파문학을 '박영희적 경향'과 '최서해적 경향'으로 구분하고 있는 임화의 논지는 새삼 주목을 요한다.

> 신경향파문학이 그들의 직접의 선행자의 문학세대와의 관계를 표시하는 최대의 사실로써 우리는 신경향파문학 가운데 두 개의 상이한 경향을 발견할 수가 있다. 이것은 신경향파문학의 창작적 실천상에서 구분할 수 있는 박영희적 경향과 최서해적 경향 그것이다. (중략—인용자) 박영희적 경향은 보다 시적인 소설이었으며, 서해적 경향은 보다 소설적인 소설이었을지도 모르는 것이다.[309]

물론 임화의 논지는 사조론에 초점을 둔 것이다. 하지만 전자를 '시적(詩的)소설'로 후자를 좀더 '소설적 소설'로 규정하는 데서 드러나듯이, 그는 둘 사이의 양식적 차이를 직각적으로 알아차리고 있었다. 다만 이런 차이를 사조적으로, 아울러 동인지 내적 과정으로 환원함으로써 양식적 뿌리에 다가갈 수 있는 통로를 스스로 닫았다는 데 문제가 있다. 필자가 보기에 '시적'이란 곧 그 관념성을 지적하는 것이며, '소설적'이란 현실재현성으로 치환되는바, 전자가 동인지문학의 산물임은 분명하지만 후자는 당대 동인지 소설의 문법으로는 해명되기 어려운 점이 많다.

따라서 신경향파문학의 성립을 좀더 설득력있게 규명하기 위해서라도 그 문학적 저변의 확대는 필수적이다. 신경향파문학에 대한 사조론적 규

309) 임화, 「조선신문학사론 서설」, 『조선중앙일보』, 1935.11.8~9; 임규찬 · 한진일 편, 『임화신문학사』, 한길사, 1993, 363~365면 재인용.

정에서 좀더 자유로워지는 것, 아울러 신경향파문학을 동인지문학으로부터 환산해서 설명해야 한다는 강박적 인식으로부터 벗어나는 것은 그 출발점이라고 할 수 있다.

그러나 무엇보다도 중요한 것은 문학과 비문학의 삼투(滲透)적 경계를 절대적인 것으로 고착시키고, 그럼으로써 시와 소설을 제외한 문학양식들을 문학의 변방으로 밀어내는 지나친 문학주의를 해체하는 일이다. 이는 우리의 문학적 자산을 변방으로 몰아냄으로써, 대상에 대한 풍부한 설명을 불가능하게 하기 때문이다. 앞서 언급한 임화의 경우는 대표적 예다. 1920년대 문학의 귀중한 보고인 수필양식이 배제됨으로써 신경향파문학의 양식적 뿌리에 대한 다양한 접근이 근원적으로 차단되고 마는 것이다.

그런 의미에서 『개벽』의 문학에 관심을 기울이는 것은 문학과 비문학, 혹은 장르와 장르간의 절대적 경계를 허무는 것이며, 이를 통해 우리 근대문학을 풍부하게 하는 출발점이라고 할 수 있다. 앞서 언급했듯이 『개벽』의 문학은 수필양식(기록서사)과 떼려야 뗄 수 없는 관계에 있고, 이는 소설이 객관세계의 사실적 재현이란 시대적 맥락 위에서 장르의 벽을 넘어 수필의 정신과 혼융되고 있음을 의미하기 때문이다.

더구나 현진건 · 박달성으로 대표되는 『개벽』의 전반기 문학과 신경향파문학의 핵심 매개항이 수필적 글쓰기의 차원에서 이룩된 리얼리티에 있다 할 때, 『개벽』 문학에 대한 접근은 그 자체가 소설사 나아가 문학사의 중요한 과제라 아니할 수 없다. 따라서 『개벽』 문학에 대한 접근법은 분명하다. 동인지문학과 신경향파문학의 상호관계를 인정하듯이 『개벽』과 신경향파문학의 필연적 연관성을 인정하는 것이다. 『개벽』의 문학은 이념성과 양식이란 두 차원에서 모두 신경향파문학과 밀접한 상관을 보이는바, 상반기 『개벽』의 문학을 신경향파문학의 본원적 기반으로 보는 것이 무리라고는 할 수 없는 것이다.[310]

310) 아울러 동시대에 존재했던 『공제』 · 『신생활』 등의 사회주의계열의 잡지도 신경향파문학의 본원적 토대로서 연구될 필요가 있다. 여기에 게재된 문학작품들은 "문학의

한편, 1920년대 중반 창간된 『조선문단』도 『개벽』과 관련이 깊었다. 양자의 관계에서 우선적으로 주목되는 것은 『조선문단』이 기존의 문예동인지와는 다른 매체적 특성을 갖고 있었다는 사실이다. 『조선문단』의 매체적 특성은 개방성과 대중성으로 요약할 수 있으니,[311] 이는 『조선문단』의 운영방식에 잘 드러나 있다. 『조선문단』은 "소수의 고정된 편집진을 제외하고는 당대의 작가들 대부분에게" 지면을 공개했으며, "다수 대중으로부터 투고를 받아 추천하는 등 전면적인 개방을 시도하고 있"었던 것이다.

편집부문에서도 마찬가지다. 기존의 동인지들이 "시와 소설을 중심으로 한 문학작품만"을 편집의 대상으로 삼았던 반면, "『조선문단』은 작가의 인상과 사생활까지 편집 내용으로 삼으며 흥미 유발적 기사를 적극 게재하고 있는 것이다." 따라서 『조선문단』의 매체적 특성은 자연스럽게 문학의 대중화 내지 저변확대란 문학사적 맥락과 이어질 수밖에 없었다.

> 매체의 변화라는 측면에서 이들의 변화는 선도와 계몽의 대상으로 간주되던 대중을 문학 생산 주체의 토양으로 간주하고 대중 속에서 작품 생산의 주체를 발굴하여 다시 대중 속에서 향유될 수 있는 체계를 실현시키려 했다. 즉 이들의 지향은 문학의 존재방식을 대중 속에서 찾는 문학의 대중화에 맞추어져 있던 셈이다.[312]

다시 말해 『조선문단』이 표방한 개방성과 대중성은 폐쇄적이고 자족적인 동인지 형식에 대한 자기반성이자, 동인지문학처럼 일반 독서대중

계급성에 대한 초보적 인식을 담고 있었"을 뿐만 아니라(김재용 외, 『한국근대민족문학사, 291면), 양식적 측면에서도 신경향파문학과 밀접한 연관을 보이기 때문이다.

311) 『조선문단』의 매체적 특성과 문학 경향 그리고 문학사적 의미에 대해서는 이경돈, 「『조선문단』에 대한 재인식」, 『1920년대 문학의 재인식』, 『상허학보』 7, 깊은샘, 2001; 이봉범, 「1920년대 부르주아문학의 제도적 정착과 『조선문단』」, 『민족문학사연구』 29, 소명출판, 2005 참조.

312) 이경돈, 「『조선문단』에 대한 재인식」, 『1920년대 문학의 재인식』, 『상허학보』 7, 깊은샘, 2001, 95면.

과 유리되어서는 문학의 생존이 불가능할 수 있다는 위기의식의 산물로 볼 수 있다. 주목할 점은 『조선문단』의 매체적 특성과 지향이 『개벽』과 밀접한 상관을 보인다는 것이다. 대중성과 개방성은 『개벽』의 편집원리이자, 곧바로 문학적 지향 내지 생성원리이기도 한 때문이다. 특히 『조선문단』이 "신문학사상 첫번의 문단 저어널리즘지"[313]라는 평가를 듣게 된 데에는 『개벽』의 경험이 결정적 역할을 한 것으로 보인다. 이전 시기에 존재했던 동인지들은 대중화에 있어 별다른 도움을 줄 수 없었던 반면, 『개벽』은 1920년대 중반까지 대중적 각광을 받아왔던 존재로서 대중화를 지향하는 『조선문단』의 전범이 될 수 있었기 때문이다.

즉 『조선문단』을 주도했던 방인근은 『개벽』의 대중적 성공과정을 지켜보았던 인물로 여기서 얻어진 경험을 『조선문단』에 적용했을 가능성이 높다. 실제로 『조선문단』은 「문사들의 이모양 저모양」·「조선문사투표」·「제가의 연애관」 등 다양한 흥미유발성 기사를 통해 "상업성과 문학성 사이에서 절묘한 줄타기를 시도"하고 있는데, 이는 『개벽』이 독자투고나 지방통신란의 신설, 조선10대위인투표, 전래동화모집 그리고 조선13도호의 발간 등을 통해 독서대중의 관심을 환기했던 방식을 모방한 것이라고 할 수 있다. 『조선문단』이 현상문예와 외국문학의 소개에 관심을 기울이고 있는 형국도 비슷한 맥락에서 이해할 수 있다. 이 또한 『개벽』이 창간 초기부터 문학의 대중화란 차원에서 지속적인 노력을 경주했던 영역인 것이다.[314]

매체적 특성 다음으로 주목되는 것은 『조선문단』의 작품 경향이다. 『조선문단』의 작품 경향은 크게 두 가지로 나누어 볼 수 있다. "궁핍과 가난의 생존문제를 중심으로 한 최서해류의 작품들"과 "욕망의 실체를 확인하고자 한 채만식류의 작품들"이 그것이다. 문제는 이들이 사회와

313) 백철, 『신문학사조사』, 신구문화사, 1997, 328면.
314) 『조선문단』의 주체들이 유통망의 건설에 적극적이었던 데에는 『개벽』의 성공적 선례가 영향을 미쳤다.

개인이라는 서로 다른 범주를 형상화하고 있지만 세계와 주체에 대한 '객관적 시선'을 확보했다는 사실이다. 즉 전자가 궁핍과 가난이라는 보편적 생존문제를 통해서 실제의 세계를 형상화하는 것이나, 후자가 자신의 욕망을 객관적으로 관찰함으로써 내면에 대한 관념적 환상을 부정한 것은 한 뿌리에서 시작된 두 과정인 셈이다.[315)]

이 '객관적 시선'이 동인지문학이 보여준 과도한 주관성에 대한 반성의 산물임은 분명하다. 『백조』의 해체과정에서 드러나듯이 이는 "예술을 위한 예술, 퇴색되어 가는 상아탑"에 대한 비판이자, 동시에 "사물에 대한 객관적 성찰"의 결과이기 때문이다. 문제는 동인지문학이 이런 새로운 흐름, 즉 문학의 객관성과 보편성의 향상을 자체적으로 추동할 힘이 없었다는 데 있다.

> 예술에 대한 예술, 퇴색되어 가는 상아탑(象牙塔)에 만족을 얻지 못한 만큼 사물에 대한 객관적 성찰이 성장하기 시작했다. 내 자신도 급격한 예술상・사상상 변화와 현실의 새로운 정당한 인식이 시작되었다. 김(金)군과 나는 "개벽"지로 필단(筆端)을 옮기고 말았다. 여기서부터 신경향파문학이라는 한 매개적 단계가 시작되었다.[316)]

자신도 급격한 예술상・사상상 변화를 경험해야 했다는 월탄의 언급에서 드러나듯이, '객관정신'의 성장은 외적 충격의 결과이지 자가발전이 아니었다. 『개벽』과 그 문학이 중요한 것은 바로 이 대목이다. 『개벽』은 1920년대 초・중반 조선사회의 저변에 흐르는 객관현실에 대한 관심을 응축하고 있었으며, 이를 문학적으로 전환시키는 데 있어서도 주도적 역할을 했다. 최서해의 문학이 박달성・현진건 등으로 대표되는 『개벽』의

315) 『조선문단』의 소설경향에 대해서는 이경돈(「『조선문단』의 재인식」, 『1920년대 문학의 재인식』, 『상허학보』 7, 82~93면)의 논지를 대체적으로 수용했음을 밝힌다.
316) 박종화, 「백조－화려했던 시절」, 『조선일보』, 1933.9.14; 윤병로, 『박종화의 삶과 문학』, 성균관대 출판부, 1992, 116~117면 재인용.

문학 경향의 연장선에 있다는 것, 그리고 이것이 객관현실의 사실적 재현이란 문맥에 놓인다는 것은 『개벽』이 『조선문단』과 '객관정신'이란 차원에서 얽혀 있음을 명증하게 드러내는 사례라 할 것이다.

채만식류의 소설 경향도 비슷한 맥락에서 이해될 수 있다. 객관현실의 사실적 재현에서 비롯된 객관정신은 내면에 이르러서는 필연적으로 관념성(주관성)을 제거하는 방식으로 작동하겠기 때문이다. 과도한 주관성 제거의 대표적 방식이 욕망에 '육체'를 돌려주는 것인바, 김태수의 「과부」·한병도(한설야)의 「주림」·채만식의 「세길로」 등은 『조선문단』의 문학이 선악(성속)의 이분법을 넘어 인간의 욕망을 탐색하고 있음을 보여준다. 이들 작품이 남녀의 육체적 관계를 생생하게 그렸던 방정환의 소설 「그날밤」과 동궤에 있음은 물론이다.

필자는 『조선문단』이 보여준 문학적 성취의 저변에 『개벽』과 그 문학이 일군 성과들이 소중한 거름이 되었음을 말하는 것이지, 그 이상도 이하도 아니다. 상반기 『개벽』과 신경향파문학의 관계 또한 마찬가지다. 이념성과 양식의 차원에서 하반기 문학과 밀접한 연관을 가진 『개벽』의 상반기 문학을 『신생활』·『공제』 등과 함께 신경향파문학의 전사(前史)로서 인정해야 한다는 것이다.[317] 물론 이것은 상반기 『개벽』의 문학을 구체적 실체로서 인정하는 것으로, 이는 『개벽』의 문학적 위상과 직결되는 것이라고 할 수 있다.

더구나 『개벽』이 『조선문단』이나 '신경향파문학'과 '프로문학'으로 이어지는 1920년대 중반 이후의 문학사적 과정을 해명하는 중요한 계기를 내포하고 있다는 점에서 이는 『개벽』의 문제일 뿐만 아니라 문학사의 문제라고도 할 수 있다. 특히 『개벽』은 다양한 문학사적 과제, 예를 들어 매체와 문학의 상호관계, 문학장르간의 상호교섭, 우리 문학의 사실주의

317) 가령 장사선은 『신생활』의 계급문학적 면모를 바탕으로 프로문학의 기점을 1922년으로 소급시켜야 한다고 주장한다. 장사선, 「프로문학의 기점은 1922년 『신생활』 창간으로 소급돼야 한다」, 『문학사상』, 2001 참조.

전통, 나아가 문학과 정신사의 교섭 등을 해명하는 데 있어 풍부한 실사(實事)를 제공할 수 있는 존재이다. 따라서 『개벽』에 대한 관심과 접근이 곧바로 문학사의 장에 들어섬을 의미한다는 것은 지나친 표현이 아니다.

제6장 맺음말

이 책은 1920년대의 '미디어적 중심'이자 '시대의 총아'였던 잡지 『개벽』이 한국 근대지성사에 기여한 바를 탐색하여 그 위상을 정립한다는 목표 아래 네 개 부문을 집중적으로 고찰했다. 그 중 하나가 『개벽』과 식민체제의 역학 관계를 조명하는 것으로 '검열의 문제'가 핵심 사안이었다. '40회 압수와 정간 1회와 벌금 1회'로 상징되는 탄압의 역사 속에서 『개벽』은 그 자체로 생생한 검열의 '현장기록'이라는 의미를 가질 만했다. 특히 국립중앙도서관과 세종대 그리고 아단문고 등에 산재한 『개벽』 원본들에는 일제의 검열 흔적이 또렷이 남아 있었다. 이런 점에서 『개벽』은 일제강점기 검열사(檢閱史)를 복원하는 데 없어서는 안 될 귀중한 존재라고 할 수 있다. 아울러 검열의 양상을 생생하게 담지하고 있고 따라서 여타 매체의 검열양상을 견주어 볼 수 있다는 점에서 검열의 '준거'

로 볼 수 있다.

둘째는 『개벽』의 재생산 시스템을 구명하는 것으로 유통망을 분석하고 핵심독자층을 밝히는 것이 핵심 과제였다. 『개벽』이 평균 8,000~9,000부를 발행하여 최대 수만 이상의 고정독자를 갖는 지명도 있는 매체로 성장했고, '52개지사—62개분사'로 이루어진 전국적 유통망이 그 핵심 토대였다는 것, 아울러 『개벽』 유통의 핵심 담당층이자 주요 독자층이기도 한 청년 · 학생층의 전폭적 지지가 그 저변을 이루고 있었다는 사실을 규명했다. 『개벽』이 보여준 재생산체계의 힘과 역동성은 한국 근대 잡지사에 전무후무한 것이라는 점에서 『개벽』은 출판 · 유통사(流通史)에 빠져서는 안 되는 존재라고 평가할 수 있다. 아울러 『개벽』을 통해 일제강점기 서적 유통의 주요 모드(mode)를 파악할 수도 있을 것이다.

또 하나는 『개벽』의 근대기획 및 미디어적 전망을 조명하는 것으로, 편집체계 분석을 통해 『개벽』의 내용과 이념을 재구하는 것이 주요 과제였다. 편집이 근대지식의 '구획과 배치'라는 점에서 『개벽』을 통해 근대지식의 '총체'적 '상'을 되짚어 보았고, 그 하나인 '사상'(논설)부문을 통해서 『개벽』의 사상적 흐름을 조망해 보았다. 『개벽』의 근대(지식) 배치가 '계몽성 · 대중성 · 현실성'이란 원리에 의해 조정되었고, 기본적으로 논설(계몽성)을 잡문과 문학(대중성 · 현실성) 등이 보완하는 방식을 취했다는 것 등은 새로운 사실이었다. 또 1923년 7월을 전후하여 『개벽』의 논조가 급격히 사회주의로 흐르고, 이것이 『개벽』 내적인 사상투쟁의 결과이기도 했다는 사실은 놀라웠다. 특히 『개벽』이 출발부터 사상분화의 씨앗을 가지고 있었고, 이는 이돈화 · 김기전 · 방정환 등의 핵심 주체들의 적극적 '사회주의 수용'으로 구체화되었다는 사실은 주목할 만한 것이었다. 이는 『개벽』이 당대 지성사 전반에 걸쳐 '전방위적 여론'을 주도했다는 평가를 확인하는 것이자, 『개벽』이 한국 근대사상사 재구에 빠져서는 안 되는 대상임을 분명히 하는 것이다.

마지막으로는 『개벽』의 문학사적 위상을 정립하는 것으로, 상반기 『개벽』의 문학적 실체를 확인하는 것이 핵심 과제였다. '담론・양식・리얼리티'의 측면에서 종합적으로 진행된 작업은 『개벽』이 문학대중화를 선도했고, 계몽담론에 기초한 양식실험(기록서사)을 진행했으며, 이를 통해 동인지문학이 보여줄 수 없었던 '리얼리티'의 경지를 개척해 나갔음을 밝혔다. 아울러 이것이 '새로운 문학'을 꿈꾸었던 주체적 노력 위에서 자연스럽게 '신경향파문학'과 맥락이 닿게 됨을 살폈다. 요컨대 방정환・박달성・현진건으로 대표되는 상반기 『개벽』의 문학은 '양식'과 '리얼리티'의 측면에서 '신경향파문학'의 전사(前史)로서의 의미를 지닌다는 것이다. 이처럼 『개벽』이 근대문학의 저변을 확장시켰고, 그 리얼리티의 향상시켰으며, 나아가 『조선문단』과 함께 1920년대 중반 문학을 이끌었다는 사실은 『개벽』이 근대문학사의 핵심 대상으로서 손색이 없음을 입증하는 것이다.

이 책이 애당초 기획한 취지에 어느 정도 다가섰는지는 알 수 없다. 『개벽』이 담고 있는 '지성사의 전면'을 고르게 훑은 것도 아니요, 선택된 몇몇 분면은 필자가 보기에도 다루는 깊이가 일정치 못하기 때문이다. 그 중에서도 4장과 5장은 아쉬움이 많이 남는다. 4장이 근대지식의 배치문제와 관련하여 좀더 완숙한 모양새를 갖추려면 기사 내용을 현재처럼 '대분류'하는 것이 아니라 '세분류'로 해야 할 필요가 있다. 예를 들어 '논설'의 경우 '정치・사상・경제' 등의 분류에 그치는 것이 아니라 담론별・논자별 분류로 나아갈 필요가 있다. 그래야 최근 학계의 인문학 관련 연구에서 보여지는 다양한 시각들을 『개벽』 연구가 받아안을 수 있을 것이다. 5장에서 '신경향파문학'을 본격적으로 다루지 못한 것은 한계가 아닐 수 없다. 당연히 '신경향파문학'과 관련한 기존 연구의 다양한 성과들을 고르게 담아 내지 못한 것도 문제라고 할 수 있다. '신경향파문학'이란 범주 자체의 모호함과 광범위함이 이에 다가서지 못하게 한 가장 큰 이유라고 할 수 있을 것이다. 이런 모든 한계와 문제점은 추후 필자의 과제로 남긴다.

『개벽』 총목차(1~72호 2,074개 기사)

『개벽』 총목차(1~72호 2,074개 기사)

일러두기

1. 각호 목차에 게재된 2,074개의 기사를 기본으로 했다.
2. 삭제된 기사라도 목차에 있으면 반영했다.
3. 삭제되고, 목차에도 없지만 게재가 확실했던 기사(편집후기나 사고 등 참조)는 목록에 넣었다.
4. 최근에 확인된 2개의 기사는 본문의 통계에는 반영하지 못했고, 목록에는 수록하였다.
5. 책에 사용된 모든 통계와 표들은 이를 바탕으로 작성되었다.
6. 저자-기사명-기사분류-세부분류-면수 순으로 배열했다.
7. 저자명은 각호 목차를 따르되, 실명이 확인된 경우는 필명 뒤에 (*)를 달았다.
8. (*)가 붙은 필명의 본명을 확인하고자 할 때는 부록 「『개벽』 필명 색인」을 참조할 것.
9. 저자명 '미상'이나 '일기자' 중에서 실명이 확인된 경우 실명으로 적고, 실명 뒤에 (*)를 달았다. 이 경우, 기사명 끝에 〈* 일기자〉, 〈* 미상〉 등을 표시했다.
10. 기사명의 〈 〉는 기사에 있는 내용을 부기한 것이고, ( )는 필자의 해설을 부기한 것이다.
11. 면수에서 '문'은 문예면의 면수를, '창'은 창작면의 면수를, '도'는 도호면의 면수를 가리킨다..
12. 『개벽』 원본과 영인본을 근거로 작성했다.

<1호>1920.6.25.

저 자	기사명	기사분류	세부분류	면수
①노수현,	구회〈심산, 노수현의 개척도〉	미술	그림	000
①미 상,	개벽1	선언	선언	001
①미 상,	창간사	창간사	창간사	002
①미 상,	세계를 알라〈사설〉	논설	시대	003
①이돈화,	최근 조선에서 기하는 각종의 신현상〈종교, 청년회〉	논설	세평	014
①잔 물,*	어머님, 신생의 선물〈타골집에서〉(2편)	문예	시(역)	021
①박달성,	시급히 해결할 조선의 이대과제	논설	교육농촌	023
①박영효,	개벽의 창간을 문하고	축사	축사	030
①소 춘,*	력만능주의의 급선봉〈소춘, 니체선생을 소개함〉	인물	평전	032
①케이불,	개벽 편집자에게	축사	편지	038
①야 뢰,*	인내천 연구	종교	천도교	039
①권덕규,	자아를 개벽하라	논설	사상	050
①이동원,*	필두에 임한 감〈이동원〉	잡문	잡문	053
①대갈생,*	좀, 그러지 말아 주셔요	잡문	세평	058
①일 웅,*	단군신화	종교	단군	061
①이이은,	우사	잡문	자아	064
①우영생,	근대노동문제의 진의	논설	노동	067
①차상찬,*	한시, 〈경주회고, 남한산성〉(2수) 〈삭제〉	문예	시(한시)	072
①생 암,	개벽군에게〈생암=성암〉	축사	편지	073
①박용회,	우주개벽설의 고금〈고금의 개벽설〉	과학	우주과학	075
①오태환,	급변하여가는 신구사상의 충돌	논설	사상	080
①노 월,*	사의 찬미 (1편)	문예	시	085

①청 우,*	자연의 느낌(푸름벗, 1편)	문예	시	086
①유두찬,	금후의 조선공업〈공우구락부 의사원〉	논설	산업	087
①현 파,	데모크라사의 약의	논설	사상	093
①미 상,	태양열의 연구	과학	천문학	097
①ㅅㅎ생,	경성 P형에게	문예	편지	102
①유홍종,	위생안으로 본 2대해악〈홍제의원장〉	의학	위생	108
①김기전,	의식의 구속보다도 애정-그대로	문예	수필	112
①민 휴,	개벽 축사〈밀러 휴, 대영국성서공회〉	축사	편지	116
①민석계,*	칠난기〈미완, 신밧드의 모험〉	문예	소설(역)	117
①ㄷㅅ생,*	숙시숙비(T.S생)	문예	수필	123
①강아지,*	동무들에게	문예	시	126
①미 상,	소화〈교훈적 우화〉	잡문	우화	128
①효 종,*	소설개요	문예	소설론	131
①목 성,*	유범 〈牧星〉	문예	소설	139
①현 철,*	격야(각본, 투르게네프, 남산정웅 각색)	문예	희곡(역)	151

<2호>1920.7.25.

저 자	기사명	기사분류	세부분류	면수
②강 발,	구회(낙장)	미술	글씨	000
②이돈화,	세계 3대문제의 파급과 조선인의 각오여하(사설)	논설	노,부,인	002
②이돈화,	최근 조선사회운동의 이삼(미완,교육, 노동)	논설	교육노동	018
②박달성,	급격히 향상되는 조선청년의 사상계	논설	사상	025
②송순기,	고려의 대인물 김방경씨를 논함 〈호 勿齋〉	인물	평전	031
②강아지,	탐낭으로부터	문예	수필	037
②푸름벗,*	개벽의 아침〈푸름벗=청우〉(1편)	문예	시가	040
②오상준,	개벽이여〈호: 玉泉〉	축사	편지	041
②장도빈,	사상의 통일을 망함(삭제? 목록에 없음, 43-44면)	논설	사상	043
②박사직,	조선사회의 수양문제	논설	사상	045
②미 상,	풋사랑 (1편)	문예	시가	050
②김소춘,*	장유유서의 말폐-유년남녀의 해방을 제창함	논설	사상	052
②백두산인,*	구라파멸망설(1, 미완)	과학	지구과학	059
②야 뢰,*	인내천의 연구(속)-종교개혁의 필요	종교	천도교	064
②묘향산인*	신-인생표의 수립자(니이체선생 속)	인물	평전	073
②이동원,*	상징적 생활의 동경〈이동원〉	문예	수필	079
②미 상,	행운유수	잡문	만평	084
②이준석,	현대노동계급의 운동별견	논설	노동	088
②노덧물,*	화장사의 아침(노덧물)	문예	기행	089

②고　접,	개인주의의 약의	논설	사상	091
②외　돗,*	「나」라는 것을 살리기 위하야〈동초형에게〉(외돗)	잡문	편지	098
②T　S생,*	농촌의 홍성두군을 소개함(K형에게 편지글)(TS생)	잡문	편지	102
②박용회,	웅변묘법(웅변술)	웅변술	웅변	110
②석　계,	남극탐험대의 대비극	과학	탐험	117
②효　종,*	소설개요〈속〉	문예	소설론	123
②민영순,	홍수중용산, 증용담연원각교종파제군〈호:석계〉(2수)	문예	한시	130
②해북생,	병우〈소설〉	문예	소설	131
②현　철,*	격야〈각본, 1막속〉	문예	희곡(역)	143

<3호>1920.8.25.

저 자	기사명	기사분류	세부분류	면수
③노수현,	구회〈농가의 아침〉〈호 : 心汕〉	미술	그림	000
③미　상,	사진〈김옥균선생의 초상〉	사진	사진	000
③미　상,	오인의 신기원을 선언하노라〈사설〉	논설	사상	001
③이돈화,	신시대와 신인간(개조론)	논설	사상	015
③창해거사,	가족제도의 측면관(가족제도의 문제점)	논설	가족, 여성	023
③묘향산인,*	조선여자의 금후행로(여성 문제)	논설	여성	029
③황석우,	미소의 화여〈시〉(1편)	문예	시	034
③박춘파,	사회이면의 종횡기(부호와노동자의 생활대조)	논설	세평	036
③구암산인,*	충달공 김옥균선생(평전)	인물	평전	041
③백두산인,*	일반의 기대하에 입한 이대청년단체(무공)	논설	청년운동	057
③미　상,	오이겐박사의 독일자랑〈초역〉	해외문화	독일	062
③야　뢰,	인내천의 연구〈속〉	종교	천도교	071
③고　접,	사회주의의 약의	논설	사상	075
③새　봄,	해학(12제)	잡문	유머	078
③박용회,	자연과학에 대한 인생관	과학	인생관	080
③노자영,	한문학의 이야기(한문학에 대한 관심)	문예	한문학	085
③잔　물,*	어린이노래〈불켜는 이〉(번역일 가능성, 1편)	문예	동요	088
③이준석,	생활의 개조와 애(개조론)	논설	사상	090
③ㄷㅅ생,*	대경축시의 감으로 ㄷ형에게 올림	잡문	편지	092
③우영생,	막쓰와 유물사관의 일별	논설	사상	098
③현　철,	서호수반의 애화(편지글+설화)	문예	설화	101
③상해우객,	상해의 해부	보고	보고	106
③일기자,	삼십일간의 오천년(일지)	잡문	일지	110
③무　공,*	구라파멸망설(속)(백두산인=무공)	과학	지구과학	115
③강아지,	미인아	문예	수필	117

저자	기사명	기사분류	세부분류	면수
③소 춘,*	왈 악이라 시하언야〈소춘=김기전〉	문예	수필	119
③효종생,*	현당독폐〈제2설 소설연구법〉	문예	소설론	123
③빙허생,*	행복〈소설, 아르치바새푸 원작〉	문예	소설(역)	130
③현 철,	격야〈각본, 제2막1장〉	문예	희곡(역)	137

<4호>1920.9.25.

저 자	기사명	기사분류	세부분류	면수
④미 상,	평화의 조〈서양명화〉	미술	그림	000
④미 상,	인도정의발전사로 관한 금일이후의 모든 문제	논설	사상	002
④이돈화,	조선신문화건설에 대한 도안	논설	사상	009
④묘향산인,*	종래의 효도를 비판하야써 금후의 부자관계를 성언함	논설	사상	017
④춘 성,*	가을 (1편)	문예	시	027
④장응진외,	제명사의 조선여자해방관(20인의 답변)	잡문	문답	028
④야 뢰,	인내천의 연구〈속〉	종교	천도교	046
④정인규,*	이십세기정치의 원리〈호, 東湖〉	논설	정치	051
④노자영,	영기의 함양	잡문	정신건강	055
④유홍종,	민세학상으로 보는 조선민족(출산사망율비교)	의학	위생	063
④민영순,	충달공실기의 거듭(3호의 연속)〈석계〉	인물	평전	067
④새 봄,	「칸트」의 영원평화론을 독함	잡문	평화론	077
④황석우,	발 상한 순례의 소녀〈문산역을 지나다가〉(1편)	문예	시	082
④묘향산인,*	중국문학의 가치를 논함	문예	중국문학	083
④유두찬,	농공업상으로 본 반도 경제계〈… 생활난의원인〉	논설	경제론	091
④박길서,	한시(6수)	문예	한시	096
④박근파,	생물의 노동성(개체는 전체에 봉사)	생물학	동물학	097
④한 별,*	가을한숨〈궁농가〉(1편)	문예	시	100
④석 계,	화성에 서식하는 칠동물	과학	화성	102
④미 상,	미인 신우레열 씨의 단식요법	의학	건강	105
④삼부생,	가을과 농촌(농촌생활의 멋과 풍치 소개)	문예	수필	109
④양백화,*	지이록〈양백화〉	잡문	만담	113
④천 우,	상해로부터 한성까지(꿈에 고향가는 이야기)	문예	수필	115
④소 파,	추창수필〈소파〉(수필이란 명칭이 처음 사용)	문예	수필	123
④저 암,*	기암괴석	잡문	만담	127
④일기자,	위인의 사자후〈기일〉(마호메트와 루터)	인물	평전	131
④목춘학인,	개벽사동인제형!!!(납부기일 연기호소문)	잡문	호소문	133
④효종생,	현당독폐〈소설연구법 속〉	문예	소설론	135
④빙허생,*	석죽화〈전쟁소설, 독일 쿠르 트 뮌첼 작〉	문예	소설(역)	138
④현 철,	격야〈각본, 번역〉	문예	희곡(역)	143

<5호>1920.11.1.

저 자	기사명	기사분류	세부분류	면수
⑤미 상,	구회〈유렵, 사진?〉	사진	사진	000
⑤미 상,	권두사〈개벽제 5호:널리봅시다〉	선언	선언	001
⑤이돈화,	조선인의 민족성을 논하노라	논설	개조론	002
⑤창해거사,	외래사상의 흡수와 소화력의 여하	논설	개조론	011
⑤김기전,	농촌개선의 긴급동의〈미완〉	논설	농촌문제	016
⑤박달성,	세계와 공존키 위하야 교육문제를 재론하며…	논설	교육	022
⑤한 별,*	새상놈 새량반 (1편)	문예	시가	030
⑤저 암,*	제사문제를 기회로 하야 영혼문제를 일언하노라	논설	종교, 영혼	032
⑤백두산인,*	홍경래와 전봉준	인물	평전	039
⑤야 뢰,	인내천의 연구〈야뢰〉	종교	천도교	048
⑤양백화,	호적씨를 중심으로 한 중국의 문학혁명〈미완〉	문예	문학론	053
⑤묘향산인,*	근대주의의 제일인 루소선생	인물	평전	062
⑤오상순,*	신시〈의문, 구름, 창조, 어느 친구에게〉(6편)	문예	시	077
⑤일기자,	인류학에 대한 개념	과학	인류학	078
⑤강인택,	나의 본 조선습속의 이삼	논설	풍속	081
⑤신태악,	제명사의 조선여자 해방관에 대한 여의 의문	논설	여성	087
⑤황석우,	최근의 시단〈양명, 보성, 요한, 춘원, 춘성〉	문예	월평	089
⑤강아지,	나의 귀와 불평의 소리	문예	수필	095
⑤편집실,	독자교정란(독후감, 작품)	문예	독자투고	099
⑤김원태,	산아이거든 풋쏠을 차라	체육	축구	104
⑤민영순외,	한시〈목춘학인, 장소석, 묵제〉(4수)	문예	한시	108
⑤잔 물,*	망향〈재강호, 잔물〉(1편)	문예	시	110
⑤소 춘,*	위인의 사자후〈소춘, 기이〉	인물	평전	112
⑤박춘파,*	청추의 소요산〈박춘파〉	문예	기행	115
⑤춘 성,*	어둔운 밤 (1편)	문예	시	119
⑤효종생,	현당독폐〈희곡의 개요〉	문예	희곡론	121
⑤현진건,	희생화〈빙허〉	문예	소설	125
⑤현 철,	격야〈각본, 3막〉	문예	희곡(역)	143

<6호>1920.12.1.

저 자	기사명	기사분류	세부분류	면수
⑥노수현,	세모〈심산〉	미술	그림	000
⑥미 상,	권두언〈개벽6호〉 해는 저물도다	선언	선언	001
⑥이돈화,	경신년을 보내면서	논설	사상	002
⑥백두산인,*	문화주의와 인격상평등	논설	개조론	010

⑥김기전,	농촌개선에 관한 도안〈완〉	논설	농촌	014
⑥장응진외,	각지청년단체에 대한 현대 명사의 요구(16인)	논설	청년회	025
⑥야 뢰,	인내천의 연구〈속〉	종교	천도교	045
⑥묘향산인,	근세 철학계의 혁명아 쩨임쓰 선생	인물	평전	049
⑥안창남,	오구리비행장에서	문예	수필	055
⑥일기자,	경신년의 거듬〈상〉	잡문	일지	060
⑥효종생,	현당독폐〈희곡의 개요〉	문예	희곡론	069
⑥미 상,	신문사 사환으로 대통령이 되기까지	잡문	기사	075
⑥지 강,	한시〈감음 육절〉(지강유고, 1수, 9연)	문예	한시	076
⑥양백화,	호적씨를 중심으로 한 중국의 문학혁명〈미완〉	문예	문학론	077
⑥황석우,	희생화와 신시를 읽고	문예	평론	088
⑥현 철,	비평을 알고 비평을 하라	문예	평론	092
⑥편집실,	독자교정란	문예	독자투고	104
⑥박춘파,	심추와 나의 동정 가는 곳	문예	수필	111
⑥김석송,	이향 (1편)	문예	시	114
⑥매화랑,*	상해에서 금릉까지〈江南賣畵郎〉(화가?)	문예	기행문	117
⑥목 성,	그날밤〈소설〉〈牧星〉	문예	소설	127
⑥현 철,	격야〈각본〉	문예	희곡	140

<7호>1921.1.1.

저 자	기사명	기사분류	세부분류	면수
⑦이조조외,	〈계림고사, 호적의 글, 손병희, 박영효 등 사진〉	미술	그림, 사진	000
⑦미 상,	권두언〈개벽7, 년두사〉	선언	선언	001
⑦김기전,	계명 이기하야	논설	사상	002
⑦창해거사,	대식주의를 논하노라〈기일〉	논설	사상	009
⑦김윤식,*	유림계를 위하야〈운양〉	논설	유교	016
⑦이상재,	종교계를 위하야	논설	종교	017
⑦석진형,	실업계를 위하야	논설	경제계	018
⑦윤익선,	세계아의 지위에 입하야써 온갖 사업에 하수하라	논설	사상	022
⑦박달성,	신년개량의 제일착으로 조선의 의식주를 거하노라	논설	의식주	023
⑦일기자,	미신의 감투를 벗으라	논설	미신	029
⑦이돈화,	조선청년회연합회의 성립에 취하야	논설	청년회	033
⑦묘향산인,*	농촌청년회의 설립을 촉함	논설	청년회	040
⑦이돈화,	세배들입니다〈학생이 선생에게, 머슴군이 주인에게〉	잡문	새해인사	046
⑦목 성,	은파리〈사회풍자〉(1)	문예	소설	052
⑦창해거사,	근화삼천리를 답파하고서〈남북선의 현재 문화정도〉	잡문	문화보고	061
⑦소 춘,*	궁예왕의 옛서울을 밟고	문예	기행	070

⑦야 뢰,	인내천 연구〈기칠, 의식상으로 관한 자아의 관념〉	종교	천도교	073
⑦유두찬,	조선제마사업과 그 남루이용책(의복)	논설	의복산업	077
⑦박춘파,*	겨울의 농촌생활을 들어써〈편집실에 계신 H형에게〉	문예	수필기행	083
⑦일기자,	경신년의 거둠〈하〉	잡문	일지	090
⑦권덕규,	상하칠십일신유(역사)	역사	일지	102
⑦일기자,	육십년전의 신유년(역사)〈김윤식,이상재 술〉	역사	풍속	105
⑦미 상,	신유생과 인물(손병희, 박영효 외 2명)	잡문	인물약력	108
⑦황석우,	주문치 아니한 시의정의를 일러주겠다는 현철군에게	문예	논쟁	111
⑦김유방,*	「비평을 알고 비평을 하라」를 읽고	문예	논쟁	117
⑦편집실,	독자교정란	문예	독자투고	119
⑦이관선,	취운도서관송 소서	문예	한문글	124
⑦효종생,	현당독폐〈희곡의 개요〉	문예	희곡론	125
⑦현 철,	근대문예와 입센	문예	문학론	129
⑦양백화,	호적씨를 중심으로 한 중국의 문학혁명	문예	문학론	139
⑦S.P 생,*	달밤에 고국을 그리우며〈동경에서〉	문예	수필	145
⑦보월생,	설월과 가티 (1편)	문예	시	149
⑦목 성,	그날밤〈소설, 차호완결〉〈牧星〉	문예	소설	151
⑦현진건,	빈처〈소설〉	문예	소설	161
⑦가자봉인,*	이향의 루	문예	소설	174
⑦현 철,	격야〈각본〉	문예	희곡	181
⑦미 상,	대한지후〈호구수, 잡지, 단체, 전국청년회〉	잡문	보고	189
⑦미 상,	미술 월력(달력, 부록)	부록	달력	000

<8호>1921.2.1.

저 자	기사명	기사분류	세부분류	면수
⑧미 상,	구회〈고종태황제어진영, 천도교회신축경성교당〉	사진	사진	000
⑧미 상,	권두언〈개벽 8, 활동은 오인의 운명〉	선언	선언	001
⑧이돈화,	민족적 체면을 유지하라	논설	개조론	002
⑧김기전,	경제적 관념의 희박을 시우하노라	논설	경제론	010
⑧윤익선,	청년단체에 대한 나의 요구	논설	청년회	022
⑧창해거사,	취직난을 여하히 해결할가	논설	경제	024
⑧강인택,	역사적으로 본 과학과 미신〈미완〉	논설	미신론	030
⑧백두산인,	과학상으로 본 생노병사	의학	생명론	038
⑧노자영,	여성운동의 제일인자 엘렌케이〈이하는 차호에〉	인물	평전	046
⑧야 뢰,	의문자에게 답함	종교	천도교	054
⑧목 성,	은파리〈사회풍자〉(2)	문예	소설	059
⑧박춘파,	현해의 서로 현해의 동에〈박춘파, 일기중〉	문예	수필	065

⑧묘향산인,	상지여감지극	논설	사상	071
⑧저　암,	아불리가주는 제2의 월	과학	지구과학	075
⑧일기자,	사회의 성	시사	세평	080
⑧일기자,	동양의 선성후신〈위인의 사자후, 기삼〉(최제우)	인물	평전	085
⑧C.M생,	간과하지 못할 최근 조선무역의 특징	논설	경제	090
⑧노덧물,*	한자의 사전(희한한 우리말 뜻풀이)	언어	사전	094
⑧김석송,	죽음의 미 (1편)	문예	시	100
⑧춘　성,	애인의 그림자〈춘성〉(1편)	문예	시	103
⑧서사가,	경주고시 〈徐四佳〉(4수)	문예	한시	104
⑧편집실,	독자교정란	문예	독자투고	105
⑧효종생,	현당독폐〈문학에 표현되는 감정, 미완〉	문예	문학론	111
⑧양백화,	호적씨를 중심으로한 중국의 문학혁명〈완〉	문예	문학론	116
⑧김유방,	우연한 도정에서(편지글)	문예	평론	123
⑧현　철,	소위 신시형과 몽롱체〈미완〉(논쟁)	문예	평론	127
⑧목　성,	그날밤〈소설, 종편〉〈牧星〉	문예	소설	133
⑧현　철,	격야〈각본, 제5막〉	문예	희곡	141

<9호>1921.3.1.

저　자	기사명	기사분류	세부분류	면수
⑨미　상,	대만생번의 남, 녀, 대만번인의 연무, 기직〈구회〉	사진	사진	000
⑨미　상,	권두언〈개벽9호, 우리에게 진인이 있는가〉(삭제)	선언	선언	001
⑨이돈화,	민족적 생명에 집착하라(삭제)	논설	사상	002
⑨김기전,	아니여쓸수 업사와(부분삭제)	논설	사상	011
⑨박달성,	동서문화사상에 현하는 고금의 사상을 일별하고〈尖〉	철학	사상	018
⑨창해거사,	손문학설인 「행이지난」설을 독하다가	논설	사상	026
⑨강인택,	역사상으로 본 과학과 미신〈하, 완〉	논설	미신론	039
⑨노자영,	여성운동의 제일인자 엘렌케이〈속〉	인물	평전	045
⑨야　뢰,	인은 과연 전지전능이 될가〈인내천 연구 기구〉	종교	천도교	051
⑨정창선,	과도기에 입한 여의 신운동	논설	개조론	055
⑨임노월,*	이단자의 경구〈임노월〉	문예	예술론	064
⑨강춘산,	동양도학의 체계여하〈상〉(도교와 유교)	철학	사상	065
⑨박춘파,	일본동경에 유학하는 우리 형제의 현황을 들어써	잡문	보고	081
⑨C.M생,	최근의 우리사회의 현상에 감하야	시사	세평	087
⑨우　정,	한시 (6수)	문예	한시	091
⑨박윤원,	대유잡감(대만인의 생활, 전쟁, 혼인)	잡문	기행	093
⑨일기자,	상원간친회석상에 제명사의 조선개조…(부분삭제)	논설	개조론	101
⑨목　성,*	은파리〈사회풍자〉	문예	소설	107

저자	기사명	기사분류	세부분류	면수
⑨편집실,	독자교정란	문예	독자투고	113
⑨효종생,	현당독폐〈문학에 표현되는 감정, 속완, 효종생〉	문예	문학론	119
⑨김유방초,	「톨스토이」의 예술관	문예	예술론	123
⑨김석송,	노후한 요람에서〈산문시〉(1편)	문예	시	132
⑨김동인,	전제자	문예	소설	134
⑨현 철,	격야〈각본격야종료〉	문예	희곡	147

<10호>1921.4.1.

저 자	기사명	기사분류	세부분류	면수
⑩한석봉,	구회〈한석봉 수필〉	미술	서예	000
⑩미 상,	권두언〈개벽제10호, 오로지 사회에 봉공하라〉	선언	선언	001
⑩김기전,	사회봉공의 근본의식	논설	사상	002
⑩이돈화,	사람 성의 해방과 사람 성의 자연주의	논설	종교사상	014
⑩강춘산,	동양도학의 체계여하〈중〉	철학	사상	022
⑩야 뢰,	「페이엘 빠하」의 「사람」론에 취하야〈야뢰〉	논설	사상	034
⑩백두산인,	사회현상개관〈유년교육, 부인교육, 금주문제 등〉	논설	시사	047
⑩SWJ생,*	농촌경제잡감(소작인, 쌀증산, 역둔토 문제 등〉	논설	농촌문제	057
⑩미 상,	사월의 고금	잡문	일지	061
⑩춘 파,	철창에서 느낀 그대로〈춘파=동경춘제편지〉(달성)	문예	수필	062
⑩정창선,	잠간, 철권에 녹은 슬었다(동경유학생의 감상)	문예	수필	065
⑩목 성,	은파리〈사회풍자〉	문예	소설	074
⑩최두선,	신필업생에게 일언을 기하노라(인격, 수양 당부)	논설	청년	078
⑩김응모외,	각전문학교졸업생과 그 입론(법률, 광업, 의학 설명)	논설	청년	081
⑩편집실,	교정란〈독자교정란을 개칭〉	문예	독자투고	103
⑩박의산,	나의 생활시에서 〈도회의 비, 악시 등〉(3편)	문예	시	105
⑩현 철,	문화사업의 급선무로 민중극을 제창함〈완〉	문예	희곡	107
⑩안 서,*	로덴빠흐「Georges Rodenbach」(퇴폐주의 시인)	문예	평전	115
⑩목 성,	깨여가는 길〈堺利彦의 작, 사회주의자의 탄생〉	문예	우의(역)	124
⑩주요섭,	치운밤〈소설〉	문예	소설	138
⑩편집실,	씃말(편집후기)	공고	공고	147

<11호>1921.5.1.

저 자	기사명	기사분류	세부분류	면수
⑪이도영,	이도영화백필〈호:관제〉	미술	그림	000
⑪미 상,	권두언〈개벽11호, 식자제위에게 탄원함〉	선언	선언	001
⑪김기전,	사회의 실상과 밋그의 추의에 착목하라	논설	사상	002
⑪이돈화,	생활상으로 관한 경제관념의 기초	논설	경제	011

⑪ 윤필균,	사회규범에 대한 의무관념의 기초(개인주의)〈북경〉	논설	사상	020
⑪ 묘향산인,*	사상계의 거성 쎄츄랜드 러셀씨를 소개함(개조론)	인물	평전	025
⑪ 강춘산,	동양도학의 체계여하〈下之一〉	철학	사상	039
⑪ 박노영,	미국의 부를 소개하야 본국동포의 각성을 촉함	논설	보고	052
⑪ 유두찬,	우리의 백의문제와 금후 반도의 염색공업을 논함	논설	의복	058
⑪ 조기간,	북청지방의 도청제도〈우리향토의 미풍양규 기일〉	잡문	보고	063
⑪ 미 상,	인류학계의 태두 「스타」박사의 조선관	잡문	보고	066
⑪ 미 상,	우리사회의 실상과 그 추이(각방면의 세평)	시사	보고	069
⑪ 청년회,	잡지 「서광」을 읽고 황석우군에게〈홍양청년회〉	문예	평론	080
⑪ 편집실,	독자교정란	문예	독자투고	087
⑪ 김유방,	개척생활	문예	수필	092
⑪ 이익상,	예술적 양심이 결여한 우리문단(문단평)	문예	평론	100
⑪ 김석송,	증조모의 묘하에서〈묘지1,2, 동지〉(4편)	문예	시	113
⑪ 성 해,*	빙허군의 「빈처」와 목성군의 「그날밤」을 읽은 (성해)	문예	평론	115
⑪ 안 서,	로덴빠흐「Georges Rodenbach」(퇴폐주의 시인)〈二〉	문예	평전	121
⑪ 보월생,	혁명의 제2년, 〈번역소설, 아나토올 후란쓰작〉	문예	소설(역)	131
⑪ 현 철,	하믈레트〈쉑슬피아 원작〉	문예	희곡(역)	137

<12호>1921.6.1.

저 자	기사명	기사분류	세부분류	면수
⑫ 미 상,	구회〈송하미인탄금, 그림?〉	미술	그림	000
⑫ 미 상,	권두언〈개벽12호, 영원의 생이냐? 영원의 사이냐?〉	선언	선언	001
⑫ 김기전,	맹종으로부터 타협에 타협으로부터 자주에	논설	사상	002
⑫ 박달성,	사회문제에 선하야 자아문제에 반하라 그리하야…	논설	사상	013
⑫ SWJ생,*	사회운동의 역사적 관찰과 현대사회운동의 일대진전	논설	사상	023
⑫ 윤익선,	엄격한 의미로 본 오인의 행복〈호 : 화곡〉	논설	사상	028
⑫ 강춘산,	동양도학의 체계여하〈하지이〉	철학	사상	032
⑫ 박사직초,	개조계의 일인 에드와드, 카펜타아를 소개함(개조론)	인물	평전	042
⑫ 묘향산인,	격변중에 있는 평북지방을 잠간보고(문화운동상태)	잡문	보고	057
⑫ 성관호,	나의 본 일본서울〈호 : 만송〉(동경의 풍속평가)	잡문	보고	066
⑫ 박춘파,	이상아의 초보〈일〉, 청년 김중식의 행로(대담형식)	잡문	대화체	072
⑫ 박노영,	미국학생의 자립성〈재미국〉, (경비, 고학상태, 편지)	잡문	보고	082
⑫ 목 성,	은파리〈사회풍자〉	문예	소설	086
⑫ 미 상,	유성(민영휘와 휘문고, 잡지구독자수 등)	잡문	보고	090
⑫ 김영창,	점구법〈재상해〉(문장부호풀이)	잡문	문장부호	091
⑫ 장도빈외,	제명사의 신조와 주장과 배척(현상윤, 김성수 등)	잡문	보고	097
⑫ 편집실,	독자교정란〈독자문단, 여사 조윤숙의 글 등〉	문예	독자투고	101

⑫ 안 서,	근대문예〈자연주의, 신낭만주의, 표상파시가〉	문예	사조론	006
⑫ 김석송,	무산자의 절규, 〈증조모의 묘하에서 抄出〉(5편)	문예	시	116
⑫ 임노월,	미지의 세계〈임노월, 대화〉	문예	대화	119
⑫ 양백화,	파수만초〈김취교전〉 중국소설〈양백화 초〉	문예	소설(역)	127
⑫ 석란생,	임상순 〈소설〉	문예	소설	136

<13호>1921.7.1. (일주년 기념호)

저 자	기사명	기사분류	세부분류	면수
⑬ 나혜석,	구회〈개척자〉	미술	그림	000
⑬ 이도영,	구회〈이것이 웬세상이야〉	미술	그림	000
⑬ 김윤식,	구회〈정돈건곤, 운양필〉	미술	글씨	000
⑬ 미 상,	권두언〈기념의 사〉	선언	선언	001
⑬ 이돈화,	혼돈으로부터 통일에	논설	사상	002
⑬ 김기전,	맹종으로부터 타협에 타협으로부터 자주에(12호동일)	논설	사상	013
⑬ 노 아,*	중추계급과 사회〈노아〉	논설	개조론	024
⑬ SWJ생,	사회운동의 역사적 관찰과 현대사회 (12호와 동일)	논설	사상	032
⑬ 강춘산,	동양도학의 체계여하〈하지이〉(12호와 동일)	철학	사상	037
⑬ 박사직초,	인생은 표현이니라, 카펜타아를 소개함(12호 동일)	인물	평전	047
⑬ 성관호,	나의 본 일본서울〈호: 만송〉(동경의 풍속평가, 12호)	잡문	보고	062
⑬ 박 야,	재만조선인사회의 과거와 현재와 장래	잡문	보고	068
⑬ 박윤원,	대만에서 생활하는 우리 형제의 상황	잡문	보고	075
⑬ 박노영,	미국학생의 자립성〈재미국〉, (12호와 동일)	잡문	보고	081
⑬ 김영창,	점구법〈재상해〉(문장부호풀이, 12호와 동일)	잡문	문장부호	085
⑬ 춘 파,	이상아의 초보〈일〉, (대담형식, 12호와 동일)	인물	대화체	091
⑬ 목 성,	은파리〈사회풍자〉(12호와 동일)	문예	소설	101
⑬ 장도빈외,	제명사의 신조와 주장과 배척(12호와 동일)	잡문	보고	105
⑬ 안 서,	근대문예(12호와 동일)	문예	사조론	109
⑬ 김석송,	무산자의 절규, (12호와 동일)	문예	시	119
⑬ 양백화,	파수만초〈김취교전〉 중국소설(12호와 동일)	문예	소설(역)	122
⑬ 석란생,	임상순 〈소설〉(12호와 동일)	문예	소설	131
⑬ 최성우외,	한시〈민영순 외〉(13수)	문예	한시	146
⑬ 편집실,	위인투표발표〈일람표〉	잡문	통계	148
⑬ 현 철,	하믈레트〈쉑스피아 원작, 1막 2장〉	문예	희곡	149
⑬ 미 상,	우리출판계의 일주년(일년간의 잡지 간행일지)	잡문	일지	157
⑬ 김영의,	삼등현상문〈청년제군에게 시간의 귀함을 고함〉	논설	시간론	문001
⑬ 정기원,	선외현상문〈희망론〉	논설	희망론	문009
⑬ 노문희,	삼등현상문〈석양〉	문예	수필	문017

⑬ 낭 엽, 선외현상문〈고범형에게〉(편지글)	문예	수필	문019
⑬ 조정호, 이등당선문〈넓은 뜰에 섯는 자〉(1편)	문예	시	문021
⑬ 한사배, 삼등당선문〈고독〉(1편)	문예	시	문022
⑬ 한현상, 등외당선문〈옛날의 느낌〉(1편)	문예	시	문022
⑬ 박판종, 등외당선문〈저녁〉(1편)	문예	시	문023
⑬ KS 생, 이등당선문〈달〉(단편)	문예	소설	문023
⑬ 허영호, 삼등당선문〈모순〉(단편)〈재동경〉	문예	소설	문035
⑬ 향 월, 선외당선문〈H교사의 3일간〉〈함흥〉	문예	소설	문045
⑬ 현상윤외,고선여감〈김석송, 장응진, 현희운〉	문예	평론	문057

<14호>1921.8.1.

저 자 기사명	기사분류	세부분류	면수
⑭ 미 상, 구회〈송하미인탄금〈그림?〉(이름 판독불가?)	미술	그림	000
⑭ 미 상, 구회〈송도서사정전경〉	사진	사진	000
⑭ 미 상, 권두언〈영원의 생이냐? …사이냐?〉(12호거의동일)	선언	선언	001
⑭ 이돈화, 최근사회의 신현상을 보고 도덕심의 수립을 절망함	논설	도덕론	002
⑭ 김기전, 청천백일하에서〈이적은말을 감히 여러형제에…〉	논설	현실비판	014
⑭ 신 식,* 문화의 발전급기운동과 신문명〈재동경〉	논설	개조론	023
⑭ 백두산인,副僧正「로챠-쓰」박사의 아세아인 지배설을…	논설(비판)	개조론	029
⑭ 노 아,* 팔자설을 기초로한 조선민족의 인생관〈노아〉	논설	인생관	035
⑭ 강춘산, 동양도학의 체계여하〈하지삼〉	철학	사상	046
⑭ 스 타, 본지에 기여한「스타」박사의 수신(편지)	축사	축사	055
⑭ 묘향산인,*먼저, 당신자신의 자아에 진리가 잇슬지어라(번역)	논설	개조론	056
⑭ 미 상, 미대통령「하딩」씨의 일상과 그 가정	잡문	보고	064
⑭ 박춘파, 이상아의 초보〈완, 대담형식〉	잡문	대화체	068
⑭ 일기자, 오다! 가다!(경성일보기자의 무식 등)	시사	만평	078
⑭ 황의돈,* 물질불멸논자 서경덕선생〈십대위인〉〈*일기자〉	인물	평전	085
⑭ 미 상, 지지단〈이마리아의 죽음, 청년회야구단〉	시사	기사	097
⑭ 임노월, 미지의 세계〈임노월, 대화〉(12호와 동일)	문예	대화	099
⑭ 안 서, 알는 장미꼿〈안서역〉(6편)	문예	시(역)	107
⑭ 양백화, 파수만초〈양백화발, 김취교전(속)〉	문예	소설(역)	110
⑭ 염상섭, 표본실의 청개고리	문예	소설	118
⑭ 현 철, 하믈레트〈쉑스피아 원작,1막3장,〉	문예	희곡(역)	129

<15호>1921.9.1.

저 자 기사명	기사분류	세부분류	면수
⑮ 미 상, 권두언〈새로운 국면은 열니려하도다〉	선언	선언	001

저자	기사명	기사분류	세부분류	면수
⑮ 이돈화,	생활의 조건을 본위로 한 조선의 개조사업〈미완〉	논설	개조론	002
⑮ 김기전,	우리의 산업운동은 개시되엇도다	논설	경제론	014
⑮ 최중갑,	금일조선의 노자관계〈소작인 만길의 생활, 제천농민〉	논설	농민운동	028
⑮ 안석응,	세민은행론〈무산계급에 대한 금융기관〉	논설	경제론	044
⑮ 강춘산,	동양도학의 체계여하〈하지종〉	철학	사상	051
⑮ 일기자,	서화담선생의 학설의 일반〈14호의 연장〉	인물	평전	062
⑮ 야 뢰,	속토분록(수필,일화록)	시사	세평일화	066
⑮ 미 상,	동방이학의 종조인 이퇴계선생〈십대위인소개 기이〉	인물	평전	073
⑮ 박 야,	억울한 조선씨족의 가탁적 가승〈박야, 국자가〉	논설	씨족론	086
⑮ 김기전,*	구문화의 중심지인 경북안,예지방을 보고〈일기자〉	잡문	보고문	092
⑮ 안 서,	근대문예〈이, 미완〉	문예	문학론	103
⑮ 효 종,	독일의 예술운동과 표현주의	문예	문학론	112
⑮ 김 억,	플로베르론〈메레즈코우스키 작〉	문예	문학론	122
⑮ 보 월,	위문의 귀로, 애우, 올마가는 향기 (3편 중 1편번역)	문예	시	138
⑮ 염상섭,	표본실의 청개고리〈전호계속, 미완〉	문예	소설	141
⑮ 현 철,	하믈레트〈쉑스피아 원작〉	문예	희곡(역)	154

<16호>1921.10.18.

저 자	기사명	기사분류	세부분류	면수
⑯ 사임당,	구회1〈노안, 사임당 신씨 필〉	미술	그림	000
⑯ 이 황,	구회2〈신천명도〉	철학	그림	000
⑯ 미 상,	권두언〈생각할 때는 왓도다〉	선언	선언	001
⑯ 김기전,	우리의 사회적 성격의 일부를 고찰하야써…	논설	사상	002
⑯ 이돈화,	생활의 조건을 본위로 한 조선의 개조사업〈속〉	논설	개조론	018
⑯ 백두산인,*	현대윤리사상의 개관〈동양식윤리사상의 변천, 미완〉	논설	윤리론	028
⑯ 임유동,	볼쉬뷔크의 사상(럿셀의 강연), 전면삭제	논설	사상	034
⑯ 일기자,	퇴계선생의 우주관과 인생관	철학	사상	034
⑯ 박달성,	회고하로 칠십리〈동경에서, 조선각지〉	문예	기행	039
⑯ 야 뢰,	속토분록	시사	일화	048
⑯ 미 상,	우리의 정중동관〈아동경어, 소년계, 종교계〉	잡문	보고	056
⑯ 미 상,	희세의…철학가인 율곡선생〈십대위인소개 기삼〉	인물	평전	063
⑯ 일기자,	자연의 왕국 강계를 보고	문예	기행	077
⑯ 미 상,	지지단	시사	기사	083
⑯ 안 서,	근대문예〈삼, 미완〉	문예	문학론	085
⑯ 효 종,	문학상으로 보는 사상	문예	문학사상	089
⑯ 보월생,	피안의 사랑〈신시〉(2편, 1편은 역시)	문예	시(역)	096
⑯ 문일평,	북한의 일일〈북한산 기행〉	문예	기행	098

⑯ 신근포,	蜾蠃(과라)의 聲 (1편)	문예	시	103
⑯ 염상섭,	표본실의 청개고리	문예	소설	107
⑯ 염상섭,	부득이 하야〈김동인과의 논쟁, 문단이면〉(廉尙燮)	문예	논쟁	127
⑯ 해　아,*	달뜬밤〈달뜰때(애란)〉, 그레고리작 〈海兒〉	문예	희곡(역)	130
⑯ 현　철,	하믈레트〈쉑스피아 원작, 역〉	문예	희곡(역)	140
⑯ 미　상,	十月의 고금〈일지〉	잡문	일지	145

<17호>1921.11.1.

저 자	기사명	기사분류	세부분류	면수
⑰ 미　상,	권두언〈맨밋층에 발을 부티라〉	선언	선언	001
⑰ 이돈화,	시대정신에 합일된 사람性주의	논설	사상	002
⑰ 김기전,	부분적 생활로부터 전적 생활에	논설	사상	014
⑰ 노아자,*	소년에게〈노아자, 미완〉	논설	사상	025
⑰ 백두산인,	동양식의 윤리사상변천개관〈속, 가정윤리의 일단〉	논설	윤리론	032
⑰ 일기자,	율곡선생의 정치이상과 철학사상	철학	사상	040
⑰ 강인택,	講演月旦〈여운홍,김명식,송진우,윤화수 연설속기〉	강연	강연	055
⑰ 목　성,	은파리〈사회풍자〉	문예	소설	070
⑰ 이돈화외,	속토분록의 속〈천지현황:김기전, 박달성, 춘산 등〉	시사	일화	077
⑰ 미　상,	동방문학의 종조인 최치원선생〈십대위인소개 기사〉	인물	평전	086
⑰ 가자봉인,*	강화행〈청추의 여〉	문예	기행	100
⑰ 이병도,*	개성행〈청추의 여〉	문예	기행	106
⑰ 효　종,	모름이 미로부터〈효종,감상〉	문예	수필	111
⑰ 안　서,	근대문예〈사〉	문예	문학론	126
⑰ 현　철,	예술협회극단의 제일회시연을 보고	문예	비평	130
⑰ 최남선,	깃븐 보람〈감옥에서 지은 시가〉(4편)	문예	시가	132
⑰ 황석우,	丘上의 淚〈신시〉(1편)	문예	시	134
⑰ 현　성,	春〈봄, 신시〉(1편)	문예	시	135
⑰ 보　월,	가을 늣김〈신시〉(1편)	문예	시	135
⑰ 빙허생,	술권하는 사회〈소설, 빙허생〉	문예	소설	136
⑰ 현　철,	하믈레트〈쉑스피아 원작, 현철 역주〉	문예	희곡(역)	148

<18호>1921.12.1.

저 자	기사명	기사분류	세부분류	면수
⑱ 이도영,	구회〈이도영필〉	미술	그림	000
⑱ 미　상,	권두언〈우리의 送迎〉	선언	선언	001
⑱ 김기전,	우리의 출발점과 도착점	논설	사상	002
⑱ 이돈화,	신조선의 건설과 아동문제	논설	아동문제	019

⑱ 노아자,*	소년에게(二)〈노아자〉	논설	사상	029
⑱ 신 식,*	오인의 생활과 예술〈재동경부〉	문예	예술론	040
⑱ 강인택,	강연월단〈노정일, 정창선, 최혜선, 김활란, 김사국〉	강연	강연	050
⑱ 권덕규,	경주행	문예	기행	060
⑱ 일기자,	汎辛酉의 회고〈1월-6월〉	시사	일지	077
⑱ 목 성,	은파리〈사회풍자〉	문예	소설	084
⑱ 춘 파,	고학의 로〈박춘파,대화〉	잡문	대화	091
⑱ 일기자,	태평양회의의 제일막	시사	보고	098
⑱ 미 상,	동방사학의 왕-최충선생〈십대위인소개의 기오〉	인물	평전	102
⑱ 추원생,	독자를얻고져지방을순회하는동안의소감〈전남지사〉	잡문	보고	108
⑱ 효 종,	예술계의 회고 일년간	문예	감상	111
⑱ 김석송,	전통의 운명일〈겨울아츰외〉(4편)	문예	시	118
⑱ 안 서,	근대문예〈五〉	문예	문학론	121
⑱ 일기자,	아나토올 후란쓰의 문학생활〈노벨상 수상자〉	인물	인물소개	132
⑱ 신근포,	추색의 景相〈신시, 때모르는 가마귀 외〉(2편)	문예	시	136
⑱ 염상섭,	남궁벽군의 사를 압헤노코	문예	감상	138
⑱ 김명순,	칠면조〈김명순 여사, 소설〉	문예	소설	144
⑱ 현 철,	하믈레트〈쉑스피아 원작, 현철 역술〉	문예	희곡(역)	154

<19호>1922.1.10.

저 자	기사명	기사분류	세부분류	면수
⑲ 미 상,	권두언〈여러분, 여러분이어〉	선언	선언	002
⑲ 이돈화,	歲在壬戌에 萬事亨通	논설	사상	004
⑲ 현상윤,	거듭나자	논설	사상	020
⑲ 장덕수,	새시대의 새사람	논설	개조론	031
⑲ 이종린,	여의 회고와 전망	논설	사상	036
⑲ 노아자,	소년에게(三)	논설	사상	041
⑲ 박달성,	오즉 「참」이 잇스소서	논설	개조론	048
⑲ 최동오,	중국여자계를 보고 우리 여자계를 봄	잡문	보고	057
⑲ 김기전,	彼의 「恭賀新年」(근하신년)	잡문	일화	063
⑲ 일기자,	범신유의 회고(下)	시사	일지	072
⑲ 현 철외,	천지현황〈석계, 소춘, 춘파, 보월 등〉〈同人〉	시사	일화	082
⑲ 황의돈외,	역대의 임술〈민유병, 삭제〉	잡문	일지	090
⑲ 미 상,	해동의 后稷-문익점선생〈십대위인소개의 기육〉	인물	평전	094
⑲ 선우전,	군비축소의 경제적 의미와 그 직접 영향(*통계 누락)	논설	정치경제	105
⑲ 이성환,	우리농가에 필요한 부업을 논함〈재경도〉	논설	농촌	113
⑲ 노정일,	산넘고 물건너〈문학사노정일, 세계일주〉	문예	기행	118

⑲ 경서학인,*	예술과 인생〈신세계와 조선민족의 사명〉	문예	문학론	문001
⑲ 김석송,	元旦〈불은 써젓다, 세모, 솔방울 짜는 아낙네〉(5편)	문예	시	문022
⑲ 안서생,	근대문예(六)	문예	문학론	문025
⑲ 소 월,*	금잔듸〈소곡:ᄭᅮᆷ, 칫치마, 엄마야누나야 등〉(10편)	문예	시	문035
⑲ 안서생,	프로베르〈금일이 탄생백년인, 안서생〉	문예	문학론	문037
⑲ 현 철,	예술협회제 이회시연을 보고	문예	비평	문045
⑲ 일기자,	노오벨 문학상금의 수상자 조사(명단과 부언)	잡문	보고	문050
⑲ 미 상,	님생각〈한시역, 長相思(원문)〉	문예	한시	문052
⑲ 염상섭,	암야〈소설, (미정고), …S.K씨에게 바치나이다〉	문예	소설	문053
⑲ 김명순,	칠면조〈소설, 전호속, 김명순 여사〉	문예	소설	문056
⑲ 빙허생,	타락자〈소설, 빙허생, 미완〉	문예	소설	문073
⑲ 현 철,	각본 「犬」-〈희극일막〉	문예	희곡	문088
⑲ 현 철,	하믈레트〈쉑스피아 원작〉	문예	희곡	문099
⑲ 미 상,	각명가의 신년휘호〈부록〉	부록	부록	000

<20호>1922.2.1.

저 자	기사명	기사분류	세부분류	면수
⑳ 미 상,	권두언〈개벽20호, 민족흥체의 분기점〉	선언	선언	001
⑳ 김기전,	활동으로부터 초월에	철학	사상	002
⑳ 이돈화,	오인의 신사생관	철학	사생관	017
⑳ 이연영,	해방의 비애	논설	여성	032
⑳ H 생,*	○○을 당하든 ᄯᅢ(신년호 압수 당일의 정황) (현철)	잡문	보고	044
⑳ 선우전,	조선인 생활문제의 연구 기일〈미완〉	논문	경제	045
⑳ 조기간,	진남포의 인력거부 康一成氏를 방문하고	잡문	보고	056
⑳ 이광수,	소년동맹과 조선민족의 부활〈소년에게 其四〉	논설	사상	057
⑳ 일기자,	인내천주의의 창시자 최제우선생〈십대위인의 기칠〉	인물	평전	063
⑳ 목성생,*	狼犬으로부터 家犬에게 〈72면 ㅁㅅ생〉	잡문	우의	072
⑳ 노정일,	산넘고 물건너〈二, 세계일주, 문학학사〉	문예	기행	076
⑳ 일기자,	사회일지〈1월〉	시사	일지	084
⑳ 효 종,	어찌면 죄악에서 버서날가〈감상〉	문예	수필	문001
⑳ 김석송,	해빗 못보는 사람들 (1편)	문예	시	문008
⑳ 안 서,	근대문예〈七〉	문예	문학론	문010
⑳ 소 월,	닭은 ᄭᅩᄭᅮ요〈ᄭᅮᆷᄭᅮᆫ그 녯날, 제물포에서 외〉(5편)	문예	시	문018
⑳ 빙허생,	타락자〈소설, 전호속, 빙허생〉	문예	소설	문020
⑳ 김낭운,	미련한 漁夫 〈낭인의 노래, 기도〉(3편)	문예	시	문031
⑳ 동 인,	기원 〈同人〉(시1편)	문예	시	문034
⑳ 염상섭,	除夜〈제일회〉	문예	소설	문035

	저자	기사명	기사분류	세부분류	면수
⑳	현 성,	초설, 꿈이 아니엿드면 (2편)	문예	시	문050
⑳	현 철,	각본「犬」〈전호속〉	문예	희곡	문052
⑳	억 생,	가을〈임금, 기억〉(3편)	문예	시	문062
⑳	현 철,	하믈레트〈쉑스피아 원작〉	문예	희곡(역)	문065

<21호>1922.3.1.

	저 자	기사명	기사분류	세부분류	면수
㉑	유길준,	구회〈규당유길준선생의 초상과 그 필적〉	사진	사진	000
㉑	미 상,	권두언〈문화운동의 석금〉	선언	선언	002
㉑	이돈화,	여론의 도	논설	여론	004
㉑	선우전,	조선인생활문제의 연구〈기이〉	논문	경제	014
㉑	일기자,	상오구시로 하오십시까지〈상, 소녀학대, 노상싸움〉	잡문	보고	027
㉑	노아자,*	소년동맹과 그 구체적 고안〈소년에게(오), 노아자〉	논설	사상	029
㉑	박달성,	경성형제에게 嘆願합니다!!〈대경성을건설하기위하〉	논설	경성론	043
㉑	일기자,	조선동학사상의 정체(최제우, 동경대전, 천도교서 중)	종교	천도교	053
㉑	일기자,	민중의 친우 유길준선생〈십대위인소개의 기팔〉	인물	평전	057
㉑	박춘파,*	이월중의 이대현상을보고(축구대회, 강연회평)	잡문	소감	067
㉑	박승철,	독일가는 길에〈일〉(편지글형태의 기행문)	문예	기행	073
㉑	일기자,	상호십시로 하오십시까지〈이〉	잡문	보고	077
㉑	노정일,	산넘고 물건너〈일우 노정일, 세계일주〉	문예	기행	079
㉑	일기자,	사회일지〈이월, 형편에 의하야 정치적 시사는 략함〉	시사	일지	086
㉑	한 샘,*	세돌 (1수)	문예	시조	087
㉑	경서학인,*	문학에 뜻을 두는 이에게〈경서학인〉	문예	문학론	문001
㉑	김석송,	숨쉬이는 목내이(미라)〈아이들의 노래〉(4편)	문예	시	문016
㉑	임노월,	경이와 비애에서〈대화, 임노월〉	문예	대화	문019
㉑	안 서,	근대문예〈팔, 숫〉	문예	문학론	문031
㉑	빙허생,	타락자〈제삼회전호속, 빙허생〉	문예	소설	문037
㉑	염상섭,	제야〈제이회전호속〉	문예	소설	문047
㉑	현 철,	하믈레트〈쉑스피아 원작, 현철 역술〉	문예	희곡(역)	문056

<22호>1922.4.1.

	저 자	기사명	기사분류	세부분류	면수
㉒	미 상,	권두언〈악현상〉	선언	선언	002
㉒	선우전,	조선인의 생활문제의 연구〈기삼〉(생활지수)	논문	경제	004
㉒	황의돈,	갑오의 혁신운동〈민중적규호의 제일성인〉	역사	동학	017
㉒	노아자,	국민생활에 대한 사상의 세력〈민족심리학의 일절 역〉	논설	사상(역)	027
㉒	이종린,*	인격의 인(인격완성의 중요성) 〈*일기자〉	논설	인격론	037

저자	기사명	기사분류	세부분류	면수
㉒ 김기전,	봄날의 우로를 밟으면서(각계에 보내는 편지형식)	논설	사회	041
㉒ 일기자,	만고의 정충- 이순신선생〈십대위인소개의 기구〉	인물	평전	049
㉒ 박승철,	독일가는 길에〈二〉	문예	기행	062
㉒ 김 억,	국제공통어에 대하야(에스페란토어)	논설	언어	066
㉒ 박춘파,	명호지방농촌의 쇠퇴(농촌의 피폐상)	잡문	보고	074
㉒ 일 우,*	산넘고 물건너〈*노정일, 세계일주(삼)〉	문예	기행	083
㉒ 문태선,	학생논단〈법률안에 영한 공창, 경성전수학교〉	논설	여성	091
㉒ 김웅각,	학생논단〈우리농촌의 개조, 수원농림전문학교〉	논설	농촌	098
㉒ 일기자,	십삼만 원의 채권을 방기한 박천의 의상 고 변용각씨	잡문	보고	102
㉒ 일기자,	사회일지〈삼월, 형편에 희하야 정치적 기사는 략함〉	시사	일지	103
㉒ 상 섭,	개성과 예술	문예	예술론	문001
㉒ 김석송,	미래를 위하야〈복조오리 파는 사람〉(2편)	문예	시	문009
㉒ 박종홍,	조선미술의 사적고찰〈제일회〉	문예	미술	문013
㉒ 권덕규,	첫비 〈유의한 비〉(2편)	문예	시	문022
㉒ 빙허생,	타락자〈소설〉	문예	소설	문024
㉒ 억 생,*	버들동산〈Yeats, 억생 역〉(1편)	문예	시(역)	문037
㉒ 염상섭,	제야〈제삼회전호속〉	문예	소설	문038
㉒ 소 월,	바람의 봄 (1편)	문예	시	문048
㉒ 현 철,	하믈레트〈쉑스피아 원작, 현철 역술〉	문예	희곡(역)	문049

<23호>1922.5.1.

저 자	기사명	기사분류	세부분류	면수
㉓ 미 상,	권두언〈민중이어 자중하라〉	선언	선언	002
㉓ 이돈화,	공론의 인으로 초월하야 이상의 인, 주의의 인이되라	논설	개조	004
㉓ 이춘원,*	민족개조론〈이춘원〉	논설	개조	018
㉓ 황의돈,	갑오의 혁신운동〈민중적규호의 제일성인, 속〉	역사	동학	073
㉓ 일기자,	신라의 화신-솔거선생〈십대위인소개의 기십〉	인물	평전	082
㉓ 김영희,	학생논단(이)〈사람지상주의적「아」의 지위, 연희전문〉	논설	사상	085
㉓ 김찬두,	학생논단(이)〈조선사회와 화류병, 세부의전교생〉	논설	화류병	094
㉓ 김병준,	신청년입학란과 우리의 각성	논설	교육	097
㉓ 양백화초,	오우씨의 유교파괴론(중국의 사상)	종교	유교(역)	103
㉓ 박승철,	독일가는 길에〈삼〉	문예	기행	108
㉓ 박달성,	모든 행동을 좀더 무겁게 가지소서〈분파, 이간질〉	잡문	사회풍조	113
㉓ 일 우,	산넘고 물건너〈세계일주, 오〉	문예	기행	122
㉓ 일기자,	사회일지〈사월, 형편에 의하야 정치적 기사는 략함〉	시사	일지	127
㉓ 박종홍,	조선미술의 사적고찰〈기이회〉	문예	미술	문001
㉓ 김석송,	내가 조물주이면〈생명의 갈등외 2편〉(4편)	문예	시	문012

저자	기사명	기사분류	세부분류	면수
㉓ 현 철,	해삼위연예단을 환영함〈멀리온 형제〉	문예	공연평	문018
㉓ 염상섭,	제야〈제사회, 전호속〉	문예	소설	문021
㉓ 현 철,	하믈리트〈쉑스피아 원작, 현철 역술〉	문예	희곡(역)	문032

<24호>1922.6.1.

저 자	기사명	기사분류	세부분류	면수
㉔ 미 상,	구회〈고의암손병희선생초상〉	사진	사진	000
㉔ 미 상,	권두언〈명호손의암선생〉	선언	선언	002
㉔ 김기전,	먼저 유식,유산자측으로부터 반성하라〈분파경향〉	논설	사상	004
㉔ 선우전,	조선인 생활문제의 연구〈기사, 의복,거주비, 오락비〉	논문	경제	019
㉔ 배성룡,	인격발전의 도정에 대한 사견〈재동경〉	논설	인격론	040
㉔ 임 규,	이해합시다 용서합시다, 다가티 삽시다.〈우정〉	논설	파당론	047
㉔ 임 주,	중국비종교운동의 현상과그원인〈재북경〉	시사	사회운동	051
㉔ 강 빈,	고려화동유학생연합회의 출생과 그 유래〈상해〉	잡문	보고	054
㉔ 박승철,	파리와 백림〈재백림〉	문예	기행	056
㉔ 일 우,	산넘고 물건너〈세계일주 육〉	문예	기행	061
㉔ 김동한,	무도란 여하한 것인가?(춤의 유래, 종류)	예술	댄스	067
㉔ 우 정,*	한시〈임규 : 곡 손의암선생〉(1수) 〈偶丁〉	문예	한시	068
㉔ 서 몽,	××귀의 정벌(우화단편 : 계급투쟁)	문예	우화	069
㉔ 일기자,	민중의 거인 손의암선생의 일대기	인물	평전	075
㉔ 묘향산인,	손선생의 최후에 대한 여의 인상	인물	일화	088
㉔ 강호학인,*	문학의 본체	문예	문학론	문001
㉔ 안 서,	초적〈창작, 강가에서외 3편〉(4편)	문예	시	문012
㉔ 박종홍,	조선미술의 사적고찰〈기삼회〉	문예	미술	문015
㉔ 명 순,	동경〈고혹, 발저최, 재롱〉(4편)	문예	시	문028
㉔ 일집생,	K형에게〈편지글〉	문예	수필	문031
㉔ 소 월,	열락〈공원의 밤, 오는 봄, 맘에속읫사람〉(4편)	문예	시	문039
㉔ 염상섭,	제야〈제오회〉	문예	소설	문041
㉔ 현 철,	하믈레트〈쉑스피아 원작〉	문예	희곡(역)	문048

<25호>1922.7.10.

저 자	기사명	기사분류	세부분류	면수
㉕ 노수현,	구회〈심산 노수현필〉	미술	그림	000
㉕ 미 상,	권두언〈최후까지 맥진하리라〉	선언	선언	001
㉕ 이돈화,	인류상대주의와 조선인	논설	사상	002
㉕ 최승만,	인격주의	논설	인격론	013
㉕ 이성환,	농초개혁의 제창〈삭제, 평남지사장30호사고〉	논설	농촌	019

㉕ 김병준,	유림제현에게 일언을 고합니다(유교비판)	논설	유교	037
㉕ 전 문,	인류의 기원과 발생〈田文〉	과학	인류학	044
㉕ 이영희,	학생논단〈노동운동의… 조선노동자문제〈삭제〉	논설	노동	060
㉕ 양재순,	학생논단〈철과 석탄, 공업전문학교〉	논문	공업	067
㉕ 연경과객,	적색로서아의 기견진문〈삭제〉	시사	보고	073
㉕ 김홍기,	남선농주에게 경고하노라〈재시카고〉(노는전답발생)	논설	농촌	081
㉕ 이종린,	임술지추칠월(소동파의 칠월:동파의 본전과 적벽부)	잡문	사담(역)	083
㉕ 박달성,	시비를 명백히 하기 위하야	시사	세태비평	089
㉕ 일 우,	산넘고 물건너〈세계일주〉(뉴욕)	문예	기행	091
㉕ 일기자,	사회일지〈오월, 육월〉	시사	일지	095
㉕ 춘 파,	손의암선생의 묘를 배관함	잡문	기행감상	097
㉕ 강호학인,	문학과 영감	문예	문학론	문104
㉕ 안 서,	대동강〈내서름, 달, 추억, 하픔론, 안동현의 밤〉(6편)	문예	시	문116
㉕ 박종홍,	조선미술의 사적고찰〈제사회〉	문예	미술사	문120
㉕ 김석송,	산가에 우거하야〈월하우음, 시인에게〉(5편)	문예	시	문129
㉕ 빙 허역,	고향〈치리코프작〉	문예	소설(역)	문132
㉕ 이상정,	시조〈2수〉	문예	시조	문145
㉕ 김소월,	진달내쏫〈(渚)개여울, 제비, 장별리, 고적한날〉(6편)	문예	시	문146
㉕ 현 철,	하믈레트〈쉑스피아 원작, 현철 역술〉	문예	희곡(역)	문151
㉕ 상 섭역,	2주년 부록〈사일간, 까신 작, 상섭 역〉(러시아 문인)	문예	소설(역)	부004
㉕ 김석송역,	2주년 부록〈「초엽집」에서, 휘트맨 작〉(1편)	문예	시(역)	부019
㉕ 현진건역,	2주년 부록〈가을의 하로밤, 코올키이 작〉	문예	소설(역)	부029
㉕ 김 억역,	2주년 부록〈실제, 타고아/나이두여사 작〉(3편)	문예	시(역)	부040
㉕ 변영로역,	2주년 부록〈결혼행진곡, 래커로프 부인 작〉	문예	소설(역)	부046
㉕ 해 아역,	2주년 부록〈바다로가는 자들, 쯘, 밀링톤 씽그 작〉	문예	희곡(역)	부053
㉕ 방정환역,	2주년 부록〈호수의 여왕, 동화, 아나톨 후란쓰 작〉	문예	동화(역)	부067

<26호>1922.8.1.

저 자	기사명	기사분류	세부분류	면수
㉖ 미 상,	구회 〈백두산병사봉에서 천지의전경을 망함,누락〉	사진	사진	000
㉖ 미 상,	권두언〈직접운동의 위력〉	선언	선언	002
㉖ 세검정인,	세검정만초〈삭제〉	논설	만평	004
㉖ 묘향산인,	조선토지겸병의 원인급현상〈묘향산인〉(토지조사사업)	논설	농촌	014
㉖ 선우전,	농민의 도시이전과 농업노동의 불리의 제원인	논설	농촌	026
㉖ 박승철,	독일지방의 이주간〈라인강, 로렐라이, 루터의 동상〉	문예	기행	041
㉖ 창해거사,	남해유기〈남해안, 이충무공, 고을들〉	문예	기행	052
㉖ 민장식,	최근의 불란서는 어쩌한 형편에 잇는가〈재불국〉	잡문	소개	060

㉖ 박달성,	삼군일부를 방하야 다섯본 크게놀라인 사실담	잡문	일화	065
㉖ 일 우,	자유의 미인, 건국의 성인〈산넘고물건너의 기팔〉	문예	기행	075
㉖ 야 뢰,	청량제〈염열퇴치법〉	잡문	건강	081
㉖ 일기자,	녹음량화〈「흑도」의 창간, 종로경찰서의 부후, 풍자〉	시사	세태풍자	090
㉖ 잔 물,*	공원정조〈탑골, 장충단, 한양공원〉	문예	수필	096
㉖ 일기자,	개성정구대회의 성황(개성지사 : 명단, 경과, 참가자)	잡문	보고	107
㉖ 일기자,	사회일지〈칠월〉	시사	일지	109
㉖ 김 억역,	민중예술론〈불국, 로멘 로멘 작 : 평민과 극〉	문예	희곡론	문001
㉖ 김석송,	수인의 생활〈가을이 오랴할 때, 여름의 날일〉(3편)	문예	시	문008
㉖ 박종홍,	조선미술의 사적고찰〈제오회, 삼국시대〉	문예	미술론	문013
㉖ 소 월,	먼후일〈풀따기, 그산우에, 바다, 님과 벗〉(10편)	문예	시	문024
㉖ 변영로,	사막안에 정열〈빨삭 작〉	문예	소설(역)	문027
㉖ 이상정,	시조〈2수〉	문예	시조	문036
㉖ 독 산,	호상의 눈물(필자부언 : 사실에 의거함)	문예	소설	문037
㉖ 현 철,	하믈레트〈쉑스피아 원작, 현철 역술〉	문예	희곡(역)	문051

<27호>1922.9.1.

저 자	기사명	기사분류	세부분류	면수
㉗ 미 상,	구회〈고독일외상라텐아우씨의 초상…시위운동〉	사진	사진	000
㉗ 미 상,	권두언〈산하동색〉	선언	선언	001
㉗ 세검정인,	도선암중의 만필십육제(세태비평 : 경제, 소작, 분배)	논설	세태평	002
㉗ 정규선,	개조문제에 관여하는 사회연대의 정신〈海蔘〉	논설	개조론	025
㉗ 이돈화,	진리의 체험〈정신주의, 민족주의〉	논설	사상	034
㉗ 일기자,	발아리의 국민개로주의에 대한 일고〈개병주의변화〉	논설	사상	045
㉗ 북려동곡,*	조선민족발전의 신근거〈삭제〉	논설	사상	047
㉗ 박승철,	고「라텐아우」국상당일의 백림〈재독일〉	잡문	보고	058
㉗ 박달성,	내외면으로 관한 개성의 진상〈도시순례의 기일〉	잡문	보고	063
㉗ 일기자,	녹음량화〈귀족의 행태, 사상단속, 일본마약사건〉	시사	세태풍자	071
㉗ 김 억,	에쓰페란토 자수실〈주간 김형(김기전)의 격려〉	어학	언어	073
㉗ 여천생,	동광고등보통학교를 일별하고〈불교 중앙학림 설립〉	잡문	보고	084
㉗ 일기자,	사회일지〈8월〉(주요한, 나경석, 정치범 소식, 레닌)	시사	일지	086
㉗ 김 억,	민중예술론〈로멘로멘 작, 김억역〉	문예	희곡론	문001
㉗ 한용운,	무궁화심으과저〈옥중시 : 시조형태〉(1편)	문예	시(시조)	문012
㉗ 박종홍,	조선미술의 사적고찰〈제육회 : 고구려시대의 회화〉	문예	미술사	문013
㉗ 김 억,	반월도〈창작:피리, 풀밧우, 별후, 사랑의 째〉(4편)	문예	시	문027
㉗ 김 억,*	황포해안〈단곡 : 봉선꽃, 야자의 몸〉(7편)〈*同人〉	문예	시(단곡)	문031
㉗ 임노월,	불멸의 상징〈대화 : 희곡형식 : 시인, 악마, 신〉	문예	대화	문035

㉗ 김명순, 옛날의 노래여(1편)	문예	시	문043
㉗ 방정환, 호수의 여왕〈후란쓰 작, 소파 방정환 역〉	문예	동화	문045
㉗ 변영로, 사막안에 정열〈속, 발삭작〉	문예	소설(역)	문056
㉗ 현 철, 하믈레트〈쉑스피아 원작〉	문예	희곡(역)	문063

<28호>1922.10.1.

저 자 기사명	기사분류	세부분류	면수
㉘ 김광식, 구회〈신안추성, 김광식씨필〉	미술	그림	000
㉘ 미 상, 권두언〈귀중한 경험과 고결한 희생〉	선언	선언	002
㉘ 동양실주, 만인주시의 … 싸힌 금후의 천도교〈동양실주인〉	종교	천도교	006
㉘ 선우전, 물가문제와 오인의 생활개선	논설	경제	021
㉘ 일기자역, 지식의 교육으로부터 정치의 교육에〈중국 양계초작〉	연설	교육(역)	032
㉘ 북려동곡, 조선대중국지금후관계관(중국의 정치문화, 대중국관〉	논설	국제관계	046
㉘ 허죽제, 계룡산유기(필자는 강경사람-61면) (보고문으로 수정)	문예	기행	061
㉘ 김 억, 에쓰페란토 자수실	어학	언어	071
㉘ 춘 파, 양호잡관(호남일대기행, K형에게 편지글 형식)	문예	기행	087
㉘ 로빈스외, 레닌초상(레닌의 병상소식, 외모, 특징소개)	시사	인물	096
㉘ 일기자, 천현지황(세태풍자)	시사	일화	097
㉘ 김기전,* 신석현출가중에서…유족을 찾고(학대증언)〈*일기자〉	시사	보고	100
㉘ 임노월역, 최근의 예술운동「표현파와 악마파」〈임노월〉	문예	예술론	문001
㉘ 박종홍, 조선미술의 사적고찰〈고구려시대의 미술가 七〉	문예	미술론	문016
㉘ 주요섭, 해와달〈재상해, 우리동화〉	문예	동화	문022
㉘ 김 억역, 민중예술론〈속, 낭만극, 로멘로멘작〉	문예	희곡론	문029
㉘ 소 월, 함박눈〈소설〉(김소월이 소설을 썼다)	문예	소설	문041
㉘ 김석송, 생명의 썩은내〈가을의 가시,나의 명정거리〉(4편)	문예	시	문047
㉘ 김명순역, 표현파의 시〈상징파, 악마파의 시 소개〉(9편)	문예	시(역)	문050
㉘ 주영방, 정열 (시1편) 누락	문예	시	문055
㉘ 현 철, 하믈레트〈쉑스피아 원작〉	문예	희곡(역)	문057

<29호>1922.11.1.

저 자 기사명	기사분류	세부분류	면수
㉙ 미 상, 권두언〈서원〉(월일회시국강좌 / 사우제실시선언)	선언	선언	002
㉙ 창해거사, 조선인과 정치적 생활〈민중정치, 총독정치의 십년〉	논설	정치론	004
㉙ 김규호, ○○관세개정이 조선인산업계에 급하는 영향	논설	관세론	009
㉙ 이성환, 조선의 농정문제〈농촌의 쇠퇴를 념연시하는 당국〉	논설	소작법	015
㉙ 김영갑, 조선의 농정문제〈농촌을부지하여 조선을부지하라〉	논설	자작농	025
㉙ 박달성, 조선의 농정문제〈유야무야?조선인의 「생도」〉	논설	농촌	030

㉙ 묘향산인,	조선의 농정문제〈남북조선을 순회한 자의 酬酌〉	논설	농촌	038
㉙ 세검정인,*	『개벽』지 동중정관(시사적 사건들)〈*일기자〉	시사	시사	042
㉙ 차상찬외,	한시〈2편, 차상찬, 민영순 : 손병희의 묘를〉(2수)	문예	한시	048
㉙ 김 억,	에쓰페란토 자수실	어학	언어	049
㉙ 기 전,*	각양으로 번농되는 조선의 민중	시사	시사	065
㉙ 미 상,	수문견수〈윤치호, 신임경기도경찰부장, 황해도수해〉	시사	시사	069
㉙ 일기자,	전중국의 대민중운동인 국민재병운동대회를 참하고	시사	민중운동	070
㉙ 청구산인,	토이기의 궐기와 그 영향(터어키혁명?)	시사	혁명	076
㉙ 북려동곡,	동서의 문화를 비판하야 우리의 문화운동을 논함	논설	문화운동	081
㉙ 일기자,	구,십양월중의 세계와 조선〈세계정세와 국내정세〉	시사	일지	095
㉙ JSU 생,	소언일속(시사풍자:정치색이 짙다)	시사	시사풍자	116
㉙ 김성룡,	요면자의 부부여행〈재러시아니쏠니스크〉	문예	기행	118
㉙ 일기자,	천현지황〈정치 · 시사〉	시사	시사	125
㉙ 박종홍,	조선미술의 사적고찰〈백제의 특색을…백제의 미술〉	문예	미술론	문001
㉙ 김 억역,	민중예술론〈속, 로멘로만 작〉	문예	희곡론	문011
㉙ 빙 허,	피아노	문예	소설	문022
㉙ 김명순역,	상봉〈에드가 알란 포우 작〉	문예	소설(역)	문025
㉙ 변영로,	토막생각(수필형식의 자신의 예술론)	문예	예술론	문037
㉙ 소 파,*	털보장사〈소파, 오스카와일드작〉	문예	동화(역)	문043
㉙ 안 서,	숨의 노래〈상실, 가을〉(3편)	문예	시	문052
㉙ 김석송,	낙엽〈사람의 상사, 영훤한 이별, 백번조〉(4편)	문예	시	문054
㉙ 김소월,	숨자리〈깁흔구멍〉(산문시) (2편)	문예	시(산문)	문057
㉙ 현 철,	하믈레트〈쉑스피아 원작〉	문예	희곡(역)	문059

<30호>1922.12.1.

저 자	기사명	기사분류	세부분류	면수
㉚ 미 상,	권두언〈조선의 발전과 조선인의 발전〉	선언	선언	002
㉚ 양동실주,	단결생활의 낙제자와 급제자〈洋東室主人〉	논설	사상개조	004
㉚ 선우전,	경제사상과 경제운동의 발현여하	논설	경제론	014
㉚ 북려동곡,	신동양문화의 수립에〈중국의구사상구문예의 개혁〉	문예	문예운동	023
㉚ 김기전외,	재조선외국인세력검찰〈수분지구구칠을점유한광업〉	시사	광업	034
㉚ 김기전외,	재조선외국인세력검찰〈우리의국본되는농업은여하〉	시사	농업	039
㉚ 김기전외,	재조선외국인세력검찰〈공업호 공업호〉	시사	공업	046
㉚ 김기전외,	재조선외국인세력검찰〈국제, 국내의 상업은 여하〉	시사	상업	050
㉚ 김기전외,	재조선외국인세력검찰〈조선전면에 壓下, 동척 거수〉	시사	토지	056
㉚ 김기전외,	재조선외국인세력검찰〈조선에제외국인의분포상황〉	시사	인구통계	062
㉚ 박달성,	재조선외국인세력검찰〈내외로 관한 이대세력〉	시사	일본서양	063

저자	기사명	기사분류	세부분류	면수
㉚ 안창남,	구사일생으로 대판에 착륙하기까지〈비행사〉	잡문	비행보고	074
㉚ 일기자,	수문수견	시사	시사	083
㉚ 청우생,*	호서의 일일〈호서은행의 신축낙성연을 기하야〉	시사	보고	084
㉚ 강영소,	우리도 한가지일은 시작하엿습니다〈하와이교회보〉	잡문	편지	089
㉚ 일기자,	당국의 언론압박과 민중의 여론격앙〈신천지,신생활〉	시사	격문	090
㉚ 일기자,	십일월중의 세계와 조선	시사	일지	091
㉚ 미 상,	한시〈담옹유고 : 담옹 이면영선생〉(4수)	문예	한시	096
㉚ 김 억,	에쓰페란토자수실〈Uerda E. Kim 작〉	어학	언어	097
㉚ 험구생,*	천현지황〈조선협회의기관잡지발행 : 기사의 황당함〉	시사	시사	116
㉚ 도 향,	녯날 꿈은 창백하더이다〈어린시절의 일화〉	문예	소설	문001
㉚ 표랑소년,	전조 〈편자왈 : 주소와 이름을 본사에 알려달라〉	문예	소설	문017
㉚ 김안서,	가을바람과 함께〈바다저편, 실제 외3편〉(5편)	문예	시	문027
㉚ 변영로,	상징적으로 살자〈고남궁벽형의 영전에〉	문예	수필	문030
㉚ 주요한,*	녯날의 거리/집〈*표지엔 주요섭〉(2편)	문예	시	문032
㉚ 김석송,	단장구제〈낙엽극는노인, 압흠의 가을 외 7편〉(9편)	문예	시	문037
㉚ 박종홍,	조선미술의 사적고찰〈其九, 백제시대의 조각〉	문예	미술론	문043
㉚ 임노월,	월광〈임노월, 대화 : 몽녀, 망령, 해골의 대화〉	문예	대화	문050
㉚ 현 철,	하믈레트〈쉑스피아 원작, 전편완료〉	문예	희곡(역)	문057

<31호>1923.1.1.

저 자	기사명	기사분류	세부분류	면수
㉛ 미 상,	새해는 깁분해〈권두언〉	선언	선언	001
㉛ 미 상,	범인간적 민족주의	논설	사상	002
㉛ 미 상,	조선의 특이한 처지와 이에 대한 특이한 구제책	논설	경제도덕	011
㉛ 실명생,	일본헌정의 난맥	잡문	일본정치	033
㉛ 북려동곡,	중국의 정치적 현세와 사회적 현세	시사	보고	035
㉛ 일기자,	임술일년 사의 총관	시사	일지	049
㉛ 박달성,	임술 세모의 팔면관	시사	시사	056
㉛ 일기자,	십이월 중의 세계와 조선	시사	시사	064
㉛ 주요섭,	최근 백년간의 발견과 발명	과학	소개	067
㉛ 한동해,	중국혁명시의 견문 일이〈재동경〉	시사	시사	075
㉛ 일기자,	도야지의 성덕	잡문	만담	077
㉛ 저 암,*	천현지황(전호의 작성자 험구생)	시사	시사	081
㉛ 일기자,	신년의 신의견(조철호, 조만식 등 7인)	잡문	신년사	083
㉛ 안창남,	공중에서 본 경성과 인천	잡문	보고	090
㉛ 김윤수,	범태평양 상업회의서 돌아와서	잡문	보고	097
㉛ 미 상,	수문수견	시사	시사	099

㉛ 개벽사, 조선동화현상모집 당선발표 잡문 현상문 100
㉛ 박월탄,* 문단의 일년〈박월탄〉 문예 평론 문001
㉛ 박종홍, 백제시대의 회하 문예 미술사 문015
㉛ 소 파, 새로 개척되는 동화에 관하야 문예 동화론 문018
㉛ 홍난파, 가극의 이약이 문예 가극 문026
㉛ 운정생,* 연극의 기원과 희랍극의 고찰 문예 희곡론 문033
㉛ 미 상, 문단풍문 문예 평론 문043
㉛ 김동인, 〈창작〉이 잔을 문예 소설 문046
㉛ 도 향, 〈창작〉칠십원 오십전〈도향〉 문예 소설 문056
㉛ 녹 정, 〈창작〉넉들이 문예 소설 문078
㉛ 안석주,* 〈창작〉향+독〈선율〉(2편) 미술 그림 문098
㉛ 회 월,* 〈창작〉승려〈기원〉(2편) 문예 시 문100
㉛ 안 서, 〈창작〉흰눈〈배,냇물,갈매기〉(4편) 문예 시 문103
㉛ 춘 성, 〈창작〉미지의 나라에(1편) 문예 시 문106
㉛ 김석송, 〈창작〉잠을쇠〈감상〉 문예 수필 문108
㉛ 변영로, 〈창작〉설상소요(1편) 문예 시 문112
㉛ 편집부, 개벽제3년 총목차 잡문 목차 문113
㉛ 안석주, 임술일년의 회고〈만화 이십사엽〉(부록, 확인불가) 잡문 부록 000
㉛ 개벽사, 경구입월력 잡문 달력 000

<32호>1923.2.1.

저자	기사명	기사분류	세부분류	면수
㉜ 미 상,	권두언「백칠십사만의 형제를 찻는 마당에」	선언	선언	001
㉜ 미 상,	선동적 해방으로부터 실행적 해방에	논설	사상	002
㉜ 미 상,	쟁투의 세계에서 부조의 세계에	논설	사상	012
㉜ 묘향산인,	제일의 해방과 제이의 해방	논설	사상	025
㉜ 이성환,	먼저 농민부터 해방하라	논설	농촌	033
㉜ 선우전,	조선의 경제적 해방여하	논설	경제	042
㉜ 기 전,	농민운동 국산운동이 발발하기까지	논설	농촌경제	045
㉜ 김유방,	문화생활과 주택(1)	잡문	주택	051
㉜ 박달성,	다사한 계해, 경성일원의 형편을들어(M형에게, 편지)	잡문	편지	062
㉜ 일기자,	수문수견	시사	시사	069
㉜ 김송은,	신생활의 발행금지와 오인의 관견	시사	잡지	070
㉜ 장독산,	상해잡감	잡문	기행	074
㉜ 일기자,	평양만필(재평남지사)	잡문	감상	076
㉜ 일기자,	지방래신(평양일기자)	잡문	보고	078
㉜ 일기자,	주연이공지묘(묘비명문제)	잡문	보고	080

㉜ 김 억,	일월중의 세계와 조선	시사	일지	081
㉜ 김 억,	무책임한 비평	문예	비평	문001
㉜ 정영태,	문예잡담	문예	예술론	문006
㉜ 홍난파,	가극의 기원과 그 발달	문예	희곡론	문009
㉜ 운정생,	연극의 기원과 희랍극의 고찰(극)	문예	희곡론	문017
㉜ 양주동,	어느해, 환상(2편)	문예	시	문028
㉜ 김소월,	님의노래, 녯 이야기(2편)	문예	시	문031
㉜ 요 한,	산보, 풀밧, 가을 멧것(3편)	문예	시	문033
㉜ 김석송,	생장의 균등, 그대가무르면(4편)	문예	시	문036
㉜ 강봉옥,	제주도의 민요오십수(맷돌가는 여자들의 노래 50수)	문예	민요+론	문039
㉜ 석 생,*	연애(감상과 산문시?)	문예	수필	문049
㉜ 빙 허,	지새는 안개(1)	문예	소설	문051
㉜ 이영숙,	수탉의 내력(당선동화3등당선)	문예	동화	문062

<33호>1923.3.1.

저 자	기사명	기사분류	세부분류	면수
㉝ 미 상,	구회(송시열, 양한묵사진)	사진	사진	000
㉝ 미 상,	경남형제에게 사고하고 경북인사에게 촉망합니다	선언	선언	002
㉝ 미 상,	우리의 이대선언을	선언	선언	004
㉝ 미 상,	문제의 해결은 타결이냐 자결이냐	논설	사상	006
㉝ 권동진,	인류주의는 나의 가장 찬송하는 이상이외다	논설	사상	014
㉝ 미 상,	구주대전이후의 민족적 이상의 진화	논설	사상	016
㉝ 박달성,	조선교육계와 교원자격문제	논설	교육	022
㉝ 장응진,	졸업생을 보내는 감상과 희망	잡문	감상	027
㉝ 김송은,	수업료저감결의에 대한 비판	논설	교육	031
㉝ 선우전,	당연히 기할 오인의 경제운동	논설	경제	040
㉝ 한중전,	산업조합경영의 기초관념을 논함	논설	경제	044
㉝ 이성환,	조선농민이여 단결하라	논설	농촌	053
㉝ 김유방,	문화생활과 주택문제(2)	잡문	주택	065
㉝ 최 린,	생각나는대로	잡문	감상	070
㉝ 한 별,*	금년 삼월과 우리의 과거	잡문	일지	072
㉝ 춘 파,	봄을 맞는 탑동공원	잡문	감상	076
㉝ 토산자,	물산장려의 일	잡문	감상	080
㉝ 일기자,	백사십동맹과 영향(금주금연단체목록)	잡문	금주금연	083
㉝ 일기자,	최창호피살과 간도동포의 주민대회(간도동포피살)	잡문	보고	086
㉝ 미 상,	장차 열릴 청년당대회	잡문	보고	088
㉝ 농구생,	천현지황	시사	시사	089

㉝ 기 전,	경남에서	잡문	감상보고	093
㉝ 일기자,	이월중의 조선과 세계	시사	일지	099
㉝ 박종홍,	신라시대의 미술	미술	미술사	문001
㉝ 홍영후,*	관현악의 이야기	음악	음악론	문008
㉝ 김안서,	일일삼천심 제목하(5편)	문예	시	문014
㉝ 김석송,	공상(1편)	문예	시	문017
㉝ 백기만,	가엽슨 청춘, 고별, 예술(3편)	문예	시	문020
㉝ 정영태,	온갓것은 죽고 잇다(1편)	문예	시	문023
㉝ 장 백,*	거룩한 죽음(장백-1)	문예	소설	문026
㉝ 현진건,	지새는 안개(2)	문예	소설	문039
㉝ 김이달,	금선의 이약이(현상동화3등당선)	문예	동화	문051

<34호>1923.4.1.

저 자	기사명	기사분류	세부분류	면수
㉞ 미 상,	사월호를 읽을 이에게(경남도호에 대해 알림)	선언	선언	001
㉞ 미 상,	물정소연의 일본	선언	선언	002
㉞ 미 상,	고쳐야할 민족적 중심세력의 작성	논설	사상	004
㉞ 북려동곡,	해외해외의 동지에게	논설	사상	014
㉞ 일기자,	세계의 상전에 참가할 조선수출품	논설	경제	021
㉞ 황석우,	현일본사상계의 특질과 그 주조	잡문	사상	025
㉞ 미 상,	혹세무민의 정감록발행에 대하야	잡문	보고	043
㉞ 일기자,	조선무산인의 도일과 일본무산인의 주시	시사	시사	044
㉞ 팔극생,	각자위대장	잡문	사상	047
㉞ 첨구생,*	까마구의 자웅(조선소작인상조회, 무산자동맹등)	시사	시사	050
㉞ 김유방,	우리가 선택할 소주택(3)	잡문	주택	056
㉞ 장 백,*	거룩한 죽음(2)	문예	소설	062
㉞ 빙 허,	지새는 안개(3)	문예	소설	071
㉞ 김석송,	천연의 시인(3편)	문예	시	081
㉞ 홍종인,	용강민요삼십수(30편)	문예	민요	084
㉞ 김유방,	배교자(희곡)	문예	희곡	089
㉞ 미 상,	먼저경남의 대체로부터 설거하면(조사)	잡문1	보고	도003
㉞ 미 상,	조선인교육과 일본인교육의 비교(조사)	잡문1	교육	도005
㉞ 미 상,	본도종교의 개황(조사)	잡문1	종교	도011
㉞ 미 상,	농산,수산,공산, 본도의 삼대산업(조사)	잡문1	산업	도014
㉞ 미 상,	각지의 특산일속(조사)	잡문1	특산	도018
㉞ 미 상,	산청자기연구의 고심인 민영직군(조사)	잡문1	특산	도019
㉞ 미 상,	覆巢下의 위란 본도조선인 산업의 몰락(조사)	잡문1	산업	도020

㉞ 미 상, 경남인민의 원부인 지지리산대학림(조사) 잡문1 산림 도028
㉞ 차상찬,* 남강의 낙화와 금벽의 원사(논개)(조사) 잡문1 인물 도032
㉞ 김기전,* 설이화개 사시장춘의 지리산(조사)〈*일기자〉 잡문1 기행 도036
㉞ 미 상, 형재처자불상견의 형형(조사) 잡문1 감상 도044
㉞ 일기자, 경남잡화(조사) 잡문1 풍물 도048
㉞ 차상찬, 우리의 족적, 경성에서 함양까지(조사) 잡문1 기행 도052
㉞ 소 춘,* 부산의 빈민굴과 부민굴(조사) (*기사끝 참조) 잡문1 인심 도066
㉞ 황 산,* 독령지(경남 지역을 구술한 한시 10수)(조사) 문예1 한시 도068
㉞ 미 상, 한닙이 떨어짐을 보고(경남지방을 본 느낌)(조사) 잡문1 감상 도069

<35호>1923.5.1.

저 자	기사명	기사분류	세부분류	면수
㉟미 상,	청천강 이북의 형제에게	선언	선언	001
㉟미 상,	제세안민지책이 차호아 피호아	논설	사상	002
㉟미 상,	민족일치 대동단결을 운위하는 이에게	논설	사상	013
㉟기 전,	개벽운동과 합치되는 조선의 소년운동	논설	소년운동	020
㉟일기자,	일본 사람이 본 조선의 민족운동과 사회운동	잡문	시사	027
㉟손효준,	운동계를 위하야(야구의 타격은 어떻게 할 것인가)	잡문	야구	029
㉟소 춘,	오월일일은 어떠한 날인가(절후, 노동절, 소년운동)	시사	시사	032
㉟레 닌,	노동의 창조(니콜라이, 레닌 술 일기자 역)	잡문	노동	037
㉟김송은,	이혼문제에 대하여	논설	가정	039
㉟김수형,	청춘을 추억하야 성적교육에	논설	성교육	045
㉟한동찬,	구강과 전신의 영향급기위생(동경치과의학사)	의학	위생	048
㉟미 상,	육호통신(진주, 평양의 잡기사)	시사	시사	057
㉟박종홍,	고신라시대의 조각(조선미술의 사적고찰 12)	미술	미술사	060
㉟일관객,	서화협회 제3회전람회를 보고	미술	관람평	070
㉟박월탄,	항의같지 않은 항의자에게(김억과의 2월호의 논쟁)	문예	문학론	072
㉟강제동,	영미인의 경영하는 학교의 내막을 보고(비판)	잡문	보고	078
㉟김석철,	서양사람이 조선 사람 사진찍는 것을 보고	잡문	감상	082
㉟김천우,	비행장교 서일보군(재북경, 보고)	잡문	보고	084
㉟일기자,	삼사월중의 조선과 열국	시사	일지	090
㉟민우보,*	황야의 나그내(우보, 고인이 된 안홍석과의 추억회고)	문예	수필	문096
㉟빙 허,	지새는 안개(4회)	문예	소설	문0124
㉟김안서,	일허진 봄, 실제, 참살구, 때,(4편)	문예	시	문132
㉟김석송,	근작사장(4편)	문예	시	문135
㉟김소월,	사옥절(*못잊어, 예전엔 개작 가능성 높다. 5편)	문예	시	문139
㉟유춘경,	그것이 무엇일가요?(1편)	문예	시	문143

저 자	기사명	기사분류	세부분류	면수
㉟김시어딤*	어즈러움(주요한에게 보내는 편지, 집을 판 심경고백)	문예	수필	문144
㉟이화천,	금방망이(중국남경, 현상동화 삼등, 또드락방망이)	문예	동화	문151

<36호>1923.6.1.

저 자	기사명	기사분류	세부분류	면수
㊱미 상,	장래할 신사회와 인습적 종교급 도덕의 가치여하	논설	사상종교	002
㊱임 주,	인류의 사상변천과 재래종교의 가치(재북경)	논설	사상종교	012
㊱이동곡,*	중국에 재한 일본의 이권동요와 동아의 금후의 대세	논설	시사	021
㊱일기자,	하와이에사는 육천동포의 현황	잡문	보고	032
㊱박승철,	파란, 와란, 백이의를 혀행하고서(재독일)	잡문	기행	038
㊱일기자,	가공할 금권, 친권의 난동(젊은 부호의 축첩행태)	잡문	세평	047
㊱미 상,	육호통신(개성, 진주만필)	시사	시사	049
㊱일기자,	개성의 정구전(개성지사, 정구전 소식)	잡문	보고	052
㊱양주동,	작문계의 김억 대 박월탄 논전을 보고	문예	문학론	054
㊱일기자,	수문수견	시사	시사	058
㊱정관생,*	일별	시사	시사	059
㊱정병기,	인간이라는 데에 대하야(이글을 월탄씨에게)	잡문	문자론	064
㊱오영휘,	돌아간 이단자	문예	소설	문067
㊱빙 허,	지새는 안개(5회)	문예	소설	문081
㊱김유방,	묵은 수기에서	잡문	명언록	문093
㊱오천원,*	저물을 건느면(눈물, 제목빠진 것2개까지 4편)	문예	시	문097
㊱미 상,	일부, 이십이군, 일도의 진한고국(조사)	잡문1	보고	도003
㊱미 상,	남선의 보고인 경북의 산업(조사)	잡문1	산업	도005
㊱미 상,	의구부진하는 본도의 교육상황(조사)	잡문1	교육	도013
㊱미 상,	지방발전의 중심이 되는 본도의 청년단체(조사)	잡문1	청년단체	도015
㊱미 상,	나병환자의 은인 푸렛짜씨의 창설한 대구나병원	잡문1	병원	도016
㊱김상용,	나병의 연구급 치료법(통영해동의원장)	의학1	의학	도017
㊱미 상,	삼백년전에 귀화한 대화혼, 김충선공의 기행	잡문1	인물	도022
㊱CSC생,*	다정다루한 경북의 민요(사승노래, 사부로노래 10편)	문예1	민요	도024
㊱차상찬,	한시(*8수)	문예1	한시	도030
㊱윤욱대,	영남가(한문시가 길다, 합방이전 백오당의 작품 1편)	문예1	한시	도032
㊱차상찬,	어복의 향혼(향랑의 비극)	잡문1	인물	도033
㊱미 상,	민원이 창천한 의성군청	잡문1	민원	도036
㊱일기자,	나의 본 경북의 각군(대구, 선산, 김천, 상주 등)	잡문1	보고	도039

<37호>1923.7.1.

저 자	기사명	기사분류	세부분류	면수
㊲ 미 상,	권두언〈돌이켜보고 내켜보고〉	선언	선언	002
㊲ 이돈화,	격변 우 격변하는 최근의 조선인심	잡문	보고	004
㊲ 성태역,*	깐디의 운동과 인도의 무산계급〈산천균 저〉	시사	시사보고	014
㊲ 임노월,	사회주의와 예술〈신개인주의 건설을 창함〉	문예	문학론	021
㊲ 이 철,	무종교라야 유종교	논설	종교론	030
㊲ 임정재,	문사제위에게 여하는 일문	문예	문학론	036
㊲ 벽아자,	동아일보에 대한 불평	잡문	신문평	040
㊲ 신 철,	조선일보에 대하야(소위 팔방미인주의인)	잡문	신문평	045
㊲ 아아생,	조선일보의 정체	잡문	신문평	049
㊲ 간당학인,	매일신보는 엇더한 것인가	잡문	신문평	052
㊲ 철산인,*	잡지 「신천지」의 비판	잡문	잡지평	056
㊲ 통명학인,	개벽에 대한 소감	잡문	잡지평	058
㊲ B 생,	개벽 너는 어떠한고〈동경에서〉	잡문	잡지평	060
㊲ 두선생,	신문당국자에 경고하는 일언(최두선?)	잡문	신문평	062
㊲ 일기자,	의운에 포위한 경성부민사립피병원	시사	시사	067
㊲ 미 상,	일별(사회 각분야의 소식만평)	시사	시사	071
㊲ 미 상,	수문수견	시사	시사	077
㊲ 미 상,	지방통신(개성, 함흥, 대구만필)	잡문	보고	079
㊲ 미 상,	내외중요일지(4월말, 5월 중순)	잡문	일지	084
㊲ 김동인,	눈을 겨우 뜰 때(1)	문예	소설	문001
㊲ 도 향,	춘성	문예	소설	문015
㊲ 염상섭역,	띄오게네쓰의 유혹(윌헲 슈밋트 뽄작, 문인회문사극)	문예	희곡(역)	문034
㊲ 빙 허,	지새는 안개(6회)	문예	소설	문058
㊲ 김석송,	다다미우에서 제하(불순한피, 울넘어, 등 5편)	문예	시	문070
㊲ 노 작,*	해저문 나라에, 어머니에게, 그이의 화상(3편)	문예	시	문074
㊲ 김안서,	쓰린웃음 제하(탈춤, 우정 2편)	문예	시	문080
㊲ 김기진,	프로므나드 센티멘탈	문예	수필	문083

<38호>1923.8.1.

저 자	기사명	기사분류	세부분류	면수
㊳ 미 상,	권두언〈비관하지 말자〉	선언	선언	001
㊳ 미 상,	화가 유할진저 위선지자들이여	논설	세태평	002
㊳ 양 명,	신문학건설과 한글정리〈재북경〉(신문학과 언어)	문예	문학론	007
㊳ 성 태,	왼편을 향하야(계급사상론)	논설	사상	020
㊳ 이종규,	사회주의와 예술을 말하신 임노월씨에게(이종기?)	문예	문학론	025

저자	기사명	기사분류	세부분류	면수
㊳ 저 암,*	암영중에 묻혀있는 보천교의 진상	논설	종교비판	029
㊳ 비봉산인,	정읍의 차천자를 방문하고〈진주〉(보천교교주방문)	잡문	종교방문	037
㊳ 금 성,*	상해의 여름〈금성〉(계급적 관점의 수필:여름특집)	문예	수필	042
㊳ 성서학인,	서울의 여름 (여름특집)	문예	수필	047
㊳ 포와생,	표와의 하 (하와이의 여름)	잡문	기행소개	050
㊳ 설악산인,	인도의 하 (인도의 여름)	잡문	기행소개	052
㊳ 춘 파,	일천리국경으로 다시 묘향산까지(일부삭제)	문예1	기행수필	054
㊳ 미 상,	압강이남 청천이북을 대체로 말하면(지역소개)	잡문1	보고	065
㊳ 미 상,	평북의 산업	잡문1	보고	068
㊳ 미 상,	일고일하한 평북의 이대계(교육과 종교계)	잡문1	보고	075
㊳ 달 성,*	내가 본 국경의 1부 7군	잡문1	기행보고	079
㊳ 미 상,	동양의 일대보고 국경연안의 대산림	잡문1	산림	092
㊳ 미 상,	국경에서 얻은 잡동산이	잡문1	일화들	096
㊳ 미 상,	일천년 고도 경주지방	잡문1	보고	102
㊳ 미 상,	울산만초	잡문1	보고	113
㊳ 일기자,	꿈틀거리는 세상(일지)	시사	일지	119
㊳ 미 상,	육호기록(육호통신:지방소식, 진주, 개성 등)	잡문	소식	125
㊳ 김동인,	눈을 겨우 뜰 때(2)	문예	소설	문127
㊳ 빙 허,	지새는 안개〈7회〉	문예	소설	문136
㊳ 김기진,	애련모사(시:3편 연애시)	문예	시	문147
㊳ 이종희,	고양이와 개〈진남포:전래동화〉	문예	동화	문151

<39호>1923.9.1.

저 자	기사명	기사분류	세부분류	면수
㊴ 미 상,	권두언〈상심일사〉	선언	선언	001
㊴ 미 상,	한 계단을 넌어서는 환희	논설	세태관	002
㊴ 주종건,	국제무산청년운동과 조선	논설(시사)	계급운동	006
㊴ 김기진,	클라르테운동의 세계화(계급문학예술론)	문예	예술론	011
㊴ 이성태,	적색공포와 백색공포〈삭제, 아래 기사로 대체〉	논설	시사	025
㊴ 박은식,	혁명후 십이년간의 중국〈백암 : 중국에 대한 관찰〉	잡문	보고	025
㊴ 임정재,	문사제군에게 여하는 일문〈하〉	문예	비평	029
㊴ 김자원,	비평의 극은 무언(원제 : 개벽대 총독부의 태도, 삭제〉	시사	시평	033
㊴ 변영만,	혹문(或問) (해독불가) 문답	잡문	문답?	037
㊴ 동 곡,*	항주서호에서〈東谷〉	문예	기행수필	038
㊴ 금 성,*	혼돈〈금성, 4년만에 고국에 돌아와서〉(편지)	문예	수필감상	045
㊴ 외 별,*	나날이 잘못되여가는 시골〈곡산에서〉(편지)	문예	수필	061
㊴ 춘 파,	묘향산으로부터 다시 국경천리에〈춘파〉	문예1	기행수필	도064

저 자	기사명	기사분류	세부분류	면수
㊴ 조일연,	내가 본 평북의 각군〈용천-철산-선천-정주 : 조기간?)	잡문1	보고	도077
㊴ 일기자,	청천이북과 홍경래장군	잡문1	평전	도091
㊴ 미 상,	곡향 영천의 발전(경북영천)	잡문1	보고	도099
㊴ 미 상,	일선융화에 발광된 영천쉬(군수)	시사1	세태비판	도104
㊴ 미 상,	동해안의 대도시(경북일대 해안선)	잡문1	보고	도106
㊴ 미 상,	영덕은 어떠한 지방?	잡문1	보고	도114
㊴ 일기자,	내외일지	시사	일지	123
㊴ 미 상,	헛튼 이야기	시사	세평	126
㊴ 묘향산인,	사상과 경향〈소춘 : 목차엔 묘향산인〉	시사	세평	127
㊴ 미 상,	변국(變局) (국제정세)	시사	국제정세	129
㊴ 빙 허,	지새는 안개〈8회 : 빙허〉	문예	소설	문130
㊴ 요 한,	여름달(보배, 흰꽃, 손님 3편)	문예	시	문144
㊴ 양백화역,	당체화〈悲曲〉 : (산앵두나무) : 중국시인 곽수자?	문예	희곡(역)	문146

<40호>1923.10.1.

저 자	기사명	기사분류	세부분류	면수
㊵ 미 상,	일본인제형에게〈삭제 : 아마도 선언인듯	선언?	선언	001
㊵ 미 상,	대변지후〈…사람성자연의 위력〉(관동대지진, 이돈화?)	논설	종교사상	002
㊵ 이창림,	새삼스럽게 음미되는 조선의 최수운주의	종교	천도교	011
㊵ 김기진,	싸르뷔스 대 로맨로란의 쟁론(클라르테 운동 세계화)	문예	비평	023
㊵ L 생,	썼던 탈을 버서나는 물산장려〈L생 奇〉	논설	경제운동	052
㊵ 샛 별,	우리 압헤는 두 갈래 길이 있습니다〈삭제 : 논설?〉	논설?	정치?	060
㊵ 돌 이,*	지주는 어찌할고?(지주-소작관계) 〈돌이〉	논설	농촌문제	064
㊵ 백 작,*	사회주의학설대요1〈白綽〉(계리언의 강연 팜플렛 역)	논설(역)	사회주의	072
㊵ 미 상,	진난중의 일본급 일본인(관동대지진소개 : 일부삭제)	잡문	관동지진	079
㊵ 강윤수?,	진란중의 동경을 탈출하여〈삭제 : 보고〉	잡문	보고	083
㊵ 미 상,	간도(간도의 변화상과 조선인 총살사건)	잡문	보고	093
㊵ 양 명,	만리장성어구에서〈내몽고 여행기의 일절〉(편지)	문예	기행감상	094
㊵ 박 생,	북만동포의 정형〈길림에서〉(私信의 일부)(편지)	잡문	보고	097
㊵ 곡 명,	간장병린〈계축계동재입중국시〉(한시1편)	문예	한시	098
㊵ 일기자,	화장백태(관악산의 화장사 소개)	잡문	사찰소개	099
㊵ 국경생,	북선래신〈투고〉(북선지역의 인심 형편 보고)	잡문	보고	100
㊵ 미 상,	진주소언(지역소식 : 투고?)	잡문	지역소식	102
㊵ 연 재,	철원잡언(동경유학생학우회 강연단의 행태비판)	잡문	강연비판	103
㊵ 일기자,	전조선장로교파 12회 총회 결의안〈재 신의주〉	잡문	종교보고	104
㊵ 미 상,	노동대회의 갱생〈노동단대회를 개최하리라고〉	잡문	노동보고	105
㊵ 이 을,*	영양(경북)교육계에 일대괴사〈학교설립문제〉	잡문	교육보고	106

저자	기사명	기사분류	세부분류	면수
㊵ 미 상,	영남의 파촉(영양군의 상태보고)	잡문	보고	108
㊵ 나도향,	행랑자식(소설)	문예	소설	문113
㊵ 김동명,	당신이 만약내게…, 나는보고섯노라,애달운 기억(3편)	문예	시	문134
㊵ 소 월,	삭주귀성, 가는길, 산 (3편)	문예	시	문140
㊵ 김동인,	눈을 겨우 뜰 때(3)	문예	소설	문143
㊵ 빙 허,	지새는 안개〈9회〉	문예	소설	문149

<41호>1923.11.1.

저 자	기사명	기사분류	세부분류	면수
㊶ 편집인,	신조선의 운명과 농민의 지위(유지자의 낙향)	논설	농촌문제	002
㊶ PSL생,*	돈아! 네일홈이 돈이지!!〈L생〉	잡문	금전론	011
㊶ 주종건,	현대경제조직의 모순〈실업한 직공과의 대화〉	잡문	경제문제	021
㊶ 반구실주,	물산장려를 비난한 L군에게 기함〈계산반구실에서〉	논설	경제문제	031
㊶ 백 작역,*	사회주의와 자본주의의 입각〈사회주의 학설대요2〉	논설	사회주의(역)	036
㊶ 김기진,	또다시「클라르테」에 대해서〈빠르뷰스 연구의 一片〉	문예	비평	047
㊶ 일기자,	조선의 부력은 얼마나 되는가〈백삼십 억원〉	잡문	경제	056
㊶ 일기자,	일본의 부력은 얼마나 되나〈칠백억원〉	잡문	경제	058
㊶ 미 상,	각정차장들의 품위	잡문	철도역	059
㊶ 미 상,	조선안에 사는 각인종의 세력소장	잡문	보고	059
㊶ 상 섭,*	세번이나 본 공진회〈우리눈에비친 공진회들〉	문예	수필감상	061
㊶ 제천丁생,	지방통신〈울릉도행〉(한시 3수)	문예	한시	066
㊶ 유광열,	나역구경의 영광을 입던 이야기〈우리눈에…공진회〉	잡문	보고	067
㊶ 농구생,	영남에 열린 공진회들〈부산, 대구〉	잡문	보고	073
㊶ 이 을,*	동해의 일점 벽인 울릉도를 찾고서	잡문	기행보고	074
㊶ 박승철,	지방통신〈북구려사에서〉(독일의 박승철의 편지)	잡문	소식보고	084
㊶ 일기자,	이조에 공헌 많은 靑松지방	잡문	기행보고	085
㊶ 소 춘,*	그것이 제일이더라〈초신행각의 엿새동안〉	문예	기행수필	092
㊶ 일기자,	지방통신〈철원잡신,재철원:사우제의 영향인듯〉	잡문	지방통신	099
㊶ 진주생투,	지방통신〈진주의 총독부말뚝〉	잡문	지방통신	099
㊶ 일기자,	전조선정구대회를 보고	잡문	보고	100
㊶ 강학병,	지방통신〈전호의「북선래신」을 보고 국경생에게〉	잡문	질의서	102
㊶ 미 상,	그동안의 세상〈국면이 전환되려는 일본〉	시사	시사	104
㊶ 미 상,	그동안의 세상〈금후의 일로세력〉	시사	국제정세	104
㊶ 미 상,	그동안의 세상〈도박득승의 조대총통〉	시사	세평	105
㊶ 미 상,	그동안의 세상〈만성화한비율빈독립〉(필리핀)	시사	국제정세	105
㊶ 미 상,	그동안의 세상〈伊國 국수당에도 內訌〉(이탈리아)	시사	국제정세	105
㊶ 미 상,	그동안의 세상〈섯버리둥지가 되려는 독일〉	시사	국제정세	106

㊶ 미　상, 그동안의 세상〈미국정부내의 분석〉	시사	국제정세	106
㊶ 미　상, 그동안의 세상〈영제국의 국가조직의 혁명〉	시사	국제정세	107
㊶ 미　상, 그동안의 세상〈노동자와 농민이여 제휴하라〉	시사	국제정세	107
㊶ 박춘파, 지방통신〈鏡城 朱乙溫에서〉(함경도 지역 답사중)	잡문	답사보고	107
㊶ 유태경외, 자유통신〈무엇이든지 써 보내시오〉(3인의 자유통신)	잡문	자유통신	108
㊶ 십목생, 그동안의 세상〈청년연합회의 회무쇄신 : 일별〉	시사	조직운동	110
㊶ 십목생, 그동안의 세상〈교육계 일대악례 : 보성전문 교장〉	시사	교육시사	111
㊶ 십목생, 그동안의 세상〈부업공진회 결과 : 부업공진회의정업〉	시사	경제문제	112
㊶ 십목생, 그동안의 세상〈조선에 사는 일인의초려 : 초민(焦悶)〉	시사	경제문제	112
㊶ 십목생, 그동안의 세상〈숭의 여학교 당국의 악화〉(기독교)	시사	교육문제	113
㊶ 오천석, 또스터예프스키라는 사람과 및 저(그)의 작품과	문예	비평	문001
㊶ 김석송, 큰물뒤에, 어둔운밤 숲속에서, 자연 나 시(3편)	문예	시	문011
㊶ 김　억,* 기원:님은 가다, 이별, (2편) 〈*목차엔 김동명〉	문예	시	문015
㊶ 명　희,* 희곡 파사(사바) (번역인듯?)	문예	희곡(역?)	문019
㊶ 김동인, 눈을 겨우 뜰 때(4회)	문예	소설	문037

<42호>1923.12.1.

저 자　기사명	기사분류	세부분류	면수
㊷ 북려동곡, 새갑자를 넘겨다보는 세계의불안(국제정세, 계급투쟁)	논설	국제정세	002
㊷ 백 작역,*유물사관과 유심사관〈사회주의 학설대요3〉	논설강연	사회주의	024
㊷ 염상섭, 문단의 금년〈올해의 소설계〉	문예	소설비평	033
㊷ 김　억, 문단의 금년〈시단의 일년〉	문예	시비평	039
㊷ 김정진, 문단의 금년〈극계 일년의 개평〉	문예	희곡평	052
㊷ 박　생, 전조선축구대회는 왜 흐지부지 되었는가?〈일기자〉	잡문	보고	059
㊷ 첨기생, 북선청년〈투고〉(교육, 위생, 산업, 풍속 등등)	잡문	지역보고	064
㊷ 미　상, 유언비어(조선인 학살 등 국내 국제 사건)	시사	세상잡평	066
㊷ 미　상, 조선의 처녀지인 관동지역	잡문1	지역소개	068
㊷ 미　상, 위미(萎靡)부진한 강원도의 산업	잡문1	산업	071
㊷ 미　상, 영서팔군과 영동사군〈춘천-평강〉	잡문1	지역소개	073
㊷ 미　상, 이땅의 민요와 동요(밀매노래, 장사타령 등 6편)	문예1	민요동요	079
㊷ 청　오,* 관동잡영〈한시 9편〉	문예1	한시	100
㊷ 일기자, 태봉왕 김궁예는 어떠한 인물인가	잡문1	평전	102
㊷ 미　상, 비절장절한 민대장의 략사	잡문1	평전	104
㊷ 미　상, 철원의 사설유곽〈세계희유의 사설유곽-유산자〉	잡문1	풍속평	106
㊷ 차상찬, 강원도를 일별한 총감상	잡문1	감상	108
㊷ 윤경식외, 자유통정〈강빈, 김기진 등의 통신〉	잡문	자유통신	114
㊷ 김기진, 마음의 폐허〈겨울에 서서〉(감상, 문학론, 시 등등)	문예	수필감상	문116

저자	기사명	기사분류	세부분류	면수
㊷ 강운곡,	이국정조 토이기의 민요〈제주에서〉	문예	민요론	문137
㊷ 김동명,	회의자들에게, 기원(2편)	문예	시	문144
㊷ 명 희,	희곡 파사(2회)	문예	희곡(역?)	문148

<43호>1924.1.1.

저 자	기사명	기사분류	세부분류	면수
㊸ 미 상,	계해와 갑자(사회주의와 민족주의)	논설	사상	002
㊸ 팔봉산인,*	지배계급교화, 피지배계급 교화(계급문화교화)	논설	교육사상	013
㊸ 양 명,	우리의 사상혁명과 과학적 태도	논설	사상	028
㊸ 백 작역,*	유물사관의 요령기〈사회주의학설대요 : 4〉	논설강연	사회주의	047
㊸ 장재구외,	여원여소의 어린이들의 소원(9명의 어린이들의 소원)	잡문	소개	057
㊸ 박승철,	북구열국견문기〈재독일〉	문예	기행감상	061
㊸ 이빈손,	구아(歐俄)유학에 대하야(하얼빈; 망향생 : 자유통신)	잡문	소개	067
㊸ 춘 파,*	서울쥐로부터 시골쥐에게(1)(은파리 양식?)	문예	우의소설	070
㊸ 청 오,*	쥐의 사면관〈취미잡화〉(동물, 조선어, 미신, 한학상)	잡문	잡문	078
㊸ 일기자,	휘문고보분규의 내막〈문제의중심은 제도의개혁에〉	잡문	보고	081
㊸ 현상윤,	과거일주갑간의 세계정국	시사	세계정세	086
㊸ 문일평,	갑자이후 六十년간의 조선	시사	조선정세	115
㊸ 십목생,	개자신수-최근일년의 사회상(시사정치사건)	시사	사회상	130
㊸ 이빈손외,	자유통정(백청생 등 5인의 통신)	잡문	자유통신	138
㊸ 박달성,	관북종횡 47일(길고 긴 기행, 감상, 일화)〈함북도호〉	문예1	기행감상	140
㊸ 김운정,*	십오분간〈희극〉	문예	희곡	193
㊸ 빙 허,	까막잡기(부기 : ○○○의 키쓰에 힌트를 얻었다)	문예	소설	211
㊸ 김석송,	귀로(1편)	문예	시	223
㊸ 김기진,	눈물의 순례(수필)	문예	수필감상	225

<44호>1924.2.1.

저 자	기사명	기사분류	세부분류	면수
㊹ 미 상,	점점 이상해가는 조선의 문화운동(문화운동의 변질)	선언	선언	002
㊹ BSL 생,	산업의 발전과 무산계급의 해방(계급해방우선)	논설	계급사상	004
㊹ 재진생,	신년벽두의 조선의사회운동〈재진주〉(노농대회,동맹)	잡문	보고	011
㊹ 일기자,	희, 갑자년두의 세계상(일지)	시사	일지	014
㊹ 이성태,	왼편을 밟고서〈시평〉	논설	계급운동	017
㊹ 일기자,	「레닌」은 죽엇습니다〈시평 : 레닌의 삶과 그 사후〉	인물	시사보고	022
㊹ 박승철,	그림을 보는 듯 십흔 북국의 풍경	문예	기행감상	030
㊹ 소수생,	〈자유통정〉 해삼위에서	잡문	소식	038
㊹ B 생,	〈자유통정〉 동경에서(피살동포의 추도회와 추도가)	잡문	소식	038

저자	기사명	기사분류	세부분류	면수
㊹ 요 한,	〈자유통정〉 상해에서	잡문	소식	038
㊹ 일기자,	〈자유통정〉 국경편편〈재국경〉	잡문	소식	039
㊹ RJH생,*	〈자유통정〉 경북유림에 일고(안동유림계비판)	잡문	편지	040
㊹ 팔봉산인,	금일의 문학, 명일의 문학	문예	비평	문041
㊹ 박영희,	체홉 희곡에 나타난 로서아환멸기의 고통(희곡)	문예	비평	문055
㊹ 김경재,	〈현문단의 세계적 경향〉 노농 로서아의 예술	문예	비평	문073
㊹ 수 주,	〈현문단의 세계적 경향〉 최근의 영국문학	문예	비평	문076
㊹ 김기진,	〈현문단의 세계적 경향〉 전후의 불란서 문학	문예	비평	문078
㊹ 이관용,	〈현문단의 세계적 경향〉 최근의 덕국문학	문예	비평	문083
㊹ 회 월,*	〈현문단의 세계적 경향〉 현시의 아메리카문학	문예	비평	문085
㊹ 양백화,	〈현문단의 세계적 경향〉 중국문단의 기현상	문예	비평	문088
㊹ 박종화,	〈현문단의 세계적 경향〉 일본문단의 최신경향	문예	비평	문092
㊹ 회 월,	〈현문단의 세계적 경향〉 조선문단의 최신경향	문예	비평	문096
㊹ 염상섭외,	문인인상호기(이광수, 김동인, 주요한 등 10명)	문예	문인평	문097
㊹ 요 한,	농부, 세형제(세 처녀의 죽음을 그린 시, 2편)	문예	시	창105
㊹ 안 서,	봄빛에 취한 바람:즐겁은 밤, 술노래,만세교 5편)	문예	시	창107
㊹ 장 백,*	조선아〈선아〉, 동지여 (2편)	문예	시	창110
㊹ 석 송,	그게누구인가(1편)	문예	시	창114
㊹ 빙 허,	이러쿵 저러쿵〈隨想〉(수필식 문학담)	문예	수필	창116
㊹ 김운정,	그립은 밤〈무단상연금지〉	문예	희곡	창122
㊹ 염상섭,	금반지	문예	소설	창140
㊹ 박월탄,	이년후	문예	소설	창159
㊹ 김동인,	거츠른 터	문예	소설	창186

<45호>1924.3.1.

저 자	기사명	기사분류	세부분류	면수
㊺ 미 상,	권두언〈갑신년래의 「사상」과 임술년래의 「주의」〉	선언	선언	002
㊺ 김정설,	노자의 사상과 그 조류의 개관(비판이 아니라 소개)	잡문	인물	004
㊺ 기 전,*	상하, 존비, 귀천〈이것이 유가사상의 기초관념이다〉	논설	유학비판	014
㊺ 소 춘,*	이천년전의 노농주의자 묵자	잡문	인물	021
㊺ 양건식역,	피-락크쉬미-날스씨의 불교관〈번역발췌〉	종교	종교소개	023
㊺ 유일선,	나의 주장하는 기독교주의	종교	기독비판	030
㊺ 한용운,	내가 밋는 불교	종교	불교관	032
㊺ 권덕규,	조선생각을 찾을 때	논설	사상비판	034
㊺ ○ 민,	사상의 귀추와 운동의 방향(3·1운동 이후의 사상)	논설	사상	041
㊺ 이돈화,	천도교의 인내천주의에 대한일별(삼대종교와의차이)	종교	천도교	049
㊺ 최남선,	〈時人수상〉 먼저 정력의 남비(낭비)로부터벗어나자	논설	주의주장	060

㊺ 원종린,	노농로국의 종국〈볼쉐비키와 무정부주의〉	시사	정치사상	061
㊺ 백 작역,*	역사진화의 사실적 설명〈사회주의 학설대요 종결〉	논설강연	사회주의	071
㊺ 일기자,	레닌 사거후의 노농로국	시사	국제정세	085
㊺ 일기자,	일본공산당사건의 전말(계링언 등 체포)	시사	조직사건	087
㊺ 정관생,	해방의 목표(정치해방과 무산자해방운동)	논설	정치사상	089
㊺ 춘 파,	다시 長尾宅 형님에게〈서울쥐-시골쥐 2〉	문예	우의소설	095
㊺ 목멱산인,*	시평〈정치업자의 오산, 공창폐지지운동 등〉	논설	시사문제	099
㊺ 일기자,	이월의 세계상	시사	일지	106
㊺ 용공설외,	자유통정(사라졌던 일종의 독자투고)	잡문	독자투고	109
㊺ 박종화외,	신춘창작평〈염상섭과, 월탄〉	문예	비평	문113
㊺ 조명희,	집업는 나그네의 무리〈감상〉	문예	수필감상	문122
㊺ 안 서,	소곡 : 목단꽃…, 샛밝한…, 만일에…, 등 (3편)	문예	시	문126
㊺ 이은상,	붉은 청정(잠자리) : 〈두우성〉(1편)	문예	시	문128
㊺ 도 향,	자기를 찾기 전	문예	소설	문130

<46호>1924.4.1.

저 자	기사명	기사분류	세부분류	면수
㊻ 미 상,	권두언〈사필귀정〉	선언	선언	001
㊻ 약영생,	세력균형주의와 국제협조주의(국제정세와 주의)	논설	사상	002
㊻ 편집자,	열국정정(독일, 러시아, 영국, 불국, 이태리, 미국)	시사	국제정세	036
㊻ 일기자,	지구성, 숫자로 본 지구(각종 통계)	잡문	통계보고	048
㊻ 김기전초,	세계 사회주의운동의 사적기술(현세) 〈발췌역〉	시사	정치사상	051
㊻ 김기전초,*	적색조합과 황색조합(인터 내셔날) 〈*일기자〉	시사	정치사상	063
㊻ 태 백,	러시아공산당〈모든 문제 모든 방면을 취급…〉	시사	공산당	065
㊻ 편집자,	최근의 세계적 8대 풍운아〈간디 등의 사진과 전기〉	잡문	인물평	072
㊻ 이용관,*	동양학계의 명성-김종세씨〈*표지엔 이관용〉	잡문	인물평	079
㊻ 백 작역,*	칼리북네히트와 로샤룩셈부르크를 추상함	잡문	인물평	081
㊻ 일기자,	삼월의 풍운	시사	일지	089
㊻ 송진우,	무엇보다도 힘〈최근의 감〉	논설	주장	092
㊻ 이돈화,	조선노농운동과 단결방법〈노농동맹〉(주장)	논설	노농동맹	093
㊻ 목멱산인,*	조선청년총동맹에 대하여	논설	청년동맹	100
㊻ 일기자,	최후의 비명이냐 신안의 구걸이랴(11개 친일단체)	시사	세평	105
㊻ 호상인,	상해편신(상해소식, 삼일절기념식 깃발 비판)	잡문	소식	106
㊻ 차상찬,	〈피폐의 충남, 갱생의 충남〉 총론	잡문1	지역소개	109
㊻ 차상찬,	〈피폐의 충남…〉〈일기자〉 戰史上으로 본 충남	잡문1	전쟁사	121
㊻ 향로봉인,*	〈피폐의 충남…〉 계룡산아	문예1	기행감상	127
㊻ 차상찬,	〈피폐의 충남…〉 서호잡감	문예1	기행감상	131

저 자	기사명	기사분류	세부분류	면수
㊻ 차상찬외,	〈피폐의 충남…〉〈凰山외〉 부여회고 (한시 9수)	문예1	한시	143
㊻ 차상찬,	〈피폐의 충남…〉 명승과 고적	잡문1	명승고적	145
㊻ 이종린,*	갑오이전의 湖俗一班 (충청의 양반위세)	잡문1	보고	149
㊻ 민태원,	추억과 희망(충남출신의 민태원)	잡문1	감상	150
㊻ 박회월,*	〈양춘수상〉 남루한 봄	문예	수필	문001
㊻ 현진건,	꿈에 본 신악양루기	문예	수필	문005
㊻ 김기진,	한멸기의 조선을 넘어서	문예	수필	문010
㊻ 김 억,	바람에 날리는 군소리	문예	수필	문018
㊻ 이익상,	생활의 괴뢰	문예	수필	문022
㊻ 조명희,	봄잔디밧위에, 내못견뎌 하노라(2편)	문예	시	문026
㊻ 김석송,	이생-저생-이몸, 인식의 공포(2편)	문예	시	문027
㊻ 안 서,	시단산책〈금성, 폐허이후를 읽고〉	문예	시비평	문030
㊻ 성 해,*	연의 서곡〈성해〉	문예	소설	문040

<47호>1924.5.1.

저 자	기사명	기사분류	세부분류	면수
㊼ 미 상,	권두언〈최근의 감〉	선언	선언	002
㊼ 이순탁,	노동운동과 소작운동의 협동(노농동맹강조)	논설	노동운동	004
㊼ 전영택,	소년문제의 일반적 고찰(소년문제와 소년문학)	논설	아동문학	009
㊼ 허죽재,	시촌(詩村)건설의 제1의(이상향과 금전론)	논설	낙원건설	017
㊼ 김기전,	떠드는 세상, 변하는 세상(일부삭제37~38면)	시사	국제정세	028
㊼ 일기자,	풍호우호=일미반목의 석금〈삭제39~43>	시사	국제정세	039
㊼ 춘 파,	4월의 세상(국내외 소식)	시사	일지	044
㊼ 네눈이,*	서울에 나타난 세가지..〈네눈이〉(서울쥐-시골쥐3)	문예	우의소설	048
㊼ 이성환,	죽어가는 농촌을 안고서〈벽타 : 농촌순례기 중에서〉	문예	기행수필	055
㊼ 양 명,	수감다섯편 〈2~3편 삭제〉	문예	수필	063
㊼ 목멱생,*	일기의 단편〈삭제〉	잡문	일기	067
㊼ 자남자북,	자유통정〈지방과 국외 소식〉	잡문	소식	070
㊼ 특파원,	등하불명의 근기정형(조선문화조사 : 경기도 조사)	잡문1	보고	073
㊼ 일기자,	천하명물고려인삼	잡문1	보고	114
㊼ 묵연초,	개성점원생활의 비애〈점연초? : 점주의 각성을촉함〉	논설1	노동문제	122
㊼ 청 오,	유한천고의〈오호〉사도세자 (수원성과 사도세자)	잡문1	평전	124
㊼ 김 생,	미소의 혁명〈감상 : 삭제〉	문예	수필	128
㊼ 해 리,	나리는 비를 마즈며〈감상〉	문예	수필	135
㊼ 박월탄,	문단방어(放語) (각 장르의 주요인물 문단소식)	문예	비평	138
㊼ 김 억역,	젊음 : 아침비(2편 : 번역으로 되어있으나 원전 무)	문예	시(역)	141
㊼ 박회월,*	결혼전일	문예	소설	144

<48호>1924.6.1.

저 자	기사명	기사분류	세부분류	면수
⑱ 이돈화,	인애천명, 근면에 대한 의문	논설	사상	002
⑱ 박영희,	「악의 화(花)」를 심은 보들레르론	문예	비평	009
⑱ 대내대외,	시국아관(시국관)	시사	시국관	028
⑱ 첨구생,*	천지현황(30호의 험구생과 유사)	시사	시사	033
⑱ 일기자,	오월과 세계	시사	일지	035
⑱ 편집실,	기명유신의 경성상	잡문1	보고	038
⑱ 중간생,	외인세력으로 본 조선인경성〈중간인〉(각종통계)	잡문1	보고	038
⑱ 소 춘,	희, 경성중심세력의 유동〈예로보고 지금으로본〉	잡문1	보고감상	056
⑱ 선우전,	여의 경성감과 희망〈경성인과 지방인〉	잡문1	감상	060
⑱ 상투생,	경성의 이십년간 변천(지명, 명칭, 학교, 상투 등)	잡문1	보고	066
⑱ 기 전,	〈서울이란..〉재경성각교회의 본부를 역방하고	종교1	보고	071
⑱ 강 우,	〈서울이란..〉경성교육계와 교육위원회	잡문1	교육	080
⑱ 일기자,	〈서울이란..〉가지가지의 단체모양	잡문1	단체	084
⑱ 나 빈,*	〈서울이란..〉문단으로 본 경성	문예1	문단평	086
⑱ 달 성,	〈서울이란..〉언론계로 본 경성	잡문1	언론계	087
⑱ 급우생,	〈서울이란..〉서화계의 석금관	문예1	미술	089
⑱ 춘 파,	〈서울이란..〉출판계는 엇던가 (중요한 기사)	잡문1	출판계	091
⑱ 현 철,	〈서울이란..〉극단을 일별하면〈경성의 극단〉	잡문1	극단	093
⑱ 청 오,*	〈서울이란..〉화류계의 種種相 (종류,조합결성,日妓)	잡문1	기생	095
⑱ 상 찬,*	〈서울이란..〉중에도 심한 미신굴(숭신인조합등)	종교1	미신	101
⑱ 김기진,	〈서울이란..〉경성의 빈민-빈민의 경성(전망제시)	잡문1	보고감상	103
⑱ 일기자,	〈서울이란..〉경성의 명승과 고적	잡문1	보고	106
⑱ 관상자,*	〈서울이란..〉경성의 인물백태(의사,교직,언론,실업계)	잡문1	인물평	110
⑱ 네눈이,*	〈서울이란..〉미추의 경성(시골쥐 서울쥐 4)	문예1	우의소설	116
⑱ 특파원,	일흠조흔 부천군(부천에 대한 각종보고)	잡문1	보고	121
⑱ 을 인,*	인천아 너는 엇더한 도시(도시소개) (이을? 카드)	잡문1	보고	126
⑱ 팔봉산인,*	신록(산문시), 백수의 탄식, 화강석(3편)	문예	시	문134
⑱ 현진건,	운수조흔날	문예	소설	문139
⑱ 박회월,	애의 만가	문예	소설	문151

<49호>1924.7.1.

저 자	기사명	기사분류	세부분류	면수
㊾ 편집자,	개벽운동만세(권두언 : 『개벽』의 출판4년 통계)	선언	선언	002
㊾ 이돈화,	천국행〈1미완〉(인간중심의 종교관, 보편시선의극복)	논설	종교론	004
㊾ 장몽린,	아문적 사명〈북경대학교장〉(민중의 신사회건설)	논설	사회개조	012

호	필자	제목	분류	주제	쪽
㊾	김기전,	조선고(苦)(독립단,만주조,언론탄압 사건보고)	시사	시사	014
㊾	간파생,	익익반동화하는 근래의 학교당국(15면, 김기전?)	시사	학교문제	015
㊾	조선인,	언론집회압박보고(개벽 등 탄압 압수 사유)	시사	보고	027
㊾	주종건,	가등내각 출현에 대한 관찰의 1-2	시사	정세분석	028
㊾	소 춘,	세상은 또 이만큼 변했다〈중로협정, 일미문제〉	시사	국제정세	033
㊾	미 상,	국제정국〈國際漫話〉	시사	국제정세	038
㊾	차천자,*	백정사회의 암담한 생활상…형평전선의 통일을 촉함	잡문	백정사회	039
㊾	박달성,	조선청년의 무력 수양문제(자기보호를위한무력수양)	논설	무력수양	046
㊾	한진희,	유도의 역사적 의의〈정무관사범〉	잡문	유도	047
㊾	대갈생,	학교를 역방하다가교육자제군에게(교육자의행실비판)	논설	교육문제	052
㊾	박돌이,*	여학교를 방문하다가〈아니꼬운 꼴〉	잡문	교육일화	054
㊾	이돈화,	〈하휴중의 학생제군..〉 어린이들과 결의하라	잡문	방중임무	056
㊾	미 상,	〈하휴중의 학생제군..〉 먼저 이와가튼 준비를…	잡문	방중임무	057
㊾	김기전,	〈하휴중의 학생제군..〉 사람냄새를 좀 맛타보아라	잡문	방중임무	059
㊾	박달성,	〈하휴중의 학생제군..〉 농민화하라	잡문	방중임무	060
㊾	차상찬,	〈하휴중의 학생제군..〉 사람은 개고리가 안이다	잡문	방중임무	062
㊾	방정환,	〈하휴중의 학생제군..〉 수만명 신진역군의 총운동	잡문	방중임무	062
㊾	이종린,	〈하휴중의 학생제군..〉 나의 부탁	잡문	방중임무	065
㊾	조두섭,	〈하휴중의 학생제군..〉 하기휴가 동안에는	잡문	방중임무	067
㊾	김태훈,	〈하휴중의 학생제군..〉 한마디,한자라도오직실지로	잡문	방중임무	068
㊾	급우생,	우리의 미술과 전람〈전람회〉(미술계의 상태)	문예	미술계	070
㊾	무 명,	제3회 조선미술전람회의 제1부 동양화를 보고서	문예	미술계	074
㊾	일기자,	경성제국대학예과의 개교식을 보고서	잡문	보고	076
㊾	관상자,*	형형색색의 경성 첩마굴〈가증할 유산계급의 첩문제〉	잡문	세태비판	078
㊾	나정월,*	일년만에 본 경성잡감〈윤심덕, 조선미전, 토월회〉	문예	감상평	086
㊾	천리안,	천지현황	시사	시사	090
㊾	ㅅㅅ생,	남만주를 다녀와서〈재북경〉	문예	기행감상	091
㊾	박 봄,	국경을 넘어서서〈재북만, 감상〉(독립군? 일부삭제)	문예	수필	096
㊾	장진식,	〈자유통정〉 이돈화씨의 애에 대한 의문을 읽고	잡문	독자투고	100
㊾	김명호,	〈자유통정〉 농촌의 사정을 들어 〈재곡산〉	잡문	농촌소식	101
㊾	전무길,	〈자유통정〉 상해편언을 읽고(46호)	잡문	독자투고	102
㊾	동 인,	육월의 세계〈일기자〉	시사	일지	103
㊾	회 월,	칠월에 회상되는 해외문인〈쉴러, 모파산 등〉	문예	비평	문107
㊾	주요한역,	오 젊은 독수리들아〈미국 리마스터작〉(1편)	문예	시(역)	문111
㊾	최석주,	〈현상문예소설2등〉 파멸	문예	소설	문116
㊾	이기영,	〈현상문예소설3등〉 오빠의 비밀편지	문예	소설	문137
㊾	익명생,	〈현상문예희곡3등〉 버림바든 자	문예	희곡	문153

㊾ 염상섭,	〈현상문예〉 선후에	문예	소설비평	문179
㊾ 김정진,	〈현상문예〉 각본을 고선하고	문예	희곡비평	문180
㊾ 박영희편,	〈개벽4주년 기념부록〉〈중요술어사전:문학(1회)〉	문예	문학용어	문000

<50호>1924.8.1.

저 자	기사명	기사분류	세부분류	면수
㊿ 김기전,	부지수지무지. 족지도지(2-5면 전문삭제)	논설	시사?	002
㊿ 이돈화,	천국행〈2〉(6-13면 전문삭제)	논설	종교론?	006
㊿ 노아자,*	농촌의 부로를 대신하야〈노아자〉(편지글)	논설(시사)	부나로드	014
㊿ 박달성,	천재인화-호지어차〈남선의 旱災 암태의 農亂〉	논설	시사	020
㊿ 차상찬,	빈자의 여름과 부자의 여름(공장직공의 참상 소개)	논설	빈부격차	024
㊿ 춘 파,	세계안으로 일본급 조선에(일제정책에 대한 비판)	시사	시사평	028
㊿ 일기자,	문제의 시대일보 분규의 전말과 세상의 여론(비판)	논설(시사)	신문평	030
㊿ 김덕한,	형평사의 내홍과 형평운동에 대한 비판(백정계급)	논설	형평운동	039
㊿ 팔봉산인,*	너희의 양심에 고발한다(문학예술가, 음악가 비판)	문예	예술론	043
㊿ 우대갈생,	교육자를 대갈한 대갈생에게(49호 대갈생의 글 비판)	잡문	독서평	051
㊿ 대갈생,	보전교(보성전문학교) 이사들에게 문함(학교분규비판)	논설	학내분규	053
㊿ 일기자,	칠월의 세상	시사	일지	054
㊿ 을 인,*	인천아 너는 엇더한 도시〈2〉(도시소개)	잡문1	보고	056
㊿ 을 인,	강도(강화도) 답파기〈특파생〉	잡문1	보고	064
㊿ 일기자,	신국면을 전개하는 김포군	잡문1	보고	069
㊿ 일별생,	배주고 배속 빌어먹는 시흥군	잡문1	보고	073
㊿ 일기자,	경성의 번병인 고양군	잡문1	보고	075
㊿ 정복금,	간도의 종횡관(정치, 종교, 사회상 소개)	잡문	보고	076
㊿ 청 오,	〈각지의 여름〉 평양모란봉에서(춘파에게 편지글)	문예	수필편지	078
㊿ 김춘강,	〈각지의 여름〉 원산의 명사십리〈원산지사〉	문예	수필	079
㊿ 삼청일객,	〈각지의 여름〉 인천 월미도	문예	수필	080
㊿ 황기수,	〈각지의 여름〉 부산의 승경	문예	수필	081
㊿ 최뭉틀이,	〈각지의 여름〉 국경의 위관 통군정〈의주〉	문예	수필	083
㊿ 송도한인,	〈각지의 여름〉 송도의 여름과 부산동	문예	수필	083
㊿ 이 생,	〈각지의 여름〉 달성공원에서〈대구〉	문예	수필	084
㊿ 춘 파,	〈각지의 여름〉 한강철교에서(청오에게 편지글)	문예	수필편지	085
㊿ 양백화,	신선술〈전설〉(『난재지이』에서 뽑은 글)	문예	전설(역)	087
㊿ 허풍선,	소화강단〈낙어〉(우스운 이야기 8편)	잡문	소화	091
㊿ 고한승역,	아름다운 라인강〈전설미화〉	문예	전설(역)	095
㊿ 긔 진,*	불에 데인 살덩이 (명동에서 본 무산자들의 표정)	문예	수필감상	문001
㊿ 월 탄,	우소소(雨蕭蕭)	문예	수필	문005

저자	기사명	기사분류	세부분류	면수
㊿ 돌 이,*	끌리는 농부의 무리여(박달성, 농민자각 촉구, 1편)	문예	시	문007
㊿ 요 한역,	쓰러진 장막, GHOST, 어린 여승〈헬러 등 작〉(3편)	문예	시(역)	문009
㊿ 신필희,	〈현상문예 가작〉입학시험	문예	소설	문012
㊿ 최 빙,	〈현상문예 가작〉사진구경	문예	소설	문031
㊿ 김태수,	〈현상문예 가작〉희생자	문예	희곡	문039
㊿ 박영희,	사상술어〈부록〉(사상용어사전)	잡문	부록사전	문054

<51호>1924.9.1.

저 자	기사명	기사분류	세부분류	면수
51 이돈화,	현대청년의 신수양(유물론자로서의 인격수양)	논설	수양론	002
51 옥천생,	근대사상사(사회주의의 역사소개)〈玉川, 오상준?〉	시사	사회주의	008
51 Y S역,*	민족과 계급〈대산욱부 저〉(이성태 : 52호 후기)	논설(시사)	민족계급	018
51 박헌영,	국제청년데이의 의의〈신흥청년동맹〉	논설(시사)	계급운동	024
51 박달성,	눈가는 대로 붓가는 대로(끝에 '돌이') (반일감정)	시사	세평	027
51 일기자,	칠팔월의 세상〈7.11~8.10까지〉	시사	일지	033
51 H Y생,	일년이 되여온 진재(震災)통〈일기와 그때의 회상〉	문예	일기감상	036
51 네눈이,*	삼국노동자미행기〈네눈이〉(서울쥐-시골쥐 5)	문예	소설	042
51 성 태,	광난	문예	감상	048
51 춘 파,	부지노치장지당(소춘,청오와 우이동 간 이야기)	문예	기행	052
51 송도한인,	개성만필(개성의 사건소식)	잡문	보고	053
51 기전상찬,	〈평남2부 14군〉 총언	잡문1	보고	055
51 기전상찬,	〈평남2부 14군〉 금수강산평양부	잡문1	보고	057
51 기전상찬,	〈평남2부 14군〉 평양기독교의 발전경로	종교1	기독교	061
51 기전상찬,	〈평남2부 14군〉 평양의 사회운동	잡문1	사회운동	064
51 기전상찬,	〈평남2부 14군〉 평양의 천도교회	종교1	천도교	065
51 관상자,*	〈평남2부 14군〉〈기전? 상찬?〉 평양의인물백태	잡문1	인물평	066
51 기전상찬,	〈평남2부 14군〉 서경야화	잡문1	보고	066
51 기전상찬,	〈평남2부 14군〉 록족부인, 계월향, 옥개	잡문1	인물	076
51 기전상찬,	〈평남2부 14군〉 평양군의 번병인 대동군	잡문1	지역소개	079
51 기전상찬,	〈평남2부 14군〉 서선의 상업지 안주군	잡문1	지역소개	080
51 기전상찬,	〈평남2부 14군〉 철의 명산지의 개천군	잡문1	지역소개	086
51 기전상찬,	〈평남2부 14군〉 비산비야의 강동왕국	잡문1	지역소개	088
51 기전상찬,	〈평남2부 14군〉 풍정낭식의 성천군	잡문1	지역소개	090
51 기전상찬,	〈평남2부 14군〉 낙수명지 강서군	잡문1	지역소개	093
51 기전상찬,	〈평남2부 14군〉 황룡고국인 용강군	잡문1	지역소개	096
51 기전상찬,	〈평남2부 14군〉 서선낭항-진남포부	잡문1	지역소개	099
51 기전상찬,	〈평남2부 14군〉 평암미창인 평원군	잡문1	지역소개	102

⑸ 기전상찬,	〈평남2부 14군〉 송이 명산지 양덕군	잡문1	지역소개	104
⑸ 기전상찬,	〈평남2부 14군〉 산읍중 묘읍인 맹산군	잡문1	지역소개	106
⑸ 기전상찬,	〈평남2부 14군〉 주단야장의 영월군	잡문1	지역소개	108
⑸ 기전상찬,	〈평남2부 14군〉 산읍중 웅주인 덕천군	잡문1	지역소개	109
⑸ 기전상찬,	〈평남2부 14군〉 서선과 남선의 사상상 분야	잡문1	사상보고	111
⑸ 기전상찬,	〈평남2부 14군〉 소문과 다른 서도의 빈부현격(통계)	잡문1	빈부문제	115
⑸ 기전상찬,	〈평남2부 14군〉 만주속에 목을 매는 세민의 생활난	잡문1	생활난	123
⑸ 기전상찬,	〈평남2부 14군〉 평남의 이대민폐(잠견공동판매 등)	잡문1	생활난	124
⑸ 차상찬,	〈평남2부 14군〉 잡관친감	문예1	기행감상	127
⑸ 고한용,*	따따이슴〈고한용〉〈소개〉	문예	문예사조	문001
⑸ 박월탄,	아버지와 아들	문예	소설	문005
⑸ 박영희,	사상술어사전〈부록〉	잡문	부록사전	문027

<52호>1924.10.1.

저 자	기사명	기사분류	세부분류	면수
⑸ 편 자,	자본적 경략의 호기(권두:한발을 호기로 침탈강화)	논설(정치)	민중의식	001
⑸ 이동곡,	사상의 혁명	논설	사상혁명	004
⑸ 옥천생,	근대사상사〈2〉생시몽의 사회사상과 푸리에…	잡문	사회주의	034
⑸ 이성환,	계급타파와 토지문제〈5면 삭제〉(농촌문제)	논설	농촌문제	047
⑸ 금성생,*	비기독교대동맹선언〈상해에서 금성〉(선언서 번역)	시사	시사보고	056
⑸ 최원순,*	금번 중국동란에 대하야(학지광관계; 보고문)	시사	중국동란	059
⑸ 차상찬,	전난와중에 입한 재중70만동포(77면 일부삭제)	시사	시사보고	067
⑸ 일기자,	천태만상〈최근의 세상〉	시사	일지	078
⑸ 첨구생,*	경성잡화〈대언소언〉(82면 일부삭제)	잡문	소식보고	081
⑸ 추당생,	서경춘추〈평양 : 평양이야기〉	잡문	소식보고	084
⑸ 박승철,	남구, 발칸반도, 기타 열국을 역유(歷遊)하고	문예	기행	086
⑸ 박달성,	북행삼일간(함남답사가는 길)	문예	기행	102
⑸ 염상진,	파주를 지나면서〈본사지방부원:산정수정〉	문예	기행	103
⑸ 주요섭,	선봉대〈학생들아 우리는 지휘관〉	문예	수필	104
⑸ 마을이,	〈학생하휴실감〉국경에서 얻은 실감(109면 삭제)	문예	수필편지	108
⑸ 황영진,	〈학생하휴실감〉펵가난한거슬보앗습니다〈보성전문〉	문예	수필	110
⑸ 이상옥,	〈학생하휴실감〉 귀성하지 못하고〈송도고보〉	문예	수필	113
⑸ 주동훈,	〈학생하휴실감〉 촌부에게서〈보성고보〉(한재의삼남)	문예	수필	115
⑸ 림홍생,	〈학생하휴실감〉 망난이자식〈SW생 : 진남포〉	문예	수필	117
⑸ 관상자,*	흔들리는 총독부 속〈122면 삭제〉	시사	시사	120
⑸ 미 상,	유언비어	시사	세평	123
⑸ 편자외,	자유통정	잡문	자유통신	124

호	저자	기사명	기사분류	세부분류	면수
52	동인생,*	〈추창만감〉 한우님의 큰 실수(계절평)	문예	수필	125
52	백기만,	〈추창만감〉 공연히 울고 싶습니다	문예	수필	127
52	임노월,	〈추창만감〉 가을의 미감〈靜思, 영감, 청신, 해방〉	문예	수필	128
52	홍명희,	〈추창만감〉 秋燈詩話〈벽초:가을〉(가을관련시구)	문예	감상	132
52	안 서역,	〈추창만감〉 가을에 을퍼진 노래〈베르렌 등 6편〉	문예	시(역)	134
52	포 우,	〈추창만감〉 구슬픈 노래, 〈가을 노래〉(산문시?)	문예	수필	136
52	양건식역,	서운(瑞雲)〈情界佳話〉	문예	야담(역)	140
52	고한용,*	서울왓든 따따이스트의이약이(일본시인과시편소개)	문예	문학론	146
52	청 오,	서경잡절(한시 5수)	문예	한시	154
52	요 섭,	무제(1편)	문예	시	001
52	양주동역,	악기(惡禱) 〈보들레르작〉(1편)	문예	시(역)	002
52	윤귀영,	〈현상문예 가작〉 흰달빛	문예	소설	005
52	김영팔,	〈현상문예 가작〉 미처가는 처녀	문예	희곡	024

<53호>1924.11.1.

호	저 자	기사명	기사분류	세부분류	면수
53	미 상,	권두언〈암제막하에 모여드는 무산군〉(계급적 감흥)	선언	선언	002
53	이돈화,	교외별전 (계급의식, '김정필사건', 기아와 자선의 론)	논설(시사)	시평	004
53	김경재,	계급자유교육의 신조류(부분삭제 : 계급적 교육론)	논설	교육	010
53	YS생역,*	사회생활의 근본적 원리와 전쟁〈「민족과계급」의2〉	논설(시사)	전쟁론	016
53	철 필,	농한기의 농촌잡감(4면 삭제 : 농촌문제비판)	논설	농촌문제	023
53	이동곡,	내가 본 중국의 대동란〈재북경〉(중국의 정세)	잡문	보고	028
53	미 상,	갑자추계와 세계상	시사	일지	041
53	박승철,	희랍, 토이기, 오지리를 보던 실기(터키, 오스트리아)	문예	기행보고	044
53	민석계,*	나의 추수〈경상도행〉	문예	기행감상	059
53	송도한인,	개성만필(개성유림, 도박단, 목사의 설교, 전기회사)	잡문	시평보고	063
53	추 당,	평양만화 (평양소식, 일인의 인육낚시와 여아강간)	잡문	시평보고	065
53	염상진,	서선을 본 인상(김기전에게 쓴 편지보고)	잡문	보고편지	066
53	네눈이,*	네눈이의 동서남북담(서울쥐-시골쥐 6)(일부삭제)	문예	소설	067
53	일기자,	인내천주의의 주창자 최수운 선생의 탄생백년…	종교	천도교	071
53	박승철외,	자유통정(독자란요구, 「개벽」기부요청, 개인적 편지)	잡문	자유통신	075
53	박달성,	답사기에 선하야(함남호는 2개로구분, 하나는 차상찬)	잡문1	안내문	078
53	박달성,	가급인족의 함경남도(84면 일부삭제)	잡문1	보고	078
53	박달성,	〈列邑大觀〉 읍무사촌무사의 서천군(87면 일부삭제)	잡문1	보고	085
53	박달성,	〈열읍대관〉 얇고, 도타운 이원군	잡문1	보고	088
53	박달성,	〈열읍대관〉 함남의 대장읍 북청군(93면 4행삭제)	잡문1	보고	091
53	박달성,	〈열읍대관〉 해발4천척의 풍산고지(97면 일부삭제)	잡문1	보고	096

저자	기사명	기사분류	세부분류	면수
(53) 박달성,	〈열읍대관〉 적소로유명한 삼수와 갑산(18자삭제)	잡문1	보고	098
(53) 박달성,	〈열읍대관〉 함남의 공원지 홍원군(105면 일부삭제)	잡문1	보고	103
(53) 박달성,	피장부 아장부의 함남균세(총평, 일제의 경제침탈)	잡문1	총평감상	106
(53) 박달성,	함경선 개통과 북선형제에게(경제적 침탈 경계)	잡문1	경계문	108
(53) 박달성,	월경형제와 국경형제(112-113면일부삭제, 애절한감상)	문예1	기행감상	110
(53) 박달성,	함남에서 본 이꼴저꼴(노골적 반일감정, 심리변화)	문예1	기행감상	114
(53) K K생,	세계문단의 이대손실(아나톨푸란쓰와 쁘류소프론)	문예	비평	문119
(53) 민태흥,	혁명인도의 여류시인 싸로지니 나이듀	문예	비평	문124
(53) 김석송,	아 지금은 새벽네시〈삼년전 공책에서〉(1편)	문예	시	문127
(53) 팔봉산인,	붉은쥐〈미정고〉(133-136, 곳곳 삭제)〈24.10.17.작〉	문예	소설	문129
(53) 박회월,	이중병자	문예	소설	문151

<54호>1924.12.1.

저 자	기사명	기사분류	세부분류	면수
(54) 박달성,	갑자년과 조선의 특실여하(권두언, 일부삭제)	선언	선언	002
(54) 김기전,	갑자일년 총관(15면 일부삭제) (12-6월일지부록)	시사	시사요약	004
(54) 정 백,*	조선청년운동의 일년(전문, 19-25삭제)	논설(시사)	청년운동	019
(54) 안석주,*	갑자년중24대사건(시사만화, 4장삭제 : 삼일절, 수해)	시사(만화)	시사	026
(54) 일기자,	천대만상(시사일지) 〈10월14-11월15일까지〉	시사	일지	032
(54) 동 인,	〈시국관〉 대전이전을 연상케하는 영미의 政情	시사	국제정세	035
(54) 미 상,	〈시국관〉 중국은 오호정?	시사	국제정세	037
(54) 미 상,	〈시국관〉 또다시 조선내를 살펴보면(39면 일부삭제)	시사	시사사건	038
(54) 미 상,	〈시국관〉 일로교섭은 하시필?	시사	국제정세	038
(54) YS생역,*	국가조직의 형성과 민족단체의 의의〈민족과계급3〉	논설(시사)	국가론	040
(54) 정관생,	조선학생의 사회사상적 연합운동과 일본학생의…	논설(시사)	학생운동	047
(54) 옥천생,	〈사회사상사3〉 온정주의의 오웬과 사회주의 오웬	잡문	사회주의	054
(54) 차천자,*	창피막심한 보천교의 말로	논설	종교비판	062
(54) 네눈이,*	사람놈들 사회를 떠나면서(서울쥐-시골쥐 7, 종결호)	문예	소설	068
(54) 개성인외,	남신북통〈송도한화, 경남통신(진주생)〉	잡문	소식	069
(54) 차상찬,	〈列邑大觀〉 함남수부인 함흥군 (함남2호)	잡문1	보고	072
(54) 차상찬,	〈열읍대관〉 일신일홍의 신홍군	잡문1	보고	076
(54) 차상찬,	〈열읍대관〉 산장수장한 장진군	잡문1	보고	077
(54) 차상찬,	〈열읍대관〉 간어양홍 정평군	잡문1	보고	079
(54) 차상찬,	〈열읍대관〉 명주명산지 영홍군	잡문1	보고	080
(54) 차상찬,	〈열읍대관〉 연어명산지인 고원군〈고원여화 부〉	잡문1	보고	082
(54) 차상찬,	〈열읍대관〉 함남의 목탄고인 문천군	잡문1	보고	084
(54) 차상찬,	〈열읍대관〉 원산의 울타리 덕원군	잡문1	보고	086

54 차상찬, 〈열읍대관〉 명태왕국인 원산군	잡문1	보고	087
54 차상찬, 〈열읍대관〉 대두특산지 안변군	잡문1	보고	091
54 차상찬, 북국일천리행(답사기행보고)	문예1	기행감상	094
54 관상자,* 함흥과 원산의 인물백태(차상찬?)	잡문1	인물평	099
54 박월탄, 갑자문단종횡관(문단1년 결산평)	문예	비평	111
54 박회월, 조선을 지내가는 베너스(125면 삭제? 복사누락?)	문예	수필감상	119
54 김기진, 통곡(132면 누락? 삭제?)	문예	수필감상	126
54 이상화, 허무교도의 찬송가, 방문거절, 지반정경 (3편)	문예	시	134
54 나도향, 전차차장의 일기몇절(일기체소설)	문예	소설	138
54 양백화역,왕소군〈희곡〉(다음호 완결)	문예	희곡(역)	149

<55호>1925.1.1.

저 자 기사명	기사분류	세부분류	면수
55 이돈화, 적자(赤子 : 갓난아이)주의에 돌아오라(사상인생관)	논설	사상론	002
55 김기전, 허튼수작(8-10면, 12면 일부삭제)(소유감정억제)	논설	계급사상	008
55 팔봉산인, 붕괴의 원리, 건설의 원리(13,18삭제)(볼쎄비즘 등)	논설	계급사상	013
55 정 백,* 농촌청년에게 보내는 글월(도시의 농촌착취)	논설	농촌청년	020
55 박형병, 정치와 법률의 사회적 의의(24-27면삭제)(정치법률론)	논설	정치법률	023
55 안재홍, 반동선상의 세계와 및 그 추세(세계정세분석)	논설(시사)	세계정세	028
55 소 춘, 갑자일년총관〈속〉(7-12월 일지첨가)	시사	시사요약	037
55 Y S생역* 민족과 계급〈大山郁夫 작〉(완결)	논설(시사)	계급민족	048
55 양 명, 근세구미문화의 근본태도(구미문화의 과학적 태도)	잡문	문화론	057
55 김경재, 노농러시아의 교육제도(61-69, 전문삭제)	논설?	교육제도	061
55 에이돌푸,나는 조선역사를 연구하엿습니다〈푸렌〉(전문삭제)	잡문(역사)	조선역사	070
55 일기자, 신년과 제4계급의 감상(무사자들의 경험담과 감상)	잡문?	경험담	072
55 안석주,* 이광수의 인상〈만화〉(편자 주 첨부)	그림(기타)	그림	079
55 이성태, 내가 본 이광수(사상 대신 인물론을 쓴다)	문예	작가론	080
55 박영희, 문학상으로 본 이광수	문예	작가론	086
55 박돌이,* 수문수답〈박돌이〉(95-96 일부삭제, 대화체시사담)	잡문?	시사담	094
55 차상찬, 우보〈청오〉(소의 해를 맞아 소의 계보를 말함)	잡문	소이야기	099
55 이춘원, 우송(1편)	문예	시	106
55 누렁이, 나는 스무살 먹은 황소(황소의 일생 회고담, 우화체)	문예(소설)	우화소설	109
55 미 상, 천태만상(일지)	시사	일지	117
55 김춘강외,남신북통〈원산단평, 안주통신, 개성의 사상〉	잡문	지방소식	119
55 김동인, 〈신년특별문예〉 명문	문예	소설	문002
55 박월탄, 〈신년특별문예〉 여명	문예	소설	문014
55 김소월, 〈신년특별문예〉 신앙, 저녁때(2편)	문예	시	문033

저자	기사명	기사분류	세부분류	면수
55 박회월,	〈신년특별문예〉 전투	문예	소설	문036
55 현진건,	〈신년특별문예〉 불	문예	소설	문054
55 이상화,	〈신년특별문예〉 단장오편〈舊稿〉(전호 시교정)(5편)	문예	시	문061
55 양백화역,	〈신년특별문예〉 왕소군〈희곡〉	문예	희곡(역)	문066
55 일기자,	문예잡기(노벨상, 바이런, 일문잡지『문예』, 따따이즘)	문예(기타)	문예소식	문083
55 김기진,	〈신년특별문예〉 불이야! 불이야!	문예	수필감상	문084
55 박영희,	〈신년특별문예〉 창작비평과 평자	문예	비평	문091
55 이익상,	〈신년특별문예〉 사상문예에 대한 단상	문예	비평	문095
55 미 상,	신년특별부록? (부록이 무엇인지 알수 없다.)	미상?	미상?	문000

<56호>1925.2.1.

저 자	기사명	기사분류	세부분류	면수
56 미 상,	권두언〈신춘이냐? 궁춘이냐?〉(춘궁구제하자)	선언	선언	001
56 이돈화,	사람의 힘과 돈의 힘(독점하지 말고 상호부조)	논설(기타)	상조론	002
56 윤 주,	사회문제와 인구문제(신맬더스주의에 입각한 주장)	논설(기타)	인구문제	008
56 박달성,	지방형제를 대하야 식자제군에게(탄원을 대신 옮김)	잡문?	농촌문제	016
56 일기자,	일로협약과 금후의 국제정국(국제정세분석)	시사	국제정세	022
56 선우전,	조선총독부의 재정의 개요 급 비평(재정분석비평)	잡문	재정분석	026
56 김성룡,	조선과 滿洲粟 이입의 현재 급 장래〈재장춘〉	잡문	보고	033
56 S T,*	문제의 자유권과 생존권(계급적 해설 : 이성태)	시사	시사분석	042
56 차천자,*	장발적(보천교)의 최후준동(부일배의'시국대동단'비판)	시사	친일조직	046
56 일기자,	최근경성의 유언비어	시사	시사평	046
56 춘 파,	연말연시의 세계상(일지)	시사	일지	051
56 일기자,	안정을 일흔 조선기독교 선교회(기독교의 내홍)	종교	기독교	054
56 천 우,	나의 최저희망(신문잡지와 출판업자에 대한 요구)	잡문	출판관계	055
56 옥천생,	「오웬」의 計圖한 協和合力의 촌〈사회사상사4〉	잡문	사회주의	058
56 박승철,	륜돈(런던)구경〈재영국〉	문예	기행감상	064
56 이원행외,	최근지방의 남신북통〈강계지사 외〉(지방소식)	잡문	지방소식	072
56 김기진,	일월 창작계 총평(각잡지의 소설평)	문예	비평	문001
56 박영희,	정순이의 설움(24, 27면 일부삭제)	문예	소설	문019
56 조명희,	땅속으로〈포석 : 미완 1〉(전호이월)	문예	소설	문030
56 양주동,	나는 이나랏사람의자손이외다〈1924〉(전호이월)(1편)	문예	시	문041
56 팔 봉,*	〈계급문학시비론〉 피투성이된 푸로혼의 (2자삭제)	문예	문학론	문043
56 김석송,	〈계급문학시비론〉 계급을위함이냐 문예를위함이냐	문예	문학론	문047
56 김동인,	〈계급문학시비론〉 예술가자신의막지못할예술욕에서	문예	문학론	문048
56 박종화,	〈계급문학시비론〉 인생생활에필연적발생의계급문학	문예	문학론	문049
56 박영희,	〈계급문학시비론〉 문학상 공리적 가치여하	문예	문학론	문049

호	저자	기사명	기사분류	세부분류	면수
56	염상섭,	〈계급문학시비론〉 작가로서는 무의미한 말	문예	문학론	문052
56	나도향,	〈계급문학시비론〉 뿌르니 푸로니 할 수는 업지만	문예	문학론	문054
56	이광수,	〈계급문학시비론〉 계급을 초월한 문학이라야	문예	문학론	문055
56	박영희역,	인조노동자(1)〈채펙크작, 「R.U.R.」: 無賃노동자의 뜻〉	문예	희곡(역)	문056
56	기 진,	〈문단시평〉 평생소원(문예에대한 검열이 너무가혹)	문예	검열문제	문081
56	월 탄,	〈문단시평〉 작가와 풍속(김동인의 「명문」에 대해)	문예	비평	문081
56	박영희,	〈문단시평〉 문단을 넘어선 문예	문예(기타)	문단문제	문081
56	이익상,	〈문단시평〉 친절이 적은 문단	문예	문단문제	문082
56	WW생,	〈문단시평〉 문단의 암면(표절문사 C.B.L의 행각)	문예	문단문제	문082
56	김창술,	〈독자문예〉 대도행(1편)	문예	시	문083
56	상 무,	〈독자문예〉 조선혼아!, 사의 이별, 외로운 혼(3편)	문예	시	문084
56	정래동,	〈독자문예〉 눈오는 아침, 겨울달(2편)	문예	시	문085
56	김영수,	〈독자문예〉 옛 환경으로부터, 새해로 옮기는…(2편)	문예	시	문086
56	박영희,	독자문예를 발표하면서(독자문예-소설은 엉망이다)	문예	비평선정	문087
56	일기자,	본지 기고가 방명록〈문예부〉(32명의 필명, 주소)	문예	문인명단	문088
56	이동곡,	혁명문학(전문삭제:편집후기 참조)	문예	문학론	000
56	이성환,	농민?구제책(전문삭제:편집후기 참조)	논설	농촌문제	000
56	나 산?,	일본의 무산정당과 조선? (전문삭제 : 후기참조)	논설(정치)	무산정당	000
56	목멱산인,*	농촌청년에게보내는글월〈鄭栢〉(전문삭제 : 후기참조)	논설?	농촌문제	000

<57호>1925.3.1.

호	저 자	기사명	기사분류	세부분류	면수
57	기 전,	죽을사람의 생활과 살사람의 생활(실력양성론비판)	논설	사상주의	002
57	김경재,	사회운동자가 본 사회운동(계급 사회운동론:일부삭제)	논설(시사)	사회운동	008
57	청진학인,	민족감정의 심리와 그사회적 의의1〈장곡천여시한〉	논설(역)	민족감정	015
57	S Y,*	무산부인日의 기념(1922년 3월 8일 1회 무산부인일)	시사	계급운동	023
57	H M,	조선의 여류주의자〈故김쓰딴께비츠여사略傳〉	잡문	평전	025
57	나 산,	조선정치의 과거와 현재(유교정치, 무단, 문화정치)	논설	정치비판	033
57	동관생,	A와 B의 문답(노골적 정치담-토론체시사담)	문예	토론체	041
57	일기자,	종교계의 석금(불교, 기독교, 천도교의 상황보고)	종교	종교	047
57	소 춘,	조선교육의 과거와 현재(희비교집의 교육계의 문제)	잡문	교육문제	051
57	일기자,	조선에 대한 철도의 세력(조선의 처지와 철도)	잡문	철도문제	056
57	춘 파,	동척기타 일본인이 가진 조선의 토지(토지침탈, 통계)	잡문	토지문제	059
57	미 상,	칠년전후의 총독부예산대비(통계표)	잡문	예산표	063
57	미 상,	최근조선의 인구증감(1923년 조선내 인구대비 통계)	잡문	인구표	065
57	미 상,	기미이후의 新術語(민중, 무산자, 불령선인 등등)	잡문	신술어	069
57	팔봉산인,	〈시평〉(여성해방, 강제집행, 자살자, 농민노동운동)	시사	시사평	072

⑰ 박승철외,	해내海外(주요섭, 김성출, 강재, 김춘강등국내외소식)	잡문	소식	077
⑰ 미 상,	신춘의 세계상(세계소식)	시사	국외정세	079
⑰ 김기진,	현시단의 시인〈제1회〉(김억,변영로, 박종화, 조명희등)	문예	비평	문001
⑰ 회 월,	시의 문학적 가치〈현금조선시단을 도라보면서〉	문예	시론	문011
⑰ 포 석,*	땅속으로〈포석〉(2)(군데군데 삭제)	문예	소설	문015
⑰ 성 해,*	광란〈성해〉	문예	소설	문035
⑰ 박영희,	2월 창작총평(소설평)	문예	비평	문047
⑰ 이상화,	폭풍우를 기다리는 마음, 바다의 노래(2편)	문예	시	문053
⑰ 주요한,	어린이어〈1925.2〉(1편)	문예	시	문055
⑰ 이상화,	출가자의 유서〈감상〉(부분삭제) 〈1.20-25, ?실에서〉	문예	수필	문057
⑰ 일기자,	문단잡화(김기진,박종화,파스콸라강연,이상화 소식)	문예	문단소식	문060
⑰ 박영희역,	인조노동자〈前承 : 채펙크작〉(2)	문예	희곡(역)	문061

<58호>1925.4.1.

저 자	기사명	기사분류	세부분류	면수
⑱ 미 상,	주의의 싸홈이냐? 세력의 싸홈이냐(주의자의사회운동)	논설	사회운동	002
⑱ 목멱산인,*	청년급노동총동맹의 총회에 임하야〈목멱〉(현황보고)	논설	사회운동	005
⑱ 일기자,	재래할 삼중 악법령(보안법,제령7호,치안유지법 조항)	시사	정치법안	010
⑱ 주종건,	〈교육학생…〉 현대의 교육과 민중(민중교육)	논설	민중교육	012
⑱ 김기전,	〈교육학생…〉 선생님네 처지에 감하야〈전문삭제〉	논설	교육문제	017
⑱ 김기진,	〈교육학생…〉 향당의지식계급 중학생(농촌학생역할)	논설(교육)	학생의식	022
⑱ 박달성,	〈교육학생…〉 보통학교 훈도제씨에게(30-31면 삭제)	논설(교육)	선생의식	028
⑱ 관상자,*	〈교육학생…〉 경성교육계인물백태(차상찬)	잡문	교육인물	032
⑱ 청 오,*	〈교육학생…〉 형형색색의 학생계(차천자=차상찬)	잡문	학생세평	038
⑱ 안석주,	〈교육학생…〉 화안에 빗친 조선의 학계〈만화〉	그림(기타)	만화	039
⑱ 춘 파,	〈교육학생…〉 화양(和洋)병출의 조선졸업〈박돌이〉	잡문	보고평	040
⑱ 미 상,	조 손중산(손문)선생(조문, 48면에 그의 약력이 소개)	잡문	조문	046
⑱ 주요섭외,	해내해외(붉은주먹, SA, 적벽생 등의 지방통시)	잡문	소식	049
⑱ 염상진,	남국행(경상도 가야산, 영천 등을 기행한 감상)	문예	기행감상	053
⑱ 일기자,	세계상〈사회상〉	시사	일지	057
⑱ 차상찬,	답사기에 선하야	잡문1	답사개관	064
⑱ 차상찬,	충청북도총언	잡문1	총론보고	065
⑱ 차상찬,	말숙한 청주군	잡문1	보고	070
⑱ 차상찬,	공각(空殼)만 남은 진천군	잡문1	보고	072
⑱ 차상찬,	읍잔민피한 음성군	잡문1	보고	074
⑱ 차상찬,	황연에 목매인 충주군	잡문1	보고	076
⑱ 차상찬,	점차 쇠퇴하는 괴산군	잡문1	보고	077

58 차상찬,	문제만흔 영동군	잡문1	보고	078
58 차상찬,	토비곡풍한 옥천군	잡문1	보고	079
58 차상찬,	충북의 삼대명물과 이대광산(탄산수, 온천, 연초 등)	잡문1	보고	082
58 차상찬,	호중잡기	문예1	기행감상	088
58 박영희,	산양개(7면의 일부삭제)	문예	소설	문001
58 주요섭,	인력거꾼(19면의 일부삭제)	문예	소설	문008
58 박종화,	삼월창작평(개벽, 조선문단, 생장:「탈출기」 평)	문예	비평	문020
58 김기진,	현시단의 시인〈承前:전호계속〉(이상화, 김석송 등)	문예	비평	문023
58 이상화,	문단측면관(의식, 경향, 양과 질, 작가와 창작 분야평)	문예	문단평	문035
58 조명희,	「어둠의 검」에게 바치는 서곡, 온 저잣 사람이(2편)	문예	시	문041
58 백기만,	만인(蠻人)의 도전(1편)	문예	시	문042
58 S　T,*	감상어의 一二〈想華〉(47면 10행 등 곳곳 삭제)	문예	수필감상	문044
58 조춘광,	파열과 기도〈想華〉	문예	수필감상	문051
58 박영희역,	인조노동자〈前承, 채펙크작〉(3)	문예	희곡(역)	문058

<59호>1925.5.1.

저 자	기사명	기사분류	세부분류	면수
59 미　상,	권두언〈5월1일 화발다풍우〉(어린이날,민중운동탄압)	선언	선언	001
59 이돈화,	사람성과 의식태의 관계(기계의식,계급의식,초월의식)	논설	사상	002
59 부지엄,	인텔리켄치아〈-사회운동과 지식계급〉(계급론)	논설	계급론	008
59 이민창,	조선의경제파멸의 원인과 현상을‥(상)〈재북경〉	논설	경제	019
59 손문유고,	내가 청제국을 부시고 새민국을 세우기까지〈자서전〉	잡문	자서전	038
59 손문유고,	중국국민당의 주의와 정신〈삼민주의해설〉	잡문	주의사상	043
59 순문유고,	손중산선생의 최후유촉(죽기 전의 유언적 선언)	잡문	선언문	047
59 정관생,	조선의 동학당과 중국의 국민당(사회혁신운동적관점)	잡문	동학당	048
59 청진학인,	민족감정의 심리와 그 사회적 의의2(장곡천 여시한)	논설(역)	민족감정	049
59 J　생,	개벽평단〈평론2則〉(사회운동, 계급투쟁에 관한 논설)	논설(시사)	계급투쟁	056
59 일기자,	내가 본 조선기자대회〈일참관자〉(결의문 要部압수)	시사	기자대회	061
59 일기자,	개회전에 금지된 민중운동자대회(만세소동과구금소식)	시사	사건보고	062
59 일기자,	조선언론계의 석금관〈연혁〉(언론운동의 역사)	시사	언론史	063
59 일기자,	사회일지	시사	일지	066
59 박달성외,	해내해외〈동서편신〉(독일 포츠담에서 박승철 등)	잡문	소식	069
59 여덜뫼,*	신춘문단총관〈여덜뫼, 평론〉(소설평 주, 시평 있음)	문예	비평	문002
59 김소월,	시혼〈평론〉	문예	시론	문011
59 박영희역,	인조노동자〈채펙크작, 결막〉(4)	문예	희곡(역)	문018
59 김기진,	십자교우에서〈수필, 1925.4.18.〉(수필이란 명칭사용)	문예	수필	문028
59 이상화,	구고이장〈2편외, 구루마꾼, 엿장사, 거러지〉(5편)	문예	시	문037

⑮ 김창술, 촛불(시1편)	문예	시	문042
⑮ 성 해,* 흙의 세례〈성해〉	문예	소설	문044
⑮ 이기영, 가난한 사람들〈1924.6.2 작〉	문예	소설	문059

<60호>1925.6.1.

저 자 기사명	기사분류	세부분류	면수
⑯ 미 상, 권두〈鞠躬盡瘁而已〉(치안유지법의 저의)	선언	선언	002
⑯ 이돈화, 환절기와 신상식(신시대-신사상-신상식)	논설(기타)	상식론	004
⑯ 조봉암외, 치안유지법실시와…조선사회운동(사회단체제씨 의견)	시사	정세분석	010
⑯ 이민창, 조선경제파산원인…(중)다시현하의 위기를 응시하면	논설	경제	019
⑯ 월평인, 〈개벽시평〉 반동에 나타난 진화상(사회진보관)	논설(시사)	사회관	025
⑯ 월평인, 〈개벽시평〉 朝銀利下와 조선의 중산계급(경제정책)	논설	경제정책	026
⑯ 월평인, 〈개벽시평〉 일본정계의 3파합동과 무산당출현	논설	일본정계	027
⑯ 월평인, 〈개벽시평〉 학생의 풍기문란과 경찰권활동(보안과)	논설(기타)	풍기문란	028
⑯ 유아독존, 육호설법(신흥청년동맹의 기독교배척운동등 시사평)	시사	세평	030
⑯ 지방기자, 남신북통(간도의 종교,단체 등외 지분사 기자의 소식)	잡문	지방통신	032
⑯ 첨구생,* 경성잡화(천주교와 돈. 송병준유산. 배재고휴학 등)	잡문	경성소식	039
⑯ 일기자, 사회상〈4.17-5.17〉	시사	사회일지	041
⑯ 차상찬, 황해도총관 〈박달성과 병기〉	잡문1	보고	044
⑯ 차상찬, 〈황해도17부〉 연백은 황해도곡창	잡문1	보고	050
⑯ 차상찬, 〈황해도17부〉 해주는 제2개성	잡문1	보고	052
⑯ 차상찬, 〈황해도17부〉 장연은 황해도락지	잡문1	보고	057
⑯ 차상찬, 〈황해도17부〉 옹진은 해서의 처녀지	잡문1	보고	059
⑯ 차상찬, 〈황해도17부〉 송화는 거피삼십리	잡문1	보고	060
⑯ 차상찬, 〈황해도17부〉 은율은 면화자랑	잡문1	보고	061
⑯ 박달성, 〈황해도17부〉 재령은 기독교천하	잡문1	보고	062
⑯ 박달성, 〈황해도17부〉 신천은 온천세계	잡문1	보고	065
⑯ 박달성, 〈황해도17부〉 안악은 농민의 복지	잡문1	보고	067
⑯ 박달성, 〈황해도17부〉 황주는 임금(능금)국	잡문1	보고	069
⑯ 박달성, 〈황해도17부〉 봉산은 황해도중심지	잡문1	보고	072
⑯ 박달성, 〈황해도17부〉 서흥은 유기명산지	잡문1	보고	074
⑯ 박달성, 〈황해도17부〉 수안은 금으로 명천하	잡문1	보고	075
⑯ 박달성, 〈황해도17부〉 곡산은 곡산	잡문1	보고	076
⑯ 박달성, 〈황해도17부〉 신계도 산고곡심	잡문1	보고	078
⑯ 박달성, 〈황해도17부〉 평산은 황해도의 班鄕	잡문1	보고	079
⑯ 박달성, 〈황해도17부〉 김천은 대두자랑	잡문1	보고	081
⑯ 차상찬, 가경할 황해도내의 일본인세력(일제의 경제침탈극심)	잡문1	통계보고	082

⑥⓪ 춘 파,	황해도에서 얻은 잡동산이(보고 듣고 겪은 일화담)	문예1	기행감상	087
⑥⓪ 일별생,*	황해도의 삼대자랑과 이대수치(*박·차:간단한 언급)	잡문1	보고공고	095
⑥⓪ 박달성,	군수를 역방하고 군수제군에게(군수인상기와 당부)	잡문1	잡문	096
⑥⓪ 속기자,	여자왈 남자왈(항간의 남자평 여자평을 속기한 글)	잡문	남녀관	100
⑥⓪ 박영희,	〈조문합평회에 대한 소감〉 진실을 일허버린 합평	문예	비평	101
⑥⓪ 포 석,*	〈조문합평회에 대한 소감〉 나은 이렇게 생각한다	문예	비평	104
⑥⓪ 성 해,*	〈조문합평회에 대한 소감〉 극화하는 합평회〈성해〉	문예	비평	104
⑥⓪ 김기진,	〈조문합평회에 대한 소감〉 조선문단합평회인상기	문예	비평	106
⑥⓪ 이상화,	〈조문합평회에 대한 소감〉 감상과 의견	문예	비평	107
⑥⓪ 백기만,	〈조문합평회에 대한 소감〉 생각나는 대로	문예	비평	107
⑥⓪ 효 로역,	러시아소설단의 고금(러시아소설사)	문예	소설사(역)	109
⑥⓪ 이상화,	지난달의 시와 소설	문예	비평	120
⑥⓪ 주요섭,	살인〈1925.4.14. 밤〉	문예	소설	창001
⑥⓪ 김동인,	시골 황서방	문예	소설	창009
⑥⓪ 팔 봉,	젊은 이상주의자의 사〈미완, 작자부기〉	문예	소설	창016

<61호>1925.7.1.

저 자	기사명	기사분류	세부분류	면수
⑥① 안석주,	만화4제(목차에는 맨앞, 실제는 87면에 있음)	시사만화	만화	087
⑥① 소 춘,*	권두언〈과거개벽과 장래개벽:소춘〉(경과와 계획)	선언	선언	002
⑥① 김기전,	〈조선의 자랑〉 조선민족만이 가진 우월성(관점변화)	논설(기타)	민족성	004
⑥① 청 오,	〈조선의 자랑〉 천혜가 특다한 조선의 지리(강점)	잡문	조선지리	008
⑥① 이병도,	〈조선의 자랑〉 고구려국민의 기상과 노력	잡문(역사)	조선역사	013
⑥① 권덕규,	〈조선의 자랑〉 마침내 조선사람이 자랑이어야한다	논설(기타)	민족의식	018
⑥① 고희동,	〈조선의 자랑〉 조선의 13대화가	문예(기타)	미술가	022
⑥① 선우전,	〈조선의 자랑〉 조선산업과 그 위치(우리것에 자각)	논설	조선산업	025
⑥① 노병조,	〈외국인이 본 조선의 인상〉 재예세계제일〈독일〉	잡문	조선평	029
⑥① 이류사,	〈외국인이 본 조선의 인상〉 세가지 감탄〈프랑스〉	잡문	조선평	030
⑥① 손동침,	〈외국인이 본 조선의 인상〉 예절시각국제일〈중국〉	잡문	조선평	031
⑥① 응송룡종,	〈외국인이 본 조선의 인상〉 조선에는 4미가…	잡문	조선평	031
⑥① 왕영덕,	〈외국인이 본 조선의 인상〉 조선의 장래〈미국〉	잡문	조선평	032
⑥① 부라긴,	〈외국인이 본 조선의 인상〉 자연미인정미〈러시아〉	잡문	조선평	033
⑥① 민 휴,	〈외국인이 본 조선의 인상〉 조선인의 인상〈영문〉	잡문(영문)	조선평	034
⑥① 이상재,	〈…조선의 자랑〉 양순성은 천하제일〈조선일보사〉	잡문	조선자랑	035
⑥① 김용채,	〈…조선의 자랑〉 건강상으로 우월점〈의사〉	잡문	조선자랑	036
⑥① 김미리사,	〈…조선의 자랑〉 여자정조세계1〈근화학원장〉	잡문	조선자랑	037
⑥① 구자옥,	〈…조선의 자랑〉 윤리도덕 무비류〈중앙기독교…〉	잡문	조선자랑	037

61 김찬영, 〈…조선의 자랑〉 장래세계 모범민〈변호사,金瓚泳〉 잡문 조선자랑 037
61 장석철, 〈…조선의 자랑〉 인문지리구미려〈보성고등학교장〉 잡문 조선자랑 038
61 한위건, 〈…조선의 자랑〉 잔인포악이무한조선인〈동아일보사〉 잡문 조선자랑 039
61 홍명희, 〈…조선의 자랑〉 우리자랑은정음문자〈시대일보사〉 잡문 조선자랑 039
61 박돌이,* 팔도대표의 팔도자랑〈편집실주최 팔도대표대담〉 잡문 대담 040
61 신일용, 농촌문제의 연구〈기일〉 논설 농촌문제 048
61 견지동인, 예루살렘의 조선을 바라보면서〈기독교현상 소감〉 논설(종교) 기독비판 055
61 박영희, 고민문학의 필연성(고민기의 조선문학) 문예 문학론 062
61 김기전초, 최근국제정국대관〈부기달림〉 시사 국제정세 066
61 미 상, 사회일지 시사 일지 066
61 청진학인, 중국의 배외운동에 관련하야(운동에 대한 문답포함) 시사 중국정세 079
61 일기자, 중국은 이러케도 국욕을당해왔습니다(중국침탈) 시사 보고 079
61 주요섭외, 해내해외(인도, 필리필,동경과 국내 지사의 소식) 잡문 내외소식 091
61 KHM, 노령조선인농촌정형의 석금(소련과 망명자의 영향) 잡문 보고 100
61 이돈화, 남만주행〈제1신, 홍경에서〉(독립단, 정의부의 활동) 문예 기행보고 문105
61 포 석,* 바둑이는 거짓이 업나니, 어린아기〈1924.9.29〉(2편) 문예 시 문116
61 이상화, 오늘의노래(1편) 문예 시 문118
61 김창술, 긴반이 새여지다(1편) 문예 시 문120
61 김여수,* 여명이전(1편) 문예 시 문122
61 김기진, 문단최근의 일경향〈6월의 창작을 보고서〉 문예 비평 문124
61 염상섭, 검사국의 대합실〈5월27일〉 문예 소설 창002
61 홍사용, 봉화가 켜질때에〈로작〉 문예 소설 창014
61 팔 봉, 젊은 이상가의 사〈미정고〉 문예 소설 창034
61 박길수, 〈현상소설당선작, 2등〉 땅파먹는 사람들 문예 소설 창049
61 송동양, 〈현상소설당선작, 3등〉 느러가는 무리 문예 소설 창072
61 박영희, 선후감(選後感)(「살해」와 「두젊은사람」등 4편선정) 문예 비평 창092

<62호>1925.8.1.

저자	기사명	기사분류	세부분류	면수
62 미 상,	권두언〈광고미증유의 대水難에 제하야〉(대홍수)	선언	선언	002
62 이돈화,	해외에 계신 동포제씨에게(민족운동의 통일지향당부)	논설(시사)	민족운동	004
62 최 린,	〈밖에 있는 이 생각〉 늠름장부의 이동휘씨(인물회고)	잡문	인물	010
62 김동성,	〈밖에 있는 이 생각〉 조선의 선진 서재필박사	잡문	인물	012
62 김경재,	〈밖에 있는 이 생각〉 만군지장 유동열씨	잡문	인물	015
62 김일선,	〈밖에 있는 이 생각〉 혼신도시열인 이승만박사	잡문	인물	017
62 홍명희,	〈밖에 있는 이 생각〉 어학에 장한 김규식박사	잡문	인물	019
62 권동진,	〈밖에 있는 이 생각〉 척당불기의 노백린씨	잡문	인물	021

호	저자	기사명	기사분류	세부분류	면수
62	조규수,	〈밖에 있는 이 생각〉 명문형아의 이시영씨(대화식)	잡문	인물	023
62	이광수,	〈밖에 있는 이 생각〉 도산안창호선생에게(편지식)	잡문	인물	027
62	한기악,	〈밖에 있는 이 생각〉 관후장자의 이동녕씨	잡문	인물	034
62	김 생,	〈밖에 있는 이 생각〉 충직일방의 남만춘(빠벨)동무	잡문	인물	035
62	정인보,	〈밖에 있는 이 생각〉 개결무구의 박은식씨	잡문	인물	037
62	변영로,	〈밖에 있는 이 생각〉 국수주의의 항성인 신채호씨	잡문	인물	039
62	신일용,	농촌문제의 연구〈기이, 소작문제의 경개〉	논설	농촌문제	042
62	이성환,	농촌노동자문제-기아선상 가로놓인	논설	노동문제	052
62	견지동인,	하휴중의 학생제군을 위하야(계급적 각성촉구)	논설(시사)	의식각성	057
62	김기전,	중국의 용과 노국의 鷲(중국:열국, 러시아:영국 갈등)	시사	국제정세	064
62	일기자,	사회상〈움직이는 세상〉〈사회일지〉	시사	일지	064
62	박달성,	천지를 뒤흔든 수국 대변난기〈보고와 잡관〉	잡문	보고	073
62	조기간,	탁류중 결사대의 일원으로서(천도교청년당의 구제담)	잡문	보고	080
62	첨구생,*	이상한 사실, 기괴한 소식(세상잡사에 대한 평)	시사	세평	083
62	일기자,	〈남신북통:평양〉 순사폭행 何其多	잡문	지방통신	086
62	관상자,	〈남신북통:포항〉 영일지방의 소위 십오일회	잡문	지방통신	087
62	일기자,	〈남신북통:양양〉 양양통신	잡문	지방통신	087
62	일기자,	〈남신북통:안주지사〉 안주신학기성회 간사에게	잡문	지방통신	088
62	이돈화,	남만주행〈제2신〉	문예	기행감상	문089
62	춘 파,*	여름과 인간의 이면(은파리처럼 인간행태비판, 감상)	문예	수필감상	문093
62	공 탁,	또다시 만날 때까지(편지글 형식)	문예	수필감상	문101
62	박달성외,	요절포복 笑話대회(무산자의피서법은 웃기는이야기)	잡문	소화	문112
62	안석주,	만화〈결혼후〉(바람난 부부의 피서지에서 생긴일)	문예(기타)	만화	문112
62	포 석,*	나에게 반성의 낙원을 다고, 세식구〈25.1.7〉(2편)	문예	시	문115
62	효 로역,	무산자의 시(외국시 4편의 번역과 역주첨가, 4편)	문예	시(역)	문117
62	성 해,	구속의 첫날	문예	소설	창001
62	최 문,	〈현상소설선외〉 두 젊은 사람	문예	소설	창014

<63호>1925.11.1.

호	저 자	기사명	기사분류	세부분류	면수
63	이돈화,	생의 個的가치와 全的가치(사회적 가치〉개인적가치)	논설(사상)	인생관	002
63	박춘우,	농민운동의 과거와 현재(유물사관으로 본 농민운동)	논설	농민운동	014
63	최원순,	중국의 관세회의와 동난(중국동난에 대한 보고)	시사	국제정세	021
63	홍승구,	오십일회의와 일본정국(무산자계급의 대두)	시사	일본정국	028
63	소 춘,	새소식 새경향(국내외 정치・시사소식 13개)	시사	소식	031
63	김경재,	時言(반기독교운동,청년운동,소작쟁의,중국동난재기)	시사	내외세평	035
63	일기자,	정간중의 사회상〈사회일지〉	시사	일지	035

63	X Y생,	현하조선의 신문잡지에 대한 비판(개벽,신민,각신문)	시사	언론평	046
63	배성룡,	〈반기독교운동에 관하여〉 반종교운동의 의의	논설(종교)	반기독교	057
63	스노텐,	〈반기독교운동에 관하여〉 기독의 실상〈노동당..〉	논설(종교)	기독교(역)	062
63	박헌영,	〈반기독교운동에 관하여〉 역사상으로본 기독교…	논설(종교)	반기독교	064
63	신흥우,	〈기독,비기독의 반기독교관〉 우리도 고려중에…	논설	기독교	071
63	한석원,	〈기독,비기독의 반기독교관〉 금후의 주의는…	논설	기독교	072
63	안홍록,	〈기독,비기독의 반기독교관〉 웨 직접으로 대하지…	논설	기독교	072
63	한위건,	〈기독,비기독의 반기독교관〉 등한시 할 수는 없다	논설	기독교	073
63	무명한,	〈기독,비기독의 반기독교관〉 교회안의 반동세력…	논설	기독교	074
63	이정윤,	〈기독,비기독의 반기독교관〉 반기독운동에대한문답	논설(문답)	기독교	075
63	나 산,	육종성자의 설법일속(보천교 차경석, 김익두 비판?)	논설	보천교	082
63	차상찬,	〈전라남도답사기〉 답사기에선하야(정간속간의 과정)	잡문1	보고	088
63	차상찬,	〈전라남도답사기〉 조선의 보고전남총관	잡문1	보고	089
63	차상찬,	〈전라남도답사기〉 전남의삼대산업인농산,공산,수산	잡문1	보고	094
63	차상찬,	〈전라남도답사기〉 후백제의 고도 광주군	잡문1	보고	097
63	차상찬,	〈전라남도답사기〉 전남서촉 화순군	잡문1	보고	099
63	차상찬,	〈전라남도답사기〉 죽세공명지 담양군	잡문1	보고	100
63	차상찬,	〈전라남도답사기〉 당쟁시사의 곡성군	잡문1	보고	102
63	차상찬,	〈전라남도답사기〉 산중예술향 구례군	잡문1	보고	104
63	차상찬,	〈전라남도답사기〉 강남가려지 순천군	잡문1	보고	105
63	차상찬,	〈전라남도답사기〉 외력 특다한 광양군	잡문1	보고	107
63	차상찬,	〈전라남도답사기〉 전남좌수영이든 여수군	잡문1	보고	108
63	차상찬,	〈전라남도답사기〉 읍잔촌부의 보성군	잡문1	보고	110
63	차상찬,	〈전라남도답사기〉 삼대특산지 장흥군	잡문1	보고	111
63	차상찬,	〈전라남도답사기〉 진소(참빗)명산지 영암군	잡문1	보고	113
63	차상찬,	〈전라남도답사기〉 전라남도에재한지주의세력(통계)	잡문1	보고	115
63	차상찬,	〈전라남도답사기〉 점차 조직화하는 농민운동	시사1	농민운동	116
63	차상찬,	〈전라남도답사기〉 민원창천한 대학림내용	시사1	보고	117
63	청 오,	〈전라남도답사기〉 호남잡관 잡감(일화, 감상)	문예1	기행감상	120
63	박영희,	화염속에 잇는 서간철〈수필〉(김기진,W등의 편지)	문예	수필	문122
63	이상화,	방백〈수필〉(몇 개의 구절로 된 잠언식 감상들)	문예	수필잠언	문132
63	김기진,	Trick(전면삭제-목차누락)	문예	소설	창001
63	회 월,	피의 무대	문예	소설	창017
63	백봉역,	사막가운대서〈역사소설, 레후룬쓰 원작〉(栢烽역)	문예	소설(역)	창030
63	빙 허,	새빩안 웃음(새빨간 웃음)〈1〉(창작임을 강조)	문예	소설	창039

<64호>1925.12.1.

저 자	기사명	기사분류	세부분류	면수
64 사원일동,	권두언〈근사이천만동포〉(13도답사사업종료보고)	선언	선언	001
64 김기전,	조선의 일년 세계의 일년(세계정세, 조선의사회운동)	시사	사회운동	002
64 선우전,	내외경제계에 대한 회고(3장 삭제, 11-12면)	시사	경제문제	007
64 안석주,	을축년 16대사건(만화비평)	만화	시사만화	018
64 김준연,*	구주보장조약성립과 세계정국(학우회회장, 카드)	시사	세계정국	026
64 소 춘,	새소식 새경향〈새로 일어나는 일본의 무산정당〉	시사	일본정세	040
64 박춘우,	소위 지식계급의 연맹에 대하여(지식계급운동)	논설	계급운동	045
64 김경재,	시언(시리아족의 반항운동 전문, 가상적 문제 삭제)	시사	시사평	052
64 일기자,	〈사회일지〉 내외시사일지	시사	일지	052
64 박돌이,*	〈수견수문〉(적로혁명기념일행사,불량분자취체 등)	시사	시사평	058
64 임원근,	영남지방순회편감(취지가 있으나 잘 안보임)	문예	기행감상	064
64 박돌이,*	경성은 일년간 얼마나 변했나(한양공원의 신궁화 등)	잡문	경성변모	074
64 박달성,	양서오십일중에서(정간중의 여행, 일화 감상)	문예	기행감상	076
64 차상찬,	〈전라북도답사기〉 전라북도의 종횡관	잡문1	보고	086
64 차상찬,	〈전라북도답사기〉 조선인교육과 일본인교육	잡문1	보고	090
64 차상찬,	〈전라북도답사기〉 산업상으로 본 전라북도	잡문1	보고	091
64 차상찬,	〈전라북도답사기〉 일본인에게 전멸된 전북의 토지	잡문1	보고	095
64 차상찬,	〈전라북도답사기〉 전북의 열읍개관	잡문1	보고	100
64 차상찬,	〈전라북도답사기〉 이땅의 명승과 고적	잡문1	보고	102
64 차상찬,	〈전라북도답사기〉 전북의 청년운동과 노동운동	시사1	시사보고	107
64 청 오,*	〈전라북도답사기〉 호남을 일별하고(일화와 감상)	문예1	기행감상	108
64 일기자,	십삼도의 답사를 마치고 나서(총평)	잡문1	답사총평	112
64 박영희,	신경향파의 문학과 그 문단적 지위(무산계급문학)	문예	문학론	문001
64 파 인,*	시체를 안고(시1편)	문예	시	문006
64 회 월,*	빠사로푸의 부정적정신(투르게네프의「아버지와아들」)	문예	비평	문008
64 최서해,*	큰물진 뒤	문예	소설	문017
64 나도향,	뽕〈桑葉〉	문예	소설	문034

<65호>1926.1.1.

저 자	기사명	기사분류	세부분류	면수
65 미 상,	권두언〈경외경내를 돌아보면서〉	선언	선언	002
65 양 명,	여시아관〈如是我觀〉(계급운동의 분열과 분규)	논설(시사)	계급운동	004
65 인사학인,	생활회복의 도덕(도덕의 근본은 생활)	논설(시사)	도덕론	016
65 S Y,*	소작운동의 귀착점(성태?)	논설(시사)	계급운동	019
65 최화운역,	푸로레타리아철학〈J. D…저〉(미완, bg철학과자본주의)	논설(역)	계급사상	024

호	저자	기사명	기사분류	세부분류	면수
65	김기전,	내가본 중국대동란〈희 장작림의몰락과일본의 출병〉	시사(보고)	국제정세	030
65	소 춘,	중국혁명운동의 지반은 여하〈소춘〉	시사분석	국제정세	037
65	최완역,	전환기의세계〈上田茂樹저,『무산계급의세계사』초역〉	논설(역)	국제정세	044
65	육 농,	시언〈조선소작운동, 일본무산정당, 중국군벌의 몰락〉	시사	시사평	050
65	일기자,	사회일지〈년말연시 사회상〉	시사	일지	050
65	박춘우,	일본제국의 현재경제정책과조선〈산미증산과그대응〉	논설	경제정책	056
65	차상찬,	육십년전의 조선과 양요	잡문	조선역사	060
65	김복진,	조선미술의 윤관(호 정관, 계급, 민중미술론?)	문예(기타)	조선미술	066
65	윤극영,	현하의 악단을 돌아보면서	문예(기타)	조선음악	071
65	청 오,*	회고 七十一 병인(역대 병인년의 역사 1866년까지)	잡문(역사)	일지	079
65	용수산인,	개성잡관(동화대회금지, 청년연맹창립, 밀정소식)	시사	지방소식	083
65	춘 파,	우리는 종놈이다(동학난의 흥미있는 재구성:대화서사)	문예(소설)	대화소설	086
65	Y H생역,	사형수의 유서(일본사회주의자의 수기)	문예(역)	수필감상	092
65	박돌이,*	철창생활 오개년을 들어〈동물원 호랑이의 신세타령〉	문예(소설)	우화체	098
65	청 오,	천하명물의 산군…(언어,인물,한학,지명과호랑이)	잡문	호랑이	107
65	박영희,	「문예쇄담」을 읽고서〈망국근성을 우려하는 춘원〉	문예	비평	문111
65	이상화,	시삼편〈1925년작〉(조선병,겨울마음,초혼 3편)	문예	시	문118
65	상 화,*	무산작가와 무산작품〈尙火〉(작가작품론)	문예	비평	문120
65	쇠 뫼역,*	동무〈소품, 고리끼작〉(소설,콩트?)	문예(역)	콩트소설	문131
65	이상화,	〈신년의 문단을 바라보면서〉 단한마대	문예	문학론	문134
65	현진건,	〈신년의 문단을 바라보면서〉 조선혼과현대정신…	문예	문학론	문134
65	박영희,	〈신년의 문단을 바라보면서〉 푸로문예의 초기	문예	문학론	문135
65	이익상,	〈신년의 문단을 바라보면서〉 현실생활을 붓잡은…	문예	문학론	문135
65	빙 허,	〈창작〉 사립정신병원장	문예	소설	문002
65	회 월,	〈창작〉 사건!	문예	소설	창011
65	팔 봉,	〈창작〉 몰락	문예	소설	창024
65	성 해,	〈창작〉 쫏기어 가는 이들	문예	소설	창040
65	이기영,	〈창작〉 농부정도룡〈一, 미완〉	문예	소설	창059
65	최학송,*	〈창작〉 폭군	문예	소설	창076

<66호>1926.2.1.

호	저 자	기사명	기사분류	세부분류	면수
66	이돈화,	문명화한야만인(계급운동,양심운동,혁신운동필요성)	논설(시사)	계급운동	002
66	이청우,	과도기에 있는 청년의 사회적 가치〈…청년의 임무〉	논설(시사)	청년운동	009
66	별 뫼,	노자전의 장외에입한 중산계급의장래(신중산계급론)	논설(시사)	계급론	019
66	김명식,	〈…우려와 희열〉 반동세력과 운동통일(박춘파 설문)	논설(시사)	정세관	034
66	권동진,	〈…우려와 희열〉 두가지 우려와 한가지 주장	논설	정세관	035

저자	기사명	기사분류	세부분류	면수
66 김사국,	〈…우려와 희열〉 세가지 걱정과 세가지 기쁨	논설	정세관	035
66 최두선,	〈…우려와 희열〉 오직 활로를 개척할 뿐	논설	정세관	037
66 김경재,	〈…우려와 희열〉 단체적 훈련과 계급의식	논설	정세관	037
66 선우전,	〈…우려와 희열〉 착실점과 단결력	논설	정세관	038
66 최 린,	〈…우려와 희열〉 대표될만한 조직적 기관	논설	정세관	038
66 송진우,	〈…우려와 희열〉 원기진작과 단결의 훈련	논설	정세관	039
66 덕월산인,	로사아 공산당의 신경향	시사	국제정세	040
66 일기자,	〈시언〉(중국의 배일열, 소작쟁의, 삼중현사건 등)	시사	시사평	047
66 일기자,	사회일지〈신춘의 세계면〉	시사	일지	047
66 경운동인,	조선신문잡지의 신년호(신민, 개벽, 조선일보 등)	잡문	신문평	056
66 첨구생,*	경성잡화	시사	시사평	061
66 미 상,	오호 노백린씨(상해임정국무총리의 죽음 애도기사)	시사	기사	062
66 조명성,	이달에 추억되는 두 동지(칼립흐크네호와 로자)	문예	수필감상	063
66 쇠 뫼역,*	토마쓰모아부터 레닌까지〈고레뜨저〉(공산주의 역사)	잡문(역)	공산주의	068
66 춘 파,	새해에 病友들은 엇더하신가〈김명식, 황옥, 현상윤〉	잡문	방문기	075
66 박돌이,*	죽어라〈백두산호랑이로부터 동물원호랑이에게〉	문예(소설)	우화체	문082
66 박회월,	숙명과 현실〈수필〉	문예	수필감상	문085
66 이상화,	무산작가와 무산작품〈二〉(미완)	문예	비평	문089
66 빙 허,	신춘소설만평(신민, 개벽에 실린 소설작품 평)	문예	비평	문099
66 조명희,	R군에게	문예	소설	창002
66 최승일,	바둑이	문예	소설	창020
66 이기영,	농부정도룡〈二〉(완결)	문예	소설	창040

<67호>1926.3.1.

저 자	기사명	기사분류	세부분류	면수
67 나 산,	자유주의와 중산계급(拏山)	논설(시사)	계급론	002
67 김양수,	양대 세력의 昔今觀〈미국유학중투고〉〈一〉(미완)	논설(시사)	국제정세	010
67 배성룡,	조선사회운동의 사적고찰〈一〉(미완)(미완)	논설(시사)	사회운동	022
67 이봉수,	학교와 사회〈입학생급 졸업생제군에게〉	논설(교육)	학교사회	034
67 T Y생,	사회운동단체의 현황〈단체, 강령, 사업, 인물〉	시사	사회단체	044
67 도 우,	1917년 2월의 러시아(2월혁명과정소개)	시사	혁명사	057
67 최화운역,	푸로레타리아철학〈二〉〈칸트철학과 불조아사상〉	논설(역)	계급사상	061
67 덕월산인,	동중(東中)철도와 그에관련된문제(러중일의세력관계)	시사보고	국제정세	068
67 일기자,	시언(농회에 원성, 민족주의제휴, 벽신문과 생신문)	시사	시사평	072
67 일기자,	사회일지〈신춘의 세계면〉	시사	일지	072
67 김기전,	퇴보호 진보호? 평북지방(춘파에게 편지체, 2.17일)	문예	기행감상	081
67 박돌이,*	수문수견(일본인비판 등)	시사	시사평	087

호	저자	기사명	기사분류	세부분류	면수
67	첨구생,*	경성잡어〈차천자=차상찬〉(경성소식)	시사	시사평	089
67	차상찬,	새로 추억되는 이재명군(전문삭제)	잡문	인물	090
67	P 생,*	그해 그달 그날 그때〈P生〉(삼일운동때 죽은 K형)	문예(수필)	편지감상	095
67	양 명,	문학의 계급성과 중간파의 낙오(감옥간 사연첨부)	문예	비평	098
67	쇠 뫼역,*	로동자교리문답〈폴리0-르그작〉(문답)	시사	시사문답	111
67	이상화,	원시적 읍울〈어촌애경, 이해를 보내는 노래〉(2편)	문예	시	문113
67	파 인,*	단시육편〈석수장, 밤불, 봄, 가마, 경복궁, 제문〉(6편)	문예	시	문116
67	김우원,	선언(1편)	문예	시	문118
67	송 영,*	선동자〈1925.12.3.〉(12-13면 단어 삭제)	문예	소설	창001
67	김영팔,	싸움〈희곡, 전一막〉	문예	희곡	창025
67	박영희,	웨?〈新동화〉	문예	동화	창040

<68호>1926.4.1.

호	저 자	기사명	기사분류	세부분류	면수
68	김기전,	조선의 팔자(삭제)	미상	미상	002
68	김양수,	양대세력의 석금관〈黃禍냐? 白禍냐?〉〈其二〉	논설(시사)	국제정세	008
68	최화운역,	푸로레타리아철학〈其三〉〈헤겔철학과 엥겔스〉	논설(역)	계급사상	024
68	일기자,	갑오동학란의 자초지종(동학란의 해설)	잡문(역사)	동학혁명	036
68	이돈화,	갑오동학과 계급의식〈『수운심법강의』에서〉	잡문	계급의식	044
68	박형병,	근세식민정책의 기원과 유래〈其一〉(식민정책개괄)	시사	식민정책	046
68	박달성초,	근세각국의 정당여하?(각국의 政黨史 약술) 〈미완〉	시사	정당사	059
68	방관생,	중국은 악호정?	시사	중국정세	066
68	일기자,	휴회중의 국제연맹총회	시사	국제연맹	067
68	덕월산인,	일본정국종횡관	시사	일본정세	068
68	일기자,	사건, 여론, 관찰(동아일보정간, 미관광단의 행태)	시사	시사보고	074
68	일기자,	사회일지	시사	일지	074
68	대담생,	수문수견	시사	시사평	082
68	청 우,	화보(花譜)(꽃에 관한 다양한 정보)	잡문	보고	085
68	춘 파,	「프로」의 봄과 「뿌르」의 봄〈3월15일 개운사에서〉	문예	수필감상	문094
68	박영희역,	실증미학의 기초〈一, 루나촬스키 저〉(미완)	문예(역)	미학	문100
68	상화초,*	무산작가와 무산작품(완결)〈세계삼시야〉	문예	평론비평	문102
68	적 구,*	여직공외 〈희생자,아오의무덤, 찰나, 향락시장〉(5편)	문예	시	문110
68	이상화,	시인에게, 통곡〈1923년〉(2편)	문예	시	문114
68	김우원,	오늘을 살리자(1편)	문예	시	문115
68	최승일,	봉희	문예	소설	창001
68	을 록,*	오남매 둔 아버지〈乙祿 필명?〉	문예	소설	창024

<69호>1926.5.1.

저 자	기사명	기사분류	세부분류	면수
⑲ 김기전,	서론으로부터 본론으로 입하는격이냐?(총독정치개관)	논설(시사)	정치비판	001
⑲ 이돈화,	생명의 의식화와 의식의 인본화(인간중심의 사상)	논설	사상의식	004
⑲ 황영환,	건설과 유혹(신사회건설과 개량주의)	논설(시사)	신사회론	010
⑲ 박형병,	근세식민정책의 기원과 유래〈二〉〈…경향〉	시사	식민정책	018
⑲ 김철산,	최근 적로(赤露)의 경제상태(러시아의 경제상태호전)	시사보고	경제문제	026
⑲ 김경재,	농촌문제의 전경경향〈一〉(농촌쇠퇴와계급분화통계)	잡문보고	농촌문제	028
⑲ 일기자,	메이데와 어린이날(5월1일과 노동운동 소년운동)	시사담	노동절	040
⑲ 배성룡,	계급의식의 이론(계급의식의 각성)	논설(사상)	계급의식	046
⑲ 소 춘,	일익(날로)증가되는 총독부예산(총독부예산의 비평)	시사	총독예산	051
⑲ 일기자,	시언〈시평〉(사회운동의 통일, 3천농민의 러시아행)	시사	시사평	055
⑲ 편집실,	최근세계상〈해내해외〉	시사	일지	055
⑲ 차상찬,	우이동의 봄을 찾고서(기행)	문예	수필감상	061
⑲ 박영희,	반월성을 떠나면서(기행)	문예	수필감상	065
⑲ 춘 파,	호언망담	문예	수필감상	074
⑲ 첨구생,*	경성잡화〈첨구생〉	시사	시사담	078
⑲ 일기자,	국제잡신(세계소식)	시사	세계소식	079
⑲ 청 오,	춘소만필	문예	수필감상	문081
⑲ 이 백외,	모춘잡영(한시9편, 시조4 총 13편)	문예	시조한시	문085
⑲ 회 월역,*	실증미학의 기초〈二〉〈생명과 관념에 대하여〉	문예(미학)	문학론	문086
⑲ 김수산,*	자유극장이야기〈金水山〉(1887-1894의 자유극장운동)	문예	연극론	문091
⑲ 율원일남,	문예소감〈일본의 아나키스트〉(조선문학에대한바람)	문예	문학론	문106
⑲ 이 호,	북으로 가는 이의 마음〈삼년전〉(1편, 곳곳삭제)	문예	시	문112
⑲ 이 량,	문예시장론에 대한 편언(『가면』염상섭의 논지비판)	문예	문학론	문115
⑲ 성 해,*	망령의 난무	문예	소설	창001
⑲ 적 구,*	영오의 사(적구=유완희)	문예	소설	창014

<70호>1926.6.1.

저 자	기사명	기사분류	세부분류	면수
⑳ 김기전,	현실을 응시하자(순종의 죽음을 맞는 현실인식)	논설	민중의식	002
⑳ 차상찬,	회고 이십칠 역대(역대 조선왕들의 역사)	잡문	조선역사	004
⑳ 차천자,*	이태조의 건국백화〈차천자〉(역사일화들)	잡문	조선역사	036
⑳ 김자립,	오백년간의 혁명운동(이징옥,이시애,홍경래,동학난)	잡문	조선역사	047
⑳ 성동학인,	사화와 당쟁(차호로 연기)	잡문	조선역사	053
⑳ 일기자,	오백년간의 외란일별(임진,병자, 병인양요 등)	잡문	조선역사	054
⑳ 편집실,	조선년대일람(편년체 기술)	잡문	역사일지	057

⑦⓪ 삼각산인,	오백년간의 정감록(사담)	잡문	조선역사	059
⑦⓪ 김경재,	조선농가의 운명〈二〉(전승)	잡문보고	농촌문제	060
⑦⓪ 일기자,	제이동척출현호(토지개량주식회사의 설립)	시사	시사보고	071
⑦⓪ 일기자,	명불허전의 문화정책(총독부의 부서설치에 대해)	시사	시사보고	071
⑦⓪ 김홍선,	중국전란과 기 정국의 전도〈북경에서〉	시사	국제정세	072
⑦⓪ 소 춘,*	세계형편일별(네덜란드혁명, 러독조약, 영미공군등)	시사	국제정세	081
⑦⓪ 일기자,	사회일지〈최근세계상〉	시사	일지	081
⑦⓪ 황영환,	근저에서 동요되는영제국〈총파업에서보이는현상〉	시사	영국정세	086
⑦⓪ 춘 파,	여중잡감(차상찬에게 편지글로 쓴 감상)	문예	수필편지	093
⑦⓪ 첨구생,*	경성잡화〈첨구생〉(경성소식, 시사적 사건보고)	시사	시사평	095
⑦⓪ 각지인사,	육호통신(군산, 용천, 강화 등지의 소식)	잡문	지방소식	097
⑦⓪ 편집실,	전세계를 통하는 노동운동의 진용(각국의 노동운동)	시사	노동운동	100
⑦⓪ 유광열,	소위조선박람회를 보고	잡문	관람기	102
⑦⓪ 김복진,	제五회 미전단평(미술전에 응모 작품에 대한 개별평)	문예(기타)	미술평	104
⑦⓪ 박영희,	번뇌자의 감상어〈수필, 1926.5.〉	문예	수필	문001
⑦⓪ 이상화,	빼앗긴들에도 봄은 오는가, 비갠아츰, 달밤도회(3편)	문예	시	문009
⑦⓪ 김주달,	현실과 민중(1편)	문예	시	문013
⑦⓪ 이기영,	〈나의과거생활…〉 출가소년의 최초경난	문예	수필	문014
⑦⓪ 조명희,	〈나의과거생활…〉 늣겨본 일 몇가지	문예	수필	문021
⑦⓪ 김기진,	〈나의과거생활…〉 MALHEUR	문예	수필	문023
⑦⓪ 최승일,	〈나의과거생활…〉 나와 화소환(花笑丸)	문예	수필	문040
⑦⓪ 송 영,	용광로	문예	소설	문047

<71호>1926.7.1.

저 자	기사명	기사분류	세부분류	면수
⑦① 박춘우,	조선의 숙려〈조선사상운동자들의 계급적 조성을…〉	논설	계급사상	002
⑦① 이순탁,	조선인의 인구통계〈未成稿〉(직업별, 도시별 통계)	잡문	보고통계	014
⑦① 박형병,	근세식민정책의 종막〈기원과 유래三〉(28-40삭제)	시사	식민정책	028
⑦① 안재홍,	한양조 오백년 총평(미완) (역사론)	잡문	조선역사	045
⑦① 차상찬,	사화와 당쟁(당파일람표 72면)	잡문	조선역사	055
⑦① 대관생,	국제정국일별(영국총파업, 국련동요, 포르투갈혁명)	시사	국제정세	073
⑦① 일기자,	국장전후에 드러난 사건들(6.10만세 등 시국사건일별)	시사	시국사건	075
⑦① 김기전,	국장전후의 유치장생활잡기〈불천자〉(84-87삭제)	시사잡문	시국사건	079
⑦① 편집실,	근세세계상〈사회일지〉	시사	일지	079
⑦① 야 뢰,	도척〈녹음량화〉(공자와 도척의 일화, 미완)	잡문	일화담	090
⑦① 춘 파,	서행잡기(차상찬에게 편지글로 경과를 말하는 글)	문예	편지감상	103
⑦① 박달성,	입경지초시하지옥(서행잡기의 연장)	문예	편지감상	106

호	저자	기사명	기사분류	세부분류	면수
71	첨구생,*	경성잡화〈첨구생〉(경성 각종 사건, 일화)	시사	시사평	110
71	일기자,	육호통신〈군산, 강화, 송도 등의 지방소식〉	잡문	지방통신	112
71	적 봉,	송도고보교盟休에 제하야(신앙강요로 인한 사건)	잡문	보고	113
71	안석주,	만화에 나타난 신흥문단인의 얼굴(얼굴스케치)	문예(기타)	만화	120
71	편집실,	현대해외문학소개호에 대하야(취지와 한계 경과)	잡문	보고	002
71	W W역,	〈해외문학〉혁명적연극의한계와임무〈칼비잇포케르〉	문예(역)	희곡론	문003
71	미 상역,	〈해외문학〉과학과 예술〈일, 임방웅 작〉	문예(역)	문학론	문009
71	박영희역,	〈해외문학〉실증미학의 기초〈기三,루나찰스키〉	문예(역)	미학론	문012
71	적 구역,*	〈해외문학〉현대세계시단의 소개(10인의시),(10편)	문예(역)	시	문017
71	박용대역,	〈해외문학〉악마〈러, 막심 골키〉	문예(역)	소설	문030
71	팔 봉역,	〈해외문학〉숙명? 〈불, 빠르쀼스〉	문예(역)	소설	문041
71	상 화역,	〈해외문학〉사형밧는 여자〈서반아, 브라스코〉	문예(역)	소설	문047
71	이기영역,	〈해외문학〉아버지〈독, 레온하르드 푸랑크〉	문예(역)	소설	문051
71	최승일역,	〈해외문학〉매음녀〈일, 葉山嘉樹〉	문예(역)	소설	문067
71	미 상역,	〈해외문학〉죄수〈영, 쫀 칼스워듸〉(역자 미상)	문예(역)	소설	문086
71	박영희역,	〈해외문학〉마이다스의 애자조합〈영, 잭 론돈〉	문예(역)	소설	문094

<72호>1926.8.1.

호	저자	기사명	기사분류	세부분류	면수
72	박달성,	권두언〈작년 이때를 생각하면서〉(수해, 압수사건)	선언	선언	002
72	배성룡,	신흥정치운동의 성질	논설(시사)	정치운동	004
72	이순탁,	조선의 인구론〈조선인의 인구통계 二〉(미완)	잡문	통계보고	009
72	소 춘,	착목할 일본의 이민정책〈소춘〉(조선이민자 귀국)	시사	식민정책	017
72	쇠 뫼역,*	유로파와 아메리카〈트로트키 연설〉(노동운동)	논설(역)	계급운동	019
72	박춘우,	모스크바에 새로 열린 국제농촌학원(보고)	시사	농민운동	026
72	일기자,	최근세계상	시사	일지	029
72	미 상,	〈시평〉학교盟休 其多(동맹휴학이 많음)	시사	시사담	029
72	미 상,	〈시평〉만세학생처벌령	시사	시사담	031
72	미 상,	〈시평〉과학인 蠻行사건(미국선교사의 야만적 행태)	시사	시사담	033
72	미 상,	〈시평〉색다른 의분(허시모의 만행과 일본내지상황)	시사	시사담	037
72	미 상,	〈시평〉난해의 협동과 출현(노농협동, 관민협동?)	시사	시사담	038
72	미 상,	〈시평〉민흥회란 무엇인가(유한자들의 민흥회비판)	시사	시사담	039
72	미 상,	〈시평〉잠견전매특허사건	시사	시사담	042
72	미 상,	〈시평〉폭력단상애회의 망동(어용노동단체의 폭행)	시사	시사담	043
72	미 상,	〈시평〉조직적 반형평운동(백정운동에 대한 반발)	시사	시사담	044
72	박달성,	중학생과 하기방학(회고와 감상 그리고 권고)	문예	감상수필	045
72	일기자,	재경 학생단체의 내면(취지, 성원, 구금 내역)	잡문	보고문	050

(72) 청　오,* 〈재홍국의 신인물〉파사재조의 신인 리싸칸신왕	잡문	평전	052
(72) 청　오, 〈재홍국의 신인물〉파란혁명의 풍운아 피스도스키	잡문	평전	055
(72) 청　오, 〈재홍국의 신인물〉혈전고투 팔개성상의 압델크림씨	잡문	평전	058
(72) 일기자외,육호통신(광주, 의주, 선천, 춘천 등의 지방소식)	잡문	지방통신	069
(72) 김진구, 육녀만에 본 나의 고국〈동경 김묵 군에게〉	문예	수필편지	072
(72) 유광열, 생활의 적인 빈대 정복수기 (빈대 퇴치기)	잡문	보고	076
(72) 야　뢰, 도척〈녹음량화〈續〉〈야뢰〉	잡문	일화담	081
(72) 춘　파,* 천고쾌래아형가(중국고사의 이야기)	잡문	인물담	100
(72) 박　용역,노문학의 운명〈루나찰스키의 연설〉	문학(역)	문학론	문002
(72) 이　호, 행동의 시에서, 도피를 가는 꿈, 행동의 시 (3편)	문학	시	문013
(72) S　K, 축지소극장에서 「인조인간」을 보고(무대장치,막사진)	문학	연극비평	문018
(72) 이기영, 부흥회	문학	소설	문025
(72) 회　월역,*마이다스의 애자조합〈잭크 론돈 작〉(2)	문학(역)	소설	문045

부록 9 『개벽』 쪽기사, 사·공고, 주요 광고 목록

『개벽』 쪽기사, 사·공고, 주요 광고 목록

일러두기

1. 목차에 누락된 기사 및 사·공고와 광고들을 담았다.
2. 삭제된 '쪽기사들'도 목록에 반영했다.
3. 저자-기사명-기사분류-세부분류-면수 순으로 배열했다.
4. 면수 표시에서 '문면'은 문예면의 면수를, '근(近)'은 해당 면수에 가깝다는 것을 의미한다.
5. 『개벽』 원본과 영인본을 근거로 작성했다.

<1호>1920.6.25.

저 자	기사명	기사분류	세부분류	면수
편집실,	사고(호외발행, 삭제기사 목록과 페이지 제공)	사고	사고	000면
미 상,	시조 2수 개벽	문예	시조	029면
미 상,	금쌀악, 옥가루	문예	시	037면
미 상,	백년장수법	건강	장수법	037면
미 상,	휘릿푸스의 연설중 일절	격언	격언	052면
미 상,	격언2개(막시마쓰, 시저)	격언	격언	063면
미 상,	격언2개 (스파르타국왕, 소크라테스)	격언	격언	066면
오지영,	축사2개(원암 오지영, 세브란스원장 홍석후)	축사	축사	091면
교인들,	개벽창간축하(14명의 천도교간부명단)	명단	명단	092면
미 상,	명언3개(데오케네스, 링컨, 메리여왕)	격언	격언	096면
미 상,	우슨소리(허욕많은 개)	우화	우화	111면
미 상,	금언(5개)	격언	격언	121면
편집실,	여러분끠 고백하나이다(출간이 늦은 사정)	공고	공고	130면
미 상,	평제탑은 어쩌한 것인가	건축	석탑	138면
현 철,	공고(「격야」의 일막 미완의 사정, 연재 공고)	문예	공고	158면

<2호>1920.7.25.

저 자	기사명	기사분류	세부분류	면수
미 상,	개벽2	선언	선언	001면
눈 메,	소아	문예	시	017면
미 상,	격언(5개)	격언	격언	023면
미 상,	문명적 농사는 전기로 한다	해외소식	농업	036면
미 상,	단선레일기차	해외소식	기차	042면
미 상,	격언(2개)	격언	격언	058면
미 상,	격언(5개)	격언	격언	063면
미 상,	격언(3개)	격언	격언	087면
미 상,	격언(1개)	격언	격언	097면

미 상,	소화(2개)	문예	유머	109면
미 상,	소화(2개)	문예	유머	116면
방정환,	갈마반도에서(잔물)	문예	시	129면
개벽사,	사고(분매소공고)	공고	공고	154면

<3호>1920.8.25.

저 자	기사명	기사분류	세부분류	면수
미 상,	개벽3	선언	선언	001면
미 상,	삶의 물(시)	문예	시	022면
미 상,	강원도지방의 민요2개(소개)	문예	민요	028면
미 상,	격언(9개)	격언	격언	033면
노자영,	문호의 옥조(사랑에 대한 좌우명)	격언	격언	056면
미 상,	성공(격언)	격언	격언	087면
미 상,	청년(격언)	격언	격언	091면
미 상,	음악, 운명, 낙망, 정의(4개)	격언	격언	100면
미 상,	과거와 장래, 시간, 쾌락, 승리(4개)	격언	격언	114면
미 상,	노동, 노년	격언	격언	129면
편집실,	남은말(편집후기)	편집후기	후기	159면
개벽사,	사고(분매소공고)	공고	공고	160면

<4호>1920.9.25.

저 자	기사명	기사분류	세부분류	면수
미 상,	개벽4	선언	선언	001면
미 상,	격언	격언	격언	008면
미 상,	이것이 무슨법입니까?(남녀간 내외의 문제)	일화	일화	026면
미 상,	명사의 자연관	잡문	잡문	054면
미 상,	염의 세금(구렛나루에 세금):해외사례	잡문	세금제도	062면
미 상,	격언	격언	격언	090면
미 상,	격언(2개)	격언	격언	095면
미 상,	베이컨의 고서	해외소식	경매	104면
서산대사,	한시2편	문예	한시	108면
미 상,	세계적 부호의 재산조사(재산조사액)	해외소식	재산표	122면
편집실,	독자교정란〈우리개벽독자에게〉(교정란마련공고)	공고	공고	134면
미 상,	진적기담(가장큰 책과 작은 책)	해외소식	책소개	137면
개벽사,	개벽분매소 일람표	공고	공고	142면
편집실,	편집여담, 편집사고(발행일변경), 경리사고(우편징수)	공고	공고	153면

<5호>1920.11.1.

저 자	기사명	기사분류	세부분류	면수
미 상,	각민족의 안면각도(문명인과 야만인의 대조)	잡문	정보	010면
미 상,	격언(10개)	격언	격언	015면
미 상,	각민족의 평균신장/일본정치인소개	잡문	정보	076면
미 상,	격언(6개)	격언	격언	088면
미 상,	시의정의, 바이런의 시, 경성시내 현행동요	문예	시,동요	094면
편집실,	투고방법	문예	독자투고	103면
부운도인,	팔죽송	문예	한시	118면
충무공,	시조2수〈맹사성, 외〉	문예	시조	120면
미 상,	문예의 목적	문예	문학론	124면
편집실,	편집을 마치고서	공고	편집후기	152면
개벽사,	개벽분매소일람표	공고	공고	154면

<6호>1920.12.1.

저 자	기사명	기사분류	세부분류	면수
미 상,	해주의 3다	잡문	정보	044면
미 상,	송화의 박피삼십리, 강원도오지의 야화	잡문	야화	059면
미 상,	학생과 생도(조선인과 일본인학교 생도수)	잡문	통계	068면
미 상,	제3제국주의는 무엇인가?	잡문	정보	074면
미 상,	원조조하하는 조선사람	잡문	풍습	091면
편집실,	독자투고 요령	문예	독자투고	109면
미 상,	서양에 없는 서양춤(세태풍자)	잡문	세태풍자	139면
미 상,	예술과 도덕의 관계	문예	예술론	150면

<7호>1921.1.1.

저 자	기사명	기사분류	세부분류	면수
최 혁,	축신년〈시가〉	문예	시	015면
미 상,	새날과 새사람의 인사	잡문	새해인사	069면
미 상,	육당선생의 삼락	격언	격언	089면
미 상,	동양의 안심과 서양의 희망	잡문	인생관	107면
미 상,	공부의 바다〈시문독복중에서〉	문예	시가	128면
개벽사,	개벽분매소일람표	공고	공고	180면
개벽사,	개벽 분매소 규약, 계약서	공고	공고	204면
개벽사,	대리부신설	공고	공고	208면

<8호>1921.2.1.

저 자	기사명	기사분류	세부분류	면수
미 상,	노이도적, 나는 몰라	잡문	유머	021면

미 상,	이놈아?(관리의 수탈 풍자)	잡문	풍자	064면
미 상,	그것 현미인가 정미인가	잡문	소화	093면
개벽사,	개벽분매소일람표	공고	공고	110면
편집실,	본지필화의 전말 (개벽6, 벌금형)	공고	공고	148면
편집실,	개벽총목차〈대정9년 6월(1호)-대정9년 12월(6호)〉	공고	공고	149면
개벽사,	대리부규정	공고	공고	156면

<9호>1921.3.1.

저 자	기사명	기사분류	세부분류	면수
편집실,	사고(삭제공고)	공고	공고	000면
뉴튼외,	격언(3개)	격언	격언	044면
루소외,	격언(3개)	격언	격언	063면
편집실,	안창남의 주소, 오구리 비행장 주소	공고	공고	091면
스팬사외,	격언(2개)	격언	격언	100면
박윤원,	편지, 〈편집자의 공고〉	편지	편지	100면
미 상,	아츰마다	문예	시	111면
개벽사,	개벽분매소 일람표(8호와 같음)	공고	공고	112면
편집실,	독자투고 요령	공고	공고	117면
편집실,	편집실로부터(황석우와 현철의 논쟁 삭제 이유)	공고	공고	118면
편집실,	현행우편제도와 요금표 공고	공고	공고	131면
편집실,	정오(전호의 오자 교정)	공고	공고	133면
개벽사,	사고(개벽지 공판 50원 벌금 공고)	공고	공고	146면
편집실,	격야 종료 보고(차호엔 햄릿 연재 보고)	공고	공고	152면
송세호,	조선병합십년사(광고, 예약독자?)	광고	광고	158면

<10호>1921.4.1.

저 자	기사명	기사분류	세부분류	면수
개벽사,	대리부규정	공고	공고	080近
편집실,	습춘각전문학교 졸업생씨명(명단)	공고	공고	101면
개벽사,	개벽분매소 일람표〈前續〉	공고	공고	102면
편집실,	독자교정란변경공고〈명칭, 페이지축소〉	공고	공고	103면
미 상,	신간소개〈오뇌의 무도〉	광고	광고	137면

<11호>1921.5.1.

저 자	기사명	기사분류	세부분류	면수
편집실,	현상문대모집〈문제, 상금, 기한, 평선원〉	공고	공고	086면
편집실,	위인투표공고〈최대공헌자는 누구?〉	공고	공고	085면
개벽사,	대리부규정	공고	공고	084면

현 철,	근고(현철과 황석우의 논쟁 철회 고백)〈황석우 공동〉	공고	공고	083면
대리부,	상해금문양행과 특약	공고	공고	079면
개벽사,	사고(개벽지의 우편료 자세히 설명)	공고	공고	065면
계명구락부,	신간소개(계명, 월간잡지, 5월1일 창간 발행)	광고	광고	062면

<12호>1921.6.1.

저 자	기사명	기사분류	세부분류	면수
미 상,	고인이 본 팔도 인심	잡문	정보	022면
미 상,	이런 훌륭한 이도 있도다(스파르타의 왕족 리커써스)	잡문	일화	027면
경리부,	사고(대금보낼시의 유의사항, 자세히 알림)	공고	공고	041면
황석우,	정오(신년호 자신의 시 오자 교정)	공고	공고	071면
미 상,	여쭐말슴잇습니다(일본올 때 상투, 갓 없이 오시길)	공고	부탁	081면
대리부,	상해금문양행과 특약	공고	공고	095면
개벽사,	대리부규정	공고	공고	096면
편집실,	사고〈햄릿연재를 못한 사유〉	공고	공고	149면
개벽사,	창간일주년 기념증대호발행	광고	광고	150면
편집부,	편집부로부터(위인투표, 평북지방보고에 대한 변명)	공고	공고	151면

<13호>1921.7.1.

저 자	기사명	기사분류	세부분류	면수
미 상,	이런 거룩한(훌륭한)이도 잇도다(12호와 동일)	잡문	일화	036면
경리부,	사고(대금우송시의 유의사항, 12호와 동일)	공고	공고	046면
황석우,	정오표(12호와 동일)	공고	공고	067면
경리부,	개벽일주년기념품(6개월분을 1책으로 묶어 2원에 팜)	광고	광고	089면
개벽사,	대리부규정	공고	공고	090면
미 상,	여쭐말슴잇습니다(일본올 때 상투, 갓, 12호와 동일)	공고	부탁	100면
편집실,	편집실 계사(현상응모결과에 대해, 상금문제)	공고	공고	062문면
편집실,	편집여언(표지그림, 6월호 압수소식, 위인들 소개예정)	공고	공고	063문면

<14호>1921.8.1.

저 자	기사명	기사분류	세부분류	면수
개벽사,	사고〈개벽전남지사설립, 지사장 최춘열, 총무 김성대)	공고	공고	045면
경리부,	사고(대금우송시의 유의사항, 13호와 동일)	공고	공고	054면
미 상,	고인이 본 팔도인심	잡문	정보	084면
개벽사,	대리부규정	공고	공고	096近
묵 제,	삼방폭포	문예	한시	117면
미 상,	夏蟲의 囈語(인간들의 행태비판)	잡문	풍자	133면
편집실,	사고(근대문예가 빠진 사유, 김억의 신병)	공고	공고	133면

저 자	기사명	기사분류	세부분류	면수
경리부,	경리부특별계사(책값과 광고료 인상 공고)	공고	공고	134면

<15호>1921.9.1.

저 자	기사명	기사분류	세부분류	면수
최중갑,	소작인 만길의 생활(부록)	잡문	보고	039면
개벽사,	대리부규정	공고	공고	050近
경리부,	사고(대금우송시의 유의사항, 14호와 동일)	공고	공고	072면
미 상,	빠하-교의 선전자 입경〈미국인 알렉산다 여사〉	기사	기사	111면
개벽사,	개벽전남지사 설립〈최춘열, 김성대〉	공고	공고	137면
편집실,	정오표〈표본실의 청개고리 중에서〉	공고	공고	137면
상업계,	상업소개란〈경성상업계 (기일)〉	광고	광고	140면

<16호>1921.10.1.

저 자	기사명	기사분류	세부분류	면수
최성우,	한시	문예	한시	027면
개벽사,	개벽전남지사 설립〈최춘렬, 김성대〉	공고	공고	047면
개벽사,	개벽함남지사설립〈유병준, 최두선, 홍성연〉	공고	공고	088면
미 상,	희랍의 연애가〈바이런 시집에서〉	문예	시(역)	097면
상업계,	상업소개란〈경성상업계(기이)〉	광고	광고	104면
개벽사,	사고(16호의 압수소식)	공고	공고	106면
개벽사,	개벽사 상공도안부 광고	광고	광고	128近
개벽사,	개벽사 지사모집	광고	광고	128近
편집실,	투고하시는 이에게〈편집국계고〉(문체)	공고	공고	146면
개벽사,	대리부규정	공고	공고	151면

<17호>1921.11.1.

저 자	기사명	기사분류	세부분류	면수
장 자,	격언	격언	격언	039면
이규보,	箴(一), 고려 이규보	문예	한시	076면
판매부,	사고〈대금우송시유의사항 15호와 동일, 판매부명의〉	공고	공고	085면
개벽사,	개벽전남지사설립〈최춘렬, 김성대〉	공고	공고	093면
이제현,	箴(二)〈고려, 이제현〉	문예	한시	110면
김용걸외,	축개벽〈울산, 김용극〉	문예	한시	124면
상업계,	상업소개란〈경성상업계(其三)〉	광고	광고	125면
편집실,	김명순의 「칠면조」와 염상섭의 「암야」연재 공고	공고	공고	147면
개벽사,	개벽사 지사 초모	광고	광고	158면
개벽사,	기고환영〈선한문교작 시문체〉	공고	공고	159면
개벽사,	개벽사 상공도안부 광고	광고	광고	160면

개벽사,	대리부규정	공고	공고	161면

<18호>1921.12.1.

저 자	기사명	기사분류	세부분류	면수
심 정,	기묘사화의 일화	잡문	일화	076면
이항복외,	이백사(이항복), 將仕郎永泰의 해학	잡문	일화	083면
미 상,	송강 정철의 해학	잡문	일화	107면
편집실,	기고환영, 광고주의〈기고방식, 광고보관〉	공고	공고	131면
민영순,	김기전군의 만국기자대회회원추인의 감〈민석계〉	문예	한시	143면
편집실,	염상섭의 암야의 불연재 사유	공고	공고	153면
편집실,	정오〈125면 임우식은 박우식의 오〉	공고	공고	161면
편집실,	송년호의 편집을 마치면서	공고	편집후기	162면
개벽사,	개벽사 지사 초모	광고	광고	163면
개벽사,	개벽사상공도안부광고	광고	광고	165면
개벽사,	대리부규정	공고	공고	166면

<19호>1922.1.10(1.25재판).

저 자	기사명	기사분류	세부분류	면수
판매부,	개벽합본호(6개월치씩,이원, 삼원)	광고	광고	000면
개벽사,	재판을 행하면서(19호압수, 임시호발행과 재판)	공고	공고	001면
이달충,	愛惡箴	잡문	잠언	040면
편집실,	기고환영, 광고주의	공고	공고	056면
일기자,	회고의 여에(범신유의 회고에 대한 부언)	잡문	감상	079면
편집실,	편집실로부터	공고	공고	117면
노정일,	산넘고 물건너의 목차일람	잡문	목록	126면
이재극외,	금정호수연첩	잡문	방명록	072문면
미 상,	전정요법경성분원의 치료법 소개(16호광고)	공고	공고	098문면
미 상,	문인의 결혼관(외국문사들의 결혼관)	잡문	문답	111문면
편집실,	개벽 제이년 총목차(7호-18호)	공고	공고	112문면
개벽사,	함남독자제씨에게 근고함(지사자교체, 기자 사칭)	공고	공고	116문면
개벽사,	압수사고(오성사본, 임시호 초판에 있음)	사고	사고	판권간기

<20호>1922.2.1.

저 자	기사명	기사분류	세부분류	면수
신석정,	함흥변호사계의 특례(변호사 신석정의 인권옹호특례)	잡문	정보	055면
하밀톤외,	문인의 결혼관(외국문사, 전호속)	잡문	문답	071면
편집실,	19호의 정오표	공고	공고	083면
○기석,	한시	문예	한시	086면

편집실,	정오표(소설 타락자의 정오표)	공고	공고	030면
개벽사,	지사(평남, 진주, 황해, 함남, 개성, 성천), 지국(순천)	공고	공고	063문면
단천군,	개벽함남지사축하광고	광고	광고	064문면
광고부,	광고정오	광고	광고	070문면
북청군,	개벽함남지사축하광고	광고	광고	072문면
개벽사,	謝告(신년호 압수, 임시호의 절판과 재판 경과)	공고	공고	073문면
개벽사,	자매지 「부인」 광고(4월1일 발행예정)	광고	광고	074문면

<21호>1922.3.1.

저 자	기사명	기사분류	세부분류	면수
이광수,	근고〈소년동맹에 대한 의견은 통신하시길〉	공고	공고	042면
미 상,	경성부의 총인구(1921년의 조선, 일본, 외국인, 증가수)	잡문	통계	030문면
편집국,	소식(학예부 현희운의 병고, 사회부주임 박달성부친상)	공고	공고	072문면
개벽사,	부인 발행광고	광고	광고	082문면

<22호>1922.4.1.

저 자	기사명	기사분류	세부분류	면수
현 철외,	타락자에 대한 현진건의 작품후기와 현철의 후기	문예	후기	035문면
개벽사,	지사와 지역, 직원표〈續, 인천, 개성, 진주, 성천〉	공고	공고	054문면
개성군,	개벽개성지사시설	광고	광고	055문면
함흥군,	개벽함남지사발전	광고	광고	056문면
광양군수,	개벽순천지구발전 축하광고(3면, 관공서가 많음)	광고	광고	062문면
개벽사,	부인 발행일 공고	광고	광고	066문면

<23호>1922.5.1.

저 자	기사명	기사분류	세부분류	면수
일기자,	부기(이전의 십대위인소개호를 요구 절판, 단행본)	공고	공고	084면
개벽사,	신의주지사(임원명단)공고	공고	공고	020문면
편집국,	진사〈조선인의 생활문제의 연구 작자 사고〉	공고	공고	035문면
영업국,	공고〈재판부수2천부이,예정부수절판〉	공고	공고	035문면
개성지사,	개벽개성지사대리부공고	광고	광고	036문면
개벽사,	상공도안부광고	광고	광고	037문면
개벽사,	부인 인쇄중 광고	광고	광고	038문면

<24호>1922.6.1.

저 자	기사명	기사분류	세부분류	면수
인천부,	개벽인천지사설립축하광고(3면분량)	광고	광고	094면
미 상,	최근경성의 호구수, 전국맹아자수	잡문	통계	038문면

편집실,	근고〈학생논단 연기공고〉	공고	공고	054문면
편집실,	편집실로부터〈민족개조론의 여파〉	공고	공고	055문면
개벽사,	개벽사상공도안부(광고기획)	광고	광고	056문면
개성지사,	개성지사대리부광고	광고	광고	057문면
개벽사,	부인창간호(6월1일)광고	광고	광고	058문면

<25호>1922.7.10.

저 자	기사명	기사분류	세부분류	면수
미 상,	동양에서 자동차 제일먼저 탄이가 누구일가(손병희)	잡문	일화	059면
개벽사,	본임시호를 읽을 이에게(삭제된 기사, 대치된 기사)	공고	공고	060면
개벽사,	개벽인천지사의 직원이동/신설분매소와 주무자	공고	공고	088면
미 상,	신가파(싱가포르)의 일본인(기부금 안내는 일본인)	잡문	기사	103면
학예부,	지나는 말로(명작의 번역이 갖는 의미)〈학예부주임〉	문예	부언	001부면
안석주,	○상의 여름, 나의 애인	미술	그림	031부近
편집실,	문예편기고제씨에게(원고지에 정서:개벽사원고지)	공고	공고	066부면
편집실,	여언(2주년 기념호의 노력, 부록의 의미)	공고	후기	078부면

<26호>1922.8.1.

저 자	기사명	기사분류	세부분류	면수
미 상,	칠월초의 청진인구(조선인, 일본인 : 총 만육천인)	잡문	통계	074면
민영순,	초복일한강(한시3수)	문예	한시	089면
미 상,	각도총경작지에 대한 소작경지면적의 보합(통계표)	잡문	통계	095면
편집국,	조선고래동화모집(취지, 상금, 응모방법과 주의사항)	공고	공고	112면
영업국,	여러분께 바라는바 요건(통신문, 송금방법, 잡지청구)	공고	공고	114면
편집실,	근고(「호수의 여왕」 차호연기)	공고	공고	054문면

<27호>1922.9.1.

저 자	기사명	기사분류	세부분류	면수
편집국,	고래동화모집에 관하야〈주의요령〉	공고	공고	001면
미 상,	한시〈슬갈승문, 담옹유고〉	문예	한시	044면
개벽사,	특고(삭제기사, 임시호소식)	공고	공고	047면
편집실,	여북(세계정세, 국내정세 : 노동자학살, 태을교충돌)	공고	후기	071문면

<28호>1922.10.1.

저 자	기사명	기사분류	세부분류	면수
편집국,	고래동화현상모집에 관하여(주의사항)	공고	공고	001면
개벽사,	사고〈전남인사에게〉(전남지사문제에 대한 사과)	공고	공고	060면
편집실,	사고(도시순례(二)와 사회일지의 연기소식)	공고	공고	070면

동명사,	신간소개〈동명제4호〉목차	공고	책소개	095면
박진렬,	편지(고박진렬씨가 가족에게 보낸 편지의 일절)	잡문	편지	104면
미 상,	무산자의 문예(무산자의 문예는 반항적 정신의 문예)	문예	정의	028문면
개벽사,	자매지부인10월호광고	광고	광고	066문면

<29호>1922.11.1.

저 자	기사명	기사분류	세부분류	면수
신생활사,	주보「신생활」(순간,월간, 신문지법허가 주간신문형식)	광고	광고	001면
개벽사,	사고〈사규에 의거 사우제 실시〉	공고	공고	001면
일기자,	중화민국의 신학제〈학제소개〉	잡문	학제	075면
개벽사,	개벽사우제의 설행〈사우규정, 취지, 사규적요〉	공고	공고	114면
개벽사,	사고(개성지사변동, 평양지사변동)	공고	공고	124면
허만정외,	축개벽경남지사발전(축하광고2면)	광고	광고	127면
문우갈달,	부언(포우의 문학 경향과 작품들 소개)	문예	소설가	036문면
개벽사,	사고(경남지사장교체 박봉의-〉정재화씨)	공고	공고	036문면
편집국,	고래동화현상모집에 관하야(주의사항)	공고	공고	064문면
편집국,	편집국이야기(시국강좌와 사우제의 실행)	공고	편집후기	068문면

<30호>1922.12.1.

저 자	기사명	기사분류	세부분류	면수
개벽사,	부인 제 6호광고	광고	광고	000면
편집실,	편집실에서(다음호는 신년호임을 선전)	공고	공고	001면
개벽사,	개벽사사우제의 설행에 관한 취지와 규정	공고	공고	002면
미 상,	평양의 생산방면(유독 조선인 양말제조업이 발전)	잡문	시사	033면
이최환,	입사의 감〈평남지사장〉	잡문	감상	088면
편집실,	개벽제30호의 문예〈목차 : 문예면 따로 목차작성〉	문예	목차	001문면
현 철,	하믈레트전편완료〈애독자제위에게 : 번역의 어려움〉	문예	번역후기	068문면
편집실,	편집여언〈통계자료는 총독부발표한 것, 이돈화부재〉	공고	편집후기	069문면
개벽사,	사고〈평남지사「부인」기자시임, 개성, 평남, 인천지사〉	공고	공고	070문면
미 상,	조선내기차시간표	공고	일람표	072문면

<31호>1923.1.1.

저 자	기사명	기사분류	세부분류	면수
미 상,	가의 ○○박멸(선언)	잡문	만평	076면
박승철,	백림단신(김기전에게, 편지)	잡문	편지	080면
개벽사,	고래동화현상모집 당선발표(공고)	문예	동화	100면
개벽사,	조선문화의 기본조사 각도호의 간행공고	공고	공고	102면
개벽사,	사원명단(18명)	공고	명단	104면

저 자	기사명	기사분류	세부분류	면수
편집실,	여담	공고	편집후기	117문면

<32호>1923.2.1.

저 자	기사명	기사분류	세부분류	면수
일기자,	천도교북경교당의 건축(최동오 중심 기성회조직)	잡문	소식	044면
개벽사,	평남지사, 박천지사(여기자채용, 박천분사설치)	사고	공고	050면
미 상,	시사만화4편(안석주?)	시사	만화	060면
보통학회,	입회의 호기를 勿逸하라(통신교수 : 강의록)	광고	광고	075면
서거정외,	경주오릉회고〈서거정, 어세겸 유고〉(한시2수)	문예	한시	079면
개벽사,	사고(김기전, 차상찬 경남도호 준비 출발)	사고	사고	084면
개벽사,	어린이(3월 1일 창간, 월 2회 발행)	광고	광고	085면
편집국,	편집국으로부터	공고	편집후기	068문면
출판부,	개벽합본호(1922년도)광고	광고	광고	069문면

<33호>1923.3.1.

저 자	기사명	기사분류	세부분류	면수
개벽사,	어린이 창간호 출래	광고	광고	000면
미 상,	북경에도 비행가(서왈보군 항공학교 졸업소식)	잡문	소식	020면
민영순,	우편당국자에게〈石〉(사무원과 배달원 비판)	잡문	시평	021면
민영순외,	한시〈여암, 석계의 한시〉(3수)	문예	한시	030면
미 상,	하와이조선학생고국방문계획(학생단 25명 입국예정)	잡문	소식	082면
출판부,	개벽합본호광고	광고	광고	102면
개벽사,	본사사우제의 설행과 그 파문(사우규정, 절차, 승낙서)	공고	공고	103면
개벽사,	조선문화의 기본조사(답사단출발, 도호발간내용)	공고	공고	104면
편집국,	편집을 마치면서(경남호연기, 편집3인 출타, 반환문제)	공고	편집후기	058문면

<34호>1923.4.1.

저 자	기사명	기사분류	세부분류	면수
개벽사,	조선문화의 기본조사(답사단출발, 도호발간내용)	공고	공고	000면
경남인사,	경암도호축하광고(목차뒤에 다수)	광고	축하광고	000면
출판부,	개벽합본호광고	광고	광고	062면
편집실,	경상남도관내도	지도1	지도	000도면
편집실,	경남도호의 요목	목차1	목차	002도면
미 상,	목리상한(木履商寒) 진주의 속설	잡문1	전설	031도면
미 상,	경남동척소유지(대정10년기준)	잡문1	보고	038도면
미 상,	지리산보(譜) (지리산의 내역과 내력)	잡문1	보고	039도면
미 상,	경남지방의 왜채(倭債)	잡문1	속설	043도면
미 상,	공산주의의 부인공유제는 오해	시사	시사담	074도면

편집국,	척필지여(擲筆之餘)(투고는 문예, 문예중 연애 최고)	공고	편집후기	081도면

<35호>1923.5.1.

저 자	기사명	기사분류	세부분류	면수
미 상,	5월은 엇더한 달인가(각날의 의미 : 어린이날, 노동절 등)	시사	시사	012면
미 상,	오백오십인의 자녀를 둔 자(한 왕가의 다처제)	잡문	소개	026면
안부기웅,	운동가의 자격(조도전대학교수, 일문원고)	잡문	스포츠	031면
ㅅ ㅂ,	가난한 사람에게 혹독한 핍박을 주는 부자	잡문	체험담	069면
미 상,	개성의 '록파회'(마해송, 고한승, 진금성, 조숙경 등)	잡문	소개	077면
개벽사,	사고(군산분국신설, 잡지청구와 광고신탁 위임)	사고	사고	150면
편집국,	척필지여(경북호연기, 차상찬, 이재현경북행, 한중전)	공고	편집후기	155면

<36호>1923.6.1.

저 자	기사명	기사분류	세부분류	면수
편집국,	개벽지후(20-22년 6월호의 목차제공) (1회)	잡문	목차	000면
개벽사,	사고(차상찬,이재현 귀사, 박달성,한중전,조기간 평북행)	사고	사고	001면
개벽사,	선천지사설치공고와 〈정오표〉	공고	공고	031면
편집국,	사고(경북도호 일부만 싣는다)	사고	사고	063면
편집실,	경상북도관내도	지도1	지도	000도면
편집실,	경상북도 도호목차	잡문1	목차	002도면
편집국,	키탄자리(타고르, 김억 역, 평양이문당, 1원)	광고	신간소개	021도면
미 상,	본도(경북)특용농산물 십년전후비교	잡문1	대비표	035도면
미 상,	본도(경북)잠사생산물 십년전후비교	잡문1	대비표	033도면
미 상,	토비문제와 손문(국민의 손문정부에 대한 불신)	시사	국제소식	060도면
편집국,	척필지여(평북답사원 4인의 행로, 차호 3주년 증대호)	공고	편집후기	061도면

<37호>1923.7.1.

저 자	기사명	기사분류	세부분류	면수
개벽사,	개벽운동의 실사업을 소개하노라(3대잡지와 4대운동)	공고	공고	000면
편집실,	개벽지후(20-22년 7월호의 목차)	잡문	목차	000면
편집실,	정오	잡문	정오표	066면
편집국,	여적(주간 김기전의 부상, 경북도호(下)연기 등)	공고	편집후기	101문면

<38호>1923.8.1.

저 자	기사명	기사분류	세부분류	면수
개벽사,	글갑도 쌀갑만 못하지 안이합니다.(선금제실시공고)	공고	선금공고	001면
편집실,	개벽지후(3년차 8월호 목차 소개)	잡문	목록	002면
개벽사,	조선문화의 기본조사(강원도, 평안남도 준비)	공고	공고	003면

편집실,	화가유할진져 현일(소작인조합, 공제회에 재산기증)	잡문	시사	053면
편집실,	(북간도의 동흥중학교 관계자의 조선 순례)	잡문	소식	078면
편집실,	미신의 남어지	잡문	일화	118면
편집실,	신간소개(『신생명』 7월 16일 창간, 『에스페란토속성』)	소개	신간소개	146면
편집국,	여묵(독자논평부탁, 선금제 강행)	공고	편집후기	158면
개벽사,	사고(평북도호와 납양호, 표지지도에 색 안넣은 이유)	사고	사고	159면

<39호>1923.9.1

저 자	기사명	기사분류	세부분류	면수
편집실,	개벽지후(3년간의 9월호 목차 소개)	잡문	목록	002면
기독서원,	신간소개(「죽음의 나라로」:씨엥키에위츠 작)	공고	신간소개	010면
개벽사,	사고(발행금지, 압수, 임시호)	사고	사고	035면
개벽사,	사고(평남지사명칭변경-〉평양지사)	사고	사고	098면
미 상,	읍내의 사대 보도감(보를 쌓은 사람)	잡문	일화	105면
광고부,	정오광고〈교정계〉	공고	정오표	105면
개벽사,	뜻있는 이에게 간절히 바랍니다(『어린이』구매부탁)	공고	잡지소개	123면
편집국,	여묵	공고	편집후기	151면

<40호>1923.10.1.

저 자	기사명	기사분류	세부분류	면수
편집국,	개벽지후(3년간의 10월호 목차)	잡문	목록	002면
편집국,	사고(삭제기사목록, 압수소식)	사고	사고	082면
편집국,	정오공고	공고	정오표	112면
개벽사,	특히 북선형제에게(함경북도편 준비소식, 박달성)	사고	사고	112近
편집국,	여묵	공고	편집후기	161면

<41호>1923.11.1.

저 자	기사명	기사분류	세부분류	면수
개벽사,	가경, 가희(『어린이』 매진공고)	공고	책소개	001면
미 상,	조선은 풍년, 일본은 흉년	잡문	보고	058면
개벽사,	사고(영변출장소, 철원분국-〉관동지국 승격)	사고	사고	103면
편집국,	여묵(강원도호, 제주지사, 간도지사, 관동지사)	공고	편집후기	044문면

<42호>1923.12.1.

저 자	기사명	기사분류	세부분류	면수
편집국,	강원도장타령(1편)	문예	민요	038면
미 상,	(민충장일가의 추태)	잡문	세평	067면
유혜풍외,	명주회고, 낙성회고, 영월도중(한시3편)	문예	한시	070면

미 상,	척주동해신묘, 평수토찬비문(2편)	문예	한시	100면
차상찬외,	사고(謝告)(박달성 등의 함북, 강원 인사 감사)	공고	공고	105면
편집국,	여감	공고	편집후기	163면

<43호>1924.1.1.

저 자	기사명	기사분류	세부분류	면수
편집국,	함경북도지도	지도	지도	002면
개벽사,	「신여성」독자에게(일제탄압으로 부정기간행물)	공고	공고	002면
편집국,	쥐의동요(강원도지방)	문예	동요	080면
어윤중,	두만강안의 정계비문	잡문	비문	085면
미 상,	철원소화	잡문	일화	110면
개벽사,	새해 예언모집(농사, 재변, 세계정세 등)	공고	공고	115면
박달성,	먼저 함북도호를 읽으실이에게	공고	알림	141면
편집국,	예고(2월호 신춘문예부록호로 발간한다)	공고	예고	238近
편집국,	개벽제 4년 총목차(1923년도 목차)	잡문	목록	238近
편집국,	구구소원	공고	편집후기	238近

<44호>1924.2.1.

저 자	기사명	기사분류	세부분류	면수
편집국,	예고〈45호는 사상비판 '時人月旦'〉	사고	예고	001면
개벽사,	사고〈함남지사의 혁신〉	사고	사고	029면
편집국,	정오표(43호 교정)	공고	정오표	072면
편집국,	여언(본호는 문예중심호, 다음호는 사상호, 시사담)	공고	편집후기	218면

<45호>1924.3.1.

저 자	기사명	기사분류	세부분류	면수
개벽사,	예고〈5월호는 경기도호:전사원의 총출장〉	공고	예고	001면
개벽사,	예고〈4월호는 '세계풍운호:충남도호기사첨재〉	공고	예고	001면
개벽사,	사고〈개벽원산지사의 신설, 임원과 지역〉	사고	사고	084면
개벽사,	사고(함남지사의 혁신)	사고	사고	105면
편집국,	개벽 신구호교환공고(신년호와 3월호를 교환하자)	공고	공고	110면
편집국,	현상모집(소설과 희곡 현상모집과 상금 1등 100원)	공고	현상모집	111면
개벽사,	사원동정(차상찬, 이돈화 등 6명의 동정)	공고	사원동정	155면
편집국,	편집후고	공고	편집후기	155면

<46호>1924.4.1.

저 자	기사명	기사분류	세부분류	면수
편집국,	충청남도의 약도	지도	지도	104近

개벽사,	사고(평양지사 혁신, 마산지사 신설, 광주지사의 부활)	사고	지사공고	145近
미 상,	충남의 특산	잡문	특산물	153면
차상찬,	근고(충남인사에게 감사)	공고	감사	154면
개벽사,	사고(경기도호를 보통호 경성호와 지방호 분리 발행)	사고	사고	154면
편집자,	소설, 희곡현상응모기한 임박공고	공고	현상모집	039문면
편집국,	뒷말씀(춘파의 과학적 공산주의, 해외선인활동 연기?)	공고	편집후기	071문면

<47호>1924.5.1.

저 자	기사명	기사분류	세부분류	면수
편집국,	조선노농총동맹, 조선청년총동맹창립기념사진	사진	사진	001近
개벽사,	6월은 경성호(예고:경기일부 기사 부기)	공고	예고	001면
개벽사,	지급사고와 주의사항(잡지정가확정과 대금송달주의)	사고	사고	073近
편집국,	경기도약도	지도	지도	073近
김부식외,	장단도, 임진강(임춘:2편)	문예	한시	104면
권오주외,	만월대, 박연폭포(차오산:한시2편)	문예	한시	107면
편집국,	편집을 마치면서(노골적인 반일감정을 드러냄)	공고	편집후기	166면

<48호>1924.6.1.

저 자	기사명	기사분류	세부분류	면수
개벽사,	예고(4주년 기념호:소설희곡 현상문발표, 별간 부록)	공고	예고	001면
편집국,	경성개천 석축의 시	잡문	잡문	055면
개벽사,	사고〈북청지사신설, 선천지사기자교체〉	공고	공고	100면
편집국,	경성의 특산	잡문	특산	102면
편집국,	각도각인(경상도창기, 전라도 부랑자)	잡문	각도특색	115면
편집국,	지면제한으로 밀린 기사목록	공고	목록	133면
편집국,	여언(내리 넉달 44-47호 연속압수소식, 4주년 기념호)	공고	편집후기	173면

<49호>1924.7.1.

저 자	기사명	기사분류	세부분류	면수
개벽사,	지급사고와 주의사항(잡지정가확정과 대금송달주의)	사고	사고	001近
개벽사,	예고〈김기전, 차상찬 특파소식 : 9월호 평남도호〉	공고	예고	001면
미 상,	삼백년전 석비발굴(용산에서 발견)	잡문	소식	051면
개벽사,	사고〈평북 초산분사신설공고〉	사고	사고	075면
개벽사,	근고(사고) (발매금지, 임시호발행 공고)	사고	사고	099면
편집국,	재경 신문, 잡지 차압회수(1922.23.24년도 개벽등)	잡문	통계	106면
개벽사,	현상입선문예발표〈이기영 등〉	공고	공고	115면
편집국,	끗말슴(현상응모발표소식, 문학술어사전소식)	공고	편집후기	037면

<50호>1924.8.1.

저 자	기사명	기사분류	세부분류	면수
남만지사,	사고(남만주지사 하부에 서간도분사설치공고)	사고	사고	027면
영업국,	근고(7월호 수천부증쇄에도 절판, 대신 8월호를 보냄)	공고	공고	068면
편집국,	남은 말슴(투고 15일, 말일 전에 다음호를 보내겠다)	공고	편집후기	069문면

〈51호〉1924.9.1.

저 자	기사명	기사분류	세부분류	면수
개벽사,	이번은 함남답사(박달성, 李乙이 출발)	공고	공고	001면
개벽사,	근고(강계분사의 강계지사 승격 소식)	공고	공고	122면
편집국,	끝말슴(소춘-청오 복귀, 8월호의 가혹한 탄압인내)	공고	편집후기	043문면

<52호>1924.10.1.

저 자	기사명	기사분류	세부분류	면수
신여성부,	개벽독자께〈조선의복개량에 대한 의견수집 10.15일)	공고	공고	048면
개성지사,	근고(개벽지사 기자 사임)	공고	공고	119면
개벽사,	사고(안주분사, 용강-강서-용암포 분매소 신설)	사고	사고	154면
편집국,	여묵(인천평양의 몇인이 기사비판, 춘파소식 등	공고	편집후기	045문면

〈53호〉1924.11.1.

저 자	기사명	기사분류	세부분류	면수
개벽사,	사고(10월중 신설된 지분사,분매소7개 임원명단)	사고	사고	001면
민영순,	한시이수(동래온천, 계림회고) (2편)	문예	한시	062면
편집국,	함경남도관내도	지도	지도	076近
편집국,	여언(차상찬이 함남도호2탄 답사 등등)	공고	편집후기	167면

<54호>1924.12.1.

저 자	기사명	기사분류	세부분류	면수
미 상,	계해12월, 갑자 1월(김기전?)	잡문	일지	004면
미 상,	경성잡화	잡문	일화담	048면
차상찬,	고원여화(이도화의 고향)	잡문	소식여담	084면
일퐁류랑,	원산화류계〈원산〉(기생소식)	잡문	화류계	090면
김춘강,	대륙적경취로 본 원산항의 풍경〈원산지사〉	잡문	풍광소개	090면
박달성,	여언(안석주, 김기전 등에게 감사, 신년호 소식 등)	공고	편집후기	163면

<55호>1925.1.1(재판).

저 자	기사명	기사분류	세부분류	면수
개벽사,	지분사부매소증설(영업정책변화, 갑종지사, 을종지사)	공고	공고	019면

김기전,	갑자 7월-12월의 일지(갑자일련총관의 하단부기)	잡문	일지	037면
서무과,	독자명부작성(『개벽』과 『신여성』의 현재독자대상)	공고	공고	071면
문예부?,	신춘독자문예대모집(54호의 약속대로. 문학관변화)	공고	공고	098면
개벽사,	지사분사분매소의 신임직원(10명의 명단)	공고	공고	105면
함남지사,	근하신년(개벽사함남지사 신년인사)	공고	공고	116면
판매부,	무료로 잡지 보는 법(정기독자모아주면 무료구독)	공고	공고	096문면
개벽사,	충북도호예고(차상찬 답사, 3월호부터, 4개도가 남음)	사고	예고	097문면
박달성,	여언(문예편 부족했다. 박영희입사, 독자문단 2월부터)	공고	편집후기	100문면

<56호>1925.2.1.

저 자	기사명	기사분류	세부분류	면수
미 상,	세계일주사진화보(『어린이』에 무료첨부되니 모으라)	광고	광고	032면
개벽사,	송금주의(송금시유의할 사항)	공고	공고	041면
개벽사,	지사직원이동과 신설지분사분매소(의주, 전주, 한천)	공고	공고	050면
미 상,	일본이주동포 약 팔만사천인(이주동포현황)	잡문	보고	057면
편집국,	삼월중 일기문 모집(최근 십년간 3월중의 일기 모집)	공고	공고	074近
개벽사,	지분사, 분매소 증설(55호와 동일)	공고	공고	080近
문예부,	본지 기고가방명록〈문예부〉(32명의 필명, 주소, 직업)	명단	명단	088문면
어린이부,	세계아동작품전람회(그림, 수예품, 각국에 출품청탁)	공고	공고	089문면
박춘파,	여언(55호재판, 삭제기사4개, 원고반환거, 4행삭제)	공고	편집후기	090문면

<57호>1925.3.1.

저 자	기사명	기사분류	세부분류	면수
개벽사,	사고〈대구지사의 확장건〉	사고	사고	001近
개벽사,	이번은 황해도답사(차상찬, 박달성3-4월 답사)	공고	공고	001면
미 상,	교통기관과 척식적 의의(교통기관은 일제침략의 도구)	잡문	시평	058면
편집국,	정오(56호 문인방명:주요한26, 요섭24, 우보:민태원)	공고	정오표	062면
개벽사,	신설 지분사, 분매소(지사6개, 2개분사, 4개 분매소)	공고	공고	082면
편집국,	여언(충북도호-독자문예연기, 3월중일기검열로 부재등)	공고	편집후기	083문면

<58호>1925.4.1.

저 자	기사명	기사분류	세부분류	면수
개벽사,	송금주의	공고	공고	001近
미 상,	손문의 약력	인물	약력	048면
광고부,	광고정오(57호 평남자동차〉평안자동차)	공고	정오표	056면
편집국,	현상소설대모집(5주년기념, 문예관피력, 단편소설)	공고	공고	060면
편집국,	충청북도관내도(지도)	지도	지도	063近
영업국,	지분사증설(부와 군에 국외의 各地點에 지분사 설치)	공고	공고	074문면

저 자	기사명	기사분류	세부분류	면수
준비회,	조선기자대회(개벽사주최, 언론계의 친목도모)	광고	기자대회	075문면
여러인사,	봉천지사, 대구지사창립축하광고	광고	축하광고	076문면
편집국,	여언(학기초라 학계중심편집, 차상찬 출발, 박군 후발)	공고	편집후기	079문면

<59호>1925.5.1.

저 자	기사명	기사분류	세부분류	면수
문예부,	현상단편소설모집(5월31일까지,100원, 50원, 20원)	공고	공고	001近
편집국,	오역정정(일문번역정정)	공고	공고	055면
편집국,	신간소개(「생명의 과실」김명순 창작집 등)	공고	책소개	055면
개벽사,	사고〈강릉지사, 하얼빈분사확장(창립?)사유와 임원〉	사고	사고	065면
개벽사,	사고〈개성지사 임원변동〉	사고	사고	068면
광고부,	대륙고무의 위력에 대한 독자문답(최초의문답식 광고)	광고	광고	036문면
개벽사,	사고〈고원지사, 나주지사, 화순분사, 안악분사신설〉	사고	사고	086문면
박형진외,	간도지사창립축하광고(41호에 간도지사장 소식)	광고	광고	088문면
편집국,	여적(餘滴)(차상찬친상, 기자대회등 손님, 황해도연기)	공고	편집후기	089문면

<60호>1925.6.1(편집후기 낙장).

저 자	기사명	기사분류	세부분류	면수
개벽사,	정백역 『사회주의학설강해』*시국토로(치안유지법 등)	광고	광고부기	001近
편집국,	전남도호예고(차상찬, 박달성의 6~7월 답사, 8월 예정)	공고	공고	001면
미 상,	벽성여화	잡문	일화	056면
편집국,	황해도약도(황해도조사보고에 삽입)	지도	지도	058近
개벽사,	송금주의	공고	공고	131近
지역인사,	강계지사발전광고	광고	광고	131近

<61호>1925.7.1.

저 자	기사명	기사분류	세부분류	면수
개벽사,	송금주의	공고	공고	028면
미 상,	세계의 국가수와 기국체(57개의 국가형태)	잡문	잡문	086면
편집국,	여언(조선자랑, 車朴과 李乙동행, 이민창기사압수)	공고	편집후기	094문면

<62호>1925.8.1.

저 자	기사명	기사분류	세부분류	면수
미 상,	중국의 호한-호한민(국민장좌파수장의 피격부상)	잡문	소식	063면
개벽사,	조선기아구제회 수해구호품모집(신문사와 개벽사후원)	공고	공고	076면
서무과,	가짜 기자, 직원사칭(사기와 정치범밀탐이 해외까지)	공고	알림	082면
편집국,	신간소개(운파 최상희 역, 『바리론시집』, 문우당)	광고	신간소개	111면
편집국,	여언(홍수소식, 납량호, 해외인사소개, 차상찬답사중)	공고	편집후기	040문면

<63호>1925.11.1.

저 자	기사명	기사분류	세부분류	면수
종리원외,	『개벽』 속간 축하광고(표지, 136~144면, 천도교측)	광고	광고	000면
편집국,	전라북도답사공고(12월호예정)	공고	공고	001면
출판부,	『사랑의 선물』(방정환) 팔판(16,000부매진) 구판발행	광고	광고	001近
개벽사,	사고(속간호의 압수, 호외발행소식, 삭제부분 표시)	사고	사고	009면
편집국,	개벽 통천분사주최축구대회소식과 사진	사진	사진소식	030면
개벽사,	사고(김철산군의 연해주지방기자임명 소식)	사고	사고	081면
편집국,	전라남도답사기(특파원 차상찬)	잡문	보고	087면
서사가외,	한시〈이지봉, 서사가 등〉(3편)	문예	한시	131면
편집국,	여언(62호압수정간, 10월15해금, 반기독교문제, 답사기)	공고	편집후기	046문면
조선지광,	주간 『조선지광』(사회주의, 사회과학의 필요성 강조)	광고	책광고	047문면
조선농민,	월간『조선농민』(사우모집규정과 공고와 의의, 개벽사)	광고	책광고	048문면
정규태외,	『개벽』전남도호발행축하광고(49~52면)	광고	광고	049문면
개벽사,	사고(7~8월 중 신설이동된 지분사:일본에 관서지사)	사고	사고	053문면

<64호>1925.12.1.

저 자	기사명	기사분류	세부분류	면수
출판부,	『사회주의 학설대요』초판매진(특히 농촌청년과 해외)	광고	책광고	001近
단성사외,	개벽속간축하광고(박승필 외 다수)	광고	광고	001近
편집국,	오수역의 유래(임실군의 주인구한 개의 유래담)	잡문	유래담	073면
이석용,	임실소록(소재 한시들)	문예	한시	084면
편집국,	전라북도약도	지도	지도	088近
편집국,	신간소개 『부인해방과…』(독일인 베벨작, 배성룡 역	공고	신간소개	099면
이지봉,	남원회고(한시1편)	문예	한시	111면
강희맹외,	광한루, 부안읍(이규보) (한시2편)	문예	한시	033문면
편집국,	여언(송년호, 답사종료, 지방분사에 지방기사를 부탁)	공고	편집후기	054문면
개벽사,	사고(신설지분사:평강분사신설,원사지사,영동분사변경)	사고	사고	055문면
개벽사,	송금주의(특히 중국지방독자에게 주의)	공고	공고	055문면

<65호>1926.1.1.

저 자	기사명	기사분류	세부분류	면수
편집국,	공산당원 이백만(러시아공산당의 당원수발표)	잡문	소식	091면
개벽사,	특별한 부탁이오니(『어린이』신년호 구매청탁)	공고	책광고	106면
편집국,	여언(1년간 8번압수 1번정간 소식 등)	공고	편집후기	092문면
개벽사,	사고〈12월중의 신설된 지사분사사고〉	사고	사고	096문면

<66호>1926.2.1.

저 자	기사명	기사분류	세부분류	면수
중앙서림,	신간소개(김준연『러시아의 진상』,김동환『승천하는청춘』	공고	신간소개	039면
개벽사,	사고(부산지사, 전남총지사, 영흥지사공고)	사고	사고	066문면
개벽사,	특고(『개벽』경성총판매소 특설:사업확장과 편의제공)	사고	사고	067문면
개벽사,	사고(광고정오, 평양지사, 강계지사 사원이동)	사고	사고	068문면
편집국,	여언	공고	편집후기	069문면

<67호>1926.3.1.

저 자	기사명	기사분류	세부분류	면수
개벽사,	사고(김삿갓의 시문, 행적, 일화 모집 취지와 요령)	사고	모집사고	001近
개벽사,	사고(발매금지:2월 24일, 호외발행늦어짐)	사고	압수사고	089近
편집국,	신간소개(종리원포덕과, 이돈화저, 『수운심법강의』)	공고	신간소개	110면
개벽사,	세계아동작품전람회출품공고(본사주최:독일정부)	공고	공고	119近
편집국,	여언	공고	편집후기	054문면

<68호>1926.4.1.

저 자	기사명	기사분류	세부분류	면수
편집국,	「사회운동단체현황」기사의 편중에 대한 사과	공고	공고	073면
미 상,	육호별견	시사	시사평	084면
개벽사,	특고(개벽사 확장에 관한 일절 5월호부터 발포)	사고	사고	093면
편집국,	여언(3월호 압수(2.24), 3월10일 호외발행, 문단논쟁)	공고	편집후기	046문면
개벽사,	사고(함남자지사 6곳지분사 신설)	사고	사고	047문면

<69호>1926.5.1.

저 자	기사명	기사분류	세부분류	면수
편집국,	융희황제(순종)의 승하(사진과 약력소개)	잡문	소식	001近
개벽사,	『어린이』특대호공고(어린이날 기념호 판촉공고)	공고	책소개	054면
개벽사,	사고(전주지사신설, 회령분사, 대구지사인원변동)	사고	지분사	064면
개벽사,	개벽사확자기성회취지공고(사업, 회칙, 회원명단일부)	공고	공고	102면
개벽사,	김삿갓선생시문대모집(6월15일까지)(67호)	공고	모집공고	033문면
편집국,	여언(압수소식, 동학란기사중지, 지방란을 확충)	공고	편집후기	032문면

<70호>1926.6.1.

저 자	기사명	기사분류	세부분류	면수
편집국,	태조고황제어진영	그림	그림	001近
조선농민사,	『조선농민』 사우모집규정과 방법공고(63호부터)	공고	사우모집	112면
편집국,	여묵("복국새 울음", 갱생 운동,오백년대관호의 취지)	공고	편집후기	067문면

<71호>1926.7.1.

저 자	기사명	기사분류	세부분류	면수
조합은행,	경성수형교환소 조합은행(동아 6면, 시대일보, 조선)	광고	광고	001近
광고부,	광고정정	공고	공고	078면
개벽사,	이상스럽게(가장 많이 팔리는 이상한 『어린이』)	공고	책소개	089면
개벽사,	개벽사확장기성회(1000명 회원, 회원명부게재)	공고	공고	115近
편집실,	편집실로부터(송영씨 등의 만화빠짐에 대한 변명)	공고	공고	115近
개벽사,	사고(김삿갓시문원고막대함, 모집기일 한달 연장)	사고	사고	008문면
광고부,	근백(謹白)(지사분사까지탄압받아 광고모집기한 연기)	공고	공고	066문면
편집국,	여묵(개벽사 수색과 압수, 전직원 구금, 70호3차압수)	공고	편집후기	097문면

<72호>1926.8.1(목차와 판권간기 없음).

저 자	기사명	기사분류	세부분류	면수
김립외,	서중잡영(한시 6수)	문예	한시	079면
안석영,	만화(부르조아의 행락모습과 만화해설)	만화	만화	080면
편집국,	불로장생의 비결(영국 명의 푸카아의 비결)	잡문	장수법	099면

『개벽』 필명 색인

일러두기

1. 목차상에서 쉽게 찾아볼 수 있도록 필명-본명-근거 순으로 배열했다.
2. 필명과 본명의 한자를 밝혀 적을 필요가 있는 경우는 괄호( )안에 한자를 병기했다.
3. 필명은 알파벳순과 가나다순으로 배열했다.
4. 근거 문헌의 표기 방식은 아래와 같다.
 ①『개벽』 각호의 경우는 호수와 면수만 표시했다.
 ②「본지문예란기고자방명록」(『개벽』 56호, 문예면 88면)은 (「방명록」 문88면)으로 표시했다.
 ③ 임규찬·한기형 편, 「일제시대 문학인 필명색인」(『카프총서』 1권, 태학사, 1989)은 「카프색인」으로 표기하고 면수를 표시했다.
 ④ 강진호 편, 『한국문단이면사』(깊은샘, 1999)는 「이면사」로 표기하고 면수를 표시했다.
 ⑤ 성주현, 「『신인간』지와 필자, 그리고 필명」(『신인간』 600호, 2000.8, 74면)은 (「신인간필명」 74면)으로 표시했다.
 ⑥ 윤병로, 『박종화의 삶과 문학』(성대 출판부, 1992)은 「박종화」로 표기하고 면수를 표시했다.

필 명	본 명	판단근거	비 고
CSC생(生)	차상찬(車相瓚)	35호 「편집후기」(36호, 경북도호 답사자 이재현과 차상찬)	영문이니셜
H생(生)	현 철(玄 哲)	7호 목차 앞 「사원명단」(현희운의 영문 첫글자)	영문첫글자
L(生) = PSL(生)	미 상	42호 11면	본명상
P(生)	박달성(朴達成)	67호 95면, 53호 117면의 '박선생'은 박달성의 직함	영문첫글자
RJH(生)=李生	이재현(李在賢)	45호 155면 「사원동정」의 명단 참조	영문이니셜
ST=성태	이성태(李星泰)	56호 44면(38호 성태의 「왼편을 향하야」 자기글로 언급함)	영문이니셜
SWJ(生)	선우전(鮮于全)	생활·경제문제를 주로한 기사경향과 영문이니셜	영문이니셜
SY=성태	이성태(李星泰)	이성태의 필명 YS의 역순, 계급운동 중심의 기사경향	영문이니셜
TS생(生)=ㄷㅅ生	박달성(朴達成)	1호 123면('송현기숙사'는 개벽사 주소지이자 그의 거주지)	영문이니셜
YS생(生)=이성태	이성태(李星泰)	52호 「편집후기」("이성태씨의 「민족과 계급」이란")	영문이니셜
가자봉인(茄子峰人)	박달성(朴達成)	22호 74면·7호 89면("가자봉하 초옥에서"), 「신인간필명」 74면	고향 산이름
간파생(看破生)	김기전(金起瀍)	49호의 목차와 편제 상황 확인(그의 글 「조선고」의 일부)	金起田
강아지(强我之)	밀아자(蜜啞子)	5호 96~97면 * 박달성일 가능성 있음	본명 미상
강호학인(江戶學人)	신 식(申 湜)	24호 11면("申湜은 호"), 「카프색인」 565면	
경서학인(京西學人)	이광수(李光洙)	「카프색인」 565면	
고한용(高漢容)	고한승(高漢承)	「카프색인」 563면	
곡명(穀明)	변영만(卞榮晩)	「카프색인」 564면	
공 초(空超)	오상순(吳相淳)	「방명록」 문88면, 「카프색인」 565면	
공탁(孔濯)=濯菴	공진항(孔鎭恒)	「신인간필명」 74면	
관상자(觀相者)	차상찬(車相瓚)	58호 목차('青吾'=차상찬)와 39면("이 관상자의 말이")	'청오' 참조
구암산인(鳩巖山人)	민영순(閔泳純)	3호 목차와 4호 67면("오인은 그 기록으로 만족치 못하")	
금성(金星)	주요섭(朱耀燮)	「카프색인」 567면	
긔진	김기진(金基鎭)	「카프색인」 563면	'팔봉' 참조
기전(起瀍)	김기전(金起瀍)	7호 「사원명단」	
김낭운(金浪雲)	김광배(金光培)	『조선문단』 12호 182면 「작가주소」	
김탄실(金彈實)	김명순(金明淳)	『조선문단』 11호 115면, 『창조』 8호 후기	'망양초'
김석송(金石松)	김형원(金炯元)	『폐허이후』 97면, 「카프색인」 564면	
김소춘(金小春)=小春	김기전(金起瀍)	「이면사」 91면("소춘 김기전"), 7호 40면("저(묘향산인)는……「농촌개선 대한 도안」	'묘향산인' 참조

필 명	본 명	판단근거	비 고
		(김기전)이라는 것을 기출")	
김수산(金水山)	김우진(金祐鎭)	「카프색인」 563면, 이희승 편 『국어대사전』 585면	水山='焦星'
김시어딤=시어딤	김동인(金東仁)	「방명록」 문88면, 「카프색인」 563면	金童·琴童
김여수(金麗水)=麗水	박팔양(朴八陽)	「카프색인」 564면	
김운정(金雲汀)=운정	김정진(金井鎭)	『조선문단』 5호 105면, 「카프색인」 563면	'雲汀' 참조
김유방(金惟邦)=抱耿	김찬영(金瓚永)	「방명록」 문88면, 『창조』 9호 목차와 57면 대조	화가·변호사
김철산(金鐵山)=쇠뫼		69호 26면(한자명의 우리말 풀이)	'쇠뫼' 참조
나빈(羅彬)=나도향	나경손(羅慶孫)	「방명록」 문88면, 「카프색인」 564면	羅稻香
나정월(羅晶月)=晶月	나혜석(羅蕙錫)	「카프색인」 564면	羅慧錫
네눈이	박달성(朴達成)	47호 48면과 45호 95면 작가명 대조, 「신인간필명」 74면	
노덧물	방정환(方定換)	안경식, 『소파방정환의 아동교육운동과 사상』, 학지사, 1994, 301-317면/ 이은상의 필명과 동명 「카프색인」	
노아(魯啞)=노아자	이광수(李光洙)	「카프색인」 565면	魯啞子
노월(蘆月)=임노월	임장화(林長和)	『창조』 9호 「남은말」("노월 임장화"), 「방명록」 문88면	林蘆月
노작(露雀)	홍사용(洪思容)	「방명록」 문88면, 「카프색인」 568면	'元龍'
ㄷㅅ생(生)=TS생	박달성(朴達成)	이름의 한글 첫자	'TS생' 참조
당백=장백산인	이광수(李光洙)	44호의 표지 목차와 본문 저자명 비교	
대갈생(大喝生)	박달성(朴達成)	1호·49호·50호의 목차와 해당기사 대조	
돌 이(乭伊)=박돌이	박달성(朴達成)	51호 목차와 32면('돌이') 대조	'박돌이' 참조
동 곡(東谷)	이동곡(李東谷)	36호 목차의 '이동곡'	'北旅東谷'
동관생(動觀生)	이성태(李星泰)	57호 41면의 저자명과 46면의 말미("나의 논문……") 비교	'정관생' 참조
동인생(東仁生)	김동인(金東仁)		
명 희	조명희(趙明熙)	「카프색인」 567면	'抱石' 참조
목멱산인(木覓山人)	정지현(鄭志鉉)	목멱산인=정백(55호 목차와 20면의 작가명 대조) 정백=路草 정지현(「박종화」 26·117면 참조)	'白綽' 참조
목멱생(木覓生)	정지현(鄭志鉉)		'목멱산인'
목성(牧星)	방정환(方定煥)	염희경 「방정환 작품연보」·「소파 방정환과 사회주의」(『아침햇살』, 2000 봄호), 안경식 위의 글 참조	
목성=목성(生)	방정환(方定煥)		'ㅁㅅ 생'
묘향산인(妙香山人)	김기전(金起瀍)	39호 목차와 127면의 작가명 대조(묘향산인=소춘)	'김소춘' 참조
무공(無空)=백두산인	이돈화(李敦化)	2호 59면과 3호 115면의 작가명 대조, 『천도교요의』 53면	'백두산인'
민석계(閔石溪)=석계	민영순(閔泳純)	2호 130면('석계 민영순'), 「신인간필명」 74면	'石溪' 참조
무애(無涯)	양주동(梁柱東)	「카프색인」 565면, 『조선문단』 12호 「주소록」 181면	
민우보(閔牛步)=우보	민태원(閔泰瑗)	「카프색인」 564면, 「이면사」 19면과 『폐허』 1호 122면	'牛步'
박돌이(朴돌이)=乭伊	박달성(朴達成)		'乭伊' 참조
박월탄(朴月灘)=月灘	박종화(朴鍾和)	「방명록」 문88면, 「카프색인」 564면	'월탄' 참조
박춘파(朴春坡)=春坡	박달성(朴達成)	10호 목차와 62면("달성이란 본명을 떼어버리고")	'춘파' 참조
박회월(朴懷月)=懷月	박영희(朴英熙)	「방명록」 문88면, 「카프색인」 564면	'회월' 참조
백두산인(白頭山人)	이돈화(李敦化)	천도교청년회 편, 『천도교요의』(1946) 표지와 53면 저자명	'야뢰' 참조
백암(白巖)	박은식(朴殷植)	39호 25면 기사	
백작(白綽)=목멱산인	정지현(鄭志鉉)	59호 「편집후기」 뒷면 광고(백작의 「사회주의 학설대요」 연재물의 단행본 출판광고, 역자는 '정백')	'목멱산인'참조

필 명	본 명	판단근거	비 고
벽타(碧朶)	이성환(李晟煥)	47호, 55면	
북려동곡(北旅東谷)	이동곡(李東谷)	작가명과 기사경향의 유사	
빙허생(憑虛生)=憑虛	현진건(玄鎭健)	「방명록」 문88면, 「카프색인」 568면	
삼각산인(三角山人)	차상찬(車相瓚)	「신인간필명」 74면	
상섭(想涉)	염상섭(廉想涉)	「카프색인」 565면, 「방명록」엔 '염상섭(廉尙燮)'	'廉尙燮'
상찬(相瓚)	차상찬(車相瓚)		'靑吾' 참조
상화(尙火)	이상화(李相和)	「카프색인」 566면	'想華'
석계(石溪)=鳩巖山人	민영순(閔泳純)	3호 목차와 4호 67면 비교, 2호 130면 참조	
석생(錫生)=상아탑	황석우(黃錫禹)	32호 표지와 문49면의 작가명 대조, 일명 '項羽, 一民'	'象牙塔'
성동학인(城東學人)	차상찬(車相瓚)	70호 53면(「사화와 당쟁」 기사연기)와 71호 55면 비교	70호목록 참조
성서학인(城西學人)	*차상찬(車相瓚)	'성동학인'과 필명방식의 유사 / 방정환의 '성서인'과 유사	'성동학인'
성태=星泰=李星泰	이성태(李星泰)	38호 '성태'의 「왼편을 향하야」와 44호 '李星泰의 「왼편을 밟고서」 비교 대조	'ST' 참조
성해(星海)	이익상(李益相)	「방명록」 문88면, 「카프색인」 566면	
소월(素月)	김정식(金廷湜)	「방명록」 문88면, 「카프색인」 563면	'김소월'
소춘(小春)=묘향산인	김기전(金起瀍)	39호 목차의 '묘향산인'과 127면의 작가명 소춘(김기전)	'김소춘' 참조
소파(小波)=잔물	방정환(方定換)	「카프색인」 564면	'잔물' 참조
송 영(宋影)	송무현(宋武鉉)	「카프색인」 565면	
쇠뫼=철산	김철산(金鐵山)	쇠뫼는 鐵山의 우리말 풀이, 69호 26면의 '김철산'과 동일	'김철산'참조
수주(樹州)	변영로(卞榮魯)	「카프색인」 564면, 「방명록」 문88면	'변영복'
신병인생(新丙寅生)	박달성(朴達成)	86호 목차의 필자명과 본문(86면)의 필자명 비교	'春坡' 참조
심산(心汕)	노수현(盧壽鉉)	창간호 그림 '개척도'	'화가'
안서(岸曙)=김억	김 억(金 億)	「방명록」 문88면, 「카프색인」 563면	'金熙權'
안석영(安夕影)=석영	안석주(安碩柱)	『폐허』 1호 목차 끝('석영 안석주'), 「카프색인」 565면	'夕影'
야뢰(夜雷)=백두산인	이돈화(李敦化)	천도교청년회편, 『천도교요의』(1946)의 표지 '야뢰 이돈화'	
양백화(梁白華)=백화	양건식(梁建植)	「방명록」 문88면, 「카프색인」 565면	'白華' '菊如'
억생(億生)	김 억(金 億)		
여덜뫼=팔봉(八峯)	김기진(金基鎭)	「카프색인」 563면	'팔봉' 참조
오천원(吳天園)=天園	오천석(吳天錫)	『창조』 7호 69면('에덴(天園) 오천석군'), 「카프색인」 565면	'바울'
옥천(玉泉)=옥천산인	오상준(吳尙俊)	2호 41면, 최원식 『한국근대소설사론』 335면, "玉泉散人" 397면, 추암=오상준	추암(秋菴)
외돗=고범(孤帆)	이서구(李瑞求)	「카프색인」 566면	
외별=孤星=溟湖	김명호(金明昊)	「신인간필명」 74면	
우정(偶丁)	임 규(林 圭)	24호 68면('우정 林圭')	
운정생(雲汀生)	김정진(金井鎭)		'김운정' 참조
을록(乙祿)=민촌	이기영(李箕永)	68호 목차와 문24면의 작가명 대조	
을인(乙人)=이을	이재현(李在賢)	51호 1면("본사의 이을군"), 35호 「편집후기」(답사자 '이재현')와 41호 이을 명의의 「울릉도」기사 대조	'李乙'
이동원(李東園)=南星	이 일(李 一)	「방명록」 문88면, 『창조』 3호 「남은말」('동원(南星) 이일군')	'東海'
이생(李生)=RJH생	이재현(李在賢)	44호 표지와 40면의 작가명 비교, RJH는 이재현의 이니셜	'RJH' 참조
이을(李乙)=乙人	이재현(李在賢)		'을인' 참조
이춘원(李春園)=춘원	이광수(李光洙)	「방명록」 문88면, 「카프색인」 565~566면, 『창조』 2호 59면	'춘원' 참조
일우(一愚)	노정일(盧正一)	22호와 23호의 「산넘고 물건너」 작가명 대조	

필 명	본 명	판단근거	비 고
일웅(一熊)	이두성(李斗星)	박달성, 「10주년을 맞으며」, 『별건곤』 30호, 22면	
임노월(林蘆月)=노월	임장화(林長和)		'노월' 참조
잔물=소파(小波)	방정환(方定換)	「카프색인」 564면	'소파' 참조
장백(長白)=장백산인	이광수(李光洙)	「카프색인」 565~566면	'長白山人'
저암(猪菴)	이돈화(李敦化)	「신인간필명」 74면	
적구(赤駒)	유완희(柳完熙)	정우택, 「적구 유완희의 생애와 시세계」(『반교어문연구』 3), 71호 115부근 문인만화, 「카프색인」 565면	
정관생(靜觀生)	이성태(李星泰)	57호 46면 "나의 논문……「왼편을 향하야」, 「해방의 목표」"	'動觀生' 참조
정백(鄭栢)=백작	정지현(鄭志鉉)	정백=백작=목멱산인=목멱생=노초(「박종화」 117면)	'백작' 참조
조일연(趙一然)=一然	조기간(趙基栞)	39호 기사와 38호 편집후기 대조, 「신인간필명」 74면	'逸菴'
창해거사(蒼海居士)	이돈화(李敦化)	「신인간필명」 74면	
천우(天友) = 김천우	김홍선(金弘善)	「신인간필명」 74면	
차천자(車賤者)	차상찬(車相瓚)	「신인간필명」 74면	'관상자' 참조
철산인(鐵山人)=철산	김철산(金鐵山)	*만주 항일유격대 '정의부' 관련자	'쇠뫼' 참조
첨구생(尖口生)	차상찬(車相瓚)	67호 목차('첨구생')과 89면의 후미('車賤者') 비교	'차천자' 참조
청오(靑吾)	차상찬(車相瓚)	1호 84면의 '靑吾 차상찬', 「이면사」 94면	
청우(靑友)=푸름벗	미 상	2호의 '푸름벗'은 '청우'의 우리말 풀이, 청우=청우생	'푸름벗' 참조
최서해(崔曙海)=雪峰	최학송(崔鶴松)	「카프색인」 568면, '豊年年'(『조선문단』 1호, 52면 명단)	'豊年年'
춘성(春城)=꿈길	노자영(盧子泳)	「방명록」 문88면, 「카프색인」 564면	
춘파(春坡)=동경춘제	박달성(朴達成)	10호 목차와 62면("달성이란 본명을 떼어버리고")	'박춘파' 참조
파인(巴人)=강북인	김동환(金東換)	「카프색인」 563면	
팔봉(八峯)=팔봉산인	김기진(金基鎭)	「방명록」 문88면(八峰), 「카프색인」 563면	'여덜뫼' 참조
포석(抱石)	조명희(趙明熙)	「방명록」 문88면, 「카프색인 567면(명희, 木星, 笛蘆 등)	'명희' 참조
푸름벗=청우(靑友)	미 상		'청우' 참조
한별	권덕규(權悳奎)	권한별 「옛글 말의 몇 낱 참고」 『한글』 72호, 1939.11.	'崖溜'
한샘=육당	최남선(崔南善)	「카프색인」 567면	
해아(海兒)	*현 철(玄 哲)	16·20호의 희곡 번역 당시의 문예부장	'玄僖運'
향로봉인(香爐峰人)	차상찬(車相瓚)	45호 「편집후기」, 46호의 목차와 106면 작가명 비교	
험구생(險口生)=猪巖	이돈화(李敦化)	30·31호의 「천현지황」 작가명 비교	
현철(玄哲)	현희운(玄僖運)	7호 「사원명단」과 16호(128近면)의 개벽사상공도안부 광고, 「방명록」 문 88면, 「카프색인」 568면	
홍영후(洪永厚)	홍난파(洪蘭坡)	「카프색인」 568면('도레미生')	
황산(凰山)= 凰山子	이종린(李鍾麟)	최원식 『한국근대소설사론』 335면	'鳳凰山人'
회월(懷月)	박영희(朴英熙)	「방명록」 문88면, 「카프색인」 564면	
효종(曉鍾)=玄哲	현희운(玄僖運)	13호 「현상문발표」의 選者평 말미(62면), 「방명록」 문88면, 「카프색인」 568면	'曉鍾生'

:: 참고문헌

1. 기본자료

1) 잡지 및 신문

동국대·세종대·고려대·국립중앙도서관·아단문고의 『개벽』 원본.
개벽사·오성사·한일문화사·박이정판 『개벽』 영인본.
『매일신보』, 『동아일보』, 『조선일보』, 『청춘』, 『창조』, 『폐허(폐허이후)』, 『백조』, 『조선문단』, 『학지광』, 『조광』, 『조선지광』, 『신생활』, 『공제』, 『신천지』, 『신인간』, 『천도교회월보』, 『별건곤』, 『어린이』, 『부인(신여성)』 등의 잡지.
『總督府月報』, 『出版警察年譜』, 『出版警察月報』, 『出版警察報』, 『朝鮮出版警察概要』, 『朝鮮總督府通報』 등의 관보.

2) 자료집

계훈모, 『한국언론연표』, 관훈클럽 신영연구기금, 1979.
국가보훈처 편, 『독립유공자공훈록』 1~10.
국사편찬위원회, 『일제시기 신문기사 분류목록』, 국사편찬위원회 자료정보실, 2000.
국회도서관, 『한국신문잡지총목차』, 1966.
국회도서관, 『한국신문잡지연표』, 1967.
김근수, 『한국 잡지 개관 및 호별목차집』, 영신아카데미 한국학연구소, 1974.
김채수 외, 『일제강점기 일본어 잡지 자료집』, 보고사, 2004.
동아일보사, 『동아일보사사』 1, 동아일보사 사사편찬위원회, 1975.
서울신문100년사편찬위원회, 『서울신문 100년사-1904~2004』, 서울신문사, 2004.
역사문제연구소 편, 『일제하 사회운동 인명색인』 상·하, 여강출판사, 1992.
정진석 편, 『일제시대 민족지 압수기사모음』 I~II, LG상남언론재단, 1998.
조선일보사, 『조선일보특집기사목록-1920~1989』, 조선일보사 편집국, 1990.
조선일보사, 『조선일보50년사』, 조선일보사 사사편찬위원회, 1970.
조선일보사, 『조선일보연재기사색인-1920~1996』, 조선일보사 편집국조사부, 1997.
조선총독부경무국, 『조선문계속출판물일람표』, 1936.
조선총독부경무국, 『조선출판경찰개요』, 1939, 1941.

조선총독부, 『조선의 언론과 세상』, 1927.10.
조선총독부도서관, 『문헌보국』, 1935.10~1938.
최덕교, 『한국잡지백년』 1~3, 현암사, 2004.
한국잡지협회, 『한국잡지 100년』, 한국잡지협회, 1995.
大村益夫・布袋敏博共編, 『毎日新報文學關係記事索引』, 早稲田大學語學教育研究所, 2002.
荻野富士夫 編・解題, 『特高警察關係資料集成』 第1卷~第15卷, 高麗書林, 1993.
內務省警保局, 『編出版警察報』, 1933.
朝鮮總督府警務局, 『朝鮮出版警察概要』 1~5, 1934~38.
臺灣總督府 警務局 保安課 圖書掛 編, 『臺灣出版警察報 解說・發禁圖書新聞リスト』, 不二出版, 2001.

3) 당대 자료-회고담, 기사

김기진, 「나의 회고록」, 『세대』 14・30, 1964.7, 1966.1.
김동인, 「나의 문단생활 회고기」, 『신인문학』, 1934.11.
김동인, 「문단30년의자취」(문단삼십년사), 『신천지』 3권3호~4권7호, 1948.3~1949.8.
김동인, 「조선문학의 여명 「창조」 회고」, 『조광』 32호, 1938.6.
김동인, 「문단회고」, 『매일신보』, 1931.8.23~9.2, 1931.11.11~22(『김동인전집』 6, 삼중당, 1976).
미 상, 「개벽사 略史」, 『별건곤』 30호, 1930.7.
박영희, 「초창기의 문단측면사」, 『현대문학』, 1959.8~1960.5.
박영희, 「신흥문학의 대두와 개벽시대회고」, 『조광』 32호, 1938.6.
방인근, 「문학운동의 중추 『조선문단』시절」, 『조광』 32호, 1938.6.
素虹生, 「잡지총평」, 『신계단』, 1932.
염상섭, 「횡보문단회상기」, 『사상계』 114, 1962.11.
원고지, 「인쇄물이 독자의 손에 들기까지」, 『별건곤』 2호, 1926.12.
이광수, 「문단생활 30년을 돌아보며」, 『조광』 6호, 1936.4.
이광수 외, 「개벽시대를 추억하며」, 『별건곤』 30호, 1930.7.
일기자, 「출판업으로 대성한 제가의 업적」, 『조광』 38호, 1938.12.
임화, 「잡지문화론」, 『비판』 6권5호, 1938.5.
전영택, 「창조시대-문단의 그 시절을 회고함」, 『조선일보』, 1933.9.20~22.
전영택, 「나의 문단적 자서전」, 『자유문학』 1, 1955.6.
주요섭, 「문맹퇴치안」, 『별건곤』 46호. 1931.12.
주요한, 「기자생활의 추억」(속), 『신동아』, 1934.6.
차상찬, 「조선신문발달사」, 『조광』 3호, 1936.11.
홍사용, 「백조시대에 남긴 여화」, 『조광』 11호, 1936.9.

4) 전집류

『김동인전집』, 삼중당, 1976.
『이광수전집』, 삼중당, 1971.
『현진건전집』, 문학과비평사, 1988.
『이태준문학전집』, 서음출판사, 1988.
곽근 편, 『최서해전집』, 문학과지성사, 1987.
김치홍 편, 『김동인평론전집』, 삼영사, 1984.
이동희 · 노상래 편, 『박영희전집』, 영남대 출판부, 1997.
홍정선 편, 『김팔봉문학전집—이론과비평』, 문학과지성사, 1988.

2. 국내논저

1) 단행본

강동진, 『일본언론계의 한국관』, 일지사, 1982.
강동진, 『일제의 한국침략정책사』, 한길사, 1980.
강만길, 『한국현대사』, 창작과비평사, 1984.
강만길 · 성대경 편, 『한국사회주의 인명사전』, 창작과비평사, 1996.
강진호, 『한국문단이면사』, 깊은샘, 1999.
구인환, 『근대작가의 삶과 문학』, 서울대 출판부, 1994.
권영민, 『한국계급문학운동사』, 문예출판사, 1998.
김현, 『문학사회학』, 민음사, 1983.
김규환, 『일제의 대한언론 · 선전정책』, 이우출판사, 1978.
김근수 편, 『일제치하 언론출판의 실태』, 영신한국학아카데미, 1974.
김근수, 『한국잡지사』, 청록출판사, 1980.
김성수, 『카프대표소설선』 1 · 2, 사계절, 1988.
김영민, 『한국근대소설사』, 솔, 1997.
김윤식 · 김현, 『한국문학사』, 민음사, 1973.
김윤식 · 정호웅, 『한국소설사』, 예하, 1993.
김윤식, 『이광수와 그의 시대』, 한길사, 1986.
김을한, 『실록 동경유학생』, 탐구당, 1986.
김재용 · 이상경 · 오성호 · 하정일, 『한국근대민족문학사』, 한길사, 1993.
김진균 정근식 편, 『근대주체와 식민지규율권력』, 문화과학사, 1997.
김창순 · 김준엽, 『한국공산주의운동사』 1~5(신판), 청계, 1986.
김춘미, 『김동인연구』, 고려대 민족문화연구소, 1985.
나병철, 『근대성과 근대문학』, 문예출판사, 1995.
리용필, 『조선신문 100년』, 나남, 1993.

민족문학사연구소, 『민족문학과 근대성』, 문학과지성사, 1995.
박상준, 『한국 근대문학의 형성과 신경향파』, 소명출판, 2000.
박찬승, 『한국근대정치사상사연구』, 역사비평사, 1992.
박헌호, 『식민지 근대성과 소설의 양식』, 소명출판, 2004.
박헌호, 『이태준과 한국 근대소설의 성격』, 소명출판, 1999.
백 철, 『신문학사조사』, 수선사, 1948.
백 철, 『백철문학전집』 1, 신구문화사, 1982.
백운관・부길만, 『한국출판문화변천사』, 타래, 1992.
상허문학회 편, 『1920년대 문학의 재인식』, 깊은샘, 2001.
상허문학회 편, 『1920년대 동인지 문학과 근대성』, 깊은샘, 2000.
서울사회과학연구소, 『한국에서 자본주의 발전』, 새길, 1991.
선우기성, 『한국청년운동사』, 금문사, 1973.
안경식, 『소파방정환의 아동교육운동과 사상』, 학지사, 1994.
역사문제연구소, 『카프문학운동연구』, 역사비평사, 1989.
외솔회 편, 『나라사랑』 49(소파 방정환 특집호), 정음문화사, 1983.
유병덕, 『동학・천도교』, 시인사, 1976.
윤병로, 『박종화의 삶과 문학』, 성균관대 출판부, 1993.
윤병로, 『한국 근・현대 문학사』, 명문당, 1991.
윤춘병, 『한국기독교 신문・잡지 백년사』, 감리교신학대 출판부, 2003.
이경훈, 『오빠의 탄생』, 문학과지성사, 2003.
이기하, 『한국공산주의운동사』, 국토통일원, 1976.
이돈화, 『천도교창건사』, 천도교중앙종리원, 1933; 아세아문화사 편, 『동학사상자료집』 2, 1979.
이동초, 『천도교중앙대교당 50년이야기』, 모시는사람들, 2008.
이선영 편, 『문예사조사』, 민음사, 1986.
이선영, 『한국문학의 사회학』, 태학사, 1993.
이재선, 『한국소설사』, 민음사, 2000.
이중연, 『'책'의 운명』, 혜안, 2001.
이중한 외, 『우리 출판 100년』, 현암사, 2000.
이혜령, 『한국 근대소설과 섹슈얼리티의 서사학』, 소명출판, 2007.
임경석, 『한국 사회주의의 기원』, 역사비평사, 2003.
임규찬・한기형 편, 『카프비평자료총서』, 태학사, 1990.
임규찬・한진일 편, 『임화 신문학사』, 한길사, 1993.
임규찬, 『한국근대소설의 이념과 체계』, 태학사, 1998.
임원식, 『신춘문예의 문단사적 연구』, 국학자료원, 2003.
장영우, 『이태준소설연구』, 태학사, 1996.

전상숙, 『일제시기 한국 사회주의 지식인 연구』, 지식산업사, 2004.
전성곤, 『일제하 문화 내셔널리즘의 창출과 최남선』, 제이앤씨, 2005.
정진석, 『한국언론사』, 나남, 1990.
조남현, 『한국 현대문학사상 연구』, 서울대 출판부, 1999.
조동일, 『한국문학통사』, 지식산업사, 1986~1988.
조선일보사 사료연구실, 『조선일보사람들』, 랜덤하우스중앙, 2004.
조성출, 『한국인쇄출판 백년』, 보진재, 1997.
조연현, 『한국현대문학사』, 성문각, 1969.
조용만 · 송민호 · 박병채, 『일제하의 문화운동사』, 민중서관, 1970.
조용만, 『일제하 한국신문화운동사』, 정음사, 1975.
천도교중앙총부, 『천도교백년약사』(상), 미래문화사, 1981.
천도교청년회중앙본부, 『천도교청년회팔십년사』, 글나무, 2000.
천정환, 『근대의 책읽기』, 푸른역사, 2003.
최　준, 『신보판 한국신문사』, 일조각, 1990.
최동희 · 유병덕, 『한국종교사상사』, 연세대 출판부, 1993.
최민지 · 김민수 공저, 『일제하 민족언론사론』, 일월서각, 1977.
최원식, 『한국근대소설사론』, 창작사, 1986.
통계청, 『통계로 본 개화기의 경제 · 사회상』, 1994.
하동호, 「근대서지 고합집』, 탑출판사, 1986.
한국사상연구회, 『최수운연구』, 한국사상 12, 원곡문화사, 1974.
한기형, 『한국 근대소설사의 시각』, 소명출판, 1999.
한기형 외, 『근대어 · 근대매체 · 근대문학』, 성균관대 대동문화연구원, 2006.
한원영, 『한국신문 한세기－근대편』, 푸른사상, 2004.
황민호, 『일제하 식민지 지배권력과 언론의 경향』, 경인문화사, 2005.
황선희, 『한국근대사상과 민족운동』 1, 혜안, 1996.

2) 논문

고규진, 「검열사로서의 문학사－동독문학사 정립을 위한 한 시각」, 『독일언어문학』(한국독일언어문학회), 1996.
고영수, 「일제하의 금서출판 소고」, 『출판학연구』, 1986.
고정기, 「민중을 위한 민중의 종합지 『개벽』」, 『신인간』 438, 1986.4.
곽동철, 「일제치하의 도서검열과 도서관에서의 지적자유에 관한 연구」, 연세대 대학원, 1986.
곽해선, 「일제하 문화운동의 변용에 관한 연구－「개벽」을 중심으로」, 한국정신문화연구원 석사논문, 1983.
구장률, 「근대계몽기 소설과 검열제도의 상관성」, 『현대문학의 연구』, 2005.
권순긍, 「1910년대 활자본 고소설 연구」, 성균관대 박사논문, 1990.

권영빈, 「일제식민지의 출판잔재」, 『출판문화』, 1981.
김광섭, 「신문검열의 변천, 일제시대에서 6·3사태까지-계엄은 해제되었으나」, 『신동아』, 1964.
김근수, 「『개벽』지 소고」, 『아세아연구』, 고려대, 1966.
김기진, 「우리가 걸어온 길 30년」, 『사상계』, 1958.8~12.
김기진, 「한국문단측면사」, 『사상계』, 1956.8~12.
김동명, 「일본제국주의의 식민지 지배체제의 개편」, 『한일관계사연구』 9, 한일관계사학회, 1998.
김미정, 「근대초기 현상공모 일고찰」, 『반교어문연구』 18, 반교어문학회, 2005.
김민철, 「특집2-조선총독부 연구 식민지통치와 경찰」, 『역사비평』(역사문제연구소), 1994.
김석봉, 「식민지 시기 『동아일보』 문인 재생산 구조에 관한 연구」, 『민족문학사연구』 32, 소명출판, 2006.
김원경, 「1920년대 경향문학의 특성-특히 『개벽』지를 중심으로」, 건국대 석사논문, 1971.
김은미, 「『개벽』지에 관한 연구-논설에 나타난 민족계몽의식을 중심」, 중앙대 석사논문, 1985.
김인덕, 「6·10만세운동의 매개가 된 순종의 죽음」, 『역사비평』 1, 역사문제연구소, 1992.
김정순, 「『개벽』지의 잡지사적 가치 연구」, 『출판잡지연구』 9-1, 2001.
김정인, 「일제강점기 천도교단의 민족운동 연구」, 서울대 박사논문, 2002.
김철수, 「일제 식민지 시대 치안관계법규의 형성과 적용에 관한 연구-1910~1945」, 『한국사회학』 29, 1995.
김철수·한만제, 「1920년대 '치안유지법'의 제정·적용과 식민지 지배」, 『평화연구』 29, 경북대 평화문제연구소, 1995.
김춘희, 『한국 근대문단의 형성과 등단제도 연구」, 동국대 석사논문, 2000.
김홍규, 「황폐한 삶과 영웅주의」, 『문학과지성』, 1977.
노영택, 「일제시기의 문맹률 추이」, 『국사관논총』 51, 국사편찬위원회, 1994.
도정일, 「우리는 모르는 것을 경배하나니-검열 사회의 보이지 않는 가위손에 대하여」, 『문학과사회』, 1997.
박경식, 「일제하 출판검열에 관한 사례연구」, 『서지학연구』, 2002.
박용규, 「일제하 민간지 기자집단의 사회적 특성의 변화과정에 관한 연구」, 서울대 박사논문, 1994.
박용규, 「식민지 시기 문인기자들의 글쓰기와 검열」, 『한국문학연구』 29, 동국대 한국문학연구소, 2005,
박지영, 「『신여성』지의 "독자투고"문을 통해서 본 "여성적 글쓰기"의 형성과정」,

『여성문학연구』 12, 2004.
박지영, 「잡지 『학생계』 연구」, 『상허학보』 20, 상허학회, 2007.
박헌호, 「문화정치기 신문(新聞)의 위상(位相)과 반일검열(反一檢閱)의 내적논리」, 『대동문화연구』 50, 성균관대 대동문화연구원, 2005.
박헌호, 「한국근대 단편양식과 김동인 1」, 『작가연구』 2, 새미, 1996.
박현수, 「1920년대 초기 소설의 근대성 연구」, 성균관대 박사논문, 1999.
박현수, 「잡지 미디어로서 『어린이』의 성격과 의미」, 『대동문화연구』 50, 성균관대 대동문화연구원, 2005.
박현수, 「문학에 대한 열망과 소년운동에의 관심」, 『민족문학사연구』 28, 민족문학사학회, 2005.
방민호, 「채만식 소설과 일제하 검열 문제」, 『어문학논총』, 2004.
방효순, 「일제시대 민간 서적발행활동의 구조적 특성에 대한 연구」, 이대 박사논문, 2001.
백 철, 「「개벽」 전후의 문단사조」, 『현대공론』, 1955.1.
백순재 외, 「한국잡지 60년 기념논문 씨리즈1－9」, 『세대』, 1968.1~9.
백순재, 「한국잡지 80년사」, 『사상계』, 1965.8.
백순재, 「일제의 언론정책과 필화사건」, 『신동아』 33, 1967.5.
壽春學人, 「조선신문잡지 연혁급발달사」, 『별건곤』 30호, 1930.7.
신일섭, 「『청춘』 잡지의 성격 변화연구」, 『전남사학』 5, 1991.
안건호, 「1920년대 전반기 청년운동의 전개」, 『한국근현대청년운동사』, 풀빛, 1995.
양문규, 「1900년대 신문,잡지 미디어와 근대 소설의 탄생」, 『현대문학의 연구』 23, 한국문학연구학회, 2004.
어효선, 「잡지 『붉은 저고리』와 육당－암흑기의 아동문학자세」, 『사상계』, 1967.1.
염희경, 「소파 방정환과 사회주의」, 『아침햇살』, 2000.
오영근, 「개벽에 관한 서지적 연구」, 청주대 석사논문, 1994.
원고지, 「인쇄물이 독자의 손에 들기까지」, 『별건곤』 2호, 1926.12.
유석환, 「개벽사의 출판활동과 근대잡지」, 성균관대 석사논문, 2006.
유시현, 「1920년대 전반기 사회주의사상의 수용과 전개과정에 대한 연구」, 고려대 석사논문, 1990.
유재천, 「일제하 한국신문의 공산주의 수용태도」, 『현대사회와 커뮤니케이션』(이상희교수 회갑기념 논문 간행위원회), 한길사, 1989.
윤해동, 「한말일제하 천도교 김기전의 '근대'수용과 '민족주의'」, 『역사문제연구』 1, 역비, 1996.
이경돈, 「『별건곤』과 근대 취미독물」, 『대동문화연구』 46, 2004.
이경돈, 「『조선문단』에 대한 재인식」, 『1920년대 문학의 재인식』, 깊은샘, 2001.
이경훈, 「『학지광』의 매체적 특성과 일본의 영향 1－『학지광』의 주변」, 『대동문화연구』 48, 성균관대 대동문화연구원, 2004.
이기훈, 「독서의 근대, 근대의 독서－1920년대의 책읽기」, 『역사문제연구』 7, 역사비평사, 2001.
이기훈, 「청년, 그대의 표상」, 『문화과학』 37, 문화과학사, 2004.
이명재, 「일제의 검열이 신문학에 끼친 영향」, 『어문연구』 7~8합집, 한국어문교육연구회, 1975.
이문태, 「『개벽』지 소설 연구」, 동아대 석사논문, 2000.
이봉범, 「1920년대 부르주아문학의 제도적 정착과 『조선문단』」, 『민족문학사연구』 29, 민족문학사학회, 2005.
이승우, 「개화기 출판 · 서적계를 가다」, 『출판저널』, 1993.10.
이연복, 「천도교 청년당과 신문화운동」, 『최수운연구』, 한국사상 12, 원곡문화사, 1974.
이요섭, 「천도교의 잡지간행에 관한 연구－『개벽』을 중심으로」, 중앙대 석사논문, 1994.
이종국, 「특수잡지로서의 『동광』창간호에 대한 연구」, 『출판학연구』 29, 1987.
이종수, 「조선잡지발달사」, 『신동아』 4~5, 1934.5.
이종호, 「『개벽』의 원본 분석을 통한 1920년대 검열제도 연구」, 동국대 석사논문, 2005.
이태훈, 「1920년대 전반기 일제의 문화정치와 부르조아 정치세력의 대응」, 『역사와 현실』 47, 2003.
이현우, 「팔봉 김기진 연구」, 우석대 박사논문, 1996.
이현식, 「한국 근대문학 형성의 사회사적 조건」, 『민족문학과 근대성』, 문학과지성사, 1995.
이혜령, 「1920년대 『동아일보』 학예면의 형성과정과 문학의 위치」, 『대동문화연구』 52, 성균관대 대동문화연구원, 2005.
인권환, 「개벽지의 문학사적 고찰」, 『최수운연구』, 한국사상 12, 원곡문화사, 1974.
일기자, 「출판업으로 대성한 제가의 업적」, 『조광』 38호, 1938.12.
임규찬, 「팔봉 김기진 프로문학론에 대한 고찰」, 성균관대 박사논문, 1986.
장사선, 「프로문학의 기점은 1920년대 『신생활』 창간으로 소급돼야 한다」, 『문학사상』, 2001.
장석홍, 「6 · 10만세운동 연구」, 국민대 박사논문, 1995.
장신, 「1922년 잡지 『신천지』 필화사건 연구」, 『역사문제연구』 13, 역사문제연구소, 2004.
장신, 「1920년대 민족해방운동과 치안유지법」, 『학림』, 연세대 사학연구회, 1998.
전명혁, 「1920년대 한국 사회주의사상의 유입배경과 사회주의운동의 분화」, 『순국』, 1998.

정근식, 「식민지적 검열의 역사적 기원」, 『사회와역사』 64, 한국사회사학회, 2003.
정근식, 「일제하 검열기구와 검열관의 변동」, 『대동문화연구』 50, 성균관대 대동문화연구원, 2005.
정진석, 「인물로 본 한국언론 100년」, 『신문과 방송』 260, 1992.
정진석, 「언론통제 검열기구 총독부 경무국 도서과」, 『관훈저널』, 2004.
정진석, 「잡지 변천사」, 『신문연구』 68, 1998.
조규태, 「천도교 구파와 신간회」, 『한국 근현대사 연구』 7, 한국근현대사학회, 1997.
조선총독부 경무국, 『最近における朝鮮の治安狀況』(並木眞人 외, 『1930년대 민족해방운동』, 거름, 1984), 1933.
조영복, 「1920년대 초의 문학과 사회운동의 관계」, 『문학사상』, 2001.
주요섭, 「문맹퇴치안」, 『별건곤』 46호, 1931.12.
차상찬, 「조선신문발달사」, 『조광』 3호, 1936.11.
차웅렬, 「개벽사의 흘러간 별들1~7」, 『신인간』 598~604, 2000.6~12.
최기영, 「광무 신문지법 연구」, 『대한제국시기 신문연구』, 일조각, 1990.
최길성, 「일본식민지통치이념 연구-조선총독부조사자료에 나타나는 문화정책의 고찰」, 『일본학연보』 2, 일본연구학회, 1989.
최수일, 「근대문학의 재생산 회로와 검열-『개벽』을 중심으로」, 『대동문화연구』 53, 성균관대 대동문화연구원, 2006.
최수일, 「1920년대 문학과 『개벽』의 위상」, 성균관대 박사논문, 2002.
최수일, 「『개벽』의 출판과 유통」, 『민족문학사연구』 16, 민족문학사학회, 2000.
최수일, 「식민지제도와 지식인에 대한 새로운 통찰-소설 「TRICK」에 대하여」, 『상허학보』 15, 깊은샘, 2005.
최수일, 「『개벽』 유통망의 현황과 담당층」, 『대동문화연구』 49, 성균관대 대동문화연구원, 2005.
최수일, 「『개벽』에 대한 서지적 고찰-소장처와 판본의 문제」, 『민족문학사연구』 27, 민족문학사학회, 2005.
최수일, 「1920년대 동인지문학의 심리적 기초」, 『대동문화연구』 36, 성균관대 대동문화연구원, 2000.
최수일, 「『개벽』의 현상문예와 신경향파문학」, 『상허학보』 20, 깊은샘, 2007.
편집실, 「「개벽」에 얽힌 회상」, 『신인간』 283, 2~3합본, 1971.
한기형, 「『개벽』의 종교적 이상주의와 근대문학의 사상화」, 『상허학보』 17, 깊은샘, 2006.
한기형, 「근대잡지와 근대문학 형성의 제도적 연관-1910년대 최남선과 竹內錄之助의 활동을 중심으로」, 『대동문화연구』 48, 성균관대 대동문화연구원, 2004.
한기형, 「문화정치기 검열체제와 식민지 미디어」, 『대동문화연구』 51, 성균관대 대동문화연구원, 2005.

한기형, 「근대어의 형성과 매체의 언어전략－언어・매체・식민체제・근대문학의 상관성」, 『역사비평』, 2005.
한기형, 「무단통치기의 문화정책」, 『민족문학사연구』 9, 민족문학사학회, 1996.
한기형, 「최남선의 잡지 발간과 초기 근대문학의 재편－『소년』 『청춘』의 문학사적 역할과 위상」, 『대동문화연구』 34, 2004.
한기형, 「1910년대 신소설에 미친 출판・유통 환경의 영향」, 『한국학보』 84, 1996.
한만수, 「식민지시기 교정쇄 검열제도에 대하여」, 『한국문학연구』 28, 동국대 한국문학연구소, 2005.
한만수, 「식민시대 문학검열에 의한 복자(覆字)의 복원에 대하여」, 『상허학보』 14, 깊은샘, 2005.
한만수, 「식민지시대 출판자본을 통한 문학검열에 대하여」, 『국어국문학』 131, 국어국문학회, 2002.
한만수, 「일제 식민지시기 문학검열과 원본 확정」, 『대동문화연구』 51, 성균관대 대동문화연구원, 2005.
한인섭, 「검열과 자유와 책임」, 『철학과 현실』 32, 1997.
한점돌, 「1910년대 한국소설의 정신사적 연구」, 서울대 박사논문, 1992.
한태석, 「조선총독부의 언론출판정책고－검열의 실제를 중심으로」, 『국회도서관보』, 1970.8~9.

3. 국외 논저

1) 단행본

土屋正三, 『出版警察法大要』, 大學書房, 1928.
生悦住求馬, 『出版警察法概論』, 松華堂, 1935.
鈴木貞美 編, 『雜誌『太陽』と國民文化の形成』, 思文閣出版, 2001.
インデックス・オン, 表現の自由と檢閱を知るための事典, 明石書店, 2004.
山田一隆, 『出版警察』, 文明社, 1914.
日本図書センター, 『言論統制文獻資料集成』 第9巻, 1991.10.
深谷成司, 『改正治安維持法案・現行治安維持法解說』, 松陽堂, 昭和10.
刑事法學會, 『改正治安維持法釋義』, 豊文社, 1928.
朴慶植, 『在日朝鮮人關係資料集成』 第5巻, 三一書房, 1976.
水野・直樹, 『植民地期朝鮮・台湾における治安維持法に關する研究』, 京都大學. 1996~1998.
淺野豊美, 松田利彦, 『植民地帝國日本の法的構造』, 信山社出版, 2004.3.
山崎鶴松. 『治安維持法概論』, 明治堂書肆, 1925.
成田總一郎, 『改正出版法並新聞紙法の實際智識』, 自治刊行社, 1935.

中村喜代三,『近世出版法の研究』, 日本學術振興會, 1972.
日本図書センタ,『言論統制文獻資料集成』 第1巻, 1991.10.
奥平康弘,『昭和思想統制史資料』 第16巻, 生活社, 1980.9.
로빈슨,『일제하 문화적 민족주의』, 나남, 1990.
모리스 꾸랑, 이희재 역,『한국서지』, 일조각, 1994.
미셸 푸코, 오생근 역,『감시와 처벌』, 나남, 1994.
베네딕트 앤더슨, 윤형숙 역,『상상의 공동체』, 나남, 2002.
야나부 아키라, 서혜영 역,『번역어 성립사정』, 일빛, 2003.
야마베 겐타로우, 유달영 외역,『일제의 조선 침략사』, 2005.
에스카르피, 민병덕 역,『출판·문학의 사회학』, 일진사, 1999.
위르겐 하버마스, 한승완 역,『공론장의 구조변동—부르주아 사회의 한 범주에 관한 연구』, 나남, 2001.
이케카미 준 외, 황현탁 역,『문화경제학』, 나남, 1998.
이효덕, 박성관 역,『표상공간의 근대』, 소명출판, 2002.
추엽륭, 심우성 역,『조선민속지』, 동문선, 1993.
클리포드·마르쿠스, 이기우 역,『문화를 쓴다—민족지의 시학과 정치학』, 한국문화사, 2000.
피에르 부르디외, 최종철 역,『구별짓기—문화와 취향의 사회학』, 새물결, 1995.
하마구찌 하루히코, 김석근 역,『근대일본지식인과 사회운동』, 삼지원, 1988.
하루오 시라네·스즈키 토미 편, 왕숙영 역,『창조된 고전—일본문학의 정전 형성과 근대 그리고 젠더』, 소명출판, 2002.

2) 논문

Chang-Tai Hung, Paper Bullets : Fan Changjiang and New Journalism in Wartime China Modern China, Vol. 17, No. 4(Oct., 1991).
Stephen R. MacKinnon, Toward a History of the Chinese Press in the Republican Period, Modern China Vol. 23, No. 1(Jan., 1997).
高峻石,「抗日·新聞論說史」,『朝鮮研究』 154~156, 1976.
朴仁植, 「朝鮮植民地統治の変容と展開－總督府の言論政策を中心に(1)~(3)」, 『政治経濟史學』 452~454, 2004.
土屋札子,「明治初期の言論統制と小新聞の筆禍」,『メデイア史研究』 1, 1994.
永嶺重敏,「明治三十年代の讀書變容」,『學靊』, 2000.
淺岡邦雄,「明治期 '新式貸本屋'と讀者たち—共益貸本社を中心に」,『日本出版史料』, 2001.
山中速人,「日韓併合時の在日朝鮮人像－東京主要紙の報道と論調」,『在日朝鮮人史研究』 4, 1979.
上野征洋,「雜誌『自由』とその時代－言論統制下に埋れたもうひとつの昭和史」,『現代の眼』23－6, 1982.
梶井陟, 「雑誌『朝鮮』ならびに『朝鮮及滿洲』における朝鮮文學の位置－特に近現代文學をめぐつて」,『紀要』(富山大・人文) 7, 1983.
佐藤卓己・原武史,「言論統制, 天皇制, 戰後責任, 占領期－日本言論界の沈默の過去を検証する」,『中央公論』120, 2005.